I0818999

JUAN

Un comentario teológico y pastoral al cuarto evangelio

RODOLFO BLANK

EDITORIAL CONCORDIA • SAINT LOUIS

3558 South Jefferson Avenue, St. Louis, MO 63118 - 3968 U.S.A.
1-877-450-8694 • editorial.cph.org

Editor: Rev. Héctor E. Hoppe

Editorial Concordia es la división hispana de Concordia Publishing House.

3 4 5 6 7 8 9 10 11 12 24 23 22 21 20 19 18 17 16 15

CONTENIDO

Introducción

En varias oportunidades el doctor Martín Lutero comentó que si estuviera preso y pudiera tener consigo en la prisión sólo uno de los 66 libros que componen la Santa Biblia, ese libro sería el evangelio según San Juan.

Por casi dos mil años el evangelio de Juan fue el libro favorito de millones de cristianos; una obra cuyo contenido ha conducido innumerables personas a los pies de Jesucristo a confesar con Tomás: "Señor mío, y Dios mío." El evangelio de Juan es uno de los escritos más sencillos del Nuevo Testamento y al mismo tiempo una de las obras más densas y profundas jamás escritas.

Difícilmente se encuentre un versículo en las Escrituras que resuma mejor el meollo de las buenas nuevas que Juan 3.16: "De tal manera amó Dios al mundo, que ha dado a su Hijo unigénito, para que todo aquel que en él cree, no se pierda, mas tenga vida eterna." ¿Podemos encontrar en las obras de eminentes filósofos una declaración más profunda que Juan 1.14 "El Verbo se hizo carne"?

La presente obra fue escrita originalmente como texto para un curso sobre el evangelio de Juan para programas de educación teológica luterana por extensión en los países de América Latina y en las comunidades latinas de los Estados Unidos y Canadá. Tales programas tienen como propósito la capacitación de pastores, diáconos, diaconisas y maestros cristianos dentro de las comunidades en que viven.

Una de las metas de la educación teológica por extensión es capacitar a los líderes de comunidades cristianas para la preparación de sermones, estudios bíblicos y clases bíblicas y catequéticas que sean fieles a las Escrituras, a las Confesiones de la Iglesia Luterana y al contexto hispano en que llevan a cabo sus ministerios. Tomando en cuenta dicha meta, este libro fue preparado para ser un comentario teológico-pastoral, es decir un comentario cuyo objetivo es enfocar los temas teológicos del evangelio de Juan y aplicarlos a las vidas de los discípulos de hoy, para que sean santificados en la Palabra de Jesús y cumplan con la misión que él les encargó. Jesús oró: "Como tú me enviaste al mundo, así yo los he enviado al mundo. Por ellos yo me santifico a mí mismo, para que también ellos sean santificados en la verdad" (Juan 17.18).

Esta oración de Jesús es también mía, pues deseo fervientemente que este comentario ayude a los pastores del redil de Jesús a apacentar sus ovejas.

Existe una gran cantidad de comentarios técnicos sobre el evangelio según San Juan en castellano. Basta mencionar los tomos de los eruditos católicorromanos Raymond Brown, Rudolf Schnackenburg, Josef Blank y Léon-Dufour. Estos comentarios con discusiones sobre asuntos textuales, gramaticales y estilísticos son de gran ayuda para el intérprete. Sin embargo, las obras citadas no provienen de un contexto hispano, pues reflejan los intereses académicos de los eruditos del así llamado Primer Mundo y no las preocupaciones de los líderes hispanos que luchan por encarnar y aplicar el evangelio en las comunidades en que se mueven. Nuestra preocupación en esta obra es tanto con el contexto hispano en que se proclama el evangelio hoy como con el contexto histórico, social y antropológico de los autores del Nuevo Testamento.

Otra de las metas de la educación teológica por extensión es capacitar al educando a pensar teológicamente para que no acepte ciegamente las conclusiones de los autores de textos que tratan de la fe. Por tal razón, una de las características de este libro es ofrecer al lector una amplia variedad de interpretaciones de los textos comentados. El lector tendrá oportunidad de evaluar, tanto las que son complementarias como las que son contradictorias, a base del testimonio del resto de las Escrituras y de las confesiones de la iglesia con el fin de sacar sus propias conclusiones.

Debido a que muchos lectores en el así llamado Tercer Mundo no tienen acceso a enciclopedias, diccionarios bíblicos, libros de historia y arqueología, compendios, literatura rabínica etc., se ha incluido aquí información pertinente al contexto histórico, geográfico, antropológico, sociológico y literario relacionado al mundo en el cual fue escrito este evangelio. Así también hay muchas referencias a la literatura rabínica y apócrifa con el fin de ayudar al estudiante a entender mejor el contexto literario del primer siglo cristiano y para familiarizarlo con algunas de las obras principales de tal literatura. A lo largo del comentario se tratarán también todos los aspectos que tienen que ver con el autor, lugar y fecha de composición y destinatarios.

Uno de los principios que me ha guiado en la confección de este comentario es la necesidad de distinguir claramente entre la ley y el evangelio. En el evangelio de Juan la yuxtaposición entre ley y evangelio es más patente que en los escritos de San Pablo, pues Juan tuvo que enfrentarse con individuos y movimientos para los cuales era la ley de Moisés y no Jesús "el camino, la verdad y la vida". La falta de conocimiento para hacer una clara distinción entre la ley y las buenas nuevas puede conducir al interprete por un camino equivocado, distorsionar el mensaje de San Juan, y utilizarlo para promulgar ideas y prácticas heréticas. A través de los siglos el evangelio de Juan ha sido el libro predilecto, no sólo de los grandes maestros de la iglesia como San Agustín y Martín Lutero sino también de los grandes gnósticos y herejes.

Que en el estudio de este evangelio el Espíritu Santo guíe al lector a toda verdad, para que creyendo en Jesucristo, el Hijo de Dios, tenga vida en su nombre.

Rodolfo Blank
Pascua de Resurrección, 1999

Introducción al capítulo 1

El himno al logos, Juan 1.1-18

En el principio era el Verbo y el Verbo era con Dios, y el Verbo era Dios. Así comienza el glorioso himno cristológico que sirve como introducción al más profundo de los cuatro evangelios. Se cree que este himno fue la última parte que se incorporó al evangelio de Juan. Cuando se escribe un sermón, la introducción es la última parte que se redacta, porque anuncia los temas principales que van a ser tratados en el cuerpo del sermón. Uno tiene que saber cuáles son estos temas antes de componer la introducción. Lo mismo ha ocurrido en la composición del cuarto evangelio. Con toda probabilidad, el evangelista ya tenía escrito el cuerpo de su evangelio cuando, para anunciar los principales temas de su obra, compuso el magnífico himno que tenemos en Juan 1.1-18. Tal vez el himno es una adaptación de uno que se entonaba en las reuniones de las comunidades cristianas para las cuales escribió el evangelista Juan.

Según el conocido teólogo alemán Rudolf Bultmann, Juan 1.1-18 es como la obertura de una ópera. Una ópera es un drama musical en el cual los actores cantan en vez de hablar. La obertura es una pieza instrumental en el que la orquesta presenta las melodías que se escucharán a lo largo de la ópera. En Juan 1.1-18 también podemos ver que se anuncian los principales temas que se tratarán en el cuerpo del evangelio: vida, luz, verdad, gloria, Hijo de Dios, fe, filiación divina, mundo, tinieblas, testimonio, gracia y el papel de Moisés y Juan el Bautista. Es muy importante, por lo tanto, estudiar con suma atención este himno cristológico, porque es una de las claves para la interpretación correcta del resto del evangelio. A continuación analizaremos algunos de los temas tratados en el himno cristológico como prólogo al evangelio.

Primer tema: En el principio era el logos. vv.1-4. Como ya observamos, Juan 1.1-18 es un texto cristológico, o sea, tiene que ver con la persona de Jesucristo, su obra y su misión en el mundo. Cada uno de los cuatro evangelistas (Mateo, Marcos, Lucas y Juan) busca comunicar a sus lectores la verdad sobre la figura central del evangelio, es decir, Jesucristo. Existían y todavía existen muchas controversias y diferencias de opinión en torno a la identidad de Jesús y a la naturaleza de su misión en la tierra. Para algunos, Jesús fue un gran filósofo, al estilo de Sócrates o Platón, cuya misión fue crear conciencia entre los seres humanos de la chispa eterna que supuestamente se encuentra en cada persona. Según otros, Jesús se destacó como reformador social, revolucionario, e incluso como el primer comunista. Según este criterio, sería una equivocación hablar de Jesús como un ser divino. Fue un gran hombre, tal vez el más grande de todos, pero a fin de cuentas, nada más que un ser humano. Por otro lado, según los gnósticos y místicos de todos los tiempos es erróneo hablar de Jesús como un ser humano de carne y sangre. Jesús, para ellos, fue un ser divino, y según los gnósticos, los seres celestes no pueden contaminarse ni comprometer su divinidad combinándose con lo material. Los gnósticos razonaban así porque creían que el mundo material y los cuerpos humanos no eran obra del mismo Dios creador que hizo nuestras almas, sino que fueron creados por un dios inferior o maligno. Por eso los gnósticos y docetistas sostienen que Jesús fue un ser divino disfrazado de ser humano pero que nunca llegó a ser un hombre verdadero.

Los espiritistas, por su parte, afirman que Jesús fue el más grande de los médiums pues llegó a conversar con personas muertas como Moisés y Elías. Otros grupos, como los antiguos arrianos y los modernos Testigos de Jehová, alegan que Jesús es algo menor que Dios pero más que un ser humano. Para los Testigos de Jehová, Jesús es un arcángel. Los mormones creen que Jesús fue un ser humano que llegó a convertirse en un dios. También creen que cada hombre puede convertirse en dios y llegar a reinar sobre su propio planeta en otra parte del inmenso universo. Las controversias en torno a la persona de Jesús han existido desde el comienzo del movimiento cristiano. Para ayudarnos a tomar una determinación en cuanto a nuestra relación con Jesucristo, los cuatro evangelistas fueron inspirados por el Espíritu Santo para guiarnos hacia la persona de Jesucristo y para ayudarnos a confesar su nombre y creer en él como salvador y redentor. En Juan 20.31 el evangelista anuncia la razón específica por la cual el Espíritu Santo lo llevó a escribir el cuarto evangelio: "Pero éstas se han escrito para que creáis que Jesús es el Cristo, el Hijo de Dios, y para que creyendo, tengáis vida en su nombre."

San Marcos comienza la historia de Jesús con la aparición de Juan el Bautista y el anuncio de que en Jesús se cumplen las profecías de Isaías. Mateo, en su evangelio, se remonta a los días de Abraham, quien vivió 2000 años antes de Cristo, para comprobar que en Jesús se cumplen las promesas que Dios hizo a Abraham en Génesis 12.1-3. Lucas comienza su historia de Jesús no con Abraham, el padre de todos los judíos, sino con Adán, el padre de toda la raza humana. De esta manera Lucas quiere enfatizar que Jesús ha aparecido, no solamente como salvador de una sola raza o nación, sino de todas las naciones de la tierra. Juan, en el evangelio que nos ocupa, va aún más atrás en la historia, pues comienza su evangelio, no con la creación del primer hombre, sino antes de la creación del universo, cuando sólo existía Dios.

Haciendo referencia a la creación, Juan sostiene que Dios hizo todo con su Palabra creadora. La Palabra creadora de Dios ya existía antes de la creación del universo y antes del tiempo porque la Palabra creadora de Dios es Dios mismo. Esto es así porque solamente Dios puede crear (Newbigin 1982.2). Pero al hablar de la Palabra creadora de Dios o del Verbo, Juan no está hablando de un concepto filosófico abstracto, sino de una persona. Esta persona que se llama el Verbo y que era con Dios, y que era Dios mismo, es el mismo Jesús que vino a nuestro mundo y asumió la carne y sangre de un verdadero ser humano. El mensaje de Juan 1.1-18 es que Jesús, junto con el Padre y el Espíritu Santo, creó todas las cosas. Jesús participó en la creación del universo y por lo tanto Jesús no fue creado. Jesús no es una criatura sino el creador. En la última parte del versículo 1 el Verbo es llamado Θεός, o sea, Dios. Según el cuarto evangelio, Jesús no tiene principio ni fin. Al igual que el Padre y el Espíritu Santo, Jesús existe desde la eternidad y hasta la eternidad. En otro escrito bíblico que también lleva el nombre de San Juan, Jesús proclama: "Yo soy el Alfa y la Omega, principio y fin, ...el que es y que era y que ha de venir." Apocalipsis 1.8.

Esta tremenda afirmación acerca de Jesucristo va en contra de todos los que alegan que Jesús es menor que el creador de los cielos y de la tierra. Juan identifica a Jesús con el Dios de todo el universo. Esta afirmación choca violentamente con las creencias de los líderes rabínicos que expulsaban de las sinagogas a los judíos que creían en Cristo. Contradice también las enseñanzas de los Testigos de Jehová, de los mormones y de muchos teólogos modernos.

En la versión de la Biblia *Reina Valera revisada*, publicada por las Sociedades Bíblicas en 1960, leemos: "En el principio era el Verbo." En la versión popular, *Dios habla hoy*, leemos: "En el principio, ya existía la Palabra." La *Biblia de Jerusalén* reza así: "En el principio la Palabra existía." El vocablo que se traduce como "Verbo" en *RVR* y como "Palabra" en *DHH* y la *Biblia de Jerusalén* es la palabra griega *logos*. Es muy difícil encontrar en español un término que traduzca adecuadamente la palabra *logos*, porque *logos* es un término filosófico que tiene una larga historia en la filosofía helenística. Muchos sistemas filosóficos griegos sostenían que Dios, por ser espíritu, era bueno, mientras que la tierra y los cuerpos humanos, por ser materiales, eran impuros y estaban contaminados. Según muchos filósofos griegos y muchas religiones orientales, el Dios espiritual no puede ni quiere asociarse directamente con el mundo material impuro. Por eso, Dios creó otro poder o esencia, llamado *logos*, para servir como mediador entre el mundo bueno del espíritu y el mundo contaminado de la materia. El hecho de que Juan en su himno a Cristo use el término *logos* no quiere decir que esté de acuerdo con los conceptos filosóficos griegos en cuanto al *logos*. A diferencia de los griegos, Juan sostiene que el *logos* no es un ser creado sino un ser eterno. Este ser divino no es anterior ni posterior al Padre creador como se enseña en los sistemas filosóficos helenísticos. Según Juan, el *logos* siempre ha estado con el Padre y juntamente con el Padre ha hecho todo lo que existe. Juan utiliza, antes bien, el término *logos* como un título de Cristo para enfatizar que Jesús es el único mediador entre el Padre y los seres humanos, y que es imposible tener comunión con el Padre aparte de Jesucristo.

Investigaciones recientes revelan que el concepto *logos* era común, no solamente entre filósofos griegos, sino también en la literatura del judaísmo helenístico. *Logos* fue uno de los términos muy usados, tanto por Aristóbulo de Alejandría (mencionado en 2 Macabeos 1.10), como por Filón de Alejandría, un contemporáneo del apóstol San Pablo. También encontramos esta palabra en el libro apócrifo de la Sabiduría de Salomón, escrito, según se cree, en el primer siglo antes de Cristo. Leemos en Sabiduría 9.1-2: "Dios de los Padres, Señor de la misericordia, que con tu Palabra (*Logos*) hiciste el universo, y con tu Sabiduría (*Sofia*) formaste al hombre para que dominase sobre los seres por ti creados" (B.J.).

En sus escritos, Filón y sus antecesores identificaban el *logos* con el concepto de sabiduría (σοφία en griego) y daban a ambos conceptos los mismos atributos (Tobin 1990.257). Para Filón y sus antecesores, el *logos* era la imagen y el primogénito de Dios, el ser celestial más excelso y cercano a Dios. El *logos*, para Filón, era la imagen de Dios en un doble sentido. En primer lugar, era un reflejo del Dios verdadero, y como tal el único medio por el cual Dios podía ser conocido. En segundo lugar, el *logos* era la idea o el plan en la mente de Dios que regía sobre la creación y evolución de todo el universo. Para Filón y los otros filósofos judeo-helenistas, el *logos* no solamente era el plan en la mente de Dios por medio del cual el universo fue creado, sino que fue el instrumento de dicha creación. (Es interesante observar que un teólogo moderno como Leonardo Boff también habla de Jesucristo como la idea en la mente de Dios, según el cual el universo fue creado.) Para un filósofo como Filón, era inconcebible que un Dios de espíritu tuviera contacto directo con el mundo material y contaminado. Por lo tanto, tenía que existir otra realidad intermedia, que sería el instrumento de la creación.

Una segunda función del *logos* en la filosofía de Filón era la de orientar a las almas para que superaran las trabas de la carne. Librados de sus cuerpos mortales, los hombres espirituales podían viajar en forma mística a los cielos y contemplar la gloria divina. En este sentido, al *logos* se le llamó el hijo primogénito de Dios. Todos los que alcanzaban una visión mística de la gloria divina pasaban a ser hijos de Dios. Al releer Juan 1.1-18 a la luz de las creencias de su época, podemos apreciar mejor cómo el autor, bajo la inspiración del Espíritu Santo, utilizó algunos de los términos religiosos de su tiempo, pero los transformó, dándoles un significado muy diferente. Para Filón, el *logos* es un ser espiritual algo inferior a Dios, pero para Juan, en su prólogo, el *logos* es Dios mismo venido a la tierra en persona. Dios no se aleja del mundo porque el mundo está contaminado. Juan 3.16 declara que: "de tal manera amó Dios al mundo." Según Filón, los hijos de Dios son los que logran emprender un viaje en espíritu a las regiones celestiales. Según Juan, en su prólogo, los "hijos de Dios" son todos aquellos que han creído en el *logos* encarnado y le han seguido en su ministerio aquí en el mundo.

Segundo tema: Dios revelado en Jesús. El segundo tema o melodía en la obertura al evangelio de Juan se podría titular: Dios revelado en Jesús. Puesto que ninguna criatura ha visto a Dios cara a cara, ningún ser creado puede decirnos en realidad cómo es Dios. El único capaz de revelarnos la verdad acerca del gran misterio de Dios es aquel que ha estado con el Padre desde el principio. Sólo Jesús conoce a Dios íntimamente. Al decir que Jesús es el *Logos*, Juan a la vez está diciendo que cualquier otra persona o cosa no puede ser el *Logos* o el mediador entre el Padre y los seres humanos. Para algunos rabinos, la Ley o la Torá existía en los cielos desde el principio del universo, mucho antes de ser entregada a Moisés en el monte Sinaí. Según estos rabinos, la Torá o la Sabiduría fue el instrumento por medio del cual fueron creados los cielos y la tierra. Al decir que Jesús es el *Logos*, el Verbo o la Palabra creadora, Juan está afirmando que el verdadero instrumento de la creación no fue la Torá, sino Jesucristo. El verdadero mediador entre Dios y los hombres no es la Torá, ni Moisés, ni Juan el Bautista, sino Jesucristo.

El intérprete australiano John Painter cree que en las sinagogas helenísticas del tiempo de Cristo existía un himno que alababa la Sabiduría-Torá como el agente de Dios en la creación del mundo. En esta Sabiduría o Torá estaban la luz y la vida que fueron rechazadas por el mundo y por la mayoría de los judíos. La sabiduría fue recibida solamente por una pequeña élite de iluminados. Según Painter, este himno se basaba en textos como Proverbios 1.19; 3.19; 6.23; 8.22-35; 9.1-2; Ben Sira 24.6-12; Sabiduría de Salomón 6.22; 7.26-30; 8.1; 9.10; 1 Enoc 42.1-2; Testamento de Leví 14.4 y Baruc 3.37. Painter opina que los cristianos gentiles de la diáspora habían convertido el himno judío en un himno cristiano al poner el nombre de Cristo o el *logos* en lugar de la palabra sabiduría o Torá. El autor del cuarto evangelio modificó entonces el himno aún más para que sirviera como una introducción a su obra (Painter 1991.115-126).

Tercer tema: El resultado de la venida del *Logos*. La venida del *Logos* al mundo ha producido fe en algunos y provocado rechazo en otros. La palabra *creer* en el cuarto evangelio significa aceptar la revelación de Dios en Jesús y aceptar su misión como el único Hijo que ha venido del Padre. El *Logos* fue el instrumento divino por cuyo medio fue creado el mundo. Sin embargo, cuando el *Logos* llegó al mundo, muchos lo rechazaron aunque era su creador.

Cuarto tema: Jesús es superior a Juan el Bautista y a Moisés. En esta parte del himno se esboza la relación que existe entre Jesús y Juan el Bautista por un lado, y entre Jesús y Moisés por el otro. Se pone bien en claro que Juan el Bautista fue enviado por Dios para dar testimonio de Jesús. Su papel era llamar al pueblo de Israel a poner su fe en Jesús. Algunos investigadores creen que cuando Juan escribió su evangelio existían grupos que creían que el mesías era Juan el Bautista y no Jesús. No sabemos si esto es verdad porque carecemos de evidencia directa. Lo que sí sabemos es que en Efeso, la ciudad principal de Asia, había personas que no conocían el bautismo en el nombre de Jesucristo. Todavía seguían con el bautismo de Juan el Bautista (Hechos 19.1-6). Hoy muchos intérpretes del N.T. creen que el evangelio de Juan fue escrito para comunidades cristianas ubicadas en Efeso y sus alrededores. Según ellos, Juan el evangelista estaba instando a estos seguidores de

Juan a reconocer que Juan el Bautista no era el mesías, ni el salvador, ni la luz del mundo. Juan vino no para que la gente creyera en él, sino para que creyera en Jesús. (Más adelante veremos con más detalle quiénes eran los recipientes o destinatarios originales del cuarto evangelio).

Es muy probable que el autor del cuarto evangelio haya sido discípulo de Juan el Bautista. Más tarde llegó a entender que el mesías no era Juan el Bautista, sino Jesús. Ahora el autor del evangelio quiere que otros discípulos de Juan el Bautista también lleguen a entender que el Bautista no vino para ser el mesías sino para dar testimonio de Jesús. Muchos eruditos identifican al autor del cuarto evangelio con uno de los dos discípulos de Juan el Bautista mencionados en Juan 1.35.

Para muchos judíos, y también para los samaritanos, el más grande de los profetas era Moisés. Por haber sido el instrumento por medio del cual Dios dio su ley al pueblo de Israel, Moisés ocupa un lugar único entre los descendientes de Abraham. Para los escribas, Moisés es la suma autoridad en cuanto al conocimiento de la voluntad de Dios. Juan no le quita importancia a Moisés, pero en cambio afirma que Jesús es más grande que Moisés, porque Moisés nos ha dado la ley que nos juzga y condena, pero Jesús nos da la gracia, la misericordia no merecida de Dios, por medio de la cual recibimos la vida eterna. Moisés nos da la letra de la ley que nos mata. Jesús nos da el evangelio que es la buena nueva de vida eterna y de liberación de la condenación de la ley. Uno de los temas principales que veremos en el desarrollo del mensaje del evangelista Juan es el de Jesús como aquel que reemplaza y cumple con las instituciones del Antiguo Testamento.

Quinto tema: El *Logos* se hizo carne y sangre y habitó entre los seres humanos. El *Logos* bíblico no desprecia la creación material como el *logos* de los filósofos griegos. El *Logos* no desprecia el cuerpo humano, sino que se encarna en uno de ellos. En la filosofía griega y en las religiones orientales, Dios no puede ser hallado en cosas materiales porque es espíritu. Debido a eso, la salvación consiste en librarse de las trabas de la carne y del mundo material para subir al mundo espiritual y celestial donde Dios puede ser encontrado. Por eso, en las religiones orientales, los fieles practican yoga, que consiste en ejercicios para que el espíritu pueda librarse del poder del cuerpo. En la metafísica, el espiritismo, y en muchas religiones orientales los adeptos buscan salir de sus cuerpos y andar en astral. El evangelio de Juan, en cambio, no desprecia las cosas materiales. Todo lo contrario, veremos que en muchos relatos del cuarto evangelio hay un enfoque sacramental. Podemos tener contacto con el Dios espiritual e invisible en el agua material del bautismo, y al comer el cuerpo y beber la sangre de Jesucristo en la Santa Cena. Esto lo veremos más adelante al analizar textos como Juan 6.53: "Si no coméis la carne del Hijo del Hombre, y bebéis su sangre, no tenéis vida en vosotros." Ahora veremos en más detalle algunos conceptos importantes en Juan 1.1-18.

Capítulo 1

1.1-2: En el principio era el Verbo, y el Verbo era con Dios, y el Verbo era Dios. Este era en el principio con Dios. Los manuscritos más antiguos de los cuatro evangelios no llevaban los títulos que tienen nuestras biblias modernas. Es decir, el título original del libro que estamos estudiando no era: El santo evangelio según San Juan. Los manuscritos antiguos con frecuencia recibían sus títulos de las primeras palabras que aparecen en ellos. Así, es muy probable que el título original de este evangelio fuese: *En el principio* (Ἐν ἀρχῇ en griego). Estas son las mismas palabras con las que comienza el primer libro del A.T., Génesis. La semejanza entre Génesis 1.1 y Juan 1.1 es intencional. El autor del cuarto evangelio no solamente está identificando a Cristo con el *Logos*, la luz y la vida que actuaron en la primera creación, sino que está confesando que Cristo es la luz y la vida de la nueva creación. Jesucristo es el agente por medio del cual viene la nueva creación. Con la venida de Jesucristo al mundo comienzan los cielos nuevos y la tierra nueva de los cuales han hablado los profetas. La luz que se manifiesta en Jesucristo es la luz escatológica de la nueva creación (Jeremías 1981.80).

1.3: Todas las cosas por él fueron hechas, y sin él nada de lo que ha sido hecho, fue hecho. En muchas formas de gnosticismo y en muchas religiones orientales se niega que el mundo material haya sido creado por Dios. Según estas creencias, un dios espiritual no puede rebajarse para crear lo material. Por eso, en esas religiones es común un dualismo cósmico según el cual el mundo espiritual fue creado por la deidad suprema, pero el mundo material fue creado por un dios inferior o demiurgo. Algunas ramas del gnosticismo hasta enseñan que el mundo material fue creado por Satanás. El hereje Marción de Ponto (150 d.C.) enseñó que el padre de Jesucristo no era Jehová, el Dios del Antiguo Testamento. Según Marción, Jehová, el creador de la tierra y del mundo material, es un dios de guerras, sangre y violencia, mientras que el padre de Jesucristo es el creador del cielo y del mundo espiritual. El es el Dios de amor. La iglesia apostólica se opuso a Marción y a semejantes opiniones gnósticas al afirmar en el Credo Apostólico: "Creo en Dios Padre todopoderoso, creador del cielo y de la tierra." Juan también se opone a tales ideas al proclamar que, tanto el mundo espiritual como el material, fueron creados por el Padre y por el *Logos* (Painter 1991.121).

1.4-5: En él estaba la vida, y la vida era la luz de los hombres. La luz en las tinieblas resplandece, y las tinieblas no prevalecieron contra ella. Al igual que en el relato de la creación en Génesis 1, leemos aquí que Dios hizo una separación entre la luz y las tinieblas. En Génesis 1 se habla de una separación física de la luz y de la oscuridad; en cambio Juan 1 usa el mismo lenguaje para hablar de separaciones que existen en los ámbitos religiosos, éticos y sociales. La venida del *Logos* al mundo resulta en una separación entre los hijos de Dios (Juan 1.12) que son los hijos de la luz (Juan 12.35) y los hijos del diablo, que son los oponentes humanos de Jesús (Pagels 1994.41).

En estos versículos y en los que siguen encontramos una variedad poco común de poesía bíblica. La poesía del antiguo medio-oriente solía usar tres diferentes tipos de paralelismo, a saber: paralelismo sinónimo, paralelismo antitético y paralelismo sintético. En el primer capítulo de Juan, en cambio, encontramos una cuarta variedad de paralelismo, conocida como paralelismo climático o de grada. Se llama así porque cada nueva línea desarrolla una palabra tomada de la línea anterior. Las palabras escogidas se elevan a una grada más alta hasta llegar a un clímax o punto culminante. El que lee esta clase de poesía siente que está subiendo una escalera. Otro ejemplo de esta clase de poesía en el N.T. se halla en Marcos 9.37. El uso de este tipo de paralelismo en Juan 1.1-18 es uno de los indicios más fuertes de que se trata de un himno cristológico de la iglesia primitiva, que ha sido adaptado y modificado por el autor del cuarto evangelio para servir como una introducción a su obra (Jeremías 1981.75).

Por la carta que el gobernador Plinio escribió al emperador romano Trajano en la primera parte del segundo siglo, sabemos que los primeros cristianos entonaban muchos himnos y canciones espirituales a Cristo. Otros himnos cristológicos en el N.T. son Filipenses 2.6-11; Colosenses 1.15-20; 1 Timoteo 3.16 y 2 Timoteo 2.11-13. Los himnos cristológicos de la iglesia primitiva narraban y predicaban la historia de Cristo. Se entonaba la historia de salvación en forma de salmos y cantos espirituales.

1.6-8: Hubo un hombre enviado de Dios, el cual se llamaba Juan. Este vino por testimonio de la luz, a fin de que todos creyesen por él. No era él la luz, sino para que diese testimonio de la luz. A diferencia de los versículos 1-5 y 9-13, los versículos 6-8 no están escritos en forma poética, sino en forma narrativa. Por eso, muchos estudiosos suponen que los versículos 6-8 no formaban parte del himno cristológico que adaptó Juan para la introducción de su evangelio, sino que fueron escritos por el mismo evangelista y añadidos por él al himno. Evidentemente el papel de Juan el Bautista en el plan de la salvación era un tema muy importante para el evangelista, tal vez porque él mismo había sido discípulo del Bautista, o porque el evangelista estaba tratando de evangelizar a los seguidores del Bautista que todavía no creían en Jesús, sino que creían equivocadamente que Juan el Bautista era el Mesías.

1.9-11: Aquella luz verdadera, que alumbra a todo hombre venía a este mundo. En el mundo estaba, y el mundo por él fue hecho; pero el mundo no le conoció. A lo suyo vino, y los suyos no le recibieron. Varios textos del A.T. y de los libros apócrifos hablan de la triste suerte de la sabiduría, que no pudo encontrar una habitación entre los moradores de la tierra (1 Enoc 42.1-2; Eclesiástico 24.2-22). Se debe notar que la frase "alumbrar a todo hombre" no se refiere a una luz interior que se encuentra en el alma de cada ser humano y por medio de la cual cada uno puede descubrir y aprovechar su propio potencial divino. Así es como muchos místicos y seguidores de la metafísica han interpretado este versículo. Pero "alumbrar" aquí quiere decir echar luz para revelar lo que está en lo oscuro, así como en Juan 3.19-21. Con la venida de Jesús, las malas obras que hacen los hombres quedan reveladas como tales. Si comparamos nuestras obras con las de otras personas, tendremos, quizás, con qué justificarnos a nosotros mismos. Pero si comparamos nuestras obras con las de Jesús, podremos ver cuán oscuras son. La palabra luz (φῶς en griego) es una de las palabras claves del evangelio de Juan. Se encuentra 6 veces en el prólogo (v. 4, 5, 7, 8, 9) y 17 veces en el resto del libro. Estudiaremos más a fondo el concepto de luz en el cuarto evangelio en nuestro análisis de los capítulos 7 y 8, donde Jesús se identifica a sí mismo como la luz del mundo.

Es interesante notar que la oposición al *Logos* comienza tan pronto como él llega al mundo. Los que resisten el mensaje del evangelio no lo hacen porque se oponen a la idea de Dios o de la existencia de un *Logos* en las regiones celestiales. Más bien, lo que no soportan es la idea de la encarnación del *Logos*. Les repugna que un Dios santo, transcendente e infinito, se comprometa y humille uniéndose con la materia inferior, pecaminosa, finita y mortal.

1.12-13: Mas a todos los que le recibieron, a los que creen en su nombre, les dio potestad de ser hechos hijos de Dios; los cuales no son engendrados de sangre, ni de voluntad de carne, ni de la voluntad de varón, sino de Dios. Ya hemos visto que Juan presenta a Jesús como el autor de una nueva creación. Él mismo es la luz de esta nueva creación y por medio de él se disiparán las tinieblas que cubren el mundo. El *Logos* no solamente es el autor de una nueva creación, sino también de una nueva humanidad (Salas 1993.29). Esta nueva humanidad comprende a los que son guiados, no por los sentidos, ni por la sabiduría de este mundo, ni por el legalismo, sino por la fe. El que ha llegado a creer que Jesús es el Cristo, el Hijo de Dios, ha nacido de nuevo. En el nacimiento físico, un bebé nace por la voluntad de sus progenitores. Pero no es así el nuevo nacimiento de los cristianos. El nacimiento de un bebé viene con el derramamiento de la sangre de la madre al dar a luz, pero el nuevo nacimiento de un discípulo de Jesús depende del derramamiento de la sangre de Jesús (Juan 19.34; 1 Juan 1.7). El nacimiento de un bebé es el resultado de un proceso natural, pero el nuevo nacimiento de un discípulo es el resultado de la operación de la *Palabra*. El tema del nuevo nacimiento será tratado con más detalle en el relato del diálogo entre Jesús y Nicodemo en Juan 3.

El evangelista enfatiza que todos los que creyeron en el *Logos* llegaron a ser hijos de Dios. La palabra *todos* indica universalidad e incluye tanto a judíos como a gentiles, samaritanos y personas consideradas como demasiado pecaminosas para ser incluidas en el reino de Dios (el ciego de nacimiento, la mujer descubierta en adulterio, la mujer samaritana). Uno llega a ser hijo de Dios, no en base a su propia justicia, santidad o rectitud, sino en base a que ha sido limpiado por la sangre de Jesús y adoptado por Dios en el bautismo. Uno llega a ser hijo de Dios por adopción y no por nacer de padres judíos (Hendriksen 1981.86).

1.14: Y aquel Verbo fue hecho carne, y habitó entre nosotros (y vimos su gloria, gloria como del unigénito del Padre), lleno de gracia y de verdad. Juan afirma que el mismo creador del universo vino al mundo y llegó a ser un ser humano, de carne y sangre humana. Entre los griegos, los romanos y sus contemporáneos, existían tradiciones que relataban cómo diferentes dioses habían venido a la tierra, y durante un tiempo habían tomado la forma de un ser humano. El poeta romano Ovidio cuenta que una vez los dioses Júpiter y Mercurio vinieron a la tierra disfrazados como seres humanos. Anduvieron por mucho tiempo buscando un lugar para descansar. Por fin, encontraron refugio en la casa de dos ancianos, Filemón y su esposa Baucis. Después premiaron a los dos ancianos por su hospitalidad (Talbert 1977.55). Lo que pasó con Pablo y Bernabé en Hechos 14.8-18 nos muestra que la leyenda relatada por Ovidio era bien conocida en el mundo antiguo.

Sin embargo, este relato de Ovidio y muchos otros parecidos de la época del N.T. nunca hablan de un dios que se encarna y que llega a ser un verdadero ser humano. Los dioses simplemente se hicieron pasar por seres humanos por un momento. La idea de una verdadera encarnación era sumamente repugnante para la mente helenística, porque la palabra carne (σὰρξ en griego) se usaba comúnmente para describir al ser humano en su fragilidad y mortalidad. Se usa la palabra carne para expresar desprecio y desdén por la existencia humana. Decir que Dios se manifestó en carne humana, equivale a afirmar que en Dios hubo abatimiento, degradación y envilecimiento. Esto sería una gran ofensa, tanto para judíos como para griegos, como afirma San Pablo cuando dice que Cristo crucificado es "para los judíos ciertamente tropezadero, y para los gentiles locura" (1 Corintios 1.23).

En el *Corpus Hermeticum* 10.25 leemos: "Ninguno de los dioses celestiales dejará los límites del cielo para bajar a la tierra." El filósofo pagano, Celso, se burlaba de los creyentes diciendo: "O judíos y cristianos, ningún dios o hijo de dios vino o vendrá a la tierra" (Talbert 1977.77). Los adeptos de otras religiones contemporáneas podían aceptar que los seres humanos pudieran ser transformados y convertidos en seres divinos pero no podían aceptar que Dios pudiera transformarse y convertirse en un ser humano.

El verbo griego ἐγένετο que se traduce "fue hecho", en combinaciones con un sustantivo predicado se usa para indicar un cambio en una persona o cosa. Se aplica a personas y cosas que cambian su naturaleza para entrar en una nueva condición (Schnelle 1992.221). En otras palabras, el *Logos* pasó por un gran cambio; llegó a ser lo que no había sido antes: un verdadero ser humano. Llegó a ser un verdadero hombre sin perder su identidad divina. Para expresar lo que pasó en la encarnación, los teólogos han utilizado la palabra "asumir." Quenstedt, por ejemplo, declara que la encarnación "no fue por transmutación, ni por conversión, sino por asumir la carne." (non per transmutationem aut conversionem, sed per assumptionem) (Cranfield 1982.215). Este énfasis en la encarnación de Jesús en el prólogo del evangelio nos muestra que uno de los propósitos del evangelio de Juan era atacar las herejías docetistas que negaban que nuestro Señor fuera un hombre verdadero.

El divino y preexistente *Logos* no solamente se hizo un ser humano, sino que también vivió la vida de un verdadero ser humano "entre nosotros." Juan enfatiza este aspecto de la encarnación al declarar: "y habitó entre nosotros." Literalmente, la palabra griega que se traduce como "habitar" (ἐσκήνωσεν) quiere decir levantar o extender un tabernáculo. El tabernáculo era el lugar en el cual la gloria y la presencia de Dios se manifestaban en el A.T. (Éxodo 40.34 ss). El salmista anuncia la gloria de Dios que entra por las puertas del templo (Salmo 24.7 ss) y que se manifiesta en Sión (Salmo 102.16). La gloria de Dios en el A.T. es el esplendor y el poder divinos revelados en los milagros y señales en Egipto (Números 14.22) y en la entrega de la Ley. En muchas partes de la Biblia la frase "hizo su tabernáculo entre nosotros" quiere decir que Dios se hizo presente entre los seres humanos.

A menudo en la literatura bíblica se usa la palabra tabernáculo como sinónimo de cuerpo humano. En 2 Corintios 5.1 San Pablo declara: "Porque sabemos que si nuestra morada terrestre, este tabernáculo, se deshiciere, tenemos de Dios un edificio, una casa no hecha de manos, eterna, en los cielos." Véase también 2 Pedro 1.13-14 y Sabiduría de Salomón 9.15. Muchas referencias en la literatura bíblica también hablan de que la sabiduría busca entre los seres humanos un lugar para hacer su habitación (tabernáculo), Eclesiástico 24.4; Baruc 3.38; 1 Enoc 42.2.

El punto culminante en el prólogo es la aseveración en la última parte del versículo 14: "y vimos su gloria." Es precisamente cuando se humilla, se encarna y se hace un verdadero ser humano para poder salvarnos, que el *Logos* revela su gloria. La gloria de Dios en la bajeza de la cruz, pone de manifiesto que Dios es amor y no una deidad platónica desapasionada, desinteresada y alejada, a quien no le importan nuestros sufrimientos y nuestras lágrimas. Así, podemos ver que el prólogo del evangelio es la confesión de fe de los creyentes que por la gracia divina han llegado a conocer la verdadera naturaleza de Dios en Cristo Jesús. Precisamente porque han llegado a ver que Dios es amor es que elevan al cielo el himno cristológico de Juan 1.1-18 como su canto de adoración y alabanza.

Se puede observar en el desarrollo del gran himno cristológico de Juan 1.1-18 un notable cambio de énfasis. El himno comienza hablando de la preexistencia del Verbo con Dios y de la identificación del Verbo con la luz y la vida primordial.

Estos son temas sumamente filosóficos, esotéricos y misteriosos. Son temas que estudiaban y discutían los eruditos, los escribas y los filósofos. Son temas aparentemente muy alejados de las situaciones concretas de los que trabajan, sufren, luchan y mueren aquí en el mundo. Pero, poco a poco, el énfasis del himno se mueve del polo esotérico y filosófico al de la vida real que vivimos, al de carne y hueso en el tiempo, al del espacio y de la historia. Muy sutilmente el himno cristológico afirma que en realidad no llegamos a conocer a Dios por medio de las discusiones y prácticas esotéricas de los filósofos, gnósticos y místicos; sólo lo llegamos a conocer cuando se presenta como un hombre específico, que comparte nuestra existencia, y se ofrece en sacrificio por nosotros sobre una cruz. No le preocupan mucho a Satanás las discusiones de los eruditos sobre la existencia de un *logos* o un Dios que habita en soledad inalcanzable, en algún rincón alejado del universo. En cambio, lo que sí hace temblar de terror a los principados y potestades infernales es el anuncio de que el *Logos* ha venido en carne y sangre y que ha invadido el tiempo, el espacio y la historia para librar a los seres humanos del pecado, la muerte y el poder del diablo.

Así, la palabra de Dios, que una vez fue grabada en las dos tablas de piedra ahora ha sido grabada en la carne humana de Jesucristo. La gloria de Dios, que en un principio se manifestó en el templo de Jerusalén, ahora se ve en Jesucristo. Él es la presencia real de Dios entre los seres humanos. Como antes se veía la gloria de Dios en el monte Sión (Salmo 24.7 ss), o en la columna de fuego, o en Moisés (Éxodo 34.4-7), ahora se la ve en las palabras y hechos de Jesucristo. Antes Moisés entraba en el tabernáculo para encontrarse con Dios y escuchar su voz; ahora los hombres pueden encontrar a Dios y escuchar su voz en la carne de Jesucristo. Jesucristo, el *Logos* que se hizo carne, es ahora la *shekinah* de Dios, el lugar de contacto entre Dios y los hombres (Mowvley 1984.136).

En el A.T. los hebreos usaban la palabra *shekinah* para designar esa presencia luminosa de Dios que se les manifestó a lo largo de su historia. Fue la *shekinah*, la gloria luminosa de Jehová, la que apareció en la nube que guiaba a los israelitas en el desierto (Éxodo 16.10) y la que reposó sobre el monte Sinaí cuando Moisés subió para estar en la presencia de Dios. Hablando de la *shekinah*, el libro de Éxodo declara: "Y la apariencia de la gloria de Jehová era como un fuego abrasador en la cumbre del monte, a los ojos de los hijos de Israel" (24.16). Fue la *shekinah* lo que vio Moisés cuando pidió a Jehová permiso para ver su gloria (Éxodo 33.18). Fue la *shekinah* de Jehová la que llenó con tanto temor a los pastores en el campo de Belén: "y la gloria del Señor los rodeó de resplandor; y tuvieron gran temor" (Lucas 2.9). En el *Midrás, Cantar de los Cantares Rabbá* los rabinos enseñaron que la *shekinah* de Jehová descendía y ascendía de la tierra según la justicia y la pecaminosidad de los hombres. En el jardín de Edén la *shekinah* habitaba entre los hombres, pero cuando Adán y Eva cayeron en pecado, la *shekinah* se apartó de ellos y ascendió al primer cielo. Cuando Caín mató a su hermano Abel, la *shekinah* se apartó aún más y ascendió al segundo cielo. Y así sucesivamente, con cada pecado mencionado en la historia primitiva (Lamec, la generación de la torre de Babel, los habitantes de Sodoma, etc.), la *shekinah* ascendió un cielo más, hasta que llegó al séptimo cielo. Pero con cada patriarca (Abraham, Isaac, Jacob, Leví, etc.) la *shekinah* descendió un cielo y se acercó más a la tierra (Odeberg 1968.93; Girón Blanc 1991.243). La afirmación tremenda y sorprendente del evangelio según San Juan es que en la carne y sangre de Jesucristo la *shekinah* ha bajado nuevamente a la tierra y es accesible a los que han creído en el nombre de Jesús.

Nota Litúrgica: Juan 1.1-14 es el santo evangelio para la fiesta de la Santa Trinidad en el leccionario tradicional de un año que se encuentra en el himnario *Culto Cristiano*. En el leccionario de tres años en ¡*Cantad al Señor*!, Juan 1.1-14 es el santo evangelio para la madrugada de la Navidad en los años A, B & C.

En el leccionario de cuatro años del grupo litúrgico interconfesional de Gran Bretaña Juan 1.1-14 es el santo evangelio para el 9º domingo antes de la Navidad en el año D, año de San Juan. A la vez, es el santo evangelio para la Noche Buena en el año C, año de San Lucas y para el día de la Navidad en los años A, B & D.

1.15: Juan dio testimonio de él, y clamó diciendo: Este es de quien yo decía: El que viene después de mí, es antes de mí; porque era primero que yo. El papel primordial de Juan el Bautista en el cuarto evangelio es ser testigo de Cristo. Como tal, Juan es el último de una larga cadena de testigos y profetas del A.T. que señalaban al Cristo prometido. Estos profetas, según 1 Pedro 1.10-11, "profetizaron de la gracia destinada a vosotros, inquirieron y diligentemente indagaron acerca de esta salvación, escudriñando qué persona y qué tiempo indicaba el Espíritu de Cristo que estaba en ellos, el cual anunciaba de antemano los sufrimientos de Cristo, y las glorias que vendrían tras ellos."

La palabra clamó (κέκραγεν en griego) es un término técnico que usaban los rabinos para señalar la voz fuerte de un profeta que quiere que todos lo oigan (véase también Apocalipsis 7.2 y Romanos 9.27).

La frase: "antes de mí", es una de las muchas en Juan que tiene un doble sentido. Aquí, "antes de mí" quiere decir: antes en autoridad y antes en tiempo. Juan el Bautista declara que la autoridad de Jesús es mayor que la suya. A la vez significa que Jesús comenzó su ministerio en la eternidad, mucho antes que Juan. Es precisamente porque Jesús viene del Padre que su autoridad es mayor que la de Juan.

1.16-17: Porque de su plenitud tomamos todos, y gracia sobre gracia. Pues la ley por medio de Moisés fue dada, pero la gracia y la verdad vinieron por medio de Jesucristo. Los discípulos recibieron de Jesús la plenitud que Juan el Bautista había proclamado: el Espíritu Santo. Recibieron gracia sobre gracia.

Esto quiere decir que cada don o bendición que recibimos en la vida, lo recibimos en virtud de la gracia de Dios manifestada en la encarnación, el sacrificio y la resurrección de Jesucristo. Las bendiciones de gracia que recibimos nos son dadas, no en base a algo que nosotros hayamos logrado, sino en base a lo que Cristo logró por nosotros. Moisés dio la ley a Israel, pero la ley no da vida, sino muerte. La ley es un buen don de Dios a su pueblo, un don que promete vida a los que la guardan, pero puesto que los seres humanos no la guardan, la ley los acusa, condena y mata. En Romanos 7.10 San Pablo declara: "Hallé que el mismo mandamiento que era para vida, a mí me resultó para muerte." Es por esto que Jesucristo fue enviado por el Padre, para dar lo que la ley no podía dar: gracia y verdad.

Aunque Juan 1.14 y 16 son los únicos textos en el cuarto evangelio en el que aparece la palabra gracia (χάρις en griego), es una de las palabras favoritas del apóstol San Pablo, y en sus escritos gracia quiere decir el amor inmerecido de Dios manifestado a nosotros en su Hijo, Jesucristo. Muchos autores católicorromanos tradicionales han escrito sobre la gracia como si fuera una sustancia divina impartida a los fieles por medio de los sacramentos. Pero tener gracia o recibir gracia no quiere decir que hemos recibido en nuestras vidas una sustancia mágica o divina, más bien quiere decir que gozamos del favor y la misericordia de Dios a causa del sacrificio de Jesucristo. En la Biblia, la gracia no es una cualidad o actitud humana, sino una actitud o atributo de Dios según el cual él nos mira con favor y no con ira.

1.18: A Dios nadie le vio jamás; el unigénito Hijo, que está en el seno del Padre, él le ha dado a conocer. Lo que se nos dice aquí, en la última estrofa del himno cristológico, es que en Jesucristo el Dios desconocido e invisible se nos da a conocer. Para el profesor Joachim Jeremías, tenemos en Juan 1.18 una de las declaraciones más profundas y bellas de toda la Biblia. Jeremías, en su comentario sobre este versículo, hace referencia a las palabras que escribió San Ignacio a los magnesios cuando estaba en camino hacia al martirio. Ignacio nos dice que "Dios se manifestó a sí mismo por medio de Jesucristo, su Hijo, el cual es su Palabra, que procedió del silencio, y en todo agradó a Aquel que lo había enviado" (Ruiz Bueno 1947.93). Al decir que Jesucristo procedió del silencio, Ignacio se está refiriendo a una noción de los rabinos que en varios de sus escritos se refieren a Dios usando la palabra silencio. En su exégesis de Génesis 1.3 los rabinos preguntaban: "¿Que existía antes de que Dios hablara en la creación del universo?" La respuesta que daban los mismos rabinos era: "El silencio de Dios."

En el helenismo el término *silencio* llegó a ser un símbolo del dios altísimo. Para muchos filósofos y sabios, el más alto de los dioses era aquel que nunca hablaba. Los fieles de las religiones antiguas anhelaban escuchar la voz del dios del silencio. En la gran liturgia del dios Mithra, escrita en el siglo IV d.C., se encuentra la oración de un místico quien, amenazado por las fuerzas ocultas de las estrellas, eleva una plegaria al silencio. La oración reza así:

"Silencio, silencio, silencio,
símbolo del dios eterno e inmortal,
cúbreme debajo de tus alas, oh silencio."

En respuesta a la oración de aquel sabio, la iglesia canta el himno cristológico del prólogo de Juan. En su canto la iglesia proclama: "Dios ya no está callado, él habla. Es verdad que él ya ha actuado, revelando su poder eterno a través de la creación. Ha dado a conocer su santa voluntad por medio de los profetas. Pero a pesar de todo esto, Dios era un ser lleno de misterio, incomprensible, inescrutable, invisible, escondido detrás de principados y potestades, escondido detrás de tribulaciones y ansiedades, escondido detrás de su máscara. Pero hay un lugar en el cual Dios se quitó la máscara y nos abrió su corazón. Hay un punto en el cual Dios nos habló claramente. Esto ha sucedido en Jesús de Nazaret y en su sacrificio en la cruz. Dios ya no está más callado. El gran Dios-silencio ha hablado. Jesucristo es la palabra con la cual Dios ha roto su silencio" (Jeremías 1981.88-90).

Nota litúrgica: En el leccionario de tres años en el himnario *¡Cantad al Señor!* Juan 1.1-18 es el evangelio para el segundo domingo después de Navidad durante los años A, B y C. Puesto que Juan 1.1-18 tiene que ver con la actividad del Verbo en la creación del mundo, este texto se presta admirablemente para ser usado como una lectura para el día del Año Nuevo cuando celebramos el cumpleaños de la maravillosa creación de Dios.

En el leccionario de cuatro años del grupo litúrgico interconfesional de Gran Bretaña, Juan 1.14-18 es el santo evangelio para el segundo domingo después de Navidad en el año D, año de San Juan. La misma lectura es el santo evangelio para el segundo domingo después de Navidad en el leccionario tradicional de un año que aparece en *Culto Cristiano*.

En el año 1960 se publicó un libro muy controversial sobre el cuarto evangelio y el sistema de leccionarios utilizados por los judíos en los tiempos neotestamentarios. El autor del libro, Aileen Guilding, sostiene que el evangelista organizó el material que contiene el cuarto evangelio para ser leído en los servicios de la sinagoga judía durante el período cuando muchos creyentes judíos todavía participaban de los servicios en la sinagoga, o sea, antes del tiempo cuando los creyentes en Cristo fueron expulsados de las mismas.

Se sabe que en las sinagogas judías en Palestina, Egipto, Babilonia y otros países existía un leccionario según el cual se leía todo el Pentateuco durante los diferentes sábados del año eclesiástico judío. En algunas partes se usaba un leccionario de tres años y en otras partes uno de un año. Estas lecturas del Pentateuco se llamaban seder. Para cada seder había un salmo y una lectura de uno de los libros proféticos que correspondía al tema del seder. Estas lecturas de los libros proféticos se llamaban *haphtoroth*. Nuestro sistema de leer cada domingo una lección de un evangelio, otra de una epístola y otra del A.T. es una adaptación del sistema sinagogal de los judíos. Según la Dra. Guilding, los diferentes textos en el evangelio de Juan fueron organizados para ser leídos en la sinagoga durante las principales fiestas judías con el fin de señalar que las diferentes fiestas, ceremonias e instituciones judías, se cumplieron en Cristo. Aunque se carece de la evidencia necesaria para comprobar o refutar la tesis de la Dra. Guilding, es interesante notar que los textos del A.T. citados por ella en muchas oportunidades, arrojan mucha luz sobre la interpretación de ciertos pasajes en el cuarto evangelio.

La Dra. Guilding cree que la intención del evangelista era que Juan 1.1-18 fuera leído en la sinagoga durante la fiesta del Año Nuevo. Según una tradición rabínica, el mundo fue creado el primer día del mes de tishri, Rosh Hashanah. Según Éxodo 40.2 el tabernáculo fue dedicado el primer día de tishri, el día del Año Nuevo, como un lugar donde podía habitar la gloria de Dios. Este tema del tabernáculo como habitación de la gloria de Dios concuerda con Juan 1.14 donde dice que "el Verbo fue hecho carne y habitó entre nosotros y vimos su gloria."

Según la Dra. Guilding un tema que se repite en todos los episodios en los primeros cuatro capítulos de San Juan es el del templo de Dios. Juan 1 menciona la creación del universo. Aún antes de la construcción del tabernáculo o del primer templo, el universo fue el templo o la habitación de Dios. Como dice la Escritura: "El cielo es mi trono, y la tierra el estrado de mis pies. ¿Qué casa me edificarás? dice el Señor; ¿O cuál es el lugar de mi reposo? ¿No hizo mi mano todas estas cosas?" (Hechos 7.49-50). Otro templo de Dios fue el tabernáculo, y después el templo de Salomón. Pero según Juan, capítulos 1-4, Dios se ha establecido definitivamente en un nuevo templo: el cuerpo y la sangre de Jesucristo. Veremos cómo este tema se desarrolla en el relato de la purificación del templo, en Juan 2, y la conversación de Jesús con la mujer samaritana acerca del lugar donde Dios debe ser adorado, en Juan 4.

1.19: Este es el testimonio de Juan, cuando los judíos enviaron de Jerusalén sacerdotes y levitas para que le preguntasen: ¿Tú, quién eres? Cada uno de los cuatro evangelios comienza la historia del ministerio público de Jesús relatando la actividad de Juan el Bautista. Juan el Bautista es el último de los profetas del A.T. Así como el cuarto evangelio nos presenta a Jesucristo como el evangelio en persona, Juan el Bautista es la ley en persona. El evangelio de Juan no nos da mucha información sobre la infancia de Juan el Bautista ni del contenido de sus sermones, probablemente porque el autor daba por sentado que sus lectores ya conocían los tres evangelios sinópticos.

Según los sinópticos, sabemos que Juan era el hijo del sacerdote Zacarías y de su esposa Elisabet, una pariente de la virgen María. Al igual que Abraham y Sara,

Zacarías y Elisabet ya habían pasado la edad de poder tener hijos, pero Dios, para quien nada es imposible, actuó en sus vidas y les dio un hijo en la vejez. El papel de Juan era el de ser precursor del mesías. El libro de San Lucas nos dice que Juan el Bautista "se fortalecía en espíritu; y estuvo en lugares desiertos hasta su manifestación a Israel" (2.80). En base a esta mención de Juan en el desierto, varios intérpretes han alegado que Juan el Bautista pasó algún tiempo con una secta separatista y ultra-estricta que tenía un centro monástico cerca del Mar Muerto, en el desierto de Judea. Esta secta era la de los esenios.

Hasta el año 1947 lo único que sabíamos de los esenios era lo que escribe sobre ellos el historiador Josefo, de que eran un grupo de judíos, más estrictos todavía que los fariseos, que se habían apartado de los saduceos, los fariseos y los servicios del templo porque consideraban que los representantes oficiales del judaísmo habían traicionado la fe de los profetas. Con el descubrimiento de los rollos del Mar Muerto en unas cuevas cerca de las ruinas de la comunidad monástica esénica en Qumram, hemos llegado a saber más de los esenios y de sus creencias.

Los que afirman que hay un nexo entre Juan el Bautista y los esenios dan varias razones para tal opinión: 1- Los esenios vivían en el desierto preparándose para el último conflicto entre los hijos de la luz y los hijos de las tinieblas. Juan, como los esenios, utilizó Isaías 40.3 para describir su estancia en el desierto. 2- Ambos daban mucha importancia al bautismo. Los miembros de la secta de Qumrán no solamente se bautizaban todos los años, sino que también tenían la esperanza de un futuro bautismo con el Espíritu Santo que pondría fin al espíritu maligno y purificaría a los creyentes de todas las prácticas malignas. 3- Ambos esperaban la pronta venida del mesías, el cual pondría fin a la dominación de los gentiles y de sus lacayos, los sacerdotes judíos que apoyaban las prácticas paganas de los gentiles. Como los profetas del A.T., Juan el Bautista denunciaba públicamente los pecados del pueblo y de sus líderes. En particular, denunció el adulterio del tetrarca Herodes Antipas, gobernador de Galilea y Perea, quien se había casado con la mujer de su hermano Felipe. Sus predicaciones en contra de Antipas y de su mujer Herodías fueron la causa de su encarcelamiento y posterior decapitación.

Con toda probabilidad la actividad evangelizadora de Juan el Bautista comenzó en el otoño del año 27 d.C. Es poco probable que los acontecimientos relatados en Juan 1.19-34 ocurrieran en el verano, cuando el calor en el valle del Jordán es casi insoportable. En cambio, durante el otoño y el invierno el valle del Jordán goza de un clima tropical agradable y placentero, mientras el resto del país sufre nevadas y fríos vientos invernales. Para aprovechar el clima tropical del Jordán durante los meses de invierno, el rey Herodes el Grande había construido un palacio en la ciudad de Jericó. Cada invierno la corte de Herodes se trasladaba a Jericó para escapar del clima frío del resto de Palestina. Para deleite de sus cortesanos, oficiales, ministros y huéspedes, Herodes mandó construir en Jericó un hipódromo, un anfiteatro, varias piscinas y acomodaciones de lujo.

Así como muchas familias hoy en día, especialmente las de clase acomodada, viajan a lugares tropicales para evitar los rigores del invierno, así muchos ministros, oficiales, siervos, soldados, eclesiásticos y comerciantes judíos acostumbraban escapar del frío y de la nieve de Jerusalén para pasar ese tiempo en el trópico paradisíaco que era Jericó y el valle del Jordán. Muchos de estos turistas formaban parte de la muchedumbre que escuchaba los mensajes del nuevo profeta que se había levantado en el pueblo de Israel.

Es probable que Juan comiera solamente langostas y miel silvestre, y pasara mucho tiempo en ayunos, para expresar su rechazo a los excesos y despilfarro de las clases pudientes en Israel. Así también se identificaba con los pobres que pasaban hambre. Quizás por eso tampoco se vestía a la última moda, sino con pieles de animales salvajes como si fuera una especie de salvaje. A su manera, Juan estaba protestando en contra de la púrpura y el lino fino con que se vestían los ricos. Juan el Bautista habitaba en el desierto y no en las mansiones lujosas que Herodes había construido para sus cortesanos en Jericó. Aquí tenemos otra protesta profética en contra de la gran brecha que existía entre la existencia infrahumana de los pobres y el lujo en que vivían las clases dominantes. El ejemplo de Juan nos llama a que protestemos en contra de las injusticias sociales de nuestros días. A la vez nos advierte también en contra de los peligros que nos ofrecen el culto a la auto-realización, nuestra sociedad de consumo, y la filosofía de vida que se basa en el lema: "Haz lo que te parezca."

Juan ya había reunido un considerable grupo de discípulos cuando Jesús llegó al valle del Jordán, pues ya había recibido la visita de una comisión oficial enviada por las autoridades en Jerusalén. La llegada de esta comisión de sacerdotes y levitas nos muestra que entre los judíos existía una gran expectativa mesiánica. Los sacerdotes y levitas habían llegado de Jerusalén para determinar si Juan el Bautista pudiera ser el mesías esperado. La pregunta: "Tú, ¿quién eres?" en realidad quiere decir: "¿Eres tú el mesías?"

1.20-23: Confesó y no negó, sino confesó: Yo no soy el Cristo. Y le preguntaron: ¿Qué pues? ¿Eres tú Elías? Dijo: No soy. ¿Eres tú el profeta? Y respondió: No. Le dijeron: ¿Pues quién eres? para que demos respuesta a los que nos enviaron. ¿Qué dices de ti mismo? Dijo: Yo soy la voz de uno que clama en el desierto: Enderezad el camino del Señor, como dijo el profeta Isaías. La delegación que viene a Juan desde Jerusalén le pregunta: "¿Eres tú Elías? ¿Eres el Mesías? ¿Eres el Profeta?" Entre los diferentes grupos y sectas de judíos que existían dentro y afuera de Palestina en el tiempo del N.T. había una gran variedad de creencias y esperanzas mesiánicas. Entre los escritos del Mar Muerto encontrados en unas cuevas cerca de las ruinas de la comunidad esénica de Qumram hay textos que muestran que entre algunos grupos de judíos existía la expectativa de que vendría no solamente uno sino dos mesías en compañía de un profeta mesiánico. En 9.11 de la *Regla de Comunidad* (uno de los escritos de Qumram) reza así: "hasta que venga el profeta y los mesías de Aarón e Israel." O sea, se esperaba la venida de un profeta mesiánico, un sacerdote (el mesías de Aarón) y un rey (el mesías de Israel). Como sabemos, Jesús llegó a cumplir con las funciones de profeta, sacerdote y rey en su ministerio de salvación.

Se sabe de algunos escritos apócrifos del segundo siglo d.C. llamados *Los Reconocimientos de Seudo-Clemente,* que en el mundo mediterráneo existían grupos de judíos que creían que era Juan el Bautista y no Jesús el mesías que había de venir. Muchos expertos del N.T. creen que la negativa de Juan a las preguntas de los sacerdotes de Jerusalén fue incluida en el cuarto evangelio para persuadir a estos seguidores del Bautista a que depositaran su fe en Jesús y no en el Bautista. En el año 1987 fue publicada en hebreo con traducción al inglés, una versión del evangelio de San Mateo, sacada de un tratado polémico del judío español Shem-Tob ben-Isaac ben Shaprut. Shem-Tob ataca allí a los cristianos, afirmando que Jesús no era el mesías, porque en la versión de Mateo que Shem-Tob tenía en su posesión, el mesías es Juan el Bautista. Evidentemente Shem-Tob había encontrado en una sinagoga antigua una versión del evangelio que había sido alterada por algunos discípulos de Juan el Bautista, quienes querían convencer a sus contemporáneos que el mesías prometido era Juan. El profesor George Howard, que publicó la versión de Shem-Tob, cree que el autor del cuarto evangelio sabía de la versión alterada preparada por los discípulos de Juan. Por eso incluyó en su evangelio el testimonio del Bautista que tenemos en Juan 1.19-28 para afirmar que el mesías en verdad es Jesucristo (Howard 1992.117-126).

Lo que quiere Juan el Bautista no es la veneración del pueblo, ni ser reconocido como un gran profeta, ni ser considerado como una de las figuras mesiánicas que esperaban los judíos. Lo que menos quiere es suplantar a Jesús y quitarle la adoración, la alabanza y la fe que le debemos. Juan el Bautista viene como precursor, no como libertador. En los días en que yo servía como pastor en varios pueblos rurales en el interior de Venezuela presencié numerosas campañas políticas dirigidas a los campesinos. Muy temprano, el día del mitin político, llegaba al pueblo un vehículo con poderosos parlantes que anunciaban: "Esta noche se va a realizar en la plaza principal una gran reunión, prepárense, alístense, porque viene el candidato del pueblo, el que va a poner fin al desempleo, la explotación y la pobreza." El dirigente partidario que manejaba el vehículo y daba los anuncios no buscaba votos para sí mismo, no era el candidato, no era el que aspiraba a la presidencia, era solamente un precursor, solamente una voz que clamaba. Juan también niega para sí mismo cualquier puesto en el reino, no busca votos para sí mismo, no quiere adoración o veneración como un gran santo. "Yo soy la voz de uno que clama."

1.24: Y los que habían sido enviados eran de los fariseos. Aquí por primera vez en el evangelio de San Juan se menciona a los fariseos, quienes más tarde se convertirían en los más inexorables enemigos de Jesús. Esta referencia a los fariseos, tan temprano en la narración, es como un presagio o anticipo de los enfrentamientos entre Jesús y los fariseos en los capítulos 7 a 10.

1.25: Y le preguntaron, y le dijeron: ¿Por qué, pues, bautizas, si tú no eres el Cristo, ni Elías, ni el profeta? El bautismo de Juan debía tener un significado mesiánico. Se daban cuenta que el bautismo de Juan era diferente a los otros bautismos que se practicaban en aquellos días. Querían saber en qué se basaba el bautismo de Juan. Nosotros también queremos saber cuál era la relación del bautismo de Juan con el de los judíos por un lado, y con el bautismo instituido por Jesús por el otro.

En la comunidad esénica de Qumram los miembros de la secta se bautizaban o purificaban todos los años. Los fariseos también bautizaban, pero solamente a prosélitos. Cuando un gentil se convertía al judaísmo no solamente debía ser circuncidado sino también bautizado. La idea de bautizar a los prosélitos tenía que ver con las leyes de purificación del A.T. Según estas leyes, si un judío tocaba una cosa impura como un cadáver o un leproso, quedaba impuro por ocho días, después de los cuales tenía que purificarse en agua limpia. Solamente después de esta purificación podía entrar nuevamente en el templo. Para los fariseos, los gentiles, por su idolatría y su fornicación, eran tan inmundos como un cadáver o un leproso. Por eso un fariseo estricto no podía entrar a comer en la casa de un gentil. Recordemos que el centurión de Capernaum se sentía indigno de que Jesús entrara en su casa (Mateo 8.8). Los judíos que tenían esclavos gentiles tenían que bautizarlos antes de permitirles trabajar en sus casas. El niño o niña de una esclava gentil tenía que ser bautizado el primer día de su nacimiento para que no fuera una criatura inmunda en la casa de un hijo de Abraham. El bautismo pues, no fue un invento de Juan el Bautista; ya antes se practicaba entre los judíos. El bautismo de los niños no fue un invento de la iglesia primitiva o de la Iglesia Católica, pues ya existía entre los judíos antes del nacimiento del Bautista.

Por otra parte, Juan introdujo cambios importantes en la práctica del bautismo. Los esenios exigían que una persona bautizada abandonara la casa y su trabajo, y se afiliara a una comunidad monástica en el desierto. Allí se dedicaría al estudio de la Torá y se prepararía para participar en la última batalla entre el mesías venidero y las fuerzas del mal. Solamente una pequeña elite podía cumplir con esta exigencia. El bautismo de Juan, en cambio, era para todos; era un bautismo universal y no un bautismo para un grupo selecto.

El bautismo de Juan también se apartó del bautismo de los fariseos por tener ese enfoque más universal. Los fariseos consideraban que sólo los prosélitos necesitaban el bautismo, porque sólo ellos eran impuros. Los fariseos se consideraban puros y por eso no se bautizaban. Juan, en cambio, llamó a los fariseos al bautismo también. Así dio a entender que delante de Dios ellos eran tan inmundos y pecaminosos como los gentiles. Ellos también eran paganos que necesitaban nacer de nuevo. Si ellos esperaban entrar en el reino del mesías, también tenían que arrepentirse y bautizarse. Esto debe haber sido un golpe duro para el orgullo de los fariseos. La mayoría de ellos rechazaba tanto el bautismo de Juan como su autoridad como verdadero profeta de Dios.

Los fariseos rechazaban el bautismo de Juan porque creían que no lo necesitaban. El bautismo es un baño público de purificación. Al dejarse bautizar, una persona está admitiendo públicamente que no es digna de entrar en el reino de Dios a base de sus méritos. Está reconociendo que es incapaz de purificarse a sí misma. Al recibir el bautismo, uno confiesa ante toda la sociedad que necesita una salvación que viene de Dios. El remedio para el pecado no es negar su presencia, o justificarse a sí mismo, o echarle la culpa a otros. El bautismo exige de nosotros un arrepentimiento público, y este arrepentimiento no es una buena obra humana que nos consigue el perdón, sino una confesión de obras malas. Los fariseos, al igual que muchos otros judíos, creían que no necesitaban el bautismo para entrar en el reino de Dios porque se consideraban hijos de Dios por ser del linaje de Abraham.

Existía entre los fariseos una doctrina de méritos algo parecida a la que existía en la Iglesia Romana en los días de Lutero. Se creía que a Abraham le sobraba justicia porque había pasado por muchas pruebas y tentaciones. Según esta creencia, se afirmaba que si en el día del juicio un judío no tenía los méritos suficientes para entrar en el reino de Dios, podía clamar a Abraham para que le concediera los méritos faltantes. De esta manera, un hijo de Abraham tenía la seguridad de entrar en la vida eterna. Así pensaba el hombre rico en el relato del hombre rico y Lázaro en Lucas 16.19-21. Juan el Bautista rechaza esta interpretación cuando exige que todos los judíos se arrepientan y se bauticen, y cuando declara en su famoso sermón de fuego (Mateo 3.9): "Y no penséis decir dentro de vosotros mismos: A Abraham tenemos por padre; porque yo os digo que Dios puede levantar hijos a Abraham aun de estas piedras."

1.28: Estas cosas sucedieron en Betábara, al otro lado del Jordán, donde Juan estaba bautizando. La región en la que Juan estaba bautizando era la misma donde Elías había llevado a cabo muchas de sus actividades. Fue donde Elías fue raptado al cielo y su espíritu dado a Eliseo. En esta zona también Moisés se despidió de su pueblo y entregó su autoridad a su sucesor, Josué. Es también aquí donde el sucesor de Juan el Bautista sería bautizado con el Espíritu y donde comenzaría su ministerio.

Una cosa que quería saber la comisión oficial que vino de Jerusalén para entrevistar a Juan el Bautista fue: "¿Por qué, pues, bautizas?" El texto menciona que Juan bautizaba en Betábara, al otro lado del río Jordán. La purificación con agua es una práctica religiosa muy extendida en la mayoría de las religiones del mundo (Eliade 1972.178-180; Ezequiel 36 y Zacarías 13). El bautismo que practicaba Juan el Bautista no debe ser entendido como las purificaciones rituales de los judíos, sino como un lavamiento provisional y preparatorio que señala y apunta a aquel que viene con el bautismo definitivo. El bautismo de Juan, al igual que las muchas purificaciones con agua practicadas por los judíos y los esenios en Qumram, es una purificación que fue reemplazada por Jesús y su bautismo.

La diferencia entre el bautismo de Juan el Bautista y el de Jesús se entiende, según Lutero, de la siguiente manera: El bautismo de Juan no da el perdón de los pecados, sino solamente apunta a aquel que nos trae la reconciliación con el Padre. En el bautismo de Juan, el perdón nos es prometido, mientras que en el bautismo de Jesús, el perdón de los pecados se hace nuestro (Luther Works Vol. 22.180). Lutero dice: "Si alguien dijere 'Yo te bautizo con el bautismo de Juan para la remisión de los pecados', no sería un bautismo válido." El bautismo de Juan fue un preludio, una preparación, para el perdón de los pecados que nos daría Cristo por medio del bautismo en el nombre de la Santa Trinidad.

El bautismo de Juan despertaba en los bautizados el deseo de ser cambiados, mientras que el bautismo de Jesús crea en nosotros un corazón limpio y renueva un espíritu recto dentro de nosotros (Salmo 51.10). La ley que predicaba Juan exigía un cambio de vida, pero carecía del poder para efectuar tal cambio. La ley que predicaba Juan puede mostrarnos nuestra necesidad y pobreza espiritual, pero no puede hacer nada para remediar esa necesidad y pobreza. El bautismo de Juan era un bautismo con agua solamente. El bautismo de Jesús también es un bautismo con agua, pero agua ligada al poder purificador del Espíritu Santo (Bruner 1987.80). El bautismo de Juan no daba a los bautizados el Espíritu Santo.

El bautismo de Jesús tenía otra dimensión que faltaba en el bautismo de Juan: introducía al individuo al reino de Dios y a la iglesia. Por medio del bautismo en el nombre de Jesús uno llega a formar parte de la iglesia de Cristo (Käsemann 1982.136-148). En el tiempo cuando Juan escribió su evangelio andaban por el mundo muchos herejes y falsos profetas que profesaban ser hombres llenos del Espíritu Santo, pero que al mismo tiempo menospreciaban los sacramentos y doctrinas tales como la encarnación y la muerte física de Cristo. Desde la perspectiva del autor del cuarto evangelio, no puede estar llena del espíritu de Cristo una persona que niega los sacramentos y las doctrinas principales de la fe. Por eso encontramos en el evangelio de Juan muchas referencias directas e indirectas a la necesidad del bautismo para entrar en el reino de Dios y a la necesidad de confesar públicamente a Jesucristo como hombre verdadero y Dios verdadero para poder ser un verdadero discípulo.

Nota cultural: En el famoso retablo del altar de Issenheim en Alemania, obra del renombrado artista Matías Grünewald (1460-1528), se ve a Juan el Bautista parado apuntando al Cordero de Dios. Es evidente en la obra de Grünewald que Juan representa y simboliza a todo el A.T. En el cuarto evangelio, todo el A.T. con sus instituciones, fiestas, ritos, héroes y eventos trascendentales, señala a Cristo, el Cordero de Dios, que quita el pecado del mundo y que reemplaza las fiestas, instituciones, ceremonias y figuras históricas que apuntan a él. Como veremos a lo largo de este libro, éste es uno de los temas principales del evangelio.

Juan el Bautista en la religiosidad popular hoy

En la religiosidad popular latinoamericana Juan el Bautista es uno de los santos más conocidos, y las fiestas que se celebran en su honor ocupan un lugar destacado en el folclore de nuestros pueblos. El 24 de junio es el día de San Juan Bautista, y las danzas, procesiones y festividades de ese día están llenas de colorido y ritmo. La fiesta también se caracteriza por el uso excesivo de alcohol, a pesar de que Juan el Bautista no bebía vino ni sidra (Lucas 1.15).

En España se celebra el día de San Juan encendiendo hogueras con leña seca y verde que, se piensa, alejan los maleficios. Junto a ellas se cena, se canta y se gira a su alrededor. También hay que saltar sobre ellas determinado número de veces. El salto es como un remedio eficaz. También pasan criaturas enfermas por encima de ellas. La joven que salte sin tocar la llama, se casará ese año. Se piensa que las hogueras libran de maleficios y los ahuyentan (Maldonado 1975.39). También se cree que las aguas de los ríos, del mar y del rocío tienen propiedades especiales en la noche de la fiesta de San Juan. De ahí las prácticas de ir a recoger rocío, de bañarse en el mar o en los ríos, así como de pasearse desnudo entre los trigales cubiertos de rocío la mañana de San Juan, o de andar descalzos sobre la hierba húmeda.

Otra costumbre típica del día de San Juan es hacer enramadas o colocar árboles en lugares públicos. Las ramas cortadas ese día tienen un valor profiláctico. Son las que emplean las brujas para sus hechizos. San Juan es fiesta de fertilidad y fiesta bélica. Quizá simboliza la lucha entre el invierno y la primavera, entre la muerte y la vida. Muchos autores ven una relación entre la fiesta de San Juan y la vieja fiesta pagana que celebraba el solsticio de verano. Así como los cristianos primitivos comenzaron a celebrar el nacimiento de Cristo el 24 de diciembre para borrar la fiesta del solsticio de invierno, así también comenzaron a celebrar la fiesta de San Juan para desplazar la fiesta pagana del solsticio de verano (Maldonado 1974.41).

En muchas partes de América latina San Juan Bautista llegó a ser un santo muy popular entre los esclavos negros traídos del África. En Venezuela, por ejemplo, la fiesta más famosa de San Juan se da en la casta de Barlovento, en el estado de Miranda, donde la mayoría de la población es de origen africano y se dedica al cultivo del cacao. Se establecieron muchas cofradías que tenían a San Juan Bautista como su santo patrono. En realidad, los esclavos seguían honrando a sus dioses africanos bajo el disfraz del santo católico. San Juan Bautista era para muchos esclavos no tanto un santo católico, sino un poderoso espíritu africano capaz de "dar agua o sol, descanso y esperanzas, inspiración y resistencia. El 24 de junio sonaban los tambores en su honor, como si fuera una deidad africana. Bebía aguardiente con sus "esclavos", parrandeaba con "sus negros." Cumacos y minas, tambores redondos y curbetas, todos retumbaban en la noche buena de San Juan. Se volvía no un santo, sino un dios capaz de dispensarlo todo. Un dios que daba a los esclavos la fuerza de ofrecer resistencia ante la ira de sus amos, y la oportunidad de embriagarse para olvidar sus penas inmediatas" (Chacón 1979.300).

Si bien estas fiestas tienen cierto valor folclórico y sociológico, pues han ayudado a un pueblo oprimido a preservar su identidad y a ofrecer resistencia a sus opresores, lamentablemente también han opacado al Juan Bautista histórico y su mensaje. Han silenciado la voz de aquel que nos proclama la ley de Dios y nos llama al arrepentimiento. Las fiestas populares nos han dado un Juan Bautista indulgente y complaciente, un Juan Bautista que consiente a su pueblo en vez de llamarlo al arrepentimiento y de anunciarle la venida del reino de Dios. Nuestros pueblos latinoamericanos necesitan llegar a conocer la voz del verdadero Juan Bautista, porque al final de cuentas, él es la voz que nos proclama nuestra necesidad del Cordero de Dios que quita el pecado del mundo.

Ante el culto a los santos tan pronunciado e idólatra en muchas partes de América latina, podemos aferrarnos con provecho al testimonio de Juan el Bautista en el cuarto evangelio. En ningún momento queremos faltarle el respeto a los santos de la tradición cristiana como lo hacen algunos grupos cristianos. Pero al mismo tiempo, si queremos mostrar nuestro respeto hacia ellos, debemos respetar su voluntad. Lo que los santos merecen no es veneración ni adoración. Los santos nunca pretendieron reemplazar a Jesús, ni quisieron quitarle la adoración y la alabanza que solamente a él le corresponden. Juan el Bautista declara: "Es necesario que él crezca, pero que yo mengüe" (Juan 3.30). Cuando Cornelio quiere adorar a San Pedro, el apóstol responde: "Levántate, pues yo mismo también soy hombre" (Hechos 10.26). Cuando los habitantes de Listra quieren adorar a San Pablo y San Bernabé, los santos se molestan en gran manera, rasgando sus ropas y diciendo: "¿Por qué hacéis esto? Nosotros también somos hombres semejantes a vosotros, que os anunciamos que de estas vanidades os convirtáis al Dios vivo..." (Hechos 14.15). Cuando en el libro de Apocalipsis Juan se postra para adorar al ángel, el ser celestial responde diciendo: "Mira, no lo hagas; porque yo soy consiervo tuyo, de tus hermanos los profetas, y de los que guardan las palabras de este libro. Adora a Dios" (Apocalipsis 22.9). Es el testimonio de todos los santos y ángeles que toda nuestra adoración sea para Dios y no para ellos. Cuando adoramos a los santos y ángeles, no los honramos, sino que provocamos su ira y la ira de Dios, a quien sólo debemos nuestra adoración, alabanza y veneración.

Nota confesional: En los *Artículos de Esmalcalda*, en el artículo acerca del arrepentimiento, Martín Lutero describió a Juan el Bautista como "un predicador del arrepentimiento, pero para la remisión de los pecados. Esto es, (su misión) consistía en castigar a todos los hombres y presentarlos como pecadores, para que supiesen lo que eran ante Dios y se reconociesen como hombres perdidos y para que entonces estuviesen preparados para el Señor a recibir la gracia, esperar y aceptar el perdón de los pecados" (Libro de Concordia, página 314).

1.29: El siguiente día vio Juan a Jesús que venía a él, y dijo: He aquí el Cordero de Dios, que quita el pecado del mundo. Juan el Bautista dio su testimonio acerca de Jesús durante un espacio de tres días. Muchos creen que estos tres días son días simbólicos que anticipan los tres días desde el Viernes Santo hasta el domingo de la Resurrección y así anticipan la muerte y resurrección de Jesús. En el primer día, Juan dio a entender a todos que él no era la verdadera luz. En el segundo día, Juan proclama que la verdadera luz es Jesús. En el tercer día, Juan enviará a sus discípulos a seguir a Jesús. Las palabras: "He aquí" son un llamado a mirar y contemplar a Jesús para ver en él el sacrificio por los pecados del mundo. En la última parte del libro Poncio Pilato proclamará: "¡He aquí el hombre! ¡He aquí vuestro Rey!" (Juan 19.5,14).

¿De cuál cordero está hablando Juan en su proclamación acerca de Jesús? Hay varias referencias a corderos en la Escritura. Se ofrecían corderos en la fiesta de la Pascua para recordar el sacrificio hecho por los judíos cuando fueron liberados de Egipto (Éxodo 12). Cada mañana y cada tarde se sacrificaba un cordero en el templo en Jerusalén. El evangelista no cita aquí un texto específico del A.T., pero muchos creen que Juan tenía en mente Isaías 53 y Génesis 22. En el relato de la *Agedah* en Génesis 22, Abraham ofreció un cordero en lugar de su hijo Isaac. (*Agedah* es un término rabínico que designa la "atadura" de Isaac en la historia de Génesis 22). En Isaías 53 el profeta anuncia que el siervo sufriente de Jehová sería sacrificado como un cordero llevado al matadero. En realidad, aunque el evangelista no cita directamente ningún texto del A.T., es muy probable que quiere decir a sus lectores que en Jesús se cumplen todos los textos de la antigua alianza que hablan del sacrificio de un cordero.

Una de las características del cuarto evangelio es que no hay muchas citas directas del A.T. El evangelista más bien incorpora en su perspectiva teológica todo lo que comunicaba el símbolo del cordero, y todo se lo atribuye a Jesús. Tan pronto como alguien oía que Juan el Bautista hablaba de un cordero, le venía a la mente todo el sistema sacrificial del A.T. Al proclamar que Jesús es el Cordero de Dios, Juan afirmaba que todo lo que ese sistema buscaba y anticipaba se había realizado en aquel Verbo que se hizo carne. Solamente porque el Verbo se hizo carne puede quitar el pecado del mundo. Porque Jesús fue humillado, muerto, resucitado y glorificado (1 Juan 2.2) puede declarar: "Y él es la propiciación por nuestros pecados; y no solamente por los nuestros, sino también por los de todo el mundo" (Smalley 1982.326).

1.30: Este es aquel de quien yo dije: Después de mí viene un varón, el cual es antes de mí; porque era primero que yo. Juan el Bautista, como muchos otros individuos en el cuarto evangelio, no es solamente un personaje histórico, sino también una figura ejemplar que representa a todos los que, dentro de la iglesia, son llamados a dar testimonio de Cristo. Como tal, Juan puede ayudar a la iglesia a definir su misión. Como Juan, la iglesia no debe cultivar su auto-imagen o su propia gloria, sino dar testimonio, servicio y adoración al Cordero de Dios que quita el pecado del mundo (Cousar 1977.402-403). Nosotros, en nuestros ministerios, somos llamados, como Juan el Bautista, a dar el primer lugar a Jesús.

1.31: Y yo no le conocía; mas para que fuese manifestado a Israel, por esto vine yo bautizando con agua. Juan el Bautista testifica aquí que no sabía la verdadera identidad de Jesús hasta que vio la gloria de Dios cuando se reveló en su bautismo. En base a lo que pasó en el bautismo de Jesús, el Bautista vio que ese bautismo era superior a su propio bautismo, así como el ministerio de Jesús era superior a su propio ministerio. Antes del bautismo Jesús era un discípulo del Bautista, pero a raíz de ese suceso se cambiaron los papeles; el Bautista pasó a ser un discípulo de Jesús.

1.32: También dio Juan testimonio, diciendo: Vi al Espíritu que descendía del cielo como paloma, y permaneció sobre él. Una de las preguntas que muchas veces surgía en torno al ministerio de Jesús de Nazaret era: ¿Con qué autoridad haces esto? (Lucas 20.2). Jesús no era de la tribu de Leví y por lo tanto no gozaba de la autoridad que tenían los sacerdotes y levitas para enseñar la palabra de Dios. Jesús no había estudiado como San Pablo en la escuela de un gran rabino como Gamaliel. A Jesús le faltaba una educación rabínica. En Juan 7.15 los judíos se maravillan de Jesús diciendo: "¿Cómo sabe éste letras, sin haber estudiado?" Cuando en Lucas 20.2 le preguntan a Jesús: "¿Quién es el que te ha dado esta autoridad?" Jesús les responde con otra pregunta: "El bautismo de Juan, ¿era del cielo, o de los hombres?" Evidentemente, lo que insinúa Jesús con su contra-pregunta es que el Padre lo había designado como líder del nuevo Israel cuando fue bautizado por Juan el Bautista. O sea, Jesús fue ordenado como sacerdote del nuevo pacto por medio de su bautismo en el Jordán. Aquel día el Padre le dio a Jesús la autoridad y el poder espiritual necesarios para llevar a cabo su misión. Jesús no recibió solamente una medida del Espíritu como en el caso de los profetas del A.T. (Juan 3.34), sino que recibió la plenitud del Espíritu. El Espíritu no permaneció sobre Jesús solamente por un tiempo, como en el caso de Sansón. Juan el Bautista testifica que el Espíritu permaneció sobre él. Puesto que el Espíritu permanece sobre Jesús, Jesús es aquel que puede bautizar a otros con su Espíritu. Jesús no solamente recibe el Espíritu, Jesús es el que reparte el Espíritu. De manera que el bautismo de Juan no es sólo una identificación de parte de Jesús con la humanidad caída, sino que es también su ordenación, su autorización y su legitimación ante Israel como profeta, sacerdote y rey.

Nosotros también necesitamos entender que nuestro bautismo es mucho más que un lavamiento de regeneración; también es nuestra ordenación como ministros en el sacerdocio real de todos los creyentes. En virtud de nuestro bautismo y con el poder del Espíritu Santo que recibimos en nuestro bautismo, estamos autorizados para remitir los pecados a los pecadores arrepentidos (Juan 20.21-23) y estamos autorizados para bautizar, evangelizar y absolver.

En su testimonio, el Bautista especifica que el Espíritu vino sobre Jesús como una paloma. Según una tradición rabínica, el Espíritu de Dios que se movía sobre la faz de las aguas en Génesis 1.2, tenía la forma de una paloma. Es posible que la presencia del Espíritu en el bautismo de Jesús sea una indicación de que tenemos aquí el inicio de una nueva actividad creadora de Dios. Está cediendo la vieja creación y con el bautismo de Jesús está comenzando una nueva creación (Smalley 1982.327).

1.33-34: Y yo no le conocía; pero el que me envió a bautizar con agua, aquel me dijo: Sobre quien veas descender el Espíritu y que permanece sobre él, ése es el que bautiza con el Espíritu Santo. Y yo le vi, y he dado testimonio de que éste es el Hijo de Dios. Las palabras del Bautista indican que el descenso del Espíritu como una paloma fue una señal profética dada a Juan por el Padre para que el Bautista supiera la identidad de aquel que venía para bautizar con el Espíritu. Por medio de esta señal el Bautista puede proclamar que "éste es el Hijo de Dios." Juan el Bautista fue llamado por Dios, no para ser el mesías, sino para proclamar la identidad de aquel que era Hijo de Dios. De esta manera, el Bautista está respondiendo a la pregunta de los fariseos en el versículo 25: "¿Por qué, pues, bautizas, si tú no eres el Cristo, ni Elías, ni el profeta?" La respuesta de Juan es: "Yo bautizo con agua para identificar, ante todo Israel, a aquel que es el Hijo de Dios" (Painter 1991:140-143).

En el evangelio de Juan se usan a menudo los verbos *ver*, *oír*, *conocer*, *comer* y *beber*. En el pasaje que estamos tratando, por ejemplo, Juan el Bautista utiliza frases como: "He aquí, yo le *vi*"; y: "venid y *ved*." En el cuarto evangelio tales verbos son casi sinónimos de creer. Cuando el evangelista dice: "Ved a Jesús," lo que quiere decir es: "Creed en Jesús." La invitación a comer del pan de la vida, o de conocer a Jesús, es realmente una invitación a creer en él. La gran abundancia de sinónimos para *creer*, en este evangelio, indica que el propósito primordial del evangelista era llevar a sus lectores a creer en Jesús y tener vida eterna en él. Casi todas las conversaciones y diálogos en el cuarto evangelio giran alrededor de la oposición entre la fe en Jesús y la incredulidad. En nuestro estudio del cuarto evangelio veremos a Jesús en conversación con una gran diversidad de personas: Natanael, Nicodemo, la samaritana, el inválido, el ciego de nacimiento, Poncio Pilato, María Magdalena, Pedro, el funcionario real, los galileos, los judíos, los fariseos, etc. Todos estos personajes en el drama del cuarto evangelio representan diferentes ejemplos de fe, incredulidad, duda y maneras equivocadas de entender a Jesús. Por medio de las conversaciones de estos personajes con Jesús, el evangelista está llevando a sus lectores a creer en Jesús y a confesarlo como Señor y Dios.

1.35: El siguiente día otra vez estaba Juan, y dos de sus discípulos. Varios de los que llegaron a ser discípulos de Jesús fueron primero discípulos de Juan el Bautista. Uno de los dos discípulos que en este versículo está con Juan el Bautista es Andrés, quien va a buscar a su hermano Simón Pedro para decirle que Jesús es el mesías esperado. El cuarto evangelio no nos da el nombre del otro discípulo que estaba con el Bautista y quien también llegó a ser discípulo de Jesús. Muchos creen que este discípulo anónimo es el mismo a quien se refiere luego describiéndolo como el discípulo amado o el discípulo a quien Jesús quería mucho (Juan 13.23; 19.26; 20.2; 21.7; 21.20-24). Varios hombres han sido identificados como este discípulo amado, tales como Natanael, Lázaro y Juan Marcos, pero la gran mayoría cree que el discípulo amado era Juan, el hijo de Zebedeo y Salomé. Este Juan, según la tradición antigua de la iglesia, fue el autor del cuarto evangelio. El profesor Roberto G. Hoerber del Seminario Luterano Concordia en San Luis, Misuri, Estados Unidos, cree que el apóstol Juan deliberadamente rehúsa mencionar su propio nombre y el de su hermano Santiago porque no quiere ensalzar el prestigio de su familia (Hoerber 1986.197).

Otros intérpretes del cuarto evangelio opinan que no debemos preguntar por la identidad del discípulo amado. Dicen que si hubiera sido la voluntad del Espíritu Santo y del discípulo amado revelarnos su identidad, lo hubieran hecho. Estos intérpretes dicen que el discípulo amado es el discípulo ideal, o sea, el modelo de lo que debe ser todo discípulo del Señor. El hecho de que el autor del evangelio haya dejado en blanco el nombre del discípulo amado debe ser entendido por nosotros, los lectores del evangelio, como una invitación a poner nuestro propio nombre en el lugar del discípulo anónimo. Es decir, el cuarto evangelio nos está llamando a ser el discípulo amado, a seguir, a amar y a creer en Jesús como lo hacía el discípulo amado. A través de nuestro estudio del evangelio de Juan tendremos más oportunidad de hablar acerca de los interrogantes que han surgido en torno de San Juan, del discípulo amado y del autor del cuarto evangelio.

1.38: Y volviéndose Jesús, y viendo que le seguían, les dijo: ¿Qué buscáis? Ellos le dijeron: Rabí (que traducido es, Maestro), ¿dónde moras? En este versículo se puede notar otra característica del evangelio según San Juan, a saber, la tendencia de traducir palabras arameas al griego. Esta característica indica que la mayoría de los destinatarios del cuarto evangelio no sabían arameo, el dialecto más usado por los judíos en Palestina. Este rasgo del cuarto evangelio ha llevado a la gran mayoría de los comentaristas e historiadores a concluir que Juan escribió su evangelio a personas que vivían fuera de Palestina. El idioma de estos destinatarios era el griego, lo cual indica que eran o gentiles, o judíos que habían vivido por mucho tiempo en la diáspora, o una combinación de gentiles y judíos de la diáspora. El evangelio según San Juan tiene mucho parentesco con el libro de Apocalipsis. Muchos eruditos creen que el Apocalipsis fue escrito por el mismo autor del cuarto evangelio o por uno de sus colaboradores. Se sabe que el Apocalipsis fue escrito a personas que vivían en Efeso y en las otras seis ciudades de Asia Menor nombradas en el libro. Por eso, muchos postulan que el evangelio según San Juan también fue escrito para destinatarios que vivían en Efeso y en las principales ciudades de la provincia romana de Asia Menor. Veremos otros dos ejemplos de palabras arameas traducidas al griego en 1.41,42.

1.39: Les dijo: Venid y ved. Fueron, y vieron donde moraba, y se quedaron con él aquel día; porque era como la hora décima. El lugar de la morada de Jesús es un tema muy discutido en este evangelio. Los dos discípulos ven el lugar de la morada de Jesús y deciden quedarse con él por el resto del día. Jesús tenía su morada provisional en el lugar donde Juan el Bautista estaba bautizando, pero esa no era su morada permanente (comparar Mateo 8.20). Una lectura cuidadosa del resto del evangelio revelará que la verdadera morada de Jesús está entre los discípulos. En Juan 14.23 Jesús dirá a sus discípulos: "El que me ama, mi palabra guardará; y mi Padre le amará, y vendremos a él, y haremos morada con él."

1.40-41: Andrés, hermano de Simón Pedro, era uno de los dos que habían oído a Juan, y habían seguido a Jesús. Este halló primero a su hermano Simón, y le dijo: Hemos hallado al Mesías (que traducido es, el Cristo). En Juan 1.35-42 vemos uno de los modelos de evangelismo que practicaban los primeros seguidores de Jesús. El hecho de que este material haya sido incluido aquí muestra que el evangelista quiere recomendar a sus lectores que se involucren en un programa de evangelismo semejante al que vemos aquí. Según este modelo de evangelismo, el nuevo creyente se convierte en misionero y busca llevar a un familiar, a un amigo o a un desconocido a Jesús. Vemos a Juan el Bautista evangelizando a dos de sus discípulos. Andrés evangeliza a Pedro, y Jesús mismo evangeliza a Felipe. Felipe a su vez evangeliza a Natanael.

Con frecuencia el evangelista utiliza uno de los títulos de Jesús para convencer a la persona que estaba evangelizando, de que Jesús es el salvador que el pueblo de Israel estaba esperando. Juan el Bautista dice a sus discípulos que Jesús es el Cordero de Dios. Andrés dice a Pedro que Jesús es el Mesías. Felipe dice a Natanael que Jesús es aquel de quién escribió Moisés y los profetas en la Torá. Así, el evangelista usa las Escrituras para testificar de Cristo y para mostrar a otros que Jesús es el cumplimiento de las esperanzas mesiánicas de Israel. Este uso de las Escrituras en la evangelización de los judíos se asemeja a la práctica de los apóstoles y misioneros primitivos en el libro de los Hechos (Hechos 1.16-41; 17.10-11).

Después de dar testimonio acerca de Jesús como el cumplimiento de las promesas dadas en las Escrituras, el evangelista conduce al evangelizado a Cristo. "Ven y ve" le dice Felipe a Natanael en Juan 1.46. Andrés, en Juan 1.42, lleva a Simón Pedro a Jesús. Los evangelistas usaban las señales que hacía Jesús como parte de su testimonio, para que los evangelizados pudieran creer en él. Los primeros discípulos de Jesús creyeron en él cuando vieron la gloria de Dios manifestada en las señales que hacía (Juan 2.11). En el capítulo 4 de Juan vemos a Jesús evangelizando a la mujer samaritana. Ella en seguida se convierte en misionera y comienza a evangelizar a los de su pueblo. Sin duda, las referencias a pasajes específicos de las Escrituras que se cumplieron en la persona y en el ministerio de Jesús, fueron incluidas en el cuarto evangelio para ayudar a los misioneros cristianos a convencer a los miembros de la sinagoga y del pueblo de Israel a creer en Jesús. Un ejemplo de tales referencias es Juan 19.24, que muestra cómo se ha cumplido el Salmo 22.18 en la pasión de Cristo: "Repartieron entre sí mis vestidos, y sobre mi ropa echaron suertes." Otro ejemplo es Juan 19.36-37, que muestra cómo se cumplió Zacarías 12.10: "Mirarán al que traspasaron" (Neyrey 1988.123).

El programa de evangelización denominado "Plan Andrés" sigue el modelo presentado en Juan 1.35-42. El plan toma en cuenta ciertos factores sociológicos muy importantes para nuestros programas de evangelización, a saber: Los nuevos convertidos en muchos casos son los misioneros más efectivos. Esto se debe a que las personas que han sido cristianas por mucho tiempo suelen tener menos contacto con personas que no son creyentes. En muchos casos los mejores amigos de un cristiano son también cristianos. Esto a su vez se debe a que muchos cristianos se han criado en familias y en congregaciones cristianas donde la mayoría de sus contactos sociales es con hermanos en la fe. No conocen íntimamente a personas no cristianas. Un recién convertido, en cambio, generalmente tiene muchos familiares, amigos, socios, vecinos y compadres que no son creyentes. Por los nexos de amistad que tiene con tales personas, el recién convertido puede servir como un puente para que el evangelio llegue a otros. La iglesia que aprovecha los contactos sociales y familiares de los recién convertidos está en una buena posición para llevar a cabo una evangelización fructífera.

1.42: Y le trajo a Jesús. Y mirándole Jesús, dijo: Tú eres Simón, hijo de Jonás; tú serás llamado Cefas (que quiere decir, Pedro). El hecho de que Jesús le diera un nuevo nombre a Simón, el hijo de Jonás, es muy significativo. Un cambio de nombre en la Biblia significa un cambio de destino y un cambio en el estilo de vida. En el libro de Génesis el nombre de Jacob fue cambiado a Israel, lo que significaba que Dios tenía para él un nuevo papel en la historia de la salvación. El nombre de Abram fue cambiado a Abraham para significar que sería el padre de muchas naciones. El nombre de Simón es cambiado a Cefas, que quiere decir piedra o roca en arameo. Cefas en griego es Pedro. Simón será llamado Pedro porque llegará a tener una fe fuerte y dura como una roca. Hay poca evidencia de esta fuerte fe de Pedro en el cuarto evangelio, aunque en Juan 6.68-69 confesará públicamente que Jesús es el Mesías. Pedro es el discípulo que no comprende que Jesús tiene que sacrificar su vida para poder limpiar y purificar a sus discípulos. Pedro es el discípulo que negará su discipulado en el patio del sumo sacerdote. Pero en la última escena del cuarto evangelio, Jesús profetiza que Pedro llegará a dar testimonio de Jesús con su martirio, y mostrará así que en verdad es el hombre con la fe fuerte como una piedra.

1.43: El siguiente día quiso Jesús ir a Galilea, y halló a Felipe, y le dijo: Sígueme. Hasta ahora hemos visto que sacerdotes, levitas, fariseos y Juan el Bautista buscan al mesías. Más tarde veremos como otras personas también buscarán a Jesús: Nicodemo, el oficial del rey, los griegos en el templo, María Magdalena, etc. Pero el cuarto evangelio no es solamente la historia de personas que buscan al mesías. Es también la historia de la búsqueda que realizan el Padre y el Hijo. En Juan 4.23 Jesús dice que "el Padre tales adoradores busca que le adoren." En Juan 1.43 Jesús busca y halla a Felipe. Nosotros podemos buscar y hallar a Dios solamente porque primero Dios nos ha buscado y hallado en su hijo Jesucristo. Nunca podríamos buscar y encontrar a Dios si Dios no nos hubiera buscado y hallado primero.

En esta porción de la Escritura, Felipe es el único a quien Jesús llama directamente. Todos los demás llegan a saber de Jesús por medio de otras personas que ya lo habían conocido. De esta manera el cuarto evangelio nos llama a ser testigos para que otras personas puedan llegar a creer en Jesús y a tener vida eterna en su nombre. Es interesante notar que a través de Felipe muchas personas se acercan a Jesús. En el capítulo 1, es Felipe quien busca a Natanael. En el capítulo 12, los griegos que buscan a Jesús lo encuentran gracias a Felipe. Felipe es un ejemplo de un discípulo que lleva mucho fruto (Juan 15.1-10).

1.44: Y Felipe era de Betsaida, la ciudad de Andrés y Pedro. Solamente el evangelio de Juan nos informa que Felipe, Andrés y Pedro eran de Betsaida, una ciudad pesquera a orillas del mar de Galilea. El cuarto evangelio está lleno de pequeños datos geográficos como éste. Esta característica indica que el autor conocía bien Palestina, y fue testigo ocular de muchos de los eventos que nos relata en los 21 capítulos de su obra. Éste es uno de los detalles que debemos tomar en consideración cuando hablamos de la identidad del autor del cuarto evangelio.

1.45-46: Felipe halló a Natanael, y le dijo: Hemos hallado a aquel de

quien escribió Moisés en la ley, así como los profetas: a Jesús, el hijo de José, de Nazaret. Natanael le dijo: ¿De Nazaret puede salir algo de bueno? Le dijo Felipe: Ven y ve. En Juan 1.45 nos encontramos por primera vez con uno de los personajes más interesantes de este evangelio: Natanael.

El nombre Natanael no figura en las listas de los discípulos de Jesús en los evangelios de Mateo, Marcos y Lucas; tampoco en el libro de los Hechos. Pero en estos libros bíblicos los nombres Felipe y Bartolomé siempre están juntos. Vemos en Juan 1.43-51 que fue Felipe el que buscó a su amigo Natanael para que fuera discípulo de Jesús. A base de tales datos, muchos intérpretes del N.T. han identificado a Natanael con Bartolomé. De hecho, Bartolomé es más bien un apellido que un nombre. La palabra *bar* en arameo (el dialecto que hablaban Jesús y sus discípulos) significa hijo. Bartolomé entonces significaría: hijo de Tolomeo. Los que identifican a Natanael con Bartolomé afirman que el nombre completo de este discípulo de Jesús era: Natanael, hijo de Tolomeo. Según la tradición de la iglesia, después de la resurrección de Jesús, Bartolomé llevó el evangelio a Armenia y lo que hoy es Iraq, donde murió como mártir. Según una tradición antigua, Bartolomé fue desollado por orden del rey Astiages y entonces decapitado (McBirnie 1973.130-141). El escudo de Bartolomé muestra los cuchillos que causaron su martirio. La iglesia celebra el 24 de agosto el día de San Bartolomé Apóstol.

Al informar Felipe a Natanael que habían encontrado al Mesías prometido en el A.T., Natanael dice: "¿De Nazaret puede salir algo de bueno?" No sabemos si la pregunta de Natanael se basaba en una rivalidad entre los pueblos de Caná y Nazaret o en alguna mala reputación que tenía Nazaret en aquel entonces. Tal vez, como estudiante de las Escrituras, Natanael sabía que no había ninguna profecía que hablara de Nazaret como el pueblo del cual vendría el Mesías. Muchos judíos de aquella época se hacían la misma pregunta que Natanael. Por eso, es interesante que Felipe no le da una respuesta directa, sino que lo convida a venir y ver. El evangelista, por medio de las palabras de Felipe, también nos está convidando a nosotros, sus lectores, a venir y ver. Como ya se observó, la palabra ver en el cuarto evangelio es usada como sinónimo de creer. Al leer este evangelio el lector podrá dar su propia respuesta a la pregunta hecha por Natanael de Caná. La respuesta será doble. La primera parte de la respuesta será sí. Sí, no solamente puede salir algo bueno de Nazaret, sino que de Nazaret ha salido el Cristo. A un nivel más profundo, la respuesta será no, porque Jesús realmente no viene de Nazaret, sino de arriba. Su verdadero lugar de origen es Dios (Duke 1985.54-55). El lugar de origen de Jesús será un tema que muchos malentenderán y tergiversarán a lo largo del cuarto evangelio.

1.47: Cuando Jesús vio a Natanael que se le acercaba, dijo de él: He aquí un verdadero israelita, en quien no hay engaño. Le dijo Natanael: ¿De dónde me conoces? Respondió Jesús y le dijo: Antes que Felipe te llamara cuando

estabas debajo de la higuera, te vi. Respondió Natanael y le dijo: Rabí, tú eres el Hijo de Dios; tú eres el Rey de Israel. Respondió Jesús y le dijo: ¿Porque te vi debajo de la higuera crees? Cosas mayores que estas verás. El llamamiento de Natanael nos recuerda un texto del A.T. que los rabinos consideraban una importante profecía mesiánica. En Zacarías 3.10 dice: "En aquel día, dice Jehová de los ejércitos, cada uno de vosotros convidará a su compañero, debajo de su vid y debajo de su higuera."

La profecía de Zacarías tiene que ver con un hombre que llama a su compañero para anunciarle la llegada de un varón llamado el Renuevo (Zacarías 3.8). En Zacarías 6.12-13 tenemos una descripción de lo que hará el Renuevo: "He aquí el varón cuyo nombre es el Renuevo, el cual brotará de sus raíces, y edificará el templo de Jehová. El edificará el templo de Jehová, y él llevará gloria, y se sentará y dominará en su trono."

El renuevo de quien habla esta profecía es el rey mesiánico que saldrá de las raíces que quedaron en la tierra después de la caída de aquel gran árbol que fue la casa real de David. El profeta Jeremías también profetizó acerca de este renuevo (23.5-6; 33.15-16): "He aquí vienen días, dice Jehová, en que levantaré a David renuevo justo, y reinará como Rey, el cual será dichoso, y hará juicio y justicia en la tierra." En Isaías 11.1 hay otra profecía del renuevo o de la salida de una vara del tronco de Isaí, el padre de David. El evangelista Juan quiere decir a sus lectores que en la historia del llamamiento de Natanael se ha cumplido la profecía de un hombre que anuncia a su compañero la venida del renuevo, o sea, el rey mesiánico que esperaba Israel.

Cuando Natanael recibe de su amigo Felipe la invitación de conocer a Jesús, pregunta: "¿De Nazaret puede salir algo de bueno?" Natanael es una persona que ha estudiado mucho las Escrituras y las profecías mesiánicas. Él sabe que no hay nada en el A.T. acerca de un mesías que salga de Nazaret. Sin embargo, acepta la invitación de conocer a Jesús para ver por sí mismo si es el mesías davídico profetizado en la ley y en los profetas. Al comprobar por sí mismo que Jesús es el mesías profetizado, Natanael hace su confesión de fe: "Rabí, tú eres el Hijo de Dios; tú eres el Rey de Israel."

1.51: Y le dijo: De cierto, de cierto os digo: De aquí adelante veréis el cielo abierto, y a los ángeles de Dios que suben y descienden sobre el Hijo del Hombre. El versículo clave de Juan 1.43-51 es el 51 donde Jesús le dice a Natanael: "De aquí adelante veréis el cielo abierto, y a los ángeles de Dios que suben y descienden sobre el Hijo del Hombre." Recordemos que en el A.T. hay un relato de un hombre que vio el cielo abierto y a ángeles ascendiendo y descendiendo por una escalera que unía el cielo con la tierra. Este hombre era Jacob o Israel, quien, según Génesis 28.10-22, tuvo esa visión en un lugar que luego nombró Bet-el, que significa casa de Dios. El mismo Jacob que vio la gloria de Dios en esa visión de la escalera celestial, era conocido por sus engaños. Hasta su nombre, Jacob, significa tramposo o engañador. Recordemos que fue Jacob quien engañó a su hermano Esaú y le quitó su primogenitura (Génesis 25.27-34). Después Jacob aprovechó la ceguera de su padre Isaac para engañar otra vez a su hermano y quitarle la bendición de su padre. Al enterarse del segundo engaño, Esaú declaró: "Bien llamaron su nombre Jacob (engañador), pues ya me ha suplantado dos veces" (Génesis 27.36). Jacob y Natanael son dos israelitas que fueron escogidos para ver la gloria de Dios. Jacob fue un engañador, pero Natanael fue "un israelita en quien no hay engaño." Natanael no se dejó engañar en cuanto a la persona de Jesucristo. Él mismo fue a ver a Jesús para cerciorarse si era verdad lo que se decía acerca de él. Natanael era como los cristianos de Berea quienes escudriñaban "cada día las Escrituras para ver si estas cosas eran así" (Hechos 17.11).

Después de tener esa visión de la gloria de Dios y la escalera celestial, Jacob derramó aceite encima de la roca sobre la cual había dormido para marcarla como un lugar santo, como un lugar donde es posible para los seres mortales tener contacto con el mundo celestial y recibir revelaciones de la gloria de Dios.

Con frecuencia se escogían lugares santos para que sirvieran de puentes entre el cielo y la tierra, como los sitios de templos y santuarios (Eliade 1972.337). El santuario de Nuestra Virgen de Guadalupe y la mayoría de los santuarios marianos en América latina han sido construidos en lugares donde ocurrieron supuestas visiones o apariciones de la virgen. Esa es también la intención de Jacob, volver a Bet-el y construir una casa para Dios en el sitio de la visión. Sabemos que más tarde se construyó un templo en Bet-el, que llegó a ser el santuario principal del reino constituido por las diez tribus del norte, después de la división del reino de Salomón. Uno de los nombres de este templo fue El orgullo de Israel (Oseas 7.10), porque fue el sitio donde Jacob en su visión vio la gloria de Dios. La palabra Bet-el significa casa de Dios. Las palabras de Jesús a Natanael significan que el puente entre el cielo y la tierra ya no se encuentra más en una localidad particular, sino en un hombre, en el cual se hace visible la gloria de Dios (Cullmann 1953.73).

En la visión de Jacob en Génesis 28 los ángeles descienden y ascienden por una escalera divina, pero en Juan 1. 43-51 no hay referencia alguna a una escalera. Los ángeles bajarán y subirán no por una escalera sino por medio del Hijo del Hombre. Los discípulos no necesitarán una escalera para ver la gloria divina, porque al conocer el amor y perdón de Jesús, estarán mirando directamente el cielo (Neyrey 1982.591).

En Juan 1.14 leímos que aquel Verbo o Palabra se hizo carne e hizo su tabernáculo entre nosotros. Cuando los israelitas recibieron la ley en el monte Sinaí, no vieron al que les dio la ley. Deuteronomio 4.15 declara: "Ninguna figura visteis el día que Jehová habló con vosotros de en medio del fuego." Los israelitas sólo escucharon la palabra de Dios. Pero en Jesucristo la palabra se ha hecho carne. El Dios invisible se hace visible en la persona del Hijo. En Jesucristo el cielo se abre y la gloria de Dios se hace visible. En la persona y en el ministerio de Jesús, Natanael podrá ver la imagen del Dios invisible. Juan 1.43-51 proclama que la verdadera puerta al cielo, la verdadera escalera de Jacob, la verdadera Bet-el o casa de Dios, no es el santuario construido por Jacob, no es el templo donde Jeroboam puso un becerro de oro (1 Reyes 12.25-33), sino Jesucristo, quien ha venido en carne y sangre. Al decir esto, recordemos que Natanael es un verdadero israelita en quien no hay engaño, o sea, es un verdadero creyente.

Natanael se parece a nosotros, los que hemos creído en Jesucristo. Natanael es una persona que conoce las Escrituras. Cuando Felipe le presenta su testimonio acerca de Jesucristo, Natanael comienza a preguntar sobre él. Sin embargo, las dudas y preguntas que Natanael tiene sobre la identidad de Jesús no le impiden llegar a conocer al Señor. Responde positivamente a la invitación de Felipe: "Ven y ve." Natanael vino, vio y creyó. En Juan 1.43-51 el evangelista está extendiendo una invitación a otros judíos de la sinagoga que han oído de Jesús, a fin de que escudriñen las Escrituras "para ver si estas cosas eran así" (Hechos 17.11). El evangelista también nos invita a nosotros, que somos como Natanael, a que vayamos y veamos. Nosotros también podemos confesar a Jesús como lo hizo Natanael. Nosotros también podemos llegar a ver el cielo abierto; podemos llegar a ver y experimentar la gloria del Dios invisible en la persona de Jesucristo. El texto nos llama a buscar la presencia, el poder y el perdón de Dios no en instituciones humanas como santuarios y templos, sino en Jesucristo encarnado, crucificado, resucitado y ascendido al Padre y a la vez presente en los sacramentos y en la comunidad de los que creen en él.

Al asociar la escalera de Jacob con el Hijo del Hombre, Jesús en realidad está diciendo: "Yo soy la verdadera escalera. Mi cuerpo y mi sangre son la verdadera escalera que une la tierra con el cielo." Por medio de esta escalera Dios ha bajado a la tierra y ha hecho su habitación entre nosotros. Por medio de esta escalera Dios ha bajado a la cruz; ha descendido al sufrimiento, a la muerte, a la tumba y al infierno. Por medio de esta escalera nosotros podemos subir. Por medio de esta escalera podemos salir del infierno y de la muerte donde nos encontramos, y ascender a la vida eterna. Por medio de la escalera divina que es Jesucristo, el *Logos* hecho carne, podemos escalar a Dios y a la gloria.

Jesús es el único que puede servir como la escalera entre lo divino y lo humano, porque él es el único ser que es verdadero Dios y verdadero hombre. Este texto se refiere a la naturaleza humana de Jesús cuando lo describe como "el hijo de José" (v. 45). Se refiere a la naturaleza divina de Jesús cuando utiliza el título "el Hijo de Dios" (v. 49). La pregunta que surge al usar estos dos títulos es: ¿Cómo puede el hijo de José ser al mismo tiempo el Hijo de Dios? ¿Cómo puede Jesús ser el que viene de Nazaret y, a la vez, el que viene del cielo? Es interesante notar que cuando Jesús se refiere a sí mismo en el versículo 51, usa el título "el Hijo del Hombre." El enigmático título Hijo del Hombre aparece en el capítulo 7 del libro de Daniel cuando describe a una misteriosa figura que vendrá en las nubes para establecer el reino de los santos, una figura que tiene características tanto divinas como humanas.

El profesor William O. Walker Jr. sostiene la hipótesis que el cuarto evangelio usa el título Hijo del Hombre como una síntesis de los títulos hijo de José e Hijo de Dios. Es decir, mientras que el título hijo de José tiene que ver con la humanidad de Jesús y el título Hijo de Dios con su divinidad, el título Hijo del Hombre se refiere a uno que posee tanto la naturaleza divina como la humana. Precisamente por eso, porque Jesús es al mismo tiempo divino y humano, puede servir como puente entre Dios y los hombres. Como Dios y hombre Jesús es la escalera que une el cielo con la tierra (Walker 1994.40-42).

El primer capítulo de Juan comenzó con las palabras "en el principio" (Ἐν ἀρχῇ en griego), las mismas palabras con las que comienza la historia de la creación en Génesis 1.1. Génesis comienza con el relato de la creación de la luz. Juan 1 nos presenta el *Logos* eterno que es la luz que resplandece en las tinieblas. En Juan 1 hay seis episodios. Cada uno de ellos corresponde a uno de los seis días de la creación. El clímax de Génesis 1 es la creación del hombre a la imagen de Dios. San Juan comienza su evangelio con la historia de la nueva creación, en la cual Dios, por medio de la encarnación, se manifiesta en la imagen de un hombre. El clímax de Juan 1 es el sexto episodio que termina con la declaración: "Veréis el cielo abierto, y a los ángeles de Dios que suben y descienden sobre el Hijo del Hombre" (Saxby 1992.10). En otras palabras, el evangelio de Jesucristo es la historia de la recreación del hombre por medio del *Logos* hecho hombre.

Anteriormente acotamos que probablemente hay una relación entre el primer capítulo de San Juan y la celebración de la fiesta de Año Nuevo, porque la historia de la creación del mundo es una de la lecturas litúrgicas para Rosh Hashanah. Es interesante notar que Génesis 28.10-22, la historia de la escalera de Jacob, es un texto que se solía leer durante la liturgia de Año Nuevo (Guilding 1960.173).

Nota litúrgica: En el leccionario de tres años en *¡Cantad al Señor!* Juan 1.42-51 es el santo evangelio para el segundo domingo después de Epifanía en el año B, año de San Marcos. En el mismo leccionario Juan 1.43-51 es el santo evangelio para el día de San Bartolomé, que se celebra el 24 de agosto, en los años A, B & C.

En el leccionario de cuatro años del grupo litúrgico interconfesional de Gran

Bretaña, Juan 1.35-51 es el santo evangelio para el segundo domingo después de Epifanía en el año D, año de San Juan.

Capítulo 2

Primera señal: las bodas de Caná, Juan 2.1-12

En 2.1-12 Juan registra el relato del primer milagro o señal de nuestro Señor Jesucristo. La historia del agua convertida en vino es la única de las siete señales que es totalmente diferente a los milagros que encontramos en los tres primeros evangelios. El relato nos presenta una fiesta de bodas. Por un lado, es un acontecimiento popular, terrenal y material pero, al mismo tiempo, simboliza el reino de Dios. Este doble enfoque del milagro es una característica de las señales en el evangelio de Juan.

A diferencia de los evangelios sinópticos (Mateo, Marcos y Lucas), el cuarto evangelio nunca emplea la palabra que se traduce como "milagro" (en griego δύναμις, que significa obra potente y poderosa; nuestra palabra dinamita viene de la misma raíz griega). Casi todos los milagros en los evangelios sinópticos anticipan las condiciones en el futuro reino de Dios; es decir, en los sinópticos los milagros acaban con la sed, las enfermedades, los demonios, las tempestades y la muerte. Sirven para anunciar que el reino de Dios ya está presente en la persona de Jesucristo (Geyer 1970.14). El evangelio de Juan, en cambio, prefiere hablar de "señales" y no de "milagros". Todos sabemos lo que es una señal de tránsito; es un objeto material, bien concreto, puesto en un lugar determinado donde puede ser visto y tocado. La señal en cuestión pudiera ser un cuadrado, círculo, triángulo u otra forma geométrica que tiene pintado un tren, un puente o un avión. El dibujo de la señal nos avisa de la presencia de otra realidad que debemos tomar en cuenta en nuestro viaje. Nos alerta de que pronto atravesaremos una línea de ferrocarril, cruzaremos un puente o pasaremos cerca de un aeropuerto.

De una manera parecida todas las señales en el evangelio de Juan presentan episodios históricos, como la transformación de agua en vino en unas bodas en Caná, pero también exploran las implicaciones más profundas de tales sucesos. El milagro que hizo Jesús en Caná, por ejemplo, nos sugiere que el agua de purificación usada por los judíos en sus ceremonias, será reemplazada por Jesús y su sangre derramada en la cruz y por su espíritu derramado en los corazones de los que confían en él. El lector de esta señal milagrosa asocia el vino con la alegría que ocasiona la llegada del Mesías. También se da cuenta de que la sangre y el espíritu de Jesús purifican mejor que las aguas de purificación utilizadas por los judíos en sus ritos y ceremonias religiosas. Así, si queremos comprender lo que San Juan nos presenta en éste y otros episodios de su evangelio, es preciso ver en él simultáneamente el realismo histórico y el valor de la "señal" (Jacquemin 1963.34).

De los muchos milagros y señales que hizo Jesús durante su ministerio terrenal, Juan ha seleccionado cuidadosamente sólo siete para incluirlos en su evangelio.

Algunos peritos del N.T., como Rudolf Bultmann y Robert T. Fortna, suponen que entre algunas comunidades cristianas primitivas circulaba un libro de señales. Este libro de señales habría sido una de las fuentes que utilizó Juan al escribir el cuarto evangelio. Aunque no hay seguridad de la existencia de tal libro, sí podemos afirmar que las siete señales, que encontramos en el evangelio de Juan, fueron escogidas porque ilustran los grandes temas que se van a tratar en el evangelio. Algunas de estas señales van acompañadas de un sermón o comentario en el cual se la interpreta. Cada señal es interpretada, no solamente como un acontecimiento histórico, sino también como si fuera una parábola, tal como lo señala Plutarco Bonilla en su excelente obra *Los Milagros también son Parábolas.*

Al hablar de la dimensión parabólica de los milagros no queremos de ninguna manera cuestionar o negar su historicidad. Veremos que Juan, aún más que los otros evangelistas, enfatiza el carácter histórico de los relatos en su evangelio. Muchos han calificado el evangelio de Juan como "el evangelio espiritual" porque enfatiza el carácter divino y celestial de Jesucristo. Pero a la vez el "más espiritual de los evangelios" es también el más material de ellos. Meticulosamente, Juan registra el tiempo y el lugar exacto de los eventos, la duración de los mismos y otros detalles. Enfoca objetos materiales, cosas que se pueden ver, escuchar, palpar y gustar como agua, vino, hambre, ceguera, parálisis, muerte y vida. Esto es porque, para Juan, lo espiritual no sirve aparte de lo material y lo material no ayuda sin lo espiritual.

Cada relato en el cuarto evangelio ilustra y ejemplifica acciones divinas a través de relatos históricos, en los que se ve la actividad de lo divino en el mundo material. Este tema ya se desarrolló en el prólogo, que afirma que Dios no se conformó con vivir en las regiones celestes, sino que creó el universo, y luego se hizo carne y sangre. En Cristo Dios llegó a ser tan humano que, para apagar su sed, tuvo que pedir agua a una mujer samaritana; fue tan humano que se puso a hacer el trabajo de un esclavo al lavar los pies de los demás. El cuarto evangelio es la historia de un ser espiritual tan humano y tan material que puede decir: "Pon aquí tu dedo, y mira mis manos; y acerca tu mano, y métela en mi costado" (Juan 20.27).

En San Juan no encontramos una separación entre la teología y la historia como la que existe en la mayoría de los teólogos modernos. No se puede divorciar la teología de la historia. No se puede separar el Cristo de la fe del Jesús de la historia, como lo hacen los filósofos y teólogos que se han guiado por la filosofía griega. El obispo Lesslie Newbigin, que ha pasado la mayor parte de su vida en la India, asevera que la teología moderna necesita la ayuda de las iglesias de África y Asia para librarse del dualismo de la filosofía griega, que nos ha enseñado a hacer una distinción tan radical y tan anti-bíblica entre espíritu y materia, historia y fe, forma y función (Newbigin 1982.24-27).

2.1-2: Al tercer día se hicieron una bodas en Caná de Galilea; y estaba allí

la madre de Jesús y fueron también invitados a las bodas Jesús y sus discípulos. El pueblo de Caná de Galilea (llamado hoy Khirbet Kana) está ubicado a unos 15 kilómetros (9 millas) al norte de Nazaret. El historiador Josefo, que vivió un tiempo en Caná, escribe que en el tiempo de la guerra contra Roma (66-70 d.C.) los habitantes de Caná apoyaban al partido de los zelotes en su lucha contra los romanos. Es posible que en el tiempo de Jesús, Caná haya sido un centro de los partidarios de Juan el Bautista (Geyser 1970.21). Lo importante de Caná es que era el pueblo natal de Natanael (Juan 21.2) a quien hacía tres días Jesús había prometido que vería el cielo abierto. En cierto sentido esta profecía ya comienza a realizarse en las bodas de Caná.

Quizás Natanael tuvo algo que ver con la invitación que recibió Jesús para asistir a las bodas. Como nuevo creyente, Natanael, sin duda, quería que los miembros de su familia y de su pueblo llegasen también a conocer a Jesús. Aprovechó la fiesta de bodas como una oportunidad para dar a conocer al maestro. Aquí Natanael nos da un ejemplo de cómo podemos y debemos evangelizar a nuestros familiares y amigos, como ya vimos en Juan 1.35-42.

Las sociedades campesinas y tribales desconfían mucho de los que vienen de afuera, de los que no son del grupo. Por eso, a un evangelista le cuesta mucho ganarse la confianza de tal grupo. A veces pasa meses y hasta años antes de que el grupo lo acepte y escuche su mensaje. En esta clase de sociedad el mejor evangelista es uno que ya es miembro del grupo, como Natanael. En nuestro trabajo evangelístico tenemos que aprender a aprovechar a personas como Natanael. Según el famoso apóstol de iglecrecimiento, Donald McGavran, individuos como Natanael son los puentes que Dios usa para trasladar el evangelio de un grupo a otro, de una sociedad a otra, de una cultura a otra.

2.1: Al tercer día. Muchos autores que han comentado sobre el relato de las bodas de Caná han tratado de encontrar un significado especial en la inclusión de la frase: "Al tercer día." En primer lugar, la frase "al tercer día" indica que lo ocurrido en Juan 2.1-11 sucede tres días después del encuentro entre Jesús y Natanael. Pero Jacquemin hace la observación de que "en el modo de hablar de los primeros cristianos, 'el tercer día' es una expresión casi técnica que inmediatamente evoca el día de la resurrección del Señor... ¿no veía Juan ahí (en las bodas de Caná)... una anticipación simbólica de la gran manifestación de la gloria de Jesús?" En las bodas de Caná hay un derramamiento simbólico del don del Espíritu Santo, pero en el día de la resurrección lo simbolizado por el milagro llega a ser una realidad (Juan 20.22). Jesús da el nuevo vino de su espíritu a los que creen en él (Jacquemin 1963.34-56).

2.1: ...una bodas en Caná de Galilea. La palabra para bodas (γάμον en griego) designa el conjunto de fiestas que van unidas a la celebración de un matrimonio. Ésta es la única vez que se emplea la palabra γάμον en el evangelio de Juan. Estas festividades podían durar toda una semana y solían participar de ellas una gran cantidad de invitados. La popularidad y la importancia de las fiestas nupciales en casi todas las sociedades estriba en el hecho de que el matrimonio es uno de los grandes ritos de pasaje. O sea, las ceremonias matrimoniales establecen y anuncian que el papel de los novios en la comunidad ha cambiado. Por medio de las bodas, las personas solteras se convierten en casadas. Todo esto acarrea un cambio de responsabilidades y de posición en la sociedad.

Es bien sabido que el matrimonio ha perdido mucha de su popularidad y atractivo en nuestra sociedad moderna. En muchos países un buen porcentaje de parejas prefieren vivir juntas en lugar de casarse. Esta situación se debe, en parte, al hecho de que muchos hoy en día ya no creen en Dios, y por lo tanto tampoco creen en sí mismos. En la vida moderna uno vive bajo grandes presiones sociales, económicas, políticas y personales. La vida matrimonial también se vive bajo intenso estrés. No es fácil ser padre, madre, esposo o esposa. La vida familiar requiere mucho compromiso, mucha paciencia y mucha oración. El matrimonio significa asumir muchas responsabilidades, y por eso muchas personas rehuyen de tal compromiso. No se creen capaces de hacer sacrificios por el otro; ni se creen capaces de mantenerse fieles hasta la muerte. Prefieren relaciones afectivas de corta duración, sin mucho compromiso, ni sacrificio.

Otro ejemplo de falta de compromiso y temor de asumir responsabilidades lo encontramos en los que rehusan aceptar puestos de responsabilidad y liderazgo en la iglesia. Jesús, en cambio, nos enseña un camino diferente. En las bodas de Caná hace acto de presencia. Se presenta para apoyar a los novios en su compromiso y para alentarlos a asumir sus nuevas responsabilidades con fe en Dios y en sí mismos. Jesús también quiere estar presente en nuestros matrimonios. Quiere apoyarnos y alentarnos en la aceptación de nuestras responsabilidades familiares. Quiere aumentar en nosotros la fe en Dios que necesitamos para vivir en pareja y, al mismo tiempo, asegurarnos de que somos capaces de asumir las responsabilidades matrimoniales.

El milagro de la transformación del agua en vino nos hace ver cómo Jesús puede transformar el matrimonio. En primer lugar, el vino que produce Jesús es un presagio de la sangre que el Cordero de Dios, derramará para la remisión de nuestros pecados. Nuestros pecados pasados, presentes y futuros contaminan el matrimonio, produciendo enemistad y rencor en la pareja. Las aguas de purificación en las seis tinajas de piedra, no eran un remedio adecuado para el pecado, pero el vino que simboliza la sangre del Cordero sí lo es. En segundo lugar, el vino que produce Jesús apunta hacia el derramamiento del Espíritu Santo, quien da a la pareja un nuevo poder. Así, pueden cumplir con todas las responsabilidades matrimoniales, y perdonarse mutuamente, dándose en amor sacrificial el uno por el otro. Un ingrediente primordial para la persona que transita ese rito de pasaje que llamamos matrimonio, es la presencia de Jesucristo con el vino de su sangre y el vino de su espíritu.

Pero las bodas de Caná no son un rito de pasaje sólo para los dos que se casan; también lo son para Jesús. La señal de Caná es un hecho cargado de significado mesiánico. En el capítulo 1 de Juan presenciamos el llamamiento de los cinco primeros discípulos de Jesús: Andrés, Simón Pedro, Juan, Felipe y Natanael. Al llamar a estos cinco discípulos, Jesús sienta las bases de un nuevo pueblo de Dios, una nueva iglesia, una nueva alianza. Al reclutar a sus primeros discípulos, Jesús inaugura el reino de Dios anunciado por los profetas. Cuando Jesús invita a uno a ser su discípulo, lo invita al mismo tiempo al banquete de las bodas del Cordero (Apocalipsis 19.9).

En innumerables escritos judíos el gozo del reino de Dios se compara con el gozo de una fiesta de bodas. Jesús mismo declaró que él y sus discípulos no ayunaban como los discípulos de Juan el Bautista porque se había acercado la fiesta de bodas, que es el reino de Dios (Marcos 2.18-19). En Mateo 22, Jesús compara al reino de Dios a una fiesta de bodas: "El reino de los cielos es semejante a un rey que dispuso un festín nupcial para su hijo." El uso de un matrimonio como símbolo de la alianza o pacto de Dios con su pueblo es muy común en el A.T. Por eso Jacquemin (1963.38) lanza la pregunta: "¿No habrá sido... el festín de Caná un símbolo del festín nupcial del Cordero, el Hijo de Dios, en el momento en que Jesús acaba de reclutar a sus primeros discípulos?" Aunque para muchos estudiosos modernos ésta parece ser una interpretación demasiado forzada y simbólica, recordemos que muchos padres de la iglesia primitiva veían en la historia de las bodas de Caná un anticipo, símbolo y presagio de las bodas entre Cristo y su iglesia. San Agustín, por ejemplo, escribe: "¿Qué hay de extraño en que venga a esta casa para unas bodas aquel que vino a este mundo para unas bodas? Las mismas vírgenes no están privadas, puesto que junto con toda la iglesia tienen parte en esta unión, en la que Cristo es el esposo" (Gribomont & Sixdenier 1963. 89).

Según P. Galot, al escoger la celebración de una boda como la ocasión para su primera señal mesiánica, Jesús "quería revelarse como el verdadero esposo, el que efectúa las bodas de Dios con su pueblo tal cual fueran prometidas en el A.T." (1963.105).

2.3: Y faltando el vino, la madre de Jesús le dijo: No tienen vino. El Salmo 104.15 declara que Dios es quien nos da "el vino que alegra el corazón del hombre." Jesús comparte el vino de alegría con los invitados a la fiesta. Juan el Bautista no participaba en fiestas ni tomaba vino. Jesús, en cambio, fue acusado de ser "un hombre comilón y bebedor de vino" (Mateo 11.19) porque estuvo presente en varias fiestas y banquetes. Jesús no era un gnóstico que menospreciaba la creación material. Las cosas materiales no fueron creadas por Satanás o por un espíritu inferior como afirman muchos místicos, gnósticos y espiritistas. Todas las cosas creadas son bendiciones que el Padre celestial nos ha dado en su bondad. Ninguna cosa material es mala o pecaminosa en sí misma. Las comidas, las bebidas, el oro, la plata y el sexo no son pecaminosos. El pecado ocurre cuando el ser humano abusa de las bendiciones creadas por Dios y las utiliza de manera egoísta y dañina. El matrimonio no es una invención de Satanás, como alegaron algunos grupos gnósticos como los cátaros. Jesús, con su presencia, santifica las bodas de Caná porque "el matrimonio es un estado santo, ordenado por Dios, para ser tenido en honor por todos" (*Culto Cristiano*, 268). Por eso, Jesús también toma vino con los invitados a las bodas de Caná. Según Galot, "el milagro de Caná es señal de que Jesús no es indiferente a ninguna aflicción material de los hombres, y podemos pedirle cualquier auxilio relacionado a la vida corporal" (1963.96).

Por medio de su participación en las bodas de Caná Jesús enseña a sus nuevos seguidores la diferencia entre ser un discípulo de Jesús y un discípulo de Juan el Bautista o un discípulo de los esenios. Es sabido que los esenios y los discípulos de Juan el Bautista ayunaban mucho y no tomaban vino. Además, los esenios (y tal vez también los discípulos de Juan) estaban en contra del matrimonio. Tanto los discípulos de Juan como los esenios guardaban estrictamente las leyes de purificación. Es posible que el evangelista haya incluido este relato en su obra con el fin de evangelizar a los discípulos de Juan el Bautista que todavía no habían aceptado a Jesús como el Mesías. Estos discípulos de Juan seguían creyendo que Juan era superior a Jesús porque Juan, por ser hijo del sacerdote Zacarías, también era sacerdote, mientras que Jesús era sólo un laico de la tribu de Judá. Algunos opinan que uno de los propósitos del autor del cuarto evangelio es mostrar que Jesús es superior a Juan el Bautista porque mientras el Bautista, un sacerdote del orden de Aarón, purifica al pueblo con agua, Jesús, siendo sumo sacerdote según el orden de Melquisedec (Hebreos 5.6-10), purifica no solamente con agua, sino también con el vino de su propia sangre (Geyser 1970. 12-21).

El vino de las bodas, como todas las bendiciones materiales que recibimos en la vida, puede faltar. María y le dice a Jesús que se acabó el vino. Las bendiciones materiales que por la misericordia de Dios recibimos en esta vida no son permanentes. Pueden satisfacer nuestras necesidades físicas por un tiempo. Pueden alegrar nuestros corazones por un tiempo. Pueden darnos vida por un tiempo. Pero al final de cuentas, todas las bendiciones materiales, hasta el mismo matrimonio que celebran los invitados en Caná, llegan a su fin. Nuestras fiestas y celebraciones terminan. Nuestra juventud rápidamente se marchita y se seca como la flor del campo. Aun en medio de nuestras alegrías hay un toque de tristeza porque sabemos que esta hora de gozo pronto llegará a su fin. Hasta la luna de miel puede tener cierto sabor amargo, porque sabemos que pronto pasará. Ninguno de los vinos de esta vida puede darnos un gozo y una vida que perdure. Los buenos vinos faltan y faltarán. Bien lo dice el himno 318 de *Culto Cristiano*:

Veloz se va la vida con su afán; Su gloria, sus ensueños pasarán;
Mudanza y muerte veo en derredor: Conmigo sé, bendito Salvador.

El vino se acaba. Ni siquiera la ley que Dios dio al pueblo de Israel, con todas sus instituciones y ceremonias, puede dar a los seres humanos alegría y vida que sean eternas. Hace falta algo mejor. Este algo mejor que nos falta es lo que Jesús ha venido a traer. La ley de Dios puede indicarnos lo que debemos hacer y dejar de hacer, pero no puede darnos el poder del Espíritu Santo que necesitamos para cumplir con la ley. El vino de la ley es insuficiente. El vino de la ley también falla. Necesitamos el vino nuevo del Espíritu que nos capacita para poder cumplir la voluntad del Padre. Lo que no puede dar la ley, Jesús nos lo ha venido a traer. Por eso declara el prólogo del evangelio: "La ley por medio de Moisés fue dada, pero la gracia y la verdad vinieron por medio de Jesucristo."

Quizás María no esperaba un milagro de Jesús cuando le dijo que se había acabado el vino. Quizás simplemente quería informarle lo que había ocurrido, con la esperanza de que Jesús, con la ayuda de sus amigos, haría algo. Tal vez podrían ir a un pueblo cercano para comprar más vino. Recordemos que hasta ese momento Jesús todavía no había obrado ningún milagro en su ministerio público. Pero Jesús aprovechó la situación para obrar una señal que nos dice mucho acerca de la misión que había venido a realizar entre los seres humanos. La primera señal de su ministerio público no es, en ningún sentido, un acto trivial. Es más bien un hecho cargado de significado. Es un acto que revela lo que acontecerá cuando llegue el momento de la glorificación definitiva de Jesús. Pero el momento de su glorificación no será determinado por ningún ser humano.

2.4: Jesús le dijo: ¿Qué tienes conmigo mujer? Aún no ha venido mi hora. Las palabras: "¿Qué tienes conmigo?" constituyen una fórmula de negación bien conocida en el A.T. Literalmente la expresión dice: "Qué es esto a mí y a ti?" El sentido de la expresión es: Esto no es un asunto tuyo. Hallamos ejemplos del uso de esta expresión en el A.T. en Jueces 11.12; 2 Samuel 16.10; 19.22; 1 Reyes 17.18; 2 Reyes 3.13; 2 Crónicas 35.21. La expresión también se encuentra en el N.T. en Mateo 8.29; Marcos 1.24; 5.7; Lucas 4.34 y 8.28. Muchas veces se usa esta frase con personas que representan un peligro o una amenaza para el que habla (Miranda 1977.104).

La hora de la que habla Jesús es la hora determinada por el Padre, la hora de su muerte y glorificación, la hora en la que Jesús purificará a los que creen en él y les ofrecerá su carne para comer y su sangre para beber. Es la hora cuando Jesús dará a los suyos la vida eterna. Lo que la madre de Jesús pedía a su hijo (sin que ella entendiera plenamente el significado de su propio comentario) era que Jesús trajera ya la plenitud de su reino, que diera ya la copa de salvación a los suyos. Pero recién en la semana santa, mucho después, cuando Jesús está en el templo, es que declara:

"Ha llegado la hora para que el Hijo del Hombre sea glorificado" (Juan 12.23). Sólo cuando está a punto de lavar los pies de sus discípulos es que Jesús, según el evangelista, se percata de que "era llegada su hora de pasar de este mundo al Padre" (Juan 13.1). Sólo al comenzar su gran oración como sumo sacerdote del nuevo pacto, es que Jesús suplica: "Padre, ha llegado la hora, glorifica a tu Hijo" (Juan 17.1).

La glorificación de Jesús en el evangelio de Juan incluye también el derramamiento del Espíritu Santo sobre sus discípulos como lo muestran las palabras de Juan 7.39: "Aún no había venido el Espíritu Santo, porque Jesús no había sido aún glorificado." Así, lo que Jesús da a los invitados a las bodas de Caná no es la plenitud de su obra salvadora, sino una señal, un anticipo de esa obra. Todavía no ha venido la hora de Jesús, pero en el relato del primer milagro de Jesús tenemos un preludio de lo que pasará en la hora de la glorificación del Hijo del Hombre.

2.5: Su madre dijo a los que servían: Haced todo lo que os dijere. Las palabras de la madre de Jesús a los que servían evocan las palabras del faraón en Génesis 41.55: "Cuando se sintió el hambre en toda la tierra de Egipto, el pueblo clamó a Faraón por pan. Y dijo Faraón a todos los egipcios: Id a José, y haced lo que él os dijere." Cuando se acabó el pan en la tierra de Egipto, el faraón, reconociendo en José la sabiduría del Espíritu Santo, envió a los hambrientos a aquel que podía calmar su hambre. El día en que faltó el vino en las bodas de Caná, la madre de Jesús, presintiendo algo del misterio de su Hijo y reconociendo en él la presencia del mismo Espíritu Santo, envió a los sedientos a Jesús a buscar un vino mejor (Jacquemin 1963.46). Para calmar nuestra sed espiritual, este texto nos envía a encontrar refrigerio espiritual no en las prescripciones de la ley, ni en las ceremonias esotéricas del ocultismo, ni en los ofrecimientos de nuestra sociedad de consumo, sino en nuestro Señor Jesucristo y en lo que simboliza el vino mejor de las bodas de Caná.

2.6: Y estaban allí seis tinajas de piedra para agua, conforme al rito de la purificación de los judíos, en cada una de las cuales cabían dos o tres cántaros. La presencia de seis grandes tinajas de piedra aquí nos indica que los dueños de la casa donde se celebraban las bodas no eran pobres campesinos, sino personas de buena posición económica . Los pobres usaban vasijas de barro, los que tenían medios usaban vasijas de piedra. Las tinajas de piedra tenían una ventaja para los judíos que se preocupaban por las purificaciones ceremoniales. Las tinajas de barro debían romperse cuando entraban en contacto con los muertos, pero las tinajas de piedra no (Hengel 1989.111). Los judíos escrupulosos por la purificación solían tener grandes cantidades de agua disponibles para sus ritos. La cantidad de agua en las seis tinajas ha sido calculada en unos 454 litros. Con frecuencia se lee que había pocos judíos en Galilea que se preocupaban por guardar todas las prescripciones de la ley de los fariseos. Pero en este episodio estamos en presencia de una familia muy estricta en cuanto al cumplimiento de la ley. Para estas personas tan preocupadas por guardar la ley y por protegerse de toda contaminación, la acción de Jesús en este episodio tenía un significado especial.

La inclusión, por parte del autor de este evangelio, de todos estos detalles en su relato, indica que el evangelista conocía bien la situación social, política y económica de la Palestina del primer siglo. El evangelio de Juan no es una obra escrita por alguien alejado de los hechos históricos, como han afirmado ciertos autores, sino que es, más bien, la obra de alguien que conoce bien de cerca el ministerio del Jesús de la historia y puede escribir con autoridad sobre lo que ha sucedido (Hengel 1989.111).

Lutero da una interpretación simbólica a las seis tinajas de piedra. En su opinión, las seis tinajas de agua representan los libros del A.T., que sirven para purificar sólo externamente a las personas, pero no internamente, porque las obras sin fe no tienen poder de purificar los corazones. Al mismo tiempo, las seis tinajas de piedra significan el trabajo y el afán de los que tratan de purificarse en base a las obras de la ley. Hay seis tinajas porque hay seis días de trabajo. Después de los seis días de trabajo viene el séptimo día, el de reposo. Según Lutero, el verdadero reposo lo encontramos no en las obras de la ley, sino en el dulce vino del evangelio de Jesucristo (Lenker 1988:3.67). Algunos creen que el evangelista menciona que las tinajas eran de piedra porque las dos tablas de la ley también eran de piedra. Según esta manera de pensar, las seis tinajas con agua simbolizan la ley (Salas 1993.44).

Lo que nos llama la atención en este versículo es la gran cantidad de agua que es convertida en vino. Según Guilding (180), el significado de lo ocurrido en las bodas de Caná es que la dispensación judía, representada por el agua, será reemplazada por la dispensación del espíritu. Para muchos padres de la iglesia, y también para autores modernos como Guilding, el vino de Caná simboliza el don del Espíritu Santo. O sea, la gran cantidad de vino simboliza la abundancia de bendiciones que da la nueva vida en el espíritu. El tema de la epístola que acompaña la lectura de Juan 2.1-11 el segundo domingo después de Epifanía, indica que la iglesia antigua interpretaba que el vino era el don del Espíritu Santo. La epístola tradicional que encontramos en *Culto Cristiano* es Romanos 12.6-16. En ese texto Pablo habla de cómo el Espíritu Santo ha sido derramado en la vida de todos los bautizados y que todos los creyentes han recibido un don o carisma especial del mismo espíritu.

El milagro de Caná subraya también la prodigalidad, la generosidad del don de Dios por medio de Cristo (Jacquemin 1963.47). "Yo he venido para que tengan vida, y para que la tengan en abundancia" (Juan 10.10). "Porque de su plenitud tomamos todos, y gracia sobre gracia" (Juan 1.16). "Pues Dios no da el Espíritu por medida" (Juan 3.34). La ley con sus mandamientos, sacrificios y purificaciones no puede dar la vida en abundancia. "Porque la letra (de la ley) mata, mas el Espíritu vivifica" (2 Corintios 3.6).

Guilding se basa en varios textos del A.T. para argumentar que el vino que Cristo da en las bodas de Caná es un símbolo y anticipo del derramamiento pentecostal del Espíritu Santo. En estos textos, el efecto del vino en el ser humano se compara con el efecto del Espíritu Santo en la persona poseída por el espíritu. O sea, así como el vino transforma la personalidad y los actos de los seres humanos, así también el espíritu de Dios nos transforma a nosotros. El espíritu del vino hace que una persona tímida y callada se vuelva locuaz o hasta violenta. El vino puede transformar a una persona hacia el mal mientras el espíritu de Dios puede transformar a una persona hacia el bien. Uno de los textos que aduce Guilding para establecer la conexión bíblica entre los efectos del vino y los del espíritu de Dios es Job 32.19, donde Eliú explica porqué tiene que hablar, porqué no puede callar: "De cierto mi corazón está como el vino que no tiene respiradero, y se rompe como odres nuevos. Hablaré, pues, y respiraré; abriré mis labios, y responderé." El vino nuevo que todavía está en proceso de fermentación no puede quedar encerrado dentro de un odre sin respiradero. El odre se revienta. Así es el profeta de Dios cuando está lleno del Espíritu Santo. El espíritu dentro del profeta lo mueve a profetizar. Si se calla, se revienta. El profeta lleno del espíritu de Dios tiene que profetizar. El profeta de Dios no puede callar las palabras de Dios que están dentro suyo.

Hay otras maneras de interpretar el significado del vino en la historia de las bodas de Caná. Para padres de la iglesia tales como Clemente de Alejandría, Cirilo de Jerusalén y Cipriano, el buen vino de Juan 2.1-11 simbolizaba el vino que reciben los fieles en sus celebraciones de la eucaristía (Brown 1966.110). En pinturas del segundo siglo que se encontraron en las catacumbas de Alejandría se puede apreciar cómo el vino de Caná se entendía en un sentido eucarístico. Una razón que motivó a los padres de la iglesia a abogar en favor de una interpretación eucarística de la señal de Caná es el hecho de que la palabra usada para designar a los que servían el vino es la palabra griega διάκονοι de donde viene nuestra palabra diácono. Se sabe que en la iglesia primitiva los diáconos eran las personas designadas para servir el pan y el vino durante las celebraciones de la Santa Cena.

Otro detalle del texto que apoyaba la interpretación eucarística es el hecho de que el maestresala desconoce el origen del vino mejor. El vino milagroso no es de origen terrestre, es un don de lo alto. De igual manera la presencia real de Cristo en la eucaristía es un milagro y un misterio que desconocen muchas personas. Igual que en el caso de los sirvientes, el conocimiento de este misterio lo tienen sólo aquellos humildes que atienden a las palabras de Jesús y "hacen lo que él les dice." Muchos intérpretes ortodoxos y católicorromanos han visto en el milagro de Caná un símbolo y un anticipo del milagro de la transubstanciación eucarística. San Efrén, quien murió en el año 373 d.C., por ejemplo, ofrece el siguiente comentario: "Gratuitamente nos ofrece esos dones menores para excitarnos a recibir los dones inmensos que no tienen precio. Pan y vino, placer para el gusto; cuerpo y sangre, salud del alma... la primera señal que realiza es el vino que alegra a los convidados; el significado es su sangre, regocijo de las naciones... " (Gribomont & Sixdenier: 1963.89).

Relacionada con la interpretación eucarística está la interpretación que establece una relación simbólica entre el vino de Caná y la sangre del Cordero de Dios que quita el pecado del mundo. Según esta interpretación, Jesús ha venido para reemplazar las aguas y ceremonias de purificación del antiguo pacto con la sangre del nuevo pacto, que es derramada para la remisión de pecados. Puesto que Jesús ha venido para limpiar y purificar a los suyos con su sangre derramada en la cruz, ya no se necesitan las grandes cantidades de agua que utilizaban los judíos para purificarse de las contaminaciones. Así, la sangre de Jesús reemplaza al gran mar de fundición que formaba parte del templo de Salomón (1 Reyes 7.23; 2 Crónicas 4.2). En este mar de fundición se lavaban los sacerdotes para purificarse de diferentes clases de contaminaciones. Al reemplazar con su sangre las aguas de purificación del A.T., Jesús pone de manifiesto que él es un profeta más grande que Moisés, al cual esperaban tanto judíos como samaritanos (Deuteronomio 18.15). El primer milagro de Moisés consistió en convertir el agua en sangre (Éxodo 7.20). Este milagro de Moisés fue parte de un ministerio de muerte que trajo condenación (2 Corintios 3.6-9). Pero el primer milagro de Jesús es parte de su ministerio de vida que trae perdón e inmortalidad (Glasson 1963.26). El agua de purificación de los judíos es insuficiente aunque los cántaros estén llenos hasta arriba. El agua tiene que convertirse en vino y el vino en la sangre purificante de Cristo de la eucaristía, pues la eucaristía es la verdadera fiesta de bodas de Cristo con su iglesia (Saxby 1992.12).

Para San Agustín el mejor vino de las bodas de Caná simbolizaba el evangelio de nuestro Señor Jesucristo: "El Señor tuvo de reserva hasta el final el mejor vino: su evangelio... Desde los tiempos más antiguos existía la profecía, ninguna época estuvo privada de ella. Pero Cristo no estaba comprendido en esa profecía; por eso seguía siendo como agua. El apóstol lo dijo a su modo: 'Y aun hasta el día de hoy, cuando se lee a Moisés, el velo está puesto sobre el corazón de ellos. Pero cuando se conviertan al Señor, el velo se quitará.' (2 Corintios 3.15-16). El velo del que habla, es la oscuridad que recubre la profecía e impide comprenderla; ese velo desaparece si uno se vuelve al Señor. Entonces se disipa la ignorancia, y lo que era agua se convierte en vino. Leer todos los libros de los profetas sin comprender que se trata de Cristo ¿existe algo más insulso y más insípido? Ve ahí a Cristo: tu lectura adquiere sabor; diré más: te embriaga. Traslada a tu espíritu lejos del cuerpo, hasta hacerte el pasado y penetrar el futuro" (Citado en Gribomont & Sixdenier 1963.90).

Para Lutero el agua significa la predicación de la ley y las angustias que esta predicación produce en nosotros. El vino, en cambio, es el mensaje del evangelio. Según Lutero, cuando se predica el mensaje del amor de Dios manifestado en Cristo Jesús, el agua de la ley se convierte en el más dulce de los vinos. La condenación se convierte en salvación; la desesperación, se vuelve puro gozo y el infierno se convierte en vida eterna (Lenker 1888:3.69).

Entonces, ¿qué significa el agua convertida en vino? Hay argumentos fuertes de parte de dignos representantes de diversos sectores de la tradición cristiana que consideran que el agua convertida en vino es el Espíritu Santo, la sangre del Cordero, el vino eucarístico o el evangelio. Es posible que el agua convertida en vino sea un símbolo multivocal o multivalente. Un símbolo multivocal es un símbolo que tiene más de un significado y más de una función. O sea, el agua convertida en vino puede simbolizar tanto la sangre del Cordero que quita el pecado del mundo como el Espíritu Santo que saldrá como un río de agua viva del interior del Hijo del Hombre (Juan 7.37-39). Y todo esto es buena nueva o evangelio para nosotros. San Juan en su primera epístola (5.8) habla del espíritu, el agua y la sangre como íntimamente relacionados entre sí y formando un conjunto: "Y tres son los que dan testimonio en la tierra: El Espíritu, el agua y la sangre; y estos tres concuerdan." Frank Kermode en su interpretación del agua transformada en vino sugiere que el vino simboliza y anticipa no sólo el reemplazo del vino inferior de la Torá con el vino mejor del evangelio, sino también la victoria final del *Logos*, la transformación de los reinos de este mundo en el reino de Dios, la transformación de la vieja creación en la nueva, y la victoria de la vida sobre la muerte (Kermode 1986.13).

2.7-10: Jesús les dijo: Llenad estas tinajas de agua. Y las llenaron hasta arriba. Entonces les dijo: Sacad ahora, y llevadlo al maestresala. Y se lo llevaron. Cuando el maestresala probó el agua hecha vino, sin saber él de donde era, aunque lo sabían los sirvientes que habían sacado el agua, llamó al esposo, y le dijo: Todo hombre sirve primero el buen vino y cuando ya han bebido mucho, entonces el inferior; mas tú has reservado el buen vino hasta ahora. En una predicación para el segundo domingo de Epifanía, Lutero comenta que los siervos que llevan el vino a los invitados son todos los predicadores del N.T. y sus sucesores, pues, como ellos, somos llamados a sacar de las Escrituras el mensaje del evangelio y predicarlo a todo el mundo, porque todo el mundo ha sido invitado al matrimonio de Cristo. Los siervos saben de dónde viene el vino porque han aprendido que el evangelio tiene poder para cambiar el agua amarga de la ley en el vino dulce del amor de Dios. Pero el maestrasala que simboliza el sacerdocio del A.T., no entiende cómo puede ser esto (Lenker 1988:3.69).

Después de probar el vino, el mayordomo comenta que los que dan fiestas suelen servir primero el buen vino. Cuando los invitados ya están medio ebrios y no saben distinguir bien entre el vino bueno y el malo, entonces se sirve el vino inferior porque los huéspedes ya no están en condiciones de notar el cambio. Pero en las bodas de Caná se sirvió primero el vino inferior y el superior a lo último. Las palabras medio en broma del maestresala, quien no sabía el origen del buen vino, dan fe de que este milagro realmente ocurrió. Pero la broma del maestresala encierra una verdad más profunda: cuando venga la hora del Hijo del Hombre, el buen vino fluirá en abundancia para todo el mundo.

El mundo, nuestra carne y Satanás también sirven primero el buen vino. Primero ofrecen lo que parece ser el buen vino, pero después viene el vino de la amargura. Primero se ofrece el vino dulce que se llama droga. Después se sirve el vino amargo de la muerte. Primero el vino dulce del libertinaje, después el vino amargo del SIDA. Primero el vino dulce de la infidelidad matrimonial, después el vino ácido de amarguras, rencillas, divorcios, niños abandonados y soledad. Jesucristo, en cambio, sirve primero el vino amargo de la ley y de las cruces, después el mejor vino del evangelio. La ley, al mostrarnos nuestra rebelión y pecado, produce en nosotros la contrición y el arrepentimiento. Pero el evangelio es el dulce vino que nos alienta y consuela al ofrecernos el perdón y la vida eterna. En los sermones que preparamos debemos seguir el ejemplo que Jesús nos da aquí, servir primero el vino inferior, el vino de la ley, que acusa, maldice y mata, y que nos lleva al arrepentimiento. Después de obrar en nuestros oyentes la contrición, debemos servir el vino mejor, el dulce evangelio de perdón, paz y vida eterna. "Pues la ley por medio de Moisés fue dada, pero la gracia y la verdad vinieron por medio de Jesucristo" (Juan 1.17).

2.11-12: Este principio de señales hizo Jesús en Caná de Galilea, y manifestó su gloria; y sus discípulos creyeron en él. Después de esto descendieron a Capernaum, él, su madre, sus hermanos y sus discípulos; y estuvieron allí no muchos días. Como en el evangelio según San Marcos, Jesús comienza aquí su ministerio público con un milagro. En Juan 1.50-51 Jesús había prometido a Natanael que vería "cosas mayores que estas." En la señal de Caná la profecía hecha a Natanael comienza a actualizarse. La gloria que tenía el *Logos* en la eternidad comienza a revelarse en el tiempo y el espacio (Schnelle 1992.75). A la vez, esta revelación de la gloria del Señor es un anticipo de las futuras manifestaciones del Hijo de Dios.

La palabra *manifestó* (ἐφανέρωσεν en griego) es un términos clave en el cuarto evangelio. En la señal de Caná Jesús revela o manifiesta su gloria. La gloria y la divinidad que Jesús compartía con el Padre se hacen visibles en su encarnación y en sus actividades a favor de los seres humanos. Al relatar este milagro, el evangelista quiere señalar que el *Logos* en verdad se ha hecho carne y habita entre los hombres, lleno de gracia y de verdad. La divinidad ha entrado en el espacio y en el tiempo y se ha hecho accesible a nosotros. El evangelista comenta que los discípulos, al ver la manifestación de la gloria de Jesús, creyeron en él. No es el milagro, sino la revelación de la gloria de Jesús en el milagro lo que produce fe en los discípulos. Uno puede ver solamente el milagro, pero si no se ve la manifestación de la gloria del Hijo de Dios en el milagro, no habrá fe (Schnelle 1992.81). Las señales milagrosas de Jesús están relatadas aquí con el fin de demostrar a los lectores del evangelio como éstas ayudaron a producir fe en sus primeros discípulos.

Las señales milagrosas de Jesús no producen la fe mágicamente, sino que revelan que la gloria del Padre está presente en Jesús y de tal manera testifican de la unidad entre el Padre y el Hijo. Al mismo tiempo, las señales milagrosas evidencian tanto la divinidad como la humanidad de Jesucristo. Las señales milagrosas de Jesús testifican además que Dios es amor. Un Dios de amor no puede mantenerse alejado de la creación que ha hecho. Dios en su amor por la humanidad perdida se hace presente en la carne y la sangre del Jesús histórico y en los sacramentos, porque ama al mundo y quiere salvarlo. Todas las señales milagrosas de Jesús ocurren en el espacio y el tiempo y en beneficio de personas concretas. En tal sentido, nos revelan a un Dios preocupado por las necesidades físicas y espirituales de las personas, un Dios que entra en nuestras historias humanas porque nos ama. El dios de los gnósticos no podía humillarse viniendo al mundo para atender las necesidades físicas de criaturas inmundas y corruptas como nosotros. Por eso los escritos gnósticos hablan mucho de los dichos y la sabiduría de Jesús pero omiten sus milagros (Schnelle 1992.233).

Todas las señales que se relatan en el cuarto evangelio manifiestan en forma ejemplar que Cristo es un ser divino que ha venido de arriba. Al mismo tiempo testifican que Jesús es un ser humano, presente en el espacio y en el tiempo, para comunicar a los hombres la vida eterna del reino de Dios. En este sentido, las siete señales de Jesús en el evangelio según San Juan son todas epifanías. La revelación de la gloria de Dios en las señales de Jesucristo, llama a las personas a definirse en cuanto a la identidad de Jesús. Los que presencian las señales milagrosas de Jesús en persona, o por medio del testimonio escrito de Juan en su evangelio, reciben la invitación a creer que Jesús es el Cristo, el Hijo de Dios, para que creyendo tengan vida eterna en su nombre (Juan 20.30-32). Las señales milagrosas nos hacen ver lo que es la incredulidad. Comprendemos, como comentó Schnelle, que la incredulidad no es tanto falta de conocimiento, la incapacidad de creer; más bien es el rechazo deliberado de Jesús, pese a hechos visibles, inequívocos y públicos. Al negar a Jesús después de ver claramente la gloria de Dios manifestada en él, el incrédulo se condena a sí mismo. La incredulidad de los líderes judíos ante las señales de Jesús los llevó finalmente a buscar la muerte del Hijo de Dios. Las señales milagrosas de Jesús, por lo tanto, son parte de la teología de la cruz. Schnelle concluye que las siete señales de Jesús en el cuarto evangelio sirven como estaciones de la cruz en el camino hacia el Calvario (1992.170-171).

El verbo creer en el evangelio según San Juan

El relato de las bodas de Caná termina con la afirmación: "Sus discípulos creyeron en él." El fin que persiguen todas las señales, discursos y conversaciones de Jesús en el cuarto evangelio es que las personas que aparecen en el evangelio, y las que lo leen, crean en Jesús y sean salvos. El verbo griego πιστεύειν que se traduce *creer* en castellano, es utilizado 98 veces en el evangelio de Juan; más que en cualquier otro libro del N.T. En cambio, en las trece epístolas paulinas el verbo πιστεύειν es utilizado solamente 54 veces. Lo que es algo extraño es que San Juan nunca utiliza el sustantivo πίστις que se traduce como fe en los otros libros del N.T. Tal vez, el evangelista evitó el sustantivo fe para poner en claro que lo fundamental en la relación salvadora con Dios no es el acto mismo de creer, sino aquello en qué se cree (Morris 1989.72). En la gran mayoría de los casos el verbo creer es seguido con el objeto de la fe, Jesús. Aun cuando creer es utilizado en forma absoluta, sin objeto, se sobrentiende que el evangelista está hablando de creer en Jesús. La fe verdadera nunca se fija en sí misma sino en Jesús. La fe salvadora no es fe en sí misma, sino que es confianza en el Señor y en todo lo que él es y ha hecho a favor nuestro.

El tema del reemplazo

La historia de las bodas de Caná sirve para establecer que la purificación otorgada por Jesús en su sacrificio en la cruz y en sus sacramentos es superior a todos los ritos y ceremonias de purificación practicados por los judíos. La purificación que da Jesús no solamente es superior; también reemplaza las ceremonias antiguas. El tema del reemplazo es uno de los principales temas del evangelio de Juan. En nuestro estudio del cuarto evangelio veremos cómo Jesús sistemáticamente reemplaza las figuras principales del A.T., como Abraham (8.53), Moisés (1.17) y Jacob (4.12). Jesús reemplaza todas las instituciones del antiguo pacto, como los sacrificios, la circuncisión, y el mismo templo. Jesús también reemplaza todas las grandes fiestas que celebran los judíos en su templo y en sus sinagogas.

Algunos escritores afirman que Jesús, en las bodas de Caná, está reemplazando no sólo los ritos de purificación de la religión judía, sino también las fiestas paganas en honor al dios Dionisio, el dios del vino y de la profecía. Según la mitología de los griegos, el dios Dionisio fue el descubridor de la viña. Se creía que Dionisio tenía el poder de convertir el agua en vino. En muchas partes del mundo antiguo, incluso Palestina, había templos construidos en honor al dios Dionisio. En los meses de diciembre y enero se solía celebrar la fiesta mayor de ese dios. En Palestina la fiesta de Dionisio se celebraba el 5 y 6 de enero, o sea, la misma fecha en que los cristianos celebran la fiesta de la Epifanía. En la iglesia antigua, una de las lecturas para la fiesta de la Epifanía era Juan 2.1-12. Según relatan varios autores antiguos, durante estas fiestas el agua se convertía en vino. Según Epifanio, uno de los templos de Dionisio estaba en la ciudad de Gergasa, una de las ciudades de la provincia de Decápolis al lado oriental del lago de Galilea. Recordemos que Jesús visitó la provincia de Decápolis cuando sanó al endemoniado gadareno (Marcos 5.1-20). Había también un antiguo centro de adoración de Dionisio a unos 30 kilómetros al sureste de Caná. En las ruinas de la ciudad de Sepphoris, a sólo unos

4 kilómetros de Nazaret, se ha descubierto un mosaico que ilustra el ciclo ritual del culto a Dionisio (Hengel 1989a.15).

Se tomaba gran cantidad de vino en las fiestas de Dionisio. Sus adoradores se emborrachaban porque creían que por medio de la embriaguez el dios Dionisio entraba en ellos y tomaba posesión de sus cuerpos, de sus mentes y, especialmente, de sus lenguas. Los profetas y las profetisas en tales cultos se emborrachaban con vino a fin de que el dios Dionisio pudiera profetizar por medio de ellos. Las palabras enunciadas bajo los efectos del vino se consideraban proféticas, inspiradas por Dionisio. Lo que Jesús promete a los profetas, evangelistas y apóstoles es algo muy distinto. Por medio del simbolismo de la señal del agua convertida en vino Jesús no da a los suyos el espíritu fuerte y embriagante del vino. Lo que Jesús da a los que hablan en su nombre es el Espíritu Santo, el cual, a través de ellos, convencerá al mundo de pecado, de justicia y de juicio (Juan 16.8). Lo que Dionisio da emborracha, pero lo que Jesús da capacita a sus discípulos para que hablen y canten, inspirados por el Espíritu Santo. Por lo tanto escribe el apóstol San Pablo: "No os embriaguéis con vino, en lo cual hay disolución; antes bien sed llenos del Espíritu, hablando entre vosotros con salmos, con himnos y cánticos espirituales, cantando y alabando al Señor en vuestros corazones; dando siempre gracias por todo al Dios y Padre, en el nombre de nuestro Señor Jesucristo" (Efesios 5.18-20). En el día de Pentecostés el apóstol San Pedro declara al pueblo de Jerusalén: "Estos no están borrachos, como vosotros suponéis... esto es lo dicho por el profeta... en los postreros días derramaré mi Espíritu" (Hechos 2.14-17).

Es interesante notar que algunos historiadores creen que una de las razones para incluir la fiesta de Hanukkah en el ciclo de las fiestas de los judíos era precisamente para reemplazar la fiesta pagana de Dionisio que se solía celebrar en la misma fecha. Volveremos sobre este tema en el capítulo 10.

Nota litúrgica: En la temporada de Epifanía la iglesia trata de responder a la pregunta: ¿Cómo es posible que un niño tan débil y tan pobre sea Emanuel, Dios con nosotros? Si Jesús es Dios, ¿dónde está su gloria? La iglesia contestaba estas preguntas afirmando que la gloria de Dios estaba escondida en Jesús, pero que en algunos momentos claves en la historia del Salvador aparecieron destellos de su gloria que los hombres pudieron ver. Estas manifestaciones de la gloria de Dios oculta en Jesús se llamaban epifanías. La palabra epifanía en griego quiere decir manifestación. En el día de la Epifanía, el 6 de enero, la iglesia celebra una de esas grandes epifanías cuando los creyentes oyen cómo la gloria del recién nacido rey se manifestó en la estrella que guió a los sabios hacia niño Jesús. El evangelio para el primer domingo después de Epifanía celebra otra manifestación de la gloria de Dios. Ésta fue la voz divina que proclamó en el bautismo de Jesús: "Este es mi hijo amado en quien tengo complacencia" (Mateo 3.17).

En la iglesia antigua se celebraba en el día de la Epifanía no sólo la historia de los magos del oriente, sino también el bautismo de Jesús y el milagro de las bodas de Caná. Es decir, en la liturgia de la iglesia antigua había tres lecturas del santo evangelio. En el desarrollo de la liturgia en los siglos subsiguientes, se asignó la lección del bautismo de Jesús al primer domingo después de Epifanía y la historia de las bodas de Caná al segundo domingo después de Epifanía. Según la tradición luterana, la temporada de la Epifanía termina con la celebración de la transfiguración de nuestro Señor. Ésta es la epifanía en la cual oímos que "resplandeció su rostro como el sol, y sus vestidos se hicieron blancos como la luz" (Mateo 17.2).

Juan 2.1-11 es la lectura designada para el segundo domingo después de Epifanía en el leccionario tradicional de la iglesia. En el nuevo leccionario de tres años, Juan 2.1-11 es el santo evangelio para el segundo domingo después de Epifanía en el año C, año de San Lucas. Juan 2.1-11 se presta perfectamente para desarrollar el tema central de la Epifanía, es decir, la manifestación de la gloria de Dios en la persona de Jesucristo, pues el relato de las bodas de Caná termina con una observación muy significativa: "Este principio de señales hizo Jesús en Caná de Galilea, y manifestó su gloria; y sus discípulos creyeron en él" (2.11). Es la oración de la iglesia que la contemplación, tanto de lo ocurrido en Caná, como su significado simbólico, nos lleve también a creer en él.

En el leccionario de cuatro años del grupo litúrgico interconfesional de Gran Bretaña Juan 2.1-11 es el santo evangelio para el tercer domingo después de Epifanía en el año D, año de San Juan.

La purificación del templo, Juan 2.13-22

Contexto litúrgico: La purificación del templo por Jesús es una de las lecturas para el tercer domingo en Cuaresma. En la iglesia primitiva y medieval la purificación del templo se entendía como un símbolo de la purificación de los candidatos para el Bautismo en vísperas de la Pascua de Resurrección. Por medio del Bautismo el nuevo cristiano resucita con Cristo y, en unión con su Señor, llega a ser un nuevo templo en el cual habita el Espíritu Santo (Wood 1991.59).

2.13: Estaba cerca la pascua de los judíos; y subió Jesús a Jerusalén. El relato de la purificación del templo comienza con la noticia de que estaba cerca la pascua de los judíos. Subió Jesús, por lo tanto, de Galilea, donde estaba, a Jerusalén. La pascua ocupa un lugar de gran importancia en el evangelio de Juan, por eso, Juan detalla cómo Jesús celebró la pascua durante cada uno de los tres años de su ministerio. Durante la primera celebración de la pascua Jesús purifica el templo. Durante la segunda, Jesús alimenta a cinco mil personas. Durante la tercera y última Jesús es sacrificado como el verdadero y perfecto cordero pascual.

2.14: Y halló en el templo a los que vendían bueyes, ovejas y palomas, y a los cambistas allí sentados. Al entrar en el templo Jesús encuentra a los que vendían animales a los fieles que venían a Jerusalén para celebrar la fiesta de la pascua. Según la costumbre judía, durante la celebración de la pascua, cada familia mandaba sacrificar un cordero y se lo comía. Así recordaban la salvación de Dios cuando rescató a los esclavos hebreos de Egipto en los días del éxodo. Moisés había ordenado que cada año todo el pueblo de Israel celebrara la pascua. Así todos recordarían que pertenecían a un pueblo que había sido librado de la esclavitud.

El libro de Éxodo narra cómo los esclavos en Egipto clamaron al cielo y pidieron ser librados de sus opresores. Dios oyó el clamor de su pueblo y envió a Moisés y a Aarón para que desafiaran la autoridad del faraón egipcio diciendo: "Deja ir a mi pueblo a celebrarme fiesta en el desierto" (Éxodo 5.1). Cuando el faraón endureció su corazón y rehusó libertar al pueblo esclavizado, Dios envió diez plagas sobre la tierra de Egipto para obligar al faraón a libertar al pueblo hebreo. La última de las 10 plagas fue el envío del ángel de la muerte para que diera muerte a todo primogénito en Egipto. A fin de proteger de esta plaga a los que creían en Jehová, Dios ordenó a los israelitas sacrificar corderos y pintar los dinteles de sus casas con la sangre de los mismos. En cada hogar fue sacrificado un cordero en lugar del primogénito de esa casa. El sacrificio del cordero fue aceptado en sustitución del hijo primogénito. El ángel de la muerte pasaba por alto cada casa marcada con sangre, y de ese modo se salvaban sus habitantes. Con el salmista pudieron cantar: "Caerán a tu lado mil, y diez mil a tu diestra; mas a ti no llegará" (Salmo 91.7). "Es la Pascua de Jehová. Pues yo pasaré aquella noche por la tierra de Egipto, y heriré a todo primogénito en la tierra de Egipto, así de los hombres como de las bestias; y ejecutaré mis juicios en todos los dioses de Egipto. Yo Jehová. Y la sangre os será por señal en las casas donde vosotros estéis; y veré la sangre y pasaré de vosotros, y no habrá en vosotros plaga de mortandad cuando hiera la tierra de Egipto" (Éxodo 12.11-13).

Los hebreos celebraban la fiesta de la pascua todos los años en el mes de nisán (nisán normalmente cae durante nuestro mes de abril). El día 10 de nisán cada familia escogía un cordero sin defecto, de un año. En la tarde del día 14 de nisán se sacrificaba el cordero y con su sangre se pintaba la puerta de la casa de la familia. Después, dentro de su casa, la familia comía la carne del cordero sacrificado y la acompañaba con hierbas amargas (un símbolo de la vida amarga de los esclavos en Egipto), pan sin levadura (un símbolo de la pureza) y vino tinto (un símbolo de la sangre del cordero). Una de las principales ideas que encontramos en el evangelio de San Juan es que Jesús ha venido al mundo para cumplir y reemplazar, no sólo la fiesta de la pascua, sino todas las fiestas, ritos e instituciones de la religión judía. No perdamos de vista esta idea mientras analizamos el relato de la purificación del templo.

¿Qué encontró Jesús cuando fue a celebrar la pascua en el templo de Jerusalén? Encontró que la parte del templo conocida como el patio de los gentiles no era más que en un mercado, en el cual los comerciantes, patrocinados por el sumo sacerdote Caifás, explotaban al pueblo, cobrando precios exagerados por los corderos y otros animales de sacrificio. En el templo no se aceptaban monedas que llevaran la imagen de los diferentes dioses paganos, por consiguiente, los peregrinos que venían de diferentes partes del mundo tenían que cambiar sus monedas para que pudiesen pagar sus ofrendas al templo. Esto daba a los cambistas una buena ganancia, que compartían con los sumos sacerdotes. La rapacidad y perversidad del sumo sacerdote Caifás y de los otros miembros de su familia era bien conocida.

Según el historiador Josefo, los sumos sacerdotes solían extorsionar a los sacerdotes menores para sacarles el diezmo. Mandaban golpear a los que se rehusaban, y por eso algunos murieron de hambre (Evans 1989.259). En una obra rabínica llamada *La Tosefta*, se habla de la violencia de los sumos sacerdotes, sus hijos, sus yernos, sus supervisores y sus siervos, quienes aporreaban a los pobres con palos para quitarles los diezmos. Los rabinos eran de la opinión de que Dios permitió la destrucción del segundo templo por la avaricia y el odio de los sumos sacerdotes. Muchos de los libros apócrifos escritos durante este período se quejan de la perversidad y de las riquezas de los sumos sacerdotes. El comentario sobre el libro de Habacuc, encontrado entre los escritos del mar Muerto, lanza ataques contra el sacerdote malvado el cual es acusado de robar al pueblo, especialmente a los pobres (Evans 1989.260). El rencor que el pueblo guardaba contra del sumo sacerdote y su familia se comprueba por lo que pasó cuando las fuerzas rebeldes tomaron la ciudad de Jerusalén durante la guerra contra Roma (66-70 d.C.). Una de las primeras cosas que hicieron fue quemar el palacio del sumo sacerdote Ananías. Cuando el zelote Menahem y sus seguidores entraron en la ciudad dieron muerte al sumo sacerdote.

Jesús, al ver cómo el templo era profanado por las autoridades sacerdotales, comienza a echar fuera a los mercaderes y cambistas con un azote de cuerdas. Esparce sus monedas y vuelca sus mesas. Al protestar contra la profanación del templo, Jesús se solidariza con una larga tradición profética. Muchos años antes el profeta Isaías había condenado a los sacerdotes de su tiempo con las siguientes palabras: "...el sacerdote y el profeta erraron con sidra, fueron trastornados por el vino; se aturdieron con la sidra, erraron en la visión, tropezaron en el juicio" (Isaías 28.7). Miqueas se queja de que: "Sus jefes juzgan por cohecho, y sus sacerdotes enseñan por precio, y sus profetas adivinan por dinero" (Miqueas 3.11). Denunciando a los sacerdotes y profetas de su tiempo, el profeta Oseas declaró en nombre del Señor: "...les tomé aversión; por la perversidad de sus obras los echaré de mi casa; no los amaré más" (Oseas 9.15). En su famoso sermón sobre el templo, en Jeremías 7, el profeta declara que la casa de Jehová ha sido convertida en una cueva de ladrones (Jeremías 7.11). Este versículo fue citado por Jesús en el relato de la purificación del templo en Mateo 21.13 y Marcos 11.17.

Los sumos sacerdotes y sus cómplices eran ladrones, no sólo porque con sus extorsiones chupaban la sangre de los pobres, sino también porque se habían apropiado del patio de los gentiles para su uso. Tal usurpación era inaceptable porque en el segundo templo Dios había apartado aquel patio como el sitio en el cual los no judíos podrían llegar a conocer la palabra de Jehová. Los sacerdotes del templo debían haberse ocupado de enseñar la ley de Jehová a los gentiles. En lugar de eso, consideraban a los extranjeros indignos de la salvación. Creían que sólo los miembros del pueblo de Israel merecían heredar el reino de Dios, y por eso le quitaron a los gentiles aquella parte del templo. Así, el templo no llegó a ser casa de oración para todas las naciones. La ira de Jesús se dirige, no sólo contra la explotación que se llevaba a cabo en el templo, sino también contra una iglesia que se había olvidado de ser misionera, luz para todas las naciones. Cuando el pueblo de Dios se olvida de su llamado misionero se enciende la ira del Señor. Por medio de este relato los autores de los cuatro evangelios llaman a la comunidad cristiana, que es el nuevo templo del Señor, para que no se convierta en una nueva cueva de ladrones. Dios llama a la comunidad de los discípulos a llevar mucho fruto (Juan 15.1-10) y a no ser como la higuera estéril (Marcos 11.12-14) que fue maldecida por Jesús por no dar frutos. Todos los comentaristas concuerdan que tanto la higuera estéril como la viña en Marcos 12.1-12 son símbolos del templo de Jerusalén, que no tenía frutos para entregar al Señor (Watty 1982.236-239).

La mayoría de los intérpretes del N.T. considera que Jesús expulsó a los comerciantes del templo porque quería purificarlo para que volviera a desempeñar la función para la cual originalmente había sido construido. En este sentido, Juan 2.13-22 ha sido usado como uno de los textos para la fiesta de la Reforma. La purificación del templo por Jesús se ve como el cumplimiento de varios textos del A.T. que hablan de la llegada del mensajero de Dios para poner fin a los abusos cometidos en su casa y para restaurarla a su debido uso. Uno de estos textos es Malaquías 3.1-3: "He aquí, yo envío mi mensajero, el cual preparará el camino delante de mí; y vendrá súbitamente a su templo el Señor a quien vosotros buscáis, y el ángel del pacto, a quien deseáis vosotros. He aquí viene, ha dicho Jehová de los ejércitos. ¿Y quién podrá soportar el tiempo de su venida? ¿o quién podrá estar en pie cuando él se manifieste? Porque él es como fuego purificador, y como jabón de lavadores. Y se sentará para afinar y limpiar la plata; porque limpiará a los hijos de Leví, los afinará como a oro y como a plata, y traerán a Jehová ofrenda en justicia." Otro texto es Zacarías 14.21: "... no habrá en aquel día más mercader en la casa de Jehová de los ejércitos." En la época de Malaquías y Zacarías había mucha corrupción entre los sacerdotes y levitas que servían en el templo.

Otros, sin embargo, no creen que la acción de Jesús de sacar a los mercaderes del templo y volcar sus mesas tuviera como propósito purificar el templo. Estos intérpretes entienden las acciones de Jesús como augurios proféticos de la futura destrucción del templo. Un augurio profético es una acción simbólica que proclama un acontecimiento futuro. En Jeremías 19.11 el profeta quebró una vasija ante los ojos de los líderes de Jerusalén con el siguiente anuncio: "Así quebrantaré a este pueblo y a esta ciudad, como quien quiebra una vasija de barro, que no se puede restaurar más." Según esta interpretación, Jesús, al volcar las mesas y esparcir las monedas, está anunciando: 'Así, en poco tiempo será destruido este templo, volcados sus altares y saqueadas sus riquezas'. Los partidarios de esta interpretación opinan que la creencia de que Jesús iba a destruir el templo surgió a raíz de esta acción simbólica y fue una de las razones que llevó a los judíos a condenarlo a muerte (Watty 1982.236-239). Estos intérpretes señalan que si Jesús hubiera querido purificar el templo, los evangelistas hubieran citado a Malaquías 3.1-5 que habla del mensajero de Jehová que vendrá súbitamente para limpiar a los hijos de Leví. Pero en lugar de citar a Malaquías los evangelistas citan a Jeremías, quien anunció que el templo de Jerusalén sería destruido así como fue destruido el tabernáculo en Silo. El texto de Juan, sin embargo, no parece apoyar esta interpretación.

2.15-16: Y haciendo un azote de cuerdas, echó fuera del templo a todos, y las ovejas y los bueyes; y esparció las monedas de los cambistas, y volcó las mesas; y dijo a los que vendían palomas: Quitad de aquí esto, y no hagáis de la casa de mi Padre casa de mercado. Jesús saca fuera del templo a los mercaderes, comerciantes y cambistas que estaban esquilando al pueblo en la fiesta de su liberación. También echa fuera las palomas, los bueyes y especialmente las ovejas, que deben haber sido muy numerosas, pues eran las vísperas de la fiesta de la pascua y pronto se sacrificarían miles, para que cada familia en Jerusalén pudiese celebrarla tal como Moisés la había instituido.

Al expulsar las ovejas del templo, Jesús dio a entender que todo el sistema de ritos y sacrificios en el templo no es necesario para reconciliar a la humanidad con el Padre. Jesús reemplaza todo el sistema sacrificial con su sacrificio en la cruz. La cruz y la resurrección de Jesús hacen innecesarios los miles de sacrificios que se ofrecían todos los años en el templo. La resurrección de Jesús de entre los muertos elimina la necesidad de cualquier técnica religiosa que tiene como fin asegurar la vida eterna. La acción de Jesús al sacar fuera del templo a los animales de sacrificio en las vísperas de la pascua, significa que la pascua misma caduca para los cristianos, pues Jesús es nuestra pascua. Su muerte en la cruz es un sacrificio más eficaz que el sacrificio de todos los corderos pascuales de todos los tiempos. Los sacrificios del A.T. realmente nunca sirvieron para abolir la ira divina y reconciliar al pueblo rebelde con Dios. Los sacrificios de ovejas, bueyes y palomas en el A.T. solamente sirvieron para aguantar y refrenar la ira de Dios hasta que viniera aquel que ofrecería el sacrificio perfecto y definitivo. Los sacrificios del A.T. fueron un remedio provisional hasta que viniera aquel que ofrecería un sacrificio por los pecados del mundo, una vez para siempre (Hebreos 10.10-12). La resurrección de Jesús de entre los muertos es un milagro más grande que el éxodo, pues, por medio de él, el pueblo pasó no solamente de Egipto a la libertad en la tierra de Canaán, sino de la muerte a la vida eterna. Jesús es el Cordero de Dios que quita el pecado del mundo.

Jesús no sólo reemplaza el sistema sacrificial y la fiesta de la pascua, sino también el templo. La encarnación de Jesucristo significa que el templo ya no es el lugar predilecto de la presencia de Dios en el mundo. El Padre está presente en la carne y la sangre de su Hijo en un sentido mucho más profundo y mucho más íntimo que si estuviera en el templo. La expulsión de los animales de sacrificio del templo significa que Jesús ha venido a terminar con el templo como el lugar donde, por medio de sacrificios, los seres humanos se reconcilian con el Padre y entran en la presencia de Dios. En Juan 4.21-23 veremos como Jesús se presenta como el nuevo templo espiritual por medio de quien se adora al Padre en espíritu y en verdad (Yee 1989.62).

Recordemos que el templo en Jerusalén fue destruido por el ejército romano de Tito en el año 70 d.C. La destrucción del templo constituyó un gran problema para la religión tradicional judaica. Muchos fieles judíos se preguntaban: ¿Cómo puede seguir llamándose pueblo de Dios el pueblo de Israel si ya no puede cumplir con todas las ordenanzas relativas a fiestas y sacrificios en el templo prescritas por la Torá? Sólo unos veinte años después, en la academia rabínica de Jamnia, que fundó Johanan ben Zakkai, se formuló una respuesta adecuada a esta pregunta: el estudio de la Torá en las sinagogas es un sacrificio espiritual que reemplaza los sacrificios de bueyes y corderos.

Los judíos que creían en Jesucristo como Señor, basándose en los evangelios, y especialmente en Juan 2, ofrecieron otra solución. Se justifica la cesación de sacrificios porque Jesús, con su perfecto sacrificio en la cruz, logró de una vez por todas la purificación que ofrecía el sistema sacrificial y la fiesta de la pascua. En la muerte de Cristo en la cruz hay un raudal inagotable de purificación para todos, y para conseguirlo no hay que hacer ningún sacrificio adicional ni celebrar la pascua.

Para el teólogo de la liberación Gustavo Gutiérrez, es especialmente significativo que Jesús sacara del templo a los vendedores de palomas. La paloma, por ser la criatura más pequeña y barata, era la más usada por los pobres para sus ritos y sacrificios de purificación. Al expulsar a los traficantes de palomas, Jesús expresaba su repugnancia hacia la explotación de los pobres a través del culto, condenando tal actitud como hipócrita y como causante de tomar el nombre de Dios en vano (Gutiérrez 1992.142-143).

2.17: Entonces se acordaron sus discípulos que está escrito: El celo de tu casa me consume. Los discípulos de Jesús, al observar su reacción violenta ante la profanación del templo por parte de los mercaderes y cambistas, recuerdan un versículo del Salmo 69.9, que explica lo ocurrido: "El celo de tu casa me consume."

La iglesia cristiana siempre ha incluido al Salmo 69 entre los salmos mesiánicos, usándolo como parte del servicio de tinieblas (tenebrae) para hacer resaltar los sufrimientos de Jesús. Estos sufrimientos se deben, en parte, a los pecados de su pueblo, pero también al celo que Jesús siente a causa de la profanación del templo. El templo y la iglesia son, según el Antiguo y el Nuevo Testamentos, la esposa de Jehová y la novia del Cordero. La violación de la novia es lo que provoca los celos del novio. El Mesías sufre por su novia. Al decir: "El celo de tu casa me consume", el texto establece una relación entre el celo de Jesús por el templo y la muerte del Salvador en la cruz. La acción de Jesús al purificar el templo es una de las causas principales de la condenación y crucifixión de Jesucristo. Cada referencia al templo en el evangelio según San Juan va acompañada con una amenaza contra la vida del Señor (2.14-22; 5.14-18; 7.14-20; 8.20,59; 10.22-39; 11.56-57; 18.20).

Con frecuencia la palabra celos en las Escrituras se usa para describir acciones violentas en defensa de Dios y de su templo. La palabra zelote viene de la misma raíz que la palabra celos. El grupo revolucionario conocido como zelotes provocó el levantamiento del pueblo judío contra los romanos en los años 66-70 d.C. Los zelotes se inspiraban en el ejemplo de Finees, hijo de Eleazar, hijo de Aarón (Números 25). Cuando los hijos de Israel fornicaron en el desierto con las hijas de Moab, Finees, celoso por su Dios, tomó una lanza y entró en la tienda de Zimri, uno de los jefes de la tribu de Simón. Al hallar allí a Zimri en el acto de fornicación con una mujer moabita llamada Cosbi, Finees clavó su lanza en el vientre de Zimri y de su amante y de esa manera expió por el pecado de los hijos de Israel y apartó el furor de Dios. Otro gran héroe de los zelotes fue el profeta Elías quien en su celo por Dios degolló a 450 profetas de Baal después de que cayera el fuego de Dios sobre el altar que él había construido sobre el monte Carmelo.

2.18-19: Y los judíos respondieron y le dijeron: ¿Qué señal nos muestras, ya que haces esto? Respondió Jesús y les dijo: Destruid este templo, y en tres días lo levantaré. Los judíos reaccionaron ante la acción de Jesús exigiendo una señal milagrosa. Entienden que Jesús, al proceder de esta manera, establece su autoridad sobre el templo. Con su acción, Jesús está desafiando la autoridad de los sumos sacerdotes y proyectándose como una figura mesiánica. Por eso, los judíos piden una señal para expresar su rechazo a la conducta mesiánica de Jesús, y para desenmascararlo ante el pueblo. No fue una pregunta sincera. Más bien, fue una confesión de incredulidad. "...los judíos piden señales, y los griegos buscan sabiduría" dice San Pablo en 1 Corintios 1.22. Cuando en Mateo 12.39 le piden una señal milagrosa a Jesús, él responde: "La generación mala y adúltera demanda señal; pero no le será dada, sino la señal del profeta Jonás. Porque como estuvo Jonás en el vientre del gran pez tres días y tres noches, así estará el Hijo del Hombre en el corazón de la tierra tres días y tres noches." Jesús dice que la única señal que será dada será la de la resurrección. También aquí en Juan 2.19 Jesús responde con palabras proféticas que anuncian la resurrección: "Destruid este templo, y en tres días lo levantaré." Este dicho del Señor puede interpretarse de tres maneras diferentes. Hay tres niveles de significado que debemos considerar, y uno conduce al otro.

a. En primer lugar, las palabras de Jesús pueden interpretarse con referencia al templo de Dios en Jerusalén. Según esta interpretación, Jesús está diciendo que si se destruyera el templo en Jerusalén, él sería capaz de levantarlo nuevamente en tres días. Los enemigos de Jesús interpretaron sus palabras como una amenaza contra el templo. En otra oportunidad Jesús, hablando del templo, había profetizado: "¿Ves estos grandes edificios? No quedará piedra sobre piedra, que no sea derribada" (Marcos 13.2). Cuando Jesús fue juzgado delante del sumo sacerdote, fue acusado de haber amenazado destruir el templo: "Entonces levantándose unos, dieron falso testimonio contra él, diciendo: Nosotros le hemos oído decir: Yo derribaré este templo hecho a mano y en tres días edificaré otro hecho sin mano" (Marcos 14.57-58). Cuando Jesús estaba en la cruz "...los que pasaban le injuriaban meneando la cabeza y diciendo: ¡Bah! tú que derribas el templo de Dios en tres días y lo reedificas, sálvate a ti mismo y desciende de la cruz" (Marcos 15.29-30).

Es claro que las acciones y las palabras de Jesús en el templo fueron interpretadas como un desafío a la autoridad de los sumos sacerdotes y de los que los apoyaban, es decir, los romanos. El templo era la sede de la autoridad política y religiosa en Palestina y, por eso, desafiar esa autoridad se consideraba un acto revolucionario. Nos relata el historiador Josefo que cuatro años antes del comienzo de la guerra de los judíos contra Roma (62 d.C.), cierto campesino llamado Jesús, hijo de Ananías, se levantó en el templo y comenzó a profetizar su destrucción, clamando: "Una voz del este, una voz del oeste, una voz de los cuatro vientos, una voz contra Jerusalén y el santuario, una voz en contra del novio y de la novia, una voz contra el pueblo." Los jefes de los judíos mandaron arrestar y castigar a Jesús, hijo de Ananías, por sus palabras. Pero como seguía con sus protestas, fue llevado ante el gobernador Albino, quien mandó que le dieran muchos latigazos. Este hecho muestra cómo los prefectos romanos apoyaban a los sumos sacerdotes en su afán por defender el templo como símbolo de autoridad religiosa y política. Recordemos que los romanos ejercían su control sobre el pueblo a través de los sumo sacerdotes. Es decir, los sumos sacerdotes eran los lacayos de las fuerzas imperialistas. Desafiar al templo implicaba desafiar a los sumos sacerdotes y desafiar a los sumos sacerdotes equivalía a desafiar la autoridad de Roma. Fue este desafío el que al fin de cuentas hizo que Jesús fuera condenado como un revoltoso y revolucionario (Matera 1991.13).

Usando un análisis sociológico, el intérprete alemán, Gerd Theissen, ha entendido las palabras de Jesús acerca del templo a la luz del conflicto que existía entre el campo y la ciudad. Jerusalén en el tiempo de Cristo era como la ciudad de Efeso con su templo de Diana. Jerusalén era una urbe que vivía de la religión. La gran cantidad de diezmos, sacrificios, donativos esporádicos, votos y penitencias enriquecían a los sacerdotes de categoría superior.

El resto de la población de Jerusalén también se beneficiaba de la religión. Theissen ha calculado que un 20% de los jerosolemitanos dependía directamente de los sueldos que se pagaban a los hombres involucrados en la construcción del templo. Cualquier profecía que anunciara la destrucción del templo "tenía que ser interpretada como una declaración de guerra por parte de aquellos que habían construido el templo con sus propias manos y cuya posición social dependía de esta misma construcción." Los campesinos que vivían fuera de la ciudad sufrían económicamente por la gran cantidad de capital que se sacaba del campo y se invertía en el templo y su mantenimiento. Llama la atención el hecho de que todas las profecías bíblicas dirigidas contra el templo fueron lanzadas por hombres del campo (Miqueas de Moreseth, Urías de Kiryath Yearim, Jeremías de Anatot, Jesús hijo de Ananías). Todos los levantamientos populares en Jerusalén, antes de la destrucción del templo, ocurrieron durante las grandes fiestas cuando la ciudad estaba llena de campesinos.

Según Josefo, los zelotes (en su mayoría de origen campesino) casi siempre asesinaban sacerdotes ricos y otros miembros de la aristocracia del templo y de la ciudad santa. Estos datos llevan a Theissen a concluir que en el tiempo de Jesús existía una fuerte antipatía entre el campo y la ciudad santa. En opinión de Theissen, la profecía de Jesús sobre el templo es en parte una protesta contra la explotación de los campesinos por los habitantes de Jerusalén. Es una protesta contra el uso de la religión para justificar la dominación de un grupo de personas sobre otro. Así, Theissen declara que la protesta de Jesús es una "llamada a la libertad frente a toda determinación extraña" (Theissen 1985.79-101).

b. En segundo lugar, las palabras de Jesús en Juan 2.19 eran una profecía de su resurrección. Juan dice que Jesús hablaba del templo de su cuerpo. Entonces, según el principio hermenéutico *Scriptura Scripturam interpretatur* (La Escritura se interpreta con la Escritura), este sería el significado de las palabras de Jesús, aunque las investigaciones de Theissen son valiosas para hacernos entender mejor el contexto histórico de este pasaje. Ya en Juan 1.14 el evangelista dice que "aquel Verbo fue hecho carne y habitó entre nosotros y vimos su gloria." En el tiempo del A.T. la gloria de Jehová moraba en el tabernáculo y luego en el templo. La Biblia describe la dedicación del templo de Jehová en Jerusalén por el rey Salomón así: "Y cuando los sacerdotes salieron del santuario, la nube llenó la casa de Jehová. Y los sacerdotes no pudieron permanecer para ministrar por causa de la nube; porque la gloria de Jehová había llenado la casa de Jehová" 1 Reyes 8.10-11. Pero con la encarnación, Jesús ha pasado a ser el verdadero templo de Dios, el nuevo templo, el lugar donde está presente la gloria de Dios. Uno de los temas principales del cuarto evangelio es Jesús como el verdadero templo de Jehová. Es parte del plan del evangelista Juan, mostrar a través de toda su obra, cómo Jesús reemplaza y cumple las funciones de todas las instituciones y ceremonias del A.T. En la primera parte del capítulo vimos cómo Jesús reemplaza las aguas de purificación con el nuevo vino de su Espíritu. En Juan 2.13-22 vemos cómo Jesús reemplaza, no sólo la fiesta de la pascua, sino también el templo en el cual se sacrificaban los corderos pascuales.

c. En tercer lugar, las palabras de Jesús de que reedificaría el destruido templo de Dios, se refieren al establecimiento de la comunidad de sus discípulos como Israel renovado y como templo de Dios. Cuando el Buen Pastor fue crucificado, las ovejas de su redil fueron esparcidas. La crucifixión de Jesús no solamente fue un intento de acabar con la vida del Buen Pastor, sino también con la comunidad que había fundado. Jesús, hablando de su muerte, recordó a sus discípulos de la profecía que decía: "Heriré al pastor, y las ovejas serán dispersadas" Marcos 14.27 y Zacarías 13.7. San Pablo dice a los corintios: "...vuestro cuerpo es templo del Espíritu Santo" 1 Corintios 6.19. A la luz de éstos y otros textos, debemos entender que Jesús está profetizando la resurrección, no sólo de su cuerpo físico, sino también de la comunidad de sus discípulos. En efecto, Jesús dice: 'Destruid mi iglesia, y en tres días la levantaré.' Veremos que cuando Jesús resucita de entre los muertos, la primera cosa que hace es buscar a sus ovejas dispersadas, para reunirlas nuevamente en la comunidad del nuevo templo. En Juan 20 y 21 veremos cómo Jesús busca a María Magdalena, a los discípulos reunidos detrás de puertas cerradas, a Tomás y a los siete pescadores, para levantar y reconstruir el templo del nuevo Israel que había sido destruido, y sus miembros dispersados.

2.20: Dijeron luego los judíos: En cuarenta y seis años fue edificado este templo, ¿y tú en tres días lo levantarás? Jesús había hablado de levantar el templo en tres días. Los judíos preguntan: "¿Cómo será posible esto, si el rey Herodes tardó 46 años para reconstruir este templo, que fue edificado hace más de quinientos años cuando los cautivos judíos regresaron de Babilonia?" Esta referencia cronológica nos indica cuándo pronunció Jesús estas palabras. Herodes comenzó la reconstrucción del templo en el año 19 a.C. Los judíos le dicen a Jesús que ya van 46 años desde que Herodes comenzó la obra de reconstrucción. Esto nos lleva al año 28 d.C., es decir, el primer año del ministerio de Jesús y no el último. Esto ha llevado a un conocido investigador del evangelio según San Juan a concluir que la purificación del templo en Juan 2.13-22 ocurrió entre el 28 de abril y el 5 de marzo del año 28 d.C. (Robinson 1985.157).

2.21: Mas él hablaba del templo de su cuerpo. Estas palabras de explicación del evangelista son típicas del evangelio según San Juan. Ya que el propósito del evangelista es que todos sus lectores lleguen a creer en Jesucristo y tengan vida eterna en él, se esmera en explicarles el significado de sus acciones, dichos y señales. El evangelista sabe que si él no guía al lector, se podría perder el verdadero significado de lo narrado. Las personas con las que conversa Jesús en el cuarto evangelio a menudo entienden, oyen y ven sólo superficialmente, sin comprender el verdadero significado de lo que está pasando. Con sus comentarios y explicaciones el evangelista está actuando como el instrumento del Espíritu Santo, para guiar a los creyentes a toda la verdad (Juan 16.13).

2.22: Por tanto, cuando resucitó de entre los muertos, sus discípulos se acordaron que había dicho esto; y creyeron la Escritura y la palabra que Jesús había dicho. Los discípulos no entendieron muchas cosas que hizo y dijo Jesús hasta después de la resurrección. Cuando ocurrió la purificación del templo, el Espíritu Santo aún no había sido derramado sobre los discípulos para ayudarles a ver el verdadero significado de muchas palabras de Jesús. Sólo a la luz de lo que pasó en la cruz y en la resurrección, el paracleto abrió los ojos de los discípulos para que entendieran las palabras sobre la destrucción y reedificación del templo. La cruz y la resurrección, que constituyen la señal más grande de Jesús, son la clave que nos ayuda a ver la gloria de Dios manifestada en su Hijo Jesucristo. Muchas veces hay cosas que leemos en la Biblia, o que suceden en nuestras propias vidas, que no podemos entender. Sólo a la luz de la cruz y de la resurrección es que se abren también nuestros ojos. Con la ayuda del mismo paracleto podemos aplicar los relatos de la Escritura a nuestras propias vidas y a las de nuestras comunidades.

2.23-25: Mientras estaba en Jerusalén, en la fiesta de la Pascua, muchos creyeron en su nombre al ver las señales que hacía. Pero Jesús mismo no se fiaba de ellos, porque los conocía a todos; y no necesitaba que nadie le explicara nada acerca del hombre, pues él sabía lo que hay en el hombre. Martín Lutero (Pelikan 1957:253) asevera que Juan 2.23-25 tiene dos propósitos: 1) Enfatizar que Jesús, por ser verdadero Dios, conoce los corazones humanos. No podemos engañarlo con palabras bonitas y con bellas acciones externas de supuesta santidad y piedad. El Señor puede ver si nuestras palabras y acciones proceden de una fe verdadera o no. 2) Advertirnos de la insuficiencia de una fe superficial o una "fe de leche" que se basa solamente en los milagros o señales de Jesús.

No sería correcto concluir con muchos intérpretes que una fe es falsa o incompleta por el simple hecho de que haya sido despertada por las señales de Jesús. Nuestro evangelista pone tanto énfasis en las señales de Jesús en el cuarto evangelio precisamente porque ellas ayudan a despertar una fe verdadera en él. Sería mejor afirmar que debemos sospechar de una fe basada solamente en señales. En el cuarto evangelio las señales siempre van acompañadas por la Palabra. Una fe verdadera se basa no solamente en las señales sino en las señales ligadas a la palabra de Jesús. Las señales sin la Palabra pueden ser malentendidas, porque la Palabra es el instrumento del Espíritu Santo para revelar el verdadero significado de la señal.

Hay que entender lo que dice el evangelista en 2.23-25 a la luz del relato que sigue, la historia del encuentro nocturno entre Jesús y Nicodemo. Nicodemo entra en el escenario como representante de los muchos que "creyeron en su nombre al ver las señales que hacía", pues, según Juan 3.2 Nicodemo dice: "Rabí, sabemos que has venido de Dios como maestro, porque nadie puede hacer estas señales que tú haces, si no está Dios con él." Como veremos en el próximo capítulo, Nicodemo, como muchos en Juan 2.23, no tiene problemas en afirmar la veracidad de las señales de Jesús. El problema de Nicodemo es que no entiende las palabras de Jesús, por lo tanto, no percibe el significado de las señales. La fe de Nicodemo es una fe en Jesús como un gran maestro o rabí. Nicodemo cree en Jesús como un gran traumaturgo enviado por Dios para realizar prodigios y milagros pero no tiene fe en Jesús como el Verbo encarnado, el Cordero de Dios, o el Salvador del mundo.

En un sermón predicado por Lutero el 16 de marzo de 1538 (Pelikan 1957:251-262) el reformador exhorta a sus oyentes a seguir el ejemplo de Jesús en no confiar en todo lo que dicen y hacen los hombres que profesan creer en Jesús. Citando las obras y la santidad de grandes hombres de Dios como Ambrosio, Agustín, Jerónimo, San Bernardo y San Francisco, Lutero nos recuerda de que a pesar de su santidad esos hombres también escribieron muchas cosas que contradicen el evangelio de nuestro Señor Jesucristo. Por lo tanto sería una gran equivocación concluir que debemos fiarnos en estos santos y seguirles en todo puesto que hacían muchas cosas buenas. Podemos seguir su ejemplo cuando predican a Cristo y cuando nos llaman a confiar solamente en su nacimiento, crucifixión y resurrección, pero cuando nos hablan de penitencias, purgatorio, rosarios, hábitos monásticos y otras tonterías debemos seguir a Cristo y no a ellos. De igual manera, nosotros, los seguidores de Jesucristo hoy en día debemos tener el mismo cuidado de no fiarnos ciegamente de todos los que afirman creer en el Señor. En América Latina muchos teólogos siguen a Jesús y profesan fe en él porque se han dado cuenta de cómo Jesús en su ministerio se identificó con los pobres y los marginados y se opuso a las elites que los oprimían. Aunque muchos de esos teólogos están dispuestos a confesar a Jesús como libertador, sin embargo, como Nicodemo, todavía no están preparados a confesar que es por el sacrificio del Cordero de Dios en la cruz que pobres y ricos son invitados a entrar en el reino de Dios.

Mientras que podemos afirmar y seguir la praxis libertadora de muchos teólogos latinoamericanos, tenemos que cuidarnos en no aceptar sus cristologías si no están dispuestos a arrodillarse ante Jesús y confesar con Santo Tomás: "Jesús, tú eres mi Señor y mi Dios".

Nota litúrgica: En el leccionario de tres años del himnario *¡Cantad al Señor!* Juan 2.13-22 es el santo evangelio para el tercer domingo en Cuaresma para el año B, año de San Marcos.

En el leccionario de cuatro años del grupo litúrgico interconfesional de Gran Bretaña, Juan 2.13-25 es el santo evangelio para el cuarto domingo después de Epifanía en el año D, año de San Juan.

Capítulo 3

3.1: Había un hombre de los fariseos que se llamaba Nicodemo, un principal entre los judíos. El evangelio de Juan nos presenta aquí a un personaje importante que no aparece en los evangelios sinópticos. Su nombre es Nicodemo. Famoso rabino y uno de los principales escribas de Israel, Nicodemo fue también uno de los 70 miembros del consejo supremo de los judíos, el Sanedrín. En Juan 18, el Sanedrín condena a Jesús a morir en la cruz. En Juan 19.39 Nicodemo trae al entierro de Jesús "un compuesto de mirra y de áloes, como cien libras." Esta gran cantidad de especies de gran valor indica que Nicodemo era un hombre muy rico, un miembro de la aristocracia de Jerusalén.

Según Jeremías (1969.237), los principales escribas como Nicodemo no sólo eran expertos en cuestiones de legislación religiosa y ritual y en procesos criminales; eran también los guardianes de conocimientos secretos de la tradición esotérica. En su libro *Jesús en el tiempo del Nuevo Testamento*, Jeremías enumera algunos de estos conocimientos esotéricos: los misterios del ser divino, los poderes mágicos del sagrado nombre de Dios, los secretos y las maravillas de la creación, la topografía cósmica, la eternidad anterior a la creación del mundo, las postrimerías, las fórmulas mágicas secretas utilizadas por los rabinos para producir efectos maravillosos, y también la doctrina sobre el salvador, el Hijo del Hombre. Estos conocimientos secretos eran transmitidos sólo del maestro al discípulo más íntimo, porque no todos eran considerados dignos de recibir tales enseñanzas. Si Jeremías tiene razón, el diálogo entre Jesús y Nicodemo se entiende más fácilmente.

Los escribas se dedicaban a estudiar el texto de la Escritura de una manera tan meticulosa que podían determinar cuál era la letra que estaba en el medio de toda la Torá. Podían decir cuántas veces aparecía una palabra escrita en forma defectuosa, cuántas veces con el artículo y cuántas veces sin él. Debido a su afán por contar las letras y las palabras de la Torá, muy pronto comenzaron a investigar el supuesto significado secreto de los números en la Torá. Con el tiempo los escribas llegaron a perfeccionar técnicas de interpretación esotérica tales como gematria y atbash (Russell 1993.111). Jeremías afirma que "los escritos apocalípticos del judaísmo tardío contenían las enseñanzas esotéricas de los escribas" (Jeremías 1977.249-260).

El nombre Nicodemo es una forma del nombre Naqdimon. Algunos historiadores identifican al Nicodemo que visitó a Jesús con Naqdimon ben Gorion, un conocido comerciante de maíz mencionado en las obras de Josefo. Según el Talmud, este Naqdimon ben Gorion era uno de los tres hombres más ricos de Jerusalén. Robinson cree que el Nicodemo de la Biblia era el abuelo del Naqdimon mencionado por Josefo y el Talmud. Según Robinson, el padre de Naqdimon fue un tal Gorion, el hijo de Nicodemo, quien, según Josefo, fue uno de los hombres más prominentes de Jerusalén (Robinson 1985.281-287; Jeremías 1969.236).

3.2: Este vino a Jesús de noche, y le dijo: Rabí sabemos que has venido de Dios como maestro; porque nadie puede hacer estas señales que tú haces, si no está Dios con él. Nicodemo, al igual que muchos otros judíos, quedó muy impresionado por las señales y enseñanzas de Jesús. Estaba convencido de que Jesús podía compartir con él muchas enseñanzas secretas y esotéricas. Nicodemo no acusa a Jesús de ser un samaritano ni de tener un demonio como hacían otros escribas, pues creía que era un maestro venido de Dios.

Pero lo que cree Nicodemo acerca de Jesús no es suficiente. La fe de Nicodemo es incompleta. No es suficiente ver las señales que Jesús hace y decir: "Jesús es un gran maestro y rabino." Es necesario preguntar acerca del significado de las señales de Jesús. Es necesario que el espíritu de Dios nos abra el entendimiento y que obre en nosotros la fe en Jesucristo, de modo que lo confesemos como el *Logos* y como el Cordero de Dios que quita el pecado del mundo. Es insuficiente una fe basada solamente en las señales y los milagros de Jesús. Tampoco basta una fe que se basa sólo en lo que Jesús enseña, y no en su persona. La fe también tiene que escuchar lo que enseña Jesús acerca de sí mismo. Reconocer a Jesús sólo como un gran maestro y taumaturgo no es suficiente para entrar en el reino de Dios. Nicodemo necesita nacer de nuevo.

Lutero dice que Nicodemo vino esperando que Jesús le dijera: "Nicodemo, el reino de Dios es tuyo por tu piedad, tus obras de justicia y tu conocimiento de las Escrituras." Pero las obras del ser humano son insuficientes para abrirnos las puertas del reino de los cielos. Lo único que puede abrirnos la entrada al reino de Dios es un nuevo nacimiento. Por eso Jesús advierte a Nicodemo de la necesidad de nacer otra vez.

3.3: Respondió Jesús y le dijo: De cierto, de cierto te digo, que el que no naciere de nuevo, no puede ver el reino de Dios. La palabra griega que la versión *Reina Valera Revisada* traduce como "de nuevo" es ἄνωθεν. Esta palabra puede tener dos significados. Puede significar "de lo alto" o "de nuevo". La *Biblia de Jerusalén* traduce "de lo alto"; la *Reina Valera Revisada* traduce "de nuevo". Según la traducción de la *Biblia de Jerusalén*, Nicodemo debe experimentar un nacimiento que es la obra de Dios y no de los seres humanos. Recordando que al evangelista Juan le gusta usar palabras de doble sentido, es probable que haya escogido a propósito la palabra ἄνωθεν para indicar que el nacimiento que debe experimentar Nicodemo es desde lo alto y, al mismo tiempo, de nuevo. Pero el énfasis principal de la frase recae en la idea del nacimiento de arriba o de lo alto, que equivale a decir: nacer de Dios.

Solamente en Juan 3.3 y 3.5 encontramos la expresión "el reino de Dios" en el cuarto evangelio. En los otros evangelios, especialmente en Mateo, en cambio, el concepto reino de Dios o reino de los cielos es fundamental. Después de este episodio, el evangelista Juan prefiere usar el término vida eterna en vez de reino de Dios. Ver el reino de Dios es lo mismo que tener vida eterna. Todo judío piadoso trataba de ver el reino de Dios y de tener la vida eterna (Léon-Dufour 1989.230).

Las palabras de cierto, de cierto (ἀμὴν ἀμὴν en griego), indican que Jesús está haciendo una proclamación de suma importancia en cuanto a su función de impartir la voluntad y doctrina del Padre.

3.4: ¿Cómo puede un hombre nacer siendo viejo? Nicodemo malentendió las palabras de Jesús acerca de la necesidad de nacer de nuevo. El principal de los judíos creyó que Jesús estaba hablando de un nacimiento físico y no de un nacimiento espiritual. Es muy fácil malentender las palabras de Jesús cuando intentamos explicarlas sin la ayuda del Espíritu Santo. Es muy fácil equivocarnos cuando buscamos entender la voluntad divina en base a la razón humana, nuestras experiencias anteriores o las categorías y conceptos de una religión tradicional. Una misionera que trabajaba entre los miembros de la tribu Bajji en Nigeria, escribe que muchos cristianos bajji, al leer este texto, creían que se trataba de la reencarnación, puesto que la reencarnación era un elemento muy importante en su religión ancestral. Por eso los bajji llegaron a creer que Jesús aquí habla de que tenemos que ser reencarnados en otros cuerpos después de nuestra muerte (McKinney 1990.285).

Según William Grese (1988.677-693), el término nacer de nuevo era usado con frecuencia en el mundo religioso de los primeros siglos con referencia a viajes celestiales emprendidos por individuos que deseaban subir en espíritu a los cielos con el fin de conseguir una revelación especial o secreta. En obras tales como la *Liturgia de Mithras,* el *Corpus Hermeticum,* el *Apocryfon de Santiago* y la *Ascensión de Isaías,* el adepto tiene que pasar por una ceremonia o liturgia secreta de purificación para librarse de sus pecados, deseos carnales, etc., y entonces poder emprender su viaje en astral y ser protegido durante el viaje de cualquier peligro o prueba. La ceremonia o liturgia necesaria para el viaje en astral se llamaba nacimiento de arriba o nacer de nuevo.

Las palabras de Jesús a Nicodemo en Juan 3.13 declaran que es imposible que un ser humano suba a los cielos en astral. De esta manera Jesús rebatió una creencia muy común en su tiempo, tanto entre los gentiles como entre muchos judíos, especialmente los que vivían en la diáspora. La popularidad de este concepto se evidencia por la gran cantidad de escritos sobre este tema que circulaban entre los judíos, en la época de la composición del evangelio de Juan. Estos escritos contenían revelaciones de personas que supuestamente habían subido o ascendido al cielo de una forma mística. Entre estos libros podemos mencionar los siguientes: I Enoc; El Testamento de Leví; El Testamento de Abraham; II & III de Baruc; La Ascensión de Isaías; IV Esdras; La Vida de Adán y Eva; y El Testamento de Job.

Las experiencias celestes descritas en estos libros son muy variadas. En algunas un ángel lleva a un ser humano para que contemple los misterios celestiales. En otras, el ser humano sube en persona, y en otras sube en espíritu o tiene una visión en la cual puede ver y oír lo que está pasando arriba en los cielos. Ante esta literatura apócrifa y seudoepígrafa Juan 3.13 declara que el único que ha subido al cielo es aquel que ha bajado del cielo, es decir, el *Logos* hecho carne, Jesucristo. Jesús no es un turista que sube al cielo para tener un vistazo fugaz del mundo celestial. Jesús es el *Logos* que siempre ha vivido en la presencia del Padre. Jesús es el *Logos*, el único que ha visto y conoce al Padre, y, por eso, el único que puede revelarnos cómo es el Padre. Jesús es el único revelador. Juan 3.13 niega la validez de las revelaciones que contienen otros libros o relatos de cómo es el Padre. Niega que uno pueda conocer a Dios Padre, creador, aparte de su hijo, Jesucristo.

Según IV Esdras 3.14 y II Baruc 4.4, a Abraham le fue concedida una revelación de Dios, del fin de los tiempos, y del paraíso. Algunos rabinos afirmaban que Moisés había subido al monte Sinaí para tener un vistazo de Dios el Padre y que Isaías había visto al Padre cuando tuvo su visión de la gloria de Dios en el templo (Isaías 6.1-9). Otras tradiciones rabínicas decían que cuando Isaac estaba a punto de ser sacrificado sobre el monte Moriah, tuvo una visión de Dios en su gloria. Según los rabinos, esta visión de la gloria de Dios había dañado la visión de Isaac de tal manera que en Génesis 27 se volvió ciego. Ya vimos en Juan 1.43-51 acerca de la visión de la gloria de Dios que tuvo Jacob en su visión de la escalera. El evangelio de Juan no niega que personas como Abraham, Moisés, Isaías y Jacob hayan tenido visiones de la gloria divina. Lo que niega es que vieran a Dios el Padre. Según el cuarto evangelio, todas las visiones de la gloria divina en el A.T. fueron visiones del *Logos*, es decir, del Cristo pre-existente el cual es el único que conoce al Padre cara a cara. Por lo tanto sólo Cristo puede revelar al Padre. El Padre se revela solamente en Jesús. Solamente en Jesús se hace visible el Padre. Viajes al cielo en astral, para ver a Dios, son imposibles e innecesarios porque aquí en la tierra podemos tener una visión de la gloria de Dios en la persona de su hijo, Jesucristo.

Uno de los propósitos de Juan 3, es poner de manifiesto que los viajes al cielo en el espíritu no son necesarios. Algunos intentan subir al cielo en astral para obtener una revelación especial de Dios y para poder conseguir respuestas a preguntas tales como: ¿Qué pasará después de la muerte? ¿Qué clase de juicio se debe esperar en el más allá? ¿Cómo debemos vivir con el fin de prepararnos para aquel juicio? Se sabe que algunas personas querían tener una visión de Dios en su gloria porque creían que tal visión les podía dar la vida eterna.

En su discurso con Nicodemo Jesús ofrece a sus discípulos lo mismo que trataban de encontrar los que emprendían viajes en astral. O sea, no es necesario viajar en espíritu al séptimo cielo para ver a Dios. Aquí mismo, en medio de toda la confusión, la opresión y las contradicciones de este mundo, podemos ver la gloria del Dios invisible hecho visible en el amor sacrificial de Jesús en la cruz. En Jesucristo se trae al presente el juicio del día final. El que cree en Jesús ya tiene el perdón y la salvación que esperaban recibir en el último día los fieles del A.T. El que rechaza a Jesús no necesita esperar hasta el día final para recibir su sentencia de condenación; ya está condenado. "El que en él cree, no es condenado; pero el que no cree, ya ha sido condenado, porque no ha creído en el nombre del unigénito Hijo de Dios. Y esta es la condenación: que la luz vino al mundo, y los hombres amaron más las tinieblas que la luz, porque sus obras eran malas" Juan 3.18-19. Lo que Jesús le propone a Nicodemo no es un viaje en espíritu por los cielos al trono de Dios, sino un viaje por las señales, enseñanzas y revelaciones del Jesús de la historia. Por medio de tal viaje todos nosotros podemos llegar a ver la gloria del unigénito del Padre, lleno de gracia y de verdad.

Hoy en día también muchos quieren tener una revelación de la gloria del otro mundo. Con tal fin asisten a las reuniones de los rosacruces, gnósticos, espiritistas y a las sesiones de la Nueva Acrópolis. Algunos toman la droga L.S.D. y otros alucinógenos y así tratan de provocar visiones del más allá. El culto del peyote de los indios norteamericanos está gozando de mucha aceptación entre la gente blanca que busca un viaje a lo desconocido. Es muy difícil encontrar una Biblia o un libro de historias bíblicas en las librerías de Venezuela, México y Colombia, pero abundan libros sobre la metafísica, el triángulo de las Bermudas, los secretos de las pirámides, Jesucristo-astronauta y los escritos de Conny Méndez y Joaquín Trincado. Como Nicodemo, que vino a Jesús de noche, las personas que publican y leen tales obras andan en la oscuridad. Jesús, en Juan 3, los llama a la luz.

El Espíritu de Jesús nos dirige, no a viajes en astral, sino a la Palabra y a los sacramentos. Ahí encontraremos al Dios que ha bajado para estar con nosotros, aun en las condiciones más humildes y opresivas. Al final de cuentas, el evangelio no es el relato de cómo los seres humanos pueden salir en astral, para estar arriba con Dios, sino de cómo Dios vino y viene de arriba en la encarnación, en la Palabra, en los sacramentos y en la comunión de los santos. Puesto que no podemos subir a donde está Dios, cantamos: "¡Oh, ven! ¡Oh, ven, Emmanuel! Libra al cautivo Israel, que sufre desterrado aquí y espera al Hijo de David. Alégrate, ¡oh Israel! Vendrá, ya viene Emmanuel" (*Culto Cristiano*, himno 1).

Sabemos que muchas religiones hablan de profetas, shamanes y espiritistas que supuestamente han subido a la presencia de Dios y han conseguido ayuda celestial y conocimientos secretos. En muchas religiones los shamanes se valen de ayunos, drogas alucinógenas, alcohol, humo de tabaco y diferentes técnicas místicas para librarse de las ataduras del cuerpo material y poder emprender un viaje en espíritu al cielo y a la presencia de Dios y de los espíritus. Durante los años 60 estaba en boga tomar la droga L.S.D. con el fin de hacer un viaje, de tener una visión de Dios y del más allá. Sin embargo, todos los intentos humanos de conocer el misterio divino, de subir al cielo o de ver a Dios, son inútiles. Solamente aquel que ha bajado del cielo y que se ha encarnado en un cuerpo humano, puede revelarnos cómo es Dios.

Según la tradición, el evangelio de San Juan, las tres epístolas de San Juan y el libro del Apocalipsis fueron escritos para las congregaciones cristianas en la provincia de Asia. Siete de estas congregaciones se mencionan en Apocalipsis: Efeso, Esmirna, Pérgamo, Tiatira, Sardis, Filadelfia y Laodicea (Apocalipsis 1.11). Según Michael Goulder, uno de los problemas más graves que tuvieron que enfrentar los misioneros cristianos en estas ciudades era la existencia de un grupo de judeo-cristianos apocalípticos que trataban de convertir a los miembros de las congregaciones establecidas por Pablo, Bernabé y Juan a sus ideas heréticas (Goulder 1991.15-39).

Goulder declara que Pablo escribió su carta a los efesios para combatir las ideas erróneas de estos herejes que estaban poniendo en peligro la fe de los cristianos ortodoxos. Lo que buscaban los apocalípticos era ser raptados de sus cuerpos, para ascender al cielo, tener acceso al trono celestial, sentarse entre los poderes celestiales y así poder alabar la gloria divina. Sólo una persona muy santa podría superar los peligros del viaje celestial, y así tener una visión del trono divino y de la gloria de Dios. Para los visionarios, ser santo significaba: guardar perfectamente la Torá, no comer carne, y abstenerse del sexo. Una vez que cumplían estas exigencias, los visionarios experimentaban una transformación espiritual, podían hablar en lenguas angélicas y sanar enfermedades.

Los que lograban así ascender en espíritu al trono divino llegaban a conocer los secretos divinos y a conversar con los poderes celestiales. Según Goulder, algunas profetisas de estos grupos judeo-cristianos se divorciaron de sus esposos y enseñaron que para tener la santidad y el poder necesarios para tener visiones y poder profetizar uno no debía estar casado (1 Corintios 7). Cuando éstas profetizaban y hablaban en lenguas, se quitaban el velo, y muchos en las congregaciones se escandalizaban (1 Corintios 11). Por medio de sus prácticas ascéticas y legalistas, los visionarios, tanto hombres como mujeres, afirmaban que podían llegar a ver al mismo Dios. Muchos judíos creían que el novio en el libro de Cantares realmente era un retrato de Dios. Es decir, quien tenía una visión de Dios al subir al cielo veía un hombre parecido al de Cantares 5.10-16: "Mi amado es blanco y rubio, señalado entre diez mil. Su cabeza como oro finísimo, sus cabellos crespos, negros como el cuervo. Sus ojos, como palomas junto a los arroyos de las aguas... sus manos como anillos de oro engastados de jacintos... Su cuerpo como claro marfil cubierto de zafiros. Sus piernas como columnas de mármol..."

Algunos judíos místicos, para poder subir en espíritu a los cielos, meditaban día y noche, con ayunos y vigilias, sobre textos como Cantares 5, Ezequiel 1 y Números 21. Se desarrolló todo un sistema de misticismo, entre los judíos, basado en la visión mística que tuvo el profeta Ezequiel de la carroza divina y de Dios, según el capítulo 1 de su libro. Este sistema místico se llama misticismo Merkabah. Merkabah es la palabra hebrea que significa carroza. Para combatir esta clase de misticismo, algunos rabinos prohibían que los menores de 30 años leyeran Ezequiel 1 y el Libro de Cantares. Según Filón de Alejandría, muchos judíos de su tiempo creían que la razón por la cual se contemplaba la serpiente de bronce en el A.T. era para lograr una revelación celestial (Grese 688). Juan 3.14-16 nos dice que la serpiente de bronce era sólo una prefiguración o anticipo de Jesucristo. Nadie será levantado al cielo por contemplar la serpiente de bronce. Nuestra salvación viene por creer que Jesucristo fue levantado en una cruz para salvarnos y que fue elevado a la diestra de Dios el día de su resurrección. Nuestra salvación viene, no por el levantamiento de la serpiente de bronce, sino por el levantamiento de Cristo Jesús en su cruz y en su resurrección.

Los visionarios de Asia Menor y Corinto se jactaban de que en sus visiones podían ver la anchura, la longitud y la altura de Dios. Según Hipólito, había una secta judeo-cristiana llamada los Elchasai que por el año 100 d.C. predicaba que la altura de un ángel era de unos 150 kilómetros. Pablo, para combatir estas ideas, insta a los cristianos a no contemplar la grandeza de Dios en visiones místicas, sino a conocer la anchura, la longitud, la profundidad y la altura del amor de Cristo (Efesios 3.18-19). Para combatir a las profetisas carismáticas, Pablo exhorta a las mujeres a cubrir sus cabezas, sujetarse a sus esposos y tener hijos. Las viudas deben casarse y tener hijos (1 Timoteo 5.4). A todos dice Pablo: "Para que ya no seamos niños fluctuantes, llevados por doquiera de todo viento de doctrina, por estratagema de hombres que para engañar emplean con astucia las artimañas del error" (Efesios 4.14).

Para esta secta de visionarios carismáticos, Cristo era solamente uno de los espíritus o ángeles que ayudaban a los visionarios en su ascensión mística. Para combatir esta cristología errónea, Pablo insiste en que Cristo no es un espíritu o poder celestial entre muchos, sino la imagen visible del Dios invisible. "Porque en él fueron creadas todas las cosas, las que hay en los cielos y las que hay en la tierra, visibles e invisibles; sean tronos, sean dominios, sean principados, sean potestades; todo fue creado por medio de él y para él" (Colosenses 1.16). Para combatir la idea de que los visionarios se salvan por los secretos que aprenden al hablar con los poderes, potestades y principados en sus viajes celestiales, Pablo recalca que somos salvos, no por prácticas ascéticas, ni por cumplir con la Torá o con ritos secretos (Colosenses 2.18), sino por gracia, por medio de la fe, "y esto no de vosotros, pues es don de Dios" (Efesios 2.8).

Se puede apreciar porqué las doctrinas de los visionarios atrajeron a muchos cristianos. Al igual que los discípulos de la metafísica y del espiritismo de hoy, ellos anhelaban tener poderes celestiales, conocer secretos divinos y andar en espíritu o astral por los siete cielos. Nuestro interés en hablar ahora aquí de la hipótesis de Michael Goulder es que el evangelista Juan llevaba a cabo su ministerio entre muchas de las congregaciones de Asia donde Pablo había predicado y escrito. Los mismos problemas que Pablo había encontrado, seguían manifestándose décadas más tarde, durante el ministerio de Juan en Asia. Así como Pablo, para combatir la cristología equivocada de los visionarios, vio la necesidad de dar más énfasis a la cristología en sus cartas a los efesios y los colosenses, así Juan se vio obligado a destacar la cristología más que los otros evangelistas. En particular Juan tenía que enfatizar que "nadie subió al cielo, sino el que descendió del cielo; el Hijo del Hombre, que está en el cielo" (Juan 3.13).

En muchas partes de América latina hay gnósticos, espiritistas y discípulos de la metafísica que anhelan, igual que los visionarios de Asia, ser raptados a los siete cielos para andar en astral y llegar a conocer los misterios divinos. Al igual que los visionarios de Asia, esperan alcanzar la salvación por medio de su gnosis o conocimiento secreto. También para ellos, Cristo es sólo un espíritu entre muchos. Es un guía, no un salvador. Cuando nos encontramos en un ambiente así, es una bendición tener a mano el evangelio de San Juan con su alta cristología.

3.5: Respondió Jesús: De cierto, de cierto te digo, que el que no naciere de agua y del Espíritu Santo, no puede entrar en el reino de Dios. Volvemos a oír la fórmula "amén, amén", que indica que Jesús está por dar una enseñanza de gran importancia a su iglesia. La enseñanza que da es que el segundo nacimiento no se efectúa entrando por segunda vez en el vientre de la madre. Se efectúa por medio de agua y del Espíritu, es decir, por medio del Bautismo, y de la fe, la cual es un don del Espíritu Santo. Este nuevo nacimiento no es una obra humana, sino una obra de Dios. Dios es quien nos bautiza, lavándonos de nuestros pecados y dándonos el Espíritu Santo por medio de quien recibimos el poder de creer en el nombre de Jesús.

A nuestro parecer, Nicodemo vino a Jesús de noche porque no quería ser visto por los otros fariseos y miembros del Sanedrín. Temía ser denunciado como un seguidor de Jesús y así perder su puesto como miembro del Sanedrín. En Juan 9.22 leemos que los judíos habían acordado "que si alguno confesase que Jesús era el Mesías, fuera expulsado de la sinagoga." Nicodemo quería ser un seguidor de Jesús en secreto. Pero Jesús le dice que para ser un discípulo es necesario ser bautizado y hacer una declaración pública de fe en Jesús. Para ser bautizado Nicodemo tenía que confesar públicamente a Jesús. Jesús mismo dijo: "A cualquiera, pues, que me confiese delante de los hombres, yo también le confesaré delante de mi Padre que está en los cielos. Y a cualquiera que me niegue delante de los hombres, yo también le negaré delante de mi Padre que está en los cielos" (Mateo 10.32-33).

Las palabras de Jesús aquí están dirigidas no sólo a Nicodemo, sino a todos los que quieren seguir a Jesús en secreto. Entre los lectores del evangelio de Juan había muchos judíos que, como Nicodemo, reconocían a Jesús como un gran maestro y taumaturgo, venido de Dios. Algunos hasta creían en Jesús como el mesías prometido. Pero muchos de ellos, por temor a ser expulsados de la sinagoga, no querían dejarse bautizar y confesar públicamente a Jesús. El Espíritu Santo aquí está llamando a todos esos discípulos secretos a ser bautizados y a confesar a Jesús delante de los hombres.

Nacer de nuevo es ser bautizado con agua y confesar con nuestras bocas a Jesucristo como Señor, así como hizo Tomás en Juan 20.28. Es imposible tener la fe para confesar a Jesús con nuestras bocas sin la obra del Espíritu Santo. Por eso, la fe salvadora de la que habla Romanos 10.9-10 es un producto de la actividad salvadora del Espíritu Santo en nuestros corazones. Todo aquel que confiese con la boca que Jesús es el Señor y cree en el corazón que Dios lo levantó de los muertos, ha nacido de nuevo y ha sido bautizado en el Espíritu Santo. Cuando Pedro confesó a Jesús como el Hijo del Dios viviente, Jesús declaró: "Bienaventurado eres, Simón, hijo de Jonás, porque no te lo reveló carne ni sangre, sino mi Padre que está en los cielos" (Mateo 16.17). San Pablo declara a los corintios "...y nadie puede llamar a Jesús Señor, sino por el Espíritu Santo" (1 Corintios 12.3). En su explicación al tercer artículo del Credo Apostólico Martín Lutero confiesa: "Creo que ni por mi propia razón, ni por mis propias fuerzas soy capaz de creer en Jesucristo, mi Señor, o venir a él; sino que el Espíritu Santo me ha llamado mediante el evangelio, me ha iluminado con sus dones, y me ha santificado y conservado en la verdadera fe..."

Desde el principio, la confesión de fe en la persona de Jesucristo ha sido una parte indispensable de la ceremonia bautismal. Al principio esta confesión de fe fue: Jesús es el Señor. Después, la iglesia primitiva adoptó el Credo Apostólico como su confesión bautismal. El Credo Apostólico es la fe de nuestro bautismo. Cada vez que confesamos el Credo Apostólico estamos recordando nuestro bautismo y renovando nuestro pacto bautismal. Puesto que Jesús quiere que le confesemos delante de los hombres, la iglesia asumió la práctica de celebrar los bautismos en el culto dominical como parte integral de la liturgia cristiana. Aunque las ceremonias privadas de bautismo son válidas, no están de acuerdo con el espíritu del evangelio y, por eso, excepto en una emergencia, no debieran formar parte de nuestra praxis pastoral.

Comentando sobre este texto, Lutero dice que hay un nacimiento físico y un nacimiento espiritual. El nacimiento físico ocurre cuando el niño sale del vientre de su madre. El nacimiento espiritual, en cambio, viene por el agua y por el Espíritu Santo (Pelikan 1957.282). Lutero afirma que el agua del que Jesús está hablando aquí es el agua del Bautismo. No es agua simbólica, sino agua verdadera y natural. Pero esta agua verdadera y natural, al estar ligada a la palabra de Dios, se convierte en un lavamiento espiritual por medio de la operación del Espíritu Santo. Según

Lutero, el Bautismo es un agua llena del Espíritu; un agua donde el Espíritu Santo está presente y activo. Por eso, el que recibe el Bautismo nace de nuevo (Tito 3.5). Sin este Bautismo es imposible entrar en el reino de Dios.

Lutero comenta que estas palabras de Jesús deben haber abatido a un fariseo y escriba como Nicodemo. Los escribas y fariseos daban por sentado de que eran hijos de Dios por haber sido circuncidados y por ser descendientes físicos del padre Abraham. Los escribas y fariseos decían: El reino de Dios será nuestro porque tenemos los Diez Mandamientos y el templo, y porque hemos hecho todo lo que ha mandado Moisés. Pero las palabras de Jesús a Nicodemo derrumban todos estos medios de salvación, que sólo servían para preparar el camino de Jesús, para indicar su llegada. La doctrina de Jesús desplaza a la de Moisés. Lutero afirma que "todo aquel que cree que Cristo nació y murió por nosotros, que fue enterrado por nosotros y resucitó de entre los muertos, es nacido de nuevo o renacido" (Pelikan 1957.286).

En la perspectiva del teólogo chileno Segundo Galilea, las palabras de Jesús sobre el nuevo nacimiento se dirigen no sólo a individuos como Nicodemo, sino también a toda la sociedad. Según Galilea, el nuevo nacimiento implica la conversión y la transformación de todas las sociedades, incluyendo la de América latina. Tal transformación implica una nueva fraternidad y comunión de hermanos libres, donde nadie es dependiente del otro. El nuevo nacimiento de la sociedad de América latina requiere nuevos valores culturales, nuevas formas y nuevas expresiones sociales de amor y fraternidad, donde tenga prioridad el servicio a los pobres y oprimidos (Galilea 1979.172). Por supuesto, tal renovación de la sociedad tendría que comenzar con el nuevo nacimiento personal.

3.6: Lo que es nacido de la carne, carne es; y lo que es nacido del Espíritu, espíritu es. Jesús declara aquí que ningún ser humano llega a ser hijo de Dios y miembro de su reino por nacimiento. No nacemos físicamente con el Espíritu Santo en el corazón. La palabra carne (σάρξ en griego) aquí quiere decir todo lo que pertenece a la esfera del ser humano. Esta esfera humana puede ser caracterizada como débil, pasajera y efímera (Hoeferkamp 1962.526).

Muchos teólogos modernos, incluyendo varios teólogos de la liberación, afirman que el Espíritu Santo es un poder latente en cada ser humano. Por eso dicen que el Bautismo no es necesario para recibir el Espíritu Santo, porque el Espíritu Santo ya es nuestro en virtud de nuestro nacimiento como seres humanos. Muchos de los fariseos, como Nicodemo, tenían una creencia parecida. Por eso no veían la necesidad de ser bautizados para recibir el Espíritu Santo. Según la doctrina de los rabinos, cada ser humano nace con un *yetser* (יצר en hebreo) bueno o un *yetser* malo. La palabra *yetser* quiere decir disposición, impulso o espíritu. Según los fariseos, el ser humano tiene que dejarse guiar por su *yetser* bueno y no por su *yetser* malo. Pero tanto el *yetser* bueno como el *yetser* malo no vienen de arriba, de lo alto; sino que son innatos. A todos los que, como Nicodemo, rechazan el Bautismo porque ya se creen poseedores del Espíritu Santo, Jesús les dice que lo que es nacido de la carne, carne es. El Espíritu Santo es nuestro solamente por el Bautismo y la Palabra.

La palabra carne aquí, según Lutero, es el nacimiento físico del ser humano. Este nacimiento físico no puede producir una vida espiritual. Muchos se glorían de su ascendencia física, especialmente si son hijos de un rey, un artista o una persona famosa y rica. Se glorían de su nacimiento físico, también, cuando han nacido con un cuerpo sano y fuerte, con un rostro bonito o con inteligencia sobresaliente. Pero, comenta Lutero, todo eso es carne y nadie heredará el reino de Dios en base a la carne o al nacimiento físico. Los fariseos y escribas se enorgullecían de su circuncisión, de su descendencia física de Abraham y de las ceremonias de la ley de Moisés. Pero todas estas cosas también son carne. Otros se glorían de sus estudios, diplomas, certificados, maestrías y doctorados. Pero nada de eso sirve para darnos entrada al reino de Dios. Todo eso es carne y "toda carne es como hierba, y toda la gloria del hombre como flor de la hierba. La hierba se seca, y la flor se cae; mas la palabra del Señor permanece para siempre" (1 Pedro 1.24). Nuestra carne y nuestro nacimiento físico no pueden ayudarnos a entrar en el reino de Dios. Todo esto termina con la muerte. Para nacer de entre los muertos no sirve la carne. Lo que se necesita es un nacimiento nuevo.

Es sumamente difícil desarraigar la creencia de que hay algo como el Espíritu Santo, o una inclinación hacia el reino de los cielos y de amor hacia la humanidad, en toda persona. Muchos teólogos modernos le dan poca importancia a la caída, y siguen hablando de algo dentro de nosotros que necesita ser despertado. Dicen que el ser humano puede descubrir la presencia del espíritu, del reino y del amor dentro de sí, mediante un proceso que llaman concientización. Pero las palabras de Jesús a Nicodemo excluyen tal concepto. El Espíritu Santo no es algo que descubrimos dentro de nosotros por medio del proceso de la concientización; el Espíritu Santo viene a nosotros por la Palabra y los sacramentos. Juan 3 no devalúa los sacramentos, como lo hacen muchos teólogos de la liberación, sino que proclama que por medio del Bautismo uno entra en el reino de Dios. Este capítulo no hace distinción alguna entre el bautismo en agua y el bautismo en el Espíritu Santo como lo hacen muchos pentecostales modernos. Para Juan el bautismo en agua es el bautismo en el Espíritu Santo y viceversa. Un bautismo en agua conduce a una vida llena y determinada por el Espíritu Santo (Schnelle 1992.186).

El nacimiento espiritual, dice Lutero, es la consecuencia de la palabra de Dios, el Bautismo y la fe. Cada ser humano tiene que escoger entre el nacimiento físico y el nacimiento espiritual. Si escogemos el nacimiento físico pasaremos nuestras vidas en glotonería, parrandas y la satisfacción de todos los placeres sensuales, nada más. Después de esta vida no habrá más nada. No podemos llevar con nosotros nada de esta vida, ni poder, ni riquezas, ni oro o plata (Pelikan 1957.290).

3.7-8: No te maravilles de que te dije: Os es necesario nacer de nuevo. El viento sopla de dónde quiere, y oyes su sonido; mas ni sabes de dónde viene, ni a dónde va; así es todo aquel que es nacido del Espíritu. Tanto en el griego como en el hebreo la misma palabra que se usa para viento significa espíritu. De esta manera el viento sirve como una metáfora o símbolo del espíritu. Así como el ser humano no puede controlar el viento o meterlo en su puño o bolsillo, así tampoco puede controlar el Espíritu de Dios. Jesús afirma la soberanía del Espíritu para que Nicodemo entienda que la salvación y la regeneración no son una obra humana, sino que provienen de Dios. El Espíritu Santo y la salvación no son realidades que descubrimos dentro de nosotros mismos por medio de un proceso de meditación transcendental o de auto-realización. El Espíritu Santo y el nuevo nacimiento vienen *extra nos*, de afuera de nosotros. Lo único que podemos hacer es acudir a los medios que ha designado Dios como instrumentos de su gracia: la Palabra y los santos sacramentos.

3.9-10: Respondió Nicodemo y le dijo: ¿Cómo puede hacerse esto? Respondió Jesús y le dijo: ¿Eres tú maestro de Israel, y no sabes esto? El primer versículo de este episodio describió al escriba Nicodemo como "un principal entre los judíos." El cuarto evangelio regularmente llama judíos a los que no comprenden el mensaje de Jesús o que activamente se oponen a él. Es decir, en el cuarto evangelio la palabra judío no es un término étnico que designa un cierto pueblo o nación, es más bien un término teológico usado para designar a los que sólo de nombre, pero no en verdad, son miembros del pueblo de Dios. La palabra Israel o israelita, en cambio, se usa para designar a los que realmente forman parte del redil de Dios. Recordemos que Natanael es llamado "un israelita, en quien no hay engaño" (Juan 1.47). En este episodio podemos notar la distinción entre los dos términos, judío e israelita. Nicodemo puede ser un maestro o un principal entre los judíos, pero por su incomprensión a las palabras de Jesús, todavía no puede ser caracterizado como un maestro de Israel (Duke 1985.45-46).

Nicodemo es mencionado sólo cinco veces en el cuarto evangelio, en tres escenas que ocupan diecisiete versículos; sin embargo, el evangelista nos dice mucho acerca de él en poco espacio. Se trata de una figura importante, un personaje histórico que tuvo trato con Jesús. Por otra parte, hubo muchos otros judíos en Jerusalén parecidos a Nicodemo. Muchos otros quedaron impresionados con las señales de Jesús, pero no aceptaron plenamente el significado. Muchos otros, al igual que Nicodemo, no comprendieron muchas de las palabras de Jesús, y temieron confesarlo públicamente por temor a las autoridades religiosas de la sinagoga (Culpepper 1983.134-136).

3.11-12: De cierto, de cierto te digo, que lo que sabemos hablamos, y lo que hemos visto testificamos; y no recibís nuestro testimonio. Si os he dicho cosas terrenales, y no creéis, ¿cómo creeréis si os dijere las celestiales? Estos versículos marcan un interesante cambio en la conversación con Nicodemo. Hasta el versículo 11 inclusive, Jesús se está comunicando con Nicodemo de primera persona singular a tercera persona singular. Pero en el versículo 12 comienza a hablar en primera persona plural (testificamos) a segunda persona plural (os). ¿Quiénes son los que están testificando? Una teoría es que en el versículo 12 tenemos al Cristo resucitado hablando por medio del evangelista y su comunidad, no solamente a Nicodemo, sino a todos los judíos del mundo. El *nosotros*, entonces, se referiría a Cristo, al evangelista y a todos los miembros de la comunidad del evangelista.

3.13: Nadie subió al cielo, sino el que descendió del cielo; el Hijo del Hombre que está en el cielo. Nicodemo, un conocido teólogo judío, había venido de noche a Jesús para preguntarle acerca de las realidades del reino de Dios. Jesús le mostró que era un ignorante en cuanto a las cosas que quería discutir, a pesar de su preparación teológica. Con frecuencia escuchamos a filósofos y teólogos hablar acerca de cómo son o no son las realidades celestiales. En la mayoría de los casos, tales eruditos basan sus conclusiones en sus reflexiones, cálculos y razonamientos. Pero ningún filósofo ha subido al cielo para verificar sus conclusiones. Jesús le dice a Nicodemo que el único que puede hablar con autoridad sobre las realidades celestiales es aquel que ha bajado del cielo. No es en base a sistemas filosóficos que podemos llegar a conocer las realidades celestiales, sino solamente en base a la revelación del Hijo del Hombre que ha estado al lado del Padre desde la eternidad.

El fundamento del estudio de la teología es escuchar a aquel que "descendió del cielo; el Hijo del Hombre que está en el cielo" (Newbigin 1982.41). Si queremos conocer las realidades del reino de Dios, basta con las palabras de Jesús. No hace falta explorar las ideas del hinduismo, budismo, platonismo, etc., pues en tales tradiciones sólo encontraremos opiniones humanas falibles, y de individuos que nunca han visitado las regiones celestiales para comprobar la verdad de lo que hablan. Los grandes pensadores pueden esclarecer realidades terrenales, pero en cuanto a las realidades del reino de Dios, son como Nicodemo, de quien Jesús dijo: "¿Eres tú maestro de Israel, y no sabes esto?" Habiendo dicho lo anterior, es cierto que hablamos del conocimiento natural de Dios, que nunca salva, pero puede ser útil. Por lo tanto, hay atisbos de verdad teológica en Platón, Cicerón, Buda, aunque también muchos errores.

Para el erudito británico Michael Goulder, las palabras de Juan 3.13 son altamente polémicas y se dirigen contra ciertos judíos que aseveraban haber subido en visión al cielo. Allí recibieron enseñanzas e instrucciones específicas en cuanto a la interpretación de la ley, especialmente en materia de ayunos, comidas prohibidas, prácticas ascéticas, la veneración de ángeles y la interpretación de diferentes emanaciones divinas. En Colosenses 2.20-23 Pablo agrupó todos estos temas bajo el rubro de rudimentos del mundo (Goulder 1994.69). Goulder cree que esos maestros judaizantes apelaron a la autoridad de sus supuestas visiones celestiales para introducir elementos de la ley judaica en las comunidades cristianas fundadas por misioneros como San Pablo y San Juan. Pero las palabras de Jesús en Juan 3.13 eliminan la autoridad de los judaizantes para imponer su interpretación de la ley en las comunidades cristianas, porque el único que ha estado en presencia de la gloria divina en el cielo fue Jesús.

Ya antes discutimos el valor de Juan 3.13 para combatir la serie de misticismos que abundaban entre los judíos de las ciudades de Asia Menor, a los cuales San Juan dirigió sus escritos. Este versículo también aclara el concepto bíblico de la divinidad de Cristo ante diversas creencias sobre la divinidad que existían en el mundo greco-romano.

Los griegos y los romanos creían en diferentes clases de seres divinos. Los de mayor jerarquía como Júpiter, Apolo y Mercurio, siempre habían sido dioses. Según los filósofos griegos, estos dioses nunca fueron engendrados, y eran indestructibles. En otro grupo estaban los inmortales y semidioses como Dionisio, Osiris, Rómulo, Augusto César y Hércules. Éstos originalmente fueron mortales, pero al final de sus vidas fueron endiosados por haber sido benefactores de la humanidad, sabios y héroes. Según las leyendas, Osiris había sido un rey de Egipto, pero como aportó tanto a la humanidad, recibió el don de la inmortalidad y el derecho a recibir los sacrificios y la misma adoración que se da a los dioses eternos. En muchos casos se explicaba la vida heroica de los que llegaron a ser inmortales en base a un nacimiento sobrenatural. Según una leyenda griega, la madre de Dionisio, el inventor del vino, fue Semele, hija del fundador de Tebas, pero su padre fue Zeus. Los romanos relataban que Rómulo, el fundador de Roma, nació de un enlace sexual entre el dios Marte y la virgen Ilia o Rhea Silvia. Asclepio, quien mereció la inmortalidad por ser el inventor de la medicina, nació como fruto de los amores entre el dios Apolo y una mujer mortal, Kronis. Los relatos de las vidas de estos inmortales casi siempre terminan con una descripción de su ascensión al cielo (Talbert 1977.25-43). Los semidioses eran seres nacidos de un padre divino y una madre humana o de un padre humano y de una madre divina. No todos los inmortales eran semidioses.

Así, los inmortales, al final de sus vidas, eran transformados y ascendían al cielo para integrarse al panteón de los dioses. No hay que confundir a los inmortales con otra categoría de seres conocidos como hombres divinos. Los hombres divinos eran seres humanos destacados, en los cuales se divisaban carismas o poderes divinos. A diferencia de los inmortales, los hombres divinos no llegaban a ser dioses al final de sus vidas. El filósofo Pitágoras, por ejemplo, fue considerado un hombre divino, pero no inmortal.

En vista de la amplia diseminación de creencias sobre inmortales y hombres divinos, no es de sorprender que se haya pensado que Jesús era simplemente otro hombre divino o inmortal más. Pero Juan 3.13 subraya enfáticamente que un ser humano no puede llegar a ser un inmortal en base a sus hechos heroicos, sus inventos o sus enseñanzas filosóficas. La ascensión de Jesús no es la divinización de un hombre extraordinario; no es la transformación de un ser humano en un ser inmortal, sino el retorno del Hijo al Padre. Jesús no se convierte en dios en virtud de su ascensión; más bien, su ascensión pone de manifiesto que siempre ha sido divino. Jesús es mucho más que un hombre divino o un inmortal, es desde la eternidad el Hijo eterno del Padre.

Según Charles Talbert, todos los evangelistas querían corregir la impresión que algunos tenían de Jesús, de que Jesús era un inmortal semejante a los inmortales reverenciados por los griegos y los romanos. Los que pensaban así decían que los milagros y sabios discursos de Jesús habían ocasionado su subida a los cielos como un inmortal. Tales personas le rendían culto, ante todo, para conseguir curaciones milagrosas o una sabiduría secreta (gnosis) con la cual ejercer poderes místicos. Para combatir este concepto equivocado en cuanto a la persona de Cristo, los evangelistas como Juan combinaron la historia de los milagros y enseñanzas de Jesús con la narración de la pasión y la muerte del Señor (Talbert 1977.118-124; 135).

Vistos a la luz de su pasión y muerte, los milagros y las enseñanzas de Jesús no se malentendían. Jesús vino al mundo, ante todo, para ser el Cordero de Dios que quita el pecado del mundo. Enseñó e hizo milagros sólo para apoyar su misión redentora, no como fines en sí mismos. Estas cosas "se han escrito para que creáis que Jesús es el Cristo, el Hijo de Dios, y para que creyendo, tengáis vida en su nombre" (Juan 20.31). El evangelio de Jesús no nos ofrece una sabiduría esotérica con la cual podríamos dominar a otros con nuestros poderes gnósticos. Tampoco nos enseña cómo ejercer los poderes secretos del universo, por medio de los cuales podríamos convertirnos en hacedores de milagros y, eventualmente, en inmortales. El evangelio de Jesucristo nos llama a seguir al Jesús que se identificó con los más despreciados de los seres humanos. Nos llama, no a la exaltación, sino a la humillación. Nos llama a lavar los pies de otros, a servir y a sacrificarnos por los hermanos y por la humanidad perdida.

Jesús es, además, mucho más que un ángel o un arcángel. Entre los judíos helenistas del primer siglo había mucho interés por una tercera categoría de seres excelsos, los ángeles. En la literatura apócrifa y seudoepígrafa hay un sinfín de relatos acerca de ángeles y arcángeles que bajaron a la tierra para traer sabiduría, revelaciones divinas y salvación a los seres humanos, y después volvieron al cielo. Las obras de los padres apostólicos nos dan a entender que entre los judíos de la diáspora existían grupos que creían que Jesús era uno de esos ángeles. Tenían una cristología angelical. Recordando los ángeles en la visión de Jacob que "subían y descendían" por una escalera divina, algunos creyeron que Jesús era uno de ellos. El tercer capítulo de Juan sí afirma que Jesús ha descendido del cielo y que subirá nuevamente al Padre, pero esto no quiere decir que Jesús es sólo un ángel. Entre otras cosas, el tercer capítulo de San Juan fue escrito para poner en claro que Jesús es mucho más que un hombre divino o un inmortal; Jesús también es mucho más que un ángel o un arcángel. Jesús es el hijo unigénito de Dios, la luz del mundo y el dador de vida eterna.

Todavía hay sectas en el mundo que creen que Jesucristo es un ángel. Los Testigos de Jehová, por ejemplo, afirman que Jesucristo ni es Dios, ni hombre, sino el espíritu que en el A.T. se conocía como el arcángel Miguel. Según el A.T., cada una de las setenta naciones de los gentiles tenía su ángel protector. Tradicionalmente se le atribuía al arcángel Miguel el papel de guardián y protector de Israel. Fue Miguel quien disputó con el diablo por el cuerpo de Moisés en Judas, versículo 9, y fue Miguel quien luchó con sus ángeles para expulsar a Satanás del cielo en Apocalipsis 12.7. Textos como éstos han llevado a algunos intérpretes de la Biblia, incluyendo a Martín Lutero, a identificar al arcángel Miguel con el Ángel del Señor, *Mal'ak Yahvé* (מלאך יהוה en hebreo), que encontramos en textos como Éxodo 3.2, Jueces 6.12 y 13.17. En Éxodo 3.2 leemos que "se le apareció (a Moisés) el Ángel de Jehová en una llama de fuego en medio de una zarza... y lo llamó Dios de en medio de la zarza y dijo: ¡Moisés, Moisés!" Aquí se identifica al Ángel del Señor con Jehová Dios.

Lo mismo ocurre en el relato del nacimiento de Sansón en Jueces 13. El ángel de Jehová, el *Mal'ak Yahvé*, se le aparece a los futuros padres de Sansón para anunciarles que ellos serían los padres del próximo libertador de Israel. Cuando el *Mal-'ak Yahvé* subió al cielo en la llama de fuego sobre el altar, Manoa, el padre de Sansón exclama: "Ciertamente moriremos, porque a Dios hemos visto" (Jueces 13.22). Nuevamente se identifica al *Mal'ak Yahvé* con el mismo Dios Jehová. Textos como éstos llevaron a Martín Lutero a creer que el *Mal'ak Yahvé* era la segunda persona de la Santa Trinidad que había tomado la forma de un ángel para dar un anuncio de salvación a Moisés y a los padres de Sansón. Lutero creía que durante los días del A.T., la segunda persona de la Santa Trinidad tomaba la forma de un ángel y era conocida como el Ángel del Señor, el *Mal'ak Yahvé*, o como el arcángel Miguel.

Estas opiniones de Martín Lutero distan mucho de las creencias de los Testigos de Jehová. Ellos afirman que Jesús no es ni Dios ni ser humano, sino ángel. Lutero afirmó que Jesús era verdadero Dios y verdadero hombre, que en los días del Antiguo Testamento a veces tomaba la forma de un ángel. Estas opiniones de Lutero también concuerdan con las palabras de Jesús en Juan 3.13 donde dice que "nadie subió al cielo, sino el que descendió del cielo, el Hijo del Hombre, que está en el cielo." Si solamente Jesús desciende y sube, ¿porqué dicen las Escrituras que el

Mal'ak Yahvé ha descendido del cielo y ha subido al cielo? Porque Jesús se identifica con el *Mal'ak Yahvé*. Pero Jesús es mucho más que el *Mal'ak Yahvé*, es el eterno *Logos* por quien todas las cosas fueron hechas, y a la vez es aquel hombre verdadero que se humilló y lavó los pies de sus discípulos; es aquel que derramó lágrimas verdaderas frente a la tumba de Lázaro y que derramó sangre verdadera en el madero en que fue crucificado. Es aquel Dios-hombre que nos da su carne para comer y su sangre para beber en la Santa Cena. Cualquier evangelio que presente a Jesús como solamente un ángel, querubín, serafín o arcángel es un evangelio falso.

Puesto que había grupos en Efeso, Colosas y en otras ciudades de Asia Menor que rendían culto a los ángeles, los escritos de San Juan se cuidan de darle mucho realce a los ángeles. El relato de la resurrección en Juan capítulo 20, por ejemplo, omite toda referencia a ángeles, a diferencia de otros evangelios. En Apocalipsis 22.8 San Juan se postró a los pies del ángel que le mostraba las visiones apocalípticas, para adorarlo. Pero al ver lo que Juan quería hacer, el ángel le dijo: "Mira, no lo hagas; porque yo soy consiervo tuyo, de tus hermanos los profetas, y de los que guardan las palabras de este libro. Adora a Dios" Apocalipsis 22.9.

Recordemos que San Pablo también había trabajado en las mismas ciudades de Asia Menor donde San Juan tuvo problemas con grupos que rendían culto a los ángeles. Por eso, en Colosenses 2.18 el apóstol Pablo afirma: "Nadie os prive de vuestro premio, afectando humildad y culto a los ángeles, entremetiéndose en lo que no ha visto, vanamente hinchado por su propia mente carnal." La adoración de ángeles es un problema que persistió por muchos siglos en Efeso y otras ciudades de Asia Menor. Uno de los cánones del Primer Concilio de Efeso prohibió expresamente la adoración de ángeles.

3.14-15: Y Como Moisés levantó la serpiente en el desierto, así es necesario que el Hijo del Hombre sea levantado, para que todo aquel que en él cree, no se pierda, mas tenga vida eterna. Cuando los israelitas estaban peregrinando en el desierto se pusieron a murmurar contra Dios por la falta de agua y pan y por las dificultades del viaje. Como castigo el Señor envió entre el pueblo serpientes ardientes, que mordían al pueblo, y muchos murieron.

Lutero creyó que las serpientes eran áspides, pequeños ofidios cuya ponzoña mortífera es similar a la de las cobras. Fue el veneno de un áspid que quitó la vida a la famosa reina Cleopatra de Egipto. En realidad, no sabemos qué clase de serpiente atacó a los israelitas en el desierto. La palabra para serpientes ardientes en hebreo es *seraf* que viene de la misma raíz que la palabra serafín. Los serafines eran criaturas celestiales que se parecían a serpientes. Los serafines fueron los mensajeros divinos que castigaron a Adán y Eva y los sacaron del huerto de Edén por comer de la fruta prohibida. Las serpientes ardientes fueron los mensajeros divinos que castigaron a los hijos de Israel por sus murmuraciones y su rebelión.

Las serpientes eran llamadas ardientes porque su veneno ardía en las heridas de sus víctimas y les causaba gran dolor, aflicción, y finalmente la muerte. Lutero comentó que hay un dolor que nosotros, los seres humanos, experimentamos cuando caemos en rebelión y comenzamos a murmurar contra Dios. Es el dolor producido por los remordimientos de conciencia, y que puede ser más agudo que cualquiera enfermedad física. Fue ese dolor que llevó a Judas Iscariote a quitarse la vida. Hay sólo un remedio para el dolor producido por los remordimientos de conciencia y ese remedio es mirar con arrepentimiento y fe al Hijo levantado en la cruz.

Uno de los enlaces más interesantes entre Juan 3.5-15 y la historia de la serpiente de bronce en Números 21.4-9 estriba en la necesidad de mirar y creer. En Números 21 las personas mordidas por las serpientes se salvaron cuando fijaron su mirada en la serpiente que Moisés había levantado en el asta. "Y Jehová dijo a Moisés: Hazte una serpiente ardiente, y ponla sobre una asta; y cualquiera que fuere mordido y mirare a ella, vivirá" (Números 21.8). No era el simple hecho de mirar a la serpiente lo que les daba la salud, sino el hecho de mirar a la serpiente con fe en la promesa de perdón que Dios le había comunicado a Moisés. Uno de los grandes temas del cuarto evangelio es la importancia de mirar al Hijo con fe. Juan 19.37 declara: "Mirarán al que traspasaron." En Juan 6.40 Jesús proclama: "Y esta es la voluntad del que me ha enviado: Que todo aquel que ve al Hijo, y cree en él, tenga vida eterna." Poncio Pilato, sin darse cuenta que Dios lo estaba usando para llamar a los judíos a mirar y creer en Jesús, dice: "¡He aquí el hombre!" (Juan 19.6). En Juan 12.32 Jesús profetiza: "Y yo, si fuere levantado de la tierra, a todos atraeré a mí mismo." En Juan 3.14-15 el evangelista está instando a sus lectores a mirar al Cristo crucificado y glorificado y a creer en él como el único sacrificio capaz de sanar a la humanidad del poder del pecado y de la muerte (Glasson 1963.34).

Según Lutero, Moisés llamó a los israelitas al arrepentimiento y a la fe mediante una serpiente de bronce porque quería enseñarles que la salvación y el perdón de pecado nos viene de lo que Dios hace y no de lo que nosotros mismos hacemos. Del mismo modo, quedamos libres del poder del pecado y de la muerte no en virtud de nuestros votos, sacrificios, ayunos, peregrinaciones, indulgencias y mortificaciones de la carne sino en virtud de lo que Dios hizo al levantar a Jesús en la cruz y en la ascensión.

Este levantamiento fue como el de la serpiente de bronce, pues clavaron a Jesús en un madero, donde pendió como una vil serpiente o gusano. En Salmo 22.6 el Hijo lamenta y dice: "Mas yo soy gusano, y no hombre; oprobio de los hombres, y despreciado del pueblo." Lutero comenta que Jesús fue levantado en el árbol como una serpiente despreciada, es decir, como el más vil de los pecadores, porque estaba sufriendo en nuestro lugar el oprobio, el desprecio y la burla que nosotros merecíamos por nuestra rebelión contra Dios. "De tal manera fue desfigurado de los hombres su parecer, y su hermosura más que la de los hijos de los hombres... despreciado y desechado entre los hombres, varón de dolores, experimentado en quebranto... ciertamente llevó él nuestros dolores, y nosotros le tuvimos por azotado de Dios y abatido" (Isaías 52.14; 53.3-4).

Pero después de ser levantado en un madero, Jesús también fue levantado en la resurrección, y ahora está sentado a la diestra de Dios para ser nuestro rey. Subió al cielo para derramar su Espíritu sobre nosotros y darnos vida. Los que miraron a la serpiente de bronce no murieron, sino que vivieron. El Hijo del Hombre, que fue levantado en la cruz y en la ascensión, ahora nos llama a todos y dice: "Mirad a mí, y sed salvos, todos los términos de la tierra, porque yo soy Dios, y no hay más" (Isaías 45.22). Un sermón sobre la serpiente de bronce podría tratar los tres levantamientos necesarios para la salvación: 1- El levantamiento de Jesús en la cruz; 2- El levantamiento de Jesús en su resurrección y ascensión; 3- el levantamiento de nuestros corazones hacia Jesús en fe.

En el tantrismo recalentado, que enseña el así llamado Movimiento Cristiano Gnóstico, tan popular en algunos países de América latina, el alumbramiento espiritual y los poderes cósmicos se obtienen cuando, por medio de la magia sexual, la serpiente Kundalini se despierta y comienza su subida dentro del cuerpo del místico. Jesucristo, en cambio, declara que uno nace de arriba alzando su corazón en fe al Hijo del Hombre, quien fue alzado en la cruz al igual que la serpiente de bronce. No hay escalera que conduzca al mundo celestial mediante una práctica oculta, pero mediante la fe en el Hijo del Hombre, que fue sacrificado por nosotros en la cruz, llegamos al cielo. La verdadera ascensión al cielo no se da en la visión extática del místico, ni en la magia tantrística del Kundalini, sino en la resurrección de los muertos que experimentamos al creer en Jesucristo.

Nota litúrgica: En el leccionario tradicional de un año, Juan 3.1-15 es el santo evangelio para la fiesta de la Santísima Trinidad. Es también el santo evangelio para el segundo domingo después de Pentecostés en el leccionario de cuatro años del grupo interconfesional de Gran Bretaña para el año D, año de San Juan.

3.16: Porque de tal manera amó Dios al mundo, que ha dado a su Hijo unigénito, para que todo aquel que en él cree, no se pierda, mas tenga vida eterna. En este texto Jesús expresa claramente la razón de su encarnación y pasión: para dar la vida eterna, no solamente a los hijos de Abraham según la carne, sino a todo el mundo. Los gentiles también están incluidos en el plan de salvación de Dios. Nadie se pierde por no estar incluido en el plan de salvación Dios. Los que se pierden se pierden, no porque Jesús no vino para dar su vida por ellos. Se pierden porque no creyeron en el "nombre del unigénito Hijo de Dios" (Juan 3.18). Estas palabras de vida muestran claramente que toda doctrina de una doble predestinación no concuerda con lo que el mismo Jesús dice acerca de su misión.

Muchos intérpretes de las Escrituras vislumbran detrás de las palabras de Juan 3.16 una alusión al capítulo 22 de Génesis donde leemos de la *Agedah*. El término *Agedah* lo utilizan algunos autores rabínicos para designar la "atadura" de Isaac, relatada en Génesis 22, cuando fue atado al altar por su padre Abraham para ser sacrificado como un holocausto. Por medio de la *Agedah* Dios probó el amor de Abraham. Al estar dispuesto a sacrificar a su hijo unigénito, Abraham demostró que su amor hacia Dios era verdadero. Aunque no sacrificó a su hijo, estuvo dispuesto a hacerlo. Isaac también fue obediente; no ofreció resistencia. Estaba dispuesto a perder su vida y así cumplir con la voluntad de Dios. Abraham casi entregó a su único hijo, pero Dios Padre dio un paso más al entregar a su hijo unigénito para ser sacrificado sobre el altar de la cruz. Así, Dios Padre demostró su amor hacia nosotros. Y Jesús, al igual que Isaac, al no ofrecer resistencia, al aceptar la voluntad del Padre, reveló cuánto nos ama.

Algunos dicen: "Yo sé que Dios me ama porque me ha dado salud, casa, hogar, riqueza, una fiel esposa e hijos preciosos." Pero una fe en el amor de Dios basada en las posesiones materiales que hemos recibido no es muy segura. Satanás podría quitarnos todas nuestras bendiciones materiales, como lo hizo en el caso de Job, y tal fe se desplomaría. En cambio, si buscamos el amor de Dios sólo en aquel que fue crucificado por nosotros, nunca seremos defraudados.

En 1 Juan 4.7-10, un texto muy parecido a Juan 3.16-21 tanto en forma como en teología, Juan afirma que "Dios es amor." Declarar que Dios es amor no es un principio filosófico que se puede deducir en base a argumentos lógicos o experimentos científicos. Se puede afirmar que "Dios es amor" solamente cuando nos fijamos en lo que pasó en la cruz de Jesucristo. En Juan 3.16 los dos verbos griegos amó (ἠγάπησεν) y dio (ἔδωκεν) son aoristos e indican una acción concreta en el pasado. Esta acción concreta, o hecho histórico, sólo puede ser la expiación en la cruz o, tal vez, la encarnación. El primer vocablo del versículo, la palabra demostrativa Οὕτως, que significa "en esta manera", cuadra con esta interpretación. Una manera mejor de traducir el versículo sería: "Porque ésta es la manera en que Dios mostró su amor para la humanidad, él dio a su Hijo" (Morrice 1992.88).

En el evangelio de Juan se dan a la palabra *kosmos*, que significa mundo (κόσμος en griego), una variedad de connotaciones. A veces tiene una connotación negativa como en Juan 1.10; 7.7; 15.18-19 y 17.14. En estos versículos la palabra mundo se refiere, según la opinión más común, a los que se oponen a Jesús y resisten la voluntad de Dios. Walter Wink, en su trilogía de obras sobre los poderes y la guerra espiritual, propone traducir la palabra *kosmos* en estos casos con el término: sistema. Wink usa la palabra sistema para designar el sistema de dominación y violencia que impera en casi todas las sociedades humanas, cuando una pequeña minoría monopoliza casi todo el poder, la autoridad y la riqueza, a expensas de la mayoría. Esta minoría utiliza la ley, el gobierno, la religión y el mito de la guerra justa como instrumentos para mantener y extender su dominación sobre otros. La televisión utiliza el sistema para lavar los cerebros de los niños y sembrar en ellos la idea de que todo puede solucionarse con la violencia. El sistema también degrada y margina a los negros y a las mujeres, al cultivar el racismo y el machismo. Según Wink, Jesús vino para liberar a los seres humanos del sistema o *kosmos*, y para trasladarlos al reino del Padre, donde los problemas se arreglan por medio del servicio, el perdón y el amor. Por eso el sistema ha declarado la guerra a Jesús y a sus discípulos (Wink 1992.51).

En otros pasajes del cuarto evangelio la connotación de *kosmos* es neutral. Se refiere al espacio donde Jesús lleva a cabo sus actividades, como en 1.10; 9.5; 14.19; 16.28 y 17.5. Finalmente, en otros versículos el *kosmos* es el producto de la obra creadora del *Logos*. No es un lugar maldito o inferior, sino el objeto del amor divino. En Juan 4.42 Jesús es llamado el salvador del mundo. En Juan 6 Jesús es el pan de la vida que ha venido para dar vida al *kosmos*. En Juan 17.21-23 se promete al *kosmos* la capacidad de conocer y creer en la misión de Jesús. En Juan 3.16 se declara llanamente que fue tan grande el amor de Dios para con el *kosmos* que dio a su único hijo para que el mundo pudiera tener vida eterna. Los gnósticos y los docetistas nunca hubieran hablado de esa manera del mundo. Concebían el mundo solamente en términos negativos, como un lugar maldito, inmundo y despreciado (Schnelle 1992.191).

3.17-18: Porque no envió Dios a su Hijo al mundo para condenar al mundo, sino para que el mundo sea salvo por él. El que en él cree, no es condenado; pero el que no cree ya ha sido condenado, porque no ha creído en el nombre del unigénito Hijo de Dios. El cuarto evangelio no dice aquí que Dios ama una parte del mundo; ama todo el mundo. El hijo de Dios no fue enviado para salvar a una pequeña elite predestinada para salvación; no pasó por alto a la gran masa de la humanidad, condenándola a llorar y a crujir los dientes. Cuando Juan afirma que el *Logos* fue enviado para que el mundo sea salvo por él, tiene en mente a cada ser humano que forma parte de la creación. He aquí otra verdad que los gnósticos y docetistas de los primeros siglos nunca aceptaron, pues creían que solamente un pequeño grupo de iluminados había sido pre-escogido para tener la vida eterna. El evangelista, en cambio, afirma categóricamente que los que se pierden se condenan, no por haber sido predestinados a condenación, sino porque no quieren creer en el nombre de Jesús. Esto equivale a no querer ser bautizados, puesto que la confesión del nombre del unigénito Hijo de Dios es parte integral del sacramento de iniciación a la fe cristiana, el santo Bautismo. Recordemos que muchos fariseos rechazaban el Bautismo porque creían que no estaban tan contaminados como para necesitar la purificación en las aguas bautismales.

Nota litúrgica: En el leccionario de tres años que se encuentra en el himnario *¡Cantad al Señor!*, Juan 3.1-17 es el santo evangelio para la fiesta de la Santa Trinidad para el año B, año de San Marcos.

3.19-20: Y esta es la condenación: que la luz vino al mundo, y los hombres amaron más las tinieblas que la luz, porque sus obras eran malas. Porque todo aquel que hace lo malo, aborrece la luz y no viene a la luz, para que sus obras no sean reprendidas. Si los que se pierden no son condenados en base a la predestinación, entonces ¿por qué no creen? El evangelista declara que es porque muchos seres humanos no quieren que sus malas obras sean descubiertas. El bautismo requiere no solamente la confesión del nombre de Jesús, sino también la confesión de nuestros pecados. Sabemos por la parábola del publicano y del fariseo que muchos eran como el fariseo en el templo: en vez de confesar sus pecados, hizo como el publicano, prefería justificarse y decir: "Dios, te doy gracias porque no soy como los otros hombres" (Lucas 18.11).

Si sólo nos comparamos con otros pecadores, no se ven claramente nuestras malas obras. Pero cuando comparamos nuestras obras con las del Hijo del Hombre, entonces se pone de manifiesto nuestra pecaminosidad. Por eso, muchos huyen de la luz de Cristo; no quieren que sus obras sean vistas a la luz de su justicia. Son como los malandras de las grandes ciudades que huyen cuando, de noche, pasan por encima de ellos los helicópteros de la policía metropolitana con sus fuertes focos de luz. No quieren que se descubran sus fechorías. 1 Juan 1.8-9 declara: "Si decimos que no tenemos pecado, nos engañamos a nosotros mismos, y la verdad no está en nosotros. Si confesamos nuestros pecados, él es fiel y justo para perdonar nuestros pecados, y limpiarnos de toda maldad." Los que no se salvan se pierden, no porque Dios no quiere salvarlos, sino porque no quieren ser sanos. Por eso le pregunta el Señor al paralítico de Betesda en Juan 5.6: "¿Quieres ser sano?" Lo que lleva a la condenación no es la predestinación, sino el no querer reconocer la culpa propia, y la necesidad personal de salvación.

3.21: Mas el que practica la verdad viene a la luz, para que sea manifiesto que sus obras son hechas en Dios. La verdad de la que habla San Juan aquí es la misma de la que trata 1 Juan 1.8 citado arriba. Esta verdad es mucho más que no decir mentiras. Consiste en vivir de acuerdo a la fe en Jesucristo. En el A.T. la verdad se identificaba más con la Torá, pero en el cuarto evangelio se identifica con la fe en Jesucristo, el cual es la verdad.

Nota litúrgica: En el leccionario tradicional de un año, Juan 3.16-21 es el santo evangelio para el lunes de Pentecostés.

En el leccionario de tres años en el himnario *¡Cantad al Señor!*, Juan 3.14-21 es el santo evangelio para el segundo domingo en Cuaresma para el año B, año de San Marcos.

En el leccionario de cuatro años del grupo interconfesional de Gran Bretaña, Juan 3.13-21 es el santo evangelio para el octavo domingo antes de la Navidad para el año D, año de San Juan.

3.22-23: Después de esto, vino Jesús con sus discípulos a la tierra de Judea, y estuvo allí con ellos, y bautizaba. Juan bautizaba también en Enón, junto a Salim, porque había allí muchas aguas; y venían, y eran bautizados. En los evangelios sinópticos no leemos nada acerca de los bautismos celebrados por Jesús y sus discípulos en la provincia de Judea. La palabra griega διέτριβεν indica que Jesús pasó sólo un corto tiempo bautizando con sus discípulos, tal vez unas tres o cuatro semanas. Una traducción un poco más literal diría: "Jesús... *pasó* allí con ellos, y bautizaba". Según la cronología joánica del ministerio de Jesús elaborada por Robinson, las actividades mencionadas en estos versículos ocurrieron en mayo del año 28 d.C.

Al mismo tiempo que Jesús y sus discípulos bautizaban, también lo hacía Juan el Bautista. Pero le falta poco; pronto será arrestado y encarcelado por el tetrarca Herodes Antipas. Ya hemos mencionado que Juan el Bautista llevaba a cabo su ministerio en el valle del Jordán durante los meses de invierno donde había un clima muy agradable, pero hacía mucho frío en el resto de Palestina. Pero cuando llega el verano con su calor y sus sequías, muchos se van del valle del Jordán a otros sitios. El evangelista nos informa que Juan el Bautista también cambiaba su base de operaciones a Enón, cerca de Salim, en Samaria, donde había manantiales. Enón era un lugar turístico, muy popular entre los samaritanos porque allí podían escapar del sofocante calor del verano. Para Juan otra ventaja de Enón era que, a diferencia de muchas otras naciones de Palestina, sus manantiales nunca se secaban. Por eso, allí Juan podía seguir bautizando (Robinson 1985.136).

3.24-27: Porque Juan no había sido aún encarcelado. Entonces hubo una discusión entre los discípulos de Juan y los judíos acerca de la purificación. Y vinieron a Juan y le dijeron: Rabí, mira que el que estaba contigo al otro lado del Jordán, de quien tú diste testimonio, bautiza, y todos vienen a él. Respondió Juan y dijo: No puede el hombre recibir nada, si no le fuere dado del cielo. Ésta es la única referencia en el cuarto evangelio al encarcelamiento de Juan el Bautista. A diferencia de los evangelios sinópticos, el de San Juan no relata nada acerca del encarcelamiento y la decapitación del Bautista. El papel que desempeña el Bautista en este evangelio es el de testigo de Jesús, nada más. Con la venida de Jesús, el ministerio de Juan llega a su fin. Sin embargo, muchos de los discípulos de Juan no aceptan que Juan sea sólo un precursor y no el mesías. Están molestos porque Jesús está teniendo más discípulos que Juan y van a hablar con el maestro. Pero Juan les recuerda que todo esto es obra de Dios. Los discípulos que vienen a Jesús son seguidores que el Padre ha dado al Hijo. En vez de sentirse ofendidos, los discípulos del Bautista deben aceptar la voluntad del Padre y seguir a aquel que es el Cordero de Dios que quita al pecado del mundo.

3.28-29: Vosotros mismos me sois testigos de que dije: Yo no soy el Cristo, sino que soy enviado delante de él. El que tiene la esposa, es el esposo; mas el amigo del esposo, que está a su lado y le oye, se goza grandemente de la voz del esposo; así pues, este mi gozo está cumplido. En el primer capítulo Juan el Bautista se había identificado a sí mismo como la voz que clama en el desierto anunciando la llegada del Señor. Aquí, en el capítulo 3, el Bautista emplea una nueva imagen para describir su misión, la del amigo del esposo. En las bodas judías el amigo del esposo era el padrino principal, la persona enviada por el esposo para buscar la novia y conducirla a la presencia del novio. Era la responsabilidad del padrino principal proteger la novia durante la procesión nupcial a fin de que no cayera en manos de secuestradores o violadores. El padrino tenía la importantísima responsabilidad de entregar la novia, sana, salva y virgen al esposo.

En la literatura bíblica del A.T. y en los escritos rabínicos, era común comparar los tiempos mesiánicos con una boda. En los últimos días el Señor mismo vendrá para casarse con su prometida, la cual es su pueblo escogido, los creyentes. Dios había enviado a Juan el Bautista para llamar a los creyentes a que se alisten y preparen para la venida del verdadero novio de la iglesia. Era su deber proteger a los creyentes de los secuestradores y violadores que buscaban contaminar la iglesia con sus falsas doctrinas y herejías. Al enviar sus seguidores a Jesús, Juan está cumpliendo con el papel del amigo del esposo, cuya responsabilidad es entregar la novia en los brazos de su verdadero prometido. Nuestro ministerio es semejante a la misión del Bautista. A nosotros también nos toca conducir a los creyentes a los brazos de Jesucristo. Los creyentes deben enamorarse de Jesús, no de nosotros. Como padrinos de la boda, somos llamados a proteger a la iglesia de los falsos cristos que con sus falsas doctrinas buscan secuestrar a la iglesia y violarla. Lamentablemente, en la historia del cristianismo ha habido líderes de la iglesia que se olvidaron de su papel como amigos del esposo. Se portaron como el padrino de la boda de Sansón, quien en vez de proteger el honor de la novia, aprovechó la ausencia de Sansón y la recibió como su propia mujer (Jueces 14.20-15.2).

3.30: Es necesario que él crezca, pero que yo mengüe. Tan pronto como la novia se encuentra en brazos del novio, el padrino termina su función principal. Con su anuncio a los discípulos de que Jesús es el Cordero de Dios que quita los pecados del mundo, se cumple la misión principal del Bautista. El novio queda en primer plano, y el padrino pasa a un segundo plano. Cristo crece y Juan tiene que menguar.

En una forma muy gráfica la liturgia cristiana expresa la verdad de las palabras del Bautista. La fiesta de San Juan el Bautista cae el día 24 de junio, tres días después del equinoccio de verano, cuando los días comienzan a ponerse cada vez más cortos. La fiesta de la Natividad de nuestro Señor, en cambio, se celebra el 25 de diciembre, cuatro días después del equinoccio de invierno, cuando los días comienzan a ponerse cada vez más largos. Así el sol menguante es el símbolo de Juan el Bautista, mientras el sol creciente el símbolo de Cristo (Blank 1984.301).

3.31-32: El que de arriba viene, es sobre todos; el que es de la tierra, es terrenal, y cosas terrenales habla; el que viene del cielo, es sobre todos. Y lo que vio y oyó, esto testifica; y nadie recibe su testimonio. La dicotomía entre lo que viene de arriba y lo que es de abajo es fundamental en el evangelio de Juan. En el platonismo y las religiones gnósticas también existe una dicotomía entre lo de arriba y lo de abajo. Por eso, algunos estudiosos han afirmado que hay elementos gnósticos en el cuarto evangelio o que el autor del evangelio era un proto-gnóstico. Sin embargo, no hay semejanza entre el gnosticismo y el evangelio de Juan en cuanto a la dicotomía entre lo que es de arriba y lo que es de abajo. En el platonismo y las religiones gnósticas lo que es de arriba es espiritual, mientras lo que es de abajo es material; lo que es de arriba pertenece al mundo de la mente, mientras que lo que es de abajo pertenece al mundo del cuerpo, los sentidos y las emociones. En el gnosticismo se cree que espíritu y mente son superiores a los sentidos y las cosas materiales, porque las cosas espirituales provienen de Dios mientras las cosas materiales, corporales y sensuales provienen de un demiurgo o de un dios malévolo.

En el evangelio de Juan la dicotomía entre lo de arriba y lo de abajo no tiene nada que ver con la superioridad del espíritu sobre la materia, sino con la procedencia de la verdad. La mayoría de las filosofías y las religiones buscan la verdad dentro del ser humano. El lema de muchos filósofos griegos era: conózcase a sí mismo. En otras palabras, para descubrir la verdad hay que emprender un proceso de auto-reflexión, auto-realización y meditación transcendental; tenemos que practicar ejercicios filosóficos o mentales. Pero en este texto Juan el Bautista aclara que la verdad no se puede descubrir por medio de la filosofía, la metafísica o el misticismo. La verdad viene de Dios y por eso se la puede conocer solamente por revelación. Dios revela su verdad solamente por medio de aquel que viene de arriba, es decir, el *Logos* encarnado. Si la verdad estuviese escondida dentro de nosotros, entonces sería cierto que todas las religiones son expresiones de la misma verdad. Pero si la verdad viene solamente de arriba, entonces las expresiones religiosas que tienen su origen en el ser humano tienen que ser muy defectuosas o equivocadas (Newbigin 1982.47).

En el cuarto evangelio las personas terrenales son las que sólo ven las apariencias externas, sin percibir el verdadero significado de los eventos y señales relatados por el evangelista. Las personas terrenales ven las cosas sin fe y, por eso, sólo ven al hombre carpintero de Nazaret, hijo de José y María, sin entender que ese hombre a la vez es el *Logos* pre-existente y eterno que ha venido de arriba. Las personas terrenales solamente ven en Jesús una persona que se hace igual a Dios, sin percibir que Jesús es el *Logos* que siempre ha estado con el Padre (Juan 5.19-23). Por eso, los terrenales lo acusan de blasfemia y quieren apedrearlo (Juan 10.33). Los terrenales solamente ven ante sus ojos a un hombre que todavía no tiene cincuenta años, sin percibir que éste existía antes que Abraham (Juan 8.57). Los terrenales juzgan según la carne (Juan 8.15) o según las apariencias (Juan 7.24). Una de las características del cuarto evangelio es el uso de la ironía para describir la reacción de los terrenales a la persona, palabras y señales de Jesús (Spronson 1985.78-90).

3.33-34: El que recibe su testimonio, éste atestigua que Dios es veraz. Porque el que Dios envió, las palabras de Dios habla; pues Dios no da el Espíritu por medida. Las personas terrenales que juzgan a Jesús solamente según las apariencias lo consideran un don nadie, carente de poder político y padrinos importantes, hijo de personas sin prestigio socio-económico y nativo de Nazaret, un pueblo tan insignificante que ni es mencionado en el A.T. Pero las personas que han confiado en sus palabras y han seguido en sus pasos pueden testificar con Juan el Bautista que Jesús supera a cualquier profeta, juez o sabio anterior. Los jueces como Sansón, los profetas como Elías y los sabios como Salomón recibieron solamente una porción o medida del Espíritu Santo. Pero el Padre ha dado a Jesús la plenitud del Espíritu Santo.

El mensaje de Juan en estos versículos contiene dos enseñanzas importantes. En primer lugar, aprendemos que las palabras de Jesús están impregnadas de espíritu. "Las palabras que yo os he hablado son espíritu y son vida" (Juan 6.63). Esto quiere decir que las palabras de Jesús dan lo que proclaman. Jesús con sus palabras no solamente habla de perdón y vida eterna, él da el perdón del Padre y la vida eterna a los que reciben sus palabras. En segundo lugar, puesto que Jesús ha recibido la plenitud del Espíritu, él podrá dar el Espíritu Santo a otros. Hasta ahora Jesús no ha impartido el Espíritu Santo a nadie porque todavía no ha sido glorificado. La glorificación de Jesús comprende su pasión, muerte, resurrección y ascensión. Por medio de la glorificación de Jesús, los seres humanos serán purificados de su pecados y capacitados para recibir el Espíritu. Por eso, veremos que Jesús recién otorga el Espíritu después de su resurrección (Hoeferkamp 1962.518, 525).

3.35-36: El Padre ama al Hijo, y todas las cosas ha entregado en su mano. El que cree en el Hijo tiene vida eterna; pero el que desobedece al Hijo no verá la vida, sino que la ira de Dios está sobre él. Este tercer capítulo, que comenzó con la conversación entre Jesús y Nicodemo sobre el nuevo nacimiento y el reino de Dios, ahora termina con una nota muy solemne sobre el juicio final y la ira de Dios. Este tema entra en juego porque la venida del *Logos* al mundo ha cambiado para siempre el curso de la historia humana. La entrada de la luz en un mundo de tinieblas ha creado una nueva situación para el ser humano. Se produce un tiempo de crisis en el cual hay que tomar una decisión. Ante la presencia del *Logos* encarnado en el mundo, cada ser humano se ve obligado a decidir a favor o en contra del Hijo. Ya en Juan 3.17 leímos que el Padre no envió a su Hijo al mundo para condenarlo, sino para salvarlo. Sin embargo, la persona que rechaza al *Logos* encarnado se condena a sí misma y muere en sus pecados (Juan 8.24). Por eso el evangelista fue comisionado para escribir su evangelio, para llamar a sus lectores a la fe (Juan 20.31), para que tengan vida eterna y no vengan a condenación (Juan 5.24). Debemos entender las solemnes palabras con que concluye el capítulo como el desafío a confiar en que Jesús es el *Logos* divino, venido del Padre, para ser un verdadero ser humano de carne y hueso, para que lo veamos como nuestro substituto y nuestra salvación (Spronson 1985.87).

Nota litúrgica: Juan 3.22-36 es el santo evangelio para el tercer domingo después de Pentecostés en el leccionario de cuatro años del grupo interconfesional de Gran Bretaña para el año D, año de San Juan.

Nota I. Ironía en el cuarto evangelio. Una de las características más notables del cuarto evangelio es el uso extenso de la ironía. Hay ironía en la literatura cuando ciertas palabras, acciones o situaciones se prestan a dos niveles de significado un tanto discordantes, o hasta contradictorios. A veces un personaje en un drama o en una historia hace algo para evitar una tragedia, pero su acción provoca precisamente la tragedia que buscaba prevenir. Esto es lo que sucede en el evangelio de San Juan cuando Caifás y los líderes judíos deciden sacrificar a Jesús para que los romanos no destruyan el templo y la nación. La ironía de la situación es que la muerte de Jesús, a la postre, llevó a la destrucción del templo, en lugar de evitar tal tragedia. En otros casos una persona dice algo con un significado, y más tarde sus palabras se cumplen, pero con otro sentido y de forma imprevista.

Hay muchos ejemplos de ironía en la literatura y el folclore de casi todas las culturas, pero el uso dramático y literario de la ironía se desarrolló al máximo en los dramas y las obras filosóficas de los antiguos griegos. El filósofo Sócrates, por ejemplo, era un verdadero maestro de la ironía. Con frecuencia Sócrates desempeñó el papel del *eiron*, o sea, una persona que aparenta ser muy ignorante o sencilla cuando en realidad no lo era. Sócrates en el papel del *eiron* trababa conversación con el *alazon*, una persona que se jacta de ser más de lo que es o de saber más de lo que sabe, para desinflar sus pretensiones y su orgullo. En un principio el *eiron* parece ser el necio mientras que el *alazon* es el que tiene la situación bajo dominio. Pero las apariencias no siempre reflejan la realidad. La ironía es que el *alazon* llega a ser la víctima de su propio orgullo y jactancia. En el evangelio de Juan los fariseos, Caifás y Pilato con frecuencia desempeñan el papel del *alazon*.

Un ejemplo bíblico de ironía es Jueces 3.20 donde el cacique israelita Aod pide una conferencia secreta con el opresor, Eglón, rey de Moab, diciendo: "Tengo palabras de Dios para ti." Cuando los dos están a solas, Aod se levanta para entregar a Eglón la palabra que tiene de Jehová, y lo apuñala en el vientre. Eglón no recibió la palabra que esperaba recibir de Jehová; el mensaje que Jehová tenía para él era otro. La ironía podría definirse como el movimiento de las apariencias a la realidad. La gran ironía de Juan 9 es que el hombre que nació ciego llega a ver, y los fariseos, que se jactan de conocer todas las cosas, quedan ciegos, al no reconocer que Jesús es la luz del mundo. Otra gran ironía en el cuarto evangelio es el título que Poncio Pilato manda poner sobre la cruz de Jesús. El letrero dice en hebreo, griego y latín: Jesús de Nazaret, rey de los judíos. La intención de Pilato fue burlarse de los judíos; lo que en realidad pasó fue que Dios aprovechó el título de la cruz para proclamar a judíos, griegos y romanos que Jesús es el verdadero rey que muchos no quisieron reconocer.

Hay unos cuantos ejemplos de ironía en el capítulo 3 de Juan. Por ejemplo, Jesús no vino para condenar, sino para salvar al mundo, sin embargo, por rechazar la salvación en Jesús, muchos se condenan. Hay mucha ironía en la conversación entre Jesús y Nicodemo. Nicodemo, como un típico *alazon*, lleva el título de maestro de la ley cuando en realidad es incapaz de captar el verdadero significado de lo que Jesús le quiere comunicar. Nicodemo se queda con el significado literal de las palabras de Jesús sin darse cuenta de su verdadero significado. El evangelista quiere que el lector del cuarto evangelio entienda lo que Nicodemo no puede ver. Tal uso de la ironía hace que el lector se identifique con el punto de vista del evangelista y rechace las interpretaciones equivocadas o incompletas de todos los alazones que salen en el drama presentado en el evangelio de Juan.

Se debe tomar en cuenta que al hablar de ironía, no estamos refiriéndonos solamente de una técnica literaria que emplea el autor del evangelio. Dios mismo se vale de la ironía al poner en tela de juicio la soberbia y el egoísmo de los hombres, y la injusticia de los sistemas creados por ellos. Por ejemplo, es irónico que los que acuden a la astrología para desentrañar los secretos del futuro quedan atrapados dentro de un sistema fatalista, y se vuelven esclavos de las predicciones y profecías que supuestamente los iban a liberar. También es irónico que los que envenenan el medio ambiente para obtener ganancias rápidas, a la postre empobrecen sus vidas por estar condenados a respirar el aire y beber el agua que han contaminado. Es irónico que hemos tratado de mejorar el mundo inventando máquinas y computadoras que facilitan el trabajo, pero en realidad lo hemos deshumanizado, porque ahora nos tratamos como máquinas, de una manera inhumana. Es irónico que desarrollamos armas nucleares para protegernos de la destrucción y las mismas armas que hemos inventado son los instrumentos de nuestra propia destrucción (Wink 1986.151). Esto es ironía. "Se hundieron las naciones en el hoyo que hicieron; en la red que escondieron fue tomado su pie. Jehová se ha hecho conocer en el juicio que ejecutó. En la obra de sus manos fue enlazado el malo" Salmo 9.15-16.

Nota II. Autor, fecha y destinatarios del cuarto evangelio. Anteriormente se mencionó que muchos eruditos, antiguos y modernos, han creído que el evangelio de Juan fue escrito a fines del primer siglo a grupos de creyentes que vivían en Efeso y en las otras ciudades de Asia mencionadas en el libro del Apocalipsis. Aunque el evangelio bajo estudio no menciona el nombre de su autor o de sus destinatarios, esta opinión se basa en gran parte en el testimonio de dos importantes padres apostólicos, Papías de Hierápolis e Ireneo de Lyón (se usa el término padres apostólicos para referirse a los discípulos de los apóstoles de nuestro Señor Jesucristo).

El más importante de estos testigos es Ireneo (115?-189? d.C.), uno de los grandes apologistas de la iglesia primitiva que llegó a ser obispo de la ciudad de Lyón en lo que hoy en día es Francia. En el año 180 d. C., Ireneo escribió en su obra *Adversus Haereses* que "Juan, el discípulo del Señor, quien reposó sobre su pecho (Juan 13.23), publicó a su vez un evangelio, durante su permanencia en Efeso." El obispo Ireneo, que escribió estas palabras, conoció a Policarpo, el famoso obispo de la iglesia en Esmirna que murió como mártir en el año 155 d.C. Según Tertuliano (200 d.C.), Policarpo fue hecho obispo de Esmirna por el mismo Juan. Clemente de Alejandría (200 d.C.) relata que después de la muerte del emperador tirano Domiciano, acaecida el año 96 d.C., Juan regresó de la isla de Patmos a Efeso y estuvo al frente de la comunidad cristiana en esa gran ciudad asiática. Los prólogos antimarcionistas a los evangelios (160-180 d.C.) y el Canon de Muratori declaran que el evangelio de Juan fue anunciado y dado a las iglesias de Asia por el propio Juan (Tenney 1989.230).

Otro que habla del autor del cuarto evangelio es Papías, oyente y discípulo de Juan y compañero de Policarpo (70-156 d.C.) Papías, que nació alrededor del año 60 d.C., llegó a ser obispo de Hierápolis, una ciudad en el valle de Lico, muy cerca de Laodicea, otra de las siete ciudades del Apocalipsis. Se supone que Papías era un judío que sabía escribir y hablar bien tanto el arameo como el griego. Papías escribió un comentario de cinco tomos sobre las palabras de Cristo que llevaba el título de *Interpretaciones*. También escribió un libro llamado *La Segunda Venida de Nuestro Señor*, en el cual interpreta literalmente los mil años de Apocalipsis 20.4-6. Lamentablemente las obras de Papías se han perdido. Lo único que resta de su producción literaria son algunas citas copiadas por el gran historiador de la iglesia primitiva, Eusebio de Cesarea.

Eusebio de Cesarea, que no era milenialista, estaba en profundo desacuerdo con el literalismo y milenialismo de Papías, por eso menosprecia a Papías, llamándole "un hombre de poca inteligencia", a pesar de que Ireneo y Justino Mártir estaban de acuerdo con las ideas milenialistas de Papías. Se cree que Papías escribió sus interpretaciones aproximadamente en el año 95 d.C. Eusebio de Cesarea nos informa que Papías era un contemporáneo de Ignacio de Antioquía (sufrió el martirio en 108 d.C.) y de Policarpo de Esmirna.

En base a los testimonios de Ireneo y Papías, la mayoría de los autores, tanto patrísticos como modernos, han atribuido el cuarto evangelio al discípulo amado de Jesucristo. Este discípulo amado fue Juan, uno de los doce apóstoles, hijo de Zebedeo y Salomé. El mismo Juan fue hermano del apóstol Jacobo, decapitado por Herodes Agripa I (Hechos 12.2). Se cree que Salomé, la madre del apóstol San Juan, era una hermana de María, la madre de Jesús; en tal caso, Jesús y Juan eran primos. Este dato esclarecería porqué Salomé se atrevió a pedir para sus hijos los dos mejores puestos en el reino que ella creía Jesús estaba por establecer en Israel (Mateo 20.20-28). Salomé estaba tratando de usar una palanca familiar. Robinson cree que Zebedeo era un próspero comerciante que vendía pescado salado en muchas partes de Palestina y que era el proveedor de pescado para la mesa de los sumos sacerdotes en Jerusalén. De acuerdo con la teoría de Robinson, Juan era el agente de su padre en Jerusalén donde la familia tenía una casa. De esta manera Juan llegó a conocer a los sirvientes que trabajaban en el palacio de Anás y Caifás. Aprovechando sus contactos, Juan logró entrar en el patio del sumo sacerdote durante la noche del juicio de Jesús.

En realidad, existen muchas teorías sobre el autor, la fecha y los destinatarios de este evangelio. La teoría descrita aquí es una de las más antiguas y la más aceptada entre muchas iglesias, especialmente las iglesias más conservadoras. Podríamos denominar esta teoría como tradicional. A lo largo de este estudio tendremos la oportunidad de investigar otras teorías en cuanto al autor, los destinatarios, la fecha y el lugar donde fue escrito.

Un dato que ha provocado muchas controversias y discusiones entre los eruditos es que, según Eusebio, Papías menciona en una de sus obras que en su tiempo existían dos tumbas en Efeso que los creyentes atribuían al apóstol Juan. A base de esta información algunos comentaristas han propuesto que dos diferentes discípulos de Jesús llamados Juan trabajaron en la iglesia de Efeso. Uno de estos discípulos habría sido el apóstol San Juan, cuyas enseñanzas han sido preservadas en el cuarto evangelio. El otro Juan habría sido el presbítero Juan, quien escribió II y III Juan y posiblemente el libro del Apocalipsis. Según la teoría de un jesuita de la India, A. C. Perumalil, el presbítero Juan fue uno de los 70 (ó 72) discípulos que Jesús había designado para proclamar el evangelio en Lucas 10.1 (Perumalil 1980.332-337). Estas teorías son muy interesantes, pero cuando un autor del siglo XX intenta interpretar a un autor del siglo IV, quien a su vez estaba interpretando lo que otro autor del siglo II dijo acerca de una opinión de algunos miembros de una comunidad en otra ciudad, no hay muchas posibilidades de que tales teorías sean ciertas.

Capítulo 4

Juan 4.1-42 relata el encuentro de Jesús con una mujer que, aparentemente, era un caso perdido. Difícilmente hubieran aceptado los líderes religiosos de Israel la conversión de cualquier samaritana, y mucho menos una que se había casado cinco veces y ahora vivía con un hombre que no era su marido. Sin embargo, algo parecido sucedió en casi todas las señales y encuentros de Jesús: el paralítico por treinta y ocho años, el ciego de nacimiento, el hombre que estuvo muerto por cuatro días, los cinco mil hombres en el desierto sin pan, y un fariseo enredado en su interpretación de la Ley. Estos también parecían ser casos perdidos. Pero cuando Dios actúa en Jesucristo nada es imposible; los casos que no tienen remedio se resuelven cuando son tocados por la presencia de Jesús y de su amor. En este relato veremos el amor de Dios en acción. Juan 4.1-42 es uno de los grandes textos misioneros en acción. En el pueblo de Samaria vemos a Juan 3.16 en acción. Jesús, el gran misionero divino, por su amor al mundo, cruza fronteras políticas, culturales y religiosas para buscar una oveja perdida. A pesar de su pasado y del pasado de su pueblo, esta oveja no se pierde, porque para eso vino Jesús, para que "todo aquel que en él cree, no se pierda, mas tenga vida eterna." No existen casos perdidos para aquel que ha dado a su Hijo unigénito por los pecados del mundo.

4.1-5: Cuando, pues, el Señor entendió que los fariseos habían oído decir: Jesús hace y bautiza más discípulos que Juan (aunque Jesús no bautizaba, sino sus discípulos), salió de Judea, y se fue otra vez a Galilea. Y le era necesario pasar por Samaria. Vino, pues, a una ciudad de Samaria llamada Sicar, junto a la heredad que Jacob dio a su hijo José. Al darse cuenta de cómo crecía la popularidad de Jesús, los fariseos se pusieron celosos y comenzaron a ver en él un poderoso rival a sus pretensiones de ser los guías religiosos del pueblo. Para evitar un choque prematuro con los fariseos, Jesús abandona Judea y emprende el viaje a Galilea, donde llevaría a cabo la evangelización que describen los sinópticos (Mateo 4.12-15.20). En el viaje hacia Galilea ocurre el encuentro con la samaritana, y Jesús aprovecha la ocasión para impartir enseñanzas acerca del agua viva, la correcta adoración a Dios y el Mesías.

Entre Judea, la provincia en el sudoeste de Palestina, y la provincia de Galilea, donde estaba el hogar de Jesús, en el noroeste del país, se encontraba la región samaritana. Samaria toma su nombre de la ciudad que el rey Omri de Israel (882-871 a.C.) estableció para que sirviera como capital del antiguo reino de Israel, fundado por Jeroboam I en el año 930 a.C., y destruido por los asirios en 721 a.C. La ruta más corta y cómoda entre Judea y Galilea pasaba por Samaria, pero debido a la rivalidad y hostilidad existente entre judíos y samaritanos, muchos viajeros y peregrinos judíos solían desviarse por el territorio de Perea, para no tener que pasar por el territorio de sus enemigos. Jesús, sin embargo, toma la ruta más corta en esta oportunidad, y así llega a conocer, no sólo a una mujer samaritana, sino también a otros habitantes de la región.

El evangelista señala en su resumen de las actividades de Jesús en este tiempo, que los discípulos de Jesús estaban bautizando más nuevos discípulos que Juan el Bautista y sus discípulos. Así se cumplían las palabras del Bautista en Juan 3.30: "Es necesario que él crezca, pero yo mengüe." Algunos eruditos opinan que con esta referencia el evangelista también estaba sugiriendo que las comunidades de su época que todavía seguían a Juan y no aceptaban a Jesús como el Mesías, menguarían más y más. Las comunidades fundadas sobre Cristo Jesús, en cambio, seguirían creciendo (Schnelle 1992.180-181).

La frase "le era necesario pasar por Samaria" indica que fue la voluntad del Padre que Jesús tuviera un encuentro con los samaritanos. Ellos estaban incluidos en el plan salvífico de Dios. El verbo griego ἔδει ("era necesario") suele usarse cuando se habla de una necesidad divina. Esta frase también significa que Jesús fue enviado por el Padre como misionero a los samaritanos (Okure 1988.85-86). Jesús, como fiel misionero, está siempre dispuesto a cumplir con la voluntad del que lo envió, aunque resulte en cansancio y sed. El evangelista quiere advertirnos que la obra de un misionero no es fácil. Implica sufrimiento, cansancio y sed. Hay que entablar una conversación amorosa con los enemigos de nuestro pueblo. Hay que cruzar fronteras geográficas, políticas, sociales y raciales, y esto requiere mucho amor y comprensión. A nosotros también nos toca cumplir con la voluntad del Padre y proclamar su plan de salvación para todas las naciones. Hay otros textos en el cuarto evangelio que también enfatizan la labor espiritual que requiere la obra misionera: Juan 12.24 (el grano de trigo que se muere); Juan 16.21 (la mujer que da a luz); Juan 13.1 y 15.13 (amor hasta la muerte). Comparar también las palabras de San Pablo en 2 Corintios 6.3-10 (Okure 1988.86).

4.6: Y estaba allí el pozo de Jacob. Entonces Jesús, cansado del camino, se sentó así junto al pozo. Era como la hora sexta. El pozo de Jacob, que todavía hoy es una importante atracción turística, está situado en el desfiladero entre el monte Gerizim y el monte Ebal, a 1.6 kilómetros de Sicar. Sicar era sagrado para los samaritanos porque allí Abraham construyó su primer altar en la tierra prometida.

El A.T. contiene muchos relatos interesantes en los cuales un hombre y una mujer se encuentran cerca de un pozo. En Éxodo 2.16 Moisés conoce a su futura esposa Séfora por un pozo en la tierra de Madián. Es por un pozo que el siervo de Abraham encuentra a Rebeca, quien sería la esposa de Isaac (Génesis 24). Y es por un pozo que Jacob encuentra por primera vez a su querida Raquel (Génesis 29.1-12). Todos estos episodios tienen varios elementos comunes: 1- Un hombre viaja por un país extranjero. 2- El hombre se acerca a un pozo para saciar su sed. 3- El hombre se encuentra con una doncella. 4- La doncella le brinda agua al hombre. 5- La mujer va corriendo a su casa para avisar a los suyos de la llegada del extranjero. 6- Los familiares de la mujer invitan al extranjero a quedarse con ellos. 7- Se arreglan los esponsales entre el hombre y la mujer. Como veremos a continuación, todos estos elementos aparecen en la historia de Jesús y la samaritana (Duke 1985.101).

Los judíos solían contar las horas del día a partir de las seis de la mañana. La sexta hora que se menciona en Juan 4.6 fue, por lo tanto, las doce del mediodía, cuando el sol está más caliente y cuando un viajero como Jesús tendría más sed. Algunos intérpretes relacionan esta mención de la hora con la crucifixión de Jesús, pues en la cruz el Salvador también sintió sed a la hora sexta y pidió agua (Juan 19.14 y 28) (Pamment 1985.71). Otros creen que Juan ha incluido el detalle de la hora como una alusión a la historia de Jacob y Raquel, en Génesis 29.7, que también ocurrió a mediodía. Hay también semejanzas con la historia de Agar en Génesis 21.8-21. Agar, la esclava egipcia de Sara y concubina de Abraham, tuvo también un encuentro con el Ángel de Jehová junto a una fuente de agua en el desierto y en todo el calor del mediodía. El intérprete Winsome Munro cree que la samaritana, como Agar, era una esclava, una concubina o ambas cosas a la vez (1995.719). En muchas partes del mundo antiguo las esclavas eran consideradas propiedad sexual de sus amos. En sociedades caracterizadas por los antropólogos como sociedades de honra-vergüenza, la falta de un esposo legítimo constituye para la mujer una pérdida de honor femenino, o sea, una vergüenza (Munro 1995.718).

4.7-8: Vino una mujer de Samaria a sacar agua; y Jesús le dijo: Dame de beber. Pues sus discípulos habían ido a la ciudad a comprar de comer. La humanidad de Jesús se manifestó cuando pidió agua para refrescar su sed. El cuarto evangelio siempre ha sido el favorito de grupos gnósticos, docetistas y otros que niegan la encarnación y la auténtica humanidad de carne y hueso de Jesús. Por eso algunos eruditos han sospechado que el autor del cuarto evangelio también tenía tendencias docetistas. Pero un docetista nunca hubiera incluido en su obra una escena como ésta, donde Jesús cansado y sediento después de su largo viaje pide agua para calmar su sed.

Es extraño que una mujer viniera a sacar agua en el momento más caluroso del día. En el medio oriente, las mujeres suelen sacar agua del pozo temprano por la mañana o al atardecer, cuando el sol no quema tanto. Las mujeres del pueblo usualmente van juntas al pozo, conversando, riéndose e intercambiando los sucesos del día. Es un tiempo de jovialidad y alegría. Pero la mujer samaritana va sola, a una hora cuando las otras mujeres no van al pozo, como si no tuviese amigas, como si fuera una proscrita, una persona de dudosa reputación con quien las otras mujeres no quieren tener trato. Más tarde sabremos que esta mujer ya ha tenido cinco maridos y que el hombre con quien vive ahora no es su esposo. Se ha comentado que las otras mujeres del pueblo no querían tener contacto con ella porque era una mujer a la que le gustaba enamorarse.

El antropólogo cristiano Charles Kraft, en cambio, basándose en sus experiencias como misionero en el país africano de Nigeria, cree que la mujer samaritana era estéril, no una perdida. Según Kraft, en el medio oriente y en África la esterilidad es vista como la maldición más grande que le puede ocurrir a una mujer. Como el marido quiere, sobre todo, tener un heredero para mantener vivo el nombre de la familia, se divorcia de su mujer si ella no le puede dar ese hijo. Kraft cree que la samaritana se había divorciado tantas veces porque no podía dar hijos a sus maridos. Su esterilidad fue interpretada por las mujeres del pueblo como una maldición de Dios y por eso no querían tener nada que ver con ella.

Sea como fuere, la mujer samaritana era una persona triplemente marginada. En primer lugar porque pertenecía al pueblo odiado y hereje de Samaria. En segundo lugar porque era mujer. En tercer lugar por sus muchos divorcios y por la dudosa reputación de la que gozaba entre los miembros de su propio pueblo. La samaritana no era la única persona marginada con la que Jesús tuvo trato en el cuarto evangelio. A lo largo de nuestro estudio encontraremos otros marginados, leprosos, ciegos, paralíticos, galileos, ignorantes de la ley y mujeres como María de Betania, Marta y María Magdalena. Ciertamente no es casualidad que Juan haya incluido tantos marginados entre los seguidores de Jesús. Al hacerlo, Juan nos hace ver qué clase de Mesías era Jesús de Nazaret.

Jesús solía elegir a personas de poca importancia y prestigio según los criterios de este mundo. Sus testigos y colaboradores eran los que habían sido rechazados y marginados por las élites sociales y religiosas. Los milagros y señales de Jesús demuestran que Dios se preocupa por las personas a las que la sociedad les da poco valor. Se trata de un rasgo muy importante en la personalidad del Padre. Dios es un Dios que quiere estar presente con los marginados. Las señales de Jesús no son tanto demostraciones del poder de Dios, sino más bien demostraciones del amor de un Dios que busca rescatar a todos de la debilidad y de las fuerzas del mal. Robert J. Karris cree que lo que más provocó el odio de las autoridades contra Jesús y su iglesia no fue su alta cristología, sino su preocupación y amor por los marginados (Karris 1990.108-109).

La preocupación de Jesús por los marginados en el cuarto evangelio nos muestra que Juan está perfectamente de acuerdo con lo que escribe el apóstol San Pablo a los corintios (1 Corintios 1.26-28): "Hermanos, deben darse cuenta de que Dios los ha llamado a pesar de que pocos de ustedes son sabios según los criterios humanos, y pocos de ustedes son gente con autoridad o pertenecientes a familias importantes. Y es que para avergonzar a los sabios, Dios ha escogido a los que el mundo tiene por tontos; y para avergonzar a los fuertes, ha escogido a los que el mundo tiene por débiles. Dios ha escogido a la gente despreciada y sin importancia de este mundo, es decir, a los que no son nada, para anular a los que son algo." DHH.

El obispo Lesslie Newbigin, que vivió en la India, comenta que un brahmán, es decir, un miembro de la casta más alta de los hindúes, nunca pediría agua de una cisterna en un sector perteneciente a los harijan (los miembros de las castas más bajas) y nunca aceptaría agua en una copa ofrecida por un harijan. Pero Jesús, al asumir la postura de un mendigo que necesita pedir ayuda a una mujer samaritana, nos enseña algo muy importante acerca de la obra misionera. Muchos misioneros evangelizan con una actitud de superioridad cultural y política. Humillan a los que tratan de evangelizar e imponen sus ideas desde una postura de superioridad. Jesús, en cambio, se muestra vulnerable y no oculta su cansancio y debilidad. Todo esto nos recuerda las palabras de otro gran misionero, San Pablo: "Me he hecho débil a los débiles, para ganar a los débiles; a todos me he hecho de todo, para que de todos modos salve a algunos" (1 Corintios 9.22).

4.9: La mujer samaritana le dijo: ¿Cómo tú, siendo judío me pides a mí de beber, que soy mujer samaritana? Porque judíos y samaritanos no se tratan entre sí. La mujer samaritana se extrañó de que un judío le pidiera una copa de agua, ya que era mujer y además samaritana. Un rabino judío jamás se hubiera puesto a conversar solo con una mujer desconocida; hubiera tenido miedo de contaminarse. El rabí José ben Yohanan que vivió alrededor del año 150 a.C. declaró: "No hables con la mujer. Si eso se dice de la propia, cuánto más de la mujer del prójimo. Por eso afirman los sabios: Todo el que habla mucho con mujer, se atrae la desgracia, abandona las palabras de la Torá y al final hereda el infierno" (Blank 1984.I.311).

Pero la persona con quien conversaba Jesús no sólo era una mujer; era una samaritana. Los fariseos consideraban contaminadas las comidas preparadas por manos samaritanas. La *Mishná* declara que las hijas de los samaritanos son menstruosas desde la cuna y, por eso, perpetuamente están en un estado de inmundicia (Carson 1991.217). Como ya hemos mencionado, existía una larga historia de enemistad y odio entre los judíos y los samaritanos. Los judíos del tiempo del N.T. eran los descendientes de las tribus de Judá, Benjamín y Leví, que regresaron a Palestina bajo el liderazgo de Zorobabel y Esdras después de sus 70 años de cautiverio en Babilonia. Los samaritanos, que vivían en el centro de Palestina, eran los descendientes de matrimonios mixtos entre colonizadores gentiles, traídos a Palestina por el rey de Asiria, y un remanente de las diez tribus del Norte. Los libros de Esdras y Nehemías en el A.T. dan testimonio de algunas de las razones históricas del conflicto entre judíos y samaritanos.

Aparentemente los samaritanos ambicionaban controlar todo el territorio de Palestina y por eso se opusieron a la reconstrucción de Jerusalén por los judíos que volvían de la cautividad. Los líderes samaritanos trataron de impedir la reconstrucción del templo en Jerusalén y escribieron cartas al rey de Persia. Las cartas acusaban a los judíos de ser rebeldes y revolucionarios (Esdras 4). El escriba

Esdras, al llegar a Jerusalén, encontró que unos cuantos judíos, que habían regresado con Zorobabel, se habían casado con mujeres samaritanas. Hasta un nieto del sumo sacerdote, Eliasib, se había casado con una hija del gobernador samaritano, Sanbalat (Nehemías 13.28). Esdras denunció estos matrimonios mixtos como infidelidad a Jehová y obligó a los habitantes de Jerusalén y Judá a repudiar a sus mujeres samaritanas y a los hijos que habían nacido de esos matrimonios mixtos (Esdras 9 y 10). La crisis que provocó la salida de Nehemías de Persia para encargarse del gobierno de Jerusalén, fue la destrucción de los muros de Jerusalén por los samaritanos. Los samaritanos hicieron todo lo posible para impedir que Nehemías reconstruyese los muros, incluyendo un intento de asesinato (Nehemías 6). Pero finalmente Nehemías llevó a cabo la reconstrucción de los muros de Jerusalén y la reorganización del gobierno religioso y civil de la santa ciudad.

Desde aquel entonces hubo constantes conflictos y fricciones entre los judíos y los samaritanos. Durante la infancia de Jesús (año 8 d.C.) un grupo de samaritanos, en vísperas de la Pascua, entró al templo de Jerusalén esparciendo por doquier una gran cantidad de huesos que habían sido sacados de un cementerio. Con este acto quedó profanado el templo durante ocho días, según las leyes del Levítico, y fue imposible celebrar las fiesta de la Pascua en aquella ocasión. En otra oportunidad, los discípulos Jacobo y Juan, al ser menospreciados por los samaritanos, pidieron que Jesús les permitiera pedir fuego del cielo para consumir a los samaritanos (Lucas 9.51-56).

Los samaritanos, por su parte, cuentan otra historia. En el libro *Memar Markah* (escrito en el siglo IV d.C.) los samaritanos dan su versión de los acontecimientos. Según el *Memar Markah* (las enseñanzas de Markah), Josué, el sucesor de Moisés, bajo la dirección del sumo sacerdote Finees, construyó un santuario para todo Israel sobre el monte Gerizim en el territorio de Efraín. Este templo sirvió a doce tribus durante el reinado de los primeros reyes de Israel. Estos reyes eran los hombres conocidos como jueces en la Torá de los judíos. Durante el reinado de Sansón, Elí llegó a codiciar el sumo sacerdocio para sí mismo. Elí no era descendiente de Finees, sino de otro hijo de Aarón llamado Itamar. Junto con otros descontentos, Elí estableció un santuario rival en Silo. Cuando la mayoría de los israelitas acudieron al nuevo santuario, Dios reaccionó con ira y quitó su presencia entre los israelitas. Según la tradición samaritana, Dios escondió el verdadero santuario dentro de una cueva en el monte Gerizim y después cerró la cueva. De manera que el verdadero templo de Dios quedó escondido y seguirá escondido hasta que venga el *Taheb* (mesías) para restaurar el verdadero santuario y restablecer la adoración del Dios verdadero en el santo monte Gerizim.

Los samaritanos niegan ser descendientes de los israelitas infieles que se casaron con gentiles después de la conquista de las tribus del Norte por el rey de Asiria. Según el *Memar Markah*, los samaritanos son descendientes de un remanente de israelitas que siguieron fieles al verdadero sumo sacerdote de Israel y sus enseñanzas. Debido a persecuciones de parte del rey Saúl, y después de los asirios, muchos samaritanos tuvieron que salir de Palestina y establecerse en otras partes del mundo. Los samaritanos afirman que después de la caída de Asiria muchos volvieron del exilio a su tierra natal. Después construyeron un nuevo santuario sobre el monte Gerizim. Sabemos que en el tiempo del N.T. existían muchas sinagogas samaritanas en la diáspora. Se sabe que había una sinagoga samaritana en Antioquía y una muy grande en Alejandría. Según los samaritanos, el sumo sacerdote samaritano es el verdadero líder del pueblo de Dios, la versión samaritana del Pentateuco la verdadera versión de las Escrituras y el monte Gerizim el lugar de la verdadera adoración a Dios.

A través de los siglos la gran mayoría de los samaritanos fueron convertidos al cristianismo, al Islam o al judaísmo. Pero todavía sobrevive la religión samaritana. Hay una comunidad de unos 500 que todavía viven en Nablus y en Siquem cerca del monte Gerizim. Todavía tienen su sumo sacerdote y aún ofrecen sacrificios de animales a Jehová. Son muy estrictos en cuanto a su manera de guardar el día de reposo: no hacen ninguna clase de trabajo; no prenden fuego, ni usan electricidad, hasta desenchufan sus refrigeradores cada sábado.

4.10: Respondió Jesús y le dijo: Si conocieras el don de Dios, y quién es el que te dice: Dame de beber; tú le pedirías, y él te daría agua viva. Para la mujer samaritana Jesús es solamente un judío que tiene sed y pide agua. Ella no se da cuenta de la identidad de Jesús, ni de su propia sed espiritual. Por eso comienza a hablar acerca de las malas relaciones que existen entre judíos y samaritanos. Pero Jesús no quiere que la conversación vaya en esa dirección. Antes de resolver el problema de las relaciones raciales entre judíos y samaritanos es necesario tratar algo aún más importante, la sed espiritual de la samaritana y la identidad de la persona que le había pedido un trago de agua. La ironía presente en el encuentro entre Jesús y la samaritana es el hecho de que la persona con verdadera sed es la samaritana y Jesús es el que ha venido para satisfacer esa sed (O'Day 1986.666). Jesús, por lo tanto, cambia la dirección de la conversación para enfocarla en la sed de la samaritana y su necesidad del Salvador.

Para una persona que vive en Palestina, el término agua viva quiere decir agua que brota fresca y fría de un manantial. No es agua estancada en una cisterna (Véase Jeremías 2.13). No obstante, el agua viva que ofrece Jesús no es agua de un manantial sino agua que calma la sed eterna que siente el ser humano en lo más íntimo de su ser. Esta es la sed de la que habla el salmista al decir: "Como el ciervo brama por las corrientes de las aguas, así clama por ti, oh Dios, el alma mía. Mi alma tiene sed de Dios, del Dios vivo" Salmo 42.1-2.

Todo ser humano tiene dentro de sí una sed de Dios. Hay un vacío en él que solamente Dios puede satisfacer. Podemos intentar calmar nuestra sed de Dios con muchos substitutos, diversiones y falsos dioses, que nos ofrece nuestra sociedad de consumo. Pero ningún substituto puede quitar la sed que tenemos de Dios. Es como escribió San Agustín: "Largo tiempo estuve lejos de Ti por cercarme de aquellas cosas que, sin Ti, nada son. Tú llamaste e imploraste y venciste mi sordera. Tú brillaste y refulgiste y disipaste mi ceguera. Tú exhalaste tu fragancia. De ahí tomé aliento de vida y desfallezco sin Ti. Ya he saboreado esto y padezco ahora hambre y sed. Tú me has tocado y todo yo soy una llama que ansía tu paz. Tú me has hecho para Ti, y nuestros corazones no conocen el reposo hasta que hallen descanso en Ti" (Bainton 1969.63-64).

Para el judío fiel, la palabra de Dios, la Torá, era como una fuente de agua viva en el desierto para refrescar y alentar al viajero. El profeta Ezequiel en el A.T. tuvo una visión de un nuevo templo del cual salía un río de agua viva, un río que pondría a florecer todo el desierto. Lo que ofrece Jesús a la samaritana es la verdadera Torá, no la Torá de sus rivales, los judíos, sino su evangelio de amor y perdón. Jesús ofrece a la samaritana el agua viva del Espíritu Santo que mana como el río de Ezequiel, no de un templo hecho por manos de hombres, sino del verdadero templo de Dios que es Jesucristo mismo. Es la misma verdad que Jesús proclamará en el último día de la fiesta de los Tabernáculos (Juan 7.37-39).

Según Martín Lutero, el agua viva mencionada en este versículo representa la revelación que Jesús nos trae del tesoro del perdón y de la redención de la muerte, del diablo y del infierno. Esta agua viva incluye la transformación y la iluminación de nuestros corazones por el gran tesoro del evangelio divino. Esto es lo que puede satisfacer y dar alivio a la garganta reseca y al alma deshidratada de la humanidad (Wedel 1977.408).

En este versículo Jesús se refiere a la salvación con el término "don de Dios." La salvación se llama don de Dios porque el ser humano no se la puede procurar por sí mismo, tiene que suplicarla y recibirla de Dios como puro don. El término don de Dios es uno de los conceptos claves en este capítulo y en todo el evangelio. Este don de Dios equivale al agua viva, al Espíritu Santo, a la salvación, a la vida eterna y a la palabra de Jesús. Cuando Dios nos ofrece su don de salvación, la única actitud adecuada es recibirlo en fe. Frente a Dios el ser humano no puede ser más que receptor (Blank 1984.I.312). A través de la historia los seres humanos han ido en busca de pozos milagrosos cuyas aguas supuestamente quitaban la vejez y daban la eterna juventud. El conquistador español Ponce de León fue uno de ellos. En Cuba organizó una expedición para encontrar la fuente de la juventud. Ponce de León llegó a descubrir la tierra de la Florida pero nunca encontró la maravillosa fuente de la juventud. Murió envejecido, enfermo y frustrado. Es que la verdadera fuente de la vida eterna no se alcanza por medio de búsquedas, hazañas y grandes esfuerzos físicos y morales. La fuente de la vida eterna es un don de gracia que Dios otorga gratuitamente a todo el que cree y confía en Jesucristo, el Cordero de Dios que quita el pecado del mundo.

La conversación entre Jesús y la mujer samaritana sobre el tema del agua de vida es solamente una de las muchas referencias al agua que encontramos a lo largo del cuarto evangelio. De principio a fin del evangelio leemos de ríos, manantiales, lagos, estanques, pozos, lebrillos, cántaros, tinajas, sed, bebida, bautismos y purificaciones en agua. El agua es uno de los tres símbolos principales que emplea el evangelista para comunicar el significado de Jesús y su revelación. Un símbolo es algo mucho más complejo que una señal. Una señal sirve para señalar una realidad o un significado más profundo. Un símbolo, en cambio, no solamente señala, sino que tiene una relación anagógica con lo que simboliza. El símbolo comparte algo de la realidad de lo simbolizado. El agua, por ejemplo, no solamente es una señal que apunta al Espíritu Santo, sino que lo simboliza, porque tanto el agua como el Espíritu limpian, purifican, refrescan y satisfacen la sed. Hasta en el Bautismo, el agua llega a ser un vehículo del Espíritu. El símbolo está conectado a lo simbolizado. Una señal, casi siempre, señala una sola cosa; un símbolo, en cambio, puede simbolizar muchas cosas diferentes a la vez (Culpepper 1983.180-195).

En el cuarto evangelio los símbolos principales (agua, pan, luz) siguen desarrollándose a lo largo de la obra, es decir, siguen ampliando su red de significados. Por eso, cada vez que hay una referencia al agua, tenemos que recordar todo lo que se ha dicho anteriormente en el evangelio. Cada nuevo significado, matiz o imagen enriquece la siguiente referencia al agua en la narración. Los símbolos en el cuarto evangelio son como trenes de carga que llevan muchos vagones. Cada vez que reaparece un símbolo específico, el tren tiene más vagones. Cuando por fin leemos en Juan 19.34 del agua que corrió del costado traspasado de Jesús, tenemos que entender esa agua a la luz de todas las otras referencias anteriores al agua.

Cabe señalar que en el cuarto evangelio Jesús nunca dice: "Yo soy el agua de vida." Jesús es el que da el agua de vida. El agua de la vida fluye de su costado o es un manantial que brota de su interior. Podemos identificar a Jesús con la peña de Horeb de la cual brotaba el don de Dios, porque es Jesús quien da el Espíritu Santo. Jesús no da el Espíritu por medida (Juan 3.34), sino abundantemente a todos los que tienen sed. El símbolo del agua de la vida se asocia más que nada con el Espíritu Santo, sus dones, sus frutos y su influencia en nuestras vidas. El agua a veces también simboliza la revelación divina o la profecía pronunciada por un profeta o sabio que habla por inspiración del Espíritu Santo. Proverbios 13.14 declara: "La ley del sabio es manantial de vida para apartarse de los lazos de la muerte." El libro apócrifo Eclesiástico dice que la instrucción sale del sabio como un canal sale de un río para llevar agua a un jardín (24.30-31). El agua de vida que ofrece Jesús es a la vez su palabra y el Espíritu Santo.

4.11-12: La mujer le dijo: Señor, no tienes con qué sacarla, y el pozo es hondo. ¿De dónde, pues, tienes el agua viva? ¿Acaso eres tú mayor que nuestro padre Jacob, que nos dio este pozo, del cual bebieron él, sus hijos y sus ganados? Ya hemos comentado que una de las técnicas literarias más empleadas en el cuarto evangelio es el equívoco o la mala interpretación. En este caso, la samaritana entiende mal a Jesús, creyendo que él está hablando de agua común y corriente como el agua que se encuentra en el pozo de Jacob. Por eso pregunta: ¿Cómo vas a sacar agua de un pozo o de un manantial? Ni siquiera tienes un balde para sacar el agua. Además el pozo es muy profundo. Para poder ofrecerme un agua mejor que el agua del pozo de Jacob, tienes que ser más grande que nuestro antepasado Jacob. No es posible que tú seas mayor que Jacob, o que tu agua sea mejor que la de este pozo. Éste no es un pozo ordinario, sino el pozo que el gran Jacob dio a sus descendientes. Este pozo ha servido por siglos y siglos y nunca se ha secado. A la mujer le impresiona el gran don que Jacob dejó a sus descendientes, pero Jesús está hablando de un don mucho mayor. Es interesante notar que la conversación entre Jesús y la mujer sigue un patrón socrático de tres elementos: 1- pregunta inicial, 2- respuesta vulnerable, 3- nueva inferencia sacada de la respuesta (Okure 1988.101). La mala interpretación de la samaritana le da a Jesús la oportunidad de formular una respuesta más completa, tanto para ella como para nosotros.

La respuesta a la pregunta de la mujer samaritana es: lo que hay aquí es mayor que Jacob (comparar con Mateo 12.41-42). Jacob pudo dar a sus descendientes un pozo de agua estancada. Pero Jesús da a los que creen en él una fuente de agua que salta para vida eterna. Jesús no solamente es mayor que Jacob, también vino a reemplazar a Jacob. Pero Jesús no quiere entrar en polémicas con la samaritana. No ha venido para porfiar con ella, ni para negar lo que ella ha dicho. Jesús no niega que el pozo sea profundo. No niega que haya venido sin balde. No niega la grandeza de Jacob y de su pozo. Pero sigue despertando la curiosidad de la samaritana porque desea llevarla a creer en él y a tener vida eterna. Jesús ha venido porque tiene sed. Tiene hambre y sed de cumplir la voluntad del Padre. Tiene hambre y sed de buscar a los que están fuera del reino. La sed y el hambre de Jesús se sacian cuando la gente se vuelve a Dios y recibe el don de la vida eterna (Okure 1988.95). Poco a poco la opinión de la mujer en cuanto a Jesús está cambiando. Ahora ella lo llama Señor, y no simplemente judío.

4.13-14: Respondió Jesús y le dijo: Cualquiera que bebiere de esta agua, volverá a tener sed; mas el que bebiere del agua que yo le daré, no tendrá sed jamás, sino el agua que yo le daré será en él una fuente de agua que salte para vida eterna. El agua que dejó Jacob solamente podía satisfacer momentáneamente la sed de sus descendientes, pero el agua del bautismo que da Jesús es una agua viva que concede a los hijos de Dios el Espíritu Santo y sus dones. El agua que daba Jacob a través de su pozo saciaba la sed de muchos hombres y animales, pero el agua que otorga Jesús es mucho más abundante, pues sacia la sed espiritual de millones de discípulos reunidos en diferentes lugares y de diferentes épocas. El agua del pozo de Jacob daba por un corto tiempo algo de vida al viajero sediento, pero el agua viva del Espíritu Santo da vida para siempre. El agua que legó Jacob a sus descendientes tenía que ser buscada todos los días y sacada con mucho esfuerzo de la profundidades del pozo. El agua que da Jesús a los que confían en él, en cambio, llega a ser una fuente dentro del corazón del creyente que siempre está manando vida, perdón, alegría y paz. El agua que ofrece Jesús es mucho más accesible que el agua de Jacob, porque es una bendición que siempre está dentro del creyente. La palabra griega que la versión *Reina Valera Revisada* traduce como *salte* es ἁλλομένου. Esta misma palabra es usada en Hechos 3.8 y 14.10 en relación a los dos paralíticos que saltaron de alegría cuando fueron sanados por los apóstoles. El gozo que da la salvación es un tema típico en textos misioneros tales como Juan 4.1-42. Jesús hablará del gozo que experimenta el misionero al cosechar almas para la vida eterna en Juan 4.36 (Okure 1988.102-103). En verdad, he aquí uno más grande que Jacob.

4.15: La mujer le dijo: Señor, dame esa agua, para que no tenga yo sed, ni venga aquí a sacarla. Todavía entiende mal la samaritana; todavía cree que Jesús está hablando del agua de un pozo y no del agua viva del Espíritu Santo y la vida eterna. Todavía no entiende la samaritana que Jesús es la peña de Horeb que está brotando agua saludable para nosotros. Pero esta vez Jesús no responde al equívoco de la mujer. Corregirá sus malentendidos en la conversación sobre el templo verdadero.

Es interesante notar aquí el importante papel de los malentendidos o equívocos en el cuarto evangelio. Los equívocos sirven para involucrar más al lector en la acción del texto. Por ejemplo, ante la torpeza de la samaritana al entender mal las palabras de Jesús y al no reconocer al Jesús como el Mesías, el lector tiene ganas de intervenir, para sacudir fuertemente a la samaritana. Nos da ganas de decirle: "Mira, no seas tan bruta, tan torpe, abre tus ojos; ¿no sabes tú que el que habla contigo es la propia peña de Horeb, que te ofrece el agua viva del Espíritu Santo y de la vida eterna?" Al adentrarnos más en el texto, nos identificamos más rápidamente con Jesús y con la teología del cuarto evangelio.

4.16-18: Jesús le dijo: Vé, llama a tu marido, y ven acá. Respondió la mujer y dijo: No tengo marido. Jesús le dijo: Bien has dicho: No tengo marido; porque cinco maridos has tenido, y el que ahora tienes no es tu marido; esto has dicho con verdad. Aquí comienza la segunda parte de la conversación entre Jesús y la samaritana. Jesús, sintiendo tal vez que la mujer desea terminar la conversación e irse, cambia sus tácticas. Deja de ser el humilde suplicante que pide un trago de agua. Ahora, Jesús toma la ofensiva y le dice a la mujer lo que tiene que hacer: "Ve", "llama", "ven." Esta manera de dirigir la conversación, revela la pasión misionera de Jesús. No quiere que la samaritana se escape antes de que haya podido comunicarle las palabras de vida eterna que había venido a traer. La mujer esquiva los imperativos de Jesús con la declaración de que no tiene marido. Dice la verdad, tal vez, con la intención de terminar la conversación. Hasta este punto la samaritana ha hecho poco para adelantar el diálogo. La doctora Okure cree que la samaritana estaba bloqueando los intentos de Jesús de entrar en un diálogo serio con ella. Todo esto cambia una vez que Jesús le revela que Dios conoce su pasado. Ahora deja de ofrecer resistencia y se muestra receptiva a las palabras del Señor (Okure 1988.107).

Según los rabinos judíos, una mujer podía volver a casarse después de un divorcio. En algunos casos se permitía un tercer matrimonio, pero no más. Por eso, la samaritana se encontraba en una situación muy irregular. Jesús había puesto el dedo en la llaga. Sabía de antemano de los problemas matrimoniales de la samaritana. Le manda buscar su marido para revelarle su conocimiento divino y su identidad. La omnisciencia de Jesús es tan importante para la samaritana como lo fue para Natanael en Juan 1.48-49 (Okure 1988.108).

Las palabras que Jesús dirige a la samaritana son espíritu y vida, pues sirven como vehículos del Espíritu Santo. En Juan 16.8 aprenderemos que la primera obra del Espíritu Santo es que "convencerá al mundo de pecado." Las palabras de Dios le declaran a la samaritana la triste realidad de su vida. La mujer, al igual que la nación samaritana que representa, ha tenido una triste historia de infidelidad matrimonial. La mujer samaritana tiene un pasado turbulento. Ha tenido muchos amantes diferentes. La nación samaritana también tiene una triste historia, porque se fue detrás de otros dioses y descuidó a Jehová, su verdadero marido.

En una alegoría que aparece en Ezequiel 23, Judá y Samaria son dos hermanas que llegan a ser esposas de Jehová. Dios las libertó y sacó de Egipto, llevándolas a la tierra de Canaán para que allí sirvieran al único verdadero Dios. Pero Samaria y Judá fueron esposas infieles. "Porque han adulterado, y hay sangre en sus manos, y han fornicado con sus ídolos; y aun a sus hijos que habían dado a luz para mí, hicieron pasar por el fuego, quemándolos" (Ezequiel 23.37).

Algo semejante ocurrió con Oseas, un profeta en el Norte de Israel (Samaria), que se casó con una mujer fornicaria, Gomer, hija de Diblaim. Oseas sufría mucho porque Gomer lo abandonaba por otros amantes, dando a luz hijos de fornicación. Oseas compara las infidelidades de Gomer con las infidelidades del pueblo de Dios (Samaria) que anda en pos de muchos dioses falsos. En el A. T. había una relación muy estrecha entre la idolatría y la fornicación. Por un lado, se caracterizaba a la idolatría como una forma de adulterio espiritual. Por otro lado, la idolatría iba acompañada de las más bajas formas de fornicación. Los dioses que adoraban los antiguos habitantes de Canaán eran dioses de la fertilidad, deidades que daban fecundidad a los campos y al ganado.

En estas religiones de fertilidad se creía que un hombre podía conseguir la bendición de Baal sobre sus tierras al celebrar un acto sexual en el templo de Baal con una sacerdotisa que servía como prostituta dedicada al servicio de Baal. Muchos judíos, especialmente en Samaria, se desviaron de la adoración de Jehová y llegaron a participar en cultos de fertilidad en el templo de Baal. Muchas mujeres de Samaria, como Gomer, la esposa de Oseas, llegaron a prestar sus servicios como prostitutas sagradas en el templo de Baal. De esa manera cayeron en un doble pecado mortal: la idolatría y la fornicación. Tan íntimamente estaba unida la idolatría con la fornicación que los dos pecados llegaron a ser una misma cosa. Por eso se desató la ira de Dios sobre Samaria, y las diez tribus del Norte fueron llevadas al cautiverio por los asirios.

Los judíos solían burlarse de los samaritanos porque supuestamente levantaron su santuario en el monte Gerizim, no porque realmente querían adorar al verdadero Dios, sino porque allí, debajo de una encina, Jacob había escondido todos los ídolos que los miembros de su familia habían adorado (Génesis 35.4). Samaria había sido como la mujer samaritana, había tenido muchos amantes, y se había dejado "llevar por doquiera de todo viento de doctrina, por estratagema de hombres que para engañar emplean con astucia las artimañas del error" (Efesios 4.14). Para muchos intérpretes del cuarto evangelio, la mujer samaritana, además de ser un personaje histórico, era también una personificación de su comunidad.

Después de que el Espíritu Santo la convence de pecado, la mujer ya no da excusas, ni trata de justificarse, ni esconde más su pecado, pues acepta lo que ha declarado la palabra de Dios acerca de ella. Cuando aceptamos lo que la Palabra dice de nuestro pecado y reconocemos que nuestras propias justicias son insuficientes para limpiarnos, y que solamente la justicia de Dios nos puede purificar, entonces el Espíritu Santo ha cumplido con su segunda obra, convencernos de justicia (Juan 16.8).

4.19: Le dijo la mujer: Señor, me parece que tú eres profeta. Jesús había sacado a relucir el problema de la mujer. Ante Jesús, la luz del mundo, queda al descubierto todo lo que nosotros tratamos de ocultar de los demás. Jesús se revela como profeta verdadero porque conoce el pasado oculto de esta mujer de Samaria, así como conoce el pasado de cada uno de nosotros. Pero lo maravilloso de este relato es que Jesús sigue amándonos y sigue buscándonos a pesar de nuestro pasado. Jesús ha venido a Samaria no para condenar a la samaritana, sino para salvarla. Jesús conoce el pasado de esta mujer y, sin embargo, no la abandona; no deja que sufra las consecuencias de lo que ha hecho. Ha venido para cambiar su destino.

Al declarar que Jesús es un profeta, la samaritana admite que Jesús ha diagnosticado bien su mal. Una de las funciones de un profeta es ver las cosas ocultas; es conocer los secretos que intentamos ocultar tras las máscaras del formalismo y de nuestros usos culturales. Pero la mirada de Jesús penetra más allá de las apariencias. La luz de Jesús lo descubre todo. Por eso tantas personas se vuelven contra Jesús, la luz del mundo. No quieren que sus malas obras queden al descubierto. Para justificarse a sí mismos, declaran que Jesús es un profeta falso o que tiene un demonio.

El famoso teólogo Dietrich Bonhoeffer dijo una vez que muchos dicen que no pueden creer en el evangelio porque hay algo en cuanto a la fe que no entienden. Pero, según Bonhoeffer, en muchos casos esa razón es sólo una excusa, y el verdadero obstáculo es un pecado específico que no quieren confesar, o dejar de practicar. La presencia de esa llaga hace imposible la confesión de fe. En Juan 3.19 el evangelista declara: "Y los hombres amaron más las tinieblas que la luz, porque sus obras eran malas." Pero la samaritana no huye de la luz. No trata de justificarse; no llama a Jesús endemoniado, sino que lo reconoce como un profeta. De esta manera se reconoce como pecadora y confiesa que Jesús ha tenido razón en todo lo que ha dicho en cuanto a sí misma. Al confesar nuestros pecados, y no tratar de justificarnos a nosotros mismos, proclamamos que Jesús es el profeta verdadero que el Padre ha enviado al mundo.

Es muy significativo que la samaritana le haya concedido a Jesús la designación de profeta, puesto que para los samaritanos el único digno de tal apelativo era Moisés. Para los judíos, Moisés también es un gran profeta, tal vez el más grande, pero también reconocen y honran a muchos otros como profetas de Dios. Empero para los samaritanos, antiguos y modernos, hay un sólo profeta: Moisés. Él es el gran profeta de los samaritanos porque sólo él fue escogido para ser el vocero o portavoz de Dios. Por eso, la Biblia de los samaritanos contiene solamente los cinco libros de Moisés, el Pentateuco.

En Deuteronomio 18.15 Moisés profetizó acerca de la venida de otro gran profeta, más grande que él: "Profeta de en medio de ti, de tus hermanos, como yo, te levantará Jehová tu Dios; a él oiréis." Los samaritanos daban gran importancia a esta profecía, y en base a ella esperaban la venida del *Taheb*, que quiere decir el restaurador. El *Taheb*, como Moisés, sería un sacerdote y vendría para inaugurar el segundo reino de Israel y restaurar la verdadera adoración de Dios. Muchos maestros identificaban al *Taheb* con Moisés y creían que el Mesías sería el mismo Moisés que regresaría a la tierra. Se esperaba que el *Taheb* restauraría el verdadero tabernáculo de Dios que originalmente había sido levantado sobre el monte Gerizim pero que fue escondido durante el tiempo de la desaprobación de Israel. Estas creencias nos ayudan a entender por qué la mujer samaritana indagó la ubicación exacta del templo de Dios cuando dijo:

4.20: Nuestros padres adoraron en este monte, y vosotros decís que en Jerusalén es el lugar donde se debe adorar. La gran contienda entre judíos y samaritanos tenía que ver con la ubicación del verdadero templo de Jehová. Cuando los judíos regresaron de su cautiverio en Babilonia comenzaron con la construcción de un nuevo templo a Jehová. Leemos en Esdras 3.3 que los samaritanos ofrecieron ayudar a los judíos en la construcción de su nuevo templo, pero los judíos la rechazaron. Dudaban de la sinceridad de los samaritanos y además no querían tratar con supuestos herejes y mestizos. Al verse rechazados por los judíos, los samaritanos, en el año 332 a.C., construyeron su propio templo sobre el monte Gerizim, que es hasta el día de hoy, su monte sagrado. Mientras los judíos afirmaban que el templo en Jerusalén era la habitación del Dios de Israel, los samaritanos aseveraban que Jehová no moraba sobre el monte Sión, sino sobre el monte Gerizim, en el santuario samaritano.

En 129 a.C. el rey judío Juan Hircano marchó sobre Samaria y destruyó el santuario, quemándolo por completo. Pero los samaritanos siguieron adorando a Dios entre las ruinas de su templo así como todavía lo hacen hoy en día. Después de la destrucción del templo judío en el año 70 d.C. los judíos dejaron de ofrecer sacrificios a Jehová, afirmando que las oraciones, las obras de misericordia y el estudio de la Torá podían sustituir los sacrificios demandados por la ley de Moisés. Los samaritanos, en cambio, han seguido con su sacerdocio y con sus sacrificios. En el año 1977 veintiún corderos fueron sacrificados sobre el monte Gerizim. Su carne fue asada y servida a los quinientos miembros de la comunidad samaritana que todavía siguen la religión de sus antepasados.

El teólogo Newbigin piensa que la preocupación de la mujer samaritana por saber cuál es el verdadero santuario de Dios, está relacionado con la necesidad de reconciliarse con Dios. Jesús acababa de decirle todo lo que ella había hecho, y ella había aceptado ese veredicto. Ahora, según Newbigin (1982.52), la samaritana quiere ofrecer un sacrificio de expiación a Dios para que su pecado sea borrado. Pero, ¿sobre qué altar debe ofrecer su sacrificio? ¿Cuál es el templo donde Dios está presente para limpiar y purificar a los pecadores? Los judíos dicen que su templo en Jerusalén es la verdadera habitación del Padre. Los samaritanos en cambio aseveran que el altar donde Dios acepta los sacrificios para el perdón de los pecados está ubicado sobre el monte Gerizim. Hasta decían que fue sobre el monte Gerizim y no sobre el monte Moriah que Abraham iba a sacrificar a Isaac (Okure 1988.115). Muchas personas hoy en día todavía preguntan: ¿Adónde iré para encontrar reconciliación con Dios? Hay tantos altares, tantos santuarios, tantas sectas que pregonan: Dios se encuentra solamente entre nosotros. ¿Cómo responderá Jesús a estas preguntas?

4.21-24: Mujer, créeme, que la hora viene cuando ni en este monte ni en Jerusalén adoraréis al Padre. Vosotros adoráis lo que no sabéis; nosotros

adoramos lo que sabemos; porque la salvación viene de los judíos. Mas la hora viene, y ahora es, cuando los verdaderos adoradores adorarán al Padre en espíritu y en verdad; porque también el Padre tales adoradores busca que le adoren. Dios es Espíritu; y los que le adoran, en espíritu y en verdad es necesario que le adoren. Es interesante que la mujer samaritana no expresa directamente sus propias opiniones religiosas. Se esconde detrás de lo que han hecho los fundadores del pueblo samaritano: "Nuestros padres adoraron en este monte." Pero Jesús no quiere que la mujer se esconda detrás de una opinión ajena; trata más bien de sacarle una respuesta personal: "Mujer, créeme."

Puesto que Dios es espíritu, su presencia no está limitada a un solo sitio, santuario, o templo. Puede estar en muchas partes a la vez. Después de su resurrección de entre los muertos, Jesús tendrá un cuerpo espiritual no limitado a un solo sitio; podrá estar en todo lugar donde se adora a Dios en verdad. En el capítulo ocho veremos que la palabra *verdad* tiene un significado muy especial en los escritos de Juan. Se refiere, no a cualquiera verdad, sino al evangelio, a la venida de Dios en la carne y sangre de Jesús para purificarnos del pecado. En otras palabras, Dios estará presente para limpiarnos de pecado dondequiera que se predique el evangelio de Jesucristo y se celebre su Santa Cena.

Hemos visto en capítulos anteriores que el templo escogido por Dios como su habitación preferida es la humanidad de su hijo Jesucristo. El Verbo se hizo carne, y así se levantó el verdadero tabernáculo de Dios entre nosotros. El templo del cuerpo de Jesucristo ha reemplazado, no sólo al templo de los judíos en Jerusalén, sino también al santuario samaritano en el monte Gerizim y todos los demás lugares santos venerados por los seres humanos. Cuando el Señor hablaba con la samaritana, su cuerpo todavía estaba limitado a un solo lugar a la vez. A partir de la exaltación se vuelve a manifestar la omnipresencia del Hijo; la comunicación de este atributo a la naturaleza humana hace que Cristo esté presente dondequiera que se celebre su Cena y se predique su Palabra.

Jesús da a entender a la samaritana, y a todos los lectores del cuarto evangelio que, gracias a su encarnación, se inaugura un nuevo culto escatológico, un culto en espíritu y en verdad. ¿Cuál será la diferencia entre esta adoración de Dios en espíritu y en verdad y los cultos y ritos en los antiguos templos y santuarios construidos por los seres humanos? En primer lugar, el nuevo culto en espíritu y en verdad será cristológico, porque sin Cristo no puede existir un culto en espíritu y en verdad.

El nuevo culto será también un culto donde se proclama el evangelio de Jesús y se celebra la Eucaristía. Dios está presente en su Palabra y, por eso, estará presente donde sea que se proclame el evangelio, y no sólo en un lugar llamado Samaria o Jerusalén. El término *verdad* en el cuarto evangelio no es una verdad filosófica que los seres humanos pueden deducir en base a sus razonamientos, sino que es más bien la verdad que ha sido revelada en Cristo Jesús, la verdad de un Dios que amó tanto al mundo que vino del cielo y se encarnó para poder ser el supremo sacrificio de reconciliación. Es la verdad de un Dios que está presente con nosotros en la carne de Jesucristo y en el pan y vino de la Eucaristía. Por eso mismo, la presencia de la Santa Trinidad no está limitada a un templo determinado. Dios está presente en todos los cultos, en todo el mundo y en todos los tiempos donde se celebra la Eucaristía según la institución de Cristo.

El culto en espíritu y en verdad será un culto donde se ora el Padre Nuestro, la nueva oración de los discípulos de Jesús, que han sido autorizados a decir *Abba* (Romanos 8.15 y Gálatas 4.6). El lugar donde se adorará a Dios en espíritu y en verdad es la comunidad de los discípulos. Ellos son el nuevo templo, el cuerpo de Cristo; y donde ellos se reúnan en el nombre de Jesús, allí estará el verdadero lugar de culto (Blank 1984.325). Cuando Jesús habla de adorar a Dios en espíritu no está hablando en primer término de adorar a Dios con nuestro cuerpo y con nuestro espíritu humano. El espíritu al que se refiere este texto es el Espíritu Santo quien, según Romanos 8.26, está en nosotros e "intercede por nosotros con gemidos indecibles" de manera que Dios mismo habla en nuestras oraciones por medio de su espíritu que mora en nosotros; espíritu a espíritu (Cullmann 1995.95-96).

La importancia de Juan 4.24 para la misión universal de la iglesia

Jesús pronuncia sus palabras acerca de la verdadera adoración a Dios en un espacio geográfico dominado por el monte Gerizim y el pozo de Jacob, los dos centros sagrados que por siglos han definido la identidad del pueblo samaritano. Durante siglos los samaritanos se han mantenido fieles a estos centros sagrados, y se han separado de los demás pueblos.

Casi todas las religiones arcaicas giran alrededor de centros sagrados locales, escogidos por parecer especialmente aptos para la manifestación de poderes divinos. Fuera de tales espacios sagrados no puede haber comunión con lo divino. En el A.T. Naamán el sirio suponía que no era posible adorar a Jehová fuera de la Tierra Santa. Llevó, por lo tanto, unos cuantos sacos llenos de "tierra santa" a Damasco para esparcirla en una de las habitaciones de su casa y así poder adorar al Dios que lo había sanado de lepra. En otras palabras, para las religiones primitivas, lo divino está atado a determinados sitios geográficos. Tal mentalidad hace que una religión arcaica difícilmente llegue a ser universal.

Durante la cautividad en Babilonia, el pueblo judío estuvo separado de sus centros sagrados, y metido en un nuevo espacio secular carente de significado para ellos y aparentemente carente de Dios. Esto provocó una gran crisis espiritual para muchos de los judíos que tuvieron que aprender a vivir cautivos en Babilonia y en otros pueblos. Pero Israel descubrió que precisamente en este espacio descentralizado es donde se manifiesta Jehová. Por primera vez una comunidad religiosa se libra de su espacio sagrado especial para descubrir que cualquier espacio puede ser el lugar de una revelación de lo divino.

Uno de los fines de la teología misionera del cuarto evangelio es suprimir las divisiones que existen entre diferentes comunidades religiosas y étnicas, y formar una nueva comunidad mesiánica bajo un solo pastor Mesías. Pero, mientras las comunidades religiosas y étnicas del mundo permanezcan demasiado atadas a centros sagrados locales, será difícil lograr que todos sean un solo redil y un solo pastor. En un sentido, los centros sagrados locales como el monte Gerizim, el pozo de Jacob, el monte de Sorte y la basílica de la Virgen de Guadalupe funcionan como los cinco maridos de la samaritana: alejan al creyente del verdadero esposo y amo del alma.

En Juan 4 Jesús llama a los samaritanos a reconocer que él es la realidad prefigurada por el pozo de Jacob y el monte Gerizim. El pozo de Jacob y todos los centros sagrados acuáticos son anticipos del agua viva que Jesús nos ofrece por medio del Bautismo y de su Espíritu, el agua viva anhelada por todos en lo más íntimo de su ser. Jesús es la verdadera Torá, la palabra del Dios vivo, de la cual son solamente símbolos el monte Gerizim y el monte Sión.

Precisamente porque Dios es espíritu, presente en todas partes, todas las personas y las comunidades del mundo pueden formar parte del redil verdadero bajo un solo pastor. Si Dios estuviera presente en un solo espacio sagrado, sería difícil, para las personas que viven muy lejos de ese centro sagrado, tener comunión con él. Si la presencia de Jesús hubiera quedado circunscripta a un espacio específico, hubiera sido difícil para todos los pueblos llegar a conocerlo. No solamente los samaritanos, sino muchos otros pueblos, tienen que desligarse, en parte, de sus centros sagrados para encontrar la casa espiritual y descentralizada del Padre. Jesús tiene que ascender al Padre para enviar al Espíritu, que está presente en todas partes, y que obra para desbaratar las barreras que separan a los pueblos. El Espíritu vendrá para unificar en una sola iglesia a todas las comunidades humanas (Swanson 1994.257). Puesto que hay un Dios que está presente en todas partes, puede haber también una iglesia universal y una misión de esa iglesia a todos los pueblos, naciones y razas del universo.

4.25: Le dijo la mujer: Sé que ha de venir el Mesías, llamado el Cristo; cuando él venga nos declarará todas las cosas. Los samaritanos esperaban la venida del Mesías con tanto fervor y fanatismo como los judíos. A través de su historia, muchos samaritanos afirmaron ser el *Taheb*. Uno de ellos fue Simón el Mago, con el cual se encontró el evangelista Felipe cuando evangelizaba a los samaritanos. Según Hechos 8.9-10 Simón el Mago “había engañado a la gente de

Samaria, haciéndose pasar por alguien importante. A éste oían atentamente todos, desde el más pequeño hasta el más grande, diciendo: 'Este es el gran poder de Dios'". El historiador Josefo relata que hubo un gran alboroto en Samaria en los últimos días del gobierno de Poncio Pilato debido a uno que afirmaba ser el Mesías. Pilato perdió su puesto como gobernador por la manera salvaje con que reprimió a los samaritanos en esa ocasión (Macdonald1964.361). No es extraño, entonces, que la mujer samaritana preguntara a Jesús si él era el Mesías. Tal vez ella esperaba que él le dijera dónde quedaba la cueva en la cual estaba escondido el santuario perdido.

Es evidente que la samaritana no ignoraba las tradiciones religiosas y las esperanzas mesiánicas de su pueblo. Aunque la tradición rabínica prohibía que se enseñara la Torá a las mujeres, había algunas notables excepciones, como una señora llamada Beruría, considerada experta en asuntos rabínicos. La Mishná también menciona a una esclava del rabino Judá como una conocedora de la Torá (Munro 1995.723).

4.26: Jesús le dijo: Yo soy, el que habla contigo. Aquí tenemos un nuevo *yo soy* joánico. Como los otros *yo soy* del cuarto evangelio, este *yo soy* anuncia el cumplimiento de una idea, institución o esperanza mencionada en el A.T. Jesús es el cumplimiento de las esperanzas mesiánicas del pueblo samaritano. Él es el verdadero restaurador, el verdadero Mesías. Él sabe dónde está el verdadero santuario de Dios porque él mismo es el verdadero templo, el lugar que Dios ha escogido para tener su habitación entre los seres humanos. El santuario samaritano, como el templo judío en Jerusalén, son sólo sombras pasajeras que presagian su habitación definitiva entre nosotros.

Es curioso que cuando los judíos le preguntaron a Jesús quién era él, nunca les dijo claramente que él era el Mesías (Juan 8.25); sin embargo, a la samaritana se lo dice claramente. Puede ser que Jesús no se identificaba plenamente como el Mesías cuando hablaba con los judíos, porque el concepto que ellos tenían del Mesías era demasiado nacionalista. Los samaritanos, en cambio, tenían un concepto mucho más universal del Mesías, pues lo llaman "el Salvador del mundo" (Juan 4.42). Es interesante notar cómo la revelación de la verdadera identidad de Jesús coincide con la revelación de la verdadera situación de la mujer samaritana (Munro 1995.719). Es difícil llegar a conocer quién es el Señor, si no hemos llegado a conocernos nosotros mismos.

4.27-29: En esto vinieron sus discípulos, y se maravillaron de que hablaba con una mujer; sin embargo, ninguno dijo: ¿Qué preguntas? o, ¿Qué hablas con ella? Entonces la mujer dejó su cántaro, y fue a la ciudad, y dijo a los hombres: Venid, ved a un hombre que me ha dicho todo cuanto he hecho. ¿No será éste el Cristo? La samaritana que había venido al pozo a buscar agua para llevar al pueblo, deja ahora su agua en el cántaro y lleva al pueblo un agua mejor, un agua viva que salta para vida eterna. La samaritana comparte con los de su pueblo la misma agua de vida con que Jesús había refrescado su sed. Es impresionante cómo Jesús transforma a una mujer marginada de un pueblo despreciado en una evangelista, en una portadora de buenas nuevas. La samaritana ha dejado su cántaro porque no lo necesita más. Ella misma se ha vuelto un cántaro del evangelio. Ya no es más un vaso de deshonra; ha sido convertida en un vaso de honra (Romanos 9.21) que lleva el agua de vida a otros. El cántaro al lado del pozo es un símbolo de su vieja vida. La samaritana ha sido librada de su antigua manera de vivir. Ha sido librada, no sólo de la culpa, sino también de la opresión, los prejuicios y el oprobio de una sociedad machista. Su vida ahora tiene un nuevo propósito. Ya no es simplemente una mujer con un pasado; es una evangelista, una misionera, una portadora de las buenas nuevas (Bridges 1994.176).

Para ser evangelista o misionero, lo más importante no es la pureza racial o el ser miembro de una familia muy respetada. Tampoco lo es tener antecedentes impecables. Lo más importante es haber llegado a conocer a Jesús y haber sido tocado por su perdón, su paz y su Palabra. Lo que ha hecho Jesús con ella también quiere hacerlo con nosotros. Ella no será la única persona marginada convertida en evangelista. Ella no será la única mujer evangelista en el evangelio de Juan. Más tarde hablaremos de María de Betania y María Magdalena como evangelistas. La samaritana utiliza una de las formas más efectivas de evangelización, el testimonio personal. En vez de porfiar sobre cosas insignificantes o pequeños detalles de doctrinas abstractas, la samaritana cuenta todo lo que Jesús ha hecho en su vida. Sin duda, el Espíritu Santo nos ha dejado este ejemplo de evangelización para que lo emulemos.

4.30-34: Entonces salieron de la ciudad, y vinieron a él. Entre tanto, los discípulos le rogaban, diciendo: Rabí, come. El les dijo: Yo tengo una comida que comer que vosotros no sabéis. Entonces los discípulos decían unos a otros: ¿Le habrá traído alguien de comer? Jesús les dijo: Mi comida es que haga la voluntad del que me envió, y acabe su obra. Aquí observamos nuevamente que los discípulos de Jesús no lo comprenden. Jesús está hablando de la obra misionera que el Padre le había dado, pero los discípulos creen que Jesús está hablando de la comida común y corriente. La aclaración de este malentendido le da a Jesús la oportunidad de darnos una importante enseñanza sobre la misión de la iglesia.

En esta enseñanza sobre la misión y los misioneros se destaca el papel de Jesús como misionero modelo. Los que estamos activos en la misión de la iglesia, constantemente debemos mirar a Jesús para no perder de vista el verdadero papel misionero. Un concepto clave aquí, y en todo el evangelio de Juan, es el del enviado. Jesús es el que ha sido enviado por el Padre. Es un tema que ya se presentó en el prólogo del evangelio, Juan 1.1-18. Jesús fue enviado de la esfera donde estaba antes para identificarse con otro mundo, otra cultura, otra realidad. Misión quiere decir cruzar culturas para comunicar la vida y la luz de Dios. Misión es identificarse con la cultura de aquellos a quienes somos enviados. La identificación de Jesús con nuestro mundo y nuestra cultura no fue superficial. Jesús no solamente visitó nuestro planeta; se hizo un ser humano verdadero de carne y hueso. Cada Navidad celebramos que el *Logos* se identificara con nosotros. A esta identificación la llamamos encarnación. Como misioneros no somos llamados a identificarnos de una manera superficial con las personas de otras culturas, sino a encarnarnos en ellas.

La encarnación de Jesús nos sirve como el modelo de nuestra identificación misionera y tiene implicaciones muy importantes para nosotros y para nuestra obra misionera. El hecho de que Jesús se haya hecho parte de una cultura humana específica nos muestra que Dios no rechaza las diferentes culturas. Todas ellas son parte de la obra creadora del Padre, y por eso no son malas en sí mismas, sino que son parte de la buena creación de la que leemos en Génesis 1 y 2. Como todas las obras de la creación, las diferentes culturas humanas han sido contaminadas por el pecado. Por eso, en cada cultura hay cosas positivas que deben ser fortalecidas, preservadas y celebradas, pero también hay elementos negativos que deben ser purificados y transformados. Jesús no fue enviado para destruir la cultura humana a la cual llegó, sino para transformarla y purificarla. No existe una cultura humana tan perversa y tan corrompida que no pueda servir como un medio para la comunicación del evangelio.

Lamentablemente la mayoría de los íberos que vinieron a América latina en el siglo XVI tenían un concepto de misiones muy distinto. Opinaban que las culturas indígenas estaban tan impregnadas por el pecado que nunca podrían servir como medios para la comunicación del evangelio. Por eso, las culturas indígenas tenían que ser destruidas. Su música, su arte, sus idiomas, sus formas de gobierno; todo tenía que ser suprimido y reemplazado por la cultura de España y Portugal. El modelo de misiones empleado por la mayoría de los conquistadores no fue el de la encarnación. Una misiología de la encarnación estima que el evangelio puede ser encarnado en cualquier cultura. Cree que el evangelio se puede presentar bajo las formas culturales de cualquier pueblo. Los himnos, cantos, liturgias, formas de gobierno eclesiástico y estilos de liderazgo deben reflejar los usos y tradiciones de la cultura donde se encuentra la iglesia; no deben ser importados de afuera e impuestos sobre el pueblo. Una misiología de la encarnación nunca busca aniquilar una cultura, sino transformarla desde adentro.

Jesús dice que ha sido enviado para hacer la voluntad del Padre. La mayor satisfacción de un misionero es llevar a cabo fielmente la misión recibida (Blank 1984.330). Idealmente, hay una unidad inquebrantable de voluntad entre el que envía y el que es enviado. Si servimos como misioneros, tenemos que aprender a hablar no de nuestra misión, sino de la misión del Padre. Jesús asevera que su misión es llevar a término o cumplir la obra del que lo envió. La palabra griega que se emplea para acabar o llevar a término la obra es τελειώσω. Éste es el mismo verbo que encontramos en Juan 19.30 donde el Señor grita desde la cruz: "Consumado es." Como veremos en nuestro estudio de Juan 19, este dato nos revela que las palabras "consumado es" se refieren al fiel cumplimiento de Jesús con la misión que había recibido del Padre. Esta misión u obra no era otra cosa que la salvación de la humanidad por medio de su muerte y resurrección. La misión de Jesús era salvar la humanidad porque la salvación de la humanidad es la voluntad del Padre. Debemos recordar que cada vez que oramos la tercera petición del Padrenuestro: "Hágase tu voluntad", estamos pidiendo que se lleve a cabo la salvación de la humanidad.

Okure observa que los discípulos se asombraron cuando vieron que Jesús hablaba con una mujer samaritana. Aparentemente, no estaban muy de acuerdo con la actuación de Jesús. Quieren pasar por alto el incidente; no están interesados en lo que había pasado entre Jesús y la samaritana. Jesús, en cambio, quiere aprovechar el episodio para ilustrar cómo llevar a cabo la obra misionera. Los discípulos están más interesados en la comida; Jesús, en cambio, en cumplir con la obra que el Padre le ha encomendado.

Los discípulos no entienden que la comida de la cual Jesús está hablando es su obra misionera. El malentendido de los discípulos se pone de manifiesto cuando preguntan: "¿Le habrá traído alguien de comer?" En realidad, alguien le estaba trayendo comida a Jesús. Esa persona era la samaritana, y la comida que le traía eran los hombres del pueblo que habían sido evangelizados por ella y que ahora estaban a punto de conocerlo personalmente. En vez de mirar con desprecio a la samaritana, los discípulos debían ver en ella un modelo para su propia obra misionera. En vez de mirar con desprecio a los samaritanos, los discípulos debían entender que el evangelio es también para los despreciados o marginados (Okure 1988.139). En este versículo los discípulos se atreven a cuestionar la misión de Jesús; pero su papel no era cuestionarla, sino comprenderla y ponerla en práctica. Les toca aprender de Jesús, y también de la samaritana, cómo compartir la palabra de Dios con otros. Se satisfacen la sed y el hambre de Jesús cuando quienes, como los samaritanos, oyen la palabra de vida, se vuelven a Dios y reciben el don de la vida eterna (Okure 1988.95).

4.35: ¿No decís vosotros: Aún faltan cuatro meses para que llegue la siega? He aquí os digo: Alzad vuestros ojos y mirad los campos, porque ya están blancos para la siega. Es posible que cuando Jesús les dijo a sus discípulos que miraran los campos, estuviera señalando con su mano a los samaritanos que venían con la mujer para conocer a Jesús. Si fue así, Jesús estaba indicando a sus discípulos que los mismos samaritanos eran los campos blancos que ellos debían segar. Los campesinos del tiempo de Jesús usaban el dicho: "aún faltan cuatro meses para que llegue la siega" con el significado de: "Voy a descansar; todavía no es tiempo de trabajar; todavía no es tiempo de cosecha." Jesús, en cambio, le dice a su iglesia: "Ahora es el día de la salvación; ahora es el tiempo de involucrarse en el trabajo de la misión y del evangelismo." No basta con recoger frutos solamente de los que son de nuestro propio pueblo y cultura. Los millones de samaritanos y gentiles fuera de los confines de nuestro país y de nuestra cultura son también campos blancos entre los cuales debemos trabajar. Con estas palabras, Jesús hace un llamado a su iglesia para que se ocupe en la obra misionera mundial.

El lenguaje empleado por Jesús en estos versículos tiene muchas semejanzas con sus discursos misionales en los sinópticos. Lo que se destaca aquí, sobre todo, es el concepto de la cosecha. Recordemos la parábola del buen sembrador, del trigo y la cizaña y de la semilla de mostaza. También recordemos las palabras de nuestro Señor en San Mateo 9.37-38: "A la verdad la mies es mucha, mas los obreros pocos. Rogad, pues, al Señor de la mies, que envíe obreros a su mies."

En estos discursos sobresalen palabras y acciones tales como: sembrar, cosechar, el campo, la cosecha, el sembrador, y atar en gavillas las espigas segadas. Este lenguaje es común en el A.T., donde se emplea el concepto de la cosecha para simbolizar el inminente juicio final (Isaías 27.12; Joel 3.13; y el apócrifo 4 Esdras 4.28-32). El A.T. presagia un tiempo cuando los hijos de Israel, dispersados entre las naciones, serán reunidos nuevamente como las espigas segadas en el tiempo de la cosecha. En base a tales textos los fieles esperaban el tiempo del Mesías, cuando estas espigas formarían una nueva comunidad de los últimos tiempos. Así, la cosecha es un símbolo del templo o de la congregación escatológica. Al señalar los samaritanos que venían a escuchar el evangelio, Jesús está declarando que los samaritanos y los gentiles también son llamados a formar parte de la nueva congregación escatológica de los últimos tiempos. Jesús está instando a sus discípulos a que se dediquen a la tarea de incorporar samaritanos y gentiles en el nuevo templo de Dios, que es la comunidad de los que creen en Jesús y tienen en él vida eterna.

Quizás los discípulos hablaban de cuatro meses para que llegue la siega porque esperaban ser segadores en una cosecha futura, tal vez la gran cosecha al fin del siglo mencionada en Mateo 13.41 (Okure 1988.152). Pero Jesús les advierte que hay una cosecha que ya está lista y espera ser recogida. La iglesia a veces se dedica más a especular acerca del fin del mundo, que a recoger la cosecha que ya está madura. Por eso, cuando los discípulos le preguntaron a Jesús acerca de la futura restauración de Israel, respondió diciendo: "No os toca a vosotros saber los tiempos o las sazones, que el Padre puso en su sola potestad; pero recibiréis poder cuando haya venido sobre vosotros el Espíritu Santo, y me seréis testigos en Jerusalén, en toda Judea, en Samaria, y hasta lo último de la tierra" (Hechos 1.7-8). La advertencia de Jesús para sacudir a sus discípulos y sacarlos de su letargo tiene muchas aplicaciones a la situación de nuestras congregaciones hoy en día.

4.36-38: Y el que siega recibe salario, y recoge fruto para vida eterna, para que el que siembra goce juntamente con el que siega. Porque en esto es verdadero el dicho: Uno es el que siembra, y otro es el que siega. Yo os he enviado a segar lo que vosotros no labrasteis; otros labraron, y vosotros habéis entrado en sus labores. Jesús está aquí hablando de una cosecha grande de samaritanos para la vida eterna. Los cosechadores serán los discípulos de Jesús. Pero, ¿quién sembró esta cosecha de samaritanos? El obispo anglicano J. A. T. Robinson está convencido de que Jesús aquí se está refiriendo a Juan el Bautista. En Juan 3.23 Juan el Bautista estaba en Enón, junto a Salim en Samaria bautizando a muchas personas. El conocido historiador e intérprete, Oscar Cullmann, afirma que los sembradores son los cristianos helenistas como Felipe el evangelista quien, según Hechos 8.4-13, fue el primero en predicar el evangelio del Cristo resucitado en Samaria. Después vinieron Pedro y Juan (Hechos 8.14-25) para recoger la cosecha (Cullmann 1976.16). Muchos creen que San Juan incluyó estos detalles en cuanto a los samaritanos porque había numerosos creyentes samaritanos entre los miembros de las congregaciones a las cuales se dirige el cuarto evangelio.

El teólogo alemán, Josef Blank, y la doctora Teresa Okure de Nigeria nos dan otra interpretación de estos versículos. Según Blank y Okure, los sembradores son el Padre y el mismo Jesús. Los segadores son los discípulos, quienes son llamados a entrar en la obra del Padre y del Hijo. Según los mismos intérpretes, Jesús se está refiriendo a un dicho campesino que declara que uno siembra pero otro siega. Entre los campesinos este dicho quería decir que algunos pasan toda su vida sembrando árboles y viñas, pero se mueren antes de que puedan aprovechar los frutos que producen los árboles plantados por ellos (Miqueas 6.15). Otros, en cambio, llegan a cosechar los frutos sembrados por ellos y los comen. Como tal, es un dicho que lamenta las injusticias del destino humano, algo semejante a lo que encontramos en Eclesiastés 2.18-19. Pero Jesús aquí toma este dicho negativo y le da una interpretación positiva, según la cual el sembrador, Jesucristo, da su vida para que otros puedan entrar en la vida eterna. La muerte de Jesús hace posible que samaritanos y gentiles sean recogidos para participar en la cosecha escatológica de salvación (Blank 1984. 333-334).

El privilegio de participar en esta cosecha es el pago que recibirán los discípulos. Será un gozo para ellos poder trabajar en la cosecha, así como fue un gozo para los israelitas en el A.T. poder cosechar los frutos de una tierra que fluía leche y miel. Participar en la obra misionera es un gozo porque significa trabajar en comunión con Jesús y el Padre en una verdadera y duradera koinonia. Trabajar en la obra misionera es diferente a los muchos trabajos donde obreros y campesinos trabajan amargamente para que pueda gozar el patrón (Amós 9.14b; Isaías 62.8-9; 65.21-23).

En la obra misionera hay regocijo mutuo entre el que siembra y el que cosecha. El fin de esta obra misionera es incorporar a otros en la comunión que existe entre Jesús y sus discípulos. Comunión, o una comunidad de amor, es la meta que persigue la misión. La existencia de una comunidad de amor es un ingrediente indispensable para la obra misionera de los discípulos en el cuarto evangelio. Por eso Jesús habla tanto en este evangelio de la importancia del amor y la unión entre los discípulos. Sería muy difícil la evangelización si no existiera una comunidad de amor en donde incorporar a los nuevos creyentes (Okure 1988.156). Jesús, en su trato con la samaritana y los otros marginados en el cuarto evangelio, nos da un ejemplo de la clase de comprensión, humildad y amor que debemos emplear en nuestra obra misionera y pastoral.

Lo importante para nosotros en todo esto es que nuestro gozo más grande como misioneros está en el hecho de que samaritanos, gentiles y toda clase de pobres y marginados son recogidos como fruto para la vida eterna. Jesús aquí se refiere a las personas ganadas como fruto para el reino de Dios. La obra principal del misionero es recoger fruto para la vida eterna. El salario que debe buscar el misionero no es el sueldo que le paga una agencia misionera, sino el poder regocijarse junto con el Padre, el Hijo y el Espíritu Santo y los ángeles del cielo, cada vez que un pecador se arrepiente (Lucas 15.7). Dado que Jesús usa aquí la palabra "fruto" para designar a personas ganadas para el reino de Dios, algunos intérpretes han creído que la palabra "fruto" en Juan 15.8 significa lo mismo. "En esto es glorificado mi Padre, en que llevéis mucho fruto, y seáis así mis discípulos."

En éste, y en muchos otros textos del cuarto evangelio, se recalca que el Padre es el dueño de la misión. Los discípulos o misioneros no son los dueños, sino el Padre. Juan subraya esta verdad porque algunos líderes de la iglesia como Diótrefes (3 Juan 9-10) actuaban como si ellos mismos fuesen los dueños de la misión. Ejercían dominio y autoridad sobre los demás y no mostraban el amor de un buen pastor por las ovejas. Aparentemente, líderes como Diótrefes creían que mientras tuvieran verdadera fe estaban sin pecado, aunque les faltara amor (Okure 1988.289).

Sembrar y Cosechar: En este texto Jesús hace énfasis, tanto en la necesidad de sembrar, como en la de cosechar. Con frecuencia la obra misionera ha fallado porque se le ha dado más énfasis a la tarea de sembrar que a la de cosechar. Se puede citar el ejemplo de innumerables campañas evangelísticas donde se sembraba la Palabra en miles de corazones, pero donde muy pocas personas se integraban a una congregación cristiana como resultado de la campaña. Lo mismo sucede con muchos programas evangelísticos por radio y televisión. Se siembra mucha semilla pero pocos llegan a ser miembros de congregaciones cristianas. Evangelizar quiere decir sembrar y cosechar, por eso cada programa de evangelización debe incluir un programa de seguimiento como parte integral del programa de proclamación. Cuando los agentes evangelísticos se preocupan casi exclusivamente por el pre-evangelismo o un ministerio de presencia y proclamación sin un ministerio de persuasión, se pierden muchos frutos. Jesús nos enseña en Juan 4 la necesidad de llevar a los evangelizados a confesar al Señor, adorarlo y formar una comunidad de creyentes.

4.39-41: Y muchos de los samaritanos de aquella ciudad creyeron en él por la palabra de la mujer, que daba testimonio diciendo: Me dijo todo lo que he hecho. Entonces vinieron los samaritanos a él y le rogaron que se quedase con ellos; y se quedó allí dos días. Y creyeron muchos más por la palabra de él. Los samaritanos que aquí llegan a creer en Jesús son las primicias de una cosecha de samaritanos mucho más grande en el tiempo de la iglesia primitiva. Se sabe que muchos samaritanos llegaron a convertirse en cristianos. Por eso quedan tan pocos samaritanos que todavía practican su religión tradicional. Uno de los grandes teólogos de la iglesia primitiva, Justino Mártir, era samaritano. Uno de los obispos presentes en el Concilio de Nicea en 325 d.C. fue el obispo de Sebaste (Samaria).

Los líderes judíos en Juan 9 no dieron crédito al testimonio del ciego de nacimiento porque era un pobre sin educación; los habitantes de Samaria, en cambio, sí aceptaron el testimonio de una mujer, y además, de una de dudosa reputación. A diferencia de los fariseos, los samaritanos en el tiempo del N.T. permitían que las mujeres sirvieran como testigos en procesos legales. Las mujeres no eran excluidas de las sinagogas en Samaria como lo eran en Judea, estaban, más bien, obligadas a estudiar la Torá junto con los hombres y los niños, como lo exige Deuteronomio 31.12. Las respuestas de la samaritana a Jesús indican que ella sabía algo de las tradiciones religiosas de su pueblo. En general, los samaritanos no aceptaban la gran mayoría de las tradiciones e interpretaciones de la ley que buscaban imponer los fariseos en Judea (Maccini 1994.35-46). Jesús también se oponía a estas mismas tradiciones e interpretaciones de los fariseos. Puede ser que ésta haya sido una de las razones por las que los enemigos de Jesús en Jerusalén lo llamaban "samaritano" (Juan 8.48).

4.42: Y decían a la mujer: Ya no creemos solamente por tu dicho, porque nosotros mismos hemos oído, y sabemos que verdaderamente éste es el Salvador del mundo, el Cristo. Los habitantes de la ciudad vinieron a ver a Jesús por curiosidad, después de haber escuchado el testimonio de la mujer samaritana. Por lo que les dijo la mujer los samaritanos se convencieron que Jesús tenía que ser el *Taheb*, el profeta mesiánico que ellos esperaban. La mujer les había contado cómo Jesús sabía lo que ella había hecho. En base a ese testimonio los hombres de la ciudad creyeron en Jesús. Alguien capaz de descubrir los secretos ocultos de las personas tiene que ser un gran profeta. Pero la fe que llegaron a tener los habitantes de la ciudad sólo en base al testimonio de la mujer no era una fe madura y completa. Su fe maduró cuando llegaron a conocer a Jesús personalmente. Jesús permaneció por dos días en el pueblo de Samaria compartiendo con sus habitantes su palabra y su presencia. Este dato nos enseña que es bueno convivir a veces con personas marginadas como los samaritanos. ¿Cómo puede un evangelista negarse a tener comunión con ciertos grupos cuando el mismo Jesús vivió entre los samaritanos? Por otra parte, la estadía de Jesús con estos samaritanos fue breve. Según el famoso pasaje en la Didaché, un profeta verdadero no pasa más de dos días en un pueblo. Era la costumbre de los falsos profetas pasar muchos días entre la gente para aprovecharse de su hospitalidad y bienes materiales (Okure 1988.178).

Después de escuchar las palabras de Jesús en persona, los samaritanos quedan convencidos de que Jesús es más que el *Taheb* o el profeta mesiánico; es también el salvador de mundo. Nunca debemos contentarnos con lo que dicen otros acerca de Jesús. Diariamente necesitamos investigar en la Palabra para escuchar a Jesús personalmente y recibir de él el agua que salta para vida eterna. Así como los hombres de Samaria, también nosotros podemos pasar de ser discípulos de segunda a ser discípulos de primera mano. Como discípulos de primera mano, los samaritanos confiesan a Jesús como salvador del mundo. El ciclo de la fe no está completo sin una confesión pública de Jesús como salvador. La confesión de Jesús, no sólo como salvador, sino como salvador del mundo, nos indica que es necesario llevar adelante una misión universal que no deje fuera a gentiles y samaritanos. La iglesia en su egocentrismo y preocupación por los asuntos parroquiales no siempre recuerda que la misión de Jesús es más que una misión local o nacional; es una misión universal, porque Jesús es el salvador del mundo (Okure 1988.179).

En este versículo llegamos al clímax, el punto culminante de Juan 4.1-42. Al salir de su pueblo, Sicar, invitar a Jesús, y llamarle salvador, los samaritanos le dan una bienvenida semejante a la que se da a reyes y emperadores. Durante la guerra entre los judíos y los romanos, cuando el emperador Vespasiano llegó a la ciudad de Tiberias, todos los moradores de la ciudad le abrieron las puertas, saludándolo como salvador y benefactor. Aunque el título "salvador del mundo" se usaba en otros contextos en el mundo antiguo, su uso más común era en relación a los emperadores del Imperio Romano. Se han encontrado inscripciones atribuyendo el título "salvador del mundo" a Julio César, Augusto, Tiberio, Claudio, Nerón, Vespasiano, Tito, Trajano y Adrián. Se daba esta designación a soberanos políticos porque a ellos les incumbía mantener el orden en el mundo, y así hacer posible una vida humana y política satisfactoria (Blank 1984.339).

Al atribuirle a Jesucristo un título imperial, los samaritanos estaban confesando que Jesús, y no el césar romano, es el señor, benefactor y salvador de la nación samaritana y del mundo. Mientras que los principales sacerdotes de Jerusalén declaran: "No tenemos más rey que César" (Juan 19.15), los samaritanos reconocen a Jesús como su verdadero rey y señor. A través de Juan 4.1-42 podemos notar cómo progresivamente se va aclarando la identidad de Jesús. Al principio del capítulo Jesús es simplemente un judío. Después la samaritana se da cuenta que

Jesús es un profeta. Un poco más tarde ella se pregunta: "¿No será éste el Cristo?" (es decir el Mesías). Finalmente los samaritanos confiesan a Jesús como el salvador del mundo. Así como va creciendo la fe de la samaritana y de los samaritanos en la persona de Jesucristo, así quiere el autor del cuarto evangelio que crezca la fe de sus lectores, y la de aquellos que serán evangelizados por los lectores del evangelio. Así, nosotros debemos llevar a conocer y confesar a Jesucristo a los que evangelizamos.

En su análisis de Juan 4.1-42 el profesor Craig Koester del Seminario Luterano Northwestern llega a la conclusión de que la mujer samaritana no es solamente una persona histórica que tuvo un encuentro con Jesús junto al pozo de Jacob, sino que ella es a la vez una personificación de la nación samaritana. Ella es Samaria. A través de los siglos la pobre Samaria había sido conquistada, ocupada y colonizada por muchos invasores extranjeros. Samaria fue capturada por el ejército asirio en el año 721 a.C., y sus élites, oficiales, artesanos y sacerdotes fueron llevados al cautiverio. Algunos campesinos israelitas se quedaron en las zonas rurales para trabajar la tierra. Estos campesinos se mezclaron con colonizadores de cinco naciones paganas traídas por el rey de Asiria para repoblar Samaria. Leemos en 2 Reyes 17.24: "Y trajo el rey de Asiria gente de Babilonia, de Cuta, de Ava, de Hamat y de Sefarvaim, y los puso en las ciudades de Samaria, en lugar de los hijos de Israel; y poseyeron a Samaria, ...y habitaron en sus ciudades."

Los colonizadores de las cinco naciones paganas se mezclaron con los israelitas que quedaban en el Reino del Norte, y así surgió un pueblo mestizo, el samaritano. Aunque este pueblo samaritano aceptaba los cinco libros de Moisés y creía en Jehová como el Dios verdadero, los judíos siempre menospreciaron a los samaritanos porque eran mestizos y herejes. La última nación pagana que conquistó, sometió y colonizó a Samaria fue Roma. Herodes el Grande, el títere de los romanos, trajo seis mil colonizadores extranjeros y paganos para vivir en la ciudad de Samaria, así pasó a ser una ciudad grecorromana llamada Sebaste en honor a César Augusto (Sebaste quiere decir Augusto en griego). En honor a Augusto se construyó un enorme templo y se introdujo el culto imperial (el culto al emperador romano).

A la luz de este contexto histórico, Koester ha propuesto una interpretación simbólica de Juan 4.18. La mujer samaritana representa a la nación samaritana. Los cinco maridos que ella ha tenido representan a las cinco naciones paganas que, según 2 Reyes 17.24, han ocupado Samaria. El hombre que ahora tiene, "el que no es su marido", representa a Roma, su emperador y su culto imperial. El hecho de que los samaritanos aclamen a Jesús como salvador del mundo quiere decir que la pobre Samaria por fin ha encontrado a su verdadero señor. Como en las historias de Séfora, Rebeca y Raquel, el pueblo de Samaria encuentra a su verdadero esposo junto a un pozo. La infeliz Gomer ha regresado a su marido.

En nuestro idioma la palabra “samaritana” ha llegado a significar una mujer de dudosa virtud. Hace varios años el cantante español José Luis Perales hizo popular una canción que llevaba por título: Samaritanas de la noche. Entre otras cosas, el cantante entonaba:

¡Ay! esas chicas alegres de la calle que derraman perfumes en la noche
Muñecas frágiles del amor... que disfrazan de vidrio su tristeza...
Samaritanas del amor que van dejando el corazón
Entre la esquina y un café, o entre las sombras de un jardín,
O en la penumbra de un burdel de madrugada...

A esas samaritanas también les dice Jesús: “Si conocieras el don de Dios, y quién es el que te dice: Dame de beber; tú le pedirías, y él te daría agua viva.”

El pastor luterano Alton F. Wedel ha afirmado que esta historia de Jesús y la mujer es una verdadera teología de la liberación. En primer lugar, la samaritana quedó libre de culpa y de su vieja manera de vivir. Los habitantes de la ciudad fueron liberados porque creyeron en la palabra del Señor. Los discípulos se libraron de su legalismo y racismo porque aprendieron que Dios puede proveer “comida” aun en lugares como Samaria y a través de las personas aparentemente más desmerecedoras. Por medio de este relato el espíritu de Jesús busca librarnos del pecado, la culpa, la muerte, el diablo y de nuestros prejuicios raciales, sociales y machistas, a fin de que seamos libres para adorar a Dios en espíritu y en verdad (Wedel 1977.412).

Nota litúrgica: Juan 4.5-42 es el evangelio escogido para el segundo domingo en cuaresma, año A, en el ciclo de lecturas de tres años que aparece en el himnario *¡Cantad al Señor!*

En el nuevo leccionario de cuatro años preparado para las iglesias de Gran Bretaña, hay un año D dedicado principalmente al evangelio de Juan. Obviamente, este leccionario contiene más textos del cuarto evangelio, incluyendo tres del capítulo cuatro. Juan 4.5-26 es el santo evangelio para el cuarto domingo después de Pentecostés. Juan 4.27-42 es el santo evangelio para el quinto domingo después de Pentecostés y Juan 4.43-54 es el santo evangelio para el sexto domingo después de Pentecostés.

Segunda señal: Jesús sana al hijo de un noble, Juan 4.43-54

4.43-45: Dos días después, salió de allí y fue a Galilea. Porque Jesús mismo dio testimonio de que el profeta no tiene honra en su propia tierra. Cuando vino a Galilea, los galileos le recibieron, habiendo visto todas las

cosas que había hecho en Jerusalén, en la fiesta; porque también ellos habían ido a la fiesta. Los samaritanos, en base a lo que Jesús les dijo, lo recibieron como Mesías y salvador del mundo. Los judíos, en cambio, buscaron a Jesús no por sus palabras, sino por sus milagros. No lo aclamaron como el salvador del mundo, sino como un milagrero o un mesías político. Jesús lamenta que los samaritanos le dieran más honor que los de su propia tierra. En los evangelios sinópticos Jesús también lamenta la falta de verdadera fe de parte de los galileos. Aunque él era de Galilea, muchos galileos lo habían rechazado a pesar de los muchos milagros y señales que obró entre ellos. En Mateo 11.20-24 Jesús levanta sus ayes sobre las ciudades galileas de Corazín, Betsaida y Capernaum. Jesús no era de Samaria, sin embargo, los habitantes de Samaria, sin haber presenciado grandes señales y milagros, aclamaron a Jesús como el salvador del mundo. Los galileos, en cambio, rehusaban creer si no veían grandes señales y milagros.

4.46-47: Vino, pues, Jesús otra vez a Caná de Galilea, donde había convertido el agua en vino. Y había en Capernaum un oficial del rey, cuyo hijo estaba enfermo. Este, cuando oyó que Jesús había llegado de Judea a Galilea, vino a él y le rogó que descendiese y sanase a su hijo, que estaba a punto de morir. El hombre que viene a Jesús es un *basilikos* (βασιλικὸς en griego), alguien al servicio del rey. Ha habido mucha especulación en cuanto a la identidad del funcionario real que viene a Jesús. La mayoría de los intérpretes lo identifican como un funcionario de Herodes Antipas, que gobernó como tetrarca de Galilea y Perea desde el año 4 a.C. hasta el 39 d.C. Otros han identificado a este *basilikos* como Chuza, el intendente de Herodes y esposo de Juana, una de las mujeres que seguía fielmente a Jesús. Chuza es mencionado en Lucas 8.3. Otros han afirmado que el *basilikos* era Manaén, uno de los profetas en la iglesia de Antioquía, de quien San Lucas nos dice: "Manaén el que se había criado junto con Herodes el tetrarca" (Hechos 13.1). Otros suponen que el *basilikos* es el mismo centurión romano de quien leemos en Mateo 8.5-13 y Lucas 7.1-10 y que el relato que tenemos en Juan es otra versión del mismo episodio (Mead 1985.69-71). Sin embargo, esta última sugerencia no es muy probable, ya que las diferencias entre el relato de Juan y el de los sinópticos son demasiado grandes. Además, dado el interés de Juan en señalar que Jesús es el salvador del mundo y no sólo de los judíos, sería extraño que Juan no hubiera mencionado que el *basilikos* era romano.

El funcionario real ha venido a Jesús desde Capernaum porque su hijo está gravemente enfermo y teme un desenlace fatal. Como en la antigüedad no existían hospitales, médicos especializados, maquinas de rayos X, penicilina, inyecciones, vitaminas y todas las técnicas de la medicina moderna, una enfermedad grave casi siempre terminaba con la muerte. Se consideraba que los que padecían de una enfermedad grave ya estaban en poder de la muerte, como lo podemos apreciar a través de la lectura de muchos salmos. La curación de una persona al borde de la muerte era considerada casi como la resurrección de un muerto y solamente Dios

Jehová tenía en sus manos el poder de librar a un moribundo de las fauces de la muerte. Si el funcionario real hace el viaje de 26 kilómetros de Capernaum a Caná es porque confía que a Jesús se le ha dado el poder que sólo Dios posee (Blank 1984.353).

4.48: Entonces Jesús le dijo: Si no viereis señales y prodigios, no creeréis. Jesús muestra su disconformidad con los que le buscan sólo porque han visto sus señales. Así da a entender que, aunque las señales son importantes y pueden ayudar a conducir a una persona a tener fe en Jesús, por sí solas no son suficientes. Los falsos profetas también pueden obrar señales y maravillas (Mateo 7.22; 24.24). En Juan 20 Pedro y María Magdalena ven la señal de la tumba vacía y, sin embargo, no creen. Las señales necesitan ser interpretadas. Por medio de la Palabra, el Espíritu Santo nos explica el significado de las señales y obra fe en nuestros corazones. Los galileos que habían estado en Jerusalén vieron algunas señales milagrosas de Jesús y por eso le buscaban, pero no le habían prestado atención a sus palabras, sólo querían ver milagros. Su fe era, en consecuencia, superficial.

4.49-50: El oficial del rey le dijo: Señor, desciende antes que mi hijo muera. Jesús le dijo: Vé, tu hijo vive. Y el hombre creyó la palabra que Jesús le dijo, y se fue. Las angustiosas palabras del padre revelan que él cree necesaria la presencia física de Jesús al lado del enfermo para que no muera. Pero en vez de acudir al lecho del moribundo Jesús le declara al padre: "Tu hijo vive." Jesús le da al angustiado padre su palabra. La palabra de Jesús nos recuerda las palabras de Elías a la viuda en 1 Reyes 17.23. No es necesaria la presencia física de Jesús para dar vida a los que están física y espiritualmente moribundos. Donde está la palabra de Jesús allí está su poder y su espíritu; allí está el poder de la vida, allí está Jesús mismo. Jesús cura con una sola palabra. Su palabra es vivificadora. En ella se encuentra el verdadero significado de la señal. La vida física que da Jesús es una señal de la vida escatológica y eterna que nos brinda ya en el tiempo presente. Véase también Juan 5.24 (Hoeferkamp 1978.107-108).

El oficial del rey "creyó la palabra que Jesús le dijo, y se fue". Sin ver señales y milagros, el oficial cree en la palabra de Jesús, la acoge con toda confianza, obedece y se va a su casa en Capernaum sin la presencia física de Jesús, pero con el apoyo de la palabra escuchada (Léon-Dufour 1989.325).

4.51-52: Cuando ya él descendía, sus siervos salieron a recibirle, y le dieron nuevas, diciendo: Tu hijo vive. Entonces él les preguntó a qué hora había comenzado a estar mejor. Y le dijeron: Ayer a las siete le dejó la fiebre. El oficial del rey se da cuenta que su hijo se sanó en el mismo momento en que Jesús le dijo: "Tu hijo vive." No fue la presencia física de Jesús la que lo sanó, sino su palabra. La palabra de Jesús tiene poder para sanar a distancia. Bienaventurado aquel que no necesita ver señales y milagros para creer. Bienaventurado aquel que no necesita la presencia física de Jesús para creer en él y ser su discípulo. Bienaventurado aquel que, como el oficial del rey, el centurión de Mateo 8.5-13 y la mujer cananea de Mateo 15.21-28, anda por fe en la Palabra y no por vista (2 Corintios 5.7). "Es, pues, la fe la certeza de lo que se espera, la convicción de lo que no se ve" (Hebreos 11.1). Nosotros, que vivimos en estos últimos tiempos en que hay guerras, pestilencia, hambre, opresión, pobreza y las señales del fin, tampoco podemos ver la presencia física de Jesús, pero tenemos la Palabra, en la que Cristo está presente con su perdón, su poder y su paz. Este texto nos llama a confiar en la Palabra, y a dejar que ella engendre en nosotros la fe y la esperanza que necesitamos para estar firmes en el día malo.

4.53: El Padre entonces entendió que aquella era la hora en que Jesús le había dicho: Tu hijo vive; y creyó él con toda su casa. El evangelista enfatiza que no solamente creyó el funcionario real, sino toda su familia. Llegaron a una fe completa, es decir, a una fe en Jesús como el dador de la vida. Se formó una nueva célula de creyentes en Jesús. El evangelista esperaba que su evangelio también llevaría a sus lectores a creer en Jesús sin que hayan visto milagros, de manera que se formaran nuevas células de creyentes. El oficial real es un ejemplo de una persona que cree a causa de las señales, pero que está también dispuesta a creer en las palabras de Jesús, aun cuando no haya ninguna señal. La fe de tales creyentes es una fe auténtica que asegura la vida eterna. El cuarto evangelio fue escrito "para que creyendo, tengáis vida en su nombre" (Juan 20.31) (Culpepper 1983.137).

4.54: Esta segunda señal hizo Jesús, cuando fue de Judea a Galilea. La primera señal milagrosa mencionada en el evangelio de San Juan fue la conversión del agua en vino en las bodas de Caná. Ahora se narra una segunda señal. Ya mencionamos que Juan, a diferencia de Mateo, Marcos y Lucas, nunca usa la palabra milagro. Prefiere hablar de señales (σημεῖον en griego) u obras (ἔργον en griego). A base de esta característica del cuarto evangelio, el intérprete Rudolf Bultmann ha propuesto que Juan tenía a su disposición un protoevangelio denominado *Libro de Señales*. Según Bultmann, esta colección de señales de Jesús fue preparada por un grupo de judíos cristianos que anteriormente habían sido discípulos de Juan el Bautista. Bultmann sostiene la teoría de que ex-discípulos de Juan prepararon el *Libro de Señales* como un medio para evangelizar a otros discípulos de Juan el Bautista que todavía no creían en Jesús como el Mesías prometido. Puesto que Juan el Bautista no hacía señales o milagros, dicho libro era un instrumento evangelístico muy efectivo para convertir a los que creían que Juan el Bautista era el Mesías.

Otros intérpretes, como Robert Fortna, Roberto Hoeferkamp, U.C. von Walde y Raymond Brown se han dejado convencer por los argumentos de Bultmann. En sus obras estos comentaristas dan por sentado la existencia de un *Libro de Señales* como una de las fuentes del cuarto evangelio. Bultmann también habló de otras fuentes que el autor del cuarto evangelio habría usado, como una colección de los discursos de Jesús, un relato de la pasión y muerte de Jesús y posiblemente un relato de su resurrección. Según estos autores, el evangelista combinó el *Libro de Señales* con los discursos y con el *Libro de Pasión* (también llamado *Libro de Gloria*) para producir lo que hoy en día llamamos el cuarto evangelio. Se dice que el evangelista no sólo combinó las tradiciones que recibió, sino que también las modificó según sus prioridades teológicas. En particular se menciona que el evangelista no creía que las señales por sí solas fueran adecuadas para llevar a sus lectores a la fe en Jesús. Muchas personas vieron las señales y obras de Jesús y, sin embargo, nunca llegaron a ser discípulos. El autor del cuarto evangelio estaba convencido de que las señales de Jesús tenían que ir acompañadas de las palabras de Jesús. Por eso el evangelista añadió a los relatos de las señales de Jesús sus palabras que interpretan el significado de tales señales. La señal de la alimentación de los cinco mil, por ejemplo, está acompañada por una predicación que proclama a Jesús como el pan de vida (Painter 1991.80-87; Von Walde 1979.231-253).

Los que creen que Juan utilizó un *Libro de Señales* en la construcción de su evangelio usualmente destacan las siguientes siete señales. Siete es uno de los números favoritos de Juan, como se puede ver en el libro del Apocalipsis.

1° señal:	Las bodas de Caná
2° señal:	El hijo del noble
3° señal:	El paralítico de Betsaida
4° señal:	La alimentación de los 5000
5° señal:	Jesús anda sobre el mar
6° señal:	El ciego de nacimiento
7° señal:	La resurrección de Lázaro

Después de las siete señales de Jesús, viene el *Libro de Gloria,* que contiene la señal más gloriosa de todas, y es la consumación de todas las demás. Esta señal es la glorificación de Cristo, su pasión, muerte, resurrección y ascensión al Padre. Hay que decir que no todos los intérpretes están convencidos de que Juan haya utilizado el proto-evangelio o un *Libro de Señales* en la construcción del cuarto evangelio.

Nota litúrgica: En el leccionario de un año tradicionalmente empleado en las iglesias occidentales, Juan 4.46-54 es el santo evangelio para el vigésimo primer domingo después de Trinidad (*Culto Cristiano,* 103).

En el leccionario de cuatro años del grupo interconfesional de Gran Bretaña, Juan 4.43-54 es el santo evangelio para el sexto domingo después de Pentecostés en el año D, año de San Juan.

Nota adicional: La teoría del círculo joánico de Oscar Cullmann. Oscar Cullmann, conocido profesor europeo de N.T. e historia eclesiástica primitiva, ha desarrollado una teoría muy interesante sobre la procedencia del cuarto evangelio. Aunque Cullmann es de la Iglesia Reformada, goza de mucho respeto y estima en la Iglesia Católica Romana y en otras denominaciones cristianas por sus actividades en pro de la unidad cristiana. Cullmann fue uno de los protestantes invitados por la Iglesia Romana para servir como observador oficial durante la celebración del Concilio Vaticano II. Recientemente, Cullmann ha propuesto que el presente Concilio Mundial de Iglesias sea reemplazado por una nueva asociación mundial de iglesias cristianas que incluya la Iglesia Católica Romana.

En sus estudios del cristianismo primitivo Cullmann ha descubierto que en el judaísmo de la época de Jesús había una gran diversidad de grupos, tanto que casi se podría decir que en aquel entonces casi no existía un judaísmo oficial, como el que existió después del Concilio de Jamnia, cuando los fariseos lograron establecer una cierta hegemonía como la máxima autoridad eclesiástica entre los judíos. Existían muchos grupos heterodoxos que no estaban de acuerdo con los saduceos, los fariseos, y los cultos y ceremonias del templo en Jerusalén, tales como los samaritanos, los discípulos de Juan el Bautista, varios grupos de judíos helenistas, y los esenios de Qumram, que se habían apartado del templo porque lo consideraban contaminado. Ya vimos también que los samaritanos estaban en contra del templo en Jerusalén porque creían que el monte Gerizim, y no el monte Sión, era el lugar verdadero de la presencia de Yahwé en el mundo. Basándose en el sermón de Esteban en Hechos 7, Cullmann percibe que Esteban y los otros seis diáconos helenistas mencionados en Hechos 6 también eran anti-templo. Por eso ellos, y no los doce apóstoles que todavía iban al templo, fueron víctimas de la persecución de Saulo de Tarso.

Cullmann cree que el autor del cuarto evangelio era el discípulo amado mencionado en ese evangelio, pero no lo identifica con Juan, el hijo de Zebedeo, sino con un discípulo de Jesús que provenía de Judea y no de Galilea, como los demás discípulos. En la hipótesis de Cullmann, este discípulo amado formó un círculo de discípulos compuesto por personas que siempre se habían opuesto al templo y al judaísmo oficial: ex-discípulos de Juan el Bautista, samaritanos, ex-esenios y judíos helenistas. Este círculo joánico estaba muy interesado en la evangelización de otros judíos heterodoxos y samaritanos. Por su oposición al templo y su culto, el discípulo amado y sus discípulos fueron obligados a abandonar Jerusalén y a establecerse en Transjordania, la región al este del río Jordán.

Cullmann cree que después de la destrucción de Jerusalén sucedieron dos acontecimientos muy importantes. Primero, un remanente del movimiento esénico se convirtió al cristianismo y se unió al círculo joánico. Segundo, el círculo joánico se trasladó a Siria, donde fueron producidos el cuarto evangelio y los demás escritos joánicos. La razón por la cual Cullmann postula a Siria como el lugar de origen del cuarto evangelio es la semejanza que existe entre los escritos joánicos y escritos provenientes de Siria como las obras de Ignacio de Antioquía y la Didaché. Cullmann también cree que la epístola a los Hebreos proviene del círculo joánico puesto que, al igual que el cuarto evangelio, presenta a Cristo como superior a todos los rituales, ceremonias y sacrificios del templo en Jerusalén.

Las teorías de Cullmann sobre la procedencia del cuarto evangelio han gozado de más aceptación en Europa que en Inglaterra y América. Entre los que han seguido su interpretación está el erudito católico Josef Blank de Alemania, cuyo comentario de cuatro tomos es una de las obras más destacadas sobre el evangelio según San Juan. La mayoría de los autores que han optado por no seguir la teoría de Cullmann lo hacen por la tradición que asocia al cuarto evangelio con la ciudad de Efeso y con un discípulo que se llama Juan. Sin embargo, muchos de éstos sí creen con Cullmann que el evangelista incluyó en su libro tanto material relacionado con Juan el Bautista, los samaritanos y los helenistas, porque había muchos samaritanos, helenistas y discípulos de Juan entre sus destinatarios.

Capítulo 5

Este capítulo puede ser dividido en cinco partes: 1- La señal de la curación del paralítico en Betesda, vv.1-9. 2- Una controversia sobre el día de reposo, vv.10-15. 3- Una acusación formal en contra de Jesús, vv.16-18. Jesús es acusado de dos delitos. Primero, lo acusan de quebrantar la ley de Moisés al sanar en un día sábado. Con este acto demuestra ser una persona desobediente y malvada, v.16. Segundo, lo acusan de blasfemia porque se ha hecho igual a Dios. 4- La defensa de Jesús contra la primera acusación, vv.19-29. 5- La defensa de Jesús contra la segunda acusación, vv.30-47. A la vez podemos observar en este capítulo otra división en tres partes. En los vv.1-16 tenemos el episodio de la curación relatada por el evangelista en tercera persona. En los vv.16-18 el enfermo curado desaparece de escena, y observamos un diálogo entre Jesús y los judíos. A partir del v.19 hasta el final del capítulo en el v.47 tenemos un monólogo en el que sólo Jesús habla. Otros capítulos en Juan llevan una estructura similar: 1- relato histórico; 2- diálogo; 3- monólogo.

1- Tercera señal: la curación del inválido en Betesda, Juan 5.1-9

5.1: Después de estas cosas había una fiesta de los judíos, y subió Jesús a Jerusalén. Las fiestas judías juegan un papel muy importante en la teología del evangelio de Juan. Uno de los propósitos del cuarto evangelio es demostrar que Jesucristo es el cumplimiento y la realización de todas las fiestas del A. T. De esta manera el evangelista buscaba evangelizar a los miembros de la sinagoga y llevarlos a creer en Jesús como el mesías profetizado en la ley de Moisés y en los profetas.

En los capítulo 2 y 3, Jesús está en Jerusalén para la celebración de la Pascua. En el capítulo 7, el evangelista nos dice que Jesús llegó a Jerusalén durante la celebración de la fiesta de los Tabernáculos, y en Juan 10, nos dice que se estaba celebrando la fiesta de la Dedicación. En el capítulo 5, en cambio, no aparece el nombre de la fiesta para la cual Jesús subió a Jerusalén. Es probable que el evangelista lo suprimiera porque su interés en este capítulo no es tanto el de señalar a Jesús como el cumplimiento y reemplazo de una determinada fiesta, sino como el cumplimiento y reemplazo del día de reposo.

La identificación de esta fiesta ha generado mucha discusión desde los días de San Ireneo y la iglesia primitiva. Este dato nos ayuda a establecer una cronología precisa del ministerio de Jesús. Ireneo, Lutero, Calvino, el arzobispo Trench y muchos otros opinan que se trata de la fiesta de la Pascua, pues el griego ἑορτὴ τῶν Ἰουδαίων puede traducirse como "la fiesta de los judíos" es decir, la fiesta por excelencia de los judíos, la Pascua. Pero si la fiesta en Juan 5 era la de la Pascua, tendríamos cuatro celebraciones de la Pascua en el evangelio de Juan. Sería muy difícil reconciliar un ministerio de Jesús que dura cuatro años con la cronología de los sinópticos, que solamente mencionan dos celebraciones de la Pascua durante su ministerio público.

Otros comentaristas han observado que las mismas palabras ἑορτὴ τῶν Ἰουδαίων también pueden traducirse simplemente como: una fiesta de los judíos, es decir, cualquiera de las muchas fiestas de los judíos. Por eso, Cirilo, Crisóstomo y Teofilacto están de acuerdo que la fiesta de Juan 5 era Pentecostés. El famoso astrónomo luterano Johannes Kepler (1571-1620), que también se dedicaba a estudiar las cronologías bíblicas, creyó que la fiesta en Juan 5 era Purim. Más recientemente Aileen Guilding ha demostrado que los grandes temas desarrollados en Juan 5 son los mismos que se destacan en las lecturas sinagogales para la fiesta del año nuevo, o sea Rosh Hashanah, es decir: 1- resurrección, 2- juicio, 3- testimonio, 4- cambio de suerte al principio de un nuevo año, 5- la visión de Dios en su gloria, 6- la creación del mundo, puesto que la fiesta del año nuevo es el cumpleaños del mundo y nos recuerda de su nacimiento por la palabra de Dios. Al estudiar Juan 5 haremos referencia a estos seis temas.

5.2: Y hay en Jerusalén, cerca de la puerta de las ovejas, un estanque, llamado en hebreo Betesda, el cual tiene cinco pórticos. Según Robinson (1985.54-59), Betesda, que significa casa de consolación, estaba ubicada sobre un cerro fuera de los muros de la ciudad, frente a la fortaleza Antonia. Josefo menciona que el estanque de Betesda era alimentado por un sistema de manantiales subterráneos que, a intervalos irregulares, surtían chorros de agua al estanque. Cada ocho o diez horas, dependiendo del tiempo del año, manaba agua a borbotones de los manantiales subterráneos para llenar la piscina. Robinson cree que desde tiempos pre-davídicos Betesda tenía renombre porque sus aguas tenían propiedades terapéuticas. Por eso se construyó allí un santuario llamado la Casa de Consolación para los que venían en busca de salud. Descubrimientos arqueológicos recientes han confirmado que en el siglo II después de Cristo había, al lado de la piscina, un santuario pagano dedicado a un dios curador, probablemente Serapis (Léon-Dufour 1992.24).

San Agustín comparó los cinco pórticos de la Casa de Consolación con los cinco libros de la Torá. Según su interpretación, el inválido no encontró salud en la piscina con sus cinco pórticos, sino en Jesucristo. De la misma manera, afirma Agustín, la humanidad perdida no puede encontrar salvación en el cumplimiento de lo que está escrito en los cinco libros de la ley porque la ley solamente sirve para acusar y condenarnos. "Ya que por las obras de la ley ningún ser humano será justificado delante de él; porque por medio de la ley es el conocimiento del pecado" (Romanos 3.20). La ley sólo nos revela nuestra enfermedad pero no nos ofrece el remedio. La salvación viene solamente por medio de la gracia de Dios revelada a nosotros en Jesucristo (Trench 1911.279-280).

5.3: En éstos yacía una multitud de enfermos, ciegos, cojos y paralíticos,

que esperaban el movimiento del agua. Los que estaban alrededor del pozo, paralíticos, cojos y tullidos, habían sido excluidos del ritual del templo por sus impurezas y defectos. Como no pueden recibir socorro en el templo, se congregan en la piscina de Betesda, un lugar fuera de los muros de la ciudad santa, con asociaciones semi-paganas. En muchas partes del mundo hay estanques, manantiales y piscinas que son famosos por sus supuestas propiedades terapéuticas. Con frecuencia, se alega que un espíritu hace morada en las aguas de tales manantiales y baños. En Venezuela muchos devotos del culto de María Lionza hacen peregrinaciones al estado Yaracuy para bañarse en el río sagrado que fluye de la montaña de Sorte, el centro de peregrinación para los seguidores de la secta. Se cree que las aguas de dicho río tienen propiedades sobrenaturales.

Jesús va al estanque de Betesda para hacer acto de presencia entre las multitudes de enfermos, marginados e impuros congregados alrededor de la piscina. Como en otras partes del evangelio de Juan, vemos a Jesús ejerciendo su ministerio entre los marginados.

5.4: Porque un ángel descendía de tiempo en tiempo al estanque, y agitaba el agua; y el que primero descendía al estanque después del movimiento del agua, quedaba sano de cualquier enfermedad que tuviese. Casi todos los manuscritos más antiguos (tales como P66, P75, Sinaiticus, Vaticanus y Freerianus) omiten la última parte del versículo 3 y todo el versículo 4. A base de este hecho, se ha pensado que se trata de una nota que un escriba colocó en la orilla del manuscrito para explicar porqué el enfermo ansiaba tanto ser el primero en meterse en el agua (v.7). Según esta hipótesis otro escriba posterior, creyendo que la nota del primer escriba era parte de texto original, la habría incorporado como parte del propio texto. Otros, en cambio, creen que es el texto como lo tenemos en la *Reina Valera Revisada* es el original, y que un escriba suprimió este trozo, para que nadie lo usara para defender la práctica de rendirle culto a los ángeles (Léon-Dufour 1992.24).

Algunos comentaristas opinan que en realidad no era un ángel el que agitaba el agua. La agitación del agua era un fenómeno natural, pero sucedía de una manera tan misteriosa que la gente supersticiosa atribuía el fenómeno a la acción de un ángel o espíritu (Trench 1911.268). De todas maneras, el autor del cuarto evangelio quiere subrayar que la salud que buscamos no se halla en ríos o manantiales sagrados, ni en las acciones de ángeles y espíritus que supuestamente viven en ellos, sino en Jesucristo, el verdadero manantial de vida.

5.5-7: Y había allí un hombre que hacía treinta y ocho años que estaba enfermo. Cuando Jesús lo vio acostado, y supo que llevaba ya mucho tiempo así, le dijo: ¿Quieres ser sano? Señor, le respondió el enfermo, no tengo quien me meta en el estanque cuando se agita el agua; y entre tanto que yo voy,

otro desciende antes que yo. El enfermo había venido al pozo en un día de fiesta, probablemente el día de año nuevo, Rosh Hashanah. Este día siempre ha sido especial para casi todas las culturas del mundo. En la antigua Babilonia se creía que en el tiempo de año nuevo se reunían los dioses para echar suertes para los próximos doce meses. Muchos participaban en las fiestas del año nuevo buscando un cambio de suerte. En la China comenzó la costumbre de celebrar la llegada del año nuevo con detonaciones y fuegos artificiales. Los chinos creían que las detonaciones y fuegos artificiales podrían ayudar a ahuyentar la mala suerte y los espíritus malos. También hoy muchas personas buscan un cambio de suerte en el día de año nuevo; hasta hacen resoluciones o declaraciones de cómo van a cambiar su manera de vivir durante el año entrante. El antropólogo venezolano Rafael Carías ha declarado que los venezolanos se preocupan mucho por la suerte. Las perfumerías y boticas están llenas de sahumerios, baños, inciensos, despojos, filtros, encantaciones y rezos especiales para lograr un cambio de suerte. Una de las imágenes o ídolos más vendidos en las perfumerías es el de un espíritu bonachón que se llama Don Juan de la Suerte. Los que acuden a los espiritistas, los médium de la santería y los bancos del culto a María Lionza buscan, más que nada, un cambio de suerte. Quieren buena suerte en los negocios, en los estudios, en la lotería, en las carreras de caballos y en el amor. Además, quieren liberarse de la mala suerte.

Pero el inválido no es el único que ha ido a pasar el día de fiesta junto al pozo de Betesda. Mientras los escribas y fariseos celebran en el templo, Jesús decide pasar el día de fiesta con los paralíticos, tullidos e impuros junto al pozo de Betesda para compartir con ellos las bendiciones de Dios. Este acto de solidaridad con los marginados llevó al gran predicador británico, C. H. Spurgeon, a llamar a sus oyentes a no celebrar las fiestas para ellos solos, sino a seguir el ejemplo de Jesús y compartir sus bendiciones con los que no tienen a nadie para prepararles algo, para que los pobres no los maldigan viendo como celebran sin pensar en los que no tienen nada (Cook 1977.143-153).

En casi todos los otros relatos bíblicos de Jesús sanando a enfermos, es el enfermo el que viene a Jesús, solicitando ayuda. Pero aquí Jesús busca al enfermo. San Juan no nos dice que el hombre tuviera fe. Es obvio que el hombre incapacitado no sabía quien era Jesús, no había oído nunca de él. El hombre ve en Jesús sólo a una persona que quizás le puede ayudar a bajar al estanque. Es otro caso de un malentendido en el cuarto evangelio. El hombre no está solamente incapacitado físicamente, sino también espiritualmente. En cierto sentido, todos somos como el enfermo de Betesda. Ningún ser humano puede llegar a Dios, a menos que Dios, en la persona de Jesucristo, llegue primero a él. Nadie nace con fe, ni con el poder de salvarse a sí mismo. Todos estamos espiritualmente incapacitados. Jesús tiene que venir a nosotros y poner la fe en nosotros por medio de su Palabra y el Bautismo. El hombre incapacitado de Betesda representa a toda la humanidad.

Las palabras de Jesús: "¿Quieres ser sano?" han llevado a algunos comentaristas a creer que tal vez el hombre enfermo en realidad no quería ser sano. Tal vez era un flojo, un sinvergüenza o un neurasténico que prefería estar enfermo porque podía ganarse la vida más fácil mendigando que trabajando. Según estos intérpretes el hombre nunca llegó a meterse en el agua antes que los demás, porque en su inconsciente tenía miedo de enfrentarse a la vida. Los que abogan por esta interpretación sicológica, afirman que Jesús con sus palabras sanó al hombre de su indolencia y actitud negativa hacia la vida (Loos 1965.458). Aunque esta teoría sobre el mal del hombre incapacitado ha ganado unos cuantos adeptos entre los sicólogos aficionados de nuestros tiempos, es poco probable que San Juan tuviera en mente tal cosa cuando escribió su evangelio.

Lo que sí podemos afirmar es que alguien que ha pasado tanto tiempo con una terrible aflicción puede caer en una profunda desesperación fatalista y hasta perder su fe en Dios. Por eso Jesús, con sus palabras, trata de reavivar la confianza del discapacitado en Dios y en lo que Dios puede hacer. Los que trabajan en la rehabilitación de alcohólicos, drogadictos, homosexuales y personas violentas nos dicen que el primer paso es que la persona afligida realmente quiera sanarse. Mientras una persona no reconozca la seriedad del problema que padece y mientras no vea la imperiosa necesidad de su curación, no será posible curarla. A veces hay que esperar 38 meses o 38 años hasta que una persona declare: "Ya no puedo seguir así; reconozco que no soy capaz de sanarme a mí mismo; necesito ayuda, necesito un salvador." La pregunta de Jesús: "¿Quieres ser sano?" (Θέλεις ὑγιὴς γενέσθαι) literalmente quiere decir: ¿Quieres llegar a ser hecho completo? Jesús no solamente le pregunta al hombre si quiere recobrar su salud física, también le ofrece el perdón de los pecados (Thomas 1995.15).

Es posible que el mal más grande del inválido fuera la desesperación o el fatalismo. Después de tantos años de sufrimiento, el enfermo creía de que ése era su destino. Viene a Betesda, no porque realmente crea que va a ser sanado, sino por costumbre, así como muchos que se llaman "cristianos" vienen a la iglesia, no porque realmente crean que va a pasar algo maravilloso o transformador cuando comen el pan o toman de la copa. Muchas personas en nuestros cultos creen que si el ángel mueve las aguas, es para otras personas, pero no para ellos.

Los teólogos de la liberación opinan que el inválido de Betesda no es el único que sufre de fatalismo y desesperación, sino también muchos de nuestros pueblos latinoamericanos. El paralítico es América latina. Después de siglos de opresión, explotación y corrupción política, las masas se han resignado a su situación como algo que el destino les ha asignado. Este destino no se puede cambiar porque es la voluntad de Dios para ellos. Según los teólogos de la liberación, lo que necesitan oír los pobres de nuestro continente es que Jesús ha venido a Betesda para declarar su solidaridad con los marginados e identificarse con ellos, y para decirles que no es la voluntad de Dios que sigan así. La opresión y la marginalidad no es el plan de Dios para nadie. Sería pecado mortal aceptar el status quo y la opresión. Con la presencia de Jesús, las masas deshumanizadas de América latina pueden caminar. Llevar a los marginados y pobres a creer que pueden ser sanados es lo que se llama concientización. Así, según los teólogos de la liberación, el mensaje de Jesús para los pobres y oprimidos es: "Levántate, toma tu cama, y anda."

Aunque muchos intérpretes hablan del paralítico de Betesda, el texto en sí no especifica cuál era el mal que padecía. San Lucas, el médico, en su evangelio sí detalla los males de las personas que Jesús sanó, pero no así Juan. Lo único que sabemos es que el enfermo no podía ayudarse o salvarse a sí mismo. Cualquier ayuda o salvación tenía que venir, no de sí mismo, sino de afuera. Una de las lecciones importantes que subraya este relato es que la salvación y la vida eterna no están escondidas en nuestro ser o en nuestro ser colectivo. El texto no nos llama a buscar o a confiar en los poderes latentes que podemos encontrar dentro de nosotros mismos con la ayuda de la metafísica, la meditación transcendental, la concientización o de un proceso de autorealización. La salvación, como repetidas veces ha enfatizado Lutero, es *extra nos*, es decir, algo fuera de nosotros mismos, algo que nos viene de Dios.

El problema con algunos de los programas de autorealización o liberación es que presuponen que el poder que necesitamos para realizarnos o librarnos está latente en nuestro ser. En realidad, tal poder sólo lo recibimos de Jesús por medio de la fe.

Al suprimir el nombre del inválido y su enfermedad, y presentarnos sólo una persona anónima, el evangelista nos invita a anotar nuestros propios nombres en el lugar del protagonista de este episodio. Este inválido admite que no tiene quien lo meta en el estanque. En otras palabras, no tiene salvador. Ésta también es la condición de todos aquellos que todavía no conocen a Cristo. Están espiritualmente muertos sin la capacidad de levantarse a sí mismos. La declaración del enfermo de que no tiene salvador es otra gran ironía del cuarto evangelio, pues el Salvador del mundo está hablando con él sin que él se dé cuenta de ello.

El inválido ha pasado treinta y ocho años con su aflicción sin encontrar remedio. Desde los tiempos de los padres apostólicos, muchos intérpretes han relacionado los treinta y ocho años de incapacidad con los treinta y ocho años que permaneció el pueblo de Israel incapacitado en el desierto por su rebelión, su incredulidad y sus murmuraciones. Deuteronomio 2.13-14, una de las lecciones para la fiesta del año nuevo, dice: "Levantaos ahora, y pasad el arroyo de Zered. Y pasamos el arroyo de Zered. Y los días que anduvimos de Cades-barnea hasta cuando pasamos el arroyo de Zered fueron treinta y ocho años; hasta que se acabó toda la generación de los hombres de guerra de en medio del campamento." Para Léon-Dufour, "el enfermo representaría entonces el pueblo de Israel en su condición pecadora, a pesar de que tenía a su alcance la ley de la vida" (1992.66). Por supuesto, los números en el evangelio de Juan son más que símbolos alegóricos.

Muchos intérpretes como C. H. Dodd y Leon Morris, ven una conexión muy estrecha entre el agua en la fiesta de bodas en Juan 2 y el agua en el pozo de Jacob en Juan 4 con el agua del estanque de Betesda. Así como muchos creen que el agua convertida en vino y el agua en el pozo de Jacob representan la ley de Moisés, Dodd y Morris afirman que el agua del pozo de Betesda también simboliza la ley, que puede señalarnos el camino de la vida eterna pero que no puede darnos la vida. Como en el caso del inválido de Betesda, el agua de la ley no puede darnos la voluntad de tener la nueva vida (Dodd 1960.320; Morris 1989.27). La voluntad para vivir, junto con el poder para nacer de nuevo se reciben por la palabra de Cristo. Lo que observamos en el caso del inválido de Betesda es una ilustración gráfica de lo que el evangelista afirmó en Juan 1.17: "La ley por medio de Moisés fue dada, pero la gracia y la verdad vinieron por medio de Jesucristo."

En Deuteronomio 2, Moisés llama a Israel a levantarse y andar. Al igual que Israel, el inválido recibe el mandato de levantarse y andar. En ambos episodios la palabra "andar" significa no sólo dar algunos pasos, sino también vivir la vida de un verdadero hijo de Dios que está peregrinando hacia la tierra prometida. Los salmos 23-27, que eran leídos en la sinagoga durante la fiesta del año nuevo, hablan mucho de la vida del creyente como un andar en el camino del Señor (Salmo 23.4), un camino que conduce hacia la visión de Dios y su gloria en el templo (Salmo 24.3; 26.8; 27.4). Estos salmos también enfatizan otro de los temas del año nuevo, a saber: la creación del mundo (Salmo 24.1-2).

5.8: Jesús le dijo: Levántate, toma tu lecho, y anda. La palabra "levántate" (ἔγειρε) es la misma que Jesús utiliza en Juan 5.21 para señalar la obra escatológica del Padre al levantar a los muertos. Por eso, muchos interpretan que el inválido, más que una figura histórica, es un símbolo de Israel según la carne y de todos los que están muertos espiritualmente. En Marcos 2.1-12 aparece otro enfermo sanado por Jesús. Después que Jesús lo perdona y lo sana de su parálisis, el enfermo de Marcos 2 recibe la orden: "Levántate, toma tu lecho, y vete a tu casa." El enfermo de Juan 5, en cambio, debe tomar su lecho y andar. La palabra "andar" (περιπάτει) en la Biblia con frecuencia se refiere a nuestra manera de vivir. Varios comentaristas como Léon-Dufour creen que Jesús aquí está llamando al hombre sanado a vivir como una persona que ha sido tocada por la gracia y la misericordia de Dios.

5.9: Y al instante aquel hombre fue sanado, y tomó su lecho, y anduvo. Y era día de reposo aquel día. El inválido que por treinta y ocho años no había encontrado vida y salud experimenta un cambio de suerte en un día de año nuevo (Guilding 1960.84). Igual que la estéril Raquel que, según el libro de Jubileos, fue recordada por Dios un día de año nuevo, y experimentó un cambio de destino, el inválido es tocado por la mano de Dios. Uno de los temas de las lecturas para la fiesta de Rosh Hashanah era que el día de año nuevo era un tiempo para arrepentirse y volver a Dios, para así tener un cambio de fortuna. Véase Deuteronomio 30 (especialmente vv. 3,9) para otra lectura para el año nuevo. "Y te convirtieres a Jehová tu Dios, y obedecieres a su voz... entonces Jehová hará volver a tus cautivos, y tendrá misericordia de ti, y volverá a recogerte de entre todos los pueblos adonde te hubiere esparcido Jehová tu Dios."

A su vez, al sanar en el día de reposo, Jesús desafió fuertemente el sistema de la religión judía. En el primer siglo tres cosas distinguían a los miembros del pueblo escogido: 1- una dieta especial; 2- la circuncisión; 3- la observancia estricta del sábado. Estos tres distintivos identificaban a los hijos del pacto, y contribuían a definir la identidad judía en medio de conflictos, cambios y hostilidades. Ya hemos visto cómo actúa Jesús en el cuarto evangelio para reemplazar las instituciones, fiestas y tradiciones de los judíos. La actuación de Jesús en el capítulo 5 pone en tela de juicio otra institución del judaísmo tradicional: el día de reposo.

A juicio de Léon-Dufour (1992.28), la clave para entender este texto está en la afirmación del evangelista en 5.9 de que era el día de reposo. Esta afirmación, según Léon-Dufour, es otro ejemplo de la ironía de San Juan y debe entenderse, no sólo como una referencia cronológica, sino también como una declaración de gran significado teológico. Quiere decir que en Jesucristo se ha manifestado el verdadero sábado. Jesucristo es el que da el verdadero reposo. Los días de reposo celebrados en el tiempo del A. T. eran solamente una sombra de lo que había de venir; anticipos del verdadero reposo que da Jesús a su pueblo. En Jesús ha amanecido el reposo definitivo del cual todos los sábados del A. T. eran solamente símbolos.

2- Una controversia sobre el día de reposo, vv. 10-15

5.10: Entonces los judíos dijeron a aquel que había sido sanado: Es día de reposo; no te es lícito llevar tu lecho. Un fariseo hubiera encontrado aquí una doble transgresión al día de reposo. En primer lugar, no se debía ejercer la profesión de médico un día sábado. Los rabinos especificaban que solamente en un caso de vida o muerte podía un médico atender a un enfermo en el día de reposo. Si se trataba de una enfermedad que podía esperar hasta el próximo día para ser tratada, entonces no era lícito sanar en el día sábado.

En segundo lugar, había una transgresión al sábado porque el hombre sanado cargaba su camilla. De acuerdo con el A. T. los hebreos no debían trabajar en el día de reposo para honrar al Creador que había descansado el séptimo día después de haber creado el mundo en seis días. Se sobrentiende que el trabajo prohibido por la ley de Moisés es el trabajo habitual, el trabajo que uno suele hacer para ganarse la vida. Los rabinos habían dividido los "trabajos" prohibidos en treinta y nueve clases diferentes. Uno de estos trabajos prohibidos era el de cargar objetos pesados y llevarlos de una parte a otra. Pero en realidad lo que estaba haciendo el inválido sanado no era una transgresión de la ley. El inválido no se ganaba la vida haciendo mudanzas. El llevar camillas no era su trabajo habitual (Carson 1991.244). Sin embargo, las autoridades religiosas de Jerusalén lo consideran culpable de una infracción del tercer mandamiento: "Acuérdate del día de reposo para santificarlo."

5.11-13: El les respondió: El que me sanó, él mismo me dijo: Toma tu lecho y anda. Entonces le preguntaron: ¿Quién es el que te dijo: Toma tu lecho y anda? Y el que había sido sanado no sabía quién fuese, porque Jesús se había apartado de la gente que estaba en aquel lugar. El inválido sanado parece ser bien torpe. Acaba de ocurrir un gran milagro; acaba de recibir la sanidad que había buscado por más de treinta y ocho años, y ni siquiera pregunta por el nombre del que lo había sanado. Aquí podemos ver claramente que los milagros no necesariamente producen la fe, ni siquiera en los beneficiarios de tales milagros. Lo que tiene que acompañar al milagro es la palabra de Dios que interpreta el significado del milagro y que llama a creer en el autor del mismo. Según la opinión de Culpepper, el inválido representa a todos los que, a pesar de las señales milagrosas, no pueden llegar a tener una fe auténtica en Jesús (1983.138).

Pero, antes de juzgar al inválido, debemos recordar que todos los días experimentamos innumerables milagros de la providencia y bondad de Dios y, sin embargo, no somos llevados por ellos al arrepentimiento y a la fe, como dice San Pablo en Romanos 2.3-4: "¿Y piensas esto, oh hombre, tú que juzgas a los que tal hacen, y haces lo mismo, que tú escaparás del juicio de Dios? ¿O menosprecias las riquezas de su benignidad, paciencia y longanimidad, ignorando que su benignidad te guía al arrepentimiento?"

5.14: Después le halló Jesús en el templo, y le dijo: Mira, has sido sanado; no peques más, para que no te venga alguna cosa peor. Literalmente el texto griego dice: "No sigas pecando." Cuando una persona es tocada por la misericordia de Dios, debe haber un cambio en su manera de ser. Por eso, Jesús trata de llevar al recién sanado al verdadero arrepentimiento y a la verdadera fe. Si un pecador perdonado por la gracia de Dios volviese a entregarse al pecado, su postrer estado sería peor que antes (Lucas 11.26). Según Ireneo, esa persona sería semejante al hombre que entró en la fiesta de bodas sin estar vestido para la ocasión (Mateo 22.1-14). En otro escrito San Juan dice que cuando una persona ha nacido de nuevo en el Señor, no tiene que reanudar una vida de pecado, porque ahora su vida está controlada por el Espíritu Santo: "Todo aquel que es nacido de Dios, no practica el pecado, porque la simiente de Dios permanece en él; y no puede pecar, porque es nacido de Dios" (1 Juan 3.9).

Lo peor que podría sucederle al que vuelve al pecado después de su Bautismo es quedar excluido del reino en la segunda venida de Cristo. Ese "peor" es sufrir la muerte definitiva en el día del juicio final, la separación eterna de Dios y de su reino. Recordemos que la fiesta de Rosh Hashanah, el día del año nuevo que, según Guilding, los judíos estaban celebrando en ese día, era considerada como una anticipación del día del juicio final. Nosotros también, cada vez que celebramos el año nuevo, recordamos que, así como el año llega a su fin, nuestro mundo también se acabará, y entonces tendremos que comparecer delante de Dios, el supremo juez del universo.

Es posible que este hombre sanado se enfermara como consecuencia de un pecado específico que hubiera cometido. Aunque la Biblia nunca enseña que las enfermedades procedan de pecados específicos, tampoco niega que Dios pueda enviar una aflicción específica para castigar al pecador o para llamarlo al arrepentimiento (Hechos 5.1-11; 1 Corintios 11.30; 1 Juan 5.16).

Lo maravilloso de este relato es que, aunque el hombre sanado haya podido ser torpe, neurasténico, fatalista, el tonto del pueblo o, inclusive, un gran pecador que sufría por culpa propia; Jesús vino para cambiar su suerte y su vida. Jesús, en su gran amor, no lo rechazó por lo que había hecho o por lo que era. Los fariseos hubieran dicho que estaba bien ayudar a los que sufrían inocentemente, pero no a los que sufrían por culpa propia, como hoy muchos padecen de alcoholismo, homosexualidad, SIDA u otras enfermedades venéreas. Muchos, en nuestras propias comunidades dicen: "Está bien que sufran. Así sirven de ejemplo a la colectividad, para que anden en los caminos de Dios. ¡Bien hecho, Dios! No estamos obligados a ayudar a tales criaturas y menos a identificarnos con ellas." Pero Jesús no llegó a Betesda con tales reproches o regaños, sino con misericordia. Si el Hijo de Dios hubiera venido solamente a buscar a justos, y no a pecadores, todavía estaríamos como la oveja perdida, esperando la llegada del lobo en el desierto. Jesús nos llama a que, como el Padre Celestial, ayudemos a todos por igual. "Oísteis que fue dicho: Amarás a tu prójimo, y aborrecerás a tu enemigo. Pero yo os digo: Amad a vuestros enemigos, bendecid a los que os maldicen, haced bien a los que os aborrecen, y orad por los que os ultrajan y os persiguen; para que seáis hijos de vuestro Padre que está en los cielos, que hace salir su sol sobre malos y buenos, y hace llover sobre justos e injustos" (Mateo 5.43-45).

Está claro que el enfermo sanado no era tan listo como el ciego que conoceremos en Juan 9. Aquel ciego sabía defenderse bien ante los ataques de los fariseos y dar un maravilloso testimonio ante los líderes de la sinagoga. No así este enfermo, por eso Jesús no lo llama a presentar un testimonio de fe ante el Sanedrín. Sólo le pide que tome su cama y que ande. Al andar por las calles de Jerusalén, el hombre sanado se convierte en un testimonio vivo del amor y de la misericordia de Dios. En él, todo el mundo puede ver que el Dios manifestado en Jesucristo es un Dios que ama, perdona y ayuda hasta a los más marginados de la sociedad. En él, todos pueden ver que la salvación de Dios es para todos, aún para los que se merecen las desgracias que sufren. En él, todo el mundo podrá ver que el Dios que actúa en Jesucristo no procede con ira o venganza, sino con gracia y misericordia. Jesús llamó al enfermo a dar testimonio de su salvación en su manera de andar.

Dios también quiere que nosotros demos testimonio de nuestra salvación por nuestra manera de andar. Pablo dice: "Digo, pues: Andad en el Espíritu, y no satisfagáis los deseos de la carne" (Gálatas 5.16). En Efesios 4.1 el mismo apóstol nos exhorta diciendo: "Os ruego que andéis como es digno de la vocación con que fuisteis llamados." Y en Efesios 4.17: "Esto, pues, digo y requiero en el Señor: que ya no andéis como los otros gentiles, que andan en la vanidad de su mente." Y en Efesios 5.2: "Y andad en amor, como también Cristo nos amó, y se entregó a sí mismo por nosotros, ofrenda y sacrificio a Dios en olor fragante." Si el enfermo hubiera andado, cayéndose por las aceras y tropezando en cada piedra, no hubiera dado un buen testimonio de la salud que había recibido del Señor. Nosotros damos testimonio con nuestra manera de andar, cuando caminamos rectos en los caminos de Cristo, no desviándonos a la izquierda participando en las orgías de los que desprecian al Señor que los rescató. Tampoco andamos rectamente si nos desviamos a la derecha para participar en las reuniones de los fariseos que andan en chismes, detracciones y auto-justificaciones; fariseos que proclaman: "Dios, te doy gracias porque no soy como los otros hombres" (Lucas 18.11). Jesús habla de los caminos del Señor cuando nos dice: "Levántate, toma tu lecho, y anda."

5.15: El hombre se fue, y dio aviso a los judíos, que Jesús era el que le había sanado. ¿Qué está haciendo el hombre curado aquí? Según algunos, está traicionando al que lo había sanado, delatándolo, como Judas, denunciando a su benefactor. Opinan así porque el inválido sanado no testificó abiertamente en favor de Jesús, ni reprendió a los fariseos por su falta de fe en Jesús, como lo hizo el ex ciego de Juan 9. Los partidarios de esta interpretación creen que el evangelista está atacando indirectamente aquí a las personas de su comunidad y sinagoga, que habían recibido bendiciones del Jesús resucitado, pero que por temor a la persecución se negaban a salir de la sinagoga y a congregarse con los creyentes fieles que habían sido expulsados por su fe en Jesucristo. Estos creyentes temerosos más bien informan a las autoridades sobre las actividades de los que creen en Jesús y así ocasionan la persecución contra ellos. El mensaje de este versículo entonces es: A todos los que traicionan a Jesús y sus discípulos, les espera lo peor, la condenación en el día del juicio final.

Sin embargo, no todos los estudiosos consideran que el inválido sanado fuera un delator y traidor. Léon Dufour está convencido que, a su manera, el inválido curado testifica de Jesús como el salvador el mundo: "Aquel hombre, interpelado de este modo, no responde, sino que actúa 'anunciando' a los judíos que el autor de su curación es Jesús; se convierte en un testigo suyo. Hacer de él un delator estaría en contradicción con el contexto: cuando los judíos exigieron que dijese de quién procedía aquella orden ilícita, el hombre curado define a Jesús como 'el que lo había sanado'; esta fórmula, repetida otra vez (cf.5.11), orienta como un título a la misión de Jesús en este mundo" (Léon-Dufour 1992.29-30).

Otro intérprete, John Christopher Thomas (1995.18), observa que la palabra griega usada en el texto para designar el informe del hombre a los judíos es (ἀναγγέλλω), un término que en otras partes del cuarto evangelio es usado en una forma muy positiva para designar la proclamación de las buenas nuevas de parte del Mesías (4.25), del Paracleto (16.13-15) y la iglesia (1 Juan 1.5). Lo que el hombre curado anunció a los enemigos de Jesús no era que Jesús le había hecho quebrantar el día de reposo, sino que Jesús le había hecho sano (ὁ ποιήσας αὐτὸν ὑγιῆ). La frase "hecho sano", como en 5.6, implica no sólo salud física, sino también salud espiritual, el perdón de los pecados.

Al final de cuentas, ¿quién tiene razón? ¿los que dicen que el hombre curado era un traidor, o los que afirman que era un testigo de la fe? Tenemos que admitir que el mismo texto nos da poca información en cuanto al estado espiritual del hombre curado. Las diferentes opiniones expresadas por los eruditos pueden ser una indicación de que aquí tenemos un ejemplo de un final abierto o inconcluso. Otro ejemplo de final inconcluso lo tenemos en la parábola del hijo pródigo donde el padre reprende al hijo mayor por su falta de amor y misericordia. El evangelista nunca nos informa si el hijo mayor se arrepintió o no. Debemos entender que, con los finales inconclusos o abiertos, el evangelista invita a cada uno de nosotros a colocarnos en el lugar del protagonista. Nos está diciendo: "Tú eres el hijo mayor, tú eres el inválido sanado." Para saber como termina el relato tienes que preguntarte: "¿Has perdonado a tu hermano pródigo, le has aceptado otra vez como hermano? ¿Has traicionado al Jesús que te ha dado la vida? ¿Eres tú un informador o un testigo que proclama que Jesús es el que levanta a los muertos y les da vida?" La historia no termina con el relato bíblico, sino en nuestras propias vidas. Más importante que saber si el inválido experimentó un verdadero cambio de vida o no, es considerar si nosotros realmente hemos cambiado a raíz de nuestro encuentro con Jesucristo en la Palabra y en los sacramentos.

3- Una acusación formal en contra de Jesús, vv.16-18

5.16: Y por esta causa los judíos perseguían a Jesús, y procuraban matarle, porque hacía estas cosas en el día de reposo. El verbo hacía (ἐποίει en griego) en imperfecto quiere decir que Jesús habitualmente violaba el sábado (Léon-Dufour 1992.30). El cuarto evangelio enfatiza que un buen número de las curaciones realizadas por Jesús ocurrieron en el día de reposo de los judíos, el sábado. Jesús a propósito escoge el día de reposo para realizar estas señales, porque por medio de ellas anuncia que en él se concreta el perfecto reposo que anticipaban todas las celebraciones del día del reposo en el A.T. Ya hemos subrayado que uno de los propósitos del evangelio según San Juan es demostrar cómo todas las grandes fiestas judías encuentran su cumplimiento en Jesús. El sábado es otra fiesta judía que encuentra su cumplimiento y realización suprema en Jesús.

Jesús y el sábado

La epístola a los Hebreos, que tiene muchas semejanzas con el cuarto evangelio, desarrolla de una manera más completa la teología del día de reposo. Sabemos, en primer lugar, que los hebreos celebraban el día de reposo para recordar la creación de mundo, pues según los primeros capítulos en Génesis, Dios hizo el mundo en seis días y descansó el séptimo día. "Y acabó Dios en el día séptimo la obra que hizo; y reposó el día séptimo de toda la obra que hizo. Y bendijo Dios al día séptimo, y lo santificó, porque en él reposó de toda la obra que había hecho en la creación" (Génesis 2.2-3). Cuando los hijos de Israel celebraban el sábado (שבת en hebreo) se acordaban de dar gracias a Dios por todas las maravillas de la creación. Recordaban también que la tierra y todas las cosas materiales deben ser respetadas y cuidadas porque son la obra de Dios. Los gnósticos, en cambio, enseñaban que la tierra y las cosas materiales era malas en sí mismas porque no fueron creadas por Dios, sino por espíritus inferiores. En nuestros días, cuando todo el mundo está pendiente de los crímenes ecológicos que se están cometiendo en contra de la tierra, el mar y la atmósfera, debemos también recordar que Dios nos ha puesto en la tierra, no como explotadores de la creación, sino como mayordomos de su maravillosa obra. Por eso los fieles celebran el día de reposo dando descanso a sus cuerpos, a sus animales de carga y a la misma tierra.

Pero la celebración del día de reposo recordaba no solamente la creación, sino también la liberación de Egipto. Deuteronomio 5.15 declara: "Acuérdate que fuiste siervo en tierra de Egipto, y que Jehová tu Dios te sacó de allá con mano fuerte y brazo extendido; por lo cual Jehová tu Dios te ha mandado que guardes el día de reposo." En Egipto los hijos de Israel no tuvieron reposo. Fueron explotados, maltratados y oprimidos. Por medio de la liberación efectuada por Dios a través de Moisés, Israel descansó de su servidumbre. Cada vez que Israel celebraba el día de reposo recordaba su liberación. El recuerdo de que ellos mismos eran esclavos oprimidos ayudó a los israelitas a no convertirse en opresores y explotadores de otros seres humanos, de los animales de carga y de la tierra.

Hebreos 4.3-10 nos dice que Dios había preparado la Tierra Prometida como un lugar de reposo para los judíos liberados de su servidumbre en Egipto. Así, los judíos en su peregrinación por el desierto celebraban el sábado como un día de reposo en anticipación del reposo futuro que encontrarían en la tierra donde fluye leche y miel. La esperanza de los hebreos se cumplió en parte cuando, bajo el liderazgo de Josué, cruzaron el río Jordán y entraron en la tierra de Canaán. Pero el reposo que encontraron en Canaán los esclavos libertados no fue un reposo completo, sino solamente un reposo parcial. Lograron reposo de su esclavitud en Egipto pero no reposo de sus enfermedades, de la muerte y de los problemas engendrados por sus propios pecados. El perfecto reposo que esperaba el pueblo de Dios no se consiguió bajo los reyes de Israel como David, Salomón o Ezequías. Por eso el pueblo de Israel seguía celebrando sus días de reposo hasta que viniera el perfecto reposo escatológico del reino de Dios. El autor de la carta a los Hebreos declara: "Por tanto, queda un reposo para el pueblo de Dios" (Hebreos 4.9).

Uno de los propósitos, tanto de la carta a los Hebreos como del evangelio de Juan, es declarar que el reposo perfecto anticipado por las celebraciones del séptimo día en el A.T., se encuentra en Cristo Jesús. Los días de reposo del A.T. eran sombras del perfecto reposo que nos trae Cristo (Colosenses 2.17), pues en Jesucristo obtenemos el reposo del perdón de los pecados y de la vida eterna en el reino de Dios. La resurrección de Jesucristo de entre los muertos es la primicia del reposo perfecto del reino de Dios. El sábado del A.T. servía para anunciar de antemano la venida escatológica del perfecto reposo en la resurrección y glorificación de Cristo. Puesto que el sábado del A.T. ya ha cumplido con su función, los discípulos de Cristo no están obligados a guardar el día sábado como día de reposo. Algunos cristianos judíos en Roma creían, igual que los adventistas de hoy en día, que los cristianos todavía están bajo la obligación de observar el sábado como día de reposo. A ellos les escribe el apóstol San Pablo: "Uno hace diferencia entre día y día; otro juzga iguales todos los días. Cada uno esté plenamente convencido en su propia mente. El que hace caso del día, lo hace para el Señor; y el que no hace caso del día, para el Señor no lo hace" (Romanos 14.5-6).

A los colosenses, que eran criticados por no guardar el séptimo día como día de reposo, escribe el apóstol: "Por tanto, nadie os juzgue en comida o en bebida, o en cuanto a días de fiesta, luna nueva o días de reposo (σαββάτων en griego), todo lo cual es sombra de lo que ha de venir; pero el cuerpo es de Cristo" (Colosenses 2.16-17). El reposo del día sábado era una anticipación del perfecto reposo que traería Cristo. Ahora que Cristo ha venido, ya no hace falta prepararse para su venida. Muy temprano en la historia de la iglesia primitiva los cristianos decidieron celebrar sus cultos el día domingo y no el sábado. Cristo inauguró una nueva creación cuando resucitó un día domingo y apareció a sus discípulos ese mismo día (Juan 20.19-23). Ocho días después Cristo nuevamente se hizo presente en la reunión de sus discípulos en un día domingo (Juan 20.24-29). Fue en un día domingo que Juan en la isla de Patmos pudo contemplar la celebración de un culto de los santos y ángeles en el cielo. Los primeros cristianos en vez de seguir celebrando sus cultos el sábado, el último día de la vieja creación, decidieron celebrarlos el día domingo, el primer día de la nueva creación. La nueva creación no ha venido en su plenitud, pero la resurrección de Jesús de entre los muertos es el comienzo de la renovación de todas las cosas, él es la primicia de la resurrección de todos los muertos en el reino de Dios. Estudiado desde este punto de vista podemos afirmar que lo que pasó junto al estanque de Betesda fue una epifanía de la gloria de Dios en Jesucristo, el cual es el verdadero reposo que esperaba el pueblo de Israel. Bien podría haber declarado Jesús en esa fiesta: "Yo soy el reposo verdadero."

5.17-18: Y Jesús les respondió: Mi Padre hasta ahora trabaja, y yo trabajo. Por esto los judíos aun más procuraban matarle, porque no sólo quebrantaba el día de reposo, sino que también decía que Dios era su propio Padre, haciéndose igual a Dios. Aquí los judíos introducen su segunda acusación contra Jesús: Jesús es digno de muerte porque se hace igual a Dios. El libro de Génesis nos recuerda que el pecado de Adán y Eva fue el de comer la fruta prohibida con el fin de hacerse igual a Dios. Pero Jesús no había hablado de igualdad con Dios, sino de su unidad con el Padre. Jesús no se hace igual a Dios porque siempre ha sido igual a Dios. Pero la igualdad que Jesús tiene con el Padre no es lo mismo que lo que nosotros entendemos cuando escuchamos la palabra "igualdad." Nosotros decimos: "Yo soy igual a ti. Por eso no te metas conmigo. Tú no tienes ningún derecho sobre mí; tú no tienes que reclamarme nada. Déjame tranquilo, pues no eres más que yo." Para nosotros, con nuestra herencia racionalista y pagana, la palabra "igualdad" quiere decir independencia. El hombre natural, al igual que Adán y Eva, busca independencia de Dios, mientras que Jesús habla de su unión con el Padre.

Unidad con el Padre implica comunión, interdependencia y obediencia. La igualdad que buscaban Adán y Eva, y que todavía buscan muchos racionalistas y humanistas, es una igualdad caracterizada por independencia, desobediencia y el deseo de librarse de la voluntad de Dios. Adán y Eva creyeron que, al lograr igualdad con Dios, no necesitarían más de Dios porque, al tener el mismo poder sobre las fuerzas del bien y del mal, podrían asumir el control completo de sus propias vidas. Con ellos, nuestro viejo hombre dice: "Si yo soy igual a Dios, entonces puedo tomar el volante de mi vida en mis propios manos y manejar mi propio destino. No necesito más a Dios; puedo hacer lo que me dé la gana. Puedo actuar como si no existiera Dios, como si yo fuera mi propio dios." Éste fue el pecado original de nuestros primeros padres y sigue siendo el pecado que ha enfermado y destrozado la raza humana. De este pecado acusaban los judíos a Jesús.

Pero Jesús no habla en términos de igualdad e independencia cuando habla del Padre, sino de unidad. Jesús no dice: "Soy igual al Padre," sino: "Yo y el Padre uno somos" (Juan 10.30). Unidad con el Padre quiere decir hacer la voluntad del Padre y las obras del Padre. Quiere decir buscar la gloria del Padre y hablar las palabras que el Padre nos da para hablar. Unidad con el Padre quiere decir ser obediente al Padre y amar al Padre, no por obligación o fuerza, sino porque uno está en el Padre y el Padre está en uno (Newbigin 1982.66).

La declaración de Jesús: "Mi Padre hasta ahora trabaja, y yo trabajo" indica claramente que el Dios de la Biblia no es un *deus otiosus*. En la historia de las religiones se suele utilizar el término *deus otiosus* en referencia a las deidades, que después de la creación del mundo, han dejado el gobierno actual del mundo a espíritus inferiores. En muchas religiones africanas existe la creencia que el creador del universo se ha retirado a una región inaccesible del cielo. A esa región lejana no llegan las oraciones y plegarias de sus criaturas, por eso, los hombres están obligados a dirigir sus rogativas a los centenares de espíritus inferiores que actualmente tienen en sus manos el gobierno del mundo. Muchos seguidores de la santería cubana y del culto a María Lionza en Venezuela no niegan que el Dios de la Biblia sea el creador supremo del universo, pero insisten en que el Dios Creador ha dejado el control de los asuntos humanos en las manos de los espíritus que componen los diferentes panteones de ángeles, demonios, ánimas y espíritus ancestrales. Los seguidores de estas sectas buscan comunicarse con los panteones de espíritus porque no creen que el Padre y el Hijo estén trabajando actualmente. Pero tal adoración idólatra es inútil e injustificada porque Jesús declara: "Mi Padre hasta ahora trabaja, y yo trabajo." Es interesante que el evangelista coloca esta declaración justo después de establecer que Jesús en nuestro día de reposo; no hay contradicción entre las dos ideas.

Nota litúrgica: En el leccionario de cuatro años del grupo litúrgico interconfesional de Gran Bretaña Juan 5.1-18 es el santo evangelio para el octavo domingo antes de la Pascua (Sexagésima) en el año D, año de San Juan.

4- La defensa de Jesús en contra de la acusación de blasfemia, vv.19-29

5.19: Respondió entonces Jesús, y les dijo: De cierto, de cierto os digo: No puede el Hijo hacer nada por sí mismo, sino lo que ve hacer al Padre; porque todo lo que el Padre hace, también lo hace el Hijo igualmente. Aquí comienza la parte del capítulo donde el diálogo termina y habla Jesús solamente. Algunos estudiosos opinan que Jesús no pronunció este monólogo en la misma ocasión de la curación y del diálogo, sino después de haber resucitado, hablando en el poder del Espíritu Santo por medio del evangelista, aplicando las lecciones del relato histórico a la situación en la que se encuentran los contemporáneos del evangelista. Los que abogan por esta tesis argumentan que los temas tratados y los problemas discutidos en los versículos 19-47 encajan más con los debates cristológicos entre la sinagoga y la iglesia primitiva que con los temas discutidos entre Jesús y los judíos durante su ministerio terrenal.

En estos versículos Jesús no afirma directamente ser igual a Dios, pero sí señala que hace las obras de Dios. El igual que el Padre, tiene dos grandes poderes, a saber: el poder creador (el poder para hacer y sostener la creación) y el poder escatológico (la autoridad de resucitar a los muertos y de hacer juicio) (v. 27).

Según el gran filósofo judío, Filón de Alejandría, es imposible ver a Dios porque Dios es invisible y totalmente transcendente. Según Filón, Dios puede ser conocido solamente por medio de sus efectos y operaciones. Reflejando el pensamiento rabínico de sus días, Filón declara que las operaciones de Dios en el mundo son de dos clases: creativas y gubernamentales. Según la operación creativa, Dios es aquel que ha creado el mundo y sigue preservándolo y cuidándolo. Según su operación gubernamental Dios reina sobre el mundo, administrando justicia y juicio. Filón comparó estos dos poderes de Dios con los dos querubines en el tabernáculo. El arca que quedaba entre los dos querubines representaba para Filón el *Logos* de quien salen los dos poderes de Dios. Filón da al poder creador de Dios el nombre *theos* (θεός, dios en griego) y al poder gubernamental o judicial de Dios el nombre de *kyrios* (κύριος, señor en griego). Veremos que al final del cuarto evangelio, cuando queda demostrado que Jesús ha recibido tanto el poder creador como el poder escatológico de Dios, Tomás lo confesará como Señor mío (κύριος) y Dios mío (θεός) (Neyrey 1988.28).

5.20: Porque el Padre ama al Hijo, y le muestra todas las cosas que él hace; y mayores obras que éstas le mostrará, de modo que vosotros os maravilléis. ¿A cuáles obras mayores se refiere Jesús aquí? No son únicamente la alimentación de los cinco mil, la curación del hombre nacido ciego y la resurrección de Lázaro, sino también las dos obras escatológicas de Dios que ya hemos mencionado: 1- la obra de resucitar a los muertos y darles vida eterna, 2- la obra de juzgar a los vivos y a los muertos. Estas dos obras escatológicas de Dios se ponen de manifiesto, no solamente en el reino futuro, sino también en lo que Jesús dice y hace en el presente.

Todo aquel que, como el enfermo de nuestro texto, no vive en comunión con Dios, está muerto aunque viva. Los que viven en pecado, alejados del Dios de amor, son los muertos. Según Ezequiel 33.11 Dios no quiere la muerte del impío, "sino que se vuelva el impío de su camino, y que viva." Una persona espiritualmente muerta no tiene la capacidad de darse vida a sí misma. Dios tiene que tomar la iniciativa. "Jehová mata, y él da vida" (1 Samuel 2.6). En el milagro de Betesda es Jesús el que toma la iniciativa y busca al enfermo que vanamente busca la vida en las aguas de la piscina de Betesda. El enfermo que busca la vida en las aguas de Betesda es como el pueblo judío que busca vida en el cumplimiento de las exigencias de los libros de la ley o como aquellos que buscan vida en ceremonias, ritos, purificaciones y santuarios de origen humano. "Porque dos males ha hecho mi pueblo: me dejaron a mí, fuente de agua viva, y cavaron para sí cisternas, cisternas rotas que no tienen agua" (Jeremías 2.13). Jesús, al ofrecer vida y comunión con Dios al enfermo de Betesda, se revela como la verdadera fuente de vida.

5.21: Porque como el Padre levanta a los muertos, y les da vida, así también el Hijo a los que quiere da vida. Jesús por medio de su obra salvadora nos ofrece vida a todos, así como ofreció salud al enfermo junto a las aguas de Betesda. Pero Jesús no obliga a nadie a aceptar el don de la vida. Por eso, la pregunta que Jesús le hace al enfermo en 5.6 es la pregunta que hace a cada uno de nosotros: "¿Quieres ser sano?" Es posible rechazar el don de la vida. Es posible rechazar a Dios, la fuente de vida. Por eso la discusión de la primera obra escatológica de Dios conduce a la segunda, el juicio.

5.22-23: Porque el Padre a nadie juzga, sino que todo el juicio dio al Hijo, para que todos honren al Hijo como honran al Padre. El que no honra al Hijo, no honra al Padre que le envió. Estos versículos no contradicen lo dicho en Juan 3.17: "Porque no envió Dios a su Hijo al mundo para condenar al mundo." El propósito de la venida del Hijo no es traer juicio al mundo, sino salvación.

5.24: De cierto, de cierto os digo: El que oye mi palabra, y cree al que me envió, tiene vida eterna; y no vendrá a condenación, mas ha pasado de muerte a vida. Las palabras: "De cierto, de cierto" (Ἀμὴν ἀμὴν en griego), indican que Jesús está presentándonos aquí una revelación de suma importancia. En el evangelio de Juan la palabra "oír" (ἀκούειν en griego) casi siempre significa aceptar con fe. Así, cuando uno que está muerto en pecados recibe por fe las buenas nuevas de Jesús, éste pasa del reino de la muerte al reino de la vida. Ya en medio de esta vida, y mucho antes de la resurrección del cuerpo en el último día, ocurre una resurrección. Así, cada vez que se proclama el evangelio de Jesucristo, se le ofrece, a los espiritualmente muertos, la vida eterna.

En el pensamiento teológico del cuarto evangelio la vida eterna no se puede recibir aparte de Jesucristo, porque la vida eterna no es otra cosa que Jesucristo mismo. En el evangelio según San Juan, tener vida eterna es tener comunión con Jesús. Si ahora, en el presente, alguien llega a tener comunión con Jesús, esa persona ha pasado de la muerte a la vida. A menudo se piensa que la vida eterna es un estado futuro que todavía no poseemos, pero éste no es el concepto de vida eterna que encontramos en el cuarto evangelio. La vida eterna es una vida de mejor calidad: una vida de perdón, amor, paz y compromiso que experimentamos en el presente, porque estamos en comunión con Jesús. Podemos hablar de esta vida eterna como una vida futura porque la comunión que tenemos ahora con Jesús nunca terminará; es vida presente con futuro.

Con estas palabras Jesús llama, a los que oyen su voz, a pasar de la muerte a la vida. Los adversarios judíos de Jesús estaban espiritualmente muertos porque pretendían encontrar la vida eterna en el cumplimiento de la ley (Howard-Brooke 1994.132). Pero la ley no puede dar vida. La ley nos acusa, declara nuestro pecado y nos muestra la necesidad de un salvador. La invitación de pasar de la muerte a la vida es un llamado a confiar en la promesa del evangelio, y no en nuestro cumplimiento de la ley. Pasar de la muerte a la vida quiere decir pasar de la ley al evangelio.

5.25-27: De cierto, de cierto os digo: Viene la hora, y ahora es, cuando los muertos oirán la voz del Hijo de Dios; y los que la oyeren vivirán. Porque como el Padre tiene vida en sí mismo, así también ha dado al Hijo el tener vida en sí mismo; y también le dio autoridad de hacer juicio, por cuanto es el Hijo del Hombre. Una de las escenas más dramáticas de todo el A. T. ocurre en el séptimo capítulo del libro del profeta Daniel, al final de la visión profética de las cuatro bestias que representan los reinos de este mundo. En una visión nocturna, el profeta Daniel ve venir en las nubes del cielo a un ser misterioso que se denomina "el Hijo del Hombre." A este Hijo del Hombre "le fue dado dominio, gloria y reino, para que todos los pueblos, naciones y lenguas le sirvieran." Se le anuncia al profeta Daniel que el reino de este misterioso Hijo del Hombre nunca terminará porque será un reino que no será destruido. A este Hijo del Hombre se le autoriza la función de juzgar a los vivos y a los muertos. Cuando Jesús se identifica como el Hijo del Hombre está enfatizando no tanto su humildad como verdadero ser humano, sino su función judicial como juez divino de toda la humanidad.

Los que hacen caso a su voz en el tiempo presente y se levantan de su muerte espiritual para encontrar vida en él, oirán su voz también en la resurrección futura y en sus cuerpos resucitarán a la vida eterna. Los que son sordos a la voz de Jesús en el presente y se niegan a recibir la vida que Jesús les ofrece ahora, resucitarán para ser condenados. Jesús como Hijo del Hombre sirve como juez de los vivos y los muertos no sólo en el futuro, "la hora que viene", sino también en el presente, "y ahora es." Cuando Jesucristo está presente, la hora final también está presente en él y en su palabra. Cuando se proclama la palabra de Jesús, la última hora está presente, la hora en que los creyentes ya experimentan la resurrección de los muertos y la vida eterna. Tanto en el presente como en el futuro la resurrección de los muertos viene como resultado de la palabra de Jesús. Los que oyen la palabra con fe ahora resucitan de la muerte, que consiste en no estar en comunión con Dios. Los que oirán la voz de Jesús en el día final saldrán de sus tumbas con cuerpos glorificados para contemplar a Cristo cara a cara.

En Juan 5.26 podemos percibir un eco de Deuteronomio 32.39 que es una parte de la canción de Moisés. Según las investigaciones de Guilding y Mann, el cántico de Moisés era una de las lecturas para la fiesta del Año Nuevo, Rosh Hashanah, la fiesta que supuestamente estaban celebrando los judíos en Juan 5. Deuteronomio 32.39 declara: "Ved ahora que yo, yo soy, y no hay dioses conmigo; yo hago morir, y yo hago vivir; yo hiero, y yo sano; y no hay quien pueda librar de mi mano" (Guilding 1960.85). El Dios que habla en Deuteronomio 32.39 es el Dios que tiene vida en sí mismo. Los seres creados, las plantas, los animales y el ser humano no tienen vida en sí mismos; reciben vida del Creador; dependen de la vida que viene de Dios. La vida de los seres creados es una vida derivada. Los seres creados son como los planetas en el sistema solar. Los planetas no tienen luz en sí mismos, sino que reflejan la luz que reciben del sol. Pero la vida y la luz que tiene Jesús no es derivada ni reflejada; como el Padre, Jesús tiene vida y luz en sí mismo. Por eso Jesús podrá resucitar a los muertos y darles vida y luz.

Resumiendo los argumentos de arriba, se pueden aducir por lo menos tres razones por las que el Padre ha otorgado poder de juicio al Hijo del Hombre: 1- El Padre ha entregado el juicio a Jesús porque él es el Hijo del Hombre escatológico que vio el profeta Daniel en su visión de Daniel capítulo 7. En la visión de Daniel 7 el Hijo del Hombre escatológico juzgará y pondrá fin a los reinos de este mundo y establecerá el reino de Dios. 2- Jesús como Hijo del Hombre fue un verdadero ser humano y por eso conoce a fondo nuestra condición humana y está en una posición mejor para juzgar a los seres humanos que cualquier ángel o espíritu. 3- La revelación de la verdad fue entregada a Jesús para ser anunciada a los seres humanos. Esta revelación fue rechazada por la mayoría y Jesús fue juzgado por ellos y condenado como un falso profeta. El que fue condenado injustamente tiene autoridad para juzgar a quienes lo han juzgado (Carson 1991.257).

5.28-29: No os maravilléis de esto; porque vendrá hora cuando todos los que están en los sepulcros oirán su voz; y los que hicieron lo bueno saldrán a resurrección de vida; mas los que hicieron lo malo, a resurrección de condenación. Las obras buenas y malas, en base a las cuales serán juzgados los seres humanos, son el resultado o el fruto de haber aceptado o rechazado la palabra del Redentor. La única pregunta en el día del juicio por la cual seremos juzgados es si tenemos fe o no. Las buenas obras de los creyentes serán reconocidas (Apocalipsis 14.13). Por otro lado, lo malo que hacen los incrédulos será contado en contra de ellos. Véase también Juan 3.16-21. En estos versículos Jesús habla claramente de una resurrección futura y de un juicio futuro. Por eso, no es correcto el criterio de Miranda y otros teólogos que afirman que todo lo que dice Jesús sobre la resurrección y juicio del mundo ocurre, no en el futuro, sino en el presente. Según Miranda y otros, la única resurrección de los muertos ocurre cuando los seres humanos creen en Jesús y obedecen a su llamado de luchar en pro de los pobres, oprimidos y marginados. Los que rehúsan ese llamamiento ya son juzgados como enemigos de la humanidad y del reino de Dios (Miranda 1977.172-202).

Tal posición ha sido denominada "escatología realizada." Es verdad que los que creen en Jesús tienen vida eterna ahora en el presente y que los incrédulos ya son condenados cuando rechazan a Jesús. Pero la presencia de las primicias del reino de Dios en el presente no quiere decir que el reino de Dios no tenga una dimensión futura. Casi todas las parábolas de Jesús acerca del reino buscan dar una definición a los discípulos de las diferencias entre la dimensión presente y la dimensión futura del reino del Dios.

5- La defensa de Jesús contra la acusación de que es pecador, vv. 30-47

Estos versículos se asemejan mucho a las escenas en los libros proféticos del A.T. donde los testigos son llamados a testificar a favor o en contra de los dioses de las naciones delante del tribunal divino (Isaías 43.8-13; 44.6-11). Se asemejan también a otros textos en los cuales Jehová, como el esposo traicionado por la infidelidad de su esposa, Israel, inicia un proceso jurídico en contra suya (Isaías 3.13 ss; Jeremías 5.2 ss; Oseas 4.1 ss). En los juicios judíos los testigos eran las personas claves. Se buscaba testigos en contra y a favor del acusado. Generalmente la persona con los testigos más impresionantes ganaba el pleito. Jesús comienza su defensa alegando que la acusación en su contra es falsa. Lo que hizo Jesús al sanar en el día de reposo era una obra de Dios, no del hombre. Jesús no ha actuado en desobediencia, sino en conformidad con la voluntad de Dios.

5.30-32: No puedo yo hacer nada por mí mismo; según oigo, así juzgo; y mi juicio es justo, porque no busco mi voluntad, sino la voluntad del que me envió, la del Padre. Si yo doy testimonio acerca de mí mismo, mi testimonio no es verdadero. Otro es el que da testimonio acerca de mí, y sé que el testimonio que da de mí es verdadero. Hemos estado trabajando con la hipótesis de que los sucesos del capítulo 5 ocurrieron en el día de año nuevo, Rosh Hashanah. Ya señalamos que uno de los temas de aquel día era el del juicio final. Así como el año viejo llega a su fin y comienza un año nuevo, así también este mundo o siglo actual llegará a su fin y comenzará el siglo eterno, una tierra nueva y cielos nuevos. El fin del viejo año y el comienzo del nuevo anticipan la venida de Dios para juzgar al mundo. Los judíos solían celebrar el día del año nuevo como un día de confesión y arrepentimiento en el cual uno se arrepentía de los pecados del año viejo para poder entrar en el nuevo purificado de las inmundicias del pasado. De la misma manera se pensaba que solamente los que han sido purificados de los pecados del presente siglo podrán entrar en el siglo eterno. El día de año nuevo es una anticipo del día del Señor, del día de juicio.

Nosotros celebramos la llegada del año nuevo con fuegos artificiales, luces de bengala y toda clase de detonantes. Los hebreos anunciaban la llegada del año nuevo tocando las trompetas. Por eso el día de año nuevo en el A.T., Rosh Hashanah, es también conocido como el día de las trompetas (Levítico 23.24). Las trompetas anuncian no solamente la venida de un nuevo año, sino también el futuro día del juicio divino cuando serán resucitados todos los muertos para presentarse delante del trono de Dios para ser juzgados. Las trompetas del año nuevo anticipan las trompetas que serán tocadas para anunciar el día del Señor, así como nuestros detonantes de año nuevo anticipan el gran estruendo con el cual "la tierra y las obras que en ella hay serán quemadas" (2 Pedro 3.10). Hablando del día de la trompeta final, San Pablo escribe: "He aquí, os digo un misterio: No todos dormiremos; pero todos seremos transformados, en un momento, en un abrir y cerrar de ojos, a la final trompeta; porque se tocará la trompeta, y los muertos serán resucitados incorruptibles, y nosotros seremos transformados" (1 Corintios 15.51-52).

En aquel día de juicio, anunciado por las trompetas, se levantarán ante el tribunal divino las acusaciones en contra de los pecadores. En la sección del Talmud que habla de la fiesta de Rosh Hashanah, los rabinos afirman que se tocan las trompetas en el día del juicio para confundir a Satanás que está acusando a Israel delante del trono de Dios. El rabino Jonatán enseñaba que en el día de año nuevo se abren tres libros, a saber: El libro de la vida para los que han hecho bien y que entrarán en la vida; el libro de la muerte para los que han hecho mal, y finalmente el libro de aquellos cuyos casos serán decididos en el día de la expiación. Según los rabinos, vale la pena tener muchos testigos a favor de uno en el día del juicio. Decían los rabinos que el que hace una obra buena consigue un testigo a su favor en el día del juicio; el que hace una obra mala consigue uno en su contra.

El día en que Jesús sana al inválido junto al estanque de Betesda se levantan muchos testigos en su contra para condenarlo como blasfemo, falso profeta y hereje. Le condenan como uno que merece ser apedreado ahora y condenado al fuego eterno en la eternidad. Ante estas acusaciones de sus enemigos, Jesús llama testigos para defenderlo y para testificar la verdad. El primer testigo llamado por la defensa es Juan el Bautista.

5.33: Vosotros enviasteis mensajeros a Juan, y él dio testimonio de la verdad. Cada vez que aparece Juan el Bautista en este evangelio, lo hace en calidad de testigo de Jesús. Ya en el prólogo (1.6-8) Juan da testimonio de Jesús: "Vino... para que diese testimonio de la luz." Juan dio testimonio de la santidad de Jesús cuando declaró que vio al Espíritu de Dios descender sobre Jesús (1.32). Según Juan, Jesús no es un pecador, sino el Hijo de Dios (1.34) y el Cordero de Dios que quita el pecado del mundo (1.29).

Las palabras de Jesús en este versículo: "Vosotros enviasteis mensajeros a Juan", ponen de manifiesto que las personas que están acusando a Jesús son las mismas que enviaron sacerdotes y levitas al desierto para interrogar a Juan el Bautista. Los adversarios de Jesús aquí no son judíos comunes y corrientes, sino miembros del sanedrín, son los máximos líderes religiosos del pueblo de Israel. Esto indica la seriedad del proceso que se está llevando a cabo (Howard-Brook 1994.135). Estos mismos líderes más tarde serán los responsables de la muerte de Jesús.

5.34-35: Pero yo no recibo testimonio de hombre alguno; mas digo esto,

para que vosotros seáis salvos. El era antorcha que ardía y alumbraba; y vosotros quisisteis regocijaros por un tiempo en su luz. Muchos en Israel se sintieron halagados de tener entre ellos a un profeta de la estatura de Juan. Su presencia entre ellos les daba prestigio y gloria, aunque Juan no era la luz, sino solamente una lámpara. Sin embargo, la mayoría no hizo caso del mensaje de Juan ni tampoco de su testimonio a favor de Jesús. En el día del juicio Juan será un testigo en contra de tales personas. Todavía hoy en día hay muchos que honran a Juan el Bautista y a los demás testigos evangélicos con muchas celebraciones, días patronales y fiestas. Pero de nada sirve regocijarnos por la presencia entre nosotros de tales testigos, si no aceptamos el testimonio de ellos, y creemos en aquel que no es una lámpara, sino la luz del mundo.

Al comparar a Juan el Bautista con una antorcha, Jesús puede estar pensando en la profecía mesiánica del Salmo 132.17: "Allí haré retoñar el poder de David; he dispuesto lámpara (antorcha) a mi ungido (Mesías)." Como lámpara o antorcha, Juan alumbró la oscuridad de su época para que se viera la identidad del Mesías en Israel (Juan 1.31) (Howard-Brook 1994.135).

5.36: Mas yo tengo mayor testimonio que el de Juan; porque las obras que el Padre me dio para que cumpliese, las mismas obras que yo hago, dan testimonio de mí, que el Padre me ha enviado. Las obras de Jesús constituyen el segundo testigo a favor suyo. Para los que tienen ojos para ver las obras de Jesús, éstas son señales que declaran de que entre ellos está presente el reino de Dios. Muchos judíos, hasta miembros del Consejo Supremo, habían admitido: "Nadie puede hacer estas señales... si no está Dios con él" (Juan 3.2). Estas obras y señales de Jesús testifican que él ha sido enviado y autorizado por el Padre.

Nota litúrgica: En el leccionario de cuatro años del grupo litúrgico interconfesional de Gran Bretaña Juan 5.19-36 es el santo evangelio para el séptimo domingo después de Pentecostés en el año D, año de San Juan.

5.37-38: También el Padre que me envió ha dado testimonio de mí. Nunca habéis oído su voz, ni habéis visto su aspecto, ni tenéis su palabra morando en vosotros; porque a quien él envió, vosotros no creéis. El tercer testigo a favor de Jesús es Dios mismo. El Padre testificó a favor de Jesús en su bautismo y en la transfiguración. Las obras que el Padre le dio a Jesús también son el testimonio del Padre. Estas obras se hicieron en público delante de todo el pueblo, y testifican que Jesús no hace nada en contra de Dios.

Al decir a los judíos que nadie ha visto al Padre, Jesús está tocando otro de los temas que se destacan en las lecturas litúrgicas para la fiesta de año nuevo. Este tema es la visión de Dios. Una de las lecturas para año nuevo o Rosh Hashanah es Génesis 28, la historia de la escalera de Jacob. Antiguamente los judíos hacían los panes para la fiesta de año nuevo en forma de escaleras para enfatizar que el final del peregrinaje que emprendemos al comenzar el año nuevo es llegar a tener una visión de Dios en su templo celestial. En sus procesiones en el templo durante la fiesta de año nuevo los levitas y peregrinos imitaban el movimiento del sol en su curso anual como una representación del peregrinaje del creyente hacia Dios. Durante estas procesiones se entonaban los salmos 120-134, uno para cada uno de los grados entre la corte (patio) de las mujeres y la corte de Israel. En los capítulos 1 y 3 ya hemos tocado el tema de la visión de Dios en Génesis 28 (Guilding 1960.79). Recordemos que lo que vio Jacob en su visión en Génesis 28 y en su encuentro con el rostro de Dios (Peniel) en Génesis 32 fue el mismo *Logos* que más tarde se encarnó en el niño de Belén. Aún en el A. T. el Padre no hablaba directamente con Israel sino a través del Hijo. La voz que oyeron los israelitas en el Sinaí fue la voz del *Logos*.

5.39-40: Escudriñad las Escrituras; porque a vosotros os parece que en ellas tenéis la vida eterna; y ellas son las que dan testimonio de mí; y no queréis venir a mí para que tengáis vida. El cuarto testigo llamado por Jesús en su propia defensa son las Escrituras. Jesús afirma que Moisés escribió de Jesús (5.46). La primera palabra del versículo 39 en el griego es ἐραυνᾶτε. Según la gramática griega ἐραυνᾶτε puede ser imperativo 2° persona del plural como en la *Reina Valera Revisada*: "escudriñad", y también en la *Biblia de Jerusalén*: "investigad"; o puede ser indicativo 2° persona plural como en *Dios habla hoy*: "Ustedes estudian las Escrituras." Según la primera manera de traducir el verbo ἐυρανᾶτε, el significado de las palabras de Jesús sería: Pónganse a estudiar el A.T. porque en ellas encontrarán las palabras de vida eterna que testifican de mí.

Según la segunda manera de traducir el verbo ἐυρανᾶτε, el significado de las palabras de Jesús sería: "Ustedes fariseos estudian la Torá porque creen que el estudio diligente de las Escrituras los hace merecedores de vida eterna. Pero a nadie sirve el estudio diligente de las Escrituras si no encuentra en ellas a Jesús. El estudio de las Escrituras, como un fin en sí mismo, no da vida eterna, sino condenación, porque por las palabras de la Torá viene el conocimiento del pecado, como enseñó Pablo en su epístola a los Romanos y en 1 Corintios. El verdadero contenido y propósito del A.T. es Cristo Jesús. Lo que da vida eterna no es el estudio diligente de las Escrituras como obra meritoria; lo que da vida eterna es creer en el Hijo que ha sido enviado por el Padre" (Carson 1991.263).

5.41-44: Gloria de los hombres no recibo. Mas yo os conozco, que no tenéis amor de Dios en vosotros. Yo he venido en nombre de mi Padre, y no me recibís; si otro viniere en su propio nombre, a ése recibiréis. ¿Cómo podéis vosotros creer, pues recibís gloria los unos de los otros, y no buscáis la gloria que viene del Dios único? Los discípulos llegaron a ver la gloria del Dios invisible en la pobre humanidad de Jesús que nació en un pesebre y fue sometida a la muerte de un esclavo. Pero los enemigos de Jesús no ven su gloria, porque están demasiado ocupados en buscar y ver su propia gloria. Nosotros tampoco podremos ver la gloria de Dios en Jesucristo si nos dedicamos a buscar nuestra propia gloria y justificación, y en recibir gloria de los hombres. Si creemos que la gloria consiste en magnificarnos a nosotros mismos, en hacernos grandes delante de Dios y de los hombres, no podremos ver al Hijo del Hombre que se humilla y se hace pequeño. Seremos ofendidos por su insignificancia, su pobreza y su forma de siervo. Si despreciamos los sacramentos porque no creemos que Dios pueda hacerse presente entre nosotros en formas tan humildes, tampoco veremos su gloria. Si despreciamos a los pobres, los oprimidos, la chusma y la gentuza, nunca veremos la gloria de aquel que se identifica con los pequeños de este mundo y nos dice: "De cierto os digo que en cuanto lo hicisteis a uno de estos mis hermanos más pequeños, a mí lo hicisteis" (Mateo 25.40).

Los que rechazan a Cristo porque viene en humildad, porque viene como un hombre de carne y hueso, porque viene identificándose con los marginados, sólo podrán ser seguidores de falsos profetas y pastores, que vienen en su propio nombre y proclaman un falso evangelio y un reino de este mundo. Los judíos que rechazaron a Jesús porque no era la clase de mesías que ellos esperaban, fueron los que se dejaron engañar por los cristos revolucionarios que llevaron al pueblo de Israel a la guerra contra el Imperio Romano. Estos falsos cristos usaron toda clase de lisonjas, adulaciones y promesas sin base para atraer a la gente. Los falsos profetas saben cómo endulzar a sus adeptos y cómo alimentar sus deseos de recibir gloria de los hombres. El resultado fue la destrucción de Jerusalén y del templo y la muerte de miles y miles de personas. Estudios antropológicos hechos de los "cultos de carga" en las islas del Pacífico, muestran que los profetas mesiánicos del Pacífico eran personas que habían podido encarnar los anhelos y frustraciones de las masas en programas religiosos, sociales y políticos. Las multitudes acudían a tales profetas mesiánicos porque anunciaban la realización de los deseos de gloria y riqueza material que guardaban en lo más íntimo de su ser.

Así como los que rechazan a Jesús están condenados a ser engañados por falsos profetas, así también los mismos falsos profetas están condenados a ser esclavos de la opinión pública y de la necesidad de sacrificar su integridad, o de la preocupación por la honra y el prestigio que dan los hombres a los que predican y prometen lo que ellos quieren escuchar (Blank 1984.II.56).

5.45: No penséis que yo voy a acusaros delante del Padre; hay quien os acusa, Moisés, en quien tenéis vuestra esperanza. Jesús ahora llama a un testigo más en contra de los jueces que lo están juzgando. Moisés es llamado para declarar en contra del pueblo judío incrédulo. Hay mucha ironía aquí, porque en el A.T. Moisés siempre actuó como defensor y paracleto de Israel (Éxodo 32.11-14; Números 14.13-19).

Los rabinos enseñaban que, así como Moisés había intercedido para cambiar la suerte del pueblo judío en ocasión del becerro de oro, así mismo Moisés sigue intercediendo a favor de sus descendientes en el cielo. En un libro apócrifo llamado la *Ascensión de Moisés* (12.6), Moisés, antes de su salida de este mundo, le dice a Josué: "El Señor me ha nombrado a orar por sus pecados (los de Israel) y hacer intercesión por ellos." Muchos judíos esperaban que Moisés fuera su defensor e intercesor en el día del juicio final. Así esperaban escapar de la condenación eterna. Jesús aquí afirma que para todos los que lo han rechazado a él, Moisés no será su abogado, sino su acusador.

La introducción al cántico de Moisés, al final del libro de Deuteronomio, también indica que Moisés sería un testigo en contra de los hijos de Israel en el día de juicio si ellos se desviaban del pacto. Según la lista de lecturas sinagogales encontrada en la Geniza de El Cairo, Deuteronomio 30 y 31 es una de las lecturas para la fiesta de año nuevo. En Deuteronomio 31.19, 21 Moisés declara: "Ahora pues, escribíos este cántico, y enséñalo a los hijos de Israel; ponlo en boca de ellos, para que este cántico me sea por testigo contra los hijos de Israel... Y cuando les vinieren muchos males y angustias, entonces este cántico responderá en su cara como testigo, pues será recordado por la boca de sus descendientes; porque yo conozco lo que se proponen de antemano, antes que los introduzca en la tierra que juré darles" (Guilding 1960.84).

Al llamar a Moisés como testigo en contra de los judíos incrédulos, Jesús enfatiza una advertencia hecha por el mismo Moisés en una de las lecturas litúrgicas para la fiesta que ellos mismos están celebrando. Jesús, en efecto, anuncia el cumplimiento de lo que está escrito en otra parte de la misma lectura (Deuteronomio 31.24-29): "Y cuando acabó Moisés de escribir las palabras de esta ley en un libro hasta concluirse, dio órdenes Moisés a los levitas que llevaban el arca del pacto de Jehová, diciendo: Tomad este libro de la ley, y ponedlo al lado del arca del pacto de Jehová vuestro Dios, y esté allí por testigo contra ti... Porque yo sé que después de mi muerte, ciertamente os corromperéis y os apartaréis del camino que os he mandado; y que os ha de venir mal en los postreros días..." No solamente Israel se autocondena, sino todo aquel que busque su salvación en las obras de la ley en vez de buscarla en aquel que es el cumplimiento de la ley y los profetas.

5.46-47: Porque si creyeseis a Moisés, me creeríais a mí, porque de mí escribió él. Pero si no creéis a sus escritos, ¿cómo creeréis a mis palabras? Los acusadores de Jesús son acusados de no hacer caso del testimonio acerca de Jesús que se encuentra en la Torá de Moisés, las escrituras del A.T. La Torá señala a Jesús como la fuente de la vida. Pero si uno cree que la misma Torá puede dar vida eterna, entonces uno, igual que los judíos, ha malentendido su función. Si uno busca la vida en la Torá y no en Jesús, de quien hablan las Escrituras, entonces uno encontrará solamente la muerte (Newbigin 1982.70). Esto es lo que descubrió San Pablo cuando escribió: "Y hallé que el mismo mandamiento que era para vida, a mí me resultó para muerte" (Romanos 7.10).

El exégeta británico Anthony Tyrell Hanson cree que para entender Juan 5.37-47 tenemos que estudiar lo que está escrito aquí a la luz de Números 12.6-8: "Oíd ahora mis palabras. Cuando haya entre vosotros profeta de Jehová, le apareceré en visión, en sueños hablaré con él. No así a mi siervo Moisés, que es fiel en toda mi casa. Cara a cara hablaré con él, y claramente, y no por figuras; y verá la apariencia (o forma) de Jehová." En estos versículos Dios declara que, con excepción de Moisés, ningún profeta del A.T. ha visto a Dios cara a cara. Cuando Dios daba sus mensajes y revelaciones a los profetas, lo hacía por medio de sueños y visiones. En Juan 5.37 Jesús dice a los judíos que nadie ha oído la voz del Padre o visto su aspecto. Pero Números 12.6-8 afirma que Moisés oyó la voz de Dios y vio su apariencia; lo vio claramente, cara a cara. La *Septuaginta* traduce las palabras "verá la apariencia de Jehová" con las palabras "verás la gloria del Señor" (κύριος en griego). En la opinión de Hanson, lo que vio Moisés no era el Padre todopoderoso, pues nadie puede ver al Padre y no morir. La gloria que vio Moisés cuando recibió la ley fue la gloria del Señor o κύριος. Este κύριος es Jesucristo. En otras palabras, fue la segunda persona de la Santa Trinidad la que habló con Moisés y le dio su ley. La gloria que vio Moisés en el tabernáculo y sobre el monte fue la gloria de Cristo. Por eso lo que escribió Moisés son las palabras de Cristo. Esto explica como Jesús puede decir: "Si creyeseis a Moisés, me creeríais a mí, porque de mí escribió él." Si uno en verdad cree en las palabras de Moisés, tendrá que creer también en Cristo. Rechazar a Cristo y sus palabras es igual que rechazar a Moisés y sus palabras (Hanson 1965.113-117).

El resultado de las acusaciones levantadas por los jueces judíos en contra de Jesús es la condenación de los mismos jueces. Ha sucedido en juicios judíos que el acusado logra montar una defensa tan fuerte que los acusadores quedan totalmente desacreditados. Entonces el acusado se convierte en acusador y los acusadores en acusados. Esto es lo que pasa en Juan 5. Queda comprobado que Jesús no es un pecador; los pecadores, en realidad, son los jueces judíos porque han rechazado al enviado de Dios (5.43).

Sabemos por los escritos de Ignacio de Antioquía y San Justino Mártir que en sus días muchos miembros de la sinagoga reclamaban a los evangelistas cristianos de que no querían escuchar ningún mensaje acerca de Jesús que no estuviera escrito o profetizado en el A.T. Por esa razón los escritos de Ignacio, Justino y otros apologistas del segundo siglo tratan de comprobar que las Escrituras del A.T. contienen toda clase de testimonios acerca de Jesús, su nacimiento, su ministerio, su muerte, su resurrección y su gloria a la diestra de Dios. Varios teólogos modernos creen que una de las razones por las cuales fue escrito el cuarto evangelio fue para demostrar que Cristo fue profetizado en las Escrituras, fiestas, instituciones, símbolos y por los principales personajes del A.T.

Nota litúrgica: En el leccionario de cuatro años del grupo litúrgico interconfesional de Gran Bretaña Juan 5.36-47 es el santo evangelio para el segundo domingo de Adviento en el año D, año de San Juan.

Nota adicional: Procedencia del cuarto evangelio según Bultmann. Hasta ahora se han mencionado dos teorías que tienen que ver con la procedencia del evangelio de Juan: La teoría tradicional que se basa en los escritos de los padres apostólicos y la teoría del círculo joánico de Oscar Cullmann. Una teoría mucho más radical que estas dos es la de Rudolf Bultmann, fallecido profesor de N.T. en la universidad alemana de Marburgo. Según Bultmann, el texto actual del evangelio de Juan es el producto de un largo proceso en el cual intervinieron varios autores y redactores. El primer paso fue la publicación de una colección de los milagros del Señor, algo parecido a lo que tenemos en los evangelios sinópticos. Bultmann llamaba a esta colección *Semeia-Quelle*, o *Libro de Señales*. El segundo paso fue la producción de una colección de los discursos del Señor que fue añadida al *Libro de Señales*. Bultmann llamaba esta colección de discursos *Los Discursos de Revelación*. Según Bultmann, el tercer paso sucedió cuando se añadió al *Libro de Señales* y a *Los Discursos de Revelación*, la historia de la pasión y de la pascua.

A Bultmann veía muchas semejanzas entre el cuarto evangelio y la literatura gnóstica de los siglos II y III. Según él, ambas literaturas resaltan una serie de contrastes: entre la luz y las tinieblas; entre el mundo de arriba y el mundo de abajo, y entre los hijos de Dios y los hijos del maligno. Para Bultmann el tema principal del cuarto evangelio era una versión del mito de redención del gnosticismo. Según el mito de redención gnóstico, un personaje divino es enviado a la tierra, dominada por los poderes demoníacos, para librar las almas encarceladas de sus prisiones carnales y materiales. Las diferentes formas de gnosticismo aseveran que las almas humanas originalmente eran chispas luminosas que formaban parte de la plenitud (πλήρωμα en griego). Estas almas o chispas de luz cayeron de arriba y llegaron a la tierra donde fueron atrapadas dentro de cuerpos humanos creados por el diablo o por un dios inferior llamado demiurgo. De acuerdo con algunos sistemas gnósticos, este demiurgo que creó las cosas materiales, corresponde a Jehová de quien habla el A.T. Los gnósticos enseñaban que existía una gran antipatía entre el demiurgo, creador del mundo material, y el dios de la luz de quien proceden las cosas espirituales.

Gnósticos y otros herejes como Marción de Ponto excluían todo el A.T. del canon bíblico porque, para ellos, era un libro que hablaba del demiurgo Jehová, de la creación material y de cosas tan contaminadas tales como el cuerpo humano, el matrimonio y los sacrificios donde se derramaba sangre. Los gnósticos enseñaban que el *logos* fue enviado del mundo de la luz a la tierra para enseñar a las almas atrapadas en los cuerpos humanos cómo librarse de la carne con sus pasiones y volver al mundo de la luz y llegar a ser nuevamente parte de la deidad. Las almas libradas deben unirse a la deidad, así como las gotas de agua que caen en el mar llegan a ser una sola cosa con él. El individuo es absorbido en la deidad. Las almas atrapadas en la prisión del cuerpo pueden librarse de la carne y de sus pasiones por medio de conocimientos secretos o "gnosis." Según el gnosticismo, el *logos* no se sacrifica por los pecados del mundo, porque los sacrificios son cosas carnales o materiales y la carne no sirve para nada. El *logos* no pudo morir por los pecados del mundo, porque el *logos* nunca llegó a ser un verdadero ser humano. El *logos* solamente se hacía pasar por un ser humano; parecía ser un verdadero ser humano, pero no lo era. Lo único que hace el *logos* es enseñar a las almas el gnosis, a fin de que ellas puedan liberarse a sí mismas por medio de sus conocimientos secretos.

Según Bultmann, el autor del *Libro de Discursos* basaba los discursos de Jesús en el mito gnóstico. Bultmann llega a esta conclusión porque entiende que el cuarto evangelio habla de un redentor que viene del mundo de la luz a las tinieblas de este mundo para revelar la verdad a un grupo selecto de discípulos. Después vuelve al mundo de la luz así como lo hace el redentor en los mitos gnósticos. Bultmann cree que antes de ser aceptado como parte del canon, un redactor eclesiástico modificó las partes más gnósticas del libro añadiendo a la obra las partes del evangelio que hablan de la encarnación de Jesús y de los sacramentos. De esta manera la teología del libro llegó a semejarse más a las creencias de los creyentes anti-gnósticos. Bultmann creía que el evangelio de Juan llegó a publicarse en su forma final a mitad del segundo siglo, probablemente en Siria o Efeso.

Como ya se mencionó, Bultmann y sus discípulos concluyeron que el cuarto evangelio tenía un origen gnóstico porque Juan emplea muchos términos teológicos y filosóficos típicos de los gnósticos, como *logos*, verdad, luz, libertad. Bultmann considera que la palabra "libertad" es un término gnóstico cuya presencia en el evangelio indica una conexión con el gnosticismo. Bultmann sostiene la teoría de que el autor del cuarto evangelio reinterpretó la vida de Jesucristo en base al mito gnóstico de un revelador celestial que viene del cielo para enseñar a las almas cómo librarse de la trabas de la carne y del mundo material para reincorporarse a la deidad o πλήρωμα.

Bultmann construyó su tesis también sobre el hecho de que los gnósticos fueron los primeros en escribir comentarios sobre el evangelio de Juan. Todavía hoy el cuarto evangelio sigue siendo el libro bíblico favorito de los místicos, gnósticos, gurús orientales y practicantes de la metafísica. Bultmann señaló también que el evangelio de Juan tardó en ser aceptado como parte del canon porque algunos teólogos aseveraban que era una obra gnóstica escrita por el propio Cerinto.

En contra de autores como Bultmann y Käsemann que encuentran teología gnóstica en el evangelio de Juan, cabe señalar que el dualismo en el cuarto evangelio es muy diferente al dualismo que se halla en las obras gnósticas. El descubrimiento de los documentos del mar Muerto, en las cuevas cerca de Khirbet Qumram, han debilitado la hipótesis de Bultmann. La mayoría de estos documentos del Mar Muerto fueron escritos antes del nacimiento de Jesucristo y antes del surgimiento del gnosticismo en el segundo siglo d.C., sin embargo, ya contienen un fuerte dualismo. En los escritos gnósticos la luz es algo que los seres humanos descubren dentro de sí mismos, mientras que en el evangelio de Juan la luz está centrada en Jesús. En el gnosticismo la salvación depende de los conocimientos secretos de los gnósticos mientras que en el evangelio de Juan la salvación depende del sacrificio realizado por Jesucristo, hombre verdadero, en la cruz. A través del estudio del cuarto evangelio veremos que no se desprecia el mundo material, la historia y las cosas creadas. Todo lo que sucede en el cuarto evangelio tiene lugar en la historia. La vida de Jesús es una verdadera vida humana y su muerte es una muerte verdadera.

Si hay semejanzas entre el vocabulario del cuarto evangelio y los términos utilizados por los docetistas y gnósticos es porque el evangelista quiso darle un contenido cristiano a la terminología que utilizaban los herejes en Asia Menor. Así esperaba desacreditar las ideas y doctrinas de tales grupos. Los teólogos que atacaban el cuarto evangelio como una obra gnóstica lo hicieron porque no entendieron el propósito del evangelista. Se debe notar que Bultmann publicó sus teorías sobre la composición de Juan antes del descubrimiento de los documentos del Mar Muerto y también antes del descubrimiento de los documentos gnósticos de Nag-Hammadi en Egipto. Un creciente número de eruditos está llegando a creer que el gnosticismo fue un fenómeno que surgió dentro del cristianismo y no que el cristianismo surgió de dentro del gnosticismo (Lieu 1979.233-237).

También ha servido para refutar la tesis de Bultmann el descubrimiento en Egipto del papiro Rylands 457. Este papiro es una pequeña porción de Juan, capítulo 18. Un análisis científico hecho del papiro con Carbono 14 revela que el material usado en el papiro proviene más o menos del año 130 d.C. Si para esa fecha ya habían sido distribuidas copias del evangelio de Juan, llegando hasta Egipto, es evidente que el evangelio en su forma final fue publicado mucho antes de las fechas sugeridas por Bultmann. La evidencia del Papiro Rylands indica que el evangelio de Juan fue producido mucho antes del florecimiento del mito gnóstico del revelador celestial a fines del segundo siglo. Hoy en día la mayoría de los eruditos creen que el cuarto evangelio fue publicado a fines del primer siglo, es decir, entre 90 y 100 d.C.

Capítulo 6

Cuarta señal: la alimentación de los cinco mil, Juan 6.1-15

La alimentación de los cinco mil en el desierto detrás de Betsaida es uno de los pocos episodios relatados en los cuatro evangelios. De acuerdo a la cronología del evangelio de Juan elaborada por Robinson, esta alimentación ocurrió el 18 de abril del año 29 d.C., el día cuando se celebraba la fiesta de la Pascua en Jerusalén. A principios del año 29 d.C., Juan el Bautista había sido decapitado por el tetrarca Herodes Antipas. Ese evento también puso en peligro la vida de Jesús, porque era considerado un discípulo del Bautista y porque predicaba el mismo mensaje de la venida del reino de Dios. Al oír de las actividades de Jesús, el tetrarca Herodes quedó perplejo, y hasta llegó a creer que Jesús era Juan el Bautista que había resucitado de entre los muertos (Marcos 6.16). Entonces Herodes procuró ver a Jesús (Lucas 9.9).

Para evitar ser sacrificado antes de la "hora" determinada por el Padre, Jesús se retira a lugares fuera de la jurisdicción de Herodes Antipas. Su ministerio público en Galilea está llegando a su fin. Al final del capítulo 6, muchos de sus discípulos galileos lo abandonan porque no pueden aceptar algunas de las verdades expresadas en este capítulo. Los eruditos han denominado lo que ocurre al final de este capítulo como la crisis galilea. Después de esta crisis Jesús pasa menos tiempo enseñando a las multitudes y se dedica más a profundizar la fe y el compromiso de su círculo de discípulos fieles.

6.1-2: Después de esto, Jesús fue al otro lado del mar de Galilea, el de Tiberias. Y le seguía gran multitud, porque veían las señales que hacía en los enfermos. El mar o lago de Galilea tiene varios nombres en la Biblia. En el A.T. se le llama mar de Kinnereth, por su forma (*Kinnereth* es una palabra hebrea que significa lira). También se le llama lago de Genesaret. En el año 20 d.C. el tetrarca Antipas, gobernador de Galilea y Perea, construyó una nueva capital para sus dominios y la llamó Tiberias en honor al emperador romano. El lago llegó también entonces a ser llamado mar de Tiberias.

Según los sinópticos, la alimentación de los cinco mil ocurrió en una región desértica cerca de Betsaida. Ésta era una ciudad pesquera situada junto al mar de Galilea pero dentro del territorio de Iturea, la provincia gobernada por el tetrarca Felipe, otro de los muchos hijos de Herodes el Grande. En el año 2 a.C. Betsaida fue refundada por el tetrarca Felipe y nombrada Polis Julias en honor a Julia, la hija del emperador Augusto César. Más helenizada que las otras ciudades del lago, Betsaida era, según Juan 1.44, el pueblo natal de Felipe, Andrés y Simón Pedro. Felipe y Andrés, que son de la región y figuran en la historia de la alimentación de los cinco mil, son los únicos entre los doce que tenían nombres griegos. Por la composición multiétnica de Betsaida, Hengel cree que Felipe, Andrés y Simón Pedro eran bilingües y hablaban tanto griego como arameo (Hengel 1989.16).

Durante su ministerio en Galilea Jesús había hecho muchos milagros en Betsaida. Por ejemplo, allí curó a un ciego (Marcos 8.22-26). Juntamente con Capernaum y Corazín, Betsaida es una de las tres ciudades impenitentes nombradas por Jesús en Lucas 10.13 cuando dice: "¡Ay de ti, ...que si en Tiro y en Sidón se hubieran hecho los milagros que se han hecho en vosotras, tiempo ha que sentadas en cilicio y ceniza, se habrían arrepentido."

En Juan 6.2 leemos que le seguía a Jesús una gran multitud. La palabra griega para multitud, ὄχλος, ocurre 18 veces en los capítulos 6, 7 y 12. En estos capítulos, y también en Juan 5.13 y 11.42, este término debe distinguirse del término "judíos". El evangelista emplea el término judíos para referirse a los líderes eclesiásticos del pueblo que se han convertido en los enemigos de Jesús, es decir, los fariseos y los sumos sacerdotes. La palabra multitud, en cambio, la usa para referirse a la *am-ha-aretz* (que traducido quiere decir: el pueblo de la tierra), los campesinos, la gente común, los que no observan la ley de Moisés con el rigor y la devoción de los fariseos. Esta multitud no está en Jerusalén para participar en la fiesta de la Pascua porque no es muy fiel en su cumplimiento de la ley. En opinión de algunos comentaristas, esta multitud se compone de personas marginadas y revolucionarias que expresan su antipatía hacia el sistema de sacerdotes y políticos corruptos boicoteando las celebraciones en el templo (Howard-Brook 1994.143).

Los fariseos desprecian a los miembros de la multitud porque ignoran la ley (Juan 7.49). Jesús, en cambio, tiene compasión de la multitud, porque son como ovejas sin pastor. Ante la tumba de Lázaro Jesús ora en voz alta a causa de la multitud (Juan 11.42). Veremos en los capítulos 6, 7 y 12 que no toda la multitud piensa igual. Constantemente están evaluando la identidad de Jesús y el significado de sus palabras y señales. Algunos creen que Jesús es un hombre bueno y otros que es un profeta. Otros opinan que Jesús tiene un demonio. Muchos miembros de la multitud siguen a Jesús porque han visto sus señales, pero no entienden el significado de las mismas. Hoy en día también hay multitudes que están luchando para creer (Culpepper 1983.131-132).

6.3-5: Entonces subió Jesús a un monte, y se sentó allí con sus discípulos. Y estaba cerca la pascua, la fiesta de los judíos. Cuando alzó Jesús los ojos, y vio que había venido a él gran multitud, dijo a Felipe: ¿De dónde compraremos pan para que coman éstos? En Juan 6 encontramos la quinta y sexta de las señales milagrosas de Jesús, la alimentación de los cinco mil, y cuando Jesús camina sobre el mar. Además, en Juan 6 tendremos la primera de las famosas declaraciones del Señor que comienzan con las palabras *Yo soy* (Juan 6.35). Para poder apreciar el significado de lo que leemos en este capítulo tenemos que tomar en cuenta el contexto dentro del cual sucede todo. El evangelista nos dice que estaba cerca la Pascua, la fiesta de los judíos.

Ya hemos visto que las fiestas judías son importantes para el evangelio de Juan, pues se suele presentar a Jesús como el cumplimiento y el reemplazo de todas estas fiestas y de lo que ellas simbolizaban para la fe de Israel. La pascua a la que se hace referencia en Juan 6 es la segunda de las tres pascuas mencionadas en el cuarto evangelio. En ocasión de la primera pascua Jesús había echado fuera del templo, no sólo a los mercaderes y comerciantes, sino también a los animales utilizados para los holocaustos y sacrificios. Jesús reemplaza a los animales de sacrificio porque él es el Cordero de Dios que quita el pecado del mundo. El sacrificio de los corderos pascuales ofrecidos en el A.T. anticipaba el perfecto sacrificio de Jesús en la cruz. Jesús reemplaza los sacrificios del A.T. así como su muerte y resurrección reemplazan la celebración de la pascua del A.T.

En esta segunda pascua surgen nuevos paralelos con el A.T., especialmente con la figura de Moisés y con el pan del cielo que usó para alimentar a los israelitas en el desierto. En Juan 6.2, por ejemplo, una gran multitud sigue a Jesús porque veían las señales que él hacía. En el libro de Éxodo una gran multitud siguió a Moisés porque veían las señales que él hacía en contra del Faraón. En Juan 6.3 Jesús sube a una montaña y se sienta con sus discípulos. En el libro de Éxodo, Moisés sube al monte Sinaí con los ancianos del pueblo para sellar el pacto y comer y beber en la presencia de Dios.

Los hombres siempre han sentido que están más cerca de Dios en la cima de una montaña. No solamente en el Antiguo Testamento, sino también en muchas otras religiones, se dan nuevas revelaciones en montañas. Por eso, a menudo se han construido templos sobre montes. El templo de los judíos fue construido sobre el monte Sión en Jerusalén, y el de los samaritanos sobre el monte Gerizim en Samaria. En el N.T. muchos eventos revelatorios tuvieron lugar sobre un monte: el Sermón del Monte (Mateo 5-7), la transfiguración (Mateo 17), Gólgota, el monte de los Olivos y el monte de la alimentación de los cinco mil (Charlier 1967.39). La pregunta hecha a Felipe en Juan 6.5 nos recuerda la pregunta de Moisés a Dios en Números 11.13: "¿De dónde conseguiré yo carne para dar a todo este pueblo?" La alimentación de los cinco mil nos recuerda cómo Moisés alimentó a las multitudes en el desierto con el maná del cielo.

A pesar de las señales milagrosas que realizó Dios por medio de Moisés y Aarón en el desierto, la estadía de Israel en el desierto fue un tiempo de duras pruebas. El pueblo murmuró contra Dios y contra Moisés, y Moisés hasta llegó a dudar del poder de Dios para alimentar a una multitud tan grande. En Juan 6.7,61 también hay dudas y murmuraciones. El evangelista resaltó todas estas semejanzas para enfatizar que Jesús, no sólo sustituye la Pascua del A.T., sino también reemplaza a Moisés como el profeta enviado para revelar la voluntad del Padre. Con la declaración "Yo soy el pan de vida" llegamos a entender que Jesús es también el nuevo pan que da vida al pueblo de Dios (Yee 1989.64-65).

6.6-7: Pero esto decía para probarle; porque él sabía lo que había de hacer. Felipe le respondió: Doscientos denarios de pan no bastarían para que cada uno de ellos tomase un poco. Durante el tiempo que Israel estaba en el desierto, Dios envió muchas pruebas a su pueblo para poner de manifiesto la fe y la incredulidad de los israelitas. Les envió pruebas para humillarlos y enseñarles a confiar en él: "Y te acordarás de todo el camino por donde te ha traído Jehová tu Dios estos cuarenta años en el desierto, para afligirte, para probarte, para saber lo que había en tu corazón, si habías de guardar o no sus mandamientos. Y te afligió, y te hizo tener hambre, y te sustentó con maná, comida que no conocías tú, ni tus padres la habían conocido, para hacerte saber que no sólo de pan vivirá el hombre, mas de todo lo que sale de la boca de Jehová vivirá el hombre" (Deuteronomio 8.2-3). En el capítulo 6 de Juan Jesús también actúa para probar y profundizar la fe de sus seguidores. La palabra griega usada aquí πειράζω quiere decir someter a prueba. La misma palabra griega es utilizada en la *Septuaginta* en Éxodo 15.25 en el episodio de Mara donde Jehová "puso a prueba al pueblo." En Éxodo 20.20 Moisés le anuncia al pueblo de Israel que el decálogo le fue dado como un instrumento para probar su fe: "No temáis; porque para probaros vino Dios y para que su temor esté delante de vosotros, para que no pequéis." El primero en ser probado es Felipe. La prueba de fe consiste en ver si el discípulo dependerá de recursos naturales o de Jesús para resolver el problema (Hoeferkamp 1978.116). Después Jesús probará a todos sus seguidores. Muchos lo abandonarán (Juan 6.66) pero otros lo seguirán fielmente (Juan 6.69). Jesús probablemente se dirige a Felipe porque él es nativo de la región.

Felipe responde diciendo que doscientos denarios no serían suficientes para comprar pan para la multitud. Doscientos denarios eran el equivalente a doscientas jornadas de trabajo de un obrero del campo. Quizás Felipe menciona esta cantidad porque era la suma total de los recursos económicos de Jesús y los doce, el dinero que tenían en el bolso de las ofrendas. Felipe se fija solamente en los recursos monetarios a su disposición, pero no en la providencia y los recursos del Padre. No ha respondido muy bien a la prueba de fe.

6.8-9: Uno de sus discípulos, Andrés, hermano de Simón Pedro, le dijo: Aquí está un muchacho, que tiene cinco panes de cebada y dos pececillos; mas ¿qué es esto para tantos? En un esfuerzo para sacar a Felipe de apuros, Andrés trae a Jesús todo lo que ha podido encontrar, pero parece ser tan poquito. Al decir esto, Andrés se olvida que en una ocasión el profeta Eliseo alimentó a cien personas con sólo veinte panes de cebada (2 Reyes 4.42-44) y aquí, hay alguien más grande que Eliseo. Sin embargo, Andrés entrega a Jesús lo poco que tiene y Jesús acepta la ofrenda de cinco panes de cebada y dos pececillos. Si lo que tenemos para ofrecer al Señor es poco, tenemos que aprender a entregárselo creyendo que él puede multiplicar nuestra ofrenda para que pueda servir a sus propósitos. Los recursos de Dios son mucho más grandes que la necesidad humana. El pan de cebada era la comida de los más pobres en el tiempo de Jesús. El pescado, quizás, era pescado curtido.

En un sermón sobre este texto, el gran predicador Spurgeon nos recuerda que Dios en su providencia puede utilizar cualquier medio, por humilde que sea, para que sea el instrumento de su ayuda. Aquí el Señor transforma los cinco panes y los dos pescaditos en bendición para cinco mil hombres. Sansón con la quijada de un asno, Samgar con una aguijada de bueyes, y David con una honda y cinco piedras lisas lograron grandes triunfos sobre los enemigos del Señor (Cook 1977.156). En muchos relatos bíblicos vemos que Dios prefiere usar las cosas y las personas más despreciadas y humildes como instrumentos, para que la gloria sea para Dios y no para la vanagloria del hombre, su ciencia y su tecnología. Aunque nuestros recursos, talentos, preparación académica y dones nos parecen ser muy pocos e insuficientes, Dios nos llama a dedicar lo que tenemos al servicio de su reino. Él, en su amor y providencia, transformará nuestra pequeña ofrenda en bendición para muchos. Indudablemente seremos tentados a guardar lo poco que tenemos y no ofrecerlo al servicio del Señor. Seremos tentados a pensar: "Primero trabajaré para mí mismo; primero ganaré mi propia fortuna, entonces tendré algo para ofrecer al Señor, pero no ahora." Gracias a Dios que el muchacho anónimo con sus cinco panes de cebada y dos pescaditos no pensaba así.

6.10: Entonces Jesús dijo: Haced recostar la gente. Y había mucha hierba en aquel lugar; y se recostaron como en número de cinco mil varones. Algunos eruditos se han basado en el detalle de que el texto sólo menciona varones para postular que la mayoría de las personas allí presentes pertenecían a una de las muchas bandas de revolucionarios que se encontraban en Palestina en el tiempo del N.T. Estos eruditos añaden que el detalle en Marcos 6.40, "los hombres se recostaron por grupos (o compañías), de ciento en ciento, y de cincuenta en cincuenta," parece indicar una organización militar.

El historiador Josefo relata que en el tiempo del N.T., entre los judíos y samaritanos, muchos falsos mesías prometieron librar al pueblo de Dios de la dominación extranjera. Estos profetas reunían a sus seguidores en el desierto para repetir las señales milagrosas que Moisés, el primer mesías, había obrado. Durante el gobierno de Pilato un profeta samaritano o seudo-mesías causó desasosiego. Más tarde, en el tiempo de Cuspio Fado, cuatrocientos hombres siguieron a otro seudo-mesías llamado Teudas al desierto donde éste prometió dividir las aguas del río Jordán del mismo modo que Moisés había dividido las aguas del mar Rojo. Teudas fue capturado y decapitado, y su cabeza llevada a Jerusalén y puesta en exhibición (Hechos 5.36) (Hengel 1989c.230-231).

Muchos seguidores de estos profetas mesiánicos eran reclutados de entre los pobres campesinos que, al no poder pagar los impuestos a los que gobernaban el país, se vieron obligados a vender sus terrenos para pagar sus deudas. Después tuvieron que subsistir como jornaleros, bandidos o revolucionarios. Lo que más falta les hacía a los muchos grupos de irregulares en Palestina no era una revuelta, sino un líder capaz de unir a los diferentes bandos en un ejército capaz de desafiar al gobierno. Las señales milagrosas obradas por Jesús eran para estos grupos una evidencia de que él podría ser el líder revolucionario que ellos necesitaban. Esto explicaría porqué, después de la alimentación de los cinco mil, buscaron a Jesús para hacerlo rey.

6.11: Y tomó Jesús aquellos panes, y habiendo dado gracias, los repartió entre los discípulos, y los discípulos entre los que estaban recostados; asimismo de los peces, cuanto querían. Mientras los judíos en Jerusalén celebran la fiesta de la Pascua comiendo los panes sin levadura y el cordero pascual, Jesús, el verdadero cordero pascual, también celebra una cena con sus seguidores en el desierto. Esta cena en el desierto es un anticipo de la Eucaristía que celebrará Jesús con sus discípulos en el aposento alto un año más tarde. Hay muchas semejanzas entre el relato de la alimentación de los cinco mil en el desierto y el relato de la institución de la Santa Cena en los evangelios sinópticos y en 1 Corintios 11. Por ejemplo, se usan muchos de los mismos verbos.

Primero, Jesús toma (λαμβάνω) el pan, da gracias, y lo entrega (δίδωμι). La palabra que usa el evangelista para dar gracias es εὐχαριστήσας, de donde viene nuestra palabra eucaristía. En la iglesia primitiva los cristianos usaban panes de cebada. Jesús toma el pan y lo entrega a los discípulos para que lo entreguen al pueblo. Más adelante la iglesia primitiva, al adoptar la práctica de que el celebrante entregara los panes a los asistentes para que se los entregasen a la congregación, evocó la acción de Jesús cuando alimentó a los cinco mil.

Nuevamente Spurgeon encuentra una preciosa aplicación en lo que hace Cristo aquí: las cosas consagradas al Señor traen grandes bendiciones porque dejan de ser nuestras y llegan a ser de él. Si dedicamos al Señor nuestro cerebro, nuestra lengua, nuestro cuerpo, él los tocará con el carbón encendido de su altar y los transformará por su espíritu, sus enseñanzas y su amor. Aunque nuestros talentos, dones y bendiciones, tanto materiales como espirituales, sean muy humildes y deficientes, Cristo los usa para que el nombre del Padre sea glorificado. En uno de los libros de Juan Bunyan aparece un hombre con un rollo de tela. Cada vez que se encuentra con una persona necesitada, corta de su rollo unos metros de tela para compartirla con él. Pero mientras más tela corta, más tela le queda en su rollo. (Cook 1977.162-164).

6.12-13: Y cuando se hubieron saciado, dijo a sus discípulos: Recoged los pedazos que sobraron, para que no se pierda nada. Recogieron, pues, y llenaron doce cestas de pedazos, que de los cinco panes de cebada sobraron a los que habían comido. Las doce cestas de pan que sobraron son testigos de la grandeza e historicidad del milagro. Son testigos también de la preocupación de Jesús por las necesidades materiales de los seres humanos. Aquí no tenemos a un gurú oriental que nos dice que nuestras necesidades físicas son pura ilusión. Aquí no tenemos a un místico para informarnos que las necesidades materiales son cosas sin importancia. Aquí tenemos otra manifestación de la gloria del *Logos* en el tiempo, en el espacio y en la historia. Esta señal, como todos los milagros de Jesús, tiene una dimensión anti-docetista porque revela, no sólo la divinidad, sino también la humanidad del *Logos* encarnado. Los docetistas y los gnósticos no estaban interesados en los milagros de Jesús. Los escritos gnósticos no hacen mención de los milagros de nuestro Señor.

El cuidado con el cual se recoge el pan sobrante nos recuerda del cuidado con que se recogía el pan sobrante de las celebraciones de la Eucaristía en la iglesia primitiva. Juan insertó este detalle, que no se menciona en los relatos de la alimentación de los cinco mil en los evangelios sinópticos, para establecer una conexión entre la multiplicación del pan y las celebraciones de la Eucaristía. Ambos son milagros del *Logos*. Ambas son celebraciones en las cuales el Señor nos da los dones de la nueva creación dentro de los parámetros de la vieja creación. En ambas celebraciones hay una multiplicación milagrosa. En la alimentación de los cinco mil, cinco panes de cebada y dos pescaditos son multiplicados para alimentar a un gran número de personas. En la Eucaristía, el cuerpo de Jesús se multiplica para alimentar y salvar a millones de personas alrededor del mundo en miles y miles de celebraciones individuales. Los fragmentos de pan recogidos en las doce canastas son símbolos del pan que perdura, que permanece para vida eterna (Juan 6.27) (Witkamp 1990.49).

En opinión de Lutero, el evangelista menciona el pan sobrante para enseñarnos la frugalidad. Los cristianos necesitamos aprender a no malgastar las bendiciones materiales y espirituales con las que el Señor nos ha demostrado su misericordia. No debemos ser como los ricos de este mundo que derrochan las bendiciones de Dios en lugar de repartirlas entre los pobres de la tierra (Lenker 1988.II.167-172). Otros comentaristas creen que el evangelista incluyó este detalle para que los líderes de la iglesia tuvieran un cuidado especial con los elementos de la Eucaristía. El pan y el vino que sobran después de la celebración de la Santa Cena no debe tirarse, sino guardarse cuidadosamente para usarlos en la próxima celebración. Estos fragmentos de pan (κλάσμα en griego), recogidos después de la celebración eran, para la iglesia primitiva, un poderoso símbolo de la unidad de la iglesia. Ya en la Didaché, uno de los escritos cristianos más antiguos (140 d.C.) se oraba: "De la misma manera que este pan fraccionado, esparcido ante todo sobre las colinas, ha sido reunido y llegado a ser uno, que de esa manera sea reunida tu iglesia" (Charlier 1967.49).

6.14: Aquellos hombres entonces, viendo la señal que Jesús había hecho, dijeron: Este verdaderamente es el profeta que había de venir al mundo. Moisés antes de morir había profetizado que, después de su muerte, Dios enviaría a otro profeta para guiarlos y comunicarles la palabra de Dios. En Deuteronomio 18.15 Moisés declara: "Profeta de en medio de ti, de tus hermanos, como yo, te levantará Jehová tu Dios; a él oiréis." La profecía de Moisés recibió un cumplimiento parcial en Josué y en todos los otros profetas que Dios levantó para guiar a su pueblo después de la muerte de Moisés. Pero ninguno de estos profetas fue tan grande como Moisés. Al final del Pentateuco encontramos la siguiente declaración: "Y nunca más se levantó profeta en Israel como Moisés, a quien haya conocido Jehová cara a cara; nadie como él en todas las señales y prodigios que Jehová le envió a hacer en tierra de Egipto, a Faraón y a todos sus siervos y a toda su tierra, y en el gran poder y en los hechos grandiosos y terribles que Moisés hizo a la vista de todo Israel" (Deuteronomio 34.10-12).

Ninguno de los profetas que siguieron a Moisés logró cumplir perfectamente el papel del nuevo Moisés anunciado en Deuteronomio 18. Por eso, tanto los judíos como los samaritanos esperaban la llegada de un profeta escatológico, un profeta como Moisés, que daría pan celestial a su pueblo en el desierto, un profeta que conocería a Dios cara a cara. Ahora, en el desierto detrás de Betsaida, los que experimentaron la alimentación de los cinco mil llegan a la conclusión de que Jesús es el perfecto cumplimiento de la profecía de Moisés. Jesús no solamente es un profeta; Jesús es el profeta por excelencia; es el nuevo Moisés que ha venido para liberar a su pueblo oprimido. Jesús es el profeta.

En un sentido, la multitud en Galilea ha interpretado bien la señal del pan: Jesús es el pastor mesiánico que ha venido a guiar los corderos de su rebaño, que están como ovejas sin pastor. En otro sentido, la multitud mal interpretó la señal del pan. El equívoco estriba en el hecho de que los galileos no entendieron la naturaleza del reino que Jesús vino a establecer (Hoeferkamp 1978.118). Así se comprueba que las señales milagrosas no siempre producen verdadera fe, porque pueden ser malinterpretadas. Las señales de Jesús tienen que ser entendidas a la luz de sus palabras.

6.15: Pero entendiendo Jesús que iban a venir para apoderarse de él y hacerle rey, volvió a retirarse al monte él solo. Los cinco mil recién alimentados entendieron algo de la misión de Jesús, pero se equivocaron al suponer que Jesús, al igual que Moisés, podía ser un líder en la lucha armada contra los opresores del pueblo. Por eso, cuando quieren hacer de Jesús el líder de la revolución en contra de los romanos y sus lacayos, éste huye a los altos del Golán, porque es otra clase de mesías. El evangelista en este texto presenta a Jesús como un nuevo Moisés que ha venido a dirigir a su pueblo en un nuevo éxodo, pero este éxodo no se realizará en base a una lucha armada contra Roma, sino en base al sacrificio del verdadero cordero pascual que morirá por los pecados del mundo. Por medio de este sacrificio podrán entrar en la Jerusalén celestial todos aquellos que creen en él como el verdadero pan de vida y como el verdadero cordero pascual.

Es apropiado que esta cena en el desierto, que anticipa la institución de la Eucaristía, fuera celebrada fuera de Jerusalén, entre una turba de pobres (*am-ha-aretz*), desposeídos y pecadores, pues en la fiesta nupcial del cordero y su esposa "vendrán muchos del oriente y del occidente (gentiles y *am-ha-eretz*), y se sentarán con Abraham e Isaac y Jacob en el reino de los cielos; mas los hijos del reino (líderes eclesiásticos entre los judíos, como los fariseos) serán echados a las tinieblas de afuera; allí será el lloro y el crujir de dientes" (Mateo 8.11-12).

Lutero comenta que al alimentar a los cinco mil, Jesús nos da una ilustración viva de la verdad expresada en Mateo 6.33: "Mas buscad primeramente el reino de Dios y su justicia, y todas estas cosas os serán añadidas." Las cinco mil personas buscaron primeramente a Jesús y su palabra. Tan ansiosos estaban por recibir el pan espiritual, que se olvidaron de traer el pan material. Sin embargo, Dios les proveyó el pan material que necesitaban. Una segunda lección que encuentra Lutero en el texto es que nosotros debemos ser igual que Jesús, que como el Padre celestial en Mateo 5.45, alimenta a malos y buenos, a justos e injustos. Una tercera lección que Lutero saca de este pasaje es la de tener paciencia con las personas que tienen una fe débil. En vez de maldecir a Felipe y a Andrés por su falta de fe, les ayuda a crecer en ella (Lenker 1988.II.166-172).

La tentación en el cuarto evangelio: A diferencia de los sinópticos, el cuarto evangelio nunca relata una escena en la que Jesús es tentado directamente por Satanás. Sin embargo, hay equivalentes joánicos del relato de la tentación de Jesús según los sinópticos. En Lucas 4.5-6 y en Mateo 4.8-9 Jesús es tentado por Satanás a establecerse como rey de este mundo y a ejercer su autoridad y dominio sobre las naciones por medio de la violencia. En Juan 6.1-15 Jesús tiene que rechazar la misma tentación, pero a diferencia de los sinópticos, en Juan Satanás siempre ataca indirectamente, por medio de agentes humanos. En este relato los agentes humanos son los que quieren llevar a Jesús a la fuerza para hacerlo rey. Así Juan 6.15 corresponde a lo que es la segunda tentación satánica en Lucas, y la tercera tentación satánica en Mateo (Pagels 1994.42).

Hay equivalentes a las otras tentaciones sinópticas en Juan 6.30-31 y 7.1-5. En la primera tentación sinóptica Satanás desafía a Jesús a convertir las piedras en pan para comprobar su autoridad divina. Jesús rechaza la tentación con la declaración de que ha venido para alimentar a su pueblo con el pan espiritual, que es la palabra de Dios. En Juan 6.30-31 encontramos el equivalente joánico de la primera tentación sinóptica. Aquí la multitud, que ya ha experimentado una señal maravillosa, pide otra señal para comprobar la autoridad mesiánica del Señor. Como en los relatos sinópticos, Jesús rechaza esta nueva tentación con la enseñanza de que ha venido para alimentar a su pueblo con comida espiritual, su cuerpo y su sangre.

En Juan 7.1-5 el evangelista nos da su versión de la tentación sinóptica en la cual Satanás lleva a Jesús al pináculo del templo y le dice que se tire abajo. Así Jesús comprobaría su identidad mesiánica con un gran espectáculo publicitario. En Juan 7 los hermanos de Jesús lo retan a que vaya a Jerusalén para hacer grandes señales delante de todo el mundo. Como veremos en Juan 7, Jesús también rechaza esa tentación. Es importante recalcar que en el evangelio de Juan todas las tentaciones satánicas vienen por medio de instrumentos humanos. Así como el *Logos* se ha encarnado en el cuerpo humano de Jesús, así Satanás busca encarnarse en los oponentes humanos de Jesús. Satanás vuelve a hacerlo en la pasión y muerte del Señor, al actuar a través de Judas Iscariote y los líderes religiosos del pueblo para apagar la luz del mundo. En el cuarto evangelio Jesús está involucrado en una gran guerra cósmica contra las fuerzas diabólicas del universo, encarnadas en una serie de enemigos (Pagels 1994.40-52).

Nota litúrgica: En el leccionario tradicional que tenemos en *Culto Cristiano* Juan 6.1-15 es el santo evangelio para el cuarto domingo en cuaresma conocido como Laetare. El tema de este domingo es la "Jerusalén celestial." Para la iglesia antigua, la cuaresma era celebrada como una peregrinación con Jesús hacia la Santa Ciudad. En el siglo III la cuaresma era más corta que ahora, y comenzaba con el domingo Laetare. En el siglo IV la iglesia romana alargó el tiempo de preparación pascual hasta 40 días antes del Jueves Santo. Hay que recordar que los domingos en cuaresma no eran considerados como parte íntegra de la cuaresma, sino como islas en la cuaresma donde los fieles podían encontrar algún alivio de los ayunos y otros requisitos decretados por la iglesia. Por eso todavía hablamos de domingos "en" cuaresma y no domingos "de" cuaresma. En especial el domingo Laetare tiene un papel muy importante en este esquema porque divide la cuaresma en sus dos partes principales. Ahora los peregrinos que acompañan a Jesús a Jerusalén han llegado a la mitad del camino. Aquí toman un descanso. Se alimentan con y de Cristo en el desierto.

El domingo Laetare es un día de refrigerio, descanso y regocijo dentro de la cuaresma. Por eso entona el Introito: "Alegraos con Jerusalén, y gozaos con ella todos los que la amáis." La palabra Laetare viene de la primera palabra de este introito en latín: Alegraos. Las cinco mil personas que comen con Jesús en el desierto están fuera de Jerusalén; esta comida en el desierto es un anticipo de la Santa Cena y del banquete nupcial del Cordero con su esposa que se celebrará en la Jerusalén celestial, y esto es motivo de alegría. Jesús nos alimenta en el desierto de esta existencia mortal, para refrescarnos y fortalecernos, a fin de que lleguemos con él a la Jerusalén celestial de la cual habla la epístola para Laetare: Gálatas 4.21-5.1a.

En cada celebración de la Eucaristía, pero muy particularmente en la de este cuarto domingo en cuaresma, la asamblea de los fieles entra por anticipado a la Jerusalén celestial. Por eso, el salmo para este día en la liturgia tradicional es el 122: "Yo me alegré con los que me decían: A la casa de Jehová iremos." Otra epístola señalada para Laetare, Hebreos 12.18-24, enfatiza aún más nuestra peregrinación hacia la Jerusalén celestial. "En la liturgia participamos y tomamos parte anticipadamente de aquella liturgia celestial que se celebra en la santa ciudad de Jerusalén hacia la cual nos dirigimos como peregrinos y donde Cristo está sentado a la derecha de Dios, como ministro del santuario y del verdadero tabernáculo" (Bornert 1967.14-18).

En el leccionario de tres años de *¡Cantad al Señor!* Juan 6.1-15 es el santo evangelio para el 10° domingo después de Pentecostés en el año B, año de San Marcos.

En el leccionario de cuatro años del grupo litúrgico interconfesional de Gran Bretaña, Juan 6.1-15 es el santo evangelio para el último domingo después de Epifanía en el año D, año de San Juan. Puesto que en la tradición luterana el último domingo después de Epifanía suele ser la fiesta de la Transfiguración, sería mejor usar Juan 6.1-15 para el cuarto domingo en cuaresma en el año D y usar Juan 12.1-8 como el evangelio para la fiesta de la Transfiguración en el año D. En los nuevos leccionarios católicorromanos se celebra el cuarto domingo en cuaresma como domingo de la Transfiguración mientras que en la tradición anglicana la fiesta de la Transfiguración se celebra el 6 de agosto.

Quinta señal: Jesús anda sobre el mar, Juan 6.16-21

6.16: Al anochecer, descendieron sus discípulos al mar. El mar de Galilea está a unos 180 metros debajo del nivel del mar. Cuando sopla viento fuerte y frío del sudeste y choca con el aire caliente que está sobre el lago, se desata una tempestad. Mientras los discípulos comienzan su viaje, Jesús queda sobre un monte para orar al Padre. Los discípulos no tenían idea de la tempestad que les sobrevendría en el mar. Pero Jesús sabía, por eso estaba intercediendo al Padre por ellos. Jesús también está al tanto de las tempestades que agitarán nuestras vidas e intercede por nosotros. Podemos sobrevivir las angustias que nos acaecen, no solamente por nuestras oraciones, sino también porque tenemos un abogado y mediador que está en unión con el Padre y que vela por nosotros.

6.17: Y entrando en una barca, iban cruzando el mar hacia Capernaum. Estaba ya oscuro, y Jesús no había venido a ellos. Mientras Jesús queda orando sobre un monte (Marcos 6.46), los discípulos bajan al mar solos para emprender el viaje de regreso a Capernaum. Había una sola barca disponible. El evangelista añade el detalle de que ya estaba oscuro. Comúnmente, en el cuarto evangelio, se destaca un detalle para resaltar una verdad teológica. En el evangelio de Juan la oscuridad suele presagiar una manifestación de las fuerzas del mal y la ausencia de Jesús. Jesús es caracterizado como la luz que alumbra a todo hombre (Juan 1.9) y prevalece sobre las tinieblas. Jesús es, según Juan 8.12, "la luz del mundo" y su don es "la luz de la vida". La historia de la curación del hombre nacido ciego se relata en este evangelio para afirmar que todos los hombres nacen en "oscuridad", es decir, sin fe y sin la posibilidad de alcanzar vida eterna. La ceguera y la oscuridad físicas nos hacen pensar en la ceguera y oscuridad espiritual: ignorancia, incredulidad, falta de fe y pecado (Juan 9.4-5; 11.9-10; 21.3). Juan 3.19 nos dice que el mundo es condenado porque "la luz vino al mundo, y los hombres amaron más las tinieblas que la luz, porque sus obras eran malas".

El detalle de que Nicodemo viene a Jesús de noche (Juan 3.2) es significativo porque resalta la "oscuridad" del maestro fariseo: su ignorancia y falta de fe. En Juan 3.30 el evangelista nos informa que después de tomar el bocado en la última cena, Judas salió "y era ya de noche". Este detalle sirve para expresar que en aquel momento Judas ingresó a la tinieblas eternas por haber traicionado a Cristo. En Juan 20.1 María Magdalena fue de mañana a la tumba, "siendo aún oscuro". Con estas palabras nos damos cuenta de la desolación de María que se cree abandonada por aquel que es la luz del mundo. También en este pasaje, la oscuridad en la que reman los discípulos en el mar, crea un ambiente de la falta de fe, tanto de los discípulos, como del ser humano que está alejado de Jesús, la luz (Culpepper 1993.191-192).

Debido a la oscuridad los discípulos no pueden ver a Jesús, pero él está observándolos y orando al Padre por ellos, así como él intercede por nosotros en los momentos oscuros en nuestra vida, cuando no podemos ver señales de su presencia. Jesús no se manifiesta a ellos enseguida. Quiere que sus discípulos aprendan paciencia, humildad y mansedumbre por medio de sus sufrimientos. El Señor quiere que sus discípulos aprendan a luchar contra la tempestad, las olas y la oscuridad (Barclay 1973.5.273). Es como cuando la gata permite que sus gatitos luchen con la rata casi muerta que ella les ha proporcionado. Mientras que los gatitos se defienden bien la gata no hace nada. La madre interviene solamente en caso de que la rata ponga en apuros a sus gatitos. Se acerca cuando ellos ya no pueden más. Así también el Señor se manifiesta a sus discípulos cuando ya no pueden más y cuando se creen abandonados.

Nota arqueológica: Una barca como la que fue utilizada por los discípulos fue descubierta en el año 1986 cuando una larga sequía en Galilea hizo que bajara considerablemente el nivel del mar. Arqueólogos israelíes colocaron la barca en el Museo Yigal Allon en el Kibbutz Ginnosar a orillas del mar de Galilea. Mide 8 metros de largo; 2,30 metros de ancho y 1,40 metros de altura. Es suficientemente grande como para llevar quince personas. Tenía un mástil y llevaba velas, pero también podía acomodar a cuatro remeros a cada lado. El timonel guiaba la barca desde una cubierta por la popa. Fue debajo de una cubierta como ésta donde Jesús dormía, según el relato de Marcos 4.37-38. El cabezal sobre el cual dormía Jesús, según el mismo relato, probablemente era un saco lleno de arena que se utilizaba como lastre. El historiador Josefo relata que cuando los judíos libraron la batalla naval de Migdal contra los romanos en el año 67 d.C. utilizaron muchas barcas de este tipo. La barca en exhibición en el Museo Yigal Allon probablemente fue hundida en esa misma batalla de Migdal (Wachsmann 1988.19-33).

6.18-19: Y se levantaba el mar con un gran viento que soplaba. Cuando habían remado como veinticinco o treinta estadios, vieron a Jesús que andaba sobre el mar y se acercaba a la barca; y tuvieron miedo. (Veinticinco o treinta estadios equivale a cinco y seis kilómetros respectivamente). Ya vimos que la oscuridad es un fenómeno físico que el evangelista resalta para que el lector capte el estado espiritual de los discípulos. En estos versículos el mar, el viento y las olas desempeñan una función semejante. En el A.T. el mar era un símbolo de las fuerzas del caos y del desorden que siempre amenazaban aniquilar todo lo creado. Hay que recordar que los antiguos hebreos nunca fueron grandes marineros como sus vecinos, los fenicios. Temían al mar y preferían quedarse en tierra firme. En las pocas oportunidades en que los hebreos intentaron levantar una empresa marina, fracasaron. El cuadro que pinta el evangelista del dilema de los discípulos es representativo de los problemas por los que ha pasado la iglesia a través de los siglos. Una y otra vez, cuando la iglesia se encuentra en una situación difícil, como la de Juan 6.16-21, Jesús viene a ella, en medio de su mar de dificultades, para llevarla al puerto de salud.

6.20: Mas él les dijo: Yo soy; no temáis. La declaración *yo soy* está colocada en el medio del relato, pues es la frase clave alrededor de la cual gira todo el episodio. En Juan 6.35 estudiaremos el primero de los siete *yo soy* con predicado que encontramos en este evangelio. Aquí tenemos un *yo soy* ('Εγω εἰμι en griego) en sentido absoluto, sin predicado. Las palabras *yo soy* en el A.T. eran el nombre divino Jehová o Yahwé. Jehová quiere decir *yo soy el que soy* (Éxodo 3.14). Al pronunciar la fórmula *yo soy* en este episodio, Jesús está manifestando ser Dios. Esta epifanía es dada a los discípulos para fortalecerlos en medio de la tempestad por la cual están pasando. También es dada a los discípulos para que conozcan quién es Jesús. En la señal de los panes los discípulos llegaron a entender que Jesús es el profeta escatológico profetizado por Moisés en Deuteronomio 18.15. Llegaron a conocer a Jesús como rey. Pero confesar a Jesús como profeta y rey no es suficiente. El único nombre que engloba en forma adecuada el misterio de la persona de Jesús es el nombre divino *yo soy* (Brown 1966.255).

Los discípulos seguían a Jesucristo porque creían que él era el profetizado por Moisés en la ley (Juan 1.45). Natanael lo había confesado como Hijo de Dios y Rey de Israel, dos títulos mesiánicos (Juan 1.49). Después de ver la gloria manifestada en las bodas de Caná, sus discípulos creyeron en él. Pero ahora están en dudas en cuanto a la identidad de Jesús. Después de la alimentación de los cinco mil, el pueblo había querido coronar a Jesús como su rey y Mesías para que expulsara de Palestina a todos los extranjeros y herejes, y estableciera el reino de Dios en la tierra. Pero en vez de aceptar la corona y el liderazgo del movimiento revolucionario, Jesús huyó, y así se desvanecieron los sueños que los discípulos abrigaban de ser oficiales, generales y ministros en el reino de Jesús (Marcos 10.37). Mientras los discípulos remaban en la tempestad de la noche, otra tempestad estaba soplando dentro de ellos. Había tinieblas, no solamente alrededor de ellos, sino también dentro de sus corazones, que producían dudas e incertidumbres. Se preguntaban a sí mismos: Sí Jesús no es el mesías político, el gran libertador que esperabamos, entonces ¿quién es? ¿dónde está ahora? Jesús, ¿nos has abandonado para dejarnos solos en las tinieblas y en la tempestad? Cuando pasamos por las tempestades de la vida, con frecuencia hacemos preguntas similares.

La epifanía de Jesús y las palabras *yo soy* (᾿Eγω εἰμι) apaciguan las dudas de los discípulos y las nuestras. Los israelitas que fueron llevados cautivos a Babilonia por Nabucodonosor, después de la destrucción del templo de Salomón, también tuvieron que aguantar una terrible tempestad física y espiritual. Se sentían como niños perdidos en la oscuridad, y creían que habían sido totalmente abandonados por Jehová en una tierra lejana. ¡Qué consuelo habrán sentido los cautivos en Babilonia cuando recordaron las palabras del profeta Isaías en los capítulos 41 al 43! La frase clave en estos capítulos es *yo soy* (véase Isaías 43.10-12). "Yo, yo Jehová, y fuera de mí no hay quien salve." Jehová asegura a los cautivos que no los ha abandonado, más bien está con ellos allí mismo en Babilonia, allí mismo en la tierra lejana, allí mismo en medio de la tempestad. No va a dejarlos para siempre en el cautiverio pues borrará sus pecados: "Yo, yo soy el que borro tus rebeliones por amor de mí mismo, y no me acordaré de tus pecados" (Isaías 43.25). Les promete un nuevo éxodo, un regreso a la Tierra Santa. Promete abrir nuevamente "un camino en el mar, y senda en las aguas impetuosas" (Isaías 43.16) para poder llevar a los cautivos nuevamente a su tierra.

Las palabras de Jesús *yo soy* y la epifanía por medio de la cual los discípulos son llevados milagrosamente por el mar para llegar salvos a tierra, revelan que el *yo soy* que hablaba a los cautivos en Babilonia, y el que se manifiesta a los discípulos en el mar, es uno. Revelan que en Jesús se cumplen las palabras del Salmo 107.23-30. Por medio de Jesús los discípulos pasan por el mar de Galilea así como en el libro de Éxodo los israelitas pasaron a salvo por el mar Rojo. Jesús, en su epifanía, se revela como el que condujo al pueblo de Israel, sacándolo de la esclavitud en Egipto y guiándolo por el mar Rojo hacia la libertad. En este pasaje se nos invita a ver en Jesús al Padre que tiene poder y autoridad sobre el mar y las fuerzas del caos y del abismo que están representados por el mar en el A.T.

Algunos comentaristas entienden este pasaje de una manera aún más simbólica. Según Guilding, la separación de Jesús de sus discípulos representa la muerte y el entierro de Jesús, un hecho que provocó una terrible tempestad en la vida de sus seguidores. La oscuridad se refiere al retiro de la luz del mundo. La oscuridad representa la noche del Viernes Santo cuando Jesús permanece muerto en la tumba. La caminata de Jesús sobre las aguas representa su retorno en la resurrección. La epifanía o cristofanía en el mar y la declaración *yo soy* representan las apariciones del Cristo resucitado en medio de sus discípulos atribulados el domingo de la resurrección (Juan 20). Así como en Juan 6, también en la resurrección los discípulos se asustaron cuando vieron al Señor, creyendo que era un espíritu o un fantasma (Guilding 1960.60; Hoeferkamp 1978.120).

6.21: Ellos entonces con gusto le recibieron en la barca, la cual llegó en seguida a la tierra adonde iban. Así como Moisés guió al pueblo de Israel cuando atravesó el mar Rojo, y de esta manera lo libró definitivamente del yugo egipcio, así Jesús se manifiesta a sus discípulos como el nuevo libertador que ha venido para derrotar a Satanás quien, como el faraón, tiene esclavizada a la humanidad. Viene con el poder de su resurrección para guiarlos a través del mar de la muerte y llevarlos a la tierra prometida. Con sus palabras *yo soy* Jesús ha tranquilizado a los discípulos y les ha dado la fe para no perderse en la oscuridad, la soledad y el mar. Witkamp afirma que la oscuridad es un símbolo de la aparente ausencia de Jesús que experimentan los discípulos en medio de las persecuciones y tribulaciones del mundo (1990.53). Pero por las palabras *yo soy*, los discípulos reciben la seguridad de que Jesús no los ha abandonado.

¿Quién es el *yo soy* que ha venido a los discípulos en la tempestad? Aunque las palabras *yo soy* son absolutas, sin predicado, nosotros en base al contexto del resto del capítulo y de lo que sabemos de la teología de Juan, podríamos añadir el predicado faltante: *Yo soy* la luz que expulsa las tinieblas. *Yo soy* el que ha venido para ayudarles a resistir los ataques malignos. *Yo soy* el camino que conduce a través del mar de la muerte al puerto de salud. Según Witkamp, la frase "la tierra adonde iban" se refiere tanto al otro lado del lago como al reino eterno del Padre (1990.55).

La quinta señal de Jesús en el cuarto evangelio y el primer *yo soy* absoluto identifican a Jesús con aquel de quien habla Isaías 51.10: "¿No eres tú el que secó el mar, las aguas del gran abismo; el que transformó en camino las profundidades del mar para que pasaran los redimidos?" Es de Jesús que habla el Salmo 107.29-30: "Cambia la tempestad en sosiego, y se apaciguan sus ondas. Luego se alegran, porque se apaciguaron; y así los guía al puerto que deseaban." Para rescatar a los suyos, Jesús se ha mostrado como vencedor sobre 1- la oscuridad, 2- la tempestad, 3- la distancia y 4- el temor de los discípulos.

Según Heil, la tempestad en el mar es un símbolo de la muerte. De acuerdo con esta interpretación, el rescate de los discípulos en el mar es una demostración de que ninguno que haya sido dado a Jesús por el Padre se perderá. Por medio de Jesús, quien es la resurrección y la vida, los discípulos pasarán por la tempestad de la muerte para llegar a la vida eterna. La muerte no puede quitar de la mano de Jesús a los que han creído en él. Como tal, la quinta señal es una demostración del poder de Jesús para dar vida eterna. Esta señal debe servir para apaciguar el temor de los discípulos cuando se encuentran en las tempestades de la vida y especialmente frente a la muerte. Esta enseñanza concuerda con lo que Jesús enseña en otras partes del cuarto evangelio. En Juan 16.33 Jesús llama a sus discípulos a ser valientes frente la tribulación, la persecución y la muerte porque Jesús ha "vencido al mundo."

El temor de los discípulos en Juan 6, al igual que en nuestros tiempos, se debe a tres factores: 1- Se fijan más en la tempestad que en las palabras del Señor. 2- No conocen bien quién es Jesús. No saben de dónde ha venido. 3- No creen que tenga poder para dar vida eterna, y de que nadie pueda arrebatarlos de su mano (Heil 1981.75-81).

En algunos grupos de judíos la salvación escatológica que esperaba el pueblo de Israel se comparaba a un rescate de una tempestad en alta mar. En el *Testamento de los Doce Patriarcas*, uno de los libros seudoepígrafes que circulaban entre los judíos en el tiempo de la iglesia primitiva, hay una visión en la cual naufraga un barco en una terrible tempestad. El nombre del barco es Israel y su capitán es Jacob. Por la fuerza de las olas el barco se divide en 11 partes o tablas. Una parte para Judá y Benjamín y otra parte para cada una de las demás tribus del pueblo de Israel. Las tablas son llevadas hasta lo último de la tierra. La tempestad representa los sufrimientos por los que tiene que pasar Israel antes del fin. En la visión, Leví eleva sus manos en oración a Dios pidiendo salvación. Al escuchar la oración de Leví, Dios, al final de los tiempos, envía un salvador para unir en una las once tablas y restaurar el barco y llevarlo al puerto (Testamento de Neftalí 6.1-6). Esta visión en el Testamento de Neftalí nos lleva a imaginar que los lectores judíos de Juan 6.15-21 podrían haber interpretado simbólicamente lo relatado, interpretándolo como una profecía de salvación escatológica (Heil 1981.17).

Hay una conexión litúrgica entre la multiplicación de los panes y el andar de Jesús por el mar. Tanto la historia del paso por el mar Rojo como la historia de Moisés y el maná en el libro de Éxodo, eran lecciones que se leían en las sinagogas de Palestina en la fiesta de la Pascua. Mientras los judíos en Jerusalén celebraban la fiesta de la Pascua y leían estos dos relatos, Jesús en el desierto y en el mar se manifiesta como el nuevo Moisés escatológico (Schnackenburg 1980.II.54).

Nota litúrgica: En el leccionario de cuatro años del grupo interconfesional de Gran Bretaña Juan 6.16-21 es el santo evangelio para el octavo domingo después de Pentecostés en el año D, año de San Juan.

En el leccionario de tres años de *¡Cantad al Señor!* Juan 6.24-35 es el santo evangelio para el 11° domingo después de Pentecostés en el año B, año de San Marcos.

6.22-24: El día siguiente, la gente que estaba al otro lado del mar vio que no había habido allí más que una sola barca, y que Jesús no había entrado en ella con sus discípulos, sino que éstos se habían ido solos. Pero otras barcas habían arribado de Tiberias junto al lugar donde habían comido el pan después de haber dado gracias al Señor. Cuando vio, pues, la gente que Jesús no estaba allí, ni sus discípulos, entraron en las barcas y fueron a Capernaum, buscando a Jesús. Muchas personas que habían participado de la cena con Jesús y sus discípulos salieron a buscarle. Se dieron cuenta que Jesús se había ido, pero no con los discípulos que habían salido en el único barco que estaba allí. Después llegaron otros barcos de Tiberias, la capital de la provincia de Galilea que el tetrarca Herodes Antipas había construido en el año 18 d.C. por el lado occidental del mar de Galilea. Ésta es la única vez que el N.T. menciona la ciudad de Tiberias.

Tiberias era una ciudad helenística con sus baños, hipódromos y otras diversiones paganas. Tenía santuarios dedicados a deidades paganas, y fue construida sobre terrenos que antiguamente habían servido como cementerio. Por eso, los fariseos y otros grupos de judíos piadosos se rehusaban entrar en esa ciudad pagana para no contaminarse con todas las inmundicias de la misma. Pocos fueron los judíos que aceptaron la invitación de Antipas a vivir en su nueva capital. Para poblar su nueva ciudad, Antipas libertó a una cantidad de esclavos y les ofreció tierra y casas en Tiberias. Como muchos otros gobernantes romanos, Antipas solía mantener calmadas a las masas pobres con la distribución gratis de pan y entradas al hipódromo. Koester cree que entre la multitud que Jesús alimentó había muchas personas que estaban acostumbradas a recibir una ración gratis de pan de parte del gobernador y, por eso, interpretaron la alimentación de los cinco mil como el gesto típico de un político que trataba de reclutar seguidores que apoyasen sus pretensiones políticas (Koester 1995.55-57). El hecho de que algunas personas de Tiberias formaran parte de la multitud que siguió a Jesús es otro indicio de su popularidad entre los *am-ha-aretz*.

Algunas de las personas que buscaban a Jesús probablemente se aprovecharon de los barcos de Tiberias para viajar a Capernaum en su búsqueda. Los otros se fueron a pie. Para los caminantes, la distancia entre Betsaida y Capernaum era de unos 12 kilómetros. Encontraron a Jesús en la sinagoga de Capernaum. El diálogo y discurso que siguen en el resto del capítulo tienen como escenario la sinagoga de Capernaum. Varios expertos que han estudiado los sermones de Filón de Alejandría y de otros predicadores judíos del primer siglo afirman que la forma utilizada por

Jesús en Juan 6.25-59 sigue el modelo de los sermones (*midrash*) típicos de su tiempo.

El discurso en la sinagoga de Capernaum

6.25-26: Y hallándole al otro lado del mar, le dijeron: Rabí, ¿cuándo llegaste acá? Respondió Jesús y les dijo: De cierto, de cierto os digo que me buscáis, no porque habéis visto las señales, sino porque comisteis el pan y os saciasteis. La gente se da cuenta que Jesús ha llegado al otro lado del mar de una manera extraordinaria. ¿Cómo es posible que Jesús haya cruzado el mar sin un barco? Ya no le buscan como rey, sino como gran maestro o rabino (ῥαββί). Ya entienden que Jesús es más que un profeta, pero todavía no han comprendido que Jesús es aquel que ha venido del Padre y que es el pan que da vida eterna. Esto es lo que Jesús quiere aclararles en el diálogo y el discurso que siguen. Para la mayoría de las personas, en el cuarto evangelio, las señales solas no son suficientes para despertar la fe. Las señales tienen que estar acompañadas de las palabras de Jesús que las interpretan.

6.27: Trabajad, no por la comida que perece, sino por la comida que a vida eterna permanece, la cual el Hijo del Hombre os dará; porque a éste señaló Dios el Padre. Como en su diálogo con la mujer samaritana, Jesús llama a los galileos a buscar primeramente el verdadero pan. El pan que comieron los galileos el día anterior, al igual que el pan que comieron los israelitas en el desierto, era un pan que no permanece. Además, los que comen de ese pan vuelven a tener hambre. En cambio, el pan que ofrece Jesús es duradero y satisface para siempre el hambre de Dios que tiene el ser humano. Jesús insta a los galileos a trabajar para tener la verdadera comida que viene de Dios y que da vida eterna. Se sobrentiende que la palabra *trabajad* es un sinónimo de *creed*. El propósito del cuarto evangelio, enunciado en Juan 20.31, es que todos crean que Jesús es el Cristo, el Hijo de Dios, y para que creyendo, todos tengan vida en su nombre. Éste es el tema o asunto principal en el evangelio de Juan. Todos los episodios, historias, diálogos y discursos en el cuarto evangelio apuntan a lo mismo: La necesidad de tener fe en Cristo. En este evangelio el verbo *trabajar*, igual que los verbos *ver, mirar, tomar, beber, comer, vender, hallar,* muchas veces quiere decir *creer*.

En conexión con este tema, es interesante observar que los historiadores de religión aseguran que el pan sirve como un símbolo de vida, no solamente en el N.T., sino en muchas otras religiones tales como el gnosticismo y las religiones de misterio (Schnackenburg 1980.II.64). En muchas religiones los fieles buscan comer de un manjar celestial que les dará inmortalidad o el poder de subir en astral a la presencia de los dioses y espíritus. Tanto en la vieja religión zoroástrica como en varias religiones de indígenas norteamericanos, los fieles buscan entrar en trance y subir a las regiones celestiales por medio del consumo de diversas clases de hongos alucinógenos.

6.28-29: Entonces le dijeron: ¿Qué debemos hacer para poner en práctica las obras de Dios? Respondió Jesús y les dijo: Esta es la obra de Dios, que creáis en el que él ha enviado. Los galileos quieren saber qué obras tendrán que hacer para obtener la vida eterna. Después de dar maná a los hijos de Israel en el desierto de Sinaí, Moisés les entregó los mandamientos de la ley de Dios. Tal vez los galileos creían que Jesús, igual que Moisés, debía dar una serie de leyes a su pueblo. Tal vez creían que el pan que daría vida eterna sería un nuevo código de leyes y que por medio del cumplimiento de esas leyes se obtendría la vida eterna. La respuesta de Jesús indica que para tener vida eterna es necesario tener fe en aquel que fue enviado por Dios para ofrecer su vida como el perfecto sacrificio pascual. Pero la fe de la que habla Jesús no es una obra que realizan los seres humanos, sino una obra de Dios en nuestras vidas. "Ninguno puede venir a mí, si el Padre que me envió no le trajere" (6.44). Es Dios quien realiza la obra en nuestros corazones por medio de la predicación del evangelio. "Así que la fe es por el oír, y el oír, por la palabra de Dios" (Romanos 10.17). Nosotros no podemos producir la fe en nosotros mismos por medio de ayunos, ejercicios espirituales o vigilias. Si nos falta fe debemos confesar a Dios nuestra incredulidad y pedirle que nos conceda la fe por medio de su Palabra.

6.30-31: Le dijeron entonces: ¿Qué señal, pues, haces tú, para que veamos, y te creamos? ¿Qué obra haces? Nuestros padres comieron el maná en el desierto, como está escrito: Pan del cielo les dio a comer. Los judíos quisieran que Jesús pudiera hacer lo que hizo Moisés, traer maná del cielo, eso sí sería un milagro suficientemente grande para autenticarlo como el profeta mesiánico que esperaban tanto ellos como los samaritanos. Lo irónico de la situación es que Jesús acaba de obrar una señal milagrosa en la alimentación de los cinco mil, y ahora le piden otra. Los judíos habían presenciado la señal del pan, pero no entendieron su significado. No se daban cuenta que delante de ellos está la señal que están pidiendo. Ellos piden pan del cielo y Jesús mismo es el verdadero maná que el Padre ha enviado del cielo.

Aún en el A.T. el maná que comieron los israelitas en el desierto era solamente un símbolo del verdadero pan que da vida. Ya en Deuteronomio 8.3 se enseña que no sólo de pan vivirá el hombre, mas de toda palabra que sale de la boca de Dios. Los rabinos enseñaron que la palabra que sale de la boca de Dios es la Torá, pero en el prólogo del evangelio de Juan hemos visto que la Palabra o el *Logos* de Dios que ha venido en carne no es la Torá, sino Jesucristo.

6.32-33: Y Jesús les dijo: De cierto, de cierto os digo: No os dio Moisés el pan del cielo, mas mi Padre os da el verdadero pan del cielo. Porque el pan de Dios es aquel que descendió del cielo y da vida al mundo. Es evidente que en los versículos 32-35 tenemos otro de los equívocos en el cuarto evangelio. Los galileos entienden mal tres hechos muy importantes y por eso Jesús tiene que corregirlos. En primer lugar, creen que Moisés fue quien dio pan del cielo a los antepasados de los hebreos en el desierto. Jesús tiene que recordarles que no es Moisés, sino Dios quien da el verdadero pan del cielo. En segundo lugar, el verdadero pan del cielo no es maná, el pan material, como creen los galileos y los materialistas de todos los tiempos. El pan material solamente da vida momentánea y después se siente hambre de nuevo. La vida que da el maná y todo pan material sólo es vida perecedera pero no vida eterna. El verdadero pan del cielo tampoco es la Torá como han afirmado los rabinos en sus interpretaciones del A.T. La Torá no da vida eterna, sino muerte, puesto que nos acusa y condena por nuestras faltas. El verdadero pan del cielo es Jesucristo, porque en su reino nunca sufriremos ni hambre material ni muerte. En tercer lugar, el maná fue dado solamente a los israelitas, pero el verdadero pan del cielo no es sólo para los hijos de Israel, sino para todo el mundo.

6.34: Le dijeron: Señor, danos siempre este pan. El pueblo no entiende lo que pide. Esta petición recibe su cumplimiento en la proclamación del evangelio y en el establecimiento de la Santa Cena en la cual siempre tenemos acceso a Jesucristo, el pan de vida en persona.

6.35: Jesús les dijo: Yo soy el pan de vida; el que a mi viene, nunca tendrá hambre; y el que en mí cree, no tendrá sed jamás. Aquí tenemos el primero de los siete dichos en este evangelio donde aparecen las palabras *yo soy* con predicado. En Juan 6.20 tuvimos el primer ejemplo de las palabras *yo soy* en forma absoluta, es decir, sin predicado. Como veremos en Juan 8.58 las palabras *yo soy* constituyen el significado del nombre divino Jehová o Yahwé en el A.T. Es decir, en muchas partes del A.T. Dios se refiere a sí mismo con las palabras *yo soy*.

Las palabras *yo soy* se usan en el evangelio de Juan cuando una palabra del A.T. es identificada con una persona o figura en primera persona singular. Por ejemplo, Isaías 40.3 habla de una voz que clama en el desierto. En Juan 1.23 Juan el Bautista se identifica con la voz en Isaías y dice: "Yo soy la voz." En un comentario rabínico sobre el libro de Lamentaciones se relata cómo el emperador romano Trajano llegó a Jerusalén durante la fiesta de la Dedicación para matar a los judíos. Al llegar a la ciudad santa, el emperador encontró a un grupo de judíos discutiendo la interpretación de Deuteronomio 28.49: "Jehová traerá contra ti una nación de lejos, del extremo de la tierra, que vuele como águila, nación cuya lengua no entiendas." Los judíos no podían ponerse de acuerdo en cuanto a la identificación del águila. Uno decía una cosa y otro otra. Entonces Trajano anunció: "Yo soy el águila" (Borgen 1965.72-73).

Los rabinos no solamente discutieron sobre la identificación e interpretación correcta de términos como "águila" en Deuteronomio 28.29, sino también de términos mucho más importantes, como maná, agua, vid, buen pastor y puerta. En muchos sermones rabínicos, incluso algunos de Filón de Alejandría, el maná que Moisés dio a los israelitas es comparado con la Torá y con Sabiduría. En otras palabras, los rabinos enseñaban que el verdadero maná o pan que da vida es la Torá que Moisés recibió de Dios sobre el monte Sinaí. En el libro apócrifo de Eclesiástico la sabiduría es identificada tanto con el maná que da vida como con el agua de vida que salió de la peña de Horeb. Dirigiéndose a los hijos de Israel, la Sabiduría clama diciendo: "Venid a mí los que me deseáis, y hartaos de mis productos. Que mi recuerdo es más dulce que la miel, mi heredad más dulce que panal de miel. Los que me comen quedan aún con hambre, los que me beben sienten todavía sed" (Eclesiástico 24.19-21). Al decir Jesús: "*yo soy* el pan de vida", declara: "El verdadero maná que da vida eterna no es la Torá que Moisés recibió en el monte Sinaí, ni tampoco lo es la Sabiduría. La Torá de los diez mandamientos solamente trae condenación, porque por medio de la ley viene el conocimiento del pecado. El maná que da vida eterna soy yo, el Hijo del Hombre, que he bajado del cielo para encarnarme y hacerme un verdadero ser humano. El pan que da vida eterna no es la Torá, sino yo, porque soy el Cordero de Dios que quita el pecado del mundo."

En el *yo soy* de Juan 6.35 Jesús se identifica no sólo con el verdadero pan que da vida eterna, sino también con el agua de vida que quita toda sed. En Jesús se cumple la promesa hecha por Dios en Isaías 55.1: "A todos los sedientos: Venid a las aguas; y los que no tienen dinero, venid, comprad y comed. Venid, comprad sin dinero y sin precio, vino y leche." La invitación en Isaías 55.1 a saciar la sed se hace a los que no tienen dinero, a los que no pueden ofrecer nada a Dios por el don de la vida eterna. No se puede comprar el regalo de Dios con dinero, méritos o indulgencias porque es un don que se ofrece gratuitamente a todos. Dios no pone condiciones; no excluye a nadie. No invita solamente a judíos, a justos, a santos, sino a todos los que tienen sed de Dios y de su salvación. Los que no tienen sed son los que se creen justos y santos. No ven la necesidad del perdón y la misericordia de Dios porque creen que pueden justificarse delante de Dios en base a sus méritos. Los que tienen sed son los que tienen fe.

Nota litúrgica: En el leccionario de cuatro años del grupo litúrgico interconfesional de Gran Bretaña Juan 6.27-35 es el santo evangelio para el sexto domingo antes de Navidad en el año D, año de San Juan.

6.36-37: Mas os he dicho, que aunque me habéis visto, no creéis. Todo lo que el Padre me da, vendrá a mí; y al que a mí viene, no le echo fuera. La promesa que Jesús nos da aquí es una de las más preciosas en toda la Escritura: Todo el que viene a Jesús con hambre para recibir su perdón y con sed para recibir su espíritu, no será echado fuera. En el ministerio pastoral, con frecuencia encontramos a miembros de la congregación que permanecen sentados mientras los demás participan en la Cena del Señor. Al preguntarles porqué no comulgan, contestan:

"No soy digno de participar en la cena; Jesús no me recibiría. Me rechazaría por mi culpa, por mi pasado, por mi indignidad." Pero aquí Jesús no pide cierto grado de santidad de los que le buscan. El ladrón en la cruz vino a Jesús arrepentido y no fue echado fuera. La mujer samaritana, a pesar de su pasado y de sus enredos matrimoniales, no fue echada fuera. La mujer adúltera en Juan 8, tampoco fue echada fuera. La única condición que exige Jesús para los que vienen buscando el agua de la vida es tener sed. La única condición que exige Jesús de los que quieren participar del pan de la vida es tener hambre. La Santa Cena no es un premio para los que lucen más santos que los demás. Cuando nos examinamos a nosotros mismos antes de comulgar, no debemos perder tiempo haciendo una lista de nuestras virtudes. Más bien, debemos preguntarnos a nosotros mismos: ¿Reconocemos nuestro pecado y nuestra necesidad del pan de vida? ¿Tenemos hambre del perdón de Dios? ¿Reconocemos que sin la ayuda del Espíritu Santo no es posible tener ni fe, ni amor, ni esperanza? ¿Reconocemos la necesidad del Espíritu Santo? ¿Tenemos sed del Espíritu Santo? Los que venimos a Jesús con tal hambre y sed, no seremos echados fuera.

La comunidad de los discípulos de Jesús es llamada a ser una hermandad diferente a la sinagoga de los fariseos y de los escribas. En la parábola del hijo pródigo, el hijo mayor, que representa a la sinagoga, no está dispuesto a recibir de nuevo a su hermano arrepentido. Quiere que sea expulsado y excomulgado para siempre. En Juan 9 el ciego de nacimiento es echado fuera de la sinagoga por su fe en Jesús. Juan 9.22 nos informa que "los judíos ya habían acordado que si alguno confesase que Jesús era el Mesías, fuera expulsado de la sinagoga." Jesús en cambio dice: "Al que a mí viene, no le echo fuera." Siempre tenemos que preguntarnos si nuestras comunidades se parecen más a la sinagoga de los escribas que está más interesada en expulsar y en excomulgar para no perjudicar su supuesta santidad, o si se parecen más a la comunidad mesiánica, que está más preocupada por buscar, salvar e incorporar lo que se había perdido. Según Howard-Brook (1994.165), la frase "venir a mí" es un eufemismo que quiere decir "hacerse miembro de la comunidad de los que siguen a Jesús." La evidencia de que uno se ha hecho miembro de la comunidad mesiánica es su participación en la celebración eucarística. Por eso el discurso eucarístico viene después del llamado de Jesús de venir a él.

6.38: Porque he descendido del cielo, no para hacer mi voluntad, sino la voluntad del que me envió. Lesslie Newbigin comenta que Jesús es el único que puede ofrecer el pan de vida a todos los que creen en él porque es el único que ha descendido del cielo. Es el único que se ha humillado y se ha hecho obediente a la voluntad del Padre. Es el único que ha tomado sobre sí mismo nuestra culpa y condenación. El hecho de que Jesús haya descendido quiere decir que ha venido para ser humillado, torturado, sacrificado y crucificado. Jesús puede ofrecernos el pan de vida eterna no porque haya buscado glorificarse a sí mismo o hacerse grande, sino porque vino a hacerse el más pequeño, pobre y desdichado de los seres humanos (Newbigin 1982.81).

6.39-40: Y esta es la voluntad del Padre, el que me envió: Que de todo lo que me diere, no pierda yo nada, sino que lo resucite en el día postrero. Y esta es la voluntad del que me ha enviado: Que todo aquel que ve al Hijo, y cree en él, tenga vida eterna; y yo le resucitaré en el día postrero. Puesto que Jesús como el pan de vida tiene poder para dar vida eterna a los que creen en él, la muerte no podrá arrebatar de su mano a los que son suyos. La misma verdad se expresa en Juan 10.28; 17.12. Lo notable aquí es el hecho de que se le atribuye a Jesús el poder de resucitar a los muertos en el día final. Sólo Dios tiene el poder y la autoridad de resucitar a los muertos de sus tumbas. Se puede atribuir también a Jesús este poder o autoridad porque "Yo y el Padre uno somos" (Juan 10.30).

Nota litúrgica: En el leccionario de cuatro años del grupo interconfesional de Gran Bretaña Juan 6.35-40 es el santo evangelio para el tercer domingo después de Pascua en el año C, año de San Lucas.

6.41: Murmuraban entonces de él los judíos, porque había dicho: Yo soy el pan que descendió del cielo. Aunque a los que Jesús estaba hablando fueron identificados previamente como galileos, aquí son llamadas "judíos." Esto nos da a entender que la palabra "judíos" en el cuarto evangelio no es necesariamente una designación geográfica, sino ideológica. El evangelista usa el término "judíos" para designar a los que se oponen a Jesús y se rehusan a creer en él. Mientras uno está indeciso en cuanto a su adhesión a Jesús uno puede ser galileo, romano o fenicio. Pero en el momento en que uno se vuelve contra Jesús y comienza a murmurar en su contra, se convierte en "judío." Por eso cuando Pilato en Juan 18.35 pregunta: "¿Soy yo acaso judío?" la respuesta tiene que ser: "Ciertamente."

En el relato bíblico del éxodo el pueblo de Israel murmuró contra Jehová porque estaba arrepentido de haber salido de Egipto. En otras palabras, los murmuradores en el desierto estaban rechazando la liberación y la salvación que Dios había provisto para ellos. Los galileos en Juan 6.41 murmuran porque no pueden aceptar que un simple ser humano sea el pan que descendió del cielo. No pueden entender cómo el hijo de José de Nazaret y de su esposa María haya descendido del cielo. ¿Cómo puede Jesús ser un humilde ser humano y a la vez un ser divino que ha venido del Padre? Los galileos, a su vez, rechazan la idea de que Jesús, y no la Torá, sea el maná que da vida. Rechazan a Jesús como fuente de vida eterna porque creen que pueden justificarse en base a las obras de la ley. Al rechazar de esta manera a Jesús, los judíos están en peligro de sufrir el mismo castigo que sufrieron los murmuradores en el desierto. El tratado Sanhedrin en la Mishná declara que la generación del desierto no tiene participación alguna en el mundo venidero por sus murmuraciones en contra de Dios. Hablando de los mismos murmuradores el Salmo 106.24-27 declara: "Pero aborrecieron la tierra deseable; no creyeron a su palabra, antes murmuraron en sus tiendas, y no oyeron la voz de Jehová. Por tanto, alzó su mano contra ellos para abatirlos en el desierto, y humillar su pueblo entre las naciones, y esparcirlos por las tierras."

En la Biblia la murmuración siempre significa "una actitud del hombre contraria o alejada de Dios, y no sólo de insatisfacción por alguna aspiración que no se le ha cumplido" (Blank 1984.399). Comentando sobre el mismo episodio en el A.T. (Números 11.4), San Pablo asevera que aunque los hebreos habían experimentado la salvación en la pascua y en el mar Rojo, perdieron su salvación por sus murmuraciones. Pablo declara a los corintios, a quienes está escribiendo, y a nosotros: "Ni murmuréis, como algunos de ellos murmuraron y perecieron por el destructor" (1 Corintios 10.10).

6.42: Y decían: ¿No es éste Jesús, el hijo de José, cuyo padre y madre nosotros conocemos? ¿Cómo, pues, dice éste: Del cielo he descendido? En las páginas del cuarto evangelio Jesucristo nos es presentado tanto como el Verbo preexistente y eterno que ha venido del Padre, como como un verdadero ser humano de carne y hueso. El evangelista nunca intenta enseñarnos cómo es posible que Jesús sea verdadero Dios y verdadero hombre a la vez; ésta fue la tarea de los que formularon el Credo de Calcedonia. El propósito del evangelista es llevarnos a ver que Jesucristo es nuestro salvador, precisamente porque él es a la vez el *Logos* eterno y un hombre verdadero que pasó hambre, sed, pobreza y persecución, y murió como un maldito criminal.

El propósito del evangelista es llamarnos a creer en el *Logos* encarnado y a tener vida eterna en él. Sin fe seremos como los galileos en 6.42 que solamente pueden ver la humanidad de Jesús pero no pueden ver más allá para ver también al *Logos* que ha descendido del cielo. Los galileos pueden ver que Jesús es el hijo de María y José pero no se dan cuenta que Jesús es a la vez el hijo eterno del Padre celestial. Se ofenden por la humanidad de Jesús. No pueden aceptar que el *Logos* quisiera contaminarse teniendo un cuerpo humano. Si Jesús es el *Logos* eterno no puede ser un verdadero ser humano (Spronson 1985.78-90). Éste es precisamente el problema que tenían los docetistas con la humanidad de Cristo. Recordemos que en opinión de los padres apostólicos, el cuarto evangelio fue escrito para combatir las ideas de los docetistas y de otros falsos maestros en la última década del primer siglo. En el cuarto evangelio la humanidad de Jesús sirve, o como una piedra que hace tropezar a los seres humanos, o como una llave que sirve para abrir la puerta de la vida eterna (Spronson 1985.91).

6.43-44: Jesús respondió y les dijo: No murmuréis entre vosotros. Ninguno puede venir a mí, si el Padre que me envió no le trajere; y yo le resucitaré en el día postrero. Léon-Dufour traduce el versículo 44 de la siguiente manera: "Nadie puede venir a mí si el Padre que me ha enviado no lo atrae." Según

Léon-Dufour, la palabra griega ἑλκύσῃ traducida en la *Reina Valera Revisada* como "trajere" tiene cierto matiz de coacción. El mismo término es usado en la *Septuaginta*, en Jeremías 31.3, donde Dios dice a Israel: "Con un amor eterno te he amado; por tanto, te prolongué (atraje en) mi misericordia." Nuevamente encontramos la misma palabra en la Septuaginta, en Oseas 11.4, donde Jehová, hablando del Israel infiel, dice: "Con cuerdas de amor (con vínculos de amor) los atraje." La idea detrás de la palabra ἑλκύσῃ no es predestinación o determinismo, sino Dios atrayendo amorosamente a todos los seres humanos. En muchas oportunidades los seres humanos han endurecido sus corazones y han rechazado la invitación amorosa de Dios (Léon-Dufour 1992.123). Dios puede ser resistido cuando viene a nosotros en medios humanos como la palabra predicada, el agua del Bautismo, el pan y el vino de la Santa Cena y la forma humana del *Logos*. Dios puede ser resistido porque no quiere atraer a los seres humanos por la fuerza, o por una compulsión mística, o en obediencia a una doble predestinación, sino por medio del amor. Puesto que el evangelio viene en forma humilde y humana, puede ser resistido. Los galileos murmuraron contra Jesús porque no pudieron aceptar que el *Logos* viniera a ellos en forma humilde y material como la carne y la sangre del cuerpo humano de Jesús. Pero es precisamente en esa forma humana del *Logos*, y solamente en esa forma, que podemos ver los brazos amorosos de Dios.

6.45: Escrito está en los profetas: Y serán todos enseñados por Dios. Así que, todo aquel que oyó al Padre, y aprendió de él, viene a mí. Se cree que aquí Jesús se está refiriendo a Isaías 54.13, el único versículo en la Septuaginta que contiene el vocablo *enseñados* (διδακτοὶ en griego): "Y todos tus hijos serán enseñados por Jehová; y se multiplicará la paz de tus hijos." La idea que se quiere comunicar aquí es que el Padre enseña a los seres humanos por medio de las palabras de Jesús y que sólo por medio de estas palabras se da a los hombres la fe en el Hijo del Hombre. "Nadie puede ir al Hijo sin haber recibido la instrucción del Padre" (Hugo Odeberg, citado por Schnackenburg 1980.2.92).

Nota litúrgica: En el leccionario de tres años en *¡Cantad al Señor!* Juan 6.41-45 es el santo evangelio para el 12º domingo después de Pentecostés en el año B, año de San Marcos.

6.46: No que alguno haya visto al Padre, sino aquel que vino de Dios; éste ha visto al Padre. Jesús afirma que nadie puede contemplar directamente a Dios o escuchar su voz en forma directa. Con estas palabras se rechaza todo intento místico o shamanístico de ponerse en contacto directo con Dios. Sin Jesús no puede haber contacto directo con Dios. En el pensamiento de la iglesia primitiva aun en el monte Sinaí, Dios comunicó su Palabra a Israel a través del *Logos*.

6.47-49: De cierto, de cierto os digo: El que cree en mí, tiene vida eterna. Yo soy el pan de vida. Vuestros padres comieron el maná en el desierto, y

murieron. En el desierto, los israelitas recibieron no sólo el maná que recogían del suelo cada mañana, sino que también recibieron las dos tablas de la Torá. Los diez mandamientos también eran considerados como un alimento. Según los rabinos, la Torá era el verdadero pan del cielo que daba vida eterna a los israelitas. En la interpretación rabínica la Torá es la palabra vivificante que, según Deuteronomio 8.4, sale de la boca de Dios. En la perspectiva del N.T., y especialmente del cuarto evangelio y de las epístolas paulinas, el pan verdadero que da vida eterna a los que se alimentan de él, es el Señor Jesucristo mismo y su evangelio. Lo que da la ley de Moisés no es vida, sino muerte. La Torá da muerte "por cuanto todos pecaron y están destituidos de la gloria de Dios" (Romanos 3.23). Los que tratan de obtener la vida eterna en base a las obras de la ley morirán tan seguro como los padres perecieron en el desierto, porque "por las obras de la ley ningún ser humano será justificado delante de él; porque por medio de la ley es el conocimiento del pecado" (Romanos 3.20). Sobre este punto están totalmente de acuerdo las teologías de San Pablo y de San Juan. Ya vimos en Juan 1.17 la afirmación del evangelista: "Pues la ley por medio de Moisés fue dada, pero la gracia y la verdad vinieron por medio de Jesucristo." En 2 Corintios 3.9 Pablo habla de la ley de Moisés, escrita en tablas de piedra, como "un ministerio de condenación." Así los discípulos de Jesús que lo abandonan para volver a buscar vida eterna en las palabras de la Torá están condenados a morir en un desierto espiritual.

6.50: Este es el pan que desciende del cielo, para que el que de él come, no muera. El verdadero pan que da vida eterna es Jesucristo. Lutero asevera que se come este pan cuando se cree en Jesús como aquel que pagó la pena de muerte por uno y sufrió todos los tormentos del infierno en su lugar. Uno se alimenta del pan de vida cuando cree que Jesús sufrió la culpa de los pecados que nunca cometió, como si fueran suyos. Hizo eso voluntaria y libremente porque quería recibirnos como sus hermanos y hermanas. El que tiene fe en este Cristo ha comido el pan de vida y tiene la seguridad de ser resucitado a la vida eterna. San Agustín dice: "Solamente cree, y has comido." Y el que se alimenta por la fe de este pan de vida, recibe de Cristo el poder para amar a su prójimo como a sí mismo, y de hacer toda clase de obras buenas. Si uno no ama a su prójimo ni hace buenas obras, es evidencia segura de que no ha comido el verdadero pan de vida, nuestro Señor Jesucristo (Lenker 1988.III.404).

Nota litúrgica: En el leccionario tradicional de un año Juan 6.44-51 es el santo evangelio para el miércoles de Pentecostés.

Juan 6.51-59: Una perícopa controversial

6.51-56: Yo soy el pan vivo que descendió del cielo; si alguno comiere de este pan, vivirá para siempre; y el pan que yo daré es mi carne, la cual yo daré por la vida del mundo. Entonces los judíos contendían entre sí, diciendo:

¿Cómo puede éste darnos a comer su carne? Jesús les dijo: De cierto, de cierto os digo: Si no coméis la carne del Hijo del Hombre, y bebéis su sangre, no tenéis vida en vosotros. El que come mi carne y bebe mi sangre, tiene vida eterna; y yo le resucitaré en el día postrero. Porque mi carne es verdadera comida, y mi sangre es verdadera bebida. El que come mi carne y bebe mi sangre, en mí permanece, y yo en él. En la primera parte del discurso (Juan 6.25-50) queda establecido que el pan de vida es Jesucristo mismo. Cuando en esta primera parte Jesús habla de comer el pan del cielo, él está hablando de creer en él (6.33). Comer el pan quiere decir creer en Jesús: "El que en mí cree, no tendrá sed jamás" (Juan 6.35). En este texto Jesús no está hablando de comer su cuerpo y beber su sangre en la Santa Cena, sino de comer a Cristo espiritualmente por la fe. (Lo que algunos teólogos han llamado la doctrina de la *manducatio spiritualis*).

Pero a partir del versículo 51 el cuarto evangelio no habla más de comer a Cristo espiritualmente por la fe, sino de comer su cuerpo y beber su sangre en la Eucaristía. El contraste entre el comer espiritual en 6.35-50 y el comer eucarístico en 6.51-58 es tan abrupto, que muchos estudiosos han llegado a creer que 6.51-58 fue añadido al capítulo 6 en una redacción posterior del evangelio. Según esta tesis, se publicó primero una versión del cuarto evangelio sin los versículos 6.51-58. Después, debido al surgimiento de nuevas herejías o un malentendido de 6.35-50, el mismo evangelista, o uno de sus discípulos, vio la necesidad de publicar una versión amplificada del evangelio que, entre otras enmiendas, incluía los versículos 51-58 para combatir las nuevas herejías (Sasse 1985.78).

Al hablar del comer en la Cena del Señor en Juan 6.51-58, el evangelista no utiliza la palabra cuerpo (σῶμα en griego) sino carne (σάρξ en griego). No utiliza la palabra comer (ἐσθίειν en griego) sino masticar (τρώγειν en griego). Al usar palabras tan descriptivas y hasta crudas, Juan está dando un énfasis sumamente materialista a la Eucaristía. Según el conocido teólogo luterano Hermann Sasse, Juan está atacando aquí un gnosticismo incipiente o un cristianismo espiritualista que cree que Jesucristo es un ser divino con un cuerpo espiritual pero sin un cuerpo de carne. Quizás estos docetistas también negaban que la Santa Cena tenía importancia para la salvación. Los protagonistas de tal interpretación docetista pudieron utilizar (en forma equivocada) varios textos en las epístolas de Pablo para dar crédito a su manera equivocada de entender a Cristo. Por ejemplo, Filipenses 2.7: "Tomando forma de siervo, hecho semejante a los hombres" podía ser malinterpretado en el sentido de que Jesús no era un hombre verdadero.

Ante la herejía del docetismo, Juan se vio obligado a enfatizar que la encarnación significa que Jesús se hizo carne. Para combatir el docetismo Juan utiliza la palabra carne (σάρξ) en un sentido positivo, algo que nunca hizo San Pablo, él casi siempre usa la palabra carne (σάρξ) en un sentido negativo para referirse, por ejemplo, a la existencia transitoria y pasajera de la criatura pecaminosa o para referirse a la lucha entre la carne (el viejo Adán) y el espíritu (Sasse 1985.79). Juan en cambio utiliza la palabra carne (σάρξ) en un sentido positivo, como una protesta contra los super-espiritualistas y anti-materialistas, que niegan la encarnación y consideran al cuerpo humano como algo maligno en sí mismo. Contra tal entendimiento docetista, espiritualista o gnóstico tenemos muchos textos en los escritos de San Juan que insisten en una encarnación verdadera:

"Y aquel Verbo fue hecho carne" (Juan 1.14).

"Pon aquí tu dedo, y mira mis manos, y acerca tu mano, y métela en mi costado" (Juan 20.27).

"Todo espíritu que no confiesa que Jesucristo ha venido en carne, no es de Dios, y este es el espíritu del anticristo" (1 Juan 4.3).

"Porque muchos engañadores han salido por el mundo, que no confiesan que Jesucristo ha venido en carne. Quien esto hace es el engañador y el anticristo" (2 Juan 7).

Según Sasse, cuando el cuarto evangelio en 6.51-58 habla de la carne de Cristo se está refiriendo a lo que habla Lutero en su Catecismo cuando se refiere al verdadero cuerpo y a la verdadera sangre de nuestro Señor (Sasse 1985.80).

6.57-59: Como me envió el Padre viviente, y yo vivo por el Padre, asimismo el que me come, él también vivirá por mí. Este es el pan que descendió del cielo; no como vuestros padres comieron el maná, y murieron; el que come de este pan, vivirá eternamente. Estas cosas dijo en la sinagoga, enseñando en Capernaum. El reformador Ulrico Zwinglio y sus discípulos afirmaron que las palabras de Jesús aquí pueden referirse solamente al comer espiritual, que es lo mismo que creer en Jesús. Según Zwinglio, no se pueden entender las palabras de Jesús de una manera eucarística porque Jesús está en el cielo y por eso no puede darnos su cuerpo y su sangre para comer y beber. Además, según Zwinglio, el comer material no puede otorgar beneficios espirituales a los creyentes.

Tradicionalmente, la teología luterana tampoco reconoce este pasaje como una referencia a la Santa Cena; pero hay que notar que los teólogos luteranos insistieron en que se pueden recibir beneficios espirituales por medio de la participación en la Santa Cena si se come y bebe con fe en las palabras de Cristo. En otras palabras, cuando comemos la carne de Cristo sacramentalmente en la Santa Cena, es necesario comer la carne de Cristo espiritualmente por la fe para recibir el perdón de Dios y su espíritu. Esto era lo que llevó al teólogo luterano David Chytraeus a escribir las siguientes palabras que llegaron a formar parte de la Fórmula de la Concordia:

Nota confesional: "Existen, pues, dos maneras de comer la carne de Cristo. Una es espiritual, de la cual habla Cristo especialmente en Juan 6.48-58. Ésta se realiza únicamente mediante el Espíritu y la fe en la predicación y meditación del evangelio e igualmente en la Santa Cena, y de por sí es útil y saludable y necesaria en todo tiempo para salvación a los creyentes. Sin esta participación espiritual el comer sacramental o con la boca no sólo no es saludable, sino que también es perjudicial y condenador" (Declaración Sólida VII.61, Meléndez 1989.628).

Nota litúrgica: En el leccionario de tres años en *¡Cantad al Señor!* Juan 6.51-58 es el santo evangelio para el 13° domingo después de Pentecostés en el año B, año de San Marcos.

En el leccionario de cuatro años del grupo litúrgico interconfesional de Gran Bretaña Juan 6.41-59 es el santo evangelio para el 10° domingo después de Pentecostés en el año D, año de San Juan.

El siguiente himno, basado en la perícopa en consideración, y que lleva por título: Yo soy el pan de vida, (Librerías Paulinas, audio casete: Fiesta con Jesús) se puede utilizar tanto para un sermón basado en Juan 6, como para la celebración de la Santa Cena.

1. Yo soy el pan de vida, el que a mí viene no tendrá hambre, el que en mí cree, no tendrá sed, al que viene a mí, no lo echo fuera.
Coro: Y lo resucitaré, y lo resucitaré, y lo resucitaré en el día final.

2. El pan que yo daré, es mi carne, la cual yo daré, por la vida del mundo, el que confía en mí, él tiene vida eterna.

3. Porque mi carne es comida, y mi sangre es bebida, el que come y bebe en mí, permanece en mí, y yo en él.

4. Nadie puede venir a mí, si no lo trae el Padre. La voluntad de Padre, es que todo aquel que cree, tenga vida eterna.

5. Yo soy la resurrección, yo soy la vida. El que cree en mí, aunque esté muerto, vivirá.

6. Sí, Señor, yo creo que tú eres el Salvador, el Hijo de Dios. Tú me perdonaste. Yo viviré contigo.

6.60-61: Al oírlas, muchos de sus discípulos dijeron: Dura es esta palabra; ¿quién la puede oír? Sabiendo Jesús en sí mismo que sus discípulos murmuraban de esto, les dijo: ¿Esto os ofende? Las palabras de Jesús acerca de la necesidad de comer su carne y beber su sangre causan ofensas y malentendidos. El hombre natural, sin el espíritu de Cristo, no puede comprender el misterio de la

Santa Cena, como tampoco puede entender cómo Jesús puede ser a la vez un hombre nacido de una mujer y el Verbo eterno que siempre ha existido con el Padre. Tampoco pueden entender los terrenales cómo el Verbo eterno puede sacrificarse por los pecados del mundo. Los que creen que los seres humanos pueden purificarse y santificarse en base a sus buenas obras y sus sacrificios de amor, se ofenden ante la idea de que solamente la sangre de Cristo derramada por nosotros nos limpia de pecado. Pero la Santa Cena, celebrada como punto culminante de nuestras asambleas litúrgicas, constantemente nos proclama que "sin derramamiento de sangre no se hace remisión" (Hebreos 9.22).

Las palabras de Jesús "mi sangre es verdadera bebida" deben haber causado gran ofensa entre los judíos para quienes estaba prohibido tomar sangre en cualquier forma (Levítico 17.10-11), puesto que la sangre es la vida del cuerpo y la vida pertenece a Dios (Sasse 90). Pero precisamente por eso vemos la importancia y el significado de lo que Cristo dice y hace. La presencia de la sangre de Cristo en la Santa Cena quiere decir que la vida de Jesús es ofrecida por nosotros y para nuestro perdón. Quiere decir que ningún sacrificio humano es suficiente para purificarnos de lo que somos y de lo que hacemos. Solamente por la sangre derramada de Cristo podemos llegar a ser limpios delante de Dios. El sacrificio que nos limpia de pecado no es un sacrificio ofrecido por nosotros por un sacerdote, sino el sumo sacerdote que se ofrece a Dios a favor de nosotros. El hecho de que Cristo nos de su sangre en la Cena es la expresión más profunda del evangelio, o sea, que Cristo se sacrifica enteramente, completamente y sin reservas. Nos da toda su vida en un sacrificio de puro amor.

6.62: ¿Pues qué, si viereis al Hijo del Hombre subir adonde estaba primero? La pregunta de Jesús a los que no creen en él tiene como propósito inducirlos a reflexionar nuevamente sobre su persona. Jesús les declara que su ascensión al Padre será la prueba de que él realmente es el Verbo eterno que ha estado con el Padre y que ha descendido al mundo con la intención de brindar vida eterna a todos. Obviamente, la mayoría de los judíos y galileos no estuvieron presentes en el monte de los Olivos en el momento de la ascensión de Jesús, pero podrán ver las evidencias de su ascensión en las vidas de sus discípulos. Jesús está llamando a sus oyentes a que no le cierren sus corazones, sino a que esperen a que sea glorificado.

6.63: El espíritu es el que da vida; la carne para nada aprovecha. Estas palabras parecen contradecir lo que Jesús dice en los versículos 53-59 donde se afirma que la carne de Jesús es verdadera comida y su sangre verdadera bebida. Como ya hemos visto, los autores que creen que el evangelio de Juan enseña la importancia de los sacramentos, se aferran a los versículos 53-59. Otros autores, como por ejemplo Carlstadt, el contemporáneo de Lutero, se han valido del versículo 63 para afirmar que las cosas materiales, como los sacramentos, no tienen ningún valor. Lo que importa es tener el espíritu de Dios. Carlstadt y Zwinglio creían que se podía recibir el Espíritu Santo directamente, sin medios externos. Para ellos la Santa Cena no era un don de Dios dado para impartir el perdón y el poder del Espíritu al creyente, sino un acto de la congregación para conmemorar el sacrificio de Jesús (Green 1992.23). El error de Carlstadt y Zwinglio fue su filosofía neoplatónica, según la cual es imposible que lo divino sea comunicado por medios materiales. Según la teoría de la antropóloga Mary Douglas, tal filosofía, llevada a sus últimas consecuencias, terminaría negando la realidad de la encarnación, que es exactamente lo que hicieron los docetistas y gnósticos que Juan combate en su evangelio.

Algunos intérpretes modernos como el jesuita Neyrey creen que hubo un tiempo cuando el autor del cuarto evangelio daba mucha importancia a los sacramentos. Durante ese tiempo escribió los versículos 53-59. Más tarde, según Neyrey, el autor del evangelio cambió de perspectiva y tomó una postura anti-sacramental añadiendo el versículo 63 a lo que había escrito antes (Neyrey 1988.163-164).

En vez de adoptar una interpretación tan problemática como la de Neyrey, sería mejor ver los versículos 53-59 y 63 como a una expresión de los dos lados de la misma verdad. Para los creyentes que comen la carne y beben la sangre del Hijo del Hombre con plena fe en sus palabras y en su persona, el cuerpo de Jesucristo es un verdadero pan de vida eterna que le otorga poder para vivir eternamente. Sin embargo, cuando una persona come sin fe en las palabras de Jesús y sin fe en él como el *Logos* y el *Yo soy*, entonces el pan y el vino, el cuerpo y la sangre no significan ni ayudan nada. Los elementos externos de los sacramentos son simplemente elementos materiales si no están ligados a la palabra de Jesús. Participar de los sacramentos no vale de nada si participamos sin fe. Dice Lutero en su explicación del poder del Bautismo: "Porque sin la palabra de Dios el agua es simple agua, y no bautismo, pero con la palabra de Dios sí es bautismo, es decir, es un agua de vida, llena de gracia." Sin la Palabra y sin el espíritu la carne para nada aprovecha, pero con la palabra y con fe en la Palabra "el que come de este pan, vivirá eternamente."

Según Sasse, las palabras de Juan 6.63: "El espíritu es el que da vida; la carne para nada aprovecha" están dirigidas a corregir otra interpretación equivocada de los sacramentos. La interpretación que postula es la de que el simple acto de comer y beber otorga bendiciones a los participantes, o sea, la idea de que uno puede recibir bendiciones y hasta poderes mágicos simplemente por comer y beber, sin la necesidad de creer, sin la necesidad de seguir a Jesús como un discípulo. Los teólogos se refieren a esta interpretación de los sacramentos con la frase en latín *ex opere operato*. Ésta es una interpretación mágica del sacramento que encontramos en muchas partes de América latina. La magia es un conjunto de técnicas que busca ejercer control sobre las fuerzas espirituales que existen en el universo. Se cree que estas fuerzas son impersonales como el magnetismo. Son fuerzas que no son ni buenas ni malas pero pueden ser utilizadas para el bien (magia blanca) o para el mal (magia negra). Como no es necesario tener verdadera fe en Jesucristo para aprovechar el poder del magnetismo, los que practican la magia creen que se pueden aprovechar del poder que hay en los elementos físicos de la Santa Cena sin necesidad de seguir a Jesucristo. Pastores y obreros cristianos que sirven en zonas rurales o en otros sectores donde abundan las prácticas mágicas deben estar alertas ante la existencia de tales creencias. Así, el mejor sentido de las palabras de Jesús en este versículo es: "La carne por sí sola de nada sirve" (Schnackenburg 1980.II.117).

El conocido exégeta luterano Joachim Jeremías, cree que la razón por la cual no encontramos las palabras de institución de la Santa Cena en el evangelio de San Juan es porque el autor quería protegerlas de la profanación, o sea, de ser usadas en ceremonias mágicas (1980.115). Con toda probabilidad, el evangelio de Juan fue escrito para el uso de las asambleas cristianas en Asia que son mencionadas en Apocalipsis 1.11. La ciudad principal de Asia era Efeso donde abundaban toda la clase de prácticas mágicas. En Hechos 19.19 leemos acerca de los nuevos cristianos de Efeso que antes "habían practicado la magia trajeron los libros y los quemaron delante de todos." En Hechos 19.13 leemos de algunos judíos exorcistas ambulantes que utilizaron de manera indebida y profana las fórmulas de exorcismo que usaba San Pablo. Bien pudiera ser entonces que el cuarto evangelio no incluya las palabras de institución de la Santa Cena y del Bautismo debido al temor de que estas santas y poderosas palabras pudiesen caer en las manos de practicantes de artes ocultas. Es bien sabido que en la Edad Media las brujas buscaban de muchas maneras sacar las hostias consagradas de las celebraciones de la misa para usarlas en sus ritos satánicos. Aún hoy en día hay personas que suelen celebrar las así llamadas "misas negras."

Otro malentendido que siempre ha existido en torno a la Santa Cena es de que se entiende a la Cena como un sacrificio canibalístico. En muchas religiones se degüellan animales y seres humanos para permitir que los adeptos al culto puedan beber la sangre caliente de la víctima para apoderarse de los poderes, el espíritu y las cualidades de la víctima. En el culto de María Lionza en Venezuela se acostumbra degollar un toro para que los seguidores de la secta puedan beber la sangre caliente y fresca de la bestia, mientras todavía está en su agonía de muerte. Muchos caníbales comen la carne y beben la sangre de un gran guerrero porque quieren llegar a ser fuertes y valientes como él. A través de la historia de la cristiandad ha habido quienes acusaron a los cristianos de ser caníbales que sacrificaban a los niños para comer su carne y beber su sangre. Durante el tiempo del emperador Trajano los cristianos fueron perseguidos porque habían sido calificados de caníbales.

No todos los autores y comentaristas, incluyendo Lutero, opinan que los versículos 60-65 se refieren a la Santa Cena. Algunos creen que al mencionar la carne que de nada aprovecha, Jesús se refiere al ser humano o discípulo que no se deja guiar por el Espíritu Santo. Según esta manera de interpretar las palabras de Cristo, la carne es un hombre como Nicodemo que trata de entender las enseñanzas de Jesús sin el Espíritu Santo. Todavía hay otra manera de interpretar este versículo, según la cual la carne representa palabras o enseñanzas como las de la ley o como las reacciones de los fariseos. Estas enseñanzas no pueden dar vida eterna porque carecen del espíritu. Las palabras de Jesús, en cambio, son espíritu porque comunican perdón, poder y vida eterna (Schnackenburg 1980.II.117-118).

6.64-66: Pero hay algunos de vosotros que no creen. Porque Jesús sabía desde el principio quiénes eran los que no creían, y quién le había de entregar. Y dijo: Por eso os he dicho que ninguno puede venir a mí, si no le fuere dado del Padre. Desde entonces muchos de sus discípulos volvieron atrás, y ya no andaban con él. La enseñanza acerca de su cuerpo y de su sangre, de su humanidad y de su muerte provocan murmuraciones entre los discípulos galileos. Para muchos esta enseñanza es causa de ofensa y tropiezo. Si Jesús es el mesías enviado por Dios para liberar a su pueblo, ¿cómo es posible que se muera ese mesías? ¿Cómo es posible que su cuerpo y sangre sean sacrificados? En opinión de muchos, un mesías muerto y sacrificado no puede liberar a nadie. San Pablo en 1 Corintios 1.23 afirma que el Cristo crucificado predicado por los apóstoles es "para los judíos ciertamente tropezadero, y para los gentiles locura."

Muchos no podían aceptar que el Mesías que había bajado del cielo, fuera a la vez un humilde hombre de carne y hueso y no un poderoso ángel o un glorioso hombre divino. Para muchos, especialmente para personas con inclinaciones helenísticas, la idea de la encarnación (un ser divino encarnado en un cuerpo humano) era sumamente repugnante. En el tiempo en que fue escrito el cuarto evangelio también hubo discípulos que objetaron y murmuraron contra la idea de la encarnación del *Logos* eterno en una vida humana (1 Juan 2.22; 4.3). La crisis galilea, o sea la división entre los discípulos galileos en Juan 6, llegó a repetirse en el tiempo del evangelista debido a las enseñanzas de los docetistas que surgieron en las comunidades cristianas. Por eso, las palabras de Jesús aquí tenían su aplicación para los primeros lectores del cuarto evangelio como también la tienen para nosotros hoy en día cuando tantos grupos místicos, gnósticos, espiritistas y practicantes de la metafísica tropiezan con las mismas verdades.

Los que tropiezan con la "carne" de Jesús lo hacen porque desean una religión más espiritual. La humanidad, la muerte sacrificial y la carne de Jesús chocan con las ideas "espirituales" que tienen muchas personas de la religión. La humanidad concreta de Jesucristo no nos permite la clase de espiritualidad que nos da la libertad, en lo privado de nuestros propios pensamientos, de seguir "las verdades" que hemos descubierto dentro de nosotros mismos, en las aguas profundas de nuestro ser más íntimo. Mucha espiritualidad consiste en que el ser humano se concentra de tal manera en sí mismo y en su propio corazón que llega a creer que el alma humana (*atman-brahma*) es el centro del universo. Así, el espiritista cree que ha descubierto a Dios cuando en realidad su ego se ha encerrado en sí mismo. El único lugar donde podemos encontrar a Dios y tener contacto con él es en la encarnación, en la carne y sangre del *Logos*, hecho un ser humano concreto que vive en nuestro tiempo y en nuestro espacio. Solamente en la humanidad del Verbo hecho carne se puede vencer la soberanía idólatra que trata de establecer nuestro ego sobre nuestra vida. Nadie puede encontrar a Dios por medio de su espiritualidad, por eso dice Jesús: "Ninguno puede venir a mí, si no le fuere dado del Padre" (Newbigin 1982.88). Una espiritualidad que rechaza la humanidad del Verbo eterno es, al final de cuentas, incredulidad. En otras palabras, es una espiritualidad carnal.

6.67-69: Dijo entonces Jesús a los doce: ¿Queréis acaso iros también vosotros? Le respondió Simón Pedro: Señor, ¿a quién iremos? Tú tienes palabras de vida eterna. Y nosotros hemos creído y conocemos que tú eres el Cristo, el Hijo del Dios viviente. Como en los sinópticos (Mateo 16.13-20), Simón Pedro, hablando como representante de los otros discípulos, confiesa a Jesús como el Mesías que esperaba su pueblo (Cullmann 1953.29-30). Pero, igual que en los sinópticos, Pedro y los otros discípulos todavía no entienden qué clase de Mesías será Jesús. Como los galileos que querían hacerlo rey, Pedro y sus compañeros han malinterpretado las señales de Jesús y creen que Jesús ha venido para establecer un reino de este mundo, y para no alentar más tales falsas expectativas mesiánicas, Jesús ordena a sus discípulos a que no publiquen más entre la gente sus obras milagrosas. Para no dar la idea de que ha venido para establecer un reino político, Jesús habla del reino de Dios en parábolas. Para no provocar insurrecciones entre los revolucionarios galileos, Jesús se retira a lugares apartados para estar a solas con sus discípulos.

A pesar de que Pedro no entendía bien lo que significaba el reino de Dios, su confesión nos sirve como exhortación. Aunque hay otros que se ofenden por las palabras de Jesús y no quieren andar más con él; aunque hay algunos que por miedo a la persecución temen confesar públicamente a Jesús; aunque hay discípulos que se dejan engañar por falsos profetas; el evangelista nos llama a confesar públicamente a Jesús con Simón Pedro y a seguirle hasta el fin, porque él tiene palabras de vida eterna (Schnackenburg 1980.II.114).

Nota litúrgica: En el leccionario de tres años en *¡Cantad al Señor!* Juan 6.60-69 es el santo evangelio para el 14° domingo después de Pentecostés en el año B, año de San Marcos.

6.70-71: Jesús les respondió: ¿No os he escogido yo a vosotros los doce,

y uno de vosotros es diablo? Hablaba de Judas Iscariote, hijo de Simón; porque éste era el que le iba a entregar, y era uno de los doce. No solamente se encuentran incrédulos entre los seguidores galileos de Jesús, también hay uno entre los doce. También hay incrédulos y traidores en nuestras congregaciones. Jesús en la parábola del trigo y la cizaña (Mateo 13.24-30) nos indica que estos incrédulos pueden permanecer escondidos por un tiempo entre los verdaderos creyentes. Pero tarde o temprano serán descubiertos. La incredulidad no puede esconderse para siempre. Hemos visto en este capítulo cómo el Señor, por medio de sus acciones y sus palabras, sigue probando tanto a las multitudes como a sus propios discípulos para descubrir tanto la fe como la incredulidad.

Los falsos discípulos podrán esconderse por un tiempo y hacerse pasar por trigo. Podrán engañar a los pastores, diáconos y otros líderes de las congregaciones, pero no podrán engañar al Señor. Entre las fábulas de Esopo encontramos la historia de un venado que por mucho tiempo se metía en los campos de cierto hacendado para comer trigo. En muchas oportunidades el hacendado enviaba a sus hombres al bosque en persecución del venado pero siempre sin éxito. Por fin, el hacendado resolvió enviar a todos sus hombres a rastrear cada metro del bosque para encontrar al venado. Pero el venado siendo muy astuto, se metió en el establo del hacendado y se escondió entre las vacas. Al final del día, los hombres del hacendado regresaron del bosque sin haber encontrado al venado. Pasaron por el establo pero no se dieron cuenta de la presencia del mismo entre el ganado. También los capataces pasaron frente al venado sin notar su presencia. Por fin vino el propio hacendado y pasó por el establo. Parándose frente al venado, exclamó: "¿Creíste que me podías engañar? Yo conozco a los míos y tú no eres de ellos." Y con un machetazo lo mató. Así también los incrédulos y traidores, escondidos dentro de la congregación cristiana, pueden engañar a los diáconos y pastores, pero no al Buen Pastor que conoce a los que son suyos.

En el drama del cuarto evangelio Judas desempeña el papel, y sirve como el modelo, del discípulo infiel. Según Culpepper, Judas representa la humanización de las fuerzas cósmicas del mal (1983.124). Judas fue escogido por el diablo (Juan 13.2) y es controlado por Satanás (13.27). Así como Jesús y el Padre celestial entran en los discípulos, Satanás entra en la vida y el corazón de Judas. Se menciona a Judas aquí, en el contexto de los discípulos galileos que ya no quieren andar más con Jesús, porque Judas es el prototipo y modelo de todos los miembros de la comunidad cristiana que abandonan a Cristo y a la comunidad de los discípulos fieles, para entrar en las tinieblas. Judas es el modelo de los muchos anticristos que una vez pertenecieron a la comunidad, pero que no permanecieron fieles a Jesús y a su palabra (1 Juan 2.18-19).

Nota litúrgica: En el leccionario de cuatro años del grupo litúrgico interconfesional de Gran Bretaña Juan 6.60-71 es el santo evangelio para el tercer domingo en Cuaresma en el año D, año de San Juan.

Capítulo 7

7.1: Después de estas cosas, andaba Jesús en Galilea; pues no quería andar en Judea, porque los judíos procuraban matarle. En Juan 5 leímos de la controversia sobre el día de reposo que ocurrió después de la curación del paralítico de Betesda. Después de la controversia, los líderes religiosos de los judíos resolvieron matar a Jesús. Pero todavía no había llegado la hora del sacrificio de Jesús por los pecados del mundo. Para no morir antes de la hora determinada por el Padre, Jesús se retiró por un año de Jerusalén y Judea. Durante este tiempo anduvo por toda la provincia de Galilea anunciando la llegada del reino de Dios. Con excepción de la alimentación de los cinco mil que vimos en el capítulo 6, Juan dedica poco tiempo al ministerio de Jesús en Galilea. Para conocer más sobre este período hay que leer los sinópticos.

7.2-5: Estaba cerca la fiesta de los judíos, la de los tabernáculos; y le dijeron sus hermanos: Sal de aquí, y vete a Judea, para que también tus discípulos vean las obras que haces. Porque ninguno que procura darse a conocer hace algo en secreto. Si estas cosas haces, manifiéstate al mundo. Porque ni aún sus hermanos creían en él. Vimos en Juan 6 que al final de su discurso sobre el pan de la vida, muchas personas que antes le seguían como discípulos le dieron la espalda "y ya no andaban con él." Esta deserción parecía ser una gran derrota para las esperanzas mesiánicas de Jesús. Muchos comentaristas se refieren a este hecho como "la crisis de Galilea." Los hermanos menores de Jesús, quienes en este tiempo no se encontraban entre sus discípulos, hablan a su hermano mayor en son de burla. Ellos saben de la deserción de muchos de los discípulos de Jesús en Galilea, por eso lo desafían a que vaya a Jerusalén para ver si puede recuperar allí lo que había perdido en Galilea. Lo desafían a que predique y haga milagros en el centro religioso de Israel - el templo de Jerusalén - y durante la más grande y más popular de todas las celebraciones religiosas y cívicas de la nación. Lo tientan a que obre un gran milagro y se declare públicamente como el Mesías. Ellos reconocen que a Jesús le ha sido dado el don de hacer obras milagrosas, pero sus milagros no los han llevado a la fe.

Jesús no tiene la intención de ir a Jerusalén para presentar un gran espectáculo publicitario como quieren sus hermanos. En los relatos sinópticos el mismo Satanás tentó a Jesús a lanzarse del pináculo del templo para convencer a las masas de que era el Hijo de Dios. Jesús rechazó esa tentación con las palabras: "No tentarás al Señor tu Dios." Sin embargo, hay gran ironía en estos pasajes. Jesús sí, iría a Jerusalén a presentarse al mundo, pero no en la forma que esperaban sus hermanos. Los hermanos de Jesús lo retan a que entre en Jerusalén como un conquistador haciendo una entrada solemne y triunfal, y que se proclame rey. Le insinúan que una gran fiesta como la de los Tabernáculos sería una ocasión ideal para iniciar actividades revolucionarias. Vendrá el momento en que Jesús entre oficialmente en Jerusalén como Mesías y rey, pero no montado en el caballo de un conquistador, sino en el humilde asno del siervo de Jehová que viene a sufrir y a morir. Vendrá el momento para la elevación de Jesús y para su proclamación como rey. Jesús será elevado y presentado al mundo sobre una cruz. Será proclamado rey por el título colocado por Poncio Pilato sobre la cruz en la que morirá como el sacrificio expiatorio por su pueblo. Para Jesús vendrá el momento de ir a Jerusalén, pero no como mesías político, sino como el Cordero de Dios que quita el pecado del mundo (Dude 1985.180). Será por medio de su elevación en la cruz que Jesús atraerá a todos a sí mismo (Juan 12.32).

Cuando los hermanos de Jesús lo desafían a que haga un espectáculo en Jerusalén, están pensando en señales milagrosas como la conversión del agua en vino, la curación del hijo del oficial de Capernaum y la alimentación de los cinco mil. Jesús ha visto que estas señales milagrosas realmente no han ayudado mucho para obrar una fe verdadera en los corazones del pueblo. El pueblo está demasiado inclinado a interpretar mal los milagros y en base a ellos concluye que Jesús ha venido como un mesías político o como un profeta revolucionario. Por eso Jesús tiene que cuidarse para no despertar falsas expectativas en el pueblo y en sus líderes. A diferencia de nuestros políticos modernos, Jesús reconoce que los actos publicitarios muy fácilmente pueden convertirse en trampas satánicas que sirven para desviar al siervo de Dios de su verdadera misión.

Los que somos siervos de Jesucristo, y no del príncipe de este mundo, debemos tener cuidado para no caer en la trampa de buscar nuestra propia gloria o de participar en actos publicitarios que nos honren a nosotros mismos y no al Padre. Vivimos en tiempos cuando casi todos los líderes del pueblo no salen a ningún lado a menos que puedan aprovecharse de la ocasión para fines publicitarios. Tienen sus secretarios de prensa; contratan agencias publicitarias; pasan entre multitudes besando niñitos ante los fotógrafos; se dejan retratar comiendo las comidas típicas de todos los grupos étnicos imaginables y participan en los bailes que están de moda entre la juventud para lucir ante los ojos del pueblo como personas bondadosas que se identifican con todo el mundo. Es necesario recordar que hemos sido llamados a seguir los pasos del humilde carpintero de Nazaret y no de los adictos de la auto-glorificación.

Nota: Los hermanos de Jesús. No son aquí identificados por nombre. En Marcos 6.3 y en Mateo 13.55 los vecinos de Nazaret, refiriéndose a Jesús, preguntan: "¿No es éste el carpintero, hijo de María, hermano de Jacobo, de José, de Judas y de Simón? ¿No están también aquí con nosotros sus hermanos? Y se escandalizaban de él."

Evidentemente los hermanos Jacobo, José Judas y Simón, mencionados por Mateo y Marcos, son los hermanos con quienes Jesús está hablando en Juan 7. Estos cuatro hermanos no eran contados entre los discípulos de Jesús antes de su resurrección. Se convirtieron en seguidores de Jesús recién después de encontrarse con el Cristo resucitado. En 1 Corintios 15.7 el apóstol San Pablo informa a sus lectores que Jesús después de su resurrección apareció a Jacobo y después a todos los apóstoles. El Jacobo mencionado en 1 Corintios 15.7 no es Jacobo el hijo de Zebedeo, uno de los doce, sino Jacobo el hermano carnal de nuestro Señor. Este Jacobo luego llegó a ser el líder de la comunidad mesiánica en Jerusalén. En Hechos 15 Jacobo (que también se llama Santiago) se perfila como la máxima figura en el Concilio Apostólico que fue convocado para resolver la cuestión de la circuncisión de los creyentes no judíos.

Según la tradición de la iglesia primitiva, Santiago el Justo, el hermano de Jesús fue el autor de la epístola católica de Santiago mientras su hermano Judas fue el autor de la epístola católica de San Judas, el penúltimo libro de nuestro N.T. En el año 62 d.C. Santiago el Justo sufrió el martirio, siendo lapidado por instigación del sumo sacerdote Anán tras la muerte del gobernador romano Festo, y antes de la llegada del nuevo gobernador romano Albino.

Desde los primeros siglos de la era cristiana los eruditos han debatido entre sí sobre la naturaleza de la relación familiar que existía entre Jesús y sus hermanos. Para no poner en duda su creencia en la virginidad perpetua de María algunos padres de la iglesia opinaban que los hermanos de Jesús eran en realidad sus primos y no hijos de José y María. Otros creen que después del nacimiento de Jesús, José y María tuvieron los hijos mencionados por Mateo y Marcos, pues el primero dice que José "no la conoció hasta que dio a luz a su hijo primogénito."

Una tercera teoría es que José era viudo cuando se casó con María y que los hermanos de Jesús, mencionados en el N.T., son hijos de la primera esposa de José. Los que siguen esta tercera teoría (también conocida con la teoría de Epifanio) se apoyan en la designación de Jesús como "hijo de María" en Marcos 6.3. Uno de los historiadores eclesiásticos que ha dedicado muchos años a la investigación de las tradiciones acerca de los familiares de Jesús es el teólogo británico Richard Bauckham. Según Bauckham, se designaba a un individuo como hijo de su madre cuando su padre había tenido más que una mujer. De esa manera, se hacía una distinción para evitar una confusión entre los hijos de la primera esposa y los de la segunda. Bauckham cree que los hermanos y hermanas de Jesús mencionados por Mateo y Marcos son hijos de José con su primera esposa. El mismo investigador opina que Salomé, la esposa de Zebedeo y madre de los apóstoles Juan y Jacobo, en realidad era una hija de José con su primera esposa (Bauckham 1994.686-700). Salomé es mencionada en Marcos 15.40 y probablemente en Mateo 27.56 como una de las mujeres que acompañó a Jesús en su último viaje de Galilea a Jerusalén. Según esta teoría, Juan el apóstol, el autor del cuarto evangelio, era un sobrino de Jesús, hijo de la media hermana del Señor, Salomé.

Jesús y la fiesta de los tabernáculos

Ya hemos observado que uno de los propósitos del evangelio según San Juan es presentar a Jesús como aquel en quien todas las fiestas, símbolos e instituciones del A.T. reciben su cumplimiento y reemplazo. En los capítulos 7 y 8 de San Juan veremos cómo Jesús, no es sólo el cumplimiento, sino también el reemplazo de todo lo que significaba y anticipaba la fiesta de los tabernáculos.

La fiesta de los tabernáculos o cabañas, *sukkoth* (סכת en hebreo) era una de las tres grandes fiestas de peregrinación mencionadas en el libro de Levítico. En el tiempo de Jesús la fiesta de los tabernáculos era la más popular de todas las fiestas judías. Se celebra entre los días 15 y 23 del mes judío de *tishri* que cae a fines de nuestro mes de septiembre o a comienzos de octubre. En realidad, son tres las fiestas que se celebran ese mes. El primer día de *tishri* es el día del año nuevo, Rosh Hashana y el 10 de *tishri* se celebra el día de la expiación o reconciliación, Yom Kippur. Algunos judíos acostumbraban viajar a Jerusalén para celebrar la fiesta de año nuevo y entonces quedarse en la ciudad santa hasta haber terminado las celebraciones de los tabernáculos. Según la cronología del ministerio de Jesús preparada por John A.T. Robinson, la visita de Jesús para celebrar la fiesta de los tabernáculos ocurrió entre los días 23 y 31 de octubre del año 28 d.C. (1985.157). Para entender las funciones, el significado y el simbolismo de la fiesta de los tabernáculos conviene estudiarla desde tres perspectivas.

1- En primer lugar, la fiesta de los tabernáculos es una de las dos fiestas de cosecha y acción de gracias celebradas por los habitantes de Palestina. En la fiesta de Pentecostés (que se festeja 50 días después de la Pascua) se celebra la cosecha de los cereales como el trigo y la cebada. Durante la fiesta de los tabernáculos se celebra la cosecha de las uvas y los olivos. Durante la cosecha de las uvas, los agricultores solían construir en sus campos chozas o pequeños tabernáculos de ramas y hojas. Estos tabernáculos servían de habitaciones provisionales para los cosechadores mientras duraba la recolección de uvas. Tenían que aprovechar el tiempo y trabajar horas extras antes que vinieran las lluvias tardías. La fiesta, llamada *sukkoth* en hebreo, toma su nombre de estas habitaciones provisionales. Se cree que las tribus y los pueblos que habían fijado su residencia en Palestina antes de la llegada de los hebreos, ya celebraban una fiesta de las cosechas semejante a la de los tabernáculos. En Jueces 9.27 leemos que los hombres de Siquem solían celebrar una fiesta a sus dioses en el templo de Baal-berit después de la cosecha de las uvas. Los historiadores de religión creen que entre los antiguos habitantes de Canaán, la fiesta de los tabernáculos era originalmente una fiesta solar sincronizada con el equinoccio otoñal (Guilding 1960.92-93). Con el comienzo del otoño, las noches se hacían cada vez más largas y los poderes de la oscuridad comenzaban a aumentar. Se cree que las ceremonias de luces y antorchas asociadas con la fiesta de los tabernáculos originalmente tenían una función mágica, servían como un profiláctico para proteger al pueblo de los poderes de la oscuridad durante las largas noches de otoño e invierno.

Al establecerse los judíos en la tierra prometida y dedicarse a la agricultura y al cultivo de la vid, adoptaron la fiesta de sus vecinos paganos, pero purificándola de sus elementos idólatras y paganos y añadiendo una dimensión espiritual relacionada con su fe en el Dios Jehová, quien los había liberado y salvado de la esclavitud en Egipto. Así hicieron los hebreos con todas las fiestas que celebraban. En el tiempo de Jesús, la fiesta de los tabernáculos había adquirido una fuerte dimensión escatológica, pues se la consideraba como las primicias o anticipación de la gran cosecha al final de los tiempos, cuando los ángeles saldrían para segar el trigo y la cizaña: "y recogerán de su reino a todos los que sirven de tropiezo, y a los que hacen iniquidad, y los echarán en el horno de fuego; allí será el lloro y el crujir de dientes. Entonces los justos resplandecerán como el sol en el reino de su Padre" (Mateo 13.41-43).

2- La dimensión espiritual añadida por los hebreos a la fiesta de los tabernáculos era la conmemoración de los cuarenta años que ellos habían pasado como peregrinos en el desierto durante el tiempo del éxodo. En especial, recordaban cómo Jehová había cuidado milagrosamente a sus antepasados, conduciéndolos a la tierra prometida. La celebración de la fiesta de los tabernáculos en Jerusalén enfatizaba los dos grandes dones que Dios había dado a su pueblo durante su tiempo de peregrinación. Estos dones eran el agua y la luz. Cuando los israelitas se estaban muriendo de sed, Dios les salvó la vida por medio de las corrientes de agua que brotaban de la peña de Horeb. Al pasar por el mar Rojo y por los parajes desconocidos y peligrosos del desierto, el pueblo de Israel fue guiado por una columna de fuego o de luz que era la misteriosa presencia de Jehová entre su pueblo. Durante los cuarenta años en el desierto los hebreos no vivieron en casas permanentes, sino en chozas o tiendas hechas con pieles de animales. La fiesta de *Sukkoth* también se celebraba para recordar los tabernáculos en los que ellos vivieron durante su peregrinación. Durante los ocho días de celebración de la fiesta en Jerusalén, los judíos construían pequeñas chozas o tabernáculos sobre los techos de sus casas, o en las plazas y calles de la ciudad y hasta en el patio del templo. Los fieles vivían en estos tabernáculos mientras duraba la fiesta para poder identificarse con sus antepasados en su travesía por el gran desierto de Sinaí.

Para los escritores del N.T., las chozas o tabernáculos provisionales que se construían durante la fiesta representan nuestros cuerpos mortales. Como las chozas hechas por los israelitas en el desierto, nuestros cuerpos son habitaciones débiles y provisionales que nos sirven durante nuestra breve y peligrosa peregrinación en el desierto de este mundo antes de llegar a nuestra habitación permanente en las mansiones celestiales de la nueva Jerusalén. San Pedro declara: "Pues tengo por justo, en tanto que estoy en este cuerpo, el despertaros con amonestación; sabiendo que en breve debo abandonar el cuerpo (este tabernáculo, σκηνώματος en griego), como nuestro Señor Jesucristo me ha declarado" (2 Pedro 1.13-14). En 2 Corintios 5.1 San Pablo afirma: "Porque sabemos que si nuestra morada terrestre, este tabernáculo, se deshiciere, tenemos de Dios un edificio, una casa no hecha de manos, eterna, en los cielos."

3- Hay todavía una tercera dimensión. Las chozas o tiendas construidas por los judíos también simbolizan el tabernáculo que escogió Dios cuando decidió establecer su morada entre su pueblo. Una de las lecturas en la sinagoga durante la fiesta de los tabernáculos era 1 Reyes 8 que relata la dedicación del templo de Salomón en Jerusalén. Al terminar la dedicación del templo, la Biblia dice que Salomón celebró una fiesta de siete días y después una fiesta especial en el octavo. Esta fiesta celebrada por Salomón era la fiesta de los tabernáculos descrita en Levítico 23.36 que también termina con una celebración especial en el octavo día. Durante los ocho días de la fiesta se inmolaban en sacrificio setenta bueyes, un buey por cada una de las setenta naciones gentiles (Zevini 1995.198). En la historia de la dedicación del templo de Salomón también se enfatizan los dos temas principales de la fiesta de los tabernáculos: 1- el don del agua y 2- la luz y el fuego misteriosos que simbolizan la presencia misteriosa de Dios con su pueblo. Al terminar Salomón su oración de dedicación "descendió fuego de los cielos y consumió el holocausto y las víctimas" (2 Crónicas 7.1).

7.6-9: Entonces Jesús les dijo: Mi tiempo aún no ha llegado, mas vuestro tiempo siempre está presto. No puede el mundo aborreceros a vosotros; mas a mí me aborrece, porque yo testifico de él, que sus obras son malas. Subid vosotros a la fiesta; yo no subo todavía a esta fiesta, porque mi tiempo aún no se ha cumplido. Y habiéndoles dicho esto, se quedó en Galilea. Jesús se niega a acompañar a sus hermanos a la fiesta porque todavía no ha llegado su hora. En las bodas de Caná Jesús también había advertido a su madre que su hora aún no había venido. Jesús aquí se refiere a la hora designada por el Padre para la glorificación del Hijo, es decir, la hora de su sacrificio en la cruz por los pecados del mundo. Un gran acto publicitario como el que querían los hermanos de Jesús podía provocar una reacción oficial en su contra y producir su muerte antes de la hora estipulada por el Padre.

Para entender mejor las referencias al tiempo en el cuarto evangelio debemos tomar en cuenta que en el N.T. encontramos dos palabras diferentes para designar el tiempo: *kairos* (καιρός en griego) y *chronos* (χρόνος en griego). Las dos palabras no son sinónimas, sino que designan dos diferentes clases o conceptos de tiempo.

La palabra usada por Jesús en Juan 7.6 es *kairos*, que designa un instante o momento favorable. Es la hora oportuna en la cual uno tiene que actuar para echar mano al destino. La idea detrás de *kairos* es que Dios le está brindando a uno una oportunidad. Puede ser que esta oportunidad jamás se repita, por lo tanto hay que aprovecharla. Eclesiastés 3 expresa magistralmente el concepto bíblico de *kairos*. "Todo tiene su tiempo, y todo lo que se quiere debajo del cielo tiene su hora. Tiempo de nacer, y tiempo de morir; tiempo de plantar, y tiempo para arrancar lo plantado; tiempo de matar, y tiempo de curar; tiempo de destruir, y tiempo de edificar; tiempo de llorar, y tiempo de reír; tiempo de endechar, y tiempo de bailar..." El Salmo 31.15 afirma: "En tu mano están mis tiempos." Jesús le dice a sus hermanos que es necesario actuar en el momento que Dios ha escogido y de acuerdo con su voluntad. Jesús no quiere subir a la fiesta y entrar triunfalmente en Jerusalén porque no quiere anticipar su sacrificio antes del tiempo establecido por el Padre; no quiere sujetarse a un tiempo o a una voluntad que no sea la del Padre (Blank 1984.1B,86).

La palabra *chronos*, en cambio, no quiere decir un tiempo especial, sino el tiempo cronológico, el tiempo del reloj, que fluye como un río, un minuto tras otro. En el tiempo cronológico todas las horas tienen el mismo valor y no hay una más importante u oportuna que otra. El mundo no conoce la voluntad de Dios, por lo tanto, el mundo y los hermanos de Jesús no se dan cuenta de la importancia de la hora. Ellos pueden ir a la fiesta cuando les dé la gana porque no se dejan guiar por los tiempos que Dios ha determinado. Por desconocer los tiempos de Dios, están en peligro de dejar pasar la hora decisiva, la hora para arrepentirse y para creer.

7.10: Pero después que sus hermanos habían subido, entonces él también subió a la fiesta, no abiertamente, sino como en secreto. El hecho de que Jesús igual va a la fiesta de los tabernáculos no quiere decir que engañó a sus hermanos en Juan 7.6 cuando les dijo que su tiempo aún no había llegado. Como ya hemos visto, Jesús dijo a sus hermanos que todavía no era el tiempo de que él fuera a Jerusalén para ser reconocido públicamente como rey. Jesús sí sube a Jerusalén para la fiesta de los tabernáculos, pero de incógnito, sin publicidad y sin propaganda. Su tiempo de ir a Jerusalén para ser elevado y coronado todavía queda en el futuro. En Juan 2.13-22 Jesús subió al templo para echar afuera a los mercaderes. En Juan 7 y 8 Jesús sube al templo para dar a conocer el verdadero significado de la fiesta de los tabernáculos (Howard-Brook 1994.178).

7.11-13: Y le buscaban los judíos en la fiesta, y decían: ¿Dónde está aquél? Y había gran murmullo acerca de él entre la multitud, pues unos decían: Es bueno; pero otros decían: No, sino que engaña al pueblo. Pero ninguno hablaba abiertamente de él, por miedo de los judíos. Como en Galilea después de la alimentación de los cinco mil, hay también en Jerusalén una división entre los ciudadanos. Un grupo está a favor de él y otro en contra. Cuando el niño Jesús fue presentado al Señor en el templo, el anciano Simeón había profetizado que la venida de Jesús iba a producir divisiones en el pueblo: "He aquí, éste está puesto para caída y para levantamiento de muchos en Israel, y para señal que será contradicha" (Lucas 2.34). Algunos entre el pueblo quedaron impresionados por las señales que Jesús hizo, y creen que es un profeta enviado por Dios. El evangelista se refiere a los que están en contra de Jesús como *los judíos*. Recordemos que en el cuarto evangelio el término judíos no es usado para referirse a todos los descendientes de Abraham, sino para designar a los líderes religiosos del pueblo, específicamente a los escribas, los sumos sacerdotes y los fariseos. A diferencia de los sinópticos, el cuarto evangelio nunca utiliza el término saduceos. Según la mayoría de los eruditos, la razón por la cual el evangelista no menciona a los saduceos es que cuando Juan escribió su evangelio, los saduceos ya no existían más como secta entre los judíos. Habían sido eliminados como partido judío en las luchas que ocurrieron durante la rebelión contra Roma entre los años 66 a 70 d.C. El obispo Newbigin nos recuerda que cuando el cuarto evangelio habla de judíos se está refiriendo a los que no pueden reconocer la presencia de Dios en Jesucristo porque tienen una idea equivocada acerca de Dios. Su dios es una proyección del ser humano que quiere exaltarse por encima de los demás y buscar su propia gloria. Por eso no pueden reconocer al Dios que se humilla y se hace siervo de los demás. En otras palabras, los judíos en el evangelio de Juan, son simplemente representantes de nosotros mismos. Según Newbigin, malinterpretamos el intento del evangelista si no nos damos cuenta que al hablar con los judíos incrédulos Jesús está hablando con nosotros, llamándonos a que nos arrepintamos de nuestra dureza de corazón (Newbigin 1982.111).

Las autoridades religiosas del pueblo menospreciaron las señales milagrosas realizadas por Jesús diciendo que era un brujo, un hechicero, un mago, un falso profeta ligado con el diablo. En el tiempo cuando Juan escribió su evangelio, las autoridades eclesiásticas en las sinagogas del imperio romano usaban los mismos argumentos para disuadir a sus adeptos a que no hicieran caso a la evangelización realizada por los seguidores de Jesús. En los días en que se escribió el cuarto evangelio todavía había gran barullo acerca de Jesús entre grupos de judíos y prosélitos en las sinagogas. En el año 140 d.C. San Justino Mártir, famoso filósofo samaritano convertido a Cristo, escribió: "Por sus obras Jesús indujo a los hombres de su tiempo a conocerlo. Pero, aunque veían tales milagros, ellos (los líderes judíos) suponían que eran fantasmagorías y encantamientos, llegando incluso a considerar a Cristo como un hechicero y un embaucador del pueblo" (Blank 1984.1B.90).

7.14-15: Mas a la mitad de la fiesta subió Jesús al templo, y enseñaba. Y se maravillaban los judíos, diciendo: ¿Cómo sabe éste letras, sin haber estudiado? Aquí, otra vez, judíos se refiere a los líderes religiosos del pueblo que se oponían a Jesús y sus enseñanzas. Éstos eran, en su mayoría, habitantes de Jerusalén. Algunos comentaristas como Wes Howard-Brook creen que el cuarto evangelio usa la designación judíos para distinguir a los habitantes de Judea de los de Galilea, Perea y las otras provincias de Palestina.

Al leer la pregunta que hacen los enemigos de Jesús uno se plantea: ¿A qué enseñanzas de Jesús se refieren aquí? Muchos eruditos son de la opinión que aquí se refiere a lo que Jesús enseñó durante su última visita a Jerusalén cuando sanó al inválido de Betesda, en Juan 5. Algunos comentaristas están convencidos que Juan 7.15-24 es en realidad una continuación del diálogo entre Jesús y los judíos en Juan 5.19-47. Se ha postulado que en el proceso de hacer copias del evangelio original hubo un desplazamiento de hojas. Según esta teoría, el capítulo 6 realmente debe venir antes del capítulo 5, haciendo de la primera parte del capítulo 7 una continuación del capítulo 5.

En contra de tal hipótesis está el hecho de que no existe ningún manuscrito antiguo que haya preservado una secuencia tal de capítulos. Sin embargo, parece cierto que el argumento de Juan 7.15-24 es una continuación del argumento de 5.19-47. Puede ser que los rabinos recordaran la discusión que habían tenido con Jesús durante su última visita a la ciudad santa y estaban ansiosos por seguir el asunto.

En el argumento presentado por Jesús en Juan 5.19-47 había demostrado una capacidad singular para interpretar la Torá. Había desafiado a sus oponentes a que escudriñasen los escritos de Moisés y de los profetas para que encuentren testimonios acerca de él. Lo que intriga a los judíos es saber de dónde Jesús adquirió su entendimiento de las Escrituras. Los escribas y los rabinos habían pasado muchos años cumpliendo con un curriculum muy bien definido, estudiando la Torá bajo la dirección de un maestro o rabino conocido y debidamente ordenado. Solamente después de cumplir con estos estudios y con algunos años de pasantía, sirviendo a un rabino, podía un estudiante aspirar a la ordenación, celebrada con la imposición de manos. Los que carecían de tal formación se consideraban como *am-ha-aretz* o gentuza, ignorantes de la palabra de Dios. Lo que preguntan los judíos es: ¿Cómo llegó Jesús a conocer las Escrituras sin haber estudiado como discípulo de uno de los grandes rabinos? En Hechos 4.13 los miembros del sanedrín se maravillan ante el denuedo con que Pedro y Juan proclamaban el evangelio "sabiendo que eran hombres sin letras y del vulgo." Entonces se dieron cuenta que Pedro y Juan "habían estado con Jesús." Los discípulos habían aprendido de su maestro cómo interpretar y proclamar las Escrituras con autoridad y sabiduría.

7.16: Jesús les respondió y dijo: Mi doctrina no es mía, sino de aquel que me envió. Entendiendo la confusión de sus oponentes, Jesús declara que no ha estudiado y aprendido su doctrina de ningún rabino o escriba famoso. Lo que Jesús enseña viene directamente de su Padre. Su autoridad no descansa sobre una ordenación rabínica, sino en la ordenación que recibió de su Padre en el día de su bautismo cuando públicamente fue declarado Hijo de Dios y cuando recibió la plenitud del Espíritu Santo. Los rabinos judíos solían decir: "Yo aprendí mi doctrina del rabino fulano, el cual aprendió su doctrina del rabino zutano, el cual aprendió su doctrina del rabino..." y así seguía la cadena de autoridad hasta llegar a Moisés quien recibió su doctrina de Dios sobre el monte Sinaí.

7.17-18: El que quiera hacer la voluntad de Dios, conocerá si la doctrina es de Dios, o si yo hablo por mi propia cuenta. El que habla por su propia cuenta, su propia gloria busca; pero el que busca la gloria del que le envió, éste es verdadero, y no hay en él injusticia. La voluntad de Dios de la que habla Jesús aquí es que todos tengan fe en el Hijo y que por medio de él tengan vida eterna. Los que ponen su fe en el Señor llegarán a experimentar en sus vidas y sus corazones que Jesús no es un falso profeta que busca su propia gloria, sino que ha venido para dar gloria a Dios. En el A.T. una de las características de un profeta verdadero era que siempre buscaba la gloria de Dios. Los falsos profetas, en cambio, podían ser reconocidos porque buscaban su propia gloria. Los que no se dejan llevar por los argumentos de los enemigos de Jesús, sino que creen en él, recibirán en sus corazones la confirmación de su fe por medio del Espíritu Santo.

Una de las razones por las que Juan fue llamado por el Espíritu Santo a escribir el cuarto evangelio fue para confirmar la fe de los que habían creído en Jesús. Muchos de los creyentes en las congregaciones a las que escribe el evangelista se encuentran bajo el ataque de las autoridades de las sinagogas y del Imperio Romano y de falsos profetas que se habían apartado de la fe. Basta leer Apocalipsis 2 y 3 para apreciar la clase de oposición y persecución que tenían que enfrentar los destinatarios de la literatura joánica.

Nota litúrgica: En el leccionario de cuatro años del grupo litúrgico interconfesional de Gran Bretaña Juan 7.1-17 es el santo evangelio para el 11° domingo después de Pentecostés en el año D, año de San Juan.

7.19-20: ¿No os dio Moisés la ley, y ninguno de vosotros cumple la ley? ¿Por qué procuráis matarme? Respondió la multitud y dijo: Demonio tienes; ¿quién procura matarte? Aquí Jesús pasa de la defensiva a la ofensiva. Ha sido acusado de no guardar la Torá, pero ante este ataque, contraataca, declarando que sus enemigos, que tanto se preocupan por guardar la Torá, en realidad la toman en menos. La prueba de ello es el hecho de que la Torá nos llama a amar al prójimo como a nosotros mismos, pero en vez de amar a su hermano Jesús, los judíos, igual que los hermanos de José en el A.T., planean quitarle la vida. "Si alguno dice: Yo amo a Dios, y aborrece a su hermano, es mentiroso" (1 Juan 4.20). Frente a esta acusación de parte de Jesús, los judíos responden: "Estás loco, nosotros no estamos planeando la muerte de nadie. Por tener tales pensamientos en cuanto a nosotros, debes tener un demonio". Pero los eventos de la semana santa, relatados en Juan 18 y 19, pondrán de manifiesto quiénes, en verdad, eran los endemoniados. El hecho de que los oponentes de Jesús tengan la ley no es una garantía de salvación, sino de condenación, pues la ley no es un instrumento de salvación sino de juicio.

7.21-22: Jesús respondió y les dijo: Una obra hice, y todos os maravilláis. Por cierto, Moisés os dio la circuncisión (no porque sea de Moisés, sino de los padres); y en el día de reposo circuncidáis al hombre. La obra a la que se refiere Jesús aquí es la curación del inválido en el estanque de Betesda en Juan 5. Recordemos que los judíos objetaron esa curación porque ocurrió en el día de reposo. Habían acusado a Jesús de transgredir la ley porque había ejercido el oficio de médico un día sábado para un caso que no era de vida o muerte. Jesús responde a esta acusación en su contra recordándoles que ellos también ejercen el oficio de médico y de cirujano en el día de reposo. Según la Torá de Moisés, un varón recién nacido debe ser circuncidado ocho días después de su nacimiento. Si ese octavo día cae en sábado, siempre se efectúa la circuncisión, porque según la enseñanza de los escribas, la ley sobre la circuncisión tiene precedencia sobre las leyes que gobiernan el día de reposo.

7.23-24: Si recibe el hombre la circuncisión en el día de reposo, para que la ley de Moisés no sea quebrantada, ¿os enojáis conmigo porque en el día de reposo sané completamente a un hombre? No juzguéis según las apariencias, sino juzgad con justo juicio. El argumento de Jesús es el siguiente: Si los líderes religiosos del pueblo pueden justificar la circuncisión de niños en el día sábado, Jesús también puede justificar su trabajo en el día de reposo, pues la acción purificadora y salvadora de Jesús es superior a la que realiza la circuncisión. Según 1 Pedro 3.21 la circuncisión sólo sirve para remover del cuerpo humano algo considerado inmundo por los judíos. Pero Jesús, por su palabra y su bautismo, purifica no solamente al cuerpo del ser humano, sino también su conciencia. Los rabinos en su trabajo sabatino sólo purifican uno de los 248 miembros del cuerpo humano reconocidos por ellos, mientras Jesús en su trabajo sabatino purifica al ser humano en cuerpo, alma, espíritu y mente. Además, la celebración de la circuncisión y del día de reposo eran ritos o celebraciones provisionales, que servían para anunciar al pueblo de Israel que venía uno que daría una purificación más grande que la circuncisión y un reposo más grande que el sábado. Jesús es el cumplimiento y el reemplazo tanto de la circuncisión como del día de reposo.

Nota litúrgica: En el leccionario de cuatro años del grupo litúrgico interconfesional de Gran Bretaña Juan 7.14-24 es el santo evangelio para el sexto domingo después de Epifanía en el año D, año de San Juan.

7.25-26: Decían entonces unos de Jerusalén: ¿No es éste a quien buscan para matarle? Pues mirad, habla públicamente, y no le dicen nada. ¿Habrán reconocido en verdad los gobernantes que éste es el Cristo? La parte donde Jesús estaba enseñando probablemente era uno de los atrios o pórticos del templo. La palabra templo incluye no solamente el lugar santo y el lugar santísimo, sino también los patios, los depósitos, los atrios, pórticos y las habitaciones de los sacerdotes. Los que comentan sobre las actividades de Jesús son los habitantes de Jerusalén y no los peregrinos que han venido de Galilea y otras partes de Palestina. Los habitantes de Jerusalén conocen mejor las malas intenciones de los gobernantes del templo. Puede ser que una de las razones por las que los gobernantes todavía no han intentado arrestar a Jesús sea el temor de que en realidad él pudiera ser el Mesías. Si tal fuera el caso, sería muy peligroso tratar de arrestarlo o matarlo.

7.27: Pero éste, sabemos de dónde es; mas cuando venga el Cristo, nadie sabrá de dónde sea. Entre muchos judíos en el tiempo de Jesús existía la creencia de que la presencia del Mesías sería desconocida por todos, incluso por el propio Mesías, hasta que fuera revelado por Elías. Puesto que los judíos saben que Jesús es de Nazaret de Galilea y lo conocen, están convencidos que él no puede ser el Mesías. Todos saben que su lugar de origen es el insignificante y despreciado pueblo de Nazaret. La ironía de la situación es que los judíos en realidad desconocen el verdadero origen de Jesús. Su verdadero origen no es Nazaret, ni Belén, sino el cielo. Jesús es un enviado de Dios, que estaba con Dios en el principio de la creación y que participó en la creación de todo lo que existe. En realidad, los judíos no conocen al verdadero Jesús, ni ven en él al Mesías que tanto esperan (Duke 1985.67). Lo peor de todo es que los judíos desconocen la razón por la cual Jesús ha dejado su morada celestial para venir a Belén, a Nazaret y a Jerusalén; lo desconocen como el Cordero de Dios que quita el pecado del mundo. Por eso, Jesús, como los profetas del A.T. alza su voz en contra de la incredulidad del pueblo y los llama a creer en el Padre y en el Hijo. El conocimiento del Jesús terrenal no sirve de nada si no va unido al conocimiento del *Logos* divino.

7.28: Jesús entonces, enseñando en el templo, alzó la voz y dijo: A mí me conocéis, y sabéis de dónde soy; y no he venido de mí mismo, pero el que me envió es verdadero, a quien vosotros no conocéis. Debido a que los judíos profesan conocer cuál es el origen terrenal de Jesús no pueden comprender cuál es su origen celestial. Lo que conocen es correcto pero incompleto. Su conocimiento de algo que es perfectamente correcto los ciega para el conocimiento de algo que es mucho más importante (Duke 1985.48). Tenemos que cuidarnos de no caer en el mismo error, no sea que nuestros conocimientos parciales lleguen a ser un obstáculo que nos ciegue a realidades mucho más profundas e importantes.

El hecho de que Jesús alzó la voz (según *Reina Valera),*o gritó (según la *Biblia de Jerusalén)* (ἔκραξεν en griego), nos hace recordar las palabras de la sabiduría en Proverbios 1. Es el capítulo donde la sabiduría alza su voz y clama en las calles, llamando a todos a responder a la voz de Dios. Según Ramond Brown y Howard-Brook (1994.183), todo el discurso de Jesús en la fiesta de los tabernáculos tiene que ser leído a la luz de Proverbios 1.20-25, 28-33, pues Jesús, y no la Torá de los rabinos, es la sabiduría en persona: "La sabiduría clama en las calles, alza su voz en las plazas; clama en los principales lugares de reunión; en las entradas de las puertas de la ciudad dice sus razones. ¿Hasta cuándo, oh simples, amaréis la simpleza, y los burladores desearán el burlar, y los insensatos aborrecerán la ciencia? Volveos a mi reprensión; he aquí yo derramaré mi espíritu sobre vosotros, y os haré saber mis palabras. Por cuanto llamé, y no quisisteis oír, extendí mi mano, y no hubo quien atendiese, sino que desechasteis todo consejo mío y mi reprensión no quisisteis... Entonces me llamarán, y no responderé; me buscarán de mañana, y no me hallarán. Por cuanto aborrecieron la sabiduría, y no escogieron el temor de Jehová, ni quisieron mi consejo, y menospreciaron toda reprensión mía, comerán del fruto de su camino, y serán hastiados de sus propios consejos. Porque el desvío de los ignorantes los matará, y la prosperidad de los necios los echará a perder; mas el que me oyere, habitará confiadamente y vivirá tranquilo, sin temor del mal."

7.29-32: Pero yo le conozco, porque de él procedo, y él me envió. Entonces procuraban prenderle; pero ninguno le echó mano, porque aún no había llegado su hora. Y muchos de la multitud creyeron en él, y decían: El Cristo, cuando venga, ¿hará más señales que las que éste hace? Los fariseos oyeron a la gente que murmuraba de él estas cosas; y los principales sacerdotes y los fariseos enviaron alguaciles para que le prendiesen. Por primera vez en este evangelio leemos de una tentativa de los líderes religiosos del pueblo para prender a Jesús. Los dos grupos identificados como oponentes manifiestos de Jesús son los principales sacerdotes y los fariseos. Los principales, o sumos sacerdotes, eran los que tenían jurisdicción sobre el templo de Jerusalén. El grupo de los sumos sacerdotes incluía al sumo sacerdote, Caifás, al prefecto del templo, al inspector y al tesorero. También incluía a Anás y a sus cinco hijos, todos los cuales habían servido antes como sumos sacerdotes.

Los principales sacerdotes eran todos miembros del partido de los saduceos aunque Juan nunca utiliza el término saduceo en su evangelio. La palabra saduceo deriva del nombre Sadoc. Sadoc, sumo sacerdote en los días del rey David, fue el fundador de una dinastía o línea de sumos sacerdotes en el A.T. Los saduceos estaban convencidos de que los sumos sacerdotes tenían que ser descendientes de Sadoc. Los saduceos eran mayormente miembros de la aristocracia judaica, terratenientes ricos, prósperos comerciantes y líderes eclesiásticos del templo.

Muchos saduceos habían sido educados en academias fundadas en Jerusalén por los griegos en el tiempo de Alejandro Magno. Su educación helenística les ayudó a conseguir buenos nombramientos de los romanos y buenos puestos en la administración del país. Al mismo tiempo aprendieron filosofía griega, lo que, tal vez, nos ayuda a entender porqué llegaron a rechazar la doctrina de la resurrección del cuerpo y la existencia de ángeles. Por su conexión con los romanos, los saduceos eran odiados por los zelotes, el grupo revolucionario nacionalista que tenía como fin librar al país del dominio de los opresores romanos y de sus lacayos judíos como los saduceos. En esta conexión es bueno tomar en cuenta que muchos de los sacerdotes pobres y los levitas no simpatizaban con los saduceos, sino con los fariseos y hasta con los zelotes. Las primeras acciones revolucionarias que dieron comienzo a la rebelión contra Roma en el 66 d.C. fueron dirigidas por sacerdotes menores.

El otro grupo involucrado en el complot para prender a Jesús es la secta de los fariseos. En los tiempos de Jesús los fariseos eran miembros de un movimiento laico dedicado al estudio de la Torá y a la práctica de la santidad. Los fariseos habían surgido como partido religioso durante la lucha contra las influencias paganas y helenísticas en el tiempo cuando Antíoco Epífanes y los reyes seléucidas gobernaban Israel. Durante los cien años cuando la dinastía de los macabeos gobernaba Palestina, los fariseos se oponían cada vez más a sus tendencias helenizantes. Los fariseos sufrieron una severa persecución durante el reinado de Alejandro Janeo (103-76 a.C.). Muchos de los 800 oponentes del rey judío que fueron crucificados durante su reinado pertenecían a la secta de los fariseos (Horsley 1987.69). Después de la muerte de Alejandro Janeo comenzó el reinado de la viuda del rey, la reina Alejandra (76-67 a.C.). Durante ese reinado los fariseos fueron rehabilitados y recibieron puestos de importancia en el gobierno. Después de la conquista de Palestina de parte de los romanos, los fariseos perdieron su posición privilegiada ante los saduceos.

La preocupación de los fariseos era que el pueblo de Dios se mantuviera separado de las costumbres y la manera de vivir de los gentiles. De esta manera, los fariseos dieron gran importancia a las prácticas y ordenanzas que caracterizaban a Israel como pueblo dedicado al servicio de Jehová. Entre estas prácticas y ordenanzas figuraban la observancia del sábado como día de reposo, la circuncisión, el diezmo, el no tocar nada inmundo, el no comer sangre o carne inmunda, el no casarse o tener mucho contacto con gentiles incircuncisos. La gran mayoría de los expositores creen que la palabra fariseo deriva de una raíz hebrea que significa separado.

El afán de los fariseos por mantener a Israel separado de las influencias contaminantes de los gentiles los llevó a oponerse a los saduceos y a la gente ignorante de la ley, es decir los *am-ha-aretz*, la gente del campo. Los fariseos se reunían en pequeños grupos cerrados llamados *haburot.*

Se ha calculado que en el tiempo de Jesús había solamente unos seis mil fariseos en toda Palestina. Todavía eran un partido minoritario en competencia con otros grupos y movimientos. No llegaron a ser el partido principal entre los judíos hasta después de la destrucción del templo por los romanos en el año 70 d.C. En la guerra contra los romanos fueron eliminados la mayoría de los otros grupos y sectas que competían con los fariseos por la predominación religiosa en Israel, entre ellos, los saduceos, los herodianos, los esenios y los zelotes. De esta manera, los fariseos llegaron a ser el grupo religioso más poderoso entre los judíos. Los romanos, que siempre prefirieron gobernar por medio de intermediarios, otorgaron a los fariseos ciertos privilegios y responsabilidades civiles y eclesiásticas en la administración de la provincia. Los judíos, bajo la tutela de los fariseos, quedaron eximidos de la necesidad de ofrecer incienso al emperador y adorarlo como dios a condición que pagaran al emperador el impuesto que antes pagaban al templo en Jerusalén. Los cristianos no gozaban de tales privilegios y quedaron bajo la obligación, so pena de persecución, de quemar incienso al emperador.

Durante la persecución de los cristianos en las ciudades de Asia Menor al final del primer siglo, muchos judeocristianos fueron tentados a reconciliarse con la sinagoga para evitar la persecución. En algunos casos los fariseos en las sinagogas de Asia Menor denunciaron a los cristianos ante las autoridades romanas. Como consecuencia de ello las relaciones entre los cristianos y los judíos en Asia Menor eran muy conflictivas. Esta es la situación que encontramos en el libro de Apocalipsis, un escrito dirigido a las mismas congregaciones para las cuales el evangelista preparó el cuarto evangelio (Hemer 1986.10).

Por escritos como la Mishná y el Talmud sabemos mucho acerca de la vida y las creencias de los fariseos en los tiempos después de la destrucción del templo de Herodes, pero los únicos escritos provenientes de los tiempos apostólicos y que hablan de los fariseos del tiempo de Jesús son el N.T. y las obras de Josefo. Lo que sí sabemos de los fariseos en los tiempos de Jesús es que había dos grupos contrarios entre sí. El primero estaba formado por los discípulos del gran rabino Shammai, un rigorista que no quería tener absolutamente nada que ver con los gentiles. Además de ser muy estricto en su interpretación de la ley, Shammai estaba en contra de las actividades misioneras que buscaban prosélitos gentiles para la fe judía. El otro gran rabino de los fariseos se llamaba Hillel, un maestro nacido en Babilonia que vino a Palestina para formar su escuela rabínica. Hillel, que estaba a favor de enviar misioneros a los gentiles, era un maestro mucho más compasivo y liberal que Shammai.

Recientemente algunos autores judíos han afirmado que el conflicto de Jesús con los fariseos no fue con todos los miembros del movimiento, sino solamente con los discípulos de Shammai. Un rabino judío llamado Harry Falk ha escrito un libro llamado *Jesús, el fariseo* en el cual asevera que Jesús mismo era un fariseo y fiel discípulo de Hillel. Falk lamenta el hecho de que algunos predicadores cristianos denuncien categóricamente a todos los fariseos sin tomar en cuenta que existían muchas diferencias entre ellos. Lamentablemente los argumentos de Falk requieren mucha más documentación de fuentes fidedignas para ser convincentes. Otros autores modernos, especialmente los teólogos de la liberación, son mucho más negativos en su evaluación de los fariseos. Para los teólogos de la liberación, los fariseos representan a los que se acomodan al sistema opresor para preservar sus prerrogativas en vez de buscar reemplazar las estructuras corruptas por una más humanitaria, más justa y más igualitaria.

Nota litúrgica: En el leccionario de cuatro años del grupo litúrgico interconfesional de Gran Bretaña Juan 7.25-31 es el santo evangelio para el primer domingo de adviento en el año D, año de San Juan.

7.33-36: Entonces Jesús dijo: Todavía un poco de tiempo estaré con vosotros, e iré al que me envió. Me buscaréis, y no me hallaréis; y a donde yo estaré, vosotros no podréis venir. Entonces los judíos dijeron entre sí: ¿Adónde se irá éste, que no le hallemos? ¿Se irá a los dispersos entre los griegos, y enseñará a los griegos? ¿Qué significa esto que dijo: Me buscaréis, y no me hallaréis; y a donde yo estaré, vosotros no podréis venir? Aquí tenemos otro ejemplo de un malentendido en este evangelio. Jesús está hablando de su regreso al Padre, pero los judíos creen que Jesús, tal vez, está hablando de ir a la diáspora para buscar discípulos entre los griegos. Irónicamente, se cumplieron las palabras de los judíos, porque después de la resurrección y ascensión de Jesús al Padre, él, por medio de su espíritu, dio poder a sus discípulos para evangelizar entre los griegos de la diáspora y levantar una iglesia grande. Cuando Juan escribió el cuarto evangelio ya había más discípulos entre los griegos que entre los judíos. Igual que Caifás en Juan 11.49 ss., los fariseos tenían razón, aunque ambos no entendían el significado y la importancia de lo que decían. Jesús sí irá a los gentiles por medio de la obra misionera de sus discípulos.

En cuanto al cuarto evangelio muchos expertos teorizan que poco antes de la destrucción de Jerusalén, el evangelista y un grupo de sus discípulos salieron de Judea y se trasladaron a Efeso donde comenzaron a evangelizar entre los gentiles y los judíos de la diáspora. Cuando se terminó la última redacción del cuarto evangelio había más receptores griegos que judíos del evangelio y de las cartas de Juan. Se plantea que algunas partes del evangelio de Juan fueron escritas en Judea donde la mayoría de los creyentes eran judíos. Por eso presenta a Jesús como el cumplimiento de las esperanzas mesiánicas del A.T. y de todas las fiestas, ritos e instituciones del pueblo de Israel. Estas partes del evangelio evidentemente están dirigidas a receptores judíos. Pero otras partes del cuarto evangelio están dirigidas a gentiles. Con frecuencia, se nota que el evangelista explica a sus lectores alguna costumbre judía que un lector griego no podría entender de otra manera. Un ejemplo de ello lo tenemos en Juan 2.6. También explica el significado de ciertas palabras que un gentil no entendería sin una explicación, como por ejemplo en Juan 9.7. Por estos detalles, muchos exégetas creen que la producción del cuarto evangelio duró muchas décadas.

7.37-39: En el último y gran día de la fiesta, Jesús se puso en pie y alzó la voz, diciendo: Si alguno tiene sed, venga a mí y beba. El que cree en mí, como dice la Escritura, de su interior correrán ríos de agua viva. Esto dijo del Espíritu que habían de recibir los que creyesen en él; pues aún no había venido el Espíritu Santo, porque Jesús no había sido aún glorificado. Durante el último día de la fiesta de los tabernáculos los sacerdotes solían pasar por la puerta de Agua en procesión solemne y dirigirse al estanque de Siloé donde sacaban agua del pozo con un jarrón de oro puro mientras los fieles recitaban Isaías 12.3 "Sacaréis con gozo aguas de la fuente de salvación." El agua era llevada al templo donde los sacerdotes, después de dar siete vueltas alrededor del altar, derramaban la libación de agua sobre el mismo (Yee 1989.79-82). Durante la ceremonia de la libación de agua el coro de levitas cantaba el Halel, es decir los salmos 113-118, con acompañamiento de flautas. Cuando se cantaban las palabras: "Alabad a Jehová" (Salmo 118.1) y "Oh Jehová, sálvanos ahora" (Salmo 118.25) los fieles gritaban y sacudían hacia el altar las palmas y las frutas cítricas que cargaban. La ceremonia de la libación de agua sobre el altar era un acto multivocal, es decir, que tenía varios significados.

En primer lugar se derramaba el agua sobre el altar para recordarle a Dios su promesa de enviar siempre las lluvias sobre los campos de su pueblo. Así, los sacerdotes le pedían a Dios lluvias abundantes para la próxima siembra. En segundo lugar, las aguas derramadas sobre el altar servían para recordar al pueblo de Israel las aguas que brotaron de la peña de Horeb para satisfacer la sed del pueblo en el desierto (Éxodo 17.1-7). Según los rabinos, la peña de Horeb seguía rodando detrás de los israelitas durante toda la trayectoria por el desierto de Arabia. De esta manera la peña de Horeb sirvió para satisfacer la sed de los israelitas durante los 40 años de su peregrinación. En tercer lugar, las aguas derramadas sobre el altar servían para recordar a los fieles la promesa hecha por Dios de hacer brotar del templo ríos de aguas vivificantes en los tiempos mesiánicos.

Una de las lecturas que se tenía en la sinagoga en la fiesta de los tabernáculos era Zacarías 14 (Abrahams 1967.II.54). Según Zacarías 14, vendrá un día en que "saldrán de Jerusalén aguas vivas, la mitad de ellas hacia el mar oriental, y la otra mitad hacia el mar occidental, en verano y en invierno. Y Jehová será rey sobre toda la tierra." En base a varios textos escatológicos en el A.T., los rabinos afirmaban que los ríos que saldrían del templo significaban el derramamiento del Espíritu Santo en los últimos días, como lo había profetizado el profeta Joel en 3.18. En Ezequiel 36.25-27 Dios promete esparcir agua limpia sobre sus fieles, darles un corazón nuevo y poner dentro de ellos su espíritu. Así, ya en el A.T. los ríos de agua viva se asociaban con el don escatológico del Espíritu Santo que sería derramado sobre el pueblo de Dios en los últimos días (Carson 1991.328).

En el momento culminante de la ceremonia del derramamiento de agua Jesús se pone de pie. De esta manera el Señor pone de manifiesto que las palabras que está por pronunciar constituirán una profecía, pues los profetas profetizaban de pie mientras que los rabinos y maestros enseñaban sentados. Al llamar a todos los que tienen sed a venir a él y beber, Jesús da a entender que en él se cumplen las profecías que hablan del agua viva que brotará del templo. Además, pone de manifiesto que el templo del cual salen las aguas de vida no es el templo de Jerusalén, sino Jesús mismo. Del interior de Jesús saldrá la verdadera agua de vida que es, a la vez, la verdadera revelación divina y el Espíritu Santo.

Las palabras de Jesús en la fiesta de los tabernáculos nos dan a entender que él es el nuevo templo al cual subirán las naciones (Zacarías 14.8, 16-21). La invitación a venir a él en 7.37 es una invitación a las naciones para venir al verdadero templo escatológico. Este templo escatológico es mejor que cualquier otro templo porque allí se dará el Espíritu Santo. Todos los hombres son invitados a venir a este nuevo templo de Jesús porque éste es el lugar donde se revela el Dios verdadero. Con la entrada de creyentes de todas naciones a la iglesia, la cual es cuerpo de Jesús, se cumplirá la profecía mesiánica y escatológica de Ezequiel 47.1-12. (McCaffrey 1988.230-232).

Muchos rabinos consideraban que la Torá era la fuente de la cual saldrían las aguas de vida. Los samaritanos solían hablar de la ley como "un pozo de agua de vida" y el documento de Damasco afirmaba que el pozo mencionado en Números 21.17 era la ley de Moisés (Koester 1995.170). Pero aquí Jesús indica que las palabras de la ley no son las que nos dan el espíritu, sino las palabras de Jesús. San Pablo enuncia la misma verdad al declarar a los gálatas: "Esto solo quiero saber de vosotros: ¿Recibisteis el Espíritu por las obras de la ley, o por el oír con fe?" (Gálatas 3.2). Las palabras de la ley pueden indicarnos lo que debemos hacer y lo que no debemos hacer, pero no nos dan el poder de hacer lo que debemos. La ley puede indicarle a un drogadicto que anda por un camino de muerte, pero en ella no está el poder que necesita para dejar su vicio. Este poder lo recibimos solamente por medio del Espíritu Santo, que Dios da a aquellos que creen en la promesa del evangelio.

El versículo 38 habla de ríos de agua viva que corren del interior o del seno de la persona de la que Jesús está hablando aquí. ¿Pero quién es esa persona? Hay dos posibles maneras de traducir el versículo 38 dependiendo de la puntuación que se utilice. Según la primera manera de entender el versículo, los ríos de agua viva son los que corren del seno o del corazón de Jesús. De acuerdo con esta interpretación el versículo debe leerse de la siguiente manera: "Quien tenga sed, venga a mí, y beba el que cree en mí. Como dice la Escritura: Ríos de agua viva correrán de su seno."

Según la segunda manera, los ríos de agua viva brotan del corazón de la persona que cree en Jesús. La versión *Reina Valera Revisada* y la versión *Dios habla hoy* están de acuerdo con esta segunda manera de leer el texto. La mayoría de los comentaristas clásicos también han adoptado esta manera. Esta interpretación también es la que siguen la mayoría de los comentaristas carismáticos y evangélicos conservadores, porque concuerda mejor con las experiencias carismáticas que han tenido.

Una conocida canción carismática se basa en la interpretación de Juan 7.38 en el sentido de que los ríos de agua viva son los que brotan del interior del creyente.

Yo tengo // gozo en mi alma, //
Gozo en mi alma y en mi ser,
Aleluya, gloria a Dios,
Son como // ríos de agua viva, //
Ríos de agua viva en mi ser.

Sin embargo, un creciente número de expositores modernos ha optado por la primera manera de traducir el texto original, porque concuerda mejor con la imagen del agua de la salvación que mana del costado traspasado del Salvador en Juan 19.34 y con la identificación de Jesús con la roca de Horeb que daba agua a los sedientos en el desierto (Sanders 1968.214). Muchos comentaristas católicos, especialmente R. Brown, optan por entender a Jesús como el lugar de donde brotan los ríos de agua viva. Esta interpretación cristológica también está más de acuerdo con el conocido canto del cantante panameño, Santiago Stevenson Ortiz:

// Cristo es la peña de Horeb, que está brotando
Agua de vida, saludable para ti; //
Ven, a tomarla, que es más dulce que la miel.
Refresca el alma, refresca todo tu ser.
Cristo es la peña de Horeb, que está brotando
Agua de vida, saludable para ti.

En cierto sentido ambas maneras de entender el texto concuerdan con la teología del Espíritu Santo que nos presenta el cuarto evangelio. Jesús es la fuente del Espíritu Santo. La glorificación de Cristo en su muerte, resurrección y ascensión hace posible que el Espíritu Santo sea derramado sobre nosotros. Pero una vez que el Espíritu Santo ha sido derramado sobre nosotros, llega a ser como un manantial de agua refrescante que purifica y revitaliza nuestros pensamientos, emociones y sentimientos, colmando nuestra sed de Dios y dándonos la fuerza para seguir nuestro peregrinaje hacia la tierra prometida (Barclay 1973.I-269).

En su libro sobre el simbolismo en el cuarto evangelio, el intérprete luterano Craig Koester opina que una de las características de los símbolos en el evangelio de Juan es que tienen una doble estructura fundamental. Esto quiere decir que muchos símbolos tienen un significado primario que es cristológico y un significado secundario que tiene que ver con el discipulado. Según Koester, el significado primario del símbolo de agua viva en Juan 7.37-39 es cristológico. Jesús es la fuente de agua viva prometida a la mujer samaritana. En la cruz salió agua del costado de Jesús para señalar que él es la verdadera fuente de agua viva. El domingo de su resurrección (Juan 20.22) Jesús sopló sobre sus discípulos para impartirles el agua viva del Espíritu Santo. Pero el símbolo de agua viva también tiene un significado secundario que tiene que ver con los discípulos o la iglesia. Una vez que el discípulo llega a tomar del agua viva que otorga Jesús, tendrá una fuente de agua viva rebosando en su propio corazón, así como Jesús lo prometió a la mujer samaritana (Juan 4.14): "El agua que yo le daré será en él una fuente de agua que salte para vida eterna" (Koester 1995.14).

El término que se traduce como interior en la *Reina Valera Revisada* y como seno en la *Biblia de Jerusalén* es la palabra *koilia* (κοιλία en griego) que literalmente quiere decir estómago o barriga. La palabra *koilia* también se usaba para designar el lugar de origen de las emociones fuertes y el lugar donde suceden las cosas que no se ven. Por lo tanto es mejor traducir *koilia* con nuestra palabra corazón. Los ríos de agua viva que salen del corazón son los que producen las obras de fe, justicia y servicio (Léon-Dufour 1992.188).

En el versículo 39 encontramos por primera vez en este evangelio el verbo glorificar: δοξάζω. Igual que en el caso de otros conceptos claves del cuarto evangelio, el tema de la glorificación de Jesús se desarrolla gradualmente a través de nuestra lectura de todo el libro. Cada vez que nos encontramos con esa palabra, será necesario recordar lo que se ha dicho anteriormente en conexión con el término. El tema de la glorificación de Jesús se trata en otras partes del evangelio, por ejemplo, en 12.23; 13.31; 17.1. Llegaremos a verla cuando el cuarto evangelio, hablando de la glorificación de Dios, se refiera a la muerte, resurrección y ascensión de Jesús como un solo acto. En ese acto se revela quién es en verdad el Padre y quién el Hijo.

A veces se discute cuál era el último gran día de la fiesta. La fiesta de los tabernáculos duraba siete días. El día después de la fiesta de los tabernáculos también era un día de fiesta, un sábado especial en el cual se ofrecían sacrificios y se desmantelaban los tabernáculos que fueron utilizados durante los siete días de la fiesta. Algunos autores rabínicos consideran que el octavo día debe ser considerado como parte de la fiesta de los tabernáculos mientras que los rabinos lo consideran una fiesta aparte. Por eso, algunos comentaristas creen que la ocasión cuando Jesús proclamó lo expresado en Juan 7.37-39 fue el séptimo día de la fiesta de los tabernáculos, en tanto otros autores creen que Jesús hizo su gran anuncio de la fiesta especial después de la fiesta de los tabernáculos. Puesto que el simbolismo de la ceremonia del agua concuerda mejor con el pronunciamiento de Jesús, la mayoría de los eruditos prefieren el séptimo día de la fiesta de los tabernáculos como la ocasión de sus palabras. Sin embargo, algunos como Carson (1991.321), opinan que Jesús escogió el día en que se desmantelaban los tabernáculos para hacer su anuncio y así trazar un contraste entre el gozo de la fiesta de los tabernáculos que sólo dura siete días y el don del Espíritu que da gozo que perdura para siempre.

Nota litúrgica: En el leccionario de cuatro años del grupo litúrgico interconfesional de Gran Bretaña, Juan 7.32-39 es el santo evangelio para el domingo después de la Ascensión en el año D, año de San Juan.

7.40-41: Entonces algunos de la multitud, oyendo estas palabras, decían: Verdaderamente éste es el profeta. Otros decían: Este es el Cristo. Pero algunos decían: ¿De Galilea ha de venir el Cristo? Las palabras y las obras de Jesús provocan mucha discusión entre la gente del pueblo como también entre las autoridades religiosas de la nación. Las discusiones tienen que ver con la identidad de Jesús. Cuando San Juan escribió su evangelio había muchas discusiones de la misma naturaleza en las sinagogas judías de Palestina y de la diáspora. Por eso lo que Juan escribió aquí tenía mucha importancia para sus lectores originales, y también lo tiene para nosotros, pues el tema de la verdadera identidad de Jesús todavía provoca mucha discusión hoy en día.

Entre las personas presentes en Jerusalén para celebrar la fiesta de los tabernáculos había algunos que estaban convencidos que Jesús era el profeta como Moisés, profetizado en Deuteronomio 18.15. Otros afirmaban que Jesús era el Mesías o Cristo profetizado en Isaías, en los Salmos y en los otros libros proféticos. Otros se escandalizaban por el supuesto lugar de origen de Jesús. Una de las razones por la cual existían tantas diferencias de opinión en los tiempos del N.T. en cuanto a la mesianidad de Jesús se debía a que entre los mismos judíos nunca hubo unanimidad en cuanto a la identidad y la misión del Mesías.

Los escritos apocalípticos y apócrifos que circulaban entre los judíos en los tiempos del N.T. nos muestran una gran divergencia de conceptos y creencias en torno al Mesías esperado. No había acuerdo en cuanto al número de figuras mesiánicas que vendrían en los últimos días. Un escrito habla de la venida de un mesías sacerdotal de la familia de Aarón y de otro mesías real de la familia de Judá. Muchos esperaban a un mesías político que vendría a imponer su autoridad sobre el mundo por medio de la fuerza. Muchos de los falsos cristos que se levantaron en Galilea durante el primer siglo eran tipos altamente revolucionarios, luchadores violentos, que llamaron a los habitantes de Palestina a levantarse en rebelión armada contra los romanos y los otros extranjeros que se encontraban en la Tierra Santa. Galilea ya tenía fama entre los más sofisticados habitantes de Jerusalén de ser un lugar de origen de la peor clase de fanáticos y embaucadores del pueblo. Para muchas personas de la Ciudad Santa era inconcebible que el Mesías viniera de un lugar como Galilea.

7.42-44: ¿No dice la Escritura que del linaje de David, y de la aldea de Belén, de donde era David, ha de venir el Cristo? Hubo entonces disensión entre la gente a causa de él. Y algunos de ellos querían prenderle; pero ninguno le echó mano. De acuerdo con la profecía en Miqueas 5.2, el rey mesiánico que esperaban los judíos debía nacer en Belén, la misma aldea donde nació el rey David unos mil años antes de Jesús. Nosotros sabemos por los relatos del nacimiento y de la infancia de Jesús en Mateo 1-2 y Lucas 1-2 que Jesús sí nació en Belén de Judea, pero en el cuarto evangelio San Juan nunca menciona el nacimiento de Jesús en Belén, aunque supone que sus lectores están familiarizados con la historia de su nacimiento. Juan, más bien, quiere enfatizar que el verdadero lugar de origen de Jesús no es Nazaret, ni Belén, sino el cielo: "desde arriba."

7.45-46: Los alguaciles vinieron a los principales sacerdotes y a los fariseos; y éstos les dijeron: ¿Por qué no le habéis traído? Los alguaciles respondieron: ¡Jamás hombre alguno ha hablado como este hombre! Los alguaciles o policías del templo que habían sido enviados a prender a Jesús vuelven con las manos vacías. Ellos también habían caído bajo el poder de las palabras de Jesús. Estos alguaciles no eran mercenarios brutos, dispuestos a cometer cualquier injusticia por dinero. Eran levitas dedicados a servir al Señor. Lo que ha impactado tanto a estos humildes alguaciles no fueron los milagros de Jesús, sino sus palabras, pues Juan no relata nada en este capítulo sobre señales milagrosas (Carson 1991.331).

A diferencia de los falsos cristos y los mesías políticos, Jesús nunca recurre a la violencia y a la fuerza. Jesús obra mediante su palabra. Es por la palabra de Dios que los hombres serán convencidos, cambiados y redimidos, no a la fuerza. Éste es un punto que el célebre Fray Bartolomé de las Casas tuvo que enfatizar una y otra vez en su polémica con los conquistadores, eclesiásticos y miembros del Consejo de las Indias que querían usar la fuerza para convertir a los indígenas de América latina. Pero la fuerza no es un medio de gracia; el Espíritu Santo obra la fe en nuestros corazones solamente mediante la Palabra y los sacramentos. Aunque muchos tienden a menospreciar el poder de la palabra de Jesús y prefieren otros métodos de persuasión, los policías del templo dan testimonio del poder de la Palabra: "¡Jamás hombre alguno ha hablado como este hombre!" No solamente hay diferencias de opinión y divisiones en cuanto a Jesús entre los miembros de la multitud, sino que las hay también entre los que sirven en el templo.

7.47-49: Entonces los fariseos les respondieron: ¿También vosotros habéis sido engañados? ¿Acaso ha creído en él alguno de los gobernantes, o de los fariseos? Mas esta gente que no sabe la ley, maldita es. Los fariseos recriminan a los levitas que sirven como policías del templo por haberse dejado embaucar tan fácilmente por un falso profeta como Jesús. Los fariseos afirman que los que han estudiado la ley, las personas inteligentes, nunca serían tan brutos para convertirse en seguidores de Jesús. Los fariseos se jactan de los alguaciles y declaran que es imposible que ellos puedan ser engañados por una persona sin estudios como Jesús. En realidad los fariseos han sido engañados por su propio orgullo (Carson 1991.331).

La fe en Jesús es algo para la *am-ha-aretz*, las masas, la chusma, la gentuza y los campesinos ignorantes. El término *am-ha-aretz* fue usado por la elite de judíos a su regreso del cautiverio en Babilonia para referirse a los campesinos pobres y analfabetos que habían sido dejados por el rey Nabucodonosor para cultivar el campo. Los fariseos y los descendientes de los que regresaron de Babilonia tenían la tendencia de mirar con desprecio a los *am-ha-aretz* porque ignoraban la ley y no observaban todas las tradiciones de los ancianos. Puesto que los *am-ha-aretz* descuidaban el estudio de la Torá eran considerados pecadores y sujetos a la maldición pronunciada en Deuteronomio 27.26. Consecuentemente, el testimonio de los *am-ha-aretz* no era aceptado en los tribunales del país (Sanders 1968.217). Para distinguirse de la gente común, los fariseos se referían a sí mismos como *am qodesh* o pueblo santo.

Los fariseos, al rechazar a Jesús por no tener de su lado a miembros de la inteligencia, y por tener predilección por las masas, ignoran dos cosas muy importantes. En primer lugar, hay muchas personas entre los miembros de la inteligencia como Nicodemo y José de Arimatea, que secretamente son seguidores de Jesús. En segundo lugar, el Dios de las Escrituras que veneran los fariseos es un Dios que siempre se ha asociado con las masas, con los *am-ha-aretz*. El pueblo escogido del cual leemos en Éxodo no era una nación de sabios y filósofos, sino una masa de esclavos analfabetos. Dios muestra su gloria al escoger lo necio del mundo para avergonzar a los sabios y lo débil del mundo para avergonzar a lo fuerte (1 Corintios 1.27). De esta manera Dios demuestra que no es como los dioses de los gentiles que realmente son proyecciones del poder absoluto de las clases opresoras, utilizados por los poderosos para justificar su explotación de las masas. Las palabras "esta gente...maldita es" revelan el elitismo y el desprecio que sentían los fariseos por la gente común. En cambio, el envío de Jesús, un galileo en Judea, un marginado en la sociedad dominante, a nacer y vivir entre la gente común, muestra el gran amor del Padre para con los humildes y marginados.

El hecho de que Jesús se asociaba con los marginados, y de que tantos de ellos se encontraban entre sus seguidores, siempre ha sido un escándalo para los que se consideran la elite o la inteligencia. Uno de los ataques más fuertes contra los cristianos en el tiempo de la iglesia primitiva fue escrito unos 170 años después de Cristo por un filósofo llamado Celso, que escribió lo siguiente: "Los cristianos son un puñado de gente simple, grosera y moralmente perdida, que constituye la clientela ordinaria de los embusteros, ignorantes, cerrados, incultos y simples de espíritu, almas viles y ruines, esclavos, mujeres pobres y niños, tejedores de lana, zapateros y curtidores, gente de la mayor ignorancia y desprovista de toda educación, que cuentan maravillas a los niños y a las mujeres que no tienen más juicio que ellos mismos, gente que vive en tiendas de zapateros o en talleres de bataneros, ya que son herederos de los judíos, esclavos forajidos de Egipto, que nunca hicieron nada de extraordinario y nunca se distinguieron ni por su número ni por su consideración, zapateros, albañiles, cerrajeros, gente grosera y sucia"

(Hoonaert 1986.51).

7.50-52: Les dijo Nicodemo, el que vino a él de noche, el cual era uno de ellos: ¿Juzga acaso nuestra ley a un hombre si primero no le oye, y sabe lo que ha hecho? Respondieron y le dijeron: ¿Eres tú también galileo? Escudriña y ve que de Galilea nunca se ha levantado profeta. Esta es la segunda vez que Nicodemo hace acto de presencia en el cuarto evangelio. En su primera intervención en el capítulo tres, Nicodemo vino a hablar con Jesús de noche, aparentemente por que temía ser visto con él. Evidentemente a Nicodemo le faltaba la fe para confesar públicamente a Cristo. Pero ahora vemos que Nicodemo ha perdido algo de su temor. Está dispuesto a defender a Jesús y su ministerio ante los otros miembros del sanedrín. Por tomar partido por Jesús, los otros miembros del consejo supremo se vuelven contra Nicodemo y le preguntan si también es galileo. Esto es un gran insulto para un famoso maestro de la ley. Los galileos eran considerados por los judíos de Jerusalén como personas ignorantes de la ley, personas medio contaminadas por el contacto con los muchos gentiles que vivían en Galilea. Así, Nicodemo comienza a sufrir oprobio por defender a Jesús. Pero a la vez Nicodemo se ha acercado más a Jesús y a su luz.

El capítulo termina con Nicodemo defendiendo a Jesús ante los expertos de la ley, quienes quieren condenar a Jesús sin otorgarle una oportunidad de hablar en su propia defensa como estipula la propia ley de Moisés. Al no hacer caso a la ley que han jurado defender, los fariseos se comportan como los *am-ha-aretz* a los que tanto desprecian (Blank 1984.114). En el capítulo 8 veremos como Jesús actúa en defensa de una mujer acusada de adulterio a la que tampoco se concede el derecho de hablar en su propia defensa. Así se pone de manifiesto que los así llamados campeones de la ley son en realidad enemigos de la ley que tanto profesan amar.

Le dicen a Nicodemo que de Galilea nunca se ha levantado profeta. En esto se equivocan, porque el profeta Jonás era natural de Gat-hefer en Galilea (2 Reyes 14.25). Nahúm también era de Galilea; el nombre Capernaum quiere decir pueblo de Nahúm.

Nicodemo recrimina a los fariseos por juzgar a Jesús sin haberle escuchado. El verbo que se traduce aquí como escuchar es *akuein* (ἀκούειν en griego). El significado de *akuein* en el cuarto evangelio es el de escuchar espiritualmente o escuchar con fe. Los escribas y los fariseos habían llegado a la conclusión de que alguien de Galilea no tenía nada que enseñarles, una persona que no había estudiado con uno de los rabinos y una persona que se asociaba con la chusma. Puesto que Jesús no aceptaba sus ideas preconcebidas de cómo tenía que ser el Mesías, los escribas le dieron la espalda. Estaban tan seguros que su manera de interpretar las Escrituras era la única, que no estaban ni siquiera dispuestos a entrar en diálogo. En base a sus prejuicios y tradicionalismo, los escribas y fariseos juzgaron a Jesús como un embaucador, un fascinador y un falso profeta, sin darle la oportunidad de hablarles la Palabra que podría haber cambiado su incredulidad en fe. Tenemos que cuidarnos de no caer en la misma trampa en la que cayeron los escribas y fariseos. Hoy en día hay muchas personas que han marginado a Jesús de sus vidas porque no le han dado la oportunidad de defenderse a sí mismo por medio de las Escrituras. Le han condenado como uno que no merece ser escuchado en base a sus tradicionalismos, sus prejuicios raciales y sociales y sus ideas equivocadas acerca de lo que es Dios. Como consecuencia, no han podido satisfacer su sed de Dios, su sed por las aguas que brotan para vida eterna. Así se cumplen las palabras del profeta Amós: "He aquí que vienen días, dice Jehová el Señor, en los cuales enviaré hambre a la tierra, no hambre de pan, ni sed de agua, sino de oír la palabra de Jehová. Serán errantes de mar a mar; desde el norte hasta el oriente discurrirán buscando palabra de Jehová, y no la hallarán" (Amós 8.11-12).

Jesús es la palabra de Dios en persona; es el maná que nos alimenta con la presencia de Dios; es la roca de Horeb que satisface nuestra sed espiritual; es el que desde su costado traspasado nos ofrece las corrientes de agua viva que son el Espíritu Santo. Rechazar, juzgar, condenar y marginar a Jesús es condenarnos a nosotros mismos a andar errantes por la vida y por la eternidad, tratando de satisfacer nuestra sed de Dios. "Yo soy la roca de Horeb que está brotando agua de vida, saludable para ti."

Nota litúrgica: No hay lecturas de Juan 7 en el leccionario tradicional de un año en *Culto Cristiano*. En el nuevo leccionario de tres años en *¡Cantad al Señor!* Juan 7.37-39 está incluido como el santo evangelio para la vigilia de Pentecostés. Desgraciadamente, pocas congregaciones celebran un culto para la vigilia de Pentecostés. Es una lástima privar a las iglesias del rico alimento espiritual que tienen los textos de Juan 7, por eso notamos con agrado que aparecen 5 textos de Juan 7 en el leccionario de 4 años preparado por el grupo litúrgico interconfesional de Gran Bretaña. Todas las lecciones corresponden al año D, el año de San Juan:

Juan 7.1-17	Undécimo domingo después de Pentecostés
Juan 7.14-24	Sexto domingo de Epifanía
Juan 7.25-31	Primer domingo de Adviento
Juan 7.32-39	Sexto domingo de Pascua
Juan 7.40-52	Duodécimo domingo después de Pentecostés

Nota adicional sobre Efeso: Juan 7.35 Muchos comentaristas e historiadores estudiosos de la era apostólica creen que el evangelio de Juan fue escrito en o cerca de Efeso. Lo que los lleva a hacer tal afirmación es, en primer lugar, el testimonio de Ireneo de Lyon y Papías de Hierápolis de que Juan escribió su evangelio durante su estancia en la ciudad de Efeso. Si Efeso fue el lugar donde el cuarto evangelio fue escrito, un conocimiento de ese lugar de origen nos podría ayudar a entender mejor las razones que llevaron al evangelista a escribirlo.

Efeso era una de las ciudades más grandes e importantes del Imperio Romano. En el tiempo de la iglesia primitiva su población era de unos doscientos cincuenta mil habitantes. Era la ciudad principal de la provincia romana de Asia y por eso era visitada por comerciantes y mercaderes que traían sus productos de otras ciudades de Asia para su mercado. De esta manera Efeso llegó a ser un centro misionero desde el cual Pablo y sus colaboradores podían evangelizar el interior de la provincia. Leemos en Hechos 19.9 que Pablo enseñaba el evangelio todos los días en la escuela de Tiranno. Desde Efeso y la escuela de Tiranno el evangelio de Jesucristo se extendió a muchas otras ciudades en el interior de Asia. Tal vez comerciantes de las otras ciudades de Asia Menor, que fueron convertidos en Efeso, llevaron el evangelio a sus lugares de origen y establecieron allí comunidades de creyentes. Las epístolas a los Colosenses y a Filemón son enviadas a pastores y hermanos que viven en tales ciudades en el interior de Asia Menor y que se reúnen en casas particulares para adorar al Señor.

Efeso tenía reputación de ser un centro de prácticas mágicas. Un indicio de esto es el relato en Hechos 19.13-20 donde nos dice San Lucas que "muchos de los que habían creído venían confesando y dando cuenta de sus hechos. Asimismo muchos de los que habían practicado la magia trajeron los libros y los quemaron delante de todos; y hecha la cuenta de su precio, hallaron que era cincuenta mil piezas de plata" (Hechos 19.18-19). Efeso era famosa también por el gran templo construido para adorar su diosa patrona, Artemisa. La Artemisa efesia era adorada como una diosa del averno. Se creyó que ella tenía control sobre los espíritus de la naturaleza y de las fieras. Los signos del zodíaco sobre su imagen comunicaban a sus fieles que Artemisa era una deidad cósmica que tenía gran influencia sobre los espíritus astrales que controlaban el destino de los seres humanos. Personas de toda Asia y de todo el mundo antiguo visitaban Efeso con el fin de participar en las ceremonias y ritos que se practicaban en el templo de Diana. Un porcentaje considerable de habitantes de Efeso se ganaba la vida en base a las múltiples actividades que se realizaban en el templo de Diana. Así podemos entender porqué Demetrio y el gremio de plateros que fabricaban representaciones de Diana y del templo se vieron amenazados por las actividades evangelísticas de San Pablo y de sus compañeros. Leemos en Hechos 19 del alboroto que formaron éstos con su grito: "¡Grande es Diana de los efesios!" San Pablo encontró mucha oposición en sus tres años de ministerio en Efeso. En 1 Corintios 15.32 el apóstol escribe: "Batallé en Efeso contra fieras."

Cuando los colonos griegos llegaron a Asia Menor en el siglo XI a.C., encontraron que los antiguos habitantes de Frigia adoraban a una diosa madre llamada Cibele. El culto a Cibele fue violento, orgiástico y estático (Gritz 1991.37). Se caracterizaba por música bárbara y danzas frenéticas semejantes a las del culto a Dionisio. En sus danzas frenéticas los fieles se mutilaban a sí mismos en honor a la diosa. Se cortaban en sus brazos y en sus cuerpos con lanzas. La música y las danzas ayudaban a producir en los fieles un éxtasis que los hacía insensibles al dolor. Al lastimarse a sí mismos, los fieles buscaban imitar a Cibele en su dolor por su difunto amante Attis. Algunos devotos, enloquecidos por la música y las danzas, se castraban a sí mismos públicamente para dedicar sus vidas a la diosa y servirle como eunucos en su templo. Los cultos a Cibele se caracterizaban por la promiscuidad sexual y el libertinaje ceremonial. Las imágenes de Cibele enfatizaban sus funciones como diosa de la fertilidad, exagerando el tamaño de sus órganos de concepción y reproducción (Gritz 1991.37).

Los griegos identificaban a Cibele con la bella Artemisa, la cazadora y hermana de Apolo. La Artemisa griega era la protectora de las mujeres embarazadas y siempre era invocada para socorrer a las mujeres que daban a luz. En Efeso ocurrió un sincretismo, la Artemisa griega y la Cibele asiática se combinaron y llegaron a ser una sola deidad con las características de ambas diosas. La Artemisa que era invocada en el templo de Efeso era la patrona de la naturaleza, los animales de la selva, la luna y el parto. Era la deidad de los poderes de la reproducción y la fuente de la vida en abundancia. La imagen de la Artemisa de Efeso tenía una cabeza humana, manos, y muchos senos. Se dice que su imagen fue hecha de un meteorito. Artemisa era llamada parthenos o virgen, no porque nunca tuvo relaciones sexuales, sino porque nunca quiso sujetarse a un solo hombre en un matrimonio monógamo. Por su independencia y porque no se dejaba gobernar por un hombre, Artemisa llegó a ser la diosa y patrona de las mujeres que buscaban liberarse del control de los hombres, especialmente de sus esposos. En opinión de Gritz, las profetisas que se levantaban en la congregación de Efeso y disputaban con sus propios esposos, seguían el ejemplo de Artemisa y de sus sacerdotisas.

El templo de Artemisa, una de las siete maravillas del mundo antiguo, tenía renombre como un lugar de asilo donde los prófugos de la justicia podían ponerse a salvo de las autoridades. Las autoridades romanas se quejaban de que el templo de Artemisa había llegado a ser un centro donde se escondían toda clase de criminales. De día se pasaban el tiempo comiendo y durmiendo dentro del perímetro sagrado y de noche salían para atracar, robar y asesinar.

Se cree que el templo de Artemisa había sido construido originalmente para encerrar un árbol sagrado que era el símbolo de la vida divina. La palma de dátiles es el símbolo característico de Efeso y de Artemisa que aparece en muchas monedas encontradas en Efeso. Otros dos símbolos de Artemisa, el venado y la abeja, confirman que Artemisa era considerada como una diosa de la fertilidad, además de sus otros atributos (Hemer 1986.35-56). La abeja era el símbolo del sacerdocio en el templo de Artemisa. Las muchas sacerdotisas fueron llamadas *milissae* o abejas. El sumo sacerdote llamado *megabyzus* era eunuco junto con los demás sacerdotes. Estos sacerdotes eunucos eran considerados como zánganos o abejones que habían dado sus vidas para fertilizar a la abeja-reina, Artemisa (Gritz 1991.39). Entre los eruditos se debate sobre la función de las sacerdotisas. Algunos estudiosos creen que en el templo de Artemisa se practicaba la prostitución sagrada, como en otros cultos de fertilidad, mientras que otros niegan la existencia de la prostitución en dicho templo. Además de Artemisa, se veneraban en Efeso por lo menos otras 44 deidades (Arnold 1992.149-150).

Según el relato de Lucas en Hechos 19 y de Pablo en Efesios 2.11, los que se convirtieron al evangelio de Jesucristo en Efeso eran las mismas personas que antes habían practicado la magia y las ciencias ocultas y que habían adorado a Artemisa y a los otros dioses de Efeso. Varios eruditos creen que una de las razones que llevó a San Pablo a escribir la carta a los efesios fue su deseo de orientar a los nuevos cristianos en cuanto a las ciencias ocultas que antes habían practicado (Efesios 1.19-22). A lo mejor, entre los lectores del cuarto evangelio se encontraban muchas personas que antes habían sido devotos de Artemisa y de las otras deidades que fueron adoradas en los templos paganos de Efeso.

Painter opina que muchos paganos educados de Efeso y Asia Menor eran atraídos a la fe en Cristo por el estilo en que fue escrito el cuarto evangelio y por las semejanzas en el vocabulario con los escritos filosóficos helenistas. Estos paganos llegaron a ser miembros de las comunidades cristianas pero entendieron mal el evangelio y lo interpretaron según conceptos del misticismo helenista. Las controversias entre estos paganos convertidos y los miembros más ortodoxos de las comunidades ayudaron a producir divisiones entre los cristianos. Los grupos más místicos que se separaron de la comunidad cristiana llegaron a rechazar más y más las enseñanzas de Juan y de sus discípulos y finalmente terminaron convirtiéndose en gnósticos (Painter 1991.40).

Otros lectores del cuarto evangelio habrían sido judíos o prosélitos. Muchos autores antiguos han testificado acerca de la presencia de una numerosa colonia judía en Efeso. Inscripciones encontradas en Efeso dan testimonio de que los judíos de allí recibieron privilegios especiales de los *diadochi* (los sucesores macedonios de Alejandro Magno) y tenían los mismos derechos que los ciudadanos indígenas. Los privilegios especiales de los judíos, apoyados por los romanos, ayudaron a provocar una amarga hostilidad entre la comunidad judía y los gentiles indígenas de Efeso. Podemos captar algo de esta hostilidad en el relato en Hechos 19. Puesto que la colonia judía en Efeso era grande, influyente y gozaba de muchos privilegios que no tenían los judíos en otras partes del Imperio Romano, muchos refugiados judíos de Palestina y Egipto se trasladaron a Efeso después de la guerra contra Roma (66-70 d.C.). Entre ellos se encontraban muchos creyentes en Jesucristo. Muchos eruditos creen que el autor del cuarto evangelio y sus discípulos abandonaron Palestina poco antes de la guerra contra Roma y se establecieron en Efeso y sus alrededores. El apóstol San Pablo ya había sido decapitado y no podía ejercer liderazgo sobre las comunidades de discípulos en Efeso y el resto de Asia Menor.

Según se cree, Juan y sus discípulos se dedicaron a consolidar las comunidades cristianas en Asia Menor. Algunos comentaristas como Culpepper creen que Juan y sus discípulos llegaron a formar una escuela para preparar líderes para las diferentes comunidades cristianas. La tarea de evangelizar a judíos, prosélitos y gentiles, y de fortalecer las comunidades cristianas en Asia no fue fácil para Juan y sus discípulos. Muchos judíos de Efeso ya hacía siglos que vivían en un ambiente sumamente pagano y por eso mostraban muchas evidencias de sincretismo en sus creencias y prácticas. Leemos en Hechos 19 de un tal Esceva que era medio sacerdote judío y medio brujo, quien junto con otros judíos exorcistas ambulantes se ganaba la vida tratando de expulsar espíritus malos. Además de los judíos que practicaban las artes ocultas y varias clases de espiritismo y metafísica, leemos acerca de grupos de discípulos de Juan el Bautista que no habían creído en Jesucristo como Mesías y Señor. Se cree que una de las razones por las cuales fue escrito el cuarto evangelio fue la de evangelizar a tales discípulos del Bautista y llamarlos a confiar en el Jesús de quien testificaba el propio Bautista.

Entre los judíos que habían escapado de Palestina a Efeso se hallaban también fariseos que eran muy hostiles a Jesús y a su evangelio. Éstos se unieron a los judíos incrédulos que habían causado problemas a Pablo y a sus compañeros. Se puede apreciar, entonces, que Juan y sus discípulos trataban de evangelizar tanto a fariseos estrictos, judíos y prosélitos sincretistas, como a discípulos de Juan el Bautista y gentiles sumergidos en la idolatría, las artes ocultas y filosofías esotéricas. Ya en su discurso de despedida de los ancianos de Efeso en Mileto (Hechos 20.17-38) Pablo había advertido a los líderes cristianos del surgimiento en la comunidad cristiana de falsos profetas y traidores disfrazados de ovejas. Más tarde, en su correspondencia a Timoteo, que estaba sirviendo como pastor de la iglesia en Efeso, Pablo advierte a su joven discípulo del surgimiento de "espíritus engañadores y doctrinas de demonios" (1 Timoteo 4.1-5).

En el tiempo de la estancia de Juan en Efeso los falsos maestros profetizados por Pablo surgieron para causar divisiones y problemas en la comunidad cristiana. Entre esos falsos profetas y maestros estaba Cerinto quien es mencionado en la historia eclesiástica de Eusebio de Cesarea como opositor de San Juan. Algunos creen que Cerinto había sido un líder cristiano en Efeso que se apartó de la fe y se convirtió en hereje. Otros opinan que Cerinto llegó a Efeso de otro lugar, posiblemente de Alejandría, puesto que sus ideas protognósticas y docetistas se asemejan a las ideas filosóficas asociadas con la gran metrópolis egipcia. Otros herejes en Efeso son los nicolaítas, mencionados en otro libro bíblico que también se asocia con el evangelista Juan y con sus discípulos y la ciudad de Efeso, el Apocalipsis.

La primera epístola a Timoteo también trata de varios problemas que habían surgido en la iglesia de Efeso. Ciertos falsos maestros se pronunciaban en contra del matrimonio, la procreación y las relaciones matrimoniales entre esposos. Las esposas que habían sido embaucadas por esos falsos maestros trataban con desprecio a sus esposos y sus responsabilidades matrimoniales. Estas esposas se vestían y se comportaban como las sacerdotisas en el culto de Artemisa. En su carta a Timoteo el apóstol declara que no se debiera permitir enseñar a esas mujeres en las comunidades cristianas. El apóstol afirma que no es necesario renunciar al matrimonio, la procreación y las relaciones matrimoniales para tener la seguridad de la salvación. En 1 Timoteo 2.15 el apóstol afirma que las esposas cristianas pueden dar a luz sin poner en peligro su salvación (Gritz 1991.143).

La iglesia en Efeso es la primera de las siete iglesias de Asia a las cuales estaba dirigido el libro de Apocalipsis. El orden en que aparecen las siete congregaciones en el libro de Apocalipsis es el mismo orden que tendría que tomar un mensajero que viaja por las carreteras imperiales para entregar una copia del Apocalipsis a cada una de las congregaciones mencionadas en la obra. El autor del Apocalipsis se identifica como Juan. Esto ha llevado a muchos eruditos antiguos y modernos a afirmar que el autor del Apocalipsis y del evangelio de Juan son el mismo. Otros historiadores creen que el Juan que escribió el Apocalipsis no era el mismo que el que escribió el cuarto evangelio, sino uno de sus colaboradores o discípulos. De todas maneras, las semejanzas entre el cuarto evangelio y el libro de Apocalipsis indican que los dos libros provienen del mismo círculo de teólogos.

Apocalipsis 2.1-7 está dirigido especialmente a la comunidad cristiana en Efeso. El mensaje a Efeso felicita a los discípulos de ese lugar por su paciencia en los sufrimientos y por haber resistido a falsos apóstoles, especialmente a un grupo de falsos profetas denominados nicolaítas. Según Hemer, los nicolaítas eran antinomios, que malinterpretaban las enseñanzas de San Pablo en cuanto a la libertad cristiana y enseñaban que los creyentes en Cristo podían participar en ceremonias y ritos en los que se rendía culto al emperador romano. El problema del culto al emperador se hizo muy grave durante el gobierno del emperador Domiciano (81-96 d.C.), hermano de Tito, quien decretó que se construyese en Efeso un templo para la veneración del emperador y que fuesen castigados todos los que se rehusasen a rendir culto al emperador. Muchos creyentes en Cristo que rehusaron adorar a Domiciano fueron denunciados a las autoridades por líderes de las sinagogas y en consecuencia algunos cristianos perdieron sus vidas. Juan, por eso, en el libro del Apocalipsis habla de ellos como "la sinagoga de Satanás."

En Apocalipsis 2.7 los discípulos fieles en Efeso reciben una de las promesas más hermosas en las Escrituras: Cristo les dará de comer del árbol de la vida. Se cree que Cristo aquí está llamando a los efesios a dar sus espaldas al árbol sagrado venerado en el templo de Artemisa para buscar vida eterna en el verdadero árbol de la vida, esto es, en la cruz de Cristo. Leído a la luz de su contexto efesio, el énfasis de Juan en cuanto a Jesús como el verdadero templo y verdadero lugar de refugio para el creyente, está dirigido, no sólo contra el ya destruido templo de Herodes en Jerusalén, sino también contra el templo de Artemisa, el templo de Domiciano y todos los demás templos paganos en Efeso y Asia Menor (Hemer 1986.34-56).

Hengel cree que la estancia de Juan en Efeso fue muy larga y que la producción del cuarto evangelio duró mucho tiempo, tal vez 40 años. Durante este tiempo en Efeso, el autor hizo muchas versiones diferentes de su obra para adaptar su material a nuevas situaciones y problemas que surgían en las iglesias. Según Hengel, algunas partes del evangelio de Juan ya existían en forma de sermones y son del tiempo cuando el evangelista y sus discípulos todavía vivían en Palestina. Ésta es la razón por la que algunas partes del cuarto evangelio reflejan más un trasfondo palestino y otras un trasfondo efesio.

Capítulo 8

La mujer adúltera, Juan 7.53-8.11

La historia de la mujer adúltera no se encuentra en la gran mayoría de los manuscritos más antiguos de este evangelio. Por eso, algunas traducciones modernas de la Biblia la han omitido o la han relegado a un apéndice. Los manuscritos que contienen la perícopa de la mujer adúltera son el D, la Vulgata, la versión etiópica y algunos en el latín antiguo. En algunos manuscritos bíblicos esta historia se encuentra después de Lucas 21.38 donde se habla de las actividades de Jesús en Jerusalén durante la semana santa. En algunos manuscritos del país de Georgia la perícopa de la adúltera viene después de Juan 7.24 y en otros después de Juan 8.15. Algunos manuscritos de Armenia colocan la perícopa de la mujer adúltera después de Juan 21.25.

Los eruditos no creen que la historia de la adúltera originalmente haya formado parte del evangelio de Juan. Sin embargo, era una historia conocida en la iglesia primitiva y, evidentemente, formaba parte de las lecciones que se leían durante las celebraciones litúrgicas. La perícopa de la adúltera tiene que ser muy antigua porque es difícil creer que los eclesiásticos de los siglos posteriores a la edad apostólica hubieran permitido que se introdujera en sus leccionarios un relato que mostrara tanta clemencia para con una mujer adúltera. Los cristianos del segundo y tercer siglo después de Cristo se volvieron muy legalistas en cuestiones de moralidad sexual, como podemos apreciar de los escritos de Tertuliano (155-220 d.C.) y el Pastor de Hermas. Algunos de ellos hasta llegaron a creer que el adulterio era el pecado que no tenía perdón. San Agustín (354-430 d.C.) relata que algunos creyentes temían que esta historia pudiera llevar a sus esposas a pecar con impunidad (Beasley-Murray 1987.143). Agustín creyó que por esta razón la historia de la adúltera había sido sacada de algunos manuscritos del N.T.

Algunos historiadores creen que el historiador Eusebio de Cesarea (265-340 d.C.) se estaba refiriendo a la historia de la mujer adúltera en Juan 8 cuando escribió las siguientes palabras: "El mismo escritor (Papías) expone otro relato de una mujer acusada de muchos pecados ante el Señor, que se contiene en el evangelio de los hebreos. Quede constancia obligada también de esto, además de lo ya expuesto" (*Historia Eclesiástica* III 39.17).

Otra posible referencia a la perícopa de la mujer adúltera se encuentra en la *Didascalia Apostolorum,* un documento escrito en Siria en el siglo III. El autor de la *Didascalia Apostolorum* llama a los obispos de las iglesias a seguir el ejemplo de Jesús en su trato con pecadores arrepentidos que quieren volver a la hermandad de la iglesia. La *Didascalia* hace mención de "la mujer que había pecado, la cual los ancianos habían puesto delante de él, dejando el juicio en sus manos." Según la

Didascalia, rechazar a una persona como ella sería "pecar en contra del Señor Dios y ser una persona sin misericordia" (McDonald 1995.417). Otro autor patrístico conocido como Dídimo el Ciego también hace referencia a una historia que tiene que ver con Jesús y una mujer que había pecado. Dídimo el Ciego vivió en Alejandría en el siglo IV. Dídimo llama a sus lectores a no estar tan dispuestos a juzgar los pecados de los demás, puesto que Jesús no permitió la condenación de una mujer que había pecado, de parte de personas que también eran pecadores (McDonald 1995.418). Tales referencias indican que la historia de Jesús y la mujer adúltera era bien conocida en la iglesia primitiva y no fue inventada muchos siglos después.

En nuestra opinión, la perícopa de la adúltera es una historia inspirada por el Espíritu Santo que relata un incidente verídico que ocurrió durante el ministerio de Jesús en Jerusalén. Este relato circulaba en diferentes comunidades cristianas de una manera independiente hasta que fue insertado en uno de los evangelios canónicos por un escriba cristiano desconocido. Según Guilding, la razón por la cual la historia de la adúltera fue insertada entre Juan 7.52 y Juan 8.12 se debe a su relación con la fiesta de los tabernáculos. La historia de la adúltera refleja las lecciones que eran leídas en las sinagogas durante la fiesta de los tabernáculos durante el último año del sistema trienal de lecturas bíblicas, y en Juan capítulos 7 y 8 encontramos a Jesús en Jerusalén celebrando la fiesta de los tabernáculos.

Tres de las lecciones que se leían durante la fiesta de los tabernáculos en el tercer año del sistema sinagogal tienen que ver con mujeres adúlteras. Las tres lecciones son Génesis 38 (la historia de Tamar), Génesis 39 (la mujer de Potifar), y 2 Samuel 11 (Betsabé y David). El clímax de la historia de Tamar ocurre cuando Judá es obligado a confesar su pecado y exclamar: "Más justa es ella que yo" (Génesis 38.26). En la historia de Betsabé, David también tiene que confesar que es digno de muerte al escuchar la declaración del profeta Natán: "Tú eres aquel hombre" (2 Samuel 12.7). Otra lección de la fiesta de los tabernáculos que arroja luz sobre la perícopa de la mujer adúltera y sus acusadores es Isaías 52.3-53.5. Esta lección habla de cómo el nombre de Dios es blasfemado todo el día por los pecados que cometen los que se jactan de ser hijos de Dios. La lección de Isaías concluye con el anuncio acerca de aquel que fue herido por nuestras rebeliones y molido por nuestros pecados. "El castigo de nuestra paz fue sobre él, y por su llaga fuimos nosotros curados" (Isaías 53.5). Solamente en base a los sufrimientos del siervo sufriente de Dios puede haber perdón para la mujer adúltera y para los que tienden trampas a sus hermanos.

7.53-8.2: Cada uno se fue a su casa; y Jesús se fue al monte de los Olivos. Y por la mañana volvió al templo, y todo el pueblo vino a él; y sentado él, les enseñaba. El monte de los Olivos no es mencionado en todo el resto del evangelio de Juan. Ésta es una de las razones por la que algunos eruditos creen que la perícopa de la adúltera fue escrita por otro autor y no por el evangelista que escribió el cuarto evangelio. Sabemos, por los sinópticos, que Jesús pasaba algunas noches en el monte de los Olivos o en el Jardín de Getsemaní o en la casa de Lázaro en Betania. Betania es una las aldeas ubicadas en el monte de los Olivos. Bien puede ser que en sus visitas a Jerusalén, Jesús prefirió alojarse en Betania con sus amigos Lázaro, Marta y María y no en la ciudad de Jerusalén donde le acechaban sus enemigos.

8.3-4: Entonces los escribas y los fariseos le trajeron una mujer sorprendida en adulterio; y poniéndola en medio, le dijeron: Maestro, esta mujer ha sido sorprendida en el acto mismo de adulterio. Ésta es la única vez en todo el evangelio de Juan que encontramos una referencia a los escribas. Ésta es otra razón por la cual algunos intérpretes creen que esta perícopa fue escrita por otro autor. Los fariseos y los escribas han ido al templo para escuchar las enseñanzas de Jesús.

Los escribas y los fariseos se dirigen a Jesús usando la palabra: maestro. Pero aunque llaman a Jesús maestro, no piden disculpas a Jesús por interrumpir su enseñanza. Parece que están más interesados en dar sus propias lecciones, que escuchar las lecciones del maestro. Jesús es nuestro maestro en verdad cuando, como el hombre que construyó su casa sobre la roca, construimos nuestras vidas sobre Jesús y sus enseñanzas.

La palabra: *sorprendida* puede indicar que el esposo o prometido de la mujer le había tendido una trampa para sorprenderla en el acto de adulterio. Tal vez el esposo y otro testigo estaban escondidos para así sorprenderla. En acusaciones de esta índole, era necesario que hubiera dos testigos oculares del crimen, como consta en el libro apócrifo de Susana. El hecho de que el esposo y el otro testigo no hicieron nada para impedir el acto adúltero muestra que existía una conspiración repugnante de parte de ellos. No estaban interesados en impedir que la mujer cayera en adulterio. Lo que buscaban era la muerte de la mujer y una ocasión para difamar a Jesús.

Así, podemos ver que los que acusaban a la mujer no estaban libres de culpa. Muchas veces somos tentados a acusar a otros como una manera de justificarnos a nosotros mismos. Al señalar los pecados y defectos de otros, estamos diciendo indirectamente: "Pero yo no soy tan malo como él. Ése merece el repudio del pueblo y el castigo de Dios, pero yo, por ser mejor, merezco un trato especial de parte de Dios." Pero cuando tratamos de justificarnos delante de Dios, en realidad nos condenamos a nosotros mismos. "Si decimos que no tenemos pecado, nos engañamos a nosotros mismos, y la verdad no está en nosotros" (1 Juan 1.8).

Es interesante observar que el texto no dice nada en cuanto al hombre con quien la mujer ha cometido adulterio. Según la ley de Moisés, el hombre adúltero también debe morir por su pecado. El hecho de que los escribas y fariseos solamente llevan a la mujer para ser juzgada por Jesús indica que entre ellos estaba en operación una doble moralidad machista que actuaba en perjuicio de la mujer. Aún hoy en día en muchas partes de nuestra cultura latina se considera más culpable a la mujer que al hombre en cuanto a pecados sexuales se refiere. La ley de Dios, en cambio, juzga a todos por igual, hombres y mujeres. Aunque se jactan de ser grandes intérpretes de la ley de Moisés, los escribas, al dejar fuera de consideración lo que estipula la ley en cuanto a los pecados de los hombres, están proclamando solamente la mitad de la ley (O'Day 1992.632).

8.5-6: Y en la ley nos mandó Moisés apedrear a tales mujeres. Tú pues, ¿qué dices? Mas esto decían tentándole, para poder acusarle. Pero Jesús, inclinado hacia el suelo, escribía en tierra con el dedo. La acción de los escribas y fariseos de traer la mujer ante Jesús no surge de su afán por la ley de Moisés, sino de su deseo de tender una trampa a Jesús. En este sentido, la historia en Juan 8.1-11 es semejante a lo que pasó en Marcos 12.13-17 cuando le preguntan a Jesús si es lícito dar tributo a César o no. Si Jesús responde a la pregunta de los escribas y fariseos diciendo que la mujer no es digna de muerte, entonces le acusarán de menospreciar la ley de Moisés y de ser en verdad "un amigo de publicanos y pecadores."

Moisés dice en su ley: "Si un hombre cometiere adulterio con la mujer de su prójimo, el adúltero y la adúltera indefectiblemente serán muertos" (Levítico 20.10). En Deuteronomio 22.22 la ley de Moisés estipula: "Si fuere sorprendido alguno acostado con una mujer casada con marido, ambos morirán, el hombre que se acostó con la mujer, y la mujer también; así quitarás el mal de Israel." Si Jesús actúa de acuerdo con la letra de la ley y opta por apedrear a la adúltera, será acusado, no solamente de ser un enemigo de los pecadores, sino también de una acción revolucionaria, pues en los tiempos del N.T. solamente el gobernador romano tenía derecho a dictar una sentencia de muerte. Pero, como en la historia del tributo, Jesús logra evitar la trampa que le tienden sus enemigos.

El hecho de que los acusadores de la mujer quieran apedrearla, ha llevado a algunos eruditos a postular que la mujer era una muchacha comprometida pero aún no casada. Según las leyes en la Mishná (la codificación de las leyes rabínicas), las menores de edad debían morir por lapidación mientras las mayores de edad debían ser estranguladas. Según las mismas leyes rabínicas una muchacha era considerada menor de edad hasta que no tenga más de doce años y once meses. Las mujeres de más de trece años eran consideradas mayores de edad. Según la Mishná, se debe cavar un hoyo en el cual se mete a la persona culpable. Después de colocarla en el hoyo se debe rellenar el resto del hoyo con estiércol, dejando solamente la parte superior del culpable afuera. Entonces se procede a apedrear al culpable hasta que muera. Según las leyes rabínicas, la persona que haya traído la acusación en contra del culpable tiene la responsabilidad de lanzar la primera piedra. Al evaluar esta evidencia, el intérprete debe recordar que la codificación de las leyes rabínicas ocurrió unos doscientos años después de Jesucristo; por eso no podemos estar seguros si esas leyes sobre lapidación y estrangulación ya estaban en efecto en los días de nuestro Señor.

Desde los tiempos de San Jerónimo (347-420 d.C.), algunos intérpretes de esta historia han creído que lo que Jesús escribió en la tierra con el dedo fueron los pecados de cada uno de los acusadores de la mujer (Sanders 1968.464). Así, al ver que Jesús conocía sus fechorías y pecados secretos, se asustaron y se fueron. Otros intérpretes creen que lo que escribió Jesús fue un versículo del A.T. tal como Deuteronomio 9.10 ó Jeremías 2.35. Deuteronomio 9 y Jeremías 2 eran dos de las lecturas bíblicas para la fiesta de los tabernáculos. El texto de Deuteronomio habla de las dos tablas de piedra escritas con el dedo de Dios. En Jeremías 2, Dios levanta un juicio contra la nación de Israel, acusándola de adulterio. El versículo clave de Jeremías 2 es el 35 donde dice: "En todas estas cosas dices: Soy inocente, de cierto su ira se apartó de mí. He aquí yo entraré en juicio contigo, porque dijiste: No he pecado" (Guilding 1960.110-112).

Otro intérprete, Duncan Derrett, cree que el versículo que Jesús pudo haber escrito fue Éxodo 23.1 ó 23.7. Estos versículos hablan de no admitir falsos rumores o de concertarse con testigos falsos. Otros todavía creen que el versículo que Jesús escribió en el polvo fue el siguiente: "Los que se apartan de mí serán escritos en el polvo, porque dejaron a Jehová, manantial de aguas vivas" (Beasley-Murray 1987.146). En realidad, no podemos estar seguros qué escribió Jesús, porque el texto no nos revela ese detalle. Lo que sí sabemos es que Jesús se rehusó a contestar la pregunta de sus adversarios y así evitó la trampa que le tendieron.

Parece que Jesús está escribiendo en la tierra con el dedo porque no quiere entrar en el juego de los escribas y fariseos. Ellos, hasta ahora, han sido los únicos que han hablado. No han dado una oportunidad a la mujer para defenderse o hablar por sí misma. En realidad, los acusadores no están interesados en la mujer como persona, como alguien creado por el Padre Celestial. La mujer es sólo un objeto para ser usado para tenderle una trampa a Jesús. Es decir, la mujer está siendo explotada para servir los intereses particulares de los enemigos de Jesús. Así, la mujer no solamente fue explotada sexualmente por el hombre con quien cometió la fornicación, sino que también estaba siendo explotada legalmente por los guardianes de la ley.

8.7-8: Y como insistieron en preguntarle, se enderezó y les dijo: El que de vosotros esté sin pecado sea el primero en lanzar la piedra contra ella. E inclinándose de nuevo hacia el suelo, siguió escribiendo en tierra. Jesús no está hablando sólo de los que no hayan cometido pecado contra el sexto mandamiento. Está hablando de todo pecado. Santiago 2.10 dice: "Porque cualquiera que guardare toda la ley, pero ofendiere en un punto, se hace culpable de todos." El único que ha guardado toda la ley sin ofender en un punto es el mismo Señor Jesucristo (Hebreos 4.15). Así, el único que tiene derecho de lanzar la primera piedra es Jesucristo. Pero en vez de lanzar la primera piedra Jesús se deja herir por nuestras rebeliones y moler por nuestros pecados. Nosotros somos los que merecemos ser apedreados por nuestros pecados porque, como la mujer de este texto, somos culpables de haber ofendido la ley de nuestro Dios. Las leyes del Decálogo son nuestras acusadoras. Nos juzgan y condenan por todas nuestras rebeliones. Los mandamientos de la ley, con piedras agudas y mortíferas en sus manos, nos circundan, esperando el momento de lanzar la primera. Pero Jesús se interpone entre nosotros y la lluvia de piedras lanzadas contra nosotros. Él, en cuerpo y alma, sufre los juicios que merecieron nuestras rebeliones e infidelidades. "Todos nosotros nos descarriamos como ovejas, cada cual se apartó por su camino; mas Jehová cargó en él el pecado de todos nosotros" (Isaías 53.6). La salvación que experimentó la mujer adúltera es la salvación de la condenación que llegan a experimentar todos los que se arrepienten de sus pecados y no ponen su confianza en sí mismos, sino en Jesús. La historia de esta mujer es nuestra propia historia.

El escritor judío David Daube cree que Jesús al decir: "El que de vosotros esté sin pecado sea el primero en arrojar la piedra," se estaba dirigiendo a los acusadores machistas que eran más severos en su tratamiento de mujeres caídas que de hombres que habían incurrido en muchas aventuras sexuales (Barrett 1979.590). Aparentemente los acusadores de la mujer no están pidiendo la pena de muerte para el hombre que había cometido el pecado con la mujer acusada. ¡Un caso claro de discriminación machista! Para el expositor alemán Josef Blank, las palabras de Jesús en este versículo expresan en forma más clara y categórica, que cualquier otra palabra de Jesús, la corrupción de todos los hombres por el mal. Todos han pecado y todos necesitan el perdón de Dios (Blank 1984.127).

8.9: Pero ellos, al oír esto, acusados por su conciencia, salían uno a uno, comenzando desde los más viejos hasta los postreros; y quedó solo Jesús, y la mujer que estaba en medio. Como Judá en Génesis 38 y David en 2 Samuel 12 los escribas y fariseos son acusados por su propia conciencia. Estos escribas y fariseos que creían ser verdaderos judíos y verdaderos hijos de Abraham habían venido con el fin de acusar y condenar a Jesús. Pero lo que sucede es que son acusados y condenados por sus propias conciencias. En realidad, no son verdaderos judíos y verdaderos hijos de Abraham, porque en su intento de juzgar a otros se han manifestado como usurpadores de las prerrogativas de Dios quien es el único juez verdadero. El mejor comentario sobre este versículo es el capítulo 2 de la epístola de San Pablo a los romanos que comienza con las siguientes palabras: "Por lo cual eres inexcusable, oh hombre, quienquiera que seas tú que juzgas; pues en lo que juzgas a otro, te condenas a ti mismo; porque tú que juzgas haces lo mismo."

San Agustín, escribiendo sobre este versículo comenta: "Sólo dos han quedado:

la miserable y la misericordia."

8.10-11: Enderezándose Jesús, y no viendo a nadie sino a la mujer, le dijo: Mujer, ¿dónde están los que te acusaban? ¿Ninguno te condenó? Ella dijo: Ninguno, Señor. Entonces Jesús le dijo: Ni yo te condeno; vete, y no peques más. El hecho de que la historia no termine con la salida de los acusadores, sino con las palabras de perdón de Jesús es una indicación que uno de los propósitos de la perícopa es el de crear simpatía en los lectores para personas como la mujer de esta historia. Es decir, el propósito de la historia no es solamente condenar la actitud de los hombres que buscaban tenderle una trampa a Jesús, sino que es también un llamado a nosotros a perdonar a los pecadores arrepentidos así como Jesús nos ha perdonado.

Lo que sucede en la historia de la mujer adúltera es un comentario perfecto de las palabras de Jesús en Juan 3.17: "Porque no envió Dios a su Hijo al mundo para condenar al mundo, sino para que el mundo sea salvo por él." Las palabras de Jesús "no te condeno" son una declaración de perdón. La mujer no ha hecho nada para ser merecedora de ese perdón. El perdón que Dios nos da en Jesucristo es siempre un don de gracia; nunca es algo que hemos merecido. Jesús puede pronunciar estas palabras de perdón porque él es el que ha cancelado con su sangre la deuda de esta mujer ante el tribunal divino. Pero el perdón que Jesús da a esta mujer, y a nosotros, no es sólo la liberación del juicio que hemos merecido, es mucho más.

El evangelio del perdón es a la vez el poder para vivir una nueva vida. Por eso dice Jesús: "Vete, y no peques más." El perdón que Jesús nos da siempre va acompañado del poder del Espíritu Santo, y por su intermedio, recibimos el poder de no volver a cometer el mismo pecado. Recibimos, más bien, el poder de servir a Dios y al prójimo en agradecimiento por el perdón recibido. Cristo ha librado a la mujer adúltera de su condenación, no con el fin de que vuelva a una vida de pecado, sino con el fin de "presentar su cuerpo en sacrificio vivo, santo, agradable a Dios" (Romanos 12.1). Las palabras de Jesús: "Vete, y no peques más" quieren decir lo mismo que dijo San Pablo en Gálatas 5.1: "Estad, pues, firmes en la libertad con que Cristo nos hizo libres, y no estéis otra vez sujetos al yugo de esclavitud."

La historia de la mujer adúltera muestra que no existe un pecado que no pueda ser perdonado por la sangre de Jesucristo. El único pecado imperdonable es el pecado de rechazar el perdón de Dios en Cristo Jesús. Este relato también muestra que el perdón de Dios en Jesucristo es un perdón incondicional. Jesús no le dice a la mujer: "Para obtener el perdón necesitas llevar una ofrenda al templo." Tampoco dice: "Anda, vete y reza diez mil padrenuestros y cinco mil avemarías, y enciéndeme 50 velas." No hay obras de penitencia que cumplir antes de recibir el perdón de Cristo. Nuestras obras de penitencia no son la base de nuestra conversión y de nuestro perdón. Nuestra conversión es el resultado de la muerte vicaria y expiatoria de Jesucristo. En base a esa muerte recibimos la absolución que Jesús nos ofrece al decir: No te condeno. Lo que logra un cambio radical en el ser humano es haber sido tocado por la gracia inmerecida de Jesús.

El expositor católicorromano Josef Blank cree que una de las razones por las cuales este texto ha sido excluido de muchos manuscritos y de muchos leccionarios es porque enseña un concepto de perdón que choca con la práctica de penitencia que se desarrolló dentro de la iglesia (1984.132). Cuando entendemos la penitencia como un sacrificio que tenemos que ofrecer a Dios para poder recibir su perdón y su absolución, nos hemos desviado de lo que este texto proclama. La mujer adúltera fue perdonada y recibió la absolución del Señor, no por haber realizado algún acto de penitencia o porque amó a Dios. Ella llegó a amar a Dios y a experimentar una transformación en su vida, precisamente porque Dios, en Cristo, la había amado primero. Esto es lo que proclama 1 Juan 4.10: "En esto consiste el amor: no en que nosotros hayamos amado a Dios, sino en que él nos amó a nosotros, y envió a su Hijo en propiciación por nuestros pecados."

Nuestra nueva vida en Cristo, igual que en el caso de la mujer de Juan 8.1-11, comienza en el santo Bautismo con el perdón de los pecados. Lo que Cristo le dijo a esta mujer es lo que el Señor nos dice a todos nosotros en nuestro Bautismo: "Ni yo te condeno; vete, y no peques más." Los muchos sacrificios de amor que le ofrecemos a Dios después de haber recibido el Bautismo no son para merecer la gracia y el amor de Dios, sino para expresarle a él nuestra gratitud por habernos absuelto y amado en Cristo. La vida renovada es un fruto por haber recibido el perdón de Dios, no una precondición para recibirlo. Nuestra lucha espiritual, nuestros ayunos y nuestras vigilias son para mantenernos en el estado de salvación que hemos obtenido en el Bautismo. Podemos perder esa salvación si volvemos a la vieja vida de pecado después del Bautismo (Romanos 6.12-14). Por eso nos advierte el Señor: "Vete, y no peques más." El relato de la mujer adúltera, como todas las perícopas en Juan, se presta para una buena predicación de ley y evangelio, porque presenta primero la ley, después la justificación y finalmente la santificación como fruto de la justificación.

Al predicar sobre este texto no debemos olvidar que Jesús no solamente está aquí llamando a la mujer a dejar su pecado y a vivir una nueva vida, sino que también está llamando a los escribas y fariseos a arrepentirse y no pecar más. Los está llamando a arrepentirse de su machismo y de su predisposición a juzgar a otros sin escuchar lo que la ley de Dios dice acerca de nosotros mismos. Sobre todo, Jesús los está llamando a arrepentirse de la incredulidad que los ha llevado a tramar en contra del Hijo de Dios y a buscar su muerte. Está invitando tanto a la mujer adúltera como a los escribas a abandonar su vieja vida bajo el poder del pecado y a vivir como personas que han sido libradas del juicio y de la condenación por el sacrificio del Hijo de Dios (O'Day 1992.638).

Hace algunos años un judío que se había convertido a la fe en Cristo contó cómo llegó a ser creyente. Habiendo sido criado en el seno de una familia muy ortodoxa, le fue prohibido, so pena de maldición, leer el N.T. Pero siempre ardía en su corazón el deseo de conocer ese libro prohibido y aprender lo que decía acerca de Jesús. Sus familiares y el rabino siempre le decían que Jesús no era el Mesías profetizado en las Escrituras, sino un falso profeta. Pero él quería saber por sí mismo. Por fin, cuando ya era un hombre mayor, llegó a sus manos una copia del N.T. Nerviosamente abrió el libro. No sabía dónde comenzar a leerlo. Como por un acto de misericordia divina, la Biblia cayó abierta en el capítulo 8 de San Juan, la historia de la mujer adúltera.

Con cada versículo del relato de la mujer y Jesús aumentó la tensión y la expectativa en el corazón del judío. Por fin llegó a las palabras de los escribas y fariseos: "Tú pues, ¿qué dices?" El judío dijo: "Ya mis manos estaban temblando." Yo sabía lo que hubieran contestado los rabinos que escribieron la Mishná y el Talmud. Pero yo quería saber lo que dijo Jesús. Cuando leí la respuesta de Jesús: "El que de vosotros esté sin pecado sea el primero en arrojar la piedra... Ni yo te condeno; vete, y no peques más, comenzaron a brotar lágrimas de mis ojos. Puse el Testamento en la mesa y exclamé: 'Jesús es el Mesías.' Desde ese momento he sido un creyente y discípulo de Jesucristo."

Nota sobre el texto de Juan 8.6a: Mas esto decían tentándole, para poder acusarle. En algunos manuscritos del N.T. las palabras que los escribas y fariseos usan para tentar a Jesús aparecen en otra parte del mismo episodio. En el Códice Beza y el manuscrito 1071 las palabras se encuentran en el versículo 4, mientras que en el Códice M y el manuscrito 264 se encuentran después del versículo 11. Este dato ha llevado a algunos investigadores a dudar de la autenticidad de las palabras bajo consideración, es decir, creen que en el relato original de la mujer adúltera no se menciona una trampa de parte de los fariseos para poder acusar a Jesús.

Según la hipótesis del investigador Brad H. Young, las palabras acerca de la trampa de los fariseos fueron añadidas posteriormente por un escriba desconocido que había sido influenciado por el relato de Mateo 22.15. En opinión de Young, los fariseos realmente no buscaban la muerte de la adúltera, sino su salvación. Hay algunos relatos en las obras de Josefo que han llevado a Young a concluir que la mayoría de los fariseos en el tiempo de Jesús estaban en contra de la aplicación de la pena capital (Josefo: Ant.13.294). Young cree que los fariseos mencionados en Juan 8 estaban perplejos ante la severidad de la ley de Moisés (Deuteronomio 22.22-24) y querían una pena menos severa para la adúltera. Por eso fueron a Jesús, un conocido maestro de Galilea, para pedirle una *responsum*, o sea, una interpretación rabínica de la ley que pudiera ser utilizada para salvar a la mujer de la pena máxima. Según Young, la *responsum* de Jesús dio a los fariseos la escapatoria que buscaban, pues les mostraba que había una ley divina de amor por encima de la legislación de la Torá de Moisés. Contentos con la explicación de Jesús, los fariseos se fueron a sus casas (Young 1995.59-70).

Aunque podemos aplaudir el deseo de Young de absolver a los fariseos en Juan 8.1-11 de toda culpabilidad y así reducir la polémica anti-judaica que ha causado tanto daño a las relaciones entre judíos y cristianos a través de los siglos, sus argumentos no son del todo convincentes. Aunque muchos fariseos (Lucas 13.31) como el famoso Hillel y su discípulo Gamaliel (Hechos 5.34-35) se destacaron por su oposición a la violencia y la pena capital, no todos los rabinos compartían su gran respeto por la vida humana. Es bien conocido que Saulo de Tarso, miembro de la más rigurosa secta de los judíos, los fariseos, perseguía a los seguidores del camino y daba su apoyo a los que los entregaban a la muerte. En muchas oportunidades los enemigos judíos de Pablo juraron no tomar alimentos hasta quitarle la vida. Aunque la Mishná nos enumera las opiniones de destacados rabinos como Johanan ben Zachai, Eliezer y Akiva que se oponían a la pena capital, la misma Mishná contiene instrucciones sumamente horripilantes en cuanto a cómo aplicar la pena de muerte a los culpables de adulterio, brujería y blasfemia. Lo más que podemos decir es que existían grandes diferencias entre los mismos fariseos en cuanto a la aplicación de la pena capital.

Nota litúrgica: La historia de Jesús, los escribas y la mujer adúltera no figura en el leccionario tradicional de la iglesia ni en el leccionario ecuménico de tres años. Gail O'Day cree que los prejuicios machistas han marginado este texto de la gran mayoría de los leccionarios eclesiásticos. Por eso es grato ver que el leccionario de cuatro años preparado por el grupo litúrgico interconfesional de Gran Bretaña ha incluido esta historia como el santo evangelio para el decimotercer domingo después de Pentecostés para el año D, año de San Juan.

Jesús, la luz del mundo

8.12: Otra vez Jesús les habló, diciendo: Yo soy la luz del mundo; el que me sigue, no andará en tinieblas, sino que tendrá la luz de la vida. Las palabras de Jesús: Yo soy la luz del mundo, constituyen otro de los famosos *yo soy* del evangelio de Juan. Como ya hemos indicado anteriormente los *yo soy* son declaraciones de Jesús de que él es el cumplimiento definitivo de algo que sucedió o fue instituido o fue anunciado en el A.T. En el capítulo 6 vimos cómo Jesús es el verdadero pan, el pan definitivo que ha bajado del cielo para alimentar al pueblo de Dios. En el capítulo 10 veremos a Jesús como el buen pastor, es decir, el pastor definitivo que va a guiar y gobernar a su pueblo y lo va a proteger de los lobos y falsos pastores. En Juan 8 y 9 veremos que Jesús es la verdadera luz, la luz definitiva en la cual Dios se revela y por la cual nos guiará en las tinieblas de este mundo. Veremos en estos capítulos que Jesús crucificado es el nuevo lugar de la presencia de Dios, en el cual Dios sale al encuentro del hombre dándole salvación y vida. Esta proclamación de Jesús como la luz del mundo tiene una relación muy estrecha con la celebración de la fiesta de los tabernáculos.

Uno de los fines que se buscaba con la celebración de la fiesta de los tabernáculos era recordar y representar la peregrinación de los hijos de Israel en su marcha hacia la tierra prometida. Durante sus cuarenta años de peregrinación en el desierto, los hijos de Israel fueron guiados por una columna de fuego. Para salir de la tierra de esclavitud y llegar a la tierra de la promesa, los hijos de Israel tuvieron que seguir la luz. Por medio de la luz, los israelitas pudieron esquivar los peligros y las trampas de la oscuridad.

Para recordar la luz divina que los guiaba por el desierto, había una ceremonia muy impresionante de luces como parte de la celebración anual de la fiesta de los tabernáculos. Durante cada noche de la fiesta la congregación de Israel se reunía en el patio de las mujeres. Toda la plaza estaba iluminada por lámparas y antorchas. Durante toda la noche el pueblo celebraba con canciones, alabanzas y danzas. Los levitas tocaban trompetas y arpas, y los hombres danzaban con antorchas en sus manos. Era uno de los eventos más alegres en todo el año para los judíos. La luz de la ceremonia representaba la presencia de Dios entre su pueblo. La luz que los guiaba por el desierto, la luz que hizo su hogar dentro del templo de Salomón, la luz o *shekinah* en que Jehová Dios está presente. La luz también simbolizaba la salvación y la gloria de la venida del reino de Dios, el día cuando se manifestaría la gloria de Dios a todo fiel israelita.

La luz también representaba la Torá, porque el creyente necesitaría ser guiado por la palabra de Dios para llegar al reposo del reino de Dios. Así, el estudiante de la Torá podía exclamar: "Lámpara es a mis pies tu palabra, y lumbrera a mi camino" (Salmo 119.105). Para no perderse en la oscuridad de este siglo presente, el peregrino que buscaba la presencia de Dios oraba: "Envía tu luz y tu verdad; éstas me guiarán; me conducirán a tu santo monte, y a tus moradas" (Salmo 43.3). Dios declara en Isaías 51.4: "De mí saldrá la ley, y mi justicia para luz de los pueblos." En el segundo libro de Baruc se dice que Moisés encendió la luz de la ley para ahuyentar la oscuridad del pecado y la muerte que vinieron por la transgresión de Adán (2 Baruc 17.4-18.2). Los grandes rabinos y maestros de la Torá eran considerados como luces o lámparas para guiar al pueblo de Israel en su peregrinaje hacia la tierra celestial. El gran rabino Johanan ben Zakkai, el fundador de la academia rabínica en Jamnia, era conocido como la lámpara de Israel (Koester 1995.130).

El fundador de la comunidad esenia de Qumram, el así llamado Maestro de Justicia también era conocido como la luz. Los eruditos que han dedicado su vida al estudio de los rollos del mar Muerto todavía no han llegado a un acuerdo en cuanto a la identidad del Maestro de Justicia (Thiering 1978.204). La mayoría de los historiadores creen que el Maestro de Justicia fue un sacerdote o levita que vivió entre 250 y 100 a.C. Una investigadora australiana ha intentado identificar al Maestro de Justicia con Juan el Bautista, pero su teoría no ha encontrado apoyo entre los otros qumramnólogos. Puede ser que el autor del cuarto evangelio haya incluido la escena de la presencia de Jesús en la ceremonia de las luces para enfatizar quién es la verdadera luz del mundo.

Pero en medio de la ceremonia de luces, Jesús se pone de pie y declara: Yo soy la luz del mundo. Con esta declaración el Señor está diciendo que la Torá, los profetas y los grandes maestros de la ley pueden ser luces, pero la luz definitiva, sin la cual nadie puede vencer las tinieblas, ni puede llegar al reino del Padre, es el Hijo del Hombre. Para llegar a la presencia del Padre es indispensable creer en Jesús y seguirle a él porque él es la verdadera luz, la verdadera columna de fuego que guiará a las ovejas de Dios hacia la tierra prometida y al reino eterno. La luz del mundo es el Mesías, el siervo sufriente de Dios, cuyo advenimiento fue profetizado en Isaías 49.6: "Poco es para mí que tú seas mi siervo para levantar las tribus de Jacob, y para que restaures el remanente de Israel; también te di por luz de las naciones, para que seas mi salvación hasta lo postrero de la tierra."

Las palabras de Jesús "Yo soy la luz del mundo" indican que Jesús, y no el templo, es ahora el lugar donde se encuentra la *shekinah* o la gloria de Dios. Los rabinos enseñaban que mientras la *shekinah* habitaba en el templo, el lugar santo era indestructible. Pero cuando la *shekinah* abandonó el templo, el lugar santo y Jerusalén quedaron sin protección. Antes de la destrucción del primer templo el profeta Ezequiel vio en visión como la *shekinah* abandonó el templo y se detuvo en Babilonia donde estaban los que ya habían sido llevados al exilio (Ezequiel 10.18-22; 11.22-25). También hay una tradición rabínica que afirma que antes de la destrucción del segundo templo la *shekinah* abandonó el templo y se posó sobre el monte de los Olivos, el lugar donde los primeros discípulos de Cristo solían reunirse.

Después de la destrucción del segundo templo los rabinos llegaron a declarar que la Torá había llegado a reemplazar al templo como uno de los lugares de la presencia de la *shekinah*. La *shekinah* está presente cuando dos o tres se reúnen para estudiar la Torá. El N.T., en cambio, declara que Dios está presente donde dos o tres están reunidos en el nombre de Jesús (Mateo 18.20). Lo que Jesús declara al anunciar: "Yo soy la luz del mundo", es que él es el nuevo templo, la nueva ciudad santa y la nueva Torá. Muchos creen que se puede llegar al reino de Dios siguiendo los mandamientos, pero este texto nos declara que sólo siguiendo a la persona de Jesús, al Jesús encarnado en carne y sangre, al Jesús crucificado y resucitado y exaltado, podemos llegar al Padre. Este Jesús es luz y salvación, no solamente para un pueblo o una raza, sino para todo el mundo. Su salvación es universal, y por eso los que siguen la luz del mundo tienen que proclamar a Jesús a todo el mundo. Al proclamar la luz a todo el mundo, los discípulos de Jesús también se convierten en luz. En Mateo 5.14 Jesús dice: "Vosotros sois la luz del mundo."

Algunos expositores bíblicos creen que las palabras por las que Dios reveló su nombre a Moisés en Éxodo 3.14 realmente no deben leerse "yo soy el que soy" sino, "yo soy el que estoy aquí" (Blank 1984.1B.151). En otras palabras, la fórmula que contiene el nombre divino indica que él es el Dios que está presente para salvar a su pueblo. Según esta interpretación, que es solamente una de las muchas interpretaciones del nombre divino, se enfatiza, no el misterio de la esencia de Dios, que está fuera de nuestra comprensión, sino su presencia salvadora entre nosotros. Los que aplican esta interpretación del nombre divino a los *yo soy* del cuarto evangelio subrayan el hecho de que Jesús es la persona en la cual Dios está presente para salvar. Tal interpretación encajaría perfectamente con lo que hemos afirmado aquí.

Gustavo Gutiérrez (1992.49-50) y Delbert Hillers (1978.175-182) han enfatizado que con frecuencia el A.T. emplea el símbolo de la luz para designar la acción de Dios de liberar a los oprimidos encarcelados en las mazmorras. Los que están en las prisiones no pueden ver nada de luz hasta tanto las puertas de la cárcel no sean abiertas por el libertador. Los ciegos que reciben socorro del Mesías prometido en la profecía de Isaías 42.6-7 son los que han sido encarcelados injustamente. Hillers traduce Isaías 42.6 de la siguiente manera: "Yo te he tomado por la mano y te he guardado. Yo te he hecho una emancipación de los pueblos y una luz para las naciones para abrir los ojos de los que están ciegos, para sacar los prisioneros de las mazmorras, de la cárcel a los que están sentados en la oscuridad."

En su sermón en Nazaret (Lucas 4.18) Jesús anuncia su intención de cumplir con esta profecía. Según Gutiérrez, si Jesús es la luz que ha venido para librar a los que son encarcelados injustamente, entonces nosotros, que también somos llamados luz, (Mateo 5.14), también debemos luchar a favor de los miles de presos alrededor del mundo que han sido arrestados y aprisionados injustamente. "Para que abras los ojos de los ciegos, para que saques de la cárcel a los presos, y de casas de prisión a los que moran en tinieblas" (Isaías 42.7).

8.13-16: Entonces los fariseos le dijeron: Tú das testimonio acerca de ti mismo; tu testimonio no es verdadero. Respondió Jesús y les dijo: Aunque yo doy testimonio acerca de mí mismo, mi testimonio es verdadero, porque sé de dónde he venido y a dónde voy; pero vosotros no sabéis de dónde vengo, ni a dónde voy. Vosotros juzgáis según la carne; yo no juzgo a nadie. Y si yo juzgo, mi juicio es verdadero; porque no soy yo solo, sino yo y el que me envió, el Padre. En pocas palabras, el argumento de los fariseos es que todo lo que Jesús ha afirmado sobre su papel como la luz del mundo no tiene valor porque ha testificado a base de sí mismo. Lo que lo ha llevado a hacer tales declaraciones es el interés personal. Es la misma clase de auto-propaganda que todos los falsos profetas y embaucadores del pueblo usan para seducir a las masas.

Los fariseos han hecho esta acusación porque consideran que Jesús no puede ser un verdadero profeta dado que es galileo, un endemoniado, uno que nunca ha estudiado con un rabino autorizado; además, es un hijo ilegítimo que le gusta asociarse con las masas que no conocen la Torá. Por eso el testimonio de Jesús no es válido; no puede ser aceptado por el Sanedrín que es el más alto tribunal del país. Recordemos que los miembros de las masas, *am-ha-aretz*, no tenían derecho a servir como testigos en Israel por ser pecadores que ignoraban la Torá. A tal acusación Jesús responde afirmando que su testimonio sí es válido porque las palabras que ha testificado no son suyas, sino del Padre. Los fariseos han descalificado a Jesús como testigo porque juzgan según la carne y no según la verdad. La verdad es que el lugar de origen de Jesús no es Galilea, sino el Padre.

8.17-19: Y en vuestra ley está escrito que el testimonio de dos hombres es verdadero. Yo soy el que doy testimonio de mí mismo, y el Padre que me envió da testimonio de mí. Ellos le dijeron: ¿Dónde está tu Padre? Respondió Jesús: Ni a mí me conocéis, ni a mi Padre; si a mí me conocieseis, también a mi Padre conoceríais. De acuerdo con lo que el Señor ya había dicho en Juan 5.30 Jesús afirma que su testimonio es verdadero porque ha recibido el apoyo del Padre y según la ley judaica un testimonio queda establecido por dos testigos veraces. Varios textos del A.T., como Deuteronomio 19.15, insisten en que no se admite ante un tribunal en Israel el testimonio de una sola persona. Tiene que haber por lo menos dos testigos. Los fariseos entienden mal las palabras de Jesús. Creen que está hablando de José de Nazaret. La pregunta de los fariseos ¿dónde está tu Padre? tal vez constituye una indirecta. Están insinuando que Jesús es un hijo ilegítimo y que José no es su verdadero padre. Así, estarían diciendo a Jesús: "Anda y trae a tu verdadero padre, queremos saber quién es." En el discurso de despedida en Juan 14.8 Felipe también le pide a Jesús que le muestre al Padre, y Jesús le responde: "El que me ha visto a mí, ha visto al Padre." Pero Jesús no puede responder de esta manera a los fariseos porque no conocen al Padre y por eso no pueden conocerlo a él (Sanders 1968.221).

8.20: Estas palabras habló Jesús en el lugar de las ofrendas, enseñando en el templo; y nadie le prendió, porque aún no había llegado su hora. La parte donde Jesús dio este discurso fue en la parte septentrional del atrio de las mujeres en el templo en Jerusalén, junto a la cámara del tesoro donde estaban colocados los cofres para recibir las ofrendas voluntarias de los fieles. Según Josefo, habían trece cofres diferentes que tenían la forma de un *shofar* o trompeta. Cada *shofar* era designado para un fin. Este pequeño dato es uno de los muchos detalles que nos muestran que los relatos en el cuarto evangelio se basan en el testimonio de una persona que estaba presente con Jesús durante su ministerio en Jerusalén y Judea. Como en las otras partes del evangelio de Juan, la referencia a la hora de Jesús tiene que ver con la hora de su entrega y muerte. Puesto que la hora determinada por el Padre no había llegado todavía, el Padre no permite que Jesús sea prendido por sus enemigos a pesar del hecho de que Jesús los haya desafiado y acusado dentro del propio templo.

8.21-22: Otra vez les dijo Jesús: Yo me voy, y me buscaréis, pero en vuestro pecado moriréis; a donde yo voy, vosotros no podéis venir. Decían entonces los judíos: ¿Acaso se matará a sí mismo, que dice: A donde yo voy, vosotros no podéis venir? Jesús es la luz del mundo, la luz que guía al pueblo de Dios por el desierto del mundo hacia la verdadera tierra prometida, el reino de Dios. Pero para llegar a esa tierra prometida es necesario seguir la luz. Los que no siguen la luz nunca llegarán al reino del Padre; se perderán en el desierto y no escaparán del reino de las tinieblas y de la muerte. Los israelitas que pensaban entrar en la tierra prometida por su propia cuenta sin la presencia de Dios fueron derrotados por los amalecitas y los cananeos en Horma, y murieron en el desierto sin llegar a la tierra de Canaán (Números 14.39-45). Jesús aquí advierte a sus oyentes que ellos también morirán si no siguen a la luz del mundo.

Al referirse a su partida, Jesús está hablando de su glorificación, es decir: su muerte, resurrección y retorno al Padre. Pero los judíos entienden mal las palabras del Señor y creen que está hablando de suicidarse. Según el historiador judío Josefo, el que se suicida va a la parte más oscura del Hades: "Las almas de aquellos cuyas manos se han ensañado contra su propia vida serán encerradas en el Hades más tenebroso, y Dios, su Padre, castigará la culpa de los malhechores en sus descendientes" (Schnackenburg 1980. II, 250). En base a Génesis 9.5, los rabinos enseñaban que Dios requeriría del que se suicida su propia sangre (Beasley-Murray 1987.130). Los rabinos estipulaban que el suicida tenía que permanecer insepulto hasta la puesta del sol y que por él no se podía hacer ninguna lamentación pública. Si este fuera el caso, entonces Jesús no tendría salvación.

Los que en realidad morirán sin salvación son los enemigos de Jesús que no quieren creer en él. Jesús anuncia que ellos morirán en su pecado. Morir en pecado quiere decir morir en incredulidad. En el día del juicio final los enemigos de Jesús le buscarán para arrepentirse y creer en él, pero será demasiado tarde. Será como en la parábola de las diez vírgenes en Mateo 25.1-13. Las cinco vírgenes insensatas van a comprar aceite para sus lámparas después de la venida del novio; pero ya es demasiado tarde para llenar sus lámparas con el aceite del Espíritu Santo. Es demasiado tarde para arrepentirse y creer en el Hijo del Hombre.

Se debe notar que Jesús aquí no habla de los que morirán en sus pecados (plural), sino de los que morirán en su pecado (singular). La palabra pecado, en singular, se refiere al pecado definitivo que aleja al ser humano de Dios y que produce la muerte eterna. Este pecado definitivo es la raíz y fuente de todos los demás pecados y vicios. Según el cuarto evangelio este pecado definitivo consiste en rechazar el amor y la misericordia que el Padre nos ofrece en su Hijo Jesucristo (Schnackenburg 1980 II, 249). La incredulidad, el rechazo del perdón y de la gracia, es el pecado que no tiene perdón. Este pecado definitivo no tiene perdón, no porque Dios no lo quiera perdonar, sino porque el pecador no quiere ser perdonado.

8.23: Y les dijo: Vosotros sois de abajo, yo soy de arriba; vosotros sois de este mundo, yo no soy de este mundo. El comentario que ofrecieron los enemigos de Jesús acerca de la posibilidad de que se suicidara, no fue hecho en serio, sino en son de burla. Pero es cosa sumamente seria burlarse de Dios y de su Cristo. En Gálatas 6.7 el apóstol San Pablo asevera que "Dios no puede ser burlado." La burla y el sarcasmo intencional de sus enemigos sirven para provocar una reacción muy dura de parte del Señor quien declara que los que se han mofado son de abajo mientras que él es de arriba. En otras palabras Jesús dice: "Ustedes burlonamente han insinuado que yo iré al Hades, al reino de los muertos. Pero están muy equivocados, los que irán al reino de abajo, al reino de los condenados, son ustedes mismos. Por sus burlas y su rechazo de la gracia divina ustedes están mostrando que son de allí, de abajo, de las tinieblas, del reino de los muertos. Son hijos de la perdición. Yo no iré al reino de los muertos porque no soy de allí, sino de arriba, del mundo de la luz, del mundo de mi Padre. Precisamente por eso me buscarán y no me encontrarán, porque yo voy para arriba a estar con mi Padre mientras que el destino de ustedes es el mundo de abajo."

Se debe recordar que cuando Jesús habla acerca del mundo no se refiere a la parte material de la creación en contraste con la parte espiritual de la misma. Mundo aquí quiere decir el poder y la sabiduría humanos organizados alrededor de sí mismos. Puesto que el mundo está organizado alrededor de un centro falso está en poder del maligno. Por eso la revelación de Dios en el mundo provoca una profunda crisis, porque la revelación de Dios en la persona de Jesús pone de manifiesto que los seres humanos sirven a ídolos, y no al Creador del cielo y de la tierra. Los ídolos son proyecciones del ser humano que busca su propia auto-glorificación. Jesús, en cambio, renuncia a toda gloria para sí mismo para ofrecerse como sacrificio por los pecados de los seres humanos y para hacer la voluntad del Padre (Newbigin 1982.105-107).

8.24: Por eso os dije que moriréis en vuestros pecados; porque si no creéis que yo soy, en vuestros pecados moriréis. Jesús repite aquí lo que había afirmado arriba, pero ahora habla de pecados (en plural). Estos pecados (en plural) sin embargo, están relacionados con el pecado definitivo y provienen del hecho de que sus enemigos no creen que Jesús es el *Yo soy*. Como ya hemos enfatizado en varias ocasiones, las palabras *Yo soy* constituyen la fórmula por medio de la cual Jehová revelaba su presencia salvadora en el A.T. Al identificarse con esta fórmula Jesús declara que en él el *Yo soy* del A.T. está presente para salvar. "Yo, yo Jehová, y fuera de mí no hay quien salve. Yo anuncié, y salvé... Vosotros, pues, sois mis testigos, dice Jehová, que yo soy Dios" (Isaías 43.11-12). Los que creen que Jesús es el *Yo soy* son los verdaderos testigos de Jehová. Los que falsamente ostentan el título de testigos de Jehová son precisamente aquellos que, como los enemigos de Jesús en Juan 8, no creen en el *Yo soy*.

8.25-27: Entonces le dijeron: ¿Tú quién eres? Entonces Jesús les dijo: Lo que desde el principio os he dicho. Muchas cosas tengo que decir y juzgar de vosotros; pero el que me envió es verdadero; y yo, lo que he oído de él, esto hablo al mundo. Pero no entendieron que les hablaba del Padre. Los que porfían con Jesús todavía no quieren entender que Jesús les está hablando del Padre Celestial de quien ha venido. Las palabras "Lo que desde el principio os he dicho" equivalen a decir: "¿Por qué sigo hablando con ustedes? Es inútil llevar a cabo un diálogo con ustedes. Tienen sus oídos cerrados a la verdad; han resuelto no entender y no creer. Me han rechazado de antemano y por eso es como si estuviera hablando con sordos."

8.28-29: Les dijo, pues, Jesús: Cuando hayáis levantado al Hijo del Hombre, entonces conoceréis que yo soy, y que nada hago por mí mismo, sino que según me enseñó el Padre, así hablo. Porque el que me envió, conmigo está; no me ha dejado solo el Padre, porque yo hago siempre lo que le agrada. Hay dos conceptos muy importantes en este versículo que necesitamos aclarar. Primero, tenemos que decir algo acerca de la palabra *levantar*. Ya hemos notado que en el cuarto evangelio encontramos una serie de palabras que son utilizadas con un significado bastante amplio. Una de estas palabras es *levantado*. Al hablar de su levantamiento en este versículo, Jesús está hablando proféticamente de 1- su levantamiento en la cruz del Calvario y 2- su levantamiento de entre los muertos, es decir, su resurrección y ascensión. De esta manera el levantamiento de Jesús en la cruz y su levantamiento en el día de su resurrección serán las más importantes de las señales del Hijo del Hombre. Por medio de estas supremas señales se pondrá de manifiesto que Jesús es el gran *yo soy*.

Segundo, ampliaremos el significado del nombre *yo soy*. Ya hemos establecido que Jesús se refiere a sí mismo como el *Yo soy* para indicar que él ha venido para reemplazar o cumplir con la función de una persona, fiesta o institución del A.T. Cuando Jesús hace la declaración: "*Yo soy* el pan de vida" está anunciando que ha venido para reemplazar tanto el maná con el cual Moisés alimentaba al pueblo de Israel en el desierto, como la Torá que para los rabinos era su pan de vida. Pero el nombre *Yo soy* en Juan 8 y 11 tiene una función más profunda y más importante todavía (Neyrey 1988.88).

Para entender lo que quiere decir el nombre *yo soy* en Juan 8, será necesario estudiar Éxodo 3 que relata el llamamiento de Moisés sobre el monte Horeb en Arabia. Moisés había subido el monte para apacentar las ovejas de su suegro Jetro, cuando se encontró con una zarza que ardía, pero que no se consumía. En seguida Dios llamó a Moisés de en medio de esta visión de su gloria diciendo: "No te acerques; quita tu calzado de tus pies, porque el lugar en que tú estás, tierra santa es." Dios luego se identificó a Moisés como "el Dios de tu padre, Dios de Abraham, Dios de Isaac y Dios de Jacob" (Éxodo 3.5-6). Dios le dijo a Moisés que había visto la aflicción del pueblo de Israel en Egipto y había resuelto librar a los hebreos de sus opresores y había escogido a Moisés para que fuera el libertador de los hijos de Israel.

Moisés, temiendo aceptar una responsabilidad tan grande y tan peligrosa, buscó la manera de evadir el papel de libertador. Comenzó a inventar toda clase de excusas para no tener que enfrentarse con el faraón opresor. Entre las excusas que mencionó estaba la siguiente: "He aquí que llego yo a los hijos de Israel, y les digo: El Dios de vuestros padres me ha enviado a vosotros. Si ellos me preguntaren: ¿Cuál es su nombre? ¿qué les responderé?" (Éxodo 3.13). Moisés sabía que los egipcios creían en muchos dioses, tenían más de cuatro mil de ellos. Algunos eran considerados más poderosos que otros. Si el dios que se le había aparecido a Moisés en la zarza ardiente fuera uno de los dioses más débiles, nadie haría caso a su visión, porque los dioses poderosos de los egipcios fácilmente podrían derrotarlo. Por eso Moisés le pregunta a la voz que sale de la zarza ardiente: "¿Cuál es tu nombre? ¿Eres uno de los dioses débiles o uno de los dioses más poderosos?"

Algo molesto con Moisés por su vacilación, Dios le responde tajantemente: "*Yo soy el que soy*. Y dijo: Así dirás a los hijos de Israel: *Yo soy* me envió a vosotros" (Éxodo 3.14). Con su respuesta Dios le dice a Moisés: "Los cuatro mil ídolos que veneran los egipcios realmente no son dioses porque no existen. Existen solamente en la imaginación de los seres humanos que creen que dios existe en semejanza de hombres corruptibles, de aves, de cuadrúpedos y de reptiles (Romanos 1.23). Pero esos ídolos, imágenes y dioses falsos que los hombres adoran no son, no existen, pero *yo soy*, yo existo. Existo y soy porque estoy hablando contigo y porque por medio de ti libraré a mi pueblo de la esclavitud. Cuando haya terminado de librar a mi pueblo y de destruir todos los dioses falsos de Egipto, entonces todo el mundo sabrá que *Yo soy* el único Dios. Los ídolos, imágenes y dioses falsos tienen sus nombres. Se llaman Isis, Osiris, Baal, Astarte, Anubis o Mot. Pero yo no tengo nombre, no necesito nombre. No soy Dios porque tengo un nombre inventado por los hombres, soy Dios porque yo soy Dios. Por lo tanto si preguntan por el Dios que habló contigo, diles que no tengo otro nombre que *Yo soy*."

Después del éxodo los hebreos le dieron a su Dios el nombre *Yo soy*. Para escribir ***Yo soy*** en hebreo, el idioma del pueblo de Israel, se necesitan solamente cuatro consonantes. En hebreo se escriben solamente las consonantes, sin las vocales. Las cuatro consonantes en cuestión son YHWH (יהוה en hebreo). Cuando los traductores de la Biblia tratan de reproducir en castellano el sonido de las cuatro letras tienen que añadir algunas vocales para que el nombre pueda ser pronunciado. Muchas veces se refieren a estas cuatro letras como el tetragrámaton. En griego tetra significa cuatro y grámaton significa letras. En la traducción de Casiodoro de Reina se traduce el tetragrámaton con la palabra Jehová. En las diferentes versiones católicas del A.T. las cuatro letras son traducidas como Yawé, Jahwé o Yahwé.

Tenemos entonces que Jehová, Yawé, Jahwé y Yahwé son traducciones de YHWH, el nombre de Dios, o sea, *Yo soy*. Los judíos piadosos en el tiempo de Jesús temían pronunciar el tetragrámaton en su lectura de las Escrituras. Temían tomar en vano el sagrado nombre de Dios si lo pronunciaban sin la debida fe y reverencia. Por eso, cuando llegaban a las cuatro letras sagradas, substituían el nombre de Dios por una frase como *el cielo*. Así es como el hijo pródigo al llegar a la casa de su padre no dice: "He pecado contra Jehová y contra ti," sino: "He pecado contra el cielo y contra ti." El hijo pródigo se cree indigno de pronunciar el tetragrámaton y por eso substituye el nombre de Dios por cielo. Es por la misma razón que los judíos piadosos preferían hablar del reino de los cielos y no del reino de Jehová. Usar o pronunciar el tetragrámaton indebidamente no solamente era un pecado contra el segundo mandamiento, era blasfemia. Podemos entender, entonces, porqué se volvieron furiosos los fariseos cuando Jesús se refería a sí mismo como el *Yo soy*.

Al referirse a sí mismo como el *Yo soy*, Jesús no solamente se identifica con el Dios Jehová y su santo nombre, sino que se apropia también para sí el significado del tetragrámaton. ¿Y qué significaba el tetragrámaton? Según los rabinos y los Targúm (las traducciones interpretativas al arameo del A.T. en hebreo) significaba que el que llevaba el nombre divino era supratemporal. Una versión del Tárgum Neofiti interpreta la frase *Yo soy el que soy* de la siguiente manera: "Yo he existido desde antes de la creación del mundo; y he existido después de la creación del mundo; yo soy aquel que fue vuestro apoyo durante el cautiverio en Egipto; y yo soy aquel quien será tu ayudador durante todas las generaciones" (Neyrey 1988.216). Implícita en esta definición del nombre divino está la idea de que el verdadero Dios es aquel "que es y que era y que ha de venir" (Apocalipsis 1.4,8).

Yo soy el que soy significa que Dios nunca fue creado, nunca fue una criatura. Significa que nunca perecerá, siempre será Dios. Significa también que Dios es un Dios verdadero. Los filósofos griegos solían distinguir entre dioses verdaderos, y mortales que llegaron a ser dioses. Los últimos eran héroes u hombres santos como Hércules o Dionisio que nacieron como seres humanos pero después fueron transformados en dioses. Los dioses verdaderos, en cambio, eran dioses que siempre habían sido dioses, que vienen de arriba y no de abajo y que son eternos. Al identificarse como el *Yo soy* Jesús declara que es más que un hombre divino que fue adoptado por el Padre y llegó así a ser un dios. Jesús es más que un ángel, pues los ángeles son seres creados. Jesús es "el Alfa y la Omega, principio y fin, el que es y que era y que ha de venir, el Todopoderoso" (Apocalipsis 1.8) (Neyrey 1988.219-220). Lo que enseña Juan 8 es de suma importancia para la cristología. En este capítulo tenemos uno de los argumentos más fuertes en contra de los Testigos de Jehová que niegan la divinidad de Jesús y afirman que solamente Jehová es Dios. Jesús, para ellos, es solamente un arcángel. Juan 8, en cambio, declara que Jesús es el *Yo soy* y que el *Yo soy* es el mismo Jehová. Así, Jesús se presenta a los judíos como el único que los puede salvar.

Jesús afirma aquí que cuando el Hijo del Hombre haya sido levantado "entonces conoceréis que *Yo Soy*." ¿En qué sentido conocerán los judíos que Jesús es el *Yo soy*, aquel por medio de quien el Padre revelará su amor y misericordia y por medio de quien ofrecerá salvación al mundo? ¿Será un conocimiento que llegarán a tener solamente en el día del juicio final, un conocimiento que los llevará a la condenación eterna?, ¿o será un conocimiento que llegarán a tener después de la resurrección del Señor por medio de la predicación de los discípulos, un conocimiento que consiste en el arrepentimiento y la fe, un conocimiento que los llevará a la vida eterna? En favor de la segunda alternativa Schnackenburg observa que en el cuarto evangelio el término conocer (γινώσκω en griego) casi siempre se usa en una forma positiva, casi como un equivalente de creer. Por eso, el expositor alemán opina que muchos de los enemigos de Jesús se darán cuenta de la verdadera razón de la venida del Hijo al mundo. Al ver cómo Jesús se entrega voluntariamente a la pena de la cruz en obediencia a la voluntad del Padre, se darán cuenta que Jesús no ha venido para servirse a sí mismo, sino para hacer la voluntad del Padre. Entonces muchos se arrepentirán y serán bautizados, como ocurrió con los tres mil en el día de Pentecostés después que escucharon la predicación de Simón Pedro (Schnackenburg 1980.II,258).

8.30-31: Hablando él estas cosas, muchos creyeron en él. Dijo entonces Jesús a los judíos que habían creído en él: Si vosotros permaneciereis en mi palabra, seréis verdaderamente mis discípulos; y conoceréis la verdad, y la verdad os hará libres. Entre los judíos que escuchan las palabras de Jesús en el templo hay algunos que se oponen a él y otros que profesan creer en él. Hay choques entre estos dos grupos. Los enemigos de Jesús buscarán convencer a los que creen en él, que es un falso profeta. Tratarán de obligar a los que creen en Jesús a volver a la sinagoga. Como muchas personas hoy en día que se entusiasman en una campaña evangelística y hacen una profesión de fe, muchos judíos en Jerusalén se entusiasmaron con las señales y milagros de Jesús y profesaron creer en él. Pero para heredar el reino de los cielos es necesario, no sólo profesar fe en Jesús en un momento de entusiasmo, sino permanecer en Jesús y en su Palabra.

El llamado a permanecer en Jesús y en su Palabra que encontramos en esta perícopa está dirigido, no solamente a los judíos en el atrio del templo en Jerusalén, sino a todos los que profesan fe en Jesús en todos los lugares y en todos los tiempos. Es un llamado que Jesús nos hace a nosotros, los lectores del evangelio de Juan. Permanecer es una de las palabras claves en el cuarto evangelio que estudiaremos con más profundidad en el capítulo 15.

Ya en Juan 6.60-71 oímos de algunos discípulos de Jesús que se ofendieron con algunas de sus enseñanzas y no quisieron seguirle más. En Juan 8.31-59 tenemos un discurso entre Jesús y un grupo de judíos que afirmaban ser sus discípulos, pero en realidad no podían aceptar lo que él les decía acerca de sí mismo. Se trata de creyentes falsos. Estos judíos comenzaron creyendo en Jesús, tal vez atraídos por sus milagros, pero al aumentar la persecución de las autoridades contra Jesús y sus discípulos, se echaron atrás. Eran como la semilla sembrada en pedregales en la parábola del sembrador: "Y el que fue sembrado en pedregales, éste es el que oye la palabra, y al momento la recibe con gozo; pero no tiene raíz en sí, sino que es de corta duración, pues al venir la aflicción o la persecución por causa de la palabra, luego tropieza" (Mateo 13.20-21). Pero no solamente la oposición y la persecución fueron la causa de la apostasía de estos discípulos, sino que no pudieran aceptar todo lo que Jesús enseñaba acerca de su persona y de su misión. Por eso no permanecieron en la Palabra. En el evangelio de Juan uno de los criterios más importantes para distinguir entre un discípulo verdadero y un discípulo falso es la permanencia en la Palabra. El discípulo que echa raíces profundas en la Palabra, no se secará. "El que en mí no permanece, será echado fuera como pámpano, y se secará; y los recogen, y los echan en el fuego, y arden" (Juan 15.6). Los que profesan creer en Jesús necesitan tener en cuenta el costo de ser un discípulo del Señor como enseña Jesús en Lucas 9.57-62 y 14.25-33.

En el tiempo en que el evangelista escribió el cuarto evangelio también había muchas personas en las sinagogas que afirmaban ser discípulos de Jesús, pero, como los judíos en Juan 8, no podían aceptar toda la verdad proclamada en el evangelio. En los versículos 31-59 Jesús pone de manifiesto que los así llamados discípulos en este texto en realidad son falsos discípulos. Jesús, actuando como juez, levanta una serie de acusaciones contra estos falsos discípulos. La primera es que no han permanecido en su palabra. No han querido aceptar toda la verdad, y puesto que la palabra y la verdad de Jesús libran de pecado, los falsos discípulos realmente no están libres, sino que son esclavos del pecado. ¿Pero, cuál es la verdad que rechazan?

8.32: Conoceréis la verdad, y la verdad os hará libres. Todos los intérpretes están de acuerdo que la palabra verdad es uno de los términos claves en el evangelio de Juan. Pero no todos están de acuerdo en cuanto a la definición de esta palabra. Hasta Poncio Pilato está confuso en cuanto al significado de la verdad. "¿Qué es la verdad?" le preguntó a Jesús. ¿En qué consiste la verdad de la que habla Jesús en el cuarto evangelio? La palabra verdad puede ser interpretada según su uso en la literatura helenista o según su uso en la Septuaginta, la traducción al griego del A.T.

Varios eruditos como C.H. Dodd y Rudolf Bultmann creen que debemos entender términos como verdad de acuerdo con el contexto helenista y no el contexto hebreo. La palabra griega que se traduce con la palabra verdad en español es ἀλήθεια. En muchos escritos filosóficos la palabra ἀλήθεια se usa para designar la realidad absoluta, o sea algo real y no una apariencia. En escritos religiosos helenistas la palabra ἀλήθεια se usa para designar realidades divinas o eternas. En estos mismos escritos ἀλήθεια no es algo que se pueda alcanzar por medio de la razón humana, sino solamente por algún medio transcendental como el éxtasis o una revelación divina (Hawkin 1990.75). Si seguimos el pensamiento de Dodd y Bultmann tendríamos que llegar a la conclusión de que la verdad es la última realidad que es revelada en Jesucristo. Conocer la verdad sería contemplar lo divino. Sería emprender una búsqueda mística, una ascensión a las regiones celestiales, para alcanzar una visión y una contemplación mística de la gloria de Dios. Tal interpretación de ἀλήθεια fácilmente podría llevar al creyente a una actitud quieta ante los problemas que convulsionan nuestro mundo actual. Podría quedarse contemplando la última realidad mientras el mundo se pierde. Ya hemos visto en capítulos anteriores que el cuarto evangelio muestra una marcada antipatía a las tendencias y técnicas místicas por las que los seres humanos intentan ascender a las regiones celestiales para tener una visión mística de la gloria divina.

La palabra verdad también puede ser interpretada dentro de un contexto hebreo, como una traducción del término hebreo *emet*, que significa fidelidad al plan o propósito de Dios. Podríamos decir simplemente que para el evangelio de Juan la verdad es la revelación de la gloria de Dios en la carne de su Hijo. La verdad es que de tal manera amó Dios al mundo que envió a su Hijo unigénito para salvarlo. La verdad es que la sangre de Jesucristo nos limpia de todo pecado. La verdad es que Jesús no es solamente un taumaturgo o un gran profeta. Jesús no es solamente el mesías esperado, es más que un mesías. Jesús es el *Yo soy* que ha venido en carne. Cualquiera que niegue que Cristo ha venido en carne es un discípulo falso. Cualquiera que niegue que Jesús es el *Yo soy*, no es un creyente verdadero. La verdad no es solamente un concepto o misterio del otro mundo para ser contemplada, sino una realidad histórica que debemos creer y vivir. La verdad que nos hará libres no es un concepto abstracto, sino el evangelio de nuestro Señor Jesucristo. La verdad que nos hace libres no es cualquiera verdad política, económica o científica, sino lo que Dios nos ha revelado sobre nuestra salvación en Cristo Jesús.

La verdad nos libera de la más profunda esclavitud, la del pecado. El pecado no solamente es una falta que cometen los seres humanos, el pecado es un poder esclavizante. Los que pecan se convierten en adictos al pecado. Por ser esclavo del pecado el ser humano es también esclavo de la muerte y de las tinieblas. Es esclavo de una existencia que consiste en vivir alejado de Dios. Solamente el amor de Dios hecho carne en Jesucristo podrá dar a los seres humanos la verdadera libertad. Los gnósticos, en cambio, enseñaron que la libertad consiste en conocimiento o gnosis. Por medio de la gnosis el gnóstico es liberado de la ignorancia. Esta liberación gnóstica consiste en ser librado de todas las pasiones, emociones y los lazos que ligan al ser humano con el mundo inferior. Para el gnóstico la libertad consiste en apartarse del mundo. El concepto bíblico de la libertad y la verdad es algo muy diferente a lo que enseña el gnosticismo (Schnackenburg 1980.II, 259).

No llegamos a conocer la verdad cuando nos apartamos del mundo e intentamos subir a las regiones celestiales por medio de secretos gnósticos y técnicas místicas. No debemos eludir los compromisos y sufrimientos del presente siglo, ni la necesidad de ser un pequeño cristo para nuestro prójimo. No debemos liberarnos de la tarea de ayudar a los marginados, oprimidos y pobres a llevar su cruz. La verdad que nos hará libres es el evangelio de Jesucristo, y este evangelio es un poder transformador que nos convierte en hombres y mujeres nuevos, en seres humanos que han sido librados, no solamente de la culpa, la ley, la muerte y Satanás, sino también de la necesidad de asegurar nuestra propia vida. Hemos sido librados para servir al hermano. Todo esto es la verdad.

8.33: Le respondieron: Linaje de Abraham somos, y jamás hemos sido esclavos de nadie. ¿Cómo dices tú: Seréis libres? Los judíos de Jerusalén protestan contra la insinuación de Jesús de que ellos no son libres. Al interpretar mal sus palabras, los judíos creen que Jesús los está acusando de ser esclavos de los conquistadores romanos. Aunque políticamente los judíos estaban dominados por los romanos, se consideran libres. Exteriormente pueden ser considerados esclavos, pero interiormente son libres porque no adoran a los ídolos de los romanos sino al Dios verdadero. Para los grupos nacionalistas entre los judíos como los zelotes, la libertad consistía en reconocer solamente a Dios como su rey. Aceptar a otro dios o ser humano como rey sería esclavitud. Los zelotes estaban dispuestos a luchar hasta la muerte para defender su libertad de servir solamente a Jehová.

8.34: Jesús les respondió: De cierto, de cierto os digo, que todo aquel que hace pecado, esclavo es del pecado. Jesús responde al malentendido de los judíos aclarando que no estaba hablando de una esclavitud política, sino de una esclavitud espiritual. Jesús acusa a su oponentes de ser esclavos del pecado. El hecho de que los enemigos de Jesús planeen asesinarlo es una muestra de que están bajo el poder del pecado. Las obras que están planificando no son las obras de Dios, sino del diablo. Al negar que eran esclavos que necesitaban ser librados, los oponentes de Jesús eran como los fariseos en Marcos 2.17 que no buscaban médico porque creían que no estaban enfermos.

Es trágico que muchos se crean libres cuando en realidad muchas partes de sus vidas o personalidades siguen estando esclavizadas. Es por eso que necesitamos examinar nuestras vidas, nuestras metas, nuestras prioridades y nuestros sueños a la luz del evangelio. La libertad que Jesús quiere compartir con nosotros es un éxodo, o sea, salida de Egipto y de todo lo que nos esclaviza. Segundo Galilea nos recuerda que "todos, más o menos, vivimos esclavos: esclavos de pseudo valores" (1979.322). Muchos conflictos surgen en nuestras vidas y en nuestras comunidades porque, en parte, hemos sido esclavizados por filosofías vanas, patrones subcristianos de conducta, el deseo de ser aceptado, los valores de nuestra sociedad de consumo, prejuicios, fantasías, lealtades indignas y la presión de nuestro grupo social. Todos los días tenemos que vivir con la tentación de vender nuestra libertad para obtener una supuesta ventaja pasajera. El llamado que San Pablo hace a los gálatas también lo hace a nosotros: "Estad, pues, firmes en la libertad con que Cristo nos hizo libres, y no estéis otra vez sujetos al yugo de esclavitud" (Gálatas 5.1).

8.35: Y el esclavo no queda en la casa para siempre; el hijo sí queda para siempre. Este breve versículo es en realidad una mini-parábola que habla de una gran casa en la que se encuentran padres, hijos, siervos y esclavos. La casa es la habitación permanente de los padres y los hijos. Los esclavos permanecen en la casa solamente por un tiempo relativamente corto. En Israel se solía dar libertad a los esclavos cada séptimo año (Éxodo 21.2). Después del año sabático el esclavo tenía que buscar otro hogar (Sturch 1978.236). Su permanencia en la casa era provisional; hasta podía ser expulsado, como Ismael (Génesis 21.10), pero el hijo, el heredero, permanecerá en la casa para siempre. Siendo esclavos del pecado y no verdaderos hijos de Dios, los judíos que no quieren aceptar a Jesús y su verdad pronto tendrán que abandonar la casa, que es el pueblo de Dios o el templo. Pero el Hijo, que es Jesucristo, y los que confían en él nunca serán expulsados de la casa de Dios. La única manera de permanecer en la casa es convertirse en hijo. Uno llega a ser hijo por medio de la fe.

Esta pequeña parábola tiene algunas semejanzas con la parábola de los viñadores homicidas en Marcos 12.1-12 en la cual los labradores, que son simplemente siervos, se creen dueños de la viña. Se sobrentiende que la viña es un símbolo del templo, la casa de Dios. Hasta se ponen de acuerdo para matar al hijo para permanecer en la viña o casa. Pero al final de cuentas los siervos son expulsados de la viña y el hijo se constituye en el heredero de todo. "¿Qué, pues, hará el señor de la viña? Vendrá, y destruirá a los labradores, y dará su viña a otros. La piedra que desecharon los edificadores ha venido a ser cabeza del ángulo" (Marcos 12.9-10).

8.36: Así que, si el Hijo os libertare, seréis verdaderamente libres. Desde el tiempo del iluminismo se han interpretado las afirmaciones de Jesús acerca de la libertad en este capítulo como que significan que toda clase de verdad tiene un carácter liberador y emancipador. Citando a Juan 8 se ha dicho que la verdad filosófica, la verdad científica y la verdad política tienen el poder de otorgar libertad a los seres humanos, y de librarlos de todos los dogmas tradicionales que han utilizado los gobiernos opresores y las instituciones eclesiásticas para esclavizar a los hombres y sujetarlos a las elites opresoras. Uno de los fundamentos de la revolución francesa fue que el ser humano tiene derecho a la libertad de conciencia, la libertad religiosa, la libertad de pensamiento y la libertad para buscar la felicidad. Aunque las verdades filosóficas, políticas y económicas pueden darnos cierta medida de libertad en ciertas áreas de la vida humana, no pueden darnos la libertad definitiva de la que habla Jesús en Juan 8. Hasta existe el peligro de que las otras verdades de la existencia humana se conviertan en mentiras si están separadas de la verdad máxima del evangelio que fue enunciada en Juan 1.14; 3.36 y otras partes del cuarto evangelio.

La verdad de la que habla Jesús en Juan 8 es la verdad máxima, la que ordena y orienta la vida, la verdad alrededor de la cual giran y reciben su valor todas las otras verdades. Ninguna verdad filosófica, política o económica puede librar al ser humano de sí mismo y de su destino, y de la necesidad de segar lo que uno mismo ha sembrado. Ninguna de estas verdades puede librar al ser humano de la necesidad de comparecer ante el trono del juicio y rendir cuenta de sus hechos. En cambio, el que ha llegado a conocer la verdad del evangelio, la verdad cristológica, ha sido librado de la muerte eterna, de la condenación del diablo, del temor a los poderes ocultos y de la necesidad de hacer peregrinaciones, de comprar indulgencias y de justificarse a sí mismo.

Miles y miles de personas han gastado todo su tiempo y toda su vida tratando de cumplir con las exigencias, los sacrificios, los ritos y las leyes con que se pretende obtener la justificación. Los que conocen la verdad del evangelio han sido librados para dedicar su tiempo y sus energías, no a la auto-justificación, sino al servicio del prójimo. Al mismo tiempo, han sido librados de los afanes que consumen a tantos de nuestros contemporáneos, el afán por comer, beber y divertirse en una frenética búsqueda de placer antes de que termine la vida física, porque se cree que después de esta vida no hay más nada. El que conoce la verdad del evangelio, la verdad de Cristo, está convencido de que la vida eterna ya comenzó con su adhesión a Jesús, la vid verdadera, y que ni el sufrimiento, ni la muerte física pueden separar a los pámpanos de la vid.

Nota litúrgica: Tanto en el leccionario tradicional de un año en *Culto Cristiano* como en el leccionario de tres años en *¡Cantad al Señor!* Juan 8.31-36 es el santo evangelio que corresponde a la fiesta de la Reforma. Para estar libres de las acusaciones de la ley, libres del pecado, libres de falsas doctrinas, tenemos que permanecer en la palabra de Cristo.

8.37-39: Sé que sois descendientes de Abraham; pero procuráis matarme, porque mi palabra no halla cabida en vosotros. Yo hablo lo que he visto cerca del Padre; y vosotros hacéis lo que habéis oído cerca de vuestro padre. Respondieron y le dijeron: Nuestro padre es Abraham. Jesús les dijo: Si fueseis hijos de Abraham, las obras de Abraham haríais. Los falsos creyentes profesan ser hijos de Abraham pero Jesús los acusa de ser falsos hijos suyos porque no hacen sus obras. ¿En cuáles obras de Abraham está pensando Jesús aquí? Quizás en las de hospitalidad mencionadas en Génesis 18. Tres visitantes celestiales llegan a la tienda de Abraham en Mamre. Abraham recibe a los tres visitantes del cielo con respeto y hospitalidad. Los recibe con amor y en fe, pues hace caso a la palabra que ellos comparten con él. La iglesia primitiva creyó que el más importante de estos tres visitantes celestiales era nuestro Señor Jesucristo, quien había tomado la forma de ángel para declarar su voluntad al padre de la fe, Abraham. En otras palabras, Jesús está diciendo a los judíos: "Abraham me recibió con muchas atenciones y mostró su amor para conmigo. Abraham creyó en mí y en mi palabra. Pero ustedes han sido falsos conmigo. Realmente no me han recibido, no me han creído. En realidad, ustedes están planificando mi muerte. Esto muestra que ustedes no son hijos de Abraham, sino hijos del diablo. Él ha sido homicida desde el principio."

El debate sobre la filiación abrahámica era uno de los puntos más discutidos entre las comunidades cristianas y las sinagogas judías en el tiempo en que fue escrito el cuarto evangelio. Los escritos de autores como San Justino Mártir dan testimonio elocuente de este hecho. Muchos judíos creían que por el mero hecho de ser descendientes físicos de Abraham tenían la seguridad de entrar en el reino de Dios. Se creía que cualquier descendiente de Abraham tenía derecho de apropiarse algunos de los méritos sobrantes de Abraham y así ser salvo en el día del juicio, una idea muy parecida al concepto medieval de la tesorería de méritos contra la cual luchó con tanto empeño el reformador Martín Lutero. Se cree que el hombre rico en el Hades de la parábola en Lucas 16.19-31 tenía en mente apelar a su descendencia abrahámica para salir de su desesperante situación. Pero todo fue inútil porque los verdaderos descendientes de Abraham no son sus descendientes físicos, sino sus descendientes espirituales, los que hacen sus obras.

Tanto los fariseos como los esenios afirmaban ser los verdaderos descendientes de Abraham porque, como él, cumplían con las obras de la ley que se encuentra en la Torá. Entre algunos rabinos existía la creencia que Abraham había observado de antemano todas las obras de la ley, 400 años antes de que la Torá fuese dada a Moisés. El argumento de Jesús en este debate con los judíos incrédulos, es que a ellos les faltaba la cosa principal, la fe de Abraham. Según lo dicho por Jesús en este capítulo, y por San Pablo en Romanos 4, Abraham creyó en Jesús y lo amaba, se regocijaba en ver su día. Los judíos incrédulos, en cambio, odian a Jesús y buscan matarlo, mientras que Abraham no mató a nadie. Queda establecido, por eso, que los judíos incrédulos no son verdaderos hijos de Abraham, ni de Dios, sino del diablo. Recordemos que Juan el Bautista también negaba que uno fuera un verdadero hijo de Abraham por el simple hecho de ser un descendiente físico del gran patriarca: "Haced, pues, frutos dignos de arrepentimiento, y no comencéis a decir dentro de vosotros mismos: Tenemos a Abraham por padre; porque os digo que Dios puede levantar hijos a Abraham aun de estas piedras" (Lucas 3.8).

Jesús, como José en el A.T. (Génesis 37,) ha venido al mundo enviado por el Padre, para buscar el bien de sus hermanos. Pero, como en el caso de José, sus hermanos se vuelven en su contra él y buscan quitarle la vida.

8.40-42: Pero ahora procuráis matarme a mí, hombre que os he hablado la verdad, la cual he oído de Dios; no hizo esto Abraham. Vosotros hacéis las obras de vuestro padre. Entonces le dijeron: Nosotros no somos nacidos de fornicación; un padre tenemos, que es Dios. Jesús entonces les dijo: Si vuestro padre fuese Dios, ciertamente me amaríais; porque yo de Dios he salido, y he venido; pues no he venido de mí mismo, sino que él me envió. Al decir que no son nacidos de fornicación, los fariseos están lanzando una indirecta a Jesús. Están diciendo: "Pero tú eres un hijo ilegítimo y por eso no puedes ser un profeta de Dios y mucho menos el mesías que esperamos." Una de las acusaciones más frecuentes que lanzaron los judíos contra los cristianos en el tiempo de la iglesia primitiva era que Jesús era un bastardo, nacido de la unión de María de Nazaret con un hombre que no era su marido. En la literatura rabínica se declara que el verdadero padre de Jesús fue un tal Pantera, un soldado romano con quien la madre de Jesús cometió fornicación.

Los miembros de las comunidades cristianas a las que San Juan dirige este evangelio oyeron, sin duda, muchos chismes parecidos. En su discurso con los fariseos Jesús cambia el tema de la discusión de la paternidad física a la paternidad espiritual. Los que están acusando a Jesús se jactan de ser hijos legítimos de Abraham y de Dios. Pero el hecho de que entre ellos estén confabulando el asesinato de Jesús es una demostración de que los hijos ilegítimos son ellos. Los fariseos son hijos de Abraham y de Dios sólo de nombre. Si en verdad fueran hijos de Abraham hubieran creído en el Hijo del Hombre. Hubieran tenido en sus corazones la misma fe que tuvo Abraham. Para comprobar la paternidad espiritual de una persona se necesita un examen de fe, no un examen de sangre. La determinación de los fariseos de dar muerte a Jesús revela que el verdadero padre de ellos es el diablo. En verdad, como Jesús dice entre líneas en el versículo 42, José no fue su verdadero padre. Pero tampoco fue su padre un supuesto soldado romano. Jesús es hijo de aquel que lo envió al mundo, Dios.

8.43-45: ¿Por qué no entendéis mi lenguaje? Porque no podéis escuchar mi palabra. Vosotros sois de vuestro padre el diablo, y los deseos de vuestro padre queréis hacer. El ha sido homicida desde el principio, y no ha permanecido en la verdad, porque no hay verdad en él. Cuando habla mentira, de suyo habla; porque es mentiroso, y padre de mentira. Y a mí, porque digo la verdad, no me creéis. Por rechazar a Jesús que ha venido como mensajero del Padre, los judíos incrédulos rechazan y odian al Padre también. En el A.T. cualquier ofensa en contra de un mensajero era considerada como una ofensa en contra del que envió el mensajero. Tenemos un ejemplo claro en 2 Samuel 10 donde David, al oír de la muerte de su amigo, el rey Nahas de Amón, envía unos mensajeros para expresar su pésame al príncipe Hanún. El príncipe, en vez de recibir a los mensajeros de David con cordialidad, los maltrata, rapando la mitad de sus barbas y cortando sus vestidos por la mitad hasta las nalgas. La vergüenza que sufren los siervos de

David es un insulto directo contra la dignidad del que los envió, es como una declaración de guerra contra David. David no demora en reunir su ejército para vengar la afrenta que ha sufrido en la humillación de sus mensajeros. La suerte de los que rechazan a Jesús, el mensajero de Jehová, será igualmente desagradable porque "he aquí más que David en este lugar."

Los fariseos habían afirmado que Jesús tenía un demonio. Pero el hecho de que los fariseos no pueden entender las palabras de Jesús y creer en él, muestra que sus mentes y corazones han sido confundidos y obscurecidos por los poderes ocultos. Su incapacidad de creer y su deseo de matar a Jesús muestra que ellos son los endemoniados. La razón por la cual los fariseos no pueden comprender la palabra de Jesús no está en quien comunica el mensaje, sino en los receptores del mismo. Los receptores tienen una fe tan firme en su propia santidad y justicia que rechazan automáticamente cualquier mención de que necesitan un salvador que los libre del poder del pecado. La razón por la cual los oponentes de Jesús no pueden recibir la verdad es precisamente porque es la verdad (Carson 1991.354). En varias ocasiones los fariseos habían declarado que no era su intención quitarle la vida a Jesús. En parte tenían razón. No son los fariseos los que realmente desean la muerte de Jesús, sino el demonio que ha tomado posesión de ellos (Duke 1985.74-75).

Las palabras de Jesús aquí son parecidas a las de 1 Juan 3.8: "El que practica el pecado es del diablo; porque el diablo peca desde el principio. Para esto apareció el Hijo de Dios, para deshacer las obras del diablo." La misma epístola enseña que cuando los hombres odian es porque el diablo los impulsa a ello: "Todo aquel que aborrece a su hermano es homicida; y sabéis que ningún homicida tiene vida eterna permanente en él" (1 Juan 3.15). El hecho de que los judíos desean matar a Jesús es una evidencia clara de que el diablo está obrando a través de ellos.

La gran tragedia es que los enemigos de Jesús sinceramente creen que están sirviendo y adorando al Dios verdadero, cuando en realidad están rindiendo culto al diablo y a su reino. El demonio ha acaparado el nombre de Dios y lo está utilizando para engañar a la gente religiosa. En el evangelio de Felipe, uno de los escritos apócrifos encontrados en Nag Hammadi, se dice: "Cuando los poderes quisieron engañar a la humanidad, tomaron los nombres de los que son buenos y se los dieron a los que no son buenos, con el fin de engañar a la humanidad y atarla a los que no son buenos" (Wink 1993.27). Siempre necesitamos cuidarnos para que no suceda lo mismo con nosotros. Si usamos el nombre santo de Dios para justificar la explotación, el racismo, la violencia o cualquier otra injusticia, realmente estamos usando el nombre de Dios para rendirle culto a Satanás. Lo que enfatiza este texto es que el diablo busca atrapar y esclavizar a los seres humanos, no solamente por medio de vicios como la droga, el alcohol y la fornicación, sino también por medio de la religión.

En Juan 5 vimos que Jesús se presenta como el Hijo de Dios porque realizaba las dos grandes obras que solamente Dios puede realizar: 1- juzgar a los vivos y a los muertos y 2- resucitar a los muertos y dar vida eterna. Por hacer las obras de Dios quedó establecido que Jesús era el hijo de Dios. En este versículo no se habla de las dos grandes obras de Dios, sino de las dos obras principales del diablo: 1- el homicidio y 2- la mentira. Por realizar las obras del diablo se pone de manifiesto que los enemigos de Jesús no son hijos de Dios sino hijos del diablo. Desde el principio el diablo ha sido homicida y mentiroso. Es homicida porque en el jardín del Edén quitó la vida eterna al primer hombre. Por medio de sus mentiras hizo que Eva tomara de la fruta prohibida.

No solamente en Juan 8 los judíos incrédulos son calificados como hijos del diablo por sus mentiras y sus deseos homicidas. En el mensaje a la iglesia de Esmirna en Apocalipsis 2.9 se denuncia por su blasfemia a "los que se dicen ser judíos, y no lo son, sino sinagoga de Satanás." Aparentemente los judíos de la sinagoga de Esmirna eran muy activos en denunciar a las autoridades romanas a los que confesaban a Cristo. Los judíos por profesar una religión reconocida por el gobierno romano como legítima, quedaban eximidos de la necesidad de ofrecer incienso al emperador romano. De esta manera no tuvieron que sufrir persecución por su fe. En las primeras décadas después de la resurrección de Cristo los creyentes en Cristo eran considerados por las autoridades como otra secta judía y por eso fueron eximidos de la necesidad de adorar al emperador. Pero cuando empeoraron las relaciones entre los judíos incrédulos y los discípulos de Jesús, los judíos incrédulos denunciaron a los seguidores de Cristo a las autoridades romanas diciendo: "Los verdaderos hijos de Abraham somos nosotros, pero los que creen en Cristo no son judíos porque no son verdaderos hijos de Abraham." Por tales mentiras y deseos homicidas muchos seguidores de Jesús perdieron sus vidas en ciudades como Esmirna. Los judíos de Esmirna hasta violaron el día de reposo para recoger leña para la hoguera en la cual el obispo Policarpo de Esmirna sería quemado por su fe en Cristo (Hemer 1986.67).

8.46-47: ¿Quién de vosotros me redarguye de pecado? Pues si digo la verdad, ¿por qué vosotros no me creéis? El que es de Dios, las palabras de Dios oye; por esto no las oís vosotros, porque no sois de Dios. Una de las mejores maneras de desacreditar las palabras de un maestro o profeta es encontrar algún pecado en su vida. Los políticos son muy adeptos a atacar el carácter y la vida personal de sus oponentes cuyos argumentos no pueden impugnar ni refutar. La pregunta que Jesús hace a sus enemigos presupone que ellos también han buscado pruebas de conducta no dignas de un profeta en contra del Señor. Pero los enemigos del Señor no han hallado cómo refutar sus argumentos ni han podido encontrar algún pecado en su vida para poder descalificarlo. De esta manera se pone de manifiesto que la causa de la incredulidad de los oponentes no reside en las palabras o en la vida de Jesús, sino en la dureza de sus corazones.

El hecho de que haya sido imposible encontrar un pecado o una mancha en la conducta de Jesús es de suma importancia para el desarrollo del evangelio según San Juan, porque este evangelio presenta a Jesús como el Cordero de Dios que quita el pecado del mundo. Jesús no podría ofrecerse como la expiación vicaria de nuestros pecados si no estuviera libre de toda culpa. Si Jesús fuera un pecador, tendría que morir por sus propios pecados, y no podría dar su vida por los pecados nuestros.

Lutero comenta que nosotros, como Cristo, tenemos que cuidarnos de que el testimonio de nuestros labios no sea impugnado por una conducta indigna de un maestro de la Palabra. Según Lutero, el ministro de la Palabra no puede vivir una vida sin pecado delante de Dios porque eso es imposible. Pero sí debe llevar una vida intachable ante el público. Cada pastor piadoso tiene que preguntar: ¿Quién de vosotros me redarguye de pecado? Moisés pudo afirmar: "Ni aun un asno he tomado de ellos, ni a ninguno de ellos he hecho mal" (Números 16.15). Al final de su largo ministerio el profeta Samuel declara: "Aquí estoy; atestiguad contra mí delante de Jehová y delante de su ungido, si he tomado el buey de alguno, si he calumniado a alguien, si he agraviado a alguno, o si de alguien he tomado cohecho para cegar mis ojos con él; y os lo restituiré" (1 Samuel 12.3). ¡Ojalá que cada ministro de la Palabra y cada ministro de estado pudiera hacer tal declaración al terminar su carrera! (Lenker 1988.2,174-175).

8.48: Respondieron entonces los judíos, y le dijeron: ¿No decimos bien nosotros, que tú eres samaritano, y que tienes demonio? Los judíos consideraban a los samaritanos como judíos ilegítimos y herejes. Como vimos en el capítulo 4, los samaritanos eran los descendientes de israelitas de las diez tribus del norte y de extranjeros traídos a Palestina por los asirios. Racial y teológicamente los samaritanos eran mestizos, y por eso los fariseos los rechazaban. Aquí los fariseos acusan a Jesús de ser como los samaritanos: 1- un judío ilegítimo por nacer de la fornicación. 2- un hereje, que como los samaritanos, no aceptaba el templo en Jerusalén como la verdadera habitación de Dios. Sabemos de Juan 4 y de los relatos sinópticos que Jesús no rechazaba a los samaritanos como lo hacía la mayoría de los judíos, más bien les anunciaba el evangelio y los sanaba de sus enfermedades. Al llamar a Jesús samaritano sus enemigos lo acusan de asociarse con personas marginadas, consideradas como chusma, gentuza y populacho. Puesto que Jesús, el buen pastor, vino para buscar a otras ovejas que no eran del redil de Israel (Juan 10.16), no rechaza la designación como amigo de publicanos, pecadores y samaritanos. Una de las razones por las que los primeros miembros de las comunidades cristianas fueron repudiados por la sinagoga fue por su asociación con personas marginadas como los samaritanos. Nosotros, como Jesús, debemos considerar un honor si somos acusados de ser amigos de marginados y samaritanos.

Muchos eruditos modernos creen que el evangelista ha incluido aquí esta polémica tan detallada entre Jesús y sus enemigos porque ésa era precisamente la clase de polémica que se tenía entre los cristianos y los judíos en las ciudades donde vivían los receptores del cuarto evangelio y de las epístolas joánicas. Es decir, los cristianos a quienes Juan escribe su carta también eran acusados de ser herejes, creyentes ilegítimos y samaritanos. Los investigadores como Cullmann y Boismard opinan que había un contingente considerable de samaritanos convertidos en las congregaciones a las que estaba dirigido este evangelio.

8.49-50: Respondió Jesús: Yo no tengo demonio, antes honro a mi Padre; y vosotros me deshonráis. Pero yo no busco mi gloria; hay quien la busca, y juzga. Cuando San Pablo fue injustamente acusado de ser un falso profeta y un enemigo del estado, apeló al gobernador romano Félix y pidió que su caso fuese llevado a Roma para ser juzgado por el césar (Hechos 25.10-12). Cuando Jesús fue acusado injustamente por sus enemigos de ser un endemoniado y uno que busca su propio honor, no apeló al césar, sino al juez supremo del universo. Dios mismo justificaría a Jesús ante las acusaciones de sus enemigos. Esta justificación ocurriría cuando el Hijo del Hombre sería elevado de la tumba a la diestra del Padre.

8.51: De cierto, de cierto os digo, que el que guarda mi palabra, nunca verá muerte. Aquí Jesús introduce un nuevo elemento en el discurso, la vida eterna. Al ofrecer la vida eterna a los que guardan su palabra Jesús se está identificando con Dios, pues solamente Dios puede darla.

Lutero nos recuerda que aquí Jesús no está hablando de guardar la palabra de la ley como si fuera posible alcanzar la vida eterna cumpliendo intachablemente los mandamientos del decálogo. La palabra de la que Cristo habla aquí es la palabra del evangelio, la cual se guarda en el corazón por medio de la fe. Los que guardan la palabra de Jesús son todos aquellos que ponen toda su fe en él y en la buena nueva de su sacrificio por los pecados del mundo (Lenker 1988.2,177).

8.52: Entonces los judíos le dijeron: Ahora conocemos que tienes demonio. Abraham murió, y los profetas; y tú dices: El que guarda mi palabra, nunca sufrirá muerte. Los oponentes no entienden cómo Jesús puede ofrecer vida eterna a los que guardan su Palabra. Ni siquiera Abraham, el más grande de los patriarcas, pudo dar vida eterna a nadie. Tampoco pudo dársela a sí mismo. Para poder otorgar vida eterna a sus seguidores, Jesús tendría que ser un profeta más grande y más poderoso que Abraham, Moisés y Elías. Y esto es algo que los fariseos no quieren admitir o aceptar.

8.53: ¿Eres tú acaso mayor que nuestro padre Abraham, el cual murió? ¡Y los profetas murieron! ¿Quién te haces a ti mismo? En Juan 4.12 la mujer samaritana le preguntó a Jesús: "¿Acaso eres tú mayor que nuestro padre Jacob, que nos dio este pozo...?" Aunque Jesús no responde directamente a la pregunta de la samaritana se sobrentiende que la respuesta es: "Sí, soy mayor que vuestro padre

Jacob porque doy el agua viva que brota para vida eterna." La samaritana hizo su pregunta a Jesús sin malicia. La pregunta de los fariseos está llena de malicia aunque es semejante a la de la samaritana. La forma de la pregunta en griego indica que los que la hicieron esperaban una respuesta negativa. Pero, igual que con la pregunta de la samaritana, se sobreentiende que la respuesta de Jesús es: "Sí, soy mayor que Abraham y los profetas, porque doy algo que ellos no pudieron dar a sus seguidores: vida eterna." Pero debido a su incredulidad los fariseos no están dispuestos a recibir tal respuesta.

Se destaca la superioridad de Jesús sobre las grandes figuras del A.T., no solamente en el evangelio de Juan, sino también en los sinópticos. En Lucas 11.31-32 leemos: "La reina del Sur se levantará en el juicio con los hombres de esta generación, y los condenará; porque ella vino de los fines de la tierra para oír la sabiduría de Salomón, y he aquí más que Salomón en este lugar. Los hombres de Nínive se levantarán en el juicio con esta generación, y la condenarán; porque a la predicación de Jonás se arrepintieron, y he aquí más que Jonás en este lugar." Lo que está implícito en la discusión de Jesús con los fariseos es que en el día del juicio se levantará Abraham contra los hombres de esta generación y los condenará, porque Abraham creyó en el Mesías que iba a venir al mundo, y "he aquí más que Abraham en este lugar."

8.54-55: Respondió Jesús: Si yo me glorifico a mí mismo, mi gloria nada es; mi Padre es el que me glorifica, el que vosotros decís que es vuestro Dios. Pero vosotros no le conocéis; mas yo le conozco, y si dijere que no le conozco, sería mentiroso como vosotros; pero le conozco, y guardo su palabra. Cuando en el cuarto evangelio Jesús habla de su glorificación o exaltación sabemos que se está refiriendo a su muerte, resurrección y ascensión. El Padre es el que va a glorificar a Jesús en la cruz y en la resurrección. La gloria de Jesús no consiste en buscar honores divinos para sí mismo, sino en sacrificar su vida en expiación por los pecados del mundo. Esto es algo que ni los discípulos ni los enemigos de Jesús pueden entender ahora, pero cuando haya venido el espíritu de la verdad, él guiará a los seres humanos para entender el verdadero significado de la muerte y la resurrección del Señor.

8.56: Abraham vuestro padre se gozó de que había de ver mi día; y lo vio, y se gozó. El día del cual se habla aquí es el día de la llegada del Hijo del Hombre al mundo, el día en el cual el verdadero Mesías será manifestado a los descendientes de Abraham, el día en el cual todas las naciones serán bendecidas en el nombre de Abraham y del Mesías.

¿Cuándo se gozó Abraham de ver el día de Jesús? Aunque algunos rabinos enseñaron que antes de su muerte le fue permitido a Abraham ver en visión el futuro de sus descendientes, lo más probable es que Jesús esté hablando aquí de la historia relatada en Génesis 18. Tres visitantes misteriosos llegan a la tienda de Abraham y Sara en Mamre y anuncian que dentro del año Abraham y Sara, a pesar de su edad avanzada, tendrán el hijo varón que habían esperado tantos años. Al escuchar las palabras de los visitantes Sara se ríe. ¿Cómo será posible que una mujer tan vieja sea madre de un niño? Es imposible. Pero los visitantes misteriosos aseguran a Abraham y a Sara que para Dios no hay nada imposible. Los visitantes profetizan que dentro del año las risas de incredulidad de Sara serán convertidas en risas de alegría. Y así fue. Al nacer el hijo de Abraham y Sara, los dos prorrumpen en risas de gozo y alegría, porque desde el vientre muerto de Sara Dios creó la vida. Por eso, Abraham le da a su hijo un nombre cuyo significado es risa, Isaac, o podríamos decir: "Risaac."

Con el nacimiento de Isaac, Abraham pudo contemplar el cumplimiento de las promesas que Dios le había dado, incluyendo la del Mesías, que iba a nacer de la línea de Isaac. Según Lutero, los padres de la antigua iglesia y muchos rabinos, lo que más causaba risa de alegría a Abraham no era tanto el nacimiento de Isaac, sino la esperanza de que de la línea de Isaac iba a nacer el Mesías. En el nacimiento de su hijo Isaac, Abraham podía ver el día del futuro nacimiento de Jesús.

8.57: Entonces le dijeron los judíos: Aún no tienes cincuenta años, ¿y has visto a Abraham? Pero los oponentes de Jesús no entienden lo que él les dice. "¿Cómo es posible?" preguntan "¿que tú hayas visto a Abraham? Abraham murió hace unos dos mil años. Tú eres un hombre joven que no tiene ni cincuenta años. ¿Cómo es posible que hayas visto a un hombre que ha muerto hace dos mil años? ¿Será posible que hayas tenido una visión mística en la cual has visto a Abraham?" Ya hemos visto que los equívocos y los malentendidos en el cuarto evangelio dan lugar a una explicación más detallada y más explícita. Esto es precisamente lo que nos da el Señor en el versículo siguiente.

8.58: Jesús les dijo: De cierto, de cierto os digo: Antes que Abraham fuese, yo soy. La fórmula "de cierto, de cierto" (ἀμὴν ἀμὴν en griego) anuncia la proclamación de una revelación divina de suma importancia para los que oyen las palabras de Jesús y para los que leen el cuarto evangelio: antes que Abraham fuera hecho (γενέσθαι en griego) Jesús ya ha sido el *Yo soy*. Éste es el ejemplo más destacado y más importante del *Yo soy* absoluto (sin predicado) en el evangelio de Juan. Jesús toma para sí mismo el tetragrámaton, el nombre divino, e insinúa que ya ha existido antes del nacimiento de Abraham porque él y el *Yo soy* son lo mismo. Jesús conoce a Abraham y Abraham conoce a Jesús porque Jesús visitó a Abraham en su tienda en Mamre. Fue Jesús quien tenía que ver con Abraham cuando hablaba con Dios. Fue Jesús quien llamó a Abraham para que no sacrificara a su hijo sobre el monte Moriah. Con las palabras "antes que Abraham fuese, yo soy" Jesús no solamente declara su preexistencia, sino también su divinidad. Aquí tenemos una de las declaraciones cristológicas más claras y más explícitas del cuarto evangelio.

8.59: Tomaron entonces piedras para arrojárselas; pero Jesús se escondió y salió del templo; y atravesando por en medio de ellos, se fue. Por fin los oponentes de Jesús entienden lo que les está diciendo. Su declaración es tan clara que no deja más lugar a malentendidos o equívocos. Aunque entienden lo que Jesús ha dicho, no lo creen. Para ellos, las palabras de Jesús constituyen la más grande de las blasfemias. Jesús ha tomado para sí mismo el nombre divino y así declara su divinidad. Según la Torá, el que se cree Dios debe morir apedreado. Pero Jesús se escapa de ellos y sale del templo porque todavía no ha llegado su hora. Rechazada por los líderes del pueblo, la presencia divina, la *shekinah* en persona, abandona el templo y así presagia su destrucción.

Comentando sobre este versículo, San Agustín escribió: "Al modo de un hombre huye de las piedras, ¡pero ay de aquellos, de cuyos corazones de piedra huye Dios!" (Schnackenburg 1980.II, 299).

Nota litúrgica: En el leccionario preparado por el grupo litúrgico interconfesional de Gran Bretaña encontramos cinco lecturas basadas en Juan 8:

Juan 8.3-11	13° domingo después de Pentecostés
Juan 8.12-20	14° domingo después de Pentecostés
Juan 8.21-36	9° domingo antes de Pascua
Juan 8.31-47	15° domingo después de Pentecostés
Juan 8.51-59	3° domingo de Adviento

Capítulo 9

Sexta señal: la curación de un ciego de nacimiento, Juan 9.1-12

9.1: Al pasar Jesús, vio a un hombre ciego de nacimiento. Al estudiar el relato en Juan 9, se debe recordar que la división en capítulos del evangelio de Juan fue hecha muchos años después de los tiempos apostólicos. Lo que se narra en el capítulo 9 es una continuación de lo que leemos en el capítulo 8. El relato en sí, como otros textos en Juan, tiene una estructura tripartita: 1- el milagro, 2- la controversia y 3- el discurso. El capítulo comienza con el encuentro de Jesús y sus discípulos con un hombre nacido ciego en Jerusalén. El hecho ocurre durante la misma fiesta de los tabernáculos mencionada en Juan 7 y 8, o en el tiempo entre dicha fiesta (en octubre) y la fiesta de la dedicación (en diciembre). Aileen Guilding cree que la historia que se relata en Juan 9 tiene relación con las lecturas sinagogales para el mes hebreo de *cheshvan* que comienza unos 15 días después de la fiesta de los tabernáculos.

El evangelista presenta la historia del ciego de nacimiento con un elevado nivel de dramatismo e ironía. El drama está dividido en siete escenas. Como en los antiguos dramas griegos hay solamente dos actores o dos grupos de actores en cada escena (Duke 1985.118). Las escenas que forman un quiasma son las siguientes:

A. 1-7	Jesús y el ciego
B. 8-12	El ciego y sus vecinos
C. 13-17	El ciego y los fariseos
D. 18-23	Los fariseos y los padres del ciego
C. 24-34	El ciego y los fariseos
B. 35-38	El ciego y Jesús
A. 39-41	Jesús y los fariseos

Con toda probabilidad, el ciego de nacimiento estaba mendigando en las puertas meridionales de la explanada del templo. A los ciegos, paralíticos y deformes les estaba prohibida la entrada al patio o atrio del pueblo de Israel, pero podían entrar en el atrio de los gentiles y en las puertas exteriores de la explanada (Jeremías 1977.137).

Como otros relatos notables en este evangelio, la historia del mendigo ciego ante la puerta del templo tiene mucho que enseñarnos. En primer lugar, el ciego de nacimiento es un personaje histórico que fue sanado milagrosamente por Jesús en un tiempo y espacio. Según la cronología del ministerio de Jesús que John A.T. Robinson elaboró, Jesús estaba en Jerusalén para la fiesta de los tabernáculos del 12 hasta el 19 de octubre del año 29 d.C. (Robinson 1985.157). En segundo lugar, esta historia nos sirve como un ejemplo de nuestro estado espiritual antes de la renovación del Espíritu Santo.

El ciego de Juan 9 es el único individuo mencionado en los cuatro evangelios que sufría algún mal desde su nacimiento. No se menciona su nombre, ni se refiere a él como cierto hombre como en otros relatos bíblicos. Solamente es llamado hombre ciego ἄνθρωπον τυφλὸν, pero cada uno de nosotros podría sustituir el nombre del ciego por el suyo propio. En un sentido simbólico el ciego de nacimiento soy yo. Todos nosotros nacemos ciegos, sin fe y sin conocimiento del Dios verdadero. San Pablo habla del dios de este siglo que ciega el entendimiento de los que no creen para que "no les resplandezca la luz del evangelio de la gloria de Cristo, el cual es la imagen de Dios" (2 Corintios 4.4). El ciego no busca a Jesús, sino que Jesús viene a buscarlo a él. La oveja, cuando se pierde, no puede encontrar el camino a la casa del padre. El buen pastor tiene que ir a buscar lo que se había perdido. Así, ninguno de nosotros puede buscar a Dios, a menos que Jesús venga a buscarnos primero.

9.2: Y le preguntaron sus discípulos, diciendo: Rabí, ¿quién pecó, éste o sus padres, para que haya nacido ciego? Para los discípulos hay solamente dos posibles respuestas para explicar la ceguera del ciego. La primera respuesta es que el hombre tiene que sufrir las consecuencias de un pecado de sus antepasados. La ley de Moisés afirma: "Yo soy Jehová tu Dios, fuerte, celoso, que visito la maldad de los padres hasta la tercera y cuarta generación de los que me aborrecen" (Éxodo 20.5). El profeta Ezequiel había aclarado que Dios solamente castiga a los hijos cuando siguen en los pecados de sus antepasados (Ezequiel 18.1-32; especialmente versículos 19 y 20). A pesar de la explicación de Ezequiel, muchas personas en el tiempo de Jesús y en nuestro tiempo actual, creen que Dios castiga a los hijos por los pecados de sus antepasados. Una de las lecturas en la sinagoga en el mes de *cheshvan* relata cómo el rey Amasías mató a los siervos que habían dado muerte al rey Joás, su padre: "Pero no mató a los hijos de los que le dieron muerte, conforme a lo que está escrito en el libro de la ley de Moisés, donde Jehová mandó diciendo: No matarán a los padres por los hijos, ni a los hijos por los padres, sino que cada uno morirá por su propio pecado" (2 Reyes 14.6).

Más sorprendente es la insinuación de que el ciego de nacimiento pueda estar sufriendo por su propio pecado. Eso sería posible solamente si el hombre hubiera cometido un pecado en el vientre de su madre o en una vida o reencarnación anterior. Según algunos escritos rabínicos, un niño todavía en el vientre de su madre puede llegar a ser culpable de pecado si su madre acude a adorar a un ídolo en un templo pagano. Otros opinan que los niños ilegítimos pueden nacer con un defecto como consecuencia del pecado de fornicación cometido por los que lo engendraron (Guilding 1960.123).

En el tiempo de Jesús algunos judíos, bajo la influencia del filósofo griego Platón, habían llegado a creer en la preexistencia del alma. Como los mormones de nuestros días, estos judíos creían que antes de la creación del mundo las almas preexistentes vivían en el séptimo cielo o en el Edén esperando el momento cuando pudieran entrar en un cuerpo humano y nacer. Algunas de estas almas eran buenas, pero otras eran malas (Barclay 1974.47). Por eso el autor del libro apócrifo de Sabiduría da gracias a Dios porque le fue dada un alma buena en el día de su nacimiento: "Era yo un muchacho de buen natural, me cupo en suerte un alma buena, o más bien, siendo bueno, vine a un cuerpo incontaminado" (Sabiduría 8.19-20).

El A.T. no enseña nada en cuanto a la doctrina de la reencarnación según la cual las almas pueden volver a reencarnar en otros cuerpos humanos después de la muerte física. Sin embargo, en el tiempo de Jesús, la zona del Mediterráneo estaba inundada de toda clase de creencias religiosas de todas partes del mundo. Es bien posible que algunos de los discípulos hubieran oído algo semejante a la doctrina oriental del karma según la cual el alma de uno tiene que segar en futuras generaciones lo que ha sembrado en reencarnaciones anteriores. Según la doctrina del karma, si una persona vive justamente en esta vida, puede reencarnarse como un comerciante rico, un sabio ilustre o un brahmín. Pero si vive injustamente, tendrá que sufrir las consecuencias de su pecado en futuras reencarnaciones. Podrá renacer como leproso, ciego, paralítico y hasta como gusano o cucaracha.

En las religiones orientales como el hinduismo y el budismo, la doctrina del karma sirve como una justificación del status quo. Si se cree que es la voluntad de los dioses que algunas personas sean pobres, oprimidas o marginadas, entonces sería un pecado cambiar la suerte de los pobres o intentar cambiar el sistema socio-económico para aliviar sus sufrimientos. Hay que dejarlos sufrir lo que el destino ha preparado para ellos. Históricamente, la doctrina del karma ha servido para inculcar el fatalismo y la resignación. Es fácil negar una limosna al ciego con el argumento: Que sufra por sus pecados la suerte que su destino ha determinado para él.

Según la Biblia, no habrá futuras reencarnaciones para nuestras almas. El libro de Hebreos afirma categóricamente "que está establecido para los hombres que mueran una sola vez, y después de esto el juicio" (Hebreos 9.27). La doctrina que enseña el N.T. es muy diferente a la doctrina del karma del hinduismo y de las religiones orientales tan populares en América latina hoy en día. Según las religiones orientales, el hombre tiene que segar en las reencarnaciones futuras lo que ha sembrado en las reencarnaciones pasadas. Según el evangelio de Jesucristo, todos nosotros hemos sembrado el mal y merecemos segar la maldición de Dios. Pero Dios, en su amor, ha enviado a su hijo Jesucristo a nuestro mundo para sembrar la justicia, la verdad y el amor. Sin embargo, al morir por nosotros en la cruz, Jesucristo segó el mal que nosotros hemos sembrado. Por eso, Jesús mismo fue sembrado en la tierra. Pero Dios lo resucitó al tercer día para que pudiéramos segar bendición: perdón y vida. Por su espíritu, segamos todo lo que Jesús ha sembrado. El evangelio no conduce al fatalismo ni a la aceptación ciega de nuestra suerte. El evangelio, más bien, nos impulsa a luchar para cambiar y transformar todo sistema injusto que produzca opresión, sufrimiento y marginalidad. La ley oriental del karma es mala noticia, pero el mensaje de la cruz es buena nueva.

Muchas veces lo que está oculto detrás de las preguntas, como la de los discípulos, es el deseo de negar nuestra responsabilidad por el bienestar del prójimo y de la sociedad. Si es la voluntad de las estrellas, o de Dios, o de la ley del karma que las cosas y las personas sean así como son, entonces no hay nada que podamos hacer para cambiarlas. Tenemos que aceptar el sistema, la ley del karma y la injusticia que reina en el mundo como nuestro destino. Como resultado, en vez de luchar en pro del reino de Dios, nos conformamos al reino de este mundo.

Al llamar a Jesús rabí, los discípulos le están dando al Señor un título que ostentaban los escribas del pueblo de Israel. Para ser llamado rabí, un *talmid* o estudiante, debía haber cumplido un ciclo de estudios de varios años con un rabino reconocido, así como lo hizo Saulo de Tarso con el gran rabino Gamaliel. "Cuando había llegado a dominar toda la materia tradicional y el método de la halaká, hasta el punto de estar capacitado para tomar decisiones en cuestiones de legislación religiosa y de derecho penal, era 'doctor no ordenado' (*talmid hakam*). Pero sólo cuando había alcanzado la edad canónica para la ordenación, fijada en 40 años... podía ser recibido, por la ordenación, en la corporación de escribas." Entonces tenía el derecho de ser llamado rabí (Jeremías 1977.251-252). El hecho de que Jesús fuera llamado rabí por sus discípulos, sin haber sido ordenado como rabino, indica que ellos reconocían que Jesús poseía una autoridad y una ordenación que estaba por encima de la autoridad y la ordenación rabínica de los escribas.

9.3: Respondió Jesús: No es que pecó éste, ni sus padres, sino para que las obras de Dios se manifiesten en él. ¡Qué bellas palabras de vida son éstas! Durante mi ministerio muchas personas espiritualmente débiles han venido a mí a preguntarme: "¿Pastor, por cuál pecado me está castigando Dios con esta enfermedad... o por qué no puedo dar a luz... o por qué he nacido así?" Muchas personas en nuestras comunidades y congregaciones sufren dudas, depresiones y trastornos mentales porque creen que Dios los odia, rechaza y castiga ya que sufren una enfermedad, un problema familiar, una tragedia personal o una deformidad física. Con frecuencia nuestro viejo Adán, como los discípulos de Jesús y los amigos de Job, cree que todo lo que sufrimos en vida es consecuencia de la ira de Dios debido a una falta nuestra o de nuestros progenitores.

Jesús, en cambio, declara que el hombre nació ciego porque Dios tiene un plan para su vida. Su existencia tiene un propósito. Nadie le había hablado antes de esta manera. Hay esperanza para él y para todos los que aparentemente son pura pérdida o casos perdidos. Cuando uno llega a creer que la vida no tiene propósito o que uno es un caso perdido, entonces está tentado a suicidarse. Puede suicidarse de un solo golpe o poco a poco por medio del alcohol o las drogas. Pero necesitamos llamar a todo el que ha llegado a creer que su vida no tiene significado o propósito, a que abra su Biblia y lea las palabras de Jesús en este versículo: Éste ha nacido "para que las obras de Dios se manifiesten en él." Su aflicción, como la enfermedad de Lázaro en Juan 11.4, es para la gloria de Dios.

En Juan 9.3 tenemos un buen antídoto contra el fatalismo de nuestra cultura latinoamericana. Jesús ha venido a librarnos de la resignación a un destino inalterable, inmutable e implacable. En los tiempos del N.T., los estoicos creían que todo lo que sucede en el mundo estaba predeterminado por el destino y la posición de las estrellas y los planetas. Los estoicos enseñaban que los seres humanos no podían cambiar su destino, por eso les tocaba aceptar el destino que había sido determinado para ellos. Otras personas, sin embargo, acudían a la magia y a las religiones de misterio en un intento de cambiar su suerte. Para muchos, en los tiempos de San Juan y San Pablo, la magia era una técnica empleada para influir a los espíritus astrales que controlan el destino de los seres humanos. Pablo menciona estos espíritus astrales en Efesios 6.12. En mi ministerio en América latina he conocido a muchos supuestos cristianos que en momentos de crisis y enfermedad han buscado cambiar su suerte con prácticas mágicas e invocando a María Lionza, al negro Felipe, al indio Guaicaipuro y a las deidades africanas de la santería cubana o brasileña.

En la ciudad de Efeso, donde Juan escribió su evangelio, no existía la santería cubana o el culto a María Lionza, pero sí existía el culto a la diosa Artemisa, también conocida como Diana de los efesios. Muchos de los creyentes en Efeso y Asia Menor habían sido devotos de Artemisa antes de su conversión a Cristo. Para algunos de ellos siempre existía la tentación de volver a buscar la ayuda de Artemisa en tiempos de crisis. Artemisa era considerada una diosa que tenía poder y autoridad sobre las estrellas y los espíritus astrales. Una bellísima imagen de mármol de Artemisa del siglo II d.C. tiene alrededor de su cuello una cadena con los doce signos del zodíaco. De esta manera el escultor quería dar a entender a los devotos de Diana que ella tenía poder para alterar el destino o la suerte de sus adoradores (Arnold 1992.50-51). Ésta fue una de las causas por la cual los habitantes de Asia Menor elevaron a Diana de los efesios a patrona de toda Asia. Pero la manera en que el autor del cuarto evangelio relata la historia de Jesús, nos hace ver que el único que conoce el plan de Dios para nuestras vidas es el Hijo de Dios y el Hijo del Hombre: nuestro Señor Jesucristo. A él, y sólo a él, debemos acudir en nuestra debilidad y necesidad. Los practicantes de la magia y los espíritus del ocultismo solamente nos llevarán a la destrucción, pero Jesús ha venido para que las obras de Dios se manifiesten en nosotros.

9.4-5: Me es necesario hacer las obras del que me envió, entre tanto que el día dura; la noche viene, cuando nadie puede trabajar. Entre tanto que estoy en el mundo, luz soy del mundo. Jesús habla a sus discípulos de la necesidad que tiene de trabajar aunque sea día de reposo. Jesús tiene que trabajar hasta la hora de su muerte, la cual es el verdadero sábado de Dios (Duke 1985.77). Por medio de su muerte y resurrección Jesús dará el verdadero descanso a su pueblo. En Jesús el día de reposo encontrará su cumplimiento. La curación del ciego será una señal del verdadero cumplimiento del sábado aunque los fariseos acusarán a Jesús de no guardar el día de reposo, v.16. Jesús tiene que aprovechar el tiempo que tiene disponible para hacer la voluntad del Padre en el mundo. Nosotros, como seguidores de Jesús, también somos llamados a aprovechar las oportunidades que el Padre nos da para proclamar su Palabra y hacer el bien. Hay millones de personas espiritualmente ciegas que necesitan que les prediquemos a Cristo a fin de que sus ojos sean abiertos. Hay que aprovechar cada oportunidad de tocar con el evangelio los ojos y los corazones de los que están espiritualmente ciegos. El tiempo es corto, pronto vendrá la noche cuando nadie puede trabajar.

9.6: Dicho esto, escupió en tierra, e hizo lodo con la saliva, y untó con el lodo los ojos del ciego. ¿Por qué hizo Jesús lodo con su saliva en vez de sanar al ciego tocándolo con la mano o con la autoridad de su Palabra? Juan Calvino creyó que fue para hacer al ciego más ciego todavía con el fin de magnificar la grandeza de la curación (Carson 1991.364). Ireneo y otros padres de la iglesia primitiva creyeron que aquí Jesús se manifiesta como el Creador que en Génesis 2.7 hizo al primer hombre del polvo de la tierra. Con el mismo polvo de la tierra, Jesús completa lo que faltaba en este ciego de nacimiento (Léon-Dufour 1992.277-278). Otros intérpretes señalan que en el mundo grecorromano se creía que la saliva tenía propiedades curativas o mágicas. El historiador romano Tácito relata que una vez el emperador Vespasiano sanó con su saliva a un ciego (Hoskyns 1947.354). En una de sus obras, Plinio menciona que la saliva tiene grandes propiedades defensivas y curativas. Sirve como defensa contra el veneno de las serpientes, la epilepsia, las manchas de lepra, las verrugas y el mal de ojo (Barclay 1974.51-52).

Por estar en contra de prácticas mágicas, algunos rabinos prohibieron el uso de la saliva en las curaciones. Pero debemos señalar que el ciego se sanó, no con la aplicación de la saliva o el lodo, sino cuando, confiando en la palabra de Jesús, se lavó en el estanque de Siloé.

9.7: Y le dijo: Vé a lavarte en el estanque de Siloé (que traducido es, Enviado). Fue entonces, y se lavó, y regresó viendo. El estanque o piscina de Siloé a donde fue enviado el ciego, era el único gran depósito de agua en la ciudad santa. Está situado al sudoeste de la ciudad vieja de Jerusalén, a la salida del gran túnel que construyó el rey Ezequías para traer agua hasta Jerusalén desde las corrientes de Gihón y la fuente de la Virgen en el valle de Cedrón (2 Crónicas 32.30).

Este túnel de 532 metros de largo fue construido por Ezequías en el año 740 a.C. cuando se dio cuenta de que el rey asirio Senaquerib intentaba invadir Palestina. Para que la ciudad tuviera agua en abundancia en caso de sitio se cortó la roca para formar el túnel, en una muestra de gran habilidad de ingeniería. El túnel fue redescubierto en el año 1880 y es una de las atracciones turísticas de Jerusalén hoy en día. Como hemos mencionado en el capítulo 7 que durante las celebraciones de la fiesta de los tabernáculos, cada día solía salir del templo una procesión solemne encabezada por sacerdotes y levitas para buscar agua del estanque de Siloé. Entre cánticos de júbilo, el agua que un sacerdote sacaba de la piscina en un jarrón de plata, era llevada al templo para ser derramada sobre el altar en agradecimiento a Dios por el don del agua, y por el don milagroso del agua que salió de la roca de Horeb en el tiempo de Moisés.

Para los judíos la palabra Siloé tenía un significado mesiánico. En la profecía que pronunció el moribundo Jacob a su hijo Judá, Siloé o Siloh parece ser el título del futuro rey o Mesías del pueblo de Israel. "No será quitado el cetro de Judá, ni el legislador de entre sus pies, hasta que venga Siloh; y a él se congregarán los pueblos" (Génesis 49.10).

Jesús no dice simplemente al ciego que sus ojos sean abiertos, como bien podría haber hecho, sino que lo envía a lavarse en un manantial que se llama Siloé, que traducido quiere decir enviado. Jesús hace esto para subrayar que si queremos salir de las tinieblas a la luz de Dios, necesitamos ser lavados en las aguas del Bautismo, lavados en aquel que se llama Siloé o enviado, pues Jesús es el verdadero enviado del Padre. Jesús es el que ha sido enviado para ser la luz del mundo, la luz de nuestra vida.

Las palabras de Jesús al ciego: Vé a lavarte, son las mismas palabras con las que el profeta Eliseo mandó a Naamán a bañarse en el río Jordán en 2 Reyes 5. Guilding nos recuerda que la historia de la curación milagrosa de Naamán era otra de las lecturas utilizadas en las sinagogas durante el mes de *cheshvan*, o sea, el mes después de la fiesta de los tabernáculos, cuando Guilding cree que ocurrió la señal del ciego. Los padres de la iglesia antigua con regularidad interpretaban, tanto la curación del ciego, como la curación de Naamán, como símbolos del bautismo cristiano (Guilding 1960.124). El Bautismo nos trae a nosotros, que hemos nacido ciegos, la iluminación y el conocimiento de Dios y de su Hijo. En la epístola a los Hebreos la iluminación (φωτισμός en griego) es un sinónimo de bautismo (Hebreos 6.4; 10.32).

9.8-9: Entonces los vecinos, y los que antes le habían visto que era ciego, decían: ¿No es éste el que se sentaba y mendigaba? Unos decían: El es; y otros: A él se parece. El decía: Yo soy. Aquí, por primera vez, llegamos a saber que el ciego de nacimiento era también mendigo. Esto no es inusual puesto que en los tiempos de Jesús no existían instituciones sociales para cuidar de los ciegos, sordos, mudos y paralíticos. Era necesario mendigar para tener para comer. Nuevamente vemos a Jesús en compañía de las personas más marginadas y despreciadas de la sociedad. La presencia de Jesús entre ellos es una proclamación viva del amor de Dios para los que eran rechazados como pecadores e ignorantes por los otros grupos religiosos.

Las preguntas hechas al ex-ciego sirven para confirmar la señal que ha ocurrido. Los vecinos del ex-ciego se dan cuenta de la señal, pero no de su significado. El ciego de nacimiento tampoco sabe quién es Jesús. No está en posición, todavía, de confesar su fe. Lo único que puede confesar es: "Yo soy." La fórmula: yo soy, ocurre una y otra vez en el cuarto evangelio para señalar quien, en verdad, es Jesús, pero en este versículo la fórmula es utilizada para señalar quién es el ex-ciego. Y el confiesa: "Yo soy el que nació ciego. Yo soy el que fue sanado por Jesús." Como el ex-ciego, cada uno de nosotros también puede confesar: "Yo soy el que nació ciego, sin fe y sin luz en mi vida. Yo soy el que fui sanado de mi incredulidad y de mi pecado por Jesús, quien me untó los ojos de la fe con las aguas del Bautismo, me dio la luz de la fe y me purificó completamente." El ciego de nacimiento realmente es un nuevo hombre; los vecinos casi no le reconocen. Así es la persona que ha nacido de nuevo, es una nueva criatura, cambiada por la Palabra y el Espíritu del Dios vivo. Toda persona bautizada en el nombre de Cristo se ha revestido de Cristo y puede decir con Pablo: "Ya no vivo yo, mas vive Cristo en mí; y lo que ahora vivo en la carne, lo vivo en la fe del Hijo de Dios, el cual me amó y se entregó a sí mismo por mí" (Gálatas 2.20).

El evangelio de Juan no solamente nos enseña la necesidad de confesar a Jesús, sino también de confesar quiénes somos nosotros. El ex-ciego confesó que era un mendigo, un miembro del *am-ha-aretz*, un marginado, una persona sin importancia en el pueblo. La mujer samaritana también tenía que llegar al reconocimiento de quién era ella. Tenía que admitir: "Yo soy la mujer que ha tenido cinco maridos, la mujer que está viviendo en fornicación, la mujer que necesita llevar ante Dios un sacrificio de reconciliación, la mujer que tiene sed de agua viva, la mujer que necesita un salvador." Nuestra lectura del cuarto evangelio nos llama, no solamente a confesar a Jesús como el gran *Yo soy*, sino que me llama también a mí a confesar quién soy yo. La gran tragedia de los fariseos en el cuarto evangelio es que nunca llegaron a confesar quiénes eran ellos. Nunca pudieron llegar a admitir su pobreza espiritual, su pecado, su necesidad de agua viva y su necesidad de luz. Por no poder, o no querer confesar quiénes eran, tampoco pudieron llegar a confesar a Jesús.

9.10-12: Y le dijeron: ¿Cómo te fueron abiertos los ojos? Respondió él y dijo: Aquel hombre que se llama Jesús hizo lodo, me untó los ojos, y me dijo: Vé al Siloé, y lávate; y fui, y me lavé, y recibí la vista. Entonces le dijeron: ¿Dónde está él? El dijo: No sé. Es interesante notar que *no sé* es la traducción del griego οὐκ οἶδα y no de οὐκ γινώσκω. La palabra οἶδα está relacionada con la palabra εἶδος (la palabra griega para ver). Paul Duke cree que se usa esta palabra para enfatizar que el ciego ha llegado a ver claramente con sus ojos físicos pero todavía le falta desarrollar su visión espiritual (Duke 1985.119). En los versículos siguientes veremos cómo se aclara más y más la visión espiritual del ciego, hasta que por fin llega a confesar públicamente a Jesús como el Hijo de Dios. Lo irónico de este proceso es que los fariseos con sus preguntas son los instrumentos que Dios usa para abrir más y más los ojos de fe del ciego.

9.13-14: Llevaron ante los fariseos al que había sido ciego. Y era día de reposo cuando Jesús había hecho el lodo, y le había abierto los ojos. Según la ley oral de los fariseos es una transgresión de la ley de Dios practicar la medicina en día de reposo, a menos que sea una cuestión de vida y muerte. Cuando la vida de uno corría serio peligro, el médico tenía permiso de impedir que la condición del enfermo empeorara, pero le era prohibido sanar al enfermo. Por ejemplo, estaba prohibido curar una pierna o un brazo rotos o aún echar agua fría a un hueso roto en el día de reposo. Todo esto tenía que esperar hasta el próximo día (Barclay 1974.54).

Jesús pecó ante los ojos de los fariseos, no solamente porque curó al enfermo en un día sábado, sino también porque utilizó saliva en su curación. Los escribas habían declarado que estaba prohibido poner saliva sobre los párpados de una persona en el día de reposo. Además, el hecho de que Jesús hiciera lodo constituyó otra infracción de la ley, puesto que la ley estipula que no se puede amasar en el día de reposo.

9.15-16: Volvieron, pues, a preguntarle también los fariseos cómo había recibido la vista. El les dijo: Me puso lodo sobre los ojos, y me lavé, y veo. Entonces algunos de los fariseos decían: Ese hombre no procede de Dios, porque no guarda el día de reposo. Otros decían: ¿Cómo puede un hombre pecador hacer estas señales? Y había disensión entre ellos. El testimonio del ciego de nacimiento sirve para provocar una división entre los fariseos. Ha ocurrido un gran milagro, pero el milagro no ha producido la fe en todos los que escuchan el testimonio ex ciego. Los milagros nunca producen fe automáticamente; lo que hacen, es llamar a los que presencian los milagros a tomar una decisión de fe. Pero tal decisión debe basarse, no solamente en el milagro mismo, sino en nuestra evaluación del milagro en base a las Escrituras. El milagro necesita ser interpretado en base a la palabra de Dios. No todos los que producen milagros vienen de parte de Dios. No solamente Moisés, sino también los hechiceros del faraón hicieron que sus bastones se volvieran culebras (Éxodo 7.12). Jesús mismo nos advirtió que falsos cristos y falsos profetas vendrán haciendo grandes señales y prodigios, de tal manera que engañarán, si fuere posible, aun a los escogidos (Mateo 24.24). El error de los fariseos que rechazaron a Jesús no fue que intentaran evaluar el milagro a la luz de las Escrituras, sino que lo interpretaran mal. Su error estribó en que consideraron la curación del ciego como una violación del día de reposo. En realidad, la señal de la curación del ciego revela que en Jesús se cumple todo lo que esperaba y anticipaba el sábado judío. El día sábado daba un reposo parcial y pasajero, pero Jesús da el reposo definitivo y verdadero.

No todos los seguidores de Cristo han recibido el don de ser apóstol, misionero, pastor o evangelista, pero podemos afirmar que cada seguidor de Cristo puede ser su testigo. La historia del ciego de nacimiento nos ayuda a entender lo que hace un testigo. El testigo simplemente da testimonio de lo que Jesús ha hecho en su vida. Para ser testigo de Jesús no se necesita discutir sobre filosofía o doctrinas difíciles de entender. El testigo solamente necesita contar las bendiciones que ha recibido del Señor Jesucristo. Ningún teólogo, filósofo o fariseo puede negar la realidad de las bendiciones que hemos recibido de Cristo.

Hay un canto que se basa en la historia del ciego que se puede usar, no solamente como un resumen de Juan 9, sino también para celebrar que también nosotros somos testigos del milagro que Cristo ha obrado en nuestras vidas, al abrirnos los ojos de la fe, para que veamos que Jesús es nuestro Salvador:

Yo soy testigo del poder de Dios.
Muchas señales él me dado a mí.
Yo era ciego, ahora veo luz,
la luz gloriosa que me dio Jesús.

Nunca, nunca, nunca me ha dejado,
Nunca, nunca me ha desamparado.
En la hora oscura, en el día de prueba.
Jesucristo nunca me desamparará,
Jesucristo nunca me desamparará.

9.17: Entonces volvieron a decirle al ciego: ¿Qué dices tú del que te abrió los ojos? Y él dijo: Que es profeta. Aquí tenemos la primera confesión de fe del ex ciego. No es una confesión completa, pero reconoce que Jesús tiene que ser un profeta o tal vez el gran profeta mesiánico profetizado por Moisés en Deuteronomio 18.15 que esperaban tanto judíos como samaritanos. Un poco más tarde dará una confesión más completa y adecuada. Pero ya vemos que se están abriendo los ojos espirituales del ex ciego y comienza a ver la verdad. Cada vez se mueve más y más hacia la luz. En el A.T. los grandes profetas demostraron que eran auténticos mensajeros de Dios mediante las señales y maravillas que efectuaron. Así, el faraón y sus consejeros tuvieron que reconocer que Moisés era profeta (Éxodo 4.1-17) y Acab y sus servidores tuvieron que reconocer que Elías era profeta (1 Reyes 18).

9.18-19: Pero los judíos no creían que él había sido ciego, y que había recibido la vista, hasta que llamaron a los padres del que había recibido la vista, y les preguntaron, diciendo: ¿Es éste vuestro hijo, el que vosotros decís que nació ciego? ¿Cómo, pues, ve ahora? Habiendo fracasado en su intento de usar al ciego como testigo contra Jesús o de encontrar una contradicción en el testimonio del que había sido ciego, los fariseos ahora buscan desacreditar al ex ciego y su testimonio. Van a los padres del hombre para interrogarlos y averiguar si en realidad había nacido ciego. Sospechaban que el hombre no era realmente ciego de nacimiento. Creían que se había puesto de acuerdo con Jesús para engañar al pueblo. Si podían comprobar esto, tendrían la evidencia necesaria para condenar y ejecutar a Jesús como un falso profeta según lo dicho en Deuteronomio 18.20. En Deuteronomio 13.1-5 Moisés alerta a los hijos de Israel a tener cuidado de los falsos profetas que hacen señales o prodigios para llevar al pueblo a adorar a dioses ajenos. Moisés declara: "Tal profeta o soñador de sueños ha de ser muerto, por cuanto aconsejó rebelión contra Jehová vuestro Dios" (Deuteronomio 13.5).

Las preguntas de los fariseos son solamente dos: 1- ¿Es éste vuestro hijo y es verdad que nació ciego? 2- ¿Cómo, pues, ve ahora? Se puede notar que los fariseos están llevando a cabo una verdadera inquisición. No quieren entrar en diálogo. No están interesados en escuchar el testimonio del ex ciego, sino solamente en buscar una evidencia que puedan usar contra Jesús.

9.20-23: Sus padres respondieron y les dijeron: Sabemos que éste es nuestro hijo, y que nació ciego; pero cómo vea ahora, no lo sabemos; o quién le haya abierto los ojos, nosotros tampoco lo sabemos; edad tiene, preguntadle a él; él hablará por sí mismo. Esto dijeron sus padres, porque tenían miedo de los judíos, por cuanto los judíos ya habían acordado que si alguno confesase que Jesús era el Mesías, fuera expulsado de la sinagoga. Por eso dijeron sus padres: Edad tiene, preguntadle a él. Naturalmente, los padres del hombre sanado tienen que haber quedado asombrados y llenos de alegría con lo que ha pasado con su hijo. En sus corazones ellos reconocen que Jesús es un gran profeta, pero no lo confiesan públicamente porque se dan cuenta de la hostilidad de los líderes de la sinagoga en contra de Jesús.

Los padres del que había recibido la vista no quieren hacer nada para perjudicar a su hijo, pero tampoco quieren tener problemas con los líderes de su sinagoga. Temían ser expulsados de la congregación. De acuerdo con Esdras 10.8, una persona excluida de la congregación no solamente queda fuera de la sinagoga y del templo, sino que también pierde toda su hacienda. Por eso los padres del ciego piden a los fariseos que vuelvan a interrogar a su hijo, pues es mayor de edad y puede dar un testimonio legal ante la asamblea. Según los rabinos, un niño llega a ser mayor de edad a los trece años y un día (Léon-Dufour 1992.272). Al pintar a los padres del ciego con colores tan vacilantes, el autor del evangelio tiene en mente a los muchos judíos de su tiempo que simpatizaban con Jesús y su evangelio, pero que no tenían el valor de confesarlo públicamente. El que no está dispuesto de tomar su cruz y seguir a Jesús no es digno del reino. Al reportar la vacilación de los padres y la valentía del ex ciego, el evangelista está llamando a sus lectores a seguir el ejemplo del ex ciego y confesar a Jesús, pase lo que pase.

Jesús, en numerosas oportunidades, había advertido a sus discípulos de las consecuencias que les podrían sobrevenir por confesarlo públicamente, como por ejemplo, ser expulsados de la sinagoga: "Bienaventurados seréis cuando los hombres os aborrezcan, y cuando os aparten de sí, y os vituperen, y desechen vuestro nombre como malo, por causa del Hijo del Hombre" (Lucas 6.22). El apóstol San Pablo sabía en carne propia lo que significaba ser expulsado de la sinagoga (Hechos 13.50). Pero ser expulsado de la sinagoga por confesar el nombre de Jesús es preferible a tener que ser expulsado del reino de Dios por negarlo delante de los hombres: "Os digo que todo aquel que me confesare delante de los hombres, también el Hijo de Dios le confesará delante de los ángeles de Dios; mas el que me negare delante de los hombres, será negado delante de los ángeles de Dios" (Lucas 12.8-9).

Entre los judíos existían dos clases de excomunión de la sinagoga: la excomunión plena y la excomunión menor. La excomunión plena era para herejes, apóstatas y enemigos peligrosos de la fe. La excomunión menor era una excomunión disciplinaria que buscaba el arrepentimiento y la reintegración del individuo a la comunidad. La excomunión plena se hacía para proteger a la comunidad de la influencia perversa del excomulgado. Esta maldición era para toda la vida. Se maldecía al hereje frente a toda la congregación (Barclay 1974.57). Quedaba prohibido todo trato personal y social con tales personas.

Al final de cuentas, los padres del ex ciego actúan de tal forma que ni defienden ni protegen a su hijo. En cierto sentido, han dejado de ser padres del ex ciego. El hombre ya no es hijo de ellos; es hijo de Dios. Es uno de los que habla el evangelista en Juan 1.12-13 cuando declara: "Mas a todos los que le recibieron, a los que creen en su nombre, les dio potestad de ser hechos hijos de Dios; los cuales no son engendrados de sangre, ni de voluntad de carne, ni de voluntad de varón, sino de Dios" (Alfaro 1990.132).

9.24-25: Entonces volvieron a llamar al hombre que había sido ciego, y le dijeron: Da gloria a Dios; nosotros sabemos que ese hombre es pecador. Entonces él respondió y dijo; Si es pecador, no lo sé; una cosa sé, que habiendo yo sido ciego, ahora veo. La expresión "da gloria a Dios" indica que el ex ciego debe confesar su pecado por haber confesado que Jesús era el Mesías. En el A.T. un pecador daba gloria a Dios cuando admitía su pecado y no trataba de justificarse. El pecador también daba gloria a Dios cuando se sujetaba al castigo que merecían sus pecados. En el libro de Josué, Acán había tomado para sí mismo un lingote de oro, doscientos siclos de plata y una túnica babilónica de la ciudad de Jericó. Por ese pecado los israelitas fueron derrotados cuando atacaron la ciudad de Hai. Enfrentándose a Acán, Josué le declara: "Da gloria a Jehová el Dios de Israel y dale alabanza, y declárame ahora lo que has hecho" (Josué 7.19). Dios es glorificado cuando los pecadores confiesan sus pecados. Así, al pedir al ciego que dé gloria a Dios, los fariseos nos dan a entender que ya lo consideran culpable de excomunión.

Lo irónico de la situación es que el ex ciego realmente está dando gloria a Dios con su confesión de Cristo. Los verdaderos pecadores son los que se rehúsan a creer en el Hijo del Hombre. Los fariseos acusan a Jesús porque no ha guardado la ley del sábado, pero no se dan cuenta que Jesús es aquel en quien el día de reposo halla su perfecto cumplimiento. A la luz de la venida del *Logos* al mundo, el gran pecado no es descuidar el sábado, sino no creer en Jesús (Duke 1985.78).

9.26-28: Le volvieron a decir: ¿Qué te hizo? ¿Cómo te abrió los ojos? El les respondió: Ya os lo he dicho, y no habéis querido oír; ¿por qué lo queréis oír otra vez? ¿Queréis también vosotros haceros sus discípulos? Y le injuriaron, y dijeron: Tú eres su discípulo; pero nosotros, discípulos de Moisés somos. Los fariseos rechazan enérgicamente la sugerencia de que quizás ellos mismos se sientan atraídos a Jesús. Sin embargo, sabemos que algunos de ellos, como Nicodemo, creían secretamente en el Hijo del Hombre. El hecho de que los fariseos reaccionen de esa manera puede ser una indicación de que ellos se den cuenta quién es Jesús. En sus corazones saben que el ciego está diciendo la verdad, pero no lo pueden admitir públicamente. Al principio los fariseos creyeron que el hombre sanado realmente no había sido ciego. Sospechaban que todo había sido una confabulación entre Jesús y el hombre. Pero después de la interrogación del hombre y de sus padres se dan cuenta que realmente se ha realizado un gran milagro, pero no quieren admitir que estaban equivocados.

Lo que pasa es que los fariseos están luchando contra el testimonio del Espíritu Santo en sus corazones; se están oponiendo a lo que saben es la verdad. Y este es su pecado: conocer la verdad y no confesarla. Los fariseos ostentan ser discípulos de Moisés pero no reconocen al profeta de quien Moisés escribió. No confiesan a quien Moisés confesó y por eso tampoco son discípulos de Moisés.

9.29-30: Nosotros sabemos que Dios ha hablado a Moisés; pero respecto a ése, no sabemos de dónde sea. Respondió el hombre, y les dijo: Pues esto es lo maravilloso, que vosotros no sepáis de dónde sea, y a mí me abrió los ojos. Los fariseos basan su legitimidad en la autoridad de Moisés pero cuestionan la legitimidad de Jesús y la autoridad con la que enseña y actúa. El ex ciego con su respuesta a los fariseos indica que la grandeza del milagro hecho por Jesús es una demostración clara de su autoridad divina. Es Dios mismo que ha autorizado a Jesús a enseñar y obrar maravillas (Schnelle 1992.122). El ex ciego se está volviendo cada vez más audaz y valiente en su testimonio a favor de Jesús. Se queda maravillado ante la incredulidad de los líderes religiosos del pueblo. ¿Cómo es posible que los supuestos hombres de fe sean tan incrédulos? Ésta es también la pregunta que hace el evangelista ante la incredulidad de las autoridades sinagogales de su día.

El ex ciego se maravilla de que los líderes religiosos del pueblo hayan visto la señal hecha por Jesús pero no captan el significado de la misma. En Éxodo 7-12 Moisés realiza 10 señales para convencer al faraón y a los egipcios de que él ha sido autorizado por Dios para liberar al pueblo hebreo. En vez de captar el significado de las señales y creer en la palabra de Moisés, el faraón endureció su corazón y no escuchó. Las señales de Jesús indican que él es el enviado y comisionado por Dios para ser la luz del mundo y liberar a los que viven en tinieblas y oscuridad. Los líderes de la sinagoga, igual que los egipcios, endurecen sus corazones ante las señales divinas y rehúsan creer en aquel hacia quien apuntan todas las señales. La incredulidad de los fariseos no es el producto de una falla en las señales, sino de su dureza de corazón (Johns 1994.527). Los que se jactan de ser discípulos de Moisés son en realidad discípulos del faraón. Por eso el mismo Moisés será su acusador (Juan 5.45).

9.31: Y sabemos que Dios no oye a los pecadores; pero si alguno es temeroso de Dios, y hace su voluntad, a ése oye. Según la definición dogmática de los fariseos en cuanto a pecado, Jesús es un pecador y por eso no puede obrar una señal divina. Si ha ocurrido un milagro tiene que haber sido por el poder del diablo. Esa es la conclusión a la que llegaron los fariseos en Lucas 11.14-23. En vez de revisar sus definiciones dogmáticas a raíz de la evidencia y del testimonio del ex ciego, los fariseos niegan las evidencias y los testimonios en base a sus definiciones dogmáticas. Al decir: "Dios no oye a los pecadores", el ex ciego estaba expresando una doctrina con la que concordaban todos los fariseos.

El Dios de quien habla el A.T. no es como los espíritus venerados por la santería cubana, el vudú haitiano, la macumba brasileña y el culto a María Lionza en Venezuela. El Dios verdadero no hace caso a los que le invocan para ayudarles a realizar fechorías, maldiciones o trabajos en perjuicio de otros. La mayoría de los espíritus reverenciados en las religiones populares no son morales ni inmorales sino amorales. Sus poderes se pueden buscar para hacer tanto el bien como el mal, así como la electricidad o el poder atómico pueden ser utilizados para bien o para mal. El Dios de la Biblia, sin embargo, no atiende a los ruegos de los que lo buscan para el mal. "Gritarán a mis oídos con gran voz, y no los oiré" (Ezequiel 8.18). Si Jesús hubiera sido un malvado, Dios Padre no le hubiera ayudado a sanar al ciego. La sanidad del ciego debía ser, para los fariseos, una señal de que Jesús era un hombre justo y un verdadero profeta de Dios. Proverbios 15.29 declara: "Jehová está lejos de los impíos; pero él oye la oración de los justos."

9.32-33: Desde el principio no se ha oído decir que alguno abriese los ojos a uno que nació ciego. Si éste no viniera de Dios, nada podría hacer. Aunque en el A.T. se pueden encontrar milagros donde se restaura la visión a personas que habían perdido la vista que una vez habían tenido, no hay ningún relato donde se sane a un ciego de nacimiento. Sin embargo, existía la esperanza de que en los tiempos mesiánicos los ciegos recibieran la vista. Isaías profetizó: "En aquel tiempo los sordos oirán las palabras del libro, y los ojos de los ciegos verán en medio de la oscuridad y de las tinieblas" (Isaías 29.18). Véase también Isaías 35.5 y 42.7. La versión de Isaías 61 en la Septuaginta contiene otra lección que proclama la apertura de los ojos a los ciegos. Esta lección se leía en las sinagogas al final del mes de *tishri* (el mes en que ocurre la fiesta de los tabernáculos) o al comienzo de *cheshvan*.

En los versículos 32-33 el ex ciego profesa su fe frente a los profesores del pueblo de Israel. Llega a ser un verdadero profesor porque confiesa a Cristo. Hoy en día hay muchos que llevan el título de profesor pero ignoran la verdad más importante de la vida, pues no conocen a Cristo. El ex ciego aquí se ha convertido en el profesor de los profesores ciegos. En medio de una multitud de supuestos sabios que siguen profesando su incredulidad, brilla el testimonio del hombre nacido ciego. Aquí podemos ver cómo la luz que entró en el mundo con la venida de Jesucristo sigue resplandeciendo en las tinieblas (Juan 1.5). La luz sigue alumbrando por medio del testimonio de uno que ha sido tocado por Jesús.

9.34: Respondieron y le dijeron: Tú naciste del todo en pecado, ¿y nos enseñas a nosotros? Y le expulsaron. El hecho de que un pobre mendigo se atreva a dar lecciones sobre la fe a doctores de la ley enfurece a los fariseos y en su furia lo expulsan de la sinagoga. Lo consideran un hereje y no aceptan que naciera ciego para que las obras de Dios se manifestasen en él. Lo condenan como uno que ha nacido en pecado. Es bien sabido que pocos seguidores de Jesús fueron expulsados de la sinagoga durante el tiempo de su ministerio público en Israel. Después de la resurrección de Jesús muchos de sus discípulos siguieron adorando en el templo y en sus sinagogas locales. El hecho de que creyeran que Jesús era el Mesías todavía no era causa suficiente para merecer su excomunión y expulsión. Se sabe que en el tiempo del concilio de Jamnia (alrededor de 85-90 d.C.) el fariseo Samuel el Pequeño hizo una alteración en la liturgia de la sinagoga, insertando un cambio en la duodécima bendición de la oración de las 18 bendiciones. El cambio consistió en una maldición sobre los herejes llamada *birkat-ha-minim*. La maldición pide que perezcan en un momento los *minim* o herejes y los nazarenos (los seguidores de Jesús) y que sean borrados del libro de la vida. Este cambio ha llevado al intérprete moderno J. Louis Martyn a creer que la maldición fue añadida a la liturgia sinagogal específicamente para obligar a los seguidores de Jesús a abandonar la sinagoga. En opinión de Martyn, ningún seguidor de Cristo podía participar en la recitación de las 18 bendiciones y de ese modo pronunciar una maldición sobre sí mismo.

Hubiera tenido que abandonar la sinagoga y así auto-excomulgarse. En base a su reconstrucción de la historia de Jamnia, Martyn ha formulado la tesis de que Juan 9 fue escrito en dos niveles diferentes.

Según Martyn, Juan 9 y también otras partes del evangelio, relatan a la vez la historia del ciego y la historia de la comunidad cristiana a la que pertenecían el autor del cuarto evangelio y sus discípulos. Martyn cree que el evangelista a propósito escribió la historia del ciego a dos niveles para relatar algo que sucedió en el tiempo de Cristo y algo que sucedió a fines del primer siglo d.C. En otras palabras, el ciego representa a los creyentes que, al final del primer siglo, fueron expulsados de la sinagoga u obligados a abandonarla por los cambios en la liturgia. Lo que, según Martyn, llevó a los fariseos a buscar la expulsión de los discípulos de la sinagoga no fue la doctrina de Jesús como el Mesías, sino la idea de que Jesús era divino. Cuando los creyentes salieron de la sinagoga como consecuencia de la *birkat-ha-minim*, nació la comunidad de creyentes a la cual se dirige el evangelio de Juan. Sin embargo, algunas personas, por miedo, no abandonaron la sinagoga. Martyn postula que Juan 9 fue escrito para llamar a estos creyentes secretos o débiles a que hagan confesión de su fe y salgan también de la sinagoga. Esta hipótesis de Martyn ha sido aceptada en su totalidad o en parte por la mayoría de los intérpretes académicos del cuarto evangelio en el primer mundo.

9.35-37: Oyó Jesús que le habían expulsado; y hallándole, le dijo: ¿Crees tú en el Hijo de Dios? Respondió él y dijo: ¿Quién es, Señor, para que crea en él? Le dijo Jesús: Pues le has visto, y el que habla contigo, él es. El ex ciego mostró gran valor al enfrentarse con los fariseos y defender a Jesús en contra de las calumnias de sus enemigos. No sólo fueron abiertos sus ojos físicos, ahora también están comenzando a abrirse sus ojos espirituales. Su fe está comenzando a crecer, pero todavía es incompleta. Por eso Jesús viene y busca al ex ciego para llevarlo a una fe completa. Aunque el ex ciego ha sido abandonado por sus padres y sus amigos de la sinagoga, encuentra un nuevo y mejor amigo en Cristo Jesús. Jesús es el amigo que nunca lo desamparará. En la historia del ex ciego y en la de todos los que sufren desprecio por el nombre del Señor, se cumplen las palabras del Salmo 27.10: "Aunque mi padre y mi madre me dejaran, con todo, Jehová me recogerá."

Jesús quiere que el ex ciego y nosotros, los lectores del cuarto evangelio, lo confesemos públicamente como la luz del mundo. En Marcos 8.22-26 leemos de otro ciego que fue sanado por Jesús. El ciego en Marcos recobró su vista física por etapas. Después que Jesús pusiera las manos sobre el ciego, él llegó a ver a los hombres como árboles que andan. Después que Jesús pusiera sus manos sobre él otra vez, puede ver claramente todo cuanto está a su alrededor. El ciego en Juan 9 recobró su vista física enseguida, pero su vista espiritual por etapas. Primero confiesa a Jesús como profeta; un poco más tarde como poderoso para obrar milagros, y más adelante como uno que ha venido de Dios. Finalmente confiesa públicamente que Jesús es el Hijo de Dios. Ahora tiene la visión espiritual completa. Muchos judíos en el tiempo en que Juan estaba escribiendo su evangelio todavía tenían una fe parcial. Eran miembros de la sinagoga como los padres del ciego, pero por ignorancia o temor no habían confesado públicamente a Jesucristo como el Hijo de Dios. Tal vez también temían ser expulsados de la sinagoga. El evangelista en Juan 9 enseña a tales creyentes temerosos que una confesión parcial no es suficiente. No basta creer en y confesar a Jesús como un gran profeta o el más grande de los milagreros. Hay que confesar a Jesús como el Hijo de Dios, la luz del mundo y el *Logos* encarnado. No basta ver a medias. El cuarto evangelio fue escrito para que nosotros también pudiéramos ver claramente.

En la versión *Reina Valera Revisada* Jesús pregunta al ex ciego "¿Crees tú en el Hijo de Dios?" mientras que en la *Biblia de Jerusalén* y en la versión *Dios habla hoy* Jesús pregunta "¿Crees tú en el Hijo de Hombre?" Las dos diferentes versiones de este versículo reflejan diferencias en los manuscritos griegos que han sido preservados. Los manuscritos que tienen Hijo de Hombre son P66, P75, a, B, D, W. Todos son manuscritos muy antiguos y muy fidedignos. Los manuscritos que tienen Hijo de Dios son A, L, q, y, también manuscritos muy antiguos y confiables. ¿Cuál de las dos lecturas, entonces, debe ser la preferida? Aquí entra en juego una regla interpretativa que reza: "La lectura más difícil debe ser la preferida" (*difficilior lectio probabilior*). En la aplicación de esta regla a este texto los intérpretes dirían que es más probable que un escriba, buscando exaltar más la divinidad de Cristo, hubiera cambiado Hijo del Hombre a Hijo de Dios y no cambiado Hijo de Dios a Hijo del Hombre. Por esta razón la mayoría de las traducciones modernas prefieren Hijo del Hombre sobre Hijo de Dios.

La pregunta de Jesús: "¿Crees tú en el Hijo del Hombre?" no quiere decir: "¿Crees tú en la existencia del Hijo del Hombre?" sino "¿Has puesto tu confianza y tu fe en el Hijo del Hombre?"

En este capítulo, que nos presenta una verdadera inquisición, podemos encontrar 16 diferentes preguntas lanzadas por los diferentes actores en el episodio. En este versículo encontramos la única de estas 16 preguntas hecha por Jesús: "¿Crees tú en el Hijo de Dios?" Ésta, sin duda, es la más importante de todas las preguntas en Juan 9. Es una pregunta dirigida por Jesús, no solamente al ex ciego, sino también a todos los lectores del cuarto evangelio. Es una pregunta dirigida a nosotros. Como actores en el drama de Juan 9, hemos visto la evidencia a favor y en contra de Jesús. Ahora ha llegado el momento de tomar una decisión. Los fariseos, cerrando sus ojos a la evidencia, juzgan en contra de Jesús y lo condenan como uno culpable de muerte. El ex ciego también hace su decisión y decide a favor de Jesús, aunque le cueste la excomunión o la muerte. ¿Cuál es nuestra decisión?

Las palabras de Jesús: "Pues le has visto, y el que habla contigo, él es", se asemejan mucho a las palabras de Jesús a la mujer samaritana en Juan 4.26: "Yo soy, el que habla contigo." Ambas declaraciones son de suma importancia para la teología del cuarto evangelio porque son auto-revelaciones de Jesús como Mesías e Hijo del Hombre. Las reacciones de asombro de la samaritana y del ex ciego ante tal revelación indican cuáles deben ser nuestras reacciones ante el Hijo del Hombre que se revela a nosotros en nuestra lectura del evangelio de Juan. La samaritana deja su cántaro junto al pozo y llama a los hombres de Samaria para que vengan a ver al Cristo. El ex ciego confiesa a Jesús como Señor y le adora.

9.38: Y él dijo: Creo, Señor; y le adoró. Con su confesión de fe en Jesús como el Hijo de Dios, el ex ciego ha llegado a ver en doble sentido. No solamente reciben vista sus ojos, sino que llega a creer en Jesús y a adorarlo. Puesto que sólo Dios debe ser adorado, es evidente que el ex ciego ha llegado a ver que Jesús es divino. El ex ciego llama a Jesús Señor o *kurios* (κύριος en griego), la misma palabra con la que los romanos aclamaban a su emperador.

El texto aquí no solamente nos llama a confesar a Jesús, sino también a adorarlo. La palabra griega traducida como adorar es προσκυνέω, un término usado en el antiguo medio oriente para indicar el acto de postrarse en el suelo ante un ser divino y besar sus pies. Es la misma palabra que se usa en el Apocalipsis para indicar la adoración que los santos, ángeles y seres divinos rinden a Dios y que los condenados rinden a la bestia y al dragón (Beasley-Murray 1987.160).

En el cuarto evangelio el término ver quiere decir creer, mientras que no creer equivale a estar ciego. Se debe notar que el ex ciego llegó a una fe completa no solamente por haber experimentado el milagro, sino también por la palabra que le habló Jesús. Si las señales no están acompañadas de la palabra, pueden ser malentendidas fácilmente. Por eso en el cuarto evangelio las señales siempre reciben su interpretación espiritual. En el evangelio de Juan las palabras de Jesús interpretan los milagros y los milagros interpretan las palabras. Por medio de las señales y las palabras el ciego llega a ver claramente. Es el prototipo de todos los que llegan a creer en el Hijo de Dios. Así, en la señal del ciego de nacimiento se cumplen las palabras del profeta en Isaías 42.6-7.

9.39: Dijo Jesús: Para juicio he venido yo a este mundo; para que los que no ven, vean, y los que ven, sean cegados. La señal hecha por Jesús produce fe y rechazo a la vez. Este gran milagro es una epifanía de la gloria de Dios en su Hijo. Sirve para revelar que Jesús ha sido enviado por Dios y que es en verdad la lúz del mundo. Las palabras indican la doble función del Hijo del Hombre para traer vida y salvación al mismo tiempo que juicio sobre los que no quieren reconocer su ceguera y su necesidad de luz.

El verbo juzgar (κρίνειν en griego) representa otro de los conceptos claves en este evangelio. Este verbo aparece 19 veces a lo largo del evangelio (véase especialmente Juan 5.22; 8.15 ss; 12.47 ss). En los capítulos 9 y 10 se enfatiza la diferencia entre el juicio falso de los líderes de Israel y el juicio justo del buen pastor que viene a rescatar las ovejas del Padre de los falsos pastores del pueblo. Los jueces del Sanedrín, la corte suprema de Israel, acaban de juzgar falsamente al ex ciego y de expulsarlo de la sinagoga. Jesús, en cambio, juzga justamente, al condenar a los miembros del Sanedrín como jueces corruptos y falsos pastores. Los jueces y pastores de Israel no hacen justicia, por eso es necesario que venga el pastor-mesías justo profetizado por Jeremías y Ezequiel (Véase Jeremías 22.1-4; 23.1-16; Ezequiel 34). Recordemos que el tema del juicio era una de las características de la fiesta de los tabernáculos que estaban celebrando los judíos en ese tiempo.

9.40-41: Entonces algunos de los fariseos que estaban con él, al oír esto, le dijeron: ¿Acaso nosotros somos también ciegos? Jesús les respondió: Si fuerais ciegos, no tendríais pecado; mas ahora, porque decís: Vemos, vuestro pecado permanece. No solamente es progresiva la sanidad que recibe el ex ciego, también es progresiva la pérdida de visión de los fariseos. Al principio parecen estar dispuestos a aceptar la realidad del milagro obrado por Jesús (v.15) y algunos de ellos lo defienden (v.16). En el v.17 están dispuestos a escuchar la opinión del ex ciego. Pero poco después buscan la forma de desacreditar su testimonio vv.25 ss) y le hacen trampas. Cuando no logran nada, comienzan a lanzar acusaciones contra Jesús y el ciego. Terminan excomulgando de la sinagoga al nuevo discípulo de Jesús. Su ceguera llega al colmo cuando profesan tres veces: "Nosotros sabemos (nosotros vemos)" vv.24 y 29 (Duke 1985.125). En vez de caminar hacia la luz como el ex ciego, los fariseos huyen de la luz y se meten aún más profundamente en las tinieblas.

Los fariseos son culpables porque en realidad no quieren creer en Jesús. Todos sus esfuerzos para encontrar una falla en el testimonio del ex ciego han fracasado. Toda la evidencia señala que Jesús en verdad ha abierto los ojos de un hombre nacido ciego. Toda la evidencia indica que Jesús es en verdad la luz del mundo. Pero los enemigos de Jesús no quieren reconocer la evidencia. Se dejan guiar por su dogmas y no por los hechos. Sus dogmas afirman que un hombre que obra en el día de reposo tiene que ser un pecador y que un pecador no puede ser de Dios. Ellos están convencidos que un hombre sin educación, como el ex ciego, no puede enseñarles nada. En realidad, en su corazón, los fariseos saben quién es Jesús, pero por temor a contradecir sus dogmas, no pueden admitir la verdad. Son ciegos porque quieren ser ciegos. Su ceguera es rebuscada y por eso están en peligro de cometer el pecado contra el Espíritu Santo (Blank 1984.II,224). Son ciegos, no porque les falten los ojos, sino porque no quieren ver la luz. No hay peor ciego que el que no quiere ver.

Hace casi cien años el famoso autor inglés H. G. Wells escribió un cuento que llevaba por título *El valle de los ciegos*. En la novela un alpinista que estaba perdido en los Andes peruanos llega a un valle escondido y desconocido donde todos los habitantes son ciegos. Han sido ciegos por tantas generaciones que han olvidado lo que es ver. Por eso sus casas no tienen ventanas y en su vocabulario no existen palabras como mirar, ver, visión u observar. Recién cuando llega el alpinista de otro mundo los ciegos se dan cuenta de la diferencia entre ellos y el extranjero. Pero creen que ellos son normales y que el extranjero es anormal.

Así, hemos vivido en tinieblas y oscuridad por tantos años, que hemos llegado a creer que todo lo que pasa en nuestro mundo es normal. Es normal que los ricos abusen de los pobres y los hombres de las mujeres. Es normal recurrir a hechiceros y brujos para resolver problemas y vengarse de los enemigos. Es normal que los políticos sean corruptos y que nuestra meta en la vida consista en ser servidos y no en servir. Es normal aprovecharse de los demás, afirmar el propio yo y avanzar a expensas de los demás. Pero con la llegada de Jesucristo, la luz del mundo, se pone de manifiesto que lo normal es anormal. Lo que llamamos normal es una enfermedad, una deformación; así no fuimos creados en el plan de Dios. Cuando viene Jesús y nos comparamos con él, podemos ver que él es el único ser humano normal y que todos nosotros somos anormales. Si insistimos en nuestra normalidad, ponemos de manifiesto que, al igual que los fariseos de Juan 9, somos ciegos que profesan ver. El que cree en Jesús es un ciego que ha llegado a ver la luz. El que ve pero no cree en el Hijo del Hombre, es un vidente que se ha vuelto ciego. Como en la historia de Naamán el sirio, cuya lepra fue transferida a Giezi (2 Reyes 5.21-27) la ceguera del ciego es transferida simbólicamente a los fariseos (Guilding 1960.125).

Al principio del relato se hizo la pregunta en torno al ex ciego: "¿Quién pecó, éste o sus padres, para que haya nacido ciego?" Ahora, los diálogos del capítulo 9 han revelado que los verdaderos ciegos son los fariseos. Sería justo lanzar nuevamente la pregunta del versículo 2, pero esta vez con referencia a los fariseos: "¿Quiénes pecaron, éstos o sus padres, para que hayan llegado a ser ciegos?" Aunque "el padre de toda mentira" ha desempeñado su papel en el asunto, la culpa es claramente de los fariseos que dieron sus espaldas a la luz y prefirieron creer en las mentiras del diablo. Aunque en muchas instancias la ceguera física no está ligada al pecado, la ceguera espiritual "es fruto y efecto del pecado de la incredulidad" (Alfaro 1990.129).

Jesús es la luz del mundo que ha venido al mundo. La luz de Jesús tiene una doble función: 1- da el don de la luz y de la fe a los que, como el ciego, están en las tinieblas; 2- revela y juzga el pecado y la rebelión de los que rechazan la revelación que el Padre nos da en Cristo Jesús. Mientras no estaba presente la luz del mundo, los líderes de Israel podían mantener escondida la verdadera condición de sus corazones y hacerse pasar como personas muy religiosas. Ahora, con la venida de

Jesús, lo que estaba escondido en las tinieblas se hace visible. La luz del mundo no es solamente vida eterna, también es juicio, que revela las obras de las tinieblas (Juan 3.20). El capítulo 9 de San Juan no es solamente la historia de un ciego, es también la historia de lo que pasa cuando la luz viene al mundo.

A menudo se repite en los anales de la iglesia la historia de los fariseos y del ciego de nacimiento. Lutero también era un ciego que creía que podía lograr su justificación por medio de peregrinaciones, indulgencias, méritos y la mortificación de la carne. En su estudio de la Biblia, especialmente la epístola a los Romanos, Martín Lutero experimentó lo que experimentó el ciego de Juan 9. Sus ojos fueron abiertos para ver que el ser humano no es justificado por sus propias obras sino por la obra de Jesús, su encarnación, pasión y exaltación. Cuando Lutero comenzó a dar testimonio de su experiencia, los fariseos de sus días se volvieron en su contra y lo expulsaron de su sinagoga.

En la época de la conquista leemos de un sacerdote-conquistador que vino al nuevo mundo con Colón más para ser servido que para servir. Por sus servicios como capellán de los asesinos y ladrones que conquistaron y saquearon a Cuba, Bartolomé de Las Casas llegó a ser el dueño de esclavos y de terrenos que habían sido arrebatados a los indígenas. Pero, como en el caso de Lutero, los ojos ciegos del sacerdote fueron abiertos por la lectura de la Palabra. Esta Palabra cambió la vida de Bartolomé de Las Casas y lo convirtió en una nueva criatura. Renunció a sus terrenos y dio libertad a sus esclavos y se convirtió en el más recio luchador a favor de los derechos humanos de los indígenas. El testimonio de Bartolomé de Las Casas fue rechazado por la mayoría de sus contemporáneos, quienes lo calificaron de traidor, loco y hereje. Sus libros fueron condenados y su nombre vilipendiado por sus paisanos y correligionarios. Hasta el día de hoy, Bartolomé de Las Casas no ha sido declarado santo por su propia iglesia. Igual que el ex ciego, de Las Casas experimentó lo que quiere decir el ser expulsado de la sinagoga.

Más recientemente, el obispo de San Salvador, Oscar Romero, era conocido como un prelado del sistema, un hombre callado y tranquilo que se identificaba con las elites dominantes del atribulado país centroamericano. Estas elites, como los fariseos del tiempo de Jesús, profesaban ser fieles hijos de la iglesia, mientras devoraban las casas de las viudas y trasquilaban, sacrificaban y crucificaban a las ovejas del Señor. Pero los ojos de Romero también fueron abiertos y se convirtió en la voz de los que no tienen voz. Su testimonio tampoco fue bien recibido por los fariseos de su país. No pudiendo excomulgar a Romero por medio de decretos y manipulaciones legales, los enemigos del evangelio decidieron excomulgarlo por medio de balas asesinas que segaron su vida. De esta manera se sumó otro mártir a los miles que han dado sus vidas por la causa de Cristo, y la historia de Juan 9 sigue repitiéndose (Alfaro 1990.134).

Nota litúrgica: En el ciclo litúrgico de tres años en *¡Cantad al Señor!* Juan 9 aparece como el santo evangelio para el año A en el tercer domingo de Cuaresma. En el leccionario del grupo litúrgico interconfesional de Gran Bretaña Juan 9.1-41 es la lección para el segundo domingo de Cuaresma en el año D. La lectura de Juan 9 en la Cuaresma corresponde a su uso en las liturgias de la iglesia antigua. Muchos padres de la iglesia antigua como Tertuliano y San Agustín vieron la curación del ciego en el estanque de Siloé como una prefiguración del Bautismo. La vista que recibió el ciego fue considerada como un símbolo de la fe y el alumbramiento espiritual que reciben los cristianos en el misterio del Bautismo. Tenemos sermones bautismales de San Ambrosio, San Agustín y San Juan Crisóstomo basados en Juan 9. Predicando sobre Juan 9.6-7, Crisóstomo enfatiza que no es suficiente escuchar la Palabra que se hizo carne, hay que apurarse al baño bautismal. Puesto que la iglesia antigua solía celebrar los bautismos de los nuevos creyentes en las vísperas de la Pascua de Resurrección, la lectura de Juan 9 en Cuaresma servía como un medio de instrucción sobre el significado del Bautismo para los catecúmenos (Hoskyns 1947.355;363-365).

Nota adicional sobre la tesis de J. Louis Martyn: En la discusión sobre Juan 9.22 se mencionó la teoría muy difundida actualmente de que el evangelio de Juan es una obra escrita en varios niveles diferentes y que la intención del evangelio es darnos, no solamente una historia de Jesús, sino también la historia de la comunidad joánica, o sea, la comunidad eclesiástica de la cual salió el autor de la obra y para la cual la escribió.

Según la teoría de Martyn, el evangelio de Juan fue escrito en tres etapas diferentes, cada una con su propia historia y su propio énfasis teológico. La primera etapa corresponde al tiempo anterior al Concilio de Jamnia cuando los miembros de la comunidad para quienes fue escrito el evangelio todavía asistían a la sinagoga y mantenían relaciones sociales con los judíos de la sinagoga. Para convencer a sus hermanos de raza que Jesús era el Mesías profetizado, un judío cristiano hizo una recopilación de sermones u homilías que comprobaban que Jesús era en verdad el Cristo. Éste fue el evangelio según San Juan en su forma más primitiva.

En opinión de Martyn, el crecimiento de los judíos cristianos dentro de la sinagoga y la comunidad judía provocó una crisis entre los líderes eclesiásticos de la sinagoga entre los años 80-90 d.C. Comenzaron debates entre los judíos que creían en Jesús como el Mesías y los que lo rechazaban. Estos debates llevaron a los rabinos reunidos en Jamnia a modificar el *birkat-ha-minim*, la duodécima de las dieciocho bendiciones en la liturgia de la sinagoga. La aprobación de esta modificación tuvo dos resultados. Un grupo de creyentes en Jesús fue expulsado de la sinagoga del mismo modo que el ex ciego en Juan 9. En realidad, el ex-ciego representa a todos los judíos-cristianos que fueron expulsados de la sinagoga y perseguidos por sus líderes. Otros judíos que creían en Jesús se asustaron, y para no ser perseguidos y expulsados, callaron su testimonio y se negaron a confesar públicamente a Jesús. Personas como Nicodemo y los padres del ex ciego son los representantes de este grupo. Según Martyn, las partes del evangelio de Juan que hablan de la persecución de los discípulos y del odio del mundo fueron incorporados al evangelio durante este período.

Según la teoría de Martyn, la tercera etapa en la producción del cuarto evangelio comenzó cuando los discípulos joánicos, expulsados de la sinagoga, buscaban definirse o relacionarse con otros grupos de creyentes, tanto los que habían quedado en la sinagoga como los que habían formado otros grupos de discípulos. Los creyentes que no quisieron abandonar la sinagoga fueron denunciados como discípulos de Moisés y no de Cristo, en tanto se refiere a los otros grupos de creyentes que también fueron expulsados de la sinagoga como "las otras ovejas que no son de este redil" (Juan 10.16). Según Martyn, las partes del evangelio que hablan de los falsos discípulos y de las otras ovejas, fueron añadidas al cuarto evangelio durante la tercera época que corresponde al tiempo después del año 90 d.C. Durante esta época también se desarrolló "la cristología de arriba", que enfatiza que Jesús no es de este mundo, sino que vino a la tierra como un extraño de otro mundo. Se dice que esta "cristología de arriba" reemplazó una cristología anterior que enfatizaba más bien el amor de Dios para con el mundo y su deseo de salvar a todos (Brown 1987.166-168).

Los principales argumentos en contra de la teoría de Martyn y sus discípulos son tres:

1- En primer lugar algunos autores judíos han afirmado que el *birkat- ha-minim* no fue añadido a la liturgia de la sinagoga como una medida para provocar la expulsión de la sinagoga de los judíos que creían en Jesús como el Mesías, sino para proteger al judaísmo rabínico de las muchas formas de sincretismo, herejías y filosofías paganas que estaban amenazando las sinagogas judías en el Imperio Romano. Algunos autores cristianos como Beasley-Murray, enfatizan que la persecución y expulsión de los creyentes de la sinagoga comenzó mucho antes de Jamnia, y que lo que sucedió en esa asamblea fue solamente la culminación de un proceso de expulsión y persecución que ya había comenzado muchos años antes. Beasley-Murray cree que el rabino Samuel el Pequeño, el supuesto autor de la duodécima bendición, solamente adoptó para el uso del concilio de Jamnia una declaración que ya circulaba en muchas partes del mundo judío muchos años antes del concilio. Creyentes como Esteban, Pedro, Pablo, el apóstol Jacobo y Santiago, el hermano de Jesucristo (apedreado y asesinado en el año 62 d.C.), sufrieron persecución muchos años antes del concilio de Jamnia (Beasley-Murray 1987.154).

2- En segundo lugar se ha criticado la teoría de Martyn porque no da importancia al papel de los gentiles en el cuarto evangelio. En el tiempo en que fue escrito este evangelio, muchos gentiles ya habían llegado a formar parte de las comunidades de seguidores de Jesús. Hablar de la comunidad joánica como un grupo de cristianos judíos es ignorar las muchas alusiones a los gentiles en el cuarto evangelio que ya hemos mencionado.

Martín Hengel cree que las referencias a las fiestas de los judíos en el cuarto evangelio indican que cuando se escribió el libro ya la mayoría de los miembros de las iglesias en Asia era de origen gentil. Las muchas referencias acerca de una misión universal a los gentiles también indican que muchos de los destinatarios del cuarto evangelio eran gentiles. Textos como Juan 1.17: "La ley por medio de Moisés fue dada, pero la gracia y la verdad vinieron por medio de Jesucristo", indican que no hay diferencia en cuanto al propósito de la ley entre la teología de San Pablo y los destinatarios del cuarto evangelio. Las diferencias que, según la carta a los Gálatas, causaron problemas entre cristianos, ya no son un problema en los escritos joánicos. Éstos y muchos argumentos más llevan a Martín Hengel a cuestionar seriamente si en verdad existía una escuela joánica o una comunidad del discípulo amado que vivía aislada y divorciada de la gran iglesia, o sea, de las congregaciones establecidas por Pablo, Bernabé, Apolos, Pedro y otros misioneros de la iglesia primitiva (Hengel 1989b.119-124).

3- Un tercer argumento en contra de la tesis de Martyn es que la así llamada "teología de arriba" no es el resultado de las discusiones entre judíos y judíos cristianos en los años 80-90 d.C. Se ha señalado que Jesús ya es presentado como un ser divino que viene de arriba en casi todos los himnos cristológicos que encontramos en el N.T., por ejemplo Filipenses 2.5-11. Estos himnos no son creaciones de Pablo (quien escribió sus cartas entre los años 50 y 62 d.C.) o de otros autores del N.T. Eran himnos conocidos, y fueron diseminados entre diferentes grupos de creyentes aún antes de ser incorporados a las epístolas del N. T. donde los encontramos hoy en día.

Capítulo 10

Jesús y la fiesta de la dedicación: el contexto litúrgico de Juan 10

De acuerdo con Juan 10.22, los eventos y diálogos relatados en el capítulo 10 ocurrieron durante una visita de Jesús a Jerusalén en la celebración de la fiesta de la dedicación. Ya hemos notado el interés muy grande que tiene el evangelista en las diferentes fiestas judías. Uno de los propósitos del evangelista es mostrar cómo todas las grandes fiestas celebradas por los judíos encuentran su cumplimiento en Jesús. Por eso, un buen entendimiento de la historia y de la naturaleza de la fiesta de la dedicación nos ayudará en la interpretación de este capítulo.

La fiesta de la dedicación o Hanukkah no era una de las tres fiestas de peregrinación a las que todos los judíos fieles tenían que asistir por mandato de Jehová en Levítico 23, sino que era una fiesta añadida al calendario sagrado durante el tiempo intertestamentario. La fiesta de Hanukkah se celebraba por una semana, comenzando el 25 de *kisléu* (el mes noveno) hasta el 2 de *tebeth* (el mes décimo). La celebración de Hanukkah corresponde a la celebración cristiana de la Navidad el 25 de diciembre. Es decir, al mismo tiempo en que los cristianos celebran la Navidad, los judíos celebran la fiesta de la dedicación.

En la fiesta de la dedicación los judíos celebran la purificación y rededicación del templo que había sido contaminado por el infame Antíoco Epífanes en el año 168 a.C. Después de la muerte de Alejandro Magno en el año 323 a.C., su gran imperio fue dividido entre sus generales macedonios llamados los diadochi o diadocos. Los más destacados diadocos fueron Tolomeo, cuyos descendientes reinaron sobre Egipto; Antígono, cuyos descendientes reinaron sobre Macedonia, Grecia y las islas griegas; y Seleuco cuyos descendientes dominaron las tierras de Asia. Antíoco IV (Epífanes) era uno de los descendientes de Seleuco. Originalmente el territorio que le tocó a Seleuco y a sus descendientes no incluía Palestina, pero en una guerra contra Egipto los seleucidas lograron arrasar el control de los tolomeos (los lágidas) sobre la tierra santa.

En el año 175 a.C. Antíoco IV Epífanes comenzó su reinado sobre Asia, Babilonia, Siria y Palestina. Este monarca sufría de megalomanía. Por todas partes en su imperio mandó fundar ciudades que llevaran su nombre. Por eso, en el tiempo de Cristo existían unos 29 pueblos llamados Antioquía. La palabra epífanes viene de la misma raíz griega que nuestra palabra epifanía, que quiere decir la manifestación de un ser divino. Antíoco se llamaba Epífanes porque creía que el dios Júpiter Olímpico se había encarnado en su cuerpo. Por eso exigía adoración de parte de sus súbditos. Cuando los judíos fieles a la ley de Moisés se rehusaron rendirle culto, Antíoco Epífanes desató una terrible persecución contra ellos. Se prohibió la circuncisión y la celebración de las fiestas judías. Muchos rollos de la ley fueron destruidos y muchos judíos fieles a la ley fueron cruelmente torturados y ejecutados. "A las mujeres que hacían circuncidar a sus hijos las llevaban a la muerte... con sus criaturas colgadas al cuello" (1 Macabeos 1.60). En el mes de *kisléu* del año 167 a.C. Antíoco mandó sacrificar un cerdo sobre el altar del templo en Jerusalén y levantar un ídolo de Júpiter Olímpico en el mismo templo. Para el autor de 1 Macabeos, este ídolo era la abominación de desolación, y Antíoco Epífanes llegó a ser considerado como el gran enemigo de Dios y del pueblo escogido. Antíoco era en efecto el hombre de la iniquidad, el enemigo de la fe y un antimesías o anticristo.

En 1 y 2 Macabeos está el relato de la resistencia judía contra Antíoco y sus aliados, los líderes políticos y religiosos de Israel que se convirtieron en falsos pastores porque prefirieron ser los asalariados del ladrón que había venido para hurtar, matar y destruir las ovejas del Señor. Guiados por el sacerdote Matatías y sus cinco hijos, llamados los macabeos, las fuerzas de Antíoco fueron expulsadas de la tierra santa. El capítulo 10 de 2 Macabeos relata cómo los judíos fieles, bajo el mando de Judas Macabeo, recuperaron el templo de Jehová: "Macabeo y los suyos, guiados por el Señor, recuperaron el templo y la ciudad, destruyeron los altares levantados por los extranjeros en la plaza pública, así como los recintos sagrados. Después de haber purificado el templo, hicieron otro altar; tomando fuego de pedernal del que habían sacado chispas, tras dos años de intervalo ofrecieron sacrificios, el incienso y las lámparas, y colocaron los panes de la Presencia... Aconteció que el mismo día en que el templo había sido profanado por los extranjeros, es decir, el veinticinco del mismo mes que es *kisléu*, tuvo lugar la purificación del templo. Lo celebraron durante ocho días, como en la fiesta de las Tiendas... Por ello, llevando tirsos, ramas hermosas y palmas, entonaban himnos hacia aquél que había llevado a buen término la purificación de su lugar. Por público decreto y voto prescribieron que toda la nación de los judíos celebrara anualmente aquellos mismos días" (1-8).

Así es como comenzó entre los judíos la celebración anual de la fiesta de la dedicación el día 25 de *kisléu*. 2 Macabeos 1.18-36 describe una tradición según la cual el segundo templo construido después de la cautividad babilónica también fue dedicado el 25 de *kisléu*. Esta tradición relata que antes de que Nabucodonosor destruyera el primer templo, unos sacerdotes piadosos tomaron fuego del altar y lo escondieron secretamente en el fondo de un pozo seco durante todo el tiempo del cautiverio. Después del retorno de los judíos a Jerusalén este fuego fue tomado del escondrijo y usado para reencender el fuego sagrado sobre el altar de Dios. "Cumplida la orden, y pasado algún tiempo, el sol que estaba nublado volvió a brillar, y se encendió una llama tan grande que todos quedaron maravillados" (2 Macabeos 1.22).

La fiesta de la dedicación se celebra durante la parte más oscura del año en el hemisferio norte, al mismo tiempo que muchos pueblos norteños solían celebrar la fiesta del retorno o del renacimiento del dios-sol, tiempo cuando los días comienzan a alargarse otra vez. Algunos eruditos opinan que los judíos comenzaron a celebrar la fiesta de Hanukkah para desplazar y reemplazar una antigua fiesta pagana del dios-sol, así como en la iglesia primitiva se comenzó a celebrar el nacimiento de nuestro Señor el 25 de diciembre para desplazar las celebraciones paganas a Mithra, el antiguo dios-sol persa, cuyo culto se había extendido por todo el Imperio Romano. Hasta el día de hoy la fiesta de la dedicación también se conoce como la fiesta de las luces porque se celebra con procesiones, antorchas y muchas velas prendidas en las casas de los fieles. Las luces de Hanukkah ya no simbolizan el retorno del dios-sol al mundo, sino el retorno de la *shekinah*, la gloria de Dios, a su templo purificado (Guilding 1960.127-129).

El profesor canadiense Al Wolters, ha postulado que la fiesta de la dedicación llegó a llamarse la fiesta de las luces porque hubo una brillante manifestación del cometa Halley durante el otoño (septiembre a noviembre) del año 164 a.C., cuando murió el tirano Antíoco Epífanes. El 10 de noviembre el cometa pasó detrás del sol y fue invisible por varias semanas, pero reapareció otra vez el 3 de diciembre, cuando Judas Macabeo entró en Jerusalén para comenzar la purificación del templo, trabajo que terminó el 25 de diciembre. Esta aparición del cometa Halley se menciona en las crónicas babilónicas y también en el tercer libro de *Los Oráculos Sibilinos*, una obra apocalíptica de inspiración judía. En el mundo antiguo siempre se asociaba la aparición de cometas con la muerte de reyes y emperadores y con grandes cambios en el destino de las naciones. El profesor Wolters cree que los judíos vieron en la aparición del cometa Halley una señal divina que anunciaba la intervención de Dios en la historia de su pueblo y daba a entender que la muerte de Antíoco y la victoria de Judas Macabeo fueron ordenados por el Todopoderoso (Wolters 1993.687-697).

El enfoque teológico de la fiesta de la dedicación se concentra entonces en la idea de la reinauguración del verdadero culto a Dios por un pueblo reunificado. Las lecturas de la antigua sinagoga para la fiesta de la dedicación enfatizan la lucha contra el pecador y los falsos pastores que han contaminado la adoración del pueblo de Dios y han dispersado las ovejas del redil de Dios. Las lecturas hablan de la venida de un pastor mesiánico para reunificar al disperso pueblo de Israel en un solo redil. Entre estas lecturas encontramos Génesis 46-47 (La reunión de José con sus hermanos); Ezequiel 34 (la condenación de los falsos pastores de Israel y la venida del pastor-mesías); 1 Reyes 18 (Elías y los profetas de Baal); Números 7-8 (instrucciones para prender las lámparas en el tabernáculo); Salmo 84 (el Señor es nuestro sol y escudo); y Levítico 24 (el castigo por el pecado de la blasfemia). Todas estas ideas y temas que forman parte del trasfondo de la fiesta de la dedicación se encuentran también en Juan 10. Este capítulo mostrará que en Jesucristo la fiesta de la dedicación encuentra su cumplimiento porque él es el verdadero pastor-mesías que esperaba la fiesta de Hanukka. Él es el verdadero pastor que reunirá al pueblo de Dios en el nuevo templo de su iglesia y pondrá fin a las actividades de los falsos pastores y anticristos.

10.1-3: De cierto, de cierto os digo: El que no entra por la puerta en el redil de las ovejas, sino que sube por otra parte, ése es ladrón y salteador. Mas el que entra por la puerta, el pastor de las ovejas es. A éste abre el portero, y las ovejas oyen su voz; y a sus ovejas llama por nombre, y las saca. El capítulo 9 terminó con una denuncia de Jesús en contra de la ceguera de los fariseos y escribas que querían socavar la nueva fe que había encontrado el ciego. Los fariseos y escribas, como líderes espirituales de Israel, debieran haber mostrado amor y compasión para con el ciego, pues el papel de los pastores del rebaño del Señor es cuidar a las ovejas débiles, enfermas, perdidas y descarriadas (Ezequiel 34.4). En vez de recibir misericordia de los pastores del pueblo, el ciego es excomulgado y echado fuera de la congregación. Las palabras de Jesús en Juan 10 demuestran que estos fariseos y escribas no son los verdaderos pastores del pueblo de Dios, sino ladrones y salteadores que quieren robar a los creyentes la fe que tienen en el Buen Pastor. Jesús identifica aquí a sus enemigos con los falsos pastores denunciados por Ezequiel en el capítulo 34 de su libro de profecías.

Según el A.T., Israel es el rebaño de Dios. Con frecuencia los reyes, los príncipes, los sacerdotes y los profetas son denominados pastores del redil de Dios. Muchos de los líderes de Israel, como los patriarcas, Moisés y David, habían sido pastores de ovejas. Puesto que mostraron gran valentía y amor en el cuidado de sus ovejas, Dios los escogió como caciques y reyes para que cuidasen a su pueblo con el mismo amor y valor que habían mostrado en el cuidado de sus rebaños.

En ambos testamentos existe una relación muy estrecha entre los conceptos juzgar, rey y pastor. Los pastores de Israel eran a la vez jueces, y la función de los jueces era apacentar al pueblo, como le dice el profeta Natán a David en 1 Crónicas 17.6. La reina de Sabá le dice a Salomón, el hijo de David: "Bendito sea Jehová tu Dios, el cual se ha agradado de ti para ponerte sobre su trono como rey... para que hagas juicio y justicia" (2 Crónicas 9.8). Será la función del pastor-rey que viene como mesías hacer "juicio y justicia en la tierra" (Jeremías 23.5).

Pero el rebaño de Dios ha sufrido grandes calamidades a manos de sus reyes, sus jueces corruptos y sus líderes políticos y religiosos. Los grandes profetas, especialmente Jeremías y Ezequiel, profetizaron que las ovejas afligidas del Señor serían salvadas por el verdadero pastor de la grey de Jehová. Este pastor será un mesías-pastor que saldrá como un retoño del trono de David. Como en el pasado, las ovejas de Israel fueron guiadas por grandes pastores como Moisés, Aarón y David, así en los tiempos mesiánicos serán salvadas y guiadas por el verdadero pastor de Israel (Hoskyns 1947.367). Este pastor-mesías desempeñará la función de juez justo: "Mas en cuanto a vosotras, ovejas mías, así ha dicho Jehová el Señor: He aquí yo juzgo entre oveja y oveja, entre carneros y machos cabríos" (Ezequiel 34.17); "He aquí yo, yo juzgaré entre la oveja engordada y la oveja flaca, por cuanto empujasteis con el costado y con el hombro, y acorneasteis con vuestros cuernos a todas las débiles, hasta que las echasteis y las dispersasteis" (Ezequiel 34.20-21). Nuevamente vemos la conexión entre pastor, rey-mesías y juicio, temas todos de la fiesta de la dedicación.

En la alimentación de los cinco mil después de la muerte de Juan el Bautista, Marcos comenta que "salió Jesús y vio una gran multitud, y tuvo compasión de ellos, porque eran como ovejas que no tenían pastor; y comenzó a enseñarles muchas cosas" (Marcos 6.34). Con la muerte del Bautista, que había alimentado a las ovejas de Israel con el mensaje del reino de los cielos, las ovejas de Dios no tenían más a un buen pastor que las guiase y orientase. Jesús, al alimentarlas con las palabras del evangelio, se identifica como el nuevo David, el verdadero pastor-mesías, que ellos esperaban y que fue profetizado por Ezequiel y los otros profetas del A. T: "Mi siervo David será rey sobre ellos, y todos ellos tendrán un solo pastor; y andarán en mis preceptos... y mi siervo David será príncipe de ellos para siempre" (Ezequiel 37.24-25).

Para entender Juan 10.1-10 tenemos que tomar en cuenta que muchas casas en Israel se construían con un patio amurallado a un lado de la casa. El patio que se usaba para guardar las ovejas tenía una sola entrada y una sola puerta. A veces todos los pastores de la aldea construían un patio o corral amurallado grande en el cual todos guardaban sus ovejas. Esta puerta era cuidada por un portero cuyo trabajo era proteger el rebaño de la entrada de fieras, ladrones y salteadores. El portero sólo permitía pasar por el portón al propio pastor de las ovejas. Según Robinson (1985.320-321), se sobrentiende que el pastor en esta parábola es el hijo del dueño de las ovejas.

Los salteadores tratan de saltar por el muro y entrar en el redil clandestinamente. Lutero identifica a estos salteadores con los fanáticos que se nombran a sí mismos pastores y quieren ejercer el ministerio público sin un llamamiento. Todo debe hacerse decentemente y con orden (1 Corintios 14.40). También llama salteadores a todos los que practican la simonía. Estos salteadores se aprovechan de su dinero, influencia, y poder para conseguir un nombramiento como obispo, párroco, cardenal o papa tal como Alberto de Brandeburgo consiguió el nombramiento como arzobispo de Maguncia al pagar diez mil ducados a la tesorería papal. Lutero afirma que las ovejas tienen el derecho de juzgar lo que van a comer y beber. Nadie tiene derecho a obligarlos a aceptar doctrinas y enseñanzas antibíblicas. Cada congregación tiene el derecho de llamar a su propio pastor. Ningún creyente está obligado a obedecer o aceptar como pastor a uno que no predica a Cristo. Las ovejas deben seguir la voz de Cristo, no la voz de decretos, leyes canónicas, concilios y papas. Las ovejas tienen el derecho de excomulgar y expulsar a cualquier salteador que se haga pasar por el pastor de las ovejas (Lenker 1988.III,372-382).

El buen pastor llama a cada una de sus ovejas por su nombre. En Palestina el nombre de una persona es mucho más que una etiqueta o apelativo que se le pone para distinguirla de las demás. El nombre equivale al ser. En muchos casos en los relatos bíblicos se pone a una persona un nombre que encapsula lo que ella es. El nombre Jacob significa engañador, estafador, porque así era el patriarca Jacob que engañó dos veces a su hermano Esaú y se valió de la ceguera de su padre Isaac para arrebatarle la mejor bendición. El nombre Nabal (1 Samuel 25.25) significa necio porque Nabal en verdad era un necio. El nombre Jesús quiere decir salvador "porque él salvará a su pueblo de sus pecados" (Mateo 1.21). Jesús también nos llama a cada uno por nuestro nombre. Esto quiere decir que Jesús conoce lo que realmente somos. Él conoce el verdadero yo que tantas veces tratamos de tapar o esconder detrás de un disfraz de indiferencia o de una máscara de machismo. Jesús conoce las heridas y debilidades que tratamos de esconder de los demás. Conoce las tentaciones con las que luchamos y los trapos sucios que mantenemos bien escondidos. Precisamente porque conoce a sus ovejas el buen pastor nos viene a buscar: "Yo buscaré la perdida, y haré volver al redil la descarriada, vendaré la perniquebrada, y fortaleceré la débil... Y sabrán que yo Jehová su Dios estoy con ellos, y ellos son mi pueblo, la casa de Israel, dice Jehová el Señor" (Ezequiel 34.16,30).

El pastor conoce por nombre las ovejas que son suyas. Las ovejas también han aprendido el nombre y el tono de la voz de su pastor. Cuando el pastor llama, solamente las ovejas que son suyas le responden y le siguen. Las otras ovejas en el corral no salen con él porque no le conocen. Los nombres de las ovejas usualmente estaban basados en características físicas de la ovejas, tales como orejas largas, pata negra etc. El pastor las llamaba por su nombre para que salieran con él en búsqueda de los "delicados pastos y aguas de reposo" de los cuales habla el Salmo 23. Todavía hoy en día las ovejas de los beduinos palestinos reconocen solamente la voz de su pastor. A diferencia de los pastores europeos que usan perros para conducir a sus ovejas, los pastores de Palestina solamente usan su voz. Durante los meses de invierno no se sacan las ovejas del patio o corral por la escasez de alimentos en el campo. El invierno también es el tiempo cuando los lobos hambrientos buscan cómo entrar en el patio para satisfacer su hambre (Robinson 1985.320-321).

El corral o patio representa el templo donde el rebaño de Israel se reúne. La palabra traducida como redil o patio en Juan 10.1 no es ἔπαυλις que es el término normal para redil en griego, sino αὐλή. De las 177 veces que aparece la palabra αὐλή (de donde viene nuestra palabra aula) en la Septuaginta, 115 veces se refiere al patio de reunión de la congregación de Israel en el tabernáculo o en el templo. En el Salmo 100.3-4 encontramos juntas las ideas de Israel como rebaño del Señor y el patio o atrio del templo como el lugar donde se reúnen: "Pueblo suyo somos, y ovejas de su prado. Entrad por sus puertas con acción de gracias, por sus atrios con alabanza" (Léon-Dufour 1992.285). La idea, entonces, que nos presenta la alegoría, es que Jesús viene al templo de Israel para sacar fuera a las ovejas que creen en él y le reconocen como el Mesías esperado. Los que "conocen su voz" son los que han creído en él. De acuerdo con esta interpretación podemos entender mejor el uso de la palabra ἐκβάλῃ (sacar para afuera). ἐκβάλῃ es un término muy fuerte que más bien significa echar fuera violentamente. Es el mismo término usado en Juan 9.34 donde dice que los fariseos expulsaron al ciego. Jesús, entonces, anuncia que ha venido para sacar a sus ovejas fuera del rebaño del judaísmo para formar parte de un nuevo rebaño mesiánico. Así, Juan 10.3 expresa la misma idea que encontramos en Hebreos 13.13-14, un libro que tiene muchas cosas en común con el cuarto evangelio: "Salgamos, pues, a él, fuera del campamento, llevando su vituperio; porque no tenemos aquí ciudad permanente, sino que buscamos la por venir."

En Números leemos cómo Moisés oró al Señor pidiendo el nombramiento de un nuevo pastor que guiase el rebaño de Israel para que "la congregación de Israel" después de la muerte de Moisés "no sea como ovejas sin pastor" (Números 27.17). El buen pastor escogido para conducir a las ovejas de Israel a la tierra prometida se llamaba Josué. El nombre Josué en griego es Jesús (Carson 1991.383). Jesús, como segundo Josué, pastoreará sus ovejas, guiándolas hacia el rebaño escatológico "porque el Cordero que está en medio del trono los pastoreará, y los guiará a fuentes de aguas de vida, y Dios enjugará toda lágrima de los ojos de ellos" (Apocalipsis 7.17). En ese rebaño escatológico "no habrá más noche; y no tienen necesidad de luz de lámpara, ni del sol, porque Dios el Señor los iluminará; y reinarán por los siglos de los siglos" (Apocalipsis 22.5).

Algunos intérpretes de esta alegoría han tratado de determinar, no sólo la identidad del redil, del pastor y de los ladrones, sino también del portero. En un sermón publicado en 1523 Lutero identificó al portero con Dios el Padre. Cornelio de Lapide identificó al portero con el Espíritu Santo. Otros creen que el portero es Juan el Bautista, quien al reconocer que Jesús era el verdadero pastor-mesías, le entregó a él el cuidado de sus discípulos (Juan 1.29-34). Otros eruditos afirman que no se menciona al portero más adelante, y por eso es probable que la figura del portero no tenga un significado simbólico y sería mejor no tratar de encontrar una identificación específica para él.

En un sermón publicado en 1543 Lutero divide a todos los predicadores en tres clases: 1- ladrones y asesinos; 2- porteros; 3- el pastor verdadero, Jesucristo. Los ladrones y asesinos son identificados con todos aquellos que asesinan espiritualmente a las ovejas al enseñarles la idolatría pública, el purgatorio, las oraciones a santos muertos y las indulgencias. El portero, en cambio, representa a todos los verdaderos profetas de Dios desde Moisés hasta Juan el Bautista, pues con sus profecías dirigieron a la gente hacia su verdadero pastor. Nosotros también somos porteros, dice Lutero, cuando protegemos a las ovejas de los falsos profetas y maestros y permitimos que sólo Cristo y su salvación sean predicados en la congregación, porque Cristo entra en el redil por medio de la predicación del evangelio y la administración de los sacramentos (Lenker 1988.III,383-394).

10.4-5 Y cuando ha sacado fuera todas las propias, va delante de ellas; y las ovejas le siguen, porque conocen su voz. Mas al extraño no seguirán, sino huirán de él, porque no conocen la voz de los extraños. Los fariseos y escribas creían que todas las verdaderas ovejas del rebaño de Dios podían ser identificadas por su circuncisión y su adherencia a los ritos y ceremonias de la ley de Moisés. Lutero menciona a los de su tiempo que identificaban a las ovejas verdaderas con todos los que se encontraban bajo el dominio del obispo de Roma o con los que militaban en cierta orden monástica. Pero, según este texto, dice Lutero, podemos apreciar quiénes en verdad son las ovejas del buen pastor. Las ovejas del buen pastor se identifican con los que le siguen y conocen su voz. Esta voz no es la palabra de la salvación por medio de las obras de la ley, sino la palabra del evangelio. El que conoce el evangelio conoce la voz del buen pastor (Lenker 1988.3,66). Si alguno viene y predica la salvación por medio de la obras de la ley, nosotros, las ovejas del Señor, no debemos seguirle ni hacerle caso, porque sabemos que no es el buen pastor, o uno que haya sido autorizado por él.

10.6: Esta alegoría les dijo Jesús; pero ellos no entendieron qué era lo que les decía. Aquí se refiere a la enseñanza sobre el redil como una alegoría y no una parábola. La palabra en griego para parábola es παραβολή, mientras que la palabra que encontramos en Juan 10.6 es παροιμία. Esta palabra griega corresponde al término hebreo *mashal*. La palabra παροιμια puede ser traducida como 1- proverbio, 2- adivinanza, 3- sentencia enigmática, ó 4- un dicho simbólico que requiere interpretación. En Juan 10.6 tenemos un ejemplo de la última manera de traducir la palabra. En la versión *Reina Valera Revisada* παροιμία se traduce con la palabra alegoría. Según la retórica griega, una parábola es una historia de la vida real que tiene un punto de comparación con la enseñanza que se está dando. La parábola griega usualmente comprende una historia con una crisis y un desenlace (Léon-Dufour 1992.283). Una alegoría, en cambio, es un relato o comparación en el cual existen muchos elementos que pueden ser interpretados simbólicamente. No siempre tiene una historia, una crisis o un desenlace. Basta decir, que los escritores del N.T. no siempre hacían una distinción tan clara entre parábola y alegoría como los autores griegos y latinos. Muchas de las parábolas sinópticas podrían ser clasificadas como alegorías según la definición de los retóricos greco-romanos (Hoskyns 1948.369). Debido a que los oyentes de Jesús no entendían bien el significado de la comparación, Jesús añade la explicación que sigue. Zervini (1995.252) prefiere no utilizar la palabra alegoría para traducir el término παροιμία, prefiere, en cambio, discurso simbólico o enigmático, o sea un modo de enseñanza simbólica, secreta, misteriosa.

Nota litúrgica: En el leccionario de cuatro años del grupo litúrgico interconfesional de Gran Bretaña Juan 10.1-6 es el santo evangelio para el decimosexto domingo después de Pentecostés en el año D, año de San Juan.

10.7: Volvió, pues, Jesús a decirles: De cierto, de cierto os digo: Yo soy la puerta de las ovejas. Varios viajeros, que han vivido algún tiempo entre pastores en Palestina, han escrito acerca de una práctica de los pastores que podría ayudarnos a entender este versículo. Según estos viajeros, algunos pastores tienen la costumbre de encerrar a las ovejas dentro de un corral durante la noche. Luego, el propio pastor se acuesta en la entrada del corral. De esta manera el pastor puede proteger a sus ovejas contra cualquier fiera o salteador que quisiera entrar para dañarlas. Varios pastores entrevistados por los viajeros se referían a sí mismos como la puerta de las ovejas (Beasley-Murray 1987.169).

Pero Jesús no es solamente la puerta del redil, es también la puerta a través de la cual las ovejas entran en el reino de Dios. Jesús no es solamente una puerta, es la única puerta por medio de la cual los seres humanos pueden entrar en el reino del Padre. Fuera de él no hay salvación. San Ignacio de Antioquía, escribiendo no muchos años después de la publicación del cuarto evangelio, afirma: "Jesucristo es la puerta de Dios por la cual entran Abraham, Isaac y Jacob y los profetas y los apóstoles y la iglesia." En la historia de la humanidad han surgido muchos profetas, sabios y fundadores de diferentes religiones. Pero ninguno de ellos puede salvar a las ovejas que se han desviado de los caminos de Dios. No pueden ser salvadores porque no han ofrecido sus vidas como un sacrificio perfecto por los pecados del mundo. Isaías declara: "Todos nosotros nos descarriamos como ovejas, cada cual se apartó por su camino; mas Jehová cargó en él el pecado de todos nosotros" (Isaías 53.6).

Los hombres divinos del mundo greco-romano, los gurús orientales y los falsos cristos de los judíos no son otras puertas que conducen al reino de Dios. El reino de Dios tiene una sola puerta por medio de la cual podemos entrar en comunión eterna con el Padre, y el nombre de esa puerta es Jesús. Él es a la vez la única puerta por medio de la cual los pastores o líderes de la comunidad cristiana tienen acceso a las ovejas. Esto quiere decir que no debe ser pastor de la iglesia todo aquel para quien la encarnación de Jesús y su sacrificio redentor en la cruz no sean la base y el centro de su ministerio. Es solamente si proclamamos a Jesús como el *Logos* encarnado que tenemos el derecho de llamarnos pastores del redil. San Ignacio de Antioquía (murió en el año 110 d.C.), hablando de los gentiles y judíos que no creen en Cristo, afirmó: "Pero si ni uno ni otro hablaren de Jesucristo, en tal caso esa gente no son para mí sino columnas funerarias y sepulcros de muertos, sobre los que no hay escritos, sino meros nombres de hombres" (A los Filadelfios 6.1-3).

Si Jesús es la puerta por la que tienen que pasar las ovejas, debe quedar claro que la única manera de pasar por esa puerta es por medio de la fe. Las ovejas son todos los que tienen fe en Jesús. En los *Artículos de Esmalcalda* Martín Lutero declaró que la santa iglesia cristiana no es otra cosa que "el rebaño que escucha la voz de su pastor" (Meléndez 1989.326). Sin escuchar la voz de Jesús y creer en él es imposible ser oveja suya y pasar por la puerta de las ovejas al reino del Padre. Solamente por medio de la fe en Jesús hay acceso a la salvación, la vida eterna y el mundo celestial.

Al hablar de Jesús como la puerta de las ovejas, se debe tomar muy en cuenta que Jesús no solamente es la puerta, él es la puerta abierta para todos los que creen en él. Los fariseos que excomulgaron al ciego no eran una puerta abierta, sino una puerta cerrada, cerrada para publicanos, samaritanos, gentiles y muchos grupos marginados. En el tiempo en que fue escrito el evangelio de Juan, muchas sinagogas estaban en el proceso de expulsar y excomulgar a todos los que confesaban a Jesús como el Mesías. La comunidad de grandes rabinos como Johanan ben Zakkai y Akiba no era una puerta abierta, sino una puerta cerrada. Los zelotes tampoco eran una puerta abierta, sino un grupo dedicado a usar la violencia para impedir la entrada en el reino de Dios de todos los que no eran descendientes de Abraham. Los gnósticos tampoco eran una puerta abierta, aunque enseñaban sobre la necesidad que tenían las almas de pasar por las puertas místicas para alcanzar las esferas planetarias. Los gnósticos querían ser una puerta sólo para una pequeña elite de escogidos, pero no para las masas ignorantes. En el libro del Apocalipsis Jesús es la puerta que se abre hacia la presencia de Dios. En sus visiones de las esferas celestiales, el autor del Apocalipsis ve una puerta abierta en el cielo (Apocalipsis 4.1). En el mismo libro Jesús se identifica como el que tiene "la llave de David, el que abre y ninguno cierra, y cierra y ninguno abre." Dice Jesús: "He puesto delante de ti una puerta abierta, la cual nadie puede cerrar" (Apocalipsis 3.7-8). Jesús es la puerta abierta (Martin 1978.173).

10.8: Todos los que antes de mí vinieron, ladrones son y salteadores; pero no los oyeron las ovejas. ¿Quiénes son los ladrones y salteadores de quienes está hablando Jesús en este versículo? Es muy probable que aquí Jesús se esté refiriendo a los fariseos, saduceos y otros líderes religiosos judíos que han sido los guías espirituales del pueblo de Dios desde los días de los macabeos. Sin embargo, la palabra salteador (ληστής en griego) es usada por Josefo como sinónimo de zelote. Por eso, muchos historiadores creen que Barrabás y los dos ladrones que fueron crucificados con Jesús eran en realidad miembros del movimiento revolucionario zelote que trataba de establecer el reino de Dios por medio de la fuerza. Es posible que Jesús, al hablar de ladrones y salteadores, esté llamando a sus discípulos a no hacer caso a los falsos profetas que vendrán diciendo: "Mirad, aquí está el Cristo; o mirad, allí está" (Marcos 13.21). Sabemos que tanto antes de la guerra contra Roma (66-70 d.C.) como durante la revuelta de Bar Kochba (o Kosebá), muchos profetas salieron e instaron a los cristianos a que se uniesen a ellos en su lucha contra Roma. Las personas que hicieron caso a estos falsos pastores no encontraron el reino de Dios, sino la muerte a mano de los romanos y a veces de los mismos zelotes quienes a menudo lucharon entre sí para determinar quiénes serían los líderes máximos del movimiento revolucionario. Todos los que han intentado entrar en el reino de Dios por otra puerta, por medio de un anti-mesías o anticristo, se han descarriado porque no siguieron los pasos del buen pastor. Él es la única puerta que conduce a la salvación; todas las demás puertas conducen al reino de la muerte.

10.9-10: Yo soy la puerta; el que por mí entrare, será salvo; y entrará, y saldrá, y hallará pastos. El ladrón no viene sino para hurtar y matar y destruir; yo he venido para que tengan vida, y para que la tengan en abundancia. Comentando sobre este texto, Martín Lutero afirma que Jesús es el buen pastor porque solamente él da a las ovejas descarriadas, enfermas y quebrantadas el alimento que necesitan para restablecerse y tener la vida en abundancia. Según Lutero, los falsos pastores, como los fariseos, los saduceos, los papistas y los sectarios, asesinan espiritualmente a las ovejas cuando en vez de consolar con el evangelio a los pecadores humillados y arrepentidos, les predican solamente la ley. Pero la ley sólo nos convence de nuestro pecado. La ley condena y da muerte, pero no puede salvar o transformar las vidas de las ovejas que buscan los delicados pastos del reino de Dios. Solamente por medio de la proclamación oral del evangelio Cristo establece y extiende su reino. Todo aquel que busca establecer el reino de Dios con la espada, la violencia o la ley es ladrón y salteador porque roba a las ovejas y las priva de su entrada al reino de los cielos. Son verdaderos pastores los que alimentan a los pecadores arrepentidos y las conciencias afligidas con el puro evangelio de la gracia (Lenker 1988.3.18-29).

Los salteadores y ladrones vienen para hurtar, matar y destruir. Es interesante notar que la palabra que Jesús usa para matar es θύσῃ que no es la palabra que normalmente se usa para matar. θύσῃ más bien quiere decir sacrificar. Los falsos pastores, los salteadores y ladrones, sacrifican a las ovejas del Señor en beneficio propio. El buen pastor, en cambio, se sacrifica a sí mismo (Léon-Dufour 1992.289).

En un libro publicado por primera vez en la década de los años 30, el profesor sueco Hugo Odeberg dio otra interpretación a las palabras "Yo soy la puerta" y a la parábola del buen pastor y de la puerta. Según Odeberg, quien era un experto en literatura apocalíptica y seudoepígrafe, el redil del que habla Jesús en Juan 10 es el mundo divino-espiritual al cual el Señor quiere conducir a los seres humanos por medio de su venida al mundo. Los místicos judíos creyeron que para pasar al reino espiritual, el espíritu del místico tenía que pasar por la puerta de la séptima antecámara. Según 3 Enoc, uno de los libros seudoepígrafes muy populares entre los místicos judíos, el guardián de la séptima antecámara del reino espiritual es el gran ángel Metatron. En la literatura seudoepígrafe Metatron es el nombre que recibió Enoc después de haber subido al cielo y de que su cuerpo físico fuera cambiado de carne a fuego.

En opinión de Odeberg, Juan 10 quiere enseñarnos que solamente por medio de Jesús podemos recibir las experiencias espirituales y místicas a través de las cuales podemos recibir sabiduría divina y subir en espíritu al mundo divino. Los que quieren subir místicamente al cielo por medio de sus propios esfuerzos son los salteadores y ladrones. Por eso, Odeberg opina que los que son atacados en Juan 10 no son los revolucionarios mesiánicos, ni los príncipes hasmodeanos, ni los fariseos, ni los seguidores de Juan el Bautista, sino los falsos profetas y místicos que afirman poseer la sabiduría y la visión del mundo divino (1968.328) aparte de Cristo. Según Odeberg, sólo Jesús es la puerta al mundo espiritual. Solamente los que se han unido al Hijo del Hombre por medio de la fe y han nacido desde arriba (Juan 3.3) pueden experimentar una ascensión mística al cielo.

Odeberg cree que textos como Juan 3.13 que dicen que "nadie subió al cielo, sino el que descendió del cielo; el Hijo del hombre" no están en desacuerdo con 2 Corintios 12.2-4 que habla de un hombre que "fue arrebatado al tercer cielo." En opinión de Odeberg, el evangelio de Juan está en contra de todo misticismo divorciado de la fe en el Hijo del hombre, pero no está en contra de todo misticismo (1968.97). Cabe mencionar que pocos teólogos modernos comparten las interpretaciones de Odeberg, quien escribió durante los años cuando estaba muy en boga buscar conexiones entre el evangelio de Juan y los escritos gnósticos y místicos.

Las palabras de Jesús "yo he venido para que tengan vida, y para que la tengan en abundancia" constituyeron uno de los textos más usados en sermones misioneros en la era inmediatamente después de la Primera Guerra Mundial. La vida abundante se interpretaba como la abundancia de cosas buenas que traen las misiones cristianas a las naciones por medio de sus programas de educación, salud y agricultura. Se incluía en estas cosas buenas la abolición de la inmoralidad, los sacrificios humanos, la corrupción, los sobornos, la poligamia, la idolatría, el fraude, la superstición, la explotación de la mujer, el casamiento de niñas, el juego, las brutalidades y las castas (Bosch 1991.293). En opinión de Gustavo Gutiérrez, estas palabras de Jesús deben servir como un llamado a los cristianos de su país natal, Perú, para luchar contra los asesinatos producidos por la violencia institucionalizada, tanto por los grupos terroristas como por los de orden legal (Gutiérrez 1992.126).

Vida en abundancia, según otros intérpretes, significa lo mismo que el pan que siempre sacia el hambre de los seres humanos, o la fuente de aguas vivas que quita para siempre la sed del alma. En otras palabras, vida en abundancia es sobre todo comunión con Dios, vida eterna, vida espiritual, vida que perdura más allá de la muerte temporal. Vida en abundancia significa también la contemplación de la gloria de Dios después de la muerte (Schnackenburg 1980.II.366; Morris 1989.194). Tal es el destino de las ovejas del buen pastor, en cambio, la suerte de los ladrones y salteadores es la muerte eterna y todo lo que ésta significa.

Nota litúrgica: En el leccionario luterano de tres años, Juan 10.1-11 es el santo evangelio para el cuarto domingo de Pascua para el año A del leccionario.

10.11: Yo soy el buen pastor; el buen pastor su vida da por las ovejas. Aquí tenemos otra de las declaraciones de Jesús que comienzan con las palabras *Yo soy*. Las palabras *Yo soy* indican que Jesús es el cumplimiento definitivo de todos los textos en el A.T. que hablan de la venida de un pastor-mesías que se encargaría del rebaño del Padre. En Jesús se cumple el Salmo 23, Ezequiel 34 y 37 y Jeremías 23. Jesús como el pastor-mesías recibe el calificativo bueno. Según Léon-Dufour, la palabra bueno (καλός en griego) "indica la calidad de una cosa o de una persona que responde plenamente a su función." Un buen árbol es un árbol que da frutos y un buen vino es un vino que alegra los corazones de los hombres (1992.294). Jesús es el pastor que cumple con lo que se espera de un pastor. La palabra καλός también puede significar hermoso y moralmente correcto.

Aunque hay muchos pastores buenos que cuidan las ovejas de Dios, uno solo puede llamarse "el buen pastor" porque hay uno solo que ha dado su vida como sacrificio por las ovejas. Aunque Moisés, Josué, David, Ezequías y Josías eran buenos pastores del redil de Dios, ninguno de ellos podía identificarse como "el buen pastor." Puesto que Jesús se sacrificó por las ovejas, él y sólo él es "el buen pastor." Consecuentemente ningún otro pastor puede guiar a las ovejas por el valle de sombra de muerte y conducirlos a la casa de Jehová donde morarán por los siglos de los siglos. Al identificarse como "el buen pastor" Jesús está llamando a todas las ovejas a que no busquen la salvación en otros pastores, sino solamente en aquel que dio su vida por las ovejas. Aquí el Espíritu Santo nos está invitando a que aceptemos a Jesús como nuestro buen pastor.

Jesús señala que una de las características principales de un buen pastor es la de exponer su vida por las ovejas. El sacrificio de Jesús por las ovejas pone de manifiesto que él es el pastor verdadero que esperaba el pueblo de Dios. Este afán por las ovejas, hasta el punto de sacrificarse por ellas, debe ser también uno de los atributos de los discípulos que son llamados a pastorear y apacentar las ovejas y los corderos del Señor (Juan 21.15-17). Ser un buen pastor no es ejercer gran pompa y gloria, sino servir. Éste debe ser uno de los atributos de todos los que están estudiando este libro para servir mejor como obreros en el redil de nuestro buen Señor, Jesucristo. San Pedro nos exhorta: "Apacentad la grey de Dios que está entre vosotros, cuidando de ella, no por fuerza, sino voluntariamente; no por ganancia deshonesta, sino con ánimo pronto; no como teniendo señorío sobre los que están a vuestro cuidado, sino siendo ejemplos de la grey. Y cuando aparezca el Príncipe de los pastores, vosotros recibiréis la corona incorruptible de gloria" (1 Pedro 5.2-4).

10.12: Mas el asalariado, y que no es el pastor, de quien no son propias las ovejas, ve venir el lobo y deja las ovejas y huye, y el lobo arrebata las ovejas y las dispersa. Jesús nos presenta aquí dos figuras nuevas, el lobo (λύκος) y el asalariado (μισθωτός). ¿Quién es este lobo de quien habla Jesús aquí? ¿Y quién es el asalariado? ¿Está Jesús hablando de todos los lobos que amenazan a su iglesia o de un lobo en particular? Es sabido que los autores del N.T. no suelen dar los nombres de los falsos profetas y maestros que ellos atacan en sus escritos. Pablo nunca menciona los nombres de las personas que atacaban su autoridad apostólica en Corinto. No menciona el nombre del hombre que vivía con la mujer de su padre en 1 Corintios 5.1. Tampoco identifica al "que os perturba" en Gálatas 5.10. Esta reticencia de los autores neotestamentarios en darnos los nombres y apellidos de sus oponentes no proviene del deseo de proteger la reputación de sus adversarios. Tampoco es producto del deseo de evitar publicidad adversa en la comunidad. La reticencia apostólica a denunciar por nombre a los enemigos de la fe es más bien producto del deseo de no dar al hereje el honor de ser nombrado. Los herejes no merecen tener sus nombres escritos en las epístolas y evangelios que se leen en las congregaciones. Al preguntar sobre la identificación del lobo que Jesús menciona en Juan 10, podemos considerar varias posibilidades:

1- Martín Hengel cree que la parábola del buen pastor en Juan 10 debe ser interpretada como una polémica contra los falsos profetas y falsos cristos revolucionarios que estaban proclamando una guerra santa en contra de los romanos. Es decir, Hengel identifica al lobo y a los falsos profetas de Juan 10 con el movimiento zelote (Hengel 1989b.339). El lobo es el líder revolucionario que proclama: "Yo soy el mesías escogido por Dios para librar a Palestina de los extranjeros. Síganme en nuestra guerra santa contra los imperialistas romanos. Tomaremos la espada para expulsar a los enemigos de nuestra patria." Los escritos de Josefo y también Hechos 5.34-37 nos informan que en aquellos tiempos se habían levantado entre los judíos muchos revolucionarios como Judas el galileo y Teudas quienes creían que habían sido escogidos para ser el pastor-mesías que vendría para establecer el reino de Dios por medio de sus acciones bélicas. Estos movimientos revolucionarios terminaron en la dispersión de las ovejas del Señor. América latina también ha conocido zelotes que han tratado de incorporar a las ovejas del Señor en las filas de una revolución violenta.

2- Otra posibilidad es que el lobo y su estirpe sean profetas carismáticos de dudosa moralidad que andan de comunidad en comunidad buscando aprovecharse de la generosidad y la credulidad de los hermanos cristianos. En los tiempos bíblicos el mundo greco-romano estaba lleno de toda clase de filósofos, taumaturgos, magos, curanderos y profetas que vagaban de pueblo en pueblo buscando cómo ganarse la vida por medio de las curaciones, adivinaciones, hechizos y enseñanzas que ofrecían a sus clientes. Una obra cristiana escrita entre los años 50 y 150 d.C. llamada la Didaché o Enseñanza de los 12 Apóstoles, advierte a las congregaciones cristianas contra las actividades de profetas carismáticos que andan de congregación en congregación buscando albergue, comida y dinero. En Mateo 7.15 nuestro Señor llama lobos a aquellos falsos profetas que vienen vestidos de ovejas pero que producen frutos malos. Estos lobos denunciados por Jesús en Mateo 7.15-23 parecen ser carismáticos porque vienen diciendo: "¿No profetizamos en tu nombre, y en tu nombre echamos fuera demonios, y en tu nombre hicimos muchos milagros?" Pero Jesús responde: "Nunca os conocí; apartaos de mí, hacedores de maldad."

Lamentablemente la iglesia hoy en día todavía tiene problemas con esta clase de lobos. Recientemente varias congregaciones luteranas en Venezuela con las cuales he trabajado han tenido que denunciar públicamente a un grupo carismático que vino a su área de trabajo para realizar campañas de evangelismo y sanidad divina. Los líderes del grupo trataron de infiltrar las sociedades de jóvenes de las congregaciones en cuestión. Lo que realmente buscaban era seducir a las señoritas que se encontraban allí. El mismo grupo tenía una larga historia de fechorías parecidas en otras partes de la república. El lobo y los falsos pastores en realidad no buscaban la vida de las ovejas, sino su bella lana y el sabor de su carne.

3- Una tercera manera de identificar al lobo que Jesús menciona en Juan 10.12 es la de asociarlo con los lobos a los que se hace referencia en el discurso de despedida de Pablo en Mileto registrado en Hechos 20.17-38. Hablando a los pastores de la iglesia de Efeso el apóstol les advierte: "Por tanto, mirad por vosotros, y por todo el rebaño en que el Espíritu Santo os ha puesto por obispos, para apacentar la iglesia del Señor, la cual él ganó por su propia sangre. Porque yo sé que después de mi partida entrarán en medio de vosotros lobos rapaces, que no perdonarán al rebaño" (Hechos 20.28-29). Los lobos que Pablo menciona son falsos profetas y falsos maestros que causarán divisiones y cismas en el seno de la comunidad cristiana. Muchos eruditos opinan que el cuarto evangelio terminó de ser escrito en la ciudad de Efeso, la misma ciudad de donde eran los líderes a quienes Pablo dio su advertencia en Hechos 20. ¿Pudiera ser el lobo un falso profeta que se levantó en el seno de la comunidad cristiana en Efeso? No podemos estar seguros, pero según el testimonio de San Ireneo de Lyón, el evangelio de San Juan fue escrito para combatir la herejía de un cierto falso profeta y gnóstico llamado Cerinto. Lutero identifica a Cerinto con uno de los anticristos denunciados por Juan en 1 Juan 4.3 (Pelikan 1957. 67).

Según el teólogo alemán Martín Hengel, Cerinto hizo una separación muy radical entre el hombre Jesús y el ser divino llamado Cristo. Cerinto no creía que podía haber contacto entre el Dios supremo que hizo al mundo y los seres humanos. Jesús, según Cerinto, era un ser humano, hijo de José y María. Cuando el hombre Jesús fue bautizado, el Cristo divino, el poder todopoderoso, descendió sobre Jesús como una paloma. Mientras el Cristo divino habitaba en el cuerpo del hombre Jesús, éste podía hacer milagros y proclamar el mensaje del Padre. Pero antes de la crucifixión de Jesús, el Cristo divino salió de él y regresó al cielo. Jesús murió y fue resucitado, pero el Cristo divino no sufrió nada. Así negó Cerinto la encarnación y la preexistencia de Jesús (Hengel 1889.59).

Hengel cree que Cerinto era un maestro judeo-cristiano que vino a Efeso de otra parte, probablemente de Egipto. Cerinto enseñó a la manera platónica utilizando el lenguaje filosófico que era muy popular en las sinagogas helenísticas. Hengel cree que al llegar Cerinto a Efeso logró influir a varios discípulos de Juan y desviarles del verdadero evangelio. Para combatir las herejías de Cerinto, Juan enfatizó que el hombre Jesús era el mismo Hijo de Dios. Es decir, Jesús y Cristo no pueden ser separados. No son dos seres diferentes sino una sola persona, Jesucristo. "Y todo espíritu que no confiesa que Jesucristo ha venido en carne, no es de Dios; y este es el espíritu del anticristo, el cual vosotros habéis oído que viene, y que ahora ya está en el mundo" (1 Juan 4.3). En cuanto a Cerinto, tenemos el siguiente testimonio en la *Historia Eclesiástica* de Eusebio de Cesarea que se basa en un relato de Policarpo. El mismo nos da un ejemplo de la gran antipatía que existía entre Juan y Cerinto: "El apóstol Juan entró cierta vez en los baños públicos para lavarse, mas, enterándose de que dentro se hallaba Cerinto, se alejó presuroso del lugar y huyó hacia la puerta, por no soportar el hallarse bajo el mismo techo que él, y exhortaba a los que le acompañaban a que hicieran otro tanto, diciendo: 'Huyamos, no sea que los mismos baños se derrumben por estar dentro Cerinto, el enemigo de la verdad'" (Velasco Delgado 1973.170-171).

Según Hengel, Cerinto y los otros herejes contra quienes lucha el autor del cuarto evangelio, también negaban la eficacia de los sacramentos, porque los sacramentos eran cosas materiales incapaces de comunicar virtudes o poderes divinos. El evangelio y las epístolas de Juan, en cambio, enfatizan la importancia de los sacramentos. En la teología que Juan proclama, el Espíritu, el agua, la sangre, la muerte física de Jesús, el perdón de los pecados, el Bautismo y la Eucaristía no se pueden separar. No se pueden menospreciar los elementos materiales de los sacramentos porque, así como el cuerpo físico y material de Jesús, los sacramentos pueden comunicar bendiciones espirituales a los creyentes (véase 1 Juan 5.6-8) (Hengel 1989.62). Otros herejes en la historia de la iglesia primitiva también han sido identificados con el lobo. Por ejemplo, el hereje gnóstico Marción es llamado "el lobo de Ponto" en la *Historia Eclesiástica* de Eusebio de Cesarea (Léon-Dufour 1992.295).

4- Hay todavía otra manera de interpretar las palabras de Cristo sobre el lobo y los asalariados. En un sermón sobre el buen pastor publicado en 1523, Martín Lutero identifica al lobo con el diablo. Los asalariados, según Lutero, son el papado y todos los tiranos clericales y seculares que persiguen, encarcelan, torturan y anatematizan a los que proclaman el verdadero evangelio de Jesucristo (Lenker 1988.3,54). Estos asalariados engañan y destruyen espiritualmente a las ovejas enseñándoles que por medio de vigilias, ayunos, penitencias, peregrinaciones y la mortificación de la carne se puede escapar de la muerte y obtener la salvación. Tales enseñanzas solamente producen terror y desesperación en los corazones de las pobres ovejas. Así se pierden las ovejas y caen en las garras del lobo a menos que sean restaurados por el buen pastor que viene a buscar a sus ovejas perdidas y dispersas.

En opinión de Lutero, Jesucristo en su parábola del buen pastor estaba hablando de todos los falsos profetas y herejes que vendrían a lo largo de la historia de su iglesia en la tierra. El lobo y los asalariados siempre se encuentran juntos. Según Lutero, la única manera de protegernos contra el lobo y las mentiras de los asalariados es por medio de la proclamación del evangelio del buen pastor. Los ayunos, vigilias, peregrinaciones y mortificaciones que predican los asalariados no podrán protegernos del lobo. Si dependemos de ellas, el lobo nos llevará. Lutero nos insta a que cuando venga el lobo para acusarnos y condenarnos por nuestros pecados, acudamos a nuestro Señor Jesucristo, que no solamente es el buen pastor, sino también la buena gallina que nos protegerá con sus alas y nos cubrirá con su inocencia y su justicia. "Dile al lobo", dice Lutero, "que los mandamientos que no hemos guardado, Jesús los ha guardado en nuestro lugar. Por su sangre tenemos perdón y por su resurrección vida eterna. Cuando así le predicamos al lobo, él tendrá que dejarnos en paz" (Lenker 1988.3,60).

Los teólogos de la liberación de nuestros tiempos no vacilarían en identificar al lobo con el imperialismo y el estado de seguridad nacional que han venido sobre América latina como un terrible lobo para hurtar, matar y destruir las ovejas oprimidas y explotadas del pueblo. Los asalariados serían todos los líderes políticos y religiosos que en vez de dedicarse a luchar por una nueva sociedad igualitaria y participativa, justifican y sirven los intereses de las elites que oprimen y explotan a los pobres. Son los que sirven para mantener el status quo y el sistema, en vez de actuar como una fuerza concientizadora para desautorizar, desacreditar y desplazar un sistema social y económico injusto e inhumano.

10.13: Así que el asalariado huye, porque es asalariado, y no le importan las ovejas. Los eruditos en la materia señalan que los asalariados son todos los líderes del pueblo de Israel que se interesan más en su propio bienestar social, económico y espiritual que en las necesidades espirituales y materiales del pueblo. La mayoría de los comentaristas ven estas palabras de Jesús como un ataque a los fariseos que eran conocidos por su avaricia. En Mateo 23.14 Jesús pronunció una serie de ayes contra la hipocresía de los fariseos: "¡Ay de vosotros, escribas y fariseos, hipócritas! porque devoráis las casas de las viudas, y como pretexto hacéis largas oraciones." Puesto que la palabra pastor se usa en el A.T. con connotaciones políticas para designar a los reyes y príncipes que fueron responsables de la cautividad babilónica, algunos eruditos creen que Jesús aquí está atacando a todos los líderes políticos de Israel que se han puesto al servicio de los imperialistas romanos.

Según esta interpretación el lobo sería Roma.

Pero las palabras de Jesús están dirigidas no sólo contra los asalariados de su tiempo, sino contra todos los falsos pastores de todos los tiempos, especialmente contra los que ejercen un pastorado dentro de la comunidad cristiana para ganancia personal o gloria propia. Un ejemplo de un asalariado en la comunidad cristiana sería Judas Iscariote, quien al traicionar al Señor por 30 monedas de plata, puso de manifiesto que era un asalariado y no un verdadero pastor de las ovejas del Señor. En el tiempo cuando el autor del cuarto evangelio estaba escribiendo su obra, unos cuantos pastores habían abandonado el redil para seguir la herejía. En 1 Juan 2.19 leemos acerca de unos asalariados que habían abandonado el rebaño del Señor: "Salieron de nosotros, pero no eran de nosotros; porque si hubiesen sido de nosotros, habrían permanecido con nosotros; pero salieron para que se manifestase que no todos son de nosotros."

Los que nos estamos preparando para servir mejor al Señor y a su iglesia somos llamados a imitar a Jesús y no a Judas. En otro escrito San Juan dice: "Amado, no imites lo malo, sino lo bueno. El que hace lo bueno es de Dios, pero el que hace lo malo, no ha visto a Dios" (3 Juan 11). Judas no es el único asalariado, no es el único pastor falso en la iglesia. En 3 Juan 9-10, el escritor nos habla de un tal Diótrefes, "al cual le gusta tener el primer lugar entre ellos" y "...no recibe a los hermanos, y a los que quieren recibirlos se lo prohíbe, y los expulsa de la iglesia." El cuarto evangelio y los otros escritos de Juan contienen una doctrina muy profunda del ministerio pastoral, pero no la presenta de una manera sistemática sino esparcida a través del evangelio.

Lutero, comentando sobre la advertencia de Jesús en contra de los asalariados, menciona que en sus días los clérigos competían impíamente por conseguir que los príncipes y el papa los nombrasen a los obispados y parroquias más ricas de Europa. En muchas ocasiones se daba el puesto de obispo o pastor al mejor postor. Una vez instalado en su nueva iglesia, el clérigo ambicioso pasaba todo su tiempo en diversiones mundanas, dejando el cuidado de las ovejas a cargo de un suplente mal pagado y virtualmente ignorante de las Sagradas Escrituras (Lenker 1988.3,34).

10.14-15: Yo soy el buen pastor; y conozco mis ovejas y las mías me conocen, así como el Padre me conoce, y yo conozco al Padre; y pongo mi vida por las ovejas. Las ovejas conocen a Jesús. Esto quiere decir mucho más que simplemente conocer quién es Jesús. Conocer a Jesús es tener una relación personal con él como él la tiene con nosotros; es confesarlo como el *Logos*, el preexistente Hijo de Dios, que se encarnó y llegó a ser un verdadero ser humano; es confesarlo como aquel que se sacrificó voluntariamente por nosotros para que tuviéramos vida eterna.

En estos versículos podemos ver claramente por qué sólo Jesús puede ser el buen pastor. Jesús es el buen pastor porque él, y sólo él, ha ofrecido su vida en sacrificio vicario y expiatorio por las ovejas. Ninguno de los falsos pastores, ladrones, salteadores o asalariados ha sido capaz de poner su vida por las ovejas. "Todos nosotros nos descarriamos como ovejas" dice Isaías 53, pero es sobre el buen pastor de estas ovejas sobre quien Jehová cargó el pecado de todos nosotros. Sería instructivo leer todo el capítulo 53 de Isaías desde la perspectiva de un buen pastor que vicariamente pone su vida por sus ovejas.

10.16: También tengo otras ovejas que no son de este redil; aquéllas también debo traer, y oirán mi voz; y habrá un rebaño, y un pastor. Existe mucha diferencia de opinión entre los intérpretes del cuarto evangelio en cuanto a la identidad de las otras ovejas de las que habla Jesús aquí. ¿Quiénes son? Hay por lo menos cinco diferentes maneras de interpretar quiénes son las otras ovejas.

1- En opinión de Martín Lutero, las otras ovejas son las personas consideradas demasiado indignas por los fariseos para estar incluidas en el reino de Dios. Estas otras ovejas que vino a buscar Jesús incluyen a los publicanos, los pecadores, los samaritanos y los gentiles. Estas otras ovejas, junto con los discípulos y los otros judíos que creen en él, formarán parte del verdadero rebaño del Señor. Al hablar de la necesidad de añadir a su rebaño a los pecadores, samaritanos y gentiles Jesús está llamando a sus discípulos al trabajo misionero de ir a todas las naciones para anunciar el evangelio a todas estas otras ovejas.

El hecho de que Jesús se ofrece como sacrificio, no solamente por los judíos, sino también por todos los hombres de todas las naciones significa que todas las naciones deben ser incluidas en el plan misionero de la iglesia. Al final de cuentas el sacrificio de Cristo por los pecados de todo el mundo es la justificación y la base de la obra misionera de los discípulos de Jesús. "Y yo, si fuere levantado de la tierra, a todos atraeré a mí mismo" (Juan 12.32). Beasley-Murray, Carson, Léon-Dufour y la mayoría de los exégetas antiguos y modernos están de acuerdo con Lutero en ver a Juan 10.16 como que se refiere a la evangelización de los gentiles y la misión universal de la iglesia. Recordamos que San Pablo, escribiendo a los efesios, también hablaba de la unión de los judíos y los gentiles en un hombre nuevo o un pueblo nuevo (Efesios 2.15-16). Tanto en Efesios como en Juan, la unión de judíos y gentiles en un solo rebaño es fruto de la muerte de Jesús.

Jesús no quiere que las otras ovejas solamente escuchen el mensaje, sino que lleguen a ser parte del rebaño divino. Al enfatizar las palabras: "un rebaño", Jesús al mismo tiempo nos está llamando a trabajar para que la unidad de la iglesia universal que existe en Cristo se manifieste también entre los cristianos en la tierra. Las divisiones que existen entre los que se llaman las ovejas del Señor no corresponden a la voluntad del buen pastor.

2- Paul Minear (1977.348; 1983.95) tiene otra interpretación en cuanto a la identidad de las otras ovejas en Juan 10.16. Minear afirma que las otras ovejas representan la segunda generación de creyentes que llegarán a creer por medio del testimonio de los discípulos (Juan 17.20). A través de todo el cuarto evangelio, el evangelista muestra un gran interés y preocupación por los creyentes de la segunda generación. La primera generación de creyentes, a los cuales pertenecen los discípulos, llegaron a creer en Jesús porque oyeron la palabra del Señor y vieron las señales que manifestaron su gloria. Los creyentes de la segunda generación, en cambio, no han visto las señales como los creyentes de la primera generación. Los cristianos de la segunda generación siguen al buen pastor, no porque ven señales, sino porque creen en la Palabra. Por eso, una y otra vez surge en el cuarto evangelio la necesidad de creer sin haber visto señales. Vimos cómo el noble que vino a suplicar la ayuda de Jesús en Caná de Galilea (Juan 4.43-53) creyó en la palabra de Jesús sin haber visto una señal. Como veremos más adelante, uno de los textos claves del cuarto evangelio es Juan 20.29 "Porque me has visto, Tomás, creíste; bienaventurados los que no vieron, y creyeron."

3- El obispo anglicano John A. T. Robinson tiene otra interpretación más en cuanto a la identidad de las otras ovejas de Juan 10.16. En su opinión, las otras ovejas son los judíos de la diáspora. Estos son los judíos que fueron llevados cautivos por los asirios, babilonios y otros conquistadores y que nunca regresaron a la tierra santa. Se establecieron en el extranjero y olvidaron su lengua materna. Allí establecieron sinagogas de habla griega. Robinson cree que el apóstol Juan se mudó de Palestina a Efeso precisamente para evangelizar a estos judíos de la diáspora e incorporarlos en el redil del Señor (Robinson 1985.60). El número de judíos que vivía fuera de las fronteras de Palestina era bastante grande. Se calcula que el diez por ciento de las cien millones de personas que vivían en el Imperio Romano en el tiempo del N.T. eran judíos. Los judíos en el tiempo de Cristo siempre aguardaban el día de la futura reunificación de los judíos de la diáspora con los judíos residentes en Palestina. La décima de las dieciocho bendiciones de la sinagoga suena así: "¡Toca la trompeta de nuestra liberación! ¡Iza la bandera para reunir a nuestros desterrados! ¡Alabado seas tú, Señor, que reúnes los residuos de tu pueblo de Israel!" (Blank 1984.II-249).

4- La cuarta interpretación de las otras ovejas es la de Oscar Cullmann, quien cree que son los samaritanos. Según Cullmann, los samaritanos ya habían mostrado gran interés en Jesús y en su misión en Juan 4.1-42. Al ser expulsados de Jerusalén por la persecución de Saulo, los misioneros helenistas, como el evangelista Felipe, se dirigieron a Samaria donde sus esfuerzos misioneros dieron mucho fruto. En Juan 4.35-38 Jesús mismo había profetizado una gran cosecha evangelística en Samaria. En Ezequiel 37.15-28 el profeta habla de dos palos o bastones que serán unidos para formar un solo palo. Uno de los palos representa a Judá y el otro a Efraín o Samaria. La unión de los dos palos para formar uno solo significa la reunión de Judá y Samaria para formar un solo pueblo bajo el liderazgo del pastor-mesiánico (Cullmann 1975.60-61). En Juan 10.16 Jesús se identifica con el pastor-mesías en quien se cumple la profecía mesiánica de Ezequiel 37.15-28.

5- Ciertos escritos gnósticos consideran que las otras ovejas son las chispas de luz dispersas en el mundo que por medio de la gnosis logran volver y reunirse con el pleroma celeste (Blank 1984.II.250).

6- El profeta mormón José Smith, fundador de la Iglesia de Jesucristo de los Santos de los Últimos Días, estaba convencido que las otras ovejas mencionadas en este texto eran los miembros de las 10 tribus perdidas de la casa de Israel que habían navegado hacia el nuevo mundo. Smith enseñó que después de su resurrección de entre los muertos Jesucristo se fue al continente americano para proclamar su evangelio a los indígenas que habían construido las grandes templos, pirámides y palacios que los arqueólogos descubrieron en México, Guatemala y Perú. Según Smith, los constructores de estas grandes obras eran en realidad judíos, y Jesús quería incorporarlos al reino de los santos a fin de que hubiese un solo redil y un solo pastor.

Nota litúrgica: En el leccionario tradicional de un año Juan 10.11-16 sirve como el santo evangelio para el segundo domingo después de Pascua, también llamado el domingo del buen pastor o Misericordias Domini. Las palabras Misericordias Domini son tomadas de las primeras palabras del introito "De la misericordia del Señor está llena la tierra." Las otras lecciones que acompañan a Juan 10.11-16 para este domingo son Ezequiel 34.11-16 y 1 Pedro 2.21-25. Al usar Juan 10.11-16 como una lección para ser leída dos domingos después de la resurrección, la iglesia está enfatizando la acción de Jesús en buscar a los discípulos dispersos después de su arresto y crucifixión para reunirlos nuevamente en su redil. La epístola, 1 Pedro 2.21-25, enfatiza la acción del buen pastor en buscarnos y salvarnos a nosotros, sus ovejas descarriadas, y hacernos miembros de su redil, la iglesia. La epístola nos llama a seguir en las pisadas de nuestro buen pastor, siguiendo su ejemplo de santidad, servicio, humildad y paciencia.

10.17-18: Por eso me ama el Padre, porque yo pongo mi vida, para volverla a tomar. Nadie me la quita, sino que yo de mí mismo la pongo. Tengo poder para ponerla, y tengo poder para volverla a tomar. Este mandamiento recibí de mi Padre. En 1 Corintios 1.21 San Pablo declara que la cruz de Jesús es un gran tropiezo para los judíos y una locura para los gentiles. Si Jesús es el Mesías, el Hijo de Dios ¿cómo es posible que no haya hecho nada para salvarse de una muerte infame en la maldita cruz? Jesús da aquí la respuesta a esa pregunta. La muerte de Jesús corresponde a un mandamiento, es decir, a un plan de Dios. Jesús no fue una víctima impotente o un mártir como suelen afirmar algunos teólogos de la liberación. La muerte de Jesús fue una parte integral de su misión salvadora, parte del plan del Padre de enviar a su Hijo como el Cordero de Dios que quita el pecado del mundo. Jesús no murió porque no pudo hacer nada para impedir su crucifixión, sino porque él mismo estaba de acuerdo en entregar su vida. La crucifixión de Jesús no es una prueba de que Jesús no era el Mesías, porque Jesús no solamente se entregó, sino que volvió a la vida. Mostró su poder sobre la muerte, y de esta manera comprobó que verdaderamente era el *Yo soy*.

Nota litúrgica: En el leccionario luterano de tres años en *¡Cantad al Señor!*, Juan 10.11-18 es el santo evangelio para el cuarto domingo de Pascua para el año B, año de San Marcos.

En el leccionario de cuatro años del grupo litúrgico interconfesional de Gran Bretaña Juan 10.7-18 sirve como el santo evangelio para el segundo domingo después de la Resurrección en el año B, año de San Marcos.

10.19-21: Volvió a haber disensión entre los judíos por estas palabras. Muchos de ellos decían: Demonio tiene, y está fuera de sí; ¿por qué le oís? Decían otros: Estas palabras no son de endemoniado. ¿Puede acaso el demonio abrir los ojos de los ciegos? La idea de que el buen pastor mesiánico ha de venir para ofrecerse voluntariamente en sacrificio por sus ovejas descarriadas y dispersas es para muchas personas tan absurda que califican a Jesús de loco o endemoniado. Hasta sus mismos discípulos no podían comprender ni aceptar la idea de un mesías crucificado hasta después de la resurrección de Cristo y la venida del Espíritu Santo, quien les abrió los ojos y los guió a toda verdad. El que llamaran loco a Jesús por insistir que había venido al mundo para sacrificarse por sus ovejas está de acuerdo con lo que dice Pablo en 1 Corintios 2.14: "El hombre natural no percibe las cosas que son del Espíritu de Dios porque para él son locura, y no las puede entender, porque se han de discernir espiritualmente."

Las palabras de Jesús que enfatizan la necesidad del sacrificio vicario y sustitutivo del buen pastor por sus ovejas no son locura ni doctrina de demonios, sino el único medio escogido por Dios para la liberación de sus ovejas de las garras del lobo. Lo que más quiere el lobo es que la palabra de la cruz nos parezca una locura. Esto lo hace el lobo porque busca la destrucción y la dispersión del redil del buen pastor. La palabra de la cruz no es una locura, sino una palabra de poder porque es la única capaz de purificar y santificar a las ovejas del buen pastor. Por eso, el buen pastor ora: "Santifícalos en tu verdad; tu palabra es verdad" (Juan 17.17). La palabra de la cruz era atacada por los enemigos de Jesús durante la fiesta de la dedicación; fue atacada también por muchos místicos, docetistas y gnósticos en el tiempo del evangelista y sigue siendo atacada hoy en día.

La palabra de la cruz es vituperada hoy en día no solamente por rosacruces y espiritistas, sino también por los proponentes de la filosofía así llamada Nueva Era, y de las nuevas sectas que nos invaden desde el lejano oriente. Hasta teólogos de renombre se han pronunciado en contra de la idea de que el sacrificio del buen pastor fuera necesario para la redención de las ovejas descarriadas del redil de Dios. El reconocido teólogo José Comblin ha afirmado que es totalmente irracional y francamente horrible la noción de que Jesús fuera castigado por nuestros pecados a fin de que pudiéramos obtener la salvación (1977.62-63). Expresiones como esas se pueden encontrar en los escritos de muchos de los más eminentes teólogos latinoamericanos contemporáneos. Frente a estas murmuraciones de la muchedumbre de fariseos y escribas modernos es necesario recordar las palabras del apóstol San Pablo: "Porque la palabra de la cruz es locura a los que se pierden; pero a los que se salvan, esto es, a nosotros, es poder de Dios" (1 Corintios 1.18).

10.22-23: Celebrábase en Jerusalén la fiesta de la dedicación. Era invierno, y Jesús andaba en el templo por el pórtico de Salomón. El pórtico de Salomón era un peristilo o columnata protegida al lado oriental del templo. Para evitar los fríos vientos de invierno Jesús se reunía entre las columnas de este atrio, donde después de su resurrección los discípulos iban a reunirse para enseñar la palabra de Dios (Hechos 3.11). Según la cronología preparada por Robinson, la fiesta de la dedicación mencionada en este capítulo se celebraba entre los días 20-27 de diciembre del año 29 d.C. (Robinson 1985.157).

10.24: Y le rodearon los judíos y le dijeron: ¿Hasta cuándo nos turbarás el alma? Si tú eres el Cristo, dínoslo abiertamente. En el discurso anterior Jesús se había identificado con el pastor justo que tenía que venir para juzgar a los falsos pastores y a las ovejas. Puesto que este pastor-mesías es una figura mesiánica, los judíos le preguntan directamente a Jesús si él es el Mesías, es decir, el Cristo esperado (Jungkuntz 1964.564).

10.25: Jesús les respondió: Os lo he dicho, y no creéis; las obras que yo hago en nombre de mi Padre, ellas dan testimonio de mí. Si Jesús hubiera contestado directamente que él era el Mesías, los judíos lo hubieran malentendido. Porque, en realidad, Jesús no era la clase de mesías que ellos esperaban, un cacique militar y político que venía para establecer su reino por medio de la espada (Carson 1991.392). Jesús sí era el pastor-mesías profetizado en el A.T. Jesús era un mesías que venía para sufrir, un mesías que venía a exponer su vida por las ovejas, pero ni los discípulos de Jesús esperaban esa clase de mesías. Por eso, Jesús no les contesta abiertamente como lo hizo en el caso de la samaritana cuando dijo: "Yo soy, el que habla contigo" (Juan 4.26). Jesús hace referencia a sus obras. Tendrán que decir si las obras que él hace son las obras de la clase de mesías que ellos esperan. Tendrán que decidir si en las obras de Jesús se cumplen las profecías de las Escrituras. Cuando Juan el Bautista desde la cárcel mandó a preguntar a Jesús sí él era el Mesías esperado, Jesús tampoco le dio una respuesta abierta y directa, sino que se refirió a sus obras mesiánicas (Mateo 11.1-11). Las obras a las que se refiere Jesús en Juan

10 no sólo incluyen sus milagros, sino también su obra de desenmascarar, condenar y juzgar a los falsos pastores de las ovejas de Israel.

10.26-27: Pero vosotros no creéis, porque no sois de mis ovejas, como os he dicho. Mis ovejas oyen mi voz, y yo las conozco, y me siguen. Los adversarios de Jesús han llegado a la conclusión de que Jesús no es el pastor mesiánico que esperaba el rebaño de Israel. Juzgan a Jesús y lo declaran un falso profeta y un falso mesías. Pero al juzgar así a Jesús, sus adversarios no lo han juzgado a él, sino a sí mismos. Las verdaderas ovejas del buen pastor son las que le creen, le oyen y le siguen. Puesto que los jueces de Israel no creen, ni oyen, ni siguen, se han juzgado a sí mismos y por sus obras han declarado: "Nosotros no somos ovejas del rebaño mesiánico de los últimos tiempos y por eso no tendremos la vida en abundancia que ha venido a traer el buen pastor."

10.28-29: Yo les doy vida eterna; y no perecerán jamás, ni nadie las arrebatará de mi mano. Mi padre que me las dio, es mayor que todos, y nadie las puede arrebatar de la mano de mi Padre. Con frecuencia los que creen en: "una vez salvo, siempre salvo," han empleado este pasaje para comprobar que ningún creyente pueda perder su fe o su salvación, que ninguna tentación o persecución puede apartarnos de Cristo. Pero tal interpretación no sólo contradice otros textos de la Escritura, como por ejemplo la parábola del sembrador, sino el contexto de las palabras de Jesús en Juan 10. Jesús está hablando aquí sobre el poder de la muerte, y dice: Yo tengo poder sobre el último enemigo, la muerte. La muerte no puede robarme mis ovejas porque tengo poder para resucitar a los muertos y dar a los que creen en mí la vida eterna. Jesús tiene poder escatológico, poder para juzgar a los vivos y a los muertos, como vimos en Juan 8, y poder para resucitar a los muertos, como veremos en Juan 11. El hecho de que Jesús tenga poder escatológico es una prueba de que Jesús y Jehová son uno solo. Por eso Jesús puede declarar:

10.30: Yo y el Padre uno somos. El significado de esta declaración es que Jesús y el Padre son iguales. En 10.29 Jesús afirma que nadie podrá arrebatar a las ovejas de la mano del Padre. En 10.28 Jesús dice que nadie las puede arrebatar de su mano. La mano del Padre es igual a la mano de Jesús porque Jesús es igual al Padre. En 1 Corintios 3.8 Pablo, hablando de su ministerio y del de Apolos, declara: "El que planta y el que riega son una misma cosa." Aquí Pablo usa la misma palabra griega (ἕν) que encontramos en Juan 10.30. Aunque Pablo y Apolos tienen diferentes dones y diferentes personalidades son iguales en cuanto a su misión en la iglesia. Pablo y Apolos son una sola cosa en cuanto a su poder, su papel y su status. De manera semejante Jesús, en Juan 10.30, está hablando que en cuanto a su importancia, su status y su poder para resucitar a los muertos, él y el Padre son iguales.

El término uno (ἕν) es neutro y no masculino (εἷς). Esto significa que Jesús y el Padre no son una sola persona con una sola naturaleza, sino que son dos personas unidas en acción. Son dos personas que comparten el mismo poder. La doctrina de la Santa Trinidad no enseña una fusión de personas, sino una comunión de tres personas divinas. Pero Jesús y el Padre no están unidos solamente en acción; su unión es mucho más profunda. Tanto los arrianos antiguos como los modernos estarían de acuerdo en decir que Jesús y el Padre están unidos en acción. Los arrianos son los herejes que niegan que Jesús es verdadero Dios. El autor del cuarto evangelio ya afirmó en Juan 1.1 que entre el Padre y el Hijo existe una unidad de esencia divina, y Juan 10.30 tiene que ser leído a la luz de Juan 1.1. Juan 10.30 enseña que Jesús y Jehová comparten la misma esencia divina. Lo que Jesús dice en Juan 10.30 es que él es igual al Padre.

Para refutar a los teólogos que critican el evangelio de Juan por su cristología de arriba, usamos la frase "Yo y el Padre uno somos", que es uno de los textos más sobresalientes de esta teología. Al final del capítulo hablaremos más acerca de la cristología de arriba y la cristología de abajo.

Nota litúrgica: En el leccionario luterano de tres años en *¡Cantad al Señor!*, Juan 10.22-30 es el santo evangelio para el cuarto domingo de Pascua para el año C, año de San Lucas.

En el leccionario de cuatro años del grupo litúrgico interconfesional de Gran Bretaña Juan 10.22-30 es el santo evangelio para el decimoséptimo domingo después de Pentecostés en el año D, año de San Juan.

10.31-33: Entonces los judíos volvieron a tomar piedras para apedrearle. Jesús les respondió: Muchas buenas obras os he mostrado de mi Padre; ¿por cuál de ellas me apedreáis? Le respondieron los judíos, diciendo: Por buena obra no te apedreamos, sino por la blasfemia; porque tú, siendo hombre, te haces Dios. Los enemigos de Jesús entienden bien la implicaciones de las palabras de Jesús. Entienden correctamente que Jesús se está identificando con Dios y, según su ley, el que se hace Dios merece morir. Pero aquí están equivocados. El lector del cuarto evangelio debe sobrentender que Jesús no se hace igual al Padre. El *Logos* antes de la creación del mundo siempre ha estado con el Padre y siempre ha actuado junto con el Padre. No se puede señalar un momento en la historia en la que el *Logos* se convirtiera en el Hijo de Dios. El *Logos* ha sido Hijo de Dios desde el principio.

Lo que enfureció a los judíos contra Jesús no fueron sus obras sino sus palabras. Las obras de Jesús dan autenticidad a sus palabras y sus palabras abren nuestros ojos al significado de sus obras o señales. La oposición de los judíos a las palabras de Jesús ha cegado sus ojos al significado de las señales. Esto nos ayuda a entender por qué tantas personas en el cuarto evangelio vieron las señales de Jesús y, sin embargo, no llegaron a creer. El problema no es que las señales de Jesús sean insuficientes o fallidas, o que una fe basada en señales sea inferior a una fe que no ve señales. El problema es la dureza del corazón humano que rehúsa hacer caso a las palabras de Jesús. El resultado de esta dureza e incredulidad es que uno se enceguece ante las señales del Señor, como los fariseos en Juan 9.39 (Duke 1985.47).

10.34-35: Jesús les respondió: ¿No está escrito en vuestra ley: Yo dije, dioses sois? Se llamó dioses a aquellos a quienes vino la palabra de Dios (y la Escritura no puede ser quebrantada). Jesús responde a la acusación de blasfemia en su contra citando el Salmo 82.6. En efecto, Jesús dice a sus acusadores: Ustedes me acusan de blasfemia por insinuar que comparto divinidad con el Padre. Pero en el A.T. hay textos donde se afirma que seres humanos han compartido la divinidad con Dios, por ejemplo, el Salmo 82.6-7 que declara: "Yo dije: Vosotros sois dioses, y todos vosotros hijos del Altísimo; pero como hombres moriréis, y como cualquiera de los príncipes caeréis."

En el tiempo del A.T. las personas que formaban parte del gobierno o reino que tenía Dios sobre su pueblo, a veces eran designadas como dioses. Moisés es llamado dios en Éxodo 7.1 porque Dios compartió con él algo de su poder ejecutivo. En Salmo 82.6 Dios se dirige a los jueces de Israel, los cuales comparten con Dios la responsabilidad de gobernar a su pueblo. En el Salmo 82 Dios acusa a los jueces humanos de haber abusado de su oficio tan alto. No han defendido al débil y al huérfano; no han hecho justicia al afligido y al menesteroso (Salmo 82.3). Son como los jueces corruptos y pastores falsos denunciados en Jeremías 22 y 23, y en Ezequiel 34 y 37. Por eso, Dios amenaza presentarse en forma humana entre los jueces corruptos para juzgar a los que son llamados dioses (Salmo 82.1). Puesto que los jueces de Israel comparten con Dios su poder ejecutivo son llamados dioses. Con la venida del verdadero pastor y juez al templo en la fiesta de la dedicación vemos el cumplimiento de las palabras proféticas en el Salmo 82 (Jungkuntz 1964.556-565).

Pero los rabinos y maestros de la ley en el tiempo de Jesús no entendieron el Salmo 82 como un mensaje dirigido a los jueces corruptos de Israel, sino como una advertencia dirigida a Israel en ocasión de la adoración del becerro de oro en el desierto.

Según dos escritos rabínicos, la *Tanhuma* y la *Mekilta* del Rabí Ismael, los hijos de Israel llegaron al monte Sinaí en estado de pecaminosidad, condenados a morir y llenos de temor. Temían que morirían al escuchar la voz de Dios desde el monte. ¿Cómo pueden hombres pecadores escuchar la palabra santa de Dios y no morir? Por eso dijeron: "Pero que no hable Dios con nosotros, para que no muramos" (Éxodo 20.19). Pero, según los rabinos, los hijos de Israel no murieron al recibir la Torá. En cambio, fueron hechos santos e inmaculados por la Palabra; llegaron a ser tan inocentes como lo fueron Adán y Eva en el paraíso antes de la caída. Los rabinos afirmaban que los hijos de Israel recibieron una segunda oportunidad en Sinaí. En virtud de su inocencia y santidad llegaron a ser inmortales como Dios. Recobraron la imagen de Dios que se había perdido cuando nuestros primeros padres comieron de la fruta prohibida. Dios reprimió al ángel de la muerte y no permitió que ningún hijo de Israel fuera llevado por la muerte. Si hubieran permanecido en su nuevo estado de inocencia hubieran vivido para siempre. Por eso, dicen los rabinos, el Salmo 82.6 dice: "Vosotros sois dioses." Es decir, ahora son inmortales como Dios, comparten con él la vida eterna.

Pero los hijos de Israel no guardaron su nueva inocencia e inmortalidad por mucho tiempo. Al ausentarse Moisés de ellos, adoraron al becerro de oro y perdieron su santidad. Al doblar sus rodillas delante del ídolo, los hijos de Israel comieron nuevamente la fruta prohibida y se produjo una nueva caída. Debido a este nuevo pecado los israelitas llegaron otra vez a estar sujetos al poder de la muerte. Por eso, dicen los rabinos, declara el Salmo 82.7 a los hijos de Israel: "Como hombres moriréis." Según Neyrey (1988.221-224), Jesús está haciendo referencia a esta interpretación rabínica popular en Juan 10, y a la luz de esa interpretación debemos entender los versículos 34 y 35.

En otras palabras, Jesús dice a sus acusadores: Los hijos de Israel, según vuestra interpretación del A.T., fueron llamados dioses porque compartían la inmortalidad con Dios. Esa inmortalidad fue un don de la misericordia y gracia inmerecidas. Tuvieron esta inmortalidad por muy poco tiempo a causa de su pecado. Yo, en cambio, comparto la inmortalidad con el Padre desde el principio del universo. Tengo poder sobre la muerte. No he perdido la inmortalidad como consecuencia de una caída en pecado. "¿Quién de vosotros me redarguye de pecado?" (Juan 8.46). Moriré, pero no porque soy pecador sino porque tomo sobre mí los pecados del mundo. Muero, no por pecaminosidad sino porque "yo pongo mi vida... Tengo poder para ponerla, y tengo poder para volverla a tomar" (Juan 10.17-18). Las palabras de Jesús implican que su divinidad es mucho más sublime y duradera que la divinidad mencionada en el Salmo 82. Las pruebas de la divinidad de Jesús son su santidad (¿quién de vosotros me redarguye de pecado?) y el poder supremo que ejerce sobre la muerte, el cual se manifestará en la séptima señal, la resurrección de Lázaro, y en la señal suprema, su propia resurrección de entre los muertos.

Las palabras "la Escritura no puede ser quebrantada" (οὐ δύναται λυθῆναι ἡ γραφή) no solamente quieren decir que la Escritura no se equivoca, sino que no se puede impedir el cumplimiento de lo que dice Dios en ella. Se refiere al cumplimiento de las profecías en Jeremías 22 y 23 y en Ezequiel 34 y 37 acerca de la venida de un pastor-mesías que juzgará a su pueblo con justicia. La palabra λύω, en griego, quiere decir deshacer, aflojar o no-cumplir. Es palabra antónima de la palabra griega πληρόω, cumplir (Jungkuntz 1964.565). En otras palabras, Jesús dice: No es posible que no se cumplan las profecías del A.T. que hablan de un pastor-mesías justo que vendrá para rescatar a las ovejas de Dios y para juzgar con justicia a los falsos pastores de Israel. Esta es mi respuesta a vuestra pregunta: ¿Hasta cuándo nos turbarás el alma? Si tú eres el Cristo, dínoslo abiertamente.

10.36: ¿Al que el Padre santificó y envió al mundo, vosotros decís: Tú blasfemas, porque dije: Hijo de Dios soy? Los enemigos de Jesús acusan de blasfemia al que había sido santificado por el Padre. Es interesante aquí la palabra santificar o consagrar. Mientras se lleva a cabo este discurso, los judíos de Jerusalén están celebrando la fiesta de la dedicación o consagración. Judas Macabeo santificó o consagró el templo como el lugar de la presencia del Padre. Pero aquí se refiere a Jesús como el que ha sido consagrado. Como el consagrado del Padre, Jesús es el verdadero templo, el lugar donde el Padre está presente (Carson 1991.399). Jesús y el Padre son uno, no solamente porque Jesús y el Padre hacen las mismas obras, sino porque el Padre está en Jesús, el templo del Dios vivo.

10.37-38: Si no hago las obras de mi Padre, no me creáis. Mas si las hago, aunque no me creáis a mí, creed a las obras, para que conozcáis y creáis que el Padre está en mí, y yo en el Padre. Las obras del Padre a las cuales se refiere Jesús aquí son las obras que son propias del Padre, que ningún ser humano o ningún otro espíritu puede hacer. Estas son las obras creadoras y escatológicas. Sólo Dios es el creador. La creación es su obra. Satanás no puede crear, sólo puede tratar de destruir, falsificar o abusar lo creado por Dios Padre todopoderoso. Sólo Dios tiene poder escatológico sobre la muerte, sólo él puede resucitar de entre los muertos. Sólo Dios tiene poder para juzgar a los vivos y a los muertos. Las obras de santidad que ha hecho Jesús dan testimonio que ha sido enviado por el Padre y que habla y actúa con plena autoridad de Dios. Pero las obras creadoras y escatológicas de Jesús cumplen otra función. Ellas no sólo prueban la autoridad que Jesús tiene del Padre, sino que también prueban la paridad que él tiene con el Padre. El hecho de que Jesús tenga poder creador, poder para juzgar y poder escatológico sobre la muerte prueba que Jesús y el Padre son uno y que Dios está en Cristo y Cristo en Dios. La prueba suprema que Jesús tiene poder escatológico sobre la muerte será su resurrección de entre los muertos. Porque Jesús no morirá como Israel por su pecado, ni morirá porque tiene menos poder que el ángel de la muerte. Si Jesús muere, es porque voluntariamente pone su vida por las ovejas. Pero el que tiene poder para poner su vida también tiene poder para volverla a tomar (Neyrey 1989.662).

10.39: Procuraron otra vez prenderle, pero él se escapó de sus manos. Como ocurrió en Juan 8.59, los enemigos de Jesús intentan quitarle la vida. Entendieron bien el significado de las palabras de Jesús. Jesús ha declarado ser el Dios Jehová presente entre los mortales como un ser humano. Y esto, para los enemigos de Jesús, es blasfemia. A pesar de las malas intenciones de sus enemigos, Jesús logra escapar de sus manos porque todavía no ha llegado la hora de su muerte, resurrección y ascensión.

10.40-42: Y se fue de nuevo al otro lado del Jordán, al lugar donde primero había estado bautizando Juan; y se quedó allí. Y muchos venían a él, y decían: Juan, a la verdad, ninguna señal hizo; pero todo lo que Juan dijo de éste, era verdad. Y muchos creyeron en él allí. En el capítulo 10 hemos visto cómo el buen pastor llegó al templo, el redil de Israel, para llamar a sus ovejas y curarlas de sus heridas, sus aflicciones y sus pecados. Pero los falsos pastores y jueces del redil se opusieron al buen pastor. Expulsaron a una oveja que creyó en él. Buscaron cómo dar muerte al buen pastor. Ahora el buen pastor sale del templo y de Jerusalén y va al otro lado del Jordán. Saliendo del redil de Israel, muchas ovejas le siguen y se reúnen con él al otro lado del río. Aquí Jesús las alimenta con palabras de vida eterna. De esta manera se dan cuenta que en verdad él es el buen pastor y creen en él. El ciego del capítulo 9 es la primera oveja del rebaño que el buen pastor condujo a los pastos abundantes de la nueva comunidad escatológica.

Nota litúrgica: En el leccionario de cuatro años del grupo litúrgico interconfesional de Gran Bretaña Juan 10.31-42 es el santo evangelio para el decimoctavo domingo después de Pentecostés en el año D, año de San Juan.

Nota sobre la cristología de arriba: Aunque el cuarto evangelio fue el libro bíblico favorito de muchos teólogos de la iglesia antigua, incluyendo a Martín Lutero (Montgomery 1963.198), no es un secreto que muchos teólogos modernos creen que la iglesia primitiva cometió un gran error cuando permitió que el evangelio de Juan fuera incluido en el canon del N.T. Estos teólogos estiman que el cuarto evangelio no es un escrito ortodoxo, pues propaga una teología que está en conflicto con los evangelios sinópticos. Entre las objeciones que han presentado contra el evangelio de Juan se pueden señalar las siguientes:

1- Los evangelios sinópticos enfatizan una cristología de abajo mientras el evangelio de Juan proclama una cristología de arriba. La cristología de abajo subraya más la humanidad de Jesucristo que su divinidad. El énfasis está en el pobre ayudante de carpintero que nació en un humilde pesebre entre la gente oprimida del pueblo. Su origen es primordialmente de entre los de abajo, de los que viven pobres, oprimidos y marginados. Se dice que los sinópticos presentan a un Cristo humano que se compadece y se solidariza con los seres humanos en su aflicciones, dolores y sufrimientos. En los evangelios sinópticos se enfatiza la humanidad de Jesucristo.

En cambio, el cuarto evangelio enfatiza la divinidad de Cristo y su origen de arriba, en las esferas celestiales. Se dice que el Cristo de Juan es un espíritu que realmente no comparte nuestra condición humana y que vive alejado de las realidades que sufrimos diariamente. El conocido teólogo alemán Ernst Käsemann, ha declarado que el Cristo del cuarto evangelio no es un verdadero ser humano, sino un dios caminando sobre la tierra (1968.9). Algunos teólogos de la liberación han declarado que los pobres y oprimidos de América latina no pueden identificarse con el Cristo glorioso presentado en el cuarto evangelio porque es demasiado majestuoso, autoritario y falto de compasión (Trinidad 1984.208). Según ellos, el Cristo glorioso del evangelio de Juan se asemeja demasiado a los reyes, emperadores, dictadores y machistas, quienes en nombre de un Cristo de gloria y de una iglesia comprometida con los ricos, oprimen, explotan y humillan a los pobres, los campesinos, los negros, los indígenas y las mujeres.

Los eruditos que critican tan fuertemente la teología del evangelio de Juan señalan que el cuarto evangelio fue la principal fuente de inspiración de los teólogos que formularon el Credo de Calcedonia con su doctrina tradicional de la Santa Trinidad con la cual tampoco están de acuerdo.

2- La segunda objeción que muchos teólogos modernos tienen con el evangelio de Juan es que la eclesiología (la doctrina de la iglesia) es sectaria. En vez de solidarizarse con el mundo y luchar para eliminar los problemas políticos, sociales y económicos, el Jesús del cuarto evangelio declara que su reino no es de este mundo. Dicen que la postura del grupo para el cual fue escrito el cuarto evangelio era anti-mundo y por eso anti-materialista, anti-ecológica, anti-política y anti-creacionista. Muchos teólogos modernos han llegado a la conclusión de que fue una secta del grupo la que produjo el cuarto evangelio.

3- Una tercera objeción es que es un tratado anti-judío. Se dice que el escritor del cuarto evangelio presenta a sus lectores a un Jesús que está en constante conflicto con los judíos. Hasta declara que los judíos son de su padre, el diablo. Tales declaraciones han ayudado a propagar el antisemitismo en la iglesia cristiana y en la sociedad occidental. Escritos como el cuarto evangelio son responsables de los brotes de persecución y violencia en contra de los judíos a través de la historia del cristianismo. Quieren culpar a San Juan por el holocausto sufrido por los judíos europeos en la Segunda Guerra Mundial.

En otras partes de este estudio hemos hablado acerca del supuesto antisemitismo y antimaterialismo de Juan. Vimos que en el cuarto evangelio los términos judíos y mundo son utilizados de dos diferentes maneras. En muchas partes del evangelio se habla en forma muy positiva acerca de los judíos y del mundo. Juan 3.16 nos dice que "de tal manera amó Dios al mundo" y en Juan 4.22 Jesús le dice a la samaritana que "la salvación viene de los judíos." En Juan 7 y 8 vemos que hay una división entre los judíos, algunos creen en él y otros buscan matarlo. Vimos que el término judíos nunca es usado en el cuarto evangelio como una designación de todo el pueblo, sino solamente de aquellos líderes eclesiásticos del pueblo que se pusieron de acuerdo en perseguir a Jesús y a sus seguidores, y en expulsarlos de la sinagoga. Para los judíos fieles y creyentes el cuarto evangelio prefiere usar el término israelita (Juan 1.47).

El término mundo tampoco es usado en un sentido negativo con referencia a toda la creación material como lo es en los escritos gnósticos. Cuando "mundo" es usado en un sentido negativo en el cuarto evangelio se refiere a las personas que odian la luz porque no quieren que sus malas obras sean conocidas. Los del mundo son los que persiguen y matan a Jesús y a sus discípulos. Pero en ningún momento rechaza el cuarto evangelio la materia y la creación material, sino que declara que toda la creación fue hecha por el Padre y el *Logos*. En vez de ser un tratado anti-materialista, el así llamado evangelio espiritual es el más materialista de los cuatro evangelios. ¿Cómo se puede clasificar como anti-materialista un escrito que resalta tanto la corporalidad de Jesús, que hasta declara que no tendrá vida eterna aquel que no mastique la carne del Hijo del hombre? Más que cualquier otro escrito del N.T., el evangelio de Juan enfatiza que Jesús era un hombre verdadero. Solamente el cuarto evangelio menciona el agua y la sangre que corrieron del costado traspasado del Señor, y solamente este evangelio espiritual menciona a Tomás metiendo el dedo en la herida de Jesús y la mano en su costado.

A través de los primeros capítulos del evangelio de Juan hemos visto que el intento del evangelista ha sido el de combatir las ideas místicas y gnósticas acerca de Jesús. Se opone a los que quieren subir en trance místico al mundo espiritual para tener una visión sobrenatural de Dios en su gloria. El cuarto evangelio insiste que el lugar donde se manifiesta la gloria del *Logos* es en la carne y la sangre de Jesús sacrificados por nosotros sobre la madera, muy material, de una cruz romana. El Cristo del cuarto evangelio no es un espíritu distanciado y alejado de los pobres y oprimidos en sus sufrimientos, como alegan algunos teólogos modernos. Casi todas las personas que tienen contacto con Jesús en el evangelio de Juan son personas marginadas. Entre estas personas están un ciego de nacimiento, una samaritana, un oficial galileo, mujeres como María, Marta y la Magdalena, el paralítico y la *am-ha--aretz*. De Juan 12.5-8 y 13.29 aprendemos que el dinero que recibían Jesús y sus discípulos se destinaba a los pobres.

El Jesús del cuarto evangelio no es un espíritu desinteresado en el sufrimiento y el hambre del pueblo, sino un hombre compasivo que se preocupa por satisfacer las necesidades físicas de las personas (Karris 1990.30). De los cuatro evangelistas, solamente Juan tiene la frase: "¿De dónde compraremos pan para que coman éstos?" (Juan 6.5). El padre franciscano Robert J. Karris, al concluir su estudio sobre los marginados en el evangelio de Juan, llegó a la conclusión que la sinagoga perseguía a la comunidad joánica no debido a su teología de arriba, sino porque proclamaba e imitaba a un Jesús que se identificaba con todos los marginados, quienes tradicionalmente eran excluidos de la sinagoga. Según Karris, haciendo eco a un énfasis en la teología de la liberación, fue la ortopraxis y no la ortodoxia de la comunidad del discípulo amado la que provocó la antipatía de la sinagoga (1990.104).

Es cierto, el Jesús del cuarto evangelio viene de arriba, pero viene hacia abajo porque quiere sufrir por los suyos y dar su vida por sus amigos. El Jesús del cuarto evangelio no es un espíritu impasible, sin emociones, sino un hombre compasivo que llora y se conmueve en su espíritu ante la traición de su amigo Judas (Juan 13.21) y la muerte de su amigo Lázaro y la incredulidad de los judíos (Juan 11.33). Es cierto, en el cuarto evangelio Jesús es pintado como un ser glorioso. Pero Jesús nunca busca gloria para sí mismo, sino para el Padre (Juan 11.4). En las palabras de Orígenes, la gloria de Jesús era una gloria humilde. No se manifestaba en despliegues de auto-glorificación como lo vemos cada vez que un futbolista anota un gol, sino en humillación, servicio, muerte y en el lavamiento de los pies de los suyos. Jesús está hablando de la cruz cuando declara en Juan 17.1: "Padre, ...glorifica a tu Hijo" (Morris 1989.56-57). Es interesante que el evangelio de Juan, más que los evangelios sinópticos, es el escrito que pone énfasis en Jesús, el nombre humano del Señor. El nombre Jesús aparece 237 veces en Juan, 150 en Mateo, 89 en Lucas y 81 en Marcos. Más de la cuarta parte de las referencias de Jesús en el N.T. se encuentran en Juan (Morris 1989.63).

Sí, es verdad, los pobres y oprimidos de nuestro continente se pueden identificar más fácilmente con el Jesús maltratado, lastimado y crucificado que con la imagen del Cristo resucitado en su gloria. Es más fácil porque el pueblo de América latina es un pueblo crucificado que todavía no ha celebrado su propia resurrección. Por eso las celebraciones del Viernes Santo siempre han atraído más gente a los desfiles y servicios de la iglesia que las celebraciones de la resurrección. No es mala la identificación del pueblo con el crucificado, pero sí es contrario a la voluntad de Dios el fatalismo y la amarga resignación a un destino implacable que tal identificación puede engendrar. Nuestro pueblo necesita también conocer al Jesús que ha triunfado sobre la muerte, sobre el pecado, sobre Satanás y sobre el destino. Nuestro pueblo necesita saber que Jesús no está muerto sino vivo, que está presente entre ellos por medio de su Palabra y Espíritu para perdonarles, santificarlos, transformarlos y ayudarles a ser sus testigos en un mundo que se muere por falta de amor, justicia y esperanza. Una cristología de arriba sin una cristología de abajo, como mantienen las elites tradicionales, es tan peligrosa y anti-bíblica como una cristología de abajo sin una cristología de arriba, como mantienen las masas oprimidas de nuestra América latina. Una cosa que nos enseña el evangelio de Juan es que las dos cristologías no son rivales. Son dos lados de la misma moneda. "Y aquel Verbo fue hecho carne."

Si el cuarto evangelio hace más hincapié en la divinidad de Jesucristo que los evangelios sinópticos, es porque existían fuertes razones contextuales que hacían necesario tal énfasis. En el tiempo en que el evangelio de Juan probablemente fue escrito, el emperador romano Domiciano había decretado que todos debían reconocerle a él como señor y dios. Los que se negaban a confesarlo como tal, y a quemar incienso sobre su altar, eran condenados a muerte. En tales circunstancias algunas sinagogas en el área donde vivían los destinatarios del cuarto evangelio denunciaron ante las autoridades romanas a los seguidores de Jesús en su medio. Muchos cristianos estaban tentados a negar a Jesús y confesar al emperador como un ser divino. Uno de los propósitos del cuarto evangelio era recordar a todos los discípulos de Jesús que sólo Jesús debe ser confesado como Señor y Dios.

Capítulo 11

Séptima señal: la resurrección de Lázaro

Esta es la última y las más grande de las señales de Jesús. En 9.11 vimos como Jesús es la luz que abrió los ojos del ciego de nacimiento. En el capítulo 11 veremos como Jesús es la vida que resucita a Lázaro. Como todas las otras señales en el libro de Juan, ésta nos ofrece un anticipo de la gloria de Jesús que será revelada en forma más completa en su crucifixión, resurrección y ascensión. La señal del levantamiento de Lázaro también provoca una crisis, es decir, exige una decisión de los que la experimentan, una decisión a favor o en contra de Jesús. A diferencia de los otros capítulos del cuarto evangelio que ya hemos estudiado, el capítulo 11 no nos presenta primero la narración de la señal y después un diálogo o monólogo en el cual se explica el significado de la señal para la fe. En Juan 11 la narración y el comentario interpretativo se enlazan y forman una unidad.

11.1-2: Estaba entonces enfermo uno llamado Lázaro, de Betania, la aldea de María y de Marta su hermana. (María, cuyo hermano Lázaro estaba enfermo, fue la que ungió al Señor con perfume, y le enjugó los pies con sus cabellos.) En este capítulo 11 se menciona por primera vez en el cuarto evangelio el nombre Lázaro. Lázaro es un diminutivo de Eleazar y significa: Aquel a quien Dios ayuda. Aunque Lázaro es uno de los personajes más importantes en el evangelio de Juan, él nunca dice una sola palabra. Lázaro es importante, no por lo que dice o hace, sino por lo que le hacen a él. Lázaro es significativo porque es una demostración viva de que el don de la vida eterna no es algo que obtengamos por realizar actos heroicos como los héroes de la mitología griega; el don de la vida es algo que nos es dado y que recibimos pasivamente. No sabemos si el Lázaro mencionado aquí es el mismo Lázaro de quién habla Jesús en la parábola del hombre rico y el pobre Lázaro en Lucas 16.19-31.

Lázaro vivía con sus dos hermanas María y Marta, a quienes conocemos del relato en Lucas 10.38-42. La residencia de Lázaro, María y Marta está en la aldea de Betania, ubicada a unos tres kilómetros de Jerusalén, por la parte oriental del monte de los Olivos. Aparentemente la casa de Lázaro era la base de operaciones de Jesús durante su estancia en Judea en la semana santa, pues no pasaba la noche en Jerusalén, sino que salía hacia Betania. En el año 1873 se encontró una tumba cerca de Betania y entre las personas enterradas en la misma había una mujer llamada María y otra llamada Marta. No hay manera de comprobar si son los restos de las dos hermanas mencionadas en este capítulo. Lo que sí comprueba el hallazgo es que los nombres María y Marta eran conocidos en la región de Betania (Carson 1991.404).

El evangelista declara que la María que aparece como uno de los personajes en este relato, es la misma que ungió a Jesús en Juan 12.1-8. La historia del ungimiento de Jesús es algo que todavía queda en el futuro. Una referencia dentro del texto a un evento futuro es lo que la crítica literaria llama una analepsis. La presencia de varias analepsis y prolepsis (referencias a eventos mencionados en capítulos anteriores) en el cuarto evangelio indica que aquí tenemos una obra que debe ser leída y estudiada con mucho cuidado una y otra vez (Stibbe 1994.52).

11.3: Enviaron, pues, las hermanas para decir a Jesús: Señor, he aquí el que amas está enfermo. El hecho de que se refieren a Lázaro como "el que amas," ha llevado a algunos comentaristas a postular que Lázaro era el discípulo amado que en la última cena estaba recostado al lado de Jesús. Juan 13.23 se refiere a este discípulo como "uno de sus discípulos, al cual Jesús amaba." Juan 21.20-25 también habla del "discípulo a quien amaba Jesús" el cual es identificado como el autor del libro de Juan. Juan 19.26 nos dice que "el discípulo a quién él amaba" estaba presente con las tres Marías al pie de la cruz. Fue este discípulo que se encargó del cuidado de María después de la crucifixión del Señor (Juan 19.25-27). Fue también el discípulo amado quien dio testimonio del agua y la sangre que salieron del costado traspasado de Jesús en Juan 19.34-35.

Tradicionalmente se ha identificado al discípulo amado con el apóstol San Juan, el hijo de Zebedeo y uno de los cuatro pescadores del mar de Galilea que fue llamado por Jesús para que fuera pescador de hombres. Otros expositores modernos han intentado identificar al discípulo amado con otras personas, entre ellas: Juan, Marcos, Nicodemo, Natanael o un discípulo anónimo. El profesor J. N. Sanders, que por muchos años enseñó Nuevo Testamento en la Universidad de Cambridge en Inglaterra, en varios artículos y en su comentario sobre el evangelio según San Juan, ha tratado de identificar al discípulo amado con Lázaro.

Sanders ofrece cuatro razones para tal identificación: 1- En Juan 11.3 Lázaro es identificado como "el que amas." 2- Juan 18.15 dice que el discípulo amado fue conocido del sumo sacerdote. Sanders dice que no es muy probable que un humilde pescador fuera un conocido del sumo sacerdote en Jerusalén. En opinión de Sanders, el discípulo amado tendría que ser un habitante de Jerusalén o sus alrededores. El hecho de que muchas personas importantes de Jerusalén vinieran al entierro de Lázaro indica que era una persona importante con muchas amistades en Jerusalén. 3- El diálogo entre Pedro y Jesús en Juan 21.20-25 indica que la muerte del discípulo amado sería causa de consternación para muchos creyentes puesto que muchos creyeron que el discípulo amado no moriría. Según Sanders, esta creencia tuvo su origen en el hecho de que Lázaro, el discípulo amado, ya había sido levantado de entre los muertos. Ante los ojos de muchos, Lázaro ya había experimentado la resurrección de los muertos, por eso no podía morir otra vez. 4- Los muchos detalles geográficos tan exactos sobre Jerusalén que encontramos en el cuarto evangelio y que no aparecen en los evangelios sinópticos, evidencian que su autor era un nativo de Jerusalén y no un galileo (Sanders 1968.29-32).

Vale la pena mencionar que son pocos los eruditos que se han dejado convencer por los argumentos de J. N. Sanders. Para defender la identificación tradicional de que el discípulo amado era Juan, algunos comentaristas han postulado que Juan era un sacerdote que, como Zacarías, el padre de Juan Bautista, solamente tenía que servir en el templo por 15 días cada año. El resto del tiempo desempeñaba el oficio de pescador. Otros han afirmado que Zebedeo, el padre del discípulo Juan, era el proveedor oficial de pescado salado para la casa del sumo sacerdote. Su hijo Juan era su representante que viajaba con frecuencia a Jerusalén para entregar el pescado salado al palacio de Caifás y efectuar los cobros. Se dice que por modestia el discípulo Juan nunca mencionaba por nombre ni a sí mismo, ni a su hermano Jacobo, ni a su madre, ni a su padre Zebedeo. Hemos mencionado aquí la teoría de J. N. Sanders, no tanto porque sea convincente, sino porque es una de las muchas teorías que han surgido en cuanto al autor del cuarto evangelio.

11.4: Oyéndolo Jesús, dijo: Esta enfermedad no es para muerte, sino para la gloria de Dios, para que el Hijo de Dios sea glorificado por ella. Las palabras de Jesús son verídicas, pero no en el sentido en que las entienden los discípulos. Los discípulos creen que no es una enfermedad grave y que Lázaro no morirá. Lo que quiere decir Jesús es que esta enfermedad que producirá la muerte terminará en la resurrección o reanimación de Lázaro. Una de las verdades que quiere afirmar este relato es que para los que creen en Jesús, ninguna enfermedad es para muerte. La muerte no tendrá la última palabra. Todos los que viven en unión con Jesús tendrán vida eterna en él.

Algunos comentaristas como Léon-Dufour prefieren no hablar de la resurrección de Lázaro, sino de su reanimación. Prefieren usar la palabra resurrección solamente para la resurrección de Jesús y de los creyentes en el día final. Según Léon-Dufour, resurrección quiere decir entrar en una nueva dimensión de vida escatológica en la cual no habrá más enfermedad, muerte o dolor. Puesto que Lázaro volverá a morir después de ser levantado por Jesús, su levantamiento no es, propiamente dicho, una resurrección, sino una reanimación o revivificación. Lázaro morirá otra vez después de su reanimación y necesitará ser resucitado en el día final.

La palabra gloria en el evangelio de Juan tiene varios significados. En este versículo se refiere a la gloria que compartía Jesús con el Padre antes de la creación del mundo. Es la gloria que vio Isaías en su visión en el templo (Isaías 6 y Juan 12.41). Es la gloria del Santo Ser que es eterno, que tiene vida en sí mismo y que tiene poder sobre la muerte. Al resucitar a Lázaro de la muerte se pondrá de manifiesto que Jesús comparte con el Padre la gloria eterna y el poder para resucitar a los muertos. La resurrección o revivificación de Lázaro será una epifanía, una revelación de la gloria de Dios en su Hijo. En esta epifanía se revelará quién es el Padre y quién es el Hijo. El Padre es aquel que ama tanto a los seres humanos que no puede quedarse alejado de ellos en sus momentos de sufrimiento, agonía y dolor. El Padre es aquel que se acerca a nosotros en la persona de su Hijo para compartir su dolor. El Hijo es aquel en quién está presente la autoridad que tiene el Padre sobre la muerte. Él es la resurrección y la vida. En el Hijo se revela quién es el Padre y en el Padre quién es el Hijo.

11.5-6: Y amaba Jesús a Marta, a su hermana y a Lázaro. Cuando oyó, pues, que estaba enfermo, se quedó dos días más en el lugar donde estaba. El evangelista hace hincapié en el hecho de que Jesús amaba, no solamente a Lázaro, sino también a Marta y María. Juan quiere que sepamos que todo lo que sucederá en esta narración será porque Lázaro, Marta y María pertenecen a "los suyos." En Juan 13.1 el evangelista nos dice que el amor de Jesús por los suyos fue lo que lo llevó a sacrificar su vida por ellos. Porque Jesús ama a los suyos, la muerte no tendrá la última palabra en sus vidas. Porque Jesús ama a los suyos, Jesús los llama a despertar del sueño de la muerte. Porque Jesús ama a los suyos, no tendrán que temer al más allá. Porque Jesús ama a los suyos, no se convertirán en duendes, fantasmas, ánimas o espíritus malos. Porque Jesús ama a los suyos, abandona su lugar de refugio para viajar nuevamente a Judea donde su vida corre peligro. Porque Jesús ama a los suyos, nosotros también tenemos esperanza ante el poder de la muerte.

Algunos comentaristas creen que Jesús estaba en Perea, en la Transjordania, cuando le llegó la noticia de la enfermedad de Lázaro, pero a propósito se demoró en responder a la petición de María y Marta. Según esta interpretación, Jesús permitió que Lázaro muriera para que el milagro de su reanimación fuera más grande. Otros creen que Jesús se demoró porque todavía no era tiempo de ir a Betania y devolver la vida a Lázaro. Ya en Juan 2.4 Jesús había advertido a su madre que su hora aún no había venido. Cuando los hermanos de Jesús le instan a que fuera a Jerusalén para celebrar la fiesta de los tabernáculos, Jesús otra vez se demora. Jesús no lleva a cabo su ministerio y su voluntad según un horario o una agenda preparada por los seres humanos. Tiene su propio horario y su propia agenda. No puede ser apresurado por nosotros. Una de las lecciones que nos enseña este relato es que Dios nos llama a una fe que está dispuesta a esperar y aceptar la agenda de Dios.

Carson (1991.406) no cree que Jesús estaba en Perea cuando le llegó la noticia de la enfermedad de Lázaro, sino en Betania o Iturea, en los dominios del Tetrarca Felipe, a unos 150 kilómetros de Jerusalén. Puesto que una persona podía transitar a pie en Palestina unos 40 kilómetros por día, Carson ha postulado que la noticia de la enfermedad de Lázaro tardó cuatro días en llegar a Jesús y que su viaje a Betania duró otros cuatro días más. Así, Carson cree que la demora de Jesús fue ocasionada por la distancia y el tiempo y no por un deseo de Jesús de probar la fe de las hermanas o de magnificar el milagro que iba a realizar.

Hay una segunda lección para nosotros en este versículo: la demora de Jesús no significa que se ha olvidado de sus seres queridos. Siempre vendrá para resucitar a los que han creído en él. Hubo una demora también en la resurrección de la hija de Jairo en Marcos 5.21-43. Jesús se demoró en resucitar a la hija de Jairo para atender a la mujer con el flujo de sangre, pero su demora no significó que Jesús se había olvidado de su promesa a Jairo. Jesús se demoró en resucitar a la hija de Jairo porque otra persona necesitaba su ayuda. Si Jesús se demora en llegar es porque necesita salvar primero a otros. Jesús se demora en llegar a Betania para que la señal de la resurrección de Lázaro sea un fuerte apoyo en la salvación de muchas otras personas.

Lázaro ya está en la tumba por cuatro días. Ya ha comenzado el proceso de descomposición, aparentemente no hay más esperanza de resurrección. Ya pasó el tercer día, el día de la resurrección, y todavía Jesús no viene. Hay una profecía en Oseas que dice: "Venid y volvamos a Jehová; porque él arrebató, y nos curará; hirió, y nos vendará. Nos dará vida después de dos días; en el tercer día nos resucitará, y viviremos delante de él" (Oseas 6.1-2). Pero Jesús sí vino. No se olvidó de su amigo Lázaro.

Muchos cristianos que vivían en el tiempo cuando Juan escribió el cuarto evangelio esperaban el pronto retorno de Jesús para establecer su reino entre los seres humanos y rescatar a los suyos del poder de la muerte. Sabemos de 1 Tesalonicenses 4.13-5.11 que algunos cristianos hasta creían que ningún creyente iba a morir antes del retorno de Cristo. Cuando se murieron algunos miembros de la congregación se afligieron en gran manera porque creían que los que murieron no participarían en el reino de Dios. 2 Pedro 3.3-4 declara: "En los postreros días vendrán burladores, andando según sus propias concupiscencias, y diciendo: ¿Dónde está la promesa de su advenimiento? Porque desde el día en que los padres durmieron, todas las cosas permanecen así como desde el principio de la creación." Pedro tiene que explicar a sus lectores que la tardanza del Señor se debe al deseo de Dios de dar a los incrédulos más tiempo para arrepentirse. Si Jesús se demora en llegar a resucitar a los muertos, no es porque se ha olvidado de ellos, sino porque necesita salvar primero a otros. Esta es la misma lección que nos enseña la historia de la resurrección de Lázaro. Jesús puede demorar en venir para resucitarnos a nosotros y a nuestros seres queridos como se demoró en el caso de Lázaro y de la hija de Jairo. Pero esto no debe llevarnos a la desesperación. Como Marta y María de Betania debemos confiar que él es la resurrección y la vida. Su demora no se debe al olvido. Se debe a su deseo de darnos más tiempo para cumplir con la gran comisión.

11.7-8: Luego, después de esto, dijo a los discípulos: Vamos a Judea otra vez. Le dijeron los discípulos: Rabí, ahora procuraban los judíos apedrearte, ¿y otra vez vas allá? Al final del discurso sobre el buen pastor los judíos intentaron apedrear a Jesús porque dijo que era Hijo de Dios (Juan 10.36-39). Jesús tuvo que salir de la región de Jerusalén y Judea porque su vida corría peligro. Ahora propone volver al lugar donde su vida está en peligro. Los discípulos temen salir del lugar seguro donde están para arriesgar sus vidas viajando a un lugar donde los esperan sus enemigos con intenciones de destruirlos. Lo que impulsa a Jesús a arriesgar su vida es el amor que tiene por Lázaro, Marta y María. Fue este mismo amor para con nosotros el que le hizo abandonar la seguridad que tenía al lado del Padre para venir a este mundo a rescatarnos del poder del pecado y de la muerte.

11.9-10: Respondió Jesús: ¿No tiene el día doce horas? El que anda de día, no tropieza, porque ve la luz de este mundo; pero el que anda de noche, tropieza, porque no hay luz en él. La gente en el tiempo de Jesús realizaba casi todas sus actividades durante las horas en que brillaba el sol. Durante la noche nadie trabaja. Los artesanos, trabajadores y obreros tienen que levantarse temprano para aprovechar las horas del día y poder realizar sus oficios antes que venga la noche cuando nadie puede trabajar. El ministerio de Jesús también se divide en día y noche. La noche es el tiempo de su pasión y muerte; el día es el tiempo que el Padre le ha asignado para predicar, enseñar y sanar enfermos. Ese día de su ministerio está llegando rápidamente a su fin pero la última hora aun no ha llegado. Le queda algún tiempo todavía antes de su muerte para hacer el bien. Jesús quiere aprovechar ese tiempo en la confianza de que el Padre no le dejará morir antes de terminar las doce horas de su día de ministerio. De igual manera nosotros somos llamados a aprovechar las horas que el Padre nos ha dado para trabajar por el reino. ¿Estamos usando bien nuestro tiempo?

11.11-14: Dicho esto, les dijo después: Nuestro amigo Lázaro duerme; mas voy a despertarle. Dijeron entonces sus discípulos: Señor, si duerme, sanará. Pero Jesús decía esto de la muerte de Lázaro; y ellos pensaron que hablaba del reposar del sueño. Entonces Jesús les dijo claramente: Lázaro ha muerto. Después de contar su pequeña parábola sobre la luz del sol Jesús habla ahora a los suyos de la necesidad de despertar a Lázaro de su sueño. Los discípulos malentienden las palabras de Jesús creyendo que está hablando del sueño normal, cuando en realidad está hablando del sueño de la muerte. Una vez más en el evangelio de Juan un malentendido de parte de algunos sirve a Jesús como ocasión para llamarnos a un nivel más profundo de entendimiento y de fe. Cuando Jesús se da cuenta de la equivocación en la que han caído sus discípulos, les dice claramente: "Lázaro ha muerto."

Muchos otros textos en el N.T. también hablan de la muerte como si fuera un sueño (Cf. 1 Corintios 15.18,20,51). Antes de resucitar a la hija de Jairo, Jesús dice a los padres de la niña muerta: "¿Por qué alborotáis y lloráis? La niña no está muerta, sino duerme" (Marcos 5.39). En 1 Corintios 15.6 San Pablo se refiere a los cristianos que han muerto como a los que ya duermen. En 1 Tesalonicenses 4.13 Pablo no quiere que los tesalonicenses sean ignorantes en cuanto a los que duermen, es decir, los hermanos cristianos que han muerto antes de la segunda venida del Señor. Pablo quiere asegurarles que "ya sea que velemos, o que durmamos, vivamos juntamente con él" (1 Tesalonicenses 5.10). En otras palabras, los cristianos muertos no han perecido para siempre ni han dejado de existir pues viven con el Señor Jesucristo. Al hablar de la muerte como de un sueño los cristianos primitivos daban testimonio de su fe en Jesucristo y de su esperanza en la resurrección de los muertos. Así como el sueño es una condición de la cual uno despierta refrescado y renovado, así también la muerte para el creyente es solamente una ausencia provisional, la antesala de una vida sin fin.

El hecho de que este capítulo 11 de Juan también tiene que ver con la salvación eterna se pone de manifiesto con el uso de la palabra salvará en el versículo 12. La palabra salvará es el vocablo griego σωθήσεται, una palabra que el evangelio de Juan utiliza exclusivamente en el contexto de salvación en el sentido religioso. Lo que está en juego no es simplemente la restauración de la salud de Lázaro, sino también la vida eterna (Howard-Brook 1994.253).

11.15: Jesús ahora declara: "y me alegro por vosotros, de no haber estado allí, para que creáis; mas vamos a él." A propósito Jesús no llegó a Betania antes de la muerte de Lázaro. Jesús permitió que Lázaro muriera porque así tendría la oportunidad de llevar a sus discípulos y a nosotros a una fe más profunda.

11.16: Dijo entonces Tomás, llamado Dídimo, a sus condiscípulos: Vamos también nosotros, para que muramos con él. Vemos aquí por primera vez algo del carácter escéptico y fatalista de Tomás que llegaremos a conocer más en el capítulo 20. De este escepticismo y fatalismo tendrá que resucitar Tomás. El evangelio de Juan quiere presentarnos a Jesús como el que ha venido para llamarnos a salir de la tumba de incredulidad, fatalismo, duda y escepticismo y gozar una nueva vida de fe y comunión con él.

Tomás, sin entender la importancia de lo que está diciendo, hace una declaración profunda que tiene importancia, no sólo para los doce, sino también para todos los discípulos de todos los tiempos. En verdad, los que son discípulos son llamados a morir con Cristo. En primer lugar somos sepultados juntamente con Cristo en el bautismo, a fin de dejar atrás nuestro pecado y nuestra vieja manera de vivir y resucitar con él a una nueva vida (Romanos 6.1-14). En segundo lugar, el discípulo es llamado a sufrir todo, hasta la perdida de su vida, antes de negar a Cristo y su evangelio. "Si alguno quiere venir en pos de mí, niéguese a sí mismo, y tome su cruz, y sígame," dice Jesús en Marcos 8.34. Una de las marcas de un discípulo es que sufre tribulación, persecución y muerte por el Señor: "Perseguidos, mas no desamparados; derribados, pero no destruidos; llevando en el cuerpo siempre por todas partes la muerte de Jesús, para que también la vida de Jesús se manifieste en nuestros cuerpos" (2 Corintios 4.9-10). Según la tradición, no solamente Tomás, sino cada uno de los apóstoles, con la excepción de Juan, murieron en forma violenta a causa de Jesús y de su evangelio. Así, las palabras de Tomás son una profecía que, a su tiempo, se cumplió. A la vez, debemos reconocer que con toda probabilidad el evangelio de Juan fue enviado a las mismas congregaciones en Asia para las cuales fue escrito el libro del Apocalipsis. Estas congregaciones estaban a punto de sufrir persecución y muerte por causa de Jesús. En estas congregaciones había muchos cristianos tibios, dispuestos a comprometer su fe y ofrecer incienso al césar para no tener que sufrir con Cristo. Por medio de las palabras de Tomás, el evangelista está llamando a todo discípulo a ir a Jerusalén y estar dispuesto a sufrir y morir con Cristo.

11.17: Vino, pues, Jesús, y halló que hacía ya cuatro días que Lázaro estaba en el sepulcro. Según las creencias populares en Palestina, el alma del difunto se quedaba en la vecindad de la tumba por unos cuatro días. Pero al llegar el cuarto día el cuerpo entra en el proceso de descomposición. Esto era señal de que el alma se había ido. Solamente un milagro más grande que todos los vistos hasta ahora, podía salvar a Lázaro, pues, al igual que nosotros después de nuestra muerte, Lázaro necesitará ser salvado, no solamente de la muerte, sino también de la corrupción.

11.18-19: Betania estaba cerca de Jerusalén, como a quince estadios; y muchos de los judíos habían venido a Marta y a María, para consolarlas por su hermano. Puesto que Betania estaba tan cerca de Jerusalén era posible que muchas personas de Jerusalén asistiesen al funeral y velorio. La cantidad de personas que asistieron indica que la familia de Lázaro gozaba de cierta importancia en Judea. La presencia de tantos asistentes al acto fúnebre fue la causa de que gran cantidad de personas presenciasen la séptima señal de Jesús.

11.20-21: Entonces Marta, cuando oyó que Jesús venía, salió a encontrarle; pero María se quedó en casa. Y Marta dijo a Jesús: Señor, si hubieses estado aquí, mi hermano no habría muerto. La reacción de Marta es parecida a nuestra reacción ante la muerte. Con frecuencia nos quejamos que si Jesús hubiera apresurado su segunda venida, no tendríamos que sufrir la pérdida de nuestros seres queridos. Con todo esto Marta declara su fe. Ante la muerte, ella confiesa: "Yo sé que resucitará en la resurrección, en el día postrero." Marta ya cree que habrá una resurrección en el día final como declara Daniel 12.2-3. Marta tiene fe, pero su fe no es ni completa ni madura. Jesús ha venido a Betania precisamente para llamar tanto a Marta como a nosotros a una fe profunda y completa. La fe de Marta estaba centrada en la doctrina de una resurrección futura, pero ahora es llamada a una fe en la persona de Jesucristo, en aquel que es la resurrección y la vida; a una fe en aquel que, no sólo da vida a una persona muerta, sino que da la vida eterna. Muchas personas hoy en día tienen una fe vaga en lo que muchos han denominado vida después de la vida. Esta fe en la vida después de la vida se basa en conclusiones filosóficas, en supuestas visiones de ciertos clarividentes y espiritistas y en relatos de sueños de personas que murieron por unos pocos minutos y después volvieron a la vida. Jesús en Juan 11 no nos llama a creer en una doctrina o en una filosofía, sino en una persona. Esta persona es él mismo: Jesucristo. Él declara tanto a Marta como a nosotros: "Yo soy la resurrección y la vida."

Jesús todavía no ha entrado en la aldea. Su encuentro con Marta se lleva a cabo fuera del pueblo. Las palabras de Marta son un reflejo del dolor que está sufriendo, no un regaño a Jesús por no haber llegado más temprano. A pesar de todo lo que ha sucedido, Marta no ha perdido su fe. Ella estaba segura que Jesús hubiera sanado a Lázaro si hubiera llegado antes.

11.22-23: Mas también sé ahora que todo lo que pidas a Dios, Dios te lo dará. Jesús le dijo: Tu hermano resucitará. Las palabras de Marta aquí nos recuerdan a las de la madre de Jesús en las bodas de Caná. En las bodas, María no pidió directamente que Jesús hiciera un milagro, pero sus palabras "no tienen vino" casi eran como una petición indirecta, como una invitación a hacer algo. Es casi como si Marta quisiera pedir a Jesús que devolviese la vida a su hermano. Pero le falta la valentía y la fe para poner en palabras lo que siente en su corazón. Sin embargo, detrás de las palabras de Marta podemos sentir la presencia de una esperanza que, en contra de toda lógica, se atreve a esperar lo inesperado. Pero las palabras de Marta también revelan que para ella Jesús es como uno de los grandes profetas del A.T., tal vez como Elías, el cual pidió a Dios a favor del hijo muerto de la viuda de Sarepta en 1 Reyes 17. Por medio de la intercesión de Elías, Dios devolvió la vida al muchacho muerto. Tal vez Marta secretamente abriga la esperanza de que Jesús podría interceder ante Dios de una manera parecida a favor de su hermano Lázaro. Es claro que Jesús ha venido a Betania, no solamente para devolver la vida a Lázaro, sino también con el propósito de aumentar la fe y la esperanza tanto de Marta como la nuestra.

Como la conversación entre Jesús y la samaritana en Juan 4, el diálogo entre Marta y Jesús es notable porque un rabino judío no solía hablar en público con mujeres. Además, no es una simple conversación social, sino un diálogo teológico e intelectual sobre la naturaleza y la realidad de la resurrección. Tal conversación nos indica que Marta y su hermana María no son simplemente amigas de Jesús o creyentes, sino discípulos (Kitzberger 1995.574). El texto nos presenta a Marta como una persona más intelectual, pensante y práctica mientras su hermana María nos es presentada como una persona más emocional y vulnerable. En Juan 11 vemos que Jesús se relaciona con cada hermana de acuerdo a su personalidad, con Marta discute asuntos teológicos e intelectuales, en tanto llora con María (Kitzberger 1995.578).

11.24: Marta le dijo: Yo sé que resucitará en la resurrección, en el día

postrero. Marta malentiende lo que Jesús está diciendo aquí; cree que Jesús está hablando solamente de la resurrección de los muertos en el día del juicio final. Ya hemos visto varias veces que los malentendidos en el cuarto evangelio casi siempre sirven como una oportunidad para presentar una enseñanza más completa. Marta responde con una confesión de fe basada en la doctrina que enseñaban los fariseos de que habrá una resurrección corporal de todos los muertos, basado en Daniel 12.2. A diferencia a los saduceos, los fariseos afirmaban que Dios resucitará corporalmente a todos los muertos. Casi todas las religiones del mundo enseñan que hay vida después de la vida, de que el cuerpo puede deshacerse pero el alma o espíritu del individuo sigue existiendo. Esa es la creencia en la inmortalidad del alma. Las religiones orientales, los sistemas gnósticos y los filósofos griegos como Platón enseñan que el alma o espíritu es inmortal porque es una chispa de la esencia de Dios. Según estos mismos sistemas religiosos y filosóficos, el cuerpo no es hecho por Dios, sino por algún espíritu inferior y por eso es corruptible, contaminado y mortal. La salvación en las religiones orientales consiste en liberar y salvar al alma de las trabas de la carne por medio de meditaciones espirituales, ayunos, vigilias, mortificaciones de la carne, la práctica del yoga y las recitaciones de mantras.

Las religiones orientales y las filosofías griegas no se interesan en la resurrección de la carne. Para ellos la carne humana es impura y corrupta y no merece ser resucitada. El cuerpo debe ser destruido, sólo el espíritu merece la vida eterna. Los filósofos con los cuales disputaba Pablo en el Areópago (Hechos 17.16-34) no objetaron el discurso del apóstol sobre el Dios no conocido hasta que mencionó la resurrección de los muertos en 17.31-32. Al oír de la resurrección, los filósofos griegos comenzaron a burlarse de Pablo así como la gente se burlaba de Jesús cuando dijo: “La niña no está muerta, sino duerme” (Marcos 5.39). La mayoría de los miembros de la secta de los saduceos pertenecía a la aristocracia de Jerusalén. Eran los sacerdotes y príncipes ricos que prestaron sus servicios a los intereses de los griegos y los romanos que se habían adueñado de Palestina. Para tener acceso a las posiciones de poder en el gobierno de Palestina los saduceos enviaban a sus hijos a estudiar en el gimnasio o la academia griega establecida por Alejandro Magno en Jerusalén. Allí los saduceos aprendieron, no solamente las ciencias helenísticas, sino también la filosofía griega y las ideas griegas en cuanto a la inmortalidad del alma. El N.T. y los escritos de Josefo nos informan que los saduceos negaban la resurrección de los cuerpos de los muertos.

Los fariseos, en cambio, afirmaban que el cuerpo humano había sido creado por Dios y que por eso Dios daría vida eterna, no solamente al espíritu, sino al ser humano en su totalidad, cuerpo y alma. Esto es lo que confesaban los fariseos, lo que confesó Marta y lo que confiesa el Credo Apostólico al afirmar: “Creo en la resurrección de la carne.”

11.25: Le dijo Jesús: Yo soy la resurrección y la vida; el que cree en mí,

aunque esté muerto, vivirá. Aquí tenemos otro de los *Yo soy* del evangelio de Juan. Jesús hace esta sublime declaración para mover la fe de Marta, y la nuestra, de una creencia abstracta en la doctrina de la resurrección o en una filosofía de la inmortalidad del alma a una fe concreta y específica en él. La base de nuestra fe es Jesucristo, no una filosofía acerca de la vida después de la vida. Tenemos esperanza, no porque algunos espiritistas afirman haber hecho contacto con el más allá, sino porque Jesús es la resurrección y la vida. Fuera de Jesús no hay resurrección; fuera de él no hay vida eterna.

La fe en Jesús no es algo sin importancia. La fe en Jesús es algo que conduce a la vida eterna. La resurrección de Lázaro, la séptima señal del cuarto evangelio, ha sido colocada en las Escrituras específicamente para llevarnos a confiar en Jesús y a basar nuestra esperanza de resurrección y de vida eterna en él. Lázaro había creído en Jesús, y aunque él esté muerto, vivirá.

Jesús se identifica como resurrección y vida. ¿Quieren decir la misma cosa estas dos palabras? ¿Son sinónimos o se trata de dos realidades distintas? Como hemos mencionado antes, la palabra resurrección se usa en la Biblia con referencia a un levantamiento escatológico de los cuerpos de los muertos en el postrer día, pero vida eterna es vida en comunión con Jesús y con el Padre. La vida eterna no es algo para lo cual tenemos que esperar hasta el último día. Comienza ahora en esta vida, en el momento cuando nacemos otra vez de agua y del Espíritu. La comunión con Dios que se establece en el día que nacemos de arriba es una comunión que la muerte física no puede destruir. Lázaro, ya antes de ser reanimado, tenía la comunión con Dios que es la vida eterna. Nuestro Señor, al declarar que él es la resurrección y la vida, está afirmando que él es la base, la fuente y la seguridad, tanto de la resurrección de nuestros cuerpos en el último día, como de la vida que tenemos en comunión con Dios en la vida presente. Jesús es la base tanto de la escatología ya realizada como de la futura.

Aquí tenemos nuevamente las palabras *Yo soy*, tan importantes en el evangelio de Juan. Como hemos reiterado en varias ocasiones, *Yo soy* no solamente identifica a Jesús con Jehová, sino que lo señala como el verdadero cumplimiento de las esperanzas escatológicas del A.T. y de la humanidad en general. Adán y Eva extendieron sus manos para tomar la fruta prohibida porque creyeron que así podrían apoderarse de la vida divina. Pero no es la fruta prohibida la que da la vida eterna, Jesús es la resurrección y la vida. Los constructores de la torre de Babel levantaron su *zigurat* hacia los cielos para así alcanzar la vida eterna. Pero no es la tecnología y la ciencia del ser humano la que puede alcanzar la vida eterna. Jesús es la resurrección y la vida. El conquistador Ponce de León gastó su fortuna y su vida explorando las selvas de la Florida en búsqueda de la fuente de la juventud, pero solamente encontró la muerte. No es la fuente de la juventud la que da la vida eterna. Jesús es la resurrección y la vida. La búsqueda humana por una solución al problema de la muerte encontrará su solución sólo en Jesús. "*Yo soy* la resurrección y la vida."

El levantamiento o la reanimación de Lázaro de quién leeremos en este capítulo es una de las grandes señales de Jesús en el cuarto evangelio, pero no es lo más importante en el capítulo. Lo más importante no es la señal en sí, sino el significado de la señal. En el caso de Lázaro la restauración a la vida que experimentó fue un precioso don de Dios. Pero este precioso don estaba limitado a un determinado número de años, pues Lázaro tuvo que experimentar otra muerte física. El levantamiento de Lázaro de la tumba tenía que estar acompañado de la resurrección espiritual. La resurrección espiritual ocurre cuando uno se levanta de la muerte espiritual que es la incredulidad, la culpa, y la esclavitud al príncipe de este mundo. La resurrección espiritual ocurre cuando el Espíritu Santo obra en el corazón de una persona espiritualmente muerta la fe en Jesucristo como el Verbo encarnado y como el Cordero de Dios que quita el pecado del mundo. Cuando por obra del Espíritu Santo se pasa de la incredulidad a la fe, se entra entonces en una comunión con el Padre que ni la muerte puede destruir. Esta comunión con el Padre por medio del Hijo es lo que el evangelio de Juan conoce como vida eterna. Esta vida eterna no comienza con la segunda venida de Jesucristo y el juicio final; la vida eterna comienza cuando se engendra la fe en el corazón de la persona. Cuando Jesús llamó a Marta y María a creer en él, las estaba llamando a salir de la tumba de la incredulidad para experimentar la resurrección y la vida eterna en medio del valle de la sombra de muerte.

11.26-27: Y todo aquel que vive y cree en mí, no morirá eternamente. ¿Crees esto? Le dijo: Sí, Señor; yo he creído que tú eres el Cristo, el Hijo de Dios, que has venido al mundo. Las palabras: ¿Crees esto? están dirigidas también a nosotros. Marta, en su confesión, muestra que ha madurado en su fe. En los versículos 22 y 24 Marta dijo: Yo sé, pero ahora dice: Yo he creído. Jesús es más que un gran profeta que puede interceder ante Dios en favor de los seres humanos. Jesús es más que Moisés, Elías y Eliseo. Marta confiesa a Jesús como el Mesías que esperaban los judíos. Pero Marta todavía no ha llegado al punto de confesar que Jesús es la vida eterna en persona. La fe de Marta tendrá que crecer y madurar aún más. En la séptima señal Marta tendrá que ver la gloria de Dios manifestada en aquel que es la resurrección y la vida. En la resurrección de Jesús, de la cual la reanimación de Lázaro es solamente señal y anticipo, Marta verá la epifanía suprema de la gloria de Dios manifestada en Cristo Jesús. Al encontrarse con el Cristo resucitado Marta podrá basar su fe y su esperanza no solamente en una doctrina enseñada por los fariseos, los discípulos de Juan y los credos de la iglesia; sino en Jesús mismo, la resurrección y la vida.

Entre otras cosas, las palabras: ¿Crees esto? indican que uno puede negar la vida y permanecer en la muerte. El propósito final del evangelista al escribir el relato de la resurrección o reanimación de Lázaro era el de lograr nuestra resurrección, los lectores de sus palabras. Por medio de este relato Jesús nos llama a salir de la tumba de la incredulidad o de una fe parcial para creer en él como la resurrección y la vida. ¿Qué valor tendría estudiar el levantamiento de Lázaro si nosotros mismos seguimos en la tumba de la duda, del fatalismo y de la muerte espiritual? La resurrección es mucho más que una idea en nuestras mentes, es una realidad en la persona de Jesús y en nuestra propia experiencia (Stibbe 1994.47).

Los primeros lectores del evangelio de Juan necesitaban el consuelo que dan las palabras: "Y todo aquel que vive y cree en mí, no morirá eternamente." Cuando fue escrito el cuarto evangelio muchas personas temían confesar a Jesús como el Hijo de Dios. Por miedo a la persecución, la tortura y una muerte cruel muchos judíos y gentiles se negaban a hacer una confesión pública de Jesús, así como la hace Marta en este texto. La promesa que Jesús le da a Marta son palabras de consuelo y de fortaleza para todos los que temen lo que puedan hacer los enemigos de Jesús y de su reino. El Señor promete que ni la muerte puede separar al discípulo fiel de su Salvador (Howard-Brook 1994.259). En el versículo 16 Tomás había declarado: "Vamos también nosotros, para que muramos con él." Las palabras: "Y todo aquel que vive y cree en mí, no morirá eternamente", son una promesa de consuelo y de vida para todos los discípulos llamados a morir con él; no sólo sus discípulos de Betania, Efeso y Roma, sino también sus discípulos en países como El Salvador, Bosnia, Etiopía e Irán.

11.28-32: Habiendo dicho esto, fue y llamó a María su hermana, diciéndole en secreto: El Maestro está aquí y te llama. Ella, cuando lo oyó, se levantó de prisa y vino a él. Jesús todavía no había entrado en la aldea, sino que estaba en el lugar donde Marta le había encontrado. Entonces los judíos que estaban en casa con ella y la consolaban, cuando vieron que María se había levantado de prisa y había salido, la siguieron, diciendo: Va al sepulcro a llorar allí. María, cuando llegó a donde estaba Jesús, al verle, se postró a sus pies, diciéndole: Señor, si hubieses estado aquí, no habría muerto mi hermano. María, la otra hermana de Lázaro, no había salido para encontrar a Jesús con su hermana Marta. Encontramos a María encerrada en la casa del difunto, encerrada en su dolor y, aparentemente, encerrada en las costumbres y tradiciones de su pueblo en cuanto a duelo y luto. Hay muchas personas que han venido a llorar con ella, incluso lloraduelos profesionales. Los servicios de estas plañideras se alquilaban para levantar lamentaciones en los entierros y velorios. Hasta la familia más pobre buscaba los servicios de por lo menos un flautista y dos lloraduelos para entonar lamentaciones. Cuanto más lloraduelos, más honor se daba a la memoria del difunto. Ya que la familia de Lázaro, María y Marta era una familia acomodada, quizás había un buen número de personas que elevaban lamentaciones. Pero en medio de toda esta bulla María se encontraba encerrada en su dolor.

En muchas oportunidades he llegado a la casa de un recién fallecido para encontrar a la viuda, hija o hermana del difunto encerrada de una manera parecida. Un grupo se encuentra reunido en un círculo mientras que una mujer del pueblo o del barrio dirige a los congregados en rezos a favor del fallecido que supuestamente está padeciendo las penas del purgatorio. Mientras tanto, otros familiares y vecinos están afuera jugando dominó, contando chistes o tomando bebidas alcohólicas. María, que se encuentra atrapada en una situación semejante, necesita librarse de su círculo de desesperación y llevar su dolor y pena a Jesús. María necesita emanciparse de las constricciones, la desesperación y el fatalismo del velorio tradicional para encontrar esperanza en Jesús.

Hasta ahora los judíos de Jerusalén que están en el velorio no se han dado cuenta de la presencia de Jesús en Betania. Al final del capítulo 10 Jesús logró escaparse de los enemigos que querían quitarle la vida antes de la hora determinada por el Padre. Ahora Jesús ha vuelto clandestinamente al territorio donde lo asechan sus enemigos. No entra en la casa de Lázaro para que sus enemigos no se den cuenta de su llegada. Pero al seguir a María al lugar donde Jesús está esperando, afuera del pueblo, los enemigos de Jesús se enteran de su presencia. Inadvertidamente María ha puesto en peligro la vida de su Señor (Howard-Brook 1994.260). Así vemos nuevamente que lo que sucede en Juan 11 tiene mucho que ver, no sólo con la muerte de Lázaro, sino también con la muerte de Jesús.

11.33-36: Jesús entonces, al verla llorando, y a los judíos que la acompañaban, también llorando, se estremeció en espíritu y se conmovió, y dijo: ¿Dónde le pusisteis? Le dijeron: Señor, ven y ve. Jesús lloró. Dijeron entonces los judíos: Mirad cómo le amaba. Levantándose María se postra a los pies de Jesús e, igual que Marta, le dice: "Señor, si hubieses estado aquí, no habría muerto mi hermano." La Biblia nos dice que Jesús, al ver a María llorando, "se estremeció en espíritu y se conmovió." En el pasaje que estamos considerando encontramos cuatro referencias al estado emocional de Jesús. Se estremeció en espíritu y se conmovió. Juan 11.35 nos dice que Jesús lloró. Y un poco más tarde, cuando Jesús llega a la tumba, nos dice el evangelista que Jesús estaba profundamente conmovido (11.38).

Viendo la reacción emocional de Jesús hacia lo que está sucediendo en este capítulo, notamos una vez más que el evangelista no nos presenta aquí a un Jesús docetista o estoico. Los estoicos insistían que Dios era un espíritu, que no podía ser movido por las pasiones humanas ni perder el control de sus sentimientos. El dios de los estoicos era un dios totalmente alejado de las emociones, pasiones y sentimientos humanos. Jesús, en cambio, se compadece de nosotros, sufre con nosotros y se emociona viendo el dolor y la pena que sufren sus hermanos. Jesús fue movido a dar su vida por nosotros, sus hermanos, porque es compasivo. Los dioses de los estoicos, los gnósticos, los rosacruces y los seguidores de la metafísica nunca se hubieran ofrecido a sí mismos como el Cordero de Dios que quita el pecado del mundo.

Contemplando los fuertes brotes de emoción en Jesús preguntamos: ¿Qué provocó estas reacciones en nuestro Señor? Aquí los intérpretes nos ofrecen una multitud de posibles soluciones. La palabra que se traduce como estremecerse en 11.33 es una forma del verbo griego ἐμβριμάομαι, palabra que literalmente quiere decir: producir un sonido sordo, puede tener uno de tres posibles significados: 1- murmurar; 2- indignarse o hacer un sonido como parte de una muestra abierta de ira; 3- mandar fuera. Encontramos el mismo verbo en Daniel 11.30 y Marcos 1.43 donde evoca la idea de ira. Muchos afirman que la incredulidad de los judíos y de la misma María es lo que provoca esta muestra de ira de parte de Jesús (Byrne 1991.58). Según esta interpretación, Jesús se molesta al ver que todos están llorando y lamentándose desesperadamente como los que no tienen esperanza.

Para indicar la diferencia entre las lágrimas de Jesús y las de los judíos, el evangelista emplea dos palabras griegas distintas. Al hablar de la lamentación de los judíos, el evangelista emplea el término κλαίω, pero cuando habla de las lágrimas de Jesús prefiere la palabra δακρύω que quiere decir: deshacerse en lágrimas (Stibbe 1994.45). Newbigin, en cambio, afirma que las lágrimas de Jesús son lágrimas de rabia frente a la incredulidad de la gente que se lamenta como los que no tienen esperanza (Véase 1 Tesalonicenses 4.13). La incredulidad es lo que disgusta a Jesús; dado que los judíos se rehúsan a creer a aquel que es la resurrección y la vida (Beasley Murray 1987.1193).

Otros comentaristas opinan que las lágrimas de Jesús no son de rabia debido a la incredulidad de María y de los judíos de Jerusalén, sino de rabia contra los que han causado tanto sufrimiento humano, es decir, la muerte, el pecado y Satanás. Carson cree que lo que enfureció a Jesús fue tanto el sufrimiento causado por la muerte como la incredulidad y el fatalismo de los judíos (Carson 1991.416). Newbigin, en cambio, afirma que todos los brotes de emoción del Señor registrados en los cuatro evangelios ocurren cuando Jesús se encuentra luchando contra las fuerzas satánicas. Frente a la presencia de la muerte y la incredulidad y desesperación de sus amigos, Jesús estaba cara a cara con aquel que había venido para hurtar, matar y destruir. Pero aquel enemigo será echado fuera cuando el autor de la vida tome la muerte sobre sí mismo (Newbigin 1982.143).

Otra interpretación de las lágrimas de Jesús es aún más profunda y teológica. Según esta interpretación Jesús llora porque ve en la muerte de Lázaro una prefiguración de su propia muerte. Los que abogan a favor de esta interpretación, enfatizan que el evangelista no solamente menciona que Jesús se estremeció en espíritu, sino que también afirma que Jesús estaba profundamente conmovido. Quiere decir que la reacción emocional de Jesús era algo más compleja. Fue más que ira ante la incredulidad de la multitud. El mismo término griego que encontramos en Juan 11.33 y 11.38 se traduce en Juan 12.27 con la palabra turbada. Jesús, al enterarse de la llegada de ciertos griegos, se da cuenta que ha llegado la hora en que será sacrificado y dice: "Ahora está turbada mi alma." Jesús en Juan 12.27 se conmueve, se turba frente a una señal que anuncia la llegada de su muerte. Puede ser que Jesús reaccionara tan fuertemente ante lo que está pasando en Juan 11 porque los eventos de este capítulo también están íntimamente relacionados con su propia muerte. Según varios intérpretes, Jesús frente a María y Marta se siente presionado a resucitar a Lázaro sabiendo que este milagro servirá para poner en marcha un proceso que terminará con su propia crucifixión (Byrne 1991.59).

Jesús al mismo tiempo siente el deseo humano normal de preservar su propia vida. Como nos muestra Hebreos 5.7-8 Jesús sintió gran angustia frente a su destino. No enfrentó la muerte tranquilo y sin nervios. Al mismo tiempo quiere calmar el dolor de María y Marta y resucitar a Lázaro. Encontrándose presionado por ambos lados, Jesús opta por sacrificar sus instintos normales de auto preservación y actúa para resucitar a Lázaro, aunque esta señal provocará en sus enemigos la determinación de matarlo. Jesús le da la vida a Lázaro, pero el precio es su propia vida. En la historia de Lázaro tenemos una ilustración preciosa de las palabras de Jesús en Juan 15.13: "Nadie tiene mayor amor que éste, que uno ponga su vida por sus amigos." Y así como Jesús dio su vida para que Lázaro recibiera la vida, también dio su vida para que nosotros, como Lázaro, tuviéramos la vida eterna.

En otros relatos del evangelio de Juan hemos visto que el evangelista nos ha presentado personajes como la samaritana y el ciego de nacimiento, no solamente como figuras históricas, sino también para enseñarnos acerca del amor de Jesús por nosotros. Lázaro también es uno de estos personajes claves cuya historia debe ser entendida, no sólo históricamente, sino también existencialmente. Es decir, Lázaro no es solamente un hombre, hermano de María y Marta, que vivió en Betania hace unos dos mil años. La historia de Lázaro nos demuestra cuán grande es el amor de Dios para con el mundo. Fue por mí también que Jesús salió de un lugar seguro para entrar en este mundo con el fin de salvarme de la muerte. Fue por mí que lloró Jesús. Fue por el amor que Jesús me tiene a mí que estuvo dispuesto a pagar por mi salvación con su propia vida. Como Jesús, con su demora en Galilea, permitió que Lázaro muriera, así también permite que nosotros muramos. Así como Jesús demoró su llegada a Betania, así también ha demorado su llegada, su retorno a nuestro mundo para efectuar la resurrección de todos los muertos. Pero así como Jesús demoró su llegada a Betania para manifestar la gloria de Dios, así también demora su segunda venida para dar oportunidad a que más personas lleguen a la fe y vean la gloria de Dios.

11.37: Y algunos de ellos dijeron: ¿No podía éste, que abrió los ojos al ciego, haber hecho también que Lázaro no muriera? La respuesta a la pregunta de los que preguntan es: Sí, Jesús podría haber evitado la muerte de Lázaro, pero no pudo librarse de su propia muerte. Su amor por nosotros era demasiado grande para eso. La única manera de librarnos del poder del enemigo era ofrecerse como sacrificio por nuestra redención.

11.38-39: Jesús, profundamente conmovido otra vez, vino al sepulcro. Era una cueva, y tenía una piedra puesta encima. Dijo Jesús: Quitad la piedra. Marta, la hermana del que había muerto, le dijo: Señor, hiede ya, porque es de cuatro días. Recientemente se ha publicado una serie de libros y artículos relatando casos de personas que han vuelto a la vida después de que un médico los declarara muertos. En estos casos, la persona reanimada había estado muerta por algunos minutos o, en algunos casos, por una hora. Pero nunca se ha registrado el caso de una persona que ha vuelto a la vida después de haber estado muerta por varios días. Lázaro ya ha estado cuatro días en la tumba. Ya ha comenzado el proceso de descomposición, ya hiede. Los judíos creían que después de cuatro días el alma del difunto, que seguía revoloteando en torno del cadáver, se despide definitivamente para no volver jamás.

A diferencia de los egipcios que solían usar perfumes y ungüentos para preservar el cadáver de la descomposición, los judíos los usaban para contrarrestar el hedor de la putrefacción. Los judíos solían enterrar a sus muertos en cuevas, en forma horizontal o vertical. En ambas instancias se tapaba la cueva con una piedra. En el siglo IV d.C. se construyó una iglesia sobre el lugar donde se cree que estaba ubicada la tumba de Lázaro. Hoy en día, la aldea que en tiempos bíblicos se llamaba Betania, se llama El-Azariyeh que en árabe quiere decir: La tumba de Lázaro.

11.40-42: Jesús le dijo: ¿No te he dicho que si crees, verás la gloria de Dios? Entonces quitaron la piedra de donde había sido puesto el muerto. Y Jesús, alzando los ojos a lo alto, dijo: Padre, gracias te doy por haberme oído. Yo sabía que siempre me oyes; pero lo dije por causa de la multitud que está alrededor, para que crean que tú me has enviado. Las palabras de Jesús indican que ya había intercedido ante el Padre a favor de Lázaro, pues no tenemos aquí una petición a favor de la vivificación de Lázaro, sino una acción de gracias porque el Padre ya ha atendido la oración que Jesús le ha elevado. A la vez, tenemos que entender que cuando el Señor ora públicamente, no entra en un estado de oración como nosotros cuando oramos. Jesús está en un estado de comunicación continua con el Padre. Lo que pasa aquí es que Jesús pasa de un estado de oración no-vocal a una oración vocal, para manifestar así que el poder que necesita para su ministerio y para la resurrección de Lázaro es un don del Padre (Beasley-Murray 1986.194). Jesús alza los ojos al cielo y ora en voz alta para indicar a la gente que no está actuando como un mago o milagrero que está tratando de manipular a Dios para servir a sus propios intereses. El milagro que ocurrirá será un don del Padre, un fruto de la comunión que existe entre el Padre y el Hijo (Hoeferkamp 1979.156). Mientras los judíos quitaban la piedra, Jesús alza sus ojos al Padre. Mientras los judíos tienen su mirada enfocada en la piedra de la tumba, Jesús tiene su fe enfocada en el Padre (Howard-Brook 1994.263).

Debemos notar que en el cuarto evangelio nunca encontramos a Jesús orando por sí mismo. Siempre ora por otros. Aquí ora Jesús por los que van a presenciar esta insuperable señal. Su oración es muy parecida a la de Elías sobre el monte Carmelo: "Respóndeme, Jehová, respóndeme, para que conozca este pueblo que tú, oh Jehová, eres el Dios, y que tú vuelves a ti el corazón de ellos" (1 Reyes 18.37).

Aquí, como en el encuentro de Elías con los profetas de Baal en el A.T., se realiza una señal a beneficio de los espectadores, entre los cuales estamos incluidos también nosotros, porque por medio de nuestra lectura del evangelio estamos también frente a la tumba. Jesús ora para que los judíos de Jerusalén, y nosotros los lectores, creamos en él como la resurrección y la vida. Jesús ora para que experimentemos también una resurrección al pasar de la incredulidad a la fe, de la duda a la certeza, del fatalismo a una esperanza viva. En base a Juan 11.40 se canta el conocido canto que dice:

¿No te he dicho que si creyeres verás la gloria de Dios?
¿No te he dicho que si creyeres verás la gloria de Dios?
Verás la gloria de Dios. Verás la gloria de Dios.
Verás la gloria de Dios. Verás la gloria de Dios.

11.43: Y habiendo dicho esto, clamó a gran voz: ¡Lázaro, ven fuera! Las palabras de Jesús aquí tienen que ser entendidas a la luz de su declaración en Juan 5.25 donde dice: "De cierto, de cierto os digo: Viene la hora, y ahora es, cuando los muertos oirán la voz del Hijo de Dios; y los que la oyeren vivirán." En Juan 10.4 Jesús había dicho que sus ovejas conocen su voz. La muerte no es un impedimento para que las ovejas escuchen la voz del buen pastor. Lázaro oye la voz del buen pastor y sale a su encuentro. De la misma manera vendrá el día cuando el buen pastor nos llamará a nosotros de nuestras tumbas a la resurrección de gloria.

El griego emplea la palabra *ekraugasen* (ἐκραύγασεν) para indicar el clamor de Jesús cuando dice: "¡Lázaro, ven fuera!" Esta misma palabra griega es usada cuatro veces en el relato de la pasión de nuestro Señor en Juan 18 y 19. En Juan 18.40 los judíos claman o dan voces (*ekraugasen*), diciendo: "No a éste, sino a Barrabás." En Juan 19.6 los principales sacerdotes y los alguaciles dan voces (*ekraugasen*), diciendo: "¡Crucifícale! ¡Crucifícale!" En 19.12 los judíos dan voces (*ekraugasen*), diciendo: "Si a éste sueltas, no eres amigo de César" y en 19.15 los judíos gritan (*ekraugasen*): "¡Fuera, fuera, crucifícale!" Según Stibbe, en el empleo de este verbo, el evangelista está estableciendo un contraste entre el grito de Jesús y los gritos de sus enemigos. El clamor de Jesús es un grito de vida mientras que las voces de sus enemigos son gritos de muerte (Stibbe 1994.50).

11.44: Y el que había muerto salió, atadas las manos y los pies con vendas, y el rostro envuelto en un sudario. Jesús les dijo: Desatadle, y dejadle

ir. Lázaro dentro de la tumba no puede hacer nada para liberarse de la trabas de la muerte. Es totalmente pasivo. Su liberación es el resultado de la palabra de Jesús. Lo único que puede hacer Lázaro es esperar y confiar en la palabra del Señor. Hasta sus vendas tienen que serle quitadas por otros. Aquí Lázaro, que no habla una sola palabra en todo el relato, da un testimonio elocuente de que nuestra salvación es *extra nos*. Todo depende, no de nosotros, sino de lo que hace Dios en Cristo. Así como un muerto no tiene poder para resucitar de entre los muertos, así los que están espiritualmente muertos tampoco tienen poder para cambiar su triste situación. Como dijo Jesús a Nicodemo, los que están espiritualmente muertos tienen que nacer de arriba, o como dice el prólogo: "No son engendrados de sangre, ni de la voluntad de carne, ni de voluntad de varón, sino de Dios" (Juan 1.13). Desde los días de Ireneo (202 d.C.) las vendas de Lázaro han sido interpretadas por los predicadores cristianos como un símbolo de los pecados que atrapan a los pecadores y no les permiten andar en los caminos del Señor (Léon-Dufour 1992.346).

La mención del sudario de Lázaro (σουδάριον en griego) nos hace recordar al sudario de Jesús mencionado en Juan 20, que nadie tuvo que quitar porque Jesús mismo se lo quitó. La resurrección de Lázaro es proléptico de la resurrección de Jesús (Stibbe 1994.53).

11.45-46: Entonces muchos de los judíos que habían venido para acompañar a María, y vieron lo que hizo Jesús, creyeron en él. Pero algunos de ellos fueron a los fariseos y les dijeron lo que Jesús había hecho. Las señales hechas por Jesús no solamente evocan la fe, sino que también provocan la incredulidad (Schnelle 1992.134). Esta incredulidad consiste en rechazar deliberadamente la divinidad de Jesús que se pone de manifiesto en la señal. La señal de la resurrección de Lázaro ha servido para confirmar el hecho de que Jesús ha sido enviado por el Padre y que comparte con el Padre el poder sobre la vida y la muerte. Como tal, esta última señal sirve como una legitimación de la divinidad de Jesús.

11.47-48: Entonces los principales sacerdotes y los fariseos reunieron el concilio, y dijeron: ¿Qué haremos? Porque este hombre hace muchas señales. Si le dejamos así, todos creerán en él; y vendrán los romanos, y destruirán nuestro lugar santo y nuestra nación. Preocupados por la creciente popularidad de Jesús después de la resurrección de Lázaro los enemigos de Jesús convocan una reunión del sanedrín. Los miembros del sanedrín no pueden negar las señales que Jesús ha hecho. No pueden negar el testimonio de tantos testigos; pero en lugar de tomar una decisión a favor de Jesús, se echan para atrás preocupados por las posibles consecuencias políticas que pueda producir Jesús y su movimiento. Hasta el día de hoy muchas grandes eminencias en nuestros países se niegan a seguir a Jesús por temor a las consecuencias políticas, económicas y sociales.

Los líderes del templo y de la nación de Israel temen que si Jesús sigue viviendo ocurrirán tres terribles calamidades: 1- su movimiento crecerá y llegará a ser más grande que el judaísmo. 2- Los romanos destruirán el templo. 3- La nación de Israel dejará de existir. Para que estas tres cosas no sucedan, los fariseos y sumos sacerdotes deciden que Jesús tiene que morir. Aquí podemos notar una profunda ironía. Los sumos sacerdotes y líderes religiosos de la nación de Israel, en un intento de salvar su propio templo, destruyeron el templo del cuerpo de Jesús. Pero como Jesús había profetizado en Juan 2.19, el templo del cuerpo de Jesús fue resucitado después de tres días y el templo de los judíos fue destruido (Duke 1985.86-87).

La frase que habla de la venida de los romanos, καὶ ἐλεύσονται οἱ Ῥωμαῖοι καὶ ἀροῦσιν ἡμῶν καὶ τὸν τόπον καὶ τὸ ἔθνος, admite otra traducción que ha sido adoptada por varios eruditos como Barrett y Beasley-Murray. Estos comentaristas traducen la frase de la siguiente manera: "Vendrán los romanos y quitarán de nosotros el templo y el pueblo." Si optamos por esta traducción, lo que se pone de relieve es la venalidad de Caifás y de los sumos sacerdotes (Beasley-Murray 1987.198). Lo que les preocupa no es la suerte del templo y del pueblo, sino sus carreras políticas. Quieren continuar en el poder, la misma preocupación que tienen muchos de los políticos corruptos de hoy en día.

Algunos creen que Caifás, al dar su consejo, se está refiriendo a un incidente en vida del rey David. Leemos en 2 Samuel 20 de un hombre perverso que se llamaba Seba, hijo de Bicri, que se rebeló contra David. El ejército de David, bajo las ordenes de Joab, acorraló a Seba en la ciudad de Abel-bet-maaca. Cuando Joab y sus hombres comenzaron a destruir la muralla de la ciudad se presentó ante él una mujer sabia de la ciudad pidiendo al general que no destruyeran a todos los habitantes del pueblo. Joab prometió a la mujer perdonar la vida de los habitantes de la ciudad a cambio de la cabeza de Seba ben Bicri. Así fue que le cortaron la cabeza a Seba ben Bicri y la arrojaron a Joab. En base al relato en 2 Samuel 20, los rabinos habían establecido que era más conveniente que un hombre muriera por el pueblo, y no que perecieran todos (Beasley-Murray 1987.197). En el caso de Seba ben Bicri, un hombre injusto muere y se salva un pueblo justo. En el caso de Jesús, un hombre justo muere para salvar a un mundo injusto.

11.49-50: Entonces Caifás, uno de ellos, sumo sacerdote aquel año, les dijo: Vosotros no sabéis nada; ni pensáis que nos conviene que un hombre muera por el pueblo, y no que toda la nación perezca. Aquí, por primera vez en el cuarto evangelio, se menciona al sumo sacerdote Caifás. En noviembre de 1990 un grupo de obreros estaba trabajando en la construcción de un parque para turistas en un sector cerca de Jerusalén ubicado a 1 kilómetro al sur del monte Sión. Allí encontraron una vieja cueva que, como muchas otras en las cercanías de Jerusalén, había sido usada como tumba. En seguida avisaron a la autoridad de antigüedades de Israel. Dentro de la cueva los arqueólogos enviados por el gobierno encontraron doce osarios. Seis de ellos todavía estaban llenos de huesos. El más bello de los osarios llevaba una inscripción que decía: Yehosef bar Qayafa, o sea, José de la familia de Caifás. Dentro del osario los arqueólogos encontraron los huesos de seis personas diferentes: dos infantes, un niño, un joven, una mujer adulta y un hombre de unos 60 años. Se cree que los huesos del hombre corresponden al mismo José Caifás que fuera sumo sacerdote en Jerusalén entre los años 18 y 36 d.C. y ante quien Jesús fue llevado durante su juicio (Greenhut 1992.29-36).

Caifás, en su discurso ante el sanedrín, muestra preocupación por el templo. No quiere que el templo sea destruido o sacado de su jurisdicción. No quiere que el templo y la nación se pierdan. Por eso, Jesús tendrá que morir por el bien de la seguridad nacional. Hoy, como en el tiempo de Jesús, cuando la seguridad nacional ha llegado a ser una prioridad más importante que la justicia, entonces el estado se ha convertido en ídolo. Pero cuando se pone al estado por encima del reino de Dios y su justicia, el estado se condena a la destrucción. La ironía del relato es que Caifás, al condenar a Jesús, está destruyendo el verdadero templo, el verdadero lugar donde Dios está presente entre los hombres. El templo del cuerpo de Jesús será destruido, pero después de tres días será reedificado y será el lugar donde todas las naciones de la tierra adorarán al Dios verdadero en espíritu y en verdad. El templo que trataba de salvar Caifás será destruido por los romanos y jamás reedificado.

Caifás, al reprender a los miembros del sanedrín en Juan 11.49, tiene razón. Los fariseos y sumos sacerdotes no saben nada; no entienden el significado de lo que están diciendo; no saben qué les conviene. Pero Caifás tampoco sabe nada, tampoco entiende cual será el resultado de sus palabras y acciones. Caifás habla de la necesidad de que un hombre muera "por" el pueblo. La palabra "por" (en griego ὑπὲρ) tiene dos significados: 1- *en lugar de*; y 2- *por el bien de* o *en obsequio de*. Caifás hizo su declaración teniendo en mente el primer significado, pero el Espíritu Santo que está usando a Caifás como instrumento, tenía en mente el segundo significado. Ὑπὲρ en el sentido de *en lugar de*, con frecuencia se usa en la literatura bíblica con la palabra λύτρον. Juntas, las dos palabras, refieren al pago de un rescate para salvar a alguien del cautiverio o de la condenación. Lo que tiene en mente Caifás es salvarse de los romanos, mientras Dios está interesado en salvar a todo el mundo de la condenación.

La palabra "pueblo" en el cuarto evangelio (λαός en griego) se refiere al verdadero pueblo de Dios mientras la palabra "nación" (ἔθνος) se usa en el cuarto evangelio con referencia a las naciones de los gentiles. Al usar la palabra "nación" se habla de la nación judía, Caifás, sin saber lo que está diciendo, profetiza que con la muerte de Jesús el pueblo judío dejará de ser el pueblo de Dios y llegará a ser una nación. El pueblo a favor del cual morirá Jesús, es el nuevo pueblo de Dios constituido por todos los que creen en él (Duke 1985.88).

11.51-52: Esto no lo dijo por sí mismo, sino que como era el sumo sacer-

dote aquel año, profetizó que Jesús había de morir por la nación; y no solamente por la nación, sino también para congregar en uno a los hijos de Dios que estaban dispersos. En los tiempos del A.T. el sumo sacerdote siempre era escogido por ser el hijo mayor del sumo sacerdote anterior. Todos los sumos sacerdotes tenían que ser descendientes de Aarón, el hermano de Moisés, y lo eran de por vida. Sin embargo, con la llegada de los conquistadores de Macedonia y Roma, el sumo sacerdocio dejó de ser lo que estipulaba el libro de Levítico. Por razones políticas y económicas, los conquistadores nombraban y deponían a los sumos sacerdotes con gran frecuencia, a veces todos los años. Dado que los judíos seguían creyendo que si alguien había sido una vez sumo sacerdote lo seguía siendo siempre, ellos seguían venerando como sumos sacerdotes a los que habían sido depuestos por los romanos. Caifás era uno de los sumos sacerdotes que más tiempo duró en su puesto, debido a la influencia que tenía con Poncio Pilato. Tanto Pilato como Caifás cayeron en desgracia y fueron destituidos de sus puestos en el año 36 d.C.

Aunque los fariseos enseñaban que el don de profecía quedó eliminado con la muerte de Malaquías, el último profeta del A.T., existía una tradición entre los judíos de que Dios, en casos excepcionales, seguía dando mensajes proféticos por medio del sumo sacerdote. En base a esta tradición podemos entender las palabras del evangelista en Juan 11.51. Caifás fue un profeta por medio del cual Dios habló. No era un profeta bueno, tampoco lo era Balaam, el perverso profeta del A.T. que profetizó la salida de una estrella de Jacob (Números 24.17). Cuando Caifás abrió la boca para hablar tenía una cosa en mente, pero por medio de esas mismas palabras, Dios estaba hablando del sacrificio que iba a realizar Cristo por todo el mundo.

Caifás, el sumo sacerdote, al igual que los saduceos y fariseos, estaba preocupado por la suerte de Israel como pueblo de Dios. Pero no entendía que Jesús, como el buen pastor profetizado por Ezequiel, establecería un nuevo pueblo de Dios, un nuevo Israel, compuesto no sólo por judíos, sino por creyentes de todas las naciones de la tierra. El pueblo que buscaba salvar Caifás sería destruido por los romanos en el año 70 d.C., pero Jesús reuniría en un nuevo pueblo de Dios a todos los hijos de Dios dispersos en el mundo. El profeta Ezequiel había profetizado de un tiempo cuando volverían del exilio todos los israelitas, las ovejas descarriadas de Dios, llevados al cautiverio por los babilonios y asirios: "Y yo las sacaré de los pueblos, y las juntaré de las tierras; las traeré a su propia tierra, y las apacentaré en los montes de Israel, por las riberas, y en todos los lugares habitados del país" (Ezequiel 34.13). El evangelista dice que Jesús moriría, no solamente por la nación, sino para congregar en uno a los hijos de Dios que estaban dispersos. Los hijos de Dios mencionados por el evangelista en la profecía en Juan 11.52 no son sólo los judíos de la diáspora, sino todos los que creerán en Jesucristo, sean judíos o gentiles. La profecía habla de la formación de la iglesia de Jesucristo y de la evangelización de todas las naciones por los discípulos de Jesús. Los hijos de Dios mencionados en esta profecía son las otras ovejas de las cuales habla Jesús en Juan 10.16. Sin entender el verdadero significado de sus propias palabras, Caifás profetiza que Jesús será el salvador no sólo de Israel, sino también de todo el mundo.

11.53: Así que, desde aquel día acordaron matarle. El sanedrín aquí toma la decisión de dar muerte a Jesús. Esto quiere decir que el asunto ya está decidido (véase también Marcos 14.1-2). Realmente ya no existe la necesidad de un juicio. El juicio de Jesús, que veremos en los capítulos 18 y 19, será entonces solamente una formalidad para cumplir con las exigencias de la ley, pero el resultado del mismo ya ha sido predeterminado. Jesús no fue arrestado para ser sometido a juicio, sino que porque había sido ya sometido a juicio, fue arrestado. Así, una de las consecuencias de la gran señal obrada por Jesús al devolverle la vida a Lázaro, ha sido la determinación, tomada por el sanedrín, de buscar la muerte de Jesús. Aquí se ve muy claramente como funcionan las señales para provocar una decisión a favor o en contra de Jesús. Las señales funcionan como las parábolas; revelan la gloria de Jesús a algunos y la esconden a otros.

El intérprete John Paul Heil hace una observación muy significativa en cuanto al papel de Caifás y de Jesús en esta perícopa. Tres veces en Juan 11.49-51 se refiere a Caifás como el que "era el sumo sacerdote aquel año." Esta triple mención del sumo sacerdocio de Caifás sirve para alertar al lector que en ese año le tocaba a Caifás ofrecer el sacrificio anual de Yom Kippur, el día de la expiación (Levítico 16). El texto enfatiza que Caifás es el sumo sacerdote que ha tomado la determinación de sacrificar la vida de Jesús por el pueblo. Como sumo sacerdote, Caifás es la única persona en todo Israel que tiene la autoridad de entrar en el lugar santísimo del templo en el día de la expiación o Yom Kippur, para derramar la sangre del sacrificio de expiación por el pueblo. Al hacerse responsable por la muerte de Jesús, Caifás está cumpliendo con su oficio de sumo sacerdote de una manera que no se imagina. Al darle muerte a Jesús, Caifás, el sumo sacerdote, está derramando la sangre del verdadero sacrificio de expiación para quitar, no sólo el pecado de Israel, sino el de todo el mundo. Dios está usando a Caifás para cumplir con aquel sacrificio de expiación del cual fueron anticipos todos los sacrificios de expiación del A.T. (Newbigin 1982.147).

Caifás y los otros sumo sacerdotes están dispuestos a sacrificar una vida inocente para preservar sus prerrogativas y su poder, mientras Jesús está dispuesto a sacrificar todo lo que tiene a favor de los suyos. En nuestra sociedad, donde la riqueza y el poder político siguen siendo los ídolos de personas como Caifás, y donde se sacrifican muchas vidas inocentes para mantener sistemas injustos, nosotros, los discípulos de Jesús, somos llamados a identificarnos con el Señor hasta el punto de sacrificar todo lo que tenemos, y somos, a favor del evangelio y de las víctimas de la injusticia y del mal (Beutler 1994.404).

En todo este texto se puede observar que el evangelista está estableciendo un contraste entre Caifás y Jesús, entre el falso sumo sacerdote y el verdadero sumo sacerdote. Caifás llegó a ser sumo sacerdote porque fue nombrado como tal por las autoridades romanas, pero el sumo sacerdocio de Jesús surge del hecho de que él es tanto el buen pastor que entrega su vida por las ovejas, como la víctima cuyo sacrificio quita los pecados del mundo. Aquí nuevamente se puede observar el tema del reemplazo tan prominente en el cuarto evangelio. Así como Jesús ha venido como el cumplimiento y reemplazo del templo, las diferentes fiestas judías y los lugares santos de Palestina, el Señor también ha venido como el cumplimiento y el reemplazo del sumo sacerdocio (Heil 1995.731-733).

Algunos comentaristas detectan una conexión entre Juan 11.53 y Lucas 16.19-31. En Lucas 16.27 el hombre rico en el Hades pide al padre Abraham que envíe a Lázaro para que testifique a sus hermanos a fin de que crean y no vengan también a ese lugar de tormento. En Juan 11 otro Lázaro es resucitado, pero en vez de creer en su testimonio los judíos se ponen de acuerdo para matar a aquel que ha resucitado a Lázaro (Schnelle 1992.127). La ironía más profunda de Juan 11 es que el don de la vida que Jesús otorga a Lázaro resulta en su propia muerte (Stibbe 1994.50).

Un pastor inglés ha intentado trazar una identificación completa no sólo entre el Lázaro de Juan 11 y el Lázaro de Lucas 16.19-31, sino también entre Lázaro y el hombre rico de la misma parábola. En un artículo publicado en 1993, Donald J. Bretherton postula lo siguiente: Lázaro de Betania era un hombre rico e importante, muy parecido al hombre rico en la parábola de Lucas 16. Este hombre rico, al morir, experimentó lo que han experimentado muchas personas que han muerto y han vuelto a reanimarse. Se encontró en el valle oscuro o túnel negro del cual han hablado personas que han muerto y después fueron reanimadas. El hombre rico le pide al padre Abraham que le dé una oportunidad de regresar a la tierra para llamar a sus hermanos a que se arrepientan, para que no lleguen a la condenación. Entonces el hombre rico es resucitado por Jesús y vuelve a la tierra completamente cambiado. Ya no es más el hombre rico que vivía sólo para sí mismo. Ese hombre rico ha muerto y no resucitará jamás. El muerto vuelve a la vida como Lázaro, el discípulo de Jesús, quien vende todas sus posesiones para ayudar a los pobres. De esa manera el hombre rico se convierte en el pobre Lázaro, el Lázaro que ha salido de la tumba del egoísmo y la avaricia para vivir una nueva vida como discípulo de Jesucristo (Bretherton 1993.169-173). Aunque la reconstrucción de Bretherton muestra mucha imaginación y se presta para muchas aplicaciones homiléticas, carece de pruebas textuales convincentes y no explica porqué Jesús hubiese querido levantar a un rico avaro.

Nota litúrgica: Juan 11.1-53 es el santo evangelio para el quinto domingo de Cuaresma para el año A del ciclo de lecturas para tres años en *¡Cantad al Señor!* Un canto apropiado para enfocar el mensaje del evangelio es el 243: No te he dicho que si creyeres verás la gloria de Dios, en el himnario *Alabemos* (1988), publicado por la Sociedad Luterana de Evangelización en Venezuela.

En el leccionario de cuatro años preparado por el grupo litúrgico interconfesional de Gran Bretaña hay cuatro lecturas que corresponden a Juan 11:

Juan 11.1-16	El 19° domingo después de Pentecostés en el año D, año de San Juan.
Juan 11.17-27	El tercer domingo después de Resurrección en el año A, año de San Mateo.
Juan 11.28-44	El 20° domingo después de Pentecostés en el año D, año de San Juan.
Juan 11.45-54	El 21° domingo después de Pentecostés en el año D, año de San Juan.

11.54: Por tanto, Jesús ya no andaba abiertamente entre los judíos, sino que se alejó de allí a la región contigua al desierto, a una ciudad llamada Efraín; y se quedó allí con sus discípulos. Dándose cuenta de la intención de los judíos de matarle, Jesús se retira de Jerusalén a una aldea llamada Efraín, probablemente el pueblo mencionado en 2 Crónicas 13.19, ubicado a unos siete kilómetros de Betel y unos 18 kilómetros de Jerusalén. Hoy en día este pueblo se llama Et-Taiyibeh (Carson 1991.424).

11.55-57: Y estaba cerca la pascua de los judíos; y muchos subieron de aquella región a Jerusalén antes de la pascua, para purificarse. Y buscaban a Jesús, y estando ellos en el templo, se preguntaban unos a otros: ¿Qué os parece? ¿No vendrá a la fiesta? Y los principales sacerdotes y los fariseos habían dado orden de que si alguno supiese dónde estaba, lo manifestase, para que le prendiesen. No hay duda de que la fiesta de la pascua es la más importante de todas las fiestas que el evangelista ha señalado en su evangelio. Se nota que los fieles ya están llegando al templo para purificarse y prepararse para la celebración. Los sacerdotes también están preparándose para el sacrificio de los miles de corderos que serán ofrecidos durante la celebración. Mientras tanto, el verdadero Cordero de Dios está preparando a sus discípulos para otra pascua, la que quitará los pecados del mundo y que será el cumplimiento y la culminación de todas las pascuas celebradas en el A.T.

Nota adicional: La teoría que considera a Lázaro como el discípulo amado. Se mencionó arriba la opinión de J. A. Sanders que identifica al discípulo amado con Lázaro. Otro erudito, Vernard Eller, ha escrito un libro titulado *El Discípulo Amado* en el cual también ofrece argumentos a favor de la identificación de Lázaro como el discípulo amado. Eller considera que Juan, el hijo de Zebedeo, de ninguna manera podría ser el autor de un libro tan intelectual, tan profundo y tan teológico como el cuarto evangelio. Según lo estima Eller, Juan era un simple pescador galileo, sin la preparación y el vocabulario filosófico y académico necesario para escribir una obra tan sofisticada y sutil como ésta. El autor del cuarto evangelio tiene que haber sido un rabino, un escriba, o una persona con preparación universitaria (Eller 1987.46).

Eller mantiene la teoría de que Jesús, además de sus doce discípulos galileos mencionados en los tres evangelios sinópticos, también tenía un núcleo de discípulos judíos en Jerusalén. Estos no eran humildes pescadores o campesinos como sus discípulos galileos, sino intelectuales muy preparados en el estudio del A.T. y las tradiciones rabínicas. A este círculo de discípulos de Jerusalén pertenecían personas como Nicodemo, José de Arimatea y Lázaro. Lázaro, según opina Eller, era un famoso rabino como su amigo Nicodemo. Eller hasta postula que Lázaro fue el que arregló la reunión nocturna entre Nicodemo y Jesús en Juan 3. Según Eller, el hecho de que el cuarto evangelio sepa tanto sobre la vida de personas como Nicodemo se debe a que eran conocidos de Lázaro, el cual sabía muchos detalles de acontecimientos en Jerusalén que nunca conocieron los autores de los tres evangelios sinópticos. El hecho de que Lázaro fuese un famoso rabino, muy conocido en Jerusalén, ayuda a explicar porqué tantos judíos influyentes vinieron a participar de su velorio (Juan 11.19). Por ser un gran rabino, Lázaro conocía al sumo sacerdote y pudo entrar con Pedro en el patio de Anás en la noche cuando Jesús fue traicionado (Juan 18.15). El discípulo amado es mencionado en casi todas las escenas del cuarto evangelio que tienen lugar en Judea y Jerusalén, pero no en las que ocurren en Galilea, porque el discípulo amado no fue uno de los doce discípulos de Galilea, sino un miembro del círculo de discípulos de Jerusalén. La primera mención del discípulo amado se halla en Juan 1.35-42 donde aparece en Judea con Andrés como uno de los discípulos de Juan el Bautista.

Según Eller, la teología del cuarto evangelio refleja los intereses teológicos de intelectuales como los escribas Nicodemo y Lázaro. En opinión de Eller, los tres evangelios sinópticos enfatizan más una escatología apocalíptica y una cristología de abajo, mientras el cuarto evangelio subraya más una escatología realizada y una cristología de arriba. Los discípulos de Galilea están más interesados en el fin del proceso histórico y la inauguración plena del reino de Dios en la tierra, mientras los discípulos de Jerusalén están más interesados en tener comunión con Cristo en el presente. Estas diferencias no son contradictorias, pero reflejan los intereses de sus autores y de los círculos a los cuales escriben (Eller 1987.61). Según esta manera de pensar, las palabras de Marta en Juan 11.24 reflejan una escatología apocalíptica que considera las señales de Jesús como anticipos y cumplimientos parciales de lo que experimentaremos en el día final. En cambio, las palabras de Jesús en Juan 11.25-26 ponen más énfasis en las señales de Jesús como símbolos de realidades que los discípulos pueden experimentar ya en la vida presente.

Eller cree que Lázaro fue el fundador y el primer líder espiritual de la comunidad a la cual se escribió el cuarto evangelio. Sin embargo, Eller no cree que Lázaro haya sido el evangelista que lo escribió. El evangelista, según, Eller, fue un discípulo de Lázaro que debe ser identificado con el presbítero Juan mencionado por Papías. Según esta opinión, el autor del cuarto evangelio, el presbítero Juan, está hablando acerca de Lázaro, el discípulo amado, cuando dice: "Este es el discípulo que da testimonio de estas cosas, y escribió estas cosas; y sabemos que su testimonio es verdadero" (Juan 21.24).

Capítulo 12

María unge a Jesús para su sepultura, vv.1-8

12.1-2: Seis días antes de la pascua, vino Jesús a Betania, donde estaba Lázaro, el que había estado muerto, y a quien había resucitado de los muertos. Y le hicieron allí una cena; Marta servía, y Lázaro era uno de los que estaban sentados a la mesa con él. Tenemos otra versión de este relato en Mateo 26.6-13 y en Marcos 14.3-9. Marcos nos indica que la cena se celebraba en la casa de Simón el leproso. Juan nos da a entender que la cena se celebraba en la casa de Lázaro puesto que Marta servía la cena. Esto ha llevado a varios intérpretes a concluir que Lázaro y Simón el leproso eran la misma persona y que la lepra posiblemente había sido la causa de la muerte de Lázaro. Debido a ello la palabra Lázaro ha llegado a ser sinónimo de leproso. Otros eruditos postulan que Simón el leproso era el padre de María, Marta y Lázaro (Carson 1991.428).

La historia del ungimiento de Jesús sirve para enfatizar que Jesús entra en Jerusalén como un rey que ya ha sido ungido para su entierro, como el destinado a ser exaltado por medio del sufrimiento y la muerte. Tanto Juan como los sinópticos enfatizan que el ungimiento del rey no ocurrió en el templo, ni en la santa ciudad, sino en la casa de un leproso en un pequeño pueblo rural. El ungimiento del rey se llevó a cabo no por el sumo sacerdote sobre el monte Sión, sino por una mujer en la casa de un leproso. Aquí tenemos lo que los antropólogos llaman una inversión de status. Las personas y las cosas que antes servían como símbolos de la pureza (templo, ciudad santa, sumo sacerdote, fariseo) ahora son cosas contaminadas, y las cosas antes consideradas como indignas e impuras (leprosos, mujeres, casas ordinarias) llegan a ser instrumentos de la acción salvífica de Dios (Barton 1991.232). "Lo necio del mundo escogió Dios para avergonzar a los sabios... lo vil del mundo y lo menospreciado escogió Dios, y lo que no es, para deshacer lo que es" (1 Corintios 1.26-29).

12.3: Entonces María tomó una libra de perfume de nardo puro, de mucho precio, y ungió los pies de Jesús, y los enjugó con sus cabellos; y la casa se llenó del olor del perfume. El nardo es un aceite hecho de la raíz y del espigón de una planta perteneciente a la especie vegetal valeriana que viene de la India y del Asia oriental. Como la mirra que llevaron los magos al niño Jesús, el nardo se utilizaba para preparar los cadáveres antes de enterrarlos. Los especialistas en la preparación de cuerpos para ser enterrados eran los antiguos egipcios. Hacían eso no sólo para eliminar el mal olor de la muerte, sino también para preservar el cuerpo para una vida después de la muerte. Varios estudiosos creen que existe una conexión entre la práctica de ungir a los muertos y la fe en una futura resurrección.

Ésta es la segunda referencia al olor en el cuarto evangelio. La primera referencia se encuentra en Juan 11.39 donde Marta, hablando de Lázaro, declara: "Ya hiede." Algunos comentaristas creen que el evangelista quiere establecer un contraste entre el mal olor de la muerte y el buen olor del perfume (Suggit 1984.107-108 & Blank 1984.1B.311). En 2 Corintios 2.14 ss. Pablo habla del buen olor del conocimiento de Cristo que se manifiesta en la proclamación del evangelio. Nosotros, como María, podemos contrarrestar el mal olor de la muerte y la corrupción en este mundo y llenar todo con el fragante olor del perfume. Esto ocurre cuando proclamamos el evangelio de Cristo.

La acción de María de enjugar los pies de Jesús con sus cabellos debe haber causado gran asombro entre la concurrencia. Entre los judíos, una mujer decente nunca se dejaba ver en público con su cabellera suelta. Solamente mujeres inmorales salían a la calle sin recogerse el cabello. Por eso Pablo, en 1 Corintios 11, llama a las mujeres de Corinto a no orar a Dios en público con su cabellera suelta. Tal acción podría perjudicar el buen nombre de los creyentes que se reúnen en el nombre del Señor. Pero tan grande era la emoción y el amor que María sentía hacia Jesús que no pensó en lo que pudieran decir otros de ella (Barclay 1974.6.125). En Lucas 7.36-50 leemos de otra persona, una mujer pecadora, que unge los pies de Jesús. El relato del ungimiento de Jesús por María de Betania sirve, no para identificar a María con la mujer pecadora de Lucas o con sus pecados, como han creído algunos comentaristas, sino para identificar el amor y la gratitud de María hacia Jesús con el amor y la gratitud de la mujer de Lucas 7 (Kitzberger 1995.579).

12.4-5: Y dijo uno de sus discípulos, Judas Iscariote hijo de Simón, el que le había de entregar: ¿Por qué no fue este perfume vendido por trescientos denarios, y dado a los pobres? Un denario es lo que ganaba un jornalero por un día de trabajo. Después de descontar los días de reposo y los días de fiesta, hay como 300 días hábiles en el año. De manera que 300 denarios era el sueldo mínimo de un obrero en un año. Tal era el sacrificio que hizo María de Betania para mostrar su amor a aquel que había resucitado a su hermano Lázaro de entre los muertos.

Podremos entender mejor la pregunta de Judas si conocemos algo acerca de los debates que solían tener los escribas en cuanto a los mandamientos de la ley. Como sabemos, los escribas y los fariseos se preocupaban mucho por guardar los mandamientos de Dios. Se afanaban por conocer y hacer la voluntad del Padre. Una de las preguntas de gran importancia para los escribas y fariseos era la siguiente: Si por falta de tiempo y recursos no se puede cumplir a la vez todo lo que Dios nos manda en cuanto al prójimo, ¿cuáles mandamientos debemos cumplir primero? ¿A cuáles mandamientos debemos dar prioridad? Después de muchos debates las diferentes escuelas rabínicas llegaron a la conclusión que los dos mandamientos más importantes eran: 1- el mandamiento que nos llama a dar de comer a los hambrientos, y 2- el mandamiento que nos pide enterrar a los muertos que no tienen quien los sepulte. Entonces preguntaban los rabinos: ¿Qué se debe hacer cuando al mismo tiempo viene uno que nos llama a dar alimentos a los pobres y otro que nos pide enterrar a un muerto que no tiene familiares? ¿A cuál de las dos peticiones debemos atender primero? ¿Cuál de las dos obras buenas debe tener prioridad?

Al considerar esta pregunta, los rabinos llegaron a la siguiente conclusión: el israelita fiel debe atender primero la petición de enterrar al muerto, porque siempre tendrá tiempo después para alimentar a los pobres. "Los pobres siempre los tendréis con vosotros" (v. 8). Jesús, bien consciente de las discusiones de las diferentes escuelas rabínicas, actúa de acuerdo a sus prescripciones. En efecto, lo que dice Jesús es lo siguiente: "Es importante dar alimentos a los pobres, pero aún más importante es preparar para su entierro al que ha venido a morir. María de Betania se ha dado cuenta que mi hora ha venido, que ahora voy a ser sacrificado, muerto y enterrado. Por eso María ha gastado sus ahorros para ungirme y preparar mi cuerpo para el entierro. María tendrá bastantes oportunidades para alimentar a los pobres en el futuro, pero el Hijo del Hombre muere una sola vez y ya ha venido su hora."

Lo que nos llama la atención en lo que sucede aquí es que todos los discípulos de Jesús todavía creen que Jesús ha venido a Jerusalén para establecer su reino por la fuerza. Creen que Jesús actuará para librar a Israel de los romanos y de sus lacayos. Por fin aceptará Jesús la corona que rechazó en Juan 6.15. Jesús, en repetidas ocasiones, había dicho a sus seguidores que no iba a Jerusalén para establecer un reino de este mundo, sino para "padecer mucho de los ancianos, de los principales sacerdotes y de los escribas" (Mateo 16.21). Jesús les decía que iba a Jerusalén para ser entregado a la muerte y después resucitar al tercer día. Pero los discípulos creían que Jesús estaba equivocado, que no entendía la voluntad del Padre para con él. Hasta Simón Pedro le reconvino y le dijo: "En ninguna manera esto te acontezca" (Mateo 16.22).

A pesar de todas sus palabras y todas sus parábolas, solamente uno de entre todos los discípulos de Jesús entendió que Jesús había venido a Jerusalén para sacrificarse como el Cordero de Dios que quita el pecado del mundo. El discípulo que entendió la verdadera naturaleza de la venida de Jesús a Jerusalén no era Simón Pedro, ni Jacobo, ni Mateo, sino María de Betania. ¿Cómo es posible que esta mujer entendió lo que los doce no entendieron? San Lucas (10.38-42) relata que María de Betania fue la que se sentó a los pies de Jesús para oír su palabra. La frase "sentarse a los pies de" indica que Jesús había aceptado a María como uno de sus discípulos. En las escuelas rabínicas los discípulos solían sentarse a los pies de los grandes rabinos como Hillel, Shamai y Gamaliel para aprender de ellos. Pero ningún rabino hubiera aceptado a una mujer como discípulo. Jesús no solamente aceptó a María de Betania, sino que aprobó su acción y la puso como modelo para ser emulado por todos sus discípulos: "para el día de mi sepultura ha guardado esto." "De cierto os digo que dondequiera que se predique este evangelio, en todo el mundo, también se contará lo que ésta ha hecho, para memoria de ella" (Marcos 14.9).

Aunque los discípulos llevaban mucho tiempo con Jesús escuchando sus enseñanzas y presenciando sus señales, no entendieron que Jesús había venido a Jerusalén para ofrecerse como sacrificio por los pecados del mundo. Todavía creían que Jesús venía para establecer un reino de este mundo. No entendieron que "la hora" de Jesús había venido. Entre todos estos teólogos solamente María, una simple mujer, que nunca hubiera sido aceptada en una escuela rabínica, mereció el título de doctor en teología. Ella, escuchando a los pies de Jesús, pudo ver la relación entre el ministerio de Jesús y las profecías del A.T. que hablaban de un siervo sufriente que sería llevado como un cordero al matadero y que por su sacrificio justificaría a muchos y llevaría las iniquidades de ellos (Isaías 53.11). María sabe distinguir el tiempo ordinario (χρόνος en griego) del tiempo especial (καιρός en griego). Ella sabe que la hora de Jesús ha venido (Barton 1991.233).

En Juan 11.27 leímos como Marta de Betania confesó con su boca su fe en Cristo, el Hijo de Dios, que había venido al mundo. Aquí, en Juan 12, María de Betania con sus acciones confiesa su fe en Jesús como el Cordero de Dios que quita el pecado del mundo. De esta manera el texto nos llama a imitar el ejemplo de las dos hermanas de Betania, confesando a Jesús con nuestras palabras y con nuestras acciones (Kitzberger 1995.581-584).

María muestra con su fe, su amor y su sacrificio que es un verdadero discípulo de Jesús, un discípulo modelo que ha sacrificado todo lo que tiene por Jesús. Al huir de los soldados que vinieron para prender a Jesús, Pedro y los otros discípulos mostraron que no estaban listos para sacrificarse. El ejemplo de amor y sacrificio de María será recordado en la iglesia, no para que nosotros la veneremos como una santa, sino para que imitemos su devoción, su sacrificio y su amor hacia el maestro (Beasley-Murray 1987.220). Las acciones de María y las palabras de Jesús no indican que no debemos trabajar para alimentar a los pobres. Algunos han intentado utilizar este texto para comprobar que es inútil hacer programas para eliminar el hambre, porque "los pobres siempre los tendréis con vosotros." Pero esa es una mala interpretación. Sí, debemos preocuparnos por los pobres y hambrientos. Jesús y sus discípulos lo hicieron. El hecho de que Jesús y sus discípulos tenían una bolsa en la cual guardaban ofrendas para dar a los pobres, es un ejemplo que debemos seguir. Las palabras de Jesús quieren decir que la fe en él debe tener la más alta prioridad en nuestras vidas. Las limosnas para los pobres nunca pueden servir como substitutos de la fe a la cual nos llama el evangelio. Una vida dedicada a la alimentación de los pobres no nos exime de la necesidad de tener fe en Jesús, porque es precisamente esta fe la que llevará mucho fruto, incluso la caridad hacia los pobres y hambrientos.

12.6: Pero dijo esto, no porque se cuidara de los pobres, sino porque era ladrón, y teniendo la bolsa, sustraía de lo que se echaba en ella. Las acciones y buenas intenciones de María son criticadas por Judas Iscariote. Judas quiere guardar él los 300 denarios. De esta manera, Judas puede aprovechar el dinero para su uso personal. Las acciones de María de Betania, tanto en el evangelio de Marcos como en el de Juan, están ubicadas en un marco de infidelidad, traición y vileza de parte de hombres. La historia anterior trata del complot de los principales sacerdotes y fariseos contra Jesús. La historia posterior nos relata que los principales sacerdotes también acordaron dar muerte a Lázaro. Uno de los actores en la historia bajo consideración, Judas, ataca las acciones de María y las menosprecia. Entre todos estos desgraciados líderes religiosos, todos ellos hombres, las acciones de María brillan como una luz en la oscuridad (Barton 1991.231-232). Los verdaderos discípulos de Jesús no son necesariamente los del sexo dominante. Tampoco lo son necesariamente los que gozan de una posición y autoridad oficial como el sacerdote, el escriba o el apóstol, sino los que sacrifican lo que tienen y lo que son porque por la fe han entendido la naturaleza del sacrificio que Cristo ha hecho por ellos.

El evangelista enfatiza que Judas, el hombre que servía como tesorero de los discípulos, era ladrón. Es muy probable que Jesús había nombrado a Judas como tesorero del grupo porque tenía cierta capacidad natural para servir en tal puesto. Hay una tendencia natural a dar gran importancia a nuestros dones y al radio de acción asociado con ellos. El don de Judas tenía que ver con el dinero. Lamentablemente el dinero se convirtió en un ídolo y una tentación para él. Los comentaristas señalan que con frecuencia nos viene la tentación por medio de aquello para lo cual estamos naturalmente capacitados. Tenemos que dar gracias a Dios por lo dones que nos ha dado. Al mismo tiempo tenemos que orar para que el Espíritu Santo nos ayude a usar nuestros dones para la gloria de Dios y la edificación de la iglesia. Necesitamos orar a Dios para que no nos abusemos de los dones que nos dio. Tenemos que cuidarnos para que no nos venga una tentación por medio de uno de nuestros dones (Barclay 1974.6.127).

12.7-8: Entonces Jesús dijo: Déjala; para el día de mi sepultura ha guardado esto. Porque a los pobres siempre los tendréis con vosotros, mas a mí no siempre me tendréis. María había sido menospreciada y atacada por sus acciones y su sacrificio. Pero Jesús la defiende. Los que criticaban a María eran los mismos que criticaban a Jesús cuando él les hablaba de la necesidad de derramar su sangre sobre el altar de la cruz en sacrificio por el mundo. Pero así como el Padre vindicó las acciones y el sacrificio de Jesús por medio de la resurrección, así Jesús vindicó las acciones y el sacrificio de María. Como la viuda que echó en el arca de la ofrenda todo lo que tenía (Marcos 12.41-44), María ha sacrificado por Jesús todo lo que tenía guardado. Derramó un perfume de mucho valor sobre los pies que dentro de pocos días serían traspasados por los pecados de María y por los nuestros. Jesús también sacrificó todo lo que tenía. Los que se sacrifican por Jesús son los que han sido tocados por el sacrificio de Jesús por nosotros.

Vale la pena destacar que la acción de María de Betania en esta historia es una bella demostración del amor de parte de un ser humano hacia la persona de Jesús. Este amor, además, recibe el beneplácito del mismo Jesús y, obviamente, ha sido puesto aquí para que nos sirva como modelo. María siente este amor tan profundo para con la persona de Jesús por dos razones. Primero, porque él es el Cordero de Dios que voluntariamente se sacrifica por los pecados de María y de todo el mundo. Segundo, porque él ha resucitado a Lázaro de entre los muertos. Aunque los discípulos muestran su desacuerdo con esta demostración de amor, Jesús dice en Marcos 14.9: "De cierto os digo que dondequiera que se predique este evangelio, en todo el mundo, también se contará lo que ésta ha hecho, para memoria de ella."

Hace un siglo el teólogo alemán Albrecht Ritschl y sus discípulos expresaron su desacuerdo con la idea de que el principal y más importante de los mandamientos era: "Amarás al Señor tu Dios con todo tu corazón, y con toda tu alma, y con toda tu mente y con todas tus fuerzas" (Marcos 12.30). Según Ritschl, Dios no quiere nuestro amor, ni nuestra adoración, sino que amemos a nuestro prójimo como a nosotros mismos. Ritschl criticaba los himnos de Zinzendorf, Gerhardt, Nicolai y los pietistas que hablaban del profundo amor que siente el cristiano en su corazón hacia Jesús. Para Ritschl, todo esto era puro romanticismo y erotismo religioso. Más recientemente ciertos teólogos de la liberación como Jon Sobrino han expresado sentimientos parecidos. Sobrino dice que Jesús enseñó a sus seguidores que el principal mandamiento era amar al prójimo pobre, explotado y oprimido. Dios no es un egoísta que necesita que le cantemos himnos de gratitud y alabanza. No necesita nuestros cultos de adoración. Lo que quiere es que luchemos por un mundo más justo. Según Sobrino, el mandamiento de amar a Dios sobre todas las cosas fue añadido al texto bíblico por un escriba devoto para quien las ideas de Jesús eran demasiado radicales (Sobrino 1987.115).

Seguramente Ritschl, Sobrino y sus discípulos también hubieran criticado a María de Betania por su sentimentalismo, su romanticismo y su erotismo religiosos. Pero Jesús dice: "Dejadla; ¿por qué la molestáis? Buena obra me ha hecho" (Marcos 12.6). Jesús no desprecia el amor que María le expresa con su ofrenda de nardo puro; tampoco llama sentimentalismo y romanticismo nuestras ofrendas de amor. Precisamente lo que algunos llaman sentimentalismo y erotismo religioso es lo que impele a los seguidores de Jesús a ofrendar sus dones y sus vidas por el prójimo necesitado y marginado. Nuestra gratitud hacia Jesús nos lleva tanto a amar a Dios de todo corazón como también a nuestro prójimo como a nosotros mismos (Barth 1958.IV.2,795-798).

Nota litúrgica: Juan 12.1-8 es el santo evangelio para el cuarto domingo en Cuaresma para el año D en el leccionario de cuatro años del grupo litúrgico interconfesional de Gran Bretaña.

12.9: Gran multitud de los judíos supieron entonces que él estaba allí, y

vinieron, no solamente por causa de Jesús, sino también para ver a Lázaro, a quien había resucitado de los muertos. Aparentemente cuando Jesús salió de Betania con sus discípulos en Juan 11.54, Lázaro también fue con él. Así, pocas personas habían visto a Lázaro desde su reanimación. Pero después de la cena en Betania se extiende la noticia de que no sólo Jesús, sino también Lázaro ha regresado al área de Jerusalén. El regreso de Lázaro a Betania causa sensación. Muchas personas vienen de Jerusalén para ver y escuchar el testimonio del hombre que había estado muerto pero ahora vivía de nuevo.

12.10-11: Pero los principales sacerdotes acordaron dar muerte también a Lázaro, porque a causa de él muchos de los judíos se apartaban y creían en Jesús. Después de ver que tantas personas creen en Jesús al ver a Lázaro, las autoridades eclesiásticas en el templo se asustan. La presencia de Lázaro en Betania y Jerusalén es una prueba innegable de que Jesús en verdad da nueva vida. Para eliminar esta prueba los principales sacerdotes se ponen de acuerdo en quitar la vida no sólo de Jesús, sino también de Lázaro. La resurrección de Lázaro, además de ser un poderoso testimonio acerca de Jesús, era una prueba contundente de la realidad de la resurrección de los muertos, una doctrina negada por el partido de los saduceos al cual pertenecían los sumos sacerdotes. Es posible que los sumos sacerdotes querían eliminar a Lázaro porque su existencia era una prueba viva de algo que ellos negaban.

Es peligroso identificarse demasiado con Jesús. Todo creyente que realmente muere al pecado y vive para Dios es una prueba viva de que Jesús es la resurrección y la vida. ¡Ojalá todo el mundo pudiera ver en los creyentes de hoy la nueva vida que da Cristo y así llegar a glorificar al Padre y creer en el Hijo! Pero hoy, como en el tiempo de Jesús, los que se identifican con Jesús corren el peligro de ser odiados y perseguidos por los que se oponen al Hijo del Hombre.

La entrada triunfal en Jerusalén, vv.12-19

12.12-15: El siguiente día, grandes multitudes que habían venido a la fiesta, al oír que Jesús venía a Jerusalén, tomaron ramas de palmera y salieron a recibirle, y clamaban: ¡Hosanna! ¡Bendito el que viene en el nombre del Señor, el Rey de Israel! Y halló Jesús un asnillo, y montó sobre él, como está escrito: No temas, hija de Sión; he aquí tu Rey viene, montado sobre un pollino de asna. La historia de la entrada triunfal en Jerusalén es uno de los pocos episodios en la vida de Jesús que es relatado en cada uno de los cuatro evangelios. A diferencia de los evangelios sinópticos, Juan no se refiere a las multitudes que venían acompañando a Jesús desde Galilea y que entraron en la santa ciudad con él. El énfasis en el evangelio de Juan está en las multitudes de Jerusalén que fueron a recibir a Jesús una vez que se dieron cuenta de su venida. Según el intérprete británico C. H. Dodd, esto puede ser una indicación que los evangelios sinópticos reflejan el punto de vista de los doce apóstoles y de los discípulos de Galilea, mientras el cuarto evangelio refleja el recuerdo de uno que vivía en Jerusalén y estaba entre los que salieron a recibir a Jesús (Beasley-Murray 1987.209).

Las ramas y los gritos de hosana con que los habitantes de Jerusalén saludaron a Jesús nos recuerdan la manera en que los habitantes de Jerusalén recibieron a Simón Macabeo cuando entró para expulsar a los gentiles de la santa ciudad. "El día veintitrés del segundo mes del año... entró Simón en la ciudadela entre cantos de alabanza, con palmas y al son de arpas, platillos y cítaras, con himnos y cantos, porque Israel se había visto libre de un terrible enemigo" (1 Macabeos 13.51).

Las palmas significan victoria y la palabra hosana es una forma imperativa del verbo que en hebreo quiere decir salvar. Hosana significa entonces *salve ahora.* Tanto la aclamación hosana como las palabras: "¡Bendito el que viene en el nombre del Señor!" vienen del Salmo 118.25-26. Originalmente estas palabras de bendición se usaban para dar la bienvenida a los peregrinos que solían venir a Jerusalén para celebrar la fiesta de la pascua y las otras grandes fiestas en el templo. Pero estas palabras del Salmo 118 también se entendían en un sentido mesiánico. Se relata en la Mishná que los rabinos enseñaban que el Salmo 118.25-26 se usaría para dar la bienvenida al rey mesiánico cuando viniera a Jerusalén para establecer su reino (Carson 1991.432). Es evidente que la muchedumbre en Jerusalén también daba una interpretación mesiánica al Salmo 118, pues identifican al que viene como "el Rey de Israel."

Así es como los habitantes de Jerusalén, habiendo oído de la resurrección de Lázaro y de las otras señales de Jesús, salen para recibirlo como un conquistador que viene para implantar su reino a la fuerza, que viene para librar a Jerusalén de sus opresores, tanto gentiles como nativos. Como en Juan 6.15, quieren apoderarse de él y hacerlo un rey de este mundo. La mayoría de los que tienden las palmas creen que está por estallar un golpe de estado y vienen para dar su respaldo a la revolución. Al darse cuenta de las intenciones de la muchedumbre y para corregir su interpretación equivocada de la entrada triunfal en Jerusalén, Jesús manda buscar un asnillo y se monta sobre él. Hace esto porque el profeta Zacarías había profetizado: "Alégrate mucho, hija de Sión; da voces de júbilo, hija de Jerusalén; he aquí tu rey vendrá a ti, justo y salvador, humilde, y cabalgando sobre un asno, sobre un pollino hijo de asna... y los arcos de guerra serán quebrados; y hablará paz a las naciones... " Zacarías 9.9-10.

La profecía de Zacarías no habla de un conquistador o revolucionario que viene montado en un caballo para establecer su reino por medios violentos, sino de un rey de paz que viene montado en un burro, un animal de paz y no de guerra. Jesús, al identificarse con la profecía de Zacarías, está dando a entender a los habitantes de Jerusalén que no viene para dar un golpe de estado ni para prender fuegos revolucionarios. Como el profeta Isaías, Jesús llama a los habitantes de Jerusalén a confiar en el Santo de Israel y no en los caballos de guerra (Isaías 31.1-3).

A pesar de las intenciones pacíficas de Jesús, muchas personas entendieron su entrada triunfal en un sentido político y nacionalista. Según la ley romana, nadie podía ser proclamado rey sin el permiso de Roma. Al permitir que sus seguidores lo proclamen rey, Jesús se hizo culpable del crimen de insurrección (Martin 1988.56).

12.16: Estas cosas no las entendieron sus discípulos al principio; pero cuando Jesús fue glorificado, entonces se acordaron de que estas cosas estaban escritas acerca de él, y de que se las habían hecho. Los discípulos todavía no han recibido el don del Espíritu Santo en su plenitud y por eso no se dan cuenta cómo se cumplen las profecías de las Escrituras en los eventos que están ocurriendo en la semana santa. Es parte de la misión del Espíritu Santo guiar a los discípulos a toda la verdad (Juan 16.13). Este texto es muy semejante a Juan 2.22 donde los discípulos tampoco entienden la profecía del templo que será levantado tres días después de su destrucción.

Nota litúrgica: Juan 12.12-16 es el santo evangelio para el domingo de Ramos para el año D en el leccionario de cuatro años del grupo litúrgico interconfesional de Gran Bretaña. En el leccionario de tres años en *¡Cantad al Señor!* Juan 12.1-16 es el santo evangelio para el lunes santo en los años A, B, y C.

12.17-18: Y daba testimonio la gente que estaba con él cuando llamó a Lázaro del sepulcro, y le resucitó de los muertos. Por lo cual también había venido la gente a recibirle, porque había oído que él había hecho esta señal. De estos versículos entendemos que en aquel domingo de Ramos había dos grandes grupos de personas. Un grupo consistía de las personas que venían de Jerusalén para dar la bienvenida a Jesús. En este grupo había muchas personas que habían venido de Galilea para celebrar la Pascua en Jerusalén. Muchas de estas personas ya conocían a Jesús desde los tiempos de su ministerio en los pueblos alrededor del lago de Galilea. El otro grupo estaba compuesto por las personas que salieron con Jesús de Betania. En este grupo encontramos a los discípulos y los habitantes de Betania que habían presenciado la reanimación de Lázaro. Es difícil calcular la cantidad de personas que participó en los eventos relatados aquí. El historiador Josefo dice que en algunas celebraciones de la fiesta de la pascua se congregaban hasta dos millones setecientas mil personas en la ciudad santa. Puede ser que Josefo exagerara, porque en los tiempos del N.T. había solamente unos cinco millones de judíos en el mundo. Se calcula que en el tiempo de Jesús el Imperio Romano tenía una población total de unos cincuenta millones de personas. Los judíos constituían un 10% de los habitantes del Imperio Romano.

12.19: Pero los fariseos dijeron entre sí: Ya veis que no conseguís nada. Mirad, el mundo se va tras él. Las palabras de los fariseos son a la vez una gran exageración y una profecía de lo que va a pasar después de la resurrección de Jesús de entre los muertos. En el domingo de Ramos, en verdad, una gran muchedumbre aclama a Jesús como rey, pero esta muchedumbre no es el mundo (κόσμος en griego). La palabra κόσμος aquí indica todo el mundo habitado, es decir, judíos y gentiles. Hasta el momento Jesús no tiene seguidores entre los gentiles, pero después de la resurrección gran número de gentiles le seguirán. Para confirmar el hecho de que aquí tenemos una profecía velada acerca de la futura extensión de la iglesia de Jesús entre los gentiles, veremos en el próximo versículo cómo ciertos griegos, que son las primicias de la gran cosecha evangelística que realizará la iglesia apostólica entre los gentiles, llegan en busca de Jesús.

12.20-21: Había ciertos griegos entre los que habían subido a adorar en la fiesta. Estos, pues, se acercaron a Felipe, que era de Betsaida de Galilea, y le rogaron, diciendo: Señor, quisiéramos ver a Jesús. Los fariseos (en v.19) acaban de quejarse que todo "el mundo va tras él." Y ahora, con la llegada de los griegos, se confirman sus palabras. Estos gentiles, que llegan a Jesús en la fiesta de la pascua, representan las primicias del mundo gentil, las primicias de una gran cosecha de gentiles que entrarán en el reino de Dios. El hecho de que los gentiles lleguen en la fiesta de la pascua en la cual Cristo será sacrificado como el Cordero de Dios que quita el pecado del mundo, indica que la muerte y el levantamiento de Jesús son necesarios para la salvación de judíos y gentiles. Vienen los gentiles buscando al buen pastor que da la bienvenida a ovejas de otros rediles (Juan 10.16).

Los gentiles que llegan a Jesús no son prosélitos, es decir, paganos que se han convertido a la religión judaica y han sido circuncidados e inscritos como miembros plenos del pueblo de Israel. Estos gentiles son algunos de los así llamados temerosos de Dios, como Cornelio, de quien leemos en Hechos 10.22. Los temerosos de Dios eran gentiles que habían sido atraídos al Dios verdadero por el monoteísmo y la alta moralidad proclamados en las sinagogas de la diáspora. En los tiempos del N.T. muchos griegos y otros paganos habían quedado muy decepcionados con el politeísmo y la inmoralidad de las religiones de la antigüedad. Los filósofos griegos criticaban duramente los relatos acerca de Júpiter, Venus, Marte, Saturno y los otros dioses paganos de quienes se enseñaba en las escuelas. Nada bueno aprendían los estudiantes de los celos, peleas, infidelidades y aventuras amorosas de esos dioses. Muchos griegos anhelaban una religión moral que pudiera servir como base para la renovación de una sociedad que cada día se deslizaba más y más hacia la corrupción, la inmoralidad y la opresión de los pobres por los ricos. A la vez, anhelaban una religión monoteísta y un Dios "que no habita en templos hechos por manos humanas, ni es honrado por manos de hombres, como si necesitase de algo" (Hechos 17.24). Anhelaban un Dios que se preocupara por los seres humanos y estuviera cerca de ellos en sus luchas y necesidades y no alejado del mundo en un rincón inaccesible del universo.

Por medio de la propaganda religiosa de las sinagogas de la diáspora y por la lectura de la Septuaginta muchos griegos fueron atraídos a las sinagogas. Aunque estos gentiles estaban de acuerdo con el monoteísmo y la alta moralidad del judaísmo, la mayoría no podía aceptar la circuncisión y las leyes ceremoniales de la ley de Moisés. Asistían a las reuniones de las sinagogas, creyendo en Dios Jehová pero sin circuncidarse y convertirse en judíos. Más tarde la gran mayoría de estos temerosos de Dios llegó a ser cristiana por medio de los esfuerzos evangelísticos de Pablo, Bernabé y otros misioneros cristianos entre los gentiles. El hecho de que el evangelista haya incluido en su libro esta referencia a los griegos es una de las evidencias que se citan para comprobar que los destinatarios del cuarto evangelio no solamente fueron judíos de la diáspora, sino también gentiles (Barrett 1975.18-19).

12.22: Felipe fue y se lo dijo a Andrés; entonces Andrés y Felipe se lo dijeron a Jesús. Los griegos llegan a Jesús por intermedio de Felipe. Tal vez los griegos no estaban seguros si Jesús realmente quería verlos. Muchos judíos, especialmente los zelotes y los discípulos del famoso rabino Shamai, afirmaban que el mesías venía solamente para salvar al pueblo de Israel, pero no a los extranjeros. Precisamente para expulsar a los gentiles y extranjeros Judas Macabeo había entrado triunfalmente en Jerusalén unos 195 años antes. Por eso, los griegos buscan primero a Felipe que es de Betsaida, una ciudad en la provincia de Iturea donde buena parte de los habitantes son griegos y gentiles. Además, Felipe y Andrés, que son mencionados en este versículo, a diferencia de los otros discípulos, son los únicos que tienen un nombre griego. Felipe, por eso, debe hablar bien el griego y estar más favorablemente dispuesto hacia los extranjeros. Puede ser que una de las razones por las que Jesús había llamado a Felipe a ser discípulo fuera porque era bicultural, podía servir como un puente entre dos culturas. Las personas biculturales que estudian este libro deben reflexionar sobre las maneras en que Dios también quiere usarlas, como puentes por medio de los cuales el evangelio puede pasar de una cultura a otra. Las personas biculturales son dones de Dios a la iglesia y deben ser apreciados como tales. Sus dones no deben ser enterrados sino utilizados para la evangelización y para fomentar el intercambio entre las diferentes culturas.

12.23: Jesús les respondió diciendo: Ha llegado la hora para que el Hijo del Hombre sea glorificado. La respuesta de Jesús al anuncio de la llegada de las primicias de los gentiles indica que ha llegado la hora de su glorificación. La glorificación de Jesús, como hemos explicado antes, se refiere a su levantamiento, es decir: su sufrimiento, muerte, resurrección, ascensión y exaltación. Su exaltación significaría el derramamiento de su espíritu sobre sus discípulos y el comienzo de la misión a los gentiles. La conexión entre la glorificación de Jesús y la llegada de los gentiles muestra que el sacrificio que estaba por realizar Jesús no era solamente para reconciliar a los judíos con el Padre. El Cordero de Dios quita el pecado del mundo, no sólo el de los judíos. La vida abundante que da Jesús es también para los griegos y los demás gentiles.

Notamos que Jesús no tuvo mucho trato con los gentiles durante su ministerio en Judea y Galilea. Hasta había advertido a sus discípulos que no vayan por camino de gentiles ni entren en ciudad de samaritanos (Mateo 10.5). El Señor le recordó a la mujer cananea que él no había sido enviado a los gentiles, sino a "las ovejas perdidas de la casa de Israel" (Mateo 15.24). Tales declaraciones, sin embargo, no quieren decir que Jesús no quería la evangelización de los griegos y demás gentiles. Lo que pasaba es que la hora de Jesús aún no había venido. La misión a los gentiles puede tomar lugar solamente después de la muerte expiatoria de Jesús. Antes de anunciar el evangelio de perdón y reconciliación a los gentiles es necesario ofrecer el sacrificio que hace posible ese perdón y esa reconciliación. El hecho de que ha llegado la hora de la glorificación de Jesús significa que también se ha acercado la hora de la evangelización de los gentiles. Por eso, la llegada de los griegos para ver a Jesús en Juan 12.21 significa que "ha llegado la hora para que el Hijo del Hombre sea glorificado" (Juan 12.23).

Jesús se dirigía primeramente a los judíos porque quería llamarlos a volver al propósito para el cual fueron escogidos como pueblo de Dios en el A.T. Esto es, para que fuesen una luz a los gentiles, una nación de reyes y sacerdotes, llamados a compartir la luz de Dios con todas las demás naciones. Abraham y sus descendientes fueron llamados a ser una bendición a todas las naciones. Israel nunca fue llamado para ser el único recipiente de las bendiciones de Dios; fue llamado a ser un pueblo misionero por medio del cual todos los pueblos podrían llegar a su Creador. Cuando Jesús y su mensaje fueron rechazados por los líderes del pueblo de Israel, la tarea misionera fue dada al nuevo Israel, la iglesia.

Muchos comentaristas, desde los días de Santo Tomás de Aquino, han notado que los griegos en Juan 12 no llegan directamente a Jesús. Tienen contacto con el Señor por intermedio de los discípulos Felipe y Andrés. Esto, según Tomás de Aquino y otros, indica que la evangelización de los griegos y gentiles no la efectuó Jesús directamente, sino a través de la evangelización y los viajes misioneros de los discípulos que después fueron enviados a los gentiles por el Señor. Por medio de testimonios escritos como el cuarto evangelio, la palabra y la verdad de Jesús siguen llegando a los gentiles y así, por medio de tal testimonio, los gentiles de hoy pueden tener contacto con el Señor (Blank 1984.II,328).

En opinión del obispo Robinson, los griegos que vienen en busca de Jesús, representan a los destinatarios del cuarto evangelio. Según Robinson, el evangelio en su forma final estaba dirigido a los miembros de la diáspora en las ciudades de Asia Menor, para persuadirlos a creer en Jesús como el mesías profetizado en el A.T. Este grupo de destinatarios incluye tres clases de personas: 1- judíos que hablan el griego, 2- prosélitos y 3- temerosos de Dios. Son las mismas personas a las que se dirige Pablo en Hechos 13.16: "Varones israelitas, y los que teméis a Dios, oíd." Robinson afirma que estos prosélitos, judíos de la diáspora y temerosos de Dios, son las otras ovejas de las que habla Jesús en Juan 10.16 y 17.20 y a las que se referían los judíos de Jerusalén en Juan 7.35 (Robinson 1976.292).

12.24: De cierto, de cierto os digo, que si el grano de trigo no cae en la tierra y muere, queda solo; pero si muere, lleva mucho fruto. La glorificación de Jesús producirá una gran cosecha de judíos y gentiles. Pero esta cosecha no podrá efectuarse sin una siembra. El cuerpo del Hijo del Hombre tendrá que ser sembrado en la tierra, en la tumba. El Hijo del Hombre tendrá que entregarse a la muerte para dar vida en abundancia al mundo. La siembra, o muerte de Jesús será necesaria para la gran cosecha, tanto de judíos como de gentiles. De la muerte saldrá la vida. Éste es un principio clave, no solamente en el ministerio de Jesús, sino también en el ministerio de nosotros, sus discípulos. En el capítulo 21 veremos como Pedro llevará mucho fruto para el Señor y como glorificará el nombre de Dios con su martirio. Cuando Jesús nos llama a ser sus discípulos y a llevar mucho fruto (capítulo 15) nos está llamando a la vez a una vida de sufrimiento y sacrificio (Marcos 8.34). La obediencia de Jesús hasta la muerte es el patrón para todos los que son verdaderos discípulos del Cristo. En este mundo de contradicción y rebelión es imposible amar a Dios de todo corazón y al prójimo como a uno mismo sin sufrir, sin sacrificarse.

Uno de los principios fundamentales de las religiones orientales, el budismo e hinduismo, es la así llamada ley de karma. Según la ley de karma, todo lo que sembrare el hombre, eso también segará. Encontramos la misma expresión en Gálatas 6.7, pero en otro contexto y con otro significado. En las religiones orientales la ley de karma significa que todo lo que hace un ser humano en la vida o reencarnación presente, tendrá su recompensa o cosecha en sus vidas o reencarnaciones futuras. Si uno, por ejemplo, se porta mal en la vida presente, en la vida futura podría renacer como un paralítico, un miembro de una casta inferior, o aún como un perro, un gusano o una cucaracha. Uno que se porta bien puede ser reencarnado como un rico, un santón o un miembro de una de las castas altas. La ley de karma es inflexible y nadie puede mitigarla, suavizarla o anularla. Según lo que dice Jesús en el versículo 24, Dios también tiene su ley de karma, pero es muy distinta a la ley de karma en las religiones orientales. Según la ley del amor de Dios, un grano de trigo tiene que morir para producir una cosecha de vida. Nosotros hemos hecho el mal; estamos destituidos de la gloria de Dios; merecemos segar una cosecha de ira, maldición y muerte. Pero el mal que nosotros hemos sembrado es lo que Jesús cosechó en la cruz. La gloria y la vida abundante que ha sembrado el Hijo del Hombre es lo que segarán los judíos y los gentiles que creen en él.

12.25: El que ama su vida, la perderá; y el que aborrece su vida en este mundo, para vida eterna la guardará. En la *Reina Valera Revisada* la palabra vida aparece tres veces en este versículo. Cuando Jesús habla de amar la vida o aborrecer la vida emplea la palabra **psiche** (ψυχή en griego), pero cuando Jesús habla de vida eterna emplea la palabra **dzoe** (ζωή en griego). Las dos palabras en este versículo expresan dos ideas muy diferentes. **Psiche** quiere decir vida física con sus muchos intereses y oportunidades, mientras que la palabra **dzoe** se refiere a vida espiritual, en este mundo, y en la eternidad. Lo que quiere decir Jesús aquí es que la persona que dirige todos sus esfuerzos e intereses hacia sí mismo y hacia la preservación de su vida física y sus posesiones materiales, al final de cuentas, perderá todo. Mientras que la persona que está dispuesta a perder su vida física para no perder a Cristo, tendrá vida eterna (Morris 1989.191-191).

Amar y odiar la vida

Al interpretar este texto es muy importante que entendamos que cuando Jesús habla de amar y odiar la vida de uno, está empleando un modismo común del idioma hebreo y arameo, que expresa la idea de escoger o dar preferencia. En la historia de la interpretación bíblica muchas personas han malentendido estas palabras de Jesús y han pensado que Jesús está llamando aquí a sus seguidores a menospreciar y despreciar sus propios cuerpos por medio de prácticas tales como prolongados ayunos, auto-torturas y mortificaciones de la carne como la prohibición del matrimonio y de comer carne. Lo que en realidad quiere decir Jesús aquí es que no pongamos nuestro propio yo por encima de Dios y de su voluntad. No debemos dar preferencia al cumplimiento de nuestra voluntad sobre el cumplimiento de la voluntad de Dios. Cuando el deseo de vivir nuestra propia vida choca con el llamado de tomar nuestra cruz y seguir a Jesús, debemos dar la preferencia (amar) a Dios y no al cumplimiento egoísta de nuestra propia voluntad. En Romanos 9.13 leemos: "A Jacob amé, mas a Esaú aborrecí." Estas palabras no quieren decir que Dios odiaba a la persona de Esaú; simplemente quieren decir que Dios eligió a Jacob para ser el portador de la promesa y que no eligió a Esaú para ello.

12.26: Si alguno me sirve, sígame; y donde yo estuviere, allí también estará mi servidor. Si alguno me sirviere, mi Padre le honrará. En su estructura y vocabulario este dicho de Jesús es muy similar a sus palabras en Marcos 8.34. El parentesco entre este versículo y el de Marcos revela que en la invitación a seguir a Jesús está implícito el llamado de tomar la cruz y sufrir por causa de Cristo. En su futura carrera como misioneros los discípulos tendrán que sufrir mucho, aún la muerte, por el testimonio acerca de Jesús. El discípulo es un servidor, un esclavo de Jesús, dispuesto a morir por él. Seguir a Jesús quiere decir seguirle hasta la muerte en una vida de servicio a Dios y al mundo. Pero, a diferencia de lo dicho en Marcos, la afirmación de Jesús en Juan 12.26 contiene una preciosa promesa.

El discípulo que sigue a Jesús en una vida de servicio misionero recibe la promesa de estar donde estuviere Cristo. Esto significa que estará con Jesús y el

Padre en el mundo celestial que vio Juan en las visiones que tenemos en el libro del Apocalipsis. Allí, como dice Jesús en Juan 17.24, verán la gloria celestial que Jesús ha tenido desde antes de la fundación del mundo (Schnackenburg 1980.II.476). En la sociedad greco-romana el valor social más alto al que una persona podía aspirar era recibir honor de sus semejantes. Jesús está llamando aquí a los suyos a despreciar los honores que otorgan los seres humanos para servir a Cristo y a los débiles y marginados. A los que siguen a Jesús les debe bastar la honra que da el Padre (Howard-Brook 1994.281).

12.27-28: Ahora está turbada mi alma; ¿y qué diré? Padre, sálvame de esta hora. Mas para esto he llegado a esta hora. Padre, glorifica tu nombre. Entonces vino una voz del cielo: Lo he glorificado, y lo glorificaré otra vez. Al saber Jesús que había llegado la hora de su sacrificio, su espíritu se llenó de angustia. Recordamos como reaccionó Jesús con ira y angustia frente a la tumba de Lázaro, y el horror que sintió por el triunfo de la maldad en el alma de Judas Iscariote (13.21). La palabra griega ταράσσω, que se traduce como *turbada* en este versículo significa *agitación*, *horror* y *convulsión* (Beasley-Murray 1987.212). Es mejor no tratar de suavizar las palabras de Jesús en la segunda parte del versículo traduciéndolas como si fueran una pregunta, como lo hacen la *Reina Valera Revisada*, la *Biblia de Jerusalén* y la versión *Dios habla hoy*. Lo que tenemos aquí es una verdadera oración de nuestro Señor, una oración que expresa la angustia de espíritu que siente ante la cruz y todo lo que ella significa. En su oración Jesús se estremece y retrocede ante el horror de una muerte como la de un criminal maldecido por la ley y por Dios.

Jesús no contempla la muerte tranquila y desapasionadamente como lo hizo el filósofo Sócrates antes de tomar el veneno mortal. Los estoicos, y muchos en nuestro mundo moderno, enseñan que se debe aceptar la muerte sin apasionados brotes de emoción porque, según ellos, la muerte es una cosa natural, es parte de un proceso de nacer, crecer, envejecer y morir, con el fin de renacer otra vez. Pero Jesús sabía lo que ni Sócrates, ni los estoicos sabían. Jesús sabía que la muerte no es un evento natural en un proceso cíclico de nacer, morir y renacer a una nueva reencarnación. La muerte es la señal visible del juicio de Dios sobre nuestras vidas. La muerte significa que no hemos merecido perdurar eternamente. La muerte es la paga del pecado.

Pero aunque Jesús se angustió ante la muerte (Hebreos 5.7-8) a la vez reconoció que tenía que soportar lo que le esperaba porque ésta era la misión que había recibido del Padre. Entonces, en un acto de obediencia total, Jesús afirmó que el nombre del Padre es el que debía ser glorificado. El Padre es glorificado cuando se hace su voluntad (Beasley-Murray 1987.212). Jesús, muy turbado, sabiendo que su muerte está cerca, pide que el Padre sea glorificado en la muerte de su Hijo, es decir, que la muerte del Hijo resulte en la salvación del mundo.

Dios responde a la oración con una voz desde el cielo, como la que se escuchó en el bautismo y la transfiguración de Jesús. Muchos estudiosos identifican esta voz del cielo con lo que los fariseos llamaba la *bath qol*. Según los fariseos, Dios había dejado de hablar por medio de profetas. Por lo tanto, no habría más profecía hasta el inicio de la edad mesiánica. En opinión de los fariseos, la única manera en que Dios todavía hablaba en el tiempo entre la muerte del último profeta Malaquías y la venida del mesías sería por medio de la *bath qol*. La frase *bath qol* es una expresión hebrea que literalmente quiere decir un eco o la "hija de una voz." La respuesta divina a la oración de Jesús indica que el Padre ya ha glorificado su nombre en la revelación que Jesús ha dado por medio de sus señales y sus palabras, pero en el levantamiento de Jesús en la cruz y en su levantamiento al cielo, el nombre del Padre será glorificado más aún.

La voz del cielo en Juan 12.28 funciona en la misma manera como la voz del cielo en los relatos sinópticos de la transfiguración de Jesús. Según los sinópticos, en la ocasión de la confesión de Pedro en Cesarea de Filipo, Pedro y los discípulos cuestionan si realmente sea la voluntad de Dios que Jesús sea humillado, torturado y crucificado como lo cree necesario Jesús (Marcos 8.31-39; Mateo 16.21-28). Seis días después, Jesús lleva a sus discípulos al monte de la transfiguración donde aparecen Moisés, el representante de la ley, y Elías, el representante de los profetas. Ambos hablan con Jesús acerca de su éxodo, es decir, su salida para Jerusalén para ser entregado a sus enemigos y ser crucificado. Se debe entender que tanto Moisés como Elías testifican que el sacrificio de Jesús por los pecados del mundo está de acuerdo con todo lo que está escrito en la ley y en los profetas. La *bath qol*, entonces, da la confirmación divina al hecho de que el Hijo del Hombre ha venido, no para ser servido, sino para servir y dar su vida por el mundo. A la vez, la *bath qol* anuncia que Jesús es aquel siervo sufriente profetizado en Isaías capítulos 52-53, quien será engrandecido, exaltado y puesto muy en alto, y a la vez será entregado como una oveja a sus trasquiladores y sujetado a padecimiento, juicio y muerte (Evans 1981.408).

Como la *bath qol* en la transfiguración, la voz divina en Juan 12.28 sirve para indicar a los discípulos que realmente la voluntad del Padre es que Jesús sea glorificado por medio de su humillación en el pretorio y en la cruz. No es la voluntad del Padre que Jesús establezca un reino político en Jerusalén como quieren los discípulos y los zelotes. La voz divina viene para indicar que la muerte de Jesús en la cruz no es una derrota, sino su victoria. Jesús, con su muerte, vence definitivamente la vieja tentación del ser humano de vivir para sí mismo y de no hacer la voluntad del Padre. El Padre es glorificado en la muerte del siervo fiel que pone la voluntad de Dios sobre toda otra cosa. Cuando oramos "santificado (o glorificado) sea tu nombre" en la primera petición del Padrenuestro, también estamos pidiendo que el Padre sea glorificado por nuestra obediencia activa, nuestro servicio al prójimo y nuestro sufrimiento por causa del reino de Dios y de su justicia.

12.29-30: Y la multitud que estaba allí, y había oído la voz, decía que había sido un trueno. Otros decían: Un ángel le ha hablado. Respondió Jesús y dijo: No ha venido esta voz por causa mía, sino por causa de vosotros. Puesto que las personas presentes no pudieron entender lo que decía la voz del cielo, Jesús ahora les da a entender que la *bath qol* significa que ha comenzado el momento de la glorificación de Jesús, el momento más significativo en la historia del universo. Todo lo que va a acontecer en la muerte, resurrección y ascensión de Jesús es parte de la voluntad de Dios para la salvación del mundo. Este magno evento es la crisis de este mundo, es decir, el evento que llama a toda persona a tomar una decisión, ya sea a favor o en contra, de lo que Dios quiere realizar en la glorificación de su Hijo.

12.31: Ahora es el juicio de este mundo; ahora el príncipe de este mundo será echado fuera. El levantamiento del Hijo del Hombre en la cruz y en su resurrección es un juicio en doble sentido. En primer lugar, la crucifixión de Jesús es un acto que pone de manifiesto la culpabilidad del mundo ante Dios. El Hijo del Hombre fue enviado al mundo como el agente y representante del Padre. Al rechazar y crucificar al representante del Padre, el mundo ha rechazado al mismo Padre. En el asesinato del Hijo del Hombre se pone de manifiesto el pecado en su forma más repugnante, abominable y condenable. Aquí se pone de manifiesto, en su última consecuencia, la decisión del ser humano de separarse de Dios y de vivir como si él fuera Dios. El mundo rechaza a Jesús porque no quiere un mesías que nos llama a servir y no a ser servido. El mundo no quiere un mesías que nos llama a sacrificar nuestros propios intereses, nuestra sed de venganza y nuestro deseo de explotar y humillar a otros. Lo que pasó en la cruz es el resultado final de comer el fruto prohibido. En la cruz se ve que toda la humanidad es culpable de la sentencia de muerte.

Pero el levantamiento del Hijo del Hombre es un juicio del mundo en otro sentido también. En la cruz el Hijo del Hombre sufre inocentemente la sentencia de juicio dictada contra la humanidad. El asesinado se sacrifica por los pecados de los asesinos. El Cordero inocente derrama su sangre para lavar la culpa de los que son la causa de su muerte. Por su auto-entrega, por cargar la culpa de todos nosotros (Isaías 53.6) y por sufrir nuestros dolores, el Cordero de Dios logra que se dicte una sentencia de perdón a favor de la humanidad. "El castigo de nuestra paz fue sobre él, y por su llaga fuimos nosotros curados" (Isaías 53.5). Por aceptar pasivamente el terrible sufrimiento en la cruz, el Hijo del Hombre logra convertir el juicio de la cruz en buenas nuevas para todos los que creen en él.

Por medio de la sentencia de perdón dictada a favor de los que creen en el nombre de Jesús, el príncipe de este mundo pierde su derecho de acusar a los discípulos. Cuando se levanta Satanás, cuyo nombre significa acusador, para denunciar nuestros pecados y demandar que recibamos el castigo que merecemos, se levanta a la vez el Hijo del Hombre para declarar que nuestros delitos ya han sido castigados y cancelados cuando el Padre puso sobre él todo el peso de nuestra desobediencia y rebelión. Puesto que nuestros pecados fueron juzgados, castigados y cancelados en el cuerpo de Jesús sobre la cruz, Satanás ya no tiene cómo acusarnos delante del trono de Dios.

En el momento en que Jesús es levantado en la cruz, y exaltado, Satanás es humillado y echado abajo. Por eso Jesús, hablando apocalípticamente, puede declarar: "Yo veía a Satanás caer del cielo como un rayo" (Lucas 10.18). Y en otro escrito que lleva el nombre de San Juan se lee: "Ahora ha venido la salvación, el poder, y el reino de nuestro Dios, y la autoridad de su Cristo; porque ha sido lanzado fuera el acusador de nuestros hermanos, el que los acusaba delante de nuestro Dios día y noche. Y ellos le han vencido por medio de la sangre del Cordero y de la palabra del testimonio de ellos" (Apocalipsis 12.10-11). Nosotros también podemos librarnos de las acusaciones de Satanás apelando a la sangre del Cordero. Ésta es la misma buena nueva que proclama San Pablo en Romanos 8.28-39. Aquí también se declara que ningún acusador puede separarnos del amor de Dios que es en Cristo Jesús, Señor nuestro. En ese texto Pablo amplía nuestro entendimiento de estas escrituras al declarar que el levantamiento de Jesús al cielo no fue sólo para declarar su victoria sobre Satanás, sino también para llegar a ser nuestro abogado ante el Padre. Como abogado y mediador nuestro, Jesús nos defenderá de toda acusación en contra nuestra.

Aunque el príncipe de este mundo está buscando que Jesús sea levantado en la cruz, el Señor anuncia que el levantamiento del Hijo de hombre resultará en la victoria y entronización de Jesús y el juicio de Satanás. En el A.T., después de la victoria de un rey sobre sus enemigos, seguía su coronación en un trono de gloria, el repartimiento del botín entre los fieles, y el enjuiciamiento del enemigo. Libros apolcalípticos como Enoc, el Testamento de Moisés y 4 Esdras profetizaban la venida de un guerrero divino llamado el escogido o el hijo del hombre, que vendría para luchar contra Azazel (Satanás), vencerlo, y después ser glorificado. A la luz de textos como 1 Enoc 69.26; 51.3; 45.3; 55.4; 62.2-7 Judith L. Kovacs cree que la glorificación de Jesús que se menciona con tanta frecuencia en el cuarto evangelio se refiere, no sólo a la muerte, resurrección y ascensión del Hijo del Hombre, sino también a su entronización sobre el trono divino de gloria. Tal entronización implica tanto el enjuiciamiento de Satanás como el repartimiento de los dones del Espíritu Santo a los fieles (1995.227-247).

Walter Wink, en uno de sus libros sobre los poderes y autoridades espirituales, afirma que Satanás es echado fuera no sólo en la victoria de Jesús sobre la cruz, sino también cada vez que los discípulos menosprecian sus vidas hasta la muerte (Apocalipsis 12.11) y ponen la confesión de Jesús y su justicia por encima de la búsqueda de su propio poder, gloria, seguridad y placer. El Espíritu Santo está activo en el testimonio de los discípulos para convencer al mundo de pecado, justicia y juicio. Cuando el arzobispo Oscar Romero, en el poder del Espíritu, se enfrentó a los poderes satánicos de su país y los desenmascaró, Satanás fue echado fuera (Wink 1986.66).

El príncipe de este mundo

Jesús aquí se refiere a Satanás con el apelativo príncipe de este mundo (ὁ ἄρχων τοῦ κόσμου). El mismo título es usado en Juan 14.30 y 16.11. En la literatura helenística el término político príncipe (ἄρχων) era usado para designar al oficial más alto en una ciudad o región en el mundo greco-romano. En la Septuaginta ἄρχων se usa para referirse a un líder nacional, local o tribal. En el libro de Daniel en el A.T. se usa ἄρχων para referirse al jefe o líder de los poderes angelicales (Daniel 10.13,20,21; 12.1). En los evangelios sinópticos Satanás o el diablo es descrito como el jefe o líder (ἄρχων) de los demonios (Mateo 9.34; 12.24; Marcos 3.22; Lucas 11.15). En Efesios 2.2 San Pablo se refiere a Satanás como el príncipe (ἄρχων) de la potestad del aire. (Véase también 1 Corintios 15.36-38).

En la literatura judía de la época se puede notar un gran interés en conocer los nombres y los rangos de los diferentes demonios y ángeles. Se creía que ciertas enfermedades y calamidades eran producidas por un demonio específico. Por ejemplo, se creía que un demonio llamado Lix Tetrax era responsable de producir desunión e incendios. Las actividades de este demonio podían ser contrarrestadas solamente conociendo su identidad e invocando la intervención de Azael, el arcángel bueno, cuyo trabajo consistía en deshacer las obras de Lix Tetrax. Para practicar la magia era esencial conocer los nombres de los espíritus y saber cómo invocar los nombres de los espíritus más poderosos.

En libros apócrifos y seudoepígrafes tales como El Testamento de Adán encontramos listas de los poderes angelicales según sus rangos y con sus respectivas funciones, desde los más bajos hasta los más poderosos. Según El Testamento de Adán, el rango más bajo de los espíritus es el de los ángeles, después vienen arcángeles, principados, autoridades, poderes, dominios, tronos, serafines y querubines. Estos rangos se encuentran tanto entre los espíritus buenos como entre los demonios (Arnold 1992.99). Pero en el N.T. no encontramos una preocupación por conocer los nombres de los espíritus. Hay un solo nombre que necesitamos conocer: Jesucristo. La glorificación de Jesucristo en su muerte, resurrección y ascensión significa que "Dios también le exaltó hasta lo sumo, y le dio un nombre que es sobre todo nombre" (Filipenses 2.9). Pablo dice que Jesucristo está sentado a la diestra de Dios en los lugares celestiales "sobre todo principado y autoridad y poder y señorío, y sobre todo nombre que se nombra, no sólo en este siglo, sino también en el venidero" (Efesios 1.21).

La mayoría de los exégetas creen que el evangelio de Juan fue escrito en o cerca de la ciudad de Efeso y dirigida a comunidades cristianas en Asia Menor. En las congregaciones de Asia Menor había muchos creyentes que antes habían invocado a muchos otros nombres y habían adorado a muchos otros espíritus. Después de aceptar a Cristo, estos nuevos creyentes tenían que tomar la misma decisión que tienen que tomar miles de nuevos cristianos hoy en día; tienen que decidir qué hacer con las imágenes y las insignias de sus antiguas deidades. ¿Deben destruirlas o pueden preservarlas y venerarlas junto con el Señor Jesucristo? Quizás algunos nuevos creyentes seguían invocando y venerando otros espíritus, temiendo que éstos todavía pudieran hacerles daño o causarles problemas.

Precisamente porque existe la tentación de volver a invocar otros nombres y servir a otros espíritus, necesitamos enfatizar que por la muerte, resurrección y ascensión de Cristo "el príncipe de este mundo será echado fuera." El hecho de que el príncipe de este mundo no pudo hacer nada para impedir la resurrección de Cristo, es una demostración clara y contundente de la impotencia de Satanás frente al Señor. La glorificación de Cristo ha puesto a Satanás en ridículo (Colosenses 2.15). Creyentes tentados a volver a servir a otros espíritus necesitan saber que Cristo no es simplemente un espíritu entre muchos, sino la suprema autoridad espiritual en el universo. Él es el *Logos*, en quien "fueron creadas todas las cosas, las que hay en los cielos y las que hay en la tierra, visibles e invisibles; sean tronos, sean dominios, sean principados, sean potestades" (Colosenses 1.16). Muchos eruditos han preguntado porqué el evangelio de Juan ha enfatizado tanto el origen divino del hijo de Dios. En respuesta a esa pregunta podríamos contestar que, en un ambiente donde los miembros de la comunidad cristiana están luchando contra las pretensiones de otros nombres y otros espíritus, la iglesia necesita demostrar la superioridad y la autoridad del Hijo del Hombre sobre todo otro espíritu, incluyendo el príncipe de este mundo.

12.32-33: Y yo, si fuere levantado de la tierra, a todos atraeré a mí mismo. Y decía esto dando a entender de qué manera iba a morir. Éste es otro de los versículos claves del cuarto evangelio. Como hemos notado en varias ocasiones el evangelio de Juan suele emplear la palabra griega ὑψόω con un doble sentido. Así, el verbo levantar en este versículo, se refiere a la vez al levantamiento de Jesús en la cruz y a su exaltación en la resurrección y ascensión. El levantamiento de Jesús resultará en la llegada de personas de todas partes del mundo, para creer en él y ser contadas como miembros del reino de Dios.

12.34: Le respondió la gente: Nosotros hemos oído de la ley, que el Cristo permanece para siempre. ¿Cómo, pues, dices tú que es necesario que el Hijo del Hombre sea levantado? ¿Quién es este Hijo del Hombre? La gente no entiende el sentido en que se usa la palabra levantar. Creen que se refiere solamente a la crucifixión del Hijo del Hombre. En base a textos como Salmo 89.35-37, Ezequiel 37.25, Salmo 72.17 y 1 Enoc 49.1; 62.14 la gente ha llegado a creer que el reino de Dios y el mesías durarían para siempre. Por eso, la idea de un mesías crucificado es para ellos un tropiezo (1 Corintios 1.23). La palabra del pueblo quiere decir: ¿Qué clase de hijo de hombre es éste de quien se espera un destino tan incomprensible? Cristo y su reino durarán para siempre, pero no en el sentido en que cree el pueblo. La presencia visible de Jesús, la luz del mundo, estará entre los hombres por poco tiempo. Por eso, los hombres tienen que aprovechar la luz mientras puedan, para no llegar a ser hijos de la perdición y oscuridad como Judas Iscariote.

Puede ser que los judíos se preguntaran: ¿Quién es este Hijo del Hombre? porque había confusión en las mentes de algunos creyentes potenciales en cuanto a la identidad del hijo del hombre mencionado en textos del A.T. como Daniel 7.13. En los tiempos del N.T. algunos judíos no identificaban el hijo del hombre con el mesías esperado. Hay escritos seudoepígrafes en los cuales se habla del mesías y del hijo del hombre como de dos personajes distintos.

12.35-36: Entonces Jesús les dijo: Aún por un poco está la luz entre vosotros; andad entre tanto que tenéis luz, para que no os sorprendan las tinieblas; porque el que anda en tinieblas, no sabe adónde va. Entre tanto que tenéis la luz, creed en la luz, para que seáis hijos de luz. Estas cosas habló Jesús, y se fue y se ocultó de ellos. Una vez más Jesús llama a sus oyentes a creer en su persona y en sus palabras. Pero el pueblo no se da cuenta de que se acerca el momento cuando Jesús no estará más físicamente entre ellos. Hay que valerse de la oportunidad de recibir la luz de Jesús en sus vidas antes que venga el enemigo para adueñarse de ellos. Andar en la luz significa creer en Jesús y vivir de acuerdo con esa fe. Los que reciben la luz de Jesús en sus vidas llegan a ser hijos de la luz, personas en cuyas vidas se manifiesta la fe y las cualidades éticas de Jesús el cual es la luz del mundo. Andar en tinieblas quiere decir vivir sin fe en Jesús. Los que viven sin fe son como viajeros que han perdido el camino y andan ciegamente en la oscuridad. No serán destruidos por Dios; su propia falta de luz los llevará a la destrucción. La idea en juego aquí es parecida a lo que expresó Jesús en Lucas 11.24-26, en la parábola del espíritu inmundo que vuelve. La naturaleza aborrece el vacío. El corazón humano no puede permanecer vacío. Si la luz no llena nuestras vidas, tarde o temprano nuestras vidas se llenarán de tinieblas, es decir, con la presencia maligna del príncipe de las tinieblas.

El hecho de que Jesús se oculta de la gente significa que ya está comenzando a cumplirse lo que Jesús acaba de decir: La luz estará poco tiempo entre ellos.

Nota litúrgica: Juan 12.20-36 es el santo evangelio para el quinto domingo en cuaresma para el año D en el leccionario de cuatro años del grupo litúrgico interconfesional de Gran Bretaña. Por las semejanzas teológicas que tiene este texto con las ideas expresadas en la historia sinóptica de la transfiguración, esta lección bien pudiera servir como una de las lecturas para la fiesta de la transfiguración de nuestro Señor. Por eso recomendamos a las congregaciones que eligen utilizar el leccionario de cuatro años, que utilicen esta lectura para el domingo antes de la cuaresma y a Juan 6.1-15 como la lectura del quinto domingo en cuaresma.

12.37-38: Pero a pesar de que había hecho tantas señales delante de ellos, no creían en él; para que se cumpliese la palabra del profeta Isaías, que dijo: Señor, ¿quién ha creído a nuestro anuncio? ¿Y a quién se ha revelado el brazo del Señor? Nos llama la atención que aun después de escuchar los discursos de Jesús y presenciar sus grandes señales milagrosas, la gran mayoría del pueblo judío lo rechaza. ¿Cómo se puede explicar esta incredulidad? ¿Estaban quizás predestinados a la condenación los judíos incrédulos, como han creído algunos teólogos?

En respuesta a esta pregunta, Jesús mismo nos recuerda que la incredulidad de los judíos tiene sus antecedentes en el A.T. Muchos judíos vieron las señales milagrosas de Moisés en Egipto y en Sinaí, sin embargo perecieron en el desierto a causa de su incredulidad, y nunca entraron en la tierra prometida. Pero a pesar de haber visto tantas señales del Señor y de haber recibido su Palabra, la mayoría de los hebreos dio la espalda a Jehová y se puso a adorar al becerro de oro y a otros ídolos y espíritus. Podemos leer las recriminaciones de Moisés contra el pueblo incrédulo en Deuteronomio 29.

La incredulidad de los judíos no sólo tiene antecedentes en el A.T., sino que también fue profetizado en el A.T. Jesús recuerda a la multitud que, en una profecía referente al ministerio del siervo de Jehová que viene para sufrir por los pecados del pueblo, el profeta se queja que nadie ha querido creer en su anuncio (Isaías 52.13-53.3). "¿Quién ha creído a nuestro anuncio? ¿Y sobre quién se ha manifestado el brazo de Jehová?" Según Carson, el anuncio acerca del cual habla el profeta en la profecía, es la proclamación del evangelio. La frase: "El brazo de Jehová", se refiere a las señales milagrosas del siervo (1991.448).

12.39-40: Por esto no podían creer, porque también dijo Isaías: Cegó los ojos de ellos, y endureció su corazón; para que no vean con los ojos, y entiendan con el corazón, y se conviertan, y yo los sane. El texto citado aquí es Isaías 6.9-10, y es la última parte de la visión en la cual Isaías es llamado a ser profeta. En su visión Isaías vio al Señor sentado sobre un trono alto y sublime. Por encima del Señor había serafines que volaban y daban voces, diciendo: "Santo, santo, santo, Jehová de los ejércitos; toda la tierra está llena de su gloria" (Isaías 6.3).

Ante esa visión de Jehová en su gloria y santidad, Isaías se da cuenta de su impureza y pecado y exclama: "¡Ay de mí, que soy muerto; porque siendo hombre inmundo de labios, y habitando en medio de pueblo que tiene labios inmundos, han visto mis ojos al Rey, Jehová de los ejércitos" (Isaías 6.5). Pero Dios, en vez de destruir a Isaías, envía a uno de los serafines para tocar sus labios con un carbón encendido del altar y así purificar sus labios, perdonar sus pecados y capacitarlo para proclamar la palabra de Dios. Después Isaías oye la voz de Dios que pregunta: "¿A quién enviaré, y quién irá por nosotros?" E Isaías responde entonces: "Heme aquí, envíame a mí" (Isaías 6.8). Entonces el Señor anuncia al nuevo profeta cuál será su trabajo y cuál el mensaje que tendrá que proclamar al pueblo.

Isaías es enviado a ser profeta con el siguiente encargo: "Engruesa el corazón de este pueblo, y agrava sus oídos, y ciega sus ojos, para que no vea con sus ojos, ni oiga con sus oídos, ni su corazón entienda, ni se convierta, y haya para él santidad" (Isaías 6.10). Por siglos los hijos de Israel se habían apartado del pacto con Jehová para servir a los baales y a otros ídolos de los cananeos. Como consecuencia de esa idolatría de su pueblo, Dios permitía una y otra vez que los israelitas cayeran en poder de sus enemigos. Al sufrir la opresión de sus enemigos, los israelitas una y otra vez se arrepintieron de su idolatría y su adulterio espiritual, y una y otra vez Dios les perdonaba y les enviaba diferentes jueces para salvarlos. La historia de este ciclo de infidelidad, disciplina divina, arrepentimiento y restauración está relatada en el libro de los Jueces. Pero tantas veces se endurecieron los israelitas en su rebelión contra Dios que llegaron a pensar en sus corazones: "Vamos a pecar para luego arrepentirnos y después poder pecar de nuevo."

El pecador se burla de Dios cuando llega a creer que puede seguir pecando continuamente, porque siempre puede obligar a Dios a perdonarlo con sacrificios y holocaustos. Se está burlando de Dios el así llamado cristiano cuando dice: "Perseveraremos en el pecado para que la gracia abunde" (Romanos 6.1). Está jugando con Dios la persona que dice: "Soy salvo por mi fe, no por mis obras; por eso puedo vivir como me da la gana, siempre que tenga fe. Dios siempre está obligado a perdonarme porque tengo fe." Pero la Biblia dice que Dios no puede ser burlado. Lo que el burlador se olvida es que hay un límite en la paciencia de Dios. Lo que el burlador se olvida es que la fe es un don de Dios y que el mismo Dios que nos da la fe también puede enviarnos el más terrible de los castigos, la pérdida de la fe. Dios mismo puede endurecer nuestros corazones para que dejemos de arrepentirnos y dejemos de creer en él. Esta fue la misión del profeta Isaías (6.9-10), predicar de tal manera que sean endurecidos los corazones de los israelitas rebeldes.

Es precisamente este texto de Isaías 6 el que Jesús cita aquí. Tristemente, las palabras de vida y luz que predicaba Isaías a Jerusalén sirvieron para endurecer en su pecado a los habitantes de la ciudad santa y así asegurar su destrucción. Lo que pasó en los días de Isaías vuelve a suceder en los últimos días del ministerio de Jesús en Jerusalén. Los habitantes de la ciudad santa han presenciado la resurrección de Lázaro y las otras grandes señales y pronunciamientos de Jesús y, sin embargo, no quieren confesar a Jesús como su Señor. Las palabras de vida proclamadas por Jesús pueden llegar a ser palabras de muerte para los que reconocen la verdad pero rehúsan confesarla y actuar de acuerdo a ella. Esto es burlarse de aquel que envió a Jesús. Conocer la verdad y cerrar el corazón a ella, lo pone a uno en peligro de cometer el pecado contra el Espíritu Santo. Reconocer en el corazón que Jesús es el Señor pero rehusar a confesarlo como tal, resultaría en el endurecimiento del corazón y en la imposibilidad de creer. Al citar las palabras del profeta Isaías, el evangelista está advirtiendo a sus lectores a no exponerse al peligro de pecar contra el Espíritu Santo y del endurecimiento del corazón. El evangelista está llamando a sus lectores, y a nosotros, a creer en Jesús ahora, para no permanecer en las tinieblas de la incredulidad.

Al interpretar estos textos sobre las profecías de la incredulidad de los judíos en el A.T. y la incredulidad de los judíos de Jerusalén en el tiempo de Jesús, es bueno recordar que el evangelista no está tratando de presentar aquí una doctrina de doble predestinación. Los judíos mencionados en Juan 12 no fueron predestinados a ser incrédulos para que se cumpliesen las escrituras del A.T. Más bien, a causa de su propia decisión de rechazar a Jesús, se cumplieran en ellos las palabras de la profecía.

12.41: Isaías dijo esto cuando vio su gloria, y habló acerca de él. Todavía refiriéndose a la visión que tuvo Isaías en el templo, Juan afirma aquí que lo que vio el profeta en su visión sublime fue la gloria de Jesús. Según Juan, Cristo mismo habló con Isaías. Fue Jesús quien envió el serafín a purificar los labios del profeta. Fue Jesús quien llamó a Isaías a proclamar la palabra de Dios al pueblo. La palabra de Dios que fue rechazada por los habitantes de Jerusalén en el tiempo de Isaías fue la palabra de Jesús, y ahora nuevamente los habitantes de Jerusalén están en peligro de rechazar las palabras de Jesús. Aun en el A.T. Dios el Padre se revelaba solamente por medio del *Logos*. Nadie ha visto al Padre directamente. El que se manifestó a los profetas y patriarcas del A.T. fue el Hijo.

Contra la opinión de los comentaristas que afirman que el profeta Isaías vio físicamente la gloria de Jesús en el templo de Jerusalén, Howard-Brook cree que la referencia a Isaías viendo la gloria de Jesús se refiere a Isaías 53 y no a Isaías 6. Según esta interpretación, el profeta Isaías, al describir proféticamente los padecimientos del siervo sufriente de Jehová (ciertamente llevó él nuestras enfermedades y sufrió nuestros dolores, etc.) veía la gloria del mesías, pues la gloria de Jesús debe ser entendida más en términos de su encarnación, humillación, pasión, amor abnegado y muerte (Howard-Brook 1994.286).

12.42-43: Con todo eso, aun de los gobernantes, muchos creyeron en él; pero a causa de los fariseos no lo confesaban, para no ser expulsados de la sinagoga. Porque amaban más la gloria de los hombres que la gloria de Dios.

Juan llama la atención al hecho de que muchos compatriotas de Jesús se convencieron de que él era el prometido que venía en el nombre del Señor, el rey mesiánico de Israel. Se convencieron por la resurrección de Lázaro y las otras señales de Jesús. Hasta muchos gobernantes del pueblo, como Nicodemo, creyeron en él. Pero, como Nicodemo que vino a Jesús de noche para que nadie lo viera, estos compatriotas de Jesús temían confesarlo públicamente. A pesar de todas las señales de Jesús, la mayoría de los judíos no llegó a declarar abiertamente su fe en el Señor. De esta manera se confirmaron las palabras proféticas de Isaías: "Señor, ¿quién ha creído a nuestro anuncio? ¿y sobre quién se ha manifestado el brazo de Jehová?" (Isaías 53.1).

La gran tragedia de la multitud que aclamó a Jesús en Jerusalén fue que la mayoría se entusiasmó mucho con las señales de Jesús sin convertirse en verdaderos discípulos de él. Temieron más ser expulsados de la sinagoga que quedar fuera del reino de Dios que había venido a inaugurar el Hijo del Hombre. Es clarísimo que al relatar todo esto, el evangelista está dirigiendo una llamada directa a todos los lectores del cuarto evangelio que creen en Jesús pero no lo han confesado públicamente. Juan los está llamando a que declaren su fe en Jesús en el bautismo, aunque esto pudiera significar su expulsión de la sinagoga. Juan los está llamando a que no repitan el error trágico de los habitantes de Jerusalén. Rechazar a Jesús como el Mesías, como el *Logos* encarnado y el gran *Yo soy*, es rechazar al Padre que ha enviado a Jesús. Leyendo entre líneas podemos ver aquí que Juan está llamando a sus compatriotas y a nosotros a hacer caso al evangelio de Jesús para heredar la vida eterna.

12.44-46: Jesús clamó y dijo: El que cree en mí, no cree en mí, sino en el que me envió; y el que me ve, ve al que me envió. Yo, la luz, he venido al mundo, para que todo aquel que cree en mí no permanezca en tinieblas. En Juan 12.44-50 tenemos las últimas palabras del ministerio público de Jesús que se relatan en el cuarto evangelio. Los demás discursos y enseñanzas del libro serán impartidos a los discípulos en privado. Por última vez Jesús se dirige a las multitudes, llamándolos a creer en él y a salir de las tinieblas, o sea, del reino de Satanás. La palabra clamó (ἔκραξεν en griego) indica una proclamación pública, así como solían hacer los profetas del A.T. Como tal, Jesús advierte al público que rechazar su mensaje y no creer en él, equivale a dar la espalda al Padre, el cual ha enviado a Jesús. Podemos notar cómo en estos versículos los verbos *creer* y *ver* son usados como sinónimos que señalan la misma actividad. Entre otras cosas, *creer* quiere decir *ver* al Padre en Jesús.

La frase permanecer en tinieblas indica seguir en el lugar donde no hay luz, en el reino de la muerte. Permanecer en tinieblas significa seguir bajo la ira de Dios y la sentencia de muerte dictada contra los enemigos de Dios (Schnackenburg 1980.II.520).

12.47-48: Al que oye mis palabras, y no las guarda, yo no le juzgo; porque no he venido a juzgar al mundo, sino a salvar al mundo. El que me rechaza, y no recibe mis palabras, tiene quien le juzgue; la palabra que he hablado, ella le juzgará en el día postrero. Jesús advierte a las multitudes de las tristes consecuencias de rechazar al enviado de Dios. Las mismas palabras que llevan vida a los que las reciben en fe son las que llevan muerte eterna a los que rechazan la única medicina que los puede sanar. No se debe leer el cuarto evangelio como se lee una revista o una novela, porque en el cuarto evangelio Dios mismo nos está llamando a hacer una decisión a favor o en contra de Jesús. Dar la espalda al Hijo es dar la espalda al Padre y a su reino. Lo que da tanta severidad y finalidad a las palabras de Jesús es el hecho de que son las palabras del Padre. Detrás de las palabras de Jesús está toda la autoridad del Padre. Lo que subraya este texto es que la perdición no es el resultado del destino, la mala suerte, o la doble predestinación. Los antiguos aztecas creían que al nacer un bebé, los dioses echaban las suertes para determinar cómo sería la vida futura del recién nacido. Su salvación o perdición dependía de la suerte. Todavía hay muchas personas hoy que justifican sus pecados con el refrán: "Algunos nacen para ser santos y otros para ser condenados. Por voluntad del Creador, soy uno de los últimos." Afirmaciones como éstas carecen de fundamento bíblico. Jesús, aquí, claramente atribuye la perdición de los seres humanos, no al destino, ni a la mala suerte, sino al rechazo consciente y voluntario de su Palabra.

12.49-50: Porque yo no he hablado por mi propia cuenta; el Padre que me envió, él me dio mandamiento de lo que he de decir, y de lo que he de hablar. Y sé que su mandamiento es vida eterna. Así pues, lo que yo hablo, lo hablo como el Padre me lo ha dicho. El mandamiento del cual Jesús habla aquí no es uno de los diez mandamientos de la ley de Moisés, sino el mandamiento de creer en el Hijo. Técnicamente el llamado a creer en el Hijo y de recibir su don de vida, luz y amor no es una ley, sino una invitación misericordiosa a participar de los bienes del reino de Dios. La invitación a creer en el Hijo es como la invitación a comer que se extiende a una persona muerta de hambre. La intención del mandamiento no es la de obligar al muerto de hambre a comer so pena de castigo, sino la de quitarle la pena y el temor y de asegurarle que el que ha preparado la fiesta realmente quiere que participe. Como evangelistas invitamos a los que tienen hambre del perdón divino y sed del Espíritu Santo a participar de las bendiciones de Dios.

Nota litúrgica: En el año D del leccionario de cuatro años del grupo litúrgico interconfesional de Gran Bretaña Juan 12.37-50 es el evangelio para el quinto domingo después de Epifanía. En el mismo leccionario, Juan 12.23-28 es el evangelio para la fiesta de acción de gracias. En el leccionario tradicional de un año en el himnario *Culto Cristiano* Juan 12.37-50 es el santo evangelio para el martes de la semana santa.

Capítulo 13

Este capítulo marca una nueva etapa en el desarrollo del evangelio de Juan. Jesús termina su ministerio público con palabras de juicio hacia los que rechazan su mensaje. Las enseñanzas de los siguientes capítulos no estarán dirigidas ni a las multitudes ni a los enemigos de Jesús, sino exclusivamente a sus discípulos, tanto a los doce y como a nosotros. Al leer aquí las palabras de Tomás, Pedro, Judas y Felipe es bueno recordar que los discípulos en el cuarto evangelio funcionan, no sólo como personajes históricos, sino también como tipos o modelos de las diferentes clases de personas que encontramos en la comunidad cristiana de todos los tiempos; son tipos de las diferentes clases de fe.

Cada vez que se habla de los discípulos en el cuarto evangelio, el evangelista nos está enseñando algo acerca de la fe. Todos los discípulos son personas de fe. La mayoría de ellos llegaron a la fe por medio del testimonio de otra persona, pero su fe todavía no es perfecta; es limitada y necesita más de la instrucción y clarificación que dará el Espíritu Santo después de la resurrección. Para fortalecer la fe de los discípulos Jesús les lava los pies en Juan 13.1-20, les da las instrucciones que encontramos en los discursos de despedida en Juan 13 a 16, y ora al Padre a favor de los suyos en Juan 17. Los discípulos necesitarán una fe más fuerte para saber cómo proseguir durante la ausencia de Jesús. Necesitarán una fe más fuerte para llevar a cabo su misión futura al mundo y para mantener su relación con Jesús mientras está físicamente ausente de ellos (Thomas 1991.76).

No es difícil identificarnos con los diferentes discípulos en la narración de San Juan. Son como nosotros en muchas maneras. En las preguntas y respuestas de los discípulos en el aposento alto podremos encontrar las preocupaciones, temores, inquietudes y características personales de muchos miembros de nuestras congregaciones. Entre nosotros también hay personas como Pedro que pueden entender la gloria de Jesús pero tienen dificultades en aceptar su sufrimiento. También hay personas como Tomás que pueden entender la humanidad y el sufrimiento de Jesús pero tienen problemas en entender su gloria. Los discípulos en el cuarto evangelio no son perfectos, a menudo mal interpretan las palabras de Jesús y dan muestras de ser niños en la fe. Hay muchas cosas que los discípulos no entienden. No entienden la relación entre pecado y sufrimiento (Juan 9.2), tampoco la experiencia de la muerte (Juan 11.11-15) y el significado de la entrada a Jerusalén (Juan 12.16). En el relato que sigue, Juan 13.1-17, veremos que los discípulos no entienden el significado del lavado de los pies y tampoco a dónde irá el Señor. Pero, al final de cuentas, los discípulos, a pesar de sus defectos, son los que llegan a ser hijos de Dios. Son los que pueden decir: "Vimos su gloria, gloria como del unigénito del Padre" (Juan 1.14). Después de la resurrección del Señor, el Espíritu Santo guiará a los discípulos a entender el verdadero significado de las señales y de los dichos de Jesús que ahora entienden sólo a medias.

Al principio hubo quienes siguieron a Jesús solamente en base a las señales milagrosas que hacía, sin entender el significado de las mismas. Pero a pesar de la deserción de muchos de los otros seguidores de Jesús, los doce permanecen en él y su Palabra, aunque entienden esa Palabra de manera imperfecta. En el evangelio de Juan, la permanencia en Jesús y en su Palabra es una de las características primordiales de un discípulo. Jesús ha venido a morir por los discípulos, y algunos de los discípulos tendrán que morir por él. Los discípulos necesitan el Espíritu Santo para amarse mutuamente y permanecer en Jesús (Culpepper 1983.115-119). Es importante recordar que cuando el evangelista menciona a cualquier persona en el transcurso de su narración, sea discípulo o no, el lector debe tomar en cuenta todo lo que el evangelista ha dicho en cuanto a esa persona en los capítulos anteriores.

En los discursos de despedida se puede notar un marcado cambio en el vocabulario de nuestro Señor. Sus palabras no están dirigidas a las multitudes sino a los que ya pertenecen al círculo de la fe. En los primeros doce capítulos de Juan el Señor llama a las multitudes a creer en él como el enviado por el Padre. En Juan 1-12, se habla mucho acerca de la luz, las tinieblas y la vida, pero muy poco acerca del amor. En cambio, en Juan 13-17, el verbo amar se encuentra 38 veces, pero ni una sola vez las palabras luz y tinieblas. La palabra vida que aparece 50 veces en Juan 1-12 es utilizada sólo cinco veces en Juan 13-17. Este cambio en el vocabulario sirve para subrayar el hecho de que en estos capítulos el Señor ya no está llamando a los incrédulos a creer en él; su interés principal ahora es edificar y fortalecer una comunidad de amor dedicada al servicio de los demás y a la misión universal de la iglesia (Léon-Dufour 1995.19).

Jesús lava los pies de sus discípulos, vv.1-20

Muchos eruditos dividen el evangelio de Juan en dos partes principales. La primera son los capítulos 1 a 12, llamada *El libro de señales*. En él se encuentran las siete grandes señales de Jesús, más sus enseñanzas y diálogos con muchos representantes del pueblo. La segunda parte comprende los capítulos 13-21 y es llamada *El libro de gloria* y trata de la llegada de la hora de Jesús, o sea, la hora de su glorificación. Recordamos que en el cuarto evangelio la glorificación de Jesús comprende su sufrimiento, muerte y resurrección y su regreso al Padre. En el libro de gloria Jesús no trata más con sus enemigos ni con el pueblo en general, sino con sus discípulos.

El relato acerca del lavamiento de los pies de los discípulos viene al principio del libro de gloria y se conecta con la historia de la pasión que sigue. Juan 13.1-10 tiene que ser leído y estudiado como una introducción a la historia de la pasión. La historia del lavamiento de los pies de los discípulos puede dividirse en tres partes: 1- narración, vv.1-5; 2- diálogo, vv.6-11; 3- discurso, vv.12-20. Los relatos de muchas de las señales en la primera parte del libro también están divididos en tres partes: señal, diálogo y discurso (Thomas 1991.78).

1- El lavamiento de los pies: narración

13.1: Antes de la fiesta de la pascua, sabiendo Jesús que su hora había llegado para que pasase de este mundo al Padre, como había amado a los suyos que estaban en el mundo, los amó hasta el fin. Se acerca ya la tercera y última celebración de la pascua que se relata en este evangelio. Durante la celebración de la pascua los judíos sacrificaban corderos para recordar cómo el ángel de la muerte pasó por encima de los hijos de Israel durante la última plaga en Egipto. La palabra pascua viene de una raíz hebrea que significa pasar por encima. Jesús sabe que en esta pascua vendrá la hora determinada por el Padre en la cual él será sacrificado como el verdadero cordero pascual. Por medio de este sacrificio los suyos serán salvados del ángel de la muerte en el día del juicio final. Durante esta última pascua Jesús también pasará de este mundo al Padre. La palabra griega μεταβῇ traducida en este versículo como *pasase*, viene de la misma raíz que la palabra pascua en griego. Esto ha llevado a muchos comentaristas a concluir que aquí se anuncia que la antigua fiesta judía de la pascua encontrará su cumplimiento en el sacrificio de Cristo y será reemplazada por la celebración cristiana de la Eucaristía (Ball 1985.59-68).

En este versículo nos encontramos con un problema gramatical que tiene importantes implicaciones teológicas. ¿A qué se refieren las palabras de Jesús: "Los amó hasta el fin" (εἰς τέλος ἠγάπησεν αὐτούς)? Las palabras "hasta el fin" pueden significar hasta el último extremo o hasta la muerte. Es muy probable que aquí tengamos otro ejemplo donde el evangelista ha escogido un término con un doble significado porque quiere enfatizar las dos cosas a la vez; es decir, el amor de Jesús es un amor completo y a la vez es un amor hasta la muerte.

El verbo amó (ἠγάπησεν en griego) es un aoristo e indica que el evangelista está hablando aquí de un solo acto de amor y no de una acción continua, es decir el amor (*agape*) que Jesús siempre tenía por los suyos. La palabra *agape* y sus derivados en griego hablan de un amor que no busca su propia felicidad o su propio bien, sino el bien y la felicidad del otro. No es un amor egoísta que usa al otro como un medio para encontrar su propia felicidad, sino un amor dispuesto a sacrificar todo por el bien del otro.

¿A qué acto de amor se refiere? Una respuesta que se ha dado es que el verbo amó se refiere a la pasión y muerte del Señor. Los que se oponen a esta interpretación señalan que la historia de la pasión y muerte de Jesús no comienza hasta el capítulo 18 y aquí solamente estamos en el capítulo 13. San Juan Crisóstomo y otros comentaristas han afirmado que el acto de amor al cual se refiere aquí es el lavamiento de los pies de los discípulos por Jesús y todo lo que este acto implica. Según esta interpretación, el lavamiento de los pies sirve, no sólo como un modelo del amor mutuo que debe existir entre los discípulos, sino también como una demostración de la humillación de Jesús y un anticipo de su muerte en la cruz. Hay que entender que el lavamiento sirve como una poderosa señal que proclama que Jesús se humilló a sí mismo tomando "forma de siervo, hecho semejante a los hombres" (Filipenses 2.7).

Otros intérpretes creen que las palabras "los amó hasta el fin" se refieren, de una manera velada, a la institución de la eucaristía. R. M. Ball ha afirmado que el verbo τελέω que encontramos en las palabras εἰς τέλος también puede significar iniciar un rito como en Lucas 12.50 y Apocalipsis 10.7 (Ball 1985.64-65).

Dos veces se menciona el mundo (κόσμος en griego) en el versículo uno. El κόσμος juega un papel muy importante en los discursos de despedida de nuestro Señor Jesucristo. Hay más de 40 referencias al mundo en los capítulos 13-17 de San Juan. En el versículo 1 el evangelista menciona que llegó la hora de que Jesús pase de este mundo al Padre. Pero la salida de Jesús del mundo no quiere decir que Dios se haya olvidado del mundo y que lo quiere dejar abandonado a su suerte. Muchas religiones tradicionales afirman que el creador del mundo, en un arranque de ira por las maldades de los seres humanos, se ha retirado del cosmos, entregándolo al gobierno de espíritus inferiores y demonios. Un factor determinante del fatalismo que predomina en tantas partes del tercer mundo es la idea de que el buen Dios creador ha abandonado al mundo. Pero precisamente porque Dios ama tanto al mundo y no quiere abandonarlo, el evangelista menciona que Jesús está dejando a los suyos en el mundo. La permanencia de los discípulos en el mundo es una evidencia del amor de Dios para con todo el mundo. Como dice Jesús en Mateo 5.13-16, estos discípulos estarán en el mundo como sal y luz. En medio de la comunidad de los discípulos, Jesús estará presente a través del espíritu consolador para traer paz, bendición y esperanza al cosmos.

13.2: Y cuando cenaban, como el diablo ya había puesto en el corazón de Judas Iscariote, hijo de Simón, que le entregase... Para los hebreos y otros pueblos semíticos, un banquete no es únicamente una ocasión donde todos tienen oportunidad de comer bien, sino también una ocasión "para compartir ideas y entrar profundamente en una comunión de sentimientos" (Léon- Dufour 1995.25). Es decir, la primera función del banquete semítico es promover el acercamiento entre las personas. En el A.T. los pactos y las alianzas casi siempre se establecían en el curso de un banquete. El hecho de que Jesús da sus discursos de despedida en el transcurso de una cena nos indica que tiene como propósito la edificación y consolidación de la comunidad de fe. Jesús está actuando para unir a los suyos en una comunidad de amor, pero entre los suyos está presente el instrumento del diablo, Judas, el traidor.

El evangelista subraya aquí que la traición que está por cometer Judas Iscariote es una acción inspirada por el diablo. Toda traición a Jesús procede del diablo. En el tiempo cuando el evangelista publicó su obra, muchos discípulos de Jesús estaban tentados a traicionar al Señor. Por la famosa carta que el gobernador romano Plinio escribió al emperador Trajano (98-117 d.C.) en el año 110 d.C. sabemos que las autoridades romanas tenían la práctica de pedir a los acusados, si eran cristianos, que no sólo ofrecieran incienso y vino al emperador, sino que también maldijeran a Jesús. En la misma carta, Plinio afirma que había recibido de informadores y traidores los nombres de personas acusadas de ser seguidores de Cristo. Plinio era gobernador de la provincia de Bitinia-Ponto en Asia Menor, adjunta a la provincia de Asia donde vivían los destinatarios del evangelio de Juan. Al hacer la conexión entre Judas Iscariote y Satanás, Juan está enfatizando que toda traición a Jesús proviene del diablo. El que contempla traicionar a un hermano o negar a Jesús para salvar su propia vida, está en peligro de entregarse a Satanás. En el cuarto evangelio Judas funciona como el sarmiento que no lleva fruto y es quitado (15.6). Judas sirve como ejemplo de lo que puede pasar cuando Satanás entra en el corazón de un discípulo.

13.3-4: ...sabiendo Jesús que el Padre le había dado todas las cosas en las manos, y que había salido de Dios, y a Dios iba, se levantó de la cena, y se quitó su manto, y tomando una toalla, se la ciñó. Como en muchas otras partes del cuarto evangelio, el evangelista subraya aquí el hecho de que Jesús sabía de antemano todo lo que iba a acontecer. Lo que quiere enfatizar Juan es que Jesús no es la víctima de un destino ciego. Jesús será humillado y crucificado, no porque no puede evitar las maquinaciones de sus enemigos, sino porque voluntariamente ha decidido entregarse en sacrificio por el pecado del mundo.

13.5: Luego puso agua en un lebrillo, y comenzó a lavar los pies de los discípulos, y a enjugarlos con la toalla con que estaba ceñido. De acuerdo con las costumbres del antiguo medio oriente, el esclavo tenía el deber de lavar los pies de los huéspedes que llegaban a la casa. A menudo, los pies de los viajeros se ensuciaban por el polvo y la suciedad de las calles y caminos. Cuando no había un esclavo presente para lavar los pies de los huéspedes, le tocaba al más joven o a la persona con menos prestigio e importancia cumplir con ese deber. Los pies de todos los discípulos estaban sucios porque ninguno de ellos se consideraba suficientemente humilde para lavar los pies del otro. Todos tenían una opinión demasiado elevada de sí mismos como para humillarse y hacer el trabajo de un esclavo. Quizás soñaban con los puestos de importancia que tendrían en el reino que iba a establecer el mesías. Pero Jesús sacrificó su dignidad y se humilló para servir a sus discípulos, no solamente como un ejemplo de la clase de servicio que debían prestarse unos a otros, sino también para indicarles que no había venido al mundo en búsqueda de gloria, poder y honra, sino para servir y dar su vida por los demás.

Según el autor romano Suetonio, quien escribió un famoso libro sobre la vida de los doce césares, el emperador Calígula, por lo menos en una ocasión, humilló a propósito a algunos ilustres senadores romanos, ordenándoles que le lavasen los pies (Blank 1979.34). Pero el reino que ha venido a establecer Jesús no consiste en humillar a otros y hacer que nos sirvan. Así funcionan los reinos de este mundo, pero no el de Dios. Como líderes en la iglesia, estamos llamados a ser seguidores de Jesús y no de Calígula. Ser líder en la iglesia significa ser siervo. En toda la literatura de la antigüedad no se puede encontrar otro ejemplo de un superior que voluntariamente se haya puesto a lavar los pies de un inferior (Talbert 1993.157).

2- El lavamiento de los pies: diálogo

13.6-7: Entonces vino a Simón Pedro; y Pedro le dijo: Señor, ¿tu me lavas los pies? Respondió Jesús y le dijo: Lo que yo hago, tú no lo comprendes ahora; mas lo entenderás después. La respuesta de Pedro a Jesús indica que el gesto de Jesús significa algo que Pedro ignora. Pedro no comprende, porque ve el gesto de Jesús como un nuevo rito de purificación, sin entender lo que en realidad simboliza el lavado de los pies. Más tarde, a la luz de la muerte y resurrección de Jesús y con la iluminación del Espíritu Santo, Pedro comprenderá. Las palabras de Jesús: "Lo que yo hago, tú no lo comprendes ahora; mas lo entenderás después" sirven para desafiar al lector del cuarto evangelio a buscar un significado más profundo al acontecimiento descrito aquí. Como las siete señales relatadas por el evangelista, el lavamiento de los pies de los discípulos apunta a otra realidad que los lectores del evangelio deben buscar y aplicar a sus vidas (Schneiders 1981.82).

Lo que tanto Pedro como nosotros debemos comprender es que el lavado de los pies es mucho más que un bello ejemplo de cómo los discípulos del Señor deben servirse los unos a los otros en amor. Es un símbolo del supremo acto de amor de nuestro Señor realizado en la cruz. Las acciones realizadas por Jesús al lavar los pies de sus discípulos tienen que ser vistas como los actos simbólicos hechos por los profetas del A.T. En primer lugar, Jesús se levanta de la mesa y se quita su manto y de esta manera queda medio desnudo. Esta acción anticipa lo que pasó cuando los soldados en el Gólgota desnudaron a Jesús, quitándole sus vestidos y su túnica (Juan 19.23).

Después, Jesús se ciñe la toalla con que solían ceñirse los esclavos. Se viste como un esclavo, cosa que jamás hubiera hecho un hombre libre, haya sido griego, romano o judío. Muchos eruditos han visto en esta acción una dramatización de la encarnación donde Jesús "se despojó a sí mismo, tomando forma de siervo, hecho semejante a los hombres; y estando en condición de hombre, se humilló a sí mismo, haciéndose obediente hasta la muerte, y muerte de cruz" (Filipenses 2.7-8). Se debe recordar que en Juan 21.18 el verbo "ceñirse" es usado simbólicamente con referencia a la crucifixión. Después, Jesús se humilla aún más, se pone de rodillas y comienza a lavar los pies de los discípulos. Esta acción indica los resultados de la humillación y muerte de Jesús en la cruz, los discípulos son lavados de sus pecados y constituidos ministros y pastores del redil del buen pastor. Al final, Jesús se levanta, toma su manto y vuelve a la mesa. De acuerdo con la opinión de muchos eruditos, estas últimas acciones indican que Jesús será exaltado después de su humillación. Resucitará de entre los muertos y volverá al lugar de gloria de donde había venido.

El lavamiento de los pies es como un símbolo de la purificación total y completa que Jesús nos ofrece por medio de su muerte en la cruz. Lo que simboliza el lavamiento de los pies es lo dicho por Juan cuando escribe: "Y la sangre de Jesucristo su Hijo nos limpia de todo pecado" (1 Juan 1.7).

13.8-9: Pedro le dijo: No me lavarás los pies jamás. Jesús le respondió: Si no te lavare, no tendrás parte conmigo. Le dijo Simón Pedro: Señor, no sólo mis pies, sino también las manos y la cabeza. Las acciones de Jesús provocan una fuerte reacción negativa de parte de Pedro. Es una reacción tan fuerte como la que tuvo cuando Jesús le anunció que "le era necesario ir a Jerusalén y padecer mucho de los ancianos, de los principales sacerdotes y de los escribas; y ser muerto, y resucitar al tercer día" (Mateo 16.21). En esa ocasión "Pedro, tomándolo aparte, comenzó a reconvenirle, diciendo: Señor, ten compasión de ti; en ninguna manera esto te acontezca" (Mateo 16.22).

Lo que resultaba tan ofensivo para Pedro era la idea de que Jesús haya venido al mundo para sufrir y morir, y no para emprender una acción revolucionaria contra los romanos, herodianos, publicanos, samaritanos y todos los demás enemigos del pueblo de Israel. Pedro no podía comprender cómo el mesías podría vencer a las fuerzas del mal humillándose a la condición de un hombre ceñido con la toalla de un esclavo y agachándose para lavar los pies sucios y hediondos de sus inferiores. A veces nosotros también nos rebelamos contra la humillación del Hijo del Hombre. Para el hombre natural es muy difícil aceptar que somos incapaces de librarnos, por nuestros propios esfuerzos, de lo que somos y de lo que hemos hecho. Es difícil aceptar la idea de que sólo por medio del sacrificio del Hijo de Dios podemos ser purificados de lo que somos y de lo que hemos hecho. Para Pedro esto era pura locura.

La reacción de Jesús ante la renuencia de Pedro es tan contundente como en Mateo 16.23: "¡Quítate de delante de mí, Satanás!" Jesús proclama: "Si no te lavare, no tendrás parte conmigo." Las palabras "no tendrás parte conmigo" se refieren a la herencia que recibirán los discípulos de Cristo en el reino de Dios. En el A.T. se usaba la palabra "parte" con referencia a la herencia de los israelitas en la tierra prometida (Beasley-Murray 1987.234).

Tomando en cuenta las implicaciones del lavamiento de los pies, podemos entender que Jesús, al exigir que Pedro se dejase lavar los pies, está instando, tanto a él y como a nosotros, a aceptar personalmente su muerte como una muerte salvífica. Puesto que el lavamiento de los pies es un poderoso símbolo del servicio de Jesús, si uno no puede aceptar el lavamiento de los pies, difícilmente podrá aceptar el sacrificio de Jesús en la cruz como la única manera de recibir la salvación (Edwards 1994.375). Esto es algo que Pedro nunca comprendió antes de la resurrección del Señor, porque va contra los conceptos que tiene el hombre natural acerca de la sabiduría y el poder. Los principados y potestades de este mundo creen que el poder y la autoridad se manifiestan por medio de grandes despliegues de violencia, como conquistas, revoluciones y guerras. Pero para Dios, la sabiduría y el poder de este mundo son una vanidad. Dios establece su reino, no por medio de los despliegues de violencia de los príncipes de este mundo, sino por medio de la humillación, obediencia y sufrimiento de un hombre vestido de esclavo que lava los pies de los suyos. El hombre natural llama dioses a los ídolos de poder, violencia y opresión que él mismo ha fabricado, y desconoce la presencia de Dios en aquel que sirve, sufre, muere y toma sobre sí mismo la forma de un esclavo (Newbigin 1982.168-169).

13.10: Jesús le dijo: El que está lavado, no necesita sino lavarse los pies, pues está todo limpio; y vosotros limpios estáis, aunque no todos. John Christopher Thomas, en su estudio del lavamiento de los pies en el tiempo del N.T., afirma que la interpretación correcta de este versículo clave es importante para entender el significado de este lavamiento. Muchos eruditos creen que las dos palabras para lavar en este versículo, λούω y νίπτω, son sinónimas y se refieren al mismo lavamiento. Así, algunos intérpretes como Beasley-Murray creen que la respuesta de Jesús a Pedro: "El que está lavado, no necesita sino lavarse los pies", indica que Jesús está hablando de un sólo baño y que este baño es una acción parabólica que simboliza la muerte redentora de Jesús. Esta muerte dará a los discípulos, no solamente el perdón de los pecados, sino también el reino eterno (1987.234).

Thomas, en cambio, afirma que λούω y νίπτω no son sinónimos y que por eso Jesús está hablando de dos lavamientos distintos (Thomas 1991.99). Thomas señala que en el griego clásico λούω es usado en relación a un baño completo, mientras νίπτω representa un lavamiento parcial (manos, pies, rostro). El verbo λούω nunca se usa para el lavamiento de los pies, y por eso, concluye Thomas, los dos verbos para lavar se refieren a dos diferentes clases de lavamiento. Según Thomas, Jesús está haciendo una comparación entre una costumbre antigua del mundo mediterráneo y el lavamiento de los pies, para ayudar a Pedro entender la importancia de lo que está sucediendo. Un viajero solía bañarse en casa antes de salir de viaje. Durante el viaje el polvo y la tierra se pegaban a sus pies. Al llegar a su destino, su anfitrión le ofrecía agua para quitarse de los pies el polvo del camino. No había necesidad de bañarse otra vez, sólo lavarse las partes del cuerpo que se habían ensuciado

(Thomas 1991.100). Séneca relata que antiguamente los romanos no se bañaban todos los días. Solamente lavaban aquellos miembros de sus cuerpos que más se ensuciaban, como las manos y los pies.

Thomas, y los que creen que este texto habla de dos lavamientos, afirman que Jesús se refiere al primer lavamiento con las palabras: "El que está lavado" y al segundo lavamiento con las palabras: "No necesita sino lavarse los pies." Se ha interpretado el primer lavamiento como una referencia a: 1- la purificación producida por el derramamiento de la sangre de Jesús en la cruz; 2- la purificación producida por la palabra de absolución como en Juan 15.3 y 20.23; 3- la purificación que otorga el Bautismo en el nombre de Jesús; 4- una combinación de 1, 2 y 3. El segundo lavamiento ha sido interpretado como: 1- el perdón y el amor que se dan los discípulos unos a otros en la comunidad cristiana; 2- el perdón que reciben los discípulos en sus celebraciones de la eucaristía; 3- la absolución que forma parte del sacramento de la penitencia; 4- la absolución simbolizada por el rito sacramental del lavamiento de los pies en las reuniones de la iglesia primitiva. Más adelante veremos estas opciones más a fondo.

13.11: Porque sabía quién le iba a entregar; por eso dijo: No estáis limpios todos. Judas fue bautizado; sus pies fueron lavados por Jesús y sin embargo no está limpio. Ningún rito, ni siquiera un rito oficiado por el mismo Señor, garantiza completa purificación. Ritos y ceremonias sin fe no dan salvación ni bendición. Es necesario creer en las palabras del Señor, que son la parte más importante de cualquier rito, ceremonia o sacramento. En relación a las palabras sacramentales dijo Martín Lutero en su Catecismo Menor: "Y el que cree dichas palabras, obtiene lo que ellas dicen y expresan; esto es: 'la remisión de los pecados.'"

3- El lavamiento de los pies: discurso

El discurso, como en otras partes del cuarto evangelio, sirve para corregir los malentendidos de los discípulos, (Thomas 1991.107) o para añadir una aplicación. El discurso en los versículos 12-17 es un comentario para la comunidad y sirve para añadir una dimensión eclesiástica a un símbolo cristológico. Ya se ha comentado que la mayoría de los símbolos y señales en el cuarto evangelio tienen dos enfoques principales. El enfoque primario es cristológico; nos dice algo acerca de Cristo y de su ministerio. El segundo enfoque es eclesiástico; nos dice algo acerca de la vida y el ministerio de los discípulos. Los versículos 1-11 nos han dado el enfoque cristológico; nos han hablado de la obra de Cristo a favor nuestro, *pro nobis*. Estos versículos tienen un carácter sacramental, pues enfatizan el sacrificio propiciatorio de Cristo. Los versículos 12-17 hablan de lo que los discípulos son llamados a ser. Hablan de nuestra respuesta a la obra de Cristo. Tratan de nuestro sacrificio de gratitud. Hablan de nuestra imitación del ejemplo de servicio y sacrificio de Cristo. Pero nuestro sacrificio no tiene carácter propiciatorio, es pura acción de gracias. El enfoque cristológico siempre debe venir primero y el enfoque eclesiástico después, como una consecuencia del primero. La santificación siempre sigue a la justificación.

13.12: Así que, después que les hubo lavado los pies, tomó su manto, volvió a la mesa, y les dijo: ¿Sabéis lo que os he hecho? Lo que ha hecho Jesús, según algunos estudiosos, es llevar a cabo una acción profética o parábola dirigida que presenta en forma dramática la misión del Hijo del Hombre. Es una representación en miniatura de toda su carrera (Tenney 1988.211). La acción de Jesús en Juan 13.4, de levantarse de la mesa y quitar su manto, representa el descenso y la humillación de Jesús que salió de la gloria que tenía junto al Padre para venir al mundo a encarnarse. En muchos escritos helenísticos el manto es símbolo de la vida de uno. Quitarse el manto, según esta manera de pensar, significa entregar la vida, o la concha protectora de uno (Howard-Brook 1994.295). La acción de Jesús de lavar los pies de los discípulos proclama que Jesús ha venido a tomar la forma de un esclavo y hacerse obediente hasta la muerte para limpiar y purificar a los suyos de sus pecados (Juan 13.5). La acción de Jesús de tomar su manto y volver a la mesa (Juan 13.12) representa la ascensión y glorificación de Jesús, su regreso al Padre como señor y maestro.

Según Nicol, las acciones proféticas de Jesús en el lavamiento de los pies de los discípulos corresponden a las diferentes partes de algunos antiguos himnos cristológicos que están preservados en el N.T., como en Filipenses 2.6-11; Colosenses 1.15-20; 1 Pedro 3.18-22; y 1 Timoteo 3.16. Estos himnos también describen la misión de Jesús en términos de descenso y humillación, de cristología de servicio y de ascensión y glorificación. El himno cristológico en Filipenses 2, como el relato del lavamiento de los pies, sirve para llamar a los discípulos a imitar la humildad de Jesús y su ministerio de servicio hacia los demás (Nicol 1979.20-21). Al limpiar y purificar a los suyos, Jesús no sólo los está librando de sus pecados, también los está preparando para servir en el mundo. En el A.T. el lavamiento de los pies formaba parte de la consagración de nuevos sacerdotes (Tripp 1992.237-238). De igual forma, nuestro Bautismo nos ordena para servicio en el mundo.

13.13-15: Vosotros me llamáis Maestro, y Señor; y decís bien, porque lo soy. Pues si yo, el Señor y el Maestro, he lavado vuestros pies, vosotros también debéis lavaros los pies los unos a los otros. Porque ejemplo os he dado, para que como yo os he hecho, vosotros también hagáis. Jesús es llamado Maestro (διδάσκαλος en griego) solamente por los creyentes o por los que van a creer después. Como Maestro y Señor, Jesús tiene autoridad para dar una nueva enseñanza o instituir un nuevo rito. El uso de los títulos Maestro y Señor sirve como una advertencia que lo que sigue es una enseñanza de gran importancia. Sin embargo, estas palabras de Jesús acerca de la necesidad de que los discípulos se laven los pies los unos a los otros han sido interpretadas de diferentes maneras.

En primer lugar, hay denominaciones como la Iglesia de Dios y los Discípulos de Cristo que siguen celebrando el rito del lavamiento de los pies como un sacramento instituido por Jesucristo. Para estos grupos, las palabras de Jesús en Juan 13.13-17 son como las palabras de institución del sacramento del lavamiento de los pies. En 1991 el profesor John Christopher Thomas de la Escuela de Teología de la Iglesia de Dios, Cleveland, Tennessee, publicó los resultados de una exhaustiva investigación sobre la práctica del lavamiento de los pies en los tiempos del N.T. y en la iglesia primitiva. Una de las conclusiones de Thomas es que el lavamiento de los pies se celebraba en algunas comunidades cristianas primitivas como una manera de comunicar el perdón de los pecados cometidos después del Bautismo. Según Thomas, los primeros cristianos se lavaban los pies los unos a los otros en preparación para la celebración de la Eucaristía. Este lavamiento simbolizaba el perdón mutuo con el cual los primeros cristianos se perdonaban los unos a los otros antes de participar en la Santa Cena.

Thomas sostiene que las palabras de Jesús en 13.10 se refieren a dos lavamientos distintos. Jesús, al decir "el que está lavado", está hablando del primer lavamiento. Este primer lavamiento es el bautismo con agua y lo que este bautismo con agua significa, esto es, ser lavado con la sangre de Cristo. El bautismo con agua y con la sangre de Jesús no puede ser repetido, es algo que sucede una vez para siempre. Según Thomas, cuando Jesús dice "no necesita sino lavarse los pies", está hablando de un segundo lavamiento después del bautismo. Este segundo lavamiento tiene que ver con los pecados cometidos por los cristianos después de su bautismo. El hecho de que los pecados pos-bautismales fueron una preocupación para la comunidad joánica se puede ver del estudio de textos como: 1 Juan 1.7-10; 1 Juan 2.1-2; 1 Juan 5.16-18.

Thomas cree que en la comunidad joánica se tenía la costumbre de confesar estos pecados pos-bautismales los unos a los otros en el contexto de la celebración del agape y como preparación para la recepción de la Eucaristía. Después de confesar los pecados los unos a los otros, se solían lavar los pies los unos a los otros como una forma de dar la absolución. Según esta interpretación, el lavamiento de los pies realmente no es un tercer sacramento, sino una extensión del sacramento del Bautismo por medio del cual el poder del Bautismo alcanza los pecados cometidos después del Bautismo. En la Iglesia Católica Romana el sacramento de la penitencia sirve para el perdón los pecados cometidos después del Bautismo. Los teólogos católicorromanos solían hablar de la penitencia como una tabla a la que se podía aferrar el pecador después del hundimiento del barco del Bautismo. En contra de estos pensamientos, el reformador Martín Lutero afirmaba que el barco del Bautismo no se hunde con los pecados cometidos por los bautizados después de su Bautismo. Es que los pecadores se caen del barco al mar del pecado. Según Lutero, no se necesitan otros sacramentos para los pecados cometidos después del Bautismo; lo que se necesita es volver al barco del Bautismo. Recordemos que mientras que la

Iglesia Romana hablaba de la penitencia como un sacramento distinto al sacramento del Bautismo, Martín Lutero consideró que la confesión y absolución no constituían un nuevo sacramento, sino que eran más bien una manera de volver al Bautismo.

A pesar de los argumentos presentados por Thomas en su libro *Footwashing in John 13 and the Johannine Community* (Sheffield JSOT Press 1991), sería difícil sostener que el lavamiento de los pies haya sido considerado como un sacramento en la iglesia primitiva. Si en realidad tuvo una vez el carácter de sacramento, sería difícil entender entonces cómo la iglesia primitiva dejó que la práctica del lavamiento de los pies cayera en desuso (Talbert 1993.158).

Todavía hay algunas comunidades cristianas que siguen practicando el rito del lavamiento de los pies, pero no en calidad de sacramento. San Agustín de Hipona escribe que en sus días se practicaba el lavamiento de los pies como un acto de penitencia durante la temporada de la cuaresma. Es bien conocido que cada Jueves Santo el papa romano, en demostración de humildad, lava públicamente los pies de algunos indigentes recogidos de las calles de Roma. De igual manera algunos obispos suelen lavar los pies de los sacerdotes subordinados durante la semana santa. Otros padres de la iglesia primitiva que mencionan la celebración del lavamiento de los pies en la iglesia antigua son Tertuliano, San Juan Crisóstomo, Ambrosio y Caesario de Arles, o sea, representantes de las iglesias de Roma, África del Norte, Constantinopla, Galia y Siria.

Otra manera de entender las palabras de Jesús sobre el lavamiento de los pies es poniendo el énfasis en el lavamiento, no como la institución de un nuevo sacramento, sino como un símbolo del perdón de los pecados. Según esta interpretación, Jesús dice: Así como yo me he humillado y les he servido, amado y perdonado, yo los he llamado a renunciar al enojo, al odio y al rencor. Así como ustedes han sido lavados, yo los llamo a humillarse para que se perdonen, amen y sirvan los unos a los otros. De acuerdo con esta interpretación, lavamos los pies los unos a los otros cuando nos reconciliamos en el nombre de Jesús y nos perdonamos los unos a los otros así como Cristo nos ha amado. Esta manera de entender el lavamiento de los pies está de acuerdo con lo que se enseña en la parábola de los dos deudores en Mateo 18.23-35.

Hay una última manera de entender las palabras y acciones de Jesús en el relato del lavamiento de los pies. Según esta interpretación, Jesús ha dado a sus discípulos una impactante y conmovedora demostración de su amor. El lavado de los pies es una demostración de la entrega total de Jesús a favor de los suyos en la cruz. El lavado de los pies demuestra que la entrega de Jesús en la cruz debe ser siempre la base constituyente de la comunidad cristiana. La gran mayoría de las asociaciones civiles y privadas se establecen en base a una constitución que declara el propósito por el cual existe la organización. El lavado de los pies declara que la razón por la cual existe la comunidad cristiana es para recibir y compartir el gran amor de Dios demostrado en el sacrificio de Jesús en la cruz. Este amor siempre debe ser la base de la comunidad cristiana y, por eso, los discípulos son llamados, por medio de la acción de Jesús, a lavar sus pies, a amarse los unos a los otros así como ellos han sido amados por Dios en Cristo Jesús (Blank 1979.42). Es evidente que así como Jesús lavó los pies de los suyos, así éstos tienen el deber de lavar los pies de Jesús. Pero es interesante notar que no se pide a los discípulos que laven los pies de Jesús, sino que se laven los pies unos a otros. Cumplimos nuestro deber cuando lavamos los pies de los más humildes de los hermanos de Cristo. En realidad, cuando nos lavamos los pies unos a otros estamos demostrando nuestro amor hacia el Señor, estamos lavando sus pies.

Jesús ha dejado a sus discípulos en el mundo para lavar pies. El discípulo no está en el mundo para establecer sus derechos sobre todo y sobre todos, sino para servir al mundo. Mientras en el mundo casi todos luchan para establecer sus derechos, Jesús nos llama a lavarnos los pies los unos a los otros, es decir, buscar servir y no ser servido.

Según el comentarista Wes Howard-Brook, Jesús no se está refiriendo al lavamiento de los pies cuando habla del ejemplo que ha dado a sus discípulos (1994.299). Howard-Brook dice que la palabra ejemplo (ὑπόδειγμα en griego) se usa en la Septuaginta para designar una muerte noble (2 Macabeos 6.28,31). Por eso, Howard-Brook cree que Jesús no está llamando a sus discípulos a imitar el rito del lavamiento de los pies, sino lo que tal rito simboliza, a saber, su disposición de sufrir la humillación y la muerte por amor a los demás. Según Howard-Brook, lavar los pies de los hermanos no es tan difícil, pero sufrir la muerte por ellos es otra cosa.

El lavamiento de los pies como símbolo del Bautismo

Ciertos autores como Moloney entienden el lavamiento de los pies, no sólo como un símbolo de la humillación de Jesús en la cruz, sino también como un símbolo del Santo Bautismo. Según esta interpretación sacramental, en el lavado de los pies se indica lo que concede el Bautismo. En el Bautismo, Jesús nos lava de nuestros pecados, nuestros fracasos, nuestras traiciones y nuestras negaciones. Al principio, Simón Pedro no entendía que el lavado de los pies era un símbolo del lavado de nuestros pecados en el Bautismo. En su ignorancia, no quiso que Jesús se los lavara, porque no quería ver que su maestro se humillara de esa manera. Pero cuando llegó a entender el significado de lo que estaba pasando, pide: "no sólo mis pies, sino también las manos y la cabeza." Si aceptáramos esta interpretación sacramental del lavado de los pies, entonces tendríamos que reconocer que Jesús está enseñando la necesidad del Bautismo para todos sus seguidores cuando dice: "Si no te lavare, no tendrás parte conmigo" (Juan 13.8). Entonces Juan 13.14 tendría que ser entendido como un mandato de ir por todo el mundo bautizando a toda criatura. Juan 13.14

reza: "Vosotros también debéis lavaros los pies los unos a los otros."

Otro autor que da una interpretación sacramental al lavado de los pies es el conocido intérprete Oscar Cullmann. Cullmann cree que las palabras de Jesús en 13.9-10 hablan de dos lavamientos, el primero es el Bautismo y el segundo la Santa Cena. En opinión de Cullmann, las palabras de Jesús a Pedro: "El que está lavado, no necesita sino lavarse los pies, pues está todo limpio," solamente pueden ser entendidas como una referencia al Bautismo porque "el que ha recibido el Bautismo, aún cuando peca otra vez, no necesita un segundo Bautismo, puesto que nadie puede ser bautizado dos veces" (1953.108). Lo que sí se necesita hacer en cuanto a los pecados cometidos después del Bautismo, es seguir celebrando la Eucaristía con Cristo y con los hermanos. Esto, según Cullmann, es el significado de las palabras "el que está lavado no necesita sino lavarse los pies" en el versículo 10. Cullmann cree que estas palabras fueron añadidas al cuarto evangelio por el evangelista como parte de una polémica contra sectas tales como los Hemerobautistas quienes se bautizaban diariamente. Según Cullmann, la enseñanza implícita en Juan 13.9-10 es que el sacramento del Bautismo no puede ser repetido, así como el sacrificio de Cristo no puede ser repetido. Pero hay un sacramento que sí puede ser repetido. Este es el sacramento de la comunión y del amor que celebramos en la Cena del Señor. En el Bautismo, el creyente entra en comunión con Cristo una vez para siempre, mientras que en la Santa Cena el creyente celebra una y otra vez esta comunión con Cristo y con los hermanos (1953.109-110). Aunque esta interpretación de Cullmann ha sido rechazada por la mayoría de los intérpretes modernos, todavía hay quienes la defienden.

Una ilustración: En una exposición de Juan 13 el pastor bautista Paul Duke cita una escena muy emotiva en una de las novelas históricas de Alan Paton, el escritor sudafricano que ha producido numerosas obras relacionadas con el problema racial en África del Sur. En su novela *Ah, But Your Land is Beautiful*, Paton relata la historia verdadera de un juez blanco llamado Jan Christiaan Oliver que había recibido una invitación para asistir al servicio del Jueves Santo en una iglesia de negros. En el tiempo cuando sucedió el incidente relatado en el libro, las leyes de *apartheid* (separación de razas) estipulaban que los negros no debían asistir a las iglesias de los blancos y que los blancos no debían asistir a las iglesias de los negros. Al aceptar la invitación del pastor negro, el juez blanco estaba poniendo en peligro su carrera.

Al llegar a la iglesia, el juez se dio cuenta que se estaba celebrando un culto en el que se lavaban los pies los unos a los otros. El juez aceptó la invitación de participar en el lavamiento. Jan Christiaan fue llamado a lavar los pies de una mujer llamada Marta Fortuin que antes había trabajado por unos treinta años como sirvienta en la casa del mismo juez. Al lavar los pies de la negra, el juez observó cuán lastimados estaban debido a tantos años de servicio en su propia casa. Altamente conmovido, comenzó a llorar, y después, con mucho cariño, besó los pies de la vieja sirvienta. Con esto, Marta y muchas otras personas en la iglesia también comenzaron a llorar. La noticia de lo que pasó se publicó en un periódico local y como resultado de ello, el juez perdió su carrera política, aunque quizás encontró su propia alma.

Como Jan Christiaan Oliver, nosotros también somos llamados a terminar con nuestra costumbre de mirar con desdén a otros, mientras estamos sentados sobre nuestro banco de juicio. Somos llamados a dejar de juzgarnos unos a otros. Cristo nos toma, no para juzgarnos, sino para lavarnos y purificarnos en su amor. Jesús nos pone junto a nuestros hermanos y hermanas que también han sido purificados por la misma gracia. En ellos vemos el amor de Dios y los abrazamos, no como jueces, sino como co-partícipes del amor y de la purificación de Jesús (Duke 1995.402).

Nota litúrgica: En el leccionario de cuatro años del grupo litúrgico interconfesional de Gran Bretaña Juan 13.1-15 es el santo evangelio para el Jueves Santo en el año D, año de San Juan. En el leccionario tradicional de un año que utiliza *Culto Cristiano*, Juan 13.1-15 es también el santo evangelio para el Jueves Santo.

13.16-17: De cierto, de cierto os digo: El siervo no es mayor que su señor, ni el enviado es mayor que el que le envió. Si sabéis estas cosas, bienaventurados seréis si las hiciereis. Jesús promete bendecir a los que llevan a cabo lo que les manda, como se ve con el uso de la palabra μακάριοί, que traducida quiere decir *felices* o *benditos*. Así, los discípulos son llamados a continuar con la práctica del lavamiento de los pies o con lo que el lavamiento de los pies simboliza.

Aunque las mayoría de nuestras traducciones en castellano traducen la palabra griega δοῦλος como *siervo*, no debemos olvidar que en griego la palabra δοῦλος también puede significar *esclavo*. Los primeros destinatarios del evangelio de Juan vivían en una sociedad esclavista donde la mitad de los habitantes del imperio romano eran esclavos. El gran filósofo Aristóteles había escrito que algunas personas nacen para ser libres y otras para ser esclavos, porque son seres inferiores por destino. Los satíricos romanos solían escribir con desprecio de los esclavos que trataban de librarse para llegar a ser considerados personas tan nobles como las que nacieron libres. En este versículo los discípulos de Cristo y los líderes de la iglesia son llamados a considerarse como esclavos de los demás y no como amos y grandes señores.

En la iglesia primitiva las personas más privilegiadas eran los apóstoles. Es interesante que el evangelio de Juan nunca emplea la palabra apóstol. Pero parece que tenemos una referencia indirecta al apostolado en este versículo cuando Jesús habla del que es enviado. La palabra apóstol viene del verbo ἀποστέλλω que se usa aquí, y quiere decir: *uno que ha sido enviado*. Puede ser que cuando fue escrito este evangelio, muchas personas hayan considerado a los apóstoles como grandes señores que tenían más privilegios y derechos en la iglesia que los demás. Puede ser que por esta razón el cuarto evangelio prefiere no hablar de apóstoles, sino simplemente de discípulos. Al recordar a los creyentes que el enviado no es mayor que el que le envió, el Señor está recordando a los que anhelan los puestos más altos en la iglesia, que los verdaderos líderes cristianos son los que han sido llamados a sufrir y servir más que los demás. Los verdaderos líderes de la comunidad no son llamados a enseñorearse sobre los demás y a reclamar para sí privilegios que no gozan los más humildes hermanos de Jesús.

Solamente los que se humillan y se convierten en esclavos de sus hermanos son verdaderamente libres. Para lavarnos los pies los unos a los otros es necesario que renunciemos a todo poder, dominio y orgullo con los que clasificamos a otros seres humanos en categorías sociales, económicas, raciales y morales. Mientras sigamos esclavizados a estas categorías no somos libres para servir al prójimo, sino que somos esclavos del pecado (Blank 1979.39).

Esta perícopa nos ayuda a entender la naturaleza del servicio al cual somos llamados los seguidores de Cristo. Generalmente la palabra servicio se entiende como algo que se hace a favor de otra persona para su bienestar. La persona que sirve deja a un lado su propio bien, sus prioridades, sus propias metas y proyectos con el fin de promover el bien de la persona servida. La forma más profunda de servicio es cuando el siervo, voluntariamente y en amor, entrega su vida por la persona servida. Éste es el modelo de servicio que vemos en la acción de Jesús al lavar los pies de los discípulos. Este modelo de servicio de Jesús en este texto debe estudiarse en contraste con otros dos modelos de servicio.

En el primero de estos otros dos modelos el siervo sirve al servido en virtud de un derecho o poder que ostenta la persona servida. El niño sirve a sus padres por el derecho que ellos tienen sobre él. La mujer que vive en una sociedad machista está obligada a servir a su marido, hermanos y padre por una supuesta superioridad de los hombres sobre las mujeres. El esclavo sirve a su amo porque el amo tiene poder sobre el esclavo. El elemento básico en este primer modelo de servicio es dominación. El siervo no sirve libre y voluntariamente, sino porque ha sido subordinado a otros. Este modelo de servicio fácilmente puede terminar en explotación y opresión.

En el segundo modelo el que sirve rinde sus servicios porque en su servicio está buscando su propio bien. Es decir, el que sirve necesita ser necesitado o apreciado. En el paternalismo se rinden servicios para influenciar, crear dependencia o dominar. Algunos pastores sirven a los miembros de sus congregaciones para manipularlos o dominarlos. Por eso muchas veces las personas rechazan la ayuda que se les ofrece. Instintivamente reconocen el servicio como una forma sutil, pero poderosa, de dominación. El elemento básico en el servicio paternalista es desigualdad. El que sirve se siente superior al que recibe el servicio y busca mantener ese elemento de superioridad por medio del servicio ofrecido.

El servicio que Jesús ofrece a sus discípulos no surge de la necesidad de dominar o controlar, sino del deseo de liberar. Es una forma de servicio que no surge de la desigualdad sino de la amistad e igualdad. La relación que Jesús ha formado con sus discípulos no es de dominación, superioridad o paternalismo, sino de amistad. El verdadero servicio no busca otro gozo que la felicidad del amigo. Solamente en una relación de amistad puede haber igualdad. En la iglesia de Jesús somos llamados a amarnos los unos a los otros porque somos amigos. En Juan 15.15 Jesús dice a sus discípulos: "Ya no os llamaré siervos, porque el siervo no sabe lo que hace su señor; pero os he llamado amigos" (Schneiders 1981.84-87). El llamado de Jesús a servirse el uno al otro en base al amor y a la amistad se dirige contra todo deseo de dominar y de establecer superioridad de unos sobre otros. Este deseo de dominar es una característica de la gran mayoría de las organizaciones humanas y, lamentablemente, se infiltra también a las comunidades cristianas.

13.18: No hablo de todos vosotros; yo sé a quienes he elegido; mas para que se cumpla la Escritura: El que come pan conmigo, levantó contra mí su calcañar. No todos los que participaron en la primera Santa Cena con Jesús recibieron su perdón y su amor. La Eucaristía no funciona *ex opere operato*, que da perdón, paz y vida eterna a todos los comulgantes, no importa si tienen fe o no. El que come sin fe, como Judas, no recibe bendición sino maldición. El Padre, el Hijo y el Espíritu Santo no vienen a habitar en su corazón, sino el diablo. Jesús sabe que uno de los participantes a la mesa lo va a traicionar. En la traición de Judas se cumplirán las palabras del Salmo 41.9, donde el salmista se queja de una alta traición de parte de uno de sus amigos más íntimos. El Salmo 41 es el último salmo en el Libro I, es decir, la primera de las cinco divisiones del libro de los Salmos. Este primer libro se considera como una colección de oraciones de David, y por eso, varios eruditos creen que el amigo traidor a quien se refiere David en el salmo es Ahitofel, el consejero del rey que prestó su ayuda y sus consejos a Absalón en el golpe de estado contra David (2 Samuel 15). La traición de Ahitofel fue tan infame porque diariamente él compartía el pan del rey. Las palabras del salmo se cumplen nuevamente en Judas y en todos los falsos cristianos que traicionan al más grande de los hijos de David.

En el mundo del A.T. y en el antiguo medio oriente se consideraba que el comer y beber juntos establecía hermandad, lealtad y comunión. En nuestras sociedades occidentales mostramos nuestra disposición a perdonar pecados y establecer comunión con los que han sido nuestros enemigos firmando treguas y tratados de paz. Nos damos la mano o nos abrazamos. En ciertas culturas los que habían sido enemigos se sientan en círculo para fumar juntos la pipa de la paz. Mediante tales ceremonias un enemigo es perdonado y se convierte en amigo y compadre. Por medio de ceremonias semejantes anunciamos el perdón de ofensas y pecados y el establecimiento de comunión. En el antiguo medio oriente se perdonaban pecados y se establecía comunión haciendo un banquete para que todos pudieran sentarse a la misma mesa, comer del mismo pan y tomar de la misma copa. La celebración de cualquier pacto siempre incluía una comida en la que todos participaban.

Cuando el rey David quería mostrar perdón y misericordia a Mefi-boset, el nieto de su difunto enemigo Saúl, lo hacía convidando siempre a Mefi-boset a comer pan y a tomar vino de su mesa (2 Samuel 9.1-13). Leemos en 2 Reyes 25.27-30 que cuando Evil-merodac, rey de Babilonia, decidió perdonar la rebelión de Joaquín, rey de Judá, lo sacó de la cárcel y lo invitó a comer cada día de la mesa real en presencia suya. El hecho de que Jesús comiera con publicanos y pecadores como Leví y Zaqueo comunicaba a todo el mundo que Jesús, en el nombre del Padre, había perdonado el pecado de esas personas y los había aceptado como miembros de su reino. Los escribas y fariseos se escandalizaban al ver que Jesús comía y bebía con personas cuyos pecados eran considerados imperdonables. Precisamente porque los judíos estaban obligados a perdonar y a tratar como hermanos a sus compañeros de mesa, la mayoría de ellos no entraban a comer en las casas de gentiles y personas incircuncisas.

No debemos concluir que Jesús era un glotón porque en los evangelios sinópticos vemos que participa de tantas comidas, fiestas y banquetes, y habla a menudo de banquetes y fiestas en sus parábolas. Lo que está haciendo Jesús es anunciar por medio de actos culturales, que todo el mundo entendía, que Dios estaba invitando a todos a participar en su reino, aún a los que eran considerados indignos del reino por las autoridades eclesiásticas de su pueblo.

Estas costumbres orientales deben ayudarnos a entender mejor lo que pasa en la celebración de la Santa Cena. La Eucaristía también es un banquete donde todos tomamos del mismo pan y bebemos de la misma copa. En la Santa Cena no solamente recibimos el perdón y la misericordia de Dios y entramos en comunión con él, sino que también implica que nosotros, los participantes, nos perdonamos y aceptamos mutuamente como hermanos y compadres en la familia de Cristo. Al comer del mismo pan y participar en la misma copa se establece una comunión de amor y de responsabilidad mutua entre nosotros. Es un abuso de la Cena del Señor cuando los cristianos que han comulgado juntos no se perdonan, no se aman y no se tratan como hermanos de una misma familia. El primer abuso de la Santa Cena en Corinto que ataca el apóstol Pablo es la presencia de divisiones, partidos y grupos antagónicos en la congregación.

El que comulga con su hermano y luego rehúsa hablar con él, a recibirlo en su casa o a perdonar su pecado, es como Judas Iscariote, que levantó contra Cristo su calcañar. Recordamos que en el drama del cuarto evangelio Judas Iscariote desempeña el papel de representar a todos los discípulos infieles que se levantarán en la comunidad futura de la iglesia. Judas es el modelo que siguen los miembros de la iglesia de Corinto que se congregaron, no para lo mejor, sino para lo peor (1 Corintios 11.17-22).

El verbo saber en el evangelio de Juan

La palabra *saber* es un término clave en el evangelio de Juan. En 13.3 leemos: "*sabiendo* Jesús que el Padre le había dado todas las cosas en las manos, y que... a Dios iba." En 13.18 Jesús dice: "yo *sé* a quienes he elegido." En el cuarto evangelio *saber* siempre conduce a la acción. No es un saber gnóstico, un saber secreto guardado en la mente o en el corazón de la persona sin que produzca acción. Puesto que Jesús sabe, Jesús hace. Lo que llegan a saber los discípulos debe traducirse en acción. Cuando por medio del espíritu de Jesús llegamos a saber algo, nuestra primera pregunta debe ser: Ahora, ¿qué es lo que debemos hacer?

El hecho de que los discípulos lleguen a conocer la profundidad del amor de Dios en Cristo en la escena del lavamiento de los pies, debe llevarlos a la acción de amar, de servir y de sacrificarse los unos por los otros.

Juan, como ningún otro libro en el N.T., enfatiza la gloria y la majestad preexistente que tenía Jesús con el Padre antes de la creación del universo. Repetidamente Juan ha enfatizado la divinidad de Jesús, su igualdad con el Padre y el hecho de que él ha venido, no de abajo, sino de arriba. Este énfasis, aislado del resto del libro de Juan, fácilmente podría conducir a una teología de gloria que serviría a los intereses de las clases dominantes. Pero el evangelio de Juan subraya que precisamente este Cristo ha venido de la más sublime gloria para humillarse hasta lo último. El Cristo de la gloria es el que se pone a lavar los pies de los discípulos, haciendo el trabajo del más desdichado esclavo. Creemos que la acción de Jesús de lavar los pies a los discípulos es un anticipo de su humillación y muerte en la cruz, donde en amor se humilla hasta lo último. El episodio de Jesús lavando los pies de los discípulos tiene que ser leído en el contexto del gran himno cristológico en Filipenses 2.5-11 donde leemos: "Haya, pues, en vosotros este sentir que hubo también en Cristo Jesús, el cual, siendo en forma de Dios, no estimó el ser igual a Dios como cosa a que aferrarse, sino que se despojó a sí mismo, tomando forma de siervo, hecho semejante a los hombres; y estando en condición de hombre, se humilló a sí mismo, haciéndose obediente hasta la muerte, y muerte de cruz" (2.5-8).

En Juan 13 Jesús sabe quiénes son sus discípulos; sabe que el traidor ya está por entregarlo. Lo que Jesús sabe, conduce a la acción de lavar los pies de los discípulos y de darles la Santa Cena. Por medio de esta acción de Jesús los discípulos también deben llegar a saber algo. Deben llegar a saber quién es el Padre. Deben llegar a saber que Jesús es el *Yo soy*. Este conocimiento debe llevar a los discípulos a la acción de creer en él, de humillarse y de servirse unos a otros, a la acción de sacrificarse por los demás, de amarse unos a otros a pesar de la ignorancia, los fracasos y las traiciones de las que son objeto (Moloney 1991.237-256).

13.19: Desde ahora os lo digo antes que suceda, para que cuando suceda, creáis que yo soy. Las profecías en cuanto al futuro de los seguidores y sucesores del héroe son uno de los elementos que caracterizan los discursos de despedida en el A.T. y en la literatura grecorromana. Jesús todavía no ha comenzado con su discurso propiamente dicho, pero ya está tocando algunos puntos que serán elaborados más detalladamente en el mismo (Juan 13.31-17.26). El propósito de la profecía de la traición es alertar a los discípulos sobre lo que va a suceder para que no sean tomados por sorpresa. Existe el peligro de que los discípulos pudieran escandalizarse tanto como para perder la fe. Al cumplirse la profecía, los discípulos se darán cuenta de que Jesús es el *Yo soy*.

El Yo soy en Juan 13.19

En las acciones de Jesús mencionadas arriba se revela su amor para con los suyos, un amor capaz de amarlos hasta el fin (v.1), capaz de humillarse y cumplir el trabajo de un esclavo por los suyos. Se revela un amor capaz de compartir el pan y el vino, su cuerpo y su sangre con discípulos débiles, impuros y fracasados. A pesar de la ignorancia, la debilidad, las negaciones ("no conozco el hombre") y la traición de sus discípulos, a pesar del hecho de que son responsables de su muerte en la cruz, Jesús los ha escogido y enviado como sus misioneros al mundo (v.20). En este amor a los fracasados discípulos, que somos nosotros, se nos revela el amor del Padre. En este amor de Jesús para sus discípulos el amor del Padre invisible se hace visible. En este amor llegamos a saber quién es en realidad el Padre. Todos los conceptos equivocados o incompletos que hemos tenido en cuanto a cómo es Dios, tienen que ser revisados y reevaluados a la luz de lo que se revela aquí. En el amor sacrificial de Jesús recibimos una revelación del Padre y en este amor se revela también que Jesús es el *Yo soy*, con todo lo que este título implica. En la humillación, el servicio abnegado de Jesús en la cruz revela que el *Logos* era con Dios y que el *Logos* era Dios. Este saber transforma nuestras vidas.

13.20: De cierto, de cierto os digo: El que recibe al que yo enviare, me recibe a mí; y el que me recibe a mí, recibe al que me envió. Como el *Yo soy*, Jesús no sólo representa al Padre en la tierra, sino que en él el Padre mismo está presente entre los seres humanos. La mayoría de los eruditos consideran este versículo como una autorización a los discípulos para actuar como los emisarios y misioneros de Jesús. Jesús promete estar presente en la predicación misionera de la iglesia. Los que rechazan esa predicación rechazan, no sólo a los discípulos, sino a Jesús y al Padre. Los que reciben el evangelio proclamado por la iglesia reciben también a Jesús y al Padre. El Padre, el Hijo y el Espíritu Santo están presentes donde se predica el evangelio y se celebran los sacramentos (Mateo 10.40; Marcos

9.37).

Después de considerar tantas diferentes maneras de interpretar la historia del lavamiento de los pies de los discípulos he llegado a la conclusión de que la acción de Jesús debe ser entendida, tanto como una dramatización de la pasión de Cristo, como un ejemplo de la clase de amor y servicio que debe guiar a los discípulos en su ministerio en la iglesia y el mundo. Al mismo tiempo, el lavamiento de los pies enfatiza la necesidad de que los discípulos de Cristo se arrepientan, confiesen los pecados cometidos después del Bautismo y reciban la absolución. Esta absolución o perdón de los pecados puede ser impartida por medio de la Santa Cena o por las palabras de perdón que pronuncia un confesor en el nombre de Cristo. También podemos recibir la absolución por medio de un rito como el lavamiento de los pies. De todas estas formas el creyente se apropia el perdón que le fue otorgado en su Bautismo.

13.21: Habiendo dicho Jesús esto, se conmovió en espíritu, y declaró y dijo: De cierto, de cierto os digo, que uno de vosotros me va a entregar. Esta es la tercera vez que Juan utiliza la palabra ταράσσω para indicar la agitación espiritual del Señor. La primera vez fue en 11.38 ante la tumba de Lázaro. La segunda vez fue en Juan 12.27 cuando la llegada de los griegos señaló que la hora de Jesús había llegado. Ahora Juan nos dice que se conmovió el espíritu de Jesús por tercera vez para indicar el horror interno y la agitación de espíritu que sufría Jesús al contemplar que uno de sus propios discípulos le traicionaría. El evangelio de Juan no habla de las agonías de Jesús en el jardín de Getsemaní como lo hacen los evangelios sinópticos, pero el repetido uso de la palabra ταράσσω pone de manifiesto que el evangelista no ha ignorado la guerra espiritual que se estaba llevando a cabo en el alma de Jesús.

Lo que perturba y sacude tanto el alma de Jesús es lo que está obrando Satanás en la vida de uno de sus discípulos. ¡No hay cosa más horrible que cuando una persona comprada por la sangre de Cristo, por su propia voluntad escoge dar la espalda a la luz y entrar en la oscuridad! ¿Sentimos nosotros el mismo horror cuando nos damos cuenta de la actividad de Satanás en la vida de un miembro de la comunidad de Cristo? ¿O percibimos un gozo satánico de que haya caído otro hermano de la iglesia, y nos sentimos bien porque tal cosa no nos ha sucedido a nosotros?

13.22-24: Entonces los discípulos se miraban unos a otros, dudando de quién hablaba. Y uno de sus discípulos, al cual Jesús amaba, estaba recostado al lado de Jesús. A éste, pues, hizo señas Simón Pedro, para que preguntase quién era aquel de quien hablaba. Se habla de que los discípulos estaban recostados porque en el mundo grecorromano existía la costumbre de recostarse sobre un codo en un diván bajo para comer en un banquete. La costumbre de comer recostado fue introducida en Palestina por los helenistas. Al principio se la consideraba una costumbre extranjera decadente, pero con el tiempo llegó a ser algo normal para un banquete especial. Para las comidas ordinarias, los judíos solían sentarse a la mesa en sillas. El hecho de que Jesús y sus discípulos hayan estado recostados evidencia que lo que estaban celebrando era la pascua y no una comida ordinaria (Carson 1991.473). Es evidente que muchas pinturas famosas de la última cena, que muestran a los discípulos sentados y no recostados, como la de Leonardo da Vinci, no reflejan la realidad que nos da el evangelio de Juan. Más bien reflejan los usos culturales y las costumbres de la cultura del artista.

La identidad del discípulo amado

En el versículo 23, el evangelista habla por primera vez del discípulo que Jesús amaba. Reaparecerá el discípulo amado al pie de la cruz (Juan 19.26-27), ante la tumba vacía (Juan 20.2-9) y junto al mar de Tiberias (Juan 21.1,20-23). Algunos eruditos creen que el discípulo amado es el mismo que el otro discípulo mencionado en Juan 1.37ss. y 18.15. Entre los especialistas del evangelio de Juan se ha desatado un intenso debate en torno a la identidad del discípulo amado. Tradicionalmente se lo identificaba con Juan, el hijo de Zebedeo y autor del cuarto evangelio. Según esta interpretación, el autor del evangelio está consciente que el amor del Señor para con él era un don de pura gracia, y no quiere llamar la atención hacia sí mismo, sino al amor inmerecido de Cristo. Por humildad y no por orgullo el evangelista se refiere a sí mismo como al discípulo amado. El evangelista no quiere decir con arrogancia: Soy más amado que los demás, sino: ¡Qué maravilla que fui amado por el *Logos* encarnado! (Carson 1991.473).

Otros autores han identificado al discípulo amado con Lázaro, Juan Marcos, Nicodemo y Natanael. Sea quien fuere el discípulo amado, es evidente que es importante en el cuarto evangelio no sólo como un personaje histórico, sino también como un buen ejemplo para todos los cristianos. Él es el discípulo que nosotros debemos ser. Así como Jesús estaba en el seno del Padre y pudo dar a conocer al Padre, así, el discípulo amado está en el seno de Jesús y puede dar a conocer a Jesús, cosa que hace a través de su testimonio en el cuarto evangelio. Junto con la madre de Jesús al pie de la cruz, el discípulo amado y María llegan a formar el núcleo de la nueva familia de la fe. Pedro será un mártir (μάρτυς en griego), mientras el discípulo amado dará testimonio verdadero (μαρτυρία). Lo que hace el discípulo amado a través de su testimonio es lo mismo que hará el paracleto cuya venida anuncia Jesús en Juan 14 y 16: permanecerá con los discípulos y les enseñará todo lo que Jesús ha dicho (Juan 14.26) y les declarará lo que ha oído de Jesús. Jesús será glorificado por su testimonio. Así, el discípulo amado es un modelo de cómo el Espíritu Santo lleva a cabo su ministerio en el mundo (Culpepper 1983.121-123).

13.25-26: El entonces, recostado cerca del pecho de Jesús, le dijo: Señor,

¿quién es? Respondió Jesús: A quien yo diere el pan mojado, aquél es. Y mojando el pan, lo dio a Judas Iscariote hijo de Simón. El discípulo amado estaba a la derecha de Jesús. Esto quiere decir que Jesús estaba a espaldas de él. Para preguntar algo en voz baja a Jesús, sería necesario que el discípulo amado se echase para atrás hasta que su cabeza casi llegara al seno de Jesús. La *Reina Valera Revisada* dice que Jesús le dio el pan mojado a Judas mientras la *Biblia de Jerusalén* habla de bocado. La palabra ψωμίον que se usa aquí quiere decir un bocado o pequeño pedazo de comida. Tal vez el bocado era pan, pero otra posibilidad es que fueran hierbas amargas mojadas en una salsa hecha con dátiles, pasas y vino agrio (Carson 1991.474). El hecho de que nadie se dio cuenta de lo que estaba pasando indica que Judas estaba muy cerca de Jesús, tal vez a su izquierda, el lugar de honor en los banquetes judíos.

El significado de la palabra Iscariote

Judas es identificado como Iscariote. La palabra iscariote ha sido interpretada por los eruditos de dos maneras diferentes: 1- Algunos intérpretes creen que Judas Iscariote debe ser leído *Yehuda-ish-Keriot*, es decir: Judas, hombre de Keriot. Keriot era una aldea al sur de Hebrón en el territorio de la tribu de Judá. Si esta interpretación es correcta, entonces Judas fue el único de los doce apóstoles que venía de Judea. 2- Otros intérpretes creen que la palabra iscariote deriva de la palabra sicario. El nombre sicario lo usó Josefo para referirse a los asesinos que pertenecían al movimiento revolucionario de los zelotes. Eran revolucionarios que llevaban dagas muy afiladas y solían meterse entre la muchedumbre que asistían a las grandes fiestas en Jerusalén. Allí buscaban aprovecharse de la confusión de las multitudes para acercarse a los colaboradores de los imperialistas romanos para asesinarlos. Después de eliminar a sus víctimas los sicarios se perdían entre la multitud y escapaban. Los que opinan que Judas era un sicario creen que él traicionó a Jesús cuando se dio cuenta de que él no estaba dispuesto a iniciar una revolución violenta contra los romanos y sus lacayos. Pero debemos recordar que la Biblia no dicen nada acerca de las supuestas actividades revolucionarias de Judas Iscariote.

13.27-29: Y después del bocado, Satanás entró en él. Entonces Jesús le dijo: Lo que vas a hacer, hazlo más pronto. Pero ninguno de los que estaban a la mesa entendió por qué le dijo esto. Porque algunos pensaban, puesto que Judas tenía la bolsa, que Jesús le decía: Compra lo que necesitamos para la fiesta; o que diese algo a los pobres. Judas Iscariote es otro actor en el drama de Jesús que desempeña dos papeles a la vez. En primer lugar actúa como un vil ladrón que vende a su mejor amigo en beneficio propio. Pero en segundo lugar, Judas, sin saberlo, es usado por Dios para entregar el Cordero de Dios a los que lo van a sacrificar por los pecados de los pobres pecadores. Los otros discípulos creen que Judas sale para dar algo a los pobres, como solían hacer los judíos en la fiesta de la pascua. En la noche de la pascua se solían dejar abiertas las puertas del templo a partir de la media noche para que los pobres pudieran congregarse allí en espera de las limosnas pascuales. En un sentido tenían razón los discípulos. Judas está entregando a Jesús, y como resultado de ello, los pobres recibirán la vida eterna (Duke 1985.100).

Aunque algunos intérpretes han considerado la entrega del pan mojado a Judas como un sacramento diabólico por medio del cual Jesús estaba entregando a Judas al diablo, Beasley-Murray cree que el Señor con esta acción, a pesar de todo, estaba mostrando a Judas su favor y buena voluntad. Con este gesto de amor Jesús le estaba dando a su discípulo una última oportunidad de andar en la luz. En cuanto al significado de las palabras de Jesús: "Lo que vas a hacer, hazlo más pronto," Beasley-Murray cree que el Señor aquí está llamando a Judas a tomar una decisión, a arrepentirse o a entregarse a los poderes de las tinieblas (1987.238). Léon Dufour enfatiza que estas palabras de Jesús muestran su conformidad con la voluntad de Dios. Nos comunican lo mismo que Lucas 12.50 (1995.42).

13.30: Cuando él, pues, hubo tomado el bocado, luego salió; y era ya de noche. Judas sale y entra en la oscuridad de la noche. Las tinieblas lo envuelven en doble sentido. En Juan 11.10 Jesús había declarado: "El que anda de noche tropieza; porque no hay luz en él." Judas ha decidido andar sin Jesús, que es la luz del mundo, y por eso Judas se ha juzgado a sí mismo. Todos los que escogen andar sin Jesús escogen su propia condenación. Tropezarán. "Y esta es la condenación: que la luz vino al mundo, y los hombres amaron más las tinieblas que la luz" (Juan 3.19).

El relato del tropiezo y la caída de Judas, que sale con los pies recién lavados por Jesús y con el sabor de la Santa Cena todavía en la boca, es una de las historias más atemorizantes de las Escrituras. Lo que nos aterra en este relato es el hecho de que una persona escogida y llamada por Jesús prefiere la oscuridad de la noche a la luz del Salvador. Judas había visto la luz; se había gozado en ella, pero al final escogió la tinieblas. La historia de Judas nos recuerda que cada día es día de juicio. Cualquier día un seguidor de Jesús como Judas o como uno de nosotros, puede dar la espalda a la luz y tropezar en la oscuridad. La historia de Judas nos llama a nosotros a orar y a velar para que no tropecemos y caigamos en la tentación (Bartlett 1989.394). La historia de Judas es una advertencia de que una persona puede estar con Jesús en la Cena y compartir el pan con el maestro y no recibir bendición sino maldición. "Por lo tanto, pruébese cada uno a sí mismo, y coma así del pan, y beba de la copa" (1 Corintios 11.28).

La historia de Judas es una advertencia: Satanás puede disfrazarse como un ángel de luz o como un discípulo escogido. La historia de Judas nos llama a no dejarnos engañar, sino a probar los espíritus. "Amados, no creáis a todo espíritu, sino probad los espíritus si son de Dios; porque muchos falsos profetas han salido por el mundo" (1 Juan 4.1). La historia de Judas nos recuerda que nosotros, los cristianos, estamos involucrados en una guerra espiritual. El diablo, que ha sido homicida desde el principio, (Juan 8.44) ataca a Jesús y a sus discípulos (Juan 17.15). Muchas veces, como en el caso de Judas, el diablo ataca a Jesús y a sus discípulos por medio de un discípulo falso (Neyrey 1988.193).

Al mismo tiempo, Judas es el representante de todos los discípulos que abandonan a Jesús y su doctrina para seguir a falsos profetas y enseñanzas heréticas. En las congregaciones a las que Juan está escribiendo su evangelio había personas como Judas que habían sido lavadas de sus pecados en el Bautismo y que habían participado en la Santa Cena, pero que ahora se habían convertido en hijos del diablo. En la primera epístola de Juan leemos: "...ahora han surgido muchos anticristos... Salieron de nosotros, pero no eran de nosotros; porque si hubiesen sido de nosotros, habrían permanecido con nosotros... En esto se manifiestan los hijos de Dios, y los hijos del diablo: todo aquel que no hace justicia, y que no ama a su hermano, no es de Dios ...probad los espíritus si son de Dios; porque muchos falsos profetas han salido por el mundo" (1 Juan 2.18-19; 3.10; 4.1).

Nota cultural: En muchas partes de América latina se preserva la tradición de la quema de Judas. Durante las festividades del día de la Resurrección, una efigie llena de triquitraques que representa a Judas Iscariote es quemada públicamente en la plaza, calle u otro lugar céntrico. Con frecuencia el Judas se hace para representar una figura importante del país, considerada por la muchedumbre como traidor del pueblo. En el año 1958 todos los Judas que fueron quemados en Venezuela llevaban el traje militar del caído dictador militar Marcos Pérez Jiménez. De esa manera el pueblo sigue expresando su repudio por Judas Iscariote y sus seguidores contemporáneos. En vez de celebrar jubilosamente la quema de Judas en nuestras comunidades debemos primero recordar las palabras del apóstol: "Así que, el que piensa estar firme, mire que no caiga" (1 Corintios 10.12). Hay que recordar que hay un Judas, un viejo hombre, dentro del pecho de cada uno de nosotros. Este Judas interno y personal diariamente necesita ser quemado, ahogado, y extirpado. Recordemos las sabias palabras de Lutero en el Catecismo Menor: "El viejo Adán en nosotros debe ser ahogado por pesar y arrepentimiento diarios y debe morir con todos sus pecados y malos deseos."

Nota litúrgica: En el leccionario de cuatro años del grupo litúrgico interconfesional de Gran Bretaña Juan 13.12-30 es el santo evangelio para el 22° domingo después de Pentecostés en el año D, año de San Juan.

13.31-32: Entonces, cuando hubo salido, dijo Jesús: Ahora es glorificado el Hijo del Hombre, y Dios es glorificado en él. Si Dios es glorificado en él, Dios también le glorificará en sí mismo, y en seguida le glorificará. Judas ha rechazado la luz; ha salido a la noche y la oscuridad; ha dado su apoyo a las fuerzas de la oscuridad. Pero el apoyo que Judas y los demás hijos de la noche dan a la oscuridad no puede vencer a la luz. "La luz en las tinieblas resplandece, y las tinieblas no prevalecieron contra ella" (Juan 1.5). Jesús sabía lo que Judas iba a hacer (Juan 6.70; 13.11,27). El mal que aparentemente controla la situación y controla a Jesús realmente está controlado por Jesús. El mal será el instrumento por medio del cual Jesús ofrecerá su vida como un sacrificio por nosotros. El mal que había planificado Judas junto con los sumos sacerdotes y el príncipe de las tinieblas, fue usado por Dios para que Jesús fuera glorificado. Debemos recordar que Dios también puede cambiar el mal que otros planifican contra nosotros y usarlo para la glorificación de su nombre. "A los que aman a Dios, todas las cosas", hasta las traiciones, las tentaciones y el sufrimiento de sus santos, "les ayudan a bien, esto es, a los que conforme a su propósito son llamados" (Romanos 8.28).

La hora de Jesús que ha llegado es la hora de su glorificación. El verbo "es glorificado" (ἐδοξάσθη) es un aoristo pasivo, que indica que la glorificación de Jesús ya es un hecho. Aunque la muerte, resurrección y ascensión todavía están en el futuro, Jesús habla como si ya hubieran sucedido. La palabra gloria en el evangelio de Juan, se refiere al status de Jesús como el hijo unigénito del Padre (1.14). Jesús ya ha manifestado su gloria en su misión al mundo y en sus obras. Pero la suprema manifestación de su gloria es la hora de su sacrificio y muerte por nosotros. En esa misma hora el Hijo glorifica al Padre porque revela al Padre, no como una deidad desapasionada, alejada e indiferente a la situación humana, sino como un Padre que ama a sus criaturas rebeldes hasta el punto de sacrificar lo más precioso que tiene para poder rescatarlos. En el sacrificio y la entrega de Jesús se revela el gran amor de Dios por nosotros. La gloria del Padre no es una auto-glorificación que busca todo para sí mismo, sino un amor que da todo para rescatarnos, redimirnos y hacernos sus hijos. La gloria del Padre es un amor tan inmenso para con nosotros que es imposible comprenderlo o medirlo. Es posible que Jesús estuviera pensando en Isaías 49.3 cuando habló de su glorificación a través de su encarnación, obediencia, sacrificio y muerte. Isaías 49.3 es parte del segundo canto del siervo de Yahvé y dice: "Tú eres mi siervo, en quien me gloriaré" (*Biblia de Jerusalén*).

La despedida de Jesús, Juan 13.31-17.26

Uno de los elementos más populares en la literatura de la antigüedad ha sido denominado: la despedida del héroe. Hay muchos ejemplos de tales despedidas tanto en la literatura israelita como en autores paganos. Entre las más conocidas podríamos mencionar las de Sócrates, Moisés (todo el libro de Deuteronomio constituye la despedida de Moisés), Jacob (Génesis 49), los doce patriarcas (*Los Testamentos de los 12 Patriarcas* fue un libro seudoepígrafe muy popular en aquel entonces) y San Pablo (Hechos 20). En Juan 13-17 tenemos la despedida de Jesús.

Diferentes autores e investigadores han notado algunos de los elementos más comunes en el género literario conocido como la despedida del héroe. Entre estos elementos encontramos los siguientes:

1. El que está por morir llama a sus familiares y seguidores para anunciar su muerte en el contexto de una comida.

2. Se da a los seguidores las últimas instrucciones, exhortaciones o enseñanzas del héroe.

3. Con frecuencia las instrucciones contienen profecías de lo que va a pasar con los que cumplen con las instrucciones y con los que las desobedecen.

4. Se da una bendición a los seguidores (este elemento es frecuente en las despedidas israelitas pero no en las de autores paganos).

5. Un recuento de la vida del héroe. En muchas instancias la vida del héroe debe servir como modelo a sus seguidores.

6. Se nombra un sucesor o sucesores. Se da autoridad a los seguidores (un sucesor puede ser nombrado de varias maneras: una instalación formal, palabras de consuelo dadas al sucesor, un llamado a la obediencia).

7. Gestos de despedida: abrazos, besos, lamentos etc.

8. Profecías y predicciones de eventos futuros.

9. La muerte, transfiguración o ascensión del héroe.

10. Una oración a favor de los seguidores.

Se debe notar que la diferencia más grande entre la despedida de Jesús en Juan 13-17, las despedidas en el A.T. y las despedidas en la literatura helenística está en que Jesús esperaba regresar después de su partida para estar otra vez con los suyos. Según Segovia, las funciones del género literario de despedidas en la Biblia cumplen con cinco funciones: didáctica, consoladora, admonitoria, polémica, y exhortativa (1992.19).

En Juan 13 Jesús ha llamado a sus seguidores a recibir un lavamiento simbólico, y sus palabras de despedida. Durante la escena hemos observado la exclusión de Judas quien ya no merece ser incluido entre los discípulos. A la vez tenemos la primera mención y presentación del discípulo amado. Judas es el prototipo de todos los traidores, y el discípulo amado el de todos los verdaderos seguidores.

Nota bibliográfica: Para estudiar más a fondo los discursos de despedida en la literatura judía se recomienda la lectura del libro: *Testamentos o Discursos de Adiós*. Este valioso libro es el Tomo V de la colección: *Apócrifos del Antiguo Testamento*, editado por Alejandro Diez Macho: Ediciones Cristiandad, Madrid 1987.

13.33: Hijitos, aún estaré con vosotros un poco. Me buscaréis; pero como dije a los judíos, así os digo ahora a vosotros: A donde yo voy, vosotros no podéis ir. Jesús anuncia aquí a sus discípulos la primera consecuencia de su glorificación. Su glorificación significa que no estará más con su discípulos de la forma en que ha estado hasta ahora. La glorificación significa que Jesús partirá, y que los discípulos no lo podrán seguir al lugar donde él irá.

13.34: Un mandamiento nuevo os doy: Que os améis unos a otros; como yo os he amado, que también os améis unos a otros. La segunda consecuencia de la glorificación de Jesús es el nuevo mandamiento que da a sus discípulos. En vez de que el discípulo pase su tiempo buscando a Jesús por medio de prácticas místicas, a través de las cuales intenta subir al cielo en espíritu, debe concentrar su esfuerzos en el establecimiento de una comunidad de amor aquí abajo en la tierra. Los discípulos deben ocuparse en el amor mutuo durante el tiempo entre la partida y la segunda venida de Jesús. Juan 13 no nos da una descripción detallada del amor que Jesús pide de sus discípulos, pero sabemos que Jesús es el modelo para este amor. Se sobrentiende que se trata de un amor que busca servir al otro hasta el punto de sufrir la muerte por él. Tenemos una explicación más completa de lo que encierra el nuevo mandamiento del amor que Jesús da a sus discípulos en Juan 15.12-17. Al mismo tiempo tenemos que entender este nuevo mandamiento en el contexto de la celebración de la pascua y la Santa Cena que Jesús está celebrando con sus discípulos en el aposento alto. Esta cena es la celebración del nuevo pacto en su sangre.

Cuando se inauguró el antiguo pacto con Israel en el monte Sinaí, el Señor dio a su pueblo los Diez Mandamientos como la ley de ese pacto. Dios había actuado con mano fuerte para sacar a su pueblo de la esclavitud en Egipto. Por medio de las diez plagas había destrozado el poder del faraón y los dioses de Egipto. Por medio del sacrificio de la primera pascua había redimido a los primogénitos de Israel de la peste mortífera y del ángel de la muerte. Al pasar por el mar Rojo los hijos de Israel fueron bautizados, dejaron atrás su vieja manera de vivir como esclavos y oprimidos y entraron en la gloriosa libertad de los hijos de Dios. Dios había actuado como salvador y libertador de Israel. Había adoptado una banda desorganizada de esclavos como sus propios hijos y les había dado una herencia en la tierra prometida. Israel no se salvó porque había obedecido los Diez Mandamientos. Israel gozosa y voluntariamente aceptó obedecer los Diez Mandamientos en agradecimiento por la misericordia de Dios. Israel se salvó por gracia; su obediencia a los Diez Mandamientos fue su respuesta a esa gracia divina. La antigua ley fue dada a Israel, no como un medio de salvación, sino como una ayuda. La ley nos ayuda a no perder la salvación que nos ha sido dada de pura gracia.

El nuevo mandamiento de amor que Jesús da a su iglesia en Juan 13.35 es la ley del nuevo pacto. Lo nuevo en este mandamiento de Jesús no está en el hecho de que Dios pida a su pueblo que ame, sino en el hecho de que ese amor esté basado en el ejemplo de amor que nos da Jesús en su humillación, sacrificio y muerte. Primero Jesús lava los pies de sus discípulos, lo cual simboliza que ellos han sido limpiados de sus pecados por el agua del Bautismo y por la sangre de Dios. Después, Jesús come y bebe con ellos para hacerles entender que su sacrificio establece la comunión entre Dios y los hijos de Adán que vagan desorientados y enajenados fuera de las puertas del paraíso perdido. Finalmente, Jesús va a preparar una morada para ellos en la casa del Padre. Así se manifiesta el amor de Jesús y del Padre para con nosotros. Nuestro amor hacia él y entre los unos y los otros no es una precondición para entrar en el reino del Padre, sino nuestra respuesta al amor de Dios. No es un sacrificio que tengamos que ofrecer para merecer su amor y su sacrificio, sino un fruto de nuestra fe en el sacrificio de Jesús ya ofrecido por nosotros.

Nota litúrgica: En el leccionario de tres años que forma parte de la liturgia luterana publicada por la Casa Publicadora Augsburgo, Juan 13.1-17, 34 es el santo evangelio para el Jueves Santo en el año A, año de San Mateo. Una parte opcional para la liturgia de Jueves Santo es el *Lavatorio de pies*. La rúbrica declara: "El celebrante se quita cualquier vestimenta litúrgica que use, menos el alba, se pone un delantal o una toalla y lava los pies de un grupo representativo de la congregación. Durante el lavatorio de pies se canta el himno: Donde hay amor y caridad" (1983.57).

13.35: En esto conocerán todos que sois mis discípulos, si tuviereis amor los unos con los otros. El amor de Cristo en las vidas de sus discípulos es la señal o marca de que en verdad son hijos de Dios. Esta es la única marca que no puede ser falsificada. Sabemos que hay muchos falsificadores en el mundo. Tenemos que tener cuidado de no ser engañados por billetes y monedas falsos. Por eso, los que hacen los billetes han colocado una marca muy difícil de imitar dentro del billete mismo. En los supermercados los cajeros pasan los billetes por una luz ultravioleta para ver esa marca de autenticidad.

En el mundo religioso también hay muchos falsificadores. Hay personas que afirman ser discípulos auténticos de Jesucristo cuando en realidad son cristianos falsos, cizaña sembrada entre el trigo (Mateo 13.36-43). En el A.T. los creyentes en Dios recibieron una marca en sus cuerpos para distinguirlos de los hijos del enemigo. Esa marca se llamaba circuncisión. Pero es posible llevar la marca de la circuncisión en el cuerpo sin llevar la fe de Abraham en el corazón. Los judíos que vivían sumergidos en la idolatría y en los vicios de los gentiles eran calificados como incircuncisos de corazón. Llevaban la marca del israelita en sus cuerpos, pero en sus corazones eran gentiles. Por eso los profetas tuvieron que hablar de la necesidad de una circuncisión interior del corazón.

Hoy en día muchos creen que la verdadera marca que distingue al hijo de Dios de los hijos del enemigo es la posesión de cierto don espiritual como el don de lenguas o el don de sanidades. Pero los dones espirituales, a diferencia de los frutos del espíritu, pueden ser imitados y falsificados. En la historia de las religiones vemos que la glosolalia y las sanidades existen en casi todas las religiones y hasta en cultos netamente satánicos. Jesucristo afirma aquí que los verdaderos hijos de Dios serán conocidos por su amor. El enemigo puede imitar y falsificar muchos poderes espirituales. "Muchos me dirán en aquel día: Señor, Señor, ¿no profetizamos en tu nombre, y en tu nombre echamos fuera demonios, y en tu nombre hicimos muchos milagros? Y entonces les declararé: Nunca os conocí; apartaos de mí, hacedores de maldad" (Mateo 7.22-23). Lo que no puede imitar el enemigo es el amor. Los verdaderos hijos de Dios serán conocidos por su amor, fruto de una fe verdadera en Jesucristo, el *Logos* encarnado.

Tertuliano, que escribió a fines del segundo siglo, menciona el impacto favorable que recibieron los paganos al presenciar cómo morían los cristianos por su fe. Asombrados, los paganos exclamaban: "¡Mirad cómo se aman!" Los enemigos de la fe se maravillaban ante el amor de los cristianos, que se sacrificaban los unos por los otros. Por su amor, el mundo se dio cuenta que ellos eran discípulos de aquel que nos amó hasta el fin. Es el mismo sentimiento que expresamos al cantar el himno Somos uno en espíritu: "Y que somos cristianos lo sabrán, lo sabrán porque unidos estamos en amor." Muchos enemigos de la cruz fueron tan impactados por el amor de los primeros cristianos que se convirtieron a Jesús. El amor que existe entre los seguidores de Jesús también tiene su alcance misionero.

Nota litúrgica: En el leccionario de cuatro años del grupo litúrgico interconfesional de Gran Bretaña, Juan 13.31-35 es el santo evangelio para el tercer domingo después de la Pascua en el año B, año de San Marcos. En el leccionario de tres años en *¡Cantad al Señor!* Juan 13.31-35 es el santo evangelio para el quinto domingo de Pascua.

13.36: Le dijo Simón Pedro: Señor, ¿a dónde vas? Jesús le respondió: A donde yo voy, no me puedes seguir ahora; mas me seguirás después. Jesús está hablando de su glorificación y su salida. Pedro no entiende que la glorificación de Jesús significa la muerte del buen pastor por sus ovejas y su retorno al Padre. Pedro, sin entender lo que está diciendo, pide acompañar a Jesús. Con su petición Pedro está esquivando el mandamiento que Jesús ha dado a sus discípulos de que se ocupen en establecer una comunidad de amor. En realidad, Pedro está pidiendo morir por causa de Jesús y el evangelio. Jesús, en su capacidad de profeta, profetiza que Pedro y los otros discípulos le acompañarán después. En Juan 21.18 Jesús le dará más detalles a Pedro sobre cómo él sufrirá el martirio por causa de Cristo. La tradición dice que Simón Pedro fue crucificado, cabeza abajo, durante la persecución de los cristianos bajo el gobierno del emperador Nerón.

13.37: Le dijo Pedro: Señor, ¿por qué no te puedo seguir ahora? Mi vida pondré por ti. Las preguntas de Pedro evidencian que todavía no entiende que Jesús va al Padre. Pedro no quiere acompañar a Jesús en el futuro sino ahora. De nuevo está esquivando el nuevo mandamiento de amor que Jesús ha dado a los suyos. Pedro tampoco comprende el propósito de la salida de Jesús. No puede acompañar a Jesús ahora porque Jesús va a ofrecer el sacrificio supremo por los pecados del mundo, que sólo el Hijo del Hombre puede ofrecer. Jesús tiene que derramar su sangre para lavar a Pedro de su pecado y hacer posible que Pedro, en una fecha posterior, siga a Cristo no solamente a la cruz, sino también a la presencia del Padre.

Pedro quisiera ir con Jesús adonde está el Padre, pero no puede hacerlo ahora porque todavía no se ha abierto el camino que conduce al Padre. Sólo Jesús puede abrir el camino al Padre porque sólo Jesús puede ofrecer el sacrificio necesario para purificar a todos los seres humanos de sus pecados (Hebreos 10.12). Después que Jesús haya abierto el camino, Pedro podrá seguir. Una de las cosas que hizo fracasar a Pedro en su intento de seguir a Jesús en la semana santa, fue que sobreestimó sus energías. El discípulo puede poner su vida por los demás sólo porque primero Jesús puso su vida por el discípulo. El sacrificio de Jesús por nosotros es el que nos da el poder para sacrificarnos por Jesús y por sus ovejas. Si tratamos de actuar en base a nuestro propio poder y no en base al poder del sacrificio de Cristo, fracasaremos igual que Pedro.

Pedro ofrece sacrificar su vida por Jesús. Si Pedro ahora pudiera dar su vida por Jesús para salvar a Jesús de la cruz, entonces Jesús no podría ofrecer su vida como un sacrificio por Pedro y por todos. Pedro, sin saber lo que está haciendo, está actuando para desviar a Jesús de la misión que le ha entregado el Padre, así como lo había hecho en otras oportunidades (Mateo 16.21-23). Pero no es la misión de la oveja salvar al pastor, sino la misión del pastor salvar a la oveja. Así las palabras de Pedro: "Mi vida pondré por ti" constituyen una falsedad presente y una verdad futura. No se cumplirán durante la semana santa, sino años después cuando Pedro, con el poder del buen pastor, llegará a ser también un buen pastor y seguirá en los pasos de su Señor (Beasley-Murray 1987.248).

13.38: Jesús le respondió: ¿Tu vida pondrás por mí? De cierto, de cierto te digo: No cantará el gallo, sin que me hayas negado tres veces. En respuesta a la oferta de Pedro, Jesús anuncia la tercera consecuencia de su partida: Pedro le negará tres veces. Según Carson, los gallos en Palestina solían cantar a las 12:30 a.m., 1:30 a.m. y 2:30 a.m. Por eso, los romanos con el canto del gallo se referían a la guardia entre la medianoche y las 3:00 a.m. (1991.487).

La carta del gobernador romano Plinio al emperador Trajano nos indica que tenía la costumbre de pedir tres veces a las personas acusadas de ser cristianos que negaran y maldijeran a Jesús. Si no negaban, sino que seguían confesando a Cristo a pesar de las amenazas y exhortaciones del gobernador, los entregaba a los verdugos para ser ejecutados. La costumbre de pedir tres veces a los cristianos que negaran y maldijeran a Jesús probablemente comenzó durante la persecución de Domiciano, el emperador que reinaba cuando probablemente fue escrito el evangelio de Juan. Posiblemente Juan relató la caída de Pedro para exhortar a los lectores a seguir fieles a Cristo aunque esto significase la persecución, la tortura y el martirio.

El lavamiento de los pies en el mundo mediterráneo y en las Escrituras.

Antiguo Testamento

Hay tres situaciones en el A.T. en que se lavan los pies.1. Situación ceremonial: Los sacerdotes deben lavarse las manos y los pies antes de entrar en el lugar santo del tabernáculo antes de ofrecer el sacrificio sobre el altar (Éxodo 30.17-21; 4 0.30-32; 2 Crónicas 4.6). Según la Mishná, es inválida una ofrenda ofrecida por un sacerdote que no se ha lavado los pies (Thomas 1991.28). En Éxodo 29.4 y Levítico 8.6 el lavamiento de los pies es parte del rito de consagración de los sacerdotes. El lavamiento de los sacerdotes servía como un símbolo de la purificación total del ministro. La preparación del cuerpo sirve para recordar al sacerdote de la necesidad de preparar también su corazón (Thomas 1991.29). Según Filón de Alejandría, el lavamiento de las manos y los pies es un símbolo de una vida sin mancha, libre de vicios y pasiones carnales (30). 2. Situación doméstica: Hay tres textos en el A.T. que hablan del lavamiento de los pies en situaciones domésticas. Su propósito es higiene y comodidad personal. 2 Samuel 11.8; Cantares 5.3; 2 Samuel 19.24. Aparentemente Mefi-boset no lavaba sus pies en señal de luto por la ausencia de David. 3. Situación de hospitalidad: En Génesis 18.4 y 19.2 se lavan los pies de los huéspedes celestiales en señal de hospitalidad. También se lavan los pies de los hermanos de José en Génesis 43.24 y de Eleazar, el siervo de Abraham, en Génesis 24.32. Antes de cenar el levita y su concubina se lavan los pies en Jueces 19.1. Abigail ofrece lavar los pies de los siervos de David, o sea, está dispuesta a aceptar el papel de una esclava (1 Samuel 25.40-41). En la literatura intertestamentaria normalmente se lavan los pies antes de la celebración de una cena. Hay una conexión entre el lavamiento de los pies y la esclavitud, como en Salmos 60.8 y 108.9 donde se tira las sandalias a Edom el cual debe humillarse y lavar los pies de su amo (Thomas 1991.41). La vasija para el lavamiento de los pies es un símbolo de servidumbre.

Literatura greco-romana

1. Contexto ritual: En la Odisea de Homero los que han derramado sangre necesitan purificarse lavándose las manos y los pies (Thomas 1991.43). En Homero y Estrabón las personas normalmente se lavan los pies antes de entrar en un lugar sagrado. Los que no cumplen con esta costumbre son considerados bárbaros. 2. Contexto doméstico: Autores romanos cuentan que las personas acostumbraban echar por la ventana el agua que habían usado para el lavamiento de los pies. Tan común era esta práctica que era peligroso caminar por las calles de noche. 3. Bienvenida: Para mostrar a un huésped que era bienvenido, siempre se ordenaba que sus pies fueran lavados por un esclavo o siervo. 4. Antes de banquetes y comidas: Nunca se comía sin antes lavarse los pies. 5. Como símbolo de servidumbre y esclavitud: En su historia de la vida de Pompeyo, Plutarco relata cómo uno de sus capitanes

lavó los pies de su general, después de su última derrota, pues todos sus esclavos habían huido. Solamente motivado por un gran amor o una gran lealtad, se atreve una persona a lavar los pies de otra que pertenece a una categoría social inferior.

Nuevo Testamento

Tres ejemplos de lavamiento de pies se encuentran en el N.T.: Lucas 7.36-50, Juan 12.1-8 y 1 Timoteo 5.9-10. En la literatura bajo consideración se puede notar una relación muy estrecha entre el lavamiento de pies y la preparación. El lavamiento de pies ayuda a preparar a las personas para tareas específicas (Thomas 1991.59). Puede preparar a una persona para tareas religiosas, o para una comida, o para una relación íntima. Hacer algo sin tener los pies lavados equivale a no estar preparado. Esto es importante en el contexto de los discursos de despedida en Juan 13-17, donde Jesús busca preparar a sus discípulos para su futuro papel y función en la comunidad, después de su salida. Entre otras cosas, el lavamiento de los pies indica que los discípulos deben estar preparados para su ministerio. También hay que tomar en cuenta esto a la luz de la afirmación de que los discípulos deben lavarse los pies los unos a los otros.

El motivo por el cual Jesús lava los pies de los discípulos es el amor. Pedro evidentemente no entiende porqué Jesús le lava los pies. El lavamiento de los pies era practicado por viudas en algunas comunidades cristianas como lo atestigua 1 Timoteo 5.9-10. El lavamiento de los pies de los discípulos es un símbolo de la purificación más completa que realizará Jesús en la cruz a favor de los suyos (Thomas 1991.60).

Nota: Juan y la carta de Polícrates. En Juan 13.23 leemos acerca del discípulo al cual Jesús amaba y estaba recostado a su lado. Hay una referencia muy interesante pero también enigmática en torno a ese discípulo en una carta escrita por Polícrates, obispo de Efeso, a Victor, obispo de Roma. La carta fue escrita en la última década del segundo siglo y tenía que ver con la fecha en la que se debía celebrar la Pascua. Mientras las iglesias en Roma y el resto del occidente siempre celebraban la Pascua de la Resurrección el día domingo, las iglesias en Asia solían guardar el decimocuarto día después de la luna nueva para la fiesta de la Pascua del Salvador. La controversia sobre la fecha correcta para celebrar la Pascua casi llegó a dividir la iglesia primitiva.

En su carta a Victor, Polícrates comienza a nombrar los grandes líderes de la iglesia oriental, quienes habían enseñado a los seguidores de Cristo a celebrar la Pascua el día 14. Entre las personas nombradas por Polícrates se halla el nombre del discípulo que estaba recostado al lado de Jesús en Juan 13.23. Encontramos la cita en el quinto libro, capítulo 23, de la *Historia Eclesiástica* de Eusebio y dice: "Nosotros, pues, celebramos intacto este día, sin añadir ni quitar nada. Porque también en

Asia reposan grandes luminarias, que resucitarán el día de la venida del Señor, cuando venga de los cielos con gloria y en busca de todos los santos: Felipe, uno de los doce apóstoles, que reposa en Hierápolis con dos hijas suyas, que llegaron vírgenes a la vejez, y otra hija que, después de vivir en el Espíritu Santo, descansa en Efeso. Y además está Juan, el que se recostó sobre el pecho del Señor y que fue sacerdote portador del pétalon, mártir y maestro; éste reposa en Efeso. Y en Esmirna, Policarpo, obispo y mártir... Siete parientes míos fueron obispos, y yo soy el octavo..." (Velasco Delgado 1973.331-332).

Lo interesante de la carta de Polícrates (obispo entre 189-198 d.C.) es que identifica al discípulo amado con una persona llamada Juan, quien no solamente era sacerdote, sino que también llevaba sobre su pecho el pétalon, o sea el pectoral que solía lucir el sumo sacerdote. La otra cosa interesante es que Polícrates menciona que el discípulo amado fue contado entre los mártires.

Los datos en la carta de Polícrates han sido interpretados de diferentes maneras por los investigadores. Para los que identifican al discípulo amado con Juan, el hijo de Zebedeo, la referencia en Polícrates indica que Juan era un levita o sacerdote que servía en el templo durante los quince días del año cuando le tocaba a su grupo sacerdotal prestar servicio. Durante el resto del tiempo trabajaba en la empresa pesquera de la familia. De esa manera Juan llegó a conocer al sumo sacerdote y así pudo pasar al patio del sumo sacerdote (Juan 18.15). Otros investigadores como Bauckham creen que el discípulo amado se llamaba Juan pero que no era el apóstol San Juan, hijo de Zebedeo, sino otro Juan que formaba parte del grupo de setenta discípulos designados por Jesús en Lucas 10.1. En las listas de nombres de los setenta discípulos que fueron producidas en el tercer siglo hay un discípulo que se llama Juan. Según Bauckham, este otro Juan era el presbítero Juan mencionado por Papías y debe ser identificado con el autor del cuarto evangelio. Este Juan era nativo de Jerusalén y por eso conocía al sumo sacerdote.

En opinión de Bauckham, la carta del obispo Polícrates es un buen ejemplo de la tendencia de autores cristianos en la última parte del segundo y tercer siglos de confundir personajes mencionados en el N.T. con otras personas del N.T. que llevan el mismo nombre. Se puede ver en la carta de Polícrates que se ha confundido al apóstol Felipe con el evangelista Felipe. Después del segundo siglo, María de Betania, equivocadamente, llegó a ser identificada con María Magdalena. El hermano Lino mencionado en 2 Timoteo es identificado con el obispo Lino de Roma, y el Hermas mencionado en Romanos 16.14 llegó a ser identificado con el autor del Pastor de Hermas, aunque el primero vivió cien años antes del segundo (Bauckham 1993b.43). Fue una confusión de identidades que, según Bauckham, llevó a Polícrates a creer que el discípulo amado fue un sacerdote y que llevaba el pétalon. Aparentemente, Polícrates ha identificado a Juan, el autor del cuarto evangelio, con el sumo sacerdote Juan mencionado en Hechos 4.6 (Bauckham 1993b.24-68).

Capítulo 14

En Juan 14.1-27 tenemos la segunda parte del discurso de despedida de Jesús. En la primera parte del discurso, 13.31-38, Jesús anunció la hora de su glorificación, y tres consecuencias de su partida. Estas consecuencias eran más negativas que positivas y sirvieron para producir consternación y desaliento entre sus discípulos. En la segunda parte de su discurso Jesús llama a sus discípulos a tener coraje y fe, y les anuncia las consecuencias positivas de su partida. La función de esta parte del discurso es consolar a los discípulos del Señor. El capítulo 14 está construido cuidadosamente en torno a las preguntas de tres de los discípulos de Jesús: Tomás en versículo 5, Felipe en versículo 8 y Judas en versículo 22.

14.1: No se turbe vuestro corazón; creéis en Dios, creed también en mí. En Juan 12.27 y 13.21 leímos que Jesús estaba muy turbado en espíritu porque su hora había llegado. La agonía de la cruz y el momento de su gran sacrificio están cerca. En estos momentos Jesús necesita el apoyo y el consuelo de sus discípulos, pero en vez de que los discípulos consuelen a Jesús, leemos que ellos están profundamente turbados en sus corazones. Jesús tiene que consolarlos a ellos. El verbo en griego para turbarse es ταράσσω, e implica *ser fuertemente sacudido*. A pesar del anuncio de su partida, Jesús llama a sus discípulos a tener fe en el Padre y en él. La palabra que se traduce como *creed* es πιστεύετε en griego. Πιστεύετε puede ser traducido como indicativo o como imperativo. La *Reina Valera Revisada* lo traduce como imperativo. Tomando en cuenta el contexto del versículo, ésta parece ser la mejor traducción. La fe de los discípulos está debilitándose y Jesús los llama a creer en él con la misma confianza que tienen en el Padre (Carson 1991.487). Se enfatiza aquí la identidad de Jesús con el Padre al llamar a los discípulos a depositar en Jesús la misma fe que tienen en el Padre.

Lo que Jesús está por revelar en cuanto a las consecuencias positivas de su glorificación y la verdadera relación entre él y el Padre, debe servir para animar y fortalecer la fe de los discípulos. Muchos siglos antes de Jesús, Josué llamó a Israel diciendo: "Esfuérzate y sé valiente... no temas ni desmayes" (Josué 1.6,9), porque Dios te va abrir paso por el río Jordán y te va a conducir a la tierra prometida. Ahora Jesús, el segundo Josué, promete conducir a su pueblo, al nuevo Israel, a una tierra prometida mejor, a una tierra prometida más allá de la realidad de este mundo presente, más allá del río de la muerte (Newbigin 1982.179).

14.2-3: En la casa de mi Padre muchas moradas hay; si así no fuera, yo os lo hubiera dicho; voy, pues, a preparar lugar para vosotros. Y si me fuere y os preparare lugar, vendré otra vez, y os tomaré a mí mismo, para que donde yo estoy, vosotros también estéis. Después de mencionar algunas consecuencias negativas de su partida en 13.31-38, Jesús da aquí cuatro consecuencias positivas de su glorificación y partida: 1- Va a preparar un lugar para sus discípulos en la casa del Padre. 2- Se va para poder regresar otra vez a los discípulos. 3- Habrá una futura reunión entre Jesús y sus discípulos en la cual Jesús tomará a sus discípulos consigo. 4- Jesús se va ahora para poder estar siempre con los suyos en el futuro.

La palabra griega que se traduce como *casa* en este versículo es **οἰκία.** La misma palabra también puede ser traducida como: los que viven dentro de una casa, es decir, la familia. A veces la palabra οἰκία se usa en el sentido de espacio, para indicar la casa donde uno mora, como en Juan 11.31 y 12.3. Sin embargo, en Juan 14.2 οἰκία se usa en un sentido metafórico para indicar el lugar donde mora Dios, el Padre. En Juan 2.16 la frase: casa de mi Padre (τὸν οἶκον τοῦ πατρός μου), como en Juan 14.2, significa el templo. En muchos textos del A.T. se habla de los cielos como el templo de Dios: Isaías 63.15; Deuteronomio 26.15; Miqueas 1.2-3. Hay una descripción del templo celestial en 1 Enoc 14.16-18, 20; este templo será la morada de los justos (1 Enoc 39.3-8).

El templo o casa de Dios del cual Jesús está hablando en este texto no es el templo en Jerusalén, sino el templo celestial y a la vez el nuevo templo del cuerpo de Jesús, que es la iglesia (McCaffrey 1988.31). Jesús se va de viaje, fuera del mundo (16.28), su destino es la casa del Padre. Saldrá de la esfera de los seres humanos con destino celestial (la esfera trascendental). Pero esta casa celestial del Padre estará presente cuando los discípulos en el futuro sean reunidos en el nombre de Jesús.

A partir de este versículo el templo en Jerusalén no es mencionado más como la casa de Dios como en Juan 2.16-17. Desde ahora las palabras la casa del Padre se refieren a la comunión que los discípulos tienen con Dios por medio de Jesucristo. Esta casa del Padre no está solamente en el mundo de arriba sino en todo lugar donde experimentamos la presencia del Padre (Newbigin 1982.180) y esta casa del Padre está reservada solamente para los discípulos de Jesús (Segovia 1991.82).

El obispo Newbigin comentando sobre este versículo dice: "Los discípulos, según la tradición sinóptica, recibieron el mandato de seguir a un hombre desconocido hacia un destino desconocido, y allí encontraron un aposento preparado para ellos donde Jesús vino para encontrarse con ellos y permanecer con ellos (Marcos 14.13-16). Cada vez y en cada lugar donde los discípulos se reúnen para comer y beber en el nombre de Jesús, allí él está con ellos. Como los hijos de Israel en su peregrinación, así ellos ahora tendrán la columna de nube y de fuego, la presencia del mismo Dios, que estará con ellos en sus paradas provisionales y en sus marchas (Números 9.15-23). Mientras todavía están en el camino, ya experimentan la presencia de lo que les espera al fin del camino" (Newbigin 1982.180).

Con estos comentarios el obispo Newbigin interpreta las palabras: "vendré otra vez", en un sentido muy amplio. El texto mismo no especifica sí Jesús aquí está hablando de: 1- su segunda venida al fin de los tiempos; 2- su venida en la persona del Espíritu Santo en el día de Pentecostés; 3- su venida a los discípulos durante los cuarenta días entre la resurrección y la ascensión. Puede ser que el texto no especifique a cuál venida de Jesús se refiere porque quiere incluir todas. Los comentaristas como Carson creen que Jesús aquí solamente está hablando de su segunda venida en el día del juicio final. 4- La venida de Jesús a sus discípulos en el día de la resurrección como una anticipación de la parusía (Léon-Dufour 1995.103).

¿A cuales moradas se refiere Jesús cuando declara: "En la casa de mi Padre muchas moradas hay?" Existen por lo menos seis posibilidades: 1- La respuesta más común es que las moradas son habitaciones en la casa celestial de Jesús. En forma metafórica, Jesús está diciendo que hay un lugar preparado en el cielo para cada discípulo. 2- Las moradas son apartamentos en la casa de Dios, la cual es el nuevo templo, la iglesia. En su visión del nuevo templo escatológico (capítulos 40-48) el profeta Ezequiel habló de apartamentos para los sacerdotes que formaban parte del nuevo templo. Según esta interpretación, Jesús ofrece puestos de liderazgo en su iglesia a los discípulos. 3- Las moradas son los cuerpos espirituales y glorificados que recibirán los discípulos en la resurrección de todos los muertos en el día de la segunda venida de Cristo. En 2 Corintios 5.1-9 San Pablo habla de que los cuerpos que tendremos en la resurrección serán como "una casa no hecha de manos" y "nuestra habitación celestial." 4- Las moradas son los diferentes cielos, estados, o grados de gloria en los cuales estarán las almas después de esta vida. Este concepto, común entre los judíos en el tiempo de Jesús, conceptualiza al cielo como un gran palacio o mansión con toda clase de habitaciones, algunas grandes y lujosas, otras pequeñas y ordinarias. A cada alma le toca la habitación que ha merecido la vida que llevó en la tierra. Tanto los libros seudoepígrafes, como algunos autores patrísticos, como Clemente de Alejandría, hablan de diferentes recompensas o grados de gloria que serán la herencia celestial de los seres humanos (Barclay 1974.6.173). 5- Las habitaciones son los mismos discípulos, pues Jesús está hablando aquí principalmente de sí mismo como el nuevo templo. Este nuevo templo es el lugar donde ahora mora la *shekinah* y donde el Padre se manifiesta. Jesús es la casa del Padre en la cual tiene su habitación. Él es el templo espiritual. En 1 Pedro 2 el apóstol habla de los cristianos como parte de esa casa espiritual. Ellos son parte del templo; son piedras vivas. En Juan 14 Jesús prefiere hablar de los discípulos que forman parte del nuevo templo, no como piedras vivas, sino como habitaciones o moradas. (Tanto Juan 14.1-12 como 2 Pedro 2.2-10 son lecturas para el quinto domingo de Pascua en el leccionario de tres años). Así como el Padre mora en el cuerpo de Cristo, que es el nuevo templo, así también morará en cada uno de los discípulos porque ellos, por la muerte y resurrección de Cristo, formarán parte del templo espiritual. Según esta interpretación, Jesús no está hablando de lugares geográficos o en el espacio, sino de nuestra posición en Cristo y de nuestra comunión con el Padre. Puesto que el Padre está en Cristo y nosotros formamos parte de Cristo, en Cristo tendremos comunión con el Padre. Jesús está hablando acerca de nuestra relación con él y con el Padre. Jesús trata el mismo tema en el capítulo 15 bajo la metáfora de la vid y los pámpanos. Los que apoyan esta interpretación de las moradas afirman que Jesús tiene que ausentarse de sus discípulos por un corto tiempo para dar su vida en la cruz y después volver en el día de la resurrección. Esto lo hace para que los discípulos se conviertan en habitaciones espirituales en Cristo, a las cuales vendrá el Padre para establecer su morada en ellos (Comfort & Hawley 1994.230-231). 6- Otra interpretación de la frase *muchas moradas* es la de Wes Howard-Brook, un líder en el así llamado movimiento del discipulado radical. En la óptica de Howard-Brook, las muchas moradas no son un conjunto de suites en un hotel celestial, sino los lugares donde el viajero puede encontrar hospedaje, protección y descanso. En otras palabras, las muchas moradas son las muchas comunidades cristianas esparcidas por el mundo. Son los lugares donde un discípulo puede encontrar una bienvenida, una comida preparada con amor, una cama donde pasar la noche, un lugar donde adorar en espíritu y en verdad, y sobre todo, una familia de fe en la cual está presente el Cristo resucitado (Howard-Brook 1994.314).

La palabra griega que se traduce como *habitación* en este versículo es μονή que quiere decir una habitación permanente (McCaffrey 1988.32). Μονή viene del verbo μένω que es usado 40 veces en Juan, 27 veces en 1, 2 y 3 Juan y 1 vez en el Apocalipsis. En los escritos de Juan esta palabra aparece 68 veces de las 118 que se halla en el N.T. De acuerdo a Juan la palabra habitación (μονή) puede significar, no solamente un apartamento, sino también una relación profana o una comunión espiritual (McCaffrey 1988.33)

El padre carmelita James McCaffrey ha publicado un detallado estudio sobre Juan 14.2-3 en el cual propone que Jesús, en este texto, anuncia que el templo en Jerusalén será reemplazado por el nuevo templo, el cual es la comunión personal entre el Padre, el Hijo y los discípulos. El establecimiento de esta nueva relación personal y espiritual es la meta de la peregrinación que Jesús está por emprender. En lo que sigue, trataremos de resumir la hipótesis del padre McCaffrey.

Según McCaffrey, Juan 14.2-3 tiene que ser entendido a dos niveles, un nivel literal y un nivel más profundo y espiritual. Según la lectura literal, Jesús está por emprender su peregrinación a la cruz. Este viaje a la cruz terminará con su muerte y su ausencia de entre los discípulos. Después de tres días vendrá otra vez a ellos en el día de la resurrección. A nivel más profundo, el cual los discípulos entenderán recién después de la venida del Paracleto, Jesús está por emprender un viaje. Por medio de su pasión y muerte Jesús entrará como sumo sacerdote en el lugar santísimo del templo celestial, para ofrecer el sacrificio perfecto de la expiación a favor de los suyos. Allí su cuerpo será transformado en el nuevo templo, es la familia de Dios donde el Padre, el Hijo y los discípulos tendrán comunión. Así, según McCaffrey, la verdadera meta de la peregrinación de Jesús es el establecimiento de la nueva familia de Dios, donde los creyentes de todas las naciones tendrán comunión con Dios. De esta manera, el día de la expiación también encontrará su cumplimiento en Jesús (McCaffrey 1988.256). En la visión de la nueva Jerusalén en Apocalipsis 21.22, Juan dice: "Y no vi en ella templo; porque el Señor Dios Todopoderoso es el templo de ella, y el Cordero." La nueva Jerusalén no tendrá templo porque Dios y el Cordero mismos serán el templo. El templo de la nueva Jerusalén será una comunión de amor en la cual estarán, no solamente el Padre y Jesús, sino también todos los discípulos de todas las naciones.

Hay una morada esperando al discípulo en la casa del Padre porque Jesús irá delante para abrir el camino al cielo. Hebreos 6.20 habla de Jesús como nuestro precursor. La palabra griega para *precursor* es πρόδρομος y se refiere a los miembros del ejército romano que iban adelante para abrir el camino, tumbando y quemando la vegetación y quitando los obstáculos para que el resto del ejército pudiese llegar a la meta sin dificultades (Barclay 1974.6.173).

14.4-6: Y sabéis a dónde voy, y sabéis el camino. Le dijo Tomás: Señor, no sabemos a dónde vas; ¿cómo, pues, podemos saber el camino? Jesús le dijo: Yo soy el camino, y la verdad, y la vida; nadie viene al Padre, sino por mí. Puesto que los discípulos conocen a Jesús, saben el camino al Padre; sin embargo, no reconocen que Jesús mismo es el camino. Creen que Jesús podrá revelarles el camino al Padre, cuáles son las cosas o leyes que se tienen que cumplir para llegar al cielo. Pero no se llega al Padre cumpliendo ciertas leyes o teniendo algunas experiencias místicas. Los espiritualistas creen que la negación y mortificación de la carne que realizan algunos seres humanos en sus ejercicios espirituales son el camino al cielo, pero no llegamos al cielo negando la carne, sino afirmando que el *Logos* se hizo carne y que por medio de su carne y sangre somos salvos.

Tomás confiesa su ignorancia en cuanto a lo que nos espera al final de la peregrinación hacia la casa del Padre. ¿Cómo será la vida después de la vida? ¿En qué consiste esa realidad que llamamos: los cielos, la nueva Jerusalén, el reino de Dios? Muchos han intentado conocer lo que está detrás del velo que nos separa del más allá. La historia de las religiones está llena de relatos de místicos, shamanes y gurús que han desarrollado ceremonias, ejercicios espirituales y técnicas mágicas por medio de los cuales los seres mortales intentan penetrar la barrera que nos separa del mundo futuro. Filósofos y teólogos han tratado de razonar y deducir en qué consiste lo que nos espera después de esta existencia. Pero todos estos intentos son ejercicios vanos. A los corintios, que se jactaban de haber llegado a conocer el mundo celestial a través de sus experiencias extáticas, San Pablo declara: "Cosas que ojo no vio, ni oído oyó, ni han subido en corazón de hombre, son las que Dios ha preparado para los que le aman" (1 Corintios 2.9). "Ahora vemos por espejo, oscuramente; mas entonces veremos cara a cara" (1 Corintios 13.12).

Es imposible llegar a ver y conocer en esta vida mortal lo que nos espera al final de nuestra peregrinación. No existen palabras para describir cosas tan diferentes a todo lo que experimentamos en esta vida. Sería como tratar de describir un nuevo color que es totalmente distinto a todos los colores que conocemos. Sería como el indígena Yanomami que fue llevado por unos antropólogos del territorio Amazonas a Caracas. Al regresar a su tribu trató de describir a sus familiares las cosas que vio en la gran ciudad, cosas como autobuses, helicópteros, el Metro, ascensores, cajeros automáticos, pizzerías, televisores, etc. Pero, puesto que no existen palabras en el idioma Yanomami para todas estas cosas, el indígena trató de usar símbolos e imágenes de su propia cultura para dar a los miembros de su tribu una idea de lo que experimentó, pero sin éxito. Finalmente, completamente frustrado, abandonó el intento. De igual manera, la Biblia, al hablar de la casa del Padre, tiene que usar símbolos e imágenes para darnos una vaga idea de realidades para las cuales no existen palabras humanas. Como Tomás, tenemos que confesar: "No sabemos a dónde vas." Pero aunque no sabemos en qué consiste esa realidad a la cual Jesús va, podemos conocer el camino que conduce a ella. El camino es la humanidad, la carne de Jesús. "Yo soy el camino." "Así que, hermanos, teniendo libertad para entrar en el Lugar Santísimo por la sangre de Jesucristo, por el camino nuevo y vivo que él nos abrió a través del velo, esto es, de su carne..." (Hebreos 10.19-20).

Jesús es el camino al Padre, porque él es la verdad, es decir, la revelación suprema de Dios. Jesús no simplemente habla la verdad; él es la verdad en persona. Él es el camino porque él es la vida, es decir, Jesús tiene vida en sí mismo y puede compartir esa vida eterna con los que creen en él.

El conocido padre de la teología de la liberación, Gustavo Gutiérrez, ha escrito un libro titulado *El Dios de la Vida* en el cual trata de estudiar teológicamente todas las implicaciones de la declaración: "Yo soy la vida." En esta obra Gutiérrez hace algunas observaciones importantes que debemos tomar en cuenta mientras meditamos sobre Jesús como el camino, la verdad y la vida. En primer lugar, decir que Jesús es la vida implica que Jesús es Dios porque solamente Dios es el autor y defensor de la vida. En segundo lugar, hay textos bíblicos donde se usa la vida como sinónimo del reino de Dios. Un ejemplo de esto es Marcos 9.43 donde Jesús declara: "Si tu mano te fuere ocasión de caer, córtala; mejor te es entrar en la vida manco, que teniendo dos manos ir al infierno." Un poco más adelante Jesús proclama: "Y si tu ojo te fuere ocasión de caer, sácalo; mejor te es entrar en el reino de Dios con un ojo, que teniendo dos ojos ser echado al infierno" (Marcos 9.47). Una comparación de los dos versículos nos muestra el paralelismo que existe entre reino de Dios y la vida, pues significan la misma realidad (Gutiérrez 1992.50). Es bien conocido que el término reino de Dios es uno de los conceptos claves en los evangelios sinópticos, mientras que raras veces aparece en el evangelio según San Juan, porque Juan prefiere usar el concepto de vida o vida eterna en lugar de reino de Dios.

El reino de Dios es la vida, y así como Jesús es la vida en persona, así él es el reino de Dios en persona. El reino de la vida se opone al reino de la muerte en todas sus expresiones. Jesús no ha venido a traer la muerte; no es Dios de la muerte. El dios de la muerte es el que "viene para hurtar y matar y destruir" (Juan 10.10). Por eso, los que son de Jesús, el Dios de la vida, y creen en su resurrección, tienen que sentirse comprometidos con los que permanentemente ven violado su derecho a la vida. Según Gutiérrez, la "opción por los pobres y oprimidos" no es otra cosa que una opción radical y profunda por Jesús como el Dios de la vida (1992.52).

14.7-8: Si me conocieseis, también a mi Padre conoceríais; y desde ahora le conocéis, y le habéis visto. Felipe le dijo: Señor, muéstranos el Padre, y nos basta. Como Tomás, Felipe tampoco entiende las palabras de Jesús. El Señor dice a sus discípulos que ellos conocen al Padre porque lo conocen a él. Felipe responde diciendo: Pero Jesús, yo realmente quiero conocer al Padre, quiero conocer al Padre cara a cara; quiero ver al Padre en su gloria como lo vio Moisés sobre el monte Sinaí en el A.T. Felipe le pide a Jesús lo que han buscado tantos místicos y santos por medio de sus ayunos, vigilias y ejercicios espirituales, una visión de Dios en su gloria. Hay gran ironía aquí porque Felipe, sin darse cuenta, esta mirando la gloria de Dios cara a cara mientras contempla a Jesús en su agonía y sufrimiento. El que ha visto a Jesús sufriendo en carne propia por nuestros pecados, en nuestro lugar, como el perfecto sacrificio pascual, ha visto la gloria del Padre.

Nota litúrgica e histórica: Juan 14.1-7 es el santo evangelio para el día de Santo Tomás apóstol que se celebra el 21 de diciembre. El evangelio según San Juan es el único evangelio que nos informa acerca de Tomás. En Juan 11.16 es Tomás el que se muestra dispuesto a ir a Jerusalén con Jesús para morir con él. En Juan 20 leemos acerca de las dudas que tuvo Tomás al ser avisado por los otros discípulos de la resurrección de Jesús. El punto culminante del cuarto evangelio ocurre cuando Tomás tiene su encuentro con el Cristo resucitado y mete sus dedos en las heridas del Señor. El evangelista quiere que la confesión de Tomás en Juan 20.28 sea la confesión de todos los lectores de su evangelio.

Existen más tradiciones y leyendas en cuanto a las actividades misioneras del apóstol Santo Tomás que de cualquiera de los otros discípulos de Jesús. Según estas tradiciones, Tomás viajó a Babilonia, Persia y llegó hasta la India. No tenemos a nuestra disposición las evidencias necesarias para comprobar o negar la veracidad de la mayoría de estas tradiciones. Lo que sí sabemos es que la iglesia cristiana más antigua en la India se llama la Iglesia Siria de Mar Tomás. Mar es la palabra aramea y siríaca que significa Señor, como en la palabra maranata (¡ven Señor!) o en el nombre Martha (doña). Así el nombre de la iglesia aún hoy en día es la Iglesia del Señor Tomás.

Los miembros de esta antiquísima iglesia afirman que Tomás llegó a la costa de Malabar, en el sur de la India, en el año 52 d.C., donde fundó varias iglesias y estableció el cristianismo entre los colonos y comerciantes judíos, sirios y griegos que se habían establecido en las ciudades costeras de Malabar. Descubrimientos arqueológicos indican que en el tiempo de la iglesia primitiva ya existían sinagogas judías en la India, y no es imposible que Tomás haya sido el primer misionero que llegó allí. Los cristianos en la India reverencian un monumento en Madrás que supuestamente es el lugar del martirio de Tomás. También afirman que una antigua casa en Mylapore sirvió como la residencia de Tomás durante su tiempo en la India.

14.9-10: Jesús le dijo: ¿Tanto tiempo hace que estoy con vosotros, y no me has conocido, Felipe? El que me ha visto a mí, ha visto al Padre; ¿cómo, pues, dices tú: Muéstranos el Padre? ¿No crees que yo soy en el Padre, y el Padre en mí? Las palabras que yo os hablo, no las hablo por mi propia cuenta, sino que el Padre que mora en mí, él hace las obras. Para quitar las dudas y la falta de entendimiento de Felipe, Jesús específica y aclara la enseñanza que ha dado en el versículo 7. En Jesús no solamente llegamos a conocer al Padre, sino que también vemos al Padre. Jesús está presente en el Padre y el Padre en Jesús, y por eso, sólo en Jesús puede ser visto el Padre. Al ver las obras de Jesús y escuchar sus palabras estamos viendo las obras de Dios y escuchando sus palabras. Cualquiera que afirma haber visto a Dios aparte de Jesucristo, en realidad, no ha visto al Dios verdadero, sino a un espíritu o al producto de su propia imaginación.

El Felipe que aquí habla y pregunta a Jesús fue también uno de los antiguos discípulos de Juan el Bautista, llamado por Jesús en Juan 1.13. Este Felipe en seguida fue y buscó a Natanael para hablarle acerca de Jesús. Felipe era natural de Betsaida, un pueblo ubicado sobre el mar de Galilea, cerca de Capernaum, que pertenecía a la provincia de Iturea y no a Galilea. Iturea era gobernado por un hijo de Herodes el Grande que también se llamaba Felipe. Felipe es uno de los pocos apóstoles que lleva un nombre griego.

Betsaida era un pueblo mixto de judíos y gentiles, lo que indica que Felipe probablemente era una persona bicultural, que se siente en casa en dos diferentes culturas y que puede servir de puente entre ellas. Probablemente por eso, y por su nombre griego, los griegos que buscaban a Jesús según Juan 12.21, fueron primero a Felipe rogándole: "Quisiéramos ver a Jesús." Es a Felipe que se dirige Jesús en la historia de la alimentación de los cinco mil cuando pregunta: "¿De dónde compraremos pan para que coman éstos?" Pero Felipe no entiende el significado de las palabras de Jesús, ni en Juan 6, ni en Juan 14. Felipe, a pesar de todas sus buenas intenciones y su capacidad bicultural, no entiende, porque todavía necesita que su entendimiento sea alumbrado por el don del Espíritu Santo. El día de San Felipe y Santiago se celebra en las iglesias cristianas el 1 de mayo.

14.11: Creedme que yo soy en el Padre, y el Padre en mí; de otra manera,

creedme por las mismas obras. Como muchos otros judíos Felipe tiene dificultades en aceptar lo que Jesús afirma con sus palabras. Jesús está insinuando que él es más que un profeta que proclama la verdad acerca del Padre, o un emisario que lleva toda la autoridad del Padre; Jesús, en cambio, está declarando su identidad con el Padre. Jesús es más que un profeta, un emisario, un embajador o un instrumento de Dios. Jesús es Dios presente con nosotros en forma humana. Lo que proclaman las palabras de Jesús es lo mismo que proclaman sus señales milagrosas. Si tenemos dificultades en aceptar la verdad acerca de Jesús en base a sus palabras, entonces debemos aceptar el testimonio de sus obras milagrosas.

Nota litúrgica: En el leccionario de cuatro años del grupo interconfesional de Gran Bretaña, Juan 14.1-11 es el santo evangelio para el cuarto domingo después de Pascua en el año A, año de San Mateo.

14.12: De cierto, de cierto os digo: El que en mí cree, las obras que yo hago, él las hará también; y aun mayores hará, porque yo voy al Padre. La salida de Jesús del mundo significará que los que en él creen podrán realizar señales y milagros aun más grandes que los realizados por Jesús en su ministerio terrenal. Esto será posible porque Jesús nos enviará su Espíritu Santo. Por su intermedio podremos realizar las obras de Dios. Jesús hace esta sorprendente promesa no sólo a los 12 apóstoles originales o a los discípulos que andaban con él en Palestina. La promesa es general, para todo aquel que cree (ὁ πιστεύων), esto es, para todo creyente; no sólo para los apóstoles, no sólo para los que vivieron en el primer siglo. A través de estas palabras, Jesús también nos llama a nosotros a creer en él como la presencia del Padre aquí en este mundo. Jesús también nos promete a nosotros que haremos grandes obras para la gloria de Dios.

¿Cuáles son estas obras más grandes que, por medio del Espíritu, harán los que creen en Jesús? Según Beasley Murray (1987.254-255), estas obras son las actividades de los creyentes por medio de las cuales muchos hombres y mujeres serán librados del poder de Satanás. El Espíritu Santo equipará a los creyentes para ministrar a todas las naciones y formar, de todos los pueblos, tribus y lenguas, una comunidad de personas que adoren a Dios en espíritu y en verdad. Será la obra de segar la cosecha que Jesús ha preparado. Será la obra prefigurada en la pesca milagrosa de Juan 21 en la cual 153 peces, representando a todas las naciones del mundo, llegarán a formar la santa iglesia cristiana. Pero el poder y la autoridad para realizar estas obras más grandes está en la obra de Jesús, en su muerte, resurrección y ascensión. Las obras de los discípulos serán manifestaciones de la obra suprema de Jesús. Jesús durante su ministerio sólo logró reunir en torno suyo a un pequeño grupo de discípulos, pero estos discípulos por medio del espíritu de Jesús lograrán una pesca mucha más grande de creyentes.

Predicadores cristianos a través de los siglos han afirmado que las "obras mayores que harán los discípulos" incluyen todas las bendiciones que la presencia de la iglesia en el mundo trae a los seres humanos. Se debe incluir entre estas obras mayores todos los hospitales, clínicas, asilos, orfanatos, escuelas, universidades, obras sociales, ayuda humanitaria y programas para la rehabilitación de alcohólicos, drogadictos, prostitutas y homosexuales. Todo lo que hacen los discípulos en el nombre de Jesús a favor de la humanidad es parte de las obras mayores. Durante el ministerio terrenal de Jesús, su influencia benéfica estaba limitada a un solo rincón de la tierra. Después de su ascensión y del derramamiento del Espíritu Santo, el poder de Jesús, para dar luz, vida y verdad, se extendió sobre toda la tierra por la actividad misionera y humanitaria de los discípulos (Barclay 1974.6.183).

Nota litúrgica: En el leccionario de tres años en *¡Cantad al Señor!* Juan 14.1-12 es el santo evangelio para el quinto domingo de Pascua en el año A, año de San Mateo.

14.13-14: Y todo lo que pidiereis al Padre en mi nombre, lo haré, para que el Padre sea glorificado en el Hijo. Si algo pidiereis en mi nombre, yo lo haré. En Juan 13.31 Jesús comenzó su discurso de despedida afirmando que su misión consistía en glorificar al Padre. Aquí, en 14.3, Jesús promete que seguirá glorificando al Padre aún después de su retorno a las regiones celestiales. Jesús hará esto por medio de las obras de los discípulos. Vemos un paralelo muy interesante en los versículos 13 y 14. En el versículo 13 Jesús habla de pedir algo al Padre, pero en el versículo 14 es Jesús el que va a cumplir la petición, lo cual indica que aquí Jesús es el objeto de la oración de los discípulos. Tan íntima es la identificación entre el Padre y el Hijo que pedir en oración al Padre es igual que pedir algo a Jesús mismo.

Pedir algo en el nombre de Jesús es pedir lo que Jesús mismo pediría. Es pedir según la voluntad de Jesús y del Padre. Jesús no nos está dando una fórmula mágica para usar en todo lo que se nos antoje. Sería un abuso usar este versículo para justificar peticiones egoístas y contrarias a la voluntad del Padre y su reino venidero. El Señor no está diciendo que usemos su nombre para pedir artículos de lujo, obtener honores mundanos o sacar el número ganador en la lotería (Howard-Brook 1994.318). En este versículo Jesús nos insta a pedir que el nombre del Padre sea glorificado en el Hijo y en los que le siguen, que se envíen más segadores para recoger frutos para la vida eterna, que el reino del príncipe de este mundo sea derribado y que los cautivos sean liberados, los ciegos alumbrados y los muertos en pecado resucitados.

Nota litúrgica: Juan 14.1-13 es la lectura del santo evangelio para el día de San Felipe y Santiago, apóstoles, en el leccionario en *Culto Cristiano*. En el nuevo leccionario de *¡Cantad al Señor!* el evangelio para ese día es San Juan 14.8-14.

Primera enseñanza sobre la persona y la obra del Espíritu Santo, Juan 14.15-20

Comenzando con el versículo 15 nuestro Señor comienza a hacer promesas a sus discípulos en relación a su salida de este mundo. En contraste con el tono negativo de los primeros versículos de este capítulo, las enseñanzas en la última parte del mismo son muy positivas y consoladoras. Aunque la salida de Jesús resultará en persecución de los discípulos de parte del mundo, también tendrá como consecuencia el derramamiento del Espíritu Santo. En Juan 14.15-20 tenemos la primera de las cinco secciones del discurso de despedida que trata del Espíritu Santo. Lo que tenemos en estas secciones no es una elaboración sistemática de la doctrina del Espíritu Santo preparada para los que no saben nada de su existencia, sino palabras dirigidas a quienes, en su mayoría, ya han experimentado la obra del Espíritu Santo en sus vidas. Por eso lo que San Juan dice aquí acerca del Espíritu Santo tendrá que ser entendido a la luz de lo que leemos de él en otras partes de las Sagradas Escrituras y lo que nosotros mismos hemos experimentado de su actividad en nuestras propias vidas.

Asociamos la venida y la obra del Espíritu Santo con nuestra celebración de la fiesta de Pentecostés. Aunque San Juan no menciona expresamente la fiesta de Pentecostés en su evangelio, ya hemos notado el interés del evangelista en mostrar cómo todas las fiestas del A.T. hallan su cumplimiento y reemplazo en Jesucristo. En nuestras celebraciones de la fiesta de Pentecostés debemos tomar en cuenta los enlaces que existen entre la celebración de Pentecostés en el A.T. y la celebración cristiana de la misma fiesta.

La fiesta de Pentecostés en el A.T. se conocía como la fiesta de las semanas (Éxodo 34.22-26; Deuteronomio 16.10-12). Como la mayoría de las fiestas judías, Pentecostés era en parte una fiesta agrícola y en parte una fiesta que recordaba uno de los grandes acontecimientos en la historia de la salvación. Como fiesta agrícola, marcaba el tiempo cuando los israelitas traían al templo las primicias de la cosecha de trigo y cebada. Como fiesta histórica, Pentecostés celebraba la entrega de la ley a Moisés sobre el monte Sinaí. Según el A.T., el pueblo de Israel llegó al monte de Sinaí cincuenta días después de su liberación de Egipto. Por eso se celebraba la fiesta de Pentecostés cincuenta días (siete semanas) después de la Pascua. La palabra *pentecostés* viene de una palabra griega que quiere decir cincuenta. Los antiguos habitantes de Canaán también celebraban una fiesta de primeros frutos más o menos al mismo tiempo del año en que los hebreos celebraban Pentecostés, a fines de mayo o durante el mes de junio, cuando el sol del mediodía alcanzaba el punto más alto en su ascenso al zenit. Los historiadores de religión opinan que los hebreos, impulsados por su fe en Jehová, convirtieron una antigua fiesta del dios sol en una fiesta que proclamaba la grandeza del verdadero Dios, Jehová.

Así, cincuenta días después de la Pascua, los judíos celebraban el hecho de que Moisés subiera al monte Sinaí para recibir de manos de Dios el don de la Torá. Después de recibir la ley, Moisés bajó y entregó la ley al pueblo de Dios. Pentecostés, entonces, era el día cuando los judíos daban gracias a Dios por el don de la Torá. En el primer tiempo de Pentecostés cristiano, uno más grande que Moisés subió, no al monte Sinaí, sino a los cielos. Uno más grande que Moisés recibió del Padre, no el don de la ley, sino un don más grande todavía, la plenitud del Espíritu Santo con todos sus maravillosos dones. Jesús, entonces, entregó el maravilloso don del Espíritu a los miembros del nuevo pueblo de Dios.

La ley que recibió Moisés en el primer Pentecostés hebreo es inferior al Espíritu que envió Jesús a sus discípulos en el primer Pentecostés cristiano. La ley nos indica cuál es la voluntad de Dios, pero no nos da el poder para cumplir los mandamientos. El Espíritu Santo, en cambio, vive en nuestros corazones y nos enseña a creer en el evangelio y a apropiarnos el gran tesoro de la salvación. Cuando se nos proclama el evangelio del Cordero de Dios que quita el pecado del mundo el Espíritu Santo nos enseña cuán grande es el amor de Dios para con nosotros. Por medio de la proclamación del evangelio el Espíritu Santo obra en nuestros corazones, no sólo la fe, sino también el amor. Todos los que verdaderamente creen, aman a Dios por su gran don. Impulsados por el amor infundido en ellos por el Espíritu Santo, los discípulos de Jesús reciben el poder de amarse los unos a los otros y de esta manera cumplir con lo que exigen los mandamientos. El primer Pentecostés hebreo celebra la ley. Pero la ley mata, mientras que el Espíritu Santo da vida, porque nos da fe en nuestro Señor Jesucristo (Lenker 1988.III.276). Precisamente porque los discípulos recibirán el don del Espíritu Santo es que podrán cumplir los mandamientos de Cristo.

14.15-16: Si me amáis, guardad mis mandamientos. Y yo rogaré al Padre, y os dará otro Consolador, para que esté con vosotros para siempre. Jesús acaba de prometer a los discípulos que harán cosas más grandes que él. Ahora les pide que guarden sus mandamientos. Para realizar cosas grandes necesitarán un poder más grande. Este poder más grande es el Espíritu Santo. Aquí comienza el primero de los cinco discursos sobre el Espíritu Santo en el evangelio de Juan. El Consolador que Jesús dará es el Espíritu Santo. El vocablo que la *Reina Valera Revisada* traduce como *Consolador* es la palabra griega *paracleto*, (παράκλητος). La palabra *paracleto* es un adjetivo verbal cuyo significado literal es: *el que es llamado a acompañar o apoyar a alguien*. La idea es que el acompañante o ayudador viene para dar consuelo o ayuda. Por eso la palabra *paracleto* puede ser traducida como *Consolador*, como lo hace la *Reina Valera Revisada*. En el griego secular paracleto se utiliza para denominar un defensor o ayudante de alguien que está ante un tribunal. Pero no sólo denomina a un defensor ante el tribunal, sino también a un acusador. En el capítulo 14 Jesús habla del Paracleto como el defensor de los discípulos; pero en el capítulo 16 hablará del mismo como el acusador del mundo. Por eso, algunas biblias traducen la palabra *paracleto* como abogado. Otras, en cambio, como la *Biblia de Jerusalén,* simplemente dicen Paracleto o Paráclito.

Si el Espíritu Santo es otro paracleto, entonces Jesús también es un paracleto. En 1 Juan 2, Jesús es presentado como nuestro mediador o abogado que nos defiende en el tribunal celestial ante las denuncias del acusador. "Hijitos míos, estas cosas os escribo para que no pequéis; y si alguno hubiere pecado, abogado (*paracleto*) tenemos para con el Padre, a Jesucristo el justo" (1 Juan 2.1). Jesús puede ser nuestro abogado, defensor y paracleto en el tribunal celestial porque "él es la propiciación por nuestros pecados; y no solamente por los nuestros, sino también por los de todo el mundo" (1 Juan 2.2). Puesto que Jesús ya pagó con su sangre el castigo que había decretado la ley a causa de nuestros pecados, el acusador (literalmente la palabra Satanás quiere decir acusador) no tiene más poder para acusarnos ante el Padre. "Ha sido lanzado fuera el acusador de nuestros hermanos, el que los acusaba delante de Dios día y noche" (Apocalipsis 12.10). "¿Quién acusará a los escogidos de Dios? Dios es el que justifica. ¿Quién es el que condenará? Cristo es el que murió; más aun, el que también resucitó, el que además está a la diestra de Dios, el que también intercede por nosotros" (Romanos 8.33-34).

Durante su ministerio terrenal Jesús fue nuestro Paracleto aquí en la tierra. Después de su resurrección Jesús es nuestro Paracleto ante el tribunal celestial y el Espíritu Santo es nuestro Paracleto, defensor y abogado aquí en la tierra. Por medio de las palabras que el Paracleto nos da para defendernos, podemos dar testimonio ante los acusadores, jueces, gobernadores y reyes de este mundo (Mateo 10.18-20). El testimonio que damos por medio del Paracleto es un testimonio acerca de Jesús, quien es la verdad. Puesto que el Paracleto nos ayuda a dar testimonio acerca de Jesús, él también es llamado el Espíritu de verdad (Juan 14.17). La permanencia visible de Jesús con los discípulos fue sólo por un tiempo. En cambio el Paracleto estará con ellos permanentemente y para siempre.

Hay un versículo en la Mishná (la codificación de las tradiciones de los escribas y fariseos) que dice que por cada mandamiento que guardamos aquí en la tierra, recibiremos un paracleto o defensor en el cielo. Por cada mandamiento que desobedecemos, recibiremos un acusador. Los escribas, con sus obras de justicia, trataban de obtener tantos defensores como fuere posible. Lo que celebramos en nuestra fiesta de Pentecostés no es el hecho de que la ley vaya a ser nuestro defensor y abogado en el juicio final. Nuestros paracletos son mucho más grandes, son el Hijo y el Espíritu Santo.

14.17: El Espíritu de verdad, al cual el mundo no puede recibir, porque no le ve, ni le conoce; pero vosotros le conocéis, porque mora con vosotros, y estará en vosotros. El Espíritu Santo también se llama el Espíritu de verdad porque testifica de Jesús, que es la verdad en persona. El mundo no puede recibir al Espíritu porque ha rechazado al Hijo y es imposible tener al Espíritu sin tener al Hijo. Existen otro espíritus, pero no son espíritus de la verdad revelada en Cristo Jesús. Apocalipsis 12.9 llama a Satanás espíritu de engaño o de mentira. Se conoce al Espíritu de verdad porque da testimonio de aquel que es la verdad, Jesucristo. Todo espíritu que no confiesa a Jesús es un espíritu de error, un engañador.

Muchos teólogos hoy en día afirman que hay muchas personas no-cristianas y aún ateas que están llenas del Espíritu Santo. Pero el Espíritu no actúa en nosotros aparte de Cristo. Nunca se puede poner al Espíritu en oposición a Cristo. Lo que más quiere el Espíritu es que Cristo sea creído, glorificado, y que reciba honra. Cualquiera enseñanza o hecho que no da gloria y honor a Cristo no puede ser del Espíritu Santo. Según 1 Corintios, había en Corinto personas carismáticas que, mientras hablaban en lenguas, llamaban anatema a Jesús (1 Corintios 12.1-3). San Pablo sabía que esas personas no estaban llenas del Espíritu Santo, sino de un espíritu demoníaco, porque el Espíritu Santo siempre glorifica a Cristo y siempre enseña de acuerdo a las palabras y el ejemplo del Jesús histórico que hemos llegado a conocer por medio de las Santas Escrituras.

La conexión entre el Espíritu Santo y la Palabra es algo que Lutero no se cansa de subrayar en sus sermones sobre Juan 14. Lutero hace hincapié en el hecho de que los títulos que recibe el Espíritu Santo enfatizan sus funciones principales o sus actividades más importantes: Consolador y Espíritu de verdad. Quiere decir que el Espíritu Santo es, sobre todo, un abogado que nos defiende de las acusaciones del diablo y un preceptor que nos enseña. El Espíritu Santo realiza estas dos actividades por medio de la predicación de la Palabra. Por eso, si queremos que el Espíritu nos consuele y enseñe, debemos buscarlo en la Palabra. No es necesario buscar revelaciones especiales, visiones e iluminaciones para tener al Espíritu, solamente necesitamos la Palabra.

Al hablar de las acusaciones de Satanás contra las que nos defiende nuestro Paracleto, Lutero enfatiza tanto las acusaciones lanzadas contra nosotros por los enemigos del evangelio como las acusaciones lanzadas contra nuestros corazones. Según Lutero, es el diablo quien fomenta chismes, mentiras y falsos testimonios contra los cristianos en el mundo. Jesús, San Pablo y San Esteban fueron falsamente acusados por los enemigos del evangelio. El Espíritu Santo nos ayudará cuando seamos acusados por los instrumentos del diablo en los tribunales, consejos y concilios de este mundo. Nos ayudará a dar un buen testimonio ante nuestros perseguidores. Jesús declara en Lucas 21.14-15: "Proponed en vuestros corazones no pensar antes cómo habéis de responder en vuestra defensa; porque yo os daré palabra y sabiduría, la cual no podrán resistir ni contradecir todos los que se opongan." Además, el Espíritu Santo nos ayudará a no odiar, ni maldecir a los que nos persiguen. Nos ayudará a amar a los que nos maltratan, así como hizo San Esteban, quien murió orando por los que lo estaban apedreando.

Lutero dice también que el Espíritu Santo nos ayuda a no creer en las mentiras con las que el diablo nos trata de seducir. El diablo es un engañador y no un consolador, y por eso trata de convencernos de que Dios es nuestro enemigo. El diablo nos dice que nuestra pobreza, nuestras enfermedades, nuestros sufrimientos y problemas son productos de la ira de Dios. El diablo nos dice que la sangre de Jesucristo no es suficiente para lavarnos de todo pecado. Nos dice que tenemos que salvarnos con nuestros ayunos, peregrinaciones, vigilias, indulgencias y mortificaciones de la carne. En base a falsas doctrinas como éstas, el diablo busca provocar en nosotros depresiones, emociones negativas y desesperación. Busca que nos juzguemos en base a nuestras emociones y sentimientos. Precisamente por eso, dice Lutero, necesitamos al Consolador y el consuelo de la predicación. El Consolador, por medio de la Palabra, nos lleva a la cruz de Jesucristo y nos enseña a creer y confiar en lo que Dios ha hecho por nosotros en Cristo. El Consolador nos enseña a no confiar en nuestra propia justicia.

Cuando nos encontramos deprimidos, tristes, abandonados, sin esperanza o como huérfanos, es cuando más necesitamos al Consolador. En nuestros sufrimientos y aflicciones el Paracleto nos recuerda que solamente por "un poco de tiempo" tendremos que sufrir y soportar persecución, después: "Yo vendré a vosotros." El Espíritu nos recordará que las aflicciones de los cristianos no son señales de la ira de Dios, sino de su amor, por medio de las cuales podemos testificar de nuestra fe y amor, y así manifestar la vida de Jesucristo en nuestros cuerpos, como dice San Pablo en 2 Corintios 4.7-17. En nuestros sufrimientos el Consolador nos recordará las palabras de Cristo: "No temáis, manada pequeña, porque a vuestro padre le ha placido daros el reino" (Lucas 12.32) (Lenker 1988.III.300-303).

El Espíritu Santo y la canonicidad del cuarto evangelio

Los tres evangelios sinópticos no enfatizan el Espíritu Santo tanto como el evangelio según San Juan. Éste destaca bastante la venida del Paracleto y su actividad en la comunidad de los discípulos. En el discurso de despedida hay cinco textos que hablan del Espíritu (14.16-17; 14.26; 15.26-27; 16.7-11; 16.13-15). En casi todos los leccionarios estas cinco enseñanzas se leen en la fiesta de Pentecostés y en los domingos que la anteceden inmediatamente. La inclusión de esos textos en el evangelio de Juan es una de las razones por la cual algunos padres de la iglesia calificaban al cuarto evangelio como el evangelio espiritual. La inclusión de tantos textos que hablan del Espíritu también ha sido una de las razones de la popularidad del cuarto evangelio entre grupos carismáticos y pentecostales desde el tiempo de los montanistas hasta el día de hoy.

Los montanistas eran un movimiento profético, apocalíptico y carismático que surgió en el segundo siglo d.C. en Frigia bajo el liderazgo de un profeta llamado

Montano y un número de profetizas. Entre otras cosas, los montanistas afirmaban que el Espíritu Santo todavía daba nuevas revelaciones y enseñaba nuevas verdades no dadas a los primeros apóstoles. Quizás los montanistas llegaron a esa conclusión en base a su interpretación de los cinco discursos sobre el Paracleto en Juan 14-16. Los montanistas daban especial importancia a los escritos de San Juan, especialmente al libro del Apocalipsis, creyendo que la nueva Jerusalén, descrita en el Apocalipsis, descendería en la región de Pepuza, un pueblo que quedaba a 100 kilómetros de la ciudad de Filadelfia, una de las siete ciudades de Asia mencionadas en el Apocalipsis.

En el Apocalipsis la congregación de Filadelfia fue la iglesia que sufrió la persecución más intensa a causa de Jesús y del evangelio. Algunos autores creen que existe una relación entre el surgimiento del montanismo y la congregación en Filadelfia. En primer lugar, movimientos proféticos y carismáticos con frecuencia surgen de comunidades que están sufriendo opresión y persecución. En segundo lugar, las ciudades donde surgió el montanismo quedan en la carretera principal de Filadelfia a Frigia. De los escritos de Eusebio de Cesarea e Ignacio de Antioquía sabemos que la congregación de Filadelfia llegó a ser el centro de un movimiento profético. Eusebio habla de la existencia de una profetiza en Filadelfia llamada Ammia, de la cual sabemos muy poco. Lo que sí sabemos es que las profetizas montanistas afirmaban ser las sucesoras de Ammia (Hemer 1986.168-174).

La secta montanista creció rápidamente y se extendió hasta Roma. El crecimiento del montanismo provocó una fuerte reacción anti-montanista en muchas partes de la iglesia. Ireneo, Hipólito de Roma, Eusebio de Cesarea y Epifanio de Salamina escriben de algunos círculos anti-montanistas en la iglesia que adoptaron una marcada hostilidad contra el evangelio de Juan y el libro del Apocalipsis debido a la importancia que los montanistas daban a dichos libros. Ireneo escribe que algunos hasta querían borrar de la iglesia toda mención del Paracleto y del don del Espíritu Santo. Estos grupos se opusieron a la inclusión de los escritos atribuidos a San Juan en el canon. Un teólogo romano llamado Gayo hasta llegó a denunciar que el cuarto evangelio no fue escrito por San Juan, sino por el hereje Cerinto. A pesar de la oposición de los anti-montanistas y de otros, el evangelio de Juan, a partir del siglo III, llegó a ser reconocido universalmente como parte del canon cristiano (Wilkenhauser 1978.14-16).

Nota litúrgica: En el leccionario de cuatro años del grupo litúrgico interconfesional de Gran Bretaña, Juan 14.8-17 es el santo evangelio para el primer domingo después de Pentecostés en el año D, año de San Juan.

14.18-19: No os dejaré huérfanos, vendré a vosotros. Todavía un poco, y el mundo no me verá más; pero vosotros me veréis; porque yo vivo, vosotros también viviréis. La palabra *huérfanos* en griego (ὀρφανούς) puede designar, no sólo a los que han sido privados de sus padres, sino también los que han sido abandonados por ellos. Detrás de todas las preguntas y comentarios que hacen los discípulos de Jesús en este capítulo se nota que la mayor preocupación de ellos es la de quedar abandonados en medio de un mundo hostil. El deseo de Pedro de seguirle, la petición de Felipe de ver al Padre y la ignorancia de Tomás en cuanto al camino correcto, todas ellas expresan indirectamente los temores de los discípulos (Howard-Brook 1994.321). Tanto los discípulos como nosotros necesitamos la promesa del Paracleto.

Por medio de la venida del Espíritu Santo se cumplirá la promesa hecha por Dios en el A.T. de que Dios morará en medio de su pueblo. Casi mil años antes del nacimiento de Jesús, el rey Salomón construyó su magnífico templo para que fuera la morada de Jehová Dios en la tierra. En la oración que Salomón ofrece en la dedicación del templo, declara: "Pero ¿es verdad que Dios morará sobre la tierra? He aquí que los cielos, los cielos de los cielos, no te pueden contener; ¿cuánto menos esta casa que yo he edificado?" (1 Reyes 8.27). Quinientos años después de Salomón, Jehová Dios hizo la siguiente promesa por medio de su profeta Zacarías: "Canta y alégrate, hija de Sión; porque he aquí vengo, y moraré en medio de ti, ha dicho Jehová. Y se unirán muchas naciones a Jehová en aquel día, y me serán por pueblo, y moraré en medio de ti; y entonces conocerás que Jehová de los ejércitos me ha enviado a ti" (Zacarías 2.10-11). Con la venida del Espíritu se acerca aquel día anunciado por el profeta, pues con la venida del Espíritu Jesús vendrá a morar dentro de su pueblo (Newbigin 1982.185).

¿De qué venida está hablando Jesús cuando dice: "vendré a vosotros"? Hay tres posibles respuestas: Pentecostés, la parusía y la resurrección. 1- La primera posibilidad es que Jesús esté hablando de su segunda venida en las nubes del cielo para juzgar a los vivos a los muertos. 2- Algunos intérpretes modernos como el teólogo de la liberación José Porfirio Miranda, afirman que Jesús está hablando aquí de su venida en el Espíritu Santo. Según Miranda, Pentecostés es la única segunda venida de Jesús que tendrá lugar, y puesto que el día de Pentecostés ya vino, la segunda venida ya se realizó. Miranda dice que los cristianos no deben esperar una futura venida de Cristo para transformar el mundo. Cristo ya está presente entre nosotros en su Espíritu para ayudarnos en la tarea de transformarnos a nosotros mismos, y de transformar al mundo en el reino de Dios. En vez de esperar una venida futura de Cristo, los cristianos, según Miranda, deben usar el poder del Espíritu, ya en ellos, para luchar contra los sistemas corruptos y las fuerzas deshumanizantes y edificar el reino que anhelamos. Esta clase de interpretación que pretende realizar el futuro reino en el presente ha sido denominada escatología realizada. 3- La mejor manera de interpretar el "vendré" en Juan 14.18 es usarlo como una referencia a la resurrección de Jesús de entre los muertos. El verbo ἐμφανίσω en 14.21 indica manifestaciones visibles de Jesús como las que hallamos en el capítulo 20. En efecto, Jesús dice: "Por un poco tiempo me voy. Por tres días estaré en la tumba. Pero después resucitaré de entre los muertos y ustedes me verán de nuevo. El mundo no me verá. Pero ustedes sí. Esto es lo mismo que afirmó Pedro en su predicación en la casa de Cornelio: "A éste levantó Dios al tercer día, e hizo que se manifestase; no a todo el pueblo, sino a los testigos que Dios había ordenado de antemano, a nosotros que comimos y bebimos con él después que resucitó de los muertos" (Hechos 10.40-41). Así, el énfasis principal aquí está en la manifestación de Jesús en la resurrección. Sin embargo, esta interpretación no excluye las otras dos que hemos dado.

La bella promesa de Jesús: "Porque yo vivo, vosotros también viviréis" prueba que Jesús no está hablando de una escatología realizada, sino de su resurrección de entre los muertos. La resurrección de Jesús es la garantía de que nosotros también resucitaremos. Es la base de nuestra esperanza y de nuestro consuelo cuando seamos llamados para pasar por el valle de la sombra de muerte.

14.20-22: En aquel día vosotros conoceréis que yo estoy en mi Padre, y vosotros en mí, y yo en vosotros. El que tiene mis mandamientos, y los guarda, ése es el que me ama; y el que me ama, será amado por mi Padre, y yo le amaré, y me manifestaré a él. Le dijo Judas (no el Iscariote): Señor, ¿cómo es que te manifestarás a nosotros, y no al mundo? Jesús tenía dos discípulos de nombre Judas, Judas Iscariote y el Judas que habla aquí. Ésta es la única parte en el N.T. donde encontramos palabras pronunciadas por el apóstol San Judas. Debemos tener cuidado de no confundir este San Judas con el Judas que escribió el penúltimo libro del N.T. Según la tradición de la iglesia primitiva, la epístola general de San Judas fue escrita por un hermano menor de nuestro Señor Jesucristo que llegó a ser discípulo después de la resurrección de Jesús.

El Judas que habla aquí es el mismo discípulo que se llama Lebeo en Mateo 10.3 y Tadeo en Marcos 3.18. San Lucas se refiere a él como Judas de Jacobo (Lucas 6.16; Hechos 1.13). Judas es simplemente la forma griega del nombre hebreo Judá, el nombre del cuarto hijo del patriarca Israel. El nombre Judas de Jacobo indica que este Judas era el hermano o el hijo de un hombre llamado Jacobo. Las versiones más antiguas como la *Reina Valera* traducen su nombre como Judas hermano de Jacobo, mientras las traducciones más nuevas prefieren hablar de Judas hijo de Jacobo. En su libro sobre los doce apóstoles, McBirnie opina que el Jacobo del cual era hijo este Judas fue el apóstol Santiago el Mayor, el hijo de Zebedeo y hermano del evangelista San Juan.

Judas, el hijo de Jacobo, es mejor conocido en América latina como San Judas Tadeo, donde no pasa un día sin que salgan en la prensa pequeñas noticias que dan gracias a San Judas Tadeo por un favor concedido. Puesto que este discípulo llevaba tres nombres, San Jerónimo lo llamaba Trionius, que quiere decir hombre con tres nombres: Judas, Lebeo y Tadeo. Según la tradición de la iglesia, el apóstol San Judas Tadeo evangelizó en Siria, Persia y Armenia. Según las mismas tradiciones,

San Judas Tadeo sufrió la muerte de un mártir, siendo amarrado a una cruz y despachado con una jabalina o con flechas. Se cree que San Judas Tadeo fue enterrado en Kara Kelisa, cerca del mar Caspio, a unos 64 kilómetros de Tabriz, en lo que hoy en día es Irán (McBirnie 1973.195-206).

Como la mayoría de los judíos de su tiempo, Judas creía que el reino de Dios vendría con gran esplendor y gloria y sería visto por todo el mundo. Quizás, Judas estaba pensando en textos del A.T. como Habacuc 3.3-15, Daniel 7, Isaías 11 y Zacarías 9. Estos capítulos anuncian que la venida del mesías sería acompañada de gran resplandor y luz, con rayos brillantes saliendo de su mano y carbones encendidos de sus pies. Judas no puede relacionar estos textos con lo que Jesús dice, pues Jesús afirma que vendrá sólo a los que creen en él y no a todo el mundo. Lutero dice que Judas todavía estaba enredado en las nociones judías de que Cristo sería uno de los grandes señores de este mundo, un mesías político. Esperaba que los discípulos serían nombrados grandes terratenientes y duques por Cristo. ¿Qué clase de rey sería Cristo si no se manifestara al mundo? ¿Qué clase de rey es aquel que sólo muestra su gloria y poder a un pequeño círculo de seguidores? Si Jesús, en verdad, es rey de los judíos, tiene que manifestarse a sus enemigos para que éstos caigan temblando a sus pies (Lenker 1988.III,307).

Lo que Judas no entiende es que Jesús está hablando aquí de sus apariciones a los discípulos después de su resurrección y de su venida invisible a los creyentes en la Palabra y en los sacramentos. El reino que Cristo quiere establecer es un reino en los corazones de los suyos. Sus siervos le servirán voluntariamente de puro gozo, alegría y agradecimiento y no por obligación. En este versículo Jesús no está hablando de su segunda venida en gloria para juzgar a los vivos y a los muertos. En el día del juicio final Jesús sí vendrá con gran poder y gloria y será visto por todos los hombres, creyentes e incrédulos, pero ese día no vendrá todavía. En el libro del Apocalipsis leemos de la venida de Jesús al fin de los tiempos. El capítulo 1, versículo 7 declara: "He aquí que viene con las nubes, y todo ojo le verá, y los que le traspasaron."

Nota litúrgica: En el leccionario de tres años en *¡Cantad al Señor!* Juan 14.15-21 es el santo evangelio para el sexto domingo de Pascua en el año A, año de San Mateo y también para la madrugada de Pentecostés en el año B, año de San Marcos.

14.23: Respondió Jesús y le dijo: El que me ama, mi palabra guardará; y mi Padre le amará, y vendremos a él, y haremos morada con él. Al interpretar este versículo, los padres de la iglesia antigua, como San Agustín, hablaron de la Santa Trinidad haciendo su morada en la vida del creyente (Beasley-Murray 1987.260). Agustín afirma que tanto el Padre como el Hijo y el Espíritu Santo vienen para vivir en los creyentes. En el capítulo 14 del cuarto evangelio Jesús enseña a los discípulos sobre las diferentes maneras en que Dios estará con ellos después de su muerte y resurrección. La presencia de Dios en los discípulos no se limitará a las apariciones de Jesús a los discípulos, de las cuales veremos en los capítulos 20 y 21. Dios vendrá a los discípulos de tres modos diferentes. Juan 14.16-17 habla del primer modo en que Dios visitará a los suyos, o sea, por medio de la venida del Paracleto. En 14.18-21 Jesús habla del segundo modo, o sea, la vuelta invisible de Jesús a los suyos. Aquí, en los versículos 22-23, leemos del tercer modo de la presencia divina en la iglesia, esto es, la venida de la Santa Trinidad para establecer su morada entre los que creen en Jesús y le aman (George 1964.66).

Muchos teólogos modernos mantienen que el Padre y el Hijo están presentes en los creyentes sólo en cuanto el Paracleto actúa en los creyentes como el representante de las primeras dos personas de la Santa Trinidad. Según estos teólogos, el Paracleto funciona como el mediador de la presencia del Padre y el Hijo. Pero esto no es lo que el texto dice. El texto habla de una venida del Paracleto y de otra venida del Padre y el Hijo. En realidad, hay una bella enseñanza en este versículo: mientras Jesús sale para preparar una morada para los discípulos en el reino del Padre, el Padre y el Hijo vienen para hacer su morada en los creyentes. Esta morada de la Santa Trinidad es una anticipación y principio de lo que sucederá en la parousia de la cual leemos en Apocalipsis 21.3: "He aquí el tabernáculo de Dios con los hombres, y él morará con ellos; y ellos serán su pueblo, y Dios mismo estará con ellos como su Dios" (Carson 1991.504). A la vez, debemos notar que si los discípulos son la morada de Dios en la tierra, entonces ellos han reemplazado al templo de Jerusalén como el lugar de la presencia de Dios en el mundo. Ya vimos en los capítulos 2 y 4 que Jesús en su humanidad es el nuevo templo y el nuevo tabernáculo de Dios en el mundo. Ahora vemos que los discípulos, como cuerpo de Cristo, también son identificados como el lugar de la morada de Dios.

14.24: El que no me ama, no guarda mis palabras; y la palabra que habéis oído no es mía, sino del Padre que me envió. El cuarto evangelio habla mucho acerca de los que aman a Jesús y de los que lo odian. Casi todos los textos que hablan acerca del amor o del odio hacia Jesús ocurren en un contexto donde lo que está en juego es la fe o la falta de fe en Jesucristo. Esta observación ha llevado a Segovia a sostener que en el evangelio de Juan el amor hacia Jesús puede ser definido como fe en el Jesús que viene del Padre y habla de parte del Padre para cumplir con la misión que él le ha otorgado. De esta manera, los que aman a Jesús son los que creen en él y los que lo odian son los que lo rechazan y rehúsan creer en el enviado del Padre (Segovia 1981.265).

Los que rechazan el mensaje de Jesús no podrán gozar de la manifestación invisible e interior de la Santa Trinidad que Jesús acaba de anunciar. En cambio, los que aman a Jesús y guardan su Palabra gozarán de la venida y permanencia de la Santa Trinidad entre ellos. En Génesis 18.1-15 Abraham recibió tres misteriosos visitantes divinos. Aunque la tradición judía ha afirmado que las tres personas eran Dios y dos de sus ángeles, la tradición cristiana primitiva ha identificado los tres visitantes con las tres personas de la Santa Trinidad. Aunque los tres visitantes fueran las tres personas de la Santa Trinidad, el encuentro que tuvo Abraham y Sara con ellos fue corto y pasajero. Pero lo que Jesús ofrece a los que le aman no es algo pasajero, sino la permanencia de las tres personas de la Santa Trinidad de una manera tan íntima que sobrepasa todos los sueños del judaísmo (George 1964.68). En el comedor de un famoso convento hay un enorme mural que cubre una de las paredes del mismo. El tema del mural es la historia de Génesis 18, Abraham y Sara y sus tres misteriosos visitantes. El significado del mural es que los que se sientan a la mesa a comer lo hacen siempre en la presencia del Padre, del Hijo y del Espíritu Santo.

Segunda enseñanza sobre la persona y la obra del Espíritu Santo, Juan 14.26

14.25-26: Os he dicho estas cosas estando con vosotros. Mas el Consolador, el Espíritu Santo, a quien el Padre enviará en mi nombre, él os enseñará todas las cosas, y os recordará todo lo que yo os he dicho. Aquí comienza la segunda de las cinco secciones del discurso de despedida que tratan del Espíritu Santo y de su obra.

En estos versículos podemos ver no solamente al Espíritu Santo, sino a la Santa Trinidad en acción. El Padre envía al Espíritu Santo en el nombre de Jesús. El Espíritu Santo no viene en su propio nombre sino en el nombre de Jesús, viene como su representante. Jesús no vino a buscar su propia gloria sino para glorificar al Padre. El Espíritu Santo tampoco viene a buscar su propia gloria sino la gloria de Jesús. En la Santa Trinidad tenemos la comunidad o *koinonía* perfecta. Ninguno es más importante o más grande que el otro. Ninguno es antes o sobre el otro. Cada uno busca, no su propia gloria, sino la del otro. Cada uno busca servir a los otros y no a sí mismo. Estas consideraciones han llevado a teólogos como Justo González y Leonardo Boff a afirmar que la Santa Trinidad debe servir como un modelo para nuestra sociedad e iglesia. Lamentablemente en las organizaciones humanas, y hasta en muchas iglesias y familias, los miembros buscan ejercer control y dominio unos sobre otros. Buscan su propia gloria y menosprecian a los demás. Buscan aprovechar a los demás. Por eso hay explotación, opresión e injusticia en todas partes. Por eso González y Boff sostienen que la Santa Trinidad no es tanto un misterio que debemos descifrar, sino un modelo que debemos seguir.

Según Juan 14.26, el Espíritu Santo viene para enseñar y recordar a los discípulos todo lo que Jesús ha dicho. El Espíritu Santo no viene para inventar nuevas doctrinas que no están entre las enseñanzas de Jesús. Su papel no es dar conocimientos secretos a un grupo privilegiado como afirmaban los gnósticos. El papel del Espíritu es aclarar en la mente y en los corazones de los discípulos lo que Jesús mismo enseñó mientras estaba físicamente entre ellos. El Espíritu ayudará a los discípulos a entender correctamente estas enseñanzas a la luz de la resurrección y les dará la verdadera interpretación de las palabras y señales milagrosas de Jesús. Abrirá los ojos de los discípulos para que entiendan el verdadero significado de las profecías mesiánicas del A.T., así como hizo Jesús con los discípulos en el camino a Emaús. Las interpretaciones de las profecías del A.T. y de las señales y palabras de Jesús que encontramos en el cuarto evangelio son precisamente la obra del Espíritu en su papel de guía y maestro de la iglesia. Al presentar a Jesús como el *Logos* encarnado, el verdadero Cordero Pascual y el gran *Yo soy*, el evangelista muestra que el Espíritu Santo está llevando a cabo su misión.

A través de la historia de la iglesia se han levantado profetas como Tomás Münster que menospreciaban las Escrituras porque afirmaban que el Espíritu Santo les había dado revelaciones directas de nuevas verdades que no están en la Biblia. Hasta papas y concilios de la iglesia han declarado que los dogmas (antibíblicos) que promulgaron se basan en nuevas revelaciones que el Espíritu Santo ha dado al magisterio de la iglesia. Pero según Juan 14.26, el testimonio del Espíritu está de acuerdo con la enseñanza de Jesús. Puesto que el Paracleto es el Espíritu de Jesús, sus acciones y sus palabras reflejan el carácter de Jesús. Las palabras y las acciones del Espíritu no pueden contradecir las palabras y las acciones de Jesús. Si de los evangelios hemos llegado a conocer el carácter del Padre revelado en el Hijo, entonces también hemos llegado a conocer al Espíritu. No podemos afirmar, como hacen algunos, que el Espíritu Santo es más severo o más duro y no tan misericordioso como Jesús. Conocer a Jesús es conocer al Padre y al Espíritu.

El Espíritu recordará a los creyentes lo que Jesús dijo. En Juan 2.22 nos dice el evangelista que después de la resurrección de Jesús sus discípulos recordaron lo dicho acerca del templo: "Destruid este templo, y en tres días lo levantaré" (Juan 2.19). No solamente recordaron lo que dijo Jesús, sino que por primera vez se dieron cuenta del verdadero significado del dicho de Jesús. Vieron que Jesús no estaba hablando del templo construido por Herodes, sino del cuerpo humano y colectivo del Salvador. Después de la resurrección y ascensión de Cristo, el Paracleto no sólo ayudará a los discípulos a recordar los dichos y las señales del Señor, sino que les ayudará a percibir su significado. A través de todo el evangelio de Juan vemos como los discípulos constantemente mal interpretan las palabras de Jesús. Esto sucede, en parte, porque el Espíritu todavía no ha venido sobre ellos. Pero con la venida del Espíritu, después de la resurrección del Señor, los discípulos podrán interpretar correctamente las palabras de Cristo. Por eso necesitamos orar y pedir la dirección del Espíritu Santo cada vez que leemos, interpretamos, enseñamos o predicamos la palabra de Cristo.

La frase "todas estas cosas" o "estas cosas" ocurre siete veces en el discurso de despedida. Esa repetición subraya la importancia que se le da a la transmisión de las palabras de Cristo y de las enseñanzas que contienen. El Espíritu siempre estará activo en la transmisión de las palabras de Cristo de una generación a otra, y al permanecer en las palabras de Cristo, la comunidad de los discípulos permanecerá en el Espíritu. El Espíritu y la Palabra no pueden ser separados.

14.27: La paz os dejo, mi paz os doy; yo no os la doy como el mundo la da. No se turbe vuestro corazón, ni tenga miedo. En la cultura en la que vivían Jesús y sus discípulos una persona se despedía de los demás dándoles una bendición de paz. La palabra que todavía usan los judíos para impartir su bendición de paz es la palabra hebrea *shalom*. *Shalom*, para el judío, significaba todas las bendiciones de salud, prosperidad, bienestar material y espiritual que gozaban los que vivían bajo el pacto que Dios había establecido con su pueblo. La palabra para *paz* en griego es εἰρήνη de donde viene el nombre Irene. Aunque aquí la palabra paz o *shalom* se usa como una despedida, en el día de la resurrección será el saludo con el cual el Cristo resucitado dará su bendición a los discípulos.

Pero lo que imparte Jesús a sus discípulos aquí es mucho más que un saludo cotidiano o el deseo de toda clase de bendición. En Isaías 9.5-6 la paz es el don más precioso del mesías. Uno de los nombres mesiánicos del niño divino será "Príncipe de Paz". Miqueas 5.5, hablando del mesías que nacerá en Belén, afirma: "Y éste será nuestra paz." La paz es algo que viene después de la batalla, después de la derrota del enemigo. Jesús es el único que puede dar la verdadera paz a los suyos porque él es el que lucha a favor de sus ovejas. Él sale para luchar en contra del diablo, la muerte y la condenación de la ley. En tanto la muerte, el diablo y la ley tengan poder para amenazarnos y separarnos de Dios, no podemos tener paz. Pero Jesús en su cruz y resurrección saldrá victorioso de la lucha contra nuestros enemigos mortales. Por eso Jesús, y ningún otro, podrá darnos la verdadera paz. Él es la paz, nuestra *shalom* en persona. Jesús no sólo es el camino, la verdad y la vida, también es la paz. Esta paz protege nuestras mentes y corazones contra la ansiedad (Filipenses 4.7) y reina en los corazones del pueblo de Dios para conservar en armonía a los creyentes (Colosenses 3.15).

El mundo no puede dar a los suyos la verdadera paz. No se puede lograr la paz sin enfrentar la causa principal de la falta de paz en este mundo. Las ansiedades, frustraciones y luchas en el mundo surgen de la falta de comunión entre Dios y los seres humanos. A pesar de todos los esfuerzos de psiquiatras, psicólogos y consejeros, es imposible lograr verdadera paz interior o exterior mientras rechazamos el perdón, la comunión con Dios y el amor que Dios nos ofrece en su hijo Jesucristo. Por eso los profetas bíblicos denuncian como un engaño todos los esfuerzos humanos para establecer la paz sin buscar una reconciliación con Dios. Son falsos profetas los que "curan la herida de mi pueblo con liviandad, diciendo: Paz, paz; y no hay paz" (Jeremías 6.14).

En los tiempos del N.T. los romanos habían logrado imponer su paz, la Pax Romana, sobre todos los territorios alrededor del mar Mediterráneo. Pero esta Pax Romana se logró por medio de una conquista violenta, brutal y opresiva. Muchos de los compatriotas de Jesús esperaban que él establecería su paz mesiánica con una fuerza y una violencia aun mayor a la de Roma. Pero la paz mesiánica fue lograda por un hombre inocente que sufrió y murió a manos de los romanos, los judíos y todos nosotros (Carson 1991.506). Por su muerte estableció para nosotros paz con Dios, una paz que sobrepasa todo entendimiento (Filipenses 4.7). Esta paz no consiste en la ausencia de aflicción, enfermedad, sufrimiento o persecución, sino en el hecho de que Dios está con nosotros en las aflicciones y enfermedades. También consiste en el conocimiento de que nuestros sufrimientos no son una señal de la ira de Dios para con nosotros, sino de que nos ha considerado dignos de sufrir por causa de su glorioso nombre y de manifestar nuestro amor a aquel que sufrió y se sacrificó por amor de nosotros. Puesto que Jesús es el dador de la verdadera paz, él es mayor que el césar. Jesús, y no el césar, debe ser confesado y venerado por los discípulos. Jesús, no el césar, merece recibir el título: Señor y Dios.

El mundo no puede dar la verdadera paz a los discípulos porque ha rechazado las palabras de Jesús. El mundo solamente puede ofrecernos una paz pasajera, una paz basada en la posesión momentánea de bienes, placeres y honores de corta duración. Lo que ofrece el mundo es diversión disfrazada de paz. Pero diversión es precisamente lo que indica la palabra, algo que sirve para divertir, es decir, algo para ayudarnos a no pensar en la realidad, en nuestra verdadera condición. El filósofo Pascal dijo una vez que si nuestra existencia realmente fuera tan dichosa, no necesitaríamos la diversión para ayudarnos a no pensar en ella. La verdadera paz es fruto de la verdadera esperanza que nos da Cristo. Por eso, los que rechazan esa esperanza no pueden tener paz. Indirectamente este texto nos llama a no buscar la paz que el mundo ofrece, sino la *shalom* de Cristo.

Nota litúrgica: En el leccionario de cuatro años del grupo litúrgico interconfesional de Gran Bretaña Juan 14.15-27 es el santo evangelio para la fiesta de Pentecostés en el año D, año de San Juan.

En el leccionario de tres años en *¡Cantad al Señor!* Juan 14.21-27 es el santo evangelio para el día de San Simón y San Judas Apóstoles, fiesta que se celebra el 28 de octubre. Ya hablamos acerca de San Judas Tadeo en nuestro comentario. La iglesia cristiana celebra la fiesta de San Judas Tadeo junto con la de San Simón porque, según una antigua tradición, los dos apóstoles evangelizaron juntos y también sufrieron juntos el martirio. San Simón es el apóstol que era cananita o revolucionario judío antes de convertirse en discípulo de nuestro Señor.

14.28: Habéis oído que yo os he dicho: Voy, y vengo a vosotros. Si me amarais, os habríais regocijado, porque he dicho que voy al Padre; porque el

Padre mayor es que yo. En los versículos 28-31 Jesús explica a sus discípulos las consecuencias positivas de su salida del mundo. Jesús se va a ausentar visiblemente del mundo, no para producir tristeza y consternación en la vida de los suyos, sino para que ellos puedan regocijarse y tener fe. El regocijo del cual habla Jesús aquí tiene una dimensión tanto presente como futura. Los discípulos deben regocijarse ahora que la misión de Jesús está por terminar exitosamente, pero también se alegrarán cuando las promesas que él les da aquí comenzarán a cumplirse en el día de la resurrección y de Pentecostés (Segovia 1991.111).

Este versículo era uno de los textos favoritos de los herejes arrianos en el siglo IV. Los arrianos negaban la divinidad de Cristo afirmando que Jesús era más que un hombre pero menos que Dios. Todavía hoy en día grupos antitrinitarios como los Testigos de Jehová se aferran a este versículo y lo usan para sostener que Jesús no es divino. Pero las palabras: "el Padre mayor es que yo", no indican que Jesús no sea divino o que sea menos que el Padre, sino que el Hijo se ha humillado a sí mismo y se ha subordinado al Padre. Se expresa aquí la misma verdad que proclama el gran himno cristológico en Filipenses 2.5-11 donde dice que Cristo Jesús, "siendo en forma de Dios, no estimó el ser igual a Dios como cosa a que aferrarse, sino que se despojó a sí mismo, tomando forma de siervo, hecho semejante a los hombres; y estando en la condición de hombre, se humilló a sí mismo, haciéndose obediente hasta la muerte, y muerte de cruz."

Lo que sí dice el versículo es que los discípulos deben alegrarse porque el estado de humillación de Cristo está por terminar, y que el Señor muy pronto volverá a la gloria a la que había renunciado cuando decidió venir al mundo y entregarse a una existencia humana repleta de sufrimientos, pasión y muerte. Los discípulos debieran sentir gozo porque la humillación va a terminar, pero en realidad se han llenado de tristeza porque sólo piensan en lo que les conviene y no en lo que le conviene al Hijo. La idea de la partida, muerte y ascensión de Cristo ahora llena de tristeza a los discípulos, pero esta tristeza se convertirá en gozo el día de la resurrección cuando vean al Cristo resucitado, y en el día de Pentecostés cuando venga sobre ellos, no solamente el Espíritu Santo, sino también la presencia del Padre y del Hijo.

Por eso nuestra actitud como discípulos frente a la salida de Jesús del mundo no debe ser de tristeza, desesperación, preocupación o angustia, sino de alegría, gozo y fe. En estos momentos en el aposento alto los discípulos no sienten esa alegría y esa fe porque el Espíritu Santo aún no ha sido derramado sobre ellos. Pero cuando venga el Espíritu Santo, entonces entenderán más perfectamente el verdadero significado de la hora de Jesús. Entenderán que la muerte, resurrección y ascensión de Jesús significan el cumplimiento exitoso del sacrificio del Cordero de Dios por sus pecados. Entenderán que no han sido abandonados como huérfanos, sino que la Santa Trinidad ha venido para establecer su morada en ellos. Entenderán que

Jesús está intercediendo por ellos y que por eso pueden pedir en su nombre. Entenderán que con la presencia del Espíritu Santo entre ellos podrán hacer obras más grandes que las que hizo Jesús durante su ministerio terrenal. Entenderán que pueden tener gozo en medio de las aflicciones por medio de la presencia del Padre, del Hijo y del Espíritu Santo en ellos. Al entender mejor todas estas cosas, tanto sus corazones como los nuestros, se llenarán de gozo, alegría y fe.

14.29-31: Y ahora os lo he dicho antes que suceda, para que cuando suceda, creáis. No hablaré ya mucho con vosotros; porque viene el príncipe de este mundo, y él nada tiene en mí. Mas para que el mundo conozca que amo al Padre, y como el Padre me mandó, así hago. Levantaos, vamos de aquí. Al terminar esta parte de su discurso de despedida, Jesús interpreta su salida del mundo como un encuentro con el príncipe de este mundo. Mientras en Mateo 26.46 Jesús dice: "Levantaos, vamos; ved, se acerca el que me entrega", aquí el Señor no habla del traidor, sino del príncipe de este mundo. Ya hemos notado que en el cuarto evangelio Satanás nunca actúa directamente, sino a través de agentes humanos en quienes se ha encarnado. Así, el encuentro de Jesús con Judas es en realidad un encuentro con Satanás (Pagels 1994.43).

Como resultado de este encuentro el mundo no verá más a Jesús. Muchos interpretaron esta desaparición de Jesús como la victoria de Satanás sobre el Señor. No hay duda que el príncipe del mundo viene al encuentro de Jesús en la cruz, precisamente porque cree que la muerte de Jesús será la ocasión de su gran victoria. Para el mundo la muerte de Jesús en la cruz es la gran victoria del diablo. Pero para que los discípulos no mal interpreten, como el mundo, el verdadero significado de la muerte de Jesús, él aquí les da la verdadera interpretación de su partida.

La salida visible de Jesús del mundo no obedece al hecho de que haya sido derrotado por el diablo. Los discípulos deben interpretar la muerte y subsiguiente salida de Jesús como un acto de amor, en obediencia a la misión del Padre, para la salvación del mundo (Segovia 1991.116). Pero la suprema ironía en todo esto es que la muerte de Jesús, en realidad, será la derrota del príncipe del mundo. La crucifixión de Jesús podría ser calificada como una victoria de Satanás solamente si se pudiera comprobar que Jesús ha desobedecido al Padre. Pero Jesús ha cumplido con la voluntad del Padre. La muerte de Jesús no fue una derrota, sino parte del plan del Padre para quitarle al diablo su poder para acusar a los que confían en el Hijo.

Las palabras con las que termina el capítulo 14: "Levantaos, vamos de aquí" han causado algunos problemas a los intérpretes de este evangelio. Jesús llama a los discípulos a salir del aposento alto, pero después de su llamado siguen tres capítulos más de discurso y oración. ¿Salió o no salió Jesús con sus discípulos después del capítulo 14? Se ha tratado de explicar este problema de diferentes maneras: 1- Jesús y sus discípulos salieron del aposento alto. El resto del discurso de despedida fue pronunciado no en el aposento alto, sino en varias paradas que hizo el grupo en su caminata hacia el jardín de Getsemaní. 2- En las fiestas siempre sucede que las personas siguen hablando aún después de despedirse por primera vez. A veces se despiden tres o cuatro veces antes de salir de la casa. 3- La versión original del cuarto evangelio terminó con 14.31. Los capítulos 15 y 16 fueron añadidos por el evangelista o sus discípulos en una segunda edición del evangelio. Como en la mayoría de los casos, nos faltan los datos concretos para adoptar cualquiera de estas interpretaciones. Sin duda, la interpretación escogida dependerá más de la orientación teológica y filosófica del intérprete que de la evidencia que se puede encontrar en el texto.

Lo que importa de las palabras "levantaos, vamos de aquí" es que Jesús está llamando a sus discípulos a tomar su cruz y seguirle. Nos está llamando a nosotros a no tener miedo a los principados y poderes de este mundo, ni a la persecución, ni al martirio. Nos está llamando a luchar con las armas del Espíritu en contra del príncipe de este mundo. Nos está llamando a serle fieles hasta la muerte y, como buenos soldados suyos, proclamar la verdad, servir y amar a los hermanos y, por medio del Espíritu, llegar a ser "más que vencedores" (Romanos 8.37).

Nota litúrgica: En la liturgia tradicional de las iglesias luteranas y católicas Juan 14.23-31 es el santo evangelio para la fiesta de Pentecostés. En el nuevo leccionario de tres años Juan 14.23-29 es el evangelio para el sexto domingo de Pascua en el año C, año de San Lucas. Como texto que anticipa o que celebra el pentecostés cristiano, Juan 14.23-31 añade una dimensión necesaria a nuestra celebración del Espíritu Santo, pues enfatiza que el Espíritu Santo nunca viene solo. El Espíritu Santo siempre viene con el Padre y el Hijo y siempre actúa en armonía con la voluntad del Padre y el amor del Hijo. El Espíritu no viene como una fuerza o poder impersonal, como creían muchos judíos, sino como una persona que nos ama, nos cuida y que se preocupa de nosotros. El Espíritu nos viene porque Jesús no fue derrotado por las fuerzas del mal; nos viene como fruto de la gran victoria de Jesús sobre el príncipe de este mundo.

Capítulo 15

En el capítulo 15 Jesús sigue con su discurso de despedida, y usa ahora una metáfora sacada de la vinicultura que incluye elementos parabólicos, alegóricos y también literales. El propósito de la metáfora es describir su relación con sus discípulos. La enseñanza principal de este capítulo tiene que ver con la necesidad de que los discípulos permanezcan en Jesús. La palabra traducida como *permanecer*, (μεῖναι en griego), es uno de los términos más importantes en el cuarto evangelio y se usa más en este libro de la Biblia que en cualquier otro (Segovia 1991.135).

Una de las implicaciones de la metáfora es que los discípulos tienen que luchar para no ser separados de la vid, que es Jesucristo. Las calumnias, persecuciones y sufrimientos por las que tendrán que pasar los discípulos, podrán desanimarlos y tentarlos a separarse de Cristo. Por eso, uno de los subtemas de esta sección es la guerra espiritual. Es importante tener en mente que cuando hablamos de la guerra espiritual o de la lucha espiritual de los discípulos, no estamos hablando de los esfuerzos necesarios para llegar a ser un discípulo del Señor. Luchamos, no para obtener el status o el honor de ser un discípulo, porque este honor nos ha sido dado como un don de gracia, por la lucha que Jesús libró en la cruz contra las fuerzas del mal. Todos los textos de la Biblia que hablan de nuestra lucha espiritual, incluyendo Juan 15, tienen que ver con nuestra lucha para no perder la salvación que ya nos ha sido dada en Jesucristo. El libro del Apocalipsis fue escrito al mismo grupo de congregaciones a las que escribe el autor del evangelio de Juan. Uno de los propósitos del Apocalipsis es afirmar a los discípulos en la fe para que, en tiempos de prueba, no se separen de Jesús y de sus semejantes.

En los versículos 1-8 Jesús elabora para sus discípulos la metáfora sobre la vid y los pámpanos. El tema principal es permanecer en Jesús, la viña verdadera. En los versículos 9-17 desarrolla las implicaciones de la metáfora para la vida de la iglesia. Aquí el tema es permanecer en el amor de Jesús (Segovia 1991.132) y construir una comunidad de amor que sea diferente a la de los otros grupos religiosos y filosóficos del mundo (Howard-Brook 1994.330).

15.1: Yo soy la vid verdadera, y mi Padre es el labrador. Otra vez Jesús se refiere a sí mismo con la expresión *Yo soy*. ¿A qué se refiere Jesús al designarse como la vid verdadera y definitiva? Si Jesús es la vid verdadera, ¿existe otra vid que no sea verdadera o definitiva? Para contestar estas preguntas tenemos que buscar en el A.T. las referencias a vides y viñedos.

Durante el corto tiempo en que los judíos pudieron gobernarse a sí mismos durante su guerra contra Roma (68-70 d.C.), los israelitas acuñaron algunas monedas. Éstas llevaban la imagen de una vid, que era uno de los símbolos más populares del pueblo escogido. "Israel es una frondosa viña, que da abundante fruto para sí mismo" dijo el profeta Oseas (10.1). En Jeremías 2.21 Dios Jehová llama a Israel y pregunta: "Te planté de vid escogida, simiente verdadera toda ella; ¿cómo, pues, te me has vuelto sarmiento de vid extraña?" El Salmo 80.8-11 declara: "Hiciste venir una vid de Egipto; echaste las naciones, y la plantaste. Limpiaste sitio delante de ella, e hiciste arraigar sus raíces, y llenó la tierra. Los montes fueron cubiertos de su sombra, y con sus sarmientos los cedros de Dios. Extendió sus vástagos hasta el mar, y hasta el río sus renuevos." Levantando lamentación y endecha sobre los príncipes de Israel que fueron llevados cautivos a Babilonia, el profeta Ezequiel proclama: "Tu madre fue como una vid en medio de la viña, plantada junto a las aguas, dando fruto y echando vástagos a causa de las muchas aguas. Y ella tuvo varas fuertes para cetros de reyes; y se elevó su estatura por encima entre las ramas, y fue vista por causa de su altura y la multitud de sus sarmientos. Pero fue arrancada con ira, derribada en tierra, y el viento solano secó su fruto; sus ramas fuertes fueron quebradas y se secaron; las consumió el fuego... y no ha quedado en ella vara fuerte para cetro de rey" (Ezequiel 19.10-14).

En todas estas profecías Israel es la vid que escogió Jehová, la vid que fue plantada en la tierra de Canaán para producir fruto, para producir justicia, para ser una luz a las naciones, para atraer a las naciones a Jehová. En la parábola de la viña en Isaías 5.1-7 el Señor se queja de su viña preferida. A pesar de todo el cuidado y amor que ha mostrado para con su vid, ella ha producido solamente uvas silvestres y amargas. El Señor lamenta: "Esperaba juicio, y he aquí vileza; justicia, y he aquí clamor" (Isaías 5.7). Por tanto, se echa hacha a la vid que no produce frutos. La madera de una vid que no produce nada no sirve para otra cosa. No puede ser utilizada en la construcción de una casa o para hacer un mueble; sirve solamente para ser quemada. Cuando Ezequiel dice que no ha quedado en ella cetro de rey, quiere decir que la familia real, la familia de David, ha quedado sin heredero que pueda reinar. Israel, llevado al cautiverio, ha quedado sin rey. Pero en Isaías 11.1-2 el profeta profetiza: "Saldrá una vara del tronco de Isaí, y un vástago retoñará de sus raíces. Y reposará sobre él el Espíritu de Jehová..." Habrá un retoño que saldrá de la vid de Israel.

Jesús al decir: "Yo soy la vid verdadera", está anunciando el cumplimiento de la profecía de Isaías. A la vez está diciendo que la verdadera vid no es el pueblo de Israel en el A.T., tampoco la sinagoga con sus tradiciones y reglas, tampoco la academia rabínica establecida por Johanan ben Zakkai que llevaba el nombre "La Viña en Jamnia" (Koester 1995.246). La vid verdadera no es un movimiento político, tampoco una filosofía humana, aunque los filósofos solían describir su búsqueda de la verdad como el trabajo de un viñador que limpia el corazón humano de todo lo que no hace crecer la verdadera virtud. Al anunciar que él es la vid verdadera, Jesús nos está llamando a no injertarnos en ninguna vid que no sea el Verbo encarnado. La verdadera vid es Jesús con sus discípulos, ya que los pámpanos son parte de la vid. Esto quiere decir que nadie podrá salvarse por pertenecer a una determinada raza, institución eclesiástica o movimiento político o social. Nadie podrá justificarse delante de Dios por ser miembro del pueblo de Israel o de la sinagoga o de una determinada denominación cristiana. Tenemos que mantenernos en contacto con la verdadera vid, que es el Cristo proclamado en el cuarto evangelio.

Algunos comentaristas han sugerido que cuando Jesús y sus discípulos caminaron del aposento alto al jardín de Getsemaní, se pararon frente al templo donde Jesús les dio la enseñanza que tenemos en Juan 15.1-17. Lo que mueve a los eruditos a sostener esa hipótesis es que sobre la entrada principal del templo había una enorme vid de oro mencionada por Josefo, la Mishná y el historiador Tácito. Según esta hipótesis, Jesús vio la vid sobre el templo y eso lo inspiró a hablar a los discípulos sobre la identidad de la vid verdadera. Aunque es una teoría atractiva, no tenemos a nuestra disposición datos concretos para apoyar o negar lo sugerido por los comentaristas (Carson 1991.479).

Jesús y la Tierra Santa

En los capítulos anteriores hemos visto que todas las señales y discursos de Jesús tienen lugar durante la celebración de una de las grandes fiestas de los judíos, y que el propósito del evangelista en esto es demostrar que todas las fiestas del A.T. encuentran su cumplimiento en Jesús y son reemplazadas por él. Otra característica del cuarto evangelio es que casi todas las señales y discursos de Jesús tienen lugar en relación a un sitio sagrado de la Tierra Santa, por ejemplo: Betel (Juan 1.51 con Génesis 28.10 ss), el pozo de Jacob (Juan 4.1-15), Betesda (Juan 5.1-9), Siloé (Juan 9) etc. Para algunos intérpretes (Burge 1994.389) este hecho indica que el cuarto evangelio presenta a Jesús como el que ha venido para reemplazar, no sólo las fiestas del A.T., sino también todos los sitios sagrados de la Tierra Santa.

Para los habitantes de Palestina, tanto antiguos como modernos, las dos tragedias más grandes que podían sucederle a un individuo eran: 1- quedarse sin heredero a quien entregar sus tierras; 2- quedarse sin tierra o una porción de la Tierra Santa para entregar a su heredero. Se recuerda que la promesa dada a Abraham en Génesis 12 y 15 incluía tanto descendientes como tierras. Tan fuerte era la adhesión de los israelitas a su tierra que muchos judíos que vivían en la diáspora pidieron que después de su muerte sus huesos (como los de José, Génesis 50.25) fuesen enterrados en la Tierra Santa.

Muchos judíos creían que para ser verdaderamente de Israel y tener parte en el reino de Dios, era indispensable poseer una porción de la Tierra Santa. La lucha por poseer una porción de la Tierra Santa ha caracterizado casi todos los conflictos entre judíos, árabes, filisteos, samaritanos, etc, durante los últimos 3000 años. Hasta el día de hoy, uno de los puntos de conflicto más grandes entre judíos y palestinos ha sido la expropiación por el gobierno de Israel de las propiedades de árabes que viven en los territorios ocupados. Lamentablemente, varias organizaciones cristianas han dado fuerte apoyo a este programa de expropiación de parte del gobierno israelí. Creen que es necesario que toda la Tierra Santa sea nuevamente ocupada por los judíos para que el templo de Jerusalén sea reconstruido y todas las porciones de la Tierra Santa estén en manos de judíos, como en los días de David y Salomón. Así se cumplirán todas las profecías del A.T. que tienen que ver con la Tierra Santa. Opinan que sólo de esa manera podrá ocurrir la segunda venida de Cristo y el establecimiento del milenio.

En contra de esta manera de ver las cosas, Juan 15 declara que no es necesario tener una herencia en la Tierra Santa para poder participar en el reino del mesías. Jesucristo es la vid verdadera; él es la Tierra Santa en persona. Las promesas del A.T. referentes a la Tierra Santa encuentran su cumplimiento en Jesús y no en el establecimiento de un régimen sionista en Palestina. Los que tendrán parte en el reino mesiánico no son los que han expropiado algunos metros de tierra en el territorio palestino, sino los que por medio de verdadera fe en el Hijo del Hombre son pámpanos de la vid verdadera. Jesús es la tierra prometida en la cual hallaremos nuestra porción y herencia (Burge 1994.384-396).

15.2: Todo pámpano que en mí no lleva fruto, lo quitará; y todo aquel que lleva fruto, lo limpiará, para que lleve más fruto. Estas son palabras dirigidas a los discípulos de Jesucristo de todos los tiempos. Sabemos que entre los discípulos originales de Jesucristo había uno que no llevó fruto, Judas Iscariote. Pero San Juan no hubiera incluido estas palabras de Jesús si no hubieran existido otros discípulos de su tiempo que tampoco estaban llevando fruto.

15.3: Ya vosotros estáis limpios por la palabra que os he hablado. Es la palabra de perdón y absolución que purifica de pecado. Es la palabra de Dios en el Santo Bautismo que nos purifica. Pero si damos nuestra espalda a esa Palabra y a ese Bautismo, entonces podremos llegar a ser pámpanos inútiles que serán podados por el Padre. En Juan 4.43-54 vimos cómo la palabra de Dios sanó a la distancia al hijo del noble. Aquí vemos el poder de la Palabra para limpiarnos de pecado. La idea expresada aquí es semejante a lo declarado por San Pedro: "Siendo renacidos, no de simiente corruptible, sino de incorruptible, por la palabra de Dios que vive y permanece para siempre" (1 Pedro 1.23).

15.4: Permaneced en mí, y yo en vosotros. Como el pámpano no puede llevar fruto por sí mismo, si no permanece en la vid, así tampoco vosotros, si no permanecéis en mí. Permanecer en Cristo significa mucho más que seguir creyendo en él, también significa vivir en unión con él. Significa seguir en su Palabra y seguir celebrando la Santa Cena. Los pámpanos viven y producen fruto porque se alimentan de la sabia que es la sangre de la vid. Los discípulos pueden producir fruto porque se alimentan del cuerpo y de la sangre de Jesús, la vid verdadera. El mismo Jesús pudo producir mucho fruto porque permaneció en unión con el Padre. Los discípulos que se mantienen en comunión con Jesús como él está en unión con el Padre, también producirán mucho fruto. Las personas como Judas que no siguen conectadas a la vid verdadera no pueden producir los frutos de Dios. Aquí Jesús llama a que vuelvan a él todos los que una vez profesaban ser sus discípulos, pero que ahora no andan más con él.

En Juan 6.66 muchos discípulos que una vez habían andado con Jesús "volvieron atrás, y ya no andaban con él." De las mismas congregaciones a las cuales San Juan escribió su evangelio y sus cartas, habían salido muchos miembros porque no podían aceptar que el Hijo hubiera venido en carne. "Salieron de nosotros, pero no eran de nosotros; porque si hubiesen sido de nosotros, habrían permanecido con nosotros; pero salieron para que se manifestase que no todos son de nosotros" (1 Juan 2.19). Los que salieron de las congregaciones cristianas de Asia fueron los que rechazaron la enseñanza de que Jesús había venido en carne (1 Juan 4.2-3).

Aparentemente algunos cristianos se dejaron llevar por un evangelio diferente, que negaba que el *Logos* realmente se hubiera encarnado. Negaban que Jesucristo haya sido hombre verdadero y que realmente murió en una cruz por los pecados del mundo. Se dejaron llevar por una enseñanza denominada docetismo. La palabra *docetismo* viene de la raíz griega δοκέω que quiere decir parecer. Los docetistas enseñaban que Jesucristo sólo parecía un hombre, pero en realidad no lo era. Creían que era imposible que Dios se rebajase y contaminase, asumiendo un cuerpo humano. Los docetistas despreciaban el cuerpo humano y todas las cosas materiales porque creían que las cosas materiales habían sido creadas por un dios inferior. Según algunos padres de la iglesia como Ireneo, Ignacio y Policarpo, el primero en enseñar el docetismo entre los cristianos de Asia fue Cerinto. El profesor Martin Hengel cree que Cerinto era un filósofo y maestro que vino a Asia de otra parte, posiblemente de Alejandría, y comenzó a enseñar una combinación de ideas sacadas del judaísmo, el cristianismo y los filósofos griegos (Hengel 1989.54).

Muchos cristianos dejaron la enseñanza original que habían aprendido de Juan y se dejaron llevar por la metafísica de Cerinto. Los docetistas negaban que Cristo hubiera experimentado una verdadera muerte. Solamente *parecía* que hubiese muerto. Pero si Cristo no murió en sacrificio por nosotros, entonces todavía estamos bajo la ira de Dios, y perdidos. Los que se dejaron llevar por el docetismo y las doctrinas metafísicas de Cerinto y otros maestros falsos ya no permanecen en Cristo. Una parte de permanecer en Cristo es seguir creyendo en la doctrina original de la encarnación y de la muerte real y sacrificial del Cordero de Dios. Según Fernando Segovia (1982.122), uno de los propósitos de Juan 15.1-17 es llamar a los creyentes en Jesús a no abandonar el mensaje original del evangelio por medio del cual llegaron a ser creyentes. Tal abandono significaría, no sólo la separación de la vid, sino la destrucción de los pámpanos que se han apartado de la verdad.

15.5: Yo soy la vid, vosotros los pámpanos; el que permanece en mí, y yo en él, éste lleva mucho fruto. ¿De qué fruto está hablando Jesús aquí? Seguramente debemos incluir en estos muchos frutos los nueve del Espíritu Santo de los cuales habla Pablo en Gálatas 5.22: "amor, gozo, paz, paciencia, benignidad, bondad, fe, mansedumbre, templanza." Pero debemos recordar también que en Juan 4.36, Jesús, cuando habla de recoger fruto para vida eterna, llama a sus discípulos a entrar en los campos blancos y cosechar nuevos miembros para el reino de Dios. Cristo nos ha escogido para que seamos sus discípulos, no como un fin en sí mismo, sino para que llevemos mucho fruto. Llevar mucho fruto es hacer buenas obras y también es ganar otras personas para Cristo. La elección divina es una elección para servir en su reino. En Colosenses 1 el apóstol San Pablo habla de frutos, tanto en el versículo 6 como en el 10. En el versículo 6 habla del fruto misionero: "Este mensaje que les fue predicado está creciendo y dando fruto en todas partes del mundo" (*Dios habla hoy*). En el versículo 10 el fruto del cual habla Pablo son las buenas obras: "Haciendo siempre lo que a él le agrada, dando frutos de toda clase de buenas obras" (*Dios habla hoy*). Los discípulos tienen que ser exhortados a permanecer en el amor y a seguir llevando fruto porque vendrá la hora de la persecución cuando muchos serán tentados a abandonar a Jesús, su misión y su llamado a permanecer en amor los unos con los otros. Es evidente que en esta unidad Jesús está hablando de dos clases de discípulos: los que permanecen en él y llevan fruto y los que no permanecen en él y no llevan fruto. Los del último grupo serán echados al fuego (Juan 15.6). Los discípulos se salvan por la acción misericordiosa y soberana del Señor que los ha escogido y amado antes de que ellos lo hubiesen buscado y amado a él. Pero pueden perder esta salvación si por tribulaciones, persecuciones o falsas enseñanzas abandonan al buen pastor y dejan de amar a las otras ovejas del redil.

Ya vimos que Israel fue elegido para ser la vid del Señor, para producir frutos, para llevar la palabra y la verdad de Dios a las naciones, para hacer obras de justicia y de misericordia en la tierra y para servir como ejemplo de sociedad gobernada por la voluntad de Dios. Israel mal interpretó su elección. Creyó que fue elegido porque era superior a las otras naciones. Creyó que solamente él había merecido el amor y la misericordia de Dios. Por eso, en lugar de compartir sus bendiciones con las otras naciones, Israel se las guardó para sí misma. En vez de ser un pueblo misionero, consideró que las otras naciones no merecían ser pueblo de Dios. Pero Israel fue escogido para producir fruto, y nosotros también. Israel fue escogido para confiar, no en sí mismo, sino en los méritos de Cristo. Nosotros fuimos escogidos por los méritos de Cristo, que sirven para cubrir nuestras injusticias, solamente mientras permanecemos en él por la fe.

En algunas circunstancias puede que sea necesario que sacrifiquemos nuestras vidas por él como él sacrificó la suya por nosotros. Un discípulo de San Juan se llamaba Policarpo. El nombre Policarpo viene de dos palabras griegas: πολύς, *mucho*, y κάρπος, *fruto*. Cuando ya había servido a Cristo por muchos años como pastor de la iglesia de Esmirna, Policarpo fue acusado de ser enemigo del gobierno romano y fue sentenciado a ser quemado vivo en el estadio ante miles de espectadores. El gobernador romano le pidió a Policarpo que renunciase a su Señor Jesucristo para así salvar su vida. Policarpo se negó a traicionar a Jesús y fue quemado en la hoguera. Antes de morir, elevó la siguiente oración al cielo: "Señor Dios todopoderoso, Padre de Jesucristo, te bendigo porque me has considerado digno de pasar por este trance, para que yo sea uno de esa congregación de mártires que bebe de la copa de Cristo para elevarse después con el Espíritu Santo. Que sea yo un sacrificio aceptable. Te alabo, te bendigo y te glorifico mediante Jesucristo" (Bainton 1969.22). Viendo la fe, la esperanza y el amor de Policarpo, muchas personas que presenciaron este espectáculo en el estadio, cayeron de rodillas y pidieron perdón a Dios. Hasta muchos de los soldados romanos que estaban presentes se convirtieron en cristianos. Policarpo, cuyo nombre significa *mucho fruto*, al permanecer en Cristo y Cristo en él, logró llevar mucho fruto.

15.5: Porque separados de mí nada podéis hacer. Jesús afirma aquí que el ser humano no puede hacer buenas obras delante de Dios a menos que sea un discípulo del Hijo del Hombre. San Agustín usó este versículo en sus argumentos contra los pelagianos. El monje inglés Pelagio (360-422 d.C.) había afirmado que la caída de la humanidad no había sido tan profunda o tan total como para privar al hombre natural de la capacidad de producir buenas obras y de cooperar así en su propia salvación. El Concilio de Orange (529 d.C.) también utilizó este mismo versículo para condenar a los semi-pelagianos (Brown 1970.678). Agustín y el Concilio de Orange concluyeron correctamente que las buenas obras o las justicias del hombre natural no le podían ayudar a obtener gracia para cooperar en su salvación. Muchos teólogos de la liberación, hoy en día, han afirmado que todo ser humano nace con el Espíritu Santo y la salvación latente dentro de sí mismo. Según ellos, personas que nunca han confesado o conocido a Jesucristo como su Señor, pueden producir buenos frutos. Pero según Juan 15.5 una persona que no ha confesado a Jesús como el *Logos* encarnado y como el *Yo soy*, no puede producir los frutos que Dios espera de él.

A veces los seres humanos creen que pueden producir buenos frutos, vivir rectamente delante de Dios, crear sociedades e instituciones verdaderamente justas sin la necesidad de ser seguidores de Jesucristo. Pero una obra o un fruto es bueno ante los ojos de Dios sólo si procede de una verdadera fe en nuestro Señor. Los verdaderos discípulos producen buenos frutos porque los buenos frutos son los que proceden de la motivación correcta: gratitud hacia el Señor Jesucristo por su supremo sacrificio de amor, realizado por nosotros en la cruz.

15.6: El que en mí no permanece, será echado fuera como pámpano, y se secará; y los recogen, y los echan en el fuego, y arden. Como en los otros evangelios, no hay estados intermedios. O uno es un pámpano que permanece en

Cristo, o no lo es, y será echado en el fuego. Como en el Salmo 1 y en Mateo 7.13 hay sólo dos caminos, uno espacioso que lleva a la perdición y otro angosto que lleva a la vida. La enseñanza del evangelio de Juan aquí concuerda con la de Mateo 25 donde hay solamente las ovejas de la mano derecha y las cabras de la mano izquierda, y donde hay solamente vírgenes prudentes que entran en la fiesta y vírgenes insensatas que se quedan en las tinieblas donde hay lloro y crujir de dientes.

El verbo griego ἐβλήθη que en este versículo se traduce como *echar fuera*, es la misma palabra que se usa en Juan 9.35 en la historia del ciego de nacimiento, que fue echado de la sinagoga, en tanto el verbo recogen (συνάγουσιν en griego) viene de la misma raíz griega que la palabra sinagoga. En efecto, la palabra sinagoga quiere decir asamblea, o sea, un grupo de personas que han sido recogidas en un lugar. Tal vez tenemos aquí un juego de palabras: mientras los de la sinagoga (los así llamados recogidos) echan fuera a los que producen fruto, ellos mismos serán recogidos para ser quemados (Howard-Brook 1994.333).

15.7: Si permanecéis en mí, y mis palabras permanecen en vosotros, pedid todo lo que queréis, y os será hecho. ¿Cómo podemos permanecer en la vid verdadera? Seguramente no es casualidad que estas palabras de Jesús se hallan en un contexto donde el evangelio nos relata cómo Jesús celebró la primera Santa Cena con sus discípulos. Tampoco es casualidad que después del último discurso a sus discípulos, Jesús va como el Cordero inocente de Dios para derramar su sangre por los pecados del mundo. Jesús, la vid verdadera, también lleva mucho fruto. El fruto de la vid es el vino, y el fruto que lleva Jesús es su sangre, que derrama por nosotros. Jesús nos da su sangre con el vino de la Santa Cena. El derramamiento de la sangre de Jesús por nosotros es la suprema prueba del amor de Dios para con nosotros. "Nadie tiene mayor amor que éste, que uno ponga su vida por sus amigos" (15.13). El sacrificio que Jesús hace por sus amigos es el corazón del evangelio, y éste es el evangelio que se proclama cada vez que celebramos la Santa Cena. La proclamación de este evangelio en Palabra y sacramento nos limpia de pecado. "Ya vosotros estáis limpios por la palabra que os he hablado" (Juan 15.3). Permanecemos en Cristo y Cristo en nosotros cuando en Palabra y sacramento proclamamos su amor y su sacrificio, y cuando por medio de la fe recibimos su amor, su perdón y su Espíritu. Por medio de la Palabra y los sacramentos, Jesús nos mantiene en él y nos da el poder para guardar sus mandamientos y para amarnos los unos a los otros como él nos amó. Por medio de la Palabra y los sacramentos Jesús nos capacita para llevar mucho fruto.

El discípulo que lleva mucho fruto es como el varón justo de quien habla el Salmo 1.2-3: "En la ley de Jehová está su delicia, y en su ley medita de día y de noche. Será como árbol plantado junto a corrientes de aguas, que da su fruto en su tiempo." El varón justo que produce mucho fruto medita en la Torá de Jehová. Para el discípulo fiel, la verdadera Torá es Jesucristo, porque él es la perfecta revelación del Dios verdadero y de su amor. El varón justo es aquel que medita en Jesucristo y en su gran amor y sacrificio por nosotros. Precisamente por medio de las buenas nuevas del amor y sacrificio de Cristo el Espíritu Santo produce en nosotros la fe y el amor que necesitamos para llevar mucho fruto.

Los sicólogos dicen que muchas personas no pueden amar a su prójimo como a sí mismos porque en realidad no se aman a sí mismas. Sufren de una deficiente autoestima. En una oportunidad una obrera social que estaba trabajando en un barrio muy pobre en los Estados Unidos tuvo una experiencia muy reveladora. La obrera social le regaló a una pobre niña negra una linda muñeca negra. Pero la niña no quiso recibir la muñeca. Le pidió a la obrera social una muñeca blanca. "Pero, ¿por qué no quieres la muñeca negra?" le preguntó la obrera social. La niña respondió: "Porque nosotros, los negros, no servimos para nada." Tanta opresión y discriminación había sufrido esta niña que había llegado a creer las mentiras que la sociedad mayoritaria había creado en cuanto a las personas de color. Aquí vemos un caso extremo de autoestima deficiente. Es muy difícil para una persona así amar a los demás.

Muchos indígenas de América latina sufrieron una tremenda pérdida de autoestima con la llegada de los conquistadores. La cultura de los indígenas, su idioma, su música, sus costumbres, su vestimenta, todo fue considerado como inferior y denigrante por los conquistadores. La misa se celebraba en latín, no en los idiomas indígenas. Esto daba a entender a los indígenas que Dios no aceptaba una alabanza ofrecida en su idioma. La resultante pérdida de autoestima de parte de los indígenas ayudó a sumirlos al fatalismo, al alcoholismo y a amargos resentimientos. Los que sufren de una autoestima deficiente se odian a sí mismos y a los demás. Seguramente la mujer samaritana, de la que ya hemos hablado, también sufría de una autoestima muy deficiente, lo que impidió que amara a los demás como a sí misma.

La única manera de ayudar realmente a personas que sufren de poca autoestima es amándolos. Lo único que puede aumentar nuestra autoestima es el amor, es sentirnos amados desinteresadamente. Policarpo pudo llevar mucho fruto porque se sintió amado por el gran amor de Cristo. Por eso, lo que debía haber hecho la obrera social era abrazar la niña negra y decirle: "Yo te amo, tú eres muy preciosa para mí." San Francisco de Asís besaba las llagas de los leprosos para mostrarles que el Cristo que vivía y permanecía en él, los amaba.

Cuando Cristo nos da su cuerpo y su sangre en la Santa Cena nos dice: "Te amo, tú eres tan precioso para mí que dí mi vida por ti en la cruz. Puesto que eres tan precioso para mí derramé mi sangre para que fueras mío." Jesús también llevó mucho fruto por nosotros. Derramó el fruto de la vid, el vino dulce de su amor, su preciosa sangre. Nos ofrece esa sangre como una prueba de su amor por nosotros en la Santa Cena. La sangre de Cristo que recibimos en la Santa Cena es una prueba de que el amor de Dios para con nosotros no es solamente una idea o un concepto platónico, sino algo bien material. La vida de Cristo entregada por nosotros en la cruz, y su sangre ofrecida a nosotros en la Santa Cena son también una prueba de que el Padre nos ama con el mismo amor con el que nos ama su unigénito Hijo.

La vida y el amor que Jesús nos da en la Santa Cena constituyen a la vez el poder que necesitamos para librarnos, tanto de nuestro egocentrismo, como de nuestra pobre autoestima. Su amor para con nosotros nos capacita y nos da el amor para amarnos los unos a los otros. Mientras permanecemos unidos a la vid por medio de la Palabra que nos limpia y por medio del santo sacramento podemos, como Policarpo, llevar mucho fruto, y amarnos los unos a los otros. El amor que nosotros, los cristianos, tenemos los unos por los otros, y hasta por nuestros enemigos no es algo que podemos producir en nosotros mismos por nuestros propios esfuerzos. El amor verdadero no es el producto de un tremendo autoesfuerzo espiritual; es el fruto natural y automático de permanecer en Cristo.

Nota litúrgica: Hemos dado una interpretación eucarística a las palabras de Jesús en Juan 15.1-17. Tal interpretación no es nueva. Desde los días de la iglesia primitiva, los cristianos han entendido estas palabras en términos eucarísticos. En la Didaché 9.2 la bendición de la eucaristía comienza con las siguientes palabras: "Te damos gracias, Padre nuestro, por la santa vid de David tu siervo que has revelado a nosotros por medio de Jesús tu siervo."

Juan 15.1-8 es el santo evangelio para el quinto domingo de Pascua durante el año B (año de San Marcos) en el ciclo trienal (*¡Cantad al Señor!*). La epístola para el mismo domingo es 1 Juan 3.18-24, un texto muy semejante en contenido al pasaje que estamos considerando.

15.8: En esto es glorificado mi Padre, en que llevéis mucho fruto, y seáis así mis discípulos. ¿Cuál es el fruto que quiere Jesús que lleven los discípulos? En 15.5 ya mencionamos una lista que Pablo propone en Gálatas 5.22.

15.9-10: Como el Padre me ha amado, así también yo os he amado; permaneced en mi amor. Si guardareis mis mandamientos, permaneceréis en mi amor; así como yo he guardado los mandamientos de mi Padre, y permanezco en su amor. Como en Juan 3.16, Jesús habla aquí de un Dios que ama, como dice 1 Juan 4.8. Estas declaraciones bíblicas acerca de un Dios que ama y que es amor deben haber provocado una reacción de gran sorpresa en el lector intelectual griego. Filósofos griegos como Aristóteles difícilmente hubieran hecho una declaración tan audaz. En el pensamiento de los filósofos griegos, el amor es una pasión. "Amar implica tener necesidad, y por consiguiente depender de algo o alguien" (Gutiérrez 1992.15). Y puesto que un dios perfecto no puede tener necesidad, es imposible que Dios sea amor. Pero, según el cuarto evangelio, Dios sí es amor. La prueba más patente es el sacrificio de Jesús por nosotros en la cruz.

Por eso, permanecer en Jesús también significa permanecer en su amor y en el amor del Padre. Esto quiere decir, en primer lugar, permanecer en el amor que Jesús tiene para con sus discípulos. En el matrimonio es absolutamente necesario que los esposos sigan recibiendo amor el uno del otro. Permanecer en Cristo es recibir siempre de nuevo su amor que se nos proclama en el evangelio, se derrama sobre nosotros en la absolución, y se comparte con nosotros en la Santa Cena. Es la recepción continua de este amor lo que produce en nosotros amor para con él y los hermanos. Los que continuamente reciben el amor de Jesús en sus vidas anhelarán guardar sus mandamientos, no como un requisito legal, ni como una exigencia onerosa, sino de puro gozo y alegría, así como el amante gozosamente quiere cumplir con la voluntad de la persona amada.

15.11: Estas cosas os he hablado, para que mi gozo esté en vosotros, y vuestro gozo sea cumplido. Después de llamar a sus discípulos a permanecer en el amor de Cristo, el Señor ofrece una promesa a los que permanecen en la cadena de amor. El resultado de amar y obedecer a Jesús será gozo. Cumplir con la voluntad del Padre no era una carga para Jesús, sino un gozo. Para los discípulos que permanecen en el amor de Jesús, guardar sus mandamientos también será un gozo.

Una de las características de la vida es la falta de verdadero gozo en las personas, aunque gozo y felicidad sea lo que más anhelan. El objetivo de tantas actividades es encontrar gozo. Pero por más que lo busquen no lo obtienen. Esto siempre sucede cuando hacemos del gozo la meta de nuestras vidas. Amar y servir a Jesús es la finalidad de la vida humana, y no la búsqueda del gozo. El verdadero gozo es el resultado de amar a Jesús y de ser amado por él. Los que dedican sus vidas a la búsqueda de la felicidad nunca la encontrarán. Las personas felices y bienaventuradas son las que se dedican a obedecer a Jesús (Juan 14.28 y Mateo 5.1-12).

Nota litúrgica: En el leccionario de cuatro años del grupo litúrgico interconfesional de Gran Bretaña, Juan 15.1-11 es el santo evangelio para el cuarto domingo después de la Pascua en el año B, año de San Marcos.

15.12: Este es mi mandamiento: Que os améis unos a otros, como yo os he amado. El amor del que habla Jesús en el evangelio de Juan no es una emoción o un sentimiento místico. Tampoco es una obra humana, es más bien el estado de permanecer en Jesús. Es el resultado espontáneo de vivir en comunión con Dios. Este vivir en comunión con Dios llevará a los discípulos a amarse los unos a los otros hasta el punto de sacrificar sus vidas por sus hermanos, porque así fue el amor de Cristo para con ellos. Se ha descrito lo que pasa en este versículo como una cadena de amor. El primer eslabón es el amor del Padre para con el Hijo. El segundo eslabón es el amor del Hijo para con los discípulos y el tercer eslabón es el amor entre los discípulos. Los discípulos son llamados a seguir extendiendo la cadena de amor hasta que todo el mundo esté incluido. Permanecer en Cristo, entonces, no sólo significa permanecer en su Palabra, sino también en la cadena de amor y en la misión de extenderla (Segovia 1991.155).

Hay que notar que Jesús no solamente llama a sus discípulos a amar, sino a amar como él los ha amado. Las palabras "como yo os he amado" son importantes porque subrayan el hecho de que la muerte de Jesús en la cruz por nosotros es la motivación para que nosotros nos amemos los unos a los otros. No soy llamado a amar para ser amado, sino porque he sido y soy amado. El ser humano en su egoísmo siempre es tentado a amar para asegurar su propia felicidad y para obtener beneficios para sí mismo. La prioridad que buscan muchos amantes en una relación amorosa es la de usar a la otra persona como un instrumento para conseguir su propia felicidad. Pero el amor de Jesús busca primeramente la felicidad de la persona amada, aún cuando le cueste su propia vida. El amor de Jesús nos libra de nuestro amor egocéntrico y restrictivo, nos libra para amar así como Dios nos ha amado. El amor de Jesús, y no el amor egoísta, es el que debe prevalecer en nuestros matrimonios, en nuestras familias y en nuestras congregaciones.

15.13-15: Nadie tiene mayor amor que éste, que uno ponga su vida por sus amigos. Vosotros sois mis amigos, si hacéis lo que os mando. Ya no os llamaré siervos, porque el siervo no sabe lo que hace su señor; pero os he llamado amigos, porque todas las cosas que oí de mi Padre, os las he dado a conocer. En el A.T. Abraham fue conocido como amigo de Dios (2 Crónicas 20.7; Isaías 41.8; Santiago 2.23). Puesto que Abraham era su amigo, Dios no le encubrió lo que iba a hacer (Génesis 18.17). Le contó lo que iba a suceder con las ciudades de Sodoma y Gomorra. Puesto que los discípulos son sus amigos, Jesús también les revela lo que va a pasar. Les habla de la persecución que van a sufrir sus amigos a manos del mundo, pero también los consuela con la promesa de la venida del Consolador, el Paracleto.

En este texto Jesús también habla con sus discípulos sobre el amor y la obediencia. Entre los discípulos del Señor no puede existir amor sin obediencia, como tampoco puede existir obediencia sin amor. Los discípulos de Jesús pueden obedecer al Señor porque son sus amigos; ellos han sido amados por él. El amor de Jesús los impulsa a obedecer. Porque Jesús nos ha amado hasta lo último, también queremos obedecerle libremente. El esclavo no obedece libremente, sino bajo obligación y temor, porque es esclavo. El esclavo piensa solamente en castigos o premios, pero el amigo obedece porque ama, y ama porque ha sido amado. Los discípulos ya no son más siervos o esclavos. Por la fe han llegado a ser amigos; son pámpanos que se adhieren a la vid. El amo de la casa no revela todo lo que sabe a los esclavos, pero comparte sus conocimientos con sus amigos más íntimos. El hecho de que Jesús, en su discurso de despedida, revelase a sus discípulos lo que ha recibido del Padre es una prueba de que los discípulos son sus amigos y no sus esclavos.

El tema de la amistad verdadera ha sido tratado ampliamente por autores greco-romanos. Según escritores como Séneca, Aristóteles, Cicerón y Diógenes Laertio, la amistad verdadera es posible sólo con unas pocas personas, pues requiere un acuerdo en todas las cosas humanas y divinas. Los verdaderos amigos tienen que basar su amistad en la virtud y la igualdad. Al mismo tiempo deben compartir el mismo carácter y los mismos intereses, así como deben compartir todas sus alegrías y tristezas. Un amigo verdadero es aquel por el cual uno está dispuesto a sacrificar su propia vida. A nivel popular se aconsejaba a la gente tener mucho cuidado al escoger a sus amigos. Se daba preferencia a tener amigos importantes que le podían ayudar a uno en conseguir ayuda legal, nombramientos a puestos administrativos y trato favorable en los negocios. Una de las maneras de sobrevivir en una sociedad con pocos servicios sociales era a través de una red de amigos con influencia o "palanca." En este sentido Pilato era amigo del césar. Jesús, en cambio, no buscó a sus amigos por la excelencia de sus virtudes o porque compartían los mismos gustos y valores. Tampoco los buscó para aprovechar su influencia en la sociedad, sino porque es el buen pastor que vino a compartir su vida con ricos y pobres, con educados y analfabetos, con miembros de la alta sociedad y con marginados como el paralítico, la samaritana y el hombre nacido ciego. Jesús nos llama a basar nuestros criterios de lo que es un amigo en su ejemplo, y no en los conceptos de los filósofos o en la opinión popular.

15.16-17: No me elegisteis vosotros a mí, sino que yo os elegí a vosotros, y os he puesto para que vayáis y llevéis fruto, y vuestro fruto permanezca; para que todo lo que pidiereis al Padre en mi nombre, él os lo dé. Esto os mando: Que os améis unos a otros. Los rabinos judíos, los maestros gnósticos y los gurús orientales nunca buscaban a sus discípulos. Si uno quería ser enseñado debía buscar a un maestro para que le enseñe el camino de la autorealización. Jesús, en cambio, buscó a sus discípulos. La iniciativa no es nuestra sino del Señor. Nadie puede decir: Yo soy discípulo porque he buscado a Dios. Mucho antes de que nosotros buscásemos a Dios, Dios nos buscó en Jesucristo. El Espíritu nos ha llamado por medio del evangelio y ha despertado en nosotros el deseo de buscar a Dios. Pero Jesús nos ha buscado, no sólo para ser amados, no sólo para ser sus amigos, sino también para ser sus misioneros. Un misionero es el que lleva fruto para el Señor. Este fruto es amor para con los otros miembros del redil de Dios, pero también es actividad misionera, es decir, es amor hacia otras personas, para llevarlas también al Señor, así como Felipe buscó a Natanael y Andrés buscó a su hermano

Simón Pedro. Un misionero es el que quiere extender la cadena de amor para incluir en ella a todo el mundo. El discípulo que no produce el fruto del amor para con sus co-discípulos y para con los que están afuera sin Cristo, está en peligro de separarse de la cadena de amor, de la vid verdadera.

Nota litúrgica: Juan 15.9-17 es el santo evangelio para el sexto domingo de Pascua durante el año B, año de San Marcos, en el ciclo trienal. La epístola para el sexto domingo de Pascua es 1 Juan 4.1-11. La epístola enfatiza que los que no confiesan la encarnación de Jesucristo se han apartado de Dios y ya no permanecen en Cristo y Cristo no permanece en ellos. Los que se han apartado de la doctrina de la encarnación no pueden amar los unos a los otros porque se han apartado de la fuente de amor, nuestro Señor Cristo. Se debe subrayar que los que no pueden aceptar la verdadera encarnación del *Logos* en carne humana tampoco pueden aceptar que Jesús nos da su cuerpo y su sangre en la Santa Cena. Los docetistas que menosprecian el cuerpo físico de Jesús y las cosas materiales en sí, también tienen que rechazar la presencia real de Jesús en la Santa Cena. Según la antropóloga Mary Douglas, cualquier doctrina que niega la presencia de Dios en los sacramentos, tarde o temprano también tendrá que terminar negando la encarnación.

En el leccionario de cuatro años del grupo litúrgico interconfesional de Gran Bretaña Juan 15.12-17 es el santo evangelio para el cuarto domingo después de Pascua en el año C, año de San Lucas.

La oposición del mundo y los discípulos, Juan 15.18-16.4

La mayoría de los intérpretes del cuarto evangelio consideran a Juan 15.18-16.4 como una segunda división básica de los capítulos 15 y 16. El tema de esta unidad es el odio del mundo para con los discípulos (Segovia 1991.172). Este odio es otra de las consecuencias de la partida de Jesús. El tono de Jesús en esta parte del discurso es serio y admonitorio, y contempla los sufrimientos de los discípulos, no sólo los días de la semana santa, sino también las persecuciones a las cuales estarán sujetos en la historia subsiguiente de la iglesia. Una de las primeras cosas que nos preguntamos cuando nos toca sufrir es ¿por qué? En esta unidad Jesús no sólo advierte a sus discípulos en cuanto a sufrimientos y persecuciones, sino que también les indica el porqué de la oposición del mundo. Según esta unidad, la oposición del mundo tiene varias explicaciones: 1- El mundo odia a los discípulos porque odia a Jesús. 2- El mundo odia a Jesús porque odia al Padre. 3- El odio del mundo es un pecado que no tiene excusa. 4- El odio del mundo es un odio sin causa.

15.18-19: Si el mundo os aborrece, sabed que a mí me ha aborrecido antes que a vosotros. Si fuerais del mundo, el mundo amaría lo suyo; pero porque no sois del mundo, antes yo os elegí del mundo, por eso el mundo os

aborrece. A través de todo el ministerio público de Jesús, presentado en los primeros doce capítulos de Juan, hemos visto cómo Jesús había sido malentendido, calumniado y perseguido de parte de los líderes eclesiásticos de su pueblo. Había sido objeto de odio y vituperio. Puesto que Jesús fue odiado en tal forma no nos debe sorprender si nosotros, sus discípulos, también somos odiados, calumniados y perseguidos. Es casi seguro que todo discípulo fiel del Señor tendrá que sufrir a causa de su nombre. Por eso el discípulo debe estar preparado para enfrentar el *odio* (μισεῖν en griego) del mundo.

La primera razón por la cual el mundo odia a los discípulos es porque Jesús los ha llamado a salir del mundo. Serán odiados porque son los escogidos. Entre otras cosas, son llamados a ser diferentes, y eso provocará la enemistad del mundo. Los que andan en tinieblas no quieren andar solos sino acompañados. Rehusar cierta actividad o estilo de vida será interpretado como una condenación de tal actividad o estilo de vida. El mundo ama a los suyos (τὸ ἴδιον), no a los que son diferentes. Ya vimos en Juan 7.7 que el mundo no odia a los hermanos de Jesús porque ellos están asociados con el mundo. Véase también Juan 3.19-20. En Juan 3 y 7 podemos observar que el odio del mundo hacia Jesús incluye, en parte, un rechazo de su misión y su Palabra. El odio del mundo hacia los discípulos implica también un rechazo de su misión y su testimonio (Segovia 1991.182). Debemos entender que el odio del mundo produjo, no solamente el rechazo de Jesús y de su misión, sino también su muerte en la cruz. De igual manera los discípulos deben entender que el odio del mundo hacia Jesús también puede resultar en su martirio. Los miembros de la iglesia primitiva fueron odiados porque se rehusaron ofrecer incienso al emperador, porque no prestaban servicio militar y porque no asistían a las luchas entre gladiadores. En muchas partes de nuestro mundo moderno, los discípulos de Jesús son odiados por su oposición al racismo, la violencia de las guerras y las formas exageradas de nacionalismo. En estos versículos Jesús nos recuerda que no hemos sido llamados para acomodarnos al mundo, sino para seguir a Jesús, aunque nos cueste el repudio y el odio del mundo (Howard-Brook 1994.338).

Cuando Jesús habla del mundo aquí, no se está refiriendo a la parte material de la creación o a la totalidad de la humanidad, sino a aquellos seres humanos y espirituales que están en rebelión contra Dios. Si el mundo aborrece a Cristo y a sus discípulos es porque Cristo y sus discípulos testifican contra las obras malas del mundo (Juan 7.7). El amor que caracteriza las vidas de los discípulos servirá para recalcar la diferencia entre el mundo y la iglesia. Por su amor, los discípulos aparecerán como extranjeros y forasteros, como ciudadanos de otro reino y de otro soberano. Los del mundo consideran traidores a los cristianos porque no participan con ellos en su rebelión contra Dios.

15.20: Acordaos de la palabra que yo os he dicho: El siervo no es mayor que su señor. Si a mí me han perseguido, también a vosotros os perseguirán;

si han guardado mi palabra, también guardarán la vuestra. Al decir: Acordaos, Jesús recuerda a sus discípulos lo que dijo en Juan 13.16. En Juan 13 Jesús había dado un bello ejemplo de amor y servicio a sus discípulos al hacer el servicio de un esclavo y lavar sus pies. En ese contexto Jesús aplicó el dicho "el siervo no es mayor que su señor" a la necesidad que tienen los discípulos de humillarse los unos ante los otros y de servir los unos a los otros en sus necesidades materiales y espirituales. Ahora, en otro contexto, Jesús aplica el mismo dicho a la situación que va a enfrentar la iglesia ante el mundo después de su partida. Así como Jesús fue malentendido, burlado y perseguido por el mundo, así también sus discípulos sufrirán persecución, violencia y martirio. En el versículo anterior vimos que la primera consecuencia que puede esperar el discípulo después de la partida de Jesús es el odio del mundo. En este versículo vemos la segunda consecuencia de la partida de Jesús, persecución. La oposición del mundo no incluye solamente un rechazo total de la misión y del testimonio de la iglesia, sino también hostilidad abierta en forma de persecución.

A través de todo su ministerio público Jesús no solamente fue odiado, sino también perseguido. Juan 5.16-18 nos relata específicamente cómo Jesús fue perseguido por los judíos porque violó la ley del sábado y porque se identificó con el Padre. En muchos otros textos del cuarto evangelio leemos cómo los enemigos de Jesús buscaban matarlo (7.1,14-31; 8.39-40,59; 10.31,39; 11.8,45-57).

La palabra: acordaos (μνημονεύετε) es usada en referencia a un dicho específico de Jesús que debe ser aplicado por los discípulos a sus propias vidas y ministerios. Será obra específica del Espíritu Santo ayudar a los discípulos a recordar los dichos de Jesús y a aplicarlos a situaciones concretas en sus vidas y en la vida de la iglesia. Cuando somos perseguidos por causa de Jesús y su reino debemos recordar que el Padre estaba con Jesús en las persecuciones y le ayudó cumplir su misión. De igual manera Dios estará con nosotros cuando seamos perseguidos, y nos dará el poder para glorificar su nombre en medio de tales persecuciones.

Pero aquí hay una nota de promesa también. No todo el mundo rechazó a Jesús y su Palabra. Algunos guardaron su Palabra, es decir, creyeron en Jesús y en su evangelio. De igual manera, no todos darán la espalda a la misión y al testimonio de los discípulos. La predicación del evangelio también producirá buenos frutos. Muchos obedecerán la Palabra. Llegarán a creer en el evangelio proclamado por los discípulos a todas las naciones. Así, los discípulos no sólo sufrirán persecución y vituperio, sino que también gozarán; gozarán los que siembran la Palabra junto con los que siegan (Juan 4.37).

15.21: Mas todo esto os harán por causa de mi nombre, porque no conocen al que me ha enviado. Una de las razones principales por la que los discípulos serán perseguidos es el hecho de que sus perseguidores no conocen al Padre Celestial. Aunque los perseguidores profesan amar al Padre y dicen que sus hechos son motivados por el deseo de defender el honor del Padre, en realidad, tienen un concepto muy distorsionado y equivocado acerca de Dios y, por eso, no reconocen su manifestación en Cristo Jesús. En vez de adorar al verdadero Dios, algunos rinden culto a un ídolo, es decir, una representación física de sus ideas acerca de la divinidad. Otros sirven a una representación mental de sus ideas equivocadas de la divinidad. Algunos contemporáneos de Jesús creían que Dios debía odiar a todos los gentiles y excluirlos de su reino. Cuando Jesús en su sermón inaugural en Nazaret (Lucas 4.16-30) no incluyó en su programa salvífico la destrucción de los gentiles, muchos se volvieron en su contra porque sus ideas acerca del mesías no concordaban con lo que escuchaban y veían en Jesús de Nazaret. No reconocieron la manifestación del Padre en Jesús porque no conocían ni servían al Padre, sino a una idea equivocada acerca del Padre. Esta idea equivocada no era un ídolo de madera, oro o plata, sino un ídolo mental. Ideas equivocadas, filosofías vanas y los muchos "ismos" tan de moda también pueden ser ídolos. Para no caer en tal idolatría de ideas no debemos juzgar a Jesús en base a nuestras ideas acerca de Dios, sino juzgar nuestras ideas acerca de Dios en base al Jesús histórico, que no vino para ser servido, sino para servir, para lavar los pies de sus discípulos, para ser maltratado, torturado y crucificado y para hacerse hermano de los más indignos, marginados y despreciados de la tierra.

15.22: Si yo no hubiera venido, ni les hubiera hablado, no tendrían pecado; pero ahora no tienen excusa por su pecado. Aquí Jesús describe la condición del mundo anterior a su venida. Sin su venida al mundo los que lo rechazan no serían culpables del más terrible de los pecados. Pero ahora los que lo han rechazado (el mundo) están bajo la más terrible condenación, porque Jesús ha venido y ellos han rechazado su venida y la revelación que vino a traer. El rechazo a Jesús y a su evangelio es el pecado supremo, el pecado que lleva a la destrucción eterna. Éste es un pecado que no tiene excusa.

El mundo que rechaza a Jesús no tiene excusa. La ignorancia del mundo no es una ignorancia inocente. En Jesús el mundo ha visto que el propósito de la vida humana no consiste en ser servido, en vengarse, en engrandecerse a expensas de los demás, en dominar y explotar a otros seres humanos, en hacer lo que nos plazca. En Jesucristo el mundo ha visto que es un verdadero ser humano; ha visto el propósito para el cual todos fueron creados; ha visto lo que debemos ser y no somos. Después de haber visto a Jesucristo nadie puede proferir como excusa: Nosotros no sabíamos cuál era el propósito de Dios para nuestras vidas.

15.23: El que me aborrece a mí, también a mi Padre aborrece. El odio y vituperio que sufrirán los discípulos provendrá del odio que los perseguidores tienen contra Jesús. Por identificarse con Jesús, los verdaderos discípulos del Señor sufrirán. Sus sufrimientos a causa de Jesús no deben interpretarse como un castigo de parte de Dios o como una consecuencia de que el Señor los haya abandonado. Por eso, cuando el discípulo comienza a sufrir algunas de las pruebas por las que tuvo que pasar San Pablo en 2 Corintios 11.23-33 no debe preocuparse o desanimarse o creer que Dios que no lo ama. Puesto que el mundo aborrece a Cristo, aborrecerá también a los que son de Cristo. Más bien, debemos preocuparnos si el mundo no nos aborrece.

15.24: Si yo no hubiese hecho entre ellos obras que ningún otro ha hecho, no tendrían pecado; pero ahora han visto y han aborrecido a mí y a mi Padre. En el versículo 22 el mundo queda bajo condenación por rechazar las palabras de Jesús. Aquí la causa de la condenación del mundo es el hecho de que ha rechazado las obras de Jesús. El mundo ha visto las obras de Jesús y no ha creído. Las obras a las cuales se refiere aquí son las señales milagrosas de Jesús, especialmente las siete grandes señales relatadas en Juan, capítulos 1 a 11. Si los enemigos no hubieran visto estas señales, tendrían alguna excusa, pero ahora no la tienen.

Este versículo no quiere decir que los enemigos de Jesús no eran pecadores antes de su venida, sino que la venida de Jesús ha puesto de manifiesto el principal y más terrible de todos los pecados. Este pecado principal es el rechazo del amor y de la gracia de Dios. Al rechazar a Jesús los hombres revelan que prefieren las tinieblas a la luz, que quieren seguir religiones de su propia invención en vez de la revelada por Dios, que prefieren religiones por medio de las cuales se pueden justificar a sí mismos en vez de recibir la vida eterna como un don inmerecido de gracia. Aborrecen a Jesús y al Padre todos los que rechazan el evangelio de Cristo porque prefieren una religión basada en méritos humanos, y una salvación por medio de las obras de la ley. Por eso no tienen excusa.

15.25: Pero esto es para que se cumpla la palabra que está escrita en su ley: Sin causa me aborrecieron. Para explicar la causa de la oposición que van a encontrar en el mundo, Jesús recurre al A.T. Así da a entender a los suyos que la oposición del mundo fue profetizada en las Escrituras y por eso está de acuerdo con el plan divino de salvación. Las palabras: "Me aborrecieron sin causa" se hallan en el Salmo 69.4 y en el Salmo 35.19. Es la única cita del A.T. en el discurso de despedida. Ambos salmos fueron atribuidos a David y considerados mesiánicos por los rabinos. Si David fue aborrecido sin causa por enemigos como el rey Saúl, cuánto más el mesías que será descendiente del rey David (Carson 1991.527). Las palabras: su ley, se refieren a la Torá, y de esta manera se pone de manifiesto que los representantes primarios y preeminentes del mundo incrédulo son los líderes eclesiásticos judíos.

El Salmo 69 es uno de los más citados por los autores del N.T. Esto indica que la iglesia primitiva lo consideraba una profecía sobre la obra y los sufrimientos del mesías prometido. El Salmo 69 es citado en Mateo 27.48; Romanos 11.9-10; 15.3; Hebreos 11.26; Apocalipsis 3.5; 13.8; 16.1; 17.8.

Nota litúrgica: En el leccionario tradicional de un año de *Culto Cristiano*, Juan 15.17-25 es el santo evangelio para el día de San Simón y San Judas, apóstoles.

Tercera enseñanza sobre la venida del Paracleto, Juan 15.26-27

El tercer discurso sobre la misión del Paracleto es una parte integral del discurso sobre la oposición que encontrarán los discípulos en el mundo.

15.26: Pero cuando venga el Consolador, a quien yo os enviaré del Padre, el Espíritu de verdad, el cual procede del Padre, él dará testimonio acerca de mí. El discurso sobre el Paracleto comienza describiendo el origen y papel fundamental del mismo. La venida del Paracleto es delineada en términos de la fuente, el enviador y los recipientes del Espíritu. La fuente es el Padre, el enviador es Jesús y los recipientes son los discípulos. En el mundo greco-romano existían innumerables creencias en cuanto al poder de toda clase de espíritus. Por eso es necesario especificar que el Espíritu que será enviado por Jesús no será como los otros espíritus venerados y temidos por los gentiles. El Espíritu que será enviado viene del Padre.

En cuanto a sus funciones, el Paracleto se caracteriza primero como el Espíritu de verdad. Su ministerio tiene que ver ante todo con la proclamación de la verdad. Recordamos que en el cuarto evangelio la palabra verdad no se refiere a la verdad en general, sino a la verdad sobre el origen, la identidad y la misión de Jesucristo. Proclamar la verdad es proclamar el evangelio. El Paracleto proclamará el evangelio por medio del testimonio de los discípulos. Precisamente esta proclamación del evangelio de parte de los discípulos provocará el odio y la persecución del mundo mencionados en los versículos anteriores. "Dar testimonio" significa confesar públicamente que Jesús es el *Logos* eterno que ha venido del Padre y que se encarnó en un cuerpo humano para efectuar el único sacrificio capaz de quitar los pecados del mundo.

Esta descripción de la misión del Paracleto debe entenderse a la luz de los dos dichos anteriores sobre la obra del Paracleto en el discurso de despedida. En esos dichos se enfatizó que el Espíritu enseñaría a los discípulos todas las cosas y les recordaría todo lo dicho por el Señor (Juan 14.26). El tercer dicho sobre la misión del Espíritu nos lleva un paso más adelante en nuestro entendimiento de la obra del Espíritu Santo. El Espíritu enseñará y recordará a los discípulos las enseñanzas de Jesús para que ellos puedan proclamar el evangelio a todo el mundo. Los discípulos podrán cumplir con esta misión porque el Espíritu estará en medio de ellos y porque ellos habían estado con Jesús desde el principio de su ministerio hasta los eventos culminantes de "su hora." De esta manera el Paracleto continuará la misión de Jesús en el mundo. La presencia del Paracleto en medio de los discípulos será un consuelo para ellos cuando les toque soportar el odio del mundo y las persecuciones en su contra.

Juan 15.26 ha sido uno de los textos más discutidos en la historia de la iglesia cristiana porque es el texto que han utilizado los teólogos de la iglesia occidental (latina) para justificar la inclusión de la palabra *filioque* en el símbolo niceno-constantinopolitano, o sea el Credo Niceno. En el Credo Niceno que tenemos en el *Culto Cristiano* confesamos: "Y creo en el Espíritu Santo, Señor y Dador de vida, que procede del Padre y del Hijo..." Originalmente el Credo Niceno no incluía las palabras "y del Hijo" (filioque en latín). Las palabras "y del Hijo" fueron añadidos al Credo Niceno por el Tercer Concilio de Toledo en el año 589 para combatir la doctrina arriana que afirmaba que el Padre era más que el Hijo porque el Espíritu procedía del Padre pero no del Hijo. Las iglesias orientales (ortodoxas griegas) nunca aceptaron este cambio en el credo más importante del cristianismo. El desacuerdo sobre la inclusión del *filioque* en el Credo Niceno fue una de las causas que provocó la ruptura entre la Iglesia Católica Romana y la Ortodoxa en el año 1054 (Boff 1987.91).

15:27 Y vosotros daréis testimonio también, porque habéis estado conmigo desde el principio. Se ha observado en varias oportunidades que el cuarto evangelio nunca llama apóstoles a los colaboradores y seguidores de Jesús. Pero en varias oportunidades, como en este versículo, los discípulos son llamados testigos, o los que dan testimonio. Tanto en los escritos de Lucas como en los de Juan la palabra testigo es casi sinónimo de apóstol o misionero. El discípulo es llamado a testificar de todo lo que Jesús ha enseñado desde el principio. Es llamado a ser testigo de todo el evangelio a todo el mundo. Precisamente porque los discípulos testifican del evangelio a quienes a veces son hostiles a la palabra de Jesús, sufren por su testimonio. Muy pronto en la historia de la fe, la palabra griega para testigo, *mártir*, llega a significar uno que sufre y muere por su testimonio, así como Jesús sufrió y murió por el testimonio que dio ante el mundo (Bosch 1991.116).

Nota litúrgica: En el leccionario de cuatro años del grupo litúrgico interconfesional de Gran Bretaña Juan 15.18-27 es el santo evangelio para el cuarto domingo después de la resurrección en el año D, año de San Juan.

Capítulo 16

Los primeros cuatro versículos de este capítulo son una continuación de la enseñanza de Jesús sobre la oposición que encontrarán los discípulos en el mundo. Por eso estos versículos deben ser estudiados como parte integral del discurso que comenzó en Juan 15.18. Hubiera sido mejor comenzar el capítulo 16 después de Juan 16.4 y no después de Juan 15.27. Hay que recordar que la presente división de la Biblia en capítulos y versículos no es obra de los autores apostólicos, sino de redactores posteriores.

En los primeros cuatro versículos del capítulo 16 Jesús, en su capacidad de profeta, anuncia a los discípulos tres cosas que llenan de tristeza sus corazones.

a) Serán perseguidos y expulsados de las sinagogas.
b) Él volverá al Padre.
c) Tendrán que dar testimonio ante un mundo hostil.

Sin embargo, Jesús anuncia que su retorno al Padre resultará en bendición y no en maldición para sus amigos. Como consecuencia del retorno de Jesús al Padre vendrá el Consolador o Paracleto, que les dará el poder de realizar las obras del Padre en el mundo. Por medio del Paracleto Jesús seguirá realizando su ministerio en el mundo por medio de los discípulos.

16.1-4a: Estas cosas os he hablado, para que no tengáis tropiezo. Os expulsarán de las sinagogas; y aun viene la hora cuando cualquiera que os mate, pensará que rinde servicio a Dios. Y harán esto porque no conocen al Padre ni a mí. Mas os he dicho estas cosas, para que cuando llegue la hora, os acordéis de que ya os lo había dicho. En los versículos anteriores Jesús habló con sus discípulos en términos generales sobre la persecución que les sobrevendría. Ahora el Señor describe con más detalle dos formas que tomará esa persecución. El propósito de Jesús en estos versículos es preparar a los discípulos para la hora de la persecución para que no se aparten de Cristo cuando les toque sufrir por su nombre. Solamente aquí, de todo el evangelio según San Juan, se habla de "la hora" de los discípulos. Todas las otras referencias a "la hora" se refieren a "la hora" de Jesús, es decir, la hora de su sacrificio, resurrección y ascensión. Pero así como Jesús glorificará al Padre por medio de su sufrimiento y muerte, así también los discípulos glorificarán al Padre y al Hijo por medio de sus sufrimientos a causa de Jesús y de su Palabra.

Las palabras *para que no tengáis tropiezo* son una traducción de las palabras griegas μὴ σκανδαλισθῆτε, e indican que Jesús no quiere que los sufrimientos lleguen a ser un escándalo para los discípulos, es decir, que no lleguen a ser la causa por la cual puedan abandonar al Señor. La única otra referencia a tropiezos en el cuarto evangelio es en 6.61 donde se relata cómo algunos discípulos galileos abandonaron a Jesús porque no podían aceptar la enseñanza de que él era el pan verdadero que da vida eterna.

Jesús anuncia que sus amigos pasarán sufrimientos y persecuciones. Lo que pasó con Simón Pedro en el huerto de Getsemaní podría pasar con cualquier discípulo no preparado para "la hora" de la prueba. Por eso, Jesús advierte a sus seguidores de la venida de "la hora" para que se mantengan como pámpanos en la vid verdadera y reciban de ella fuerzas para aguantar los sufrimientos y las persecuciones. Específicamente, ¿cuáles serán esos sufrimientos? En primer lugar, los discípulos serán expulsados de sus respectivas sinagogas así como el ciego de nacimiento fue excomulgado por haber dado testimonio de Jesús (Juan 9.24-34). En segundo lugar, algunos discípulos sufrirán la muerte a causa de Jesús. La referencia a las sinagogas nos da a entender que Jesús está pensando aquí ante todo en las persecuciones lanzadas por los fariseos contra los discípulos en el período de la iglesia primitiva.

En otra parte de este comentario hemos hablado de la difícil situación en que se encontraron muchos discípulos en las ciudades de Asia Menor durante el gobierno del emperador romano Domiciano, 81-96 d.C. Durante su gobierno todas las personas, con excepción de los miembros de las sinagogas judías, tuvieron que rendir culto al emperador so pena de muerte. En algunas partes los discípulos fueron aceptados como miembros de la sinagoga y así estaban exentos de la necesidad de sacrificar al emperador. En otras partes las autoridades judías expulsaban a los discípulos de las sinagogas y los denunciaban a las autoridades romanas como herejes y traidores. Por eso, en algunas ciudades como Esmirna, ser expulsado de la sinagoga era equivalente a una sentencia de muerte. Así podemos entender a Juan cuando dice que la sinagoga de Esmirna es una "sinagoga de Satanás", y cuando llama al discípulo a ser "fiel hasta la muerte" (Apocalipsis 2.8-11).

Es interesante observar que las persecuciones contra los discípulos no vendrán de parte de personas indiferentes a la religión, sino de parte de individuos muy sinceros y muy devotos. Estas personas perseguirán a los discípulos creyendo ofrecer un sacrificio a Dios. A través de los siglos miles y miles de creyentes han sido perseguidos y asesinados por personas sinceramente equivocadas que persiguen y asesinan en el nombre de Jehová, de Alá o de Marx (Carson 1991.530). Saulo de Tarso no perseguía y encarcelaba a los seguidores de Jesús porque odiara a Dios, sino porque creía que lo que hacía era para su gloria y honra. Algunos de los crímenes más horrendos en la historia de la humanidad han sido cometidos en nombre de la religión por personas que sinceramente creían que estaban sirviendo a Dios. Los miembros del partido de los zelotes se llamaban así por su celo por Dios. Un zelote es por definición uno que está dispuesto a usar la violencia para honrar el nombre de Dios. Si proclamamos la verdad de Dios de una manera ofensiva y sin amor como lo hicieron los fuertes en 1 Corintios 8, podemos estar completamente equivocados aunque tengamos razón en lo que afirmamos. El hecho de que tengamos la razón no justifica que tratemos sin amor y consideración a los que no la tienen.

La partida de Jesús y sus discípulos, 16.4b-15

16.4b-6: Esto no os lo dije al principio, porque yo estaba con vosotros. Pero ahora voy al que me envió; y ninguno de vosotros me pregunta: ¿A dónde vas? Antes, porque os he dicho estas cosas, tristeza ha llenado vuestro corazón. La primera reacción de los discípulos al anuncio de la partida de Jesús es silencio. Durante su ministerio público Jesús guardaba silencio en cuanto a su partida, pero ahora que ha anunciado su partida los discípulos son los que guardan silencio. En vez de guardar silencio, deberían hacer preguntas en cuanto al destino y el propósito de la partida de Jesús. Precisamente porque los discípulos desconocen el destino, el propósito y las consecuencias de la partida de Jesús, se han llenado de tristeza. Jesús no ha anunciado su partida con la intención de entristecerlos, sino con el fin de consolarlos y llenar sus corazones de esperanza y paz. Pero los discípulos guardan silencio porque ya están anticipando lo peor. Tienen miedo de hacer preguntas porque temen que sus expectativas negativas sean confirmadas. Todavía no entienden que la partida de Jesús no significa derrota sino victoria.

Se puede ver también el silencio de los discípulos como una protesta. Si fuera así, los discípulos estarían protestando por la decisión de Jesús de no luchar y emplear la violencia para establecer el reino de Dios. Con frecuencia en las relaciones humanas se interpreta el silencio como una forma de protesta. Las personas que no están de acuerdo con algo prefieren guardar silencio.

A pesar de lo que Jesús ha dicho en el capítulo 14, los discípulos siguen creyendo que él los va a abandonar y dejar sin amparo en un mundo hostil donde experimentarán odio y persecución. No debemos huir de las preguntas difíciles de la vida por temor a encontrar respuestas desagradables. No debemos guardar silencio cuando no entendemos la voluntad de Dios; necesitamos entrar en diálogo con Dios y dar al Señor la oportunidad de corregir nuestra falta de entendimiento. Jesús quiere nuestras preguntas; quiere que luchemos con las preguntas difíciles de la fe. El fin que tiene Jesús con todo esto no es llenar nuestros corazones de tristeza, duda y perplejidad, sino darnos su seguridad y su paz.

Cuarta enseñanza sobre la obra del Paracleto, Juan 16.7-11

16.7: Pero yo os digo la verdad: Os conviene que yo me vaya; porque si no me fuere, el Consolador no vendría a vosotros; mas si me fuere, os lo enviaré. La partida de Jesús de este mundo tendrá consecuencias positivas para los discípulos de Jesús, sobre todo porque ella es una pre condición necesaria para la presencia del Paracleto entre los discípulos. En Juan 11.51 Caifás también había declarado que la partida de Jesús era necesaria para otorgar beneficios al pueblo de Dios. En verdad, la partida de Jesús traerá grandes beneficios a los hijos de Dios, pero no los que Caifás anticipara.

16.8-9: Y cuando él venga, convencerá al mundo de pecado, de justicia y de juicio. De pecado, por cuanto no creen en mí. La primera obra del Paracleto será la de poner de manifiesto o de desenmascarar el pecado del mundo. La palabra griega traducida como *convencer* en la *Reina Valera Revisada* es ἐλέγξει. Esta palabra puede tener varios significados, pero tomando en cuenta el contexto de este versículo y las otras dos veces que Juan la emplea (Juan 3.20 y 8.46), es mejor entenderla en el sentido de mostrar a alguien su pecado con el fin de llamarlo al arrepentimiento (Beasley-Murray 1987.280).

¿Cuándo mostrará el Paracleto al mundo su pecado? ¿En el día del juicio final o en el presente? Es mejor interpretar las palabras de Jesús en el sentido de que el Espíritu Santo realiza eso en el tiempo después de la resurrección por medio de la proclamación de la iglesia. Por medio del testimonio de los discípulos el Paracleto abrirá los ojos del mundo para que se den cuenta de su pecado y de su culpa. El ser humano por naturaleza no tiene dificultad en ver el pecado de los demás pero es ciego en cuanto a su propia culpa. Hay un refrán popular que dice: "El mono no ve su rabo." El mono ve claramente los rabos (los defectos y pecados) de los otros monos pero es ciego en cuanto a su propio rabo. El diablo, el dios de este mundo, ha cegado a sus hijos de modo que no vean su propio pecado. 1 Juan 2.11 declara que "el que aborrece a su hermano está en tinieblas, y anda en tinieblas, y no sabe a dónde va, porque las tinieblas le han cegado los ojos."

En el A.T. el rey David había cometido adulterio con la mujer de Urías heteo. Después, el mismo David planificó la muerte de Urías. Pero David no creyó que había hecho mal. El diablo le había cerrado los ojos para que no viera su pecado. El diablo le había cegado para que no se arrepintiera. El diablo quería que David muriera en su pecado. Pero no es la voluntad de Dios que las personas mueran en sus pecados. Dios más bien "quiere que todos los hombres sean salvos y vengan al conocimiento de la verdad" (1 Timoteo 2.3). Por eso el profeta Natán fue enviado para abrirle los ojos a David con la parábola del hombre pobre y su ovejita (2 Samuel 12). Al decir el profeta las palabras: "Tú eres aquel hombre", los ojos de David fueron abiertos y se arrepintió de su pecado.

El Paracleto acusará al mundo por no haber creído en Jesús. Por medio de la predicación de Pedro el día de Pentecostés el Paracleto convenció a tres mil personas de su culpa por no haber creído en Jesús. "Sepa, pues, ciertísimamente toda la casa de Israel, que a este Jesús a quien vosotros crucificasteis, Dios le ha hecho Señor y Cristo" (Hechos 2.36).

El que rehúsa creer en Jesús se trae condenación sobre sí mismo (Juan 3.18). En el día del juicio final los condenados serán condenados, no tanto por sus vicios y transgresiones de la ley, sino porque rechazaron a Jesús y su evangelio. "El que cree en el Hijo tiene vida eterna; pero el que rehúsa creer en el Hijo no verá la vida, sino la ira de Dios está sobre él" (Juan 3.36). El mundo tiene sus ideas sobre lo que es el pecado. Muchas de estas ideas son equivocadas o incompletas. El mundo, representado por los fariseos en el cuarto evangelio, estaba convencido que el pecado consistía en cosas tales como abrir los ojos de un ciego en el día de reposo (Juan 9.16,24-25), engañar al pueblo (Juan 7.12), sanar a un paralítico en el día de reposo (Juan 5.9) y hacerse igual a Dios (Juan 5.18). El Paracleto revelará al mundo cual es, en verdad, el pecado primario, madre de todos los vicios y transgresiones. Este pecado primario es la incredulidad, es rehusar creer que Jesús es Señor y Dios.

Cuando Jesús andaba físicamente entre los hijos de este mundo, él, por medio de sus palabras y señales, les abría los ojos para que se dieran cuenta de su pecado. En el capítulo 4 de Juan vimos cómo Jesús le declaró a la samaritana todo cuanto había hecho. Pero ahora Jesús se va físicamente del mundo. La obra de abrirle los ojos a los hijos de este mundo será dada al Paracleto. El Espíritu Santo, por medio de los discípulos, convencerá al mundo de su pecado. Por medio del Espíritu Santo la iglesia predicará la ley de tal manera que los seres humanos llegarán al conocimiento de su pecado. Cuando esto suceda los discípulos se darán cuenta que no han quedado solos, como huérfanos. Se darán cuenta que por medio del testimonio y la obra convencedora del Espíritu, Jesús todavía está con ellos.

16.10: De justicia, por cuanto voy al Padre, y no me veréis más. Cuando el hombre natural se da cuenta de su pecado, casi siempre busca la manera de justificarse delante de Dios y los demás. Se compara con otros como hizo el fariseo en el templo al declarar: "No soy como los otros hombres." Presenta sus buenas obras ante Dios, creyendo que sus justicias pueden cubrir o borrar sus malas obras. Por eso es necesario convencer al mundo, no sólo de pecado, sino también de justicia. La segunda obra del Paracleto será la de convencer al mundo de que su supuesta justicia (δικαιοσύνη) es insuficiente y no sirve para lograr su justificación. En el A.T. el profeta Isaías declaró: "...todos nosotros somos como suciedad, y todas nuestras justicias como trapo de inmundicia" (Isaías 64.6).

No podemos confiar en nuestras justicias. No seremos declarados inocentes ante Dios en el día del juicio en base a nuestras justicias, porque son tan limpias ante los ojos de Dios como un inmundo trapo menstrual. Es fatal confiar en la justicia de uno mismo, porque se deja de confiar en la justicia de Dios, que es la única que nos puede salvar. Los fariseos cuidaban rigurosamente sus tradiciones en cuanto al día de reposo porque era la forma de establecer su propia justicia (Juan 5). Al mismo tiempo condenaban a Jesús por sanar a un pobre inválido que en 38 años de aflicción no había encontrado reposo. En Romanos 10.3 San Pablo declara: "Porque ignorando la justicia de Dios y procurando establecer la suya propia, no se han sujetado a la justicia de Dios" (Véase también Daniel 9.18).

La justicia de Dios, que es nuestra única esperanza de salvación, es la justicia de la cual habla Pablo en Romanos 3.21-31. Es la justicia que experimentó la mujer sorprendida en adulterio en Juan 8.1-11. Puesto que el Padre puso el pecado de la mujer adúltera sobre su hijo en la cruz, Jesús pudo asegurarle: "Ni yo te condeno" (Juan 8.11). La justicia de Dios se basa en Jesús, el Cordero de Dios, que fue sacrificado en nuestro lugar y por nuestro pecado, así como el cordero de Abraham fue sacrificado en lugar de su hijo Isaac. Cuando somos llevados por el Espíritu Santo a confiar, no en nuestra propia justicia, sino en la de Dios, sabemos que no somos unos pobres huérfanos, abandonados por Dios en un mundo hostil. Por la segunda obra del Paracleto sabemos que Jesús está en medio nuestro.

Comentando sobre este versículo, Lutero asevera que la mayoría de los seres humanos creen que la justicia es una virtud por la cual nos hacemos aceptables ante Dios. Para el mundo la justicia consiste en hacer obras que nos ganan el mérito necesario para ser aceptados en el reino de Dios. Pero según el N.T., Dios cuenta como justo al que cree en Jesús. La justicia es por la fe. Tener fe en Jesús es mucho más que creer en su divinidad y sus milagros, es creer que él es un Señor misericordioso que ha tomado mis pecados sobre sí y me ha reconciliado con el Padre. Es confiar que mis pecados son suyos y su justicia es mía. Tal fe me hace aceptable al Padre. No hay condenación para los que están en Cristo (Romanos 8.1), porque sus corazones han sido purificados por la fe (Hechos 15.9) (Lenker 1988.III.126).

La razón por la cual el Paracleto logra convencer al mundo de la insuficiencia de su justicia es porque Jesús va al Padre. La frase "ir al Padre" es un resumen de toda la obra de Cristo, porque él va al Padre por medio de su sufrimiento, muerte, resurrección y ascensión. Si Jesús no hubiera ido al Padre por medio de la cruz y la resurrección no podríamos ser justificados, porque todas las obras humanas e instituciones religiosas de los seres humanos son insuficientes para hacernos justos. Una de las funciones de Jesús, durante su ministerio en la tierra, fue la de poner de manifiesto la insuficiencia de la justicia del mundo. Jesús hizo eso por medio de señales como la purificación del templo y el milagro de Caná. Lo hizo también con la pureza de su propia vida (Juan 8.46). En Juan 15.24 Jesús dijo: "Si yo no hubiese hecho entre ellos obras que ningún otro ha hecho, no tendrían pecado; pero ahora han visto y han aborrecido a mí y a mi Padre." Cuando queremos justificarnos delante de Dios, con frecuencia lo hacemos comparándonos con otros. Pero cuando uno se compara con Jesús, con sus obras y con su pureza de vida, se pone de manifiesto la insuficiencia de nuestras justicias. Cuando comparamos nuestras obras con las de Jesús podemos ver claramente que nuestras justicias son como un trapo de inmundicia. La ascensión de Jesús será la prueba de que el Padre ha puesto su sello de aprobación en las obras de Jesús.

El levantamiento en la cruz fue para el mundo la prueba contundente de que Jesús era un criminal culpable. Pero cuando el mundo levantó a Jesús en la cruz, el Padre lo levantó al cielo. El levantamiento de Jesús al cielo es la demostración de la inocencia de Jesús y la culpabilidad del mundo. La corte menor ha declarado culpable a Jesús, pero la corte suprema lo ha declarado inocente. Lamentablemente las cortes inferiores pueden equivocarse o ser sobornadas para emitir un juicio falso. Hay innumerables ejemplos que podemos leer en la prensa. Pero la corte suprema del Padre ha revocado la decisión de la corte inferior humana. Al poner a Jesús a su mano derecha, el Padre ha justificado a Jesús. Jesús ha sido vindicado (Juan 12.23; 13.31-32; 17.1,5; 1 Timoteo 3.16). El mundo se goza porque no verá más a Cristo, pero su gozo es el gozo de los condenados y malditos (Beasley-Murray 1987.282).

16.11: Y de juicio, por cuanto el príncipe de este mundo ha sido ya juzgado. La tercera obra del Paracleto será utilizar el testimonio de los discípulos para convencer al mundo de juicio. La crucifixión, muerte y ascensión de Jesús no son solamente el medio por el cual el Cordero de Dios quita el pecado del mundo, sino también el medio por el cual el mundo y su príncipe son juzgados.

El príncipe del mundo y sus agentes en la tierra condenaron a Jesús. En su incredulidad el mundo crucificó a Jesús. Los que lo crucificaron creyeron que Jesús era un falso profeta, que tenía un demonio, que era un samaritano. Creyeron que estaban crucificando a un criminal, no a su mesías. No creyeron que lo que habían hecho era un pecado. Creyeron que estaban haciendo un favor a Dios. Por eso condenaron a Jesús. Pero cuando el Padre lo resucitó de entre los muertos, declaró ante todo el mundo que Jesús había sido inocente, y los que lo habían crucificado, culpables. La resurrección y ascensión de Jesús ponen de manifiesto el pecado de los que no creyeron en el Hijo. La resurrección de Jesús pone de manifiesto que los que condenaron a Jesús en realidad se condenaron a sí mismos.

Así, el juicio del mundo ocurrió cuando el Hijo del Hombre fue levantado en la cruz y a la diestra del Padre. El doble levantamiento de Cristo es el juicio del mundo. En virtud de ese levantamiento el príncipe de este mundo perdió su poder como el acusador de nuestros hermanos y fue expulsado del cielo donde ejercía la función de acusador o Satanás (Apocalipsis 11.5; 12.10).

Cuando en Pentecostés los de Jerusalén se dieron cuenta que se habían condenado a sí mismos “se compungieron de corazón y dijeron a Pedro y a los otros apóstoles: Varones hermanos, ¿qué haremos? Pedro les dijo: Arrepentíos, y bautícese cada uno de vosotros en el nombre de Jesucristo para perdón de los pecados; y recibiréis el don del Espíritu Santo” (Hechos 2.37-38). El arrepentimiento y la fe en Jesús son los fines que persigue el Paracleto cuando convence al mundo de juicio por medio del testimonio de la iglesia. Cuando hombres y mujeres se arrepienten y creen, como en Hechos 2 y 3, sabrán que no han sido abandonados, que no están huérfanos. Sabrán que el Paracleto ha sido derramado sobre ellos.

Martín Lutero resumió las tres obras del Espíritu Santo en este texto afirmando que: 1- el pecado es la incredulidad, 2- la justicia es la fe y 3- el juicio es la cruz. En sus sermones sobre este texto, el reformador enfatizó que el Paracleto realiza su obra de convencer de pecado, justicia y juicio a través del testimonio de la santa iglesia cristiana. Los miembros de la iglesia convencerán al mundo de pecado, justicia y juicio. Por eso, este texto funcionaba para Lutero como la gran comisión de Mateo 28.19-20. Aquí Jesús autoriza a sus discípulos a proclamar el evangelio a todo el mundo. Por medio de la proclamación de la Palabra el Espíritu obrará el arrepentimiento y la fe en las almas, y por medio de la misma Palabra Satanás será encadenado (Lenker 1988.III.154). La misión de convencer al mundo de pecado, justicia y juicio es la tarea de cada evangelista, misionero, apóstol, pastor y maestro de la iglesia.

Nota litúrgica: En el leccionario de cuatro años del grupo litúrgico interconfesional de Gran Bretaña, Juan 16.1-11 es el evangelio para la fiesta de Ascensión en el año D, año de San Juan. Este es un texto que se presta admirablemente para la fiesta de la Ascensión porque enfatiza las consecuencias de la ascensión para una iglesia que está sufriendo el odio, la opresión y la persecución del mundo y las fuerzas satánicas.

Quinta enseñanza sobre la obra del Espíritu, Juan 16.12-15

16.12-13: Aún tengo muchas cosas que deciros, pero ahora no las podéis sobrellevar. Pero cuando venga el Espíritu de verdad, él os guiará a toda la verdad; porque no hablará por su propia cuenta, sino que hablará todo lo que oyere, y os hará saber las cosas que habrán de venir. Jesús introduce aquí un segundo beneficio de su partida: ahora los discípulos no pueden entender muchas de las enseñanzas del Señor porque el Espíritu de verdad aún no ha venido sobre ellos. Jesús va al Padre para enviarles el Paracleto a fin de que les ayude a entender el significado de las palabras que ahora no pueden comprender. De esta manera el Espíritu no sólo dará poder a los discípulos de proclamar la Palabra con valentía y persuasión, sino también la sabiduría de interpretar correctamente las palabras de Jesús. El Paracleto preservará a los discípulos de interpretaciones equivocadas, de doctrinas de hombres y de engaños del diablo. La segunda función del Paracleto será la de guiar al discípulo por el camino verdadero que es Cristo Jesús.

Uno ejemplo de cómo el Paracleto, después de la ascensión, guió a los discípulos a conocer la voluntad de Cristo es la historia de Cornelio en Hechos 10 y 11. La iglesia de Jerusalén no entendía que los gentiles podían entrar en el reino sin ser circuncidados según las prescripciones de la ley de Moisés. Por medio de la visión de Simón Pedro y el otorgamiento del Espíritu Santo a Cornelio y sus amigos, el Paracleto aclaró a los discípulos cuál era la voluntad de Dios para con los creyentes gentiles. Después de ver cómo el Paracleto había actuado, los miembros de la iglesia glorificaron a Dios y aceptaron a los gentiles como miembros de la iglesia según la enseñanza del Espíritu.

16.14-15: El me glorificará; porque tomará de lo mío, y os lo hará saber. Todo lo que tiene el Padre es mío; por eso dije que tomará de lo mío, y os lo hará saber. Al cumplir con su papel de guía y preceptor de los discípulos, el Espíritu Santo no buscará su propia gloria sino la de Jesús, así como Jesús nunca buscó su propia gloria sino la del Padre. De acuerdo a Juan 7.18, el verdadero apóstol, embajador o emisario siempre busca la gloria del que le envía, no la suya propia. Un profeta que busca su propia gloria tiene que ser, por definición, un falso profeta. El enviado fiel y verdadero es el que habla las palabras que le han sido encomendadas, no palabras de su propia invención. Lo que Jesús enseñó a sus discípulos es lo que recibió del Padre. Las enseñanzas e interpretaciones que aprenderán los discípulos del Espíritu Santo serán las palabras de Jesús. Lo que enseña el Paracleto no puede estar en desacuerdo con la palabra y el carácter del Jesús que conocemos en su encarnación, ministerio público, crucifixión, resurrección y ascensión.

Así, este texto no puede ser utilizado para justificar la proclamación de nuevas enseñanzas que no concuerdan con los libros canónicos de las Escrituras ni con el carácter de Jesucristo. Ejemplos de tales nuevas enseñanzas son el purgatorio, las indulgencias y el celibato obligatorio del clero. En la historia de la iglesia se han levantado muchos "profetas" como José Smith, William Soto Santiago y el reverendo Moon de Corea que anunciaron supuestas nuevas doctrinas que habían aprendido por inspiración directa del Espíritu Santo. Pero en muchos casos tales nuevas doctrinas estaban en desacuerdo tanto con la palabra escrita (la Biblia) como con la palabra viva (Jesucristo). Por eso es muy importante juzgar cada supuesta profecía o enseñanza nueva a la luz de la palabra escrita y del carácter del Jesús histórico, imagen visible del Dios invisible. Toda enseñanza, institución, práctica, tradición o ceremonia que no da gloria a Cristo no puede ser del Espíritu Santo.

Las confesiones luteranas enfatizan una y otra vez que el Espíritu Santo actúa por medio de la Palabra y los sacramentos y no aparte de ellos. Esto está de acuerdo con lo que dice Jesús en Juan 16.14-15. El Espíritu Santo no vendrá para revelarnos nuevas doctrinas como, por ejemplo, la fecha del fin del mundo, aunque muchos entusiastas, supuestamente hablando por inspiración del Paracleto, han anunciado el día, el mes y el año de la parusía. Lo que enseñará el Espíritu Santo a los discípulos es el significado de lo que Jesús ya ha enseñado, y cómo aplicar estas enseñanzas a nuestras vidas, nuestras culturas y nuestros tiempos. En los Artículos de Esmalcalda Lutero declaró: "El entusiasmo reside en Adán y sus hijos desde el comienzo hasta el fin del mundo, infundido en ellos e inyectado como veneno por el viejo dragón (Apocalipsis 12.9) y constituye el origen, la fuerza y el poder de todas las herejías y también del papado y del islamismo. Por eso debemos y tenemos que perseverar con insistencia en que Dios sólo quiere relacionarse con nosotros los hombres mediante su palabra externa y por los sacramentos únicamente. Todo lo que se diga jactanciosamente del espíritu sin tal palabra y sacramentos, es del diablo" (Meléndez 1989.324-325).

Hay una cadena por la que se transmite la enseñanza. Enseñamos al mundo lo que recibimos de los discípulos del Señor. Los discípulos nos enseñaron lo que recibieron del Espíritu. El Espíritu enseñó lo que recibió de Cristo y Cristo reveló lo que recibió del Padre. El trabajo del Paracleto es ayudar, tanto a los discípulos como a nosotros, a recordar y proclamar lo que Jesús enseñó. No consiste en revelarnos nuevas doctrinas que nunca fueron enseñadas por el Señor. La misión del Espíritu Santo es ayudarnos a no olvidar o mal interpretar la verdad, sino a descubrir su verdadero significado para nuestra vida, ministerio y misión.

Nota litúrgica: En el leccionario tradicional de un año de la iglesia occidental que encontramos en *Culto Cristiano*, Juan 16.5-15 es el evangelio para el cuarto domingo después de Pascua. Este domingo se llama *Cantate*, que es la primera palabra del introito en latín (Cantad al Señor cántico nuevo). La promesa del Espíritu Santo que Cristo da a su iglesia en este texto es razón suficiente para que todos entonen al Señor un cántico nuevo. En el leccionario de tres años que aparece en *¡Cantad al Señor!* Juan 16.12-15 es el evangelio para la fiesta de la Santa Trinidad en el año C, año de San Lucas.

La partida y el retorno de Jesús, Juan 16.16-24

16.16: Todavía un poco, y no me veréis; y de nuevo un poco, y me veréis; porque yo voy al Padre. Esta sección del discurso de despedida comienza con una referencia a dos períodos del tiempo dentro de "la hora" de Jesús que ya ha comenzado. Se refiere al primer período dentro de "la hora" con las palabras "todavía un poco." Éste será un tiempo de tristeza, tribulación y dolor en el que los discípulos no verán a Jesús. Se refiere al segundo período dentro de "la hora" de Jesús al decir "y de nuevo un poco." Este período se caracterizará porque los discípulos podrán ver a Jesús. Será un tiempo de gozo y alegría. El hecho de que Juan emplee la frase "un poco" siete veces durante esta parte del discurso indica su importancia.

¿De cuáles dos tiempos está hablando Jesús aquí? Esta pregunta ha sido contestada de varias maneras por intérpretes antiguos y modernos. A continuación presentamos las principales interpretaciones de Juan 16.16-26 que siguen estando bajo discusión todavía hoy.

Primera interpretación: Según D. A. Carson, Jesús está hablando aquí sólo del tiempo de su crucifixión y resurrección. El primer período corto (*un poco* μικρόν en griego o *modicum* en latín) se refiere al tiempo en que Jesús está en la tumba. Es el período corto entre la crucifixión y la resurrección del Señor. Jesús ya había hablado de este tiempo en Juan 13.33 y 7.33. El segundo período es el tiempo entre la resurrección y la ascensión de Jesús, cuando los discípulos vieron al Cristo resucitado y se llenaron de regocijo. Para apoyar su interpretación, Carson señala que los verbos *llorar* (κλαύσετε) y *lamentar* (θρηνήσετε) en Juan 16.20 siempre ocurren en conexión con la muerte (11.31,33; 20.11,13,15). La palabra que se traduce con *dolor* (λύπη) usualmente se refiere al dolor que se siente ante la muerte de un ser querido (1991.543-544).

Segunda interpretación: Intérpretes como C. K. Barrett, San Agustín y Newbigin creen que el evangelista narró las palabras de Jesús en Juan 16.16-24 con el fin de que fueran entendidas en dos sentidos a la vez. Según Barrett, el primer período corto (μικρόν) se refiere, tanto al tiempo de Jesús en la tumba, como al tiempo entre la ascensión de Jesús y su segunda venida. La tristeza y persecución de los discípulos en el primer tiempo serán un anticipo del odio y las persecuciones que sufrirán en el tiempo después de la ascensión y hasta la parusía. El gozo de los discípulos en el día de la resurrección es un anticipo del gozo que sentirá la iglesia cuando Jesucristo vuelva para estar siempre con los suyos (Barrett 1978.498). Los que abogan en favor de interpretar las palabras de Jesús aquí en un sentido escatológico señalan que la frase "en aquel día" es una expresión técnica que en la literatura profética casi siempre significa el día de Jehová. Según esta interpretación, la muerte de Jesús es una figura del fin del mundo presente mientras la resurrección de Jesús es una figura de la nueva creación que Jesús traerá en su segunda venida (Newbigin 1982.219). Los sufrimientos en el tiempo presente no significan que Dios haya abandonado a su iglesia. Son los dolores de parto que fueron profetizados en las Escrituras, y que tienen que ocurrir antes de que entremos en el reino.

Tercera interpretación: Otros creen que el primer período corto (μικρόν) se refiere tanto al tiempo de Jesús en la tumba como al tiempo de la tribulación que ocurrirá inmediatamente antes de la segunda venida del Hijo del Hombre. Basándose en textos proféticos del A.T. como Isaías 26, tanto los rabinos de la sinagoga como los esenios de Qumram creían que, antes del fin del mundo y del juicio final, tenía que venir un tiempo de prueba y tribulación para el pueblo de Dios. Los rabinos dieron a este tiempo de tribulación el nombre de "los dolores de parto del mesías" o "los dolores de parto del reino." Es decir, antes de nacer el mesías, su madre Israel tenía que sufrir grandes dolores de parto. Estos dolores de parto serían los ataques y las persecuciones lanzadas contra Israel por las naciones de los gentiles. El libro del Apocalipsis también habla de un tiempo de tribulación antes del fin e identifica a la innumerable multitud de personas vestidas en ropas blancas como "los que han salido de la gran tribulación, y han lavado sus ropas, y las han emblanquecido en la sangre del Cordero" (Apocalipsis 7.14; véase también Apocalipsis

12.1-17). Algunos intérpretes hasta hablan de una triple interpretación de Juan 16.16-24. Según esta interpretación triple, el tiempo de sufrimiento, tribulación y tristeza es: 1- el tiempo de Jesús en la tumba, 2- el tiempo entre la ascensión y la parusía y 3- el tiempo de tribulación inmediatamente antes del fin del mundo.

Lutero también asevera que el primer período corto se refiere al tiempo entre el arresto de Jesús el Jueves Santo por la noche y su aparición a María Magdalena el domingo por la mañana. Pero para Lutero el primer μικρόν puede ser comparado con los tiempos de tribulación, tentación y dolor en nuestras propias vidas. En la exposición de Lutero, los tiempos de tribulación en nuestras vidas siempre nos parecen como una eternidad en comparación con el gozo que nos espera, pero en realidad estos tiempos de prueba son "un poco" de tiempo. Durante nuestras aflicciones nos parece como si Dios hubiera desaparecido y nos hubiera dejado solos. Para consolarnos en nuestras aflicciones y tribulaciones, el Espíritu Santo nos recuerda las palabras de Jesús en este discurso, para que sepamos que nuestras tribulaciones son de corta duración. Después nuestras tristezas se convertirán en gozo. Según Lutero, las aflicciones de los cristianos les sirven para que confíen en Cristo y no en sus propias fuerzas. Nos enseñan a confiar en Cristo y a no confiar en ninguna otra criatura (Lenker 1988.I.77).

16:17-18 Entonces se dijeron algunos de sus discípulos unos a otros: ¿Qué es esto que nos dice: Todavía un poco y no me veréis; y de nuevo un poco, y me veréis; y, porque yo voy al Padre? Decían, pues: ¿Qué quiere decir con: Todavía un poco? No entendemos lo que habla. La situación ha cambiado. En Juan 16.5 los discípulos guardaban silencio; no hacían ninguna clase de pregunta. Los discípulos tenían sus dudas y tal vez guardaban silencio como una forma de protesta, pero ahora comienzan a hacer toda clase de preguntas y comentarios. El problema es que están completamente enredados y confusos en cuanto al significado de las palabras de Jesús. Peor todavía es el hecho de que no dirigen sus comentarios y preguntas a Jesús sino que disputan entre sí. Lo que están discutiendo tiene que ver con la partida de Jesús y su retorno al mundo.

Las palabras de Jesús: "Yo voy al Padre" significan sencillamente que Jesús va a entrar en una vida nueva y eterna. A través de su muerte Jesús entrará plenamente en su reino, donde no habrá más dolor, sufrimiento, tribulación, enfermedad o muerte. Según Lutero, los discípulos malentendieron las palabras de Jesús porque todavía creían que Jesús tendría que entrar en su reino por medio del establecimiento de un gobierno político de este mundo (Lenker 1988.I.88). Con frecuencia nuestros conceptos de la realidad y nuestras filosofías políticas, sociales y económicas pueden servir para malentender las palabras del evangelio. Todavía el tema del retorno de Jesús es una enseñanza que tiene confundidos a muchos discípulos modernos del Señor. Como los discípulos en el aposento alto, muchos discípulos modernos se enredan porque pasan el tiempo porfiando entre sí en vez de recordar lo que Jesús mismo ha dicho.

Las consecuencias de la partida y el retorno de Jesús, Juan 16.19-24

16.19-20: Jesús conoció que querían preguntarle, y les dijo: ¿Preguntáis entre vosotros acerca de esto que dije: Todavía un poco y no me veréis, y de nuevo un poco y me veréis? De cierto, de cierto os digo, que vosotros lloraréis y lamentaréis, y el mundo se alegrará; pero aunque vosotros estéis tristes, vuestra tristeza se convertirá en gozo. En opinión de Lutero, hay muchas clases de sufrimiento, dolor y aflicción en nuestras vidas. Nos afligimos cuando perdemos posesiones, salud, amigos, familiares, honor, el cónyuge o la vida. Pero la tristeza más grande es perder a Cristo. Según Lutero, se experimenta la pérdida de Cristo cuando se cae en pecado, como ocurrió cuando Simón Pedro negó al Señor tres veces. Entonces nuestra conciencia, la ley y Satanás nos atacan y acusan. Nos sentimos solos, angustiados y sumergidos en la tristeza y lloramos amargamente como los discípulos del Señor después de la crucifixión. Pero entonces viene Cristo nuevamente con las palabras de absolución, llamándonos por nuestro nombre y diciéndonos: "Paz a vosotros." El gozo de encontrar a Jesús en las palabras de la absolución es como el gozo de María Magdalena cuando encontró a Jesús en el jardín, después de su resurrección. En las palabras de la absolución nuestra tristeza se convierte en el gozo más grande.

En un sermón predicado en 1542, Lutero también compara el período corto de sufrimiento de los discípulos (μικρόν) con las tribulaciones de los ministros del evangelio en el tiempo presente (Lenker 1988.I.97-109). En la exposición de Lutero, los enemigos de los discípulos también experimentan gozo, aunque es muy diferente al que experimentarán los discípulos del Señor. El mundo se goza en los sufrimientos de los demás. En los tiempos de las persecuciones de los primeros cristianos los enemigos de los discípulos se gozaban al ver a los seguidores de Cristo quemándose en la hoguera o siendo despedazados por las fieras en el estadio. Se cuenta que en el día de la masacre de San Bartolomé, la reina de Francia no podía contener su risa al presenciar la agonía que sufrían los mártires hugonotes en las llamas de la hoguera. Lutero afirma que muchos gozosamente estarían dispuestos a perder un ojo si con eso lograran que sus enemigos quedaran totalmente ciegos. Pero el gozo de los enemigos del evangelio se convertirá en llanto y dolor con el retorno del Señor. Ese día el gozo de los discípulos alcanzará su plenitud.

16.21: La mujer cuando da a luz, tiene dolor, porque ha llegado su hora; pero después que ha dado a luz un niño, ya no se acuerda de la angustia, por el gozo de que haya nacido un hombre en el mundo. La metáfora del nacimiento que describe la experiencia del que llega a ser discípulo del Señor, la empleó Jesús en el diálogo con Nicodemo en el capítulo tres. Se la usa aquí nuevamente para describir la experiencia del discípulo cuando pasa de la tristeza, el dolor, y el sufrimiento de una fe incompleta al gozo y la alegría de una fe plena en el Cristo resucitado. Así como le viene su "hora" a la mujer embarazada, así le ha venido su "hora" a Jesús. Ya hemos enfatizado en repetidas oportunidades que "la hora de Jesús" no es solamente su hora de sufrimiento y muerte, sino también la hora de su resurrección, ascensión y exaltación a la diestra del Padre. Así también en la "hora" de la mujer encinta se incluyen, no sólo dolor y sufrimiento, sino también alegría y gozo.

Muchos textos proféticos del A.T. también describen las tribulaciones que tendrá que sufrir el pueblo de Dios antes de la venida del mesías como los dolores de parto de una mujer que está por dar a luz (Miqueas 4.9-10; Jeremías 13.21; Isaías 21.2-3; 26.16-21; 66.7-14). Puede ser que Jesús tuviera en mente Isaías 26.16-21 cuando hablaba con sus discípulos, puesto que este texto también tiene las palabras "por un momento" y "su hora" y también hablan de la resurrección (Carson 1991.544). Estos textos enfatizan que el tiempo de sufrimiento que tendrá que pasar el pueblo de Dios en el período de tribulación antes de la venida del mesías será corto en comparación con el tiempo de gozo y alegría que pasarán con el Señor en su reino. Por eso, los fieles deben soportar los sufrimientos presentes sin desmayar o volverse atrás, porque durarán poco tiempo. Según 1 Tesalonicenses 5.3, la destrucción final vendrá repentinamente sobre los enemigos del evangelio como vienen los dolores de parto a la mujer que está por dar a luz.

16.22: También vosotros ahora tenéis tristeza; pero os volveré a ver, y se gozará vuestro corazón, y nadie os quitará vuestro gozo. Al comenzar el segundo período, la tristeza de los discípulos terminará. El tiempo de dolor, sufrimiento y tribulación es muy corto y pasajero en comparación con el tiempo de gozo que vendrá después. Tan grande será el gozo de los discípulos después del retorno de Jesús que no recordarán los sufrimientos del primer período cuando estaban sin la presencia del Señor.

16.23: En aquel día no me preguntaréis nada. De cierto, de cierto os digo, que todo cuanto pidiereis al Padre en mi nombre, os lo dará. En los versículos 17 y 18 los discípulos estaban muy enredados, confusos y perplejos; hacían toda clase de preguntas en cuanto a la partida y el retorno de Jesús sin entender nada. Las preguntas, dudas y mal interpretaciones son propias del primer período, del cual Jesús había hablado en el v.16. Pero en el segundo período, después de la resurrección, no habrá necesidad de hacer preguntas porque los discípulos entenderán perfectamente el ministerio y la misión. El Espíritu Santo les ayudará a entender quién es Jesús, y cuál es su relación con el Padre. Los discípulos están confundidos ahora porque aún no ha venido sobre ellos el Paracleto prometido.

Nota litúrgica: En el leccionario tradicional de la iglesia occidental preservado en *Culto Cristiano* Juan 16.16-23 es el santo evangelio para Jubilate, el tercer domingo después de Pascua. Este domingo recibe su nombre de las primeras palabras del introito: "Aclamad a Dios con alegría."

16.24: Hasta ahora nada habéis pedido en mi nombre; pedid y recibiréis, para que vuestro gozo sea cumplido. Aunque en los evangelios sinópticos (Mateo 7.7-11; Lucas 11.9-13) Jesús había dado a sus discípulos importantes instrucciones en cuanto a cómo orar, todavía no ha autorizado a los discípulos a orar en su nombre, porque Jesús todavía no había ofrecido su vida en sacrificio por la humanidad. Todavía no ha subido a la diestra del Padre para ser el mediador y abogado de los suyos. Pero en "aquel día", el día de su glorificación, el Señor resucitado reinará a la derecha del Padre como intercesor eficaz y soberano (George 1965.47). Pero Jesús será más que intercesor, él mismo atenderá personalmente las rogativas de sus discípulos puesto que el Padre le ha entregado a él el cuidado de los suyos. La ascensión del Señor, por eso, no será una pérdida para los discípulos, sino una ganancia, ya que tendrán la seguridad de que sus peticiones serán atendidas por el Padre y el Hijo.

Tanto en sus dos catecismos como en sus sermones y comentarios Lutero no dejaba de subrayar la importancia de la promesa que el Señor nos ha dejado en este texto, de atender a las oraciones que ofrecemos en su nombre. Sin esta promesa no podríamos orar con seguridad y confianza. Muchas personas en nuestra sociedad oran y rezan a toda clase de espíritus, ánimas, santos, ángeles y otros intercesores, porque tienen miedo o pena de dirigir sus oraciones directamente al Padre creador. Creen que sus oraciones al Padre no serán atendidas debido a sus muchos pecados e infidelidades, y hasta piensan que Dios podría maldecirlos por su osadía, ya que, siendo personas impuras, oran al que es santo por excelencia.

Hace años una señora me confesó lo siguiente: "No sé si el Dios a quien ustedes adoran quisiera escuchar mis oraciones. No soy una santa. Tengo mis antecedentes. Si yo, siendo pecadora, me atrevo a orar al santo Dios, él me podría castigar. Además, él está muy ocupado; no sé si tiene tiempo para atender a una persona tan insignificante como yo. Pero yo sé que hay un ser que siempre me amaba y que siempre tenía tiempo para ayudarme en mis problemas. Esa persona era mi difunta madre. Era una persona muy buena y comprensiva. Estoy segura que el espíritu de mi madre está cerca de Dios. Por eso, todas las noches, antes de acostarme, oro al espíritu de mi querida madre."

La mujer que todas las noches reza a su difunta madre y todas las demás personas que dirigen sus peticiones a otros intercesores necesitan fijarse en las palabras de nuestro texto. Jesús asegura a sus discípulos que a pesar de sus pecados y sus debilidades, el Padre mismo los ama porque han amado a Dios y han creído que Jesús salió de Dios. A pesar de nuestra indignidad, pobreza y débil fe, Jesús no sólo promete escucharnos, sino que nos manda a que oremos al Padre en su nombre (Lenker 1988.III.168). Orar en el nombre de Jesús es orar, no confiando ser escuchados por nuestra dignidad, nuestros méritos o nuestras obras. Precisamente porque somos indignos, sin mérito y pecadores, necesitamos orar. Orar en el nombre de Jesús es orar con la confianza de que Dios nos atenderá en base a los méritos, la dignidad y las obras de nuestro Señor Jesucristo.

A la vez es necesario subrayar que la oración en el nombre de Jesús no es una fórmula mágica que garantiza los resultados deseados cada vez que pronunciamos las palabras "en el nombre de Jesús." La oración no funciona *ex opere operato*, es decir, sin fe de parte del que ora. La promesa que Jesús nos da aquí exige fe en la promesa (Santiago 1.5-7; 1 Juan 5.14-15). Según Lutero, cantar los salmos sin fe, o repetir sin pensar las palabras del Padrenuestro no es orar, porque es pedir sin fe. Orar en el nombre de Jesús significa orar con fe. Una oración en el nombre de Jesús es verdadera cuando llegamos ante Dios con la confianza de que Cristo es nuestro mediador y de que seremos atendidos por lo que Jesús hizo en la cruz. Si creemos que Dios atenderá nuestras oraciones porque son muchas, largas o muy devotas, nos engañamos a nosotros mismos. Si oramos a otros mediadores, mostramos que nos falta la fe en la promesa y en la obra redentora de Jesús y la fe en el amor del Padre y del Hijo. Jesús aquí nos llama a pedir en su nombre, es decir, en el nombre de Jesús, y no en el nombre de otros mediadores.

Nota litúrgica: Juan 16.12-24 es el evangelio para el quinto domingo después de Pascua para el año B en el leccionario de cuatro años del grupo litúrgico interconfesional de Gran Bretaña. El tema del quinto domingo después de Pascua es la oración en el nombre de Jesús. Véase las notas al final de Juan 16.33 en este comentario.

Jesús anuncia a los discípulos la naturaleza y el contenido de su revelación, Juan 16.25-28

16:25-27: Estas cosas os he hablado en alegorías; la hora viene cuando ya no os hablaré por alegorías, sino que claramente os anunciaré acerca del Padre. En aquel día pediréis en mi nombre; y no os digo que yo rogaré al Padre por vosotros, pues el Padre mismo os ama, porque vosotros me habéis amado, y habéis creído que yo salí de Dios. Durante el ministerio terrenal de Jesús, muchas personas se frustraron ante sus parábolas, señales y hechos. No podían entender su verdadero significado. Eran como misterios o enigmas. Pero Jesús profetiza que cuando venga el Paracleto, estos misterios y enigmas quedarán resueltos. La hora de la que habla Jesús en este versículo es la hora que comienza después de su resurrección de entre los muertos. Esa hora se extenderá indefinidamente hacia el futuro (Segovia 1991.261). A la luz de la resurrección y con la dirección del Paracleto los discípulos podrán entender el verdadero significado, no solamente de las parábolas de Jesús, sino también de sus señales, su ministerio y su misión. Entenderán porqué Jesús tuvo que venir, humillarse y morir en una cruz. Antes de la resurrección los discípulos no podían comprender estas cosas. No podían comprender cuál era la verdadera relación entre Jesús y el Padre. En repetidas oportunidades confesaban que Jesús era el profeta como Moisés, un mesías político, un hombre divino o un taumaturgo, pero no podían comprender que Jesús fuera el *Logos* encarnado, el gran *Yo soy*. Hemos visto anteriormente que una de las características de ese evangelio es un énfasis en los equívocos y los malentendidos de los discípulos.

Para guiar poco a poco a sus discípulos a la verdad, Jesús empleaba muchas diferentes figuras, imágenes, símbolos, metáforas y parábolas. Hablaba de sí mismo como el pan de la vida, la luz del mundo, la resurrección y la vida; como el que ha visto a Abraham; como el camino, la verdad y la vida; el que da agua de vida, aquel en quien se ve al Padre. Los discípulos entendían estas figuras solamente en forma parcial. Recién después de la pascua, cuando el Espíritu Santo fue derramado sobre ellos, entendieron el verdadero significado de todas estas figuras. Después que el Paracleto les abrió los ojos, no tuvieron más necesidad de preguntar quién es Jesús (George 1965.48-49).

Uno de los mejores ejemplos de la actividad del Paracleto en explicar el verdadero significado del misterio y de las obras de Jesús es el hecho de que el evangelio de Juan fue escrito. El evangelio de Juan no es otra cosa que el Paracleto abriendo nuestros ojos para entender el misterio de Jesús. Muchos han llamado al evangelio de Juan el evangelio espiritual, porque esta obra, más que cualquiera otra, nos ayuda a entender el misterio de la piedad (1 Timoteo 3.16).

Una vez que Jesús haya ofrecido el sacrificio perfecto de expiación y haya resucitado de entre los muertos, no necesitará implorar al Padre que escuche nuestras oraciones. Después de su resurrección Jesús no necesitará más pedir al Padre que no nos destruya en su ira. Puesto que Jesús con su sacrificio nos ha reconciliado con el Padre, el Padre mismo nos ama y por eso podremos, como dice Lutero, suplicarle con valor y plena confianza como hijos amados a su amoroso Padre.

Es importante notar aquí cómo Jesús habla del Padre como el que quiere y se preocupa por los discípulos y que está dispuesto a recibir sus oraciones sin necesidad de un mediador. De esta manera, Jesús está enfatizando que el Padre es una persona con sentimientos y emociones y no simplemente una primera causa o una abstracción filosófica. Es muy difícil orar a una causa primera o seguir a una abstracción filosófica. Demasiadas veces la religiosidad popular ha operado con un concepto del Padre y del mismo Jesucristo como divinidades lejanas y deshumanizadas. Las ideas que tiene la religiosidad popular acerca de Jesús y del

Padre son productos de una cristología ibérica que en su lucha por defender la divinidad de Cristo ante los arrianos y musulmanes casi se olvidó de su humanidad (Galilea 1979.75). Por eso es imprescindible enfatizar la enseñanza que Jesús nos da acerca del Padre, esto es, que el Padre es nuestro amigo, que él es amor, que él quiere relacionarse con nosotros, que él quiere estar en comunicación con sus hijos.

16.28-29: Salí del Padre, y he venido al mundo; otra vez dejo el mundo, y voy al Padre. Le dijeron los discípulos: He aquí ahora hablas claramente, y ninguna alegoría dices. Jesús presenta aquí a los discípulos un pequeño credo o resumen de la fe. En este credo afirma que él tiene su origen en el Padre, quien lo ha enviado al mundo para cumplir con un ministerio. Ha venido para revelar al mundo el amor del Padre. Después de terminar su ministerio, Jesús volverá al Padre. Los discípulos ahora entienden que Jesús les está hablando con toda claridad. El tiempo de la parábolas ha llegado a su fin.

16.30: Ahora entendemos que sabes todas las cosas, y no necesitas que nadie te pregunte; por eso creemos que has salido de Dios. Aunque los discípulos profesan entender lo que Jesús les está diciendo, es obvio que todavía no comprenden. Todavía no han recibido el Espíritu Santo, y sin él nadie puede entender a Jesús. Sin el Espíritu Santo nadie puede tener una fe completa y madura. A veces nos engañamos a nosotros mismos y, como los discípulos, creemos que podemos engendrar la verdadera fe en nosotros por medio de nuestros estudios, devociones, nuestra sinceridad y el empleo de toda clase de ejercicios y técnicas espirituales. Pero la fe no es un producto de nuestros esfuerzos espirituales y mentales; es un don del Paracleto. Por eso necesitamos orar constantemente: "Ven, Espíritu Creador, visita nuestro corazón. Tú lo creaste; llénalo del fuego de tu santo amor" (*Culto Cristiano,* himno 87).

16.31-32: Jesús les respondió: ¿Ahora creéis? He aquí la hora viene, y ha venido ya, en que seréis esparcidos cada uno por su lado, y me dejaréis solo; mas no estoy solo, porque el Padre está conmigo. La respuesta de Jesús sirve para desinflar las pretensiones de los discípulos. Jesús bien sabe que pronto todos los discípulos le abandonarán y que uno de ellos le negará tres veces. El Jesús de los cuatro evangelios siempre actúa para llamar la atención a los seres humanos cuando tienen una estimación demasiado alta de su fe y de sus capacidades espirituales (Juan 6.68-70; 8.38; Marcos 8.29-33; 10.28-31,38-40; 14.29-31). Necesitamos recordar siempre que somos pecadores salvados por gracia y que cualquier cosa que logramos en la iglesia se debe, no a nuestra fe, coraje o virtud, sino a lo que Cristo ha hecho y sigue haciendo en nosotros.

16.33: Estas cosas os he hablado para que en mí tengáis paz. En el mundo tendréis aflicción; pero confiad, yo he vencido al mundo. En Juan 14.25-27 el Señor hizo un contraste entre la paz que ofrece el mundo y la paz que él da. En Juan

16.33 Jesús hace un contraste entre la paz que los discípulos tendrán en él y la tribulación que tendrán en el mundo. La palabra *tribulación* (θλῖψιν en griego) se usa en muchos textos apocalípticos para referirse a los sufrimientos y pruebas por los que tendrán que pasar los creyentes antes de la segunda venida del Señor. Las palabras *he vencido* (νενίκηκα en griego) provienen del mismo verbo que se usa repetidas veces en Apocalipsis 2 y 3 para designar al conquistador cristiano, esto es, al que vencerá todas las pruebas, tentaciones y aflicciones para ser fiel hasta la muerte. Como en el libro del Apocalipsis la victoria de Jesús sobre el mundo servirá de garantía y base de victoria para los discípulos que llevan a cabo su misión y ministerio en el mundo. Podemos ser vencedores porque Jesús en su muerte, resurrección, ascensión y regreso al Padre es vencedor. Esta es la esperanza que da confianza al discípulo en medio de la oposición, persecución, odio y tribulación. A pesar de la persecución, el odio del mundo, la oposición del diablo y de sus enemigos, Jesús termina su discurso de despedida con un grito triunfal: Yo he vencido al mundo. Jesús en su discurso de despedida ha preparado a sus discípulos para el futuro y les ha prometido la plenitud de su Espíritu para que ellos también puedan concluir sus ministerios y sus vidas con el mismo grito triunfal.

Nota litúrgica: Juan 16.23-30 es el evangelio tradicional para el quinto domingo después de Pascua. En la liturgia tradicional de *Culto Cristiano* este domingo se conoce como Rogate o el domingo de ruego. Como lo indica su nombre, el tema es la oración en el nombre de Jesús. En la antigua Roma se celebraba una procesión pagana el 25 de abril en la que se invocaba al dios de las cosechas para que protegiese los cereales. En el siglo IV esta fiesta pagana fue sustituida por una celebración cristiana con sus letanías y procesión. En el año 592 d.C. San Gregorio convocó a los fieles de Roma para participar de una procesión cristiana que partía de San Lorenzo en Lucina y terminaba en San Pedro con la celebración de la misa. En su ruta, los fieles se paraban en numerosas iglesias para elevar sus letanías y pedir al Señor que alejase los castigos que habían merecido por sus faltas y negligencias y que bendijese los frutos de la tierra (Bornert 1965.20). Así es como comenzó la celebración del domingo Rogate en la liturgia de la iglesia cristiana occidental.

En muchos países la celebración del domingo Rogate coincide con el comienzo de las lluvias de la primavera. Es el tiempo cuando los campesinos preparan sus tierras para la siembra. Así, el domingo Rogate es el día cuando los fieles piden a Dios que envíe las lluvias y que bendiga los frutos de la tierra y dé éxito al trabajo de los campesinos. Como parte de esta celebración, se acostumbraba en muchas iglesias llevar las semillas al templo para que el pastor las bendijese antes de sembrarlas. Puesto que el domingo Rogate cae en el mismo tiempo del año cuando se celebra el día internacional del trabajador (1 de mayo), sería aconsejable incorporar en nuestra celebración del día del trabajador no sólo la bendición de la semilla, sino de todos los trabajos que desempeñan los miembros de la parroquia.

Juan 16.25-33 es también el evangelio para el quinto domingo de Pascua en el leccionario de cuatro años del grupo litúrgico interconfesional de Gran Bretaña para el año D, año de San Juan.

Capítulo 17

En este capítulo Jesús termina su discurso de despedida con lo que ha sido denominada *la oración sumo sacerdotal de Jesús*. En las Escrituras y en la literatura seudo epígrafe los discursos de despedida con frecuencia terminan con una larga oración, como por ejemplo, la oración de despedida de Moisés en Deuteronomio 32-33, la oración de despedida de Jacob en Génesis 49 y la oración de despedida de Abraham en Jubileos 22. En 4 Esdras 8.19-36 está la oración de despedida de Esdras mientras que la oración de despedida de Baruc se encuentra en 2 Baruc 48. Una semejanza notable entre la oración de despedida de Moisés y la oración sumo sacerdotal de Jesús está en la preocupación que tiene el que ora por el bienestar futuro de su pueblo. Como muchas otras plegarias judías, tanto la oración de Moisés como la de Jesús, alternan con referencias al pasado, donde alaban a Dios por la misericordia que ha mostrado a los suyos, y con referencias al futuro, donde piden que el Padre siga guardando y protegiendo a su pueblo en el futuro como lo hizo en el pasado (Léon-Dufour 1995.223-234).

La oración de Jesús en Juan 17 es la más larga de las oraciones que tenemos en el N.T., y en ella encontramos un resumen de los principales temas del cuarto evangelio, como por ejemplo, la obediencia de Jesús a la voluntad del Padre, la glorificación del Padre por medio de la muerte y exaltación del Hijo, la elección de los discípulos, la vida eterna, la misión universal de los discípulos y de la iglesia, la unidad del Padre y del Hijo, y la unidad de Jesús con sus discípulos (Carson 1991.551).

El teólogo luterano David Chytraeus (1530-1600) designó a esta porción "oración sumo sacerdotal de Jesús", porque aquí encontramos a Jesús intercediendo por su pueblo. Así como el sumo sacerdote de Israel oraba antes de entrar en el lugar santísimo para ofrecer el sacrificio de la expiación, Yom Kippur, así Jesús ora en preparación para sacrificarse a sí mismo por los pecados del mundo.

Se debe tomar en cuenta que la oración sumo sacerdotal de Jesús es a la vez una oración misional. Desde el punto de vista de Jesús es una intercesión a favor de sí mismo, los discípulos y la iglesia, pero desde el punto de vista de los discípulos es una exhortación misionera (Okure 1988.218).

La mayoría de los estudiosos dividen la oración de Jesús en tres partes: 1- Jesús intercede por sí mismo, vv. 1-5. 2- Jesús intercede por los discípulos, vv. 6-19. 3- Jesús intercede por la iglesia, vv. 20-26. Como la oración que Jesús oró ante la tumba de Lázaro (Juan 11.42), la oración de consagración del Señor tiene una función didáctica. Sirve para fortalecer a los discípulos en su fe, su amor y su misión y para ser un modelo para sus propias oraciones. Jesús ora para que el sacrificio de sí mismo, que está por ofrecer, logre su propósito, la expiación de los pecados del mundo. A la vez, Jesús ora para que los seres humanos reciban en sus vidas todos los beneficios de ese sumo sacrificio.

1. Jesús intercede por sí mismo, Juan 17.1-5

17.1: Estas cosas habló Jesús, y levantando los ojos al cielo, dijo: Padre, la hora ha llegado; glorifica a tu Hijo, para que también tu Hijo te glorifique a ti. La oración sumo sacerdotal de Jesús comienza con el anuncio de la llegada de la hora que fue anunciada por primera vez en Juan 2.4. Pero la llegada de la hora designada por el Padre, la hora del sacrificio de Jesús, no es causa de lamentos y quejidos o para una resignación fatalista, sino que es tiempo para orar (Carson 1991.553). Lo que pide Jesús es que su vida sea recibida como un sacrificio aceptable y que después de su muerte sea levantado de la tumba al trono de la gloria del Padre. El Señor ruega que el Padre sea glorificado en el Hijo y el Hijo en el Padre. O sea, que el amor del Padre para el mundo se vea en el sacrificio del Hijo y que en ese mismo sacrificio se vea el amor del Hijo para con el Padre y para con el mundo. La verdadera gloria de Dios es su amor por el mundo. El hecho de que Jesús ora en voz alta ante sus discípulos y no a solas, indica que dio su oración sumo sacerdotal a la iglesia para consolar, fortalecer, enseñar, advertir, exhortar, animar e inspirar a los creyentes de todos los tiempos.

La frase "levantando los ojos al cielo" quiere decir lo mismo que levantar los ojos directamente a Dios. Los judíos piadosos solían utilizar la palabra cielo en lugar del nombre divino para evitar una posible infracción contra el segundo mandamiento que prohíbe tomar el nombre de Jehová en vano. Pronunciar el nombre divino sin el debido respeto podía constituir tal pecado. Para evitar esta posibilidad, los judíos piadosos solían sustituir la palabra cielo por el nombre Jehová o Yahwé. Así, el hijo pródigo le dice a su padre "he pecado contra el cielo y contra ti" (Lucas 15.18). La frase de que Jesús levanta su ojos al cielo sirve para señalar que él ha terminado su discurso con los discípulos y que ahora dirige sus palabras al Padre.

17.2: Como le has dado potestad sobre toda carne, para que dé vida eterna a todos los que le diste. Puesto que el sacrificio que está por ofrecer es para la salvación de todos, Jesús le pide al Padre que todos alcancen tal bendición y salvación. El Padre le ha dado al Hijo la autoridad de dar vida eterna a todos los creyentes y de juzgar a los incrédulos (Juan 5.27). Por medio de la fe en Jesús uno se apropia la vida eterna. Si los hombres se pierden, no será por falta de un sacrificio expiatorio por sus pecados, sino por su incredulidad. En la primera pascua que celebraron los israelitas en Egipto sólo los que participaron con fe en el sacrificio pascual se salvaron de la plaga traída por el ángel de la muerte.

La palabra que se traduce como *potestad* en castellano es la palabra griega ἐξουσίαν. Este término designa un poder y una autoridad que no poseen los seres humanos por naturaleza, sino una potestad que proviene de Dios (Léon-Dufour 1995.228). La autoridad dada al Hijo incluye toda carne, es decir, todos los seres humanos de todas las razas, tribus y naciones. Así, ya en el segundo versículo de la oración vemos un enfoque universal y misionero. Si el Hijo ha recibido autoridad sobre toda carne, entonces los discípulos que el Padre le ha dado al Hijo tienen la responsabilidad misionera de llamar a toda carne para que reconozca la potestad salvadora y la autoridad divina de Jesús sobre su vida.

17.3: Y esta es la vida eterna: que te conozcan a ti, el único Dios verdadero, y a Jesucristo, a quien has enviado. La única manera de aprovechar el sacrificio de Jesús es por medio de la fe. Esta fe consiste en conocer que el único Dios verdadero es el Padre que ama tanto al mundo que ha dado a su Hijo unigénito como un sacrificio por los pecados del mundo. Jesús pide que los creyentes tengan fe en el Hijo, el *Logos* encarnado que el Padre ha enviado, y que lo conozcan como el Cordero de Dios que quita el pecado del mundo. La palabra conocer que usa Jesús aquí significa mucho más que una mera aceptación intelectual. Quiere decir conocer personalmente; quiere decir entrar en comunión íntima con el Padre y el Hijo, una comunión que ni la muerte puede deshacer. Y la oración de Jesús es que nosotros tengamos esa clase de fe y esa clase de comunión con el Padre y el Hijo.

Conocer a Dios, entonces, significa tener fe en él y vivir en comunión con él, lo cual es ya es vida eterna. En el cuarto evangelio la vida eterna no es solamente una cosa futura, sino una realidad presente. Vida eterna es la clase y calidad de vida que tiene Dios, y puesto que Dios no tiene fin, la clase de vida que él tiene tampoco tiene fin. Los creyentes ya poseen esta vida eterna en este mundo presente aunque su consumación última recién llegará con la contemplación escatológica de Dios (1 Juan 3.14 ss.) (Schnackenburg 1980.III.217). Las palabras "el único Dios verdadero" enfatizan que sólo mediante la fe en el Padre y su Hijo tenemos la comunión con Dios que es la vida eterna. La fe en otros seres, espíritus o dioses que no sean el Padre y el Hijo no nos lleva a la vida eterna sino a la muerte. Con frecuencia se oye el refrán: "Hay que tener fe", sin especificar el objeto de esa fe. No toda fe es buena; no toda fe conduce a la vida. Hay mucha fe que es altamente peligrosa, destructiva y demoníaca. La comunión con otros espíritus que no sean el Padre o el Hijo no es vida eterna, sino vida en tinieblas, vida esclavizada a poderes ocultos. Los mismos conceptos presentados en este versículo aparecen también en 1 Juan 5.20, un texto muy útil para clarificar el sentido de este pasaje.

17.4: Yo te he glorificado en la tierra; he acabado la obra que me diste que hiciese. Glorificar a Dios quiere decir reconocer y celebrar su poder salvador (Léon-Dufour 1995.231). ¿De qué manera ha glorificado Jesús al Padre aquí en la tierra? Primero, ha glorificado al Padre con su venida al mundo. Lo ha hecho al revelar a los seres humanos que el Padre no es un Dios ausente y lejano. En Jesús podemos ver que el Padre está apasionadamente preocupado por sus pobres perdidas criaturas. En Jesús se hace visible el amor del Padre para con los perdidos. En Jesús vemos que el Padre está presente entre los ciegos, los leprosos, los marginados, los oprimidos y los pobres. En la pasión y muerte de Jesús vemos que el Padre estuvo dispuesto a hacer el sacrificio más grande que se pueda imaginar, para rescatarnos de las consecuencias de nuestra propia rebelión. Este gran amor de Dios por nosotros, sus hijos rebeldes e ingratos, es su gloria. Esta gloria la podemos ver más claramente en las tinieblas y la oscuridad de la cruz. Lo que Jesús ha acabado es la obra de ganar para nosotros la vida eterna mediante su muerte, resurrección y ascensión. Jesús, con fe y confianza en la voluntad salvífica del Padre, ora aquí como si ya hubiera resucitado de entre los muertos y regresado al lugar de donde salió.

La palabra que se traduce como *he acabado* es el vocablo griego τελειώσας, el mismo término que se usa en Juan 19.30 donde Jesús exclama desde la cruz: “Consumado es.” Aunque Jesús todavía está en el aposento alto contemplando el sacrificio que está por realizar, habla como si ya hubiera terminado de ofrecerlo. Jesús ha glorificado al Padre al terminar su obra, al ser obediente hasta la muerte en cruz. Un hijo glorifica a sus padres cuando les obedece. Un alumno glorifica a su tutor cuando sigue sus enseñanzas. Jesús ha glorificado al Padre celestial con su obediencia. Por la obediencia de Jesús queda demostrado que él es el verdadero Hijo del Padre. Él merece el título “Hijo de Dios” porque ser hijo verdadero quiere decir ser hijo obediente.

La palabra *obra* (ἔργον en griego) que encontramos aquí, y en muchas otras partes del evangelio de Juan, es uno de los términos claves en el cuarto evangelio. El concepto de la obra que el Padre ha encomendado a Jesús está íntimamente relacionado con el concepto de misión en el cuarto evangelio. La obra que el Padre ha encomendado a Jesús es la misión de salvar al mundo, obra que sólo Jesús puede llevar a cabo. Los discípulos pueden hacer obras (τὰ ἔργα) pero no la obra (τὸν ἔργον). La obra de Jesús y las obras de los discípulos no son equivalentes ni intercambiables. La obra o misión de Jesús es distinta a la obra de los discípulos porque solamente él puede ofrecerse como el justo e inocente Cordero de Dios que quita el pecado del mundo. La obra de los discípulos es creer en la obra de Jesús y en el hecho de que él fue enviado para salvar al mundo (Juan 6.29). La obra o misión de los discípulos es dar testimonio de la obra de Jesús (Okure 1988.145).

Cuando se habla del concepto de misión en el cuarto evangelio y de la oración sumo sacerdotal como una oración misionera se debe tomar muy en cuenta que misión en el cuarto evangelio es algo mucho más amplio que sólo proclamar la palabra de salvación a personas inconversas que viven en otras partes del mundo. Misión en el cuarto evangelio incluye también la obra de preservar y cuidar a los discípulos en su unión con Jesús y con sus semejantes. Misión también es enseñar a los creyentes cómo expresar de manera concreta en el diario vivir su amor a Dios y a los hermanos. Misión es guiar y proteger a las ovejas de los anticristos, falsos profetas y asalariados. Misión es fortalecer a los creyentes en la fe y ayudarles a comprender las implicaciones de la Palabra para sus vidas. Misión es incorporar nuevas personas a la comunidad. En la comunidad se practican los valores del reino de Dios y no los del mundo. Por eso la preservación de la unidad de la comunidad es también parte del concepto de misión en el cuarto evangelio (Okure 1988.208).

17.5: Ahora pues, Padre, glorifícame tú al lado tuyo, con aquella gloria que tuve contigo antes que el mundo fuese. Cuando el *Logos* se hizo carne tuvo que dejar de lado algo de la gloria de las regiones celestiales. Ahora que está por regresar a su propia morada, el Hijo pide que le sea restaurada esa gloria. El himno cristológico en Filipenses 2.5-11 también habla de Cristo el cual "se despojó a sí mismo, tomando forma de siervo... y se humilló a sí mismo, haciéndose obediente hasta la muerte, y muerte de cruz." Después, habla de Dios exaltando a Cristo hasta lo sumo, dándole un nombre que es sobre todo nombre. Juan 17.5 nos ayuda a entender correctamente el himno de Filipenses 2. La glorificación de Jesús no significa que será exaltado a un puesto de honor que no tenía antes. Jesús no será adoptado o elevado al status de hombre divino como muchos héroes greco-romanos. Jesús tenía honor y gloria divinas antes de descender al mundo. Él es el *Logos* eterno que no tiene principio ni fin. La glorificación de Jesús significa un retorno al status que había abandonado cuando vino al mundo. Pero el retorno de Jesús a su status anterior no significa que dejará de ser un verdadero ser humano. Lo nuevo en la situación de la glorificación de Jesús es que ahora Jesús será glorificado, no solamente como Dios, sino como Dios y hombre.

2. Jesús intercede por los discípulos, Juan 17.6-19

17.6-7: He manifestado tu nombre a los hombres que del mundo me diste; tuyos eran, y me los diste, y han guardado tu palabra. Ahora han conocido que todas las cosas que me has dado, proceden de ti. Con el versículo 6 comienza la segunda parte de la oración sumo sacerdotal. Habiéndose consagrado a Dios como sacrificio para ser ofrecido sobre la cruz, Jesús ahora ora a favor de sus discípulos. Ora por ellos porque el Padre se los ha entregado a él y ellos han recibido la revelación de la Palabra y el conocimiento del nombre divino. Los discípulos por los que ora Jesús aquí no son solamente los once reunidos con él en el aposento alto. Los once representan a todos los fieles que vendrán después (Schnackenburg 1980.III.219). Jesús también ora aquí por nosotros. El hecho de que Jesús no estará más visiblemente presente con los discípulos hace necesario esta oración. Los discípulos, sujetos al odio y a las persecuciones, pueden ser tentados a creer que Jesús los abandonó y olvidar la razón por la que quedan en el mundo. Pueden ser tentados a no permanecer en la vid verdadera y dejar de llevar mucho fruto. Jesús intercede por sus discípulos no solamente en el aposento alto; sigue siendo nuestro mediador y abogado a la diestra de Dios (Hebreos 7.25). Así, cuando nosotros intercedemos ante el trono de Dios los unos por los otros, nos incorporamos a la oración de Jesús a favor de los suyos. De esta manera colaboramos con él en su obra de intercesión. Cuando oramos en su nombre no somos huérfanos, abandonados por Jesús, él está con nosotros en la oración, él está orando e intercediendo con nosotros, y las palabras con que oramos son las palabras que surgen de su Espíritu que está en nosotros.

¿Cuál es el nombre divino que Jesús ha manifestado a sus discípulos? Este versículo se ha interpretado de varias maneras. 1- Según la primera interpretación, el nombre de Dios, como en el segundo mandamiento, indica a Dios mismo, es decir, su santidad, justicia y amor. Manifestar el nombre de Dios, entonces, significa revelar a Dios, hacerlo visible. Manifestar el nombre de Dios es dar a conocer su naturaleza y su carácter. En el cuarto evangelio la santidad, la justicia y el amor de Dios se revelan en la humanidad de Jesucristo. Es como dice Colosenses 1.15: "Él es la imagen del Dios invisible." Así, manifestar el nombre de Dios significa que el Padre invisible es manifestado en el amor, el servicio abnegado y el sumo sacrificio del Hijo. El Padre invisible se hace visible en el Hijo. Según Oscar Cullmann, manifestar el nombre de Dios significa manifestar lo que es Dios en su ser más íntimo. En Cristo se ha manifestado al mundo que Dios en su ser más íntimo es amor (1 Juan 4.15). En Jesús Dios ha manifestado a todo el mundo que su nombre es amor (Cullmann 1995.100).

2- Según la segunda interpretación, el nombre se refiere a un verdadero nombre de Dios, tal vez un nombre secreto cuyo conocimiento daría poderes o privilegios especiales a los que lo conocen. En el A.T. Dios está presente no solamente en el templo, o sobre el arca del pacto, sino también en su nombre. Por eso comenzamos cada culto en el nombre del Padre, del Hijo y del Espíritu Santo. Invocar el nombre de Dios es invocar su presencia. Por eso se invoca el nombre de Jesús para echar fuera espíritus inmundos. Jesús está presente en su nombre. En muchas religiones el nombre de un dios o de un espíritu poderoso puede servir como una palabra mágica. En Génesis 32.29 Jacob quiere saber el nombre del ser divino que está luchando con él para después tener acceso a los poderes que la invocación de tal nombre le otorgaría. Pero la invocación de Dios en la Escritura no es una acción mágica, puesto que la magia es algo que funciona *ex opere operato*, es decir, sin necesidad de fe de parte de los que lo invocan.

En la literatura gnóstica se especula mucho acerca de un nombre secreto de Dios dado solamente a los gnósticos, es decir, a un reducido número de personas que pertenecen a un círculo secreto y esotérico. Solamente los que conocen el nombre secreto de Dios serán salvados. En un texto gnóstico recién descubierto en Egipto se declara: "Pero el nombre del Padre es el Hijo" (Schnackenburg 1980.III.220). Algunos historiadores de religión han postulado que el escritor del cuarto evangelio añadió el versículo al que estamos haciendo referencia bajo influencia gnóstica. Pero tal hipótesis es poco probable porque el evangelio de Juan fue escrito mucho antes de que floreciera el gnosticismo en los siglos II, III y IV. Es mucho más probable que los textos gnósticos representen una mal interpretación del evangelio de Juan. Puesto que el evangelista estaba luchando contra ciertas ideas esotéricas en su medio ambiente, él empleaba muchos términos en boga en los círculos esotéricos, no con el fin de apoyar tales ideas, sino para combatirlas.

Ya que los discursos en el cuarto evangelio se prestan más fácilmente a ser mal interpretados que los relatos en los evangelios sinópticos y las epístolas paulinas, el evangelio de Juan llegó a ser el favorito de los círculos gnósticos y esotéricos. Las mal interpretaciones y el mal uso dado al cuarto evangelio por grupos esotéricos y místicos fue la razón principal por la cual algunos líderes de la iglesia objetaron la inclusión del evangelio según San Juan en el canon. Todavía hoy en día, el evangelio según San Juan sigue siendo el libro favorito de grupos esotéricos como el Movimiento Gnóstico Cristiano, el Nuevo Acrópolis y de los movimientos metafísicos de Joaquín Trincado y Conny Méndez. Precisamente porque hay tantas interpretaciones equivocadas del cuarto evangelio debemos dedicarnos a estudiarlo profundamente.

3- La tercera interpretación afirma que el nombre dado a los discípulos no es un nombre secreto, sino el nombre divino *YHWH* que fue revelado a Moisés en el monte Horeb (Éxodo 3). De acuerdo con esta interpretación los discípulos están autorizados a invocar a Jesús por medio del nombre divino *Yo soy*. En el A.T. y en la literatura rabínica la palabra nombre se usa con frecuencia para evitar el uso del nombre *YHWH* que se traduce en nuestras biblias como Jehová o Yahwé. Por temor a pronunciar el nombre divino o tetragrámaton sin la debida reverencia y así pecar contra el segundo mandamiento, muchos judíos sustituyeron otros términos por el nombre divino *YHWH*. Ciertos textos del A.T. profetizan que en los tiempos mesiánicos un nombre especial de Dios será dado a sus siervos (Isaías 55.13; Isaías 62.2; 65.15-16). Isaías 52.6 declara: "Por eso mi pueblo conocerá mi nombre en aquel día y comprenderá que *yo soy* (ἐγώ εἰμι en la versión LXX) el que decía 'Aquí estoy'" (*Biblia de Jerusalén*). Estos textos proféticos, más las muchas declaraciones en Juan donde Jesús se identifica como el *Yo soy* han llevado a Raymond Brown a postular que el nombre divino que Jesús ha manifestado a sus discípulos es el *Yo soy* (1970.756).

En el A.T. la bendición de conocer el nombre divino no sólo daba grandes privilegios a los creyentes, sino que les daba también grandes responsabilidades. Los que conocen el nombre de Dios tienen la responsabilidad de alabar el nombre divino y de proclamarlo a otros. El Salmo 22.22 declara: "Anunciaré tu nombre a mis hermanos; en medio de la congregación te alabaré." Jesús nos ha dado a conocer a nosotros, sus discípulos, que él es el *Yo soy* para que nosotros demos a conocer ese nombre a todas las naciones.

17.8: Porque las palabras que me diste, les he dado; y ellos las recibieron, y han conocido verdaderamente que salí de ti, y han creído que tú me enviaste. Al hablar Jesús aquí de la fe de los discípulos, no está diciendo que ellos hayan entendido y obedecido perfectamente toda la verdad evangélica. Como veremos en el próximo capítulo había mucho que los discípulos todavía no entendían. Pero en contraste con el mundo, los discípulos han seguido a Jesús, y aunque no han entendido perfectamente el significado de sus palabras, las han aceptado como las palabras del Padre.

Cuando en el cuarto evangelio, como en este versículo, se habla de las palabras (plural) de Dios, se refiere a los preceptos de Jesús. Pero cuando se habla de la palabra (singular) de Jesús, se refiere a todo el mensaje acerca de Jesús como un entero. Palabra de Jesús, entonces, es un equivalente de la palabra evangelio (Carson 1991.559).

17.9: Yo ruego por ellos; no ruego por el mundo, sino por los que me diste; porque tuyos son. En esta petición vemos que Jesús considera a cada uno de sus discípulos como un don que el Padre le ha dado. El hecho de que Jesús aquí no ruega por el mundo no quiere decir que Jesús no esté interesado en el mundo, como han afirmado algunos intérpretes. En base a versículos como Juan 17.9, Ernst Käsemann llega a la conclusión que el cuarto evangelio fue producido por un grupo esotérico que se retrae del mundo incrédulo y se convierte en una comunidad mística cristiana (Schnackenburg 1980.III.263). Pero esto es mal interpretar el cuarto evangelio donde encontramos un marcado interés en la evangelización de griegos, samaritanos y otros miembros del mundo pagano. Jesús, como grano de trigo, muere precisamente para llevar mucho fruto, y este fruto consiste en nuevos creyentes que llegarán a creer por el testimonio de los discípulos. Los ciento cincuenta y tres peces en la red de la iglesia en Juan capítulo 21 representan nuevos creyentes atraídos desde todas las naciones del mundo. La comunidad a la que se dirige el evangelio de Juan no es un círculo gnóstico esotérico que cree solamente en la salvación de algunos predestinados. San Juan escribe su evangelio a una comunidad misionera que es enviada al mundo, así como Jesús fue enviado al mundo.

Precisamente por el amor que Dios tuvo por todo el mundo, el Padre envió a su Hijo para la salvación del mismo (Juan 3.16). Los discípulos en el evangelio de Juan llegan a desempeñar la función de Israel en el A.T. Israel fue escogido no para ser un grupo esotérico encerrado en sí mismo, sino una luz para las naciones. La elección de Israel no significaba que Jehová no estaba interesado en las demás naciones. En la Biblia la elección es para servicio, no para la formación de una comunidad que no quiere tener nada que ver con el mundo. En muchas oportunidades Israel malentendió su elección y llegó a creer que Dios deseaba solamente la salvación de los judíos, y no la de otros pueblos.

Precisamente para corregir esa falsa interpretación de la elección de Israel fueron enviados los profetas. El profeta Jonás trató de huir y de no proclamar la palabra de Dios a las naciones, pero el Señor le obligó a cumplir con su misión. Jesús fue enviado a las ovejas perdidas de la casa de Israel para recogerlas, reunirlas, salvarlas y prepararlas para su misión universal. Jesús, en este versículo, ora por los discípulos para que ellos puedan ser fortalecidos, enseñados, equipados e inspirados con el fin de llevar a cabo su misión en el mundo y ser una bendición para todas las naciones. Jesús ha dejado a sus discípulos en el mundo para que testifiquen al mundo acerca de la salvación en Cristo.

En realidad la palabra *mundo* (κόσμος en griego) se usa más en el evangelio de Juan que en cualquier otro libro del N.T., y más en este capítulo que en cualquier otro (Minear 1978.178). Como fue mencionado antes, la palabra mundo se usa de dos maneras distintas en el evangelio de Juan: 1- como la creación de Dios; 2- el sistema de autoridad y poder que está bajo el control del maligno. En Juan 3.16 se usa la palabra mundo en el primer sentido, mientras que en este capítulo se usa κόσμος en el segundo sentido. Orar a favor del sistema de maldad satánico que persigue a los discípulos no sería posible.

Jesús no puede orar por el mundo (en el segundo sentido) porque el mundo no puede guardar el nombre de Dios, y tampoco puede creer en el Hijo porque no tiene el Espíritu de Dios. La única esperanza que tiene el mundo (en el primer sentido) es la iglesia. Solamente por medio de la palabra que proclama la iglesia puede el mundo llegar a tener nueva vida. Sin la iglesia que es la luz y la sal del mundo, los hijos de este mundo nunca serán librados de sus cadenas. Por eso ora Jesús primero por la iglesia. Jesús ora por la iglesia para el bien del mundo (Lüthi 1960.252).

17.10: Y todo lo mío es tuyo, y lo tuyo mío; y he sido glorificado en ellos. El contexto indica que cuando Jesús está hablando de lo mío se está refiriendo a los discípulos. Los discípulos pertenecen al Padre, que se los ha dado a Jesús (Schnackenburg 1980.III.223). Así como el Padre ha sido glorificado por el ministerio de Jesús en el mundo, así Jesús será glorificado por el ministerio y la misión de los discípulos en el mundo. Cuando los discípulos llevan mucho fruto, cuando se aman y se sacrifican los unos por los otros, cuando permanecen en la vid, entonces Jesús es glorificado en ellos. Así como el Padre invisible se hace visible en el amor y el sacrificio de Jesús en la tierra, así el Cristo invisible que subirá al Padre se hará visible en el amor, servicio, lealtad y misión de los discípulos.

17.11: Y ya no estoy en el mundo; mas éstos están en el mundo, y yo voy a ti. Padre Santo, a los que me has dado, guárdalos en tu nombre, para que sean uno, así como nosotros. (RVR)

Padre Santo, cuídalos con el poder de tu nombre, el nombre que me has

dado. (DHH)

Como podemos apreciar al comparar la traducción de *Reina Valera Revisada* y de *Dios habla hoy* hay dos maneras en que se puede traducir la construcción griega τήρησον αὐτούς ἐν τῷ ὀνόματί σου. Siguiendo la *Reina Valera Revisada* la primera manera de traducir la frase es: Guárdalos en lealtad a tu nombre, que equivale a decir: Guárdalos en la comunión con el Padre y el Hijo. La versión *Dios habla hoy,* en cambio, interpreta el significado de la frase en el sentido de ser guardados por el poder que hay en el nombre de Dios. Solamente el contexto puede indicar cuál de las dos traducciones debemos escoger. Las dos interpretaciones subrayan los dos elementos que siempre están en juego en nuestras vidas, el poder de Dios y la responsabilidad humana. En medio de las persecuciones y tentaciones que esperan a los discípulos en los eventos que están por ocurrir, ellos van a necesitar el poder del nombre de Dios para mantenerse fieles y no apostatar de la fe y del amor. Léon-Dufour cree que la palabra nombre en el cuarto evangelio siempre designa al Padre, o sea, es otra manera de decir Padre. Por eso, para Léon-Dufour, "guárdalos en tu nombre" equivale a decir "que los discípulos se mantengan en comunión con el Padre" (1995.237).

Cuando Jesús dice: "Y ya no estoy en el mundo; mas éstos están en el mundo", está hablando como si ya hubiera sido crucificado, resucitado y ascendido al cielo. Está hablando de la situación que tendrá lugar después de su exaltación a la diestra de Dios cuando los discípulos no le podrán ver. Está hablando del tiempo cuando la comunidad cristiana estará sujeta al odio, las persecuciones, las divisiones, los falsos profetas y la tentación a apostatar. Por eso pide que los discípulos sean guardados, conservados y santificados en su misión, como ramas fructíferas de la vid verdadera.

En su oración sumo sacerdotal Jesús menciona cuatro veces (vv. 6,11,12 y 26) el nombre de Dios. Este nombre especial no es Señor (κύριος) o Dios (θεός), sino el nombre particular de Dios que fue revelado a Moisés en Éxodo 3.14: "*Yo soy el que soy*" (Neyrey 1988.213). Como ya hemos visto, el hecho de que Jesús sea el *yo soy* significa que Jesús es supra temporal, que no tiene principio ni fin, que no es un héroe u hombre santo que ha llegado a convertirse en dios, sino que ha sido Dios antes del comienzo del tiempo y seguirá siendo Dios por toda la eternidad.

Nota litúrgica: En el leccionario de tres años en *¡Cantad al Señor!* Juan 17.1-11 es el santo evangelio para el séptimo domingo de Pascua para el año A, año de San Mateo.

17.12: Cuando estaba con ellos en el mundo, yo los guardaba en tu nombre; a los que me diste, yo los guardé, y ninguno de ellos se perdió, sino el hijo de perdición, para que la Escritura se cumpliese. El término hijo de perdición, que es una construcción hebrea, puede traducirse de varias maneras: 1- una persona cuyo carácter es perdición, es decir, una persona perversa, 2- una persona destinada a la perdición.

Se menciona aquí la apostasía de Judas porque él es el prototipo de todos los que en el futuro se apartarán del buen pastor y de su redil. 1 Juan 2.18-26, 4.1-3 y 2 Juan 7 hablan de otros apóstatas que han abandonado la comunidad y han regresado al mundo. Para que no se opaque el gozo de los discípulos, se asegura a los fieles que la apostasía de los que se apartan no es culpa de los que permanecen en la vid produciendo frutos de amor, fe y evangelización. A pesar de la apostasía de Judas, Jesús no perdió su gozo. El gozo de Jesús estriba en cumplir con la misión que el Padre le ha encomendado. Jesús quiere que su gozo se reproduzca en sus discípulos a pesar de la hostilidad de algunos y la apostasía de otros. Encontraremos nuestro gozo consagrándonos a la misión que Jesús nos ha dado, amándonos los unos a los otros y llevando fruto (trayendo otros a Jesús) para el reino de Dios (Hoskyns 1947.501).

17.13: Pero ahora voy a ti; y hablo esto en el mundo, para que tengan mi gozo cumplido en sí mismos. Jesús no sólo ora para que sus discípulos sean santificados y preservados ante el odio y las persecuciones del mundo, sino también para que tengan gozo. El gozo es uno de los nueve frutos que el Espíritu Santo produce en las vidas de los que creen en Cristo.

Nota litúrgica: En el leccionario de cuatro años del grupo litúrgico interconfesional de Gran Bretaña Juan 17.1-13 es el santo evangelio para el domingo después de Ascensión en el año B, año de San Marcos.

17.14-16: Yo les he dado tu palabra; y el mundo los aborreció, porque no son del mundo, como tampoco yo soy del mundo. No ruego que los quites del mundo, sino que los guardes del mal. No son del mundo, como tampoco yo soy del mundo. La palabra que la *Reina Valera Revisada* traduce aquí como *mal* también puede ser traducida como *el maligno*, como lo hace la *Biblia de Jerusalén*. El hecho de que Jesús haya comunicado el conocimiento del Padre y la vida eterna a los discípulos sirve para provocar el odio del mundo y la envidia del diablo. El diablo odia y ataca a los discípulos precisamente porque ellos son los instrumentos del buen pastor para librar a las ovejas dispersas y descarriadas en el mundo, y que están en poder del maligno. Para preservar su control sobre los hijos de este mundo el maligno busca la manera de perseguir, dividir y pervertir a la iglesia. La iglesia es el blanco de los ataques más feroces del maligno y por eso el gran sumo sacerdote eleva su voz en intercesión por los discípulos (Lüthi 1960.254).

Si los ataques de Satanás, el mundo y la carne sirven para llevar a Jesús a que interceda por los discípulos, cuánto más debemos nosotros interceder también por nuestros co-discípulos, y especialmente por los líderes de la iglesia. Satanás siempre está tratando de estorbar la misión de la iglesia lanzando ataques físicos y espirituales contra los líderes del pueblo de Dios. Los relatos bíblicos de las dificultades y hasta caídas de hombres de Dios como Pedro, Abraham y David nos instan a que seamos fervientes en orar por los escogidos del Señor que se encuentran en una lucha mortal contra el así llamado "príncipe de este mundo."

Hay que leer este versículo a la luz del capítulo 12 del Apocalipsis que habla de una mujer vestida del sol, con la luna debajo de sus pies y sobre su cabeza una corona de doce estrellas. La mujer está en dolores de parto y da a luz un hijo varón. Aparece entonces un gran dragón que busca devorarlo. Pero el hijo varón es arrebatado para Dios y para su trono. Es evidente que la mujer con las doce estrellas representa a Israel y la iglesia. El hijo varón es Jesucristo y el dragón el diablo que trata de destruir a Jesucristo y su obra. Cuando se ve frustrado en su intento, el dragón se lanza contra la mujer, que es la iglesia, y trata de apagar su rabia con ella. Los ataques del dragón contra la mujer representan los ataques del diablo contra los discípulos por medio de las persecuciones que sufrirá la iglesia después de la ascensión de Cristo. Jesús no pide que sus discípulos seamos raptados del mundo para escapar de las tribulaciones que vendrán. Ora al Padre pidiendo que nos dé la valentía de testificar de Cristo cuando seamos llevados ante los enemigos de Dios para rendir cuentas acerca de nuestra esperanza.

Muy importante en este versículo es la afirmación de que Cristo no quiere que sus discípulos sean sacados del mundo. La comunidad cristiana tiene que permanecer en el mundo precisamente porque ha sido llamada para llevar a cabo una misión en él. Aunque el mundo odia y persigue a los creyentes y el maligno esté presente en el mundo, el Padre no ha dejado de amar a su creación. Por eso Dios nos ha dejado en el mundo como sal y luz. La sal preserva la carne de la descomposición y pudrición. No se puede preservar y evangelizar al mundo desde afuera; el discípulo tiene que estar en el mundo.

El mundo en el que vivimos está muy corrompido y descompuesto, pero sería peor todavía si no fuera por la presencia de los verdaderos creyentes. Si no fuera por ellos, los seres humanos ya se hubieran destruido a sí mismos y al mundo. Porque el Padre ama a su creación nos ha llamado para que preservemos su mundo y traigamos a muchos hijos de este mundo a Jesús, así como hizo Andrés con su hermano Pedro. Pero en su ministerio en el mundo, el discípulo debe cuidarse de no contaminarse con los odios, celos y codicias del mismo. Judas también fue llamado a ser sal y luz en el mundo, pero se dejó contaminar con el engaño de las riquezas, y como resultado de ello, su fe se ahogó y nunca llegó a dar fruto (Mateo 13.22). Jesús ora al Padre para que lo que sucedió con Judas no suceda con nosotros.

17.17: Santifícalos en tu verdad; tu palabra es verdad. La palabra santificar significa apartar algo de su uso común para dedicarlo al servicio de Dios. Jesús no sólo dedica su vida al servicio del Padre, sino que pide que los discípulos sean consagrados para llevar a cabo la misión de Dios en el mundo. La palabra de Dios tiene poder para separarnos del afán de este siglo y del engaño de las riquezas. La misma Palabra también puede equiparnos para un servicio abnegado en el mundo. Dios nunca llama a una persona a realizar una misión sin, al mismo tiempo, equiparla con los dones necesarios para llevar a cabo la obra.

En el A.T. los sacerdotes y levitas que servían a Dios en el templo fueron santificados y purificados por una gran variedad de ritos, ceremonias y sacrificios. Pero el templo con sus instituciones y ritos ha sido destruido. El templo, como lo enfatiza una y otra vez el evangelio de Juan, ha sido suprimido y reemplazado por Jesucristo que es el verdadero lugar de la presencia de Dios. La comunidad de creyentes será santificada y purificada por el poder del Espíritu Santo que está presente en la Palabra. Las ramas que producen mucho fruto son las que permanecen en la vid, y permanecer en la vid significa permanecer en la Palabra. Hoy en día muchas personas tratan de santificarse y purificarse de influencias malignas por medio de baños, sahumerios, despojos y velaciones que ofrecen los practicantes de la santería, el candombe, la macumba y el culto de María Lionza. Pero Jesús no ora que seamos santificados y purificados por medio de tales ritos. La mentira no tiene poder para santificarnos; sólo nos lleva por caminos cuyo fin es la muerte. En el cuarto evangelio siempre es Dios el que santifica; no es el discípulo el que se santifica a sí mismo. La oración de Jesús es: "Santifícalos en tu verdad; tu palabra es verdad."

Al predicar o enseñar sobre este texto debemos recordar que la palabra de Jesús nos santifica porque es la palabra que nos declara justos en base a su sacrificio en la cruz. No somos santificados porque asistimos a reuniones o estudios donde se proclama la palabra de Dios. Somos santificados porque en su Palabra Cristo nos declara justos y porque por fe nos apropiamos el perdón que se nos ofrece en esa Palabra. La Palabra que nos justifica, santifica y capacita para ser sus discípulos es el evangelio y no la ley. Se debe notar también la íntima conexión que existe entre la santificación y la misión. Dios santifica a sus siervos antes de enviarlos al mundo. Jesús mismo fue santificado por el Padre y después enviado al mundo (Juan 10.36).

17.18: Como tú me enviaste al mundo, así yo los he enviado al mundo. Para ser santificados, los discípulos no necesitan salir del mundo; no necesitan esconderse en un pequeño círculo esotérico que busca huir del mundo, encerrándose en sí mismo. Jesús fue santificado precisamente para llevar a cabo una misión en el mundo. Así como Jesús fue santificado y consagrado para ser enviado al mundo, los discípulos también son santificados para ser enviados al mundo. Aquí nos damos cuenta de la gran diferencia que existe entre las verdaderas comunidades de discípulos y los grupos gnóstico esotéricos que no se preocupan por evangelizar a las masas, sino a distanciarse de ellas.

La petición de Jesús aquí constituye uno de los grandes textos misiológicos del N.T. porque enseña que la base de la obra evangelística y misionera de la iglesia es el envío del Hijo por el Padre. El modelo de nuestras actividades misioneras es la encarnación del *Logos*. Así como el Verbo eterno se humanizó y se encarnó en una cultura específica, así también nosotros somos llamados a identificarnos con los seres humanos y a encarnarnos en sus culturas de manera que sus problemas, dolores y sufrimientos lleguen a ser nuestros. Así como Jesús vino a servir al mundo y a sacrificarse por las ovejas descarriadas del mismo, así también nosotros somos llamados a no huir del mundo, sino a ser luz, sal y medicina dentro del mundo.

17.19: Y por ellos yo me santifico a mí mismo, para que también ellos sean santificados en la verdad. La palabra griega que se traduce en esta petición con *por*, es ὑπὲρ, la misma que encontramos en las palabras de institución de la Santa Cena en Lucas 22.19 y 1 Corintios 11.24 y que tiene la connotación de: a favor de, o en pro de. Es decir, las palabras ὑπὲρ αὐτῶν *por ellos*, se usan en un contexto sacrificial. La idea que se enfatiza es que Jesús se consagra voluntariamente para ser sacrificado, no para sí mismo, sino para que los discípulos sean purificados del pecado y dedicados a la tarea de llevar el mensaje del sacrificio expiatorio de Jesús a todo el mundo (Manson 1975.163). La misión de los discípulos es posible solamente porque Jesús ha cumplido con su misión. Jesús se santifica y se consagra, no solamente como sumo sacerdote que se alista para ofrecer el sacrificio pascual, sino también como el Cordero que está por ser sacrificado. La visión cristiana de Jesús como sacerdote y víctima se desarrolla también en Hebreos 9.13, 10.4-14 y 13.12 (Schnackenburg 1980.III.233).

Nota litúrgica: En el leccionario de tres años en *¡Cantad al Señor!* Juan 17.11b-19 es el santo evangelio para el séptimo domingo de Pascua para el año B, año de San Marcos.

3. Jesús intercede por la iglesia, Juan 17.20-26

17.20: Mas no ruego solamente por éstos, sino también por los que han de creer en mí por la palabra de ellos. En los primeros 19 versículos de este capítulo Jesús estaba intercediendo por los discípulos que estaban con él en el aposento alto. Pero a partir del versículo 20 Jesús comienza a orar a favor de un nuevo grupo de personas. Este segundo grupo se compone de las personas que llegarán a creer en él por la actividad misionera de la iglesia. Está intercediendo a favor de los discípulos de la segunda y de las subsiguientes generaciones de creyentes. Estos creyentes, que incluyen los recipientes del cuarto evangelio, se creen en desventaja en comparación con la primera generación de discípulos. Estos creyentes de la segunda generación fácilmente pueden sentirse inferiores a los primeros discípulos porque están más distantes de Jesús. Viven alejados del Jesús histórico en cuanto a tiempo y espacio. Una de las razones de escribir el cuarto evangelio era asegurar a los creyentes de la segunda generación que ellos no están en ninguna desventaja en relación a los discípulos de la primera generación.

Los discípulos de la primera generación no llegaron a conocer plenamente la verdad de Jesús durante su ministerio histórico aquí en la tierra. Recién después de la ascensión de Jesús, cuando el Espíritu Santo vino sobre ellos, pudieron entender el significado de las profecías de A.T. en cuanto a la misión, la pasión y la resurrección de Cristo. Sólo a través del testimonio del Espíritu los primeros discípulos se dieron cuenta cómo las escrituras del A.T. testifican de Jesús (Juan 5.39; 20.9). El eslabón entre la primera generación de creyentes y las generaciones subsiguientes es la palabra del evangelio. Por medio de esta palabra los cristianos de la segunda generación pueden llegar a tener la misma fe que los de la primera. Por medio de esta palabra el Cristo resucitado estará con los cristianos de la segunda generación, y por medio del poder del Espíritu, presente en esta palabra, los cristianos de la segunda y de posteriores generaciones, hasta la nuestra, podrán producir los mismos frutos de fe, esperanza, unidad y amor como los cristianos de la primera generación (Minear 1977.353).

El hecho de que Jesús ora e intercede aquí por su iglesia de todos los tiempos debe ser de gran consuelo para nosotros en todo tiempo de prueba, dificultad y persecución. El hecho de que la iglesia haya sobrevivido tantos ataques de sus enemigos y tantas traiciones de parte de sus propios líderes se debe, no tanto a la valentía de sus ministros y a la lealtad de sus adeptos, sino a la intercesión del Señor. A pesar de nuestra fe débil y de nuestra falta de oración, Jesús sigue intercediendo por nosotros. Sus intercesiones a favor nuestro nos alientan a no perder la esperanza y a no dejar de orar e interceder los unos por los otros.

17.21-23: Para que todos sean uno; como tú, oh Padre, en mí, y yo en ti, que también ellos sean uno en nosotros; para que el mundo crea que tú me enviaste. La gloria que me diste, yo les he dado, para que sean uno, así como nosotros somos uno. Yo en ellos, y tú en mí, para que sean perfectos en unidad, para que el mundo conozca que tú me enviaste, y que los has amado a ellos como también a mí me has amado. Jesús ora por la unidad de los cristianos para que el mundo pueda conocer tanto al Padre como a él. La desunión entre los seguidores de Cristo puede ser un serio impedimento y obstáculo para el testimonio misionero de la iglesia. Ya entonces, cuando el evangelista escribió el cuarto evangelio, existían serias diferencias entre creyentes de origen gentil y judío. Hoy en día las guerras entre cristianos en Irlanda del Norte y en Yugoslavia hacen mucho daño a la obra misionera de la iglesia. Amargas peleas y odios entre los seguidores de Cristo no sirven para recomendar la verdad de Cristo a los recipientes de nuestro testimonio evangelístico.

Juan 17.23 es uno de los textos favoritos del movimiento ecuménico moderno que, desde la conferencia misionera de Edimburgo en 1910, ha buscado fomentar más unión entre las muchas denominaciones cristianas. En Juan 17.23 podemos ver que la unidad de los seguidores no es un fin en sí mismo, sino algo que sirve a la iglesia universal en su tarea misionera. El movimiento ecuménico moderno comenzó en una conferencia misionera cuya meta principal era la evangelización del mundo. Nuestros esfuerzos en pro de la unidad de los cristianos nunca deben divorciarse de nuestra necesidad de llevar a Cristo a todo el mundo. Movimientos en pro de la unidad nunca deben divorciarse de la tarea misionera de la iglesia. La preocupación del Señor por la unidad "para que el mundo crea que tú me enviaste", muestra el amor de Dios por su creación y su deseo de que todas las naciones sean evangelizadas.

Como no podemos divorciar la búsqueda por la unidad de la misión evangelizadora de la iglesia, así tampoco se puede divorciar la búsqueda por la unidad del llamado a permanecer en la palabra de verdad. No puede haber verdadera unidad de la iglesia cuando se tolera error y herejía en el seno de la misma. Como podemos apreciar de la primera epístola de San Juan, la lucha por la unidad de la iglesia iba acompañada de la lucha contra los falsos maestros y profetas que negaban que Cristo había venido en carne y buscaban dividir el redil del buen pastor, o sea, la túnica sin costura del Señor (Juan 19.23) y la red que no se rompió (Juan 21.11).

Los discípulos pueden alcanzar la unidad los unos con los otros sólo cuando participan en la unidad del Padre y el Hijo, y la unidad de los discípulos con Dios es posible sólo por medio del sacrificio expiatorio de Cristo. No puede haber unidad con el Padre sin el sacrificio del Hijo, y no puede haber unidad entre los cristianos sin permanecer en la palabra de Cristo que nos da el perdón de los pecados. Este perdón que nos da el amor sacrificial de Cristo, es lo que engendra en nosotros el poder para perdonarnos los unos a los otros y vivir en armonía a pesar de las muchas diferencias raciales, étnicas, socio-económicas y políticas entre los seguidores de Jesús.

El modelo para la unidad que debe existir entre los discípulos de Cristo es la unidad que existe entre el Padre, el Hijo y el Espíritu Santo. En la Santa Trinidad ninguno busca imponer su autoridad, su status o sus prerrogativas sobre los otros. En la Santa Trinidad cada uno busca la gloria del otro. Ninguno busca la suya propia. Ninguno busca ser servido, sino servir en amor a los demás. En la Santa Trinidad no encontramos una organización monárquica o subordinacionista, sino la perfecta sociedad igualitaria. Así entiende Leonardo Boff la Santa Trinidad en su libro *La Trinidad, la Sociedad y la Liberación*. Para Boff, la Trinidad no es un misterio para ser resuelto, sino un modelo para ser imitado en la iglesia y en la sociedad.

En la oración sumo sacerdotal de Jesús la iglesia es la manifestación del amor y de la gloria de Dios en el mundo. Lo que una vez fue el *Logos* encarnado para los judíos, es lo que llega a ser la iglesia para el mundo. Jesús ora por la perfección y la unidad de la iglesia para que ella llegue a ser el lugar donde se pueda ver la presencia del amor, la justicia y la misericordia de Dios en el mundo. Jesús ora que cuando él llegue a ser físicamente invisible, se haga visible en la iglesia (Hoskyns 1947.505). Según el cuarto evangelio, la iglesia no es algo que surgió como consecuencia inesperada de la actividad de los discípulos, como han afirmado algunos teólogos como Loisy. El evangelio de Juan nos da a entender que siempre ha sido el propósito de Jesús dejar una comunidad de discípulos en la tierra. En la teología del cuarto evangelio la iglesia es una parte indispensable en la misión de Jesús, por eso el evangelista lucha tan enérgicamente contra todo lo que pudiera comprometer o destruir la unidad de la iglesia.

17.24: Padre, aquellos que me has dado, quiero que donde yo estoy, también ellos estén conmigo, para que vean mi gloria que me has dado; porque me has amado desde antes de la fundación del mundo. Por medio de la fe, los discípulos habían visto algo de la gloria de Jesús a través de las señales relatadas en el cuarto evangelio (Juan 2.11; 11.40). Pero Jesús quiere que sus discípulos vean su gloria, no sólo por la fe, sino directamente; o, como dice San Pablo: "Ahora vemos por espejo, oscuramente; mas entonces veremos cara a cara" (1 Corintios 13.12).

¿Cuándo verán los discípulos la gloria de Jesús? Sabemos que algunos de ellos la vieron en el Jesús resucitado, como relata el evangelista en los capítulos 20 y 21. La mayoría de los comentaristas creen que Jesús no está pensando aquí solamente en el día de su resurrección de entre los muertos, sino también en la parusía, es decir, en el día de la segunda venida, y nuestra estancia con Jesús en el reino celestial. Beasley-Murray (1987.305) cree que esta petición de Jesús tiene que ser entendida a la luz de otro pasaje joánico: "Amados, ahora somos hijos de Dios, y aún no se ha manifestado lo que hemos de ser; pero sabemos que cuando él se manifieste, seremos semejantes a él, porque le veremos tal como él es" (1 Juan 3.2). El cuarto evangelio no da lugar a la idea de ascensiones místicas al cielo.

En su comentario sobre el cuarto evangelio Hoskyns hace la observación que la conclusión de la oración sumo sacerdotal es pura escatología. Jesús en su oración pasa de la fe a la esperanza y ora que la *Ecclesia Militans* sea transformada en la *Ecclesia Glorificata*, que la fe sea transformada en visión, y que los discípulos fieles también sean glorificados así como el Hijo fue glorificado cuando pasó de este mundo a la presencia gloriosa del Padre (Hoskyns 1947.506).

17.25: Padre justo, el mundo no te ha conocido, pero yo te he conocido, y éstos han conocido que tú me enviaste. El Padre es invocado como justo (δίκαιε). Esta expresión puede indicar que el Padre será clemente y misericordioso hacia los creyentes en Jesús, aunque también puede indicar la justicia con la cual juzgará al mundo infiel como en Juan 16.10 ss. Según Schnackenburg, es preferible entender este atributo como refiriéndose a la clemencia de Dios, puesto que el contexto inmediato (versículo 26) habla de amor y no de juicio. La idea de juicio no cuadra muy bien con la palabra Padre. Si Jesús tuviera en mente el juicio del mundo, quizás hubiera usado una frase como juez justo y no Padre justo (Schnackenburg 1980.III;244). La justicia del Padre que justifica a los que creen en el Hijo sirve como base de la esperanza expresada en el versículo 24, de ver la gloria de Cristo cara a cara en el reino del Padre.

17.26: Y les he dado a conocer tu nombre, y lo daré a conocer aún, para que el amor con que me has amado, esté en ellos, y yo en ellos. La gran oración sumo sacerdotal termina con la petición de que los discípulos abunden cada vez más en el amor del Padre y hacia sus semejantes, que comprendan más perfectamente la profundidad del amor de Dios y así se cumpla el mandato del Señor en Juan 13.34. Jesús pide que lleguemos a ver la gloria del Señor por medio de la verdad del evangelio. La gloria de Cristo es la gloria del amor de Dios y esa gloria tiene el poder de purificarnos y transformarnos.

Es interesante observar que en toda la oración sumo sacerdotal no se ha mencionado al Paracleto. Pero debe ser obvio que todo lo que pide Jesús en su oración tendrá que realizarse a través de la obra del Espíritu Santo. Sin la obra del Paracleto no será posible la santificación de los discípulos, ni su crecimiento en amor, unión y conocimiento de la verdad. La palabra santificación implica la presencia y actividad del Espíritu. El Espíritu es el lazo o vínculo por medio del cual el Padre está unido en amor con el Hijo y el Hijo con el Padre. Por medio del Espíritu, el amor del Padre y del Hijo penetra en nuestras vidas.

Nota litúrgica: Es posible que en algunas partes de la iglesia primitiva grupos de cristianos hayan usado esta oración de Jesús en Juan 17, o partes de la misma, como la oración eucarística durante sus celebraciones de la Santa Cena. Hay un claro parentesco entre Juan 17 y las doxologías y oraciones eucarísticas en la Didaché. Sin lugar a duda, la oración sumo sacerdotal de nuestro Señor sirve como modelo para las oraciones eucarísticas que usamos en nuestras celebraciones de la Cena del Señor.

En el leccionario de tres años de *¡Cantad al Señor!* Juan 17.20-26 es el santo evangelio para el séptimo domingo de Pascua para el año C, año de San Lucas. El séptimo domingo de Pascua es también el domingo después de la fiesta de Ascensión, conocido como Exaudi. El énfasis de ese domingo es la iglesia en espera del don del Espíritu Santo. Con la ascensión, Jesús ya no está presente en forma visible en su iglesia, porque ha subido a la diestra del Padre donde sirve como nuestro mediador y ora por nosotros, como en la oración sumo sacerdotal en Juan 17. Para que se cumpla en nosotros todo lo que Jesús pide en su oración, él promete enviar el Espíritu de verdad, para que capacite a la iglesia en su misión de amor, servicio y evangelización.

En el leccionario de cuatro años del grupo litúrgico interconfesional de Gran Bretaña Juan 17.13-26 es el santo evangelio para el último domingo después de Pentecostés en el año D, año de San Juan.

Capítulo 18

Los capítulos 18 y 19 hablan del arresto, cautividad y juicio de Jesús y de cómo él se comportó durante su terrible pasión. Arresto, cautividad y pasión sufre, no sólo el Señor, sino también muchos de los que llevan su nombre. En el A.T. el pueblo de Dios también tuvo que vivir en cautividad, primero bajo los egipcios y después bajo los asirios y babilonios. Durante el siglo XX una buena parte de la iglesia del Señor también ha aprendido lo que es vivir en cautiverio.

Bajo Hitler, las iglesias de Alemania fueron sujetadas a una cruel cautividad durante la cual se perseguía y encarcelaba a los pastores si no predicaban de acuerdo con las doctrinas racistas y anti-humanas del gobierno nazi. Más terrible todavía ha sido la pasión de las iglesias detrás de la cortina de hierro y la cortina de bambú, donde miles de pastores y sacerdotes fueron fusilados, sus templos convertidos en bibliotecas, gimnasios y piscinas, y los feligreses amedrentados, enviados a campos de concentración o consignados a instituciones para enfermos mentales. Leemos con lágrimas los relatos de los sufrimientos de cristianos en países como Irán, Sudán o Libia. Las iglesias de América latina también han aprendido lo que es ser arrestadas y puestas en cautividad. Cada día se hace más larga la lista de pastores, sacerdotes, monjas, agentes de la Palabra y líderes laicos secuestrados, encarcelados, torturados y ejecutados en un proceso injusto e ilegal.

Porque los cristianos siempre vivimos bajo la sombra y la amenaza de la cautividad, necesitamos estudiar con cuidado y oración lo que el evangelista relata sobre el arresto, el cautiverio y la pasión de nuestro Señor Jesucristo. Jesús, en su arresto y cautividad, nos ha dejado un modelo. Nos enseña cómo portarnos cuando somos arrestados, encarcelados, maltratados y torturados injustamente. San Pedro nos aconseja: "Pues para esto fuisteis llamados; porque también Cristo padeció por nosotros, dejándonos ejemplo, para que sigáis sus pisadas; el cual no hizo pecado, ni se halló engaño en su boca; quien cuando le maldecían, no respondió con maldición; cuando padecía, no amenazaba, sino encomendaba causa al que juzga justamente" (1 Pedro 2.21-23).

18.1: Habiendo dicho Jesús estas cosas, salió con sus discípulos al otro lado del torrente de Cedrón, donde había un huerto, en el cual entró con sus discípulos. Después de su discurso (capítulos 14-17) Jesús y sus discípulos salen del aposento alto y de Jerusalén y se dirigen hacia un huerto ubicado sobre el monte de los Olivos, al este de la ciudad. Entre el monte Sión, donde está situado el templo, y el monte de los Olivos hay una quebrada llamada Cedrón. Durante el tiempo de las lluvias la quebrada de Cedrón se convierte en un torrente cuyas aguas corren montaña abajo hasta desembocar en el mar Muerto. Durante el resto del año el Cedrón casi no tiene agua. Para llegar al huerto sobre el monte de los Olivos, Jesús y sus discípulos tuvieron que salir de la puerta de la ciudad y bajar unos 70 metros hasta llegar a un puente que cruza el Cedrón.

Es muy probable que al cruzar el Cedrón Jesús y sus discípulos notaran cuán rojas estaban las aguas por la sangre de los miles de corderos pascuales que se sacrificaban en el templo. Según un censo de Josefo, la sangre de doscientos cincuenta y seis mil corderos fue derramada en el templo para una fiesta de la Pascua. La sangre de todos estos corderos se llevaba desde el altar hacia al arroyo del Cedrón por medio de un canal construido expresamente para tal propósito. Viendo la sangre de tantos corderos correr por el Cedrón, Jesús sin duda vislumbró el derramamiento de su propia sangre por los pecados de su pueblo (Barclay 1974.6.245).

Después tenían que subir hasta llegar al huerto. El evangelio de Juan no menciona el nombre del huerto, pero de los sinópticos sabemos que el lugar se llamaba Getsemaní. Getsemaní significa prensa de aceite, que servía para sacar aceite de los olivos. En el tiempo de Jesús el jardín no se llamaba Getsemaní. Hoy en día miles de turistas visitan ese jardín porque quieren ver el lugar donde Jesús fue arrestado y que está ubicado al lado de la Iglesia de todas las Naciones. Getsemaní era más bien el nombre de una cueva grande que se usaba en el tiempo del N.T. tanto para prensar los olivos como para almacenar el aceite de los mismos. La entrada de esta cueva se encontraba dentro de un terreno cultivado o jardín que estaba protegido por un muro.

La cueva de Getsemaní probablemente fue el lugar donde Jesús pasó las noches con sus discípulos durante la semana santa. Durante el tiempo de la primavera no se usaban las dos prensas de aceite que estaban ubicadas dentro de la cueva. Hoy en día esta cueva está bajo la custodia de los padres franciscanos y se encuentra al lado de la tumba de María, o sea, la tumba donde, según los católicos, fue colocado el cuerpo de la virgen María antes de su asunción. Según las excavaciones realizadas dentro de la cueva de Getsemaní, se ha hallado evidencia de la presencia de dos prensas de aceite, que se encontraban allí en el tiempo de Jesús. La cueva de Getsemaní mide 20 por 12 metros y tenía suficiente lugar para servir como refugio para Jesús y sus discípulos durante las frías noches primaverales de Jerusalén. Mientras Jesús oraba, sus discípulos dormían en la cueva. Cuando llegó Judas con los soldados del sumo sacerdote, Jesús salió de la cueva y se encontró con ellos en el jardín (Taylor 1995.26-35).

En la misma ciudad de Jerusalén no había mucho espacio para jardines y huertos. Además estaba prohibido el uso de abono dentro de la ciudad santa. Por eso muchas personas acomodadas tenían sus jardines privados sobre el monte de los Olivos. A lo mejor, algún seguidor rico de Jesús le prestó el uso de la cueva y dio a Jesús y a sus discípulos la llave del huerto y de la cueva. Puesto que Jesús solía reunirse aquí con sus discípulos, el lugar era conocido para Judas Iscariote.

De los cuatro evangelistas Juan es el único que menciona que el lugar donde Jesús fue traicionado y arrestado era un huerto o jardín. La historia de la pasión, muerte y resurrección no solamente comienza en un huerto, también termina en un huerto. Esto ha llevado a algunos estudiosos a postular que el evangelista ha incluido la referencia al jardín porque existe una conexión entre la escena en Getsemaní y la descrita en el Cantar de los Cantares. Es bien sabido que los rabinos interpretaban alegóricamente los eventos y los actores del libro de Cantares. Según la interpretación rabínica, la amante sulamita simbolizaba a Israel en su búsqueda de Jehová. Los rabinos decían que el novio, o sea, el rey Salomón representaba a Jehová. En el capítulo 5 de Cantares la novia o Israel está buscando a su amado en un huerto. Esta búsqueda, para los rabinos, significaba Israel en su búsqueda del Dios verdadero. En Juan 18, los representantes de Israel también buscan a alguien en un huerto. Aquel que buscan es el mismo a quien buscaba la amante en Cantares 5. Según el intérprete británico J. Duncan Derrett, los que buscan a Jesús en el huerto de Getsemaní encuentran en él a quien buscaba la sulamita. En Jesús, Israel por fin logra encontrar a Jehová en persona. Esto, según Derrett, es la razón por la cual Jesús responde con *Yo soy* a los representantes de Israel que lo están buscando. En otras palabras, Jesús dice: En el huerto de Getsemaní Israel por fin ha encontrado a su verdadero esposo. Yo soy el amante que ha buscado la sulamita Israel a través de toda su historia (Derrett 1993.29). Para muchos, las interpretaciones alegóricas de Derrett son demasiado forzadas, pero Derrett está convencido de que el cuarto evangelio, igual que los escritos de Clemente de Roma y otros padres apostólicos, tienen muchas alegorías.

18.2: Y también Judas, el que le entregaba, conocía aquel lugar, porque muchas veces Jesús se había reunido allí con sus discípulos. Jesús no pasaba la noche en Jerusalén sino en Getsemaní y Betania. Los enemigos de Jesús querían arrestarlo, pero no de día, porque temían que un arresto público pudiera provocar un levantamiento entre los muchos peregrinos que habían llegado de Galilea y de otras partes de Palestina y la diáspora para celebrar la Pascua. Tal levantamiento fácilmente podría convertirse en una rebelión armada contra los romanos y sus lacayos. Para evitar la posibilidad de un conflicto armado, los principales sacerdotes estaban de acuerdo en arrestar a Jesús de noche cuando todo el mundo está dormido. Entonces el preso sería juzgado formalmente en una reunión nocturna del Sanedrín y después crucificado antes de enterarse el pueblo. Para llevar a cabo su plan, los principales sacerdotes necesitaban conocer el sitio secreto donde Jesús pasaba la noche con sus discípulos. Judas Iscariote no solamente proveyó de información a las autoridades, sino que se puso a disposición de ellas para guiarlas al sitio donde estaba Jesús con sus discípulos.

18.3: Judas, pues, tomando una compañía de soldados, y alguaciles de los principales sacerdotes y de los fariseos, fue allí con linternas y antorchas, y con armas. El evangelista Juan no nos relata la escena de la oración y agonía de

Jesús en el jardín de Getsemaní que encontramos en los sinópticos. Juan ya había indicado a sus lectores la agonía interna que sufría Jesús en 12.27. Pero Juan es el único de los evangelistas que nos relata que Judas venía con una compañía de soldados romanos y no solamente con los aguaciles judíos, es decir, la policía del templo. Caifás, temiendo una posible resistencia de parte de los seguidores de Jesús, o un levantamiento del pueblo, probablemente había pedido a Pilato un contingente de soldados romanos para ayudar en el arresto de Jesús. Los soldados romanos generalmente estaban acantonados en la ciudad de Cesarea, en el litoral de Palestina, donde el gobernador Poncio Pilato tenía su palacio. Pero durante las grandes fiestas, cuando Jerusalén se llenaba con grandes multitudes de peregrinos, se enviaban soldados de Cesarea a la torre de Antonio, cerca del templo. Los brotes de violencia anti-romana siempre ocurrían durante las fiestas. Juan menciona que tanto romanos como judíos colaboraron en el arresto de Jesús, para subrayar el hecho de que todo el mundo era responsable de la muerte de Jesús y no solamente un grupo de judíos. Durante toda la historia del juicio y de la crucifixión veremos que Juan enfatiza mucho más que los otros evangelios el grado de participación y culpa que tenía Pilato y los romanos en la muerte de Jesús.

Es posible que los otros evangelistas hayan enfatizado más el papel que jugaron los judíos que los romanos porque no querían que los seguidores de Cristo fuesen calificados como revolucionarios contra el imperio. Hay un debate entre muchos eruditos sobre quién era más culpable en la muerte de Jesús. A través de la historia de la iglesia, ciertos individuos y grupos han tratado de utilizar la participación judía en la crucifixión de Jesús como un pretexto para perseguir, despojar y dar muerte a los judíos. Por otro lado, historiadores judíos han señalado a los romanos como los verdaderos culpables de la muerte del Señor. Como seguidores de Jesús, no nos toca a nosotros acusar, perseguir o guardar rencor a alguien por la muerte de Cristo. Más bien, debemos recordar que todos nosotros somos responsables de la muerte de Jesús. No fueron sólo los pecados de Pilato, Judas y Caifás los que llevaron a nuestro Señor a la cruz, sino los pecados, los fracasos y los odios nuestros.

En este versículo encontramos otro caso más de ironía. Los soldados y los aguaciles de los principales sacerdotes vienen con linternas y antorchas en busca de aquel que es la luz del mundo (Culpepper 1983.192). Vienen con armas para apoderarse de aquel por quien todas las cosas fueron hechas. Puesto que la Pascua se celebra siempre cuando hay luna llena, realmente no eran tan necesarias las linternas y antorchas. Tal vez los enemigos creían que Jesús se escondería entre los árboles o en una de las cuevas que se hallan en el monte de los Olivos y por eso trajeron linternas y antorchas (Barclay 1974.6.249). La gran cantidad de soldados, guardias y ayudantes del sumo sacerdote que venían armados nos indica que esperaban una resistencia armada de parte de Jesús y de sus seguidores.

18.4: Pero Jesús, sabiendo todas las cosas que le habían de sobrevenir, se

adelantó y les dijo: ¿A quién buscáis? Al venir Judas con los soldados, Jesús no trata de esconderse o de huir. Tampoco ofrece resistencia. Tampoco lo toman por sorpresa, porque Jesús sabía que la hora determinada por su Padre había llegado; el cordero pascual estaba preparado para ser sacrificado. Juan enfatiza que Jesús está en control de los eventos que están por acontecer. Jesús no muere como un mártir que no puede esquivar el poder superior de las fuerzas de sus enemigos; Jesús se entrega voluntariamente porque es la voluntad del Padre que su Hijo sea sacrificado por nuestros pecados.

Al añadir estos detalles a su relato, el evangelista quiere contrarrestar cierta propaganda contra Jesús que se estaba publicando en las sinagogas en cuanto a su comportamiento la noche de su entrega. Celso, el filósofo anti-cristiano combatido por Orígenes en su apología *Contra Celsum*, afirma que Jesús trató de escapar de una manera muy cobarde cuando lo vinieron a buscar, y que fueron sus propios discípulos los que lo entregaron a las autoridades. Para combatir tal calumnia, el evangelista enfatiza que Jesús salió para enfrentar a los que le buscaban (Beasley-Murray 1987.320).

18.5: Le respondieron: A Jesús nazareno. Jesús les dijo: Yo soy. Y estaba también con ellos Judas, el que le entregaba. Para los que tienen ojos para ver y oídos para oír la respuesta de Jesús a la pregunta de los aguaciles tiene un doble sentido. En primer lugar, Jesús afirma: Si buscan a Jesús nazareno, yo soy la persona que quieren. Pero al mismo tiempo Jesús proclama: Aquí tienen ustedes, no sólo a Jesús nazareno, sino al *Yo soy*. A través del relato de la pasión de Jesús el evangelista pregunta a sus lectores: ¿A quién realmente buscan ustedes, sólo a Jesús nazareno, o también al *Yo soy*?

18.6-7: Cuando les dijo: Yo soy, retrocedieron, y cayeron a tierra. Volvió, pues, a preguntarles: ¿A quién buscáis? Y ellos dijeron: A Jesús nazareno. El hecho de que los enemigos de Jesús cayeran todos al suelo muestra que Jesús tenía poder para salvarse a sí mismo de las manos de esa horda armada, si hubiera sido su voluntad. Hay poder en el nombre del *Yo soy* para acabar con las espadas, palos y lanzas que llevan los enemigos. David no se enfrentó a Goliat con todas las armas del ejército de Saúl, sino con el nombre de Yahvé, el Dios *Yo soy*: "Tú vienes a mí con espada y lanza y jabalina; mas yo vengo a ti en el nombre de Jehová de los ejércitos" (1 Samuel 17.45). Los soldados caen al suelo porque están frente al misterio divino, están en la presencia del *Yo soy*. Los soldados y demás enemigos de Jesús vienen contra el *Yo soy* de noche con las armas de las tinieblas. Pero Jesús se defiende utilizando sólo la palabra de Dios. En nuestra lucha contra los poderes del mal San Pablo nos hace la siguiente advertencia: "La noche está avanzada, y se acerca el día. Desechemos, pues, las obras de las tinieblas, y vistámonos las armas de la luz" (Romanos 13.12).

18.8-9: Respondió Jesús: Os he dicho que yo soy; pues si me buscáis a mí, dejad ir a éstos; para que se cumpliese aquello que había dicho: De los que me diste, no perdí ninguno. Con estas palabras nos da a entender que él es el verdadero buen pastor. Han aparecido los lobos y ladrones y el redil del Señor está en peligro. Ya vimos en Juan 10.10 que "el ladrón no viene sino para hurtar y matar y destruir." Un asalariado hubiera huido porque no le importa la vida de las ovejas. Pero el buen pastor da su vida por ellas. Así, Jesús pide a los hombres armados en el jardín que dejen en libertad a los discípulos. Sus palabras: "Dejad ir a éstos" son un eco de las palabras de Moisés a Faraón en Éxodo 5.1: "Deja ir a mi pueblo." Jesús está dispuesto a entregarse pacíficamente. Una resistencia armada sólo hubiera resultado en la muerte de muchos de los seguidores de Jesús. La preocupación primordial de Jesús no es por sí mismo, sino por la vida de sus ovejas. Por eso nosotros confiamos nuestras vidas al cuidado de Jesús nuestro buen pastor.

18.10: Entonces Simón Pedro, que tenía una espada, la desenvainó, e hirió al siervo del sumo sacerdote, y le cortó la oreja derecha. Y el siervo se llamaba Malco. Con más coraje y valentía que entendimiento de la voluntad de Dios, Simón Pedro intenta utilizar la violencia para defender a su Señor. Con un golpe de espada le quita la oreja derecha al esclavo del sumo sacerdote que ha venido con Judas y los soldados. San Juan no incluye el detalle, mencionado por San Lucas, de que Jesús en seguida sanó la herida de Malco poniendo su oreja otra vez en su lugar. Aquí vemos nuevamente que Pedro es el discípulo que se caracteriza por malentender la naturaleza de la misión de Jesús. Así como Pedro negó al Señor tres veces y fue preguntado tres veces si amaba al Señor, así también, en la historia de la Pasión, tres veces malentiende las acciones de Jesús. En Juan 13.6-11 Pedro no entendió el significado del lavamiento de los pies. En Juan 13.36-38 Pedro no comprende las palabras sobre la salida de Jesús. Y aquí, en Juan 18.10-11, Pedro no entiende porqué Jesús no se defiende. Esta falta de comprensión de parte de Pedro tiene mucho que ver con lo que pasó en el patio del sumo sacerdote, cuando niega a su Señor (Staley 1993.93).

San Juan es el único de los evangelistas que nos da el nombre del esclavo de Caifás herido por Simón Pedro. Si el evangelista era en verdad el otro discípulo conocido del sumo sacerdote, explicaría cómo el autor del evangelio tenía información aparentemente tan insignificante como el nombre del esclavo de Caifás. En realidad, no hay detalles insignificantes en el cuarto evangelio. Si el evangelista nos suministra un detalle que no se encuentra en los sinópticos, es porque quiere enseñarnos alguna lección. Puede ser que la lección tenga que ver con el significado del nombre Malco.

Esta es la conclusión a la que llegó Herbert E. Hohenstein que fue profesor de hebreo y Antiguo Testamento en el Seminario Concordia en San Luis, Misuri. Hohenstein nos recuerda que en hebreo el nombre Malco significa rey, un nombre muy extraño para uno que sirve como esclavo. Los que llevan el nombre de rey no deben estar bajo la autoridad de otros seres humanos, sino solamente bajo la autoridad del Señor. El Dios que libró a su antiguo pueblo de la esclavitud en Egipto llamó a sus hijos a ser una nación de reyes y sacerdotes. Dios no quiere que seamos esclavos de nadie, pero como Malco, que se llamaba rey, llegó a ser vendido a Caifás como esclavo, así nosotros, que hemos sido llamados para ser reyes y sacerdotes, hemos sido vendidos como esclavos al pecado. Según las leyes sobre esclavos en Deuteronomio 15.12-18, ellos llevaban en su oreja derecha una marca, hecha con una lezna, que los identificaba como esclavos. Precisamente esa oreja derecha es la que perdió Malco en las acciones que tuvieron lugar en el huerto de Getsemaní. Malco perdió la marca de su esclavitud. Según Hohenstein, el hecho de que Malco fuera sanado por Jesús indica que ahora no debe ser más esclavo de Caifás, sino siervo de Cristo. De igual manera Jesús, en nuestro bautismo, nos libra de nuestra esclavitud al pecado y al diablo y nos convierte en siervos de nuestro verdadero Señor, el que nos compró al precio de su propia sangre (Hohenstein 1970.91-92).

Buscando otra interpretación para la inclusión del nombre Malco en la historia de la pasión, Guilding cree que el evangelista encontró en los sucesos en el huerto de Getsemaní un cumplimiento de las palabras escritas en Zacarías 11.6 que habla de los que serán entregados "en manos del rey" (Malco en hebreo). Recordemos que las profecías de Zacarías juegan un papel muy importante en el cuarto evangelio. En el mismo capítulo 11, el profeta Zacarías habla de los que "pesaron por mi salario treinta piezas de plata."

18.11: Jesús entonces dijo a Pedro: Mete tu espada en la vaina; la copa que el Padre me ha dado, ¿no la he de beber? La violenta defensa de Pedro está impidiendo la entrega de Jesús como sacrificio por los pecados del mundo. Por eso Jesús habla de su necesidad de beber la copa. En muchos pueblos en el antiguo medio oriente, una manera de ejecutar a los enemigos del rey o del estado era obligándolos a beber una copa llena de veneno. Recordemos que el filósofo Sócrates murió porque fue obligado a tomar una copa llena de veneno de abeto. Hay también muchos textos en el A.T. donde Jehová amenaza a las naciones enemigas de Israel con hacerles beber la copa de vino envenenado, una copa de castigo e ira. En Jeremías 25.15-16 dice: "Porque así me dijo Jehová Dios de Israel: Toma de mi mano la copa del vino de este furor, y da a beber de él a todas las naciones a las cuales yo te envío. Y beberán, y temblarán y enloquecerán, a causa de la espada que yo envío entre ellas." El Salmo 75.8 dice: "el cáliz está en la mano de Jehová... y él derrama del mismo... y lo beberán todos los impíos de la tierra." En Isaías 51.17 el profeta compara el castigo que sufrió Jerusalén en la cautividad babilónica a un cáliz de la ira de Dios. Dice allí: "Despierta, despierta, levántate, oh Jerusalén, que bebiste de la mano de Jehová el cáliz de su ira; porque el cáliz de aturdimiento bebiste hasta los sedimentos." Pero en el jardín de Getsemaní Jesús voluntariamente se pone a beber el cáliz de la ira y la condenación que ha sido preparado para nosotros, los pecadores. Puesto que él, el Cordero inocente ha tomado en nuestro lugar la copa de ira, nosotros podemos recibir de Dios la copa de salvación y decir con el salmista: "Tomaré la copa de la salvación, e invocaré el nombre de Jehová" (Salmo 116.13). Esto es lo que sucede cada vez que celebramos la Santa Cena.

18.12-14: Entonces la compañía de soldados, el tribuno y los aguaciles de los judíos, prendieron a Jesús y le ataron, y le llevaron primeramente a Anás; porque era suegro de Caifás, que era sumo sacerdote aquel año. Era Caifás el que había dado el consejo a los judíos, de que convenía que un solo hombre muriese por el pueblo. A pesar de su asalto violento contra el siervo del sumo sacerdote, Pedro no fue arrestado y ejecutado. Sólo Jesús fue arrestado, porque estaba decretado que un solo hombre muriese por el pueblo (Heil 1995.737).

Atado como el cordero pascual antes de ser sacrificado, Jesús es llevado primero, no ante todo el sanedrín, sino ante Anás. Anás había sido sumo sacerdote en Jerusalén entre los años 6 a 15 d.C., año en que fue destituido por el gobernador romano Valerio Grato. Sin embargo, los judíos seguían considerando a Anás como sumo sacerdote, porque en el A.T. un sumo sacerdote lo seguía siendo para toda la vida: una vez sumo sacerdote, siempre sumo sacerdote. Aunque Caifás era el sumo sacerdote oficial, su suegro Anás seguía ejerciendo bastante control sobre lo que sucedía en el templo. Cinco de los hijos y un nieto de Anás, más su yerno Caifás llegaron a ser nombrados sumo sacerdotes. Todos estos sumo sacerdotes, a su vez, fueron depuestos por los romanos pero seguían siendo venerados por el pueblo judío como tales. No hay mención de la aparición de Jesús ante Anás en los tres evangelios sinópticos, pero Juan, que aparentemente mantenía conexiones con el palacio del sumo sacerdote, estaba mejor informado en cuanto a algunos de los pormenores del proceso contra Jesús.

Anás I había sido nombrado sumo sacerdote por Cirenio, el gobernador romano de Siria. De esa manera se inauguró una nueva dinastía sacerdotal en Jerusalén que reemplazó a la vieja dinastía de Boeto. Hay que tomar en cuenta que todos los sumo sacerdotes en el tiempo del N.T. eran ilegítimos desde el punto de vista del A.T. El A.T. estipulaba que todos los sumo sacerdotes legítimos tenían que ser de la familia de Sadoc (1 Samuel 2.25; 1 Reyes 2.35), pero el último descendiente de Sadoc que sirvió como sumo sacerdote, fue Onías II, asesinado en el año 171 a.C. Después de las luchas entre los sirios y los macabeos, la familia asmonea (la de los macabeos) acapararon ilegítimamente tanto el sumo sacerdocio como la monarquía. Los asmoneos dominaron el sumo sacerdocio hasta que los romanos nombraron a Anás para reemplazarlos. Una de las razones que llevó a los esenios a distanciarse del templo en Jerusalén y fundar su propia comunidad monástica en Qumram fue el hecho de que el sumo sacerdocio había caído en manos de sacerdotes ilegítimos.

Era la costumbre de los romanos nombrar sumo sacerdotes a aquellos que pudieran servir mejor los intereses de Roma. Anás, hijo de Set, era saduceo y rico hacendado que había tenido un papel importante en el derrocamiento de Arquelao, el hijo de Herodes el Grande, que llegó a ser gobernador de Judea y Samaria después de la muerte de su padre. Anás y otros saduceos importantes habían pedido al emperador romano que Arquelao fuese reemplazado por un gobernador romano. El emperador accedió a la petición de Anás y sus colaboradores y Arquelao fue exiliado y reemplazado por Coponio, el primer procurador romano de Judea y Samaria (Blank 1980.3.49).

Anás no era solamente un hombre que podía servir a los intereses de los romanos, era también una persona sumamente rica. Las tiendas dentro del templo donde se vendían los animales para los sacrificios eran suyas. Los animales que se vendían dentro del templo costaban mucho más que los que se vendían fuera del templo. Pero muchos animales que se compraban fuera del templo eran rechazados por los sacerdotes que los inspeccionaban para ver si tenían defectos. Los animales que se compraban en las tiendas de Anás nunca eran rechazados y por eso muchos judíos compraban los animales para el sacrificio a los siervos de Anás aunque eran mucho más caros. De tal explotación Anás y los miembros de su familia lograron reunir una gran fortuna. Aunque la familia de Anás tenía buenas relaciones con los romanos, los propios judíos sentían gran odio hacia él y sus hijos. En el Talmud hay un pasaje que dice: "Maldita sea la casa de Anás. Maldito sea su silbido de serpiente. Son sumo sacerdotes; sus hijos cuidan el tesoro, sus yernos son los guardas del templo y sus sirvientes golpean a la gente con palos" (Barclay 1974.6.250).

Sabiendo quién era Anás, podemos entender mejor porqué el viejo sumo sacerdote quería interrogar a Jesús antes que su yerno Caifás. Anás quería ver al hombre que había echado fuera del templo a los vendedores, comerciantes y cambistas. Quería arreglar cuentas con el atrevido profeta de Galilea que había perjudicado sus intereses económicos. Así, Jesús de Nazaret es llamado a hacer acto de presencia ante Anás. Aparentemente no todos los setenta miembros del sanedrín habían llegado todavía, y Anás aprovecha el tiempo de espera para interrogar a Jesús. Así, tenemos el enfrentamiento entre Jesús y el viejo Anás, sumo sacerdote ilegítimo de la línea de Aarón, sacerdote intruso, escogido, no por herencia, ni por Dios, sino por los romanos. Jesús es sumo sacerdote y también rey, no de la línea de Aarón, sino sacerdote escogido directamente por Dios como Melquisedec, el cual recibió los diezmos de Abraham (Génesis 14.17-24). Frente a Anás, el sumo sacerdote pirata, está Jesús, sacerdote para siempre según el orden de Melquisedec (Hebreos 7.17) (Schilder 1939b.24). "Porque la ley constituye sumo sacerdotes a débiles hombres; pero la palabra del juramento, posterior a la ley, al Hijo, hecho perfecto para siempre" (Hebreos 7.28).

18.15-16: Y seguían a Jesús Simón Pedro y otro discípulo. Y este discípulo

era conocido del sumo sacerdote y entró con Jesús al patio del sumo sacerdote; mas Pedro estaba fuera, a la puerta. Salió, pues, el discípulo que era conocido del sumo sacerdote, y habló a la portera, e hizo entrar a Pedro. Aquí nuevamente encontramos una referencia al otro discípulo, al discípulo sin nombre, al discípulo amado. Según este texto, el discípulo amado es conocido en el palacio del sumo sacerdote. Precisamente porque lo conocen, la sirvienta lo deja pasar y entrar en el patio. El obispo anglicano John A. T. Robinson cree que la persona que tenía el contrato para llevar pescado del mar de Galilea al palacio del sumo sacerdote era Zebedeo, el padre de Juan y Santiago. Según Robinson, Juan había trabajado como representante de su padre en Jerusalén y tenía la responsabilidad de llevar los envíos de pescado a la ciudad santa. El hecho de que Zebedeo tuviera sus propios barcos y unos cuantos empleados indica que no era pobre, sino un comerciante próspero con buenas conexiones comerciales (Robinson 1985.63). La esposa de Zebedeo, Salomé, era una de las mujeres de Galilea que apoyaban el ministerio de Jesús con sus ofrendas (Marcos 15.40-41). La industria pesquera en el mar de Galilea había crecido mucho en tiempos helenísticos y daba cierta prosperidad a los que se dedicaban a la misma. Había una rica variedad de peces en el lago. Los pescados eran salados en el pueblo de Tarichaeae y enviados a mercados nacionales e internacionales. El pescado salado entraba en Jerusalén desde el norte por la puerta del pescado (Nehemías 3.3; 12.39; Sofonías 1.10).

Algunos comentaristas creen que el otro discípulo, que era conocido del sumo sacerdote, no era el discípulo amado, sino otro seguidor influyente de Jesús, como Nicodemo o José de Arimatea, miembros del sanedrín. Otros eruditos hasta postulan que el otro discípulo tiene que haber sido un colaborador de Judas Iscariote. A pesar de estas teorías en cuanto a la identidad del otro discípulo, la mayoría siguen creyendo que aquí se refiere al discípulo amado, porque anda en compañía de Pedro así como en Juan 20 y 21.

18.17-18: Entonces la criada portera dijo a Pedro: ¿No eres tú también de los discípulos de este hombre? Dijo él: No lo soy. Y estaban en pie los siervos y los aguaciles que habían encendido un fuego; porque hacía frío, y se calentaban; y también con ellos estaba Pedro en pie, calentándose. Habiendo visto a Pedro entrar con un hombre conocido como discípulo de Jesús, la sirvienta llega a la conclusión que Pedro también lo es. Pedro, por su parte, está aturdido y confuso por todo lo que ha acontecido durante la larga noche. No entiende todavía porqué Jesús no quiso defenderse. No entiende que Jesús no ha venido para ser un mesías político, sino un siervo sufriente que da su vida por el pueblo. La pregunta de la sirvienta desconcierta a Pedro que hacía poco había blandido su espada contra uno de los siervos del sumo sacerdote. Si los soldados y sirvientes del sumo sacerdote llegan a identificarlo como el seguidor de Jesús que intentó quitarle la vida a Malco, su vida puede correr peligro. En vez de defender su fe, Pedro falla y niega a su Señor.

Hay algunos elementos en el relato de lo que pasó con Pedro que no son mencionados en los otros evangelios y que parecen ser los recuerdos de un testigo ocular. Uno de esos elementos es el hecho de que los siervos y los aguaciles habían encendido un fuego para calentarse en el frío de la noche. Según las tradiciones judaicas preservadas en la Mishná, la celebración de un juicio o investigación de noche y sin testigos era una violación de la ley. "El que anda de noche, tropieza porque no hay luz en él" (Juan 11.10). "Porque todo aquel que hace lo malo, aborrece la luz y no viene a la luz, para que sus obras no sean reprendidas" (Juan 3.20). El infractor de la ley no era Jesús, sino los que lo estaban interrogando y enjuiciando.

18.19-20: Y el sumo sacerdote preguntó a Jesús acerca de sus discípulos y de su doctrina. Jesús le respondió: Yo públicamente he hablado al mundo; siempre he enseñado en la sinagoga y en el templo, donde se reúnen todos los judíos, y nada he hablado en oculto. Mientras se lleva a cabo el interrogatorio de Pedro ante los sirvientes del sumo sacerdote, dentro del palacio del sumo sacerdote se lleva a cabo otro interrogatorio. Jesús es llamado a responder a las preguntas de Anás.

Hay dos asuntos que preocupan a Anás, las enseñanzas de Jesús y el número e identidad de sus discípulos. La preocupación por la cantidad de los discípulos de Jesús es política. Si se puede demostrar a Pilato que Jesús tenía una gran cantidad de seguidores, entonces se puede denunciar a Jesús como líder revolucionario y a sus seguidores como un movimiento político que pone en peligro la hegemonía de Roma en Palestina. Los discípulos de Jesús pueden poner en peligro, no sólo la hegemonía de Roma, sino también la de la casa de Anás. ¿Busca Jesús formar una nueva filosofía, una nueva escuela rabínica, una nueva sinagoga, un nuevo templo? Anás no quiere más competencia. Ya tiene suficientes problemas con los esenios, zelotes y otros movimientos que rechazan su autoridad. Pero Jesús no responde nada en cuanto a sus seguidores. El buen pastor no quiere dar a los lobos información alguna que pudiera perjudicar a sus ovejas.

Anás también quiere conocer más exactamente la naturaleza de las enseñanzas de Jesús para denunciarlo como hereje. Tal vez le preocupa la idea de que Jesús realmente pudiera ser el mesías. ¿Tiene Jesús algunas enseñanzas secretas que no haya compartido con el público en general? ¿Tiene Jesús una doctrina secreta como los gnósticos y los místicos?

18.21: ¿Por qué me preguntas a mí? Pregunta a los que han oído, qué les haya yo hablado; he aquí, ellos saben lo que yo he dicho. Todo lo que ocurrió ante Anás, no fue el juicio a Jesús, sino una interrogación al preso, para recoger evidencia que pudiera ser utilizada en su contra, en el juicio formal, del cual leemos en los evangelios sinópticos. Pero Jesús protesta contra tal procedimiento ilegal y demanda un juicio formal con testigos. El papel de los que llevan a cabo una investigación es preguntar a los testigos, no al acusado. Según los rabinos, ningún hombre puede ser condenado a muerte en base a su propio testimonio. Los jueces no tienen autoridad de interrogar al acusado. Lo que está realizando Anás es una burla de la justicia, y por eso protesta Jesús.

Jesús protesta contra el abuso de la ley en nombre de la ley. No es un anarquista que quiere acabar con toda ley y toda autoridad. De esta manera Jesús nos enseña cómo protestar contra los abusos de la ley en nuestras propias sociedades. Jesús declara a Anás y a los soldados y alguaciles presentes que él nunca ha enseñado doctrinas secretas y ocultas. Nunca confabuló planes secretos para derrocar al gobierno como insinúan sus enemigos. Así también debe ser nuestra proclamación del evangelio. No somos gnósticos, masones, mormones o rosacruces que enseñan una doctrina en las reuniones públicas y otra doctrina secreta a los iniciados en una *sancta sanctorum*. Todo lo que ha enseñado Jesús ha sido en público.

Entre los seguidores de Jesús no existe ninguna doctrina oculta. El evangelio que proclamaba Jesús y que proclamamos nosotros es un mensaje para todo el mundo; nadie queda excluido. Es un mensaje, no solamente para los miembros de la aristocracia y las clases dominantes, sino también un mensaje de salvación y esperanza para los marginados y oprimidos, los *am-ha-aretz* tan despreciados por los miembros de la aristocracia sacerdotal. Tal vez Juan ha incluido este versículo en su evangelio para contrarrestar las acusaciones de algunos enemigos de la fe que aseveraban que los seguidores de Jesús constituían una secta secreta como las religiones de misterio, que enseñaban una cosa públicamente mientras practicaban toda clase de ritos macabros en secreto.

La totalidad del evangelio es para todo el mundo; no debemos ocultar nada de la voluntad de Dios a nadie. San Pablo, siguiendo el ejemplo de Jesús, declara: "Antes bien renunciamos a lo oculto y vergonzoso, no andando con astucia, ni adulterando la palabra de Dios, sino por la manifestación de la verdad recomendándonos a toda conciencia humana delante de Dios" (2 Corintios 4.2).

18.22-23: Cuando Jesús hubo dicho esto, uno de los alguaciles, que estaba allí, le dio una bofetada, diciendo: ¿Así respondes al sumo sacerdote? Jesús le respondió: Si he hablado mal, testifica en qué está el mal; y si bien, ¿por qué me golpeas? Relatan los historiadores que cuando las autoridades interrogaban a los prisioneros, éstos solían gemir y lamentarse en alta voz para ablandar los corazones de los jueces. Se comportaban ante el tribunal de la manera más sumisa posible para no perjudicar más su caso. Pero Jesús, delante de sus jueces y atormentadores, se conduce con toda la nobleza de un hombre libre, y no como un servil adulador. Jesús nos da aquí un ejemplo a seguir, el de no sentirnos amedrentados por autoridades que abusan de la ley (Lüthi 1960.273).

Cuando las autoridades de la ley le dan una bofetada, Jesús nos da otro ejemplo para cuando nosotros seamos presentados ante las autoridades. Jesús no devuelve ojo por ojo, diente por diente, o bofetada por bofetada, sino que les recuerda que ellos también están bajo la ley (Newbigin 1982.242). Al responder así, Jesús les da la oportunidad de herirle en la otra mejilla (Mateo 5.39). Jesús no toma represalias por la bofetada que ha recibido. Se entrega a la muerte porque sabe que ésta es la voluntad del Padre. Se humilla ante la voluntad divina pero no ante la tiranía de sus opresores. Enseñan falsa doctrina los que afirman que, en obediencia a la cruz, debemos sometemos a la tiranía y callarnos ante la injusticia de los que abusan de la autoridad que les ha sido encomendada.

18.24: Anás entonces le envió atado a Caifás, el sumo sacerdote. No sabemos exactamente en qué parte estaba Caifás. Puede ser que tanto Anás como Caifás vivieran en la misma casa o palacio, o que la casa de Anás compartía el mismo patio con la casa de Caifás. De todas maneras Caifás no estaba muy lejos de donde Anás había interrogado a Jesús. Juan no nos relata la escena del enfrentamiento entre Jesús y Caifás. Para conocer esta parte de la historia de la pasión será necesario leer la descripción en los evangelios sinópticos (Mateo 26.57-68; Marcos 14.53-65; Lucas 22.64-71).

Para los propósitos teológicos de Juan, no era necesario relatar el proceso de Jesús ante Caifás, en el cual Jesús es condenado por haberse declarado Hijo de Dios. El cuarto evangelio, en repetidas ocasiones, ya ha proclamado a Jesús como Hijo de Dios. Tal declaración no sería algo nuevo para los lectores del evangelio. Además, Juan, después de la resurrección de Lázaro, nos ha descrito una reunión del sanedrín (que no está en los evangelios sinópticos), en la cual Caifás y los sumo sacerdotes toman la decisión de que Jesús debía morir por la nación (Juan 11.51). Quizás Juan consideraba que el interrogatorio a Jesús por Caifás era una farsa jurídica puesto que Caifás y los demás miembros del sanedrín ya habían tomado la decisión de entregar a Jesús en manos de los gentiles para ser ejecutado. Por perpetrar tal farsa, Dante, en su obra la *Divina Comedia*, consignó a Caifás y a los demás miembros del sanedrín a ser clavados en cruces y permanecer crucificados por toda la eternidad.

18.25: Estaba, pues, Pedro en pie, calentándose. Y le dijeron: ¿No eres tú de sus discípulos? El negó, y dijo: No lo soy. Mientras se lleva a cabo la interrogación a Jesús adentro, afuera, en el patio de Anás, tiene lugar otra interrogación, la de Pedro. Mientras en el jardín Jesús confesó tres veces: *Yo soy*, Pedro tres veces niega ser discípulo con las palabras: No lo soy. Si Pedro hubiera servido como testigo a favor de Jesús, tal vez también hubiera sido ejecutado. Pero aún no había llegado el momento de que Pedro muriese por la fe. En Juan 13.36 Jesús le había confiado a Pedro: "A donde yo voy, no me puedes seguir ahora, mas me seguirás después."

18.26-27: Uno de los siervos del sumo sacerdote, pariente de aquel a quien Pedro había cortado la oreja, le dijo: ¿No te vi yo en el huerto con él? Negó Pedro otra vez; y en seguida cantó el gallo. Ahora la vida de Pedro corre verdadero peligro. Está a punto de ser reconocido como el que había levantado la espada contra el esclavo de Caifás. Al negar a Jesús otra vez, canta el gallo de acuerdo a la profecía que Jesús había hecho algunas horas antes en el aposento alto. Aquí surge otra gran ironía: el cumplimiento de las palabras de Jesús lo revela como el profeta verdadero en el mismo momento en que se burlan de él y lo llaman profeta falso, en que los soldados le vendan los ojos y le golpean diciendo: "Profetízanos, Cristo, quien es el que te golpeó" (Mateo 26.68).

Algunos creen que el canto del gallo que escuchó Pedro era el toque de trompeta que daban las guardias a las tres de la mañana. El toque de trompeta a esa hora se conocía como el canto del gallo. Se dice que estaba prohibido criar gallos dentro del perímetro de la santa ciudad de Jerusalén durante la época del N.T. (Barclay 1974.6.254).

18.28: Llevaron a Jesús de casa de Caifás al pretorio. Era de mañana, y ellos no entraron en el pretorio para no contaminarse, y así poder comer la pascua. Con este versículo comienza el relato del juicio de Jesús. Como el episodio del ciego, en el capítulo 9, la historia del juicio de Jesús está dividida en siete escenas. Se señala el cambio de escena con los movimientos de Pilato que entra y sale del pretorio para conversar primero con los judíos y después con Jesús. Durante todo el proceso contra Jesús, San Juan nos muestra cómo todos los actores en el drama están obligados a escoger entre Jesús y el mundo. La gran tragedia de personas como Poncio Pilato es que creen que pueden mantenerse neutrales o no tomar ninguna decisión. Pero en su intento de evadir su responsabilidad, Pilato se hace cada vez más culpable. Al final son Pilato y los judíos los que quedan condenados. Jesús, aunque es condenado por el mundo, es elevado al oficio de rey, juez e Hijo de Dios. El juicio de Jesús, en realidad, es el juicio de Pilato, de los judíos y del mundo. La primera escena en el drama se halla en Juan 18.28-32 (Duke 1985.127).

Hay gran ironía aquí. Los principales sacerdotes necesitan la ayuda de Pilato para llevar a cabo su plan de ejecutar a Jesús. Leemos en 2 Samuel 11 cómo el rey David quiso acabar con la vida de Urías heteo para quedarse con su esposa, la bella Betsabé. Pero David no quiso contaminarse derramando la sangre de Urías con sus propias manos. Por eso arregló una trampa y logró que la sangre de Urías fuese derramada por los gentiles amonitas. Pero David no pudo escapar su responsabilidad. Con la parábola del cordero inocente que fue sacrificado por el hombre rico, el profeta Natán condenó al rey, declarando: "Tú eres aquel hombre."

Caifás y los principales sacerdotes quieren acabar con Jesús, el esposo verdadero de la hija de Sión pero, como David, no quieren contaminarse derramando su sangre con sus manos durante la fiesta de la Pascua; prefieren dejar que Jesús caiga en las manos del gentil Poncio Pilato. Pero los principales sacerdotes tampoco quieren contaminarse entrando en la casa de un hombre incircunciso como Pilato. Si se contaminan no podrán comer su porción del cordero pascual, y así, sin entender lo que están haciendo, los judíos entregan al verdadero cordero pascual y hacen posible así la celebración de la pascua verdadera (Duke 1985.128).

Según la Mishná, la colección de las tradiciones de los fariseos, un judío se contaminaba al entrar en la casa de un gentil. Los judíos decían que los gentiles enterraban en sus casas o tiraban por las letrinas de sus casas los fetos abortados. Este contacto constante con los cadáveres hacía inmundas las casas de los gentiles. Otra cosa que hacía inmundas las casas de los gentiles en el tiempo de la Pascua era la presencia de levadura. Puesto que la levadura era un símbolo del mal, los judíos tenían que echar de sus casas toda clase de levaduras para celebrar la fiesta en santidad y pureza. La persona que se ponía en contacto con levadura durante la fiesta de la Pascua quedaba impura y no podía participar en la misma. Algunas clases de contaminación duraban un solo día, mientras que otras duraban una semana. Después de contaminarse, un judío tenía que purificarse por medio de un baño en agua limpia (Carson 1991.588).

De modo que los líderes judíos eran muy escrupulosos en cuanto a no contaminarse para poder comer sin mácula o contaminación la fiesta de la Pascua. No se dan cuenta de la tremenda contaminación en que incurren al hacerse responsables de la muerte de su mesías. Buscan erradicar de su presencia toda clase de levadura pero no se dan cuenta de la levadura de odio, incredulidad y homicidio que no ha sido purgada de sus vidas. Bien había dicho Jesús de tal hipocresía: "¡Guías ciegos, que coláis el mosquito, y tragáis el camello!" (Mateo 23.24). Lamentablemente, en América latina no faltaron gobernantes inescrupulosos que cumplieron con todos los rituales y ceremonias prescritos por las leyes eclesiásticas mientras crucificaban al pueblo.

Los arqueólogos no están de acuerdo en cuanto al lugar donde se llevó a cabo esta escena. La palabra pretorio designa la jefatura del comandante de un campamento militar romano o la jefatura de un gobernador. Algunos creen que los eventos que Juan está relatando ocurrieron en la torre de Antonio, una fortaleza que llevaba el nombre del famoso general romano Marco Antonio, construida al lado del templo. Desde las alturas de la torre de Antonio el gobernador podía observar todo lo que pasaba en el área del templo. De esta manera cualquier motín o levantamiento popular en el templo podía ser detectado en seguida. Dentro de la torre estaban hospedados los soldados romanos. Durante las grandes fiestas el gobernador traía tropas extras desde Cesarea para mantener la paz. Casi siempre los movimientos populares contra las autoridades ocurrían durante la celebración de las grandes fiestas cuando la ciudad santa estaba repleta de peregrinos de todas partes de Palestina y de la diáspora. Otros creen que todo ocurrió en el palacio que Poncio Pilato había construido para sí mismo en Jerusalén (Carson 1991.587).

18.29-30: Entonces salió Pilato a ellos, y les dijo: ¿Qué acusación traéis contra este hombre? Respondieron y le dijeron: Si éste no fuera malhechor, no te lo habríamos entregado. El relato del encuentro entre Jesús y Pilato es el corazón teológico de toda la historia de la pasión. Aquí, ante Pilato, según Juan, se llevó a cabo el verdadero juicio de Jesús. Las interrogaciones ante Anás y Caifás eran sólo formalidades. En este juicio los líderes judíos son los acusadores y el estado romano el juez. Detrás de la actuación de los judíos y de los romanos está el príncipe de este mundo que ha venido para hurtar, matar, destruir y arrebatar las ovejas y dispersarlas.

El hombre ante quien es llevado Jesús es Poncio Pilato, descendiente de la estirpe ecuestre romana de los Poncios, quinto procurador romano de la provincia imperial de Judea. Dentro del imperio romano habían dos clases de provincias: senatoriales e imperiales. Las provincias senatoriales eran los territorios en los que no existían problemas serios y por eso no era necesario acantonar tropas romanas en ellos. Estas provincias estaban bajo el control del senado romano. Las provincias imperiales, en cambio, eran los territorios conquistados donde existía el peligro de rebelión e insurrección. Estas provincias necesitaban la presencia del ejército romano y estaban bajo el control directo del emperador. Pilato había sido nombrado gobernador por el emperador Tiberio en el año 26 a.C.

Pilato era un hombre inflexible, obstinado y duro que no entendía los escrúpulos religiosos de los judíos y los samaritanos bajo su autoridad. Nunca trató de entender a las personas bajo su gobierno, un error fatal para cualquier líder (también para líderes en la iglesia). Una y otra vez ofendió a los judíos y provocó enfrentamientos en los que se derramó mucha sangre. Era calificado por sus contemporáneos como cruel, inaudito e insoportable. Era conocido por su brutalidad. Para construir un nuevo acueducto para Jerusalén, Pilato había sacado dinero del tesoro del templo, un acto que provocó las protestas del público. Pilato reaccionó a estas protestas mandando a sus soldados a que se metieran entre la multitud y atacaran a los ciudadanos con garrotes. Muchos murieron como resultado de esta provocación.

Una de las peores ofensas cometidas por Pilato fue la colocación de escudos votivos en el viejo palacio de Herodes en Jerusalén. Puesto que estos escudos llevaban una inscripción reverenciando al emperador como un dios, fueron considerados como ídolos por los judíos. A pesar de los ruegos de los judíos, Pilato se rehusó quitar los escudos del palacio. Finalmente los judíos denunciaron el asunto al emperador Tiberio el cual ordenó a Pilato sacar los escudos. Pilato ya había sido reprimido una vez por el emperador, no podía arriesgar ofender a los líderes eclesiásticos judíos otra vez. Podría perjudicar así en gran manera su carrera política (Barclay 1974.6.262-264). Las muchas provocaciones de Pilato a los judíos y samaritanos llevaron a Vitelio, el procónsul de Siria, a deponer a Pilato y mandarlo a Roma para que responda por sus hechos. Pero el emperador Tiberio murió antes de la llegada de Pilato a Roma. No sabemos nada más de su vida. Hay leyendas que afirman que se suicidó, pero no se pueden comprobar históricamente.

Lo que piden los líderes religiosos judíos a Pilato es una simple ratificación de la sentencia que el sanedrín había decretado contra Jesús. Cuando el tetrarca Arquelao, el hijo de Herodes el Grande, fue destituido como gobernador de Judea y Samaria en el año 6 d.C., los romanos quitaron al sanedrín el derecho de sentenciar a muerte sin el permiso del gobernador romano. Tanto el historiador Josefo como el Talmud testifican que sólo el gobernador romano tenía poder sobre la vida y la muerte. Lo único que tenía que hacer Pilato entonces, era poner su sello de aprobación a lo que el sanedrín ya había hecho. Pero Pilato no está dispuesto a aprobar la acción del sanedrín sin hacer una investigación personal del asunto. Por eso demanda de los judíos la evidencia necesaria para crucificar a Jesús como un enemigo del estado. Pilato insiste en este protocolo, no porque es un gran defensor de la justicia y los procesos legales, sino porque quiere que los judíos reconozcan su autoridad sobre ellos (Carson 1991.591). La palabra griega παρεδώκαμεν, traducida aquí como *entregado*, es otra de las muchas palabras en el evangelio de Juan que tienen un doble significado. En griego este vocablo puede traducirse, no solamente como *entregar*, sino también como *traicionar*.

Esta no fue la primera vez que un rey de los judíos había sido traicionado y entregado a los gentiles para ser sacrificado por el bien de la nación. Joacim y Joaquín, el antepenúltimo y el penúltimo rey de Judá, fueron entregados a Nabucodonosor para salvar a Israel de la ira del emperador de Babilonia (2 Crónicas 36). Los pastores del redil de Judá fueron entregados para sufrir por los pecados de sus ovejas. Josefo relata que los ancianos del pueblo querían convencer a Joaquín a que se entregase a Nabucodonosor para salvar a Jerusalén de ser saqueada por los soldados del emperador. Joacim, en cambio, no quiso entregarse voluntariamente. Así, los ancianos del pueblo lo mataron y su cadáver fue entregado a Nabucodonosor. José también fue entregado a los gentiles por sus hermanos. José fue traicionado, vendido y llevado a Egipto donde sufrió en la cárcel por los pecados de sus hermanos. El juez Sansón también fue entregado en manos de los gentiles por los varones de la tribu de Judá. Isaías 53 habla de un inocente siervo de Jehová que fue entregado para sufrir por las rebeliones del pueblo. Ahora Jesús, el último rey de Israel, es traicionado y entregado a los gentiles para sufrir por los pecados de sus hermanos (Derrett 1993.83). Bien había dicho Caifás bajo la dirección del espíritu profético: "Nos conviene que un hombre muera por el pueblo" (Juan 11.50).

18.31-32: Entonces les dijo Pilato: Tomadle vosotros, y juzgadle según vuestra ley. Y los judíos le dijeron: A nosotros no nos está permitido dar muerte a nadie; para que se cumpliese la palabra que Jesús había dicho, dando a entender de qué muerte iba a morir. Para humillar y burlarse de los judíos Pilato les dice que den muerte a Jesús cuando bien sabe que ellos no tienen autoridad de dar muerte a nadie. Para humillar a Jesús y burlarse de él los judíos quieren que sea sujetado a la pena y desgracia de una crucifixión romana. Si Jesús hubiera sido juzgado por la ley judaica, hubiera sido apedreado y no crucificado. Pero los enemigos de Jesús quieren que él sea crucificado y no apedreado. No quieren contaminarse derramando sangre en la fiesta de la Pascua. Mejor que se contaminen los romanos con la sangre de Jesús. Además, si Jesús es crucificado como un criminal, se terminarán sus pretensiones mesiánicas. Nadie va a querer seguir a una persona que murió de una forma tan denigrante. Al insistir en la crucifixión como medio para matar a Jesús, los enemigos del Señor están cumpliendo con el plan de Dios para la salvación del mundo. El mismo Jesús profetizó su crucifixión (y no una lapidación) cuando dijo en Juan 12.32: "Y yo, si fuere levantado de la tierra, a todos atraeré a mí mismo" (Duke 1985.129).

Al mismo tiempo, Pilato busca salir de una situación comprometedora tratando de delegar a otros el juicio de Jesús. Como muchas personas en nuestro mundo, así también Pilato busca evadir la responsabilidad de ocuparse de Jesús. No quiere tomar una decisión ni en contra ni a favor de él. Quiere que otros se ocupen de ello. Pero no podemos delegar en otros la decisión de seguir o de rechazar a Jesús. Cada uno tiene que decidir por sí mismo. No tomar ninguna decisión es igual que ponerse en contra del Señor y juzgarse a uno mismo como indigno del reino de Dios.

18.33: Entonces Pilato volvió a entrar en el pretorio, y llamó a Jesús y le dijo: ¿Eres tú el Rey de los judíos? Los versículos 33-38 constituyen la segunda escena del juicio de Jesús. Con la pregunta que Pilato hace a Jesús comienza lo que muchos han llamado la interrogación de Jesús por Pilato. Lo que le interesa a Pilato no son las cuestiones de los judíos sobre su religión. Pilato es un político y a los políticos les interesan asuntos políticos. Por eso pregunta si es verdad que Jesús es un rey. El gobierno romano no podría permitir que otro fuese proclamado rey en los territorios gobernados por ellos. Ese crimen político se castigaba con la muerte. Antes de Jesús había habido otros que levantaron su voz contra el gobierno romano y llamaron a los judíos a no pagar tributos al césar.

Cuando Jesús era apenas un muchacho en Nazaret, cierto Judas de Galilea, hijo de Ezequías (Hechos 5.37), encabezó una revuelta contra Roma que comenzó en Seforis (a pocos kilómetros de Nazaret) pero pronto se extendió a toda Galilea. Judas el galileo no era sólo un líder guerrillero sino también un maestro de la ley que andaba con un fariseo revolucionario llamado Sadoc. Muchos siguieron a Judas el galileo porque creían que era el rey mesiánico que venía para redimir a Israel.

Según Josefo, Judas el galileo fue el fundador de la cuarta filosofía, o sea, la cuarta secta principal entre los judíos, los zelotes. Las otras sectas eran los fariseos, los saduceos y los esenios. Pilato interroga a Jesús para ver si pudiera ser un segundo Judas de Galilea.

En realidad lo que tenemos en Juan 18.33 es la interrogación a Pilato por Jesús (Smith 1977.370). Jesús controla el diálogo entre el gobernador y el Hijo del Hombre y, al final de cuentas, lo que nos presenta el evangelista aquí no es sólo el hecho de que Jesús es juzgado, sino que también Pilato está siendo juzgado.

18.34: Jesús le respondió: ¿Dices tú esto por ti mismo, o te lo han dicho otros de mí? En vez de contestar a Pilato con un sí o un no, Jesús da vuelta la conversación y pregunta a Pilato. Se puede percibir de la pregunta de Jesús que lo que importa en este juicio no es lo que dice el mundo acerca de Jesús, sino lo que piensa Pilato. Jesús está instando a Pilato a tomar una decisión. No es Jesús, sino Pilato el que está siendo juzgado.

Jesús no puede contestar simplemente con sí o no a la pregunta de Pilato. El término rey de los judíos se entendía de tantas diferentes maneras por las diferentes entidades que vivían en el Imperio Romano en el primer siglo que cualquier respuesta podría ser malentendida, malinterpretada o distorsionada. Los esenios y los zelotes esperaban un mesías vengador que llamaría a los fieles de Israel a librar una guerra santa contra todos los infieles y todos los gentiles. Otros grupos de judíos esperaban un mesías político que establecería un imperio judío sobre las naciones del mundo y obligaría a todos los gentiles a sujetarse a la ley de Moisés y al gobierno de Israel. Para Pilato el término rey de los judíos probablemente significaba lo mismo que líder máximo de una revolución contra el emperador. Si Jesús se hubiera declarado abiertamente como mesías, hubiera alimentado todas las falsas expectativas de sus contemporáneos. En el capítulo 6 vimos cómo muchos vinieron para coronarle como un rey de este mundo. Por eso Jesús trataba de ocultar su mesianidad. Mandaba a los paralíticos, endemoniados y leprosos sanados por él que no dijesen nada a nadie. El esfuerzo de Jesús por ocultar su identidad como mesías ha sido denominado por los eruditos el secreto mesiánico.

18.35: Pilato le respondió: ¿Soy yo acaso judío? Tu nación, y los principales sacerdotes, te han entregado a mí. ¿Qué has hecho? Con gran desdén pregunta Pilato: ¿Soy yo acaso judío? Podemos notar en sus palabras el desprecio que siente hacia los líderes religiosos del pueblo judío. Pero, ¿cuál es la respuesta a la pregunta de Pilato? Es obvio que Pilato no es descendiente de Abraham, no lleva en sus venas sangre judía. Pero, como hemos observado en varias ocasiones, el término judío en el cuarto evangelio no se utiliza para designar a todos los israelitas, sino sólo a los que rechazan a su mesías y se ponen de acuerdo para quitarle la vida. Paso a paso, Pilato está en el proceso de convertirse en esa clase de judío. Al colaborar con los enemigos de Jesús en su muerte, Pilato, sí, llega a ser un judío.

18.36: Respondió Jesús: Mi reino no es de este mundo; si mi reino fuera de este mundo, mis servidores pelearían para que yo no fuera entregado a los judíos; pero mi reino no es de aquí. Con su respuesta Jesús no niega que él sea rey pero insiste en que su reino no tiene su origen en este mundo. No es un reino establecido y mantenido por medio de la violencia y la fuerza. Si Jesús fuera esa clase de rey, él y sus discípulos hubieran ofrecido resistencia armada en el jardín de Getsemaní. Decir que el reino de Jesús no es de este mundo no significa que no está activo en el mundo. El reino de Jesús viene de arriba, del Padre, pero está activo en el mundo y busca su transformación, no en base a la fuerza y la violencia, sino en base al amor y a la verdad. El reino de Jesús se extiende, no por medio de la espada como el reino de los romanos, sino por medio de la proclamación de la verdad del evangelio. El reino de Jesús no se basa en el poder de dominación como el reino de Roma, sino en el poder de servicio. "Se trata de un rey que se identifica con los últimos y despreciados" (Gutiérrez 1992.168).

18.37: Le dijo entonces Pilato: ¿Luego, eres tú rey? Respondió Jesús: Tú dices que yo soy rey. Yo para esto he nacido, y para esto he venido al mundo, para dar testimonio a la verdad. Todo aquel que es de la verdad, oye mi voz. Pilato entiende muy poco lo que Jesús está diciendo. Porque Pilato no es de la verdad, no entiende. Sólo los que son de la verdad, oyen y entienden la voz de Jesús. Pero una cosa entiende Pilato, Jesús tiene un reino y por eso tiene que ser un rey. Por eso pregunta: "¿Luego, eres tú rey?" Jesús no responde en forma directa a la pregunta de Pilato, sino que declara que Pilato es quien ha proclamado que Jesús es rey. Indirectamente, afirma que Pilato tiene razón al testificar que Jesús es rey. Como Caifás, quien fue utilizado por Dios para profetizar que era necesario el sacrificio de Jesús para la salvación del mundo, así también Pilato es utilizado aquí por Dios para proclamar a los judíos que Jesús es su rey. Pilato no entiende el significado de lo que dice, como tampoco las palabras que después coloca en la cruz: "Jesús nazareno, rey de los judíos."

Al decir Jesús "he venido al mundo, para dar testimonio a la verdad" está proclamando que su reino es un reino de la verdad. Esta verdad consiste en su venida al mundo para manifestar en palabra y obra el propósito de Dios de salvar a los seres humanos por medio del sacrificio de su Hijo. Jesús ha venido para proclamar esta verdad a la humanidad y llamar a todos a creer en ella. Este reino se extenderá a través del mundo no por medio de la violencia sino por medio del amor. El reino de Jesús no impone su autoridad con la espada. No cobra impuestos y tributos. No se basa en el derecho del más fuerte, sino en la verdad de Dios (Schilder 1939b.328).

Este reino no es de este mundo, pero está en este mundo. Y puesto que está en el mundo, el mundo será cambiado por él. Al final de cuentas el Imperio Romano no sucumbió ante los ataques de guerreros fanáticos que tomaban la espada en nombre de Jesús. Fue la fuerza del amor y de la verdad del evangelio lo que hizo que Roma doblara sus rodillas ante Jesús, para confesarle como Señor, para gloria de Dios Padre. Aunque el reino de Dios no busca el poder político y económico, sin embargo tiene dentro de sí el poder de efectuar grandes cambios políticos, económicos y sociales. Por eso las elites que injustamente controlan los sistemas injustos de este mundo, han temido más la verdad del evangelio que las legiones de insurrectos y revolucionarios.

El Imperio Romano no fue vencido por ejércitos revolucionarios dirigidos por Jesús, sino por la verdad que Jesús enseñó. Los revolucionarios zelotes esperaban un mesías político que conquistaría los reinos de los gentiles y los sujetaría a la autoridad de Jehová, el Dios de Israel. Pero no fueron las espadas de los zelotes las que dominaron los reinos de los gentiles. Ellos fueron dominados por la verdad de Jesús proclamada por sus misioneros. El poder con el cual Jesús ejerce su dominio sobre las naciones, es la espada del Espíritu, la palabra de verdad. Aun hoy en día Jesús ejerce su reinado sobre nosotros mediante su palabra de verdad.

Toda tiranía, todo régimen opresor y deshumanizador trata de justificarse y legitimarse teológicamente ante el mundo por medio de ideologías y mitos que pretenden exaltar al estado como árbitro supremo del ser humano, de la vida y de la muerte. Con frecuencia los imperios y estados han tratado de deificarse a sí mismos y de convertirse en ídolos. El nacionalismo fácilmente puede convertirse en idolatría. Ningún imperio, dictadura, democracia o régimen revolucionario tiene derecho a identificarse con el reino de Dios, como fue el caso con el Imperio Romano. Al declarar "mi reino no es de este mundo", Jesús priva a toda organización humana el derecho de proyectarse ante sus súbditos y ante el mundo como el reino de Dios. Jesús se proyecta aquí, no sólo como juez de Pilato, sino de todo gobierno de este mundo que busca convertirse o legitimarse como autoridad suprema, o sea, como Dios.

El reino de Jesús es también escatológico, que se establecerá al final de este mundo presente, cuando todos los muertos resuciten. Las palabras de Jesús: "Todo aquel que es de la verdad, oye mi voz", deben entenderse como una invitación que el Señor extiende a Pilato para que el gobernador también llegue a formar parte del reino de la verdad (Beasley-Murray 1987.332).

Nota litúrgica: En el leccionario de tres años en *¡Cantad al Señor!* Juan 18.33-37 es el evangelio para el último domingo después de Pentecostés en el año B. Este domingo también se lo conoce como el domingo Cristo Rey. El sermón sobre este texto debe enfatizar cómo, en la humillación de la cruz, Cristo fue glorificado como el rey verdadero de su pueblo.

18.38: Le dijo Pilato: ¿Qué es la verdad? Y cuando hubo dicho esto, salió otra vez a los judíos, y les dijo: Yo no hallo en él ningún delito. Pilato hace su pregunta en son de burla, porque ni siquiera esperó la respuesta de Jesús. Los que son de la verdad escuchan las palabras de Jesús, pero Pilato, como los líderes judíos, no quiere escuchar la voz del buen pastor. Escuchar la voz de Jesús es escuchar la verdad, porque Jesús mismo es la verdad. En su corazón Pilato sabe que Jesús no es culpable. Entiende que los principales sacerdotes buscan la muerte de Jesús por envidia y por temor de perder su propia autoridad y prestigio entre el pueblo, y por eso informa a los líderes religiosos que no encuentra culpa en Jesús. Pilato quiere salvar a Jesús pero sin perjudicar su carrera política y sin provocar la enemistad de los líderes del sanedrín.

18.39-40: Pero vosotros tenéis la costumbre de que os suelte uno en la pascua. ¿Queréis, pues, que os suelte al Rey de los judíos? Entonces todos dieron voces de nuevo, diciendo: No a éste, sino a Barrabás. Y Barrabás era ladrón. Aparentemente los gobernadores romanos en Judea tenían la costumbre de soltar a un preso cada año durante la fiesta de la Pascua como una muestra de bondad y humanidad de su gobierno. La palabra ladrón (ληστής en griego) se usa para designar hombres violentos como piratas, soldados indisciplinados que buscan botines, terroristas y asaltantes. El historiador Josefo usa consistentemente esa palabra con referencia a los revolucionarios judíos, es decir, los zelotes. Pilato, al llamar a los judíos a decidir entre Barrabás o Jesús, nuevamente está tratando de evadir su responsabilidad. Pilato es el que tiene que decidir entre Jesús y Barrabás. Al delegar su decisión a otros, Pilato en realidad está tomando una decisión a favor de Barrabás y en contra de Jesús. Al hacer eso, Pilato está traicionando a su emperador, porque presta su apoyo e influencia a un revolucionario y asesino. Lo que hace más patente aún la auto-condenación de Pilato es su propia declaración: "Yo no hallo en él ningún delito."

Nota litúrgica: En el leccionario de cuatro años del grupo litúrgico interconfesional de Gran Bretaña Juan 18.1-40 es el santo evangelio para el domingo de Ramos en el año D, año de San Juan. En el mismo leccionario, igual que en el leccionario tradicional de un año, se usa Juan 18.1 a 19.37 como la historia de la pasión para el Viernes Santo en los años A, B, C & D.

En el mismo leccionario de cuatro años Juan 18.33-40 es el santo evangelio para el quinto domingo en Cuaresma en el año D.

Nota adicional: La primera teoría de Raymond Brown. Hasta ahora hemos considerado siete diferentes teorías en cuanto al autor y lugar de origen del cuarto evangelio. Uno de los investigadores más respetados en estudios joánicos es el padre Raymond Brown, teólogo de la Iglesia Católica Romana que ha escrito muchos libros y artículos sobre los escritos joánicos del N.T. El comentario de dos tomos (más de mil páginas) de Brown sobre Juan es una de las obras más citadas en los estudios sobre este evangelio. Brown es autor de dos teorías en cuanto al autor del evangelio de Juan. En esta nota trataremos solamente la primera teoría que el expone en el primer tomo de su comentario.

La hipótesis presentada por Brown es que el discípulo amado, el autor del cuarto evangelio, no fue Juan, hijo de Zebedeo, sino Juan Marcos, el sobrino de Bernabé y compañero de San Pablo en su primer viaje misionero. ¿Cuáles son los argumentos que llevaron a Brown a postular esta hipótesis? Son los siguientes:

1- Es evidente que el autor del cuarto evangelio era nativo de Jerusalén y no un pescador de Galilea, porque sabe muchos detalles acerca del ministerio de Jesús en Jerusalén que no están en los evangelios sinópticos. Juan Marcos era de Jerusalén.

2- El hecho de que el discípulo amado pudo entrar tan fácilmente en el patio del sumo sacerdote indica que él era sacerdote o miembro de una familia sacerdotal. Sabemos que Bernabé, el tío de Juan Marcos, era un levita (Hechos 4.36). Algunas referencias en la literatura patrística mencionan que Juan Marcos era sacerdote.

3- En el cuarto evangelio el discípulo amado siempre anda en compañía de Pedro. Hay textos en el N.T. que indican que Juan Marcos tenía muchos contactos con Pedro (Hechos 12.12; 1 Pedro 5.13).

4- Hechos 4.13 describe a Juan, el hijo de Zebedeo, como un hombre sin letras y sin mucha educación. Es evidente que el cuarto evangelio fue escrito por un escriba muy preparado en la ley de Moisés y en la retórica.

5- Juan Marcos había estado en Efeso, la ciudad donde aparentemente fue escrito el cuarto evangelio (2 Timoteo 4.11).

6- En la antigüedad existía una confusión entre la identidad de Juan, hijo de Zebedeo, y Juan Marcos. San Juan Crisóstomo, por ejemplo, al comentar Hechos 12.12, opina que fue Juan, hijo de Zebedeo, quien acompañó a Pablo y Bernabé en su primer viaje misionero.

7- Es posible que Juan Marcos sea el presbítero Juan mencionado por Papías en la Historia Eclesiástica de Eusebio de Cesarea.

8- Es posible que la última cena fuera celebrada por Jesús y sus discípulos en la casa de la madre de Juan Marcos. Después de la cena, Juan Marcos, sólo un muchacho de catorce o quince años, acompañó a Jesús al jardín de Getsemaní. Es posible que el jardín perteneciera a la familia de Juan Marcos. Por ser tan joven, Juan Marcos no fue incluido en la lista de los apóstoles. La juventud de Juan Marcos podría explicar porqué Jesús lo amaba tanto.

Hay que notar que posteriormente el propio profesor Brown abandonó su teoría sobre Juan Marcos como el discípulo amado y autor del cuarto evangelio. Hay argumentos mucho más fuertes que indican que Juan Marcos fue el autor del evangelio según San Marcos. El investigador puede estudiar estos argumentos en el libro de Martín Hengel titulado: *Estudios en el evangelio de Marcos*. El profesor Brown en su libro sobre la comunidad del discípulo amado ha desarrollado una teoría mucho más compleja en cuanto al origen del cuarto evangelio que será comentada al final del capítulo 21.

Capítulo 19

19.1: Así que, entonces tomó Pilato a Jesús, y le azotó. ¿Por qué mandó Pilato azotar y maltratar a Jesús? Tal vez creyó que si Jesús fuese azotado sus enemigos quedarían conformes y no seguirían pidiendo la pena de muerte para él. Muchos comentaristas opinan que Pilato quería despertar en el público sentimientos de lástima para con el nazareno, con el fin de salvarle la vida. Tal vez viéndolo tan lastimado y herido le tendrían compasión y le perdonarían la vida. Otros afirman que Pilato ordenó la flagelación de Jesús para así humillar a los judíos y burlarse de sus esperanzas nacionalistas y mesiánicas, mostrando a los líderes judíos cuán ridícula era la idea de un rey de los judíos. Puede que haya algo de verdad en todas estas idea. Nuestras acciones generalmente surgen de una mezcla de motivaciones que no podemos entender completamente.

Entre los romanos existían tres diferentes clases de flagelación: 1-*fustigatio*: un castigo menos severo aplicado por ofensas menores y acompañado de una severa amenaza verbal. Era administrado por ofensas tales como provocar un incendio accidentalmente. Con frecuencia se lo aplicaba a menores de edad. 2-*flagellatio*: un castigo muy brutal administrado a criminales cuyas ofensas eran más serias. 3-*verberatio*, el castigo más salvaje de todos, según el cual la víctima era desnudada y después amarrada a un poste donde sus torturadores le daban latigazos hasta cansarse. Carson opina que lo que recibió Jesús aquí fue el flagellatio, puesto que lo que Pilato sólo quería era dar una lección a Jesús, aplacar a los oficiales judíos y después soltarlo. Pero Carson también cree que una vez que Pilato hubo decretado la sentencia de muerte contra Jesús, lo hizo azotar de nuevo, y esta vez con el verberatio. Este segundo azotamiento fue tan severo que Jesús quedó demasiado debilitado como para que pudiera llevar su cruz toda la distancia al Calvario. Por eso los soldados tuvieron que obligar a Simón de Cirene (Marcos 15.21) para que ayudara a Jesús a cargar su cruz (Carson 1991.599). El historiador Josefo relata que, durante su tiempo como comandante militar en Galilea, había ordenado que el verberatio fuera administrado a algunos de sus adversarios. El verberatio ordenado por Josefo fue tan severo que se podían ver las entrañas de los azotados (Beasley-Murray 1987.336).

Los rabinos enseñaban que los presentes en la flagelación de otros judíos debían rezar las palabras de Deuteronomio 28.58-69 para entender que los latigazos que caían sobre las víctimas eran los que Jehová había autorizado y decretado contra toda la comunidad de Israel. Tales golpes debían servir para convencer de su culpa a toda la comunidad y para disciplinarla. Finalmente, los latigazos administrados a la víctima debían servir para el bien de toda la comunidad. Al ver a Jesús azotado nos conviene rezar no sólo el texto de Deuteronomio, sino también las conocidas palabras proféticas de Isaías: "Ciertamente llevó él nuestras enfermedades, y sufrió nuestros dolores; y nosotros le tuvimos por azotado, por herido de Dios y abatido.

Mas él herido fue por nuestras rebeliones, molido por nuestros pecados; el castigo de nuestra paz fue sobre él, y por su llaga fuimos nosotros curados" (Isaías 53.4-5).

19.2-3: Y los soldados entretejieron una corona de espinas, y la pusieron sobre su cabeza, y le vistieron con un manto de púrpura; y le decían: ¡Salve, Rey de los judíos! y le daban de bofetadas. Lo que hacen los soldados es celebrar una distorsionada epifanía o presentación pública del rey. En las ceremonias de coronación de los reyes hay primero una proclamación de la realeza del nuevo rey a su pueblo. Después se lo instala sobre el trono y se le ponen sus vestimentas reales y su corona. Finalmente se presenta el rey ante el público para ser aclamado como soberano. Pilato y los soldados hacen esto en son de burla. Como corona le hacen una guirnalda de espinas, probablemente de los espinos de la palma de dátiles. Su túnica real probablemente fue la capa roja de unos soldados romanos, y el trono real sobre el cual fue puesto fue el propio trono de juicio de Pilato. Le dieron un palo que debía representar su diadema real. En vez de besar al rey, como se acostumbraba con los reyes helénicos, los soldados le escupen en la cara y le dan bofetadas. Todo este maltrato desfiguró sobremanera la apariencia de Jesús y lo convirtió en un espectáculo de horror. Siglos antes había profetizado Isaías: "Como se asombraron de ti muchos, de tal manera fue desfigurado de los hombres su parecer, y su hermosura más que la de los hijos de los hombres" (52.14). El Verbo se ha hecho carne en la forma más extrema de la palabra.

Pero lo que hacen sus enemigos en son burla, Dios lo hace en verdad. Por medio de las acciones de Pilato y de sus soldados, Dios realmente está proclamando a Israel y al mundo que Jesús es su verdadero rey. Durante todo este proceso Jesús no dice nada. Su silencio ante sus torturadores es un cumplimiento de la profecía mesiánica (Isaías 53.7): "Angustiado él, y afligido, no abrió su boca; como cordero fue llevado al matadero; y como oveja delante de sus trasquiladores, enmudeció, y no abrió su boca." El cordero pascual está siendo preparado para ser sacrificado.

Con su cabeza envuelta en ramas y espinos Jesús se parece a Absalón, el hijo de David, que quedó con su cabeza enredada en las espesas ramas de una encina (2 Samuel 18.9), quien como Jesús quedó suspendido entre el cielo y la tierra y quien también fue traspasado y muerto porque era más conveniente que muriera un hombre, y no que toda la nación pereciese. Jesús con su cabeza ensangrentada y coronada de espinas se parece al carnero trabado por sus cuernos en un zarzal, y que fuera ofrecido como sacrificio en lugar de Isaac (Derrett 1993.131-132). ¡He aquí el hombre! ¡He aquí el verdadero Rey, el verdadero hijo de David! ¡He aquí el Cordero de Dios que quita el pecado del mundo!

19.4-5: Entonces Pilato salió otra vez, y les dijo: Mirad, os lo traigo fuera, para que entendáis que ningún delito hallo en él. Y salió Jesús, llevando la corona de espinas y el manto de púrpura. Y Pilato les dijo: ¡He aquí el hom-

bre! La última parte de una ceremonia de instalación de un nuevo rey es su presentación a sus súbditos y su proclamación como soberano. Jesús es presentado al público por Pilato con las palabras: ¡He aquí el hombre! Burlándose de los judíos Pilato les está diciendo que su rey es un pobre hombre, abofeteado, sangrando y totalmente incapaz de ser rey. A lo mejor Pilato pensaba algo como lo siguiente: ¿Creen ustedes, judíos, que un hombre tan maltratado y desdichado puede librarlos y servirles como rey? En realidad, esta es la clase de rey que les conviene, un rey inútil para un pueblo inútil. Sin embargo, esta proclamación, al igual que las otras en los capítulos 18 y 19 de Juan, tiene un doble sentido. Jesús, en verdad, es el hombre, pero no cualquier hombre. Jesús es el Hijo del Hombre profetizado en Daniel 7.14, el Hijo del Hombre a quien "le fue dado domino, gloria y reino, para que todos los pueblos, naciones y lenguas le sirvieran." Éste es el Hijo del Hombre que ha sido nombrado juez supremo sobre el universo por el Padre. Un día Poncio Pilato será presentado como reo, criminal y político corrupto para ser juzgado por este mismo Hijo del Hombre. Sin entender el significado de sus palabras, Poncio Pilato, en efecto, está declarando: "Éste es el Hijo del Hombre por el cual seré juzgado en el juicio del día final. Al proclamar en este día mi sentencia en su contra, estoy en realidad condenándome a mí mismo a la muerte eterna."

Al decir: ¡He aquí el Hombre!, Pilato, al mismo tiempo, está declarando otra profunda realidad, sin entender el significado de sus palabras. En Jesús vemos lo que es un verdadero ser humano. Cuando el Padre creó al primer hombre, según el libro de Génesis, tuvo en mente una criatura diferente a los animales, capaz de responder a su amor con un amor libre, espontáneo y desinteresado. A diferencia de las otras criaturas, ésta sería capaz de relacionarse con él de una manera íntima; podría conversar con él y recibir su espíritu. Sería hecha a su imagen, y sería mayordomo de la creación. Estaría en el mundo, no para ser servida, sino para servir y para sacrificarse por sus semejantes. El nombre de esta criatura sería: hombre.

Lamentablemente los seres humanos que viven en este mundo hecho por Dios, no se han comportado como verdaderos seres humanos. No han actuado de acuerdo con su naturaleza; se han desnaturalizado; se han deshumanizado. Es curioso notar que todos los animales actúan de acuerdo con su naturaleza. El tigre siempre se porta como tigre y el caimán siempre como caimán. Nunca hablamos de un tigre que se haya destigrizado o de un caimán que se haya descaimanizado. Hablamos de la deshumanización pero nunca de la desgatización. En muchos aspectos somos hombres incompletos, hombres que son menos que hombres. Los machistas se jactan de ser verdaderos hombres pero en realidad son personas muy deshumanizadas. Si queremos saber lo que es un verdadero hombre, necesitamos fijar nuestra mirada en aquel que está parado ante Poncio Pilato: ¡He aquí el Hombre!

19.6: Cuando le vieron los principales sacerdotes y los aguaciles, dieron voces, diciendo: ¡Crucifícale! ¡Crucifícale! Pilato les dijo: Tomadle vosotros,

y crucificadle; porque yo no hallo delito en él. Pilato pensaba que el pueblo sentiría lástima de un Jesús tan herido y desfigurado. Esto daría al gobernador la oportunidad de salvarlo de una suerte peor, la cruz. Se han interpretado las palabras de Pilato en este versículo como un grito de frustración de parte de él, cuando se da cuenta que es imposible cambiar el parecer de la multitud (Beasley-Murray 1987.337).

Otros opinan que la sugerencia de Pilato de que los judíos crucifiquen a Jesús, es otra burla del gobernador lanzada a los principales sacerdotes. Pilato bien sabe que los judíos no tienen autoridad para crucificar a nadie. Lo que está haciendo es subrayar el hecho de que los judíos no tienen soberanía en su propio país (Rensberger 1984.404).

19.7-8: Los judíos le respondieron: Nosotros tenemos una ley, y según nuestra ley debe morir, porque se hizo a sí mismo Hijo de Dios. Cuando Pilato oyó decir esto, tuvo más miedo. Para hacer aún más grave la ofensa de Jesús ante los ojos del gobernador, los líderes del sanedrín lo acusan de haberse hecho Hijo de Dios. Con esta declaración los jefes religiosos del pueblo revelan la verdadera razón por la cual desean la muerte de Jesús. Al acusar a Jesús de ser rey de los judíos, sólo se servían de una artimaña para lograr que Jesús fuese condenado por el gobernador. Lo que preocupaba a los sumo sacerdotes no era la pretensión de Jesús de ser el rey de los judíos sino de ser el Hijo de Dios. La ley, según la cual Jesús debía morir, era Levítico 24.16: "Y el que blasfemare el nombre de Jehová ha de ser muerto."

Lo que desconcierta a Pilato en la respuesta de los judíos es la idea de que Jesús pudiera ser un dios o un representante de uno de los dioses. Hacía pocos minutos Pilato lo había mandado azotar. Si en verdad Jesús tiene alguna conexión con los dioses, entonces Pilato podría sufrir la venganza de ellos. Por regla general los romanos eran muy supersticiosos. Lo que Pilato siente aquí es un temor supersticioso, no arrepentimiento. Pilato no teme a los revolucionarios o a los reyes que han sido nombrados por los hombres. Como buen romano, Pilato está dispuesto a enfrentarse con cualquiera amenaza de índole humana, pero incurrir en la ira de los dioses, es otra cosa. Lo que lleva a Pilato a hacer un nuevo intento de liberar a Jesús, no son consideraciones políticas, ni el amor a la verdad, sino temor a Dios (Rensberger 1984.405).

19.9: Y entró otra vez en el pretorio, y dijo a Jesús: ¿De dónde eres tú? Mas Jesús no le dio respuesta. El temor de que Jesús en realidad pudiera ser un hombre divino es lo que lleva a Pilato a preguntar a Jesús de dónde viene. Quiere saber si Jesús es de la tierra o si ha venido de los cielos. Quiere saber si Jesús es humano o divino. Viendo como Jesús aceptaba tan pasivamente todos los insultos, mentiras y torturas de sus adversarios, Pilato comenzó a darse cuenta que estaba ante la presencia de una persona que podría ser divina. Entre los griegos y los romanos existía la creencia de que los dioses podían venir a la tierra disfrazados como seres humanos (Hechos 14.11). Pilato temía que pudiera ser castigado por haber maltratado a un ser divino bajo forma humana.

Pilato no llega a comprender la verdad sobre la verdadera identidad de Jesús, porque él no es de la verdad. Jesús no le responde porque Pilato no le creería. Pero nosotros, los cristianos, hemos llegado a entender quién es Jesús. Sabemos de dónde viene. Jesús es de arriba (ἄνωθεν). "Nadie subió al cielo, sino el que descendió del cielo; el Hijo del Hombre, que está en el cielo" (Juan 3.13).

19.10-11: Entonces le dijo Pilato: ¿A mí no me hablas? ¿No sabes que tengo autoridad para crucificarte, y que tengo autoridad para soltarte? Respondió Jesús: Ninguna autoridad tendrías contra mí, si no te fuese dada de arriba; por tanto, el que a ti me ha entregado, mayor pecado tiene. El silencio de Jesús desconcierta a Pilato que le recuerda a Jesús de la autoridad que tiene sobre él. En realidad, Pilato sólo tiene autoridad para quitar la vida mientras que el que está frente a él tiene autoridad para darla.

Jesús le recuerda a Pilato, y a los gobernantes de todos los tiempos y de todas las naciones, que la autoridad que ejercen no es absoluta, sino prestada. El único que tiene toda autoridad es Dios. Jehová puede autorizar a agentes humanos a ejercer autoridad en el mundo, pero las actuaciones del gobernante están sujetas a las condiciones estipuladas por Dios en su ley. Todos los jueces y gobernantes humanos tendrán que rendir cuenta ante el trono de Dios por la manera en que han usado su autoridad y sus oportunidades para ayudar a los pobres y marginados. Si han juzgado injustamente, entonces tienen más culpa y más pecado que las personas que ellos juzgan. Pilato ha recibido de Dios, no sólo la autoridad de gobernar, sino también la oportunidad de juzgar justamente al Hijo de Dios y de testificar en favor de la verdad. Indirectamente Jesús le está diciendo a Pilato: ¿No sabes que tengo autoridad para condenarte a la muerte eterna y autoridad para regalarte la vida eterna? Así, ¿quién eres tú para darme lecciones sobre la naturaleza de la autoridad? Pilato, como la mayoría de los políticos y jueces de este mundo, está consciente sólo de la autoridad que ha recibido del césar; por eso es nuestro deber, como discípulos de Cristo, recordarles que hay una autoridad muy por encima de la de los gobiernos y, que al final de cuentas, todos ellos tendrán que rendir cuentas y doblar sus rodillas ante esa autoridad suprema.

Aunque algunos creen que Jesús está hablando de Judas Iscariote en Juan 19.11, es más probable que la persona cuya culpa es mayor que la de Pilato sea Caifás. Él fue quien inició el complot contra Jesús y el responsable de que fuese entregado en las manos de Pilato. En cierto sentido, Pilato, Judas y Caifás son solamente instrumentos usados por el Padre para entregar a Jesús, el verdadero cordero pascual, para ser sacrificado por los pecados del mundo.

19.12: Desde entonces procuraba Pilato soltarle; pero los judíos daban voces, diciendo: Si a éste sueltas, no eres amigo de César; todo el que se hace rey, a César se opone. Los enemigos de Jesús se dan cuenta que Pilato se echa atrás al oír que Jesús pudiera ser un hijo de Dios. Así, los judíos nuevamente juegan la carta política y amenazan a Pilato indirectamente. Lo que insinúan los sumo sacerdotes es que ellos podrían preparar una petición en la cual denunciarían a Pilato por soltar a un enemigo del imperio y del césar. Bien recuerda Pilato, que algunos años atrás, el tetrarca Arquelao había sido expulsado de su puesto como gobernador de Judea porque los judíos habían enviado una petición al césar pidiendo su remoción. Uno de los líderes del movimiento para destituir al gobernador Arquelao fue el mismo sumo sacerdote Anás, quien indirectamente está amenazando usar su influencia en Roma, para destituir a otro gobernador. César Tiberio, que estaba gobernando en Roma durante el tiempo del ministerio público de Jesús, era una persona casi paranoica en su preocupación por supuestos intentos para asesinarlo o deponerlo. No se necesitaría mucho para perjudicar para siempre la vida y la carrera política de Pilato.

Pilato llegó a ser nombrado gobernador de Judea gracias a su amistad con Aelius Sejanus, el prefecto de la guardia pretoriana e íntimo amigo del césar Tiberio. En el año 31 d.C., un año después del juicio de Jesús, Sejanus, el amigo del césar, cayó en desgracia con su señor y fue decapitado. Un oficial como Pilato no quería ser denunciado por el sanedrín ante un emperador tan caprichoso. Pilato se encuentra en una encrucijada. ¿Debe sacrificarse a sí mismo para salvar la vida de un hombre inocente que pudiera ser el hijo de Dios? ¿o debe sacrificar al hombre inocente para salvar su carrera política? Aquí recordamos las palabras del Señor: "Porque todo el que quiera salvar su vida, la perderá; y todo el que pierda su vida por causa de mí y del evangelio, la salvará" (Marcos 8.35). Al tratar de salvarse a sí mismo, Pilato elige perder su vida eternamente. La frase "amigo del césar" es en realidad un título de honor que el emperador daba a sus servidores más fieles. Este título se daba a todos los senadores romanos y a otros hijos ilustres del imperio. Aparentemente Aelius Sejanus, el patrón de Pilato, había usado su influencia para conseguir el título *amicus cæsaris* para Pilato. Pero el que ha recibido un título honorífico también puede ser despojado de sus honores.

El verbo gritar o dar voces (ἐκραύγασαν en griego) es utilizado tres veces durante el proceso contra Jesús. Tres veces dan voces los líderes de los judíos durante el juicio. La primera vez dan voces cuando gritan: "No a éste, sino a Barrabás" (18.40). La segunda vez que gritan es cuando vociferan: "¡Crucifícale! ¡Crucifícale!" (19.6). Ahora, por tercera vez, los líderes eclesiásticos dan voces y gritan: "Si a éste sueltas, no eres amigo de César." Los tres gritos revelan la terrible decisión tomada por los jefes religiosos en cuanto a Jesús. Rechazaron a su propio mesías.

Prefirieron dar su apoyo a un ladrón y revolucionario. Prefirieron la amistad del césar romano a la del verdadero rey de Israel. Al condenar a Jesús de esta manera, los líderes del pueblo se condenan a sí mismos. "Y esta es la condenación: que la luz vino al mundo, y los hombres amaron más las tinieblas que la luz" (Juan 3.19).

19.13-14: Entonces Pilato, oyendo esto, llevó fuera a Jesús, y se sentó en el tribunal en el lugar llamado el Enlosado, y en hebreo Gabata. Era la preparación de la pascua, y como la hora sexta. Entonces dijo a los judíos: ¡He aquí vuestro Rey! Amedrentado por las palabras de los judíos, Pilato se echa atrás. Jesús será juzgado por sedición. Según Mateo 27.24, Pilato se lava las manos y se declara inocente. Intenta justificarse a sí mismo. Sin embargo, el único que puede lavar a Pilato de sus pecados es Jesús. Al rechazar a Jesús y tratar de purificarse a sí mismo, Pilato sólo logra condenarse. "Si decimos que no tenemos pecado, nos engañamos a nosotros mismos, y la verdad no está en nosotros" (1 Juan 1.8).

La declaración que marca el centro teológico de la historia de la pasión es el pronunciamiento: ¡He aquí vuestro Rey! Lo que esperaban los sumo sacerdotes y sus lacayos era una proclamación que dijera que Jesús era un criminal que merecía la muerte de un maldito en la cruz. Pero Pilato, sin ser consciente de lo que está pasando, actúa como un instrumento del Espíritu Santo. Por medio de Pilato el Espíritu Santo les dice a todos, judíos, romanos, griegos, hombres, mujeres, ancianos y niños: ¡He aquí vuestro Rey!

El evangelista informa que el lugar donde Jesús fue juzgado se llamaba el Enlosado (Λιθόστρωτον en griego y Gabata en hebreo). Esta palabra es un *hapax legomenon*, es decir que ocurre sólo una vez en todo el N.T. La palabra significa un enlosado hecho de mármol y diferentes piedras coloradas. La palabra Λιθόστρωτον, sin embargo, se encuentra en el A.T., en el libro de Ester, y es usada para designar el lugar en el jardín real donde el rey Asuero celebró su gran banquete. La historia de Ester tiene varias afinidades literarias y teológicas con el relato que estamos considerando.

Como Poncio Pilato puso sobre la cruz un letrero en tres diferentes idiomas indicando la ofensa y la causa de la muerte del Rey de los Judíos, así el rey Asuero preparó un escrito en diferentes idiomas indicando la ofensa y la causa de la muerte de los judíos. Igual que a Jesús, visten al justo Mardoqueo con un vestido real y le hacen honores como si fuera rey. Pero el que tiene que vestir así a Mardoqueo es el traidor Amán, quien ha construido una horca de cincuenta codos para ahorcar a Mardoqueo. Según el Tárgum de Ester, Amán quería crucificar a Mardoqueo en la horca (Derrett 1993:145). Pero al final de cuentas el malvado Amán es ahorcado y después su cadáver crucificado sobre el madero. El griego de la LXX (Ester 7.9 LXX) utiliza la misma palabra para crucificar que el cuarto evangelio: σταυρόω.

En el evangelio de Juan no es el hombre injusto quien es colgado en el madero sino el hombre justo, Jesucristo. Para festejar la muerte de su enemigo, los judíos en el libro de Ester celebran por primera vez la fiesta de Purim. Purim quiere decir suertes. En la historia de la crucifixión los soldados echan suertes sobre la ropa de Jesús. En el libro de Ester la sentencia del rey "no puede ser revocada" (Ester 8.8). En el evangelio de Juan Pilato declara: "Lo que he escrito, he escrito" (Juan 19.22). Puede ser que todas estas afinidades entre el juicio de Jesús y el libro de Ester sean coincidencias. Pero, por otro lado, es posible que el evangelista quisiera decirnos que en el juicio de Jesucristo la fiesta judía de Purim halla su cumplimiento y su reemplazo (Guilding 1960:169). En el libro de Ester y en la primera fiesta de Purim un hombre pecador es ahorcado y crucificado en lugar del justo Mardoqueo, pero en el último Purim un hombre justo, Jesucristo, es crucificado y muere por los pecados de todos los hombres injustos. Tanto en el libro de Ester como en la historia de la pasión es necesario que un hombre muera por el pueblo, y no que toda la nación perezca (Juan 11.50).

Los eruditos han debatido mucho a qué se refiere el evangelista cuando menciona que era el día de la preparación. Algunos afirman que 1- está hablando de la preparación para el día de la pascua, mientras otros opinan que 2- se trata de la preparación para el sábado de la semana de la pascua. Si aceptamos la primera sugerencia, entonces Jesús fue crucificado el día jueves (el día 14 del mes judío de nisán) y no el día viernes (el 15 de nisán) como afirman los evangelios sinópticos. Entonces habría una diferencia de opinión entre Juan y los sinópticos. Si aceptamos la segunda sugerencia, entonces el día de la crucifixión sería el viernes, como lo relatan los otros evangelistas (Carson 1991.603).

Durante los siglos segundo y tercero surgió una controversia que casi destruyó la comunión entre las iglesias orientales y occidentales. Esta controversia, llamada la Quatrodecimanora tenía que ver con la fecha de la muerte de Jesús y, como consecuencia de ello, la fecha en que se debía celebrar la Pascua y el ayuno de la Pascua. El obispo Víctor de Roma y las iglesias occidentales se valieron de los evangélicos sinópticos para afirmar que Cristo fue crucificado el 15 de nisán mientras que Polícrates, obispo de Efeso, y los demás obispos orientales se valieron del evangelio según San Juan para afirmar que Cristo fue crucificado el 14 de nisán. Algunos eruditos afirman que verdaderamente existe una discrepancia entre Juan y los sinópticos en cuanto a la fecha de la crucifixión de Jesús, en tanto otros, como Carson, buscan armonizar los relatos de los cuatro evangelios. El interesado en saber más sobre este asunto puede leer las páginas 15 a 25 del libro *La Última Cena* de Joachim Jeremias y la sección V 23.1 hasta V 24.18 en la *Historia Eclesiástica* de Eusebio de Cesarea.

19.15: Pero ellos gritaron: ¡Fuera, fuera, crucifícale! Pilato les dijo: ¿A vuestro Rey he de crucificar? Respondieron los principales sacerdotes: No

tenemos más rey que César. Los líderes judíos condenaron a Jesús por blasfemia, pero ahora, delante de Pilato, son estos mismos líderes los que cometen la blasfemia suprema al declarar que su rey es el césar y no Dios. En muchas partes del A.T. se ha enfatizado que Israel tiene un solo rey, Dios (1 Samuel 8.7; Jueces 8.23; Isaías 26.13). Los así llamados reyes de los israelitas en el A.T. sólo eran considerados virreyes bajo la autoridad de Jehová, y no autónomos. Al confesar que el césar es su rey, los judíos niegan su fe, quebrantan su pacto con Jehová y renuncian a su elección como pueblo de Dios. Los seguidores de Jesús, en cambio, son los que con Tomás confiesan que Cristo, y no el césar, es el Señor (Juan 20.28). Sin darse cuenta, las autoridades religiosas del pueblo se condenan a sí mismos como blasfemos (Rensberger 1984.407).

Los líderes de los judíos también se encontraron en una encrucijada en la que tuvieron que tomar una decisión. Tuvieron que decidir quién era su rey, Jesús o el césar. Los discípulos de Jesús, en el tiempo cuando San Juan llevaba a cabo su ministerio, también tenían que decidir si su rey era el césar o Jesús. En algunas partes del Imperio Romano las autoridades exigían a todos los ciudadanos quemar incienso al césar y confesar que el césar era el señor. Los que se negaban a hacer tal confesión podían perder sus bienes, sus posesiones y hasta sus vidas. Algunos falsos pastores aconsejaban a sus ovejas que confesasen al césar, para salvar así sus posesiones. A tales ovejas dice el libro del Apocalipsis: "No temas en nada lo que vas a padecer. He aquí, el diablo echará a algunos de vosotros en la cárcel, para que seáis probados, y tendréis tribulación por diez días. Sé fiel hasta la muerte, y yo te daré la corona de la vida" (2.10).

A todo discípulo de Cristo que tiene que aparecer ante gobernadores y jueces de este mundo, el comportamiento de Jesús ante Pilato debe servir como modelo. Jesús no vocifera lemas y amenazas revolucionarios, ni llama a sus seguidores a levantarse en revolución, pero tampoco calla su testimonio. Da a entender al gobernador que todos los gobernantes y príncipes no son libres para gobernar a su antojo, puesto que su autoridad viene de Dios. Por eso, ellos están en la necesidad de juzgar y gobernar de acuerdo con la verdad. Ningún gobernante puede usurpar la autoridad de Dios, y ninguno puede escapar del juicio de Dios. El pueblo de Dios no puede confesar como Señor a ninguno que no sea Dios (Rensberger 1984.410-411).

19.16: Así que entonces lo entregó a ellos para que fuese crucificado. Tomaron, pues, a Jesús, y le llevaron. Habiendo tomado la decisión de sacrificar a un hombre inocente para salvar su propia carrera política, Pilato entregó Jesús a los soldados romanos para ser crucificado. Después de esta entrega, Carson cree que Jesús fue azotado nuevamente, sufriendo el terrible verberatio que ya hemos mencionado.

19.17: Y él, cargando su cruz, salió al lugar llamado de la Calavera, y en hebreo, Gólgota. Muchas pinturas, imágenes y producciones cinematográficas muestran a Jesús y a los dos malhechores cargando una cruz latina ya armada, al lugar de la crucifixión. Muchos eruditos, en cambio, creen que lo que Jesús llevó no fue una cruz completa ya armada sino solamente el travesaño o *patibulum*. Al llegar al lugar de la crucifixión, el reo era clavado al travesaño y el travesaño a su vez era clavado a otro madero, tronco o árbol vivo. Debido a los azotes que había recibido y la gran cantidad de sangre que había perdido, Jesús casi no podía cargar el patibulum. Cerca de la puerta de la ciudad Jesús se cayó, y los soldados romanos reclutaron a Simón de Cirene, quien venía del campo a Jerusalén, para cargar el patibulum hasta el sitio de la crucifixión. Juan no menciona nada de Simón de Cirene, porque se interesa más en enfatizar la obediencia de Jesús al plan del Padre y el sacrificio perfecto que ofreció por los pecados del mundo. El evangelista quiere mostrar que Jesús, como Isaac, quien cargaba la leña sobre la cual iba a ser sacrificado, fue obediente hasta la muerte. Al final de cuentas, Isaac se salvó porque otro cordero fue sacrificado sobre la leña. Ese cordero era un tipo, un símbolo, una anticipación de Jesucristo, el Cordero de Dios que quita el pecado del mundo. En la mekilta del rabí Ismael se dice que Yahwé, cada vez que ve la sangre del cordero pascual, se acuerda del sacrificio de Isaac y pasa por alto los pecados de Israel. Otro comentarista rabínico dijo que Isaac cargó la leña sobre su hombro así como uno carga su cruz.

Algunos creen que el evangelista Juan no menciona a Simón de Cirene porque gnósticos como Basilides enseñaban que no fue Jesús quien murió en la cruz sino Simón de Cirene. Los gnósticos inventaron esa interpretación de la historia de la pasión porque no querían admitir que el *Logos* sufriera la muerte. La leyenda gnóstica de la muerte de Simón de Cirene en lugar de Jesús llegó a extenderse ampliamente y, eventualmente, fue incluida en el Corán y llegó a formar parte de la doctrina mahometana (Beasley-Murray 1987.345).

19.18: Y allí le crucificaron, y con él a otros dos, uno a cada lado, y Jesús en medio. Este detalle fue incluido en la historia de la pasión para marcar el cumplimiento de Isaías 53.12: "Fue contado con los pecadores, habiendo él llevado el pecado de muchos, y orado por los transgresores." En el A.T., Jehová, el rey de Israel, es entronizado sobre el arca y entre dos querubines (Éxodo 25.22), mientras en la historia de la pasión, Jesús, el rey de los judíos, es entronizado sobre un madero entre dos criminales.

La crucifixión, como forma de ejecución, se utilizaba por muchos pueblos en el mundo antiguo, incluyendo a los indios, los asirios, los celtas, los taurios y varias tribus de Asia central. Los romanos aprendieron de los cartaginenses como crucificar a sus criminales. En los primeros años de la República Romana, los autores romanos mencionaron la crucifixión como una costumbre repugnante de los bárbaros e incivilizados. Pero con el tiempo ellos también adoptaron esa práctica tan bárbara como método para ejecutar esclavos, asaltantes y revolucionarios. La crucifixión se usaba como la tortura por excelencia para ser aplicada a esclavos rebeldes que intentaban levantarse contra sus amos. Por regla general se crucificaban a todos los esclavos de un ciudadano romano que hubiera sido asesinado.

En la mayoría de los casos se torturaba cruelmente a las víctimas antes de crucificarlas. Estas torturas generalmente incluían la flagelación. Como regla general los romanos pasaban clavos por las manos y los pies de sus víctimas. El historiador Josefo relata que durante la guerra entre romanos y judíos (66-70 d.C.) los verdugos romanos crucificaban hasta 500 judíos diariamente. Para vengarse de sus camaradas fallecidos, los romanos dieron rienda suelta a sus instintos sádicos y crucificaron a los judíos en toda clase de posiciones. Clavaban no sólo las manos y los pies, sino también muchas otras partes de la anatomía humana incluyendo los órganos genitales (Hengel 1977.25). La agonía de la crucifixión era causada por el peso del cuerpo sobre la cavidad torácica. La víctima tenía que empujar en contra del madero con sus pies para evitar el colapso de la cavidad torácica y una muerte por asfixia.

Los habitantes del Imperio Romano llegaron a temer tanto la muerte por crucifixión que la señal de la cruz, hecha con los dos índices, llegó a convertirse en la peor de las groserías. En un discurso ante el concilio del pueblo romano, el famoso orador Cicerón afirmó que la mera palabra cruz debía ser erradicada de los pensamientos, los ojos y los oídos de cada ciudadano romano (Hengel 1977.42). Para todos los habitantes del mundo antiguo la crucifixión era la última y más humillante de todas las desgracias imaginables. Por eso era tan difícil, tanto para judíos como griegos, aceptar la idea de que un hombre crucificado pudiese ser el Hijo de Dios. Para muchos autores, que Jesús fuera crucificado fue la prueba suprema de que no era el mesías. Para el autor del cuarto evangelio, fue la prueba suprema de que Dios es amor.

El hecho de que Jesús fuera colgado en el madero de la cruz es la prueba de que él era la víctima que había sido escogida para sufrir vicariamente la maldición que pesaba sobre el pueblo de Israel. Él sufrió esa maldición en su propio cuerpo. En Deuteronomio 21.22-23 dice: "Si alguno hubiere cometido algún crimen digno de muerte, y lo hiciereis morir, y lo colgareis en un madero, no dejaréis que su cuerpo pase la noche sobre el madero; sin falta lo enterrarás el mismo día, porque maldito por Dios es el colgado." En 2 Samuel 21 se lee el triste relato de la maldición que pesaba sobre la tierra de Israel por los crímenes cometidos por Saúl y su casa contra los gabaonitas, una tribu gentil, que había hecho un pacto de paz con Israel. Haciendo caso omiso al pacto, Saúl trató de exterminar a los gabaonitas (limpieza étnica) y de esa manera trajo maldición sobre la tierra. Por tres años consecutivos hubo hambre en la tierra. La maldición se quitó cuando David entregó en manos de los gabaonitas siete hijos de Saúl los cuales fueron ahorcados y colgados en un árbol. Fueron colgados para enfatizar que la maldición que pesaba sobre Israel había caído sobre estas siete víctimas, que murieron para que no pereciera toda la nación. Después tuvo paz la tierra y vinieron las lluvias. Como los hijos de Saúl, Jesús también fue entregado en manos de gentiles. Sufrió la indignidad y la maldición de ser colgado en un madero porque había caído sobre él la maldición que pesaba sobre la tierra por los pecados de Israel (Derrett 1993.137).

19.19: Escribió también Pilato un título, que puso sobre la cruz, el cual decía: JESÚS NAZARENO, REY DE LOS JUDÍOS. Los romanos acostumbraban escribir en un letrero o cartel el crimen por el cual un prisionero moría. Este letrero se amarraba al cuello del condenado o se clavaba en la madera de la cruz sobre la cabeza del reo. La palabra en latín para ese letrero era *titulus*. El titulus con el crimen del crucificado servía como advertencia al pueblo en general. Les mostraba el castigo por el crimen de que se había tomado en menos la ley romana. El *titulus* puesto en la cruz de Cristo indicaba que oficialmente Jesús murió como un revolucionario que había desafiado al emperador romano, proclamándose a sí mismo como el verdadero rey de los judíos. Como ya hemos observado, Pilato mandó colocar el titulus sobre la cruz de Jesús, no porque creía en la culpabilidad de Cristo, sino para mofarse de las esperanzas mesiánicas de los judíos y decirles: Este pobre muerto de hambre, que ni es capaz de matar una mosca, es la clase de rey que les toca a ustedes. Pero lo que proclamaba Pilato en son de burla era verdad. Jesús realmente era y es el rey de los judíos.

19.20: Y muchos de los judíos leyeron este título; porque el lugar donde Jesús fue crucificado estaba cerca de la ciudad, y el título estaba escrito en hebreo, en griego y en latín. Literalmente Juan 19.20 dice que el lugar donde Jesús fue crucificado estaba cerca del lugar o *topos* de la ciudad (ὁ τόπος τῆς πόλεως). La frase *topos de la ciudad* se encuentra también en Hechos 6.13-14; 21.28; Juan 4.20 y 11.47-48. En estos versículos se puede ver que la frase topos de la ciudad significa el templo (Martin 1988.20). Así, Cristo fue crucificado cerca del templo. Desde el tiempo del emperador Constantino la mayoría de los cristianos ha creído que el sitio de la crucifixión de Jesús fue donde Constantino construyó la iglesia de la Santa Sepultura. Pero la iglesia de la Santa Sepultura no está cerca del lugar donde estaba el templo.

Lo que sabemos es que el lugar de la crucifixión de Jesús se llamaba Gólgota. Gólgota es una palabra hebrea que significa cráneo, calavera o cabeza. Calvario es la forma griega de la palabra. Algunos creen que Gólgota era una pequeña colina cerca de Jerusalén en la que habían las aberturas de dos cuevas que daban a la colina la apariencia de una calavera. Sin embargo, no hay mención de tal colina en las descripciones de Jerusalén del tiempo en que ocurrieron los hechos narrados en los santos evangelios.

Aunque el lugar de la muerte de Jesús estaba cerca del templo, tenía que estar a por los menos 2000 codos (900 metros) del mismo. Todo el área dentro de un radio de 2000 codos del templo se consideraba parte del campamento santo de Israel. Dentro de este campamento no era permitido ejecutar o enterrar a un criminal (Martin 1988.46). Aparentemente el centurión que exclamó: "Verdaderamente este hombre era Hijo de Dios" pudo ver cómo se rasgó el velo del templo en dos en el momento de la muerte de Jesús. Esto es lo que lo movió a hacer semejante declaración. Según Ernest Martin, el único lugar donde se podía estar a 2000 codos del templo y todavía ver el velo del mismo, era al este de Jerusalén, cerca de la cumbre sureña del monte de los Olivos. El mismo autor afirma que en esta parte del monte de los Olivos había un montículo que se conocía como la cabeza del monte de los Olivos. Este era el lugar alto o *bamah* adonde subió David llorando cuando huía de Absalón (2 Samuel 15.30). Este sitio estaba ubicado no muy lejos del altar llamado *Miphkad*, es decir, el altar, fuera del campamento de Israel, adonde se llevaban los sacrificios por el pecado para ser reducidos a cenizas y donde se quemaba la vaca rojiza. Allí también se llevaban los animales sacrificados en el día de la expiación, también conocido como Yom Kippur. En el tiempo del segundo templo salía un camino de él hacia el altar llamado *Miphkad*. Este camino cruzaba el valle del Cedrón por medio de un puente alto, construido para facilitar el transporte de los sacrificios por el pecado al lugar donde eran quemados (Levítico 16.20-27; 4.1-21).

Martin cree que Jesús fue crucificado cerca del altar *Miphkad* porque él fue el verdadero sacrificio por el pecado de todo el mundo (1977.48). Él es el verdadero sacrificio de expiación, y como tal, tenía que derramar su sangre fuera del campamento (Hebreos 13.13).

Otra razón por la cual Martin cree que Jesús fue crucificado sobre el monte de los Olivos es el hecho de que los romanos solían crucificar a los criminales en el lugar exacto de sus fechorías o en el lugar donde fueron arrestados. También los crucificaban en lugares altos y prominentes donde podían servir como ejemplos a otros. Según las leyes del A.T. los criminales eran ejecutados "delante de Jehová" (Josué 7.23). La frase delante de Jehová significa frente al velo del templo, al lado oriental del templo. El lugar santísimo, detrás del velo del templo, era considerado como un símbolo de la presencia de Jehová.

Muchos judíos creían que el juicio final tendría lugar al este del templo, ante la presencia de Dios, sentado en el lugar santísimo. Por eso, muchos judíos construyeron sus tumbas en el monte de los Olivos, frente al templo, para ser los primeros en resucitar de entre los muertos en el día del Señor (Martín 1988.51).

El título estaba escrito en tres idiomas, hebreo, griego y latín, como anticipo de la proclamación de la realeza de Jesús a todas las naciones en las predicaciones y viajes misioneros de los discípulos después de la resurrección. En su crucifixión y resurrección Jesús es proclamado como el verdadero rey, no sólo de los judíos, sino de todo el mundo. La obra misionera de la iglesia no es otra cosa que el anuncio a las naciones de que Jesús ha sido ungido y coronado rey y la exigencia de que ellas se incorporen a su reino. En el Salmo 2 tenemos un himno para ser cantado en la coronación del nuevo rey mesiánico. En el Salmo se exige a las gentes y pueblos que no se rebelen contra el rey que Jehová ha escogido y ungido. Los llama a que se sujeten al nuevo rey, se rindan a él y honren al Hijo. Poncio Pilato, sin darse cuenta de lo que hacía, anticipaba la gran comisión y proclamaba a las naciones que Jesús es Rey y Señor.

19.21-22: Dijeron a Pilato los principales sacerdotes de los judíos: No escribas: Rey de los judíos; sino, que él dijo: Soy Rey de los judíos. Respondió Pilato: Lo que he escrito, he escrito. Los sumo sacerdotes objetan el título puesto en la cruz y quieren que se inserte una sola palabra en el título para cambiar su significado. Pero Pilato se rehúsa hacer el cambio. Así, Pilato, sin entender lo que hace, cumple con el mandato divino en el Salmo 96.10: "Decid entre las naciones: Jehová reina."

19.23-24: Cuando los soldados hubieron crucificado a Jesús, tomaron sus vestidos, e hicieron cuatro partes, una para cada soldado. Tomaron también su túnica, la cual era sin costura, de un solo tejido de arriba abajo. Entonces dijeron entre sí: No la partamos, sino echemos suertes sobre ella, a ver de quién será. Esto fue para que se cumpliese la Escritura, que dice:

"Repartieron entre sí mis vestidos,
Y sobre mi ropa echaron suertes".

Y así lo hicieron los soldados. El evangelista anuncia ahora el cumplimiento de otra profecía del A.T. que se encuentra en el Salmo 22.18, el mismo que fue citado por Jesús cuando clamó: "Dios mío, Dios mío, ¿por qué me has desamparado?" (Salmo 22.1; Mateo 27.46; Marcos 15.34). El salmo habla de la división de la ropa de una persona que sufría la pena capital. Uno de los premios que solían recibir los soldados que servían de verdugos era la ropa de la víctima. Primero se dividían entre ellos las prendas de vestir exteriores: el cinturón, el manto exterior, las sandalias y el morrión. Pero la túnica interior de Jesús era de una sola pieza, sin costura, y hubiera sido una lástima dividirla en cuatro partes, una para cada uno de los cuatro soldados. Por eso echan suertes por ella. Este detalle, que se debe a un testigo ocular de la crucifixión, ha sido mencionado por Juan porque quiere señalar a sus lectores que todo lo que sucedió en la pasión y muerte de Jesús ocurrió según el plan predeterminado por el Padre y no por casualidad, mala suerte o voluntad de Satanás.

La palabra griega que Juan usa para designar la túnica de Jesús es χιτὼν. Esta palabra griega no es la que se usa normalmente para señalar la túnica de un hombre, sino la palabra usada en la Septuaginta para designar la túnica del sumo sacerdote. Existe un gran número de escritos rabínicos que tratan de explicar el significado simbólico de la túnica sacerdotal y de sus adornos. Puede ser que el evangelista usara la palabra χιτὼν para referirse a la túnica de Jesús porque quería enfatizar que Jesús murió, no sólo como el verdadero rey del pueblo de Israel, sino también como su verdadero sumo sacerdote (Newbigin 1982.254). La epístola a los Hebreos es la que desarrolla con más detalle el papel de Jesucristo como el verdadero sumo sacerdote, que ofrece un solo sacrificio una sola vez para todos los seres humanos (Hebreos 10.21). La túnica de Jesús descrita como "sin costura, de un solo tejido de arriba abajo", parece ser una alusión a las vestimentas del sumo sacerdote, que también eran sin costura y hechas desde arriba, es decir, por autoridad divina (Éxodo 36.12; 14.28-38). El falso sumo sacerdote Caifás había profetizado que Jesús tenía que morir para preservar la unidad del pueblo de Dios (11.52). En efecto, la muerte de Jesús sirvió para unir las ovejas dispersas en una sola comunidad, bajo el cuidado de un solo pastor mesiánico (Juan 10.15-16).

Varios autores patrísticos veían en el manto sin costura de Jesús un símbolo de la unidad de la iglesia. Así como no se debe partir el manto de Jesús, así tampoco se debe intentar contra la unidad del redil del buen pastor. En 1 Reyes 11.30 el manto de un rey simboliza su reino y la partición de ese manto significa la partición o división de su reino. La unión de la iglesia es uno de los temas que corre como un hilo a través de todo el cuarto evangelio. En Juan 17.21 Jesús ora que sus discípulos sean uno. Muchos intérpretes antiguos y modernos también ven en la red que no se rompía (Juan 21.11) otro símbolo de la unidad de la iglesia.

En su análisis de estos versículos, el intérprete John Paul Heil (1995.741-743) especula que los vestidos de Jesús también representan su vida. Heil observa que cuando Jesús se quita el manto, antes de lavar los pies de sus discípulos, simboliza la entrega de su vida. Al tomar la ropa de Jesús (τὰ ἱμάτια) y hacer cuatro partes (μέρη) los soldados gentiles irónicamente anticipan la entrega de una porción de la herencia divina a los seguidores de Jesús, incluyendo los gentiles. La palabra griega μέρος, usada aquí, es la misma que utiliza Jesús en Juan 13.8, cuando habla de la parte o porción de la herencia que recibirán los discípulos.

19.25: Estaban junto a la cruz de Jesús su madre, y la hermana de su madre, María mujer de Cleofas, y María Magdalena. Frente a los cuatro soldados que, en fría indiferencia, quitan la ropa a Jesús, encontramos cuatro mujeres que se quedan para acompañar al Señor en su última agonía. Con frecuencia, tanto los familiares como los enemigos de los criminales crucificados estaban presentes en las ejecuciones. San Juan nos da los nombres de sólo dos de las cuatro mujeres: María, la mujer de Cleofas, y María Magdalena. Otra mujer era la madre de Jesús, que nunca es llamada María en el cuarto evangelio, sino sólo la madre de Jesús. La cuarta mujer es identificada como la hermana de ella. Algunos creen que Juan no menciona el nombre de la hermana de María porque ella es su misma madre, la del discípulo amado, y así como Juan nunca se menciona a sí mismo por nombre, ni a su hermano Jacobo, así tampoco menciona por nombre a su madre (Carson 1991.617).

19.26: Cuando vio Jesús a su madre, y al discípulo a quien él amaba, que estaba presente, dijo a su madre: Mujer, he ahí tu hijo. Desde hace muchos siglos ha sido la costumbre de los cristianos celebrar el Viernes Santo con un culto Tre Ore, es decir, un culto que dura tres horas, recordando las tres horas en que las tinieblas cubrieron la ciudad de Jerusalén, durante la permanencia de Jesús en la cruz, desde la sexta hasta la novena hora (las 12 del mediodía hasta las tres de la tarde). Durante este culto se presenta una serie de siete breves homilías basadas en los siete últimos dichos de Jesús en la cruz. Cuatro de las siete últimas palabras de Jesús provienen de los evangelios sinópticos y tres se encuentran en el evangelio de Juan. Según la numeración que se ha dado a las siete palabras de Jesús, lo que Jesús dice aquí a María, su madre, constituye la tercera palabra de la cruz.

Nos extrañan las palabras de Jesús dirigidas al ser que lo trajo al mundo. En vez de dirigirse a ella con la dulce palabra madre, Jesús la llama: Mujer, una palabra más fría, más reservada, más distante. Hemos observado en otras partes del cuarto evangelio, y también en los sinópticos, cómo Jesús, como hijo, se distancia y aleja de María. En ocasión de su primer milagro en Caná de Galilea, Jesús le dice en forma muy abrupta: "¿Qué tienes conmigo, mujer?" En otra ocasión, cuando María buscaba a Jesús acompañada de sus hermanos, le respondió y dijo: "¿Quién es mi madre y mis hermanos?... Porque todo aquel que hace la voluntad de Dios, ése es mi hermano, y mi hermana, y mi madre." San Lucas nos cuenta cuando una mujer declaró bendita a María por haber dado a luz un hijo tan ilustre como Jesús. En respuesta, Jesús dijo que más bendita que su madre era la persona que hacía caso a la palabra de Dios (Lucas 11.27-28).

¿Cómo podemos explicar palabras aparentemente tan duras de Jesús a su madre? El conocido teólogo luterano Edmund Schlink da una respuesta magistral. Según él, la dureza de Jesús para con su madre es la dureza del amor. Jesús se distancia de María como hijo según la carne, para que ella pueda reconocer a Jesús como el Hijo de Dios. Con sus acciones y sus palabras Jesús está llamando a María a contemplar en él no a su hijo, sino a su salvador. En otras palabras, Jesús le dice a María: "Tú no puedes heredar el reino de Dios por ser la mujer que me ha dado a luz. Las obras que haces no pueden reconciliarte con Dios y asegurar tu justificación. Tú puedes heredar el reino de Dios sólo confiando en mí como tu salvador." Ni la madre del Hijo de Dios puede salvarse por obras; ella también tendrá que ser justificada por la fe en Jesús, el Cordero de Dios que quita el pecado del mundo. Jesús se aleja de María como hijo para poder acercarse a ella como salvador.

Para que María pueda tener presente a Jesús como su salvador, su Dios y su rey, Jesús se retira de ella como hijo según la carne. Después de la muerte de José, Jesús, como hijo mayor de María, había asumido la responsabilidad de suplir las necesidades físicas de su madre. Pero ahora Jesús no podrá seguir con esa responsabilidad. Jesús tendrá que volver al Padre que lo había enviado al mundo. Otro tendrá que asumir la responsabilidad del hijo mayor y hacerse cargo del sostén de la viuda María. Jesús no da este encargo a sus hermanos menores, porque ellos no están presentes junto a la cruz, ni habían llegado todavía a ser creyentes. Mejor que la persona encargada del sostén físico y económico de María fuera uno de sus discípulos. Viendo al discípulo amado al pie de la cruz, Jesús le dice a María: "He ahí tu hijo." Ahora este discípulo amado cumplirá con el papel de Jesús, de cuidar a María. Jesús le dice a María: Este discípulo hará las veces de mí; él será tu hijo en mi lugar.

19.27: Después dijo al discípulo: He ahí tu madre. Y desde aquella hora el discípulo la recibió en su casa. En otras palabras, Jesús dice: Tú ahora serás responsable del bienestar de mi madre. Tú la cuidarás y proveerás por su sostén económico. Tú serás un hijo para ella en mi lugar. De esta manera, Jesús no deja abandonado al ser que lo trajo al mundo. En su agonía en la cruz Jesús, en vez de pensar en cómo aliviar su propio sufrimiento y dolor, se preocupa de cómo aliviar el sufrimiento, el dolor y la necesidad de María. De la misma manera, Jesús en la cruz se dirige a nosotros, sus discípulos amados, y nos dice: He ahí, ves a tantas viudas, huérfanos y niños abandonados. Tú ahora, en mi lugar, serás hijo, hermano y padre de ellos. Buscarás defender sus derechos y lucharás por suplir sus necesidades. Aquí no vemos a un Jesús frío y distante, sino muy preocupado, no sólo por María, sino también por todas las personas que sufren dolor, abandono y necesidad. Jesús quiere estar presente con ellos a través de nosotros, sus discípulos amados. Recordemos que el papel del discípulo amado en el cuarto evangelio es servirnos de modelo para nuestro discipulado. La nueva comunidad constituida por el discípulo amado y María nos sirve como un modelo de lo que deber ser la iglesia, que es llamada a ser una comunidad de fe, una familia de amor, en la cual los miembros, en devoción a Jesús, se cuidan los unos a los otros.

En base a este versículo, Robinson cree que el discípulo amado mantenía una casa en Jerusalén, desde la cual dirigía los negocios de su padre Zebedeo. A esta casa fue llevada María (Robinson 1985.64). Robinson, de acuerdo con la mayoría de los padres de la iglesia primitiva, creía que el discípulo amado era el apóstol Juan, el autor del cuarto evangelio. Según la tradición de la iglesia antigua, el apóstol Juan era, a la vez, primo de Jesús, ya que era hijo de Salomé, la hermana de María. Juan, a diferencia de los hermanos de Jesús, era un familiar de Jesús que era creyente y, por eso, doblemente idóneo para responsabilizarse del bienestar de su tía, María. Otros autores señalan como poco probable que un pescador de Galilea tuviese una casa en Jerusalén. Esta es una de las razones por las que Raymond Brown cree que el discípulo amado no era el apóstol Juan sino Juan Marcos, que era de Jerusalén y cuya madre tenía una casa en la ciudad.

19.28: Después de esto, sabiendo Jesús que ya todo estaba consumado, dijo, para que la Escritura se cumpliese: Tengo sed. Esta declaración aparece, generalmente, como la cuarta de las siete palabras de Jesús en la cruz.

La sed que solían sufrir las víctimas de crucifixión era algo que hacía tan bárbara esta forma de tortura. Cuando en la playa quedamos demasiado tiempo bajo el sol sin protección adecuada, sufrimos quemaduras en la piel. Entonces buscamos cremas y lociones para aliviarnos y calmarnos. Con frecuencia algunos bañistas tienen que ser hospitalizados a causa de las quemaduras de sol; en algunos casos tales quemaduras pueden ocasionar la muerte. Las víctimas de crucifixión no tenían ungüentos y lociones para protegerse del sol. Desnudos bajo los rayos solares, su piel se quemaba y partía como pergamino viejo. Se formaban terribles llagas rojas y se partían los labios. Literalmente las víctimas de crucifixión se asaban vivas mientras estaban clavadas en la madera. Lo más terrible de todo era la sed. Bajo los intensos rayos del sol, la lengua de los crucificados se hinchaba de tal manera que casi no podían hablar. Así, entendemos porqué Jesús declara: Tengo sed.

Aunque Juan dice que esto sucedió para que se cumpliese la Escritura, no mencionó qué pasaje específico de la ella se cumplió. Algunos afirman que fueron las palabras del Salmo 22.15: "Como un tiesto se secó mi vigor, y mi lengua se pegó a mi paladar, y me has puesto en el polvo de la muerte." Otros opinan que fue el Salmo 69.21: "Me pusieron además hiel por comida, y en mi sed me dieron a beber vinagre." El Salmo 69 es uno de los salmos mesiánicos por excelencia y es más citado en el N.T. que cualquier otro a excepción del Salmo 110. El hecho de que el evangelista no haya incluido aquí una referencia específica a un texto del A.T. sirve para obligar al lector a repasar y evaluar todos los pasajes veterotestamentarios que hablan de la sed para ver cómo puede ayudarle en la interpretación de Juan 19.28. (Brawley 1993.432-443). De esa manera, obliga al lector a asumir un papel más activo en la historia de la pasión. El evangelista quiere que seamos partícipes y no sólo espectadores en todo lo que está sucediendo. Si esa fue la intensión del evangelista, entonces queda establecido que el evangelio fue escrito para quienes conocían bien el A.T. y podían leer los eventos del N.T. a la luz de las escrituras de Israel.

El que dice: Tengo sed, es el mismo que en Caná cambió el agua en vino, y el que ofreció a la mujer samaritana agua de vida para satisfacer para siempre su sed. Es el mismo que en la fiesta de los tabernáculos declaró: "El que cree en mí, como dice la Escritura, de su interior correrán ríos de agua viva" (Juan 7.38). Pero la sed que sufre Jesús es mucho más que la falta de agua para refrescar su lengua, es la sed que sufren los que mueren en sus pecados, es la sed de Dios que sufren los que han sido privados de su presencia. El salmista clamó: "Mi alma tiene sed de Dios, del Dios vivo" (Salmo 42.2). Hay algo más terrible que morir de sed por falta de agua, es existir alejado de la presencia de Dios, es sufrir sed de Dios.

La sed que sufre Jesús, física y espiritual, es nuestra sed (Schlink 1958.24-29). Es la sed que sufrimos nosotros los seres humanos como víctimas inocentes de la inhumanidad e indiferencia de otros. Al mismo tiempo es la sed que sufrimos justamente por haber abandonado a Jehová, la fuente de agua viva. "Porque dos males ha hecho mi pueblo: me dejaron a mí, fuente de agua viva, y cavaron para sí cisternas, cisternas rotas que no retienen agua" (Jeremías 2.13). La sed que sufre Jesús es la sed que sufrió, como castigo, el pueblo errante de Israel en el desierto. Precisamente porque Jesús sufrió la sed en la cruz, puede satisfacer nuestra sed. Precisamente porque Jesús sufrió la sed de los desamparados en el infierno, puede rescatarnos de una eternidad sin Dios y pastorearnos junto a aguas de reposo. Jesús sufre sed para abrirnos las fuentes de agua viva y así satisfacer nuestro sed de Dios con el don del Espíritu Santo.

19.29: Y estaba allí una vasija llena de vinagre; entonces ellos empaparon en vinagre una esponja, y poniéndola en un hisopo, se la acercaron a la boca. San Mateo nos informa que cuando llevaron a Jesús al lugar de la Calavera para crucificarle, le dieron para beber vinagre mezclado con hiel, pero no quiso beberlo (Mateo 27.34). Jesús rechazó el vinagre mezclado con hiel porque era una droga. Se solía dar esto a los condenados para que no sintieran tanto el dolor de la crucifixión. Pero Jesús no quiso drogarse. No quiso evitar el dolor que le tocaba sufrir por nuestros pecados. Había venido al mundo a cancelar nuestra deuda con la justicia y a pagarla hasta el último céntimo. Ahora, habiendo ofrecido su sacrificio, Jesús está listo para entregar su espíritu en las manos del Padre. Su pasión no ha sido una derrota, sino una victoria. Con el sacrificio del verdadero cordero pascual, nuestra redención está completa. Jesús quiere anunciar a todo el mundo: se ha consumado el sacrificio que nos libra del poder del diablo y de la muerte eterna. Quiere gritar en voz alta que se ha pagado nuestro rescate. Quiere que todos oigan su voz, que todos conozcan su victoria. Pero la lengua y la garganta de Jesús están tan resecas que apenas puede murmurar. Cuando refresca su lengua puede exclamar: "Consumado es".

Jesús reconoce su sed porque no es una fantasma que no tiene necesidades; Jesús es un verdadero ser humano que se ha ofrecido como verdadero sacrificio para que nuestros pecados fueran verdaderamente borrados por su sangre. El énfasis que el evangelista pone en la sed y en los sufrimientos físicos de Jesús es otra prueba de que está combatiendo los errores de los docetistas que negaban la verdadera humanidad de nuestro Salvador. En el mundo greco-romano los filósofos sostenían que los seres y hombres divinos nunca sufrían cosas vergonzosas; estas cosas sucedían a sus representantes, pero no a ellos.

El filósofo anticristiano Celso declaró que si Jesús realmente hubiera sido divino, lo habría demostrado transportándose al cielo o a otra parte en el momento de su captura. Lo que en verdad demostró Jesús, al sufrir terrible sed en la cruz, es que Dios en su amor se ha identificado con la más degradante desdicha y escualidez humana. Dios ha demostrado su solidaridad con los indecibles sufrimientos de los que son torturados y asesinados por la crueldad e indiferencia humanas. En la sed de Jesús se revela que Dios mismo ha aceptado la muerte en la crucifixión de un humilde labrador de Galilea con el fin de quebrantar el poder de la muerte y brindar salvación a todos los seres humanos (Hengel 1977.88-89).

Juan incluye aquí un detalle en la historia de la pasión que no se encuentra en los otros evangelios. Los soldados le dieron la esponja empapada en vinagre en un hisopo. ¿Por qué menciona Juan que fue con un hisopo? Porque en la historia de la primera pascua en Egipto había un hisopo, que se mojaba en la sangre del cordero pascual para marcar las casas de los hebreos. Por eso, no puede faltar un hisopo en la historia de la nueva y verdadera pascua. La hierba hisopo, *origanum maru*, o mejorana egipcia, era un símbolo de purificación (Derrett 1993.147). El hisopo bíblico es un pequeño arbusto con flores azules y hojas sumamente aromáticas. La presencia del hisopo en la crucifixión de Jesús es otra indicación de que él es el verdadero cordero pascual que quita los pecados del mundo.

En Levítico 14.1-7 el hisopo es uno de los elementos utilizados con la sangre de un pájaro en la purificación de un leproso curado. Números 19.18 estipula el uso de hisopo para rociar el agua que contiene las cenizas de la vaca roja. Esta agua lustral se usaba en un ritual para quitar la inmundicia de las personas y de las cosas contaminadas debido al contacto con un cadáver o el hueso de un muerto. En el Salmo 51.7 el salmista clama, tratando de ser purificado de su pecado: "Purifícame con hisopo, y seré limpio." Todos estos textos, junto a otros en la Mishná, asocian el uso del hisopo con ritos de purificación. Los textos rabínicos codificados en la Mishná (Parah 11.8-9;12.1 ss.) estipulan que un hisopo no debe ser demasiado corto para ser amarrado a una caña antes de usarlo para rociar (Beetham 1993.163-169).

Es interesante notar que dos manuscritos, los cursivos 476 y 1242, tienen la palabra ὑσσός (jabalina) en vez de ὕσσωπος (hisopo). El profesor Beasley-Murray cree que estos dos cursivos tardíos (siglo 13) son una corrección muy astuta del texto actual y pueden reflejar la forma original del texto. Lo que lleva a Beasley-Murray a hacer tal observación es el hecho de que es más probable que el soldado romano tuviera entre su equipo una jabalina que un hisopo. Beasley-Murray cree que un escriba cambió jabalina por hisopo para acentuar así la correspondencia entre Jesús y el cordero pascual del libro de Éxodo (1987.318). Sin embargo, la gran mayoría de los traductores y comentaristas prefieren la palabra hisopo.

19.30: Cuando Jesús hubo tomado el vinagre, dijo: Consumado es. Y habiendo inclinado la cabeza, entregó el espíritu. En su séptima y última declaración en la cruz Jesús anuncia la consumación de su obra redentora. Las palabras que nos tocan considerar aquí no constituyen la resignación de un mártir derrotado. Tampoco son el anuncio de la inevitable llegada de la muerte. Lo que tenemos aquí es un grito de victoria. El verbo griego traducido aquí como *consumado* es, es τετέλεσται, una forma del verbo τελέω. Lo que significa el verbo es: llevar a cabo una obligación religiosa, cumplir una tarea importante, o pagar una deuda. Jesús está anunciando que ha cumplido con éxito la tarea que el Padre le había encomendado al enviarlo al mundo. Éste es el mismo verbo que aparece en Juan 17.4 donde el Señor exclama: "Yo te he glorificado en la tierra; he acabado la obra que me diste que hiciese."

En el libro de Génesis leemos: "Y vio Dios todo lo que había hecho, y he aquí que era bueno en gran manera. Y fue la tarde y la mañana el día sexto." Al terminar su gran obra de creación, Dios está satisfecho con todo lo que ha hecho; está consumada la obra de la creación, "he aquí que era bueno en gran manera." Al terminar la obra de la redención, el Hijo también contempla su gran obra, la obra de sacrificarse en la cruz para obsequiarnos la vida eterna en el reino del Padre. Al contemplar la obra redentora, el Hijo declara "que era buena en gran manera." No es necesario añadir otra cosa a la obra de salvación. No se requieren más sacrificios, más derramamiento de sangre, más penas que pagar. La obra ha sido terminada, está consumada. Con su declaración: consumado es, Jesús declara la inutilidad de nuestros esfuerzos para justificarnos a nosotros mismos, para ganar méritos, de buscar indulgencias, de salvarnos a nosotros mismos. Jesús ha terminado su misión, ha ofrecido un solo sacrificio por la culpa de todos los hombres, de todas las naciones, por todos los tiempos. Consumado es.

Después de este grito Jesús entrega el espíritu. No le es quitado. Jesús mismo tiene la autoridad de entregar su vida. "Yo pongo mi vida, para volverla a tomar" (Juan 10.17). En su *Pasión según San Juan*, Juan Sebastián Bach captó perfectamente el significado teológico de la muerte de nuestro Señor, pues entiende que todo lo que ha pasado en la más terrible humillación de Jesús ha sido la glorificación del Hijo de Dios. Al contemplar la muerte de Jesús, el gran compositor de Leipzig escribió esta meditación cantada sobre Jesús en su muerte:

¡Señor dueño nuestro,
cuya fama es soberana en todas las tierras!
Muéstranos que, a través de tu pasión,
tú, el verdadero Hijo de Dios,

en todo tiempo,
hasta en la humildad más profunda,
has sido glorificado (citado en Blank 1980.3.7).

Nota litúrgica: En el leccionario de tres años en *¡Cantad al Señor!* Juan 19.17-30 es el santo evangelio para el Viernes Santo en los años A, B y C.

19.31: Entonces los judíos, por cuanto era la víspera de la pascua, a fin de que los cuerpos no quedasen en la cruz en el día de reposo (pues aquel día de reposo era de gran solemnidad), rogaron a Pilato que se les quebrasen las piernas, y fuesen quitados de allí. La crucifixión de Jesús ocurrió el viernes, el día de la pascua. El día de la pascua, en el año de la muerte de Jesús, era a la vez el día de la preparación para el sábado, el día de reposo. Puesto que el sábado caía dentro de la semana de la pascua, era un sábado muy especial, durante el cual se ofrecería a Dios una gavilla como primicia de los primeros frutos de la siega (Levítico 23.10-11). La ley de Moisés especificaba que el cuerpo de un criminal ejecutado y colgado en un árbol no debía pasar la noche sobre el madero porque tal cosa contaminaría la tierra. Los judíos temían que los cadáveres no enterrados de Jesús y de los dos criminales podrían contaminar su celebración del día de la pascua y del día de reposo. Sería una ofensa doble si un cadáver quedaba sobre un árbol durante un día de reposo. "Si alguno hubiere cometido algún crimen digno de muerte, y lo hiciereis morir, y lo colgareis en un madero, no dejaréis que su cuerpo pase la noche sobre el madero; sin falta lo enterrarás el mismo día, porque maldito por Dios es el colgado; y no contaminarás tu tierra que Jehová tu Dios te da por heredad" (Deuteronomio 21.22-23).

La práctica romana era dejar en la cruz a los crucificados, tanto hombres como mujeres, hasta que muriesen. A veces los crucificados aguantaban la agonía de la cruz por tres o cuatro días, hasta que finalmente morían. Normalmente dejaban los cadáveres en la cruz hasta que se pudrían y eran consumidos por los buitres. Los perros se quedaban debajo de las cruces esperando que cayera un trozo de la carne podrida para devorarla. Esta costumbre tan asquerosa servía como una advertencia al pueblo, de cual sería su suerte si intentaba rebelarse contra sus amos. En caso de querer apurar la muerte de una persona crucificada, los soldados solían utilizar un mazo de hierro para destrozar sus piernas. Esta práctica tan inhumana, llamada *crucifragium*, servía para producir pérdida de sangre e impedir que la víctima empujara con sus piernas contra la madera para mantener abierta su cavidad torácica. El crucificado, sin fuerza en sus piernas para impedir el colapso de su cavidad torácica, se moría de asfixia. En el año 1970, arqueólogos que trabajaban al norte de Jerusalén, encontraron los restos de un hombre crucificado cuya pierna había sido destrozada de la manera mencionada aquí (Carson 1991.622).

19.32-33: Vinieron, pues, los soldados, y quebraron las piernas al

primero, y asimismo al otro que había sido crucificado con él. Mas cuando llegaron a Jesús, como le vieron ya muerto, no le quebraron las piernas. Con toda probabilidad, por la gran cantidad de sangre que Jesús había perdido debido a las torturas sufridas antes de su crucifixión, los soldados no necesitaron quebrarle las piernas. Después de quebrar las piernas de los dos criminales crucificados a su lado, los soldados encontraron al Señor ya muerto. De esa manera se cumplió otra profecía del A.T. Un cordero con las piernas quebradas no hubiera sido aceptado para ser utilizado como sacrificio en la fiesta de la pascua (Koester 1995.197).

19.34: Pero uno de los soldados le abrió el costado con una lanza, y al instante salió sangre y agua. Para comprobar la muerte del Señor, uno de los soldados traspasó su costado con su lanza. El relato del costado traspasado de Jesús no lo mencionan los evangelios sinópticos. Juan ha incluido aquí este detalle porque tenía un especial significado teológico para él. Una razón para incluirlo era subrayar que Jesús murió como un verdadero hombre de carne y sangre; quería negar que Jesús era sólo un espíritu disfrazado y no un ser humano como solían afirmar los docetistas y gnósticos, que negaban la encarnación. Un famoso gnóstico del siglo II afirmó que no fue Jesucristo quien fue crucificado sobre el Calvario sino Simón de Cirene, quien sustituyó a Jesús a último momento. Si ideas como estas ya circulaban cuando Juan escribió su evangelio, podemos entender porqué el evangelista trató de evitar toda referencia a Simón de Cirene.

Según autores antiguos como Heráclito, Galen y Plutarco, los seres humanos tienen en sus cuerpos agua y sangre en cantidades iguales. En cambio, los dioses, disfrazados como seres humanos, no tienen sangre (porque no comen), sino solamente agua como sangre. Para enfatizar que Jesús verdaderamente se hizo hombre y que verdaderamente murió como nuestro sustituto, Juan menciona el detalle del agua y de la sangre (Beasley-Murray 1988.357).

Muchos teólogos como San Juan Crisóstomo han manifestado que el agua que salió del costado de Cristo es un símbolo del Bautismo mientras que la sangre es un símbolo de la Santa Cena. Según esta interpretación simbólica, tanto el Bautismo como la Santa Cena reciben su poder salvífico de la muerte de Jesús en la cruz. Por eso los sacramentos de la iglesia se basan en la muerte de Jesús en la cruz. En el evangelio según San Juan la palabra sangre (αἷμα) siempre incluye un sentido eucarístico (Schnelle 1992.209). Si Jesús en verdad es un verdadero ser humano y no un espíritu disfrazado como un ser mortal, entonces este Jesús puede darnos su sangre en la Eucaristía.

En el derramamiento del agua y de la sangre del costado vemos la llegada de la hora anunciada por Jesús en la historia de las bodas de Caná, en Juan 2.4. En aquella ocasión Jesús había dicho a su madre que todavía no había llegado la hora para servir el verdadero vino a los que esperaban el cumplimiento profético. El agua y la sangre que salen del costado de Jesús simbolizan que ha llegado la hora en la cual la sangre purificadora de la Eucaristía y el nuevo vino del Espíritu están disponibles para todos los que tienen sed de Dios (Collins 1990.170-173).

Otros teólogos modernos como C. H. Dodd creen que el agua es un símbolo del Espíritu Santo y que la sangre es un símbolo de la vida y la salvación. Según esta interpretación, la muerte de Jesús en la cruz es lo que da a los creyentes la salvación, la vida y el Espíritu Santo (Dodd 1960.428). Los que consideran el agua como un símbolo del Espíritu Santo afirman que sólo la muerte vicaria de Jesús, simbolizada por la sangre, hace posible el derramamiento del Espíritu Santo, simbolizado por el agua. De esta manera, el evangelista quiere señalar el cumplimiento de la profecía de Zacarías 13.1: "En aquel tiempo habrá un manantial abierto para la casa de David y para los habitantes de Jerusalén, para la purificación del pecado y de la inmundicia." El agua que sale del costado de Jesús es un símbolo de los ríos de agua viva que correrán del interior de Jesús (Juan 7.38) para ser una fuente de agua que salta para vida eterna (Juan 4.14) en las personas que creen en él. Aquí hay otro ejemplo de la ironía del cuarto evangelio: el soldado traspasó el costado de Jesús con su lanza para comprobar que Jesús había muerto, pero en realidad, señaló que Jesús es la fuente del Espíritu que da vida eterna (Koester 1995.204).

19.35: Y el que lo vio da testimonio, y su testimonio es verdadero; y él sabe que dice verdad, para que vosotros también creáis. Para que los lectores del evangelio no duden de la veracidad de lo que pasó cuando el costado del Señor fue traspasado, el evangelista enfatiza el hecho de que el relato de lo sucedido se basa en el testimonio de un testigo ocular que estaba presente cuando el Señor murió. ¿Quién es la persona a la que se refiere aquí? Algunos estudiosos creen que se trata del centurión romano, pero la gran mayoría opina que fue el discípulo amado. Como ya hemos mencionado en diferentes contextos, hay un gran debate entre los comentaristas acerca de la identidad del discípulo amado y del autor del cuarto evangelio. La opinión tradicional, apoyada por autores modernos como Robinson, Hoerber y Carson, afirma que el discípulo amado fue el apóstol Juan quién también fue el autor del cuarto evangelio. Según esta opinión, la política del evangelista Juan es no mencionar nunca por nombre ni a sí mismo y ni a los miembros de su familia inmediata. Así, al hablar del testigo que presenció la muerte de Cristo, el evangelista se está refiriendo indirectamente a sí mismo (Carson 1991.629).

Otros autores creen que el testigo al que se refiere aquí es en verdad el discípulo amado, pero que no es San Juan sino otro seguidor de Jesucristo, tal vez Juan Marcos, o Nicodemo, o Lázaro, u otro creyente anónimo. Algunos dicen que el versículo 35 fue añadido al evangelio algunos años después de la muerte del evangelista por uno de sus discípulos. Como en la mayoría de los casos, no poseemos los datos históricos para comprobar o desaprobar las muchas teorías que postulan los estudiosos y profesores de teología para explicar la manera en que llegó a ser escrito el cuarto evangelio. A menos que haya argumentos sumamente convincentes, es mejor no rechazar las conclusiones tradicionales que la iglesia ha mantenido a través de los siglos.

19.36: Porque estas cosas sucedieron para que se cumpliese la Escritura: No será quebrado hueso suyo. Cuando en el A.T. Moisés recibió las instrucciones acerca del sacrificio del cordero pascual, Dios le dijo: "No dejarán del animal sacrificado para la mañana, ni quebrarán hueso de él; conforme a todos los ritos de la pascua la celebrarán" (Números 9.12). Juan incluye aquí esta referencia al A.T. para señalar una vez más que Jesús ha muerto como el verdadero cordero pascual y que en él se ha cumplido todo lo que la fiesta de la pascua significaba y anticipaba.

A través de todo el libro, el autor del cuarto evangelio ha tratado de identificar a Jesús como el verdadero cordero pascual, que fue sacrificado pero no quebrantado. En los relatos sinópticos de la multiplicación milagrosa del pan, los tres evangelistas mencionan cuatro acciones distintas del Señor: 1- tomar el pan (λαμβάνω); 2- dar gracias (εὐχαριστέω); 3- partir (κλάω); 4- repartir (δίδωμι). Estas mismas cuatro acciones se mencionan también en los relatos sinópticos de la institución de la Eucaristía. Por eso, la mayoría de los comentaristas modernos cree que hay una relación muy estrecha entre los textos sobre las multiplicaciones milagrosas y los relatos sobre la institución de la Santa Cena. Es decir, la alimentación de los cinco mil (y de los cuatro mil) sirve como un símbolo y una anticipación de la Eucaristía. Según Bruce W. Longenecker, es significativo que el capítulo 6 de San Juan haya omitido cualquiera mención del partimiento del pan. Puesto que el pan es un símbolo del Cordero de Dios y de su cuerpo, la iglesia, el evangelista ha omitido cualquiera alusión al quebrantamiento de Cristo (1995.429).

En opinión de Longenecker, el evangelista ha hecho esto por dos razones. En primer lugar, está llamando a sus lectores judíos a reconocer que Jesús, y sólo Jesús, es el verdadero cordero pascual cuyos huesos no fueron quebrantados. Por eso, todo miembro del pueblo de Israel que no participa en la celebración pascual de este cordero está en peligro de perder su posición como miembro del pueblo de Dios. Al identificar a Jesús como el verdadero cordero pascual, el evangelista está llamando a todos los judíos a creer en él, a confesar públicamente su nombre y a identificarse con la comunidad de los que le siguen.

En segundo lugar, al enfatizar que el cuerpo de Jesús no fue quebrantado, el evangelista quiere recordar a sus lectores cristianos que la iglesia también es el cuerpo de Cristo y como tal, no debe ser quebrantada. Ya hemos visto que la unidad de los creyentes es uno de los temas más destacados del cuarto evangelio. No debe haber división o cisma en el cuerpo de Cristo. "Habrá un rebaño, y un pastor" (Juan 10.16). "...para congregar en uno a los hijos de Dios que estaban dispersos" (Juan

11.52). "Para que todos sean uno; como tú, oh Padre, en mí, y yo en ti, que también ellos sean uno en nosotros..." (Juan 17.21). Muchos comentaristas, antiguos como modernos, consideran que tanto la túnica de Jesús como la red de los peces (21.11) no se rompieron porque eran símbolos de lo que debe ser la comunidad de los discípulos (Longenecker 1995.433-434). Por supuesto, tales interpretaciones, aunque interesantes, son especulaciones y no se deben considerar como verdades comprobadas.

Además de los puntos mencionados arriba, Juan 19.36 al mismo tiempo identifica a Jesús con el hombre justo que sufre inocentemente en el Salmo 34: "Muchas son las aflicciones del justo, pero de todas ellas le librará Jehová. Él guarda todos sus huesos; ni uno de ellos será quebrantado" (Salmo 34.19-20).

Se debe recordar que el discípulo amado estaba presente al principio del ministerio de Jesús cuando Juan el Bautista profetizó que Jesús había venido como el verdadero cordero pascual para ser sacrificado por los pecados del mundo. Ahora, al final del ministerio de Jesús, el discípulo amado es el único de los discípulos de Jesús que ve cómo se cumplen tanto la profecía del Bautista como las del A.T. que tenían que ver con el sacrificio del Cordero de Dios que quita el pecado del mundo. Por haber estado presente, tanto cuando fue pronunciada la profecía, como cuando se cumplió, el discípulo amado se convierte en el testigo clave de los eventos más significativos de la historia de la salvación. Sin duda, ésta fue una de las razones principales por la cual el discípulo amado fue escogido para escribir el cuarto evangelio (Bauckham 1993.37). Por su participación en estos eventos, el discípulo amado es el testigo por excelencia de la glorificación de Jesús. En base a lo que experimentó tanto al lado del río Jordán como al pie de la cruz, el discípulo amado puede decir: "Lo que era desde el principio, lo que hemos oído, lo que hemos visto con nuestros ojos, lo que hemos contemplado, y palparon nuestras manos tocante al Verbo de vida... testificamos, y os anunciamos la vida eterna, la cual estaba con el Padre, y se nos manifestó... Estas cosas os escribimos, para que vuestro gozo sea cumplido" (1 Juan 1.1-4).

19.37: Y también otra Escritura dice: Mirarán al que traspasaron. Este pasaje que cita el evangelista al contemplar el significado de la muerte de Jesús y del agua y la sangre que fluyen de su costado, es Zacarías 12.10-11: "Y derramaré sobre la casa de David, y sobre los moradores de Jerusalén, espíritu de gracia y de oración; y mirarán a mí, a quien traspasaron, y llorarán como se llora por hijo unigénito, afligiéndose por él como quien se aflige por el primogénito. En aquel día habrá gran llanto en Jerusalén, como el llanto de Hadad-rimón en el valle de Meguido."

Este texto misterioso y difícil de interpretar habla de un inocente, y expresa que la muerte sacrificial y expiatoria de este inocente es lo que salva de la opresión del enemigo. Zacarías 11, habla acerca del nombramiento de dos líderes o pastores del pueblo escogido. Uno de ellos será un pastor inútil o anticristo, mientras el otro será el pastor-mesías que guiará al rebaño de Israel. Una lectura cuidadosa de Zacarías 12.9-13.1 nos indica que el hombre traspasado es el mismo pastor-mesías de quien habla el capítulo 11. El pastor-mesías es el que muere inocentemente, y los miembros del pueblo son los responsables de su asesinato (Cook 1993.456).

Por la misericordia de Jehová es que los miembros del pueblo reconocen su culpa y hacen lamentación por él. Puesto que emplea la fórmula "en aquel día", se sobrentiende que Zacarías está hablando de eventos que sucederán en los tiempos mesiánicos. La lamentación que hacen los habitantes de Jerusalén es como el llanto que se hace cuando muere el hijo único o el primogénito de la familia. La lamentación que harán por él será como la que se hizo por el buen rey Josías quien fue herido mortalmente por el faraón Necio en la batalla de Hadad-rimón, en el valle de Meguido. Josías también fue un rey justo que dio su vida por los pecados de su pueblo. Lo interesante del texto en Zacarías es el hecho de que el inocente que fue traspasado y muerto, es el que está hablando. Esto indica que el inocente que fue traspasado también fue resucitado de entre los muertos. Esta profecía de Zacarías, similar a las profecías acerca del siervo sufriente en Isaías, se cumplió cuando fue traspasado el costado de Jesús en Juan 19.37 y cuando el espíritu de arrepentimiento y de fe se derramó sobre la casa de Israel en Pentecostés (Heinish 1956.169-171).

Ya hemos notado que en el cuarto evangelio hay muchas referencias a los últimos capítulos de Zacarías. El capítulo 9 de Zacarías habla de la entrada de un rey humilde a Jerusalén, montado sobre un asno. Los capítulos 10 y 11 hablan de la muerte del rey pastor. Estos capítulos eran muy importantes para Juan por la manera en que ayudan a interpretar el significado de la vida y la muerte de Jesús. Es muy interesante el contexto de las palabras citadas aquí por Juan. El versículo en su forma completa declara: "Y derramaré sobre la casa de David, y sobre los moradores de Jerusalén, espíritu de gracia y de oración; y mirarán a mí, a quien traspasaron, y llorarán como se llora por hijo unigénito, afligiéndose por él como quien se aflige por el primogénito" (Zacarías 12.10). Algunos versículos más adelante el mismo profeta Zacarías profetiza diciendo: "En aquel tiempo habrá un manantial abierto para la casa de David y para los habitantes de Jerusalén, para la purificación del pecado y de la inmundicia" (Zacarías 13.1). A la luz de estas escrituras vemos que la contemplación del Cristo crucificado debe llevarnos al arrepentimiento y a la fe. Su muerte trae vida porque por su muerte nos viene una corriente de perdón y de purificación (la sangre) y una corriente del Espíritu Santo (el agua).

Habrá un doble cumplimiento de la profecía: "Mirarán al que traspasaron." El primer cumplimiento es cuando el Cristo resucitado aparece a María Magdalena y a Tomás en Juan 20. Ellos mirarán al resucitado y reconocerán en él al que había sido crucificado. Fe es reconocer que el Jesús que fue crucificado no es un hombre fracasado sino el exaltado y glorificado Hijo del Hombre. Los creyentes que nunca tuvieron la oportunidad de ver en persona al resucitado, verán y reconocerán que el crucificado es el Señor resucitado por medio de la predicación de la iglesia y el testimonio del cuarto evangelio. Juan ha escrito su evangelio para que nosotros también podamos ver al que fue traspasado y creamos en él. El segundo cumplimiento de la profecía ocurrirá al fin de los tiempos. Los que rehúsan la proclamación de la iglesia y se niegan a creer en el que fue traspasado, tendrán que contemplarlo cuando venga glorioso en su segunda venida. Con referencia a la misma profecía de Zacarías, el libro del Apocalipsis 1.7 declara: "He aquí que viene con la nubes, y todo ojo le verá, y los que le traspasaron; y todos los linajes de la tierra harán lamentación por él. Sí, amén" (Menken 1993.510).

19.38: Después de todo esto, José de Arimatea, que era discípulo de Jesús, pero secretamente por miedo de los judíos, rogó a Pilato que le permitiese llevarse el cuerpo de Jesús; y Pilato se lo concedió. Entonces vino, y se llevó el cuerpo de Jesús. Pilato había pedido a los judíos que juzgaran a Jesús según su ley (Juan 18.31). Según la ley de Moisés, toda persona que moría colgada en un madero era maldita (Deuteronomio 21.23). No se permitía que el cuerpo de una persona maldita pasara la noche sobre el madero. O se lo debía enterrar (Deuteronomio 21.23), o quemar (Josué 7.15,25). No se permitía enterrar en una tumba familiar a un criminal ejecutado, por temor a que los restos de los otros muertos en la tumba fueran contaminados por contacto con un cadáver considerado maldito (Beasley-Murray 1987.358). Martin cree que los sumo sacerdotes planeaban tomar el cuerpo de Jesús y quemarlo junto con la madera de la cruz que se contaminó por contacto con el criminal ejecutado. Según Martin, el cuerpo de Jesús no fue quemado gracias a la rápida intervención de José de Arimatea, quien después de pedir el cuerpo a Pilato lo enterró en una tumba nueva ubicada en el mismo jardín de Getsemaní (Martin 1988.248-249).

En Marcos 15.43 leemos que José de Arimatea era un miembro del sanedrín, y por lo tanto, residente de Jerusalén. Según la información que nos suministra Mateo 27.57, sabemos que José de Arimatea era rico y que "también había sido discípulo de Jesús." Lucas 23.50-51 nos dice que era "varón bueno y justo... que también esperaba el reino de Dios, y no había consentido en el acuerdo ni en los hechos de ellos."

19.39: También Nicodemo, el que antes había visitado a Jesús de noche, vino trayendo un compuesto de mirra y de áloes, como cien libras. Juan nos suministra un dato no mencionado en los otros evangelios. Nicodemo también participó en el entierro de Jesús. La mirra es una resina aromática que los egipcios usaban para embalsamar a sus muertos. Los judíos solían utilizarla en forma de polvo mezclada con áloes. Los áloes eran polvos fragantes preparados de la madera de sándalo. Debido a su sabor muy amargo (semejante a la quinina) algunos comentaristas opinan que el uso de áloes implicaba sufrimiento (Derrett 1992.88). El objeto de enterrar a Jesús con tantas especias era para combatir el mal olor de la putrefacción del cadáver. Cantares 4.14 es el único lugar en el A.T. donde mirra y áloes se hallan juntos. Según los rabinos, en Cantares 4.14 la novia sulamita, que representa a Israel, presenta mirra y áloes (tomados de su propio jardín) a su amante, Jehová, como un tributo de amor y de fidelidad.

Lo que nos llama la atención es la gran cantidad de especias utilizadas. Sabemos que José de Arimatea y Nicodemo eran hombres ricos y que tenían los recursos para costear un entierro tan costoso. Durante el ministerio público de Jesús, José de Arimatea y Nicodemo tuvieron miedo de confesarlo públicamente delante de los hombres. Sin duda, ésta es una de las razones por las que Nicodemo vino para visitar a Jesús de noche, en Juan 3. Pero ahora, cuando los propios discípulos de Jesús se esconden por miedo a los judíos, Nicodemo y José deciden hacer una llamativa proclamación de su fe en él. Jesús fue condenado y crucificado por ser rey de los Judíos. Ahora, José de Arimatea y Nicodemo le dan un entierro digno de un rey. La cantidad de especias ofrecidas por los dos discípulos secretos supera a lo que se acostumbraba utilizar en el entierro de un rey. Véase 2 Crónicas 16.13-14 que habla del entierro del rey Asa. Cuando murió el gran rabino Gamaliel, en el año 40 d.C., el prosélito Onkelos quemó ochenta libras de especias en su honor. Onkelos justificó el gasto de tantas especias con el argumento de que Gamaliel valía más que cien reyes. Al ofrecer tantas especias en el entierro de Jesús, Nicodemo y José de Arimatea estaban confesando a Jesús como rey de reyes y señor de señores.

Nicodemo, a quien llegamos a conocer por primera vez en Juan 3, era una persona con una fe incompleta. Era un miembro de la aristocracia de Jerusalén, es decir, la elite dominante que explotaba y oprimía al pueblo. En Mateo 19.16-30 tenemos la historia de otro hombre rico que dio su espalda a Jesús porque no estaba dispuesto a sacrificar sus riquezas por el reino de Dios. Pero Nicodemo y José de Arimatea muestran que su amor a Jesús y su reino es mayor que su amor a las riquezas. Sacrifican sus riquezas para glorificar y dar honor a Cristo rey. Nicodemo se ha graduado de su fe incompleta y parcial a la fe de un verdadero discípulo de Jesucristo. Esto no fue algo que Nicodemo logró por sí mismo, sino que es un milagro del Espíritu Santo. Jesús había profetizado: “Si fuere levantado de la tierra, a todos atraeré a mí mismo” (Juan 12.32). Ahora vemos que el amor de Jesús es tan grande que puede atraer a sí hasta a uno de los hombres más ricos del pueblo, hasta a un escriba y fariseo, hasta a un miembro de la elite que había marginado y explotado a los pobres. Si el amor de Jesús puede lograr ese milagro en la vida de Nicodemo, lo puede hacer también en la vida de otros que son como Nicodemo. Este texto es más que una anécdota histórica, es un llamado a todos los hijos espirituales de Nicodemo. Es un llamado a identificarse con Jesús y proclamarlo rey, así como hizo Nicodemo (Karris 1990.96-101).

Es interesante leer acerca de la gran provisión de especias para el entierro de Jesús por José de Arimatea y Nicodemo a la luz del relato del entierro de Sulla que encontramos en *La Vida de Sulla*, escrito por el último de los autores clásicos griegos, Plutarco de Queronea (46-120 d.C.). El general Lucio Cornelio Sulla (138-78 a.C.), uno de los muchos actores en las guerras civiles que marcaron los últimos años de la República Romana, había sido una vez dictador de Roma y era una persona con muchos enemigos políticos. Cuando Sulla murió, el cónsul Lépido quiso impedir que Sulla fuese traído a Roma y que tuviese un funeral digno de un distinguido ciudadano romano. Pero el famoso general Pompeyo, quien antes había tenido sus dificultades con Sulla, trajo el cadáver a Roma con grandes honores. Las mujeres de Roma contribuyeron 210 litros de especias para los actos fúnebres, hasta con incienso y canela fue confeccionada una figura grande de Sulla. De esa manera Sulla, como Jesús, recibió los honores dignos de un rey a pesar de las maquinaciones de sus enemigos (Plutarco 1958.111).

19.40: Tomaron, pues, el cuerpo de Jesús, y lo envolvieron en lienzos con especias aromáticas, según es costumbre sepultar entre los judíos. Las leyes judías no permitían que el cuerpo de un muerto fuese ungido durante el día de reposo. Recordemos que para los judíos el día de reposo comienza a las seis de la tarde el día viernes. No había tiempo para que las mujeres prepararan el cuerpo de Jesús antes de las seis. Lo que hicieron José de Arimatea y Nicodemo fue envolver el cuerpo de Cristo en lienzos y colocarlo en la tumba. La Mishná estipulaba que un cadáver que muere en el día de reposo debía pasar el día sábado colocado sobre arena a fin de contrarrestar el proceso de descomposición. En vez de poner el cuerpo de Jesús sobre arena, José y Nicodemo lo pusieron sobre la mezcla de mirra y áloes que estaba en forma de polvo (Robinson 1985.283). Así trataron de preservar el cuerpo del Señor hasta el domingo cuando vendrían las mujeres para terminar el trabajo de preparar el cadáver.

19.41-42: Y en el lugar donde había sido crucificado, había un huerto, y en el huerto un sepulcro nuevo, en el cual aún no había sido puesto ninguno. Allí, pues, por causa de la preparación de la pascua de los judíos, y porque aquel sepulcro estaba cerca, pusieron a Jesús. Aquí nuevamente Juan nos suministra datos históricos y geográficos que no están en los sinópticos. Jesús fue crucificado en un jardín, y que en ese jardín había un sepulcro nuevo. Ya hemos mencionado la teoría de Ernest Martin, según la cual el lugar de la crucifixión fue el jardín de Getsemaní, sobre el monte de los Olivos. Por eso, el mismo autor también cree que el jardín de Getsemaní fue el lugar del entierro de Jesús. Basándose en una cita del libro *Demonstrario Evangelica,* escrito por el historiador Eusebio de Cesarea en el año 303 d.C., Martin cree que el sitio de la crucifixión y entierro de Jesús fue el lugar escogido por los cristianos de Jerusalén como sede de la iglesia madre. En la obra citada, Eusebio menciona que venían cristianos de todo el mundo para adorar a Dios sobre el monte de los Olivos y para ver la cueva que está allí. Según Martin, la iglesia madre de los cristianos, sobre el monte de los Olivos, fue destruida durante la persecución de los cristianos por el emperador Diocleciano, en la primera década de siglo IV. Martin cree que el sitio de la crucifixión es el lugar que hoy en día está ocupado por un pequeño santuario musulmán sobre el monte de los Olivos. El sitio del entierro y de la resurrección de Cristo está debajo de una iglesia católica romana llamada la Iglesia Eleona que también está situada donde estaba el monte de los Olivos (Martín 1988.273).

Capítulo 20

El énfasis de las manifestaciones del Cristo resucitado a sus discípulos, en los capítulos 20 y 21 de Juan, es la restauración de relaciones rotas. Jesús viene a los suyos para fortalecerlos en el amor y en una fe que no podrá ser destruida por la persecución, el sufrimiento y la muerte. El Cristo resucitado ha venido a llamar a los suyos para que experimenten una resurrección en sus propias vidas. María Magdalena es llamada a resucitar de la tumba de la duda para ser testigo de la nueva vida en Jesús. Simón Pedro es llamado a resucitar del sepulcro de la culpa y la auto-recriminación para pastorear el rebaño del buen pastor. Tomás es llamado a levantarse de la duda para confesar delante de todo el mundo que Jesús es Señor y Dios. El discípulo amado es llamado a testificar por medio de sus escritos de las cosas que Jesús ha dicho y ha hecho (Newbigin 1982.261).

20.1-2: El primer día de la semana, María Magdalena fue de mañana, siendo aún oscuro, al sepulcro; y vio quitada la piedra del sepulcro. Entonces corrió, y fue a Simón Pedro y al otro discípulo, aquel al que amaba Jesús, y les dijo: Se han llevado del sepulcro al Señor, y no sabemos dónde le han puesto. Un buen detective sabe buscar una pista, encontrar la evidencia que necesita, interpretar la evidencia y sacar las conclusiones concretas. Muy de mañana María Magdalena viene buscando a Jesús y, al llegar a la tumba, descubre la primera evidencia de que algo extraordinario ha sucedido, la piedra está quitada del sepulcro. Pero no sabe interpretar esta evidencia porque ha olvidado las palabras del Señor. Le falta la fe. Está todavía en la oscuridad, no sólo físicamente sino también espiritualmente. María Magdalena, por su falta de fe, interpreta mal la evidencia y, sin entrar en la tumba para verificarla, llega a la conclusión de que los ladrones se llevaron el cuerpo de Jesús. Horrorizada corre para dar la noticia a Pedro y al discípulo amado.

Mateo, Marcos y Lucas nos informan que María Magdalena no vino sola al sepulcro, sino acompañada de María, la madre de Jacobo, Salomé y posiblemente otras mujeres más. Por razones que desconocemos Juan no menciona las otras mujeres. Pero Juan sabía que María Magdalena no fue la única mujer que llegó al sepulcro vacío. Sabemos esto por el verbo en primera persona plural que usa en el versículo 2: "Y no sabemos dónde le han puesto." Puede ser que el evangelista, para agregar más drama al episodio, se concentra en la reacción de María ante el Cristo resucitado. Juan 20 es uno de los capítulos más dramáticos y emotivos de toda la Biblia. Encontramos a los actores principales de este capítulo experimentando fuertes emociones. María Magdalena está presa en su dolor, los discípulos detrás de puertas cerradas están presos de temor. Tomás está preso en su duda. Al encontrarse con el Cristo resucitado, los actores del drama experimentan una gran liberación y transformación. María Magdalena es librada de su dolor y se convierte en el primer testigo de la resurrección. El temor de los discípulos se convierte en gozo y la duda de Tomás en fe.

20.3-5: Y salieron Pedro y el otro discípulo, y fueron al sepulcro. Corrían los dos juntos; pero el otro discípulo corrió más aprisa que Pedro, y llegó primero al sepulcro. Y bajándose a mirar, vio los lienzos puestos allí, pero no entró. Pedro y el discípulo amado van corriendo al sepulcro. El discípulo amado llega primero pero no entra. La entrada a la tumba no es muy alta. Hay que agacharse para entrar o para mirar adentro. Desde afuera el discípulo amado puede mirar dentro del sepulcro y ver la segunda evidencia de la resurrección de Jesús: los lienzos usados para envolver el cuerpo están allí. De inmediato sabe que lo que ha pasado en la tumba no pudo haber sido la acción de ladrones. Ellos se hubieran llevado los costosos lienzos que usaron José de Arimatea y Nicodemo. Hubieran dejado el cuerpo y llevado los lienzos y los perfumes, y no viceversa. Los ladrones hubieran dejado todo desordenado, pero dentro de la tumba todo está en orden. Los lienzos están allí, no por un descuido de los ladrones, sino porque el Señor resucitado no necesita más las mortajas de la tumba.

20.6-7: Luego llegó Simón Pedro tras él, y entró en el sepulcro, y vio los lienzos puestos allí, y el sudario, que había estado sobre la cabeza de Jesús, no puesto con los lienzos, sino enrollado en un lugar aparte. Mientras el discípulo amado queda contemplando la señal de los lienzos, viene Pedro tras él y, entrando en el sepulcro, también descubre la segunda evidencia. Pero aunque Pedro la ve, todavía no cree. Pedro, igual que María Magdalena no sabe interpretar la evidencia. Entonces Pedro descubre la tercera evidencia de la resurrección de Jesús: el sudario, que había estado sobre la cabeza de Jesús, no puesto con los lienzos, sino enrollado en un lugar aparte. A pesar de ver esta tercera evidencia Pedro todavía no cree.

La palabra sudario es un término que viene del latín y se refiere a un paño utilizado para quitar el sudor de la cara o para tapar la cara de un muerto. Aunque la palabra sudario no se halla en la Septuaginta, se usa en los Tárgum para designar el velo con el cual Moisés se tapaba el rostro en Éxodo 34.33-35. El hecho de que el sudario se encuentra enrollado aparte de los lienzos indica que el cuerpo de Jesús no fue llevado por personas desconocidas sino que el Señor mismo lo enrolló, es decir, Jesús participó activamente en su propia resurrección. No fue totalmente pasivo en su resurrección, como en el caso de la resurrección de Lázaro (Howard-Brook 1994.444).

20.8: Entonces entró también el otro discípulo, que había venido primero al sepulcro; y vio, y creyó. El discípulo amado, en cambio, entra en la tumba detrás de Pedro, ve la señal del sudario e interpreta correctamente la evidencia. Cuando Lázaro salió de la tumba no pudo quitarse los lienzos y el sudario; otros tuvieron que ayudarle. Jesús, en cambio, no necesitaba ayuda; Jesús, con el poder que el Padre le dio, pudo resucitarse a sí mismo, quitarse los lienzos, o pasar por medio de ellos y después quitarse el sudario y enrollarlo (Byrne 1985.88). Las evidencias indican que nadie se ha llevado el cuerpo de Jesús. El Señor ha resucitado de entre los muertos. Las evidencias le hacen recordar al discípulo amado las palabras proféticas de Jesús en la fiesta de la dedicación: "Yo pongo mi vida, para volverla a tomar. Nadie me la quita, sino que yo de mí mismo la pongo. Tengo poder para ponerla, y tengo poder para volverla a tomar" (Juan 10.17-18). El Señor no solamente fue resucitado, él mismo se levantó de la tumba. No solamente recibió la vida por medio del Espíritu, él mismo echó mano a la vida. De esta manera Jesús comprueba que nunca dejó de ser Hijo de Dios, y de que fue realmente Dios quien sufrió en la cruz y se hizo esclavo del dolor y de la muerte. Si fue Dios mismo quien murió y resucitó por nosotros, entonces podemos regocijarnos y alegrarnos porque hemos sido salvados de verdad.

Como los discípulos que vieron la primera señal en Caná de Galilea y creyeron, así el discípulo amado ve las evidencias que Dios ha provisto y cree en la resurrección del Señor (Matera 1989.403). El discípulo amado aún no ha visto al Señor resucitado, sin embargo, en base al testimonio de las señales, y recordando las palabras de Jesús, cree.

Al final del capítulo 20 vemos cómo Tomás cree en Jesús como su Señor y su Dios después de haber visto y tocado al Cristo resucitado. Jesús, regocijándose en la fe de Tomás, dice: "Porque me has visto, Tomás, creíste; bienaventurados los que no vieron, y creyeron" (Juan 20.29). El discípulo amado es el primero entre los seguidores de Jesús en creer sin ver al Cristo resucitado. Nosotros tampoco hemos visto al Cristo resucitado, pero, como el discípulo amado, podemos llegar a tener fe en base a las palabras de Jesús y al testimonio acerca de las señales escrito en el cuarto evangelio. En este evangelio el discípulo amado nos sirve como un modelo de fe. Por medio de este texto el Espíritu Santo también nos llama a nosotros a aceptar las evidencias que Dios nos da para asegurarnos de que Jesús vive.

Entre estas evidencias de la resurrección de Jesús se pueden mencionar: el testimonio de los mártires cristianos a través de los siglos, las vidas transformadas de miles de seguidores de Jesús, el ministerio de la iglesia en pro de los pobres y oprimidos, y el espíritu de esperanza en medio de grandes dificultades que ha caracterizado la vida de tantos cristianos (Matera 1989.403-404). A estas evidencias podríamos añadir las experiencias personales de la misericordia de Dios que hemos tenido en nuestras propias vidas. Nosotros no podemos ver al Cristo resucitado con nuestros ojos físicos, como María Magdalena y Tomás, pero podemos creer en él a base de las señales escritas en el cuarto evangelio. También podemos recibir la bendición que Jesús da al final del capítulo: "Bienaventurados los que no vieron, y creyeron." Nosotros también podemos gozar de la presencia del Cristo resucitado en nuestras vidas, aquí en este mundo, por medio de nuestra participación en la celebración de la Eucaristía y la proclamación de su Palabra (Byrne 1985.93-94).

20.9-10: Porque aún no habían entendido la Escritura, que era necesario que él resucitase de los muertos. Y volvieron los discípulos a los suyos. Ni Pedro ni el discípulo amado habían entendido que la resurrección de Jesús había sido profetizada en el A.T. y que por eso Cristo tenía que resucitar de entre los muertos. Como en el caso de los dos discípulos de Emaús, en Lucas 24.13-35, era necesario que Jesús les declarara todo lo que estaba escrito en Moisés, los profetas y los salmos acerca de su muerte y su resurrección. Cuando les fueron abiertos los ojos para entender las profecías del A.T., también les fueron abiertos los ojos para ver que Cristo estaba con ellos en el partir del pan. En base a su experiencia, Pedro y el discípulo amado pueden servir como testigos de la tumba vacía. Según Deuteronomio 19.15 se necesitaban dos o tres testigos para decidir una causa ante un tribunal judío. En los procedimientos jurídicos judíos las mujeres no podían servir de testigos, sólo los hombres.

Jesús se aparece a María Magdalena, Juan 20.11-18

20.11: Pero María estaba fuera llorando junto al sepulcro; y mientras lloraba, se inclinó para mirar dentro del sepulcro; y vio a dos ángeles. Todos los relatos de la resurrección comienzan con lágrimas, ceguera y temor. Cuando Jesús entró a Jerusalén el Domingo de Ramos, fue recibido con gran alegría, pero cuando apareció resucitado de la tumba, sólo encontró desolación, lamento e incredulidad. Nosotros, los discípulos del Señor, somos tan contradictorios. Nos regocijamos cuando debiéramos llorar, y nos llenamos de terror y tristeza cuando nuestros corazones debieran estar saltando de alegría (Schlink 1958.53).

Aparentemente María Magdalena había seguido a Pedro y al discípulo amado cuando regresaron a la tumba. Pero al llegar María, los discípulos ya se habían ido. El discípulo amado no se quedó para compartir su fe con María y por eso ella se queda afuera lamentando. Tan intensa era la tristeza de María Magdalena que, igual que Pedro, no hace caso a las evidencias que proclaman que Jesús vive. También en nuestras vidas hay momentos cuando la tristeza nos ciega a la realidad. Creemos que Dios está muerto o muy lejos de nosotros cuando en realidad está muy cerca de nosotros. Mientras María llora se da cuenta de la presencia de dos ángeles que han sido enviados como una evidencia más de la resurrección de Jesús. El Padre ha enviado a estos mensajeros para asegurar a los seguidores del Señor que Dios es el responsable de la desaparición de Jesús y no algunos ladrones. Pero en lugar de aceptar con fe esa evidencia, María lamenta: "Se han llevado a mi Señor, y no sé donde le han puesto."

Los lamentos de María Magdalena son provocados por la desaparición del cuerpo de Cristo. Tal vez ella cree que el cuerpo de Jesús ha caído en manos de sus enemigos, los cuales son capaces de mutilarlo y abusar aún más de él. Como nos revela la historia de la mutilación y exhibición de los cadáveres de Saúl y sus hijos (1 Samuel 31.9-13), el ultraje de los cuerpos de fallecidos era considerado una de las atrocidades más infames y temidas.

20.12-13: Y vio a dos ángeles con vestiduras blancas, que estaban sentados el uno a la cabecera, y el otro a los pies, donde el cuerpo de Jesús había sido puesto. Y le dijeron: Mujer, ¿por qué lloras? Les dijo: Porque se han llevado a mi Señor, y no sé dónde le han puesto. Las palabras de los ángeles realmente no son una pregunta sino un suave reproche. Lo que están diciendo es: Tú no debes estar llorando, María; debes fijarte en las evidencias de la resurrección y recordar las palabras de Jesús; debes meditar en el significado de las profecías del A.T., creer y regocijarte (Carson 1991.641). En Lucas 24.5 los ángeles preguntan: "¿Por qué buscáis entre los muertos al que vive?"

Las palabras de María Magdalena indican que ella creía que los ladrones se habían llevado el cuerpo de Jesús. En los tiempos cuando fue escrito el N.T. era muy frecuente que las tumbas fueran violadas por ladrones. Para frenar esta práctica, el emperador Claudio, que reinó entre 41 y 52 d.C., decretó que el robo de tumbas era una ofensa capital (Carson 1991.636). Una copia de este decreto se encontró en Nazaret. Las palabras de María Magdalena también indican que ella tampoco había entendido las profecías del A.T. que hablaban de la necesidad de la muerte expiatoria y vicaria de Cristo y de su resurrección.

20.14-15: Cuando había dicho esto, se volvió, y vio a Jesús que estaba allí; mas no sabía que era Jesús. Jesús le dijo: Mujer, ¿por qué lloras? ¿A quién buscas? Ella, pensando que era el hortelano, le dijo: Señor, si tú lo has llevado, dime dónde lo has puesto, y yo lo llevaré. De repente, se le aparece a María la suprema evidencia de la resurrección, el Cristo resucitado en persona. Jesús le pregunta: "Mujer, ¿por qué lloras?" ¡Qué ironía! María está parada frente al Cristo vivo y llora por un Cristo muerto. Sin darse cuenta de lo que está pasando, María pide información a Jesús en cuanto al lugar donde está su cadáver. El problema de María Magdalena y de Pedro es que no pueden entender las señales de Jesús y reconocer que él está con ellos, porque se han olvidado de sus palabras. Los dos discípulos en el camino a Emaús tampoco lo reconocieron porque estaba *en otra forma*, ἐν ἑτέρᾳ μορφῇ (Marcos 16.12; Lucas 24.16). San Pablo nos enseña en 1 Corintios 15.35-50 que los que resucitan de entre los muertos resucitan con cuerpos transformados, gloriosos, sin defectos ni debilidades.

Los fariseos, en cambio, enseñaban que los resucitados saldrían de las tumbas con cuerpos exactamente iguales a los que tenían antes de morir. Según los rabinos, el tuerto resucitaría tuerto y el rengo seguiría siendo rengo en la vida futura. El N.T., en cambio, declara que lo que se siembra en deshonra, resucitará en gloria y lo que se siembra en corrupción, resucitará en incorrupción. Los cuerpos que tendremos en la resurrección serán semejantes al cuerpo glorioso que tuvo Jesús cuando resucitó. No seremos más como el primer Adán, sino como el postrero, el Cristo resucitado. Puesto que el cuerpo de Jesús se había transformado, María no lo reconoció al principio.

Aun conversando con el Cristo resucitado, María Magdalena sigue sin creer. Confundiendo al Señor vivo con el hortelano, sigue buscando al Cristo muerto. Ella quiere que le sea entregado el cuerpo del Jesús muerto, para llevarlo y darle un entierro digno de un gran maestro y profeta. El hecho de que María Magdalena pueda ofrecer tal cosa, indica que era una mujer de cierta importancia y que gozaba de los recursos económicos suficientes para realizar su propósito.

La primera referencia a María Magdalena en los evangelios la tenemos en Lucas 8.2-3: "Aconteció después, que Jesús iba por todas las ciudades (de Galilea)... y algunas mujeres que habían sido sanadas de espíritus malos y de enfermedades: María, que se llamaba Magdalena, de la que habían salido siete demonios, Juana, mujer de Chuza intendente de Herodes, y Susana, y otras muchas que le servían de sus bienes." Lucas también indica que María Magdalena era una mujer con recursos económicos suficientes como para ayudar materialmente a Jesús y a sus discípulos. Se llama María Magdalena porque proviene de Magdala, un pueblo en la región de Genesaret, ubicado a orillas del lago de Galilea, al sur de Capernaum. Aunque muchas personas siguen identificando a María Magdalena con la mujer pecadora mencionada en Lucas 7.36-50, tal identificación carece de apoyo bíblico. Jesús no hubiera aceptado dinero ganado por una prostituta para costear su ministerio. Sin embargo, hay una conexión entre la historia de la mujer pecadora y la de María Magdalena. Ambas amaban a Jesús y buscaban mostrar su amor y gratitud hacia él con acciones concretas.

Puede ser que el evangelista mencione aquí al hortelano para contrarrestar la opinión diseminada por los judíos, y mencionada en varios escritos rabínicos, que el cuerpo de Jesús había sido escondido por el hortelano y por eso nunca fue encontrado.

Es interesante notar que la pregunta que Jesús hace a María no es como la que le hizo a los primeros discípulos en Juan 1.38: "¿Qué buscáis?", sino "¿A quién buscas?" María está buscando a Jesús por lo que es, no por lo que representa, presenta o simboliza (Kitzberger 1995.582). Así es como el verdadero discípulo del Señor debe buscar a Jesús.

20.16: Jesús le dijo: ¡María! Volviéndose ella, le dijo: ¡Raboni! (que quiere decir, Maestro). María Magdalena llegó a reconocer la presencia del resucitado cuando la llamó por su nombre. "Jesús le dijo: ¡María! Volviéndose ella, le dijo:

¡Raboni!" El buen pastor conoce a sus ovejas y las llama por su nombre. María Magdalena, una oveja perdida en su tristeza y desesperación, reconoce la voz de su buen pastor. Reconoce a Jesús, no por las muchas evidencias, sino por la palabra de Jesús. Todavía hoy en día muchas personas llegan a creer en el Señor, no tanto por las muchas valiosas evidencias históricas de la resurrección, sino porque han escuchado a Jesús llamándolos por medio de su Palabra.

A la voz de Jesús renace la fe en el corazón de María. La palabra de Jesús fue la que le abrió los ojos para que entendiera el significado de las señales. Lo mismo sucedió con los dos discípulos de Emaús. Cuando Jesús habló con ellos en el camino, explicándoles las Escrituras, sus ojos fueron abiertos para entender que la muerte de Jesús no había sido un accidente, sino parte del plan de Dios para la salvación del mundo. Cuando sus ojos fueron abiertos para entender el significado de las Escrituras, fueron también abiertos para reconocer la presencia del Cristo resucitado en su medio. Lo mismo sucede con nosotros. Cuando nosotros, como los discípulos de Emaús, partimos el pan de la Eucaristía, el Espíritu Santo nos recuerda las palabras de Jesús y abre nuestros ojos de la fe para reconocer que tampoco estamos solos y abandonados en este mundo. El Cristo resucitado también está presente con nosotros. El día de la Pascua marca, no sólo la resurrección de Jesús, sino también la resurrección de María que sale de la tumba de la duda, la amargura y la angustia. Cuando escuchamos la voz del resucitado que nos es proclamada en el santo evangelio y en los santos sacramentos, resucitamos a una esperanza viva.

En el encuentro entre Jesús y María Magdalena en el jardín se cumplen las palabras proféticas de Jesús en Juan 16.16,20: "Todavía un poco, y no me veréis; y de nuevo un poco, y me veréis; porque yo voy al Padre... De cierto, de cierto os digo, que vosotros lloraréis y lamentaréis, y el mundo se alegrará; pero aunque vosotros estéis tristes, vuestra tristeza se convertirá en gozo." En opinión del intérprete británico J. Duncan Derrett, se cumple en este relato la búsqueda iniciada por la novia del libro de Cantares por su amante perdido. Derrett cree que es significativo que la historia de la pasión comience y termine en un jardín, el de Getsemaní, y el de José de Arimatea. La acción en el libro de Cantares también se lleva a cabo en un jardín donde la novia, que representa a Israel, busca a su amante quien, según los rabinos, representa al mismo Jehová. En el huerto de José, María Magdalena, que representa al nuevo Israel, la iglesia, se encuentra con aquel que es el gran *Yo soy*.

El hecho de que el evangelista da a sus lectores una traducción de la palabra aramea raboni, una de las formas de la palabra rabí, que se halla con frecuencia en los Tárgum, es otra evidencia de que muchos de los receptores del cuarto evangelio no eran de Palestina. O eran gentiles, o judíos helenistas, cuyas familias habían vivido por mucho tiempo fuera de Palestina, en las ciudades de la diáspora. Ni el famoso filósofo judío, Filón de Alejandría, sabía hablar hebreo.

20.17: Jesús le dijo: No me toques, porque aún no he subido a mi Padre; mas vé a mis hermanos, y diles: Subo a mi Padre y a vuestro Padre, a mi Dios y a vuestro Dios. María Magdalena, que había perdido a Jesús una vez, no lo quiere perder otra vez. Sigue conversando con Jesús para impedir que se vaya. Como la novia en el Cantar de los Cantares, María no quiere dejar al que amaba su alma. "Hallé luego al que ama mi alma; lo así, y no lo dejé, hasta que lo metí en casa de mi madre, y en la cámara de la que me dio a luz" (Cantares 3.4). María no se dio cuenta del cambio que ocurrió en Jesús. Cree que lo que ha ocurrido es simplemente una reanimación de un muerto, como en el caso de Lázaro. No se da cuenta que Jesús no ha sido reanimado, sino glorificado.

Al decirle: "No me retengas", Jesús le está diciendo: María, no te voy a dejar sola nunca más. Estaré presente contigo en todo momento para ser tu buen pastor, para cuidarte, protegerte y llevarte a los delicados pastos, y aún por el valle de la sombra de la muerte. Pero no voy a estar contigo de una manera física como antes, sino a través del Espíritu Santo, al cual enviaré a ti y a todos los demás discípulos. Si no subo a mi Padre, el Consolador no podrá venir. Si me quedo aquí contigo, amarrado a un solo lugar sobre la superficie de la tierra, no podré estar al mismo tiempo con otras de mis ovejas en otros lugares. Pero si subo a mi Padre, podré estar con todas mis ovejas, en todas partes del mundo y por todos los tiempos. Por eso estoy apurado, estoy apurándome para ocupar el trono a la diestra de mi Padre y ser señor y rey sobre todo lo que existe. Estoy apurado para derramar mi Espíritu sobre todos, para estar presente no sólo contigo, sino con todos.

La resurrección de Jesús significa que él vuelve al Padre. Jesús está presente con María Magdalena y con todos nosotros hoy, precisamente porque ha vuelto al Padre. El Señor está presente en su iglesia hoy como el señor de la vida, no a pesar de su ausencia física, sino precisamente a causa de ella (Matera 1989.406; Minear 1976.135). En esta perícopa María Magdalena ha desempeñado el papel de aquellos creyentes y lectores del cuarto evangelio que no han entendido la resurrección de Jesús como una glorificación y el preludio de una nueva manera de relacionarse con los suyos. Todavía hoy en día hay personas que lamentan la partida del Señor a la diestra de Dios. Son las personas que dicen: "¡Ojalá pudiera tener una relación física y humana con Jesús como tenían los doce discípulos y María Magdalena con él!" La relación que Jesús tiene con nosotros hoy en día es muy íntima, pero no tan directa como la que tuvo con los doce.

Según Léon Dufour, la razón principal por la que Jesús le dice a María: "No me toques", no me sigas aguantando los pies, es porque tiene una misión para confiar a María: llevar el mensaje de la resurrección a sus discípulos. No hay tiempo que perder, hay que cumplir con la tarea misionera (Léon Dufour 1973.249).

Aquí, por primera vez en el evangelio de Juan, Jesús se refiere a su Padre como "vuestro Padre. " Jesús puede hablar de Dios como el Padre de nosotros precisamente porque se sacrificó por nosotros en la cruz para reconciliarnos con él. Porque Jesús dio su vida por nosotros, podemos llamar a Dios Padre nuestro. Porque el Hijo fue crucificado, podemos ser llamados hijos. A partir de ese momento, los discípulos se convierten en hermanos de Jesús (Léon Dufour 1973.249). Los que son hijos de Dios serán resucitados, así como fue resucitado el Hijo de Dios. El Padre que no dejó a su Hijo en el sepulcro, tampoco nos dejará en la tumba a nosotros, los que hemos llegado a ser hijos por lo que hizo por nosotros nuestro hermano Jesús (Schlink 1958.58).

20.18: Fue entonces María Magdalena para dar a los discípulos las nuevas de que había visto al Señor, y que él le había dicho estas cosas. La primera persona escogida por el Cristo resucitado para anunciar al mundo el evangelio de la resurrección es una mujer. La Mishná declara que el testimonio de una mujer no es válido ante un tribunal. Pero Jesús no comparte los conceptos machistas de los fariseos acerca de las mujeres. Jesús reconoce que las mujeres son tan capaces como los hombres para entender la palabra de Dios. En el capítulo 4 la mujer samaritana anuncia a su pueblo que Jesús es el mesías. En el capítulo 12 María de Betania fue el único discípulo de Jesús que entendió que Jesús había llegado a Jerusalén para ofrecerse como un sacrificio expiatorio por los pecados del mundo. En Juan 11.27 Marta dio una confesión de fe tan completa como la famosa declaración de Pedro en Mateo 16.16. Y aquí, en Juan 20, vemos cómo una mujer, una vez poseída por siete demonios, se convierte en la primera evangelista de la resurrección. Ella es enviada para llevar el gozo y la alegría de la resurrección a los discípulos que todavía están encerrados en su temor, su incredulidad y su duda. Lutero comenta que María Magdalena se convirtió en la maestra y profesora de los apóstoles (Schlink 1958.60). Su tarea no es sólo dar testimonio de la resurrección, sino también confirmar a la comunidad de los fieles que el Cristo resucitado sigue presente con los suyos a través de su Espíritu (Lee 1995.44). Raymond E. Brown cree que la importancia que se da en el evangelio según San Juan al papel de las mujeres en la proclamación de la Palabra, indica que en las comunidades para las cuales fue escrito el cuarto evangelio, las mujeres servían como evangelistas y profetizas.

Nota litúrgica: Juan 20.1-18 es el santo evangelio para la Pascua de Resurrección en el nuevo leccionario de tres años en *¡Cantad al Señor!* Se utiliza como evangelio tanto en el año A como en los años B y C. Juan 20.1-2,11-18 es también el evangelio para el día de Santa María Magdalena, que se celebra el 22 de julio.

En el leccionario de cuatro años del grupo litúrgico interconfesional de Gran Bretaña Juan 20.1-18 es el santo evangelio para del domingo de la Resurrección II en los años A, B, C y D.

Jesús se aparece a los discípulos, Juan 20.19-23

20.19: Cuando llegó la noche de aquel mismo día, el primero de la semana, estando las puertas cerradas en el lugar donde los discípulos estaban reunidos por miedo de los judíos, vino Jesús, y puesto en medio, les dijo: Paz a vosotros. Temiendo una persecución por parte de los mismos que habían entregado a Jesús, los discípulos se reunieron el domingo por la noche detrás de puertas cerradas. Estaban presentes diez de los doce. Judas y Tomás estaban ausentes. De repente se aparece Jesús en medio de ellos y les imparte su bendición de paz. El cuerpo glorificado de Jesús es capaz de pasar a través de puertas y ventanas cerradas, no está sujeto a las limitaciones de nuestros cuerpos no glorificados. Su cuerpo glorificado no está limitado a un solo lugar; puede estar presente en cualquier parte del universo. Por eso creemos que Cristo puede venir y estar corporalmente presente con nosotros en nuestras celebraciones de la Santa Cena. Si Cristo puede pasar a través de puertas cerradas para estar en medio de los discípulos, también puede pasar a través de todos los obstáculos para estar presente en medio de nuestras reuniones y de nuestros corazones.

Según Newbigin, la referencia a aquel mismo día, al principio del versículo 19, ha sido hecha para avisar al lector de la venida y del cumplimiento de aquel día que Jesús había profetizado en Juan 14.20 (1982.267): "En aquel día vosotros conoceréis que yo estoy en mi Padre, y vosotros en mí, y yo en vosotros."

Jesús no viene para reconvenir o condenar a los discípulos por su falta de fe, sino para traerles su perdón y su paz. Sus primeras palabras son una bendición de paz. Jesús había prometido darles su bendición de paz en 14.27 y 16.33. Esa promesa de Jesús ahora llega a ser realidad. La paz que trae Jesús es la misma paz de la que habla Pablo en Filipenses 4.7, la paz "que sobrepasa todo entendimiento." Para los incrédulos, la paz consiste en la ausencia de enemigos, amenazas y peligros. Puede haber paz cuando todos los enemigos se marchan y lo dejan tranquilo a uno. Pero Cristo nos ofrece una paz que podemos gozar aunque estemos rodeados de enemigos. Los judíos que persiguieron a Jesús todavía constituían una amenaza para los discípulos, pero a pesar del peligro de la persecución y de la muerte Jesús les dice: "Paz a vosotros." David cantaba de esa misma paz cuando dijo: "Aderezas mesa delante de mí en presencia de mis angustiadores." La paz que da Cristo consiste en el perdón de los pecados, en el hecho de que el Padre nos ha declarado sin culpa en base al sacrificio ofrecido por Jesús en la cruz. "Justificados, pues, por la fe, tenemos paz para con Dios por medio de nuestro Señor Jesucristo" (Romanos 5.1). Los peligros, persecuciones, amenazas y muerte no significan que la ira de Dios descansa sobre nosotros y que hemos sido abandonados por el Padre. ¡Todo lo contrario! Puesto que Jesús nos ha dado su paz, sabemos que nada ni nadie puede separarnos del amor de Dios y de su reino (Lenker 1988.II.357-358). Los primeros receptores del evangelio de Juan necesitaban la seguridad de la presencia de Cristo entre ellos, en medio de los peligros y las persecuciones, porque en muchas partes de Asia Menor los seguidores de Jesús tenían que sufrir calumnias, persecuciones y martirio por su causa (Apocalipsis 2 y 3).

Para recibir la bendición de paz de Jesús no es suficiente sólo creer que Cristo resucitó de entre los muertos. Esto sólo no produce ni paz, ni gozo, ni poder, ni autoridad. Hay que creer que Jesucristo resucitó por nosotros, en beneficio nuestro, y hay que apropiarse de su resurrección por medio de la fe (Lenker 1988.II.354).

20.20: Y cuando les hubo dicho esto, les mostró las manos y el costado. Y los discípulos se regocijaron viendo al Señor. Según Lutero, Jesús muestra a los discípulos sus manos y su costado para indicarles de dónde viene la paz que les ha impartido. Al enseñarles sus manos, pies y costado, Jesús les indica que fue crucificado por nosotros y que derramó su sangre para nuestra reconciliación, para así salvarnos del pecado y de la ira de Dios (Lenker 1988.II.382). Al mismo tiempo, el Señor comprueba así que el que ha resucitado no es otra persona, o un fantasma, o un espíritu, sino el mismo que había sido clavado en la cruz.

Puesto que el Señor resucitado y el Jesús crucificado son uno mismo, puede otorgarnos su bendición de paz. Jesús es el único que puede dar la paz "que sobrepasa todo entendimiento" porque es el único que fue crucificado por nosotros. Jesús puede darnos su paz porque de su costado brotó el espíritu, o sea, el río de agua viva, destinado a regar la tierra seca y dura de nuestros corazones.

El énfasis en la realidad de la resurrección corporal de Jesús, en el evangelio de Juan, es para contrarrestar las ideas de los docetistas que afirmaban que el cuerpo humano de Jesús, siendo material, era demasiado impuro para merecer una resurrección. Jesús también muestra a los discípulos sus manos y sus pies para asegurarles que él no es un duende, un fantasma, un ángel o un espíritu, sino el mismo Jesús que habían conocido antes. Ha resucitado en cuerpo y en espíritu.

Entre los fariseos y judíos que vivían en el tiempo del N.T. existía la creencia de que algunas personas especialmente justas se convertían en ángeles después de su muerte, y pasaban en forma angelical el tiempo entre el día de su muerte y el de la resurrección general de todos los muertos (1 Enoc 39.5; 54.1-2). Hablando en defensa de Pablo, los fariseos, en Hechos 23.9, dicen: "Ningún mal hallamos en este hombre; que si un espíritu le ha hablado, o un ángel, no resistamos a Dios." En opinión de los fariseos, lo que vio Saulo de Tarso en el camino a Damasco, pudo haber sido el ángel de Jesús, quien después de su muerte se convirtió en ángel (Daube 1990.495). El énfasis en la resurrección corporal de Jesús en Juan 20 subraya el hecho de que, lo que experimentaron los discípulos detrás de las puertas cerradas, era una manifestación del *Logos* resucitado y no el ángel de un muerto que todavía está esperando el día de su resurrección.

Jesús muestra sus manos a los suyos. En Juan 3.35 y 13.3 aprendimos que el Padre ama al Hijo, y todas las cosas ha entregado en su mano. En Juan 10.29 el buen pastor, hablando de sus ovejas, dijo: "Y nadie las puede arrebatar de la mano del Padre." Ahora Jesús muestra a los discípulos que sus manos estarán siempre con ellos para protegerlos de las amenazas del mundo y para compartir con ellos la autoridad, la paz y todas las otras cosas que el Padre ha puesto en sus manos (Howard-Brook 1994.457).

Tanto en hebreo como en griego la palabra mano incluía también la muñeca. Mencionamos esto porque, con toda probabilidad, las marcas de los clavos estaban en las muñecas de Jesús y no en las palmas de las manos, ya que éstas eran demasiado débiles para aguantar el peso de una persona crucificada. Por eso los romanos solían clavar los clavos en las muñecas de los reos crucificados (Beasley-Murray 1987.366).

20.21: Entonces Jesús les dijo otra vez: Paz a vosotros. Como me envió el Padre, así también yo os envío. En cada uno de los cuatro evangelios y en Hechos encontramos la gran comisión que el Cristo resucitado ha dado a su iglesia aquí en la tierra. Aunque en cada evangelio esta gran comisión asume una forma diferente, el contenido es el mismo (Mateo 28.19-20; Marcos 16.15-18; Lucas 24.45-49; Hechos 1.8). Las diferentes formas de la gran comisión se complementan y deben ser estudiadas juntas para enriquecerlas mutuamente. En Juan 20.23 tenemos la forma joánica de la gran comisión, o sea, el Oficio de las Llaves.

Jesús fue enviado al mundo como misionero y representante del Padre. Pero el Hijo no fue enviado al mundo como uno de los príncipes de los gentiles que buscan ser servidos, señorear sobre otros y buscar para sí privilegios muy especiales. El Hijo fue enviado para servir, para sacrificarse por los demás, para tomar la forma de un esclavo y para lavar los pies de los más humildes y necesitados. El Hijo fue enviado para comunicar al mundo el amor, la paz y la reconciliación del Padre. Así como el Padre envió a su Hijo como su representante, el Hijo ahora nos envía a nosotros, quienes por medio de la fe en él hemos llegado a ser designados hijos de Dios. La autoridad que Jesús da a los discípulos aquí es la autoridad de comunicar la palabra de Dios y su perdón; no es una autoridad para constituirse en pastores que oprimen, explotan y se aprovechan de las ovejas. Las palabras de este texto autorizan a los discípulos a llevar a cabo la tarea misionera de la iglesia, pero no para vender indulgencias, emprender cruzadas o justificar las conquistas, saqueos y encomiendas de los que han actuado para hurtar, matar y destruir las ovejas.

Antes de su glorificación Jesús desempeñó el papel del enviado, pero a partir de la resurrección el enviado llega a ser el que envía. Los enviados ahora son los discípulos, quienes son enviados al mundo como Jesús fue enviado al mundo por el Padre. De Jesús pueden aprender lo que significa ser un enviado. Ser un enviado del

Padre y del Hijo significa las siguientes acciones y actitudes (Köstenberger 1995.449):

a. Dar honra y gloria al enviador, Juan 5.23; 7.18.
b. Hacer la voluntad y las obras del enviador, Juan 4.34; 5.30-38; 6.38-39; 9.4.
c. Proclamar las palabras del enviador, Juan 3.34; 7.16; 12.49; 14.10,24.
d. Rendir cuentas al enviador, Juan 17.
e. Dar testimonio a favor del enviador, Juan 5.36; 7.28-8.26.
f. Actuar como representante del enviador, Juan 12.44-45; 13.20; 15.18-25).
g. Ejercer la autoridad que el enviador le ha delegado, Juan 5.21-22,27; 13.3; 17.2; 20.23).
h. Conocer al enviador, es decir, experimentar comunión con él (Juan 7.29; 8.16; 15.21; 17.8,25; 16.31; 18.29).
i. Seguir el ejemplo del enviador (Juan 13.16).

La *paz* (*shalom* en hebreo) que Jesús da a los discípulos es una de las bendiciones del reino de Dios que el Señor quiere compartir con nosotros, no solamente en el mundo futuro, sino ahora mismo. Jesús puede dar esta paz a los suyos porque en la batalla decisiva de la cruz ha vencido a las fuerzas del mal. Puesto que Jesús ha sufrido en su cuerpo lo que merecieron nuestras rebeliones e iniquidades, Satanás ha perdido su derecho de levantar acusaciones contra nosotros. La paz que da Jesús significa que no necesitamos temer más las acusaciones del diablo. La *shalom* que da Jesús también significa que el estado de guerra entre Dios y nosotros ha terminado. En Cristo tenemos paz con Dios. San Pablo dice que agradó al Padre por medio de Cristo "reconciliar consigo todas las cosas, así las que están en la tierra como las que están en los cielos, haciendo la paz mediante la sangre de su cruz" (Colosenses 1.20). Pero el Señor quiere compartir su *shalom*, no sólo con sus discípulos, sino con todo el mundo. Por eso, Jesús envía a los suyos al mundo para llevar su paz a las naciones. Así como Jesús fue un misionero enviado al mundo por el Padre, así los discípulos son enviados al mundo por el Señor para continuar y completar la misión de Cristo (Newbigin 1982.268).

20.22: Y habiendo dicho esto, sopló, y les dijo: Recibid el Espíritu Santo. El hecho de que Jesús soplase recuerda el relato de la creación del ser humano en Génesis 2.7 y en Sabiduría 15.11. Jesús, el *Logos*, que estaba presente y participó en la creación primera, ahora nos da una señal que indica que estamos en vísperas de la creación de un nuevo hombre, lleno del espíritu de Dios, purificado de sus pecados, un hombre enviado al mundo para cumplir con una misión que dará vida y salvación a toda la humanidad. Jesús tiene la capacidad de impartir el espíritu a los discípulos porque ha sido glorificado (Juan 7.39; 16.7). La glorificación de Jesús indica que ya ha llegado el momento de que Jesús bautice en el Espíritu Santo (Hoeferkamp 1962.525). Ahora todos pueden venir a él para beber de los ríos de agua viva que fluyen de su interior (Juan 7.37-39).

Se ha señalado que también existe una conexión entre este texto y Ezequiel 37, que relata la visión del valle de los huesos secos que cuando oyen la palabra de Jehová se juntan otra vez, cada hueso con su hueso. Después que nuevos tendones y piel crecen sobre los esqueletos, viene el espíritu de Jehová y sopla sobre los cuerpos para que entre nueva vida en ellos. Entonces los huesos secos se levantan y forman un gran ejército. La visión de Ezequiel representaba la resurrección del pueblo de Dios después de la destrucción de Jerusalén y Judea por el rey Nabucodonosor de Babilonia. En Juan 20.22 la visión de Ezequiel recibe una interpretación y un cumplimiento mucho más profundo y significativo. Al soplar sobre sus discípulos, Jesús está levantando un nuevo pueblo de Dios. Por medio del don del Espíritu Santo, los discípulos se convierten en la iglesia y llegan a ser los herederos de la misión que Dios había dado al viejo pueblo de Israel. Pedro lo establece así: "Vosotros sois linaje escogido, real sacerdocio, nación santa, pueblo adquirido por Dios, para que anunciéis las virtudes de aquel que os llamó de las tinieblas a su luz admirable" (1 Pedro 2.9).

Es importante notar aquí la conexión entre Jesús y el Espíritu Santo. El Espíritu Santo procede de Cristo, así como confesamos en la versión occidental del Credo Niceno: "Y creo en el Espíritu Santo, Señor y Dador de vida, que procede del Padre y del Hijo." En las iglesias orientales u ortodoxas no se confiesan las palabras "y del Hijo." Es importante mantener la conexión entre el Jesús resucitado y el don del Espíritu Santo. El Espíritu Santo no es cualquier entusiasmo religioso o poder espiritual que podemos obtener aparte de una fe viva en el Señor Jesucristo. Tampoco es el Espíritu un sustituto por un Cristo ausente; el Espíritu más bien nos da el poder de recibir a Jesucristo como Señor y Salvador cuando nos viene a través de los medios de gracia (la Palabra y los sacramentos).

Las palabras de Cristo en este versículo han causado dificultades a los intérpretes del cuarto evangelio. Según el capítulo 2 de Hechos, los discípulos no reciben el don del Espíritu Santo hasta el día de Pentecostés, cincuenta días después de la resurrección de nuestro Señor Jesucristo. Aparentemente Juan está afirmando que los discípulos ya recibieron la promesa del Espíritu Santo el domingo de la resurrección y no recién el día de la ascensión. Algunos autores hasta afirman que hay dos versiones distintas de la promesa del Espíritu Santo en el N.T., la de Hechos (1.8) y ésta de Juan. Otros afirman que hubieron dos derramamientos del Espíritu Santo, uno para señalar el cumplimiento de la fiesta de Pentecostés (Hechos) y otro para capacitar a los discípulos para llevar a cabo su tarea misionera (Juan). ¿Es posible resolver esta aparente discrepancia?

Para autores como Juan Calvino y D. L. Carson, la solución más satisfactoria es que la acción de Jesús en Juan 20.22 es un acto simbólico que sirve para anticipar un acontecimiento futuro de gran importancia para la iglesia. En otras palabras, en el día de la resurrección Jesús sopló sobre los discípulos para indicarles que en el día de Pentecostés el Espíritu Santo sería derramado sobre la iglesia. Algo similar sucedió en Juan 13, cuando Jesús lavó los pies de sus discípulos. El lavamiento de los pies era un acto simbólico que apuntaba a la purificación de los discípulos por medio de la muerte sacrificial de Cristo. Lo que hizo Jesús al lavar los pies de los discípulos llegó a ser una realidad cuando ofreció su vida por los suyos; así, lo que hizo Jesús al soplar sobre sus discípulos el día de la resurrección, llegó a ser una realidad el día de Pentecostés (Carson 1991.655).

20.23: A quienes remitiereis los pecados, les son remitidos; y a quienes se los retuviereis, les son retenidos. Según Martín Lutero, con estas palabras Cristo instituye el oficio del ministerio de la Palabra en cada creyente. Así como el Cristo resucitado ha dado gozo y paz a sus discípulos por medio de su palabra externa, así quiere que cada creyente instruya y enseñe a su prójimo en el mismo evangelio de gozo y paz. Este poder de enseñar el evangelio no es delegado exclusivamente a los papas y obispos, sino a cada cristiano (Lenker 1988.II.359).

Lutero afirma que el significado de lo que Cristo dice en Juan 20.23 es el siguiente: Tendrán poder para anunciar la Palabra y predicar el evangelio. Todo aquel que cree en este evangelio tiene el perdón de los pecados y todo aquel que no cree carece del perdón de los pecados (Lenker 1988.II.362). Lutero enfatiza que el poder y la autoridad que Jesús da a sus discípulos no es un poder terrenal que consiste en ejercer autoridad sobre principados y gobiernos de este mundo. No es el derecho de conquistar reinos con la espada y de sujetar a seres humanos con la violencia como lo han hecho algunos. Jesús no entrega a sus discípulos espadas, lanzas, escudos y armaduras, sino el Espíritu Santo. Dice Lutero: No tenemos autoridad para reinar como señores, sino para ser siervos y ministros que predican la Palabra por medio de la cual el Espíritu Santo obra la fe en los corazones humanos. Jesús envía a sus discípulos a establecer un reino, pero no será un reino de este mundo como lo tienen los emperadores y los papas. Será un reino espiritual que deben establecer los discípulos de Jesús.

La llave para abrir las puertas del reino espiritual es el perdón de los pecados o la absolución. Los discípulos de Cristo reciben aquí la autorización de ir por todo el mundo a pronunciar la absolución de Cristo a todos los que se arrepienten, es decir, a todos los que confiesan sus pecados y desean la misericordia de Cristo. Los discípulos no están autorizados a dar la absolución a los que no se arrepienten, sino solamente a los penitentes. A los que se rehúsan a arrepentirse, a creer en Cristo y a ser bautizados, los discípulos tendrán que anunciar la ira y la condenación eterna. La absolución que darán los discípulos no es su propia absolución, sino la absolución que Dios en el cielo ha decretado para todos los que se arrepienten y creen en Cristo. Lutero enfatiza que aquí Cristo da el Oficio de las Llaves, no sólo a los sacerdotes y ministros ordenados, sino a todos los cristianos bautizados. Cualquier cristiano puede oír la confesión de su hermano y darle la absolución en el nombre de Cristo (Lenker 1988.II.393).

Intérpretes modernos han señalado que las palabras remitir y retener son términos jurídicos que tienen que ver con la declaración de culpa o de inocencia de parte de un juez. Las personas delante del juez son atadas (el significado literal de la palabra retener en hebreo) o desatadas (el significado literal de la palabra remitir en hebreo) de los cargos en su contra. Por medio de la proclamación de la Palabra, del santo Bautismo y de la absolución administrada por los discípulos, los oyentes son, o librados de sus pecados, o condenados por su falta de fe (Beasley-Murray 1987.383). Las palabras de Jesús en este texto son parecidas a las que el Señor dijo a Simón Pedro en Mateo 16.19: "Y a ti te daré las llaves del reino de los cielos; y todo lo que atares en la tierra será atado en los cielos; y todo lo que desatares en la tierra será desatado en los cielos." En Mateo 16 Jesús da el Oficio de las Llaves a Pedro en representación de los doce apóstoles. En Juan 20 Jesús otorga el Oficio de las Llaves directamente a todos los discípulos junto con el Espíritu Santo, el cual guiará y capacitará a los seguidores de Jesús en el buen empleo de tan importante oficio.

Si por rencores personales o deseos de venganza retenemos pecados que deben ser remitidos en el amor de Cristo, estamos en peligro de vivir vidas enfocadas y enfrascadas en los pecados e imperfecciones de los demás. Tal enfoque distorsionado puede envenenar nuestras comunidades cristianas y nuestra relación personal con el buen pastor. Así, sería sumamente difícil escuchar la invitación de Jesús a seguirle y gozar de la nueva vida del espíritu que él quiere compartir con nosotros (Howard-Brook 1994.458).

Jesús se aparece a Tomás, Juan 20.24-29

20.24-25: Pero Tomás, uno de los doce, llamado Dídimo, no estaba con ellos cuando Jesús vino. Le dijeron, pues, los otros discípulos: Al Señor hemos visto. El les dijo: Si no viere en sus manos la señal de los clavos, y metiere mi dedo en el lugar de los clavos, y metiere mi mano en su costado, no creeré. No sabemos la razón por la cual Tomás no estaba con los demás discípulos cuando Cristo se les apareció la noche del domingo de la resurrección. Quizás estaba tan encerrado en su tristeza que no quería ver a nadie. Cuando permitimos que nuestras tristezas y problemas impidan que nos reunamos con nuestros hermanos en el culto dominical, entonces, como Tomás, sufrimos la pérdida de muchas bendiciones que podrían ayudarnos en nuestras dificultades. Tomás, por alejarse de los demás, no sólo perdió la mutua consolación de los hermanos, sino también la oportunidad de experimentar la presencia del Señor resucitado, que siempre está presente cuando nos reunimos en su nombre.

Hay diferencias de opinión en cuanto a la naturaleza de la incredulidad de

Tomás. Intérpretes como Bengel calificaron a Tomás como rebelde, porfiado, incrédulo total, que quiere imponer sobre Dios sus propias condiciones (Schlink 1959.81). Tomás ha sido comparado a aquellos fariseos que demandaban una señal del cielo como una condición para creer, y de esta manera tentaba a Dios. Calvino calificó a Tomás como un arrogante que con sus palabras insulta y blasfema a Dios, y Joseph Blank ha llamado a Tomás el primer cartesiano, pues igual que el científico René Descartes, insiste en una comprobación empírica de las cosas a creer (1987.187).

Una de las características de la cultura moderna es la duda y la sospecha. Los científicos modernos han sido enseñados a dudar de todo, menos del método científico. Nadie cree en nada. En nuestro mundo moderno el ejercicio sistemático de la duda y la sospecha ha llegado a servir como un mecanismo de defensa contra el error. Otro rasgo de nuestros tiempos es la virtual desaparición de la esperanza. Mientras la tecnología adelanta con descubrimientos e innovaciones, las novelas y el drama del mundo occidental están llenos de nihilismo y desesperación. La fe en el progreso, tan pronunciada durante el siglo XIX, ha sido reemplazada por un profundo pesimismo sobre el futuro de la civilización occidental.

En gran parte, nuestro mundo moderno ha perdido la meta hacia la cual se dirige. El futuro no tiene ni sentido, ni propósito, y esta es una de las causas principales de la desintegración de la vida familiar, del vandalismo, de la violencia sin sentido y de los derroches de nuestra sociedad de consumo. Cuando se pierde la esperanza en el futuro, que es generada por la fe en el Cristo resucitado y en su reino, la historia deja de tener significado. Por eso no nos sorprende que muchas personas hayan dejado de luchar para realizar la voluntad de un creador personal y, en cambio, se sientan atraídas por las religiones orientales y la paz atemporal de un misticismo panteísta (Newbigin 1989.232). Está muy de moda ser un Tomás.

Nuestro mundo, como Tomás, necesita un nuevo encuentro con el Cristo resucitado. Este Cristo está presente y puede ser conocido en las comunidades donde los discípulos de Jesús se aman, se perdonan y se ayudan unos a otros. Este Cristo está presente entre los discípulos que hablan y viven la verdad, donde se lavan los pies los unos a los otros, y donde el Espíritu Santo actúa para convencer al mundo de pecado, de justicia y de juicio. Nosotros somos llamados a ser el cuerpo donde el mundo puede ver, escuchar y tocar la presencia del Cristo resucitado.

Algunos estudiosos creen que Tomás realmente, de todo corazón quería creer el informe de sus co-discípulos, pero temía que lo que vieron las mujeres y los otros discípulos no fuera el mismo Jesús que había andado con ellos antes de la crucifixión. Tomás temía que lo que vieron los otros fuera solamente un espíritu, o un fantasma que se parecía a Jesús o que se hacía pasar por él. La demanda por ver las marcas en las manos y la herida en el costado proviene del deseo de Tomás de asegurarse que el crucificado y el resucitado son el mismo Cristo, que hay continuidad entre lo que existió antes y lo que hay después (Léon-Dufour 1973.258-259).

Sean cuales hayan sido las causas de la duda de Tomás, sabemos que hay muchas personas como él en nuestro mundo y en nuestras iglesias. Personas que dudan del amor y de la presencia de Dios en sus vidas, porque no han tenido una fuerte experiencia espiritual como la de los demás discípulos el domingo de la resurrección. Muchos se lamentan: Si yo hubiera visto al Cristo resucitado como María Magdalena y los discípulos de Emaús, entonces tendría una fe más firme y una esperanza más segura. Muchos, como Tomás, se niegan a creer en base a la palabra predicada porque exigen experiencias tangibles y visibles del Cristo resucitado. Para tales personas, la historia sobre la duda de Tomás es un llamado para andar por fe y no por vista, puesto que la fe es "la certeza de lo que se espera, la convicción de lo que no se ve" (Hebreos 11.1).

Si Jesús siguiera muerto y enterrado, entonces, como Tomás, podríamos pasar nuestros días lamentando el terrible e injusto suceso de la tortura y crucifixión de un hombre inocente, pero por lo menos estaríamos libres de la necesidad de seguir al Cristo resucitado y de llevar adelante su misión en la historia. En vez de seguirle con vidas de servicio, liberación y sacrificio, podríamos ocuparnos exclusivamente en la construcción de monumentos y de recordatorios de su muerte, como lo han hecho muchos en nuestro medio latinoamericano. En vez de llevar su Palabra y su espíritu a las partes más oscuras de nuestro país, podríamos pasar nuestro tiempo dando vueltas en procesiones que tratan de seguir los pasos de Jesús en Jerusalén, sin tomar en cuenta la necesidad de seguir los pasos del Cristo que ha resucitado y está presente en nuestras comunidades y en nuestras luchas de hoy en día. Tanto Tomás como nosotros tenemos que aprender que Jesús no es sólo una víctima de la misma injusticia que han sufrido tantos latinoamericanos; no es sólo alguien con quien identificarnos en nuestros propios sufrimientos, también es una fuente de esperanza y de salvación que nos llama a una vida de seguimiento y de inspiración diarios (Galilea 1979.75).

20.26-27: Ocho días después, estaban otra vez sus discípulos dentro, y con ellos Tomás. Llegó Jesús, estando las puertas cerradas, y se puso en medio y les dijo: Paz a vosotros. Luego dijo a Tomás: Pon aquí tu dedo, y mira mis manos; y acerca tu mano y métela en mi costado; y no seas incrédulo, sino creyente. Lo maravilloso de este relato es que Jesús no reprende a Tomás por sus dudas o por su falta de fe. Jesús no viene a Tomás con reproches, sino con una bendición de paz. El resucitado accede a la duda de Tomás y le otorga todo lo que el discípulo pide. Le permite meter sus dedos en sus heridas y poner su mano en la marca de su costado. Sólo una cosa le pide a Tomás y a nosotros: "No seas incrédulo sino creyente." No resistas sino recibe; no demandes, sino toma (Schlink 1958.83).

El evangelio de Juan no deja lugar a duda en cuanto a la identidad del resucitado. No es un espíritu, un fantasma, un ángel o una aparición. Jesús ha resucitado, no sólo en espíritu, sino también en cuerpo y sangre. Su cuerpo resucitado puede ser tocado y palpado. La tangibilidad del cuerpo resucitado es un presagio y un anticipo de lo que seremos nosotros el día de nuestra resurrección. Nuestra esperanza cristiana no consiste en que seamos almas desnudas y sin cuerpo, flotando entre las galaxias. Tampoco esperamos que nuestro ser se pierda en la divinidad, como se pierde la gota de agua al caer al mar, ni esperamos seguir existiendo sólo como un pensamiento en la memoria de Dios.

En el credo afirmamos: "Creo en la resurrección de la carne", es decir, creo en la resurrección de la carne mía y la de mis hermanos y hermanas en la fe, creo en la resurrección de una carne glorificada y transformada, pero una carne que puede ser tocada y palpada. La resurrección de la carne y sangre de Jesucristo es la garantía de nuestra resurrección corporal. El teólogo James Luther Adam afirma que cuando no se proclama la doctrina de la resurrección de la carne, cuando se conforma con enseñar sólo la sobrevivencia de un alma o espíritu sin cuerpo, se tendrá como resultado una ética individualista y una moralidad ahistórica. Los que creen sólo en la inmortalidad del alma pero no en la resurrección de la carne y del mundo material, se preocuparán mucho por cultivar su alma, pero muy poco por el mundo en que viven. En cambio, los que creen que Dios ama y se preocupa también por el cuerpo y el mundo material, se van a preocupar también por las necesidades físicas de sus prójimos. Los que creen que la meta futura de la salvación no es únicamente la inmortalidad de alma, sino también el establecimiento del justo reino de Dios, se preocuparán por trabajar ya en el presente en pro de una sociedad más justa y ciudades más humanas (Fackre 1992.45-46).

La resurrección corporal de Jesús es entonces una prefiguración y anticipación del destino final de toda la naturaleza material. El Cristo resucitado es el ejemplo más perfecto de cómo Dios quiere que sea el orden natural (Walker 1990.175). La transformación y transfiguración del cuerpo de Jesucristo en la resurrección es la garantía de la restauración de la creación y del alcance universal de la gracia redentora en Cristo.

Algunos comentaristas creen que en cuanto Tomás vio al Cristo resucitado, hizo su confesión de fe, sin realmente tocar con su mano el cuerpo de Jesús. Otros afirman que Tomás y los demás discípulos realmente tocaron a Jesús para asegurarse de que se trataba del Señor resucitado en carne y no simplemente de un fantasma o espíritu. Poco antes de su martirio en el año 107 d.C., San Ignacio, obispo de la iglesia en Antioquía, escribió las siguientes palabras a los hermanos de la iglesia en Esmirna: "Yo, por mi parte, sé por cierto, y en ello pongo mi fe, que después de su resurrección, el Señor permaneció en su carne. Y así cuando se presentó a Pedro y a sus compañeros, les dijo: Tocadme, palpadme y ved cómo yo no soy un espíritu incorpóreo. Y al punto le tocaron y creyeron, quedando compenetrados con su carne y su espíritu. Por eso despreciaron la misma muerte o, más bien, se mostraron superiores a la muerte. Es más, después de su resurrección, el Señor comió y bebió con ellos, como hombre de carne que era, si bien espiritualmente estaba hecho una cosa con su Padre" (Ruiz Bueno 1974.490).

20.28: Entonces Tomás respondió y le dijo: ¡Señor mío, y Dios mío! Con la confesión de Tomás hemos llegado a uno de los momentos culminantes del cuarto evangelio. A través de todo el evangelio hemos encontrado una gran variedad de personas que han tratado de expresar verbalmente su entendimiento acerca de Jesús. El cuarto evangelio está lleno de confesiones parciales e incompletas, típicas de las ideas acerca del Señor que circulaban, no sólo entre los contemporáneos del Jesús histórico, sino también en las sinagogas y mercados de Asia Menor en el tiempo cuando Juan escribió su evangelio. La confesión de Tomás, aunque muy corta, es muy profunda y completa, y en pocas palabras da una respuesta adecuada a la pregunta: "¿Quién es Jesús?"

La confesión de Tomás es una confesión modelo, dirigida no a un Dios distante, apartado, arriba en el cielo, sino a un hombre de carne y hueso que está presente ante él. El evangelista desea que no solamente Tomás sino que todos los lectores de su evangelio lleguen a confesar a Jesús como su Señor y su Dios. La confesión: "Jesús es Señor", fue el credo más antiguo de la iglesia primitiva. De acuerdo con Romanos 10.9 la confesión "Jesús es Señor" fue parte de la ceremonia de bautismo. El himno cristológico preservado en Filipenses 2.6-11 también termina afirmando que Jesús será confesado como Señor por "toda lengua de los que están en los cielos, y en la tierra, y debajo de la tierra." En oposición a los paganos que veneraban a muchos señores, los primeros cristianos confesaban que hay un solo "Señor Jesucristo, por medio del cual son todas las cosas, y nosotros por medio de él" (1 Corintios 8.6). Nosotros también en nuestra liturgia confesamos a Jesús como Señor cada vez que entonamos el Kyrie. Se debe notar que Tomás confiesa a Jesús no sólo como Señor y Dios sino como "Señor mío y Dios mío." El pronombre personal en esta confesión es de suma importancia. Jesús no solamente es Señor y Dios; él es el Dios y Señor de Tomás. Por eso Tomás le seguirá, le adorará y le servirá todos los días de su vida. Los demonios también pueden confesar a Jesús como Señor y Dios, pero no le pueden confesar como "Señor mío y Dios mío."

Hoy en día no corremos ningún peligro al confesar a Jesús como Señor. Pero en los días de San Juan, cuando gobernaba el emperador Domiciano (81-96 d.C.), no fue así. Domiciano se consideraba a sí mismo como el Señor, como el que tenía suprema autoridad, como el que traía bendición a todo el imperio, como el que debía recibir gloria, honra y adoración. Todos los habitantes de Asia Menor, a excepción de los judíos, estaban obligados a quemar incienso a Domiciano y a confesarlo como *dominus et deus noster*, nuestro señor y dios (Beasley-Murray 1987.391). Confesar a Jesucristo como Señor era negar que Domiciano era el señor. Era un acto de traición que podía resultar en la muerte. Durante el gobierno de Domiciano muchos cristianos buscaron refugio en la sinagoga, declarándose judíos, para así salvarse de la necesidad de ofrecer incienso al emperador. En algunos casos los judíos protegieron a los cristianos de la persecución imperial. Pero en otros casos, los cristianos fueron expulsados de las sinagogas, porque como Tomás confesaban que Jesucristo era Dios, y para los judíos esto era blasfemia. Hay que recordar que la palabra *Señor*, κύριος en griego, es la palabra que usa la Septuaginta para traducir el nombre Jehová o Yahwé. Es evidente que Juan ha escrito su evangelio para llamar a sus lectores a confesar a Jesucristo como Señor y Dios así como lo hizo Tomás, pase lo que pase.

20.29: Jesús le dijo: Porque me has visto, Tomás, creíste; bienaventurados los que no vieron, y creyeron. Al escuchar la confesión de Tomás, Jesús pronuncia una de las dos bienaventuranzas que tenemos en el cuarto evangelio (la otra se halla en 13.17). La palabra *bienaventurado* (μακάριος en griego) no sólo indica que Tomás debe sentirse feliz sino también que Jesús lo ha aceptado, tanto a él como a su confesión. No rechaza la confesión de Tomás. Si Jesús en realidad hubiera sido sólo un gran profeta u hombre divino, como lo han afirmado algunos, entonces el Señor no hubiera pronunciado su bienaventuranza sobre Tomás.

No sólo Tomás es bienaventurado sino también todos los que como él confiesan a Jesús como su Señor y Dios. Al incluir estas palabras de Jesús en el relato de la resurrección, el evangelista invita a sus lectores a que se unan en la confesión de Jesucristo como Señor y Dios, para que ellos también puedan recibir la bienaventuranza del Señor. Los que creen en Jesús como Señor y Dios sin haberlo visto, como Tomás, serán aún más bienaventurados que el discípulo que puso sus dedos en las heridas del Señor. Hablando de los creyentes de la segunda y de subsiguientes generaciones, que creen en el Señor resucitado sin haberle visto, el apóstol San Pedro escribe: "A quien amáis sin haberle visto, en quien creyendo, aunque ahora no lo veáis, os alegráis con gozo inefable y glorioso; obteniendo el fin de vuestra fe, que es la salvación de vuestras almas" (1 Pedro 1.8-9).

En un pasaje similar al de San Juan aquí, el rabí Simeón ben Laquish (250 d.C.) escribió: "El prosélito es más querido por Dios que todos los israelitas que estaban presentes cuando la ley fue dada en el monte Sinaí. Porque si los israelitas no hubiesen experimentado el trueno, las llamas, los relámpagos, el temblar de la montaña y el son de la trompeta, no hubieron aceptado la ley, ni hubieran tomado sobre sí el reino de Dios. Pero el prosélito no ha visto ninguna de estas cosas y sin embargo viene para entregarse a Dios y toma sobre sí el yugo del reino de Dios.

¿Existe alguna persona más querida que este hombre?" (Barrett 1978.574)

20.30-31: Hizo además Jesús muchas otras señales en presencia de sus discípulos, las cuales no están escritas en este libro. Pero éstas se han escrito para que creáis que Jesús es el Cristo, y para que creyendo, tengáis vida en su nombre. Con estas palabras el evangelista nos da la razón porqué no ha incluido en su obra los relatos de los otros milagros, dichos y parábolas de Jesús que se hallan en los evangelios sinópticos y en otras obras que circulaban en la iglesia primitiva. Juan ha hecho una selección muy cuidadosa de las tradiciones acerca de Jesús y ha incluido sólo aquellas que sirven a sus propósitos. A lo largo de este comentario hemos tocado los propósitos que Juan tenía en mente al poner su evangelio en forma escrita. Sería bueno repasarlos brevemente:

1- Fue escrito para evangelizar a judíos, prosélitos, temerosos de Dios y gentiles que se encontraban en las ciudades a las que fue dirigido el cuarto evangelio. Según las tradiciones más antiguas éstas incluían las siete ciudades de Asia Menor, que se mencionan en Apocalipsis 2 y 3, un libro que tiene muchas afinidades con el cuarto evangelio y que fue escrito por el mismo autor o por uno de sus colaboradores o discípulos.

Se cree que había muchas personas en las sinagogas de Asia Menor y de otras partes que creían en Jesús o que tenían una fe parcial o incompleta. Como Nicodemo, o como los padres del ciego de nacimiento, estas personas tenían miedo de confesar a Jesús públicamente por temor de ser expulsadas de la sinagoga. Los expulsados de la sinagoga no sólo perdían muchos beneficios sociales y económicos, sino también su exoneración de la necesidad de quemar incienso al emperador romano y de confesarlo como Señor.

2- Fue escrito para confirmar en la fe a los creyentes judíos y gentiles que estaban expuestos a un fuerte proselitismo de parte de los fariseos que trataban que los cristianos renunciasen a Jesús y se hiciesen miembros de la sinagoga. Estos fariseos negaban la autoridad de los evangelios sinópticos y las epístolas apostólicas e insistían que los seguidores de Cristo comprobasen sus creencias en base a los escritos del A.T. Juan ha escogido las señales y discursos de Jesús que muestran que los propios escritos, instituciones, fiestas, ceremonias y ritos del A.T., no sólo dan testimonio de Jesús, sino que son superados y reemplazados por él.

La epístola a los Hebreos refleja una situación parecida a la del cuarto evangelio. Varios intérpretes creen que Hebreos, igual que Juan, fue escrito a creyentes que vivían en Asia Menor. Estos creyentes estaban siendo tentados a volver al judaísmo, a Moisés y a la ley. Había personas que confundían a los creyentes y negaban que Jesús era el Mesías y el Hijo de Dios. El propósito de la epístola a los Hebreos es exhortar a los creyentes a permanecer en la confesión de

Jesús (Hebreos 4.14) y advertirles contra el peligro de la apostasía (Hebreos 3.12 y 12.25). El pecado de rechazar el testimonio de Cristo después de haberlo aceptado, es como crucificar a Jesús de nuevo (Hebreos 6.4-6; 10.29). La epístola a los Hebreos también demuestra cómo todas las fiestas, ceremonias, ritos y fiestas del A.T. han sido cumplidos y superados en Cristo Jesús (Okure 1988.281-284).

3- Una parte de la misión del autor del cuarto evangelio es ayudar a los lectores a recibir la bendición de la que habla Jesús en Juan 20.29. Una de las razones por las que se escribió el evangelio de Juan fue ayudar a los cristianos de las generaciones subsiguientes a creer en Jesús sin haber visto las señales que vieron los discípulos de la primera generación. El evangelista espera que sus lectores reciban la vida eterna por haber creído en Jesús como resultado de la lectura del evangelio. De esta manera el evangelio de Juan sirve como un sustituto de las señales que vieron los creyentes de la primera generación (Minear 1977.347).

4- Otro propósito fue el de aclarar a los miembros de las comunidades cristianas la naturaleza de la misión de Jesús y del propósito de la iglesia. Hay más de cuarenta referencias en todo el evangelio a la actividad del Padre de enviar a Jesús al mundo. Jesús es el supremo misionero con una visión y obra únicas que ningún otro puede realizar. Algunos de los textos que expresan la naturaleza de la misión de Jesús son 3.11, 16-17; 4.10, 40-43; 5.19, 30; 6.38; 8.15-16; 10.10; 14.9-10; y 17.4. La obra misionera de los discípulos y de las comunidades depende de la obra única de Jesús. Había una tendencia en las comunidades de que los líderes enfatizaban su propia autoridad, su propio dominio y su propia gloria. Se veía amenazada la unidad de la iglesia como una comunidad de amor donde los más marginados podían encontrar perdón, aceptación y dignidad. Así, también se escribió el evangelio para llamar a las comunidades a que entre unos y otros se mantengan unidos en amor, puesto que la comunidad o la iglesia es parte de la obra misionera de Jesús.

Juan 20.31 es, entonces, uno de los versículos claves de todo el libro porque presenta la razón por la cual fue escrito. Este versículo es la clave que debe ayudar al intérprete a entender todas las otras partes del libro. El evangelista no está escribiendo historia como un fin en sí mismo, sino que ha seleccionado cuidadosamente algunos elementos importantes para persuadir a sus lectores a creer en Jesús, permanecer en él y estar activos en su misión. Este es, verdaderamente, un propósito misionero. Para lograr su propósito el autor, como buen pedagogo, ha utilizado las muchas técnicas retóricas que se han observado en el estudio del evangelio (Okure 1988.306-311).

La presencia de Juan 20.31 como propósito retórico nos da a entender que la obra en su totalidad tiene una estructura retórica y que, según esta estructura, el himno cristológico en Juan 1.1-18 sirve como exordio y el capítulo 21 como epílogo. En otras palabras, la primera parte del libro y el último capítulo no son textos que fueron añadidos al evangelio por redactores posteriores, sino que son componentes íntegros de la estructura retórica. Al hablar de estructura retórica estamos hablando de las reglas que gobernaban la forma de cómo se escribía un libro o un discurso en el mundo greco-romano. Estas reglas se encuentran en las obras de escritores como Quintiliano y Cicerón. Todavía en los tiempos de Lutero, todos los estudiantes universitarios tenían que estudiar la retórica como una de las materias más importantes de su programa de estudios. Muchas veces nuestra falta de conocimiento de las reglas de la retórica nos perjudica en nuestra interpretación de los libros bíblicos. Por eso seguimos con interés el énfasis que se está dando nuevamente a la crítica retórica en los seminarios y universidades.

Nota litúrgica: En casi todos los leccionarios en uso hoy en día Juan 20.19-31 es el santo evangelio para el domingo después de Pascua, o sea, el segundo domingo de Pascua. En el leccionario tradicional en *Culto Cristiano* Juan 20.19-31 es el santo evangelio para el domingo después de Pascua. En el leccionario de tres años en *¡Cantad al Señor!* se usa Juan 20.19-31 como evangelio en los años A, B y C. En el leccionario de cuatro años del grupo litúrgico interconfesional de Gran Bretaña Juan 20.19-31 también es el santo evangelio para el domingo después de Pascua en los años B y D.

Nota: ¿Pudiera ser Tomás el discípulo amado? En el año 1995 un famoso erudito, James Charlesworth, conocido por sus investigaciones sobre los rollos del Mar Muerto y los papiros de Nag Hammadi escribió un libro donde desarrolla la hipótesis que Tomás fue el discípulo amado. Estos son los argumentos que Charlesworth esgrime para llegar a tal conclusión:

1- En Juan 20.25 los otros discípulos le dicen a Tomás : "Hemos visto al Señor." Tomás responde con las famosas palabras: "Si no veo en sus manos la señal de los clavos y meto mi dedo en el lugar de los clavos, y meto mi mano en su costado, no creeré." "¿Cómo" pregunta Charlesworth "supo Tomás que Jesús tenía una herida en su costado?" Con la excepción del discípulo amado, ninguno de los discípulos estuvo presente cuando el costado de Jesús fue traspasado por el soldado romano. Si Tomás supo de la herida en el costado de Jesús, debe haber estado presente cuando ocurrió. En consecuencia, Tomás tiene que ser el discípulo amado.

2- Cuando en Juan 11.8-16 los discípulos temen salir de su lugar de refugio al otro lado del río Jordán para acompañar a Jesús en su viaje a Judea donde sus enemigos estaban esperandolo para matarlo, es Tomás quien valientemente llama a sus condiscípulos y les dice: "Vamos también nosotros, para que muramos con él." Según Charlesworth, es después de esta declaración de amor hacia Jesús de parte de Tomás que por primera vez el cuarto evangelio comienza a hablar de un "discípulo amado." Para Charlesworth, esa disposición de morir con Jesús le ganó a Tomás el apodo de "discípulo amado".

3- En Juan 13.33 Jesús anuncia: "A donde yo voy, vosotros no podéis ir." Esta afirmación provoca unas cuantas preguntas de parte de sus discípulos, entre ellos Pedro, Felipe, Judas y Tomás. Es evidente que Jesús no recibió con mucho agrado la pregunta de Felipe, pues responde: "¿Tanto tiempo hace que estoy con vosotros y no me has conocido, Felipe?" En el diálogo con sus discípulos es Tomás que le hace a Jesús la pregunta clave: "Cómo pues, podemos saber el camino?" La pregunta de Tomas le permite a Jesús contestar con una de las declaraciones teológicas más profundas en todo el evangelio: "Yo soy el camino, la verdad, y la vida; nadie viene al Padre sino por mí." Aquí, dice Charlesworth, podemos ver cómo Tomás muestra su amor hacia Jesús al honrarlo con una pregunta verdaderamente difícil, pues los buenos alumnos honran a sus profesores cuando les hacen buenas preguntas. La pregunta de Tomas nos muestra que él no es una persona ingenua, sino un teólogo de primera línea, como el autor del cuarto evangelio.

4- En opinión de Charlesworth, el discípulo anónimo que acompañó a Simón Pedro al patio del sumo sacerdote no fue el discípulo amado, sino Judas Iscariote. La razón por la cual el discípulo anónimo era conocido del sumo sacerdote fue porque llegó a conocerlo cuando hizo el arreglo para traicionar a Jesús por treinta monedas de plata.

5- El texto que podría poner en tela de juicio la hipótesis de Charlesworth es Juan 20.8 donde el evangelista declara: "Entonces entró también el otro discípulo (el discípulo amado) que había venido primero al sepulcro; y vio, y creyó." Si Tomás vio, y creyó, ¿cómo es posible que en 20.25 dudara acerca de la resurrección del Señor? Charlesworth dice que lo que creyó el discípulo amado, Tomás, no fue que Cristo hubiera resucitado físicamente, sino que creyó en el informe de María Magdalena, que el cuerpo de Jesús había sido llevado de la tumba y escondido en otra parte. Así es como también Agustín, Lutero y Wesley interpretaron el texto.

6- Según Charlesworth, la razón por la cual la identidad del discípulo amado está velada en el cuarto evangelio es porque Tomás murió de causas naturales y no sufrió la muerte gloriosa de un mártir como Pedro y los demás discípulos. Sin embargo, los discípulos del discípulo amado dieron gran importancia al hecho de que su evangelio se basara en el testimonio de una persona tan fidedigna como Tomás. Charlesworth cree que los creyentes solían ser acosados por los miembros de la sinagoga que les preguntaban: "¿Cómo es posible que ustedes sean tan ingenuos para creer los relatos de la resurrección basados en el testimonio de un grupo de mujeres impresionables y emocionalmente inestables, que perdieron sus cabales cuando experimentaron la muerte y sepultura de su supuesto mesías? Lo que ellas experimentaron fue un fantasma o las imaginaciones de sus mentes febriles. Ustedes saben que el testimonio de una mujer no es considerado válido por las autoridades de la sinagoga. No pueden dar crédito al testimonio de una mujer que estuvo poseída por siete espíritus impuros." A tales ataques los discípulos de Tomás pudieron haber contestado: "Nuestra fe en la resurrección del Señor no se basa solamente en el testimonio de las mujeres, sino también en el testimonio ocular de un hombre que no tenía la costumbre de aceptar el testimonio de otras personas sin antes investigar por sí mismo la veracidad de los hechos. Nuestro maestro, el discípulo amado, no sólo vio al Cristo resucitado con sus propios ojos, sino que lo tocó con sus propias manos para comprobar que no se trataba de un fantasma, sino del Jesús resucitado, que fuera traspasado ante sus propios ojos."

Estos argumentos de Charlesworth constituyen el intento más nuevo por descubrir la identidad del discípulo amado. Dada la reputación de Charlesworth en el mundo académico, su hipótesis seguramente será el centro de muchos debates en los años venideros.

Capítulo 21

Para muchos eruditos, los últimos dos versículos de Juan 20 forman la conclusión original del cuarto evangelio. El autor del evangelio anuncia que todo lo que ha escrito fue para conducir a sus lectores a que crean en Jesús y tengan vida en su nombre. Con esta afirmación, el evangelio de Juan aparentemente llega a su conclusión. Sin embargo, tenemos un capítulo más del libro, añadido como si fuera un apéndice al cuerpo del resto del evangelio. La inclusión del capítulo 21 al texto del cuarto evangelio ha producido un sinfín de hipótesis y teorías para explicar la razón por la cual fue añadido.

Muchos estudiosos creen que el evangelio de San Juan pasó por varias ediciones o redacciones antes de asumir la forma que ahora tiene en nuestras biblias. Según ellos, nuevas circunstancias o nuevos problemas en las iglesias hicieron necesario que el autor del cuarto evangelio o uno de sus discípulos añadiera nuevo material al evangelio original. Se aduce que una de las circunstancias que hizo necesaria la inclusión del capítulo 21 fue la muerte de discípulo amado. Según esta teoría, la muerte del discípulo amado produjo una crisis de fe en algunos creyentes, puesto que muchos hermanos creían "que aquel discípulo no moriría" antes de la segunda venida del Señor (Juan 21.23). Así, era necesario especificar que Jesús nunca había hecho tal profecía, sino que sólo había dicho: "Si quiero que él quede hasta que yo venga, ¿qué a ti?"

Otros comentaristas creen que el capítulo 21 fue añadido al cuarto evangelio para aclarar a las iglesias la relación que existe entre la autoridad de Pedro y la del discípulo amado. Algunos eruditos postulan que había confusión entre muchos cristianos en Asia Menor en cuanto a quién había escogido Jesús para ser el jefe de la iglesia.

Otros autores como Aileen Guilding, Teresa Okure y Richard Bauckham creen que el capítulo 21 debe ser considerado como una parte integral del resto del evangelio. Según Guilding, la muerte de Jesús en Juan 19 es el cumplimiento de su profecía acerca del grano de trigo que cae en la tierra (Juan 12.24). La obra misionera de la iglesia, simbolizada por la gran pesca en Juan 21.1-14, es el resultado de la muerte de Jesús y el cumplimiento de la profecía que predice el abundante fruto que llevará el grano de trigo. Para Guilding, Juan 21 es el equivalente joánico del libro de los Hechos de los apóstoles (Guilding 1960.228). Según Guilding, existe una estrecha relación entre los eventos relatados en Juan 21 y los textos leídos en la sinagoga durante la fiesta de Pentecostés. Aunque el capítulo 21 sea un epílogo, no significa que no sea una parte integral del libro (Bauckham 1993.28).

Aunque tales teorías sirven para producir mucha discusión y especulación, nos faltan evidencias históricas que las comprueben. Hay que recordar que existen muchas otras maneras de explicar la relación que existe entre el capítulo 21 y el resto del evangelio de Juan. Por ejemplo, podríamos postular que el mismo evangelista escribió el capítulo 21 en una fecha posterior para llamar a una iglesia dormida a que cumpla con el mandato del Señor de llevar el evangelio a todas las naciones. Como veremos en el desarrollo del capítulo, Juan 21 tiene un marcado énfasis misionero.

21.1: Después de esto, Jesús se manifestó otra vez a sus discípulos junto al mar de Tiberias; y se manifestó de esta manera. El capítulo 21 comienza con las dos palabras griegas: μετὰ ταῦτα, traducidas en la RVR como *después de esto*. Estas palabras nos indican que los acontecimientos del capítulo 21 ocurrieron después de los episodios relatados en el capítulo 20, pero no nos indican cuánto tiempo después. Tienen que haber sucedido antes de la ascensión relatada en Hechos 1, que es la última de las apariciones del Cristo resucitado a sus discípulos. Las palabras *se manifestó* (ἐφανέρωσεν) indican que Jesús no estaba visiblemente presente con sus discípulos entre sus diferentes manifestaciones. La palabra ἐφανέρωσεν significa revelar algo que está escondido o invisible. No debemos imaginarnos que por cuarenta días Jesús anduvo visiblemente con sus discípulos dándoles un cursillo de siete semanas en cuanto a sus responsabilidades futuras en la iglesia. De esto Jesús había hablado durante el discurso de despedida en el aposento alto.

Como se ha mencionado en otra parte del libro, muchos expertos del Nuevo Testamento creen que, después de hablar con María Magdalena acerca de su necesidad de subir al Padre, el Cristo resucitado ascendió a la presencia de Dios. Según esta manera de entender las Escrituras, cuando el Cristo resucitado aparece a sus discípulos en los demás relatos de los cuatro evangelios, él viene de arriba, de la diestra de Dios, y no de un lugar determinado aquí en la tierra. Para los eruditos que adoptan esta manera de entender las Escrituras, la ascensión de Jesús que ocurrió cuarenta días después de su resurrección, no fue la única ascensión de Jesús, sino la ascensión definitiva. Esta ascensión definitiva ocurrió en forma visible para dar a entender a los discípulos que no habrían más apariciones visibles de Jesús hasta la parusía.

El lago de Tiberias que se menciona aquí es el mismo lago de Galilea del que leemos en los otros evangelios. El tetrarca Herodes Antipas había cambiado el nombre del lago para honrar al emperador romano César Tiberias que gobernaba sobre el Imperio Romano durante el ministerio de Jesús. Según una tradición del siglo V, el sitio donde Jesús se manifestó a sus discípulos fue un lugar llamado Tagba o Heptapegon (que quiere decir los siete manantiales), que está ubicado entre Capernaum y Magdala. El agua caliente de los siete manantiales fluye en el mar, y todavía hoy en día atrae grandes cantidades de peces (Robinson 1985.198).

Después de las apariciones de Jesús a las mujeres y a los discípulos en Jerusalén, Juan 21 relata una aparición de Jesús en Galilea. En Marcos 14.28 y 16.7 Jesús había profetizado una reunión con sus seguidores en Galilea. "Pero después que haya resucitado iré delante de vosotros a Galilea." Beasley-Murray (1987.399-400), comentando sobre la importancia teológica de esta aparición en Galilea, nos recuerda que los seguidores de Jesús todavía estaban muy confusos en cuanto a la relación entre la resurrección del Señor y la fecha del establecimiento del reino de Dios en la tierra (Hechos 1.6-7). Muchos todavía creían en el pronto establecimiento de un reino político en la ciudad de Jerusalén (Juan 18.36). A él se incorporaría gente de todas partes del mundo. Al llamar a sus discípulos a una reunión con él en Galilea, Jesús estaba indicando que todavía no era el tiempo del fin. Era más bien el comienzo del tiempo de misión. Durante este tiempo de misión los discípulos saldrían a todas las naciones como pescadores de hombres. La pesca milagrosa de Juan 21.3-14 es un símbolo de la misión universal de la iglesia, y los ciento cincuenta y tres peces son un símbolo de la gran multitud de "todas naciones y tribus y pueblos y lenguas" (Apocalipsis 7.9) que sería evangelizada por la iglesia.

21.2: Estaban juntos Simón Pedro, Tomás llamado el Dídimo, Natanael el de Caná de Galilea, los hijos de Zebedeo, y otros dos de sus discípulos. Solamente siete de los discípulos de Jesús participan en esta historia. Es evidente que uno de estos siete es el discípulo amado. El discípulo amado tiene que ser uno de los hijos de Zebedeo o uno de los dos discípulos anónimos. Es posible que los dos discípulos anónimos no pertenecieran al grupo de los doce apóstoles mencionados en los evangelios sinópticos. Es menester recordar que la palabra apóstol nunca ocurre en el cuarto evangelio. El evangelista prefiere utilizar la palabra discípulo. Sólo este versículo nos informa que Natanael era de Caná de Galilea. Aquí tenemos la primera mención de Natanael después del capítulo 1. Sólo aquí, en todo el cuarto evangelio, se menciona a los hijos de Zebedeo.

Raymond E. Brown cree que la razón por la cual no se menciona a los doce apóstoles en el cuarto evangelio es porque el evangelista considera peligroso para la iglesia la tendencia a venerar a los doce apóstoles, algo que ya comenzaba a manifestarse en otras comunidades cristianas a fines del primer siglo. Por eso, el autor del cuarto evangelio se esfuerza en exaltar el ministerio de cada creyente, incluyendo el de las mujeres. Por la misma razón, el evangelio de Juan no habla de oficiales eclesiásticos, como obispos, presbíteros y diáconos. El evangelista ha visto cómo en otras comunidades cristianas se había comenzado a dar demasiada importancia a las diferentes autoridades dentro de la iglesia y a las formas exteriores del ministerio. Juan prefiere enfatizar el papel del Paráclito como el verdadero maestro dentro de la comunidad. Prefiere enfatizar más el sacerdocio de todos los discípulos y no el ministerio de los apóstoles y de los obispos (Brown 1987.180).

Es posible que el evangelista haya mencionado la presencia de siete discípulos porque el número siete era considerado por los antiguos como el número que expresa algo íntegro, entero o completo. Según esta manera de pensar, los siete discípulos mencionados en Juan 21 se deben entender como representantes de todos los discípulos, así como las siete iglesias mencionadas en Apocalipsis representan a todas las iglesias, y como las siete señales del cuarto evangelio encapsulan y representan a todas las señales que hizo Jesús. Un intérprete británico sostiene que los dos discípulos anónimos nombrados en este versículo son el presbítero Juan, mencionado por Papías, y Aristión, quien también es mencionado por Papías como uno de los discípulos que estaba con Jesús desde el principio (Bauckham 1993.26).

21.3: Simón Pedro les dijo: Voy a pescar. Ellos le dijeron: Vamos nosotros también contigo. Fueron, y entraron en una barca; y aquella noche no pescaron nada. Tal vez Pedro se siente indigno de asumir de nuevo su trabajo como pastor y misionero. Aunque Cristo ha anunciado paz y perdón a los once discípulos, Pedro no se los ha apropiado. Cree que el perdón de Cristo es para los otros, pero no para él. Como muchas personas en la iglesia, Pedro oye la absolución general en la liturgia pero llega a la conclusión: "Esta absolución no es para mí. Mis pecados son demasiado grandes como para ser perdonados por completo. Dios todavía está resentido, todavía está molesto conmigo". Lo que Pedro necesita en su aflicción espiritual es una palabra de absolución personal. En este texto vemos a Jesús, el buen pastor, buscando a Simón Pedro, su oveja extraviada, no sólo para comunicarle su perdón y su amor, sino para restablecerlo como pastor y misionero en la iglesia.

A pesar de que los discípulos pasan toda la noche pescando, no tienen éxito. Esto significa que sin la presencia del Cristo resucitado la iglesia, aquí representada por los siete discípulos, no tendrá éxito en sus esfuerzos evangelísticos. Nuestras fuerzas no pueden garantizar una gran pesca de nuevos convertidos para el reino de Dios. En la parábola de la vid y de los pámpanos, en Juan 15.1-17, el Señor ya había advertido a los discípulos: "El que permanece en mí, y yo en él, éste lleva mucho fruto; porque separados de mí nada podéis hacer."

21.4: Cuando ya iba amaneciendo, se presentó Jesús en la playa; mas los discípulos no sabían que era Jesús. Como en la historia de la aparición de Jesús a los dos discípulos en el camino a Emaús (Lucas 24.16), los siete pescadores no reconocen al resucitado. Hablando de la incapacidad de los discípulos de Emaús de conocer a Jesús, el evangelista Lucas dice: "Mas los ojos de ellos estaban velados, para que no le conociesen." Aquí también, al lado del lago de Tiberias, el Cristo glorificado aparece a los discípulos en su cuerpo resucitado. Es el mismo Jesús que los discípulos conocieron antes de su muerte y resurrección, pero ahora con un cuerpo celestial e inmortal en el cual no hay corrupción (1 Corintios 15.48-53).

21.5-6: Y les dijo: Hijitos, ¿tenéis algo de comer? Le respondieron: No. Él les dijo: Echad la red a la derecha de la barca, y hallaréis. Entonces la echaron, y ya no la podían sacar, por la gran cantidad de peces. La gran pesca aquí nos recuerda la pesca milagrosa, en Lucas 5, que ocurrió cuando Jesús llamó a los pescadores del mar de Galilea a ser pescadores de hombres. Ahora, después de la pasión y resurrección de Jesús y después del fracaso de Pedro y de los otros discípulos durante la semana santa, ocurre una nueva pesca milagrosa. Tenemos que interpretar esta pesca como una renovación del llamado de los discípulos. A pesar del fracaso de los discípulos el Jueves y Viernes Santo, Jesús no los ha rechazado. Aquí el Cristo resucitado no sólo renueva su llamamiento, sino que por medio de esta señal profética les promete éxito en el cumplimiento de su mandato misionero de proclamar las buenas nuevas a todas las naciones. La gran pesca representa la gran cantidad de personas que serán añadidas al reino de Dios por la actividad misionera de los discípulos.

Es interesante ver Juan 21 en relación con los primeros dos capítulos del libro del profeta Habacuc. Estos dos capítulos eran lecciones para la fiesta de pentecostés en la sinagoga judía para el tercer año del ciclo trienal (Guilding 1960.225). En Habacuc 1.14-15 los seres humanos son comparados con los peces que los pescadores recogen del mar en una red para vender. Los discípulos de Jesús, en cambio, no pescarán seres humanos para destruirlos, sino para que encuentren vida eterna en Jesús. Si nosotros, los discípulos de Jesús, no logramos pescar a los seres humanos para que tengan vida eterna, entonces ellos serán pescados y devorados por las sectas, los falsos profetas y finalmente por el príncipe de este mundo.

21.7-8: Entonces aquel discípulo a quien Jesús amaba dijo a Pedro: ¡Es el Señor! Simón Pedro, cuando oyó que era el Señor, se ciñó la ropa (porque se había despojado de ella), y se echó al mar. Y los otros discípulos vinieron con la barca, arrastrando la red de peces, pues no distaban de tierra sino como doscientos codos. Como en la historia de la tumba vacía (Juan 20.1-10), el discípulo amado es el que se da cuenta antes que Pedro de lo que está sucediendo. Le dice a Pedro que la figura misteriosa parada entre las brumas y neblinas a la orilla de mar es Jesús. Pedro, que siempre quiere ser el primero, se lanza al mar para ser el primero en llegar donde está el Señor. Según Lüthi, Pedro se lanza al mar para guiar a los discípulos que están en la barca. Ellos deben seguir a Pedro y llevar la gran pesca a Jesús. Esto significa que los ciento cincuenta y tres peces, que representan los frutos de la obra misionera de la iglesia, deben ser entregados a Jesús. No son propiedad de la iglesia, sino del Señor de la iglesia (Lüthi 1960.335-338). Por medio de esta historia el Espíritu también nos llama a pescar, a sudar y a sufrir, para llevar la red de peces a nuestro Señor. Tenemos que trabajar ahora, en tanto hay tiempo. Pronto viene la noche, cuando nadie puede trabajar (Juan 9.4), y los peces que no entran en la red del evangelio, tarde o temprano caerán en la red del juicio.

21.9: Al descender a tierra, vieron brasas puestas, y un pez encima de ellas, y pan. En el N.T. la palabra griega para *brasas*, ἀνθρακιὰν, es usada solamente aquí y en Juan 18 donde aparece con referencia al fuego de brasas donde se calentaban los soldados cuando Pedro negó a Cristo tres veces. Quizás, el fuego de brasas en la playa de Tiberias sirvió para recordar a Simón Pedro de los lamentables hechos que sucedieron en el patio del sumo sacerdote y del gallo que cantó dos veces.

21.10-11: Jesús les dijo: Traed de los peces que acabáis de pescar. Subió Simón Pedro, y sacó la red a tierra, llena de grandes peces, ciento cincuenta y tres; y aun siendo tantos, la red no se rompió. Desde el tiempo de los padres de la iglesia primitiva se ha preguntado si el número ciento cincuenta y tres tenía un significado especial. Comenzando con Orígenes, muchos autores han tratado de encontrar una solución matemática que nos diera una clave para interpretar los ciento cincuenta y tres peces. Después de mucho estudio, San Agustín llegó a la conclusión de que el significado del número era un misterio imposible de resolver. En verdad, Agustín tiene razón puesto que la Escritura no nos enseña ningún significado con respecto al número de peces. Cualquier especulación es simplemente eso, pura especulación. Algunos han intentado resolver este misterio recurriendo a la gematría. Sabemos que muchos judíos en el tiempo de Jesús praticaban la gematría, o sea, la ciencia de buscar el valor numérico de ciertas palabras en las Escrituras. Por ejemplo, un intérprete encontró que el valor numérico de las letras en la palabra Pisga suman ciento cincuenta y tres. Puesto que Pisga era el nombre de la montaña donde se fue Moisés cuando le llegó el momento de dejar el pueblo de Israel, el intérprete cree que el autor del cuarto evangelio quiere indicar a sus lectores que había llegado el momento para Jesús de irse y dejar su iglesia (Owen 1 988.52-54). Esta solución nos parece muy forzada porque no encontramos nada en el texto que indique que el autor quiere que nos sirvamos de una interpretación que tenga algo que ver con la gematría.

Otro intérprete ha notado que ciento cincuenta y tres es el valor numérico de las letras hebreas בני האלהים que significan los hijos de Dios. La frase hijos de Dios se encuentra en Juan 1.12 y 11.52. Según esta interpretación, los ciento cincuenta y tres peces representan todos los futuros creyentes en Jesús que serán unidos en una sola iglesia por la actividad misionera de los discípulos (Romeo 1978.261-262). En realidad, no podemos estar seguros que Juan use gematría en este versículo. El único ejemplo claro de gematría en las Escrituras canónicas está en Apocalipsis 13.18 donde Juan dice que el número de la bestia es seiscientos sesenta y seis. Además, es evidente que la gran mayoría de los recipientes del cuarto evangelio no entendían hebreo y por eso no podían interpretar algo basado en la práctica de la gematría. Ya hemos visto en varias oportunidades que el evangelista tiene que dar a sus lectores la interpretación de una palabra hebrea (Carson 1991.673).

San Jerónimo opina que los ciento cincuenta y tres peces representan todas las diferentes razas y pueblos que serán ganados por la actividad misionera de los discípulos en su trabajo como pescadores de hombres. Según Jerónimo, una antigua tradición afirmaba que existían ciento cincuenta y tres diferentes clases en la humanidad (Ross 1989.375). Guilding ha intentado establecer una relación entre los ciento cincuenta y tres mil obreros gentiles que fueron empleados por el rey Salomón en la construcción del primer templo (1 Reyes 5; 2 Crónicas 2.17) y los ciento cincuenta y tres peces que representan los pueblos gentiles que ayudarán en la construcción del nuevo templo de Dios, o sea, la iglesia de Cristo (Guilding 1960.226). Okure en cambio cree que los ciento cincuenta y tres peces podrían representar al número de congregaciones cristianas que existían cuando se escribió el evangelio (1988.219). Es evidente que no faltan especulaciones en cuanto al significado del número de peces.

Algunos creen que la mención de los ciento cincuenta y tres peces reunidos en una sola red muestran la preocupación de Jesús y del evangelista por la unidad de los cristianos de la segunda generación. El hecho de que la red no se rompió representa la unidad de la iglesia. Literalmente, Juan 21.11 dice que no había *cisma*, ἐσχίσθη, en la red. Los ciento cincuenta y tres peces en la red son aquellos por los que oraba Jesús en Juan 17.20 cuando intercedía por "los que han de creer en mí por la palabra de ellos." En el aposento alto Jesús oró por la unidad de los cristianos de la segunda generación "para que sean uno, así como nosotros somos uno" (Juan 17.22). Jesús quiere que los cristianos de la segunda y de las sucesivas generaciones sepan que él estará, no sólo con los pescadores, sino también con los peces (Minear 1977.347). Aunque los frutos de la obra misionera de la iglesia sean personas de todas las razas, pueblos, culturas y colores, el Señor quiere que sean uno. Las diferencias en raza, cultura, idioma, color o clase socio-económica no justifican divisiones entre los cristianos. Cristo quiere unirlos a todos en una sola familia bajo el cuidado de un solo pastor.

La gran pesca de personas, simbolizada y anticipada por la pesca milagrosa de Juan 21.3-14, tuvo su primer cumplimiento en el primer pentecostés cristiano cuando tres mil personas de muchos diferentes países fueron bautizadas e incorporadas a la hermandad de la iglesia. Otro cumplimiento ocurrió cuando Pedro predicó el evangelio en la casa de Cornelio y fueron bautizados muchos creyentes gentiles. Cada vez que un grupo de gentiles es añadido al redil de Cristo, ocurre un nuevo cumplimiento del milagro de la gran pesca. La red con los ciento cincuenta y tres peces no sólo nos recuerda un gran milagro ocurrido en el lago de Tiberias hace casi dos mil años, sino que también es promesa y profecía de las bendiciones que Jesús dará a la iglesia que permanece fiel a la gran comisión.

21.12: Les dijo Jesús: Venid, comed. Y ninguno de los discípulos se atrevía a preguntarle: ¿Tú, quién eres? sabiendo que era el Señor. El desayuno de peces y pan recuerda a los discípulos la alimentación de los cinco mil en Juan 6.1-15 cuando Jesús había repartido entre los discípulos cinco panes y dos pececillos. Todos se dan cuenta que la figura misteriosa que los había llamado era

Jesús. Newbigin comenta que si alguien se hubiera atrevido a preguntarle: ¿Tú, quien eres?, el Señor le hubiera respondido: "*Yo soy*" (1982.277).

21.13: Vino, pues, Jesús, y tomó el pan y les dio, y asimismo del pescado. Así como José en Génesis 43 preparó una comida para sus hermanos como señal de que había perdonado su traición, así también Jesús prepara una comida para sus discípulos como señal de que había perdonado su traición. Podemos relacionar esta comida celebrada en la playa con las celebraciones eucarísticas de la iglesia. Como en Lucas 24.30,35, Jesús muestra a sus discípulos la manera en que seguirá estando presente entre ellos en el tiempo entre la ascensión y la segunda venida. Durante el tiempo antes de la segunda venida del Señor los discípulos experimentarán su presencia cada vez que partan el pan en sus celebraciones eucarísticas (Sanders 1968.449). Cada vez que cenamos con Jesús en la Santa Cena, él no sólo nos perdonará nuestras fallas y traiciones, sino que también nos alimentará y capacitará para llevar a cabo nuestra tarea misionera. Los discípulos del Señor pueden llegar a ser una iglesia misionera sólo cuando se mantienen en comunión con el Cristo resucitado. La celebración de la Cena del Señor, simbolizada por la comida en Juan 21.13, es el medio ordenado divinamente para mantenernos en comunión con el Cristo resucitado y con los otros miembros de la familia de Dios.

Lo que experimentaron los discípulos en su desayuno a orillas del lago era una teofanía del Cristo resucitado. La palabra teofanía significa una maravillosa manifestación de Dios a los seres humanos. La idea de una teofanía y comida celebrada en presencia de Dios es uno de los temas principales en las lecciones que se leían en las sinagogas en el tiempo de pentecostés. La lectura de la Torá para el primer año del ciclo sinagogal trienal es Génesis 18, el único texto en el A.T. en el que se presenta a Dios participando de una comida. Según el libro de Jubileos, la manifestación de Dios a Abraham en Génesis 18 ocurrió en la luna nueva del cuarto mes, o sea, aproximadamente el tiempo de pentecostés y del solsticio estival (24 de junio), el tiempo en el cual el sol alcanza el punto más alto en su recorrido por los cielos. También es el tiempo en que se pueden experimentar fuertes lluvias, relámpagos y truenos en Palestina (Guilding 1960.222). Como las otras fiestas celebradas por los judíos, la fiesta de pentecostés tenía una prehistoria pagana. Para los antiguos habitantes paganos de Palestina, la fiesta que llamamos pentecostés era originalmente una fiesta del sol celebrada en el solsticio estival. Los creyentes en Jehová cambiaron la naturaleza de esta fiesta pagana y la convirtieron en una fiesta que celebraba la cosecha de trigo y de cebada, y en la que se daba gracias a Dios por la ley.

Uno de los salmos leídos durante pentecostés es el 19 que, no solamente refleja el don de la ley (otro tema de pentecostés leído durante el segundo año del ciclo litúrgico), sino también el recorrido del sol por los cielos. "En ellos puso tabernáculo para el sol; y éste, como esposo que sale de su tálamo, se alegra cual gigante para correr el camino. De un extremo de los cielos es su salida, y su curso hasta el término de ellos" (Salmo 19.4-6). Otra lectura para pentecostés es el texto tan popular entre los místicos hebreos, Ezequiel 1. En este texto tenemos una teofanía de Dios que recorre los cielos en la carroza del sol. En el tercer año del ciclo litúrgico las lecciones leídas en la sinagoga son Números 16 y Salmo 68. El texto de Números habla de la consagración de los levitas para ayudar a Aarón en su ministerio sacerdotal. La conexión entre este texto y Juan 21 nos ayuda a ver la manifestación de Jesús a los discípulos en el desayuno en Genesaret como una consagración de los discípulos como los que lo ayudarán a llevar a cabo la proclamación del evangelio a todas las naciones del mundo (representadas por los ciento cincuenta y tres peces).

El Salmo 68 habla, no sólo de las fuertes lluvias del verano palestino y de la teofanía de Dios sobre el monte Sinaí, sino también de Dios llevando cautiva la cautividad y dando dones a los hombres (Salmo 68.18). En Efesios 4.8 tenemos una interpretación cristológica del Salmo 68 en el cual los dones mencionados en el salmo son los dones espirituales que el Cristo resucitado otorga a la iglesia para ayudarla en su tarea misionera. Estas consideraciones han llevado a Guilding a concluir que Juan 21 es un capítulo pentecostal, el equivalente joánico al libro de los Hechos. Tanto Juan 21 como las lecturas de la sinagoga para pentecostés enfatizan los mismos temas:

a. El ministerio sacerdotal que ejercen los escogidos.
b. Una teofanía de Dios a los hombres.
c. Dios participando en una comida con sus escogidos.
d. La misión para incluir a los gentiles en la adoración de Jehová.
e. El don de la ley y los dones del Espíritu Santo.

21.14: Esta era ya la tercera vez que Jesús se manifestaba a sus discípulos, después de haber resucitado de los muertos. Esta es la tercera referencia a una manifestación del Cristo resucitado en el evangelio de Juan. En este versículo el evangelista no está tomando en cuenta las otras manifestaciones narradas en los evangelios sinópticos como, por ejemplo, el relato en Lucas 24.13-35 de los discípulos de Emaús.

Nota litúrgica: En el leccionario de tres años en *¡Cantad al Señor!* Juan 21.1-14 es el santo evangelio para el tercer domingo de Pascua en el año C, año de San Lucas.

En el leccionario de cuatro años del grupo litúrgico interconfesional de Gran Bretaña Juan 21.1-14 es el santo evangelio para el segundo domingo después de Pascua en el año D, año de San Juan.

21.15: Cuando hubieron comido, Jesús dijo a Simón Pedro: Simón, hijo

de Jonás, ¿me amas más que éstos? Le respondió: Sí, Señor; tú sabes que te amo. El le dijo: Apacienta mis corderos. ¿A qué se refiere la palabra *éstos* que Jesús usa aquí? Algunos creen que se refiere a los barcos y a las redes que Pedro usa en su trabajo como pescador. En otras palabras, Jesús le pregunta a Pedro si prefiere más su trabajo como pescador que a él y la tarea apostólica de ser pescador de hombres. Tal vez con estas palabras Jesús está insinuando a Pedro y a sus compañeros de que, en vez de salir y anunciar la victoria del Cristo resucitado a todo el mundo, vuelvan a su vieja ocupación de pescadores.

Otros creen que el término *éstos* se refiere a los otros discípulos. Jesús pregunta a Pedro si prefiere más a sus compañeros de trabajo que a Jesús. Una tercera posibilidad es que *éstos* se refiera al amor que los otros discípulos tienen por Jesús. ¿Simón, es tu amor por mí más grande que el amor que los otros tienen por mí? Los que abogan por la tercera posibilidad afirman que al hablar en esta forma Jesús no está haciendo comparaciones entre los discípulos, sino recordando a Pedro de que una vez dijo que su devoción era más grande que la de los demás discípulos: "Aunque todos se escandalicen, yo no" (Marcos 14.29).

Notamos que en 21.15 y 21.17 Jesús le dice a Pedro: "Apacienta mis ovejas", mientras que en 21.16 le dice: "Pastorea mis ovejas." El término *apacentar* traduce la palabra griega βόσκειν que significa dar alimento a los animales (Ezequiel 34.2). El término pastorea traduce la palabra griega ποιμαίνειν (*poimainein*) que quiere decir guardar y guiar al rebaño. Muchas veces en el Antiguo Testamento *poimainein* es usado figurativamente como un término altamente político que se refiere al gobierno que ejercen los reyes y los gobernantes sobre el pueblo (2 Samuel 7.7, Salmo 2.9, Mateo 2.6, Ezequiel 34.10). Al dar Jesús a Pedro la tarea de apacentar y pastorear las ovejas y los corderos del Señor, lo está recomendando, no sólo como pastor dentro de la comunidad cristiana, sino también para una posición de gobierno o liderazgo en la iglesia. Aunque Pedro ha sido designado para apacentar las ovejas, las ovejas no son suyas; siguen siendo las ovejas de Jesús, pues él se refiere a ellas como "mis ovejas." Nosotros que, como Pedro, somos líderes en la iglesia, nunca debemos olvidar que las ovejas que apacentamos no nos pertenecen; son de Jesús.

Se ha notado (Glasson 1963.82-85) la semejanza entre este texto y Números 27.12-23, donde Josué es designado como sucesor de Moisés. Según este texto, Moisés, cuando el Señor le avisa que ha llegado el tiempo de su salida de este mundo, responde diciendo: "Ponga Jehová, Dios de los espíritus de toda carne, un varón sobre la congregación, que salga delante de ellos y que entre delante de ellos, que los saque y los introduzca, para que la congregación de Jehová no sea como ovejas sin pastor. Y Jehová dijo a Moisés: Toma a Josué hijo de Nun, varón en el cual hay espíritu, y pondrás tu mano sobre él; y lo pondrás delante del sacerdote Eleazar, y delante de toda la congregación; y le darás el cargo en presencia de ellos. Y pondrás de tu dignidad sobre él, para que toda la congregación de los hijos de

Israel le obedezca. El se pondrá delante del sacerdote Eleazar, y le consultará por el juicio del Urim delante de Jehová; por el dicho de él saldrán, y por el dicho de él entrarán, él y todos los hijos de Israel con él, y toda la congregación. Y Moisés hizo como Jehová le había mandado, pues tomó a Josué y lo puso delante del sacerdote Eleazar, y de toda la congregación; y puso sobre él sus manos, y le dio el cargo, como Jehová había mandado por mano de Moisés" (Números 27.16-23).

Jesús, como Moisés, se está preparando para despedirse de sus discípulos. Ya en Juan 14.1 los discípulos se ven preocupados porque Jesús acaba de anunciarles que se va para estar con el Padre (Juan 13.3). Los discípulos temen la ida de Jesús. No quieren quedar huérfanos o como ovejas sin pastor. Jesús tiene que calmarlos. Les dice: "No se turbe vuestro corazón." Josué y el pueblo de Israel también mostraron gran preocupación al saber de la salida de Moisés. Moisés tenía que calmarlos diciendo: "Esforzaos y cobrad ánimo; no temáis, ni tengáis miedo... Y llamó Moisés a Josué, y le dijo en presencia de todo Israel: Esfuérzate y anímate; porque tú entrarás con este pueblo a la tierra que juró Jehová..." (Deuteronomio 31.6-7). Moisés, antes de salir, ordenó a Josué que ejerciera el liderazgo sobre el pueblo de Israel después de su salida. Las ovejas de la casa de Israel no se quedarían sin un líder porque Moisés puso su espíritu y su autoridad sobre Josué. Jesús tampoco quiere dejar a sus ovejas sin pastor. Antes de volver al Padre nombró a líderes para pastorear a sus ovejas. El capítulo 21 del cuarto evangelio nos relata cómo Jesús dio responsabilidad de liderazgo a dos de sus discípulos, a saber, a Pedro y al discípulo amado.

Aunque el presente texto habla sobre el llamamiento de Pedro a una posición de liderazgo en la iglesia, el evangelio de Juan no dice absolutamente nada sobre una supuesta primacía o sucesión de Pedro. Sabemos que la Iglesia Romana tradicional ha utilizado textos como éste y Mateo 16.13-20 para afirmar que Jesús, antes de su ascensión, creó la institución permanente del papado y que Pedro fue nombrado primer papa de la iglesia. A continuación, veremos qué clase de ministerio fue concedido a Pedro y al discípulo amado.

21.16-17: Volvió a decirle la segunda vez: Simón, hijo de Jonás, ¿me amas? Pedro le respondió: Sí, Señor; tú sabes que te amo. Le dijo: Pastorea mis ovejas. Le dijo la tercera vez: Simón, hijo de Jonás, ¿me amas? Pedro se entristeció de que le dijese la tercera vez: ¿Me amas? y le respondió: Señor tú lo sabes todo; tú sabes que te amo. Jesús le dijo: Apacienta mis ovejas. Pedro había negado al Señor tres veces y ahora Jesús le pregunta tres veces acerca de su amor para con él. Pedro se entristeció porque las tres preguntas le recordaban sus tres negaciones. Pero Jesús no había venido para reprenderlo, sino para perdonarlo y restituirlo en su puesto como pastor sobre su redil.

Jesús, el buen pastor, ha venido para alimentar a su oveja perdida, Simón

Pedro, con palabras de vida eterna, de perdón y de amor. Todas las apariciones de Jesús a sus discípulos son manifestaciones de su perdón y de su amor para con ellos. La resurrección de Jesús es el sello y la proclamación que anuncia que él, y sólo él, murió como sacrificio por los pecados de Pedro y los nuestros. El alimento que más necesitaba Pedro, el discípulo arrepentido y agobiado por el recuerdo de su caída, no era una dieta de regaños, recriminaciones y acusaciones. Éstos nunca alimentan al espíritu, nunca dan el poder de vivir una vida nueva, nunca nos capacitan para amar. Pedro necesitaba descansar en los delicados pastos del perdón divino y consolar su alma junto a las aguas de reposo y purificación. Aquí, al lado de las aguas del mar de Tiberias, Pedro experimenta personalmente el perdón y el amor de Jesús. Por esta experiencia Pedro, a su vez, aprende con qué alimento debe alimentar a las ovejas del Señor; debe alimentarlas con el mismo perdón y amor que él ha recibido del buen pastor Jesucristo. Para ser un buen pastor, uno primero tiene que aprender a ser una oveja que se alimenta del buen pastor.

De Jesús podemos aprender cómo perdonarnos los unos a los otros. Jesús sabe que Simón Pedro está arrepentido; él sabe cuánto ha sufrido Pedro por lo que pasó en el patio del sumo sacerdote. Por eso Jesús ni menciona la palabra pecado o arrepentimiento. No le pide a Pedro una confesión pública de su pecado. No le dice: Arrepiéntete. El buen pastor no quiere lastimar más a una oveja tan golpeada por su conciencia y sus recuerdos. Lo importante ahora no es una confesión de lo que ha ocurrido en el pasado: "Sí, te he negado tres veces. Sí, no soy digno de tu amor. Sí, soy un miserable pecador". El pasado ha sido tragado por la resurrección. Lo que importa ahora es el presente; lo que importa es que en el presente creamos que la resurrección de Jesús es la garantía del perdón de nuestros pecados. Lo que importa es que el perdón de Dios, sellado por la resurrección de Jesús, nos llene de esperanza y de fe, y nos capacite para confesar nuestro amor hacia Jesús en el presente (Schlink 1958.89).

Las repetidas preguntas de Jesús: ¿Me amas?, enfatizan que la cualidad indispensable para cualquier pastor u obrero en el redil del Señor es amor a Jesús (Black 1990.35). Por eso debemos leer la pregunta ¿me amas? como dirigida, no solamente a Simón Pedro, el hijo de Jonás, sino también como hecha directamente a nosotros. En el libro de San Juan todos los seguidores de Jesús son llamados a ser ovejas y pastores a la vez. Necesitamos, como ovejas del Señor, ser apacentados por Cristo y por los otros miembros de la comunidad. A la vez todos tenemos la responsabilidad de apacentar y alimentar a nuestros hermanos y hermanas en la fe. Nadie tiene derecho a decir: "¿Soy yo acaso guarda (o pastor) de mi hermano?" Así preguntó el asesino Caín. Así pensó el traidor Judas. Todos somos pastores los unos de los otros, porque Jesús es el buen pastor, que dio su vida por nosotros y nos buscó para cuidarnos y alimentarnos dentro de su redil. Es notable que el cuarto evangelio no habla de apóstoles, como hacen los evangelios sinópticos, sino sólo de discípulos. Los discípulos que son llamados a servir al Señor y a sacrificarse los unos por los otros, no son solamente algunos, sino todos. Como buenos pastores, los discípulos son llamados a buscar la oveja perdida, así como Jesús, el buen pastor, buscó a Simón Pedro a orillas del mar de Tiberias para perdonarle, consolarlo y reintegrarlo como un miembro activo a su redil.

21.18-19: De cierto, de cierto te digo: Cuando eras más joven, te ceñías e ibas a donde querías; mas cuando ya seas viejo, extenderás tus manos, y te ceñirá otro, y te llevará a donde no quieras. Esto dijo, dando a entender con qué muerte había de glorificar a Dios. Y dicho esto, añadió: Sígueme. La frase: extender las manos, es una referencia a la crucifixión. Jesús está profetizando aquí que Pedro seguirá sus pasos, que será crucificado como él lo fue, y que glorificará a Dios con su muerte como él glorificó al Padre con la suya (Robinson 1985.71). Primero, los brazos de Pedro serían amarrados al travesaño de la cruz. Después, cargando el travesaño como Jesús (Juan 19.17), Pedro sería conducido al lugar de la crucifixión, es decir, al lugar donde Pedro no quería ir. Según una tradición fidedigna de la iglesia primitiva, Pedro fue crucificado con la cabeza abajo durante las persecuciones del emperador Nerón contra los cristianos en la ciudad de Roma. La iglesia celebra el martirio de San Pedro y San Pablo el 29 de junio. El año de su muerte probablemente fue el año 65 d.C. Así como el Padre fue glorificado por medio de la muerte de Jesús, así también es glorificado el Padre por medio de la muerte de los que entregan sus vidas en el nombre de Jesús (Beasley-Murray 1987.409).

Pedro llegó a ser un buen pastor que dio su vida por las ovejas de Jesús, porque Jesús fue el buen pastor que dio su vida por él. La muerte de Jesús por Pedro tenía que venir antes de la muerte de Pedro por causa de Jesús y de sus ovejas. Según Edmundo Schlink, la arrogancia de Pedro en querer poner su vida por Jesús en Juan 13.36-38 consistió en querer morir antes que Jesús (1958.94). Jesús tenía que morir primero por los que iban a dar su vida por él. Si Pedro hubiera dado su vida por Jesús en el jardín de Getsemaní, hubiera sido para impedir la muerte de Jesús. El motivo correcto para seguir a Jesús es el hecho de que él primero dio su vida por nosotros. La muerte de Jesús nos libra de la necesidad de morir por nuestros propios pecados en un intento por salvarnos a nosotros mismos. Ahora podemos vivir por él y morir por él.

Pero el martirio no es un camino que debamos escoger. No somos llamados a buscar una muerte de martirio, como algunos miembros de la iglesia primitiva, que buscaban oportunidades de provocar a las autoridades romanas para morir como mártires y así asegurar su salvación. No somos llamados a buscar la muerte. No somos llamados a buscar nuestra cruz, sino a vivir por Cristo y a amar a nuestros enemigos. Somos llamados a proclamar su evangelio. Si vivimos para Cristo es muy probable que tengamos que sufrir por su nombre. La cruz es impuesta a nosotros por otros, no por nosotros mismos. Pedro no buscó la cruz, la cruz buscó a Pedro, porque Pedro siguió a Cristo (Schlink 1958.95).

21.20-22: Volviéndose Pedro, vio que les seguía el discípulo a quien amaba Jesús, el mismo que en la cena se había recostado al lado de él, y le había dicho: Señor, ¿quién es el que te ha de entregar? Cuando Pedro le vio, dijo a Jesús: Señor, ¿y qué de éste? Jesús le dijo: Si quiero que él quede hasta que yo venga, ¿qué a ti? Sígueme tú. Es una tendencia muy humana hacer comparaciones entre uno y otro. Hasta en la iglesia somos tentados a comparar nuestros dones espirituales y nuestros ministerio con los de los demás. Pedro, al recibir la noticia de que su ministerio lo llevaría al martirio, se vuelve y se da cuenta de la presencia del discípulo amado. En seguida Pedro quiere saber si el discípulo amado también recibiría el privilegio de morir por causa de Cristo y de su evangelio.

Tales comparaciones pueden ser muy peligrosas para la vida de la iglesia. En Corinto el apóstol Pablo tuvo que luchar contra la tendencia de los hermanos de hacer comparaciones entre los apóstoles y sus respectivos discípulos. Tales comparaciones ayudaron a provocar contiendas y divisiones entre los cristianos. "Quiero decir, que cada uno de vosotros dice: Yo soy de Pablo; y yo de Apolos; y yo de Cefas; y yo de Cristo" (1 Corintios 1.12). Por eso Jesús le dice a Pedro que el discípulo amado ha sido llamado para servir y seguir al Señor en una forma distinta, de acuerdo a los dones que había recibido del Espíritu. En la iglesia de Jesús no somos llamados a compararnos unos con otros. No somos llamados a comparar nuestro ministerio, nuestros dones o aún nuestras notas en los estudios teológicos con los de nuestros hermanos. Servimos, no porque estamos en competencia con otros; no ministramos para ganar más puntos con Dios que nuestros hermanos. No estudiamos para sacar mejores notas que los demás. Servimos, ministramos, estudiamos, testificamos y seguimos a Cristo porque él es el buen pastor que dio su vida por nosotros. Sufrimos por él con gozo y gratitud porque el buen pastor entregó su vida por sus amigos. No se nos permite el lujo de juzgarnos y justificarnos en base a lo que hacen o no hacen otros miembros u otros pastores del redil de Cristo. No somos llamados a seguir o a compararnos con otros, sino a seguir a Jesús. No somos llamados a imitar a otros, sino a Jesús. Las comparaciones pueden convertirnos en buenos fariseos. Somos llamados a poner la mirada en Jesucristo, a seguirle a él.

En un sermón predicado para el día de San Juan, apóstol y evangelista, Martín Lutero enfatiza que el propósito de este texto es enseñar a cada uno a atender su propio llamado y a estar contento con él. Jesús tiene que llamarle la atención a Pedro porque se fija en el llamado que Dios le dio a Juan en vez de atender su propio llamado. Lutero asevera que cada cristiano, no sólo los líderes de la iglesia, tiene un llamado o una vocación divina, sea la de esposo, sirvienta, príncipe, hijo o hija. El padre de familia, por ejemplo, es llamado por Dios para atender las necesidades de su familia, y no para imitar al monje que peregrina a España para cumplir con un voto a Santiago. Dios no ha llamado a los padres de familia a abandonar a sus esposas, hijos, campos y animales para realizar peregrinaciones.

Según Lutero, somos llamados a cumplir con nuestras vocaciones, y no a anhelar y codiciar las vocaciones de otros. El rey David fue llamado a ser un luchador y a librar a los israelitas de los filisteos. Pero no le fue permitido construir el templo. Ese no fue su llamado ni su vocación. Salomón fue el que recibió el llamado de Dios de construir su casa en Jerusalén. En vez de murmurar contra Dios, David y Salomón le obedecieron y le sirvieron en sus llamados. En cambio, muchos líderes en la iglesia de hoy en día viven descontentos y amargados porque no están conformes con las congregaciones a las que fueron llamados a servir. Se quejan y murmuran contra Dios y a menudo piden ser cambiados. En una de las denominaciones protestantes más grandes de los Estados Unidos el tiempo promedio en que un pastor sirve en una congregación es de 18 meses. Lutero dice que en vez de pedir tantos cambios de parroquias, los pastores deben pedir un cambio de espíritu, no sea que descuiden las ovejas bajo su cuidado y se llenen de tanto cansancio, disgusto, preocupación y trabajo que lleguen a estar descontentos e impacientes con Dios. Dejan de alabar, de glorificar y de dar gracias a Dios en todo. Llegan a ser murmuradores secretos contra Dios como los judíos en el desierto. Pero lo único que consiguen es amargarse y merecer para sí mismos el castigo eterno (Lenker 1988.I.241-248).

Si Dios en su misericordia nos concede el privilegio de sufrir por causa de Cristo, no debemos murmurar, sino estar dispuestos a sacrificar nuestras vidas por Jesús y por sus ovejas, así como lo hizo Simón Pedro. Aunque la persecución, el sufrimiento y el martirio suelen ser experiencias sumamente amargas, Lutero afirma que la fe lo endulza todo. Hay una cita preciosa del arzobispo Oscar Romero de El Salvador en el libro de Paul Minear sobre el evangelio de San Juan: "Como pastor estoy por mandato divino bajo la obligación de dar mi vida por aquellos a quienes amo; y esto es, por todos los salvadoreños, hasta por aquellos que pudieren asesinarme. Si se cumplen sus amenazas, ofreceré a Dios, en ese mismo momento, mi sangre por la redención y la resurrección de El Salvador." Poco después de pronunciar estas palabras el obispo Romero fue asesinado (citado en Beasley-Murray 1987.417).

Como ya hemos mencionado, existía una creencia entre muchos miembros de la iglesia primitiva que la segunda venida de Jesús ocurriría dentro de un lapso muy corto de tiempo (véase 2 Tesalonicenses 2.1-2). En las congregaciones de Asia Menor, donde había ministrado el discípulo amado, muchos creían que la segunda venida de Jesús ocurriría antes de que él muriese; por eso, cuando murió, la fe de muchos hermanos recibió una fuerte sacudida. Esta creencia de que la parusía ocurriría antes de la muerte del discípulo amado se originó en las palabras de Jesús en el versículo 22. Por eso el versículo 23 nos da una aclaración: "Pero Jesús no le dijo que no moriría, sino: Si quiero que él quede hasta que yo venga, ¿qué a ti?"

Estas palabras llaman a los cristianos de nuestros tiempos a estudiar con sumo cuidado las palabras de Jesús. Vivimos en tiempos cuando muchos profetas falsos y pastores equivocados proclaman toda clase de tonterías en cuanto a la segunda venida de Jesucristo. Muchos fijan fechas para la segunda venida de Cristo, el milenio y el fin del mundo, y al no cumplirse, muchos creyentes se decepcionan y abandonan la fe. Ante las especulaciones y profecías de los dispensacionalistas, adventistas, Mormones y Testigos de Jehová debemos distinguir muy claramente entre lo que Jesús verdaderamente dijo y lo que algunos creen que dijo.

Lo que enseña Juan 21 es que la iglesia no debe preocuparse por la fecha del fin del mundo, sino por cumplir con su tarea misionera que consiste en echar la red del evangelio para sacar un pesca de todas las naciones, pueblos y tribus de la tierra. No es tiempo de cruzar los brazos y esperar el fin del mundo. Es tiempo para organizar la iglesia, nombrar a misioneros y pastores como Pedro y el discípulo amado para reunir en un solo redil las ovejas por las cuales Cristo derramó su sangre. La muerte del discípulo amado no significa que Jesús se haya olvidado de su promesa de venir otra vez. La parusía se puede demorar, pero nadie podrá impedirla. Una de las lecciones que se leía en la vieja sinagoga para la fiesta de Pentecostés declara: "Aunque la visión tardará aún por un tiempo, mas se apresura hacia el fin, y no mentirá; aunque tardare, espéralo, porque sin duda vendrá, no tardará" (Habacuc 2.3).

21.23: Este dicho se extendió entonces entre los hermanos, que aquel discípulo no moriría. Pero Jesús no le dijo que no moriría, sino: Si quiero que él quede hasta que yo venga, ¿qué a ti? Según la interpretación tradicional del cuarto evangelio, este versículo habla de San Juan, el discípulo amado. Según la tradición de la iglesia antigua, San Juan fue el único de los 12 apóstoles que no murió como mártir en forma violenta. Hay un relato apócrifo según el cual los enemigos del evangelio pusieron veneno en la copa de San Juan para acabar con su vida, pero el evangelista no murió. Debido a esa tradición, uno de los símbolos usados para representar a San Juan es una copa de la que se levanta la cabeza de una serpiente, un símbolo del veneno.

Los eruditos que creen que el discípulo amado fue Lázaro se valen de este versículo para apoyar su tesis. Según ellos, muchas personas creían que no le tocaba morir a Lázaro porque ya había experimentado la muerte y la resurrección. Por eso se extendió la creencia que Lázaro viviría hasta la segunda venida de Jesús.

Según otros estudiosos, existía la creencia de que el discípulo amado tenía que permanecer vivo hasta la segunda venida del Señor porque era el único de los discípulos originales que todavía estaba vivo. Se creía que era necesario que él siguiera viviendo para poder dar testimonio al mundo de las grandes señales que había hecho el Señor y de cómo había muerto por los pecados del mundo y después resucitado. Pero al escribir su evangelio, el discípulo amado cumplió con su misión. Por medio del cuarto evangelio el discípulo amado testifica y evangeliza al mundo hasta que el Señor venga (Bauckham 1993.41).

21.24: Este es el discípulo que da testimonio de estas cosas, y escribió estas cosas; y sabemos que su testimonio es verdadero. En los capítulos 13, 14 y 15 Jesús habló mucho a sus discípulos acerca de la necesidad de amarse los unos a los otros. En sus palabras a Simón Pedro, que acabamos de estudiar, Jesús muestra a sus discípulos que el amor que tienen para Jesús y los unos por los otros debe manifestarse en el cuidado que tienen por el redil. Tanta preocupación deben tener por las ovejas del Señor que, como el buen pastor, deben estar dispuestos a dar su vida por ellas. Jesús profetizó que Pedro y el discípulo amado glorificarían a Dios cuidando las ovejas del buen pastor. Pedro sería fiel hasta la muerte, daría a las ovejas del Señor un inolvidable ejemplo de amor al ser crucificado por amor a Jesús y a las ovejas. Por medio de su martirio, Pedro apacentaría las ovejas.

El discípulo amado, en cambio, apacentaría las ovejas, no por medio del martirio, sino transmitiendo fielmente la tradición de Jesús a los nuevos discípulos de la segunda generación. Al escribir el cuarto evangelio, el discípulo amado está pastoreando y apacentando las ovejas, dándoles la Palabra por medio de la cual ellos podrán creer, ser limpiados y tener la vida eterna. Algunos creen que la razón principal por la cual el discípulo amado fue escogido para escribir el cuarto evangelio fue porque él fue testigo ocular de las siete señales narradas en la obra, además de ser el único de los discípulos que personalmente presenció la maravillosa señal del agua y de la sangre que corrieron del costado traspasado del Cristo crucificado.

Como ya hemos visto, una de las características de un fiel pastor, que trabaja en el redil del Señor, es sacrificarse por las ovejas, como lo hizo Simón Pedro. Otra característica que vemos en este versículo es que el obrero en el redil del Señor transmite fielmente el testimonio del evangelio, como lo hizo el discípulo amado. Hemos visto que las congregaciones a las que se escribió este libro eran amenazadas por muchos falsos maestros. Algunos negaban la encarnación de Jesús, otros negaban que Jesús fuera el *Yo soy*. Los cristianos de Asia Menor estaban rodeados de mucha brujería, hechicería, espiritismo y extrañas variedades de metafísica. Para proteger las ovejas de estas sectas y de sus libros, el discípulo amado escribió el cuarto evangelio. Nosotros somos llamados a ser el discípulo amado entre los que servimos. Somos llamados a alimentar las ovejas del Señor con la palabra de Dios, de modo que crean sin ver señales. Somos llamados a proclamar a las nuevas generaciones de creyentes lo que presenta el evangelio de Juan sobre el *Logos* encarnado, el *Yo soy* y el amor de Dios por el mundo.

En nuestros ministerios como co-pastores del gran pastor de las ovejas, Jesucristo, necesitamos orar por los dones de Simón Pedro, el gran misionero y mártir de la iglesia primitiva. A la vez necesitamos orar por los dones del discípulo amado, los dones de fe, amor y fidelidad en transmitir la verdad de Jesús. Como el discípulo amado somos llamados a permanecer en el amor de Jesús y en el testimonio del Paracleto. Bendito, dice Beasley Murray, es aquel ministro que puede combinar las cualidades de Simón Pedro y del discípulo amado (1987.418). "Y tal confianza tenemos mediante Cristo para con Dios; no que seamos competentes por nosotros mismos para pensar algo como de nosotros mismos, sino que nuestra competencia proviene de Dios" (2 Corintios 3.4-5).

Una pregunta que ha provocado mucha discusión es: ¿Quiénes son los sujetos del verbo *sabemos* (οἴδαμεν), en primera persona plural, al final del versículo 24? Entre las respuestas que se han dado señalamos las siguientes: 1- El evangelista está hablando en nombre de todos los pastores y líderes de la iglesia cristiana de su tiempo. 2- Lo que tenemos aquí es un comentario que fue añadido al texto del evangelio por los discípulos del evangelista, después de su muerte. 3- Aquí se refiere a la comunidad de cristianos para los cuales fue escrito el cuarto evangelio. Ellos habían conocido personalmente al discípulo amado porque había sido su líder espiritual. Los miembros de su comunidad sabían que su testimonio era verdadero (Schnelle 1992.42). 4- La palabra en primera persona plural es un nosotros editorial, es decir, el autor usa la tercera persona plural pero realmente quiere decir *yo*. Según esta interpretación, el evangelista y el discípulo amado son la misma persona. 5- El evangelista está hablando en nombre de la comunidad joánica acerca del discípulo amado, quien no es la misma persona que el evangelista, sino el fundador y primer líder de la comunidad. El evangelista ha escrito su evangelio en base al testimonio y las enseñanzas que el discípulo amado había dejado a la comunidad. La tesis de Vernard Eller es que el discípulo amado fue Lázaro y que el evangelista fue el presbítero Juan mencionado por Papías (1987.44).

Nota: Los testimonios en el cuarto evangelio y el litigio del pacto. En Juan 21.21 el discípulo amado es identificado por segunda vez como testigo. La primera identificación ocurrió en Juan 19.35 donde el discípulo amado da testimonio del agua y de la sangre que fluyeron del costado traspasado de Jesús. Se ha mencionado en varias oportunidades que uno de los temas principales del cuarto evangelio es el de un pleito o litigio en el cual Dios, por medio de su enviado, acusa a su pueblo de infidelidad al pacto y al mesías.

En el drama que presenta el cuarto evangelio pasan ante nuestros ojos toda clase de testigos para presentar sus testimonios. Los que testifican a favor de Jesús incluyen a Juan el Bautista, la samaritana, el hombre nacido ciego, Moisés, Abraham, el Paracleto, su Padre, sus propias obras y muchos otros. Los enemigos de Jesús, en cambio, lo acusan de ser un falso profeta, un violador del día de reposo, un blasfemo y enemigo de la nación de Israel y del Imperio Romano. Los líderes del pueblo judío y las autoridades romanas ya han dado su veredicto en cuanto a Jesús; pero hay otro accionar jurídico que todavía está en proceso: los lectores del cuarto evangelio son llamados a dar su veredicto, a favor o en contra de Jesús.

Por medio del drama del cuarto evangelio somos invitados a escuchar el testimonio de todos los actores, y de evaluarlos para tomar nuestra propia decisión en cuanto a Jesús. Al final de su obra el discípulo amado da su propio testimonio en cuanto a todas las cosas que ha escrito acerca de Jesús. Quiere añadir su testimonio personal al de los demás con la esperanza de que los lectores de su evangelio también lleguen a ser testigos de Jesús y testifiquen a todos que Jesús es el *Yo soy*, el *Logos* encarnado. Para entender mejor el concepto del testigo en el cuarto evangelio sería de provecho estudiar el tema del pleito de Jehová con su pueblo en los capítulos 40-55 del libro de Isaías. En dicho texto, los miembros del pueblo del pacto acusan a Jehová de haberlos abandonado en la cautividad en Babilonia. Lo acusan de no haber cumplido con su palabra y, sobre todo, de no ser el Dios verdadero. Jehová se defiende mostrando a Israel que la cautividad en Babilonia es el castigo que él mismo ha enviado sobre Israel, así como lo había anunciado por medio de sus siervos, los profetas. Jehová ha cumplido con su palabra. Además Jehová es el señor de la historia que ha provocado la caída de Babilonia por medio de su siervo, Ciro, y de esta manera ha dado oportunidad a Israel de volver a la Tierra Prometida. Jehová, por medio de la cautividad babilónica, la destrucción de Babilonia y el retorno a Jerusalén, ha comprobado de que él realmente es el Dios verdadero, que cumple con su palabra, que salva a su pueblo y que perdona el pecado. Una y otra vez, en los capítulos 40-55 de Isaías, Jehová, con las palabras *Yo soy*, afirma que él es el Dios verdadero (43.12,25; 44.6, etc.). En los mismos capítulos Jehová entra en litigio con su pueblo y lo acusa de infidelidad, falta de fe y desobediencia. En vez de oponerse a Jehová, los hijos de Israel son llamados por el profeta Isaías a ser testigos del *Yo soy*. Precisamente por sus obras y por el cumplimiento de su palabra, Israel llegará a entender que Jehová es el *Yo soy*, el Dios verdadero y el salvador.

De la misma manera, nosotros, los lectores del cuarto evangelio, somos llamados a escuchar el testimonio de los actores en el drama de Jesús, y el testimonio de las obras, señales y palabras de Jesús. Somos llamados a ver que en Jesús Dios ha actuado para redimirnos, salvarnos y ser nuestro buen pastor. Somos llamados a ver que en Jesús Jehová está con nosotros en persona y que él es el único Dios verdadero. El testimonio del evangelista y de todo su evangelio es que en Jesús hemos llegado a conocer y a ser testigos del *Yo soy*, el Dios verdadero y salvador. Todavía se está llevando a cabo un proceso jurídico ante el mundo. Todos los habitantes del mundo tendrán que dar su veredicto acerca de Jesús. Tendrán que escuchar el testimonio de todos los testigos que, como instrumentos del Paracleto, abogan a favor de Jesús. Nosotros, como el discípulo amado, somos actores en este proceso jurídico continuo, pues como él somos llamados a dar nuestro testimonio acerca de Jesús ante el mundo.

21.25: Y hay también otras muchas cosas que hizo Jesús, las cuales si se escribieran una por una, pienso que ni aun en el mundo cabrían los libros que se habrían de escribir. Amén. Las muchas otras cosas a las que se refiere este último versículo son, tanto las señales milagrosas, como las otras apariciones del Cristo resucitado que no están incluidas en el cuarto evangelio.

Nota doctrinal sobre 21.25: Es bien sabido que la Iglesia Luterana ha sostenido como uno de sus principios básicos el concepto de *sola scriptura*; la idea de que las Escrituras son la única fuente de autoridad en la iglesia y que la autoridad de concilios, sínodos, papas, santos, reformadores, profesores, teólogos, etc., depende de la palabra de Dios y deriva de ella. La Iglesia Católica Romana moderna, en cambio, ha sostenido que existen dos fuentes de autoridad, las Escrituras y la tradición. Esta es una doctrina relativamente nueva. Los padres apostólicos y los grandes teólogos de los primeros siglos nunca hacen mención del concepto de dos fuentes. Para San Agustín, Ambrosio, Cipriano, hay una sola fuente que establece la doctrina y práctica en la iglesia, la Sagrada Escritura. Hasta San Tomás de Aquino afirma que sólo las escrituras canónicas son la regla de la fe (*sola canonica scriptura est regula fidei*). Ésta es también la opinión de la gran mayoría de los teólogos escolásticos y monásticos de los siglos antes de Lutero.

La teoría de las dos fuentes de autoridad fue desarrollada en la tardía Edad Media bajo la influencia de los abogados de las leyes canónicas. Según esta teoría, las Escrituras no son una fuente suficiente para establecer la verdad revelada por Dios porque existe, fuera de las Escrituras, una tradición oral extra-bíblica, que fue entregada por Cristo a sus apóstoles, los cuales, a su vez, la entregaron a sus sucesores episcopales. Según esta enseñanza, las Escrituras necesitan ser complementadas por las tradiciones apostólicas no escritas (*sine scripto traditiones*), preservadas por los obispos ortodoxos y especialmente por el obispo de Roma. La doctrina de las dos fuentes no fue afirmada por la Iglesia Católica Romana hasta la cuarta sesión del Concilio de Trento en abril de 1546, el año en que murió Martín Lutero (Lotz 1990.254).

El texto bíblico que ha servido como *locus classicus* para la teoría de las dos fuentes es Juan 21.25. Puesto que, de acuerdo con este texto, había "otras muchas cosas que hizo Jesús, las cuales si se escribieran una por una, pienso que ni aun en el mundo cabrían los libros que se habrían de escribir", los abogados canónicos concluyeron que la Biblia no nos dice adecuadamente lo que necesitamos saber y hacer. El Espíritu Santo necesita hablar al papa, para darnos más leyes y doctrinas (Lotz 1990.262). Pero tal interpretación no es lo que tenía en mente el autor del cuarto evangelio. El sagrado autor no está hablando de doctrinas y leyes que han sido reservadas en forma secreta para el papa. Juan está haciendo referencia a señales milagrosas y obras de Jesús, que no fueron mencionadas en el cuarto evangelio, porque las siete señales escogidas por el evangelista son suficientes para lograr los fines para los cuales fueron escritas. Muchos de las otros milagros y dichos de Jesús se encuentran en los tres evangelios sinópticos y en las epístolas apostólicas, y los que no se mencionan allí no son necesarias para la fe y práctica de la iglesia.

Nota litúrgica: En el leccionario de tres años en el himnario *¡Cantad al Señor!* Juan 21.1-14 es el santo evangelio para el tercer domingo de Pascua en el año C, año de San Lucas. Juan 21.20-25 es el evangelio para el día de San Juan Apóstol y Evangelista, según todos los leccionarios que hemos consultado. El día de San Juan Apóstol y Evangelista se celebra el 27 de diciembre.

En el leccionario de cuatro años, preparado por el grupo litúrgico interconfesional de Gran Bretaña, Juan 21.1-14 es el santo evangelio para el segundo domingo después de Pascua en el año D. Juan 21.15-25 es el santo evangelio para el tercer domingo después de Pascua en el año D, año de San Juan.

Nota adicional: La segunda teoría de Raymond E. Brown. En referencia a las diferentes teorías acerca de la composición del cuarto evangelio mencionamos la propuesta por Raymond Brown en el primer tomo de su comentario sobre San Juan. Según dicho libro, el discípulo amado era Juan Marcos, el sobrino de Bernabé y compañero de San Pablo en su primer viaje misionero. Después de escribir el primer tomo de su comentario, Brown fue invitado para servir como profesor visitante en el Union Theological Seminary en la ciudad de Nueva York, donde también servía como profesor J. Louis Martyn, cuyas teorías sobre la composición de Juan vimos en el capítulo 9 de este libro. Bajo la influencia de Martyn, Brown llegó a adoptar muchas de las ideas de aquél y las incorporó en su propio trabajo. En el año 1979 Brown publicó en inglés un libro titulado: *The Community of the Beloved Disciple,* en el cual expone una segunda teoría acerca del origen del cuarto evangelio. En 1987 el libro de Brown fue traducido al español y publicado por Ediciones Sígueme bajo el título: *La Comunidad del Discípulo Amado.*

La segunda teoría de Brown es la que actualmente goza de más aceptación entre los eruditos académicos de tendencias más liberales en los Estados Unidos y otros países americanos. En esencia, la teoría es una modificación y ampliación de la teoría de J. Louis Martyn. La premisa básica de las teorías de Brown y Martyn es que el cuarto evangelio es una autobiografía de la comunidad en cuyo seno nació. Es decir, los autores del cuarto evangelio utilizaban y reformulaban tradiciones acerca de Jesús para así presentar, no sólo el mensaje del Salvador, sino también la historia, creencias y luchas de la comunidad de creyentes a la que pertenecían. Según Brown, si uno lee con cuidado (y también entre líneas) el cuarto evangelio, se pueden percibir los orígenes de la comunidad, sus dificultades, sus luchas con otros grupos y los cambios que ocurrieron en su manera de interpretar las tradiciones acerca de Jesús.

Hemos visto teorías que afirman que el evangelio de Juan fue escrito principalmente para convertir a gentiles, o a judíos de la diáspora, o como una colección de sermones y enseñanzas basados en el sistema litúrgico de la sinagoga. En contraste con todas estas teorías, Brown cree que el cuarto evangelio, en su forma final, fue escrito básicamente para creyentes que ya eran miembros de la comunidad cristiana. Fue escrito para justificar la existencia de la comunidad frente a otros grupos tales como los fariseos, los discípulos de Juan el Bautista, los ebionitas y las iglesias que veneraban la memoria de Pedro y de los doce apóstoles. Brown cree que el cuarto evangelio, en su forma final, probablemente fue escrito en Efeso, aproximadamente en el año 90 d.C., cuando los capítulos 1 y 21 fueron añadidos a la obra, ya sea por el autor original o por uno de sus discípulos.

En opinión de Brown, el cuarto evangelio es el producto de una comunidad de creyentes que ha sido denominada la comunidad joánica o la comunidad del discípulo amado. Esta comunidad de creyentes se formó alrededor del año 50 d.C. debido al testimonio y la influencia del discípulo amado, el cual no era uno de los doce apóstoles originales, sino otro discípulo del Señor. Probablemente el discípulo amado era de Jerusalén, porque era conocido del sumo sacerdote. Los primeros miembros del círculo de creyentes que produjeron el cuarto evangelio y las tres epístolas de Juan fueron, como el discípulo amado, ex-discípulos de Juan el Bautista.

Leyendo entre líneas, Brown cree que se puede reconstruir la historia de los orígenes de la comunidad joánica en los primeros capítulos del cuarto evangelio. En Juan 1 se relata cómo los primeros discípulos de Jesús fueron reclutados entre los discípulos de Juan el Bautista. Entre ellos encontramos al otro discípulo quien después llega a ser el discípulo amado. Después de la resurrección de Jesús este discípulo amado ayudó en la formación de una comunidad de creyentes entre otros ex-discípulos del Bautista. Durante los primeros años de existencia de esta comunidad de creyentes, ellos confesaban a Jesús como profeta, mesías, siervo, hijo de Dios, pero no como el *Yo soy*, ni como Dios. Aquellos títulos no implicaban la divinidad de Jesús. Es decir, en el primer período de su historia la comunidad joánica tenía una cristología relativamente baja (27).

Durante el primer período de su historia, los miembros de la comunidad trataban de evangelizar a otros judíos, pero también a personas que no eran miembros de la sinagoga. En su trabajo evangelizador los miembros de la comunidad solían usar los milagros de Jesús para convencer a otros de que él era el mesías. Jesús era presentado como el salvador que Dios había enviado a su pueblo

Israel.

Una segunda etapa en la historia de la comunidad joánica ocurrió cuando, debido a los esfuerzos evangelizadores del grupo, nuevos miembros se convirtieron y fueron añadidos al círculo. La mayoría de los nuevos miembros no eran fariseos ortodoxos, ni ex-discípulos de Juan el Bautista, ni miembros de la sinagoga. Algunos eran samaritanos, otros helenistas, esto es, judíos criados fuera de Palestina cuyo idioma principal era el griego. Tanto los creyentes samaritanos como los helenistas mantenían una actitud crítica, y hasta hostil, hacia el templo en Jerusalén. La hostilidad hacia el templo en Jerusalén de parte de los miembros de la comunidad joánica provocó serios conflictos entre esa comunidad y los líderes de las sinagogas. Brown cree que estos nuevos miembros de la comunidad ayudaron a promover una cristología más alta, según la cual se hablaba de la preexistencia de Jesús con el Padre antes de la creación del mundo. El desarrollo de esta cristología alta agudizó el conflicto con los judíos de la sinagoga quienes consideraban estas creencias una blasfemia. Los conflictos entre los miembros de la comunidad y la sinagoga terminaron con la expulsión de muchos de las sinagogas. Según Brown, la expulsión del ciego de nacimiento de la sinagoga debe ser entendida como la expulsión de los discípulos joánicos de las sinagogas.

Después de la expulsión de los discípulos de las sinagogas hubo un cambio en la actitud de la comunidad hacia la sinagoga y el judaísmo en general. Ahora Jesús no es más presentado como el rey del pueblo de Israel, sino como el que vino para reemplazar al templo, al judaísmo y a todas las instituciones judías. Ahora la comunidad de los discípulos creyentes es el nuevo y verdadero pueblo de Dios, el redil de las ovejas. En opinión de Brown, fue en este segundo período en la historia de la comunidad que una escatología realizada comenzó a reemplazar la escatología de un juicio final y una segunda venida en las nubes, que predominaba en el primer período. Ahora los miembros de la comunidad creen que no es necesario esperar hasta el juicio final para ver a Dios y tener vida eterna. El que ha visto a Jesús ha visto a Dios y ya tiene vida eterna en el presente (50).

Brown cree que otra consecuencia de la expulsión de los miembros de la comunidad de las sinagogas fue la entrada de muchos gentiles a la comunidad. Durante este tiempo la comunidad tenía una actitud positiva hacia el mundo gentil y los de afuera. Por eso, pasajes como Juan 3.16 que hablan del amor de Dios por el mundo provienen de este período en la vida de la comunidad. La actividad misionera de la comunidad joánica entre los gentiles se refleja en textos tales como Juan 12.20-23 donde se habla de la llegada de unos griegos que quieren ver a Jesús. Otro texto es Juan 11.48-52 donde Caifás profetiza que Jesús debería morir para reunir a todos los hijos de Dios que están dispersos. Según Brown, durante este período el evangelista comenzó a usar en su obra símbolos y términos tomados de la cultura helenista, para lograr que el mensaje cristiano fuese más comprensible a personas de otras culturas.

Brown cree que todos los acontecimientos mencionados arriba tuvieron lugar entre los años 50 y 80 d.C. y que el evangelio, que en su forma final fue escrito más o menos en el año 90 d.C., trata de expresar la relación que existía con los miembros de otras comunidades con las cuales tenían contacto los discípulos. Uno de esos otros grupos mencionados indirectamente es el de los cripto-cristianos, o sea, personas que se consideraban seguidores de Jesús pero que no habían salido de las sinagogas. Estas personas son representadas en el cuarto evangelio por los padres del ciego de nacimiento, que temen confesar públicamente a Jesús por temor a las autoridades. Brown cree que uno de los propósitos del cuarto evangelio era persuadir a estos cripto-cristianos a salir de la sinagoga (Juan 12.42-43). Otro grupo es el de los seguidores de Juan el Bautista, que seguían creyendo que Juan era el mesías prometido. El testimonio de Juan en los capítulos 1 y 3 se dirige a los miembros de este grupo.

Según Brown, otro grupo es mencionado indirectamente en Juan 6.66 donde el evangelista habla de judíos que creen en Jesús pero se apartan de él porque no pueden aceptar sus palabras acerca de la necesidad de comer su carne y beber su sangre. Brown cree que estos discípulos representan grupos de judeocristianos que no comparten la concepción joánica de la eucaristía. Es decir, ellos creen que la Cena del Señor es sólo un recuerdo de la muerte de Jesús pero no un sacramento en el cual recibimos la vida y la salvación del Señor. San Ignacio de Antioquía (105 d.C.) luchaba contra grupos de judeocristianos con ideas parecidas. Brown cree que son los mismos grupos atacados indirectamente por el cuarto evangelio.

En Juan 8.31-59 nos encontramos con un grupo de creyentes judíos que no comparten la alta cristología presentada en el cuarto evangelio. Éstos tampoco aceptan la pre-existencia de Jesús, pero insisten en la importancia de su descendencia física de Abraham y acusan a Jesús de ser samaritano. En la historia de la iglesia primitiva leemos de grupos de creyentes en Palestina, los ebionitas, que tenían creencias parecidas a las de los judíos en Juan 8. Brown cree que el evangelista está señalando indirectamente aquí que esos grupos no deben ser considerados como verdaderas comunidades cristianas.

Brown encuentra otra crítica indirecta en los primeros versículos del capítulo 7 de Juan donde leemos que los hermanos carnales de Jesús le instan a ir a Jerusalén para que compruebe por medio de milagros que él es el mesías. Brown cree que aquí tenemos una referencia a los miembros de la familia de Jesús que poco a poco tomaron control de la iglesia en Jerusalén, después del martirio de Santiago en 62 d.C. La comunidad de creyentes judíos que se reunía en torno a estos sobrinos de Jesús enfatizaba sus milagros y su papel como mesías de Israel, pero negaba su pre-existencia. Según Brown, el evangelista aclara a sus lectores que los verdaderos hermanos de Jesús son los discípulos que comparten la cristología alta de la comunidad joánica y no los que alegan parentesco físico con Jesús de Nazaret, pero niegan su pre-existencia.

Brown detecta referencias a las comunidades fundadas por los doce apóstoles y sus sucesores en los textos que hablan de Simón Pedro y de discípulos como Felipe, Andrés y Judas Tadeo. Según Brown, esas referencias indirectas pueden explicar la aparente competencia entre Pedro y el discípulo amado que algunos comentaristas han señalado. Por ejemplo, Pedro y el discípulo amado corren a la tumba de Jesús y el discípulo amado llega primero y es el primero en creer en la resurrección de Jesús. Estos relatos afirmarían que las comunidades fundadas por el discípulo amado y sus seguidores son iglesias auténticas y verdaderas, aunque no fueron fundadas por uno de los doce apóstoles. Una comunidad cristiana es auténtica en base a su fe, su cristología y su amor, y no en base al hecho de haber sido fundada por uno de los doce. Se enfatiza que el discípulo amado creyó antes que Pedro. Esto indicaría que la comunidad joánica llegó a entender la verdad acerca de Jesús antes que las comunidades apostólicas. Los discípulos del discípulo amado fueron los primeros en confesar una cristología alta. En opinión de Brown, esto muestra que la comunidad joánica se consideraba más cercana a Jesús y más perceptiva a las realidades cristológicas que las comunidades apostólicas. Muchos miembros de las comunidades apostólicas son como Felipe en Juan 14.9 que todavía no entienden perfectamente la unidad entre Jesús y el Padre (82).

Aunque las iglesias apostólicas son reconocidas como comunidades hermanas y verdaderas, todavía no comprenden bien la pre-existencia de Jesús y su origen de arriba. Ponen más énfasis en Jesús como hijo de David que en Jesús como el *Logos* eterno. El autor del cuarto evangelio detecta en las iglesias apostólicas el peligro del institucionalismo y del énfasis en estructuras y formas, y por eso, subraya más la presencia viva de Jesús en el creyente por medio del Paracleto. La presencia del Espíritu, y no las formas y oficios, son las que guardan a los discípulos en la verdad.

En los últimos capítulos del cuarto evangelio, como por ejemplo, en los discursos de despedida, encontramos muchas advertencias acerca de la aflicción que encontrarán los discípulos en el mundo. Aquí se habla del mundo en una forma mucho más negativa que en Juan 3.16. Esto indicaría que en el tiempo de la revisión final del evangelio (90 d.C.) la comunidad joánica estaba experimentando mucho rechazo, incomprensión y aún persecución de parte de los gentiles. Al enfatizar la misión y la evangelización del mundo se habla de la comunidad como una entidad apartada y distinta al mundo. Esto no quiere decir que la comunidad llegó a ser una secta, sino que llegó a reconocer que la última esperanza del pueblo de Dios está en el Señor y no en las instituciones y gobiernos de este mundo. "Mi reino no es de este mundo."

En varias partes del cuarto evangelio el evangelista utiliza la primera persona plural al comentar un asunto. Por ejemplo, cuando en Juan 21.24 habla del discípulo amado, dice: "Éste es el discípulo que da testimonio de estas cosas, y escribió estas cosas; y sabemos que su testimonio es verdadero." En Juan 3.11 hay cuatro verbos en primera persona plural: "De cierto, de cierto te digo, que lo que sabemos hablamos, y lo que hemos visto, testificamos; y no recibís nuestro testimonio." La primera persona plural en el cuarto evangelio sería la voz de la comunidad joánica hablando. Brown y otros creen que dentro de esta comunidad existía una escuela de teólogos, profetas y maestros que eran alumnos del discípulo amado. Esta escuela era algo parecido a la de los pitagóricos o a la academia de Platón y al liceo de Aristóteles. Los miembros de esta escuela fueron los que escribieron y redactaron la literatura joánica.

En opinión de Brown, el discípulo amado no es el autor del evangelio, ni de las cartas, sino la persona venerada por la comunidad como un amigo íntimo de Jesús, como el fundador de la comunidad y como el primer teólogo de la escuela joánica. El evangelista, o la persona que escribió el cuarto evangelio, era un discípulo y colaborador que recogió y organizó las enseñanzas del discípulo amado. Brown cree que otro escritor o redactor añadió al cuarto evangelio el último capítulo y el himno cristológico del capítulo uno. Como muchos otros, Brown cree que el capítulo 21 fue añadido al evangelio después de la muerte del discípulo amado, para explicar a los fieles que Jesús nunca había profetizado la permanencia del discípulo amado en la tierra hasta su segunda venida. Brown cree que la primera carta de Juan fue escrita por el redactor o por otro miembro de la escuela joánica unos diez años después, cuando la comunidad joánica se dividió debido a una disputa interna relacionada con la interpretación correcta del evangelio de Juan. Esta división hizo necesario que se escribieran las tres epístolas de Juan. Lo que hacen las epístolas joánicas es corregir las interpretaciones falsas dadas al evangelio. Por eso, el cuarto evangelio necesita ser estudiado a la luz de las tres epístolas y, pudiéramos añadir, a la luz del resto del canon bíblico.

Según la hipotética reconstrucción de la historia de la comunidad joánica hecha por Brown, se produjo una división entre los seguidores del discípulo amado no mucho después de la última redacción del cuarto evangelio, más o menos alrededor del año 90 d.C. Este cisma se debía a una serie de interpretaciones erróneas del cuarto evangelio de parte de un grupo dentro de la comunidad. Bajo el impacto de la alta cristología del cuarto evangelio, los miembros de este grupo comenzaron a exaltar la divinidad de Jesús por encima de su humanidad y a dar poca importancia a su encarnación, su vida terrenal y su muerte en la cruz. Los conflictos teológicos entre los diferentes miembros de la iglesia llevaron a la división de la comunidad y a la salida de un grupo de secesionistas.

En opinión de Brown, estos secesionistas no eran docetistas ni seguidores del

Cerinto mencionado por Ireneo. Tampoco eran herejes que negaban la humanidad de Cristo. Eran personas que creían en la existencia humana de Jesús, pero no le daban gran importancia en el plan de salvación (108). Para ellos, la encarnación y la obra del Jesús histórico en Palestina, no era verdaderamente importante, ni siquiera el hecho de que muriera en la cruz. Lo que sí importaba era que la gloria de Dios brillaba detrás de la humanidad del Señor. Lo importante para los secesionistas no era el sacrificio hecho por Jesús, sino la revelación que el Verbo vino a dar a los discípulos. Jesús murió y resucitó simplemente para enseñar a los suyos que tenía poder sobre la muerte y que, de esta manera, ellos también podían triunfar sobre la muerte.

Brown cree que los secesionistas, basándose en versículos como Juan 8.31-34, 13.10 y 20.22-23, llegaron a creer que no tenían pecado. Confundiendo el ser libres de la culpa del pecado con no haber pecado nunca (119), llegaron a ser perfeccionistas. Puesto que el cuarto evangelio habla mucho acerca de la fe pero poco sobre el arrepentimiento y la necesidad de guardar los mandamientos, los secesionistas creyeron que los mandamientos y la imitación de Jesús no era muy importante (1 Juan 2.3-4; 3.22-24). Aunque el autor nunca acusa a los separatistas de tener una fe muerta que no produce fruto, él se da cuenta que el entendimiento equivocado que tienen del cuarto evangelio fácilmente podría llevarlos en esa dirección. Por enfatizar demasiado la escatología ya realizada, los separatistas han descartado la escatología futura con sus advertencias contra los falsos profetas y los falsos cristos en el tiempo antes del fin. No se dan cuenta cómo estas profecías se están cumpliendo entre ellos (130).

En opinión de Brown, versículos como 1 Juan 2.22-24 indican que los profetas y maestros separatistas creían que el Paracleto los guiaba en sus afirmaciones. Todo falso profeta cree que habla por el Espíritu y no por el anticristo. Lo que hace falta en la iglesia es algo que ayude a distinguir el profeta falso del verdadero, como una confesión de fe o un credo. En parte, el autor de la primera epístola nos ha dado en su obra tal credo, o tal criterio.

Brown cree que después de la publicación de las tres epístolas de Juan, más o menos alrededor del año 100 d.C., la comunidad joánica poco a poco fue absorbida por la gran iglesia apostólica, mientras el grupo separatista poco a poco fue absorbido por el gnosticismo. Al mezclarse con la gran iglesia, los miembros de la comunidad joánica llevaron consigo su cristología alta, que llegó a ser parte de la teología de toda la iglesia apostólica. Al mismo tiempo, la comunidad joánica llegó a aceptar la estructura de la autoridad docente de los presbíteros-obispos que había llegado a establecerse en las otras comunidades cristianas. Esta estructura ayudó a la iglesia a mantener su unidad y tradición apostólicas frente a la amenaza de falsos profetas, divisiones e interpretaciones equivocadas (140). Los separatistas llegaron a mezclarse con los gnósticos, cerintianos y docetistas, y enseñaron a los gnósticos a interpretar el cuarto evangelio de acuerdo con los conceptos gnósticos de las realidades espirituales. De esta manera el evangelio según San Juan llegó a ser el libro bíblico favorito de los gnósticos, montanistas y docetistas de todos los tiempos.

El primer comentario escrito sobre el cuarto evangelio fue el del gnóstico Heracleon (160-180 d.C.). Muchos otros escritos gnósticos citan el evangelio de Juan y lo interpretan desde una perspectiva gnóstica. El uso del cuarto evangelio por los gnósticos fue la causa por la cual algunos cristianos no querían que fuese incluido en el canon. Ireneo de Lyón y Orígenes de Alejandría enseñaron a los cristianos cómo interpretar el cuarto evangelio de acuerdo con el resto de los escritos apostólicos. Brown cree que la importancia dada a la proclamación del evangelio por mujeres en el cuarto evangelio (la samaritana, María Magdalena, Marta, María de Betania) fue uno los factores que ayudó a promover el surgimiento de mujeres profetizas entre los montanistas en el segundo siglo.

Las muchas interpretaciones falsas y equivocadas que tantos diferentes grupos han hecho del evangelio de Juan han llevado a Brown a concluir que el evangelio según San Juan es uno de los libros más peligrosos en el canon de las Sagradas Escrituras. En base a sus equivocadas interpretaciones del cuarto evangelio, diferentes grupos han tratado de usar los conflictos entre Jesús y los judíos en Juan 7-10 para justificar los pogromos contra los judíos. Otros han apelado al hecho de que Jesús, en Juan 17, no oró por los del mundo, para justificar su desprecio hacia la creación material y hacia todos los que no forman parte de la iglesia. En vez de ser sal y luz en el mundo han tratado de huir del mundo y pasar sus vidas como ermitaños. Como se mencionó arriba, Brown cree que la primera epístola de Juan fue escrita para corregir las malas interpretaciones del cuarto evangelio que surgieron dentro de la propia comunidad del discípulo amado. Por eso, Brown enfatiza que el cuarto evangelio no debe ser leído e interpretado por sí solo, sino a la luz de 1 Juan y del resto del canon.

En la actualidad, la teoría de Brown es la más popular y más aceptada en las universidades y seminarios de la Iglesia Católica Romana. Muchos libros y revistas en los últimos años aceptan esta teoría, o modificaciones de la misma, como la más actual y autoritativa. Por eso, el educando debe conocer esa teoría aunque no esté de acuerdo con ella. Las críticas que se han hecho a ella son básicamente las mismas que se han hecho a la de J. L. Martyn que vimos en el capítulo 9.

Conclusión

La última palabra de Jesús que tenemos en el evangelio de Juan es: *sígueme*. Hemos visto que los primeros veinte capítulos tienen como finalidad llevar al lector a arrodillarse ante Jesús y confesarlo con Tomás: "Señor mío y Dios mío". Pero el cuarto evangelio no termina con el capítulo 20, sino con el capítulo 21 que, como también hemos visto, tiene un gran enfoque misionero, al igual que el último capítulo de cada uno de los tres evangelios sinópticos. La añadidura de este capítulo debe alertarnos a ver que el cuarto evangelio quiere llevarnos, no solamente a confesar nuestra fe en Jesús como el mesías prometido, y como el *Logos* preexistente, sino a seguir y acompañar a Jesús en su tarea de llevar mucho fruto al granero del Padre. En este comentario hemos enfatizado que este fruto incluye a los judíos, samaritanos y gentiles que llegarán a la fe por medio del testimonio del Espíritu Santo a través de los discípulos.

La palabra *sígueme* no es dirigida únicamente a Simón Pedro y al discípulo amado, sino a todos los discípulos de todos los tiempos. Seguramente una de las razones por la cual el evangelista no habla de apóstoles, sino únicamente de discípulos, es para enfatizar que la tarea misionera de la comunidad mesiánica no es la obra de una banda selecta y apartada de la masa de los seguidores de Jesús. Es más bien una parte de la vida nueva que cada pámpano recibe de Jesucristo, la vid verdadera. En el evangelio de Juan no hay una clase especial de misioneros. Todos los creyentes son enviados al mundo, así como Jesús fue enviado al mundo.

El hecho de que nosotros, los seguidores del buen pastor, no seamos sacados del mundo, sino enviados a él como Jesús fue enviado, es un indicio no sólo del gran amor de Dios hacia el mundo, sino de la esperanza que el mundo sea salvo. En este comentario hemos notado que muchos eruditos modernos estiman que el cuarto evangelio es el producto de una secta encerrada en sí misma que abrigaba gran apatía y odio hacia el mundo. Es poco probable que tal secta fuera capaz de producir un documento con un enfoque tan misionero como hemos encontrado, no solamente en el último capítulo, sino en todo el evangelio.

La última palabra de Jesús en el cuarto evangelio, *sígueme*, es, entonces, una palabra dirigida a mí y a todos los demás lectores del evangelio. Seguir a Jesús quiere decir tomar parte en la gran cosecha de los últimos tiempos; significa llevar hacia el puerto de salud la gran red repleta con los ciento cincuenta y tres pescados que representan toda la humanidad.

Sígueme quiere decir alimentar las ovejas del redil con las palabras de perdón y paz que dan vida. *Sígueme* quiere decir permanecer en Cristo como permanecen los pámpanos en la vid, porque sin Cristo estamos muertos y somos incapaces de llevar fruto. *Sígueme* quiere decir seguir el ejemplo de Jesús, quien se humilló para lavar los pies de sus discípulos. *Sígueme* implica imitar el ejemplo de Jesús en soportar toda clase de afrentas, insultos y persecuciones para poder cumplir con su misión.

Lo que "seguir a Jesús" no quiere decir es que seamos llamados a ser sacrificados por los pecados del mundo, como lo fuera el Cordero de Dios. Su sacrificio por los pecados del mundo es un hecho único, irremplazable y fundamental. Esa parte de la misión de Jesús no puede ser seguida o imitada por los discípulos, pero es precisamente esa parte de la misión de Jesús que hace posible nuestro cumplimiento de la misión a la cual él nos llama (Köstenberger 1998:195). El hecho de que el buen pastor nos haya buscado a nosotros, sus ovejas descarriadas, es el milagro que hace posible que nosotros, al igual que Pedro, seamos llamados a alimentar sus corderos y a tomar parte en la gran pesca escatológica. El amor de Jesús es lo que hace posible nuestro amor hacia él y hacia los demás, así como el perdón que hemos recibido por medio del sacrificio de Cristo nos capacita para perdonarnos los unos a los otros. Al concluir este libro sobre el evangelio de Juan, enfocando en la última palabra que Jesús dirige tanto a Pedro como a nosotros, recordamos que la invitación de seguir a Jesús incluye también una promesa: "Si alguno me sirve, sígame; y donde yo esté, allí también estará mi servidor" (Juan 12.26). *Sígueme.*

BIBLIOGRAFÍA

Abrahams, Israel
1967 *Studies in Pharisaism and the Gospels*. New York: Ktav Publishing House, Inc.

Alfaro, Juan I.
1990 "El Vidente entre los Ciegos Juan 9.1-41" en *Teología y Liberación, Escritura y Espiritualidad II,* pp. 121-135. Lima: Centro de Estudios y Publicaciones (CEP): 1990.

Arnold, Clinton E.
1992 *Powers of Darkness*. Downers Grove, Illinois: Inter Varsity Press.

Aubry, P.A.
1963 "Formulario Litúrgico El Domingo de Caná." en *Asambleas del Señor 16*, pp. 7-15. Madrid: Ediciones Marova S.L.

Bailey, Kenneth E.
1992 *Finding the Lost*. Saint Louis: Concordia Publishing House.

Bainton, Roland H.
1969 La Iglesia de Nuestros Padres. Buenos Aires: Editorial La Aurora.

Ball, R. M.
1985 "Saint John and the Institution of the Eucharist" en *Journal for the Study of the New Testament,* issue 23, páginas 59-68. Sheffied: JSOT Press.

Barclay, William
1973 *El Nuevo Testamento comentado por William Barclay. Volumen 5: Juan I.* Buenos Aires: Editorial La Aurora.

1974 *El Nuevo Testamento comentado por William Barclay. Volumen 6: Juan II.* Buenos Aires: Editorial La Aurora.

Barrett, Charles Kingsley
1975 *The Gospel of John and Judaism*. Philadelphia: Fortress Press.

1978 *The Gospel according to St. John. (Second Edition)*. London: SPCK

Bartlett, David L.
1989 "John 13.21-30" en *Interpretation*, vol. XLIII.4, pp. 393-396. Union Theological Seminary in Virginia: Richmond.

Barth, Karl
1958 *Church Dogmatics*. 13 tomos. Edinburgh: T. & T. Clark.

Barton, Stephen C.
1991 "Mark as Narrative: The Story of the Anointing Woman" en *The Expository Times*,volume 102.8, pp. 230-234. Edinburgh: T. & T. Clark.

Bauckham, Richard
1993 "The Beloved Disciple as Ideal Author" en *Journal for the Study of the New Testament,* issue 49, páginas 21-44. Sheffield: JSOT Press.

1993b "Papias and Polycrates on the Origin of the Fourth Gospel" en *The Journal of Theological Studies*, vol 44:1, páginas 24-68. Oxford: At the Claredon Press.

1994 "The Brothers and Sisters of Jesus: An Epiphanian Response to John P. Meier" en *The Catholic Biblical Quarterly,* vol. 56, number 4, pp. 686-700. Washington D. C.: The Catholic Biblical Association of America.

Beasley-Murray, George Raymond
1987 *Word Biblical Commentary, Vol.36 John*. Waco, Texas: Word Books.

Beetham, F. G. & Beetham, P. A.
1993 "A Note on John 19.29" en *The Journal of Theological Studies,* vol. 44, part 1, páginas 163-169. Oxford: At The Claredon Press.

Beutler, Johannes
1994 "Two Ways of Gathering: The Plot to Kill Jesus in John 11:47-53" en New Testament Studies, volume 40, number 3, páginas 399-406. Cambridge University Press.

Black, C. Clifton
1990 "Christian Ministry in Johannine Perspective" en *Interpretation,* volume XLIV:1, pp. 29-41. Richmond: Union Theological Seminary in Virginia.

Blank, Josef
1979 *El Evangelio según San Juan*. Tomo Segundo. Barcelona, España: Editorial Herder.

1980 *El Evangelio según San Juan.* Tomo Tercero. Barcelona, España: Editorial Herder.

1984 *El Evangelio según San Juan*. Tomo Primero a & b. Barcelona, España: Editorial Herder.

Boff, Leonardo
1987 *La Trinidad, la Sociedad y la Liberación*. Madrid: Ediciones Paulinas.

Borgen, Peder
1965 *Bread from Heaven*. Leiden: E. J. Brill.

Bornert, Dom. R.
1965 "La Oración en el Nombre del Señor" en *Asambleas del Señor 48,* pp. 10-24. Madrid: Ediciones Marvoa S. L.

1967 "La Asamblea Eucarística, Imagen de la Jerusalén Celestial." en *Asambleas del Señor 32,* pp. 9-18. Madrid: Ediciones Marvoa S. L.

Bosch, David J.
1991 *Transforming Mission*. Maryknoll, New York: Orbis Books.

Brawley, Robert L.
1993 "An Absent Complement and Intertextuality in John 19.28-29", en *Journal of Biblical Literature*, volume 112.3, pp. 427-443. Atlanta: Scholars Press.

Bretherton, Donald J.
1993 "Lazarus of Bethany: Resurrection or Resuscitation?" en *The Expository Times*, volume 104.6, páginas 169-173. Edinburgh: T & T Clark.

Bridges Linda Mckinnish
1994 "Between Text and Sermon: John 4.5-42", en *Interpretation,* volume XLVIII.2, páginas 173-176. Richmond: Union Theological Seminary in Virginia.

Brown, Raymond E.
1966 *The Gospel According to John (i-xii)*. Garden City, New York: Doubleday & Company Inc.

1970 *The Gospel According to John (xiii-xxi)*. Garden City, New York: Doubleday & Company Inc.

1987 *La Comunidad del Discípulo Amado*. Salamanca: Ediciones Sígueme.

Bruner, Frederick Dale
1987 *The Christbook*. Waco, Texas: Word Books.

Byrne, Brendan S.J.
1985 "The Faith of the Beloved Disciple and the Community in John 2" en *Journal for the Study of the New Testament*, issue 23, páginas 83-97. Sheffield: JSOT Press.

1991 *Lazarus: A Contemporary Reading of John 11.1-46.* Collegeville, Minnesota: Michael Glazier.

Carson, Donald A.
1979 "The Function of the Paraclete in John 16.7-11, en *Journal of Biblical Literature*, vol. 98.4, pp. 547-566. Missoula, Montana: Scholars Press.

1991 *The Gospel According to John*. Grand Rapids, Michigan:

William B. Eermanns Publishing Company.

Carter, Warren
1990 "The Prologue and John's Gospel: Function, Symbol and the Definitive Word", en *Journal for the Study of the New Testament*, issue 39, pp. 35-58. Sheffield: JSOT Press.

Cassidy, Richard J.
1992 *John's Gospel in New Perspective*. Maryknoll, New York: Orbis Books.
Chacón, Alfredo
1979 *Curiepe*. Caracas: Universidad Central de Venezuela.

Charles, R. H.
1913 *The Apocrypha and Pseudepigrapha of the Old Testament*. Oxford at the Clarendon Press.

Charlesworth, James H.
1995 *The Beloved Disciple*. Whose Witness Validates the Gospel of John. Trinity Press International: Valley Forge, Pennsylvania.

Charlier, R. P. J. P., O. P.
1967 "Juan 6.1-15: La Multipicación de los Panes", en *Asambleas del Señor 32,* páginas 36-52. Madrid: Ediciones Marova S. L.

Clinton, J. Robert
1988 *The Making of a Leader*. Colorado Springs: Navpress.

Collins, Raymond F.
1990 *These Things Have Been Written*. Louvain: Peeters Press.

Comfort, Philip W. & Hawley, Wendell C.
1994 *Opening the Gospel of John*. Wheaton, Illinois: Tyndale House Publishers Inc.

Cook, Charles T. ed.
1977 *C.H.Spurgeon's Sermons on the Miracles*. London: Marshall, Morgan & Scott.

Cousar, Charles B.
1977 John 1.29-42 en *Interpretation*, vol. XXXI.4, pp. 401-406. Richmond: Union Theological Seminary in Virginia.

Cranfield, C. E. B.
1982 "John 1.14: 'became'", en *The Expository Times*, vol. 93.7, p. 215. Edinburgh: T. & T. Clark.

Cullmann, Oscar
1953 *Early Christian Worship*. London: SCM Press Ltd.

1953b *Peter, Disciple, Apostle, Martyr*. New York: Meridian Books.

1976 *The Johannine Circle*. London: SCM Press Ltd.

1995 *Prayer in the New Testament*. Minneapolis: Fortress Press.

Culpepper, R. Alan
1983 *Anatomy of the Fourth Gospel*. Philadelphia: Fortress Press.

Dalton, William Joseph S. J.
1965 *Christ's Proclamation to the Spirits*. Roma: E Pontificio Instituto Biblico.

Daube, David
1990 "On Acts 23: Sadducees and Angels", en *Journal of Biblical Literature*, volume 109, number 3, pp. 493-497. Atlanta: Scholars Press.

Derrett, J. Duncan M.
1993 *The Victim*. Shipton-on-Stour, Warwickshire, England: Peter I. Drinkwater.

Desilva, David A.
1994 "Despising Shame: A Cultural-Anthropological Investigation of the Epistle to the Hebrews", en *Journal of Biblical Literature*, volume113, number 3, pp.439-461. Atlanta: Scholars Press.

Diez Macho, Alejandro
1987 *Testamentos o Discursos de Adios*. Tomo V: Apócrifos del Antiguo Testamento. Madrid: Ediciones Cristiandad.

Dodd, Charles Harold
1960 *The Interpretation of the Fourth Gospel*. Cambridge University Press.

Duke, Paul D.
1985 *Irony in the Fourth Gospel*. Atlanta: John Knox Press.

1995 "John 13.1-7, 31b-35", en *Interpretation*, volume XLIX, number 4, pp. 398-403. Richmond: Union Theological Seminary in Virginia.

Eller, Vernard
1987 *The Beloved Disciple*. Grand Rapids, Michigan: William B. Eerdmanns Publishing Company.

Evans, Craig A.
1981 "The Voice from Heaven: A Note on John 12.28", en *The Catholic Biblical Quarterly*, vol. 43, number 3, pp. 405-408. Washington, D.C.: The Catholic Biblical Association of America.

1989 "Jesus' Action in the Temple: Cleansing or Portent of Destruction?" en *The Catholic Biblical Quarterly*, vol. 51.2, April 1989, pp. 237-270. Washington D.C.: The Catholic University of America.

Fackre, Gabriel
1992 "I Believe in the Resurrection of the Body", en *Interpretation*, volume XLVI, pp. 42-52. Richmond, Virginia: Union Theological Seminary.

Fuller, Reginald H.
1978 "John 20.19-23" en *Interpretation*, volume XXXII, number 2, pp. 180-184. Richmond: Union Theological Seminary in Virginia.

Galilea, Segundo
1979 *Religiosidad Popular y Pastoral*. Madrid: Ediciones Cristiandad.

Galot, R. P. J., S. J.
1963 "El Misterio de Caná", en *Asambleas del Señor 16,* pp. 93-106. Madrid: Ediciones Marova S.L.

George, R. P. A., S. M.
1964 "Juan 14.23-30: Las Venidas de Dios a los Creyentes", en *Asambleas del Señor 51,* pp. 66-74. Madrid: Ediciones Marova S.L.

1964a "Juan 16.5-14: La Tarea del Paráclito", en *Asambleas del Señor,* pp. 30-38. Madrid: Ediciones Marova S.L.

1965 "Juan .6:23-30: La Novedad de la Pascua", en *Asambleas del Señor 48,* pp. 45-52. Madrid: Ediciones Marova S. L.

Geyer, A.
1970 "The Semeion of Cana of the Galilee", en *Studies in John presented to Professor Dr.J.N.Sevenster,* páginas 12-21.Leiden: E. J. Brill.

Glasson, T. Francis
1963 *Moses in the Fourth Gospel*. London: SCM Press Ltd.

Goulder, Michael D.
1982 "The Liturgical Origin of St. John's Gospel", en *Studia Evangelica*, vol. VII, pp. 205-221. Berlin:Akademie-Verlag.

1991 "The Visionaries of Laodicea", en *Journal for the Study of the New Testament*, issue 43, pp. 15-39. Sheffield: JSOT Press.

1994 "Vision and Knowledge", en *Journal for the Study of the New Testament*, issue 56, pp. 53-71. Sheffield: JSOT Press.

Green, Lowell C.
1992 "Philosophical Presuppositions in the Lutheran-Reformed Debate on John 6", en *Concordia Theological Quarterly*, volume 56.1, pp. 17-37. Fort Wayne: Concordia Theological Seminary Press.

Greenhut, Zvi
1992 "Burial Cave of the Caiphas Family", en *Biblical Archaeology Review*,

volume 18, number 5, pp. 29-36. Washington D.C.: Biblical Archaelogy Society.

Grese, William C.
1988 "Unless one is Born Again" The Use of a Heavenly Journey in John 3, en *Journal of Biblical Literature*, vol. 107.4, pp. 677-693. Atlanta, Georgia: Scholar's Press.

Gribomont, Dom J. & Sixdenier Dom G.D.
1963 "El Sabor del Vino de las Bodas", en *Asambleas del Señor 16*, pp. 83-92. Madrid: Ediciones Marova S.L.

Gritz, Sharon Hodgin
1991 *Paul, Women Teachers, and the Mother Goddess at Ephesus*. Lanham, Maryland: University Press of America.

Guilding, Aileen
1960 *The Fourth Gospel and Jewish Worship*. London: The Oxford University Press.

Gutiérrez, Gustavo
1992 *El Dios de la Vida*. Salmanca: Ediciones Sígueme.

Hall, Robert G.
1994 "Isaiah's Ascent to See the Beloved", en *Journal of Biblical Literature*, volume 113, number 3, pp. 463-484. Atlanta: Scholars Press.

Hanson, Anthony Tyrrell
1965 *Jesus Christ in the Old Testament*. London: S.P.C.K.

Hawkin, David J.
1990 "Johannine Christianity and Ideological Commitment", en*Expository Times*, volume 102, number 3, pp. 74-77. Edinburgh: T. & T. Clark.

Heil, John Paul
1981 *Jesus Walking on the Sea*. Rome: Biblical Institute Press.

1995 "Jesus as the Unique High Priest in the Gospel of John", en *The Catholic Biblical Quarterly*, vol. 57, number 4, pp. 729-745. Washington D. C. : The Catholic Biblical Association of America.

Heinisch, Paul
1956 *Christ in Prophecy*. Collegeville, Minnesota: The Liturgical Press.

Hemer, Colin J.
1986 *The Letters of the Seven Churches of Asia in their Local Setting*. Sheffield: JSOT Press.

Hendriksen, Guillermo
1981 *El Evangelio según San Juan*. Grand Rapids, Michigan: T.E.L.L.

Hengel, Martin
1977 *Crucifixion*. London: SCM Press Ltd.

1989 *The Hellenization of Judaea in the First Century after Christ*. London: SCM Press Ltd.

1989b *The Johannine Question*. London: SCM Press Ltd.

1989c *The Zealots*. Edinburgh: T. & T. Clark.

Hillers, Delbert R.
1978 "Berit am: 'Emancipation of the People'", en *Journal of Biblical Literature*, volume 97, number 2, pp. 175-182. Missoula, Montana: Society of Biblical Literature.

Hoeferkamp, Robert T.
1962 "The Holy Spirit in the Fourth Gospel from the Viewpoint of Christ's Glorification", en *Concordia Theological Monthly,* vol. XXXIII.9, pp. 517-529. Saint Louis: Concordia Publishing House.

1978 *The Relationship between Semeia and Believing in the Fourth Gospel.* Th.D.Tesis presentada a la facultad de Christ Seminary-Seminex: Saint Louis, Missouri.

Hoerber, Robert G.
1987 *Lea y Comprenda*. Buenos Aires: Iglesia Evangélica Luterana Argentina.

Hohenstein, Herbert E.
1972 "Malchus, the Man who Lost an Ear", en *The Concordia Pulpit for 1972,* páginas 91-93. Saint Louis: Concordia Publishing House.

Hoornaert, Eduardo
1986 *La Memoria del Pueblo Cristiano*. Ediciones Paulinas: Madrid.

Horseley, Richard A.
1987 *Jesus and the Spiral of Violence*. Harper & Row, Publishers: San Francisco.

Hoskyns, Edwyn Clement
1948 *The Fourth Gospel*. London: Faber and Faber Limited.

Howard, George
1992 "A Note on Shem-Tob's Hebrew Matthew and the Gospel of John." *Journal for the Study of the New Testament,* issue 47, pp. 117-126. JSOT Press: Sheffield, Inglaterra.

Howard-Brook, Wes
1994 *Becomning Children of God*. Maryknoll, New York: Orbis Books.

Jacquemin, O. C. R.
1963 "Juan 2.1-11: La Señal Inaugural de Jesús", en *Asambleas del Señor,* pp. 34-56. Madrid: Ediciones Marova S.L.

Jeremias, Joachim
1977 *Jerusalén en Tiempos de Jesús.* Madrid: Ediciones Cristiandad.

1980 *La Ultima Cena. Palabras de Jesús.* Madrid: Ediciones Cristiandad.

1981 *The Central Message of the New Testament.* Philadelphia: Fortress Press.

Johns, Loren L. & Miller, Douglas B.
1994 "The Signs as Witness in the Fourth Gospel: Reexamining the Evidence", en *The Catholic Biblical Quarterly,* vol. 56, number 3, pp. 519-535. Washington D. C.: The Catholic Biblical Association of America.

Joint Liturgical Group
1990 *A Four Year Lectionary.* Norwich: The Canterbury Press.

Jungkuntz, Richard
1964 "An Approach to the Exegesis of John 10.34-36", *Concordia Theological Monthly,* vol.XXXV.9, pp.556-565, Saint Louis, Concordia Theological Seminary.

Karris, Robert J., O.F.M.
1990 *Jesus and the Marginalized in John's Gospel.* Collegeville, Minn.: Michael Glazier.

Käsemann, Ernst
1968 *The Testament of Jesus.* SCM Press LTD: London.

1982 *Essays on New Testament Themes.* Philadelphia: Fortress Press.

Kermode, Frank
1986 "St John as Poet", en *Journal for the Study of the New Testament,* issue 28, pp.3-16. Sheffield: JSOT Press.

Kitzberger, Ingrid Rosa
1995 "Mary of Bethany and Mary of Magdala - Two Female Characters in the Johannine Passion Narrative: A Feminist, Narrative-Critical Reader-Response", en *New Testament Studies,* volume 41, number 4, pp. 564-586. Cambridge: Cambridge University Press.

Koester, Craig R.
1990 "Messianic Exegesis and the Call of Nathanael", en *Journal for the Study of the New Testament,* issue 39, pp. 23-34. Sheffield: JSOT Press.

1990 "The Savior of the World" (John 4.42) en *Journal of Biblical Literature,* volume 109.4, pp. 665-680.Atlanta, Georgia: Scholar's Press.

1995 *Symbolism in the Fourth Gospel.* Minneapolis: Fortress Press.

Köstenberger, Andreas J.
1995 "The Challenge of a Systematized Biblical Theology of Mission: Missiological Insights from the Gospel of John". en *Missiology,* volume XXIII, pp.445-464. Scottdale, Pennsylvania: The American Society of Missiology.

1998 *The Missions of Jesus & the Disciples according to the Fourth Gospel.* Grand Rapids, Michigan: William B. Eerdmans Publishing Company.

Lee, Dorothy A.
1995 "Partnership in Easter Faith: The Role of Mary Magdalene and Thomas in John 20", en *Journal for the Study of the New Testament,* issue 58, pp. 37-49. Sheffield: Sheffield Academic Press.

Lenker, John Nicolas
1988 *Sermons of Martin Luther* (Ocho tomos). Grand Rapids, Michigan: Baker Book House.

Léon-Dufour, Xavier
1973 *Resurrección de Jesús y Mensaje Pascual.* Salamanca: Ediciones Sígueme.

1989 *Lectura del Evangelio de Juan. Vol.I.* Salamanca: Ediciones Sígueme.

1992 *Lectura del Evangelio de Juan. Vol.II.* Salamanca: Ediciones Sígueme.

1995 *Lectura del Evangelio de Juan. Vol.III.* Salamanca: Ediciones Sígueme.

Lewis, I. M.
1986 *Religion in Context.* Cambridge: Cambridge University Press.

Lieu, Judith M.
1979 "Gnosticism and the Gospel of John", en *The Expository Times,* volume XC.8, pp. 233-237. Edinburgh: T. & T. Clark Ltd.

Lincoln, Andrew T.
1994 "Trials, Plots and the Narrative of the Fourth Gospel", en *Journal for the Study of the New Testament,* issue 56, pp. 3-30. Sheffield: JSOT Press.

Logan, Alsair H. B.
1991 "John and the Gnostics: The Significance of the Apocryphon of John for the Debate about the Origins of the Johannine Literature", en *Journal for the Study of the New Testament,* issue 43, pp.41-69. Sheffield: JSOT Press.

Longenecker, Bruce W.
1995 "The Unbroken Messiah: A Johannine Feature and Its Social Functions", en *New Testament Studies,* volume 41, number 3, pp.428-441. Cambridge:

Cambridge University Press.

Loos, H. Van Der
1965 *The Miracles of Jesus.* Leiden: E. J. Brill.

Lotz, David W.
1990 "Luther and Sola Scriptura", en *And Every Tongue Confess,* ed. Krispin, Gerald S. & Vieker, Jon D. pp. 250-263. Saint Louis: Concordia Publishing House.

Lundbom, Jack R.
1995 "Song of Songs 3.1-4", en *Interpretation,* vol. LXIX, number 2, pp.172-175. Richmond, Virginia: Union Theological Seminary in Virginia.

Lüthi, Walter
1960 *St.John's Gospel.* Edinburgh: Oliver and Boyd.

Maccini, Robert Gordon
1994 "A Reassessment of the Woman at the Well in John 4 in Light of the Samaritan Context", en *Journal for the Study of the New Testament,* issue 53, pp.35-46. Sheffield: JSOT Press.

Macdonald, John
1964 *The Theology of the Samaritans.* London: SCM Press Ltd.

Maldonado, Luis
1975 *Religiosidad Popular.* Madrid: Ediciones Cristiandad.

Manson, T. W.
1975 *Cristo en la Teología de Pablo y Juan.* Madrid: Ediciones Cristiandad S. L.

Martin, Ernest L.
1988 *Secrets of Golgotha.* Alhambra, California: A. S. K. Publications.

Martin, James P.
1978 "John 10.1-10", en *Interpretation,* XXXII.2, pp.171-174. Richmond: Union Teological Seminary in Virginia.

Matera, Frank J.
1989 "John 20.1-18", en *Interpretation,* XLIII.4, pp.402-406. Richmond: Union Teological Seminary in Virginia.

1991 "The Trial of Jesus", en *Interpretation,* January 1991, XLV.1, pp.5-16. Richmond: Union Teological Seminary in Virginia.

McBirnie, William Steuart
1973 *The Search for the Twelve Apostles.* Wheaton, Illinois: Tyndale House Publishers.

McCaffrey, James O. C. D.
1988 *The House with Many Rooms: The Temple Theme of John 14.2-3.* Analecta Biblica 114. Roma: Editrice Pontificio Instituto Biblico.

McDonald, J. Ian H.
1995 "The So-Called Pericope de Adultera", en *New Testament Studies,* volume 41, number 3, pp.415-427. Cambridge: Cambridge University Press.

McKinney, Carol V.
1990 "Which Language: Trade or Minority?" en *Missiology,* XVIII.3, pp.279-290. Scottdale, Pennsylvania: American Society of Missiology.

Mead, A. H.
1985 "The basilikos in John 4.46-53", en *Journal for the Study of the New Testament,* issue 23, pp.69-72. Sheffield: JSOT Press.

Meléndez, Andrés A., editor
1989 *Libro de Concordia.* San Luis. Concordia Publishing House.

Menken, Maarten J. J.
1990 "The Translation of Psalm 41.10 in John 13.18", en *Journal for the Study of the New Testament,* issue 40, pp.61-79. Sheffield: JSOT Press.

1993 "The Textual Form and the Meaning of the Quotation from Zechariah 12.10 in John 19.37", en *The Catholic Biblical Quarterly,* vol.55.3, pp.494-511. Washington D. C.: The Catholic Biblical Association of America.

Minear, Paul S.
1976 "'We don't know where... ' John 20.2", en *Interpretation,* volume XXX, number 2, pp.125-139. Richmond: Union Theological Seminary in Virginia.

1977 "The Audience of the Fourth Evangelist", en *Interpretation,* vol.XXXI.4, pp.339-354. Richmond, Virginia: Union Teological Seminary in Virginia.

1978 "John 17.1-11", en *Interpretation,* volume XXXII, number 2, pp.175-179. Richmond: Union Theological Seminary in Virginia.

1983 "The Original Functions of John 21", en *Journal of Biblical Literature,* vol.102.1, pp.85-98. Chico, California: Scholar's Press.

Miranda, José
1977 *Being and the Messiah.* Maryknoll, New York: Orbis Books.

Moloney, Francis J.
1991 "A Sacramental Reading of John 13.1-38", en *The Catholic Biblical Quarterly,* vol. 53.2, pp.237-256. Washington D.C.: The Catholic Biblical Association of America.

Montgomery, John Warwick
1963 "The Fourth Gospel Yesterday and Today", en *Concordia Theological*

Monthly, vol.XXXIV.4, pp.197-222. Saint Louis: Concordia Publishing House.

Moore, W. Ernest
1993 "Tolle Lege - with El Salvador." *Expository Times,* volume 104, number 7, pp.205-209. Edinburgh: T. & T. Clark.

Morrice, W. G.
1992 *Expository Times,* volume 104, number 3. Edinburgh: T. & T. Clark.

Mowvley, Henry
1984 "John 1.14-18 in the light of Exodus 33.7-34.45", en *The Expository Times,* volume 95.5, pp.135-137. Edinburgh: T. & T. Clark Ltd.

Morris, Leon
1989 *Jesus is the Christ.* Grand Rapids, Michigan. William B. Eerdmans Publishing Company.

Munro, Winsome
1995 "The Pharisee and the Samaritan in John: Polar or Parallel?", en *The Catholic Biblical Quarterly,* vol.57, number 4, pp.710-728. Washington D. C.: The Catholic Biblical Association of America.

Newbigin, Lesslie
1982 *The Light Has Come.* Edinburgh: The Handsel Press Ltd.

1989 *The Gospel in a Pluralist Society.* Grand Rapids, Michigan: William B. Eerdmans Publishing Company.

Neyrey, Jerome H.
1982 "The Jacob Allusions in John 1.51", en *The Catholic Biblical Quarterly,* vol.44.4, pp.586-605. The Catholic University of America: Washington D.C.

1988 *An Ideology of Revolt.* Philadelphia: Fortress Press.

1989 "I Said 'You are Gods': Psalm 82.6 and John 10", en *Journal of Biblical Literature,* volume 108.4, pp.647-663. Atlanta: Scholar's Press.

Nicol, George G.
1979 "Jesus' Washing the Feet of the Disciples: A Model for Johannine Christology?" en *The Expository Times,* vol.91.1, pp.20-21. Edinburgh: T. & T. Clark.

O'Day, Gail R.
1986 "Narrative Mode and Theological Claim: A Study in the Fourth Gospel", en *Journal of Biblical Literature*, volume 105:4, pp.657-668. Atlanta: Scholar's Press.

1992 "John 7.53-8.11: A Study in Misreading", en *Journal of Biblical Literature,* volume 111.4, pp.631-640. Atlanta: Scholar's Press.

Odeberg, Hugo
1968 *The Fourth Gospel.* Chicago: Argonaut Inc. Publishers.

Okure, Teresa
1988 *The Johannine Approach to Missions.* Tubingen: J. C. B. Mohr.

Pagels, Elaine
1994 "The Social History of Satan, Part II: Satan in the New Testament Gospels", en *Journal of the American Academy of Religion,* volume LXII, number one, pp.17-58. Atlanta:Scholars Press.

Painter, John
1986 "John 9 and the Interpretation of the Fourth Gospel", en *Journal for the Study of the New Testament,* issue 28, pp.31-61. Sheffield: JSOT Press.

1991 *The Quest for the Messiah.* Edinburgh: T. & T. Clark.

Pamment, Margaret
1985 "Focus in the Fourth Gospel", en *The Expository Times,* volume 97.3, pp.71-75. Edinburgh: T. & T. Clark.

Pelikan, Jaroslav ed.
1957 *Luther's Works. Volume 22.* Saint Louis: Concordia Publishing House.

Pendrick, Gerard
1995 "Monogenhv", en *New Testament Studies,* volume 41, number 4, pp.587-600. Cambridge: Cambridge University Press.

Perumalil, A. C. SJ.
1980 "Are not Papias and Irenaeus Competent to Report on the Gospels?" en *The Expository Times,* vol. 91, number 11, pp.332-337. Edinburgh: T. & T. Clark.

Plutarco
1958 "Sulla", en *Fall of the Roman Republic: Six Lives by Plutarch.* Harmonsworth, Inglaterra: Penguin Books.

Rensberger, David
1984 "The Politics of John: The Trial of Jesus in the Fourth Gospel", en *Journal of Biblical Literature,* volume 103, number 3, pp, 395-411. Scholars Press: Chico, California.

Robinson, John A.T.
1976 *Redating the New Testament.* London: SCM Press Ltd.

1985 *The Priority of John.* Oak Park, Illinois: Meyerstone Books.

Romeo, Joseph A.
1978 "Gematria and John 21.11 - The Children of God", en *Journal of Biblical Literature,* volume 97, number 2, pp. 263-264. Missoula, Montana: Scholars Press.

Ross, J. M.
1989 "One Hundred and Fifty-Three Fishes", en *The Expository Times,* July 1989, volume100, number 10. Edinburgh: T. & T. Clark.

Ruiz Bueno, P. Daniel
1947 *San Ignacio de Antioquia: Cartas Camino del Martirio.* México: Librería Parroquial de Clavería, S.A.

Russell, D. S.
1993 "Countdown: Arithmetic and Anagram", en *Expository Times,* volume 104, number 4, pp.109-113. Edinburgh: T. & T. Clark.

Salas Ferragut, Antonio O.S.A.
1993 *El Evangelio de Juan.* Madrid: Ediciones Paulinas.

Sanders, J. N. & Mastin, B.A.
1968 *A Commentary on the Gospel according to Saint John.* London: Adam & Charles Black.

Sasse, Hermann
1985 *We Confess the Sacraments.* Saint Louis: Concordia Publishing House.

Saxby, Harold
1992 "The Time-Scheme in the Gospel of John", en *The Expository Times,* 104:1, October, pp.9-13. Edinburgh: T. & T. Clark.

Schilder, Klaas
1938 *Christ in his Suffering.* Grand Rapids, Michigan: William B. Eerdmans Publishing Company.

1939 *Christ on Trial.* Grand Rapids, Michigan: William B. Eerdmans Publishing Company.

1940 *Christ Crucified.* Grand Rapids, Michigan: William B. Eerdmans Publishing Company.

Schlink, Edmund
1958 *The Victor Speaks.* Saint Louis: Concordia Publishing House.

Schnackenburg, Rudolf
1968 *The Gospel according to Saint John.* London: Burns & Oates Ltd.

1978 *Christ - Present and Coming.* Philadelphia: Fortress Press.

1980 *El Evangelio según San Juan.* Barcelona: Editorial Herder.

Schneiders, Sandra M., I. H. M.
1981 "The Footwashing (John 13.1-20): An Experiment in Hermeneutics", en *The Catholic Biblical Quarterly,* vol. 43, number 1, pp.76-92. Washington D. C.: Catholic Biblical Association of America.

Schnelle, Udo
1992 *Antidocetic Christology in the Gospel of John.* Minneapolis: Fortress Press.

Segovia, Fernando F.
1981 "The Love and Hatred of Jesus in Johannine ectarianism", en *The Catholic Biblical Quarterly,* vol.43, number 2, pp.258-272. Washington D. C.: The Catholic Biblical Association of America.

1982 "The Theology and Provenance of John 15.1-17", en *Journal of Biblical Literature,* vol.101.1, pp.115-128. Chico, California: Scholar's Press.

1983 "John 15.18-16.4a: A First Addition to the Original Farewell Discourse?" en *The Catholic Biblical Quarterly,* vol. 45, number 2, pp.210-230. Washington D. C.: The Catholic Biblical Association of America.

1991 *The Farewell of the Word.* Minneapolis: Augsburg Fortress.

Senior, Donald, CP
1995 "Correlating Images of Church and Images of Mission in the New Testament", en *Missiology,* volume XXIII.1, pp.3-16. Scottdale, Pennsylvania: American Society of Missiology.

Smalley, Stephen S.
1982 "Salvation Proclaimed - John 1.29-34", en *The Expository Times,* volume 93.11, pp.324-329. Edinburgh: T. & T. Clark.

Smith, D. Moody
1979 "John 16.1-15", en *Interpretation,* volume XXXIII.1, pp. 58-62. Richmond: Union Theological Seminary in Virginia.

Spronson, W. E.
1985 "'Is not this Jesus, the son of Joseph...?' (John 6.42) Johannin Christology as a Challenge to Faith", en *Journal for the Study of the New Testament,* issue 24, pp.77-97. Sheffield: JSOT Press.

Staley, Jeffrey L.
1986 "The Structure of John's Prologue: Its Implications for the Gospel's Narrative Structure", en *The Catholic Biblical Quarterly,* vol. 48.2, pp.241-264. Washington, D.C.: The Catholic University of America.

1993 "Subversive Narrative/Victimized Reader: A Reader Response Assessment of a Text-Critical Problem, John 18.12-24", en *Journal for the Study of the New Testament,* issue 51, pp.79-98. Sheffield: JSOT Press.

Stibbe, Mark W. G.
1994 "A Tomb with a View: John 11.1-44 in Narrative-Critical Perspective", en *New Testament Studies,* volume 40, number 1, pp.38-44. Cambridge: Cambridge University Press.

Sturch, R. L.
1978 "Jeremias and John: Parables in the Fourth Gospel", en *The Expository Times,* volume LXXXIX.8, pp.235-238. Edinburg: T. & T. CLark Ltd.

Suggit, J. N.
1984 "The Raising of Lazarus", en *The Expository Times,* vol. 95.4, pp.106-108. Edinburgh: T. & T. Clark.

Surgy, P. P. De
1965 "El Prólogo de San Juan", en *Asambleas del Señor 9,* pp. 33-55. Madrid: Ediciones Marova, S.L.

Swanson, Tod D.
1994 "To Prepare a Place: Johannine Christianity and the Collapse of Ethnic Territory", en *Journal of the American Academy of Religion,* volume LXII, number two, pp.241- 263. Atlanta: Scholars Press.

Talbert, Charles H.
1977 *What is a Gospel?* Philadelphia: Fortress Press.

1993 *Journal of Biblical Literature,* volume 112.1, pp.156-158. Atlanta: Scholar's Press.

Taylor, Joan E.
1995 "The Garden of Gethsemane: Not the Place of Jesus' Arrest", en *Biblical Archaeology Review,* vol.21, number 4, pp.26-35. Washington D. C.: The Biblical Archaeology Society.

Tenney, Merrill C.
1988 *San Juan, el Evangelio de Fe.* Miami: Editorial Caribe.

1989 *Nuestro Nuevo Testamento.* Grand Rapids: Editorial Portavoz.

Theissen, Gerd
1985 *Estudios de Sociología del Cristianismo Primitivo.* Salamanca: Ediciones Sígueme.

Thiering, Barbara E.
1978 "Once More the Wicked Priest", en *Journal of Biblical Literature,* volume 97, number 2, pp.191-205. Missoula, Montana: Society of Biblical Literature.

Thomas, John Christopher
1991 *Footwashing in John 13 and the Johannine Community.* JSOT Supplement 61. Sheffield: JSOT Press.

1995 "'Stop Sinning Lest Something Worse Comes upon you': The Man at the Pool in John 5", en *Journal for the Study of the New Testament,* issue 59, pp.3-20. Sheffield: JSOT Press.

Trench, Richard Chenevix
1911 *Notes on the Miracles of Our Lord*. London: Kegan Paul, Trench, Trübner & Co. Ltd.

Trinidad, Saúl
1984 "Cristología-Conquista-Colonización", en *Cristología en América Latina.* Equipo Seladoc, pp.204-220. Salamanca: Ediciones Sígueme.

Tripp, David
1992 "Meanings of the Foot-Washing: John 13 and Oxyrhynchus Papyrus 80", en *The Expository Times,* volume 108.8, pp. 237-239. Edinburgh: T. & T. Clark.

Velasco Delgado, Argimiro
1973 *Eusebio de Cesarea. Historia Eclesiástica. Tomos I & II.* Madrid: Biblioteca de Autores Cristianos.

Von Wahlde, Urban C.
1979 "The Terms for Religious Authorities in the Fourth Gospel: A Key to Literary Strata?" en *Journal of Biblical Literature,* volume 98: pp.232-253. Ann Arbor, Michigan: Scholar's Press.

1981 "The Witness to Jesus in John 5.31-40 and Belief in the Fourth Gospel", en *The Catholic Biblical Quarterly,* vol. 43, number 3, pp.485-404. Washington D. C.: The Catholic Biblical Association of America.

Wachsmann, Shelley
1988 "The Galilee Boat", en *Biblical Archaeology Review,* vol. XIV, number 5, pp.19-33. Washington D.C.: The Biblical Archaelogy Society.

Wagner, C. Peter
1985 *Señales y Prodigios Hoy*. Miami, Florida: Editorial Vida.

Walker, David A.
1990 "Resurrection, Empty Tomb and Easter Faith", en *The Expository Times,* volume 101.6, pp.172-175. Edinburgh: T. & T. Clark.

Walker, William O. Jr.
1994 "John 1.43-51 and 'The Son of Man' in the Fourth Gospel", en *Journal for the Study of the New Testament,* issue 56, pp.31-42. Sheffield: JSOT Press.

Wallace, Daniel B.
1993 "Reconsidering 'The Story of Jesus and the Adulteress Reconsidered'", en *New Testament Studies,* volume 39, number 2, pp.290-296. Cambridge:

Cambridge University Press.

Wallace, Ronald S.
1991 *The Gospel of John*. Edinburgh: Scottish Academic Press.

Watson, Duane F.
1993 "Amplification Techniques in 1 John: The Intenteraction of Rhetorical Style and Invention", en *Journal for the Study of the New Testament,* issue 51, pp.99-123. Sheffield: JSOT Press:

Watty, William W.
1982 "Jesus and the Temple - Cleansing or Cursing", en *The Expository Times,* volume 93.8, pp.235-239. Edinburgh: T. & T. Clark.

Wedel, Alton F.
1977 John 4.5-42, en *Interpretation,* vol. XXXI.4, pp.406-412. Richmond: Union Theological Seminary in Virginia.

Wink, Walter
1986 *Unmarking the Powers*. Philadelphia: Fortress Press.

1992 *Engaging the Powers*. Minneapolis: Fortress Press.

1993 *Cracking the Gnostic Code*. Atlanta: Scholars Press.

Witkamp, L. Th.
1990 Some Specific Johannine Features in John 6.1-21, en *Journal for the Study of the New Testament,* issue 40, pp. 43-60. Sheffield: JSOT Press.

Wolters, Al
1993 "Halley's Comet at a Turning Point in Jewish History", en *Catholic Biblical Quarterly,* vol. 55, number 4, pp. 687-697. Washington D.C.: Catholic Biblical Association of America.

Wood, William Pape
1991 "John 2.13-22", en *Interpretation,* January 1991, XLV.1, pp.59-63. Richmond: Union Teological Seminary in Virginia.

Young, Brad H.
1995 "Save the Adulteress!: Ancient Jewish Response in the Gospels", en *New Testament Studies,* volume 41.1, pp.59-70. Cambridge: Cambridge University Press.

Zevini, Giorgio
1995 *Evangelio según San Juan*. Salamanca: Ediciones Sígueme.

CPSIA information can be obtained
at www.ICGtesting.com
Printed in the USA
LVHW08*0535280818
588064LV00007BA/29/P